【文化遗存、风景名胜】

全国重点文物保护单位	焦山碑林、丹阳和句容南朝陵墓石刻、镇江英国领事馆旧址、昭关石塔、大运河（大运河镇江段、虎踞桥、江河交汇处、新河街一条街、西津渡古街）、甘露寺铁塔、隆昌寺、城上村遗址、葛城遗址、铁瓮城遗址、宋元粮仓遗址、春城土墩墓群、烟墩山墓地、
全国重点寺院宫观	金山江天禅寺、焦山定慧寺、宝华山隆昌寺、茅山道院
国家级非物质文化遗产	白蛇传传说、镇江恒顺香醋酿制技艺、古琴艺术（梅庵琴派）、扬剧、灯彩（秦淮灯彩）、酿造酒传统酿造技艺（封缸酒传统酿造技艺）、董永传说、佛教音乐（金山寺水陆法会仪式音乐）、道教音乐（茅山道教音乐）
全国古籍重点保护单位	镇江市图书馆
国家重点风景名胜区	“三山”风景名胜区（金山、焦山、北固山）
国家AAAAA级旅游景区	金山焦山北固山国家风景名胜区、茅山风景名胜区
国家AAAA级旅游景区	镇江博物馆、南山风景名胜区、西津渡历史文化街区、宝华山国家森林公园、镇江醋文化博物馆、中国米芾书法公园、江苏茶博园
国家森林公园	南山国家森林公园、宝华山国家森林公园
国家重点公园	金山公园
省级风景名胜区	南山风景名胜区、茅山风景名胜区、九龙山风景名胜区
省级自然保护区	宝华山自然保护区、长江豚类自然保护区
省级旅游度假区	世业洲旅游度假区、茅山湖旅游度假区、水晶山旅游度假区
省级生态旅游示范区	南山风景区

镇江年鉴

2019

（总第28卷）

ZHENJIANG NIANJIAN

镇江市史志办公室 编

方志出版社
Publishing House of Local Records

图书在版编目（CIP）数据

镇江年鉴. 2019 / 镇江市史志办公室编. --北京：方志出版社，2019.8
ISBN 978-7-5144-3827-7

Ⅰ.①镇… Ⅱ. ①镇…Ⅲ. ①镇江—2019—年鉴
Ⅳ. ①Z525.33

中国版本图书馆CIP数据核字（2019）第191567号

镇江年鉴（2019）

编　　者：镇江市史志办公室
责任编辑：陈　菁
出 版 者：方志出版社
　　　　　地址　北京市朝阳区潘家园东里9号（国家方志馆四层）
　　　　　邮编　100021
　　　　　网址　http://www.fzph.org
发　　行：方志出版社图书经销中心
　　　　　（010）67110500
经　　销：各地新华书店
照　　排：南京德玺文化发展有限公司
印　　刷：南京凯德印刷有限公司

开　　本：889×1194　1/16
印　　张：24.5
字　　数：1109千字
版　　次：2019年8月第1版　2019年8月第1次印刷
印　　数：0001~2000册

ISBN 978-7-5144-3827-7　定价：310.00元

《镇江年鉴》主审

惠建林　张叶飞

《镇江年鉴》编审人员

主　　编　杭祝鸿　吴海平

副 主 编　徐　强　杨　兵　王　浩（执行）

编辑部主任　叶兆国

编　　辑　叶兆国　杨正宏　潘　珏　钱金金　于　薇　徐　溯

顾　　问　杨正宏

特邀编辑（以下按姓氏笔画排序）

于　芳　卞　茜　朱银忠　华晨明　汤　岚　许定星

许　晨　孙　力　沙　跃　张初明　张　俊　陈　刚

陈海晨　周长旭　施光群　耿纪明　贾泽栋　唐　为

章云超　章存保　蒋红武　裴　伟　管梅林　潘俊佳

潘　睿

市(区)编辑　尹宏蔚　刘　芳　孙　可　孙　伟　张　虹　陆　琦

陈龙浩　杭茹萍

彩页设计　王　博

《镇江年鉴》撰稿单位审稿人名单

（按姓氏笔画排序）

丁　群　卜晓放　凡　浩　马振兵　王永新　王加友　王亚东　王伟群　王　华　王红卫

王应久　王　宏　王明杰　王明法　王金华　王俊秋　王　浩　王　磊　尹红敏　尹连荣

左葆宁　石小武　石庆银　田茂松　史寿胜　白连生　白淑泉　冯　涛　宁　杰　朱小坤

朱　伟　朱纪斌　朱国夫　刘永红　刘贤忠　刘　璇　江忠顺　汤　雪　许志民　孙中良

孙冬梅　孙国忠　孙　萍　孙　雯　杜　剑　李一匡　李西仑　李　明　李　牧　李　栋

李　勇　李　琤　杨长春　杨　文　杨　兵　杨晓勤　杨　靖　肖敬东　吴伟良　吴　越

沈玉林　张玉宏　张志明　张志耕　张　迎　张宏伟　张忠华　张金宝　张泉荣　张　俊

张俊忠　张剑斌　张海斌　张跃明　张　晶　陆廷秀　陈小平　陈　文　陈正群　陈　兵

陈明春　陈海虹　陈　逵　邵家林　武　斌　林　青　罗　娟　季必宏　周元明　周必君

周梅生　周　毅　庞　迅　宗加伟　赵　云　赵永富　赵守彩　赵志强　赵春龄　胡江平

胡宗贵　胡舜根　胡　瑾　钟一平　施善新　闻　捷　洪向荣　洪　琦　姚长海　姚海荣

贺平泉　贾安民　贾敬远　夏和生　顾　枫　顾惠娟　钱伯安　徐　艺　徐六生　徐本林

徐加荣　徐志刚　徐建锋　徐　淮　殷建国　殷雪青　凌　华　凌建锋　高立群　郭继军

郭　鑫　唐友余　唐　方　谈德成　黄宝红　黄　俊　梅建华　曹宏明　曹　荣　戚　研

笪建新　符　明　商　红　梁　坚　梁新歌　葛玉连　董和建　蒋红武　鲁运生　鲁　宽

曾文兵　谢林祥　解军英　窦玉成　窦高林　樊德高　潘大春　潘　亚　潘　勇　燕　军

戴永卿　戴江澄　戴宏才　戴奇鸣

编辑说明

《镇江年鉴》是镇江市人民政府主办、镇江市史志办公室编撰的大型地方综合年鉴，创刊于1992年。《镇江年鉴》的编纂以马克思列宁主义、毛泽东思想、邓小平理论、“三个代表”重要思想、科学发展观、习近平新时代中国特色社会主义思想为指导，坚持辩证唯物主义和历史唯物主义的立场、观点和方法，逐年记载镇江市经济和社会发展的基本情况，为社会各界认识镇江、研究镇江、发展镇江提供基础资料。

《镇江年鉴(2019)》记载2018年全市经济、社会等方面的基本面貌、发展状况和各行各业取得的新进展、新成就、新经验，出现的新矛盾、新问题以及进行的新探索。《镇江年鉴(2019)》作了较大幅度调整和完善，整合重设《特载》《党政机关·群众团体》《地方立法》《经济管理》《附录》等类目（分目）。同时，载入新能源汽车推广应用监测平台建设、特色小镇创建、低碳城市建设等内容；继续设立城市建设重点工程、《镇江网情》题录等特色内容。彩色画页继续设立“城市名片”，介绍城市特点和重要荣誉。为增强年鉴实用性，在相关部类安排重点企事业单位、科研机构、科研成果、大专院校等“点”上的信息，刊登最新版《镇江市政区图》《镇江市城区图》，继续选登有资料价值、史料价值的图表。

全书采用分类编撰法，分类目、分目和条目3个层次，共设34个类目、278个分目、2000多个条目（图表）。个别分目下设立次分目，其标题前后加“·”表示。条目为记述实体，其标题用黑体字加【　　】表示。文中“市区”表示“丹徒区、京口区、润州区”。表格中 # 表示“其中”。全书所用稿件由市各部门、单位，各辖市（区）专人撰写，并经过各单位领导审阅，事实与数据均经过反复核对。统计数据均使用法定计量单位，正文部分有关数据，由于统计来源、口径和时间不同而存在不尽一致的情况。对有些重要资料的记载在时限上适当放宽，以提高资料使用的时效性。

全书配有多重检索方法：卷首设中文目录，卷末设主题分析索引，并辅之以全书条目参见系统。全书所有资料可通过目录、索引、条目参见系统以及书眉等查寻。为行文简洁，对部分机构（单位）名称采用习惯性简称，并在目录前配有《镇江年鉴》主要机构（单位）简称全称对照表。《镇江年鉴》搜索网址为：http://szb.zhenjiang.gov.cn，也可通过封底二维码扫码进入。

镇江市政区图

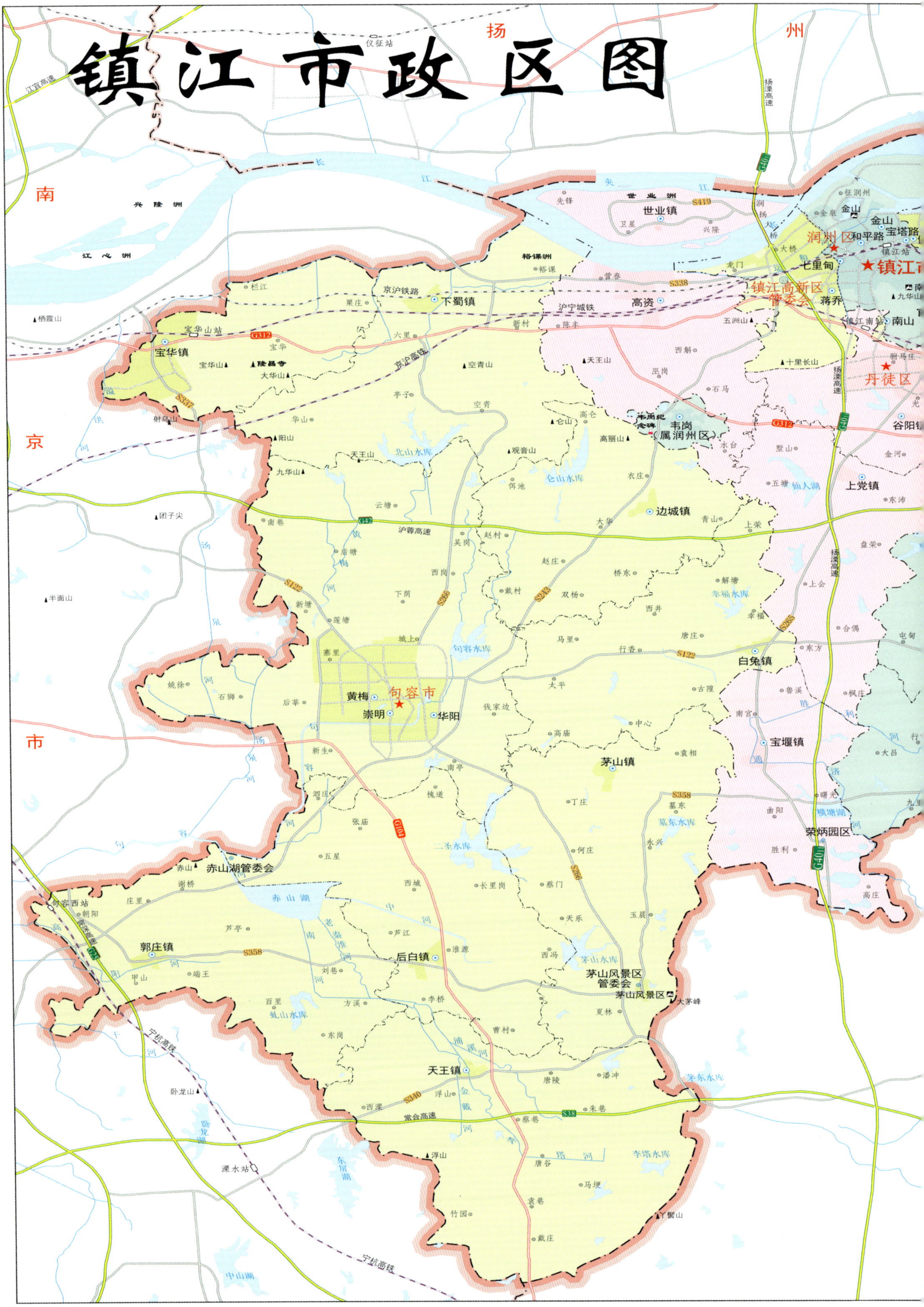

扬
州
南
京
市
仪征站
江宜高速
扬溧高速
长
江
夹
兴隆洲
江心洲
世业洲
世业镇
先锋
卫星
兴隆
润扬大桥
金山
金山
和平路
宝塔路
润州区
镇江市
大桥
镇江站
七里甸
龙门
镇江高新区管委会
蒋乔
裕课洲
裕课
栏江
京沪铁路
下蜀镇
栗庄
营春
高资
沪宁城铁
新村
陈丰
五洲山
镇江南站
南山
九华山
栖霞山
宝华山站
宝华镇
宝华
六里
宝华山
隆昌寺
大华山
京沪高铁
空青山
天王山
西射
十里长山
丹徒区
扬溧高速
巫岗
石马
亭子
空青
射乌山
华山
仑山
高仑
韦岗战斗纪念碑
韦岗（属润州区）
阳山
高丽山
水台
谷阳镇
天王山
北山水库
观音山
九华山
倪池
仑山水库
衣庄
墅山
金河
五塘
仙人湖
上党镇
东沛
团子尖
云塘
边城镇
南巷
大华
青山
上荣
沪蓉高速
赵村
吴岗
盘荣
后塘
赵庄
桥东
解塘
西岗
戴村
双杨
幸福水库
上会
半面山
下蜀
新塘
西井
幸福
莲塘
马里
唐庄
合偶
屯甸
城上
行香
东方
寨里
句容水库
白兔镇
姚徐
石狮
后茅
黄梅
句容市
太平
古隍
崇明
华阳
钱家边
鲁溪
枫庄
南宫
新生
高庙
中心
宝堰镇
大吕
茅山镇
袁相
南亭
泗庄
槐道
丁庄
墓东
曙光
张庙
墓东水库
曲阳
横塘湖
荣炳园区
二圣水库
永兴
五星
何庄
胜利
赤山
赤山湖管委会
谢桥
西城
长里岗
蔡门
高庄
句容西站
庄里
朝阳
赤山湖
芦亭
芦江
天乐
玉晨
郭庄镇
淮源
后白镇
西冯
茅山水库
刘巷
端王
甲山
茅山风景区管委会
茅山风景区
大茅峰
百里
方溪
李桥
夏林
北山水库
东岗
曹村
宁杭高铁
潘冲
天王镇
唐陵
卧龙山
西溧
浮山
朱巷
常合高速
蔡巷
浮山
李塔水库
溧水站
唐谷
马埂
东屏湖
袁巷
竹园
丫髻山
戴庄
宁杭高铁
中山湖
茅东水库

地图审核号：苏镇S（2019）04号

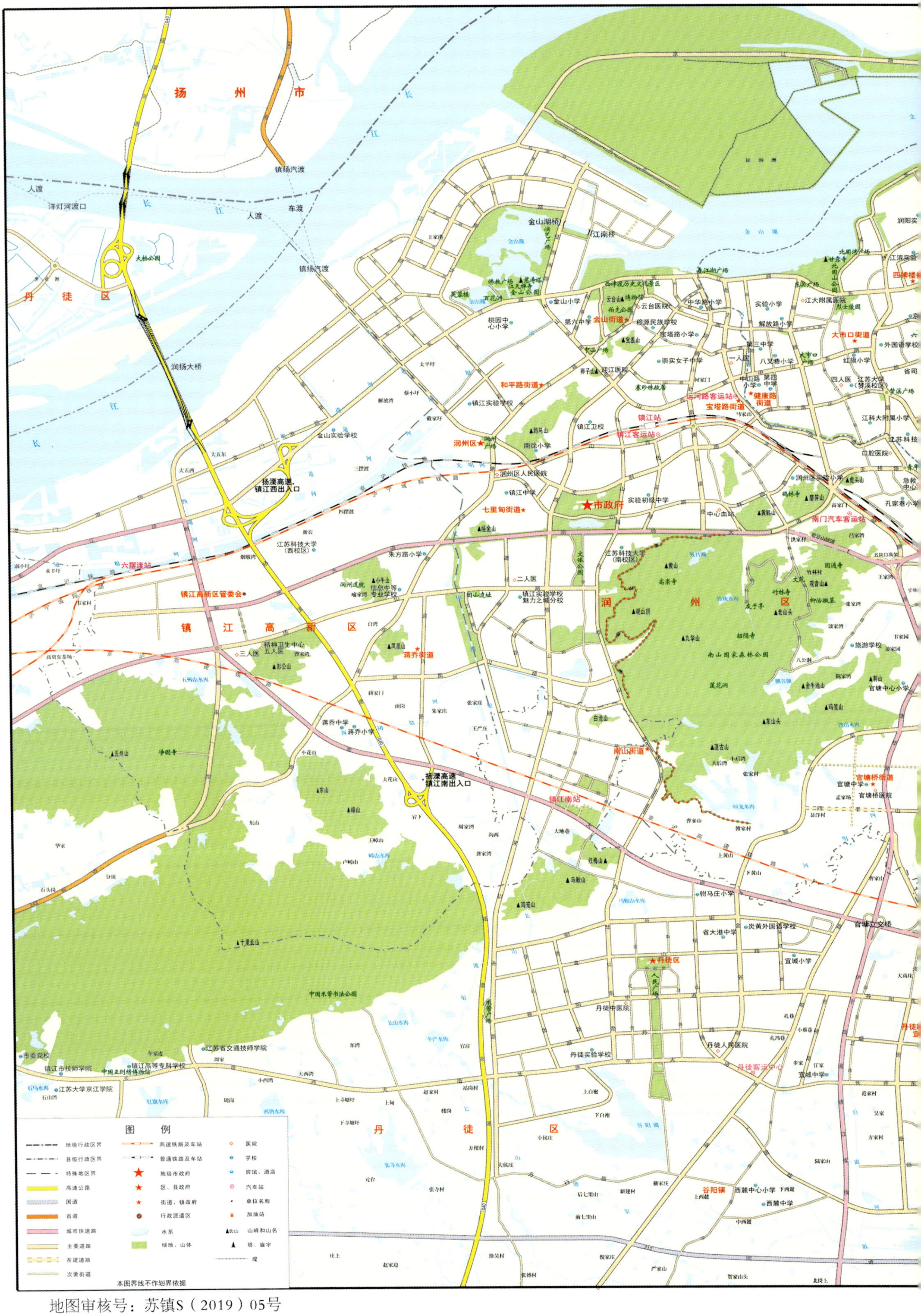

地图审核号：苏镇S（2019）05号

镇江市城区图

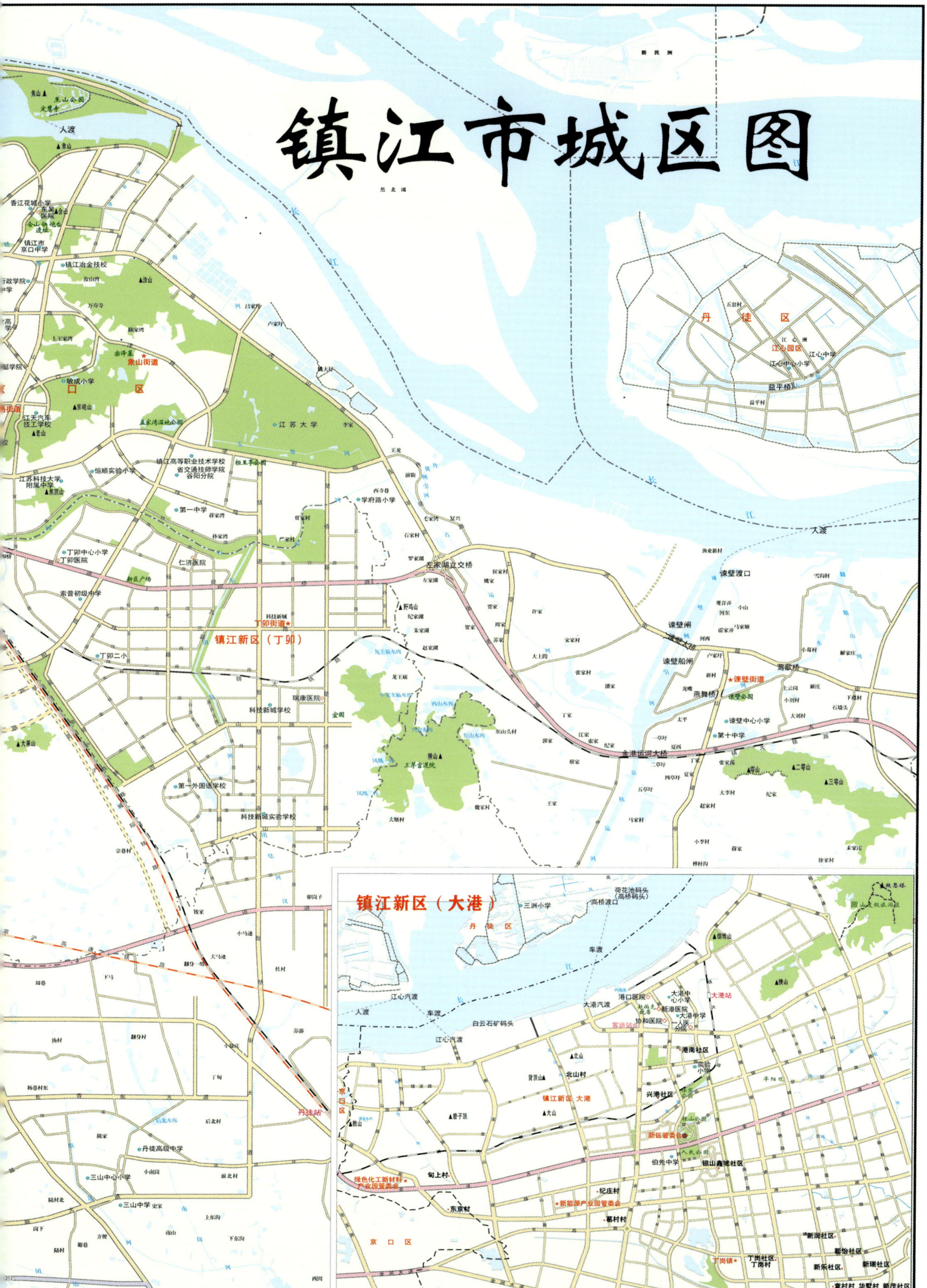
焦山
焦山公园
定慧寺
人渡
象山
香江花城小学
东吴医院
镇江市京口中学
镇江冶金技校
万寿寺
象山街道
敏成小学
江天汽车技工学校
京岘山
江苏大学
镇江高等职业技术学校
省交通技师学院谷阳分院
恒顺实验小学
江苏科技大学附属中学
第一中学
学府路小学
丁卯中心小学
丁卯医院
仁济医院
新区广场
索普初级中学
左家湖立交桥
科技新城
丁卯街道
镇江新区（丁卯）
丁卯二小
瑞康医院
科技新城学校
横山
三茅宫道院
第一外国语学校
科技新城实验学校
大茅山
丹徒站
丹徒高级中学
三山中心小学
三山中学
丹徒区
江心园区
江心中学
江心中心小学
益平桥
谏壁渡口
谏壁闸
谏壁大桥
谏壁船闸
谏壁街道
燕舞桥
谏壁公园
谏壁中心小学
第十中学
金港运河大桥
葛歌桥
二零山
三零山
镇江新区（大港）
三洲小学
荷花池码头（高桥码头）
高桥渡口
车渡
江心汽渡
白云石矿码头
大港汽渡
港口医院
大港中心小学
新港医院
协和医院
大港中学
客运站
大港站
港南社区
北山
北山村
兴港社区
镇江新区 大港
新区管委会
伯先中学
银山鑫城社区
甸上村
绿色化工新材料产业园管委会
纪庄村
新能源产业园管委会
东京村
葛村村
京口区
丁岗镇
丁岗社区
丁岗村
新洲社区
新怡社区
新乐社区
新瑞社区
章村村
华墅村
新茂社区

2018年全市主要经济社会指标

年末常住人口
比上年增长0.3%
2018年　319.64万人

住户存款
比上年增长9.0%
2018年　2161.07亿元

城镇化率
比上年增长0.7%
2018年　71.20%

地区生产总值
比上年增长3.1%
2018年　4050.00亿元

人均地区生产总值
比上年增长0.7%
2018年　126906元

税收收入
比上年增长10.7%
2018年　241.24亿元

居民消费价格指数
比上年增长2.0%
2018年　102.0（上年=100）

规模以上工业主营业务收入
比上年增长0.4%
2018年　4162.10亿元

社会消费品零售总额
比上年增长5.0%
2018年　1360.92亿元

进出口总额
比上年增长12.4%
2018年　118.39亿美元

工业用电量
比上年增长2.0%
2018年 183.42亿千瓦时

全社会用电量
比上年增长4.7%
2018年 255.24亿千瓦时

金融机构人民币贷款余额
比上年增长15.2%
2018年 4450.60亿元

金融机构人民币存款余额
比上年增长3.4%
2018年 5042.97亿元

全体居民人均可支配收入
比上年增长8.5%
2018年 40883元

城镇常住居民人均可支配收入
比上年增长7.7%
2018年 48903元

农村常住居民人均可支配收入
比上年增长8.6%
2018年 24687元

一般公共预算收入
比上年增长6.0%
2018年 301.50亿元

一般公共预算支出
比上年增长5.7%
2018年 408.06亿元

进口总额
比上年增长8.7%
2018年 38.59亿美元

出口总额
比上年增长14.2%
2018年 79.80亿美元

说明：本页数据均为统计快报数

重要会议

2018年12月29日，镇江市庆祝改革开放40周年座谈会召开

2018年6月29日，全市庆祝中国共产党成立97周年大会召开

和活动

2018年7月27日，中国共产党镇江市第七届委员会第七次全体会议召开

2018年12月29日，中国共产党镇江市第七届委员会第八次全体会议召开

重要会议

2018年1月7日，镇江市第八届人民代表大会第二次会议召开

2018年1月6日，中国人民政治协商会议镇江市第八届委员会第二次会议召开

2018年2月7日，中国共产党镇江市第七届纪律检查委员会第三次全体会议召开

2018年2月22日，全市作风效能建设大会召开

和活动

2018年5月25日，全市高质量发展大会召开

2018年6月11日，全市污染防治攻坚战暨“116”专项行动大会召开

2018年9月29日，全市科技创新大会召开

2018年10月23日，2018国际低碳（镇江）大会暨江苏省生态环境高质量主题论坛召开

2018年度全国公路交通

公路党员突击队

2018年11月14日，由交通运输部、江苏省政府、武警某总队联合主办，交通运输部公路局、江苏省交通运输厅、武警某支队、镇江市政府、泰州市政府承办的2018年度全国公路交通军地联合应急演练在镇江市举行。该次演练以“冬季公路交通综合应急保障”为主题，设置预防预警、情况接报、军地联合响应、灾情侦察与研判、干线公路除雪除冰抢通和保畅、高速公路和国省道快速打通、团雾天气船撞桥处置、危化品车辆事故快速处置、空地联动救援等科目，展示信息化应用和高科技装备等现代化手段。该次演练实现“三个首次”，即首次在武警部队领导指挥体制改革后举办公路交通军地联合应急演练，首次全过程展示长江中下游地区冬季公路交通综合应急保障能力，首次实现军地两方、部省市三级联网联动。

武警交通部队架设临时钢架桥

军地联合应急演练

直升机救援

撒水车撒布融雪水融液

平地机推除路面积雪

推雪板推除路面积雪

第四届江苏技

2018年11月23日，第四届江苏技能状元大赛总决赛开幕式现场

2018年11月，由江苏省政府主办的第四届江苏技能状元大赛在镇江市举办，全省近5万名职工、学生参加技能练兵和预赛选拔，463名选手参加总决赛，在历届竞赛中是规模最大、竞赛项目最多、竞赛标准最高的一届。大赛首次采用开放模式，全部赛点和比赛全程对社会公众开放。大赛设20个竞赛项目，并创新设立“青苗组”赛项，新增紫砂陶等乡土特色项目。

镇江市有326名职工、学生参与市级选拔，40名选手进入总决赛，有23名选手在13个项目上获奖，其中，6个项目获一等奖、7人获“技能状元”；16人分获二等奖和三等奖。镇江市“状元”数量列全省第一名，其中，“江苏技能状元”（职工组）实现零的突破。

2018年11月24日，镇江市技能人才技艺展演活动举行

能状元大赛

主赛场

园艺项目竞赛现场

通用工程机械项目竞赛现场

家具制作项目竞赛现场

2018年11月26日，第四届江苏技能状元大赛闭幕式现场

2018海外华裔青少年夏令营镇

营员集体合影

2018年7月29日——8月9日，由国务院侨办主办，江苏省侨办、镇江市侨办承办的2018海外华裔青少年“中国寻根之旅”夏令营镇江营活动在镇江市举行。该次夏令营按照“游学对半、参观见学”的原则设计安排活动课程，美国、德国、加拿大、西班牙等国家华裔青少年81名队员和领队参加。活动期间，队员们游览镇江“三山”景区；参观醋文化博物馆、镇江博物馆、赛珍珠故居、世业洲青少年活动基地；参观古运河历史文化展示馆和西津渡古街，并体验金山湖游船。同时，队员们还体验武术、书法、中国画、京剧、古诗词、江苏民歌、民乐及中国结、剪纸、泥塑、丝网花、烙铁画、赛车模型制作等项目，切身感受中华传统文化的独特魅力。该活动进一步增强海外华裔青少年对“故土”“家国”和“文化之根”的认同，进一步凝聚侨心，扩大镇江在海外的知名度、美誉度。

参观金山公园

体验剪纸

“中国寻根之旅”江营活动

体验烙铁画

优秀营员代表

学写毛笔字

情深谊长中国结

以人民群众对美好
惠民发

2018年，镇江市新增优化公交线路61条，市区实现公交扫码乘车移动支付全覆盖，完成镇村公交智能化改造。全市54个经济薄弱村达标，3300余户建档立卡低收入人口实现脱贫，达标率超过80%。社保覆盖率98%以上，退休人员养老金实现“十四连增”。新建老年人日间照料中心5个、助餐点100个、居家养老服务中心15个。新增城镇就业8.4万人，扶持创业1.33万人，创业带动就业6.04万人。

学前教育体制改革获“全国教育改革创新优秀奖”，率先实现全国中小学校责任督学挂牌督导创新县（市、区）全覆盖。全市建立642支家庭医生签约服务团队，开设103个“全一专联合门诊”，建成20家康复联合病房。

建成省级村（社区）基层综合文化服务中心277个、农村文化礼堂236个。省级双拥模范城市再创“满堂红”。举办2018砂板乒乓球世界杯、江苏省第十届残运会等重大体育赛事。

2018年，200辆新能源公交车投入运营

2018年11月25日，2018镇江国际马拉松举行

生活的期待为出发点
展有实效

镇江民间文化艺术馆新馆开馆表演

丁卯街道老年人日间照料中心助餐服务

居家呼叫开启养老新模式

“镇江好人”在沪义务理发30载

交通重

2018年1月1日，丁卯高架通车

2018年9月23日，镇丹高速建成与连镇铁路齐头并进

苏南运河跨河桥梁

2018年，镇江市交通工程实施34个项目，完成投资超80亿元。铁路：连镇铁路镇江段征地拆迁基本完成扫尾、正线进入架梁施工；镇江五峰山长江大桥初具形态、主缆开始架设；南沿江铁路、宁句城际轨道正式开工。公路：镇丹高速公路提前至国庆节前建成通车，是2018年全省唯一一条通车的高速公路项目；镇江五峰山长江大桥南北接线高速公路开工；句容西部干线建成通车；357省道丹阳至常州机场段、122省道丹阳姚庄至241省道段等干线公路加快推进；农村公路提档升级新改建道路200千米、桥梁20座，行政村双车道四级路覆盖率达98.3%。港口水运：长江12.5米深水航道工程镇江段通过交工验收；全港建成6个5万吨级、1个4万吨级、1个1万吨级长江码头；苏南运河“四改三”、丹金溧漕河“五改三”跨河桥梁工程有序推进，完成桥梁改建4座。航空：镇江大路机场水上起降区项目完成报批。枢纽：镇江东站、镇江新区站、镇江南站一体化改造等项目开工；丹阳创成全国首批“四好农村路”示范县；句容南门快速通道建成通车；扬中238省道扬中段全线贯通；丹徒265省道丹徒南段改扩建一、二期项目建成；京口加快推进焦湾路北延等6个项目建设。

点工程

238省道扬中段建成通车

镇丹高速提前建成通车，扬中至沪宁高速入口车程只需15分钟

镇江长江大桥首根主缆索股架设完成

住建重

2018年，镇江市实施城建项目193个，完成投资257亿元。太古山路竣工通车，团山路西段城市化改造主体贯通，新西门桥危桥改造完成，大港水厂一期具备试运行能力。市区新建、改造供水管网41千米，燃气管道102千米，完成老旧小区燃气立管改造1万户。实施老旧小区改造三年行动，对中营、朱方路等五大片区进行品质提升，建筑面积51万平方米。市区完成棚户区征收拆迁180万平方米，危房和空斗墙房屋解危2.37万平方米。建成孟家湾湿地公园等5处街头绿地，市区新增绿地150公顷。完成四明河、一夜河、虹桥港、御桥港、西团结河等5条列入省名录的黑臭水体治理任务。基本完成海绵城市试点城市3年建设任务。丹阳市延陵镇九里村、句容市茅山镇丁庄村等6个村庄入围省特色田园乡村建设第三批试点；镇江市建成1个市级“美丽宜居镇”和10个市级特色田园乡村建设试点。镇江建筑业完成总产值698亿元，签订合同额1309亿元。创建省级建筑产业现代化示范园区和省级示范基地各1个。新开工装配式建筑面积270万平方米、成品住房面积150万平方米。累计新建节能建筑1223万平方米，获绿色建筑评价标识72项、总建筑面积401万平方米。

道路绿化提升

点工程

江心洲水源地保护项目

扬中农村生活污水处理项目

江滨路取直工程

新西门桥危桥改造

镇江市城市建设全面推进

重要媒体报道镇江情况（一）

2018年，镇江市围绕学习贯彻习近平新时代中国特色社会主义思想和中共十九大精神、纪念改革开放40周年、污染防治攻坚行动等重大主题，推出一批新闻报道。开展贯穿全年的“聚力产业强市 推动高质量发展”系列主题宣传，开设聚焦奋斗进行时、营商环境大提升、重点建设项目巡礼、深度对标苏南——一把手访谈、经济双过半、思想大解放 发展高质量——重点企业行等栏目，组织40余场集中采访，并赴苏南6市开展“深度对标苏南 走进苏锡常”异地采访，推出各类报道千余篇。举办《人民日报》海外网“中国新发现·全媒体大型采访”首站启动仪式，搭建“镇江故事专题”。《新华日报》头版头条数量居全省地级市前列。

脱贫攻坚，精准再精准

《人民日报》：保护修复生态系统1月

确保监察机关依法有效行使职权

《人民日报》：江苏镇江“五大行动”让党支部力量倍增

镇江闯出新模式

《人民日报·海外版》：镇江闯出新模式

中国国防报

拥军服务直达“家门口”

深深的八路情结

《中国国防报》：江苏省镇江市打造政府负责、社会协同、公众参与拥军新格局

镇江市政协系统以高质量履职助推高质量发展

《人民政协报》：镇江市政协系统以高质量履职助推高质量发展

“红船精神”为永葆党的政治先进性提供强大精神力量

《光明日报》：江苏镇江为互联网企业装上“红色引擎”

用马克思主义中国化最新成果指导反腐败斗争

《中国纪检监察报》：充分发挥政协民主监督作用

《中国组织人事报》：江苏镇江试点打造“310人才品质生活圈”做人才的“最佳合伙人”

《中国组织人事报》：江苏镇江离退休干部支部聚力献余热

《中国领导保障报》：镇江市积极探索建立工伤康复体系纪实

《中国化工报》：索普集团 高擎新理念之旗，砥砺前行铸辉煌

《新华日报》：七成以上公共财政支出用于民生保障 镇江惠民新举提升百姓幸福

《新华日报》：产业强市筑牢实体经济根基 镇江高质量发展走新路

《新华日报》：镇江制定下发六个“工作法”“口袋书”作指导，基层党建活了

《新华日报》：镇江为高质量发展画出最大“同心圆”

《新华日报》：葡萄串起一二三产业 水蜜桃成就“甜蜜事业”镇江农业越干越有奔头

《新华日报》：年关停化工企业38家到2020年减煤330万吨 镇江“背水一战”攻坚污染防治

《新华日报》：增强答卷意识担当精神对标苏南提高发展站位努力把“镇江很有前途”变成生动现实

《新华日报》：改革开放以来地区生产总值增长328倍 镇江把牢“第一要务”砥砺前行

重要媒体报道镇江情况（二）

《新华日报》：句容 人社服务标准领跑全省

《新华日报》：做好"生态+"文章挖掘科创资源"富矿" 句容聚力创新打造"江苏硅谷"

《新华日报》：延揽28名院士 厚植创新生态 丹阳产业强市书写高质量发展

《新华日报》：标杆更高格局更远 转得更快改得更实 句容甩掉"苏南尾巴"的帽子

《新华日报》：民生高质量 城管高品位 丹阳打造沪宁线上"节点城市"

《新华日报》：润州"全域党建"提升惠民质效

《新华日报》：孚能科技从签约到开工仅用97天 镇江新区项目落地刷出新速度

《新华日报》：坚定走产才融合、人才强区之路 "润州英才"成转型振兴第一资源

《新华日报》：扬中 产才融合，走活创新一盘棋

《香港大公报》：江苏镇江将发布低碳发展标准

《香港大公报》：镇江发展实行生态经济化

新华日报

T1 星期三 2018年12月 19

史诗40年 1978—2018 改革再出发

镇江篇

责编：魏晓敏 版式：司马安芯

将改革开放进行到底 谱写高质量发展新篇章

镇江市委书记 惠建林

习近平总书记深刻指出，改革开放是决定当代中国命运的关键一招，也是决定实现“两个一百年”奋斗目标、实现中华民族伟大复兴的关键一招。党的十一届三中全会以来，党中央带领全国人民坚持解放思想，深化改革开放，闯出了一条新路、好路，实现了从“赶上时代”到“引领时代”的伟大跨越。我们要以庆祝改革开放40周年为契机，不断把新时代改革开放推向前进，奋力谱写镇江高质量发展新篇章。

改革开放40年 镇江发生了显著变化

40年来，勤劳智慧的镇江人民在历届党委的坚强领导下，坚持以经济建设为中心，沿着十一届三中全会确立的正确道路阔步前进。2014年12月13日，习近平总书记亲临镇江视察，对镇江工作提出明确要求，殷切寄语“镇江很有前途”。全市党员干部始终把总书记的期望和嘱托作为强大精神动力，牢牢把握发展第一要务，不断提升发展质态。今天，一个经济繁荣、社会和谐、环境优美的新镇江，一个充满生机和活力的新镇江，一个致力于推进高质量发展的新镇江，正昂首挺立在长江三角洲这片热土之上，跻身于苏南经济板块之中。

40年来，镇江经济不断迈上新台阶。持续调整和创新经济体制，综合实力显著增强。地区生产总值1996年突破100亿元，2006年超1000亿元，2017年超4000亿元，比1978年的12.1亿元增长328倍。镇江是国家创新型试点城市、国家知识产权强市、全国工业绿色转型发展试点城市、国家服务外包示范城市、中国制造2025试点示范城市，拥有1个国家级经济技术开发区、1个国家级高新区、1个国家级综合保税区、6个省级经济开发区，拥有高端装备制造、新材料两个千亿级产业。2017年高新技术产业产值达3644.57亿元，占规模以上工业产值比重达49.3%，列全省首位。惠龙易通在全国首创“互联网+物流”的独有商业模式，企业创新创业精神得到习近平总书记点赞。天工国际连续五年位列世界工模具钢特钢强企前三强、中国第一位，大全集团低压成套电器生产规模居于世界前列，恒神股份成为我国第一个单线具有千吨级碳纤维产业化能力的企业。两大历史经典产业发展态势良好，恒顺香醋、丹阳眼镜成“江苏旅游必购商品”。

40年来，镇江开放不断取得新成效。1985年镇江首家中外合资企业京侨饭店诞生，目前已吸引80多个国家和地区客商来镇投资，1300多户外资企业入驻镇江，德国西门子、法国道达尔等近50家世界500强企业落户。台湾奇美集团、仁宝集团、台湾水泥、宝岛眼镜、立德电子、大华金属、李长荣石化等近20家上市公司，先后在镇江投资30多个项目。在2017年江苏台企500强评选中，镇江有16家入选营收额500强，其中镇江奇美化工纳税额列第二名。1984年，镇江结下第一座国际友城——日本津市，如今已有12个国家的17座城市，与镇江缔结友好城市关系。目前常住镇江的外籍人士达到3100多人，其中相当数量是留学生。产学研国际合作不断深化，镇江“工业对俄、农业对日”国际科技合作在全国具有影响，被科技部认定为国际科技合作示范基地。2017年外贸进出口总额达105.36亿美元，实际利用外资达13.53亿美元，外向型经济呈现蓬勃发展的良好态势。

40年来，镇江城乡不断展现新面貌。坚持规划引领、品质提升和城乡一体化发展，着力打造生态、宜居、美丽镇江。城市化率由1977年的13.5%，上升为2017年的70.5%，城镇人口由1977年的32.8万人，上升为2017年的224.63万人。在全省率先实施主体功能区规划，生产、生活、生态空间配置更加合理。先后成为国家低碳试点城市、全省唯一的生态文明建设综合改革试点城市，创成国家生态市和国家森林城市、国家园林城市、国家环境保护模范城市、国家节水型城市。成功举办国际低碳（镇江）大会，在联合国应对气候变化大会上举办镇江主题边会，在全国首创低碳城市建设管理云平台。深入开展“263”“116”专项整治行动，强力推进大气、水、土壤污染防治和重点片区、重要水体山体、城乡环境综合整治，生态环境质量稳步提升。

40年来，镇江民生不断取得新改善。坚持以人民为中心的发展思想，推进人民生活实现跨越，社会事业全面进步。2017年，城镇居民人均可支配收入达到45386元，比1978年职工年均收入的514元增长88倍；农民人均纯收入达到22724元，更是比1978年的96元增长236倍。教育、医疗、文化等与百姓生活密切相关的各个领域都突飞猛进，取得了喜人的发展业绩。以创成全国文明城市为标志，社会文明跃上新高度。以获得“长安杯”、获得立法权为标志，平安和法治建设迈上新台阶。推进“暖企惠民”大走访常态化长效化。始终坚持尽力而为、量力而行，“一户一策”开展精准扶贫，构建低保与教育、医疗、住房、慈善援助相互衔接的社会救助体系，努力实现全面小康路上一个不少、一户不落。

40年来，镇江党的建设不断取得新进展。牢牢把握党的建设正确方向，坚决服从服务于党的历史使命和各阶段中心任务，取得明显成效。特别是党的十八大以来，在以习近平同志为核心的党中央坚强领导下，全市各级党组织始终深入学习贯彻习近平新时代中国特色社会主义思想，认真贯彻习近平总书记视察镇江的重要指示精神，全面贯彻新时代党的建设总要求，切实履行党要管党、全面从严治党责任，着力推进党的政治建设、思想建设、组织建设、作风建设、纪律建设，把制度建设贯穿其中，为决胜全面建成小康社会、建设“强富美高”新镇江提供了坚强的政治保证。严格落实中央八项规定精神和省市十项规定，动真碰硬推进中央和省委巡视组反馈意见整改。深入开展“效能革命”，建立“三项机制”，干部作风加快转变。扎实开展党的群众路线教育实践活动、“三严三实”专题教育和“两学一做”学习教育，“学习亚夫精神、践行群众路线”、“走转连”和五级人大代表统一接待日等特色举措产生广泛影响。党务公开工作走在全国前列，“一创六争”活动在全省推广。

改革开放40年 积累的经验弥足珍贵

改革开放的40年，是中华大地生机盎然的40年，也是历史文化名城镇江焕发青春活力的40年。今天我们承前启后，回眸光辉历程，认真梳理总结经验，对于镇江坚持改革开放不动摇，在推进高质量发展的道路上创造新的更大辉煌，意义非常重大。

40年的实践启示我们，必须始终坚持党在社会主义初级阶段的基本理论、基本路线、基本方略不动摇。40年来，我们党在理论上和实践上具有决定性意义的重大成果和贡献，就是作出我国处于并将长期处于社会主义初级阶段的战略判断，据此创立和贯彻包括邓小平理论、“三个代表”重要思想、科学发展观、习近平新时代中国特色社会主义思想在内的中国特色社会主义理论体系，制定和贯彻“一个中心、两个基本点”的基本路线，形成和贯彻“十四个坚持”的基本方略。纵观镇江40年改革开放的历程，从农村改革起步阶段的推进联产承包责任制、合同订购制、调动广大农民生产积极性，到推动乡镇企业迅速崛起，带动农村繁荣致富；从城市改革初期的简政放权、扩大企业经营自主权试点，到深化企业多项制度改革、产权制度改革、流通体制改革和现代企业制度的建立；从社会事业改革的逐步推进，到深化行政审批制度改革、推进供给侧结构性改革，都是在党的基本理论、基本路线、基本方略的指导下，循序渐进、破旧立新、以点带面、逐步推进取得的。

40年的实践启示我们，必须始终坚持解放思想、实事求是、与时俱进、求真务实这个马克思主义活的灵魂不动摇。改革开放的进程就是解决经济社会发展中各种问题的过程。面对新问题，只有不断解放思想、实事求是、与时俱进、求真务实，才能让自己的认知符合客观实际，才能寻找到符合镇江实情的发展道路。解放思想永无止境，每个时期都有其特定的内容。党的十一届三中全会召开后，镇江干群突破传统计划经济思维束缚，积极开展真理标准大讨论，坚持实践是检验真理的唯一标准，勇敢跨出了农村和城市改革的新路。邓小平同志南方谈话后，镇江干群通过开展“九十年代镇江精神”大讨论，冲破姓“资”姓“社”传统观念束缚，坚持“三个有利于”标准，充分利用沿江和港口优势，积极呼应上海浦东大开发开放，实施外向带动和沿江开发战略，加快经济国际化、市场化进程。党的十八大、特别是十九大以来，镇江干群通过开展新一轮解放思想大讨论，坚持深度对标苏南、深化改革创新，开启高质量发展新征程。40年来，镇江以解放思想先行，准确把握经济社会发展的各个阶段性特征，因时因势科学谋划，才为每一步发展赢得了主动和先机。

40年的实践启示我们，必须始终坚持抢抓机遇、开拓进取、奋发作为的精神状态不动摇。开启改革开放历史新征程以来，如何把中国特色社会主义与镇江具体情况相结合，没有任何先例可循，要求我们必须抢抓机遇，勇于探索与尝试，勇于攻坚。实践证明，抓住了机遇，落后的地区就可能实现超越式发展，走在时代前列；丧失了机遇，也会不进反退，成为时代的落伍者。40年来，从农村家庭联产承包责任制推行到新时期发展农村“三大合作组织”、新时代推进乡村振兴；从依托历史和区位优势，发展港口型经济，到抢抓“一带一路”、长江经济带、长三角一体化、宁镇扬一体化发展机遇，加快双向开放步伐；从加强招商引资，强化要素和投资驱动，到更加重视科技和人才，强化创新驱动；从求快求量的传统价值观，到量质并举、全面协调可持续的科学发展观，到坚决以习近平新时代中国特色社会主义思想定向领航，自觉践行新发展理念，用“六个高质量”统领发展全局，镇江没有人云亦云、随波逐流，而是不等不靠、迎难而上，在实践中抢抓机遇，努力探索适合本地发展的新模式，实现了镇江发展的个性特点与全国发展共性特征的有机融合。

40年的实践启示我们，必须始终坚持以人民为中心的发展思想和尊重人民首创精神不动摇。改革开放在认识和实践上的每一次突破和发展，无不来自人民群众的实践和智慧。鼓励基层、群众解放思想、积极探索，鼓励不同区域进行差别化试点，从群众关注的焦点、百姓生活的难点中寻找改革切入点，推动顶层设计和基层探索良性互动、有机结合，是改革开放取得巨大成就的宝贵经验。全国道德模范、“时代楷模”赵亚夫几十年如一日，把“论文”写在大地上，改变了数以万计农民的生活，形成了在全省推广的“戴庄模式”；上世纪90年代中后期，“四千四万”精神从扬中发轫，并逐渐在苏南推广，有力促进苏南乡镇工业发展。实现好、维护好、发展好人民群众的根本利益是改革开放的出发点和落脚点。40年来，镇江重视民生的力度比以往任何时候都要强，解决民生的投入比以往任何时候都要多，改善民生的成效比以往任何时候都要大。改革开放的成功，归根到底在于顺应了人民要发展、要创新、要过美好生活的历史要求。在新时代，无论改革开放的领域拓展到哪里，无论外部条件发生什么样的变化，只要始终与人民想在一起、干在一起，就没有克服不了的困难，就没有越不过的沟坎。

40年的实践启示我们，必须始终坚持改革发展稳定有机统一不动摇。社会稳定不仅是人民群众的共同心愿，也是改革发展的必要条件。“稳定是硬任务，是第一责任”的观念始终贯穿于镇江改革开放的40年。在一些特定时期的改革阵痛中，镇江各级党委、政府始终察民情、恤民苦，始终关注人民群众的承受能力，以切实解决人民群众反映的问题为根本，不断优化工作作风，积极化解矛盾，从而最大限度地增加和谐因素，努力形成了和谐社会人人有责、和谐社会人人共享的生动局面，为镇江进一步深化改革开放、可持续发展创造了良好环境。

持续深化改革开放 创造镇江美好未来

没有改革开放，就没有镇江的今天，也就没有镇江的美好未来。2019年是新中国成立70周年，是决胜全面建成小康社会第一个百年奋斗目标的关键之年。随着改革进入深水区，镇江又一次走到了历史关口。深度对标苏南，深化改革创新，追赶超越的目标如何实现？“六个高质量”发展如何推进？三大攻坚战如何打赢？阻碍发展的各方面体制机制弊端怎样革除？除了持续解放思想，深化改革开放，别无他途。我们要认真学习贯彻习近平总书记在庆祝改革开放40周年大会上的重要讲话精神，以敢为天下先的胆魄，争当开拓者、实干家，以改革造就新气象、开放带来新活力、发展打开新空间，为镇江赢得“下一个40年”。

坚持以勇于自我革命的鲜明品格加强和改进自身建设。改革开放给经济社会发展注入强大生机和活力，也对党员干部的实践能力、专业水平、工作方法提出了更高要求。我们将坚持刀刃向内，以自我革命的鲜明品格，不断加强自身建设。坚持在学懂弄通做实习近平新时代中国特色社会主义思想上下功夫，保证改革开放始终沿着正确方向前进。强化问题意识、时代意识、战略意识，加强宏观思考、统筹谋划、顶层设计，注重系统性、整体性、协同性，做到谋定而动，全方位推进改革开放。聚焦贯彻落实新发展理念、深化供给侧结构性改革、推动产业强市、乡村振兴、城市内涵式提升、打赢“三大攻坚战”等重点，组织开展务实管用的专题培训，引导和帮助干部丰富专业知识、提升专业能力、锤炼专业作风、培育专业精神，更好地适应新时代、落实新部署、实现新目标。

将改革开放进行到底。当前及今后一个时期，镇江推进改革开放过程中，面临经济结构性矛盾突出，主导产业尤其是先进制造业发展质量和水平亟待提高；化解风险隐患、加强环境保护仍需付出艰苦努力；城乡建设、民生改善等方面仍有不少短板；干部担当意识、工作实效尤其是抓落实能力仍有差距，“四风”新表现仍然存在等一系列问题。站在新的历史起点上，要切实解决前进中的问题，必须以发展为第一要务，以逢山开路、遇河架桥的精神和坚韧不拔的毅力，把全面深化改革进行到底、把对外开放的大门越开越大，在更高起点、更深层次上开创改革开放新局面，加快实现高质量发展。

深化事关全局的重大改革。坚持市场化改革方向，下决心革除一切阻碍高质量发展的思想观念和体制机制，加快补齐推动高质量发展的各种短板，发挥好改革深刺激、强刺激作用。进一步深化供给侧结构性改革，不断优化镇江产业布局；进一步全面深化国资国企改革，清理盘活资产资源，激发国资发展活力；深化军民融合发展，加强军民融合创新示范区建设；深化生态文明体制改革，加快生态文明建设，扎实推进“263”“116”专项行动，标本兼治，系统治理，从根子上彻底解决突出环境问题；规范公权力使用，完善行政决策机制，加强政务诚信建设，全面推进政务公开，营造公开公平公正的发展环境；深化干部人事制度改革，有效开展“一创六争”、政治体检，充分发挥“三项机制”作用，切实调动干部担当干事积极性。

落实好关系民生的改革任务。坚持全心全意为人民服务的根本宗旨，把人民拥护不拥护、赞成不赞成、高兴不高兴作为衡量一切工作得失的根本标准，使改革开放始终拥有不竭的力量源泉。坚持以维护社会公平正义、增加人民福祉为出发点和落脚点，使改革发展成果更多更公平惠及群众。加强调查研究，精准对接发展所需、基层所盼、民心所向，不断深化医疗、教育、养老等领域改革，让人民群众拥有更多获得感、幸福感。

深入推进全方位对外开放。科学研判分析开放工作面临的新形势，通过深入对接“一带一路”、长江经济带、长三角一体化发展，大力引进先进制造业、现代农业、现代服务业外资项目，并在“引进来”的同时敢于“走出去”。积极以创新创造、优进优出为目标调优贸易结构，复制推广自贸试验区改革试点经验，落实扩大开放各项政策措施，营造国际一流的营商环境，推动形成高水平双向开放新格局。

完善改革开放落地见效的体制机制。强化改革导向，允许改革有失误，但不允许不改革、贻误实现高质量发展的机遇。强化跟踪督察，及时纠偏调整，确保改革行稳致远、持续释放发展活力。旗帜鲜明褒奖敢于担当、勇于改革的干部，鞭策拖延改革、应付改革的行为，凝聚“撸起袖子加油干”的强大正能量，确保改革开放各项任务落地见效。

总策划：双传学 总统筹：顾雷鸣 执行：翟慎良 赵舒

外事活动

2018年5月24日，镇江市与法国贝尔热拉克城市聚合体正式缔结友好城市关系

2018年6月18日，镇江市政府、北汽集团、麦格纳集团在南京签署三方合作协议，由北汽集团与麦格纳合资建设的高端智能纯电动汽车项目落户镇江市

2018年6月24日，镇江市举办第四届国际瑜伽日·千人瑜伽活动

2018年11月20日—22日，镇江市与韩国益山市举办缔结友好城市关系20周年纪念活动

前列专题图片由镇江报业传媒集团融媒体中心、《创新》杂志社、市委宣传部、交通运输局、住建局、外办等单位和王旻诗、王洁、王雪晴、文雯、石小刚、冯杨、朱之豪、朱文、刘文琴、刘利群、张桂安、张斌、金升龙、郑仁轩、钱佳晖、谢道韫（以上按姓氏笔画排序）等摄影、供稿。前后环衬摄影为杨宪华；封底摄影为谢道韫

《镇江年鉴》主要机构(单位)简称全称对照表

简　称	全　称
市　委	中国共产党镇江市委员会
市人大常委会	镇江市人民代表大会常务委员会
市政府	镇江市人民政府
市政协	中国人民政治协商会议镇江市委员会
纪　委	中国共产党镇江市纪律检查委员会
监　委	镇江市监察委员会
市法院	镇江市中级人民法院
市检察院	镇江市人民检察院
市委办	中国共产党镇江市委员会办公室
统战部	中共镇江市委统一战线工作部
政法委	中共镇江市委政法委员会
综治委办	镇江市社会治安综合治理委员会办公室
台　办	中共镇江市委台湾工作办公室 (镇江市人民政府台湾事务办公室)
编　办	镇江市机构编制委员会办公室
机关工委	中共镇江市委市级机关工作委员会
保密办(局)	中共镇江市委保密委员会办公室 (镇江市国家保密工作局)
史志办	镇江市史志办公室
关工委	镇江市关心下一代工作委员会
市政府办	镇江市人民政府办公室
金融办	镇江市人民政府金融工作办公室
发改委	镇江市发展和改革委员会
经信委	镇江市经济和信息化委员会
科技局	镇江市科学技术局
国资委	镇江市人民政府国有资产监督管理委员会
城建集团	镇江城市建设产业集团
交通集团	镇江市交通产业集团
文旅集团	镇江市文化旅游产业集团
国控集团	镇江市国有投资控股集团
文广集团	镇江市文化广电产业集团

简　称	全　称
人社局	镇江市人力资源和社会保障局
国土局	镇江市国土资源局
环保局	镇江市环境保护局
住建局	镇江市住房和城乡建设局
干道办	镇江市城市干道工程建设办公室
城管局	镇江市城市管理局
城管执法局	镇江市城市管理行政执法局
旅游委	镇江市旅游发展委员会(园林管理局)
农　委	镇江市农业委员会
农机局	镇江市农业机械管理局
农资局	镇江市农业资源开发局
贸促会	中国国际贸易促进委员会镇江市委员会
文广新局	镇江市文化广电新闻出版局
卫计委	镇江市卫生和计划生育委员会
工商局	镇江市工商行政管理局
质监局	镇江市质量技术监督局
食药监局	镇江市食品药品监督管理局
安监局	镇江市安全生产监督管理局
民宗局	镇江市民族宗教事务局
机关事务局	镇江市机关事务管理局
民防局	镇江市民防局(镇江市人民防空办公室)
外　办	镇江市人民政府外事办公室
港澳办	镇江市人民政府港澳事务办公室
侨　办	镇江市人民政府侨务办公室
法制办	镇江市人民政府法制办公室
仲裁委	镇江仲裁委员会
接待办	镇江市委市政府接待办公室
供销社	镇江市供销合作总社
民革市委	中国国民党革命委员会镇江市委员会
民盟市委	中国民主同盟镇江市委员会
民建市委	中国民主建国会镇江市委员会

简　称	全　称
民进市委	中国民主促进会镇江市委员会
农工市委	中国农工民主党镇江市委员会
致公市委	中国致公党镇江市委员会
九三市委	九三学社镇江市委员会
工商联	镇江市工商业联合会
团市委	中国共产主义青年团镇江市委员会
妇　联	镇江市妇女联合会
科　协	镇江市科学技术协会
社科联	镇江市哲学社会科学界联合会
文　联	镇江市文学艺术界联合会
侨　联	镇江市归国华侨联合会
台　联	镇江市台湾同胞联谊会
残　联	镇江市残疾人联合会
消防支队	中国人民武装警察部队江苏省总队镇江市消防支队
武警支队	中国人民武装警察部队江苏省总队镇江市支队
船艇学院	中国人民解放军镇江船艇学院
农科院	镇江市农业科学研究院
检验检疫局	中华人民共和国镇江出入境检验检疫局
海　关	中华人民共和国镇江海关
缉私局	中华人民共和国镇江海关缉私分局
盐业公司	江苏省盐业集团镇江有限公司

简　称	全　称
电信公司	中国电信股份有限公司镇江分公司
移动公司	中国移动通信集团江苏有限公司镇江分公司
联通公司	中国联合通信有限公司镇江分公司
广电网络公司	江苏省广播电视信息网络股份有限公司镇江分公司
人　行	中国人民银行镇江市中心支行
银监分局	中国银行业监督管理委员会镇江监管分局
农发行	中国农业发展银行镇江市分行
工　行	中国工商银行股份有限公司镇江市分行
农　行	中国农业银行股份有限公司镇江市分行
中　行	中国银行股份有限公司镇江分行
建　行	中国建设银行股份有限公司镇江分行
交　行	交通银行股份有限公司镇江分行
江苏银行	江苏银行股份有限公司镇江分行
邮储银行	中国邮政储蓄银行有限责任公司江苏省镇江市分行
中石化镇江分公司	中国石油化工股份有限公司江苏镇江石油分公司
中石油镇江分公司	中国石油天然气股份有限公司江苏镇江销售公司
教育工委	中共镇江市委教育工作委员会
江　大	江苏大学
江科大	江苏科技大学
高　专	镇江市高等专科学校
江大出版社	江苏大学出版社有限公司

目　　录

特　　载

大 事 记

镇江概览

党政机关·群众团体

军 事

法 治

经济管理

人力资源和社会保障

农　　业

水 利

制 造 业

交通 · 物流 · 邮政

口岸 · 港口

信息化建设

城乡建设与管理

环境保护

旅　　游

商贸流通

对外及对港澳台经济贸易

金　融

科学技术

教 育

文　化

地域文化研究

大众传媒

卫　生

体　育

社会民生

市(区)概览

经济开发园区

人　　物

书目 · 文摘 · 题录

附　　录

索　　引

彩　　页

年度聚焦

镇江市低碳城市建设成果综述

绿色低碳是镇江城市名片和优势品牌。2018 年，全市低碳城市建设工作取得新突破。

一、务实创新，国际低碳（镇江）大会再放光彩

2018 国际低碳（镇江）大会暨江苏省生态环境高质量主题论坛由联合国开发计划署与镇江市人民政府共同主办，以“培育低碳新经济 · 推进发展高质量”为主题，设置高峰论坛、江苏省生态环境高质量主题论坛、成果发布、“蓝天碧水 · 美丽家园”主题边会、“绿色港航 · 美丽镇江”主题边会、“春风又绿江南岸 · 保护长江母亲河”低碳公益众筹活动、路演招商活动及一系列群众性参与活动。38 名省部级领导、27 名国际重要嘉宾、280 名专家学者及精英代表、450 名企业家及高管出席会议，总嘉宾规模 3500 人。大会发布三项成果：一是国家应对气候变化战略研究和国际合作中心发布的“低碳发展镇江指数”。二是中国国际经济交流中心发布的《镇江低碳城市综合运营模式实践研究报告》（含镇江低碳城市综合运营模式、电动乘用车换充电模式、3D 打印建筑等内容）。三是国家市场监督管理总局、江苏省市场监督管理局与镇江市联合发布的江苏省地方标准《低碳城市评价指标体系》。大会 8 场路演招商活动签约低碳发展项目 36 个，总签约额超过 220 亿元。中央电视台、《人民日报》等 40 余家媒体播报大会。生态环境部官方微博肯定“镇江积极开展低碳试点，推进制度、路径和技术创新，以‘镇江实践’丰富全球气候治理‘中国方案’”。会后，大会嘉宾、国电环境保护研究院副院长王圣携专家团队赴镇江考察大气治理问题。完成“春风又绿江南岸 · 保护长江母亲河”低碳公益活动腾讯公益平台注册等前期工作，成功举办增殖放流公益活动。

二、系统推动，低碳建设“九大行动”取得实效

制定并推动《2018 生态文明（低碳城市）建设行动计划》中的空间布局优化、绿色低碳产业、绿色低碳生产模式、生态环境优化、绿色低碳建筑、绿色低碳能源、绿色低碳交通、绿色低碳生活方式、能力建设等 9 个方面 90 项重点任务的落实。推动绿色交通建设，开展内河船舶污染物垃圾转运，加快全域交通智慧化建设；发展绿色建筑，完成 48 万平方米“海绵 + 节能”社区改造，市区累计完成 113 万平方米装配式建筑建设；推进节水型社会建设，完成 7 所省“节水型学校”、27 所市“节水型学校”、7 个省“节水载体”、2 个省节水示范区建设；推动降低全市公共机构能耗，单位建筑面积能耗、人均综合能耗、水资源消耗分别下降 2.5%、3%、4%；推进“绿色工厂”建设，培育 20 家市级“绿色工厂”；推广“戴庄经验”，不断优化生态农业发展。经生态修复后检测，戴庄稻田生物物种多达 127 种，超出普通稻田 6.4 倍，持续 10 年未用农药化肥；推动开展废弃矿山地质环境治理，全市新增矿山恢复治理面积 158 公顷；推动“近零碳岛”建设，扬中市、丹徒区世业洲及江心洲分别完成“金屋顶”装机 31.2 兆瓦、8.97 兆瓦。

三、主动推介，城市美誉度进一步提高

参加国家发改委中国城市和小城镇改革发展中心、法国展望基金会共同举办的 2018 中欧绿色和智慧城市奖评选活动，以第 1 名成绩获 2018 中欧绿色和智慧城市奖低碳和智慧城市先行奖，并在园区共建、投资促进、技术援助等方面获主办方支持。参加 2018 年生态环境治理体系与治理能力研讨会、中日韩低碳城市研讨会等低碳领域重大会议。应生态环境部邀请，镇江市作为全国低碳试点城市参加第 24 届联合国气候大会，并在中国角边会做主题发言。应中宣部要求，配合中央电视台拍摄《低碳中国梦》纪录片，宣传推介镇江实践。应生态环境部邀请，参与《第四次气候变化国家评估报告》地方典型案例集编写工作，“镇江政府主导推动”“低碳大会”“生态云”等典型案例被纳入报告。

四、深化研究，加强低碳发展路径探索

围绕镇江市 2020 年达峰目标，市发改委与国家气候战略中心，江苏省信息中心及各地、各部门，分析研判低碳城市试点建设以来全市碳排放量及人均碳排放量演变及发展趋势，制定《镇江市低碳发展规划（2017—2020）》《镇江市率先达峰三年行动计划》。探索国际低碳（镇江）大会市场化办会路径，与岭南集团等会展业机构进行对接，依托镇江低碳品牌优势，推动构建“政府指导、企业主办、政企联动”的运营及发展模式。

（市发改委）

“民主监督‘263’、政协委员在行动”活动综述

2018年，镇江市开展“民主监督‘263’、政协委员在行动”活动。市政协牵头、统筹活动的推进和落实，全市四级近1500名政协委员深入一线、积极作为，形成影响。

主要做法是：动员部署。3月28日，召开主题活动动员部署大会，印发《关于在全体委员中开展以“民主监督‘263’”为重点的主题活动实施意见》，明确活动目的、意义和方法步骤，统一思想认识，提出工作要求。全员参与。发动和组织住镇江全国政协委员、省政协委员、市政协委员、辖市（区）政协委员以及全市各级政协机关干部投入、参与到“263”专项行动中，为镇江“天蓝地绿水清”奔走、呼吁。分层作战。按辖市（区）分成7个片区，建立40个监督视察小组，实行片区牵头、小组主战、统分结合的组织模式，既分兵作战、分头行动，又统一步调、协同推进，多层次助推“263”行动落地落实。项目监督。遴选确定100多个“263”行动重点、难点项目，细分到各片区、各监督视察小组，定区域、定小组、定人员，做到责任到人、职责明确。跟踪推进。以监督视察小组为单元，采取集中视察和分头行动相结合、明察和暗访相结合、监督项目和走访群众相结合的方式，对挂钩负责的项目全程跟踪，并通过口头建议、提案、社情民意信息、参政议政专报等形式全力督查推进。

主要成效有：形成声势。活动开始，7个片区全部赴项目现场召开片区调度会，40个监督视察小组活跃在镇江“263”行动第一线，促进项目的落地和有关问题的解决。活动进行中，7个片区召开情况交流汇报会，总结民主监督阶段性工作开展情况，坚持问题导向，分析不足，查找原因，深入推进“263”专项行动。市政协各参加单位包括市各民主党派、工商联和各人民团体积极响应、协同作战，动员党派、团体成员共同推动专项行动开展。形成机制。各片区、各小组多渠道听取民意、多形式走访调研、多角度论证思考，通过参加有关会议、听取工作汇报、现场明察暗访、深入调查走访等方式进行监督，丰富民主监督形式，提高民主监督效果。各地、各有关单位按照市政协要求，完善组织领导机制、定期协商机制、信息反馈机制、督办落实机制等，做到有领导分管、有人员经办、有措施落实、有制度保证。形成氛围。民主督察活动中，各片区、各监督视察小组注意搜集活动资料，及时总结经验做法，为宣传报道、成果展示提供鲜活素材。市政协充分运用各类媒体进行全方位、多视角、高频率的宣传报道，浓厚民主监督“263”专项行动的舆论氛围。3月30日，《人民政协报》刊登《四级委员联手民主监督，千双眼睛盯住百个项目》；4月8日，省“263”专项行动领导小组办公室《镇江市政协开展民主监督“263”行动》专报报送省委、省政府领导。

（市政协办）

镇江市新能源汽车推广应用监测平台建设情况综述

2017年5月，镇江市新能源汽车推广应用监测平台建设项目通过市经信委“三重一大”立项申请，正式启动；6月，通过市政府信息化项目投资管理委员会办公室组织的专家论证评审；8月，项目立项完成，进入公开招标程序；9月初，项目建设启动；10月初，上线调试；11月，通过专家评审验收；12月底，建成试运营。2018年4月，全省首个集新能源汽车监测、充电设施监测、地方补贴申报等功能于一体的新能源汽车推广应用监测平台在镇江正式上线运行。江苏省新能源汽车推广应用协调小组办公室评价该项目为“全省首个按照国家标准建成的市级综合性新能源汽车监测平台，为全省新能源汽车生产和推广应用发展提供了典型示范和重要支撑”。该项目探索出一条“政府主导、第三方承建、社会化运营”建设新能源汽车推广应用监测平台的新路径，被业内专家誉为“镇江模式”。截至2018年年底，平台完成车企平台数据对接31家，接入新能源汽车品牌39个、车型132款；实现对2992辆新能源汽车、1175个充电桩工况实时监控，分别占推广应用车辆总量、充电桩总量的80.8%、66.6%；受理补贴申报注册企业66家。

1. 方案起点“高”。市经信委、市财政局、市交通运输局等单位研究比较南京、盐城、南通、上海等省内外试点城市在建设新能源汽车监测、充电设施监测、补贴申报等独立功能平台的做法成效，结合镇江实际，对接《电动汽车远程服务与管理系统技术规范》等国家最新技术标准，按照“技术先进、经济可行、运营高效”原则，制定集新能源汽车监测、充电设施监测、地方补贴申报等功能于一体的监测平台建设方案。

2. 程序规范“严”。市新能源汽车推广应用领导小组办公室把程序规范放在平台建设首位，切实加强事前、事中、事后各关键环节的监督管理。在立项申请、可研论证、政府决策、公开招标、项目验收、资金拨付、运营管理等重点环节，邀请市纪委、监委派驻纪检组对平台建设进行全程监督，接受省新能源汽车推广应用协调小组办公室、市信息化项目投资管理委员会办公室的指导，严格履行相关手续，实现将平台打造成精品工程、阳光工程和示范工程的预期。

3. 平台功能“全”。平台由1个软件平台、2个中心（数据中心、监控中心）组成，是全省首家集新能源汽车监测、充电桩监测、补贴申报和综合分析4大功能的平台，实现新能源汽车及充电设施推广应用、补贴发放、安全运营等监管全覆盖。新能源汽车监测功能实时采集全市公共领域新能源汽车位置、行驶、“三电”等基本信息，对车辆故障进行诊断预警，避免发生安全事故。充电桩监测功能实时采集全市公共领域充电设施基本信息、位置信息、充电状态，具有故障报警提示等功能。补贴申报功能实现补贴实时申报、实时审核、实时反馈，简化申报办事流程，提高工作效率。综合分析功能根据车辆及充电桩的运行状态等实时信息，定期生成分析报告，为推广应用、安全监管、补贴兑现等工作提供技术分析支撑。

4. 技术水平“新”。平台在数据采集、传输、存储、分析等方面，采用中国电信“天翼云”及基于4G虚拟专用网络加密通道等高新技术。在监控软件方面，采用符合国家最新技术标准的新能源汽车监测平台软件。平台综合应用云计算、物联网、大数据等新一代信息技术，通过动态图表、热力图等形式，构建信息化、智能化、流程化、可视化的大数据平台。具备支持未来5至10年，全市10万辆电动汽车和3万个充电桩的接入监管容量，以及系统升级迭代和功能拓展扩容能力。

5. 运营模式“专”。平台运营采用政府购买服务方式实现，较好地激活社会力量，充分发挥财政资金的引导作用。根据监测功能需求，平台运用镇江电信公司的云资源、网络基础设施、服务保障体系，以及已经通过国家测试的新能源汽车监测软件等资源，在存量资源整合的基础上，通过优化升级，开展软硬件建设。运营维护费用采取“近期财政补贴，后期自收自支”的方式，即：平台正常运行每满一年，支付合同总价的8%，至2022年付清；后期由平台维护运营，经政府授权拓展功能服务等方式，自负盈亏，独立承担平台运营维护升级费用。平台项目中标总价371万元，较完全新建独立功能监测平台节约建设成本50%（约400万元）以上。

（市经信委）

镇江市行业协会、商会与行政机关脱钩改革情况综述

2017年9月22日，镇江市政府召开市级行业协会、商会脱钩改革工作动员会，全市行业协会、商会脱钩改革工作正式启动。一年多时间里，全市行业协会、商会脱钩改革工作取得显著进展。

一是强力推进，市级行业协会、商会完成脱钩任务。对照《镇江市行业协会商会与行政机关脱钩总体方案》，并经全市各相关部门梳理、确认，89家市级行业协会、商会纳入脱钩范围。市发改委、市民政局发挥市脱钩办工作职能，完善工作推进机制，加强统筹协调、衔接沟通、督促检查，加快推进全市行业协会、商会脱钩改革。至2018年7月底，89家市级行业协会、商会完成脱钩改革任务，按照"五脱钩、五分离"的要求完成所有脱钩手续，成为依法直接登记和独立运行的社会组织。

二是督查指导，辖市(区)开展行业协会、商会脱钩工作。2018年3月，市脱钩办印发通知，要求各辖市(区)尽快明确责任单位、责任人，年内完成本地区行业协会、商会脱钩改革工作。5月、12月，市脱钩办牵头对各辖市(区)行业协会、商会脱钩改革工作进行了实地检查。年中，市脱钩办多次赴辖市(区)对行业协会、商会脱钩改革工作进行业务培训指导。经各辖市(区)上报确认，有118家辖市(区)协会、商会应纳入脱钩范围。截至2018年年底，有64家协会、商会完成脱钩或注销；剩余未完成脱钩的54家行业协会、商会按计划在2019年一季度完成脱钩改革工作。

在镇江市行业协会、商会与行政机关脱钩改革过程中，推进的举措如下：

一是牵头制定总体方案。根据中央和省关于推进行业协会、商会与行政机关脱钩总体方案要求和市委、市政府的工作部署，牵头制定《镇江市行业协会与行政机关脱钩改革总体方案》，由市委办、市政府办联合印发实施。明确脱钩改革工作的总体目标、基本原则、脱钩主体和范围、主要任务和工作措施。

二是汇编配套政策文件。市发改委与市相关部门，围绕国家和省在党建、编制调整、负责人任职管理、资产管理、财政支持、购买服务、用房清退等10个方面陆续出台的10个相关配套文件，研究制定镇江市的8个配套文件，汇编成册供各相关单位以及各行业协会、商会参考。

三是健全工作推进机制。充分发挥市脱钩办职能，落实行业协会、商会脱钩联络员机制和工作推进周报机制，每月召开全市行业协会、商会脱钩工作推进会议，做好统筹协调、衔接沟通、督促检查等方面工作，推进全市行业协会、商会脱钩改革任务的顺利实施。

四是加强业务培训指导。开展全市行业协会、商会脱钩改革工作培训会议，制定地市本级行业协会、商会脱钩改革方案编写模版，督促各相关单位以及各行业协会、商会及时编制脱钩改革实施方案，汇总各行业协会、商会脱钩改革实施方案，明确脱钩实施工作安排计划。2018年，市脱钩办牵头组织6次专题培训会。

（市发改委）

镇江市特色小镇创建情况综述

2016年8月，镇江市出台特色小镇建设的指导意见，按照"创建一批、培育一批、谋划一批"的原则，以"三集"园区为基础，以建制镇(街道)为单元，规划建设一批特色小镇。

一、创建成效

1. 省级小镇创建名列前茅。一是省级特色小镇创建数量列全省第二名。组织各辖市(区)申报省级特色小镇创建名单，争取更多省级政策资源支持镇江市特色小镇创建。扬中"智慧电气小镇"、镇江新区"再生医学小镇"列入第二批省级特色小镇创建名单，加上首批3个省级特色小镇，镇江市有5个特色小镇列入省级特色小镇创建名单。同时，有4个小镇列入市级特色小镇创建名单。二是省级小镇考核取得佳绩。句容"绿色新能源小镇"在全省2017年度考核中获优秀，列全省第三名，获省发改委推荐申报国家级特色小镇；镇江新区"航空教育小镇"、丹阳"眼镜风尚小镇"考核合格。3个小镇获600万元的省级奖补资金；省国土厅给予每个小镇2017年度实际使用建设用地指标的50%用地指标作为奖励，句容"绿色新能源小镇"获365亩(24.3公顷)土地奖励指标。

2. 产业带动能力明显增强。特色小镇不断完善水、电、路、气、网等基础设施配套和公共服务能力，产业引进和承载能力不断提升。2018年度全市特色小镇投资约75亿元。句容"绿色新能源小镇"加快建设"智慧云仓"项目、智能组件制造项目、光伏逆变器等项目，投资超过20亿元，镇江新区"航空教育小镇"加快建设德扬大棕熊飞机、逸帆大运飞机内饰、航空教育板块等重点项目，投资超过15亿元；镇江新区"再生医学小镇"加快建设好未来教育基地、克兰茨高端装备制造、福慧岛医护共享床等重点项目，投资超过10亿元。

3. 助推转型成效愈加显现。镇江市特色小镇创新发展模式，推动产业链的延伸拓展和商业模式的转型创新，促进产业转型升级。丹阳"眼镜风尚小镇"发布中国丹阳眼镜指数，进一步树立在国内眼镜行业的权威地位；与阿里巴巴合作开发丹阳眼镜诚信通特色平台，打造一个集中展示丹阳眼镜产品、品牌、形象和促进线上线下有序竞争和交易的集约型、智能型网络平台，推动丹阳眼镜与互联网的深度融合。镇江新区"航空教育小镇"通过"大路通航小镇"与"航空教育小镇"合并，促进镇江新区航空产业资源整合，拓展延伸航空产业链，旨在打造集通用机场运营、航空制造、航空教育、航空文化、航空旅游五位一体的全国综合性全产业链航空产业集聚区。

4. 推动创新优势更加突出。镇江市特色小镇通过产业、文化、旅游、社区等功能的融合，快速集聚人气和高端要素，吸引"央企系""浙商系""海归系""协鑫系"等创新资源，成为各项改革创新的"试验田"。一些小镇尝试引入多类企业参与建设营运，取得不少经验。例如句容"丁庄葡萄小镇"依托农民合作联社模式，打造生态农业和旅游业，基础配套、公共服务逐步完善，小镇风情初显，连续举办葡萄文化节，促进农业和旅游业的融合发展，促进农民显著增收。"京口c创小镇"与江苏大学合作建设"互联网信息技术研究院"，合作开展"IT高层次人才""美工高层人才"联合培养计划，为小镇网络游戏产业发展提供持续、高效的技术支撑和人才支撑。

二、主要举措

1. 健全推进机制。贯彻落实市委、市政府《关于开展特色小镇规划建设试点的指导意见》，明确各地政府是特色小镇规划建设的责任单位、各建制镇(街道)是规划建设的责任主体；制定推进计划，明确目标任务，确定牵头单位，将目标任务分解下达到各辖市(区)和市相关部门，促进形成"市、县、镇"三级

联动机制;发挥市特色小镇规划建设工作联席会议办公室职能,定期召开特色小镇推进工作会议,完善特色小镇督查推进制度。

2. 加强规划编制。市发改委、市规划局编制《全市特色小镇总体布局规划》,坚持因地制宜,根据各地产业类别、资源优势和配套条件,研究全市特色小镇的布局发展,提出梯次的培育创建计划。组织全市5个省级、4个市级特色小镇,按照节约集约、多规融合的要求,科学编制控制性详细规划,确定小镇的发展思路、功能定位,明确目标任务、重点项目等。

3. 完善配套功能。督促省级、市级特色小镇完善水、电、路、气、网等设施,加快周边环境整治,美化小镇环境。按照统一标识、多功能结合要求,促进特色小镇加快建设具有创业服务、商务商贸、文化展示、交往空间等综合功能的"小镇客厅",提升小镇客厅宣传、展示、招商、接待等功能,促进小镇产业、文化、旅游和一定的社区功能叠加,满足小镇建设可观可感的要求,提升小镇产业项目引进和建设承载能力。挖掘文化内涵,促进5个省级小镇、4个市级小镇做好形象标识(LOGO)设计,提升特色小镇知名度。

4. 营造浓厚氛围。组织"省级特色小镇"代表赴奥地利、德国特色小镇参观学习,参加第一届"特色中国镇"短视频大赛新闻发布会,宣传推介镇江市特色小镇。成功举办第二期特色小镇创建研修班,加强特色小镇建设条线业务培训,通过专门政策解读、典型案例分析、实践经验分享等,提高全市特色小镇谋划、建设、营运能力。围绕建设目标任务,市发改委、市特色小镇研究院开展特色小镇创建的相关研究,形成一批研究成果。

(市发改委)

餐厨废弃物及污泥协同处置的"镇江模式"综述

镇江市以建设国家餐厨废弃物资源化利用和无害化处理试点城市为契机,确立"协同全处理,资源全利用,过程全绿色,污染零排放"的技术路线,建成全国首个餐厨废弃物与生活污泥协同处置项目,形成可复制、可推广的餐厨废弃物资源化利用和无害化处理的"镇江模式"。2018年1月,全省餐厨废弃物与污泥处理处置现场推进会在镇江市召开,重点推介镇江项目。6月,作为市餐厨废弃物与生活污泥协同处理项目运营主体的市水业总公司获评国家"水专项——城市污泥及有机质联合生物质能源回收与综合利用技术"示范基地。

一、创新处置思路,设施技术协同化

餐厨废弃物和污水处理厂污泥的处理一直是城市管理中的难题。从最初的设计开始,镇江市并没有照搬现成经验,而是创新思路,采取餐厨废弃物与污泥协同处理的方案,远期规划包含厨余垃圾、园林绿化废弃物、畜类粪便、过期食品等城市其他有机废弃物,以形成规模化效应。一是设施建设协同。镇江市将餐厨废弃物与生活污泥协同处置项目选址在污水处理厂内,既节省土地资源,又降低建设和运营成本;同时,便于生活污泥输送和沼液处理,没有新增污染源控制点。二是处理技术协同。餐厨废弃物和生活污泥协同消化可以稀释污泥中重金属浓度和餐厨废弃物中盐分浓度,减少消化毒物质;同时,可以降低废物中的油分浓度。

二、研发核心技术,知识产权自主化

项目运行主体镇江市水业总公司与同济大学开展合作,加强工艺、装备的技术研发,截至2018年12月底,有包括协同处理工艺、餐厨预处理收运车、智慧餐厨信息管理系统在内的近40项自主知识产权。餐厨废弃物与生活污泥协同处理工艺消化充分、资源化利用程度高,可实现完整的有机质循环链;自主研发的车载预处理设备,在收集车内进行全密封分拣、制浆,实现餐厨废弃物收运处理全过程近零排放,同时,系统集成完整高效,保证生产安全稳定、运行流畅。镇江市水业总公司完成城市有机质协同处理工程建设、系统集成、产品研发的技术储备,具备对外复制推广的能力。

三、优化工艺流程,环境影响最小化

餐厨废弃物在收集与储运过程中会接触空气中的腐败菌和有害菌,产生臭味和毒素。项目建设团队考查全国各地的餐厨废弃物处理企业,并邀请专家进行论证,优化工艺流程,采用"前端分类、源头制浆"新工艺。餐厨废弃物产生后,由产生单位将其分类收入专用收集桶,专业收运队伍每日按时上门清运,采用车载预处理设备,在餐厨废弃物收集车内进行全密封分拣、制浆,到厂后通过密封管道输送至处理系统。原来安装在预处理车间的除臭装置,后置在项目系统的尾端,加大在沼渣脱水和干化过程中的抽气量,减少臭气的产生与散发,避免在厂内进行集中预处理时导致的二次空气污染。

四、规范制度建设,收运处理一体化

镇江市先后出台《镇江市餐厨废弃物管理办法》《镇江市餐厨废弃物专项整治方案》《镇江市餐厨废弃物收运处置实施方案》等,制定实施餐厨废弃物申报、台账管理等制度,规范餐厨废弃物产生单位排放行为。按照"统一规划、统一管理、统一标准、统一设置"原则,建立集回收、运输、处理于一体管理体系,设置收运线路16条,配备收运工作人员65人、餐厨收运车辆27辆、收运桶5000余只。与444家单位签订收运协议,基本实现市区大中型餐饮饭店、企业、学校等全覆盖。

五、加强组织保障,联合执法常态化

城市有机废弃物分属不同部门主管,项目的建设、运营、监管需要协调多个部门,难度较大。镇江市建立由市领导牵头,市城管、发改、住建、食药监、公安、环保、园林、农林等部门参与的餐厨废弃物管理联合执法机制,共同做好决策、部署、监管等工作。以打击非法收运餐厨废弃物的车辆为突破口,定期开展联合执法,切断非法收运渠道,倒逼餐饮企业将餐厨废弃物交有资质企业处置。

六、构建信息平台,监管调度智慧化

镇江建设"餐厨废弃物信息化管理平台",建立餐厨废弃物数据自动采集、动态实时监控、异动报警提醒等智能化的运输全过程监管体系。对餐饮单位、收运人员、设施、车辆进行统一调度和管理,实现每日作业量的采集、汇总和精细化监管,全面提升餐厨废弃物处置的监管力度和水平,提高收运处置作业和决策管理的效率。

七、促进资源利用,对外排放近零化

立足于餐厨废弃物资源化利用和产业链延伸,实现高效、安全利用。项目2016年6月建成投入试运行,各项收运、生产、资源化利用指标均提前完成国家试点任务。截至2018年12月,餐厨废弃物处理量为140吨/日,污泥处理量为120吨/日,生物碳土产量为30吨/日~40吨/日,产沼气为1.1万立方米/日。项目产生的沼气、生物碳土资源化利用率均为100%。沼气提纯加压接入市政燃气管网,每日可向市政燃气管网输送成品天然气4000立方米。生物碳土通过土壤改良、苗木种植、营养土开发等多种方式进行资源化利用。项目投运后,外供沼气为82.79万立方米,生物碳土资源化利用量为17330吨。

(市发改委)

镇江市空气质量提升行动情况综述

2018 年，镇江市推进大气环境质量提升工作，市委书记惠建林、市长张叶飞多次调度推进，市政府出台《镇江市"蓝天保卫战"十条》，并专门组织市有关部门和辖市（区）赴徐州学习大气污染防治经验。全市按照"指挥部 + 工作组 + 地区部门"的工作格局，成立镇江市污染防治攻坚行动指挥部，惠建林担任第一总指挥、张叶飞担任总指挥，相关市委常委、副市长，人大、政协分管领导担任副总指挥，指挥部下设 17 个工作组。同时，引入专家团队，制定空气质量管控工作方案，建立每日会商、交办、督查等机制，每旬通报大气污染防治情况，采取强力措施促进空气质量改善。突出抓好十个重点：

一是扬尘管控。市区 161 家建筑工地严格执行"五达标一公示"和"六个 100%"要求（"围挡、硬化、覆盖、保洁、冲洗"五项达标，设立扬尘污染防治公示牌；工地周边 100% 围挡、物料堆放裸地 100% 覆盖、出入车辆 100% 冲洗、施工现场地面 100% 硬化、拆迁工地 100% 湿法作业、渣土车辆 100% 密闭运输）。市区重点地区洒水频率由原来的一天两次提升至两小时一次。

二是烧烤整治。城区主要区域露天烧烤全部停业整顿，排查 91 家露天占道烧烤点，取缔 10 家、入室经营 81 家。

三是尾气控制。将市区货车禁行区域扩大近 1/3；加强 312 国道、沿江公路、南徐大道等车流量较大道路的执法力度，查处柴油车辆冒黑烟和尾气超标排放 755 车次。

四是工业减排。全市实施大气污染防治项目 421 项，其中，挥发性有机物治理项目 358 项；燃煤锅炉整治 10 项。停产整治燃煤锅炉、焦化、水泥、钢铁、砖瓦窑等重点行业 2 批 69 家企业，未通过整治达标验收不得复产。

五是餐饮油烟控制。向小餐饮户下达立即停止使用煤炉的通知书，多部门联合执法巡查，对油烟净化装置不到位的餐饮店实施停业整治。

六是"散乱污"整治。印发《镇江市集中开展"散乱污"企业（作坊）专项整治行动方案》，摸排出"散乱污"企业（作坊）7811 家，整治完成 2629 家。

七是 65 蒸吨以上燃煤锅炉烟气脱白。借鉴徐州治理经验，印发《关于加快推进全市燃煤发电企业实施烟气综合治理的通知》，对全市 65 蒸吨以上燃煤锅炉启动烟气脱白工作。

八是重点行业提标改造。印发《关于开展全市重点行业提标改造行动的通知》，要求各地立即启动重点行业提标改造行动，提前完成《关于全省非电行业氮氧化物深度减排的通知》和《关于执行大气污染物特别排放限值的通告》要求。

九是秋冬季节工业企业错峰生产和应急管控。制定 160 家企业错峰生产和 1407 家企业应急管控清单，根据企业行业类别、颗粒物排放量、排污标准、离国控站点的距离等实施分类管控，一旦发生重污染天气，第一时间启动应急管控预案，最大限度降低不利气象条件影响。

十是大气污染源解析。投入 360 万元，委托第三方开展全市挥发性有机物源清单与源解析工作，开展臭氧治理技术攻关。

截至 10 月 31 日，镇江市区 $PM_{2.5}$ 平均浓度 53 微克/立方米，优良天数比率 64.8%，空气质量明显改善，7、8、9 三个月镇江市 $PM_{2.5}$ 平均浓度为 31 微克/立方米、25 微克/立方米、32 微克/立方米，分别比上年同期下降 8.8%、26.5% 和 30.4%。

（市环保局）

镇江市工商联系统法律服务工作情况综述

近年来，镇江市工商联系统建立完善法律服务体系，实现省、市、县法律服务工作的"无缝对接"，特别是通过"一本案例、两个走进、三个加强、四项机制"的特色法律服务，引导民营企业家知法、懂法、守法、敬法，构建亲清新型政商关系，措施做法被中央统战部《统战工作》刊用推广。

一、编印"一本案例"，当好"小郎中"

适应新常态下企业需求，围绕民营企业发展的重点难点对症下药，编辑出版《以案说法——企业与商会法律风险防控》企业家法律知识"口袋书"。该书收入"七五"普法教材，第一批发放 3000 余册。

二、深化"两个走进"，做好"店小二"

围绕构建亲清新型政商关系，组织政法部门与民营企业双走进，形成"两个健康"服务模式。一是组织民营企业走进政法部门。通过组织企业相关负责人参加法院旁听庭审、参加知识产权发布会、开展警示教育等活动，提升企业相关责任人依法治企的自觉性。二是组织政法部门走进商会和企业。市工商联、市司法局、市经信委等 8 部门联合开展"法企同行"送法进企业活动，建立企业信息资源互通共享机制、企业风险隐患预防预警机制、企业矛盾纠纷调处联动机制、服务困难企业法律援助机制等，帮助企业防范法律风险。

三、落实"三个加强"，打通"最后一公里"

一是加强"同心"法律服务。充分运用"同心"法律服务律师团载体，走访民营企业 4000 余家，开办法律讲座百余场，提出合理化建议近千条，为 500 余家单位提供常年法律顾问服务；先后化解劳资纠纷 200 余次，代理诉讼 800 余件，为企业避免或挽回经济损失 8 亿余元。二是加强守法诚信教育。开展理想信念教育实践活动，将守法诚信纳入考核，并作为评先、选优重要依据；在家居装饰行业、餐饮行业开展"诚实守信、依法经营"签名立誓、公开承诺、座谈讨论活动；组织开展镇江首届"诚信之星""诚信标兵"活动，其中，镇江市工商联 8 家会员企业入选。三是加强企业法治文化建设。打造"商道酬信"金字招牌，开展"政商新关系、亲清当模范"主题教育活动；开展"讲经说法"民企行活动，通过"线上 + 线下"模式，提升企业防范法律风险能力；创建亲清文化示范点，引导民营企业向典型学习、向示范看齐，争创亲清企业文化。

四、探索"四项机制"，促进行业自律

一是建立合作机制。市工商联、市检察院建立预防刑事法律风险机制；市工商联、市司法局建立"法企同行"机制等，促进无障碍沟通。二是建立涉企纠纷多元化解机制。推进人民调解、个案协调，使商会调解成为维护民营企业和谐发展的"调节阀"。2017 年，全市首家商事纠纷人民调解委员会成立，截至 2018 年年底，成功调处案例 10 起，标的 1000 余万元。三是建立信用评价体系。市工商联、市信用办等建立民营企业信用评价体系，并将信用评价成果运用到招投标、核验对方单位资信等方面。市工商联配合检察机关建立健全行贿犯罪档案查询系统，为民营企业提供查询服务万余次，加强社会征信体系建设。四是探索建立自律公约。市工商联发布镇江市民营企业亲清自律公约，推动丹阳市汽车零部件行业商会发布从业人员流动自律公约等，促进依法治企。

（市工商联）

“2018 华侨华人创新创业镇江洽谈会暨海外华侨华人高层次人才江苏行”活动综述

由江苏省侨办、镇江市政府联合举办，市人才办、市商务局、市侨办承办的“2018 华侨华人创新创业镇江洽谈会暨海外华侨华人高层次人才江苏行”活动（以下简称“镇江华创会”），于 2018 年 6 月 25 日—29 日在镇江市举办。镇江华创会以“质”为先、以“精”为根、以“新”为立足点，扩大招商载体与海外高层次人才、侨商交流合作渠道，促进海外人才和侨商项目到镇江投资合作，为镇江市科技创新与国际合作注入新的活力。活动邀请美国、德国、英国、日本、澳大利亚等 19 个国家和地区的 131 名侨领、侨商、高层次人才，携带 111 个国际经贸合作、人才创新创业项目到镇江，与镇江市 150 多家企业、园区负责人对接洽谈，达成项目合作意向 35 个。

一、立足新形势、突破旧模式

历年来，镇江华创会在国务院侨办支持下被列为全国华创会系列活动之一，与其无缝衔接。2018 年年初，国务院侨办机构改革、全国华创会出现推迟的新情况，镇江市整合资源，寻求支持，形成新的嘉宾邀请方案。一是通过微信公众号做前期推介、宣传，为活动造势，并运用网络平台，首次开通网上报名系统，提升报名便捷程度和活动知名度；二是在省侨办支持下，与江苏南京侨梦苑等省内创新创业载体对接，共搭平台、共享资源；三是与海外人才联络站、友好协会、引智顾问、专业社团、重要侨领联络沟通，广泛宣传和邀请嘉宾；四是通过前期工作，邀请国外驻华机构，如日本京都府上海代表处、伯利兹中国香港贸易代表处组团参会，推动驻华经贸机构与镇江市园区更高层次的深入合作。通过一系列措施，有针对性地邀请一批高端装备制造、新一代信息技术、生物技术与新医药等领域的国际一流人才参会。活动期间，市侨办与英国高层次人才创新创业协会、马来西亚中国印度联合总商会等 10 家在海外具有影响力的专业人士团体、行业协会组织充分沟通，就友好社团合作和海外人才联络站合作达成一致意向，并签订协议，完善镇江市海外招才、引智合作网络，为镇江市企业、园区与海外的长期对接、合作奠定基础。

二、聚焦高质量、明确新要求

市侨办牵头对海外侨胞、社团、行业协会近 200 条报名信息、180 多条项目信息进行逐条梳理、筛选、审核，明确华创会参会嘉宾筛选条件：一是对项目明确要求。围绕全市产业高质量发展的要求，重点邀请符合镇江市产业发展急需的项目为首选目标。二是对嘉宾明确要求。博士学位优先，携带创业项目优先，首次到镇江优先，确保高层次、新面孔、求实效。三是对组团明确要求。通过专业协会、侨商社团等平台组团邀请，严格筛选条件，确保人员层次和质量。该次活动实际参会嘉宾中，40% 以上具有海外博士学位，90% 以上首次携项目到镇江参会并寻求合作。对接会活动现场促成石墨烯复合材料、医疗 AI 服务机器人、医用 PVC 材料、数字农业产业园、钢管生产自动化管理等项目与镇江市相关企业、园区达成合作意向。

三、突出高效，着眼长效

市侨办以提升镇江知名度、展现镇江市创新创业良好氛围、长三角都市圈发展前景为目标，牵头制定活动方案，做到活动安排合理、内容务实，特别注重让首次到镇江进行洽谈合作的嘉宾，感受镇江市开放的理念和胸怀、创新的机制和举措、优质的服务和环境。活动期间，安排嘉宾赴镇江新区实地考察航空航天产业、新能源新材料产业及标杆企业的发展现状，感受镇江市创新创业的良好条件和氛围。

（市侨办）

镇江透视

基于扬子江城市群发展战略框架下镇江产业高质量发展研究（摘要）

一、扬子江城市群发展基本情况及产业发展现状分析

实施“1＋3”功能区战略是江苏省区域发展空间结构重构和区域功能优化布局的“新蓝图”。其中，“1”是沿江 8 市组成的扬子江城市群，“3”分别指连云港、盐城、南通一线的沿海经济带，宿迁、淮安和苏中部分地区组成的江淮生态经济区，以及将徐州建成淮海经济区的中心城市。“1＋3”功能区战略对于扬子江城市群的定位是江苏工业经济的“主战场”和经济发展的“主要发动机”。

（一）扬子江城市群发展基本情况。扬子江城市群是江苏经济社会发展最发达的地方。国土面积约 5.1 万平方公里，占全省面积 48% 左右，常住人口近 5000 万人。2017 年，8 市地区生产总值为 67648 亿元，占全省经济总量的 78.6%。大体可以分为三个层次：第一个层次为万亿元以上级，包括苏州、南京和无锡；第二个层次为 5000 亿元以上级，包括南通、常州和扬州；第三个层次为 5000 亿元以下级，包括泰州、镇江。2018 年上半年 8 市地区生产总值为 35884.98 亿元，占全省经济总量的 79.9%。（见表 1－1）

扬子江城市群 8 市地区生产总值比较表

表 1－1 单位：亿元

城市 / 年度	苏州	南京	无锡	南通	常州	扬州	泰州	镇江	总量
2017 年	17085	11750	10528	7750	6583	5107	4743	4102	67648
2018 年上半年	9109.77	6201.08	5535.66	4262.81	3506.66	2642.48	2507.57	2118.95	35884.98

（二）扬子江城市群产业发展现状分析

1. 产业结构。近几年扬子江城市群产业结构趋于优化，但是 8 市差距较大。从三次产业增加值比例看，南京、无锡、苏州、常州、南通和泰州为“三二一”型，镇江和扬州为“二三一”型。从第三产业占地区生产总值比例看，南京、无锡、苏州、常州占比在 50% 以上，南通、泰州、镇江、扬州占比在 50% 以下。南京第三产业占比最高，为 59.7%。镇江第二产业占比最高，为 49.4%。（见表 1－2）

扬子江城市群 8 市三次产业增加值比例表

表 1－2

年度\城市	苏州	南京	无锡	南通	常州	扬州	泰州	镇江
2017 年	1.2：47.6：51.2	2.3：38.0：59.7	1.3：47.2：51.5	4.9：47.1：48.0	2.4：46.5：51.1	5.2：48.9：45.9	5.6：47.1：47.3	3.5：49.4：47.1

2. 产业特色。扬子江城市群产业发展特色明显，各有优势。一是二、三产业发展紧密。如苏州、无锡制造业发展水平高，对金融、科技等生产性服务业的需求拉动较大；泰州以医药产业为重要支撑，对大健康产业发展的拉动也很明显；苏州、扬州是全国著名的旅游城市，其文化旅游、特色餐饮等服务业发展优势突出。二是产业发展各有特色。如南京的软件信息服务业、苏州的纳米、无锡的物联网、常州的石墨烯、南通的海工装备、扬州的智能装备制造、镇江的航空航天。

3. 产业定位。扬子江城市群围绕"1＋3"功能区战略研究发展方案，明晰产业发展定位，打造产业发展高地。南京以打造扬子江城市群最具经济活力的资源配置中心，具有全球影响力的科技创新中心，现代服务业和先进制造业中心，以及扬子江城市群对外辐射的重要门户为发展目标。苏州打造以新能源、生物技术和新医药、高端装备制造为代表的高技术、高附加值产业基地和创新发展高地。无锡打造世界一流的高科技园区，形成物联网、云计算、集成电路等特色产业集群。常州瞄准石墨烯、机器人、光伏组件及特种电缆等新兴产业，打造"智能制造名城"。南通以船舶海工、现代家纺、建筑业等优势产业，谋求进入上海的跨国公司产业链，变成"上海的雄安"。扬州主打风力发电、节能环保、软件与信息服务等现代产业。泰州突出生物医药、化工建材、船舶修造三大特色优势产业。镇江围绕航空航天、特种船舶、汽车制造、新材料等领域，打造一批特色产业集群。

4. 产业载体。扬子江城市群以产业园区为依托，优化产业布局，创新产业发展平台，培植优势产业，构建现代产业体系。8 市基本形成特色鲜明的产业发展载体。（见表 1－3）

扬子江城市群 8 市产业发展载体分布情况表

表 1－3

城市	产业发展载体
南京	南京河西金融中心、南京枢纽经济区、中国（南京）软件谷、江苏南京白马国家农业科技园区
苏州	苏州高新区医疗器械产业示范应用基地、昆山花桥国际商务城、国家技术转移苏南中心
无锡	无锡惠山工业转型集聚区、无锡新区大规模集成电路产业园、无锡新区生命科技产业园
常州	常州西太湖科技产业园、江苏中关村科技产业园、常州金融商务区
南通	南通高新区、南通空港产业园、上海市北（南通）科技城
扬州	扬州（仪征）汽车工业园、扬州数控装备产业基地、扬州软件园
泰州	泰州国家大健康产业集聚区、高技术船舶和海工等高端装备基地、节能与新能源特色产业基地
镇江	镇江航空航天产业示范基地、镇江现代汽车产业基地、世业洲国家旅游度假区

二、镇江与扬子江城市群产业发展比较分析

（一）产业层次相对较低，产业缺乏竞争优势。产业结构在一定程度上能够反映城市工业化发展阶段水平。如南京市第三产业占比高达 59.7%，表明南京市在工业化进程方面已进入后工业化发展阶段，以服务经济为主导，并正在向服务经济的高级阶段迈进。无锡、苏州、常州第三产业占比超过 51%，表明这三个城市正处于转型发展阶段，从工业化中后期转向后工业化阶段。镇江第二产业占比高于第三产业占比 2.3 个点，说明经济发展对第二产业还存在强依赖性，工业经济依然占主导地位，工业化处于中后期。相比较而言，镇江工业化发展缓慢。进一步分析，镇江在沿江 8 市中产业优势不明显。南京市作为省会城市和区域中心城市，要素资源集中，辐射空间广阔，现代服务业发展具有先天优势，服务业发展水平自然要相对较高。如南京市集聚各大金融机构的省级总部，南京市金融业不仅要服务于南京全市，也要服务于江苏全省甚至整个华东地区，客观上决定其金融业的功能定位和发展层次必须高于其他城市。苏州、无锡由于制造业发展水平较高，对生产性服务业的需求也较高，需求拉动其金融服务、科技服务等产业发展水平也较高。近几年镇江也在加快发展制造业，但与其他城市比较，由于缺乏领航产业、骨干企业、明星产品，制造业缺乏竞争优势。第三产业同样如此，如旅游业、商品流通业、生产性服务业发展不充分，导致产业发展层次不高，竞争力不强。

（二）高新技术产业在全省占比较低，贡献小。根据江苏省科技厅和省统计局公布的数据显示：2017 年全省高新技术产业实现产值 67863.74 亿元，同比增长 14.42%。从分布看，全省高新技术产业主要分布在苏南及沿江地区，扬子江城市群高新技术产业产值达 54531.48 亿元，占全省的 80.35%；其中，苏州占全省比重高达 22.34%，对全省贡献最大；镇江占全省比重为 5.86%，在扬子江城市群中位居末位，在全省排位第九名，对全省贡献小。（见表 1－4）

2017 年扬子江城市群 8 市高新技术产业产值及占全省比重表

表 1－4

城市\内容	苏州	南通	无锡	常州	南京	泰州	扬州	镇江
产值（亿元）	15158.14	7564.33	6716.35	5902.00	5606.94	5386.95	4219.11	3977.66
占全省比重（%）	22.34	11.15	9.9	8.70	8.26	7.94	6.22	5.86

（三）重大项目数少量小，产业发展后劲偏弱。由表 1－1 可以看出，镇江经济总量在扬子江城市群中居于末位，镇江地区生产总值占沿江 8 市总量的比重，2017 年为 6.06%，2018 年上半年为 5.90%，占比较低且呈下降趋势。造成镇江与其他 7 市之间经济发展差距较大有多种原因，但缺乏重大项目支撑是重要因素。以 2018 年第一季度开工大项目为例，当年 2 月，省发改委出台《2018 年国民经济和社会发展计划草案》，安排省级重大项目 240 个，计划总投资近 3.5 万亿元。3 月，各地掀起重大项目开工热潮。3 月 25 日，苏州市 2018 年重大项目开工现场会在昆山高新区举行，截至 3 月底，苏州开工开业重大项目 470 个，总投资超过 3500 亿元。3 月 2 日，无锡市在太湖国际博览中心主会场举行开工仪式，209 个重大项目集中开工，计划总投资 3139 亿元。3 月 5 日，在泰州市海陵区新能源产业园东旭光电项目开工现场举行重大产业项目集中开工现场推进会，128 个项目计划总投资 507.9 亿元，其中，工业项目 110 个，计划总投资 414.6 亿元。3 月 23 日，镇江重大项目集中开工，37 个项目计划总投资 160 亿元，年度投资 68.9 亿元。通过比较看出，镇江重大项目数少、量小。重大项目是推动高质量发展的重要引擎和抓手，在经济社会发展中具有战略引领和龙头带动作用，虽然一季度开工项目数量和投资额度不完全代表一年的项目情况，但对当年乃至一段时间内的经济发展仍具有较大影响。

三、加快镇江产业高质量发展的思路

（一）积极融入扬子江城市群一体化发展。

（二）积极参与区域产业分工和合作。

四、加快镇江产业高质量发展的对策

（一）打造产业集群、培育新兴产业，以高质量项目推进高质量发展。

1. 大力发展高端装备制造产业。

2. 大力发展新材料产业。

3. 培育战略性新兴产业。

（二）提升传统产业、壮大优势产业，提高产业竞争力。

1. 加快提升传统产业，提高产业发展层次。

2. 壮大优势特色产业，打造具有标杆性的产业“高原”和企业“高峰”。

（三）加强“三链”融合对接，促进产业向中高端发展。

1. 加强产业链、创新链、资金链与生产力对接，提高全要素生产率。

2. 充分利用扬子江城市群的优势资源，延伸产业链、创新发展链。

（四）以战略眼光谋划未来朝阳产业，占领产业发展新高地。

1. 积极发展大健康产业。

2. 积极发展与应急管理相关的产业。 （市委党校）

镇江市工业企业污染排放和产出贡献比较分析（摘要）

一、工业企业污染物排放及产出税收贡献情况

该次调研从市环保局调取652家全市主要污染物排放重点调查企业的2017年污染数据，从市税务部门调取2018年开始缴纳环保税的640家企业的2017年应税销售、上缴税收数据。通过数据交叉对比，选择了排污量靠前、相关数据完备的256家作为样本进行重点分析（以下简称“样本企业”）。样本企业排放总量占全市工业企业排放总量85%以上。污染量计算主要依据《中华人民共和国环境保护税法》，对样本企业所排放的五大污染物（化学需氧量、氨氮、二氧化硫、氮氧化物、烟粉尘）排放量进行污染当量数折算。

1. 样本企业基本情况

256家样本企业中，传统产业183家，占比71.4%，其中，轻工40家、冶金33家、化工32家；战略新兴产业73家，占比28.6%，其中，新材料28家、生物技术与新医药产业16家、高端装备制造14家。

样本企业行业分布情况表

表1－5

行业	轻工	冶金	化工	机械	建材	纺织	电力	造纸	新材料	生物技术与新医药	高端装备制造	新能源	新一代信息技术	合计
企业数量（家）	40	33	32	24	23	13	9	9	28	16	14	9	6	256
占比（%）	15.6	12.9	12.5	9.4	9.0	5.1	3.5	3.5	11.0	6.3	5.5	3.5	2.3	100

按照企业所在区域进行分类，其中，丹阳市92家、占比35.9%，扬中市39家、占比15.2%，句容市36家、占比14.1%，镇江新区36家、占比14.1%，丹徒区31家、占比12.1%，京口区15家、占比5.8%，镇江高新区7家、占比2.7%。

样本企业区域分布情况表

表1－6

市（区）	丹阳	句容	扬中	丹徒	京口	镇江新区	镇江高新区	合计
企业数量（家）	92	36	39	31	15	36	7	256
占比（%）	35.9	14.1	15.2	12.1	5.8	14.1	2.7	100

2. 排污总量分布情况

根据环保税法“应税污染物和当量值表”进行测算，2017年，256家样本企业污染当量数为3099.5万。分行业看，电力行业污染当量数952.9万、占比30.7%，建材行业污染当量数693.4万、占比22.4%，造纸行业污染当量数616.1万、占比19.9%，三个行业污染当量数占样本企业的73.0%（约占全市工业企业排放总量60%以上）。

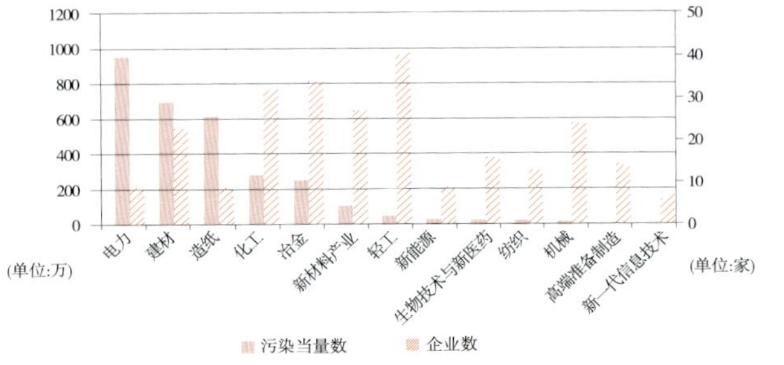

图1－1 样本企业排放污染物污染当量数（分行业）情况

分区域看，样本企业中，镇江新区污染当量数901.3万、占比29.1%，句容污染当量数738.4万、占比23.8%，京口污染当量数627.2万、占比20.2%，三个地区排放污染物污染当量数占样本企业的73.1%（约占全市工业企业排放总量60%以上）。

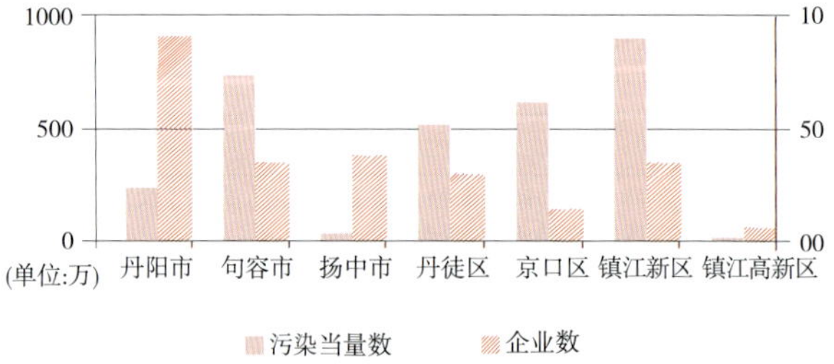

图1－2 样本企业排放污染物污染当量数（分区域）情况

3. 单位污染当量数税收、工业应税销售贡献情况

从单位污染当量数税收贡献情况看，排名前3位的行业均为战略性新兴产业，分别是高端装备制造（5096.7元/污染当量）、新一代信息技术（2863.3元/污染当量）、生物技术与新医药产业（1580.1元/污染当量）。从单位污染当量数工业应税销售贡献情况看，前3名分别是高端装备制造（10.47万元/污染当量）、新一代信息技术（6.75万元/污染当量）、新能源（3.89万元/污染当量）。两项指标排名后3名的均为建材、电力、造纸行业，单位污染当量数税收分别仅为高端装备制造业的1.1%、1.4%、1.9%；单位污染当量数应税销售分别仅为高端装备制造业的0.9%、1.3%、1.9%。相对于传统产业，战略性新兴产业单位污染物排放税收产出贡献度较高。

样本企业单位污染当量数贡献度(分行业)情况表

表1-7

行业分类	2017年税收(亿元)	2017年应税销售(亿元)	污染当量数	单位污染当量数税收(元/污染当量)	单位污染当量数应税销售(元/污染当量)
高端装备制造	4.87	99.97	95472	5096.66	104711.35
新一代信息技术	1.65	38.79	57503	2863.28	67455.18
生物技术与新医药	4.83	56.41	305711	1580.05	18451.43
机械	3.61	79.65	244972	1474.77	32514.95
新材料	13.92	429.37	1141954	1218.65	37599.90
轻工	5.93	161.10	508529	1166.64	31679.64
新能源	3.06	134.17	344210	890.41	38979.92
化工	7.78	202.72	2888827	269.46	7017.30
冶金	5.76	174.21	2500763	230.37	6966.20
纺织	0.52	8.03	283339	183.05	2835.44
造纸	5.87	121.18	6161295	95.34	1966.73
电力	6.97	131.54	9528867	73.14	1380.39
建材	3.81	66.30	6933935	54.97	956.12
合计	68.59	1703.43	30995377	221.29(均值)	5495.77(均值)

说明:按照单位污染当量数税收由高到低排序

二、反映出的主要问题

1. 产业结构不优,产出税收对高排放行业依存度过大。2017年,256家样本企业的五大污染物排放量占全市工业企业排放总量85%以上,工业应税销售、税收占全市比重达到43.7%和40.9%。分行业看,样本企业中化工、造纸、电力、建材、冶金5个行业污染排放量占全部样本企业的90.6%,占全市工业企业污染物排放量比重约75%,其应税销售、税收占全市比重分别达到18%和17.8%。说明高排放、高消耗传统产业仍然是镇江市工业经济的重要支撑。

2. 转型升级不快,总体处于产业链价值链中低端。256家样本企业中,战略性新兴产业73家,占比达到28.6%。在污染物排放重点企业中,战略性新兴产业仍然占据较大比重,在一定程度上反映出镇江市战略性新兴产业发展层次还不够高,很多处于产业链中低端环节。从传统产业情况看,通过技术改造推动传统产业高端发展,是减少污染排放、提高综合效益的重要途径。比如28家新材料企业中,化工新材料15家、金属新材料10家,由于企业工艺比较先进、产品附加值比较高,单位污染物排放贡献度也比较大。15家化工新材料企业单位污染当量数应税销售32627.9元/污染当量、单位污染当量数税收1400.5元/污染当量,分别是化工行业(7017.3元/污染当量、269.5元/污染当量)的4.7倍、5.2倍;10家金属新材料企业单位污染当量数应税销售61811.6元/污染当量、单位污染当量数税收920.4元/污染当量,分别是冶金行业(6966.2元/污染当量、230.4元/污染当量)的8.9倍、4倍。镇江市传统产业低端落后产能,特别是“散乱污”企业仍然比较多。

3. 中小企业多、布局分散,不利于污染物集中处理。污染治理投入较大、运营维护成本较高,由于中小企业排污量不大,如果采取小规模分散式治理方式,让企业自己投资、建设、运营环保设施,会引发“规模不经济”效应,难以产生很好的治污效果。从镇江市情况看,256家样本企业规模结构呈现“金字塔”型,大企业少、中小企业多。9家造纸企业平均上缴税收6527.2万元,但只有2家企业超过平均水平,最高的金东纸业是其余8家总和的4.3倍;32家化工企业平均上缴税收2432.6万元,但只有7家企业超过平均水平,62.5%的企业缴纳税收在1000万元以下;建材、冶金等其他行业也有类似情况。企业布局比较分散,256家样本企业零散分布在41个镇(园区),覆盖面达到73%。企业规模偏小、布局不集中,对污染治理和环保监管工作造成很大制约和困难。

4. 重金属、挥发性有机物污染危害严重。重金属、挥发性有机物污染虽然排放总量不大,但处理难、危害重,对生态环境造成的影响比较大。对照环保税法《应税污染物和当量值表》,镇江市企业排放比较多的总银、总镍、总铜、总锌、总铬、六价铬的当量值(折算系数)分别是化学需氧量(CODcr)的50倍、40倍、10倍、5倍、25倍、50倍;苯、甲苯、二甲苯的当量值是化学需氧量(CODcr)的50倍。具体来看,镇江市环保重点监测企业中,重金属污染“大户”——电镀企业116家,其中,丹阳60家、镇江新区37家、扬中11家。由于重金属污染监测对技术水平要求较高,尚未实现监测全覆盖,在三个地区各选取5家监测数据比较完整、重金属污染当量数靠前的共15家电镀企业进行比较。结果显示,扬中企业数量虽少但排放总量较大,重金属污染当量前5名企业中有4家位于扬中。挥发性有机物监测工作初步启动,列入重点企业库的有261家,涉及化工、工业涂装、包装印刷、纺织印染等行业。其中,丹阳96家、占36.8%,句容50家、占19.2%,扬中12家、占4.6%,丹徒25家、占9.5%,京口12家、占4.6%,镇江新区59家、占22.6%,镇江高新区7家、占2.7%。

三、相关建议

1. 构建绿色产业体系。
2. 推动集中集聚发展。
3. 积极推广应用环保新技术。
4. 深化生态环境监管体制改革。

(市委研究室　市环保局　市税务局)

减量化是破解生活垃圾处理难题的关键(摘要)

——关于镇江市生活垃圾收集处理的调查和思考

一、镇江市生活垃圾处理面临严峻形势

生活垃圾产生量快速增长。全市日均生活垃圾产生量为2600多吨,高峰期接近2800吨,其中,日均产生餐厨废弃物150余吨。预计到2020年,日均生活垃圾产生量将超过3000吨,年均增约10%。

镇江市生活垃圾产生量及区域分布情况表

表1-8

地　区	日均产生量(吨)	占比(%)
丹阳市	800	30.4
句容市	550	20.9
扬中市	280	10.7
丹徒区	200	7.6
京口区	300	11.4
润州区	300	11.4
镇江新区 镇江高新区	200	7.6

数据来源:市城管局

垃圾处理能力总体不足。自2016年城东垃圾填埋场覆膜封场后即不再新建生活垃圾填埋场,镇江市生活垃圾仅有焚烧一种处置方式。全市已经投运的生活垃圾焚烧发电厂两座,其中,句容垃圾焚烧发电厂主要处置句容市产生的垃圾,其他地区的垃圾处理基本上全部依靠镇江新区光大垃圾焚烧发电厂。"光大"设计日处理能力1450吨,实际每日接纳进场垃圾约1700吨,超过"光大"日接纳能力近20%。

镇江市另有一个餐厨废弃物及生活污泥协同处理项目(位于京口污水处理厂),一期工程于2016年6月竣工投运,建设规模为260吨/日处理能力(包括120吨的生活污泥、120吨的餐厨废弃物和20吨的废弃食用油脂),当前日处理餐厨废弃物近150吨,已超负荷运转。收集的餐厨废弃物大部分来自镇江市区的大型餐饮店、单位食堂,受处置能力制约,无法再扩大收集范围;社区居民家庭厨余垃圾尚未能单独有效收集。

镇江市生活垃圾处理能力情况表

表1-9　　　　单位:吨/日

处置途径	设计能力	实际处理	备注
一、垃圾焚烧厂	2150	2500	—
1. 句容垃圾焚烧发电厂	700	800	超负荷
2. 光大垃圾焚烧发电厂	1450	1700	超负荷
二、城东垃圾填埋厂	350万立方米	饱和	2016年覆膜封场
三、餐厨废弃物处置	120	150	超负荷

数据来源:市城管局

焚烧灰渣处置形势严峻。垃圾焚烧不仅排放大量烟气,还大量产生灰渣,若直接排放或处理不当,将带来严重的二次污染。全市建成焚烧灰渣处置场一座(位于镇江新区化工园区粮山路,总占地面积5.1公顷,规划库容35万立方米),一期工程于2014年10月竣工投运(库容6万立方米,日处理灰渣60吨),至2017年10月库容已填满。二期项目于2018年6月开工建设,设计库容29.5万立方米、日处理灰渣78吨。

因处置能力不足,全市每日有300余吨垃圾得不到及时有效处理,不得已对部分地区每日进场生活垃圾进行限量,使得城乡每天均有大量生活垃圾滞留。据统计,至2017年年底,丹阳、扬中积存的生活垃圾超过10万吨;在城郊接合部偷倒垃圾、农村垃圾箱房(堆放点)焚烧垃圾的情况时有发生。

二、破解生活垃圾处理难题应着眼于减量化

正在建设的丹阳生活垃圾焚烧发电厂,一期处理生活垃圾1000吨/日,二期处理生活垃圾500吨/日,一期预计2019年年底前投运。一期投运后,全市3个生活垃圾焚烧厂处理设计能力将达到3150吨/日。在满足"日产日清"的前提下,尚有余力对积存垃圾及前期填埋垃圾进行逐步消化。据测算,至2019年年底,全市存量垃圾将达到34万余吨。在不考虑垃圾总量增长的前提下,用富余能力消化积存垃圾,需要约2年~3年。

三、推动垃圾减量化存在的问题

1. 民众环保意识不够强,分类投放缺乏自觉性。部分市民觉得垃圾分类增加了麻烦,主观上认同但不愿意付诸行动。

2. 部分职能部门行政能力弱化,政策执行不到位。国家提出"限塑令""净菜进城""限制一次性用品""控制商品过度包装"等要求,分别由市发改委、经信委、商务局、工商局、食药监局等部门负责落实。部门之间各自为政,难以协调一致。部分职能部门行政能力弱化,缺乏行之有效的管理手段。

3. 生活垃圾分类标准不科学,居民不知如何投放。一是部分分类标准设计不太符合居民认知心理。哪些垃圾可回收,哪些垃圾不可回收,不同的人理解不同。二是入户宣传、指导等工作开展不够到位,部分居民对如何进行分类投放一知半解,居民分类准确投放率不高。三是未开展分类试点的小区垃圾收集设备未配备到位。镇江市采取逐年扩大试点范围的方式开展垃圾分类,当前,实行分类试点的小区约占40%,还有近60%的小区没有配备分类投放设施。分类回收设施不到位,导致部分居民有心分类不知往哪投放。

4. 分类收运体系不健全,混装混运情况比较突出。镇江市厨余垃圾收集还没有实质进入居民小区,由混合投放造成混合收运,即使在分类试点社区,居民随机乱装乱投的现象也非常普遍,环卫工人在收运时暂时无法分拣,只能是"一锅烩"的运走,这也挫伤参与垃圾分类居民的积极性。厨余垃圾与其他垃圾混杂后,到中转环节,人工分拣难度也比较大。

5. 收运与回收不衔接,后端利用不能承接前端回收。废弃物处置过程被多个监管部门割裂,垃圾清运体系隶属于城市管理的环卫系统,再生资源回收隶属于商务部门管理,危废处置属于环保部门管辖等,融合、协同不够。在垃圾回收利用产业链上,缺少后端的加工利用链条来承接前端的资源回收,同时也缺乏相应的扶持政策支持,尤其是那些低值可回收物,仅靠市场价值规律难以驱动。

四、推进垃圾减量分类的建议

1. 明确生活垃圾处理原则和技术路线。

2. 健全改进分类投放模式。采用宣传、奖励、惩罚等多种措施,引导居民分类投放生活垃圾。

3. 建立健全分类收运、回收体系。

4. 建立健全分类处理体系。

5. 建立健全政策支撑体系。

6. 积极探索技术手段减量化方式。

(市委党校)

1月

4日 北汽镇江公司的第二款SUV车型——B20B实现量产下线。

6日至9日 中国人民政治协商会议镇江市第八届委员会第二次会议在镇江影剧院召开。

7日至10日 镇江市第八届人民代表大会第二次会议在镇江影剧院召开。

12日 镇江市政府召开打赢“西南片区蓝天保卫战”大会。

24日 2018年镇江市机关党建工作会议召开，市级机关30个优秀机关基层党组织、50个“四星级”先进党支部、16个先进单位和20名优秀党务干部受到表彰。

24日夜至29日 镇江市经历暴雪冰冻天气过程，该轮暴雪冰冻天气是继2008年后最强的一次降雪过程。

2月

1日 江苏省2018年“世界湿地日”活动在镇江市举行，句容赤山湖国家湿地公园获正式授牌。这是镇江市首家，也是唯一一家国家级湿地公园。

11日 江苏省春节拥军慰问团到镇江，慰问驻镇江73091部队、空军某部。

同日 镇江市委、市政府召开援藏援疆援陕干部春节慰问座谈会。

22日 中共镇江市委、市政府召开全市作风效能建设大会，会议通报2017年绩效管理考核结果，表彰绩效管理考核、“一创六争”活动先进集体和先进个人，观看作风效能十大问题专题片。

27日 镇江市八届人大常委会第九次会议召开。

3月

1日 镇江市纪委监委举行法律顾问聘任仪式，聘任蒋平、孟涛、张雯、王小清为法律顾问。

7日 以色列驻上海总领事普若璞一行到镇江市访问。

同日 “新时代·她精彩”——镇江市纪念“三八”国际妇女节108周年大会举行。

8日 省教育厅副厅长朱卫国率省全民科学素质工作检查组对镇江市2017年全民科学素质工作目标责任落实情况开展考核评估。

9日 七届市委召开第五轮巡察工作动员部署会，第五轮巡察组建6个巡察组，对丹阳市云阳街道、镇江新区丁卯街道和大港街道、市编办、市级机关工委、市经信委、市旅游委、市体育局、市统计局、市机关事务管理局、市金融办、市工商联、团市委、市台联等14家地区、单位党组织开展巡察。

21日 中华全国供销合作总社理事会副主任、中国供销集团党委书记、董事长杨建平一行到镇江市调研社有企业改革发展。

22日 镇江市版画学会在墨海神韵美术馆召开成立大会暨第一次会员大会。徐银东当选为第一任主席。

23日 镇江市37个重大产业项目集中开工，项目总投资160亿元，年度投资68.9亿元，项目涵盖高端装备、新材料、新能源、生物医药等产业。

26日 江苏省委书记娄勤俭到镇江市调研。他强调，要把学习贯彻习近平总书记全国两会期间重要讲话和全国两会精神作为重大政治任务，以高质量发展实现追赶超越。

30日 江苏省副省长陈星莺到镇江调研卫生与健康改革发展工作。

4月

2日 镇江市召开深化推进全市网络发言人工作会议。

同日 市长张叶飞会见华润集团有限公司副总经理、华润燃气集团有限公司董事局主席王传栋一行，双方就推进华润集团在镇江发展、多领域合作等有关事项进行会谈。

9日 江苏省政府考核指导镇江市最严格水资源管理工作，并为镇江市做好加快推进水生态文明先行示范区和海绵城市建设等相关工作献计献策。

10日 江苏省委常委、统战部部长杨岳到镇江调研统战工作，市领导倪斌、李健陪同调研。

11日 省级重点产业项目、句容蝙蝠飞机制造项目奠基仪式在句容市举行。该项目是斯洛文尼亚在中国最大产业项目、总投资50亿元人民币。镇江市市长张叶飞、斯洛文尼亚共和国基础设施部部长加什佩尔希奇及蝙蝠公司代表等出席活动。

12日至13日 全国妇联副主席、书记处书记邓丽一行,就妇联改革和《中华全国妇女联合会章程》修改工作到镇江市调研。

13日 镇江市委、市政府召开全市农村工作暨河长制推进会议。

15日 江苏省老年人体育节在镇江市启动,启动仪式由省体育局、省老体协主办,市体育局、市老年体协承办。

16日 江苏省委统战部副部长、省工商联党组书记顾万峰到镇江就"建立党委政府与商会组织、民营企业沟通协商制度"进行专项调研。

17日 中共镇江市委、市政府在句容召开全市重大产业项目现场推进座谈会。

20日 由中共镇江市委、市政府主办,市委宣传部、市文广新局承办的第六届文心阅读节在镇江影剧院启动。

21日 全国政协副主席、全国工商联主席高云龙率调研组到镇江市调研军民融合发展工作。

23日 镇江市老区开发促进会、扶贫开发协会第六届理事会第一次会员代表大会召开。选举宦祥宝担任第六届理事会会长。

24日 江苏省第三环境保护督察组督察镇江市工作动员会召开,会议以电视电话会议形式召开。省第三环境保护督察组进驻时间1个月左右,主要受理镇江市环境保护方面的来信来电举报。

25日 镇江市庆祝"五一"大会举行。

5月

3日 镇江市举行纪念"五四"运动99周年暨全市第12届"十大杰出青年"分享活动。

同日 全国政协常委、提案委员会主任李智勇率领全国政协调研组,调研镇江市全域旅游工作。

4日 江苏省省长吴政隆在扬中市调研。

8日 江苏省国土资源厅在镇江召开全省地质灾害防治工作座谈会暨省国土资源厅地质灾害应急技术指导中心分中心授牌仪式。

11日 "亚夫团队工作室"在句容市揭牌,团队茅山、后白、白兔三个工作室也同时成立。

15日 由公安部主办的"与民同心 为您守护"全国打击和防范经济犯罪宣传日活动启动仪式在镇江市举行。

同日 由上海铁路局建设、中铁大桥院设计、中铁大桥局施工的镇江五峰山长江大桥首个主塔封顶。

同日 镇江市政府与联想控股在南京签署战略合作协议。

18日 镇江市"建功'十三五',建设新镇江"暨省十大重点工程句容抽水蓄能电站建设工程劳动竞赛现场推进会在句容电站建设工地举行。

20日 镇江市公交公司在大东公交站、焦山风景区公交站内,分别举行5路"敬老文化"公交专线、84路"廉政文化"公交专线揭牌仪式。

23日 由国网江苏省电力有限公司镇江供电分公司、镇江市篆刻艺术推广协会主办,朱方印社协办的"镇电杯"全国篆刻大赛颁奖礼及获奖作品展览开馆仪式在镇江博物馆举行。

24日 镇江市与法国贝尔热拉克城市聚合体缔结友好城市关系签字仪式在喜来登酒店举行。

25日 镇江市召开高质量发展大会。

28日 镇江市召开教育工作考评汇报会,盘点全市教育工作情况。

同日 江苏省道德模范与身边好人现场交流活动在镇江新区举行。

6月

1日 "百家企业进高校——江苏大学行"在江苏大学会议中心举行。

3日 镇江市禁毒办、市委政法委、市文明办、公安局、妇联、团市委、邮政总公司等单位,在金山湖白娘子爱情文化主题园内举行纪念"6·3"虎门销烟日、"6·26"国际禁毒日暨"健康人生·绿色无毒"环金山湖健步走禁毒公益宣传活动。

5日至6日 由工业和信息化部消费品司副巡视员汪敏燕带队,国家督导组一行7人到镇江督导检查淘汰落后产能工作。

7日 京东集团与江苏润果农业发展有限公司签约,并挂牌成立京东农场江苏润果基地。

8日 中共中央政治局委员、中央政法委书记郭声琨在江苏调研期间,到镇江市公共法律服务中心调研考察。

同日 "江苏省2018年文化和自然遗产日主场城市系列活动"开幕式在镇江博物馆举行。活动由省文化厅(省文物局)和镇江市政府共同举办。

13日 江苏省省委书记娄勤俭就办好基础教育、职业教育在南京、扬州、镇江进行专题调研。

14日 七届市委召开第六轮巡察工作动员部署会,启动第六轮巡察工作。七届市委第六轮巡察组建6个巡察组,对市委老干部局、市信访局、市史志办、市财政局、市发改委、市城管局、市住建局、市交通运输局党组织开展常规巡察,对镇江报业传媒集团、江苏恒顺集团有限公司党组织开展巡察"回头看"。

17日 镇江市史志办、市中共党史学会、市新四军暨茅山抗日根据地研究会和市老区开发促进会举行纪念新四军东进开辟茅山抗日根据地暨韦岗战斗胜利80周年仪式。

18日 镇江市政府与北汽集团、麦格纳在南京签署三方合作协议,在镇江建设高端智能纯电动汽车项目。

21日 江苏省2017年度能耗"双控"目标考核组第一小组到镇江,对能耗"双控"工作进行考核检查。

22日 国家知识产权局专利管理司司长雷筱云到镇江调研知识产权强市工作。

29日 镇江市委召开庆祝中国共产党成立97周年大会。

30日 总投资65亿元的10个项目集中签约落户镇江新区,项目涵盖新材料、新能源、生命健康、供应链物流、高端装备制造等重点产业。

7月

2日 台湾小镇(市台协会会长单位)联合省美术馆及台湾中部美术协会,在镇江举办"两岸一家亲——2018海峡两岸艺术家交流活动暨江苏台湾小镇美术馆揭牌仪式"。

4日 国家税务总局镇江市税务局挂牌成立,原江苏省镇江市国家税务局、原江苏省镇江地方税务局正式合并。

5日 镇江市大运河文化带建设工作领导小组第一次全体会议召开。

6日 镇江市双拥工作领导小组第51次组长办公会召开。

11日 镇江五峰山220千伏跨江输电线路南北两座跨越塔相继成功爆破拆除,5万吨级货轮可以从海上直达南京港。

同日 镇江市政府召开全市环保督察整改推进会,对中央环保督察整改和大气污染管控情况进行通报,并对下一步重点工作进行部署。

13日 镇江市召开校外培训机构专项治理工作会议,开展专项治理,减轻中小学生课外负担。

15日 全国政协副主席、民盟中央常务副主席陈晓光到镇江调研。

16日 江苏省电力公司董事长、党委书记尹积军带队到镇江调研,就深化与镇江市在推动高端电网建设、保障电力迎峰度夏等方面的合作进行现场察看和会谈交流。

17日 2018首届“米芾杯”国际青少年书法大赛颁奖典礼在丹徒区举行。

18日 第二届全国昆虫产业化大会暨镇江农业绿色发展大会在镇江市召开。

21日 第三届中国物流金融与供应链高端峰会在镇江举行。

同日 孚能科技镇江制造基地暨国新健康服务保障平台建设战略合作签约仪式在镇江新区举行。

23日 江苏省国土资源厅党组书记孔海燕一行,到丹阳调研推进镇江国土资源党建与业务深度融合工作及包案处理信访事项进展情况。

25日 镇江市委书记、市人大常委会主任惠建林到陆军军事交通学院镇江校区开展“八一”拥军慰问活动。

28日 镇江市科技装备业商会一届一次会员大会召开,会议审议通过《镇江市科技装备业商会章程》,选举产生第一届理事会理事。市总商会副会长、江苏美龙航空部件有限公司董事长柳顺龙当选第一届理事会会长。

29日 由镇江市委常委、新区党工委书记秦海涛率领的镇江新区党政代表团在可克达拉市进行为期3天的交流考察。

8月

1日 镇江市召开“八创”全国双拥模范城暨“八一”军政座谈会。

同日 根据江苏省委关于巡视工作的统一部署,省委第一巡视组巡视镇江市工作动员会召开。

7日 第19届省运会镇江体育代表团出征授旗仪式在市体育会展中心举行,参加省运会比赛的部分领队、教练员、运动员近1000人参加出征仪式。

9日 中共镇江市委副书记、市长张叶飞会见中国农业发展银行党委委员、执行董事、副行长林立一行,双方就推进镇江市西南片区生态环境建设项目、多领域合作等有关事项进行交流。

14日 镇江市第四次全国经济普查动员暨第一次领导小组会议召开,标志着全市第四次全国经济普查工作展开。

16日 丹阳大数据中心正式启用。

17日 镇江市在南山艺术剧院举行庆祝首个“中国医师节”大会暨优秀医师先进事迹报告会。

21日 为期两天的第十三届海峡两岸复合材料论坛在镇江市开幕,论坛由江苏省复合材料学会、台湾区复合材料工业同业公会等主办。

22日 中共镇江市委、市政府召开全市机关作风效能建设领导小组(扩大)会议。

24日 镇江市召开省环保专项行动督查工作动员会。

26日 江苏省第10届残疾人运动会在镇江市体育会展中心开幕。

27日 国务院督查组专题督查镇江市持续扩大内需情况,围绕镇江市民间投资、投资审批、扩大消费等工作做督查指导。

31日 中共镇江市委、市政府召开全市重大产业项目现场观摩推进会。

9月

5日 镇江市委宣传部、市文明办、市民政局与市慈善总会在碧榆园联合举行“情系慈善公益·助力脱贫攻坚”主题活动。

12日 由中国书法家协会、江苏省文化厅、江苏省文联及镇江市人民政府联合主办的“全国第二届大字书法艺术展”在镇江市开幕。

17日 全国政协常委、陕西省政协副主席李冬玉率领陕西省政协调研组,就“水污染防治”工作到镇江市开展专题调研。

18日 全国“时代楷模”王继才先进事迹报告会在镇江举行。

20日 围绕“共抓大保护,不搞大开发”主题,部分在江苏全国人大代表到镇江专题调研打击长江非法采砂工作。

21日 镇江召开2018年度文明城市长效管理双月测评点评分析会,推动各市地各部门落实创建责任,促进文明城市建设常态、长效。

同日 首届“中国农民丰收节”庆祝活动暨市优质农产品展示展销中心启动仪式在镇江市农批市场举行。

24日 泰州至镇江高速公路镇江新区至丹阳段工程项目(以下简称“镇丹高速公路”)交工验收会召开。扬中至沪宁高速公路的车程由1小时缩短为15分钟。

26日 中央文明办三局巡视员、副局长杨武军率领调研组一行到镇江调研未成年人文明礼仪养成教育工作。

26日至27日 镇江市委书记惠建林率镇江市党政代表团赴对口援建的新疆生产建设兵团第四师可克达拉市考察。

28日 镇江市政府召开生态环境部约谈问题整改交办会,传达9月26日生态环境部有关约谈要求,研究整改方案,部署整改措施。

10月

9日 镇江市委副书记、政法委书记倪斌一行到丹阳市九曲河林家闸国考断面现场办公,要求丹阳、扬中、镇江新区及环保、水利、海事、农委、住建、交通运输等部门认识国考断面达标的重要性,综合施策确保水质达标。

12日 以“镇江110”成立30周年为背景,由省作协会员、市检察院原副检察长董新建创作的长篇报告文学《110在行动》首发仪式暨签名赠书活动在镇江市公安局举行。

13 日 由江苏省委宣传部、省文化厅、省文联、镇江市委市政府主办，市委宣传部、市文广新局、市文广集团承办的镇江庆祝改革开放 40 周年文艺演出暨 2018 紫金文化艺术节广场演出活动在南山北入口广场举行。

19 日 51 家“星友”企业代表齐聚“联想之星创业联盟镇江行”大会，旨在增进交流、携手合作，共谋开创镇江高质量发展新局面。

同日 “2018 镇江绿色骑行暨江心洲第十一届柑橘节”拉开帷幕。

23 日 由镇江市政府与联合国开发计划署共同主办的 2018 国际低碳(镇江)大会暨江苏省生态环境高质量主题论坛在镇江举行。大会发布“低碳发展镇江指数”“镇江低碳城市综合运营模式实践研究报告”“江苏省地方标准《低碳城市评价指标体系》”三项成果，同时发起“春风又绿江南岸 保护长江母亲河”低碳众筹活动。

24 日 7 名泰国警察到镇江参加 2018 泰国移民官员警务研修。

30 日 江苏人民出版社镇江分社揭牌仪式暨大型纪实文学《四十年四十人：镇江改革开放的历史时空》首发式在市行政中心市民大厅举行。

11 月

1 日 由镇江市慈善总会、市教育局、市文广新局等联合举办的“中慈爱心图书室捐赠仪式暨校园慈善文化教育基地”授牌仪式在涑壁中心小学举行。

3 日 由镇江市政府和江苏省农科院主办、市农科院等单位承办的首届农业科技嘉年华在句容市开幕。

5 日 江苏省委常委、常务副省长、省委秘书长樊金龙到解放思想大讨论活动联系点句容市调研。

7 日 镇江市与澳大利亚洛克汉普顿市缔结友好城市关系签字仪式举行。

9 日 江苏省政协副主席王荣平率港澳地区部分省政协委员到镇江市考察经济社会发展，尤其是文化旅游产业发展状况。

10 日 2018 砂板世界杯开幕式在镇江市体育馆举行，英国、德国、西班牙、俄罗斯、丹麦等国家以及中国香港特别行政区的 16 名砂板乒乓球运动员参加。

13 日 镇江市召开市区划定区域全面禁放烟花爆竹动员部署会，动员部署市区烟花爆竹禁放工作。

14 日 镇江市农科院“赵亚夫事迹馆”正式开馆，为介绍“亚夫事迹”、传播“亚夫精神”提供新的教育基地。

同日 由国家交通运输部、江苏省政府、武警第二机动总队联合主办的 2018 年度全国公路交通军地联合应急演练在镇江举行。

17 日 2018 中国掼蛋公开赛暨国际智力运动精英赛镇江赛区选拔赛在镇江开赛。比赛由国际智力运动联盟智力运动精英赛组委会、市体育局、市体育总会主办。

18 日 “江苏网络作家村”和“中国网络文学泛娱乐产业孵化基地”揭牌仪式在镇江宜园举行。

20 日 宁镇扬智库联盟 2018 年年会在镇江市举行，探讨新形势下宁镇扬一体化建设，推动社科工作高质量发展。

21 日 镇江市市长张叶飞会见到镇江参访的韩国益山市副市长朴澈雄、议长曹圭大一行。

23 日 由江苏省政府主办，省委组织部、省委宣传部、省教育厅、省工信厅、省财政厅、省人社厅、镇江市人民政府等 15 个部门共同承办的第四届江苏技能状元大赛总决赛在镇江市体育会展中心开幕。

25 日 “学而思 · 2018 镇江国际马拉松赛”在镇江新区人民公园举办，大赛设置全程马拉松、半程马拉松和迷你马拉松 3 个项目，有埃塞俄比亚、美国、法国、乌干达等 22 个国家和地区的 2 万多名马拉松爱好者参加。

28 日 首届“镇江十佳见义勇为好市民”颁奖典礼在镇江市艺术剧院南山剧场举行，“镇江十佳见义勇为好市民”刘金城、张夕娥、李玲、李巧生、陆明才、朱金云、张方来、刘勇、乔金城、朱荣江获奖。

12 月

3 日 江苏省省长吴政隆在镇江调研，他强调要用习近平新时代中国特色社会主义思想统一思想行动，打赢风险防范化解攻坚战，推进产业转型升级，做好“六稳”工作，推动高质量发展走在前列。

4 日 中国少年先锋队镇江市第七次代表大会暨镇江市学生联合会第七次代表大会召开。

5 日 江苏省人大常委会主任接待代表日活动在镇江举行。

7 日 镇江市政府召开全市长江干流岸线利用项目清理整治工作推进会，传达沿江八市长江经济带整治工作推进会会议精神，并就镇江市长江干流岸线利用项目清理整治工作做出部署。

10 日至 11 日 新疆兵团第四师可克达拉市党委副书记、师长、市长朱雪冰率领代表团到镇江考察，深化交流、推动发展。

11 日 江苏省体育局、镇江市人民政府在镇江世业洲举行健康江苏健步走启动仪式，省体育局局长陈刚，市委常委、宣传部部长孙晓南参加启动仪式。

14 日 “中国精神：图说中国共产党的百年奋斗”大型图书创作预展在市政府市民大厅举行。

20 日 镇江市委召开全市领导干部警示教育大会，大会采取电视电话会议形式举行，各市、区和镇江新区设分会场。

21 日 南京都市圈党政领导联席会议在南京召开，会议主题是“共建 · 共享 · 同城化——加快互联互通互融 打造长三角高质量发展合作示范区”。省委常委、南京市委书记张敬华，镇江市委书记惠建林及扬州市、淮安市、芜湖市、马鞍山市、滁州市、宣城市和常州市的党政领导出席会议。

22 日 江苏省军区司令员于中海率综合考核组到镇江市就国防后备力量建设情况开展检查考核。

24 日 镇江市委书记惠建林会见到镇江考察的西藏自治区拉萨市达孜区代表团一行。

25 日 镇江市政府召开第四届江苏技能状元大赛镇江市总结表彰会暨传承创业基因分享会。

26 日 镇江市见义勇为基金会在商业城门口、丹徒新城宝龙广场一楼大厅内等全市 7 个地点，开展见义勇为集中宣传日活动，宣传的重点是计划于 2019 年 1 月 1 日起施行的《江苏省奖励和保护见义勇为人员条例》。

27 日 镇江五峰山过江通道南北公路连接工程建设推进会召开。根据省委、省政府下达的目标任务，五峰山过江通道连接工程要在 2020 年与连淮扬镇铁路同期建成通车。

29 日 镇江市召开庆祝改革开放 40 周年座谈会。

镇江概览

责任编校：杨正宏

地情概况

【地理位置】 镇江市地处江苏省西南部，位于长江下游南岸、长江三角洲顶端，北纬31度37分至32度19分，东经118度58分至119度58分。东西最大直线距离95.5千米，南北最大直线距离76.9千米。东南接常州市，西邻南京市，北与扬州市、泰州市隔江相望。

（叶　卜）

【土地面积】 镇江市土地总面积3840平方千米，占全省土地总面积的3.58%，其中水域面积470.8平方千米，占全市总面积的12.3%。市区1088平方千米，丹阳市1047平方千米，句容市1378平方千米，扬中市327平方千米。

（叶　卜）

【地貌】 镇江市地貌走势为西高东低、南高北低，大部分地区属宁镇—茅山低山丘陵，沿江洲滩属长江新三角洲平原区，丹阳东南部则属太湖平原区。宁镇山脉境内大体为东西走向，有山峰114座，其中，市区62座、句容市45座、丹阳市7座。主要山峰高度：大华山437米、九华山（句容）433.4米、高骊山425.5米、宝华山396.4米、十里长山349米、五州山306米。茅山山脉境内略呈南北走向，是秦淮河水系和太湖水系的分水岭。主要山峰高度：丫髻山410.6米、大茅峰372.5米、马山362.8米、瓦屋山357米、方山307.6米、凉帽山307米。

江中洲地自西向东有世业洲、征润洲、新民洲、和畅洲（今江心洲）、顺江洲（今高桥镇）和太平洲（今扬中市全境）。镇江市区地貌南高北低，北部沿江分布着心滩、洲滩、边滩以及冲积平原，海拔高度5米～10米。

市区南部为低山残丘，自西向东分布着五州山、十里长山、东山、九华山、黄山、观音山、鸡笼山、磨笄山等，东郊零星分布着汝山、横山、京岘山、雩山等残丘，除五州山、十里长山高度超过300米，其余山丘高度均在100米～200米之间。城区内分布着金山、焦山、北固山、云台山、象山等高度低于100米的孤丘，总体上形成“一水横陈、连岗三面”的独特地貌。

（叶　卜）

【资源】 土地资源。镇江市有耕地、园地、林地、牧草地、居民点及工矿用地、交通用地及水域等各种土地资源类型，更有一批风景名山。全市实际经营耕地面积117.95千公顷，其中，灌溉耕地面积105.24千公顷；实际经营林地面积（不含生态林防护林）25.37千公顷。

水资源。镇江是水资源较为丰富的城市，长江和大运河在这里交汇，秦淮河、太湖湖西、沿江3个水系在这里集聚。水资源主要有地表水、过境水、地下水、回归水等4种形式。长江流经境内长103.7千米。京杭大运河境内全长42.74千米，在京口区谏壁街道与长江交汇。全市有流域面积50平方千米及以上河流32条（其中跨省2条），流域面积50平方千米以下至乡镇级主要河流328条。常年水面面积1平方千米及以上湖泊2个，0.5平方千米～1平方千米湖泊2个，均为淡水湖泊。有水库141座，塘坝3.97万处；地下水取水井13.49万眼，取水量1321.25万立方米。

矿产资源。镇江发现金属矿产有铁、铜、铅、锌、钼、钨、金、银、铼及镉等10余种，矿床（点）47处。非金属矿产有白云石、石灰石、大理石、膨润土、珍珠岩、沸石、耐火黏土、硅石、型砂及红柱石等，化工非金属矿产有硫铁矿、岩盐、泥炭、磷及含钾岩石等。地热资源丰富，包括地下热水和地温异常两类。

生物资源。植物方面，木本树种有74科183属394种和变种。自然植被分为针叶林、落叶阔叶林、落叶与常绿阔叶混交林、竹林、灌丛、草丛和水生植被等7个类型，栽培植被则包括大田作物、蔬菜作物、经济林、果园和绿化等5个类型。针叶林有马尾松林、黑松林、湿地松、杉木林、侧柏林、水杉林和池山林等，落叶阔叶林有麻栎、黄檀林、枫香林、刺槐林和朴树等，落叶、常绿阔叶混交林有短柄枹树和青冈栎林、黄檀及石栎林等。常见植物种类有苔藓植物、蕨类植物、裸子植物、单子叶被子植物和双子叶被子植物，其中，被列为国家一级保护植物的有珙桐、红豆杉、金钱松、银杏、苏铁等。动物方面，镇江市常见主要动物分为无脊椎动物与脊椎动物两大类，无脊椎动物有原生动物、多孔动物、腔肠动物、扁形动物、环节动物、软体动物和节肢动物等，脊椎动物有鱼类、两栖类、鸟类、爬行类及哺乳类动物，被列为国家一级保护动物的有白鱀豚、白鲟、鹳、丹顶鹤、大鸨、中华鲟等。鱼类资源丰富，境内长江鱼类分19个科。青、草、鲢、鲤、鲶、鳝等淡水养殖鱼类均有大量出产，其中，鲥鱼、鲥鱼、鳗鱼、河鲀鱼是名贵品种。

（叶　卜）

【气候】 镇江市属北亚热带季风气候。2018年，全市年平均气温17.1℃，属异常偏高年份；年平均降水量1222.3毫米（按气象观测点统计，下同）；年累计日照时数为1912.7小时。

气温。全年（2018年1月—2018年12月）各站平均气温16.8℃（句容）～

17.2℃(镇江市区、丹阳),比常年偏高1.3℃~1.5℃,其中,镇江市区、丹阳年平均气温17.2℃。全市年平均气温17.1℃,较常年偏高1.4℃,异常度值为2.01,属异常偏高年份,排历史第三极值。全市3月11日入春,比常年平均(3月19日)早8天;5月28日入夏,较常年平均(5月23日)晚5天,全年春季(3月11日—5月27日)77天,较常年平均(65天)多12天。10月1日入秋,比常年平均(9月24日)晚7天。夏天共126天,较常年平均(124天)多2天。12月5日进入冬季,比常年平均(11月23日)晚12天。秋季为65天,比常年平均(60天)多5天。12月12日出现初霜,比常年平均初霜日(11月13日)晚29天。

降水。全市各站降水量空间分布不均,为1094.6毫米(扬中)~1373.7毫米(句容),比常年偏多4.0%~25.0%。全市年平均降水量1222.3毫米,比常年平均偏多12.6%,属正常年份。

梅雨。入梅略晚,出梅略早,梅期偏短,梅雨量明显偏少,区域性强降水频次少,且呈过程性、间歇性特点。6月22日入梅(常年平均6月19日),7月9日出梅(常年平均7月12日),梅雨期18天(常年平均23天),较常年偏短。全市梅雨期降水量明显偏少,降水量为114.2毫米~164.9毫米,平均梅雨量为138.3毫米,较常年平均(253.9毫米)偏少4成多。各地区梅雨量分别如下:镇江市区159.5毫米、丹阳114.4毫米,句容164.9、扬中114.2毫米。

日照。全年日照时数为1821.2小时(镇江市区)~1989.9小时(句容),比常年同期偏少204.5小时~多82.5小时。年累计日照时数为1912.7小时,比常年同期偏少3.0%,属正常范畴。

(尹媛媛)

【重要天气气候事件】 暴雨(大暴雨)。2018年,暴雨日镇江市区5天、扬中3天、丹阳2天、句容5天;大暴雨日镇江市区2天,扬中3天,丹阳和句容各1天。

短时强降水。2018年7月,两次短时强降水都出现在梅雨期:2日18:00—19:00,丹阳32.1毫米;6日6:00—7:00,镇江市区37.0毫米。8月13日,受14号台风“摩羯”影响,镇江市区1:00—2:00出现44.2毫米短时强降水;8月17日,受18号台风“温比亚”影响,句容18:00—19:00出现59.0毫米短时强降水。9月1日,受副高边缘冷暖空气共同影响,句容出现短时强降水,9:00—10:00降水量61.3毫米。

高温。2018年6月,全市有高温日5天;7月,高温日镇江市区11天、扬中9天、丹阳10天、句容14天,其中,13日—15日、24日—26日连续3天高温,17日—20日、28日—31日连续4天高温;25日—26日最高气温在37℃以上。8月,出现8天高温天气,其中,5日—11日连续7天高温,但没有出现37℃以上的高温。

降雪和积雪。全年出现7个降雪日,1月3日白天出现中雨,3日晚20:00后转为纯雪,4日,全市降雪量均达特大暴雪标准,并有明显积雪;4日夜里降雪减弱并逐渐停止。1月24日下午到夜里,全市各地自西南向东北逐渐出现降雪,24日20:00—25日20:00,降雪量达暴雪量级(句容为大暴雪),并有明显积雪。1月27日早晨,各站陆续出现降雪,27日夜里渐止。26日20:00—27日20:00,累计降雪量除扬中外均达暴雪量级。12月7日、9日和30日出现3次降雪过程,其中,7日和9日的过程因前后都有降雨,没有积雪。

大风。2018年,大风天气37次,其中,扬中8月17日22米/秒的大风破当地有气象记录以来的8月极大风历史极值,镇江市区8月17日大风为20.2米/秒。

霜或霜冻。3月22日,全市出现霜冻。11月23日,扬中出现初霜。12月12日,镇江市区、句容出现初霜;12月13日,丹阳出现初霜。镇江市区初霜日比常年平均初霜日迟29天。12月,霜冻日10天。

低温冰冻。全年日最低气温小于等于0℃的天数镇江市区37天、扬中37天、丹阳36天、句容41天。镇江市区、扬中、丹阳极端最低气温均出现在1月12日,其中,镇江市区-7.4℃,扬中-7.2℃,丹阳-6.4℃。句容极端最低气温出现在1月30日,为-8.3℃。

大雾和霾。2018年,霾天数178天,雾天数57天。其中,1月全市出现13天霾天气和6天大雾天气。 (尹媛媛)

2018年度镇江市雾霾天气分月统计表

表3-2

月份	霾(天)	雾(天)
1	13	6
2	21	5
3	18	10
4	22	3
5	16	4
6	24	3
7	5	3
8	8	1
9	8	2
10	18	3
11	13	11
12	12	6
合计	178	57

(尹媛媛)

【水文水情】 2018年,镇江市面平均降雨量1192毫米(按市各报汛站统计,下同),较多年平均(1097毫米)偏多8.7%,点最大1537毫米(句容林场站),最小972毫米(仑山水库站)。(说明:从2018年起,水文水情由汛期统计调整为全年统计)

2018年度镇江市市区气候资料分月统计表

表3-1

项目		12月	1月	2月	3月	4月	5月	6月	7月	8月	9月	10月	11月	12月	全年值	常年值
平均气温(℃)	历年	5.5	3.1	5.2	9.4	15.5	20.9	24.6	28.2	27.6	23.5	18.2	11.7	5.5	17.2	15.9
	本年	5.9	2.2	4.5	12.0	17.7	22.0	26.1	29.6	29.4	25.0	18.1	12.7	6.0		
降水量(毫米)	历年	35.1	49.9	60.0	84.7	76.4	87.3	183.2	213.8	162.6	78.2	57.5	61.9	35.1	1272.1	1101.4
	本年	11.7	116.9	36.6	95.6	48.0	298.1	66.0	147.5	194.0	47.3	13.6	87.3	121.2		
梅雨量(毫米)		—													159.5	253.9
日照(小时)	历年	150.8	135.9	129.4	152.9	179.7	195.5	154.3	193.6	193.3	171.9	174.2	155.4	150.8	1821.2	1996.8
	本年	153.0	83.9	136.4	143.8	178.9	125.2	184.6	211.3	212.8	143.8	207.8	114.3	78.4		

说明:表中前一个“12月”指2017年12月,后一个“12月”指2018年12月,“历年”“常年值”均指1981年—2010年的平均值 (尹媛媛)

镇江市6月22日入梅，较常年(6月18日)偏晚4天;7月9日出梅(常年7月12日)。梅雨期17天，较常年(25天)偏少8天。全市平均梅雨量(163.4毫米)，较多年平均梅雨量(255.8毫米)偏少36.1%。梅雨期内全市发生1次集中性降雨过程(7月4日—5日)，过程雨量占梅雨总量的90%。

长江大通站全年径流量7868亿立方米，较2017年(9239亿立方米)偏少14.8%，较常年(8886亿立方米)偏少11.5%。长江大通站全年均在警戒水位以下运行，最高水位为12.04米(7月16日)，最大流量47500立方米/秒(7月23日)，最小流量9040立方米/秒(1月4日)。

长江镇江(二)站平均潮位3.72米，较多年平均(3.72米)持平。年最高潮位为6.96米(8月13日)，最低潮位为2.11米(1月10日)，全年未出现超警戒潮位。扬中站8月13日出现全年最高潮位6.55米，潮位超警戒(6.00米)天数总计为13天。

镇江市主要内河湖水位均较为平稳，各代表站水位仅短时间超警戒。年平均水位大运河丹阳站3.77米、句容河赤山闸(下)站7.27米，较多年平均分别偏低0.06、0.14米;香草河旧县站3.76米、赤山湖赤山闸(上)站9.02米，较多年平均分别偏高0.02、0.89米。

谏壁闸引水16.6亿立方米、排水0.01亿立方米。九曲河闸引水5.74亿立方米、排水0.16亿立方米;谏壁抽水站开机引水1.00亿立方米;九曲河抽水站开机引水0.22亿立方米。赤山新闸汛期排水0.99亿立方米。

2018年1月1日，全市16座报汛水库总蓄水量为94.7百万立方米，后期总体变化不大，入梅后出现全年最小86.1百万立方米(7月4日)，后受“7·5”暴雨影响，蓄水量有所回升。出梅后逢持续高温少雨天气，蓄水量逐步减小。8月下旬、9月，受多场台风降雨影响，蓄水量在100百万立方米以上，年最大为115.6百万立方米(9月5日)。截至年底，总蓄水量为103.3百万立方米，全年蓄水量比上年略有增加。 (陆 益)

【建置沿革】 “宜”为镇江最早地名，是3000年前周康王封给宜侯的领地名称，春秋时称朱方，后曾用谷阳、丹徒、京口、润州等名称。北宋政和三年(1113年)建镇江府，始称镇江，历经宋、元、明、清。辛亥革命后称丹徒县，1928年改为镇江县。1929年至1949年2月为江苏省政府所在地(其中1937年—1945年镇江沦陷期间，省政府迁往苏北)。1949年4月23日镇江解放后，划城区和近郊为镇江市，四乡为丹徒县，均隶属于苏南行政区镇江专署。1953年苏南行政区、苏北行政区合并建江苏省后，设镇江专员公署，辖镇江市和10个县(丹徒、丹阳、扬中、句容、江宁、高淳、溧水、武进、金坛、溧阳)，镇江为县级市和专署所在地(其中1958年9月—1959年9月，专署迁至常州，改称常州专员公署)。1983年3月，镇江市改为省辖市，含4县2区。1987年、1994年、1995年，所含丹阳、扬中、句容先后撤县设市;2002年，丹徒撤县设区。现镇江市含丹阳市、句容市、扬中市和丹徒区、京口区、润州区以及镇江新区、镇江高新技术产业开发区。

(叶 卜)

【行政区划】 截至2018年年底，镇江市辖56个镇(街道)。其中，镇31个，街道25个。丹阳市辖10个镇、2个街道，句容市辖8个镇、3个街道，扬中市辖4个镇、2个街道，丹徒区辖6个镇、2个街道，京口区辖6个街道，润州区辖7个街道，镇江新区托管3个镇、2个街道;镇江高新区托管1个街道。 (市民政局)

【城市发展定位】 1978年，镇江被国务院列为对外开放城市。1986年，镇江港经国务院批准对外开放。1986年年底，镇江被国务院列为第二批国家历史文化名城。1988年，镇江被国务院列为沿海经济开放区。1998年年底，镇江成为中国优秀旅游城市。2013年国务院批复印发的《苏南现代化建设示范区规划》，对镇江的城市分工和发展定位为：发挥产业基础较好、自然生态良好的优势，建设全国重要的高端装备制造、新材料产业基地和区域物流基地、技术研发基地、创意生活休闲中心，成为现代山水花园城市与旅游文化名城。根据《江苏省城镇体系规划(2012—2030)》和2017年修订的《镇江市城市总体规划(2012—2020年)》，镇江市为“国家历史文化名城，长三角重要的港口、风景旅游城市”;到2020年，市域常住人口360万人左右，城镇化水平达73%以上。 (叶 卜)

【交通、口岸】 镇江临江近海，水陆交通便利快捷。镇江为国家级水路主枢纽和省级公路枢纽城市。世界闻名的“黄金水道”——长江和京杭大运河在此交汇，沪宁高速公路、扬溧高速公路、京沪高速铁路、沪宁城际铁路、京沪铁路傍市而过。润扬长江公路大桥、泰州长江公路大桥为横跨长江的快速通道，在建的镇江长江大桥是长江江苏段第三座公路铁路两用大桥。104、312国道和122、231、238、241、243、337、340省道构成镇江与外省、市连接的公路网络。2018年，全市公路里程7255千米，其中高速公路193.2千米。镇江至南京高速公路行程45分钟，高速铁路行程20分钟。距南京机场和常州机场均为60千米，至扬州泰州机场70千米。

2018年镇江市行政区划情况表

表3-3

市(区)	镇	街 道
丹阳市	丹北、司徒、延陵、珥陵、导墅、皇塘、吕城、陵口、访仙、界牌	云阳、曲阿
句容市	下蜀、宝华、边城、白兔、郭庄、后白、天王、茅山	华阳、崇明、黄梅
扬中市	八桥、西来桥、油坊、新坝	三茅、兴隆
丹徒区	谷阳、辛丰、上党、宝堰、高桥、世业	高资、宜城
京口区	—	正东路、健康路、大市口、四牌楼、象山、谏壁
润州区	—	宝塔路、和平路、七里甸、金山、官塘桥、韦岗、南山
镇江新区	丁岗、大路、姚桥	大港、丁卯
镇江高新区	—	蒋乔
合 计(个)	31	25

(镇江市民政局)

图 3－1　经过两年半的改造施工，镇江火车站北广场于 2018 年 1 月 28 日正式启用　　（杨宪华　供稿）

镇江港是全国主枢纽港之一、长三角组合港主要成员、国家一类开放口岸。镇江市长江自然岸线长 270 千米，其中，深水岸线长 87 千米。高资港区、龙门港区、谏壁港区、高桥港区、大港港区、扬中港区、新民洲港区构成镇江港口群体。2018 年，全市完成港口货物吞吐量 16264 万吨，比上年增长 1.9%，其中，长江港口吞吐量 15331 万吨，增长 7.9%；港口集装箱吞吐量 43.18 万标准箱，增长 6.5%。苏南运河镇江段 42.74 千米，是全国第一条国家级文明样板航道。

（叶　卜）

【人口】　2018 年年末，镇江市常住人口 319.64 万人，比上年增加 1.01 万人，其中，城镇人口 227.72 万人，城镇化率 71.2%。在常住人口中，65 岁及以上人口占比 14.2%，提高 0.6 个百分点。

全市户籍总户数 101.65 万户，增加 0.49 万户，其中，市区 40.31 万户，丹阳 27.86 万户，扬中 10.63 万户，句容 22.86 万户。户籍总人口 270.78 万人，比上年减少 0.12 万人，其中，男性 133.68 万人，减少 0.18 万人；女性 137.10 万人，增加 0.05 万人。男女性别比（女＝100）为 97.50，分辖市看：市区 97.92，丹阳市 97.45，扬中市 95.76，句容市 97.70。在户籍总人口中：市区 103.00 万人，丹阳市 80.63 万人，扬中市 28.25 万人，句容市 58.90 万人。分年龄段看，0 岁～17 岁 34.38 万人，18 岁～34 岁 51.19 万人，35 岁～59 岁 113.05 万人，60 岁以上 72.15 万人。全年出生人口 22326 人，其中，男性 11534 人，女性 10792 人。人口出生率 8.25‰，其中：市区 7.75‰，丹阳市 7.49‰，扬中市 11.85‰，句容市 8.43‰。全年死亡人口 21966 人，其中，男性 11965 人，女性 10001 人。人口死亡率 8.11‰，其中：市区 7.78‰，丹阳市 8.15‰，扬中市 8.15‰，句容市 8.62‰。全市户籍人口自然增长率 0.13‰。全年迁入人口 4.40 万人，其中，省内迁入 3.32 万人，省外迁入 1.08 万人。全年迁出人口 4.56 万人，其中，迁往省内 3.75 万人，迁往省外 0.81 万人。

（市统计局）

【民族】　镇江市是江苏省民族工作重点城市之一。据 2010 年第六次全国人口普查统计，全市有回族、蒙古族、苗族、满族、彝族等 47 个少数民族，常住人口中少数民族人口 18493 人，占全市总人口比例 0.594%。人数排在前五位的是：回族 7288 人、苗族 2291 人、土家族 1820 人、彝族 1280 人、蒙古族 1062 人，以上 5 个少数民族人口占全市少数民族人口的 74%。截至 2018 年年底，全市有 3 个少数民族聚居村、8 个省级民族工作示范社区、2 所民族学校、4 座清真寺、124 家清真食品网点。全市有 7 座民族公墓。

（曹祥清）

【宗教】　镇江市是江苏省宗教工作重点城市之一，有佛教、道教、伊斯兰教、天主教和基督教。2018 年，全市依法登记的宗教活动场所 154 处，其中，佛教 62 处、道教 15 处、伊斯兰教 4 处、天主教 1 处、基督教 72 处。金山江天禅寺（江天寺）、焦山定慧寺、宝华山隆昌寺和茅山道院为国务院批准开放的全国重点寺院宫观，绍隆寺为省重点寺院。全市有宗教团体 21 个，宗教教职人员 377 人。

（潘煜龙）

【方言】　镇江话属于北方方言的江淮次方言，位于北方方言与吴方言两大方言的接合部，大致以谏壁为东界、上党为南界。古代的镇江话属吴方言，由于特殊的政治、社会、交通等原因，导致方言属性产生变化。镇江话虽属北方方言范畴，但构成复杂，其中既有吴方言的遗痕，又有旗腔（类似京腔）的影响。与普通话相比，镇江话没有全浊声母和舌尖后音声母；鼻化元音介于前鼻音韵母与元音韵母之间，（in、ing）（en、eng）（n、l）不分；有入声调。词汇中保留着丰富的吴方言词。句容、丹徒、扬中的方言类似镇江话，虽构成复杂，但均属北方方言系统。大港以东、宝堰以南、句容傍茅山一线及至丹阳西部的语言自西向东渐次出现吴方言特点，多文白异读，说话音接近吴语，读书音接近官话；全浊声母消失，舌面声母多，没有舌尖后音声母；单元音韵母多；读书音 4 个声调，说话音 6 个声调。丹阳东部则进入吴语区。

随着语言不断丰富和变化，镇江方言也在渐渐变化。声母方面，新派音中“然染燃”从老派音的［ø］声母变为［l］母；“姐且写谢”的声母新派已将舌尖前音成系统地换成舌面音，只是韵母还没有到位，发作［iI］；“暑族随邪斜”的老派读音，声母是［ʦ·］，“纯瑞垂”的声母是［s］，读音不稳定；“浙江、彻底、电风扇”中的“浙、彻、扇”在新派音中已舌尖化，只是还没有舌尖后化，但是这一组声母字中口语色彩浓的字，如“折头、舌头、沾光”中的“折、舌、沾”则还保存着老派音；老派音“家”读作［ʨia］，新派音则作［ka］。韵母方面，新派镇江人学习普通话的时候，把［õ］说成［ɛ̃］，如“半搬盘潘判满漫断段短端锻团乱卵暖管观官灌冠款宽换欢缓转撰篆专传穿船川串喘钻窜算酸蒜碗丸玩宛软”；把［ĩ］说作［ɛ̃］，如“然染沾缠蟾闪扇善”的韵母。声调方面，镇江话也有趋向于普通话的细微变化，如部分［æʔ］韵变为［əʔ］韵；新派音中部分镇江人会把阴平提高，从而使镇江话更接近普通话。

（叶　卜）

【风景名胜】　镇江为中国优秀旅游城市，是一座天然的风景名城，具有“城市山林”和“真山真水”的独特风貌，以“天下第一江山”闻名于世。市区多佳景，城北有金山、焦山、北固山，或屹立江中，或雄峙江岸，由长江组合成天然三山图，为国家 AAAAA 级旅游景区；城南有起伏的南山，掩映着鹤林、竹林、招隐诸寺，并由西向东嵌入城中，构成“城市山林”景观。古运河从镇江进入江南，由北往南折东，逶迤城中，汇入江南运河。西津渡古街全长1000米，存有六朝至清代的历史踪迹。主城区有宝塔山公园、伯先公园、河滨公园、梦溪园、赛珍珠旧居等景点，还有保存完好的三国东吴铁瓮城遗址。镇江市区东部有山上矗立"万里长江第一塔"——报恩塔的圌山风景名胜区。句容市有佛教"律宗第一山"隆昌寺和以"宝华玉兰"著称的宝华山国家森林公园，有集江南名山、道教胜地、革命根据地于一体的茅山风景名胜区。镇江的宗教活动在全国乃至东南亚有广泛影响，有全国重点寺院宫观4所。

（叶　卜）

【历史文化遗存】　镇江是国家历史文化名城，有着深厚的文化积淀。全市有各级文物保护单位296处，其中，国家级13处：焦山碑林、丹阳和句容南朝陵墓石刻、镇江英国领事馆旧址、昭关石塔、大运河（包括大运河镇江段、虎踞桥、江河交汇处、新河街一条街、西津渡古街等5个点）、甘露寺铁塔、隆昌寺、城上村遗址、葛城遗址、铁瓮城遗址、宋元粮仓遗址、春城土墩墓群、烟墩山墓地等。焦山碑林中有"大字之祖"瘗鹤铭以及苏轼、黄庭坚、米芾、陆游的墨迹碑刻和摩崖石刻；丹阳和句容南朝陵墓石刻存有齐梁帝王归葬丹阳故里的陵墓8地11点24件，葬于句容的1点4件，是南朝石刻瑰宝。有省级文物保护单位42处，其中，有焦山古炮台遗址、相传为孔子所书的延陵季子碑（唐拓本）、被誉为"江南第一钟"的唐中和铜钟、宋抗金名将宗泽墓、圌山炮台遗址等。有市、县级文物保护单位241处。白蛇传传说、镇江恒顺香醋酿制技艺、古琴艺术（梅庵琴派）、扬剧、灯彩（秦淮灯彩）、酿造酒传统酿造技艺（封缸酒传统酿造技艺）、董永传说、佛教音乐（金山寺水陆法会仪式音乐）、道教音乐（茅山道教音乐）等9个项目先后被列入国家级非物质文化遗产名录，并有国家级非物质文化遗产项目代表性传承人6人。　（叶　卜）

【历代名人】　镇江扼南北要冲，得山水之胜，钟灵毓秀，代不乏才，历代文人墨客纷来寻幽探胜，寄情抒怀，其中有李白、杜牧、范仲淹、王安石、苏轼、陆游、辛弃疾等才士名贤，在此耕耘风雅，播种斯文。王昌龄的"洛阳亲友如相问，一片冰心在玉壶"、王安石的"春风又绿江南岸，明月何时照我还"、辛弃疾的"何处望神州，满眼风光北固楼"等成为千古绝响，流风遗韵，至今袅袅不断。李白的"丹阳北固是吴关，画出楼台云水间"、杜牧的"青苔寺里无马迹，绿水桥边多酒楼"、王湾的"潮平两岸阔，风正一帆悬"、范仲淹的"山分江色破，潮带海声来"，是一幅幅活色生香的有声画、无声诗。东晋时期，中原鸿儒显宦纷纷南下，移居京口者众多，或完成大业，或著书立说，著名的有：南朝宋开国皇帝刘裕（寄奴），撰有《世说新语》的刘义庆，著有《晋书》的臧荣绪，选编《玉台新咏》、诗文与庾信齐名的徐陵，中国第一部诗文总集《昭明文选》的编纂者萧统，著有中国第一部系统文艺理论巨著《文心雕龙》的刘勰等。宋代移居镇江的有：著有被誉为"十一世纪的科学坐标"——《梦溪笔谈》的作者沈括，制造世界上最早天文钟"水运仪象台"的科学家苏颂，书画家米芾，抗金名将宗泽等。明清两代镇江名人有：官居华盖殿大学士、内阁首辅的杨一清，主持编修《大清一统志》《佩文韵府》《康熙字典》的张玉书。近现代以来有：著有《铁云藏龟》和《老残游记》的刘鹗，著有第一部汉语语法专著《马氏文通》的马建忠，历史学家柳诒徵，飞机制造专家巴玉藻，世界语运动开创者之一的符恼武，金融家陈光甫，辛亥广州起义总指挥、被南京临时政府追授为上将军的赵声，辛亥革命著名将领李竟成、解朝东，有爱国民主人士冷遹、诗人闻捷、桥梁专家茅以升等。此外，丹阳市为三国吴大帝孙权和南朝齐高帝萧道成、梁武帝萧衍故里，近现代有爱国人士马相伯、美术家吕凤子，当代有语言学家、语文教育家吕叔湘；句容市有晋朝道教理论家、炼丹术家和医学家葛洪，南朝道教思想家、医药学家陶弘景。　（叶　卜）

【历代兵事】　镇江扼水陆交通要冲，地理形势险要，自古以来就是军事重镇。春秋时吴楚争霸，发生朱方之战。东晋隆安五年（401年），孙恩领导的农民起义军在镇江大战蒜山。宋高宗建炎四年（1130年），韩世忠率水兵8000名在江面截击金兀术的10余万大军，金兵被围困在黄天荡48天。元至元十二年（1275年），南下元军打败宋军，南宋抵抗力量受挫。清顺治十六年（1659年），郑成功北伐直抵焦山，与清军在城下大战，后郑成功据守镇江城38天，因南京战事失利退出镇江。清道光二十二年（1842年）六月，英国侵略军侵入镇江，遭镇江军民誓死抵抗，英军虽破城，但伤亡惨重，恩格斯在《英军对华的新远征》中对镇江人民给予高度评价。清咸丰三年（1853年）二月，太平天国军队攻占镇江，进行了4年9个月的镇江保卫战。清宣统三年（1911年），驻镇江新军起义，光复镇江。民国26年（1937年）12月，日本侵略军攻占镇江，镇江城蒙受巨大损失。民国27年（1938年）5月—6月间，新四军先遣支队和一支队、二支队进入苏南，6月17日在韦岗伏击日军车队，打响新四军苏南抗战第一枪，随后创建以茅山为中心的苏南抗日根据地，领导苏南人民进行7年多的顽强抗战，直至取得胜利。1949年4月21日，中国人民解放军发动渡江战役，22日晚驻镇江城内国民党军队不战而逃，23日镇江获得解放。

（叶　卜）

【市树】　市树：广玉兰。1985年3月，镇江市一届人大第三次会议决定广玉兰为市树。广玉兰属于木兰科木兰属，长绿乔木，叶长10厘米～20厘米。花大白色，清香，直径20厘米～30厘米，通常6瓣，5月—7月为花期。种子外皮红色，9月—10月果熟。树冠呈卵状圆锥形，小枝和芽均有锈色绒毛，树形优美，是优良的庭院树与观赏树。　（叶　卜）

【市花】　市花：杜鹃花。1985年2月，镇江市一届人大常委会第十二次会议决定蜡梅为市花。1994年11月，市三届人大常委会第十三次会议重新决定杜鹃花为市花。杜鹃花别名映山红、山石榴，杜鹃花科杜鹃花属，多为灌木或小乔木，因生态环境不同，有各自的生活习性和形状，喜阴凉、湿润，耐寒。杜鹃花分落叶和常绿两大类。落叶类叶小，常绿类叶片硕大。花的颜色有红、紫、黄、白、粉、蓝等。　（叶　卜）

【镇江名特产——镇江"三怪"】　20世纪80年代以来，镇江市面上形成"肴肉不当菜，香醋摆不坏，面锅里煮锅盖"的"三怪"俚谚。

肴肉不当菜。肴肉也称"肴"，为镇江传统名特食品，首见于《清稗类钞》，特点是酥嫩易化，食之不腻；胶冻柔韧透明晶亮，故又曰"水晶肴蹄"。镇江肴肉选用猪前蹄，用传统工艺腌制后经烹饪煮制而成。镇江人有吃早茶、品肴肉的习惯，食用时配上姜丝、香醋，"肴肉不当菜"故成镇江"一怪"。

香醋摆不坏。香醋是镇江传统名特产品，色、香、酸、醇、浓俱全，酸而味鲜，香而微甜，存放愈久味道愈醇，不易变质，"香醋摆不坏"遂成镇江"一怪"。镇江恒顺香醋采用优质糯米为原料，历经"制酒、制醅、淋醋"三大过程，大小40多道工序。其独特固态分层发酵工艺被列入首批国家级非物质文化遗产保护名录。

面锅里煮锅盖。锅盖面是镇江人的日常面食。镇江位于南北交通要冲，由于面条洁净,制作方便,成为镇江大众化的餐饮。锅盖面原名火(伙)面["火面"一词最早见于北宋张洎(934年—997年)的《贾氏谭录》,或因"是北方移民带来的,具有军营编制带过来的遗迹",故名"火面"],也称小刀面、跳面,在镇江本地至少有150年历史,属浓碱型面条。下面条时将小锅盖滂在大锅里,面条在小锅盖下面,面锅不潽,"面锅里面煮锅盖"遂成镇江"一怪"。镇江锅盖面汤汁和浇头品种较多。

(叶　卜)

经济建设

【概况】 2018年,镇江市实现地区生产总值4050亿元(统计公报数,下同),比上年增长3.1%。其中,第一产业增加值138.40亿元,下降4.2%;第二产业增加值1976.60亿元,增长3.0%;第三产业增加值1935.00亿元,增长3.7%。人均地区生产总值126906元,增长2.9%。产业结构继续优化,三次产业增加值比例调整为3.4∶48.8∶47.8,服务业增加值占地区生产总值比重提高0.7个百分点。居民消费价格(CPI)总指数为102.0,上涨2.0%。消费品价格上涨2.6%,服务价格上涨1.1%。八大类消费价格全部上涨:食品烟酒类上涨3.3%,衣着类上涨1.5%,居住类上涨1.7%,生活用品及服务类上涨2.7%,交通和通信类上涨0.8%,教育文化和娱乐类上涨2.1%,医疗保健类上涨1.0%,其他用品和服务类上涨0.6%。

(市统计局)

【农林牧渔业】 2018年,镇江市粮食播种面积15.33万公顷,比上年减少1.17万公顷,下降7.1%。粮食总产量107.30万吨,减少3.52万吨,下降3.2%。其中,夏粮总产量31.69万吨,减少0.84万吨,下降2.6%;秋粮总产量75.61万吨,减少2.68万吨,下降3.4%。全年油料总产量3.25万吨,下降39.5%。蔬菜总产量94.14万吨,下降2.6%。畜牧业产量有所下降。肉类总产量6.80万吨,下降3.2%,其中,猪肉产量4.37万吨,增长0.4%;禽肉产量2.21万吨,下降8.9%。全年生猪出栏量52.26万头,下降1.2%;家禽出栏量1448.16万羽,下降13.0%。水产品产量9.57万吨,增长0.3%。

年末全市拥有高标准农田10.16万公顷,占比重65.6%,比上年提高5.5个百分点,其中,当年新建0.87万公顷。全年新增高效设施园艺面积1133公顷,新增永久性蔬菜基地面积304公顷。新创全国休闲农业与乡村旅游三星级示范点3个、五星级示范点2个,省级主题创意农园5个、省级休闲观光农业精品示范村6个。新增绿色农产品43个,年末绿色优质农产品面积占比46.0%。新增省级、市级示范家庭农场分别为17家、46家,新增国家级示范社12家、省级示范社21家。年末农机总动力149.5万千瓦,增加1.7万千瓦。（市统计局）

【工业】 2018年,镇江市拥有规模以上工业企业2044家,实现总产值比上年增长3.2%,其中,大中型企业增长3.9%。分轻重工业看,轻工业增长1.8%,重工业增长3.6%。分经济类型看,国有企业下降15.4%,股份制企业增长2.8%,三资企业增长6.0%。在规模以上工业企业中,民营企业总产值增长2.7%,其中私营企业增长2.7%。规模以上工业企业实现主营业务收入增长0.4%,利润总额下降1.3%。企业亏损面18.9%,亏损企业亏损额38.37亿元,增长64.3%。年末应收账款870.71亿元,增长9.0%;产成品存货222.83亿元,增长8.0%。产品销售率98.7%,下降0.1%。

（市统计局）

【建筑业】 2018年,镇江市拥有资质以上建筑业企业413家。全年实现建筑业总产值537.64亿元,比上年增长8.6%,其中,工程产值525.01亿元,增长7.8%。建筑业全员劳动生产率33.93万元/人,增长9.2%。建筑业企业房屋建筑施工面积1933.35万平方米,下降7%;竣工面积579.57万平方米,下降19%,其中,住宅竣工面积303.76万平方米,下降30.2%。（市统计局）

【固定资产投资】 2018年,镇江市固定资产投资比上年下降26.5%,其中,国有及国有经济控股投资下降23.4%,港澳台及外商投资下降28.3%,民间投资下降30.4%。分产业看,第二产业投资下降28.9%,其中,工业投资下降27.9%,第三产业投资下降24.3%。

全年完成房地产开发投资356亿元,比上年增长3.6%,其中,住宅投资281.22亿元,增长7.1%。房地产开发企业房屋施工面积3262.41万平方米,增长1.1%,其中,住宅施工面积2487.47万平方米,增长0.8%。商品房竣工面积575.35万平方米,增长68.2%,其中,住宅竣工面积432.98万平方米,增长58.0%。商品房销售面积512.74万平方米,下降27.3%,其中,住宅销售面积471.75万平方米,下降27.4%。商品房销售额508.77亿元,下降15.5%,其中,住宅销售额462.29亿元,下降14.6%。（市统计局）

【国内贸易】 2018年,镇江市实现社会消费品零售总额1360.92亿元,比上年增长5.0%。按经营单位所在地分,城镇市场零售额1281.99亿元,增长4.8%;乡村市场零售额78.93亿元,增长7.6%。按消费形态分,批发业零售额191.44亿元,下降4.0%;零售业零售额983.49亿元,增长6.4%;餐饮业零售额166.86亿元,增长7.1%;住宿业零售额19.12亿元,增长12.0%。从限额以上批发和零售业分类商品零售情况看,汽车类零售额86.82亿元,下降6.6%;石油及制品类零售额75.53亿元,增长5.2%;通信器材类零售额5.23亿元,下降19.7%;日用品类零售额17.12亿元,下降10.1%;家用电器和音像器材类零售额26.00亿元,下降18.3%;化妆品类零售额4.27亿元,增长5.3%;金银珠宝类零售额15.58亿元,下降0.4%;文化办公用品类零售额7.26亿元,下降24.0%;粮油食品、饮料烟酒类零售额60.26亿元,下降9.1%。（市统计局）

【开放型经济】 2018年,镇江市实现进出口总额118.39亿美元,比上年增长12.4%,其中,出口总额79.80亿美元,增长14.2%;进口总额38.59亿美元,增长8.7%。从出口方式上看,一般贸易出口63.50亿美元,增长17.8%;加工贸易出口15.88亿美元,增长3.3%。分企业类型看,国有企业出口2.27亿美元,增长13.3%;外商投资企业出口34.76亿美元,增长6.9%;民营企业出口41.93亿美元,增长21.5%。从主要出口产品看,机电产品出口31.28亿美元,增长19.9%;纸及纸制品出口6.10亿美元,增长35.1%。高新技术产品出口5.57亿美元,下降14.8%。从出口市场看,对东盟组织出口10.75亿美元,增长11.1%;对日本出口5.22亿美元,增长7.2%;对印度出口4.92亿美元,增长21.5%;对欧盟出口10.94亿美元,增长25.9%;对美国出口16.66亿美元,增长24.1%。

全年新批外商投资企业85家,新批协议外资9.95亿美元,实际利用外资8.68亿美元。新批及净增资1000万美元以上项目23个。

截至年末,全市累计批准233家企业在64个国家和地区,投资294个境外项目,镇江方协议投资14.79亿美元。全年新批及增资境外投资项目28个,与上年持平;镇江方协议投资1.38亿美元,新签订对外承包工程合同额0.53亿美元;完成营业额4.29亿美元,增长30.2%。（市统计局）

【交通运输业】 2018年,镇江市公路客运量2965万人,比上年下降6.9%;铁路客运量1196万人,增长4.5%。公路旅客周转量20.06亿人千米,下降4.0%。公路货运量8058万吨,增长6.7%;水路货运量1583万吨,增长1.7%;铁路货运量197万吨,下降4.3%。公路货物周转量90.00亿吨千米,增长5.7%;水路货物周转量43.43亿吨千米,增长2.6%。全年完成港口货物吞吐量16264万吨,增长1.9%,其中,长江港口吞吐量15331万吨,增长7.9%;港口集装箱吞吐量43.18万标准箱,增长6.5%。年末全市民用汽车拥有量60.61万辆,其中,个人载客汽车51.53万辆,分别增长9.0%和8.4%。（市统计局）

【邮政电信业】 2018年,镇江市邮政电信业务总量163.30亿元,比上年增长102.5%,其中,邮政业务总量23.95亿元,增长23.8%;电信业务总量139.34亿元,增长127.3%。邮政电信业务收入46.16亿元,增长9.2%,其中,邮政业务收入15.52亿元,增长17.3%;电信业务收入30.64亿元,增长5.6%。年末固定电话用户60.32万户,下降10.8%;移动电话用户354.73万户,增长9.8%。年末互联网宽带接入用户144.73万户,增长5.5%。（市统计局）

【旅游业】 2018年,镇江市有A级景区38家,其中,AAAAA级景区2家,AAAA级景区7家,AAA级景区14家。有省级旅游度假区3家,省星级乡村旅游区101家。有星级旅游饭店30家,其中,五星级宾馆3家;有旅行社112家,其中,星级旅行社35家。全年接待境内外游客6554.27万人次,增长9.8%;实现旅游业总收入934.46亿元,增长13.6%。接待国内游客6546.70万人次,增长9.8%,实现国内旅游收入923.77亿元,增长13.6%。接待入境过夜游客7.57万人次,增长8.8%,其中,外国人5.94万人次,增长9.9%;港澳台同胞1.63万人次,增长4.9%。旅游外汇收入0.94亿美元,增长10.4%。（市统计局）

【财政】 2018年,镇江市实现一般公共预算收入301.50亿元,比上年增长6.0%,其中,税收收入241.24亿元,增长10.7%;非税收入60.26亿元,下降9.4%。从主要税种看,增值税增长15.0%,企业所得税增长22.4%,个人所得税增长25.0%。全年一般公共预算支出408.65亿元,增长5.7%,其中,教育支出77.80亿元,社会保障和就业支出46.80亿元,医疗卫生支出29.63亿元,环境保护支出12.67亿元。（市统计局）

【金融业】 2018年,镇江市有各类金融机构33家,金融机构人民币存款余额5042.97亿元,比年初增加165.48亿元,其中,住户存款2161.07亿元,比年初增加177.64亿元;非金融企业存款1852.42亿元,比年初减少63.13亿元。年末金融机构人民币贷款余额4450.60亿元,比年初增加586.45亿元,其中,短期贷款1510.48亿元,比年初增加102.37亿元;中长期贷款2702.22亿元,比年初增加392.13亿元。

全市上市挂牌企业279家,其中,主板上市公司19家(境内13家,境外6家),"新三板"挂牌企业43家,区域股权市场挂牌企业217家。全年新增上市挂牌企业117家(主板上市公司1家,区域股权交易中心挂牌企业116家),上市挂牌企业新增股票融资11.56亿元。

全市有市级保险机构62家,其中,财险公司29家,寿险公司33家。全年保费收入128.19亿元,比上年增长9.3%,其中,财产险收入27.80亿元,增长3.3%;寿险收入100.39亿元,增长11.1%;健康险和意外伤害险收入5.10亿元,增长24.6%。全年赔付额35.22亿元,下降8.9%,其中,财产险赔付16.94亿元,增长1.5%;寿险赔付18.28亿元,下降16.8%;健康险和意外伤害险赔付7.54亿元,增长26.9%。（市统计局）

政治建设

【概况】 2018年,中共镇江市委贯彻中共十九大精神,推进全面从严治党,加强政治建设,强化思想武装,深化鼓励激励、容错纠错、能上能下"三项机制",保持正风肃纪高压态势。加强基层党组织建设,为高质量发展提供坚强政治保证。市人大常委会制定《镇江市消防条例》等3部地方法规,依法选任市监察委员会组成人员,中共镇江市委印发《关于建立市政府向市人大常委会报告国有资产管理情况制度的意见》。市人大常委会推进实施《镇江市长江岸线资源保护条例》,对《镇江市金山焦山北固山南山风景名胜区保护条例》进行执法检查。全市各级人大代表收集意见、建议和诉求4581件,接待群众53774人次,推动解决问题5863个。市政协组织对100多个生态环境项目开展民主监督,落实7个方面重点提案、39条建议,报送《社情民意信息》近40期。各民主党派提交市政协集体提案49件、个人提案206件。全市审判工作规范审判权力运行,院庭长一律不再审批案件。检察机关在推进公益诉讼改革、对接检察机制改革、落实刑事诉讼改革等方面均取得新进展。市政府研究出台加强政府性债务管理、财政预算追加、经营性用地调控等多项制度,承办人大代表建议234件、政协提案373件,满意和基本满意率达100%;政府法律顾问工作实现常态化。（叶　卜）

【市人大常委会依法履职】 2018年,镇江市人大常委会坚持中国共产党的领导与依法履职相统一,把人大工作放在全市发展大局中谋划和推进,把推动产业强市、富民利民、生态建设、乡村振兴作为重中之重。依法行使职权,密切与"一府一委两院"(市政府、市监委、市法院、市检察院)的工作联系,支持督促"一府一委两院"依法履职,推动全市重点工作开展。坚持市委决策与人大决定相统一。履行法定职责,保证市委决策部署在工作中得到贯彻执行。落实市委决策,依法做出"加大重点片区生态环境综合整治"议案、"加大有效投入,加快产业强市,推进高质量发展"议案。坚持党管干部与依法任免相统一。严格按程序依法保证党组织推荐的人选成为国家政权机关的工作人员。按照监察体制改革部署,依法选任市监察委员会组成人员,确保全市监察工作顺利开展。市人大常委会全年组织19名拟任命人员进行任前法律知识考试,依法任免国家机关工作人员68人次。对所有被任命人员依法组织宪法宣誓,对3名政府部门主要负责人述职评议。（赵敬敬）

【《中国人民政治协商会议镇江市委员会提案办理协商规则》出台】 2018年,镇江市政协在全省率先制定出台《中国人民政治协商会议镇江市委员会提案办理协商规则》(以下简称《规则》)。《规则》共八章二十条,从征集、立案、办理、督办、公开、保障等方面规范提案协商办理全流程。《规则》呈现以下特点:(1)将中国共产党对提案办理工作的领导贯穿《规则》始终。(2)突出高质量,《规则》明确,提案坚持"量质并举、以质为先"。(3)突出立体式多元化大督办机制,由条条式督办、业务性督办逐步拓展为多元化督办、立体式督办、开门式督办、"回马枪”式督办，做到问题不解决不撒手。(4)突出提案办理结果向社会公开。按照“公开是原则，不公开是例外”的精神，凡符合公开条件的必须全程、全部、全透明向社会公开。(5)体现传递民意、联系民情、解决问题、党政部门科学民主决策“参谋”等特点。 （顾 飞）

【法治建设】 2018年，镇江市各地各部门将法治建设摆在重要位置，抓好落实。中共镇江市委常委会专题研究法治建设工作并讨论通过《2018年法治镇江建设工作要点》，明确年度工作目标和内容全市做好地方立法各项工作。深化立法联系点工作制度，拓宽民众参与立法渠道。首次召开立法协商会议，组织全市各民主党派、工商联、无党派人士对立法提出意见。推进法治政府建设。市政府办公室出台《关于公布2018年度镇江市政府重大行政决策事项目录的通知》，确保公众参与、专家论证、风险评估、合法性审查和集体讨论等五大法定程序落实到位。镇江市全面推进依法行政工作领导小组办公室、镇江市行政审批制度改革工作领导小组办公室出台《镇江市规范行政审批服务自由裁量权改革试点工作的实施意见》，解决当前行政审批公开透明度不够等问题。开展检察机关司法体制改革情况调研。加强新型审判团队建设，组建“1+N+N”（入额法官+法官助理+书记员）审判和执行团队，促进扁平化管理与专业化审判，提升审判执行工作质量与效率。开展法治宣传。贯彻“七五”普法规划，推进“谁执法谁普法”责任制落实。市司法局相继出台贯彻“谁执法谁普法”责任制实施意见、考评办法和责任清单，打造“谁执法谁普法·十佳创新项目”、部门“普法月历”等特色品牌，推动由“小众普法”向“大众普法”转变。强化社会主义核心价值观培育，通过制度建设和实践引导，培育市民敬法、守法意识。推动法治惠民利民。以法治创建为载体，围绕法治城市、法治县（市、区）创建，改善民生、维护民权、争取民利。推进法治惠民实事项目，部署省级项目8件、市级项目29件。 （何瑞 沙跃）

【中共党员和干部队伍建设】 2018年，中共镇江市委组织系统以政治建设为统领，推动政治标准落地落实。推进“两学一做”（学党章党规、学系列讲话，做合格党员）学习教育常态化、制度化，开展“学十九大精神、做新时代先锋”主题活动，强化干部政治能力教育培训，引导中共党员干部学习新思想，《习近平新时代中国特色社会主义思想三十讲》参学率居全省第三位。探索领导干部政治建设有形抓手，组织实施领导干部“政治体检”，细化政治忠诚、政治定力、政治担当、政治能力、政治自律等“5看30问”标准，其做法在省管领导干部任前考察中推广，并被中共中央办公厅《每日汇报》、中共中央组织部《组工信息》推介。抓好中央巡视涉及镇江问题的整改工作，配合省委巡视和选人用人检查工作。 （市委组织部办公室）

【政务公开和新闻联络】 2018年9月，镇江市政府下发《关于进一步加强和改进政府新闻发布工作的实施意见》，市政府办公室编印《政务公开一本通》，组织全市政府信息依申请公开案卷评定。各地、各部门通过镇江市政府网站政府信息公开专栏公开各类政府信息3万余条。市长信箱受理群众信件1180余件，到期办复办结率为100%。市政府办公室全省首创开通“镇江政务”微信公众号，累计发布信息815条，政策解读123条，关注量达1.9万人。市政府“12345”服务热线发布官方微博1.11万条，关注人数12.75万人，及时传递政府服务民生的信息，答复群众疑问。政府网站发布在线访谈4期，发布民意征集9件；创新新闻发布形式，基本形成“一次发布、多家生成、多元传播”的格局。2018年，市政府办公室举行专题联动发布5场，群众参与人次超500人，其中，老旧小区改造第一次发布工作得到市长张叶飞的批示肯定。市本级受理依申请公开59件，依申请公开回复率100%，其中，行政复议案件4件，行政诉讼案件2件。2018年，市政府系统承办人大代表建议216件，政协委员提案363件。满意和基本满意率为100%。（吴丰成 李 剑）

文化建设

【概况】 2018年，镇江市繁荣艺术创作生产，实施《2018年度镇江市重点文艺创作项目推进计划》，奖励优秀文艺成果、资助重大文艺创作、项目化推进重点生产，创作民族音乐剧《九九艳阳天》、图书《中国精神：图说中国共产党的百年奋斗》等重大题材作品，推出电视剧《生活就是家》（48集）、儿童剧《少年英雄》、广播剧《初心难忘》、歌曲《江岛之恋》、纪实文学《四十年四十人：镇江改革开放的历史时空》、报告文学《大医许祥生》、长篇小说《风雪将至》等一批重点作品。图书《中国价值：图说社会主义核心价值观的根与源》（韩文）入选“2018经典中国国际出版工程资助出版项目”，微电影《我们的家》被国家广播电视总局确定为“弘扬社会主义核心价值观·共筑中国梦”主题原创网络视听节目征集推选和展播活动优秀节目（在2018年“中国梦”原创网络视听节目推选活动中被评为剧情类优秀节目），《爱在运河边》获第六届亚洲微电影艺术节金海棠奖·最佳作品奖和首届运河主题国际微电影展最佳剧情片、最佳男演员奖，《镇江往事》获首届运河主题国际微电影展最佳导演奖，舞剧《春江花月夜·赛珍珠》获第28届上海白玉兰戏剧表演艺术奖集体奖，《公元1178》入选“大道有痕——2018·中国百家金陵画展（版画）”收藏作品，《乡愁·镇江卷》获第八届冰心散文奖·优秀奖，《凰权》获首届泛华文网络文学“金键盘”奖（优秀影视改编类），龚莉莉凭借扬剧《红船》获2018紫金文化艺术节优秀表演奖，电视动画片《茅山小道士》获江苏省新闻出版广电政府奖·动画奖，《这就是生活》获2017—2018年度江苏电视文艺奖原创歌曲节目一等奖，《我是一个兵》获2017年度江苏广播剧、广播文艺奖单本剧（含短剧）一等奖，少儿无伴奏田歌表演唱《车水号子——数螃蟹》、民乐合奏《西津寻渡》、小锡剧《阿旺的救赎》、小音乐剧《回响》、小品《夜话》、草书《春江花月夜》等6部作品获第十三届江苏省“五星工程奖”，市委宣传部获2018紫金文化艺术节组织奖，微电影《我们的家》在中央电视台网站播出，广播剧《初心难忘》在中央人民广播电台播出，电影《赵亚夫》在全省发行放映、推介，“中国网络文学泛娱乐产业孵化基地”“江苏网络作家村”落户镇江，网络大电影《双世白蛇》在线播放突破1500万人次，镇江网络作家“天下归元”小说《扶摇皇后》改编的电视剧《扶摇》上线收视率近19亿人次，现代扬剧《红船》基层巡演11场次。 （刘 昱）

【“美好新时代·幸福镇江人”——镇江市庆祝改革开放40周年文艺演出暨2018紫金文化艺术节广场大型群众性文化活动】 2018年10月13日下午，由中共江苏省委宣传部、省文化厅、省文联和中共镇江市委、市政府主办，中共镇江市委宣传部、市文广新局、市文广集团承办的“美好新时代·幸福镇江人”——镇江市庆祝改革开放40周年文艺演出暨2018紫金文化艺术节广场大型群众性文化活动在南山北入口广场举行。演出围绕“美好新时代”主题，讴歌改革开放40周年，分“歌唱吧，镇江！”“自豪吧，镇江！”“舞动吧，镇江！”“奔跑吧，镇江!”等4个篇章,全市各地800多名演员,用原创歌舞、“非遗”展示、戏曲曲艺、器乐等形式,展示普通百姓的幸福生活,赞颂新时代新风貌,用创新的艺术形式展现镇江改革开放的蓬勃实践和改革再出发的人民之声。省文联党组成员、副主席、书记处书记刘旭东,市人大常委会副主任王萍,市政协副主席朱开宝,紫金文化艺术节专家组评委以及市有关部门和单位的主要负责人同社会各界干部、群众代表1000多人一起观看演出。

(刘　昱)

【第二届镇江金山合唱节】 2018年6月2日—10日,由中共镇江市委宣传部、市文明办、市教育局、市总工会、市文联共同主办的第二届镇江金山合唱节在西津音乐厅举办。该届合唱节以庆祝改革开放40周年为契机,以“唱响中国梦·讴歌新时代”为主题,秉持时代性、艺术性、群众性、创新性。活动包括举行合唱比赛、专家评委“一场一评”和颁奖礼等。合唱比赛以全市联动的形式进行初赛选拔,有26支团队进入复赛,16支团队进入决赛,最终丹阳市第五中学梦之韵合唱团、扬中经济开发区大行合唱团分获合唱节合唱比赛少儿组、成人组金奖,另14支团队分获银奖、铜奖和优秀奖;3人获优秀指挥奖,3人获优秀钢琴伴奏奖;中共扬中市委宣传部、京口区委宣传部、丹阳市委宣传部等3家单位获优秀组织奖,5家单位获组织奖。

(刘　昱)

【第二届“镇江金山文艺评论奖”评选】 2018年,中共镇江市委宣传部、市文学艺术界联合会组织开展第二届“镇江金山文艺评论奖”评选。收到申报参评作品18篇(部),涵盖文学、电影、摄影、戏剧、书法、网络文艺等文艺门类。经初评、终评、公示等环节,最终评选出6篇(部)获奖作品,《变奏与交响》为一等奖,《网络文艺的主流化与新格局》《“一本从古籍里活起来的书”——〈中国价值〉读后》等2篇作品为二等奖,《战争硝烟下的女性角色:赛珍珠〈龙子〉中的林嫂》等3篇作品为三等奖。

(刘　昱)

【现代扬剧《红船》基层巡演活动】 2018年4月23日—5月9日,中共镇江市委宣传部、市文广新局、市文广集团联合组织开展现代扬剧《红船》基层巡演活动。巡演以“服务基层服务群众,推动戏曲繁荣兴盛”为宗旨,其间赴各辖市(区)演出11场次,重点组织农民工、老年人、未成年人、残障人等特殊群体观看。该剧先后入选2016年度文化部戏曲剧本孵化计划原创大戏项目一类作品、2017年度江苏艺术基金资助大型剧目项目,并在2017年10月江苏镇江现代扬剧“北京展演周”上演。

(刘　昱)

社会建设

【概况】 截至2018年年底,镇江市有31个镇、25个街道、480个村委会(建制村489个)、255个社区居委会(建制社区280个)。全市社会组织登记总数3821家,其中,社会团体1919家、民办非企业单位1899家,基金会3家,每万人拥有社会组织数12家。全市持证社会工作专业人才1880人,其中,助理社工师1318人、社工师562人,每万人拥有持证社会工作专业人才5.9人。全市有2116家社会组织获评相应评估等级,其中,AAAAA级8家,AAAA级122家,AAA级201家,评估数占应评社会组织数的58.9%。

2018年,《市委、市政府关于加强城乡社区治理与服务的实施意见》《市委办公室、市政府办公室关于加强城市社区工作者职业体系建设的指导意见》《市委办公室、市政府办公室关于明确2019年社区(村)工作事项的通知》等政策文件出台,为打造共建共治共享社会治理格局夯实制度基础。

全年新建(改造)金泉社区、江东社区、宜乐社区和九华山庄社区等4个中心社区。省定20个城乡社区改造项目如期完成,新增社区用房服务面积32933平方米,城乡社区综合服务设施建设达标率分别为72.2%和93.8%。完善“八室两超市一站一广场”(综合办公室、综合服务室、综合活动室、文化室、警务室、调解室、卫生室、社会组织工作室,生活用品超市、农资超市,居家养老日托站,室外文体活动广场)服务功能,“15分钟社区服务生活圈”基本形成。

“三社联动”(即通过社区建设、社会组织培育和社会工作现代化体制,形成资源共享、优势互补、相互促进的良好局面,加快形成政府与社会之间互联、互动、互补的社会治理新格局)持续推进,镇江市区103家社区依托党组织为民服务专项资金,引导社会组织为社区提供服务项目179个。5家中心社区成立居民自我管理委员会,开展“参与式”社区治理。农村社区“一规五制”(以村规民约为规范,建立健全村级事务议事协商、财务管理监督、居民办事代理、社会组织参与、服务成效评议制度)和村民小组“两组四会”(村民小组、片区党小组;组民议事会、道德评议会、经济合作社、互助合作会)建设持续深化,基层民主自治和服务水平不断提高。

建立健全社会组织党建管理体制,成立镇江市社会组织联合党委。截至目前,市社会组织联合党委下设社会组织独立党支部3个,应建未建社会组织党支部建成率达100%。下设直属党支部1个,96家不符合成立条件社会组织党建工作均纳入直属党支部管理。稳步开展行业协会与行政机关脱钩工作,89家全市性行业协会商会与主管单位实现“五分离五规范”(即:机构分离,规范综合监管关系;职能分离,规范行政委托和

图3-2　2018年4月—5月,现代扬剧《红船》开展基层巡演活动

(张　梅　供稿)

职责分工关系；资产财务分离，规范财产关系；人员管理分离，规范用人关系；党建、外事等事项分离，规范管理关系）。贯彻落实《中华人民共和国慈善法》及相关配套政策，依法开展慈善组织认定和公开募捐资格审批，累计依法登记、认定慈善组织 11 家。

《镇江市民政局关于进一步加强社会组织日常监管的通知》《镇江市民政局关于进一步强化社会组织管理工作的通知》《镇江市民政局关于进一步强化社会组织监督管理规范社会组织行为的通知》等文件出台，从政策层面加强社会组织监督管理。在全市范围内开展打击整治非法社会组织专项行动，清理“僵尸组织”19 家，劝散非法社会组织 5 家，引导 5 家进行合法登记，专项行动成效初显。

引导社会组织参与苏陕协作扶贫，全市有 7 家社会组织单独或联合认领苏陕协作帮扶项目，其中镇江市安徽商会、镇江市纳税人权益维护联合全部认领渭南市澄城县创新中学贫困助学项目。开展第三批政府职能转移和购买服务的社会组织资质认定工作，当年认定 82 家，全市累计 283 家社会组织入选。

社会工作者（以下简称“社工”）人才队伍加快发展，社会工作稳步推进。2018 年，全市社工考试报名总人数 1561 人，较上年增长 11.02%，考试通过人数 507 人，较上年增长 203.59%。实施第二期社工骨干人才培养计划，在全市范围内遴选出 30 名优秀社工人才进行培训，通过理论指导、实景教学、案例分析等手段提升社工骨干综合素质。市民政局、市总工会联合组建镇江市工会社会工作者联盟。落实镇江市《关于加快培育发展民办社会工作服务机构的实施办法》，对市直单位和京口区、润州区 5 家符合条件的民办社工机构实施奖补。举办“牢记社工心、建功新时代”社工宣传周系列活动，150 余名优秀社工代表参加启动仪式。在《镇江日报》《京江晚报》等当地主流纸媒宣传社会工作知识、弘扬社会工作精神，营造社会工作的良好氛围。（陈　俊）

【《关于大力培育发展社区社会组织的实施意见》印发】 2018 年 12 月，镇江市民政局印发《关于大力培育发展社区社会组织的实施意见》（以下简称《意见》），对全市培育发展社区社会组织的总体要求、发展目标和能力提升以及政策支持等予以明确。该次出台的实施意见对社区社会组织的发展提出了近期和远期目标。近期目标方面，至 2018 年年底，城市社区平均拥有 6 家社区社会组织（含登记和备案的社区社会组织），农村社区平均拥有 3 家；2019 年年底，城市社区平均拥有 8 家，农村社区平均拥有 4 家；到 2020 年，城市社区平均拥有不少于 10 家，农村社区平均拥有不少于 5 家。远期目标方面，到 2030 年之前，社区社会组织管理制度更加健全，支持措施更加完备，整体发展更加有序，作用发挥更加明显，成为创新基层社会治理的有力支撑。

根据《意见》，镇江市将加快发展生活服务类、公益慈善类和居民互助类社区社会组织，推动将其纳入城乡社区便民利民服务网络，为社区居民特别是低保对象、特困人员、空巢老人、农村留守人员等各类困难群体提供多种形式的生活服务和志愿帮扶；重点培育为老年人、妇女、儿童、残疾人、失业人员、农民工、服刑人员或强制戒毒等限制自由人员的未成年子女、困难家庭、严重精神障碍患者等特定群体提供专业服务的社区社会组织特别是社会工作服务机构；鼓励发展文化类、体育类、科普类社区社会组织，完善社区公共文化服务体系；支持发展协商议事、纠纷调处、居民融入、社区自治、平安建设类社会组织。

同时，《意见》还提出要加快发展农村社区社会组织，引导其有序参与乡村治理体系建设，在脱贫攻坚、就业创业、生产互助等方面发挥作用。

对符合法定登记条件的社区社会组织，可到所在地社会组织登记管理部门申请登记；对未达到登记条件的，按照不同规模、业务范围、成员构成和服务对象，由所在地街道办事处（乡镇政府）实施管理；对规模较小、组织较为松散的“微型”社区社会组织，由社区党组织领导，基层群众性自治组织对其活动进行指导和管理。

《意见》还规定要加大资金投入，从福彩公益金中安排专项资金，采取购买服务、公益创投、项目补贴等多种方式支持，支持社区社会组织开展扶老、助残、救孤、济困等服务项目，推动政府资金、社会资金等资源向农村社区社会组织和服务项目倾斜。加强服务平台建设，支持各地依托街道（乡镇）社区服务中心、城乡社区服务站等设施，建立社区社会组织综合服务平台，有条件的地方探索设立培育资金，建设社区社会组织孵化培育基地。推进政府购买服务，在将社区治理、养老服务、困境儿童帮扶、低保和特困人员救助等民政领域公共服务事项列入购买服务清单的同时，推动将文化、体育、科技、创业支持、心理健康、信访化解、纠纷调解、社区矫正、社区戒毒、刑满释放人员帮扶等各家领域城乡社区服务纳入年度政府购买公共服务计划。

继续实施社会组织能力提升工程，开展专项型社会组织能力建设培训，组织培训交流活动 15 场次，惠及社会组织 300 余家；组织专家开展社会组织“一对一”辅导 36 场次，为社会组织链接资源、对接项目 10 个。（陈　俊）

【社会保障】 2018 年，镇江市企业职工养老保险、医疗保险、失业保险参保人数分别为 89.68 万人、96.37 万人、53.95 万人。全市 54 个经济薄弱村达标，3300 余户建档立卡低收入人口实现脱贫，达标率超过 80%。城乡困难人群纳入保障体系，最低生活保障标准由 655 元/月提高到 710 元/月。全市退休人员养老金比上年增加 136 元/月，实现“十四连增”。新建老年人日间照料中心 5 个、助餐点 100 个、居家养老服务中心 15 个。实施医疗救助 31.6 万人次。全市最低工资标准由上年的 1890 元/月提高到 2020 元/月，增加 130 元/月。

（市统计局）

【综治和平安建设】 2018 年，镇江市社会治安综合治理（以下简称“综治”）和平安建设工作成效明显，群众安全感达 98.04%，列全省第一位。全市政法工作服务大局，确保社会和谐稳定。市公安局制定重大情报信息分色分类预警处置流程，及时核查各类涉恐、涉稳线索，防范化解各类不稳定事端苗头隐患。开展“扫黑除恶”专项斗争，坚持依法严惩、打早打小、除恶务尽，深挖“黑恶势力”“保护伞”，及时查处一批“涉黑涉恶”违法犯罪案件。部署开展整治非法集资和传销等金融乱象的“清风行动”，核查理财类公司 1874 家，责令整改 51 家，取缔 55 家，实现非法集资立案数、涉案值的“双下降”；捣毁传销窝点 290 个，解救群众 215 人，遣返传销人员 1156 人。推进网格化社会治理，在创新基层网格化社会治理机制中，注重强化中共党建引领作用，完善“3 + X”党建纵向贯通治理模式［即：在城乡社区党支部领导下，网格设立党小组，有条件的设立党员中心户。社区党支部、网格党小组、党员中心户 3 个层级纵向贯通，居委会、业委会、物委会（物业服务单位）、社区民警、社区法律顾问、社会组织、志愿者和热心群众等 X 治理元素共同参与的网格共治模式］，实现“社区网格耀党旗、服务群众零距离、化解矛盾无时差”。强化队伍建设，将专职网格员纳入职业化社工队伍统筹管理，建立工资薪酬与工作年限相挂钩的调整机制。健全多元矛盾纠纷化解体制。涉侨纠纷调解中心等一批行业性调解组织建立，矛盾纠纷调解成功率达99.8%。深化“未成年人零犯罪社区(村)”和“青少年维权岗”创建活动。在以奖代补的基础上，全省首创易肇事肇祸精神障碍患者购买责任险制度。设立全省首家社区矫正检察官办公室，制定出台社区矫正档案管理工作标准。

(蒋莉翔　沙　跃)

【中心社区建设】　为解决部分社区小、散、弱现状和社区服务空心化等问题，为居家养老、医疗卫生、各类社会组织等服务资源进入社区搭建好平台，2014年起，镇江市在全省首家推进中心社区建设模式，即以街道为单位，在3家~5家相邻基本社区建设1家中心社区，通过中心社区集中办理政务事务，基本社区为居民提供服务。截至2018年年底，全市建成中心社区18家，初步实现“行政事务上收、自治服务下沉”的目标。

(陈　俊)

【“参与式”社区治理】　镇江市京口区通过购买枢纽型社会组织服务，指导帮助社区成立居民自治管理委员会，普查社区自有资源、组织居民提出社区愿景方案、按照居民需求设置社区中心服务功能、打造“331”参与机制(“3”即强化社区、枢纽型社会组织、专业社工三大主体联动融合；“3”即搭建多元主体参与社区治理的主要渠道；“1”即成立居民自我管理委员会)、建立“5换1”制度(参加社区活动的居民、社会组织在享受社区提供的5小时服务后，需为社区其他居民提供1小时服务)，开展协商议事、整理社区环境、文体活动等。2018年，镇江市在京口区京口路社区开展“参与式”社区治理，培养“5换1”常态志愿服务者30人，服务居民329人次，近1500名居民参与举办各种文体活动，选聘失管小区楼栋单元邻长27人，组建邻里微自治团队。截至年底，社区居民社区活动和服务参与率提高30%。

(陈　俊)

【社区工作者职业体系建设】　2018年，按照职业化、专业化、现代化的建设要求，镇江市在京口区试点社区工作者职业体系建设，对城市社区工作者员额定配、入职、培训、培养、晋升、考核六个方面做出详细规定，建立健全“双全”社工选拔机制，完善“三岗十八级”职业薪酬体系，初步实现社区干部“引得进、留得住、干得好”的工作目标。该项工作实施以来，社区工作者队伍结构不断优化，40周岁以下人员占比由35.8%提升至47.3%，大专以上学历占比达80.6%。

图3－3　2017年起，镇江市政府连续三年将老年人日间照料中心和助餐点建设纳入市政府为民办实事项目进行推进。图为丁卯街道老年人日间照料中心助餐服务现场

(王　洁　供稿)

此外，第三方调查机构统计显示，2018年，社区居民满意率达85%(较2016年提高13个百分点)，全区信访总量比上年下降52%。该项工作被列为2018年度市委书记基层党建项目，在全市予以推广。

(陈　俊)

【社会组织公益创投】　2017年度镇江市社会组织公益创投活动结项，24个项目获选，其中，为老服务项目6个，青少年服务项目4个，救灾救助类项目6个，优抚服务类项目2个，社区及社会组织发展服务类项目6个，直接服务对象达1904人，服务社会组织32家。开展2018年度镇江市社会组织公益创投活动，累计扶持32家社会组织开展公益服务项目。

(陈　俊)

生态建设

【概况】　2018年，镇江市持续加大生态建设力度，镇江市人民政府制定实施《2018年镇江市生态文明(低碳城市)建设行动计划》和《镇江市生态文明建设目标评价考核实施办法》，生态文明类指标数量占各地年度绩效考核指标总数的50%，权重为35%。镇江市应邀参加第24届联合国气候变化大会，举办2018国际低碳(镇江)大会暨江苏省生态环境高质量主题论坛，获“2018中欧绿色和智慧城市奖”先行奖。生态环境部、联合国开发计划署官方微博均刊文“点赞”镇江，评价镇江“积极开展低碳试点，推动制度、路径和技术创新，以‘镇江实践’丰富了全球气候治理‘中国方案’”。持续加大生态环境保护领域财政投入力度，分配下达2017年度市级生态补偿资金12096元。推进河道疏浚，完成一夜河、虹桥港、西团结河、御桥港、四明河汊河、七里河、二夜河、大寨港、前进港、太平河、头道河、二道河、三道河、五摆渡河、周家河下段、丁岗镇团结河及其支河的河道清淤疏浚和综合整治。2018年，全市疏浚农村河道71条，土方639万立方米。强化绿化造林工作，全年成片造林1003.24公顷，森林抚育4000公顷，林木覆盖率25.06%。加强湿地保护、修复和管理，在句容赤山湖国家湿地公园构建科研监测体系，镇江新区新建1个长江湿地保护小区，全市完成湿地恢复133.33公顷，自然湿地保护率54%。加强豚类资源监测及其保护区管理，长江岸线开发利用率15.98%。强化污水处理能力建设，城乡污水管网新建(改造)132.6千米(其中，镇江市区新建、改造污水管网30.3千米)，新建村庄污水处理设施245个，建制镇污水处理设施覆盖率100%，完成句容市污水处理厂二期2.5万吨/日的扩建。创建省级节水型学校7所，省级节水教育基地1个，市级节水型企业15家，市级节水型单位17家。全市257个居民小区、424个党政机关开展垃圾分类试点，主次干道垃圾分类投放设施覆盖率80%，累计新增、改造垃圾分类收集容器5000余个，有4个乡镇开展镇村生活垃圾分类试点工作。强化生态农业建设，规模养殖场治理率95%、规模养殖场资源化利用设施装备配套率95%、畜禽粪污综合利用率90%；市农业委员会制定《镇江市整体推进轮作休耕实施方案》,实施生态循环农业示范项目3个、"沼渣沼液"循环利用项目2个。围绕化肥农药减控,市农业委员会制定下发《镇江市2018年主要农作物化肥农药零增长工作方案》。2018年,全市新增耕地质量提升示范区8家、水肥一体化标准示范园10家,落实农作物病虫害绿色防控示范区14家,其中,水稻病虫绿色防控示范区9家,蔬菜病虫绿色防控示范区3家,柑橘和茶叶绿色防控示范区各1家;建立农户肥料使用肥情调查户455户、农药使用量典型户调查点180个,全市化肥使用量50630吨,较2015年削减6%;农药使用量2183.75吨,较2015年削减14.33%。实施池塘标准化改造面积448公顷,推广多品种混养、稻渔综合种养、工厂化循环养殖等生态健康模式,稻渔综合种养400余公顷。严格执行禁渔期制度,以打击电力捕鱼为重点,开展打击非法捕捞专项执法行动,全年组织开展清理违规渔具执法检查95次,清理违规渔具150部,地笼网645条。

(庞之列　颜正清)

【镇江长江豚类省级自然保护区存在问题整改】 2018年9月26日,生态环境部就侵占破坏镇江长江豚类省级自然保护区(以下简称"豚类保护区")问题约谈镇江市。镇江市委、市政府对整改工作认真研究、严格交办、扎实整改。9月28日,镇江市市长张叶飞召开生态环境部约谈情况及问题整改交办会,对豚类保护区违法违规建设整改做出具体部署。10月16日,镇江市委书记惠建林现场调度,对整改标准和时限提出明确要求。截至10月,被侵占的460余公顷江滩湿地全面停止并退出农业生产、水产养殖活动;位于豚类保护区的48个人类活动遥感监测点位,除1个防汛泵站、1个防汛电房、1个原住民房屋外,已全部拆除,大江风云影视实景园、江豚观测台等不在豚类保护区范围内的其他违规建设项目也于10月23日全部拆除。根据约谈通报的问题,镇江市开展"六大排查整治行动":由市文旅集团、丹徒区、润州区负责,开展面上自查,确保整改工作不打折扣、不留死角、不走过场,所有问题隐患必须全部排查到位,逐一拿出整改方案;由市农业委员会负责,排查整治保护区内非法人类活动、非法捕捞等违法行为;由市环境保护局负责,排查整治未批先建、非法倾倒和非法排放等违法行为;由镇江海事局、交通运输局负责,排查整治船舶、水域污染等违法行为;由市水利局负责,排查整治非法采砂、非法构筑等违法行为;由市国土资源局负责,排查整治非法用地等违法行为,这6项工作均于10月8日全部完成。为做好长效管理,镇江市人民政府出台《关于进一步加强江苏镇江长江豚类省级自然保护区管理工作的意见》,进一步健全镇江豚类保护区长效管理机制,加强长江江豚栖息地保护,组织研究制定豚类保护区生态修复方案,推进保护区全面禁捕工作,科学规范开展豚类、水生动植物、水质等资源监测,深入实施生态修复工程,确保为江豚提供更优质的自然环境。

(何坤兴)

【产业绿色发展推进】 2018年国际低碳(镇江)大会上,镇江市本级集中签约13个低碳产业项目,其中,丹徒绿色装配式建筑构件研发与制造基地、启迪协信镇江低碳智创园等9个项目取得实质性进展。各辖市(区)8场路演招商活动签约的51个项目中,丹阳智能制造产业园区、句容圣辉莱薄膜太阳能电池、扬中英利集团光伏组件、丹徒新能源汽车配套产业园、京口移动终端智能制造基地、镇江新区无磷过碳酸钠循环经济项目、镇江高新区新能源汽车热管理等25个项目正式落地。全年全市完成8个省级去产能项目,拆除润州区联合水泥180万吨水泥熟料生产线,关停丹徒区镇江华元焦化有限公司焦炭生产线;实施重点绿色制造项目71个,建设完成港口岸电项目61台(套);新增光伏发电并网301兆瓦,增幅77%,国电谏壁发电厂完成2台33万千瓦机组综合升级改造,可降低供电煤耗18克/千瓦时。在全省率先实现省级以上园区循环化改造全覆盖,镇江经济技术开发区国家级园区循环化改造示范试点通过国家发改委组织的评估验收,镇江新区新材料产业园区、丹徒经济开发区循环经济标准化试点通过国家标准化管理委员会组织的评估验收,累计创成国家级绿色工厂7家、绿色园区1家;累计新增二星级以上绿色建筑标识27项,建筑面积183万平方米。

(庞之列)

【县级饮用水源地整改】 2018年3月—4月,镇江市对丹阳市长江江心洲水源地、句容市句容水库应急水源地、扬中市长江主江二墩港水源地3个县级集中式水源地进行排查,发现存在问题14个,主要是在水源地保护区内存在农业种植、水产养殖、交通设施、水上餐饮设施及保护区内村民住户生活污水未纳管等。截至2018年年底,14个问题均整改到位。其中,丹阳市长江江心洲水源地一、二级保护区内分别退出农业种植面积146652平方米、53328平方米,位于丹阳市长江江心洲水源地二级保护区的江心汽渡2艘渡船改建成救生衣仓,渡口废水、生活垃圾统一收集处理。句容市句容水库应急水源地一级保护区内句容水库管理所食堂和句容湖生态养殖繁育中心关闭,一级保护区内1个自然村(戴家边村)约30户住户和二级保护区内16个自然村880户住户生活污水全部接污纳管进入污水处理设施,处理后水质达到一级标准通过排入湿地、农田灌溉、植树造林等方式综合回用,17个自然村新建污水处理设施21套,建设总管网50千米,污水收集井3900个,农户改厕1100个,日处理污水能力245吨。扬中市长江主江二墩港水源地一、二级保护区堤顶公路设置防撞围堰、限行设施、视频监控等,一级保护区入口处设置限高杆(限高1米),禁止一切机动车辆进入,二级保护区入口处设置限高杆(限高2米),禁止货运车辆进入。扬中市长江主江二墩港水源地二级保护区扬高汽渡码头和运行渡船上均安装在线监控,并禁运危险品,对渡口实施雨污分流和生活垃圾、含油废水统一集中收集处理;关闭扬中市长江主江二墩港水源地二级保护区内2个水上餐饮项目,并对饮用水源地保护区内94户居民逐户按统一标准改建、新建三格式净化池设施。

(颜正清)

【镇江市区谏壁片区生态环境综合整治】 2018年,镇江市区谏壁片区实施15个工业企业污染治理项目,总长2.34千米的创普大道项目完成施工,关停"散乱污"企业148家,解决长江沿岸雨污管网混接、固废倾倒等问题28个;镇江新区启动大气污染防治PPP项目,包括实时在线监控系统建设,监测系统具体包括园区环境空气质量监测超级站、园区周界特征因子在线监测与移动监测系统、企业厂界VOCs在线监测系统、企业污染源VOCs在线监控系统和监控中心软件平台系统等,有效提高新区企业环境保护精细化管理水平。

(苏　芸)

【镇江市区西南片区生态环境综合整治】 2018年,镇江市区西南片区在取缔片区内违法违规轧石场、洗石场、石灰窑的基础上,市国土资源局编制《西南片区生态修复综合方案》,对片区内具备绿化条件的地块进行基础复绿,累计完成复绿72.58公顷;西南片区列入年度关停计划的8家企业全部完成关停任务。片区内江苏船山集团有限责任公司根据环境保护要求,对矿石加工系统采用负压布袋除尘,回收粉尘用于工业原料,配备5台洒水设备用于采场、道路降尘，露天生产场地采用管道网喷洒水降尘系统，卸矿点加装自动喷雾降尘装置，进出运输车辆采用自动洗车系统清洗，对采场实施"边开采、边复绿"。　（孙　斌）

【镇江经济技术开发区创成国家级绿色园区】　2018年4月，工业和信息化部公布第二批国家级绿色园区名单，全国有22家园区入选，镇江经济技术开发区名列其中。镇江经济技术开发区聚焦生态、建设低碳清洁新区，把绿色低碳循环作为"二次创业"的发展方式，探索生态绿色和区域一体化的发展模式。在空间布局、能源利用、资源利用、基础设施、绿色产业、生态环境以及运行管理等多个领域，以绿色发展的能力建设和管理创新为依托，促进高水平绿色园区的建成。对照国家级绿色园区创建条件，江苏省及南京市节能技术服务中心对镇江经济技术开发区绿色园区基础情况开展第三方评价工作。评价指标中，13个指标达到或超过引领值。其中，7个超过引领值的指标分别为水资源产出率、土地资源产出率、再生资源汇率利用率、高新技术产业产值占园区工业总产值、人均工业增加值、万元工业增加值碳排放量削减率、绿化覆盖率等；6个达到引领值的指标分别为具备污水集中处理设施、工业固废（含危废）处置利用率、主要污染物弹性系数、制定绿色园区标准体系、编制绿色园区发展规划、完善绿色园区信息平台等。　（颜正清）

【生态环境保护宣传】　2018年4月1日，镇江市妇女联合会、市环境保护局、市精神文明建设指导委员会办公室、市教育局、镇江文旅产业集团在南山文苑联合主办"绿满家园"十百千万环境保护行动启动仪式暨携手共做护绿使者活动，动员市民争做环境保护的宣传者、实践者、推动者，带动每个家庭、单位、学校、企业、社区和身边更多的人，热爱环境保护，参与环境保护，投身环境保护，携手共做护绿使者。活动现场设置帐篷展示区，10家社会组织及单位进行乐器、书法、家居整理、家庭教育、绿植养护等家庭文化建设内容的展示，市环境保护局宣传环境保护法律法规、垃圾分类、绿色出行等方面的环境保护知识。活动结束后，300余名家长和孩子一起在南山周边进行捡拾垃圾活动。

5月30日，市水利局、市河长制办公室、共青团镇江市委员会、市环境保护局在北固湾广场主办"保护母亲河·争当'河小青'"节水护水志愿服务活动暨镇江市团员青年生态环境保护集中行动启动仪式，各主办方代表、部分青年联合会委员、学生志愿者、镇江达人会网友、热心市民等200余人参加活动，该活动旨在引导青年团员、志愿者宣传和践行绿色环境保护理念，为镇江现代化高质量发展做贡献。2018国际低碳（镇江）大会期间，针对企业、学校、社区、乡镇等不同主体和老、中、青、幼各类人群，开展"共享山水绿·秒拍镇江蓝"全民短视频大赛、"喜迎低碳会·慢游零碳岛"绿色骑行、"生态镇江·'童'画低碳"少儿绘画展、低碳知识竞赛以及"低碳进社区""低碳进企业""低碳进校园"等系列主题活动。　（阙　薇）

【丹阳市解决突出生态环境问题】　2018年，丹阳市环境保护部门针对部分木业企业气味扰民问题，多次到企业调查了解，组织第三方专业机构对废气进行监测，聘请江苏省环境科学院专家进行综合评估，对标世界前沿环境保护治理技术，帮助企业优化提升生产工艺。

针对丹阳市树脂眼镜企业废水排放量大、废酸生成量大的问题，丹阳市对全市98家树脂镜片生产企业实施清洗剂替代工程，规范过程管控，并聘请水污染治理专家制定污水分类处置方案，指导企业对现有废水处理设施进行工艺升级调整。

针对环境基础设施建设存在不平衡，部分乡镇生活污水管网建设滞后等实际问题，丹阳市优先保障环境基础设施建设，加快实现园区、镇区污水管网全覆盖，推动控源截污，对沿河工业企业进行排查处置，攻坚老镇区、旧集镇农村污水管网建设。

针对禁养区外畜禽养殖整治不到位的情况，丹阳市严控农业污染，禁养区内规模养殖场关闭率100%，非禁养区内省级养殖场治理率达90.95%。

针对部分乡镇存在涂料行业挥发性有机物废气整治不到位等问题，丹阳市重点整治47家涂料化工生产企业，47家企业完成生产设备拆除并通过现场验收。同时对"散乱污"企业保持高压态势，对喷漆喷塑、汽修烤漆、塑料粒子加工、废品收购等行业开展联合执法，对工业企业相对密集的镇（园区）分片排查。2018年，丹阳市立案查处环境违法案件238件，比上年增长441%；处罚金额2048.08万元，增长862%。　（杭　颖）

【句容市推进生态环境整治】　2018年，句容市推进生态环境整治。大气环境方面，关闭15家砖瓦厂、10家化工企业、6家排放挥发性有机物工业企业，完成37家重点工业企业挥发性有机物治理。同时，出台《句容市建设工程扬尘防控管理办法》，要求全市范围内房屋建筑、市政基础设施施工工地，按照建设工程扬尘治理管理政策组织施工。水环境方面，对村级及以上569条河道、2个湖泊、56座中小型水库明确河长，设立市河长制工作举报电话，与市政府为民服务热线"12345"并线运行，开通手机App、微信公众号等。投入8.06亿元对句容市区老旧小区实施雨污分流改造，完成28个片区、14条市政主管网的改造任务。土壤环境方面，启动土壤环境质量监测网络建设，建立污染地块名录和开发利用负面清单，加强工业企业退役地块的风险评估与治理修复。宝华开发区凯美科瑞亚（江苏）化工有限公司地块土壤修复工作完成，修复污染土方15.9万立方米，地下水修复2.2万立方米，废水处理6.6万吨。　（颜正清）

党政机关·群众团体

责任编校：潘 珏

中共镇江市委员会

·综　述·

【概况】 2018年，镇江市经济社会发展保持稳中有进、稳中向好的势头。全年统筹做好稳增长、促改革、调结构、惠民生、防风险各项工作，加快建设"强富美高"新镇江。

开展解放思想大讨论，研究细化高质量发展监测评价指标体系和综合考核办法，实施产业强市战略。新签约亿元以上项目167个，其中，制造业项目占比76.6%；总投资10亿元以上项目23个，其中，50亿元以上项目5个；175个市级重点产业项目完成年度投资计划。全年新增市场主体7.1万户，比上年增长18.8%，其中，新增企业2.1万家，增长20.1%。先进制造业投资占比提高4.4个百分点；高端装备制造、新材料两大主导产业主营业务收入占全市规模以上工业比重32.8%，提高2个百分点。全市一般公共预算收入占国民生产总值的比重提高0.3个百分点，税占比提高3.4个百分点，制造业税收占比38.7%，各项经济指标匹配性增强。新认定高新技术企业、"单打冠军"企业、"科技小巨人"企业、省质量标杆企业180家；新增挂牌上市企业117家，增长277.4%。新增"国家杰出青年"等国家级人才21人，"双创计划"等省级人才98人。

全市防范化解政府债务风险，降低债务规模，优化债务结构，债务总量下降3.4%。成立市污染防治攻坚行动指挥部，统筹推进"263""116"专项行动，出台实施"蓝天保卫战十条"，$PM_{2.5}$平均浓度控制在51微克/立方米，空气优良天数达标率70.1%。落实河（湖）长制、断面长制，国考、省考断面水质优Ⅲ类比例完成年度目标。开展土壤污染治理和修复试点，开展土壤污染状况详查工作。整改中央环保督察"回头看"、省环保督察反馈问题，829件交办信访件全部办结，长江豚类保护区、茂源化工等问题整改到位。组织实施产业扶贫、驻村帮扶和阳光监管等综合措施，"戴庄经验"全省推广，完成扶贫项目验收96个，全市54个村、3300余户、6500余名建档立卡低收入人口实现脱贫。

深化"放管服"改革，市区不见面审批事项率为99.6%。整治违法用地、违法建设，推行经营性用地招拍挂。整改到位存量违法用地1206公顷，拆除违法建设45.2万平方米。建立政府投资项目生成机制和"市统筹、区实施"征收拆迁安置工作机制。首次开展全市工业企业资源集约利用综合评价工作。盘活闲置房产230万平方米、闲置土地286公顷。加快开发区集成改革试点，镇江新区简政放权创业创新环境评价在全省处于前列；赋权镇江高新区直接审批、执法事项265项。化解征收拆迁、劳动保障、权证办理等一批信访积案，权证办理完成率、逾期安置消除率分别为92.1%、51.9%。破解深化改革中的难题，推出改革方案60多个。

"多规合一"有进展，实现1088平方千米规划全覆盖。加快融入宁镇扬一体化和"长三角"一体化，推进9个宁镇扬一体化合作项目，宁句城际轨道交通项目开工。推进重大基础设施建设，镇丹高速、长江12.5米深水航道工程镇江段完成，连镇铁路等重大工程有进展。建成世界最大规模储能电站群，新建改造供水管网294.8千米、燃气管道79千米、污水管网189.7千米。推进棚户区和老旧小区改造，集中连片推进大市口、中营等5个片区改造，完成82个街巷积水区整治项目。启动"智慧城市"建设，实施城市治理与服务10项行动。实施乡村振兴战略，发展壮大生态高效农业和农村新兴业态，新增省级家庭农场17家、省级以上"农民合作社示范社"30家、省级"农业龙头企业"6家。完成农村公路提档升级200千米，12个镇、8个村创成首批省"生态文明建设示范镇村"，"美丽宜居乡村"达标率为52%。

全年新增城镇就业8.35万人，扶持创业1.33万人，城镇登记失业率控制在2%以内，零就业家庭保持"动态清零"。完善社会保障体系，退休人员养老金实现"十四连增"，城乡社保覆盖率为98%以上。强化社会救助精准化，在全省率先建成社会救助一体化云平台。调整优化普职比例，市区"八校联动"教育布局调整加快推进，教育现代化建设监测水平连续两年列全省第二名。深化医药卫生体制改革，出台"1+4"系列政策措施，推动医疗资源向基层下沉，医保资金运行平稳可控。新建市区体育小公园5个、停车泊位1万个、菜市场5个、老年人日间照料中心5个。推进公共服务标准化均等化，民间文化艺术馆新馆开放，市民体育公园、青少年活动中心、科技馆等重点文化体育项目加快实施。强化法治镇江、平安镇江建设，推进"扫黑除恶"专项斗争，建成运行法律服务中心，公众安全感保持全省前列。落实安全生产责任制，保持事故起数、死亡人数"双下降"。推进党建引领的基层网格化社会治理机制，社区工作者职业体系建设在全省推广。

市委做好中央巡视江苏反馈意见涉及镇江问题整改工作，配合省委巡视，开展市委巡察，全年对34家党组织开展3轮常规巡察和省市联动巡视、巡察。执行《关于新形势下党内政治生活的若干准则》,出台意识形态工作专项检查实施办法。创设“金山理论讲习所”,启动新时代文明实践中心试点。部署研究推进机构改革有关工作,推进基层党建“书记项目”。推行领导干部“政治体检”。强化作风效能建设,集中整治形式主义、官僚主义、特权思想。深化监察体制改革,完成市、县两级监委组建挂牌工作。实施“强责工程”,上线市、县、乡三级履责纪实信息平台。推进教育领域突出问题专项治理、“三治理一挂牌”深化提升专项行动,保持反腐败斗争高压态势,全年立案1042件,给予党纪处分1027人。

(潘　睿)

【政策研究工作】　2018年,镇江市委调研系统起草各类重要文稿276篇,83万余字。其中,《担当新时代责任,推进高质量发展》《开创“三农”工作新局面,推动我市乡村振兴走在前列》等文稿在《江苏通讯》等省级刊物刊发。

市委调研系统统筹组织全市党办系统调查研究工作,制定《中共镇江市委办公室关于加强和改进调查研究工作的通知》《关于加强和改进市委办公室系统调查研究工作的意见》。全年召开市委办系统调研推进会3次,刊发调研报告16期。《镇江企业负担调查评价》《关于镇江港口发展的调查与思考》《土地城市化应与人口城市化协调发展》《关于完善政府投资工程造价控制机制的建议》等一批调研成果获转化运用。

市委调研系统制定出台《市委全面深化改革领导小组关于贯彻落实党的十九大精神进一步做好改革落实工作的实施意见》《市委全面深化改革领导小组工作规则》《市委全面深化改革领导小组专项小组工作规则》《市委全面深化改革领导小组办公室工作规则》《2018年重点改革任务考核办法》。提出建立改革督察专员机制、确定专项小组联络处室、拓展挂钩联系重点改革任务的领导范围。建立重点改革任务季通报制度,每季度跟踪了解、整理汇总31项承担的中央、省改革试点任务进展情况。针对三山南山风景区体制机制改革、市“12345”政务服务平台整合、18项市领导挂钩联系重点改革事项,市委调研系统开展专项督察,协调市各有关部门赋予镇江高新区直接行使行政审批、行政执法权力事项265项。针对省改革专项督查反馈的4条共性问题和19条具体问题,制定整改措施、明确责任部门,跟踪督查、对账销号。全年组织召开市委深改组会议6次,审议通过改革文件24个;组织召开市委书记改革专题会议11次、改革专项小组联络处室负责人会议2次;举办全市全面深化改革工作专题培训会1次。

(裘剑峰)

【保密工作】　2018年,镇江市保密系统完善保密管理体制、机制,强化保密监督检查,提升保密管理水平。1月初,市委常委会专门听取保密工作情况汇报,讨论研究并在全省率先出台市委关于加强和改进保密工作的实施意见;落实“党管保密”要求,通过季度例会和述职报告制度,20多家机关、单位向保密委公开述职;开展督查、督导,围绕重点保密课题开展调查研究。以问题导向,开展保密问题隐患大检查、大整改活动,提升保密防控能力。年内,检查市及县、市、区机关单位598家,检查梳理保密问题隐患14类3249项。开展保密工作系列培训,提升服务保障能力。总投资逾2000万元的保密保障中心竣工,销毁区面积为1500多平方米,配有9台专业销毁设备,具备年销毁纸介质2000吨、光介质100吨、电磁介质3000台套以上的能力;保密教育实训平台面积为850平方米,包括保密传统教育、法律法规教育、案例警示教育、技术演练平台和考试中心,年培训能力15000人次以上。启动保密监管防护一体化平台项目建设。

(谢　伟)

【政务接待】　2018年,镇江市接待宾客(客商)548批次、5209人,其中,公务接待235批次,商务接待313批次。完成党和国家领导人到镇江考察和过境的警卫接待任务12批次,省部级领导接待任务43批次,省委巡视组、省督察组、省检查考核组等专项接待17批次。参与保障镇江市政府与联想控股公司、北汽集团与麦格纳、好未来镇江教育基地等战略合作协议签约活动。协助、配合各市(区)及相关部门做好“京东标准”农场签约挂牌、菲舍尔航空部件(镇江)有限公司ARJ21内饰项目首件交付、孚能科技镇江制造基地项目签约、爱励铝业(镇江)有限公司开业5周年庆典暨全球客户研讨会、“联想之星星云加速器”签约等重大项目推进保障工作。完成中办督查组、中央环保督察组、国务院持续扩大内需专题督查组、中央深化改革领导小组、中组部考察组、财政部化解债务危机调研组、省委巡视组等督查、考察、调研、巡视保障工作,完成渭南党政代表团、新疆兵团第四师可克达拉市等到镇江考察的后勤保障工作,完成“6·19”维稳后勤保障工作。

(程啸宇)

·重要会议和决策·

【高质量发展大会】　2018年5月25日,镇江市高质量发展大会召开。会议的主要任务是学习贯彻习近平新时代中国特色社会主义思想,贯彻落实省委关于解放思想大讨论和高质量发展走在前列的部署要求,推动全市上下解放思想、追赶超越,推动高质量发展走在全省前列。市委书记惠建林做题为《解放思想追赶超越 推动高质量发展走在前列》的讲话;市委副书记、市长张叶飞主持会议;市政协主席李国忠,市委副书记、政法委书记倪斌出席会议。

(潘　睿)

【市委七届七次全体会议】　2018年7月27日,镇江市委七届七次全体会议召开。会议的主要任务是以习近平新时代中国特色社会主义思想为指导,贯彻中共十九大精神,落实省委十三届四次全会部署,总结上半年工作,部署下半年任务,落实“一个体系、三项机制”,浓厚干事担当氛围,推动高质量发展落地见效。市委书记惠建林代表市委常委会做题为《落实“三项机制” 激励干事担当 推动高质量发展落地见效》的报告。市委委员、市委候补委员出席会议。市纪委委员和有关方面负责人、部分基层党代表列席会议。

(潘　睿)

【市委七届八次全体会议】　2018年12月29日,镇江市委七届八次全体会议召开。会议的主要任务是高举习近平新时代中国特色社会主义思想伟大旗帜,贯彻中共十九大、中央经济工作会议和省委十三届五次全会精神,总结当年工作,部署第二年任务。市委书记惠建林代表市委常委会做题为《深入贯彻新思想 改革开放再出发 在高质量发展新征程上奋勇前进》的报告。全会审议通过对有关代表停止、终止代表资格的决定和《中国共产党镇江市第七届委员会第八次全体会议决议》。市委委员、市委候补委员出席会议。市纪委委员和有关方面负责人、部分基层党代表、市委法律顾问列席会议。

(潘　睿)

【乡村振兴战略实施意见】　2018年4月12日,镇江市委、市政府发布《关于乡村振兴战略的实施意见(2018—2022)》,提出2018—2022年工作重点是“理思路、立制度、优规划、抓示范”。要求到2020年,乡村振兴取得实质性进展,形成有利于农业农村发展的制度和政策体系,打造一批乡村振兴的典型示范;到2022年,乡村振兴取得突破性进展,明确开展高端、高新、高效农业发展,美丽乡村建设,乡村治理,农民增收,人才培育,改革创新“六大行动”,保障资金投入,助推乡村振兴。

(潘　睿)

【市管领导干部“政治体检”意见】 2018年8月21日，镇江市委发布《关于开展市管领导干部“政治体检”的意见（试行）》，对市管领导干部进行“政治体检”，设置政治忠诚、政治定力、政治担当、政治能力和政治自律5大类30项指标，采取“个人检、群众议、领导评、组织审”4个程序进行，体检结果用于实施分类诊疗、优化干部配备、激励担当作为、加强班子建设。（参见第30页）

（潘　睿）

【长江经济带高质量发展行动方案】 2018年9月19日，镇江市委、市政府发布《关于深入推动镇江市长江经济带高质量发展走在前列的行动方案》，提出岸线功能更趋合理、水环境质量明显提升、土壤修复不断深入、空气质量持续改善、生态修复取得阶段性成果、转型发展取得新突破六大目标；部署治水提质、净土清废、蓝天保卫、生态保护修复、专项整治整改、产业转型、基础设施提升、城乡协调发展、体制机制创新、区域一体化发展十大专项行动；强调做好加强组织领导、完善政策支持、营造良好环境、健全保障机制、强化责任追究等保障措施。

（潘　睿）

·组织工作·

【概况】 2018年，镇江市组织系统落实全国、全省组织部部长、老干部局局长会议精神以及省委、市委全会和省市“两会”部署要求，提升组织工作质量。

加强干部队伍建设。调整任免市管干部169人次，开展年轻干部专项调研，建立科级年轻干部数据库，加强干部队伍整体功能；构建综合考核体系，出台“三项机制”文件，制定干部监督管理“五个从严”规定，深化“一创六争”活动，集中宣传31名“新时代新担当新作为”优秀干部；举办各类干部培训班次14个，培训干部800人次，县处级干部在线学习通过率100%；做好市县机构改革各项工作，协助市委系统谋划人事方案，开展干部谈心谈话418人次。

推进基层党建“三提升一示范”工程。提升支部建设质量，创成“五星”先进党支部137个，“四星”以上先进党支部占比23.2%，互联网党建工作有成效。深化“先锋亮绩、积分管理”制度，推行《发展党员工作标准化手册》，党员教育片《绽放》获全国一等奖。落实171个“书记项目”，垂直管理单位党建工作有成效。选树100名优秀基层党组织书记，评出10个市级党支部书记工作室、8个市级党员教育实境课堂。

开展人才服务深化年活动。引进“金山英才”计划人才125人，其中，“顶尖人才”3人，“金山英才”计划入选市级机关十佳服务品牌。加强政治引领，集中宣传“新时代新人才”典型24人，增补183名“169”工程培养对象，新增“333”工程培养对象137人。建立人才“一站式”服务中心，构建投融资路演平台，邀请150余家创投机构、银行等参与。

推动全市组织工作提档升级。在市（区）重要领域推进“一领域一重点”计划，推动11个基层党建重点突破项目，先后召开6场现场推进会。农村标准化党建纳入全省第二批标准化项目立项，城市基层全域党建有成效。开展“四查四增”（即查精神状态好不好，增强内生动力；查工作作风实不实，增强干事底气；查能力水平行不行，增强综合素质；查自我要求严不严，增强底线意识）活动。印发《组织工作制度汇编》，转变工作作风；举办4期“组工讲堂”，提升能力水平。

（市委组织部办公室）

【“一创六争”活动】 2018年，镇江市制定2018年度“一创六争”（即县处级领导班子争创“忠诚团结创新担当好班子”，市（区）党政正职争当“发展富民好搭档”，市级机关部门“一把手”争当“服务基层好班长”，乡镇（街道、园区）正职争当“扎根一线好先锋”，市属国有企业正职争当“转型升级好标兵”，市管事业单位正职争当“又红又专好行家”，所有副职领导干部争当“勇于担当好帮手”）活动实施方案，把镇（街道）正职纳入争创范围，把工作实绩占比从上年的50%提高至60%。同时，把“一创六争”活动作为落实“三项机制”的重要载体，集中宣传获得荣誉的干部，在干部选任中注重争创结果运用，激励广大干部比着干、赛着干。全年评出14个“好班子”、68名“好干部”。

（李旭东）

【领导干部“政治体检”】 2018年，镇江市在丹阳市试点的基础上，推开领导干部“政治体检”工作。在“体检”指标上，设置“五看三十问”指标，各市、区、市级机关部门、市属国有企业、事业单位结合各领域特点，适当调整部分指标。“体检”实行“每年一检”，得出“优秀、健康、亚健康、不健康”四类结论。同时，要求“凡提必检”，与任前考察结合。在常态长效上，建立领导干部政治表现基础信息库，收集领导干部基本情况信息，包括年度考核、干部考察等干部工作信息，以及违纪违法、网络舆情等负面信息。

（倪亚男）

2018年镇江市党员和党组织情况表

表4－1

单位	党员队伍（人）					发展党员（人）				基层党组织（个）			
	党员数	女党员	少数民族党员	35岁以下	大专文化以上	发展数	女党员	35岁以下	大专文化以上	总数	党委	党总支	党支部
市　直	43153	14260	671	12830	33256	2566	1170	2114	717	2642	117	229	2296
中共丹阳市委	54163	10046	45	9076	21310	573	209	385	377	2924	195	121	2608
中共句容市委	36777	7690	55	6935	15270	434	159	298	320	1815	83	222	1510
中共扬中市委	23925	6247	24	4718	11395	330	153	256	269	1251	114	66	1071
中共丹徒区委	21124	4510	59	3640	8588	289	106	218	318	976	41	106	829
中共京口区委	14905	5316	178	1780	6589	97	44	70	87	690	47	43	600
中共润州区委	12134	3789	188	2046	5836	110	60	84	103	571	50	35	486
中共镇江新区工委	11054	2704	40	2276	5482	150	55	83	126	664	34	68	562
中共镇江高新区工委	1983	430	14	379	961	21	12	18	21	138	6	7	125
合　计	219218	54992	1274	43680	108687	4570	1968	3526	2338	11671	687	897	10087
所占比例（%）	100	25.09	0.58	19.93	49.58	100	43.06	77.16	51.16	100	5.89	7.69	86.43

（市委组织部组织处）

【综合考核机制统筹构建】 2018年，镇江市研究制定“一个体系”“两个办法”的综合考核机制。“一个体系”即高质量发展指标体系，包括经济发展、改革开放、城乡建设、文化建设、生态环境和人民生活等六方面，同时，将“5+5”10项产业发展指标和生态环保指标纳入其中，体现发展的阶段性特征和市委市政府产业强市、生态优先总战略。“两个办法”即《2018年度市级机关服务高质量发展综合考核实施办法》和《2018年度辖市区高质量发展综合考核实施办法》。重点聚焦新时代党的建设总要求，把党要管党、从严治党的责任落实转化为各地、各部门攻坚克难的发展绩效，并衡量各地、各部门领导班子和干部队伍年度工作表现、年度工作成效，为配强班子、选准干部提供依据。 （秦艳贞）

【科级干部监督管理“五个从严”规定】 2018年，镇江市出台《关于进一步加强科级干部选拔任用监督管理工作的规定》，规定从严执行选拔任用程序、从严实行职数预审制度、从严落实事前报告制度、从严纪实选用工作流程、从严压实选人用人责任，推行“一图一单一函一表”，将干部监督链嵌入选拔任用链，把好干部选拔任用源头关、过程关、测评关、问责关。 （刘嘉畅）

【年轻干部专项调研】 2018年，镇江市部署整理年轻干部队伍基础信息库，形成市（区）、市直机关单位、企事业单位三类，1890名40岁以下科级年轻干部名单。同时，组织部门牵头与102名35周岁以下正科职年轻干部、14名36周岁～37周岁乡镇党政正职干部逐一谈心谈话，分类掌握镇（街道、园区）党政正职干部、市直机关中层正职干部、共青团系统干部、党外企事业单位干部等四类人选，为市管重点岗位人员配备提供参考。全年全市“80后”县处级干部有28人，“90后”乡科级干部有35人。 （童礼华）

【社区工作者职业体系建设】 2018年，镇江市在京口区试点社区工作者职业体系建设，提升城市基层党建工作水平。按照“社会化招聘、契约化管理、专业化培训、职业化运作”的模式，根据工作年限、受教育程度、相关专业水平等综合因素，建立“三岗十八级”岗位等级序列，形成较为完整的职业发展体系。把“全科+全能”社工证作为准入资格，推行资格认证和持证上岗制度，打造高素质职业化社区工作者队伍。把公共事项办理柜台集中到中心社区，腾出力量下沉到网格中，直接联系服务群众；明确社工的3大类14项具体职责，特别是“全科+全能”的4项职责。（参见第271页） （王泉超）

【三级基层党建“书记项目”】 2018年，镇江市推进市、县、乡三级基层党建“书记项目”工作。60个市委直属党（工）委、49个市级机关部门党组和60个镇（街道、园区）党委，针对基层党建工作中存在的突出问题和薄弱环节，选定169个基层党建“书记项目”进行攻坚。市委党建工作领导小组结合季度互评、专家评审、述职评议等程序，年内验收确定10个优质基层党建“书记项目”。 （薛　松）

【农村基层党建】 2018年，镇江市按照“四室一厅一栏一广场”建设农村基层党建活动阵地，统一建筑外观、标识标牌、党旗党徽等4大类20项形象内容。健全村干部专职化管理体系，出台村书记“双重”管理办法，打造“四强”型村支部书记队伍。建立5大类77项党建任务清单，编制《标准化操作规范手册》，将党建责任细化到人、量化到岗，党建工作具体化为清单、流程和图表。推广县镇村三级农村基层党建标准化纪实管理系统，形成“任务统一发布、活动纪实管理、结果实时监测、自动考核评分”闭环工作流程，提升组织生活制度执行的规范性。 （薛　松）

【互联网业党建五大红色行动】 2018年，镇江市开展互联网领域党建工作五大红色行动。建设红色组织。通过单建、联建、派建、引建、带建等5种方式，开展为期3个月的互联网业党群组织“集中组建月”活动。培育红色“大V”（经过个人认证并拥有众多粉丝的微博用户）。实施互联网“先锋+大V”培育计划，把“大V”发展成党员，把党员培养成“大V”。开展红色组织生活。建设“网上组织生活馆”，组织互联网业党员开展好双线组织生活，开展创意组织生活案例征集大赛。传播红色文化。根据互联网不同领域特点，探索实施“党建项目”，加强思想引领、传播先进文化、弘扬社会正能量。打造红色标杆。举办互联网业党务工作者专题培训班，在互联网业集中区域建立党群服务中心，开展“一园区一特色”“党建工作示范点”创建。 （高雪娥）

【人才、产业融合工作】 2018年，镇江市以“金山英才”计划为主线，推动人才工作与产业融合。全年“金山英才”计划资助项目125个，奖励引才中介或个人26个（人）、118万元。新增“333”工程培养对象137人、“169”工程培养对象183人，评选首批156名“优秀乡土人才”。承办第四届江苏技能状元大赛，7人获“技能状元”称号。线上开通“人才镇江”服务平台，线下设立人才公共服务窗口。搭建常态化投融资路演平台，邀请150余家创投、银行、私募等参与路演。以“一卡两汇三圈”（即宜地人才卡，圌山“人才汇”、“创新汇”，十分钟优质服务圈、十分钟生活休闲圈、十分钟便捷交通圈）建设为核心，试点建立“人才品质生活圈”。出台鼓励大学生就业创业12条新政。制定高层次人才子女入学实施办法，推动人才子女就近入学。 （马家强）

【老干部工作】 2018年，镇江市强化离退休干部政治思想建设，举办2期“旗帜鲜明讲政治、银发生辉再出发”县处级退休干部读书班，组织300多名退休干部集中学习。打造党性教育课堂，在全市471个离退休干部党支部统一开设“银发讲习堂”，开展讲习活动400多场。围绕“庆祝改革开放40周年”开展专题调研，举办征文、文艺演出、书画摄影展等系列活动。在“镇江南山金秋”微信公众号开辟“四十年四十人”和“镜头中的四十年”专栏。提升离退休干部党建规范化标准化建设水平。实施党支部建设“六有一提升”工程。健全离退休干部工委工作机制，召开全市离退休干部党建工作会议，出台有关实施意见、工作安排，实行党工委书记季度例会制度，半年对各市（区）党工委工作开展专项检查。举办3期“学习新思想，改革再出发”党支部书记培训班和《中国共产党党支部工作条例（试行）》支委培训班。对市直146名党支部书记进行述职、考核，分层分级统一发放工作补贴60万元。在社区、涉老社团、老年机构建立非建制性功能型党组织110个。创成40个市级离退休干部党支部“六有一提升”示范点，授牌10个“离退休干部政治生活室”。离退休干部党建工作在省老干部局局长会议上做经验交流。推动离退休干部增添正能量活动。打造“银发争先锋，服务新时代”服务品牌，建设“银发生辉人才库”，“银发宣讲团”“银发网宣队”分赴基层党支部理论宣讲30余场。授牌2个“银发人才工作站”，建设“银发生辉”志愿服务队，近万名老干部投身庆祝改革开放40周年、乡村振兴、结对大学生村干部、送演出下基层、志愿服务等活动。开展“寻找身边正能量先锋”行动，选树百名正能量先锋，先锋事迹汇编成《初心》，扩大增添正能量的社会效应。落实政治生活待遇。市委、市政

2018 年镇江市离休干部分布表

表 4－2　　　　单位：人

地区	离休干部总人数	参加革命工作时期				享受待遇情况							
		红军时期	抗战前期	抗战后期	解放战争时期	副省长级医疗待遇	享受地（厅）级待遇	享受副地（厅）级待遇	享受地（厅）级医疗乘车待遇	享受副司局级医疗待遇	享受县（处）级待遇	享受副县（处）级待遇	享受科级及以下待遇
全市合计	1007	—	51	134	822	—	2	39	52	110	13	394	397
市直单位	584	—	30	80	474	—	2	28	39	55	13	258	189
丹徒区	86	—	3	11	72	—	—	3	—	11	—	32	40
京口区	40	—	2	6	32	—	—	2	—	6	—	19	13
润州区	22	—	—	1	21	—	—	—	1	—	—	9	12
镇江新区	7	—	—	1	6	—	—	—	—	2	—	1	4
丹阳市	141	—	7	21	113	—	—	4	10	17	—	30	80
句容市	83	—	8	8	67	—	—	2	—	14	—	32	35
扬中市	44	—	1	6	37	—	—	—	2	5	—	13	24

（陈　红）

府召开老干部情况通报会，组织 300 多名离退休干部参观考察活动，在夏季高温、国庆、重阳、元旦、春节等重要节点及时印发慰问通知，抓好慰问督查。出台离休干部看病就医“三有一落实”4 个配套文件，将服务保障经费列入部门预算；按照每人每年 1200 元的标准，推行离休干部与家庭医生签约服务；畅通离休干部看病就医绿色通道；对按副省（部）长级标准报销医疗费待遇的离休干部落实提高享受医疗待遇政策。对 130 多名有特殊困难的离休干部及遗属和安装人工器官的离休干部发放帮扶资金和医疗补助 31 万元。春节前对地市级离退休干部和住院、破产关闭企业离休干部开展专项慰问，全年慰问近千人次，发放慰问资金约 150 万元。

（陈　红）

【市级机关党建工作】　2018 年年末，镇江市市级机关有机关基层党组织 82 个，其中，机关党委 49 个，党总支 15 个，党支部 18 个；党员 8926 人（其中预备党员 93 人），女党员 2400 人，占党员总数 26.9%，少数民族党员 109 人；大专以上学历党员 7376 人，占党员总数 82.6%；35 岁以下党员 1419 人，占党员总数 15.9%；离退休党员 2776 人，占党员总数 31.1%。

担负管党治党责任。制定《2018 年度机关党建目标管理考核指标》，明确机关部门党组（党委）管党责任、机关党建主要任务。印发《市级机关纪检系统“打铁必须自身硬”专项行动实施意见（2018 年度）》，组织召开市级机关纪检系统“打铁必须自身硬”专项行动部署会。编印《镇江市机关党委处理党员违纪案件操作流程》，规范和明确机关党委处理违纪党员的规则和流程。落实意识形态主体责任。

强化机关党支部建设。制定《实施党支部建设质量提升工程的通知》，明确党支部活动室设置“八必有”。优化星级考评管理，命名表彰“四星”级先进党支部 27 个，被市委党建办命名“五星”先进党支部 2 个，截至年底，市级机关有“五星”先进党支部 12 个，占全市“五星”支部总数近 10%。50 个“三会一课、最佳党日”优秀案例汇编成册加以推广。评定 10 个市级机关党组部门“书记项目”。推行党员“先锋亮绩、积分管理”，量化考核党员日常行为。规范党费使用管理，定期检查市级机关党费收缴。日常考核运用网上“机关党务管理系统”。

加强党员教育培训。持续开展中共十九大精神学习，组织开展“不忘初心、走进瑞金”市级机关党务干部培训、句容茅山市级机关正科职党员干部政治理论轮训。整合“机关党员大讲堂”，举办“大走访大落实”工作讲坛 5 期，表彰 16 个“暖企惠民”大走访先进单位。持续推进读书讲学平台建设，培训 146 名入党积极分子。

加强作风效能建设。制定《2018 年全市机关作风效能建设工作意见》《作风效能目标考核实施细则》《镇江市机关作风效能建设监督员管理办法》，建立社会监督员队伍 140 人。发放明察暗访“问题整改交办单”，跟踪整改落实。日常考核与社会评议权重比例由 5∶5 调整为 8∶2。将安全、巡察、审计、拆迁、违建治理、社区减负等专项内容纳入考核范畴。建立网上评议系统，完善社会评议。发挥日常考核结果运用。拍摄制作 2 部作风效能专题片。组织开展市级机关“十佳服务品牌”“十佳群众满意窗口”“十佳效能标兵”争创活动，与作风效能日常考核结果相衔接。

抓实正风肃纪工作。落实党风廉政建设“两个责任”清单。开展中秋、国庆等重要节假日廉政教育和作风督查。审理市级机关党员违纪案件 14 件，其中，给予党纪处分 12 起，诫勉谈话 2 起。组织 90 名机关纪检干部赴韶山开展专项培训，重点解读《中国共产党纪律处分条例》等。

强化群团工作共建。2000 余名机关干部参加市级机关第 7 届运动会。团工委组织市级机关青年团员参加“暖企惠民”大走访回头看。妇工委倡导市级机关各级妇女组织开展“明礼义 慧工作 馨家园”主题活动，参与“走向新生 从阅读开始”主题帮教和“喜迎重阳乐享安康”系列敬老活动。举办书画艺术普及班和陶笛普及班。

（丁纳微）

·宣传工作·

【概况】　2018 年，镇江市宣传系统制定《党委（党组）理论学习中心组学习实施细则》，开展中心组学习巡听督查，开展各类讲习 1000 余场次，推出 10 个示范“金山理论讲习所”。承办省生态环境高质量主题论坛活动，开展解放思想大讨论活动。在全省率先出台《市委巡察期间开展意识形态工作责任制落实情况专项检查实施办法》，开展全市意识形态领域风险大排查和专项检查，组织全市领导干部意识形态工作专题培训。

围绕“学习贯彻习近平新时代中国特色社会主义思想和中共十九大精神”“纪念改革开放 40 周年”“污染防治攻坚行动”等重大主题，推出新闻报道。开展贯穿全年的“聚力产业强市 推动高质量发展”系列主题宣传，开设《聚焦奋斗进行时》《营商环境大提升》《重点建设项目巡礼》《深度对标苏南——一把手访谈》《经济双过半》《思想大解放 发展高质量——重点企业行》等栏目，组织40余场集中采访，并赴苏南6市开展“深度对标苏南 走进苏锡常”异地采访，推出各类报道千余篇。举办《人民日报》海外网“中国新发现·全媒体大型采访”首站启动仪式，搭建“镇江故事专题”。借助北汽项目签约仪式、国际低碳大会的举办推介镇江，扩大对外影响。《新华日报》头版头条数量列全省地级市前列。开展镇江新闻奖评选活动。

开展庆祝改革开放40周年主题宣传教育。打造培育和践行社会主义核心价值观教育示范基地体系，启动新时代文明实践中心试点。制定三年行动纲要，推进文明城市建设。开展文明交通、文明旅游、文明餐桌等主题活动。推广“一起成长吧”App和微信小程序，线下主题活动开展超1000场。开展道德模范肖像卡通作品征集大赛、“道德力量·时代光芒”主题实践活动，建成“好人一条街”，成立“好人工作室”；推动“感动镇江”典型人物长廊、“大爱镇江”公益示范街建设，营造崇德向善氛围；推荐产生一批“最美人物”“身边好人”。授予米芾书法公园等45家单位（场所）镇江市“双美双优”示范工程第三批示范点称号。

组织开展道德典型走访慰问活动，慰问85人，发放慰问金34.5万元。组织开展首届江苏省诚信示范街区推选活动，丹阳中国眼镜城入选首届江苏省诚信示范街区。全市有注册志愿者33.34万人，注册志愿者占城镇人口比例为14.84%，为全省第4名；发动各级志愿组织运用“志愿镇江”平台，全市志愿服务年度总时长为596万小时。“金山公益”关爱失独家庭项目入选中宣部等15个部门表彰的“全国最佳志愿服务项目”；马巧云等8名志愿者入选省级优秀志愿者；镇江市手拉手公益服务中心等4个志愿服务组织获省优秀志愿服务组织；镇江新区丁卯社区等2个社区入选省“最美志愿服务社区”。

开展“镇少年·我的2035”征文大赛、“童声里的四十年”——镇江市首届童谣创作与唱读大赛、中华成语演绎大赛、2018年“开学第一课”观摩活动、“镇少年·和世界对画”暨“七彩的夏日”启动仪式、“童心向党”小百灵歌唱比赛、“时代新人·优雅少年”宁镇青少年书画大赛等活动，常态化开展“优雅少年·新时代好少年”评选、学习、宣传活动，组织编排儿童剧《夜空的故事》等文艺作品。（于　芳）

【理论中心组学习】 2018年，镇江市制定出台《镇江市党委（党组）理论学习中心组学习实施细则》，规范全市各级党委（党组）理论学习中心组学习。强化市委理论学习中心组示范引领，把学习贯彻习近平新时代中国特色社会主义思想和中共十九大精神作为重要学习内容，举办市委理论学习中心组专题学习会10次、学习扩大会2场，邀请专家做专题辅导报告。市委宣传部、市委市级机关工委等部门对各市（区）、机关部门县处级党委（党组）理论学习中心组学习开展巡听督查，指导各地各部门中心组学习规范化建设。（王香莲　刘　尧）

【基层党员冬训】 2018年，镇江市以基层党员冬训40年为契机，开展冬训纪念文集编写、“百姓名嘴”宣讲中共十九大精神、“点赞新时代、共话新征程”理论微故事征集等活动，进行集中教育培训。运用“金山理论讲习所”平台载体，发挥党员教育示范引领作用，基层党员参训率98%以上，满意度96%以上，全市有3个市（区）、9个镇（街道）获省冬训示范表彰。（王香莲　刘　尧）

【江苏省道德模范与身边好人现场交流活动】 2018年5月28日，江苏省道德模范与身边好人现场交流活动在镇江新区举行，活动邀请全国道德模范赵亚夫，“中国好人”赵仁义、陆桂香，“第五届江苏省孝老爱亲模范”李永生等先进典型人物现场交流，以访谈形式分享他们的事迹。活动揭晓5月“江苏好人榜”，全省22人入选。（刘明然）

【3人获江苏“最美人物”称号】 2018年3月23日，镇江市京口区花山湾社区卫生服务站站长杨凌被江苏省委宣传部、江苏省妇联授予江苏“最美巾帼人物”称号。7月5日，镇江市京口区正东路街道酒海街社区党委书记、居委会主任卜美琴被省委宣传部、省委组织部授予江苏“最美基层共产党员”称号。10月18日，镇江市丹徒区石马中学副校长王华被省委宣传部、省教育厅授予江苏“最美教师”称号。（刘明然）

【“三下乡”活动】 2018年1月17日，镇江市举行2019年文化科技卫生“三下乡”集中服务活动，市文明办、文广新局、科技局、卫生局等26家单位组成“文明理论”“文化文艺”“科技科普”“卫生健康”“农业科技”“宪法法律”“资源服务”7个服务分团，为基层群众送文艺演出节目以及文化体育卫生用品等，同时，开展为基层群众写春联、科普宣传、健康体检、法律咨询、理论政策宣讲等服务活动。活动服务200余人，为基层捐赠物资价值50余万元。（刘明然）

【庆祝改革开放40周年主题宣传】 2018年8月，镇江市对接新华报业传媒集团，组织“史诗40年 改革再出发”全媒体行动走进镇江活动，市委书记惠建林接受新华日报社社长双传学率领的采访组专访。12月，《新华日报》刊发“史诗40年 改革再出发·记者学者环省行”镇江特刊，介绍镇江改革开放40年经济、社会发展成就，并在“交汇点”等网络、新媒体平台宣传。同时，镇江市媒体统一开设《改革再出发 发展高质量——庆祝改革开放40年》专栏，对“传统特色产业转型升级”“深化改革发展”等6大领域的10个重点案例分别组织集中采访。（赵　舒）

【“我推荐我评议身边好人”与“微美人物”评选活动】 2018年，镇江市出台《镇江市“微美人物”评选实施办法》，开展“我推荐我评议身边好人”活动。全年推荐产生“江苏好人”17人；评选产生“镇江好人”38人、镇江市“微美人物”32人。（张金强）

【好人工作室建设】 2018年，镇江市印发《镇江市好人工作室建设指导意见（试行）》，引导各级、各类道德典型依托街道、社区、村综合服务中心，成立好人工作室，开展为民、便民服务。经考核，命名12个首批“镇江市好人工作室”，分别为八姑娘记者团好人工作室、毕芬清好人工作室、胡小锁好人工作室、赵亚夫好人工作室、孙建云好人工作室、戴显根好人工作室、郭洪彬好人工作室、陈杰群好人工作室、杨凌好人工作室、张晓春好人工作室、周秀琴好人工作室、卢大宝好人工作室。（张金强）

【第三届江苏志愿服务展示交流会】 2018年9月8日—9日，第三届江苏志愿服务展示交流会在常州市开幕，主要活动包括开闭幕式、项目宣传展示、精品项目推介会、志愿课堂、主题沙龙、公益集市等。镇江市以“大爱镇江 暖心聚力”为主题，选派特色志愿服务项目参展。其中，“光阴的故事”百名大学生对话百位老人志愿服务项目获金奖；“金山E支教 大爱中国行”项目获银奖；扬中市“每周三去哪儿”儿童成长志愿服务行动、句容市“我是你的眼”关爱视障人士项目获铜奖；镇江市社区和乡村文艺提升志愿服务三年行动计划等6个项目入选优秀志愿服务项目；市妇幼保健院（市第四人民医院）、江苏瀚瑞投资控股有限公司入选“爱心单位”。9日上午，作为该交流会的两场主题沙龙之一，镇江专场举办“暖心聚力，精准扶贫助困——用新思维做志愿服务”主题沙龙。（王景英）

【未成年人文明礼仪养成教育 App 和微信小程序】 2018年，镇江市在全国率先研发推广“一起成长吧”未成年人文明礼仪养成教育 App 和微信小程序，内设“校馆衔接”社会实践、“21天养正打卡”、“小橘灯”志愿者活动、心理工作室等4个板块，配套设计“21天养正打卡勋章”等线下周边产品，教师、家长、场馆、社区通过后台对未成年人的相关活动进行管理和评价，构建综合性考核评价体系，并形成未成年人的“文明礼仪养成档案”。（高小琪）

【未成年人养成教育全媒介互联矩阵】 2018年，镇江市上线“镇少年”官方微信公众号，每周推送1篇～2篇主题活动文章，与全市200余家中小学、幼儿园建立信息双通道，推出《京江晚报·养正学堂》专版140余期，上线《红领巾广播台——优雅少年》专栏、《金山·优雅少年》专刊，构建集“公告板”“招募站”“展示台”于一体的全媒介互联矩阵。（高小琪）

【“养正学堂”工作品牌】 2018年，镇江市组织176所学校“养正学堂”将品牌建设纳入文明校园创建与文明城市建设考核，编制“八礼四仪”养成教育校本教材，启动“四仪”及“开学第一课”全市观摩活动。9月，市委宣传部在外来务工子弟学校——科技新城小学观摩“开学第一课”。在象山街道和京口区检察院创新试点“社区—场馆共建”模式的“八礼四仪”微讲堂。“校馆衔接”校外阵地增加至99个。“养正学堂”工作品牌接受中央文明办三局、省文明办领导专题调研，并在上海、重庆、天津、辽宁、安徽文明办联合召开的专题座谈会上做经验介绍。（高小琪）

【市级文明系列单位评选】 2018年，镇江市委、市政府授予镇江市供电系统等109个系统“镇江市文明行业”称号，镇江市政务服务管理办公室等542家单位“镇江市文明单位”称号，丹阳市云阳街道凤凰新村社区等120个社区“镇江市文明社区”称号，江苏省镇江中学等104所学校“镇江市文明校园”称号，句容市后白镇等26个镇“镇江市文明镇”称号，扬中市新坝镇立新村等101个村“镇江市文明村”称号。（孔　鑫）

【“迈进新时代 幸福舞起来”广场舞系列赛事】 2018年，镇江市文明办以及市体育、文化、文联、邮政等部门印发《关于举办镇江市“迈进新时代 幸福舞起来”广场舞大赛的通知》，在全市城乡动员和组织基层广场舞团队参加比赛。9月29日，市文明办在南山北入口广场举办市级广场舞大赛，京口区依兰体育健身俱乐部获一等奖，润州区中山广场舞蹈队、扬中市“新风尚”舞蹈队及镇江高新区蒋乔联合社区快乐舞青春队分别获二等奖，句容市华阳街道舞蹈队、镇江新区西苑快乐舞蹈队、丹阳市艺轩艺术团及丹徒区梦想艺术团分别获三等奖。10月23日，京口区依兰体育健身俱乐部参加省级决赛，获评“最美风采奖”。（孔　鑫）

【公益广告资源库上线运行】 2018年，镇江市文明办运用镇江文明网平台，推出镇江市优秀公益广告资源库。资源库以“1＋4”的方式呈现，“1”为1套现场实景图，“4”为4个篇章电子图，分别为政治主题类、社会主义核心价值观类、文明城市类、“八礼四仪”类等内容。（孔　鑫）

【长江国际音乐节】 （参见第241页）（张　萌）

【8个项目参加2018中国南京融交会】 2018年11月2日—5日，以“新时代新业态 新生活”为主题的2018中国南京文化科技融合成果交易会（简称“2018南京融交会”）在南京国际博览中心举行，镇江市涉及文化科技、非物质文化遗产等类别的8个项目参展。镇江市获2018南京融交会优秀组织奖。（张　萌）

【3部作品获运河主题国际微电影展大奖】 2018年10月11日，在扬州举行的首届运河主题微电影展颁奖晚会上产生12个奖项，镇江市选送的5部作品获3个奖项。其中，《爱在运河边》获“最佳剧情片奖”和“最佳男演员奖”；《镇江往事》获“最佳导演奖”；《虎踞桥畔》获“最佳剪辑提名”和“最佳女演员提名”。（张　萌）

【镇江市参与长三角国际文化产业博览会】 2018年11月29日—12月2日，首届长三角国际文化产业博览会在上海展览中心举行，镇江市5家企业参展。其中，市文广集团展示广播电视媒体、新媒体、演艺传媒娱乐等最新成果；市文旅集团推出镇江地域特色的文创产品；启迪数字天下句容公司展出VR党建和全息舞台等互动项目；镇江图研科技公司展示科研论文配图和科学图像设计的文创产品；睿泰数字产业园推出STEAM课程“少儿工程师”、智能机器人和“森林的孩子”衍生文创产品等项目。镇江市获评优秀组织奖，镇江文广集团和启迪数字天下句容公司获评优秀参展企业。11月29日，镇江市在文博会中心舞台举行招商项目推介会，镇江润扬玉石小镇项目、“润·酿拾光”主题馆、中国中小企业信息产业园、丹阳“眼镜风尚小镇”等7个项目现场发布，江苏网络作家村百部IP宜创计划、扬中市三江湾民宿项目、镇江润扬玉石小镇项目等6个项目现场签约，投资额为28亿元。（张　萌）

【文化创意设计大赛】 （参见第227页）（张　萌）

【镇江市大运河文化带建设研究中心成立】 2018年12月27日，镇江市在镇江高专举行大运河文化带建设研究中心成立仪式。该研究中心依托镇江高专，整合在镇江的高校及地方研究力量，旨在为大运河文化带建设研究搭建吸引人才、集聚智慧、深化研究、服务决策的平台。研究中心先行建立运河历史文化、运河文化传承传播、运河经济发展、运河生态环境、运河水利航运文化5个专业研究组，分方向、多学科开展应用研究与学术研究。市委常委、宣传部部长孙晓南为研究中心揭牌并讲话。（张　萌）

·统战工作·

【概况】 2018年，镇江市委统战部门强化统战工作领导，召开市委统战工作领导小组会议和市委民族宗教工作领导小组会议；市委常委会全年4次研究统战工作。贯彻学习中共十九大精神和习近平新时代中国特色社会主义思想，开展解放思想大讨论活动；开展“不忘创业初心，接力改革伟业”非公经济人士理想信念教育实践活动，举办非公经济人士理想信念教育实践活动报告会、年轻一代民营企业家培训班；举办年轻一代民营企业家、新阶层人士和党外中青年干部等培训班；召开市各民主党派负责人座谈会。中共中央统战部副部长戴均良到镇江调研网络社会组织统战工作有关情况，肯定镇江市统战工作的成效。开展工商联兼职副主席、副会长“一人一重点，履职当表率”活动，助推军民融合产业发展，全国政协副主席高云龙到镇江调研。探索推行“一本案例、两个走进、三个加强、四项机制”特色法律服务，全国工商联内刊《工商联信息》向全国工商联系统推广镇江市做法。组织开展“寻访镇江工商遗存、续写实业报国篇章”活动，与市委宣传部合作开展“弘扬企业家精神、推进高质量发展”系列宣传活动。

开展“不忘合作初心、继续携手前进”主题教育活动，首次举办全市民主党派新成员培训班，226 名民主党派新成员参加集中培训；组织开展全市纪念“五一口号”发布 70 周年系列纪念活动。中共镇江市委出台《关于支持民主党派开展重点考察调研的实施办法》，围绕“聚力产业强市、推动高质量发展”主题，首次组织民主党派联合考察调研组赴深圳开展调研；召开中共镇江市委“双月座谈会”，全年提交各类提案议案 269 件，社情民意信息 300 余条。

举办以“新时代、新阶层、新担当”为主题的新的社会阶层人士培训班，强化政治理论、统战知识等方面的培训。强化网络社会组织统战工作品牌建设，在全省成立首家网络社会组织联谊分会，编印《镇江网络社会组织》双月刊，为网络社会组织代表人士联谊交友、建言献策、服务社会搭建新平台。开展市情考察、项目观摩、社会服务等活动，引导新阶层人士投身大众公益活动。加强高层次代表人物培养，全市新阶层人士中有市人大代表、政协委员 20 余人，省政协委员 2 人。

举办全市民族工作业务培训班。举办市民族团结进步宣传月活动，创建少数民族信息共享平台，加强少数民族流动人口服务与管理。指导江苏大学组建少数民族传统体育运动队，镇江市在江苏省运动会中获“体育道德风尚奖”称号，珍珠球代表队获该项目铜牌。制定下发《关于加强和改进新时代宗教团体工作的意见》，出台《镇江市市级宗教团体补助经费使用管理办法（暂行）》《市级宗教团体重大事项备案制度》等，支持宗教团体建设，每个宗教团体年补助经费 20 万元。解决市佛教协会、市基督教协会房产的历史遗留问题。推进镇江市民族公墓建设，完成一期工程验收。协调解决焦山佛学院扩建和甘露寺恢复问题。在句容召开 2018 年首届（茅山）生态道观论坛。

镇江市组团赴香港参加江苏文化嘉年华活动，并开展镇江特产展示展销和镇江特色旅游文化产品推介等活动。成立澳门镇江联谊会。加强与香港社团组织和企业的交流。（赵正杰）

【澳门镇江联谊会成立】 2018 年 10 月 23 日，澳门镇江联谊会成立大会暨第一届理监事就职典礼在澳门万豪轩酒店举行。江苏茅迪集团有限公司董事长马志强任澳门镇江联谊会会长，中国人寿保险（海外）股份有限公司澳门分公司业务管理部高级主任管叶舟任联谊会理事长。全国政协常委、澳门中华总商会会长马有礼，中央人民政府驻澳门特别行政区联络办公室协调部部长傅铁生，江苏省政协常委、澳门江苏联谊会会长岑展平，澳门城市大学校长张曙光，中共镇江市委常委、组织部部长、统战部部长李健等相关人士以及澳门镇江联谊会成员 60 余人参加活动。（赵正杰）

·台湾事务·

【概况】 2018 年，镇江市加强和台湾的交流与合作，举办海峡两岸青创大赛等活动，全年邀请台湾团组 71 批 929 人次到镇江交流，其中，邀请台商 52 批 354 人次。全年推进在手、洽谈项目 20 个，协议台资 6.4 亿美元。完善校企合作平台，组织新材料化工行业沙龙、专家走访台企、台企和院校双向座谈等活动近 10 场，达成合作意向 8 个，促成合作项目 2 个。开展“台企金融服务”“台企用工人才服务”等专项活动，促成市台湾同胞企业投资协会与 6 家金融机构签署金融服务合作协议；组织 20 家台企开展春季高校招聘活动。5 月 21 日，召开全市对台工作会议。句容市台办被江苏省台办授予“全省台商服务工作示范点”称号。

全年组织各类赴台交流团组 118 批 300 人次。与台湾 17 所院校，9 个团组开展交流活动 8 场。强化青年交流，邀请台湾旋风球、民乐、书画等青少年交流团组到镇江访问；举办镇台青年菁英交流活动；组织镇江同乡会新生代中秋联谊等活动。加强基层交流，邀请新北里长联谊会等 6 个基层社团到镇江，组织市城乡社区协会等 3 个团组赴台借鉴基层管理经验。

镇江市优化政策环境，制定出台《关于促进镇台经济文化交流合作的实施意见》等政策文件，编印发放《港澳台居住证申领指南》300 册、《31 条惠台措施政策解读》500 册。优化服务举措，创建“惠台服务零距离”服务品牌，组织大走访 4 次。建立“台商台企服务工作例会制度”，全年受理台企、台商诉求案 32 起，结案 29 起，结案率 90% 以上。建立“一企一档”信息平台，实施“一对一”精准服务，覆盖近 170 家台企，畅通政企沟通渠道。实施“在镇台商幸福生活计划”，开通医疗、旅游、就学等便利生活的绿色通道；发挥市台湾同胞投资企业协会、台属联谊会等组织作用，定期组织文体比赛、行业沙龙等活动。（龚文斌）

【法律顾问聘请】 2018 年 2 月 1 日，镇江市台办聘请 3 名律师担任常年法律顾问。涉台法律服务内容为：日常法律咨询服务、依法行政法律风险防控、法律培训与宣传、非涉诉纠纷处理等。全年开展专项法律服务 3 次，编印下发《企业人力资源法律风险防控手册》，提供给在镇江的台商、台企，促进涉台行政决策的合法性、科学性、合理性。（龚文斌）

【音乐话剧《爸爸的信》上映】 2018 年 5 月 10 日，台湾原创慈善公益音乐话剧《爸爸的信》在镇江影剧院上映。活动由市台协主办，社会各界 800 人观看演出。5 月 8 日—9 日，《爸爸的信》剧团还分别到句容天王镇敬老院、镇江市九久老年康复中心开展公益演出。（龚文斌）

【新北市中学生旋风球（镇江）交流活动】 2018 年 5 月 24 日，以“旋风少年，传情两岸”为主题的新北市中学生旋风球（镇江）交流活动，在镇江崇实女子中学举行开启仪式。台湾新北市旋风球运动发展协会、新北市家长协会以及新北市中平中学等单位 30 多名旋风球运动爱好者与镇江崇实女中师生、部分家长代表近 200 人参加活动。该次活动是台湾旋风球首次到大陆开展交流。（刘正元）

【海峡两岸青年创业大赛】 2018 年 9 月 12 日，镇江市台办、市人才办、团市委以“青创福地·智汇镇江”为主题，举办“2018 海峡两岸青年创业大赛·镇江赛区决赛”。比赛有海峡两岸的 50 名青年、22 个项目参赛，大赛设一等奖 1 个、二等奖 2 个、三等奖 5 个。镇江市的“留学前置英文教授数埋化”项目获大赛一等奖。（李强华）

【首张港澳台居民居住证发出】 2018 年 9 月 17 日，镇江市公安局在润州公安分局七里甸派出所举行港澳台居民居住证首发仪式。镇江市台湾同胞企业投资协会常务副会长邓先喜成为全市第一个领取港澳台居民居住证的台湾同胞。（龚文斌）

2018 年台湾重要团组考察访问镇江情况表

表 4－3

到访日期	重要团组及领队	参观访问内容
5 月 4 日—11 日	台南基层干部（江苏）交流团蒋大洋一行 40 人	基层社区交流
5 月 24 日—29 日	新北市中学生旋风球（镇江）交流团苏金英一行 32 人	青年体育交流
7 月 17 日—24 日	两岸家校联动镇台教育交流团蔡叶伟一行 70 人	文化教育交流
7 月 22 日	台湾乡镇市民代表联合会参访团林武雄一行 35 人	基层社区交流
8 月 3 日	台湾商业总会蔡国洲一行 33 人	合作项目考察
9 月 16 日—21 日	台北镇江同乡会参访团张庆生一行 7 人	寻根省亲参观访问
11 月 1 日	台湾新同盟会中南部会员（会友）大陆参访团翁三隆一行 35 人	基层社区交流
12 月 18 日—22 日	新北市瑞芳区低碳社区交流团李仁林一行 25 人	基层社区交流

（龚文斌）

【“京江明月乡思中秋”联谊交流活动】 2018 年 9 月 19 日，镇江市台办以“共享团圆月 · 共叙镇台情”为主题，举办“2018 镇台京江明月乡思中秋”联谊会。台北镇江同乡会、台湾中华妇女联合会的 32 名台胞与市台办、市台属联谊会、市台湾同胞投资企业协会等单位 120 人参加活动。台湾“中华妇女联合会”还在句容市举办 2018 镇台巾帼创新创业交流会等活动。（章邦勇）

【惠台措施出台】 2018 年 12 月 12 日，镇江市出台《关于促进镇台经济文化交流合作的实施意见》。该实施意见分为促进镇江台湾经贸合作、推动台企创新发展、支持台胞到镇江就业创业、深化镇江台湾社会文化融合、提供在镇江台胞生活便利 5 个部分 56 条。该系列惠台措施的出台旨在促进在镇江的台资企业创新发展，鼓励台商到镇江投资兴业，扩大镇江、台湾两地各领域交流与合作，逐步落实台胞在镇江学习、就业、创业、生活享受与镇江居民同等待遇，深化两地经济社会融合发展。（顾春华）

图 4－1　2018 年 9 月 19 日，“京江明月乡思中秋”联谊交流活动

（章邦勇　供稿）

· 机构编制工作 ·

【概况】 2018 年，镇江市机构编制部门推进党政机构改革、行政审批制度改革、综合行政执法体制改革、事业单位改革、经济发达镇行政管理体制改革，严格机构编制管理和机关绩效管理。按照“总量控制、分类管理”的原则，从严、从紧控制机关事业单位补充人员，同时，为接收军转干部等政策性安置人员预留空编。完成 2017 年度事业单位信用等级评价，其中，A 级事业单位 369 家，B 级事业单位 2 家。

党政机构改革。镇江市按照中央和省委统一部署，做好党政机构改革各项工作。7 月 12 日，印发《关于严明纪律切实保证机构改革顺利进行的通知》，严明纪律要求。7 月 25 日，印发《关于成立市机构改革领导小组的通知》。11 月 30 日，省委编办组织召开全省市县机构改革业务培训视频会议后，镇江市按照“先立后破、不立不破”的总原则，完成全市党政机构改革工作。

事业单位改革。镇江市推进行政类事业单位改革，控制承担行政职能事业单位机构编制，审核其承担行政职能的合理性和合法性，研究承担行政职能事业单位改革的初步方案，做好承担行政职能事业单位改革与党政机构改革统筹同步推进。协同推进经营类事业单位改革，配合国资委、人社局等部门做好经营类事业单位改革工作，配合研究制定《关于从事生产经营活动事业单位实行公司化改造的实施意见》。（李　凯）

【“放管服”改革】 2018 年，镇江市优化创业创新环境，出台“放管服”改革意见。3 月 17 日，《创新》刊载《开启新时代“放管服”改革新篇章》，介绍镇江经验；8 月 26 日，中央电视台《新闻联播》播出暗访镇江市“放管服”改革视频，标注为“值得推广”；10 月 17 日，国务委员兼国务院秘书长肖捷到镇江调研。

精准监管工作。7 月 18 日，印发《关于开展精准监管改革的实施意见》。6 月 25 日，印发《镇江市规范行政审批服务自由裁量权改革试点工作的实施意见》，在全省率先推出规范行政审批自由裁量权，简化登记流程，降低创业门槛，减轻企业价费负担。同时，推进公共资源交易“全程留痕”监管改革。

服务标准提升工作。开展“减证便民”工作，推进“不见面审批”改革向“五省”（网上办更省力、并联审更省时、代办制更省钱、全周期更省事、精准化更省心）模式升级。8 月 22 日，《新华日报》刊载《镇江优化营商环境构筑高质量发展磁场——“五省”模式深化不见面审批改革》。11 月 30 日，中央电视台《焦点访谈》播出镇江市“证照分离”改革成效专题片。（李　凯）

· 信访工作 ·

【概况】 2018 年，镇江市信访工作以“控增量、减存量、提质量”为目标，完成全国两会、上合组织青岛峰会、“6 · 19”集中上访事件处置、上海进口贸易博览会等信访维稳任务。镇江市人民来访接待中心接待群众到访 7396 人次，办理人民来信 3033 件，办理网上信访 1120 件。群众反映信访诉求主要涉及劳动保障、房屋拆迁安置、土地征用补偿、集资融资纠纷、环境保护等方面。市委常委会议研究通过《关于加强和改进信访工作联席会议机制建设的指导意见》，明确到2020年建成市、各市（区）、镇（街道）三级信访工作联席会议机制，要求实现信访增量得到有效控制、信访存量矛盾明显减少、法治信访建设效果显著、基础业务质效提高和信访干部能力素质明显提升等五项总体目标。镇江市党政领导定期到市人民来访接待中心会办疑难复杂信访事项，全年接待群众到访16批59人，解决20件信访问题。市人民来访接待中心安排50名律师为226名信访群众提供法律咨询服务，接待处理65批信访问题。8月，市信访工作联席会议办公室、镇江市人大信访室、市纪委监察委信访室、市委网信办、市政务办“12345”热线、公安局、民政局等部门加强信访信息分析研判，实施每日重要访情报告、每周动态分析、月度综合研判等制度，向市委、市政府提出工作建议，推动问题解决。市信访局建立覆盖全市镇（街道）、村（社区）的信访信息工作网络，组建信访应急处置队伍，强化突出信访问题应急处置工作。

市信访局、市委政法委、公安局、检察院、中级人民法院、司法局等6部门联合印发《关于依法处置信访活动中违法犯罪行为的通告》，开展市行政中心门前信访秩序“百日专项整治行动”。7月30日，市信访工作联席会议办公室、市社会信用体系建设领导小组办公室联合印发《镇江市严重失信信访人信用管理实施办法（试行）》，成立严重失信信访人认定委员会，建立由27名镇江市人大代表、政协委员，以及法律工作者和政府部门政策法规业务骨干组成的严重失信信访人认定专家库，组织严重失信信访人认定、审议等工作。11月，对1名严重失信信访人启动认定和联合惩戒工作。市信访局开展“互联网+会客厅”活动，以“走法治信访之路”为主题与市民、网友进行线上线下交流互动。市信访局人民建议征集办公室、教育局、文广新局、体育局联合开展“您的向往，我们的追求——我为美好生活提建议”专题征集活动，在金山网开设专栏，收集有效建议136条。

当年，市信访局获评镇江市“政网互动典范单位”、省“百日攻坚”行动突出贡献单位，同时，被市委、市政府记全市中共十九大安保维稳工作集体二等功。

（黄旭楠）

【信访积案攻坚化解行动】 2018年1月—5月，镇江市信访工作联席会议办公室开展信访积案“大排查、大化解、大突破”活动，每名局领导挂钩包片督查包案领导工作落实情况，每月通报进展情况。6月至年底，镇江市信访工作联席会议办公室开展信访积案攻坚化解行动。全年召开82次协调会办会，推进化解信访问题60个。国家信访局和江苏省政府信访局交办的20件攻坚督办件全部化解办结；市信访工作联席会议办公室交办的91件信访积案化解87件，交办的32件群体问题化解29件，交办的394名重点信访人，化解233人。（黄旭楠）

·史志工作·

【概况】 2018年，镇江市史志系统推进中共镇江地方史馆、镇江方志馆建设，协调做好项目相关流程审批，以及招投标、设计等事宜，并拟定展陈大纲。围绕纪念改革开放40周年等重要纪念节点，推进史志成果“六进”等活动。5月10日—11日，中共江苏省委党史工办主任邢光龙一行赴镇江市开展调研，市委常委、市委秘书长郭建参加调研。

党史工作方面。推进镇江地方党史三卷本编纂工作；会同江苏省新四军研究会、句容市史志办、茅山新四军纪念馆等单位推进《苏南抗日根据地民主政权建设史》编纂工作。地方志工作方面。指导推进《镇江新区志》《镇江消防志》《镇江文物志》等志书编纂工作，完成《镇江新区志（1991—2015）》研讨工作；《光绪丹徒县志》影印本64卷、2600页、约140万字的点校稿进入出版社编辑审稿阶段；启动《江苏援藏援疆建设志》镇江部分的编纂工作，召开推进工作会议，开展资料征集业务集中培训，同时，9月、10月赴西藏达孜区、新疆可克达拉市征集资料并开展业务指导，截至年底，征集资料160余万字，编纂20余万字；6月，完成《江苏名镇志·新坝镇志》终审工作；11月，完成《下蜀镇志》《下甸村志》的终审工作。年鉴工作方面。召开全市年鉴工作会议，提升年鉴编纂质量；并对年鉴进行部分改版，出版发行《镇江年鉴（2018）》。当年，在全省综合年鉴优秀类目和条目质量评选活动中，《镇江年鉴》的“书目·文摘·题录”类目获优秀类目奖；“工业/新兴产业/概况”条目获综合性优秀条目奖；“中央第三环境保护督查组对镇江开展环境保护督查”条目获特色记事优秀条目奖。（蔡树梅）

【《江苏省地方志工作条例》系列宣传活动】 2018年9月21日，江苏省第十三届人民代表大会常务委员会第五次会议通过《江苏省地方志工作条例》（以下简称《条例》），《条例》自2018年12月1日起施行。《条例》作为江苏省第一部关于地方志工作的地方性法规，明确地方志工作宗旨，拓展地方志工作范畴和社会参与度，为推动全省地方志工作发展提供法治保障。市史志办组织开展一系列宣传活动，制作展牌，向广大市民赠送地情书、宣传册；通过移动网络向全市市民发送短信息；在“镇江发布”“镇江司法”等微博、微信公众号上解读《条例》；通过行政中心LED大屏播放《条例》相关信息；在市司法局、普法办举办的宪法宣传周暨“谁执法谁普法”的宣传现场，开展《条例》宣传活动。（蔡树梅）

【史志成果“六进”活动】 2018年1月—12月，镇江市史志办开展史志成果“进社区、进学校、进乡镇、进军营、进企业、进机关”活动。将全市史志成果送进镇江市五凤口社区、镇江市穆源小学、丹阳市珥陵镇中仙村、江苏省军区镇江第一离职干部休养所、镇江市强制隔离戒毒所、镇江苏宁广场等单位。在五凤口社区设立史志成果展示图书角，加强史志宣传，普及史志知识。8月，慰问镇江市唯一在世的老红军赵天月（98岁），赠送市史志办编纂出版的书籍画册。全年开展各类史志成果“六进”活动7场次，赠送书籍、音像制品、宣传册约2100册，受众近万人。（蔡树梅）

【纪念新四军东进开辟茅山抗日根据地暨韦岗战斗胜利80周年仪式】 2018年6月17日，由镇江市史志办、市中共党史学会、市新四军暨茅山抗日根据地研究会、市老区开发促进会共同举办的纪念新四军东进开辟茅山抗日根据地暨韦岗战斗胜利80周年仪式在韦岗战斗原址举行。新四军老战士、市级机关干部、大学生代表，茅山老区干部、群众等120余人参加纪念活动。（蔡树梅）

【纪念改革开放40周年系列纪念活动】 2018年3月起，镇江市史志办、市文广新局开展“纪念改革开放40周年”征文活动，截至10月底，收到江苏、上海、吉林、新疆、广东、云南等14个省、市、自治区的征文稿件，经专家评审产生一等奖3篇、二等奖6篇、三等奖12篇。12月，刊印《春风化雨四十年（“纪念改革开放40周年”征文集）》。7月1日—12月31日，市史志办、市文广集团开播《镇江改革开放实录》专栏，每天播出40年中镇江市改革开放和社会主义现代化建设的成功经验、重大事件和重要成果。

（蔡树梅）

·党校工作·

【概况】 2018年,镇江市委党校以习近平新时代中国特色社会主义思想和中共十九大精神为指引,各项工作稳步提升,先后获评第八届全省党校行政学院系统优秀教学组织奖、镇江市五一劳动奖、市级机关文明单位等。11月29日,召开全市党校工作座谈会。

2018年,镇江市党校系统深化"教研咨一体化"建设,促进理论研究和课题成果转化。加强平台载体建设,整合党校联盟资源,发表科研论文65篇。在纪念马克思诞辰200周年、《共产党宣言》发表170周年、纪念改革开放40周年等重要节点,举办专家理论研讨会。当年,党校系统获各类科研奖项12项,在《镇江日报》"信仰力量希望红色学府"理论专版刊载6期。发挥决策咨询作用,全年完成省、市级课题41项,其中,省级重点课题2项。向市委报送市情研究报告26篇,其中2篇被省委办公厅采用、2篇被市委办公室采用。主体班创新实施"双轨制"调研法,组织条口相近学员开展组团式调研,指定教师全程参与。全年形成《调研成果汇编》5集,研究报告241篇。 (瞿 毅)

【教育培训工作】 2018年,镇江市党校系统深化主体班培训工作,市领导赴党校授课7次,机关部门领导授课38次。全年主体班培训18期,培训人数1054人次,学员满意率98%以上。打造"十九大精神""解放思想"等24个热点专题,"信仰力量希望宣讲团"全年送课130余场,受众万余人次,基层理论宣讲工作获省委宣传部表彰。实施精品战略,优化教学布局,丰富教学方法,创新专题生成,打造以"组团式"教学为代表的新型教学模式和以"精美镇江"为代表的"精品课程",教学改革"鲜活实"的做法获第八届全省党校行政学院系统优秀教学组织奖。与中央党校出版社合作出版《新时代新思想新征程——建设"强富美高"新镇江干部教育读本》。建立完善"对外培训师资库""对外培训专题库",举办各类合作培训班140期,培训学员9000人次,覆盖全国17个教学点。保障县处级干部在线教育1175人,通过率100%,列全省第一名。

(瞿 毅)

【"信仰力量希望党校联盟"组建】 2018年4月18日,镇江市组建"信仰力量希望党校联盟",形成"市委党校—机关企事业单位分校—基层工作站"三级合作框架,通过"教育培训平台""课题研究平台""资源共享平台"为全市63家单位提供理论教育、党性教育和科研资政服务,引领基层党组织政治建设的正确方向;与成员单位共建、共享期刊、论文、图书电子数据库以及现场教学基地,开通31个高清在线课堂终端,提供课程80余讲,组织收看23次,听众千余人。相关做法被《学习时报》《新华日报》《江苏党校报》等媒体报道;成效经验被省委《信息专报》、省委党校《江苏党校工作通讯》等刊发。 (瞿 毅)

·档案工作·

【概况】 2018年,镇江市档案系统接收12余万卷档案进馆,其中,市档案馆抢救性接收破产关闭的36家企业以及14家机关单位档案共5万卷。各级综合档案馆和城建档案馆馆藏总量近170万卷,其中,市档案馆馆藏总量近35万卷。全市档案馆接待社会各界利用者2.5万余人次,查阅档案数量4.4万卷,打印或复印10万余张,其中,市档案馆接待查档1188人次,提供档案、资料12504卷(件、册),提供复印件7537张。

加快推进行政执法标准化进程,完成《档案行政执法检查手册》编印工作。选聘法律顾问及公职律师,制定《镇江市档案局公职律师管理规定》和《镇江市档案局实行公职律师制度工作方案》,梳理权力清单,截至12月底,有行政处罚5项、行政奖励1项、行政其他事项1项和公共服务事项4项,其中,行政审批事项全部简化为全程"不见面"事项。市档案系统制定《镇江市档案人才"135工程"实施方案》,加大对后备干部,尤其是党务干部和专业人才的培养。全年举办、协办全市档案工作业务能力提升培训班、档案基础业务培训班等,400余人参加培训。10月,全市档案工作人员175人参加首届全省档案技能竞赛,3人进入决赛,1人获全省决赛第20名。

参与由国家档案局牵头开展的抗日战争档案汇编系列丛书的编纂工作,挖掘馆藏资源,查阅历史档案,完成《日军战时暴行与战后所受人道待遇档案汇编》初稿。征集到清嘉庆庚申年(1800年)刻本《张素存先生选稿》(上、下册)和光绪己卯年(1879年)刻本《簪元文社课艺》(四册)。编印《档案参考》18期,在《档案与建设》《江苏档案信息》上发表稿件500篇。

开展全市档案工作专项督查,督查单位107家,形成《关于全市档案问题整改"回头看"和涉改单位档案处置工作检查情况通报》。全年58家单位通过等级测评,75家单位通过等级复查。96人被评为"2018年度全市档案工作等级测评(复查)先进个人",档案工作江苏省五星级均量列全省第三名。全年全市创成数字档案馆(室)13家,丹阳市、扬中市档案馆创成镇江市首批AAAAA级数字档案馆,润州区档案馆创成AAA级数字档案馆。18人获档案信息化建设突出贡献个人称号。组织全市57个家庭参加省委宣传部、省档案局"庆祝改革开放40周年经典照片、最美家庭档案征集活动",3个家庭档案被评为"江苏最美家庭档案"。 (彭清清)

【纪念改革开放40周年系列活动】 2018年,镇江市档案局、市委宣传部联合发文,开展最美家庭档案征集评选活动;在《京江晚报》、京江网、镇江网友之家等网站、微信公众号等门户发布征集启事,征集家庭档案。在"6·9"国际档案日活动中发放家庭档案征集活动倡议书;在行政中心市民大厅、大市口城市客厅、江东社区招商北固湾广场等处举办家庭档案制作和民国镇江金融工商档案史料展;在镇江电视台进行宣传报道和字幕宣传。 (彭清清)

【《档案参考》编印】 2018年,镇江市档案系统编印18期《档案参考》,主要有《"中国第一银行家"——陈光甫》《新民洲木材港——传统行业凤凰涅槃的典范》《中国三大行业性节日之一的"记者节"缘于镇江"刘煜生案"》《镇江江绸与丝绸之路》《从漕运重镇到铁路枢纽》等。 (彭清清)

【句容市档案馆开通全市首家网络3D展览馆】 2018年,句容市档案馆开通网络3D展览馆,展厅分为历史句容、文化句容、特色旅游、惠民句容、创新句容、领导关怀、荣誉句容、特色馆藏等8个板块内容和中国共产党在句容(1921—1949)、时代楷模——赵亚夫事迹展等2个专题展览内容。3D展览馆运用VR虚拟现实技术,将句容档案史料展示中心网络3D化,并将展厅内容搬上网络,网址为http://daj.jurong.gov.cn/。 (彭清清)

镇江市人民代表大会

·综　述·

【概况】 镇江市第八届人民代表大会

代表为 355 人。至市八届人大一次会议，实有代表 348 人。至市八届人大常委会第七次会议，调离镇江 14 人，辞职 3 人，去世 2 人。有关单位依法补选 16 人，至市八届人大二次会议，辞职 2 人，调离镇江 1 人。市八届人民代表大会实有代表 342 人。

全年督办“关于加大有效投入，加快产业强市，推进高质量发展”“加快重点片区环境综合整治”等 2 个议案以及“加强电梯安全管理”“加强知识产权保护运用，促进实体经济健康发展”“加快推进医养结合”“进一步提升我市乡村水环境治理水平”“加快低碳建设，推进绿色发展”等 5 个重要建议，听取和审议“一府两院”文化产业、司法体制改革、乡村振兴、职业教育等 5 个专项工作报告。召开政情通报会，5 名人大代表围绕产业强市、长江保护和发展、知识产权保护、脱贫攻坚、医养结合等专题进行发言，市长现场回应。推进预算联网监督工作，在全省率先出台管理工作规定、使用办法，以市委名义印发《关于建立市政府向市人大常委会报告国有资产管理情况制度的意见》。推进《镇江市长江岸线资源保护条例》的实施，专题审议 2017 年环境状况和环境保护目标完成情况、2019—2020 年突出环境问题清单。开展涉及生态环境保护的 3 部地方性法规和政府规章、规范性文件的专项清理工作。组织对市公安局、国资委、国土资源局、环保局、规划局、城管局、交通运输局等 7 个工作部门进行专项评议。对镇江市首部地方性法规《镇江市金山焦山北固山南山风景名胜区保护条例》进行执法检查，市长召开相关工作对接会。清单化监督政府民生实事，集中视察城建重点工程建设情况，听取医保政策优化、深化医疗保险制度改革等情况汇报，调研女职工劳动权益保障工作，依法对少数民族权益保障工作开展督查，督办重点信访件 11 件。推动“两院”司法为民，听取市中级人民法院基本解决执行难工作情况的汇报，开展以刑事检察监督为主题的调研。市八届人大二次会议期间代表提出的 232 件建议，截至年底，解决 155 件，解决率超过 66%，代表满意和基本满意率 100%。开展两年一次的代表履职评优活动，评选出先进代表小组 9 个、优秀代表小组组长 9 人、优秀代表 60 人、优秀议案 3 件和优秀建议 13 件。 （赵敬敬）

【全国人大财经委到镇江调研】 2018 年 6 月 6 日—7 日，全国人大财经委副主任委员郭庆平一行到镇江调研地方政府债务和金融企业国有资产专题工作情况。省人大财经委主任委员江建平，市长张叶飞，市人大常委会常务副主任张洪水，市委常委、常务副市长裔玉乾，市人大常委会副主任王常生陪同调研。 （赵敬敬）

·重要会议·

【市八届人大二次会议】 2018 年 1 月 7 日—10 日，镇江市八届人大二次会议举行，会议应到代表 342 人，实到 338 人，组成 8 个代表团。市政府组成人员和其他方面负责人、地市职离退休老干部、部分在镇江的全国、省人大代表等列席会议。会议举行 3 次全体会议、5 次主席团会议。大会补选惠建林为市八届人大常委会主任，补选 5 名市八届人大常委会委员，选举黄利民为镇江市监察委员会主任，补选陈可可为镇江市人民政府副市长，选举镇江市出席江苏省第十三届人民代表大会代表 37 人。

会议听取和审议《政府工作报告》《镇江市人民代表大会常务委员会工作报告》《镇江市中级人民法院工作报告》《镇江市人民检察院工作报告》，审查《2017 年国民经济和社会发展计划执行情况及 2018 年计划草案的报告》（书面）、《2017 年财政总预算执行情况和 2018 年财政总预算草案的报告》（书面），批准以上报告并作出相应决议。会议收到市人大代表提出的议案和建议 234 件，其中，“关于加大有效投入，加快产业强市，推进高质量发展”“加快重点片区环境综合整治”被确立为代表议案，交市人大常委会审议决定。其余 232 件作为建议处理，其中，“加强电梯安全管理”“加强知识产权保护运用，促进实体经济健康发展”“加快推进医养结合”“进一步提升我市乡村水环境治理水平”“加快低碳建设，推进绿色发展”等 5 件为重要建议，交由市人大常委会主任会议处理。 （赵敬敬）

【市人大常委会会议】 2018 年，镇江市八届人大常委会举行 7 次会议。

1 月 10 日，市人大常委会第八次会议审议通过市人大常委会 2018 年工作要点，表决通过人事任免并组织宪法宣誓。惠建林、张洪水、王萍、王常生、岳卫平、陈琳、丁羽如出席会议。黄利民、茅仲华、张新祥、杭祝鸿列席会议。

2 月 27 日，市人大常委会第九次会议听取并审议通过关于“加大有效投入，加快产业强市，推进高质量发展”议案的处理意见、关于“加快重点片区环境综合整治”议案的处理意见，表决通过有关人事任免并组织宪法宣誓。惠建林、张洪水、王萍、王常生、岳卫平、陈琳、丁羽如出席会议。张叶飞、张新祥、杭祝鸿，市中级人民法院有关负责人列席会议。

4 月 27 日，市人大常委会第十次会议听取并审议市委常委、常务副市长裔玉乾代表市政府做的《关于 2017 年环境状况和环境保护目标完成情况的报告》，审议通过《镇江市与法国贝尔热拉克城市聚合体建立友好城市关系议案》并做出相应决定，举办宪法专题学习讲座。张洪水、王萍、王常生、岳卫平、陈琳、丁羽如出席会议。裔玉乾、张新祥，市监委、市中级人民法院有关负责人列席会议。

7 月 5 日，市人大常委会第十一次会议听取并审议市政府《关于全市文化产业发展情况的报告》，市检察院《关于推进以司法责任制为核心的司法体制改革工作情况报告》，审议通过关于 2018 年专项评议实施方案并作出相应决定，表决通过关于接受桑长清辞去镇江市副市长职务请求的决定。惠建林、张洪水、王萍、王常生、岳卫平、陈琳、丁羽如出席会议。黄利民、胡宗元、张新祥，市中级人民法院有关负责人列席会议。

8 月 23 日—24 日，市人大常委会第十二次会议听取市政府张叶飞政情通报，潘荣军、程美瑛、李文江、刘树安、万敏等 5 名市人大代表分别围绕“坚持以大项目为抓手，全力推动产业强市战略实施”“深入推进《镇江市长江岸线资源保护条例》实施，用法治护航长江保护和发展”“加强知识产权保护运用，推动实体经济发展”“实施精准扶贫，全力推动乡村振兴”“加强政策引导和扶持，积极推进医养结合”做专题发言。会议听取和审议市政府关于 2017 年财政决算的报告、关于 2017 年度市本级预算执行情况和其他财政收支的审计工作报告、市人大常委会关于 2017 年市本级财政决算（草案）审查结果的报告，做出关于批准 2017 年市本级财政决算的决议，审议市政府关于 2018 年上半年国民经济和社会发展计划执行情况、上半年财政预算执行情况的书面报告，听取和审议市政府关于乡村振兴工作进展情况的报告。会议听取《镇江市消防条例（草案）》审议结果的报告，审议《镇江市消防条例（草案修改稿）》，表决通过《镇江市消防条例》，报请省人大常委会批准后颁布实施。会议听取和审议市教育局局长刘元良、市民政局局长尹卫民、市体育局局长戚亚新的述职报告，并组织专题询问和现场测评。会议决定任命许文为镇江市副市长，表决通过有关人事任免并组织宪法宣誓。惠建林、张洪水、王萍、王常生、岳卫平、陈琳、丁羽如出席会议。胡宗元、杭祝鸿，市监委、市中级人民法院、市检察院有关负责人列席会议。

10月30日—31日，市八届人大常委会第十三次会议听取市公安局等7个部门专项述职报告，听取和审议市政府关于职业教育发展情况的报告并组织询问，听取和审议市政府《关于提请我市与瑞士卢加诺市缔结友好城市关系的议案》《关于提请我市与澳大利亚洛克汉普顿市缔结友好城市关系的议案》，市中级人民法院《关于提请确定人民陪审员名额数的议案》并做出相应决定，审议《镇江市农村公路条例（草案）》审议结果的报告，表决通过《镇江市农村公路条例》，听取和审议市人大常委会执法检查组关于检查《镇江市金山焦山北固山南山风景名胜区保护条例》实施情况的报告，表决通过有关人事任免并组织宪法宣誓。

12月18日，市八届人大常委会第十四次会议听取和审议市政府关于"加大有效投入，加快产业强市，推进高质量发展"议案办理情况的报告并进行票决，听取和审议市政府关于"加快重点片区环境综合整治"议案办理情况的报告并进行票决，听取和审议关于市八届人大二次会议代表建议办理情况的报告、市政府关于2017年度金融企业国有资产的专项报告，听取和审议市政府关于《镇江市2018年市本级预算调整方案（草案）》议案的说明并表决通过相关决议、市政府关于2019年—2020年突出环境问题清单的报告，审议市政府关于提请审议《镇江市山体保护条例（草案）》的议案，听取关于市八届人大三次会议筹备工作意见并表决通过相关决定，审议市政府关于2017年度国有资产管理情况的书面综合报告、专项评议和述职评议意见落实整改情况的书面报告、2017年财政同级审计发现问题整改情况的书面报告，表决通过有关人事任免并组织宪法宣誓。 （赵敬敬）

2018年镇江市人大常委会主任会议一览表

表4－4

时　间	会议名称	会议内容	参加会议的市人大常委会领导	参加会议的市政府领导
1月22日	市八届人大常委会第十三次主任会议	讨论关于市八届人大二次会议议案、重要建议的处理意见；讨论通过2017年专项评议和干部述职评议得分	张洪水、王萍、王常生、岳卫平、陈琳、丁羽如	—
2月24日	市八届人大常委会第十四次主任会议	讨论市八届人大二次会议议案、重要建议的督办工作方案	张洪水、王萍、王常生、岳卫平、陈琳、丁羽如	—
3月22日	市八届人大常委会第十五次主任会议	讨论修订《镇江市人民代表大会常务委员会关于提高市人大常委会会议审议质量的实施办法》	张洪水、王萍、王常生、岳卫平、陈琳、丁羽如	—
4月20日	市八届人大常委会第十六次主任会议	讨论市政府《关于提请审议我市与法国贝尔热拉克城市聚合体缔结友好城市关系的议案》；讨论市政府《关于提请审议〈镇江市消防条例（草案）〉的议案》；讨论通过《市人大常委会调整立法联系点名单》	张洪水、王萍、王常生、岳卫平、陈琳、丁羽如	陈金观、陈可可
5月30日	市八届人大常委会第十七次主任会议	听取市政府关于打击长江非法采砂情况的汇报；听取市政府关于"加强电梯安全管理"重要建议办理情况的汇报；传达学习全国省市两级人大常委会负责人学习班精神	张洪水、王萍、王常生、岳卫平、陈琳、丁羽如	曹丽虹
6月21日	市八届人大常委会第十八次主任会议	讨论市政府《关于提请审议〈镇江市农村公路条例（草案）〉的议案》；通过《镇江市预算联网监督系统管理工作规定（试行）》；讨论2018年专项评议实施方案（草案）	张洪水、王萍、王常生、岳卫平、陈琳、丁羽如	胡宗元
7月31日	市八届人大常委会第十九次主任会议	讨论《镇江市金山焦山北固山南山风景名胜区保护条例》执法检查方案；讨论《市人大常委会任命的市政府干部述职评议的工作方案》；讨论《镇江市人大常委会预算联网监督系统操作规程（试行）》	张洪水、王萍、王常生、岳卫平、陈琳、丁羽如	—
8月21日	市八届人大常委会第二十次主任会议	听取市政府关于"加强知识产权保护运用，促进实体经济健康发展"重要建议办理情况的汇报；听取市政府关于深化医疗保险制度改革情况的汇报；听取关于《镇江市消防条例（草案修改稿）》准备情况的汇报；讨论政情通报会专题发言	张洪水、王萍、王常生、岳卫平、陈琳、丁羽如	孙晓南
9月27日	市八届人大常委会第二十一次主任会议	听取市政府关于"加快推进医养结合"重要建议办理情况的汇报；传达学习全省人大工作研讨交流会精神	张洪水、王萍、王常生、岳卫平、陈琳、丁羽如	—
10月25日	市八届人大常委会第二十二次主任会议	听取市政府关于"进一步提升我市乡村水环境治理水平"重要建议办理情况的汇报；讨论市政府《关于提请我市与瑞士卢加诺市缔结友好城市关系的议案》《关于提请我市与澳大利亚洛克汉普顿市缔结友好城市关系的议案》；听取市中级人民法院关于基本解决执行难工作情况的汇报；讨论关于评选市人大代表活动先进小组、优秀市人大代表小组组长、优秀市人大代表、优秀议案和建议的方案；讨论关于检查《镇江市金山焦山北固山南山风景名胜区保护条例》实施情况的报告；听取关于《镇江市农村公路条例（草案修改稿）》准备情况的汇报；讨论2018年市政府7个被评部门专项评议报告；讨论《关于建立市政府向市人大常委会报告国有资产管理情况制度的意见（代拟稿）》和《关于建立国有资产管理情况报告制度的工作方案》	张洪水、王萍、王常生、岳卫平、陈琳、丁羽如	—
11月21日	市八届人大常委会第二十三次主任会议	听取市政府关于民生实事完成情况的汇报；听取市政府关于"加快低碳建设，推进绿色发展"重要建议办理情况的汇报；讨论市八届人大三次会议筹备工作意见；讨论《镇江市人大常委会2019年立法计划（草案）》和《市人大常委会立法协商工作办法（草案）》	张洪水、王萍、王常生、岳卫平、陈琳、丁羽如	陈可可

续表 4－4

时 间	会议名称	会议内容	参加会议的市人大常委会领导	参加会议的市政府领导
12 月 13 日	市八届人大常委会第二十四次主任会议	讨论市政府关于提请审议《镇江市山体保护条例（草案）》的议案	张洪水、王萍、王常生、岳卫平、陈琳、丁羽如	胡宗元
12 月 28 日	市八届人大常委会第二十五次主任会议	讨论市人大常委会工作报告（讨论稿）和 2019 年工作要点（讨论稿）、代表资格审查情况的报告、市八届人大三次会议主席团和秘书长等建议名单及选举办法（草案），听取关于评选和表彰优秀市人大代表、优秀代表小组组长、优秀议案和建议、市人大代表活动先进小组意见的汇报	张洪水、王萍、王常生、岳卫平、陈琳、丁羽如	—

（赵敬敬）

【重点工作通气会】 2018 年 1 月 3 日，镇江市人大常委会、市政府举行 2018 年重点工作通气会。市长张叶飞主持会议并讲话。市人大常委会常务副主任张洪水出席会议并介绍 2018 年市人大重点工作安排。市委常委、常务副市长裔玉乾代表市政府通报 2018 年市政府重点工作安排，并提请市人大在安排当年工作中重点督查推进的具体工作。市人大常委会副主任王萍、王常生、岳卫平、陈琳，市政府副市长胡宗元、曹丽虹、孙晓南、陈金观、桑长清出席会议并讲话，市人大常委会秘书长丁羽如出席会议。

（赵敬敬）

·人大监督·

【概况】 2018 年，镇江市人大常委会突出正确监督、有效监督，围绕全市改革发展重大决策和事关区域发展全局的大事，完善提升专项评议、政情通报等监督方式，运用视察调研、专项评议、政情通报、述职评议等监督方式，助推实体经济发展、生态文明建设等全局性工作。

7 月—10 月，镇江市人大常委会结合督办“加快重点片区环境综合整治”议案，组织对市公安局、国资委、国土资源局、环保局、规划局、城管局、交通运输局等 7 个工作部门的专项评议。各专项评议组组织调研，人大代表和群众参与，推动各被评部门整改，并推进涉事企业整治、企业治污、宕口治理等突出问题的解决。

8 月 23 日，市人大常委会组织召开政情通报会，市委书记、市人大常委会主任惠建林主持会议并讲话，要求用好政情通报这一知情问政的平台，助推全市中心工作的开展。市长张叶飞通报上半年国民经济和社会发展情况以及下半年的工作安排。5 名市人大代表围绕产业强市、长江保护和发展、知识产权保护、脱贫攻坚、医养结合等专题进行发言，市长现场回应。（赵敬敬）

【大气污染防治法执法检查】 2018 年 6 月 12 日，全国人大常委会副委员长丁仲礼率全国人大常委会执法检查组到镇江就大气污染防治法贯彻实施情况开展执法检查。全国人大环资委委员王秀峰、沈岩、张柏楠参加执法检查。省人大常委会副秘书长朱有华、省人大常委会环资委主任秦景安、委员张驰，省环保厅副厅长方斌斌，市领导秦海涛、郭建、裔玉乾、岳卫平陪同检查或参加座谈。

（赵敬敬）

【“三山”南山保护条例执法检查】 2018 年 8 月至 9 月，镇江市人大常委会专门成立执法检查组对《镇江市金山焦山北固山南山风景名胜区保护条例》（以下简称《条例》）贯彻执行情况开展执法检查，检查组由部分市人大常委会委员、市人大代表和委办室负责人组成，市人大常委会副主任岳卫平担任组长。8 月 30 日，检查组组织召开第一次全体会议，听取市政府贯彻实施《条例》情况汇报，对执法检查工作进行部署；9 月 11 日—13 日，先后组织召开相关部门、有关景区、街道社区和志愿者代表座谈会；通过书面问卷和网上调查两种途径，征求人大代表、政协委员、市民游客的意见，收集有关意见和建议 256 条。9 月 26 日，执法检查组重点对金山、焦山、南山景区及周边存在的主要问题进行现场执法检查。（赵敬敬）

·人大代表工作·

【概况】 2018 年，镇江市八届人大常委会第十五次会议经过审议，对市八届人大一次会议后代表提出的 3 件优秀议案和 13 件优秀建议进行表彰；对 9 个市人大代表活动先进小组、9 名优秀市人大代表小组组长和 60 名优秀市人大代表进行表彰。

市人大常委会深化“四个一”（即在代表小组中开展组织一次专题学习、开展一次专题调研、联系一个村或社区、接待一次选民）主题活动，组织指导全市 20 个代表小组开展活动 83 次，确定 19 个村、社区为小组联系点，对 46 个贫困户和贫困学生进行结对帮扶，形成调研报告 15 篇。

9 月 28 日，市人大常委会、市政府召开市人大代表建议办理工作经验交流会。市人大常委会人代联委作《提高代表建议办理质量的基本要求》讲座。市公安局、住建局、交通运输局、润州区政府在会上做交流发言。

5 月和 9 月，镇江市人大常委会分两批组织 150 多名市人大代表赴浙江大学进行为期 6 天的专题培训；组织人大代表列席常委会、参与执法检查、立法工作和专题调研等；组织代表参加专项评议、政情通报会，并就社会关注的热点问题现场专题发言；在省、市报刊和媒体上宣传 12 名市人大代表事迹。（赵敬敬）

【“五级代表统一接待选民日”活动】 2018 年 11 月 16 日，镇江市 2500 多名五级人大代表深入 335 个选民接待点，聚焦“情系人民群众，访民情、解民忧、聚民心”主题，集中接待选民，听取意见和建议。活动当天，各级人大代表接待选民 9340 人，收集意见、建议和诉求 4581 件，涵盖经济、文化、教育、卫生、交通、水利、环境等各个方面，现场发放法律读本 1436 本。（赵敬敬）

·议案和重要建议·

【概况】 2018 年，镇江市八届人大二次会议期间，代表提出建议 232 件，政府系统承办 216 件，其他单位承办 16 件（其中，市委办、市人大办各 2 件，市委政法委、组织部、统战部各 1 件，市法院 5 件，市检察院、编办、残联、妇联各 1 件），均办理后答复代表。截至年底，建议解决 155 件，占 66.8%；因条件限制或作为工作参考 9 件，占 3.9%。收到代表反馈意见表 232 份，“满意”228 件，“基本满意”4 件。（赵敬敬）

【加大有效投入，加快产业强市，推进高质量发展的议案】 2018 年 1 月 9 日，在镇江市八届人大二次会议上，大会主席团将潘荣军等35名代表提出的“加大有效投入,加快产业强市,推进高质量发展的议案”交市人大常委会审议。议案建议:提升产业发展质效,践行创新驱动战略,强化重点项目攻坚,提升项目管理水平、服务能力和产出效益;加快培育经济发展新动能;强化平台载体建设,优化产业布局,增强区域发展协调性。

(赵敬敬)

【加快重点片区环境综合整治的议案】 2018年1月9日,在镇江市八届人大二次会议上,大会主席团将周岳新等58名代表提出的“加快重点片区环境综合整治的议案”交市人大常委会审议。议案建议,加快片区产业转型升级,谏壁片区加快老集镇区改造,提升产城融合能力,西南片区加强生态修复、生态建设和生态保护;创新思路破解发展难题,创新财税投入机制、运作模式和项目包装。

(赵敬敬)

【提升乡村水环境治理水平的重要建议】 2018年,在镇江市八届人大二次会议上,刘树安等10名代表就进一步提升乡村水环境治理水平提出建议:转变思想认识,提高重视程度;树立系统思维,整合各类资源;强化财政支持,完善投入机制;压实工作职责,提升治理成效。(赵敬敬)

【加快推进医养结合的重要建议】 2018年,在镇江市八届人大二次会议上,万敏等10名代表就加快推进医养结合提出建议:制定出台推进镇江市医养结合的政策;增加居家和社区医养结合供给服务;促进机构养老医养融合;建立老年人长期护理保险制度。(赵敬敬)

【加强知识产权保护运用,促进实体经济健康发展的重要建议】 2018年,在镇江市八届人大二次会议上,李文江等10名代表就加强知识产权保护运用,促进实体经济健康发展提出建议:提高知识产权意识,优化实体经济健康发展的舆论环境;严格知识产权保护,健全实体经济健康发展的政策体系;促进知识产权运用,增强实体经济健康发展的驱动能力;加强知识产权督查,提升实体经济健康发展的服务质效。(赵敬敬)

【加强电梯安全管理的重要建议】 2018年,在镇江市八届人大二次会议上,王荣飞等10名代表就加强电梯安全管理提出建议:强化组织领导,形成监管合力;加强源头管控,注重过程规范;加强施工验收,严格登记管理;强化对管理服务单位的监管;拓宽资金筹措渠道,解决维保瓶颈;普及电梯知识,提高安全意识;立足综合防范,构建长效机制。(赵敬敬)

【加快低碳建设,推进绿色发展的重要建议】 2018年,在镇江市八届人大二次会议上,邹云娣等10名代表就加快低碳建设,推进绿色发展提出建议:更大力度创新低碳技术;更实举措发展低碳经济;更高标准建设低碳小镇。(赵敬敬)

镇江市人民政府

·综　述·

【概况】 2018年,镇江市实现地区生产总值4050亿元,比上年增长3%;一般公共预算收入301.5亿元,增长6%;社会消费品零售总额1360亿元,增长6%;城乡居民人均可支配收入分别为4.9万元、2.47万元,分别增长8%、8.5%;城镇登记失业率1.8%;完成省政府下达的节能减排约束性指标。

175个市重点产业项目完成年度计划;新签约亿元以上项目167个,其中,北汽麦格纳高端智能纯电动汽车、长城汽车零部件生产基地、孚能科技制造基地、协鑫电动生态科技产业园、蝙蝠飞机制造厂等一批先进制造业项目落地。恒大童世界、康缘中华养生谷入选省级重点旅游项目,好未来教育基地项目签约。全年新增5家“中国民营企业500强企业”,8家国家“两化融合”贯标试点企业;创成6家省级“示范智能车间”。全省推广“戴庄经验”,新增高标准农田1.31万公顷、省级“农业龙头企业”6家,绿色优质农产品占比为35%。

镇江经济技术开发区创成省级生态工业园,国家大学科技园创成省级生产性服务业集聚示范区,国家级开发区综合考评获全国第22名,比上年提升20名。中集智能物流装备产业园、美的智能装配产业园、金牛山片区合作开发等项目落户。丹阳经济技术开发区综合考评获省级开发区第1名,省级高新区获批设立。创成省级出口农产品示范区。句容绿色新能源小镇考核列全省首批“特色小镇”第3名,创成省级现代农业产业示范园。扬中省级高新区获批,创成国家智慧电气高新技术产业化基地。丹徒经济开发区通过国家循环经济标准化试点园区验收。扬中“智慧电气小镇”、镇江新区“再生医学小镇”入选第二批省级“特色小镇”。

全年完成去产能项目60个,化解水泥产能180万吨;开展化工企业“四个一批”专项行动,关停化工企业38家,化工企业入园进区率为54%。农村土地承包经营权确权登记颁证工作基本完成,83%的村完成农村集体产权制度改革,287个村完成会计服务中心委托代理。润州区成为全省新一轮服务业改革试点区域。企业开办用时压缩45%,市级全程不见面审批率为99.6%。全年帮助申请企业办理“镇江市外来投资一卡通”,新办、换发38张,办理车辆通行证33张。对“一带一路”沿线市场出口额25.9亿美元,增长23%;与法国贝尔热拉克城市聚合体、澳大利亚洛克汉普顿市建立友城关系,举办镇江市与韩国益山市缔结友城关系20周年、第四届东盟文化之旅等系列活动。

市技术交易市场网络平台投入运营,新增国家高新技术企业122家,高新技术产业产值占比为49.5%,列福布斯中国最具创新力城市第18名;2家企业入选“独角兽”企业榜,新增省级“科技小巨人”企业6家,上市挂牌企业117家;1家企业获中国专利金奖,4家企业获国家科学进步二等奖;京口区获批“国家知识产权强县工程示范区”称号。培育引进“国家杰出青年”等人才21人,省“双创计划”等人才98人,市“金山英才”计划118人。7人在第四届江苏技能状元大赛中获“技能状元”称号。

开展建筑工地、扬尘尾气、餐饮油烟、燃煤电厂、“散乱污”企业等专项整治,实施大气污染防治项目375项,全市$PM_{2.5}$平均浓度51微克/立方米,空气优良天数达标率70.1%。落实河(湖)长制,开展河湖“三乱”、长江岸线保护等专项整治行动,整治入河排口215个,关闭违规畜禽规模养殖场149家,禁绝长江镇江水域非法采砂,完成江心洲水源达标建设,完成四明河、一夜河、虹桥港、御桥港、西团结河等5条黑臭水体治理任务,国考、省考断面水质优Ⅲ类比例分别为87.5%、80%,重点江河湖泊水功能区水质达标率90%以上。禁绝非法采矿,推进废弃宕口、关闭企业复垦复绿工作。完成15家工业企业污染治理,关停“散乱污”企业148家,推进镇江新区化工园区、索普化工基地周边居民搬迁工作。

完成成片造林1000公顷,抚育森林4000公顷,林木覆盖率为25%,自然湿地保护率为54%。新增耕地1133.33公顷。全市12个镇、8个村创成首批省生态文明建设示范镇(村),丹徒区通过省级生态文明建设示范区考核验收。应邀参加第24届联合国气候变化大会,举办

"2018国际低碳(镇江)大会暨江苏省生态环境高质量主题论坛"。

完成棚户区改造170万平方米,完成海绵城市建设试点任务,完成危房和空斗墙房屋改造2.37万平方米,解危搬迁八摆渡、江小圩受淹片区群众;改造中营、大市口北等5个老旧小区,镇丹高速、句容西部干线建成通车,南沿江高铁、宁句城际轨道交通、镇江高铁南站优化提升工程开工建设,连淮扬镇铁路建设、五峰山过江通道及其接线高速公路推进,江滨路交叉口、西府街等断头路、瓶颈路完成改造;长江南京以下12.5米深水航道工程镇江段完成,扬中长江崩岸段干堤复建和岸线应急治理、九曲河整治工程基本完成;市区新建市政燃气管线79千米,改造老旧燃气管线83千米,完成上党液化天然气储配站二期扩建工程;新建、改造供水管网40.4千米、污水管网30.3千米;提档升级农村公路200千米,改造农村桥梁20座,新增80个"美丽宜居村",3个省级"特色田园乡村"基本建成。

新增城镇就业8.35万人,扶持创业1.33万人,创业带动就业6.04万人。全市54个经济薄弱村达标,3300余户建档立卡低收入人口实现脱贫,达标率超80%。实施"全民参保计划",社保覆盖率98%以上,低保标准提高到每人每月710元,退休人员养老金实现"十四连增"。完善"医疗保险+医疗救助"与慈善助医衔接机制,实施医疗救助31.6万人次;开通"电子医保卡"和医保移动支付平台。省内率先构建社会救助云平台,新建老年人日间照料中心5个、助餐点100个、居家养老服务中心15个。

出台市区义务教育布局规划,实施"八校联动、三大工程",南师附小镇江小学、镇江心湖高级中学开始招生,苏州外国语学校官塘校区项目签约落户,学前教育体制改革获"全国教育改革创新优秀奖"。建立642支家庭医生签约服务团队,建成20家康复联合病房,5个菜市场建成开业。创成市级"放心肉菜示范超市"8家,建成省级村(社区)基层综合文化服务中心277个、农村文化礼堂236个,镇江民间文化艺术馆新馆对外开放,江苏电力历史博物馆开馆,延陵村农家书屋获评"全国示范农家书屋"。省级双拥模范城市再创"满堂红"。举办2018砂板乒乓球世界杯、江苏省第10届残运会等大型体育赛事。（钱　智）

【省长、市长信箱办理工作】 2018年,镇江市政府督查室办理《省长信箱》转交信件268件,按期办结率100%,做到"事事有回音、件件有着落"。与相关单位处理《市长信箱》有效信件1180余件,按期办结办复率100%。从10月起,《市长信箱》接入"阳光信访"系统平台上运行。（王卯江）

·重要会议和政务·

【市政府全体(扩大)会议】 2018年8月3日,镇江市政府全体(扩大)会议在行政中心会议中心召开。市长张叶飞出席会议并讲话。会议主要任务是贯彻落实省委十三届四次全会和市委七届七次全会精神,总结上半年工作,部署下半年任务,推动高质量发展落地见效。市委常委、常务副市长裔玉乾主持会议,副市长胡宗元、曹丽虹、陈金观、陈可可及市政府秘书长杭祝鸿出席会议。（钱　智）

2018年镇江市人民政府常务会议情况一览表

表4－5

文　号	主要内容	会议时间
常务会议纪要14号	1. 听取关于2017年度镇江市市长质量奖评审情况的汇报;2. 听取2017年全市安全生产工作情况汇报;3. 审议《镇江市快递管理办法(草案)》;4. 研究《关于加强扶贫工作阳光监管深入推进精准脱贫的实施意见》及《镇江市扶贫工作阳光监管平台运行管理暂行办法》等	1月18日
常务会议纪要15号	1. 审议《关于进一步促进养老服务业发展的若干措施》;2. 审议《镇江市海绵城市专项规划(2015—2030)》;3. 听取2017年度辖市(区)政府教育工作督导考核情况汇报;4. 审议《镇江市区外来人员随迁子女接受义务教育工作的意见》等	2月14日
常务会议纪要16号	1. 审议《关于乡村振兴战略的实施方案(2018—2022)》;2. 审议《镇江市区义务教育学校布局规划(2017—2035)》;3. 听取关于改造建设市不动产登记京口分中心的汇报;4. 听取关于加快推进智慧镇江建设情况汇报等	3月29日
常务会议纪要17号	1. 审议《镇江市"十三五"时期基本公共服务均等化实施方案》;2. 审议《镇江市电动汽车充电基础设施专项规划(2016—2020)》;3. 审议《镇江市工业用地供应方式改革实施意见(试行)》;4. 审议《关于推进就业惠民创业富民工作的实施意见》等	5月17日
常务会议纪要18号	1. 审议《镇江市人口与计划生育实施办法》;2. 审议《镇江市创建国家公共文化服务体系示范区建设规划(2018—2020)》;3. 审议《镇江城市通信基础设施专项规划》;4. 学习《消防安全责任制实施办法》	7月6日
常务会议纪要19号	1. 听取关于长江经济带行动方案及工作要点起草情况的汇报;2. 讨论《关于加快全市化工钢铁煤电行业转型升级高质量发展的实施意见》;3. 研究《关于鼓励和支持高校毕业生来镇就业创业若干政策的意见》;4. 听取2018年镇江市"金山英才"顶尖人才评审情况汇报	7月19日
常务会议纪要20号	1. 审议《镇江市地下管线综合规划》;2. 审议《镇江市城市生活垃圾处理收费管理办法》;3. 审议《镇江市餐厨废弃物处理项目特许经营实施方案》;4. 审议《镇江市人民政府关于授予2018年镇江市"十佳教师"称号的通报》等	8月30日
常务会议纪要21号	1. 审议《镇江市人民政府 北京汽车集团有限公司 多客户智能纯电动乘用车项目合作框架协议》;2. 审议《镇江市人民政府关于禁止燃放烟花爆竹的通告(草案)》;3. 审议《镇江市公共文化服务保障办法(草案)》;4. 审议《镇江市市区住宅专项维修资金管理办法》等	10月10日
常务会议纪要22号	1. 听取关于2018年市本级预算调整建议方案的汇报;2. 审议《镇江市菜市场管理暂行办法》;3. 审议《关于促进镇台经济文化交流合作的实施意见(送审稿)》等	11月21日
常务会议纪要23号	1. 审议《镇江市高速和快速道路系统专项规划》;2. 审议《基于风貌保护的镇江中心城区城市设计高度研究》;3. 审议《镇江市主城区及周边山体保护利用导则》及《镇江市山体保护条例(草案)》等	12月6日

（钱　智）

【政务督查】 2018年,镇江市强化政务督查,编发《督查快报》114期。对全年“八类重大任务、百项工作目标”进行分解,逐一明确牵头领导、责任单位和时间进度,每月督查通报。对市政府重要会议确定事项,列出清单,一月一查,全年督查事项135件。围绕违法用地整改、违建拆除、江心洲水源地整治、长江岸线项目拆除整治等问题,开展专项督查,推动相关工作落实、落地。创新督查方式,建立政务督查与政府新闻发布联动机制,先后举办民生10件实事、老旧小区改造、黑臭水体整治等6场发布会。 (王卯江)

【人大代表建议和政协提案办理工作】 2018年,镇江市政府系统承办建议216件、提案363件,全部在规定时限内办结或办复,代表委员满意和基本满意率100%。在办理过程中,完善统筹、协调、督办工作机制,市政府领导对重要建议、提案做出批示,并多次专题研究、现场协调相关问题;市政府督查室会同人大人代联委、政协提案委,多次召开督办推进会、组织“回头看”活动;同时,按照国家、省有关要求,推动各承办单位将建议、提案答复意见应公开尽公开。

(高 呈)

【机关事务管理工作】 2018年,镇江市推进办公用房规范管理,开展办公用房清理整治“回头看”检查。市级党政机关办公用房基本实现统一调剂处置,并向国有企业、市属产业集团平台办公用房及行政性业务用房延伸。统筹安排党政机构改革办公用房调配使用方案,保障机构改革的办公需要。出台《市级易地交流干部周转房使用管理办法》,规范做好市级交流干部周转房服务保障运行工作。

公车管理。深化党政机关公车信息化管理平台建设,实现公车管理“平台化、信息化、标识化”。修订完善《应急用车和调研接待用车使用管理口径》等制度。制度化开展节日期间保留公车使用及封存停放专项督查。应急用车保障1600余车次、安全行车17余万千米。

安全管理。创新实行“清单式”管理,推进实施“安全生产全员行动”。每月组织开展安全生产检查活动,节假日、重大活动时期组织专项检查。市行政中心安防系统升级改造确定实施方案。加大巡防力度,保障行政中心安全有序运行。

体制机制改革工作。推进公车制度改革,完成全市企事业单位公车改革工作,事业单位取消并处置公务用车449辆,节支率14.82%;国有企业取消并处置公务用车580辆,节支率22.63%。推进市级机关中心幼儿园管理体制改革,完成市级机关中心幼儿园归口属地管理体制改革,将机关中心幼儿园整建制移交给京口区教育局。推进后勤服务社会化改革,探索大物业管理模式改革,实行管办分离。加强服务外包监管,修订完善考核办法,对外包服务实施季度考核奖惩。严格合同管理,加强对6家服务外包单位、近10项外包服务的监管考核。

节能节约建设。以合同能源管理模式实施节能改造,完成第1批7家单位节能改造项目、第4批19家单位建筑能源审计工作,市行政中心综合能源服务项目实施方案被市政府批准,创成2家省级“节能示范单位”、2个省级“能效领跑者”、1家国家级示范单位和4家省级“节水型单位”。全年全市公共机构单位建筑面积能耗、人均综合能耗和水资源消耗比上年分别下降2.5%、3%、4%。推进党政机关生活垃圾分类处理,83家市级机关、市(区)近460家党政机关实现垃圾分类处置。市级机关财务核算中心服务保障的单位增加到64家,强化集中统一核算管理,控制财务支出。实行机关办公资产“公物仓”管理,推进办公资源共享。

服务质量保障。推进财务核算中心创建“满意服务窗口”。完成机关部门1万平方米的办公用房改造维修工程,上门服务2000余次,维修合格率100%。加强市级机关27万平方米的物业管理,实现对老地税大楼物业餐饮的延伸管理保障服务。机关食堂每天三餐就餐人数超过2000人次。完成1500多场、10余万人次的会议保障任务;做好4.4万人次的医疗服务保障;承印各类文件材料6700余件。 (胡福乾)

·应急管理·

【概况】 2018年,镇江市突发事件发生起数、死亡人数“双下降”,公众安全指数较高。市应急办编制下发《镇江市2018年应急管理工作要点》,增补镇江市应急管理委员会班子成员,推动市(区)、管委会和市相关部门调整应急管理委员会和专项指挥机构成员,抓好镇(街道)以“六有”(有班子、有机制、有预案、有队伍、有物资、有培训与演练)为内容和村(社区)以“三有”(有场地设施、有装备物资、有工作制度)为内容的基层应急能力标准化建设工作。全市30个镇(街道)实现“六有”,318个村(社区)实现“三有”。健全应急指挥联络体系,编制《镇江应急管理工作通讯录》,覆盖全市所有镇(街道)和村(社区)。

完善风险防控体系,运行市突发事件预警信息发布中心。重点完善市长江河道地形监测预警体系、重大气象灾害预报预警体系、危化品安全监管体系、道路交通安全监控体系、食品安全监测预警体系、疫情监测预警体系、网格化社会治理体系、社会治安防控体系、金融风险防控体系、网络舆情监测预警体系和中小学幼儿园安全风险防控体系。完善市突发事件预警信息发布中心功能,建成丹阳、句容和扬中市突发事件预警信息发布中心,实现省、市、县三级预警信息平台互联互通,具有全网发布预警信息的9个责任部门全接入,涉及16大类、58个灾种预警信息全覆盖;编制《镇江市突发事件预警信息发布规范》;实施预警信息发布平台技术升级工程、应急指挥智能灾害预警接收机系统建设工程,实现预警信息发布渠道“一键发布”“全网发布”;宣传各灾种预警信息响应知识。安全生产事故起数与死亡人数分别下降5%和10.4%,道路运输事故起数与死亡人数分别下降4.28%和4.55%。

固化应急值守和信息报送机制。各地及具备24小时值班职责的应急联动单位落实领导带班、专人值班的24小时值班制度,推动镇(街道)落实24小时值班制度。严肃突发事件信息“三必报”、月通报制度和信息“属地首报”责任制,强化信息报告的时效性和准确性。

加强应急预案管理,消除市级专项预案空白和盲区,新制定《镇江市天然气供应应急预案》和《镇江市美国白蛾防控应急预案》以及市级专项预案51个;对需修订的18个市级专项预案下发修订通知,截至年底,完成13个市级专项预案的修订工作。落实应急演练制度,全年组织各级、各类应急演练1500余场,组织开展“5·12”防灾减灾日大型化工火灾事故应急处置演练、2018年润扬大桥危化品车交通事故应急救援演练、镇江港港口设施保安·危险货物事故应急演练、全国学校实操演练(镇江专场)、自然灾害应急救助桌面推演和“平安—2018”镇江市内河危险品运输船舶泄漏事故应急救援桌面推演等市级综合演练6场,承办部队饮食应急保障演练和江苏省宁镇扬区域性紧急医学救援等2场省级综合应急演练,承办2018年度部省公路交通军地联合应急演练。

(徐锦红)

【应急救援体系建设】 2018年,镇江市应急系统分别与中国人民财产保险股份有限公司镇江市分公司和上海金汇通用航空股份有限公司江苏分公司签订合作协议，授予两家公司成立的应急救援联合保障基地为镇江市通航应急救援基地，镇江市继无锡、徐州之后，成为全省第3家建立通用航空应急救援基地的城市。江苏省镇江青少年综合实践基地被命名为“镇江市应急培训实训基地”，是全省第一家综合性应急培训基地。

应急志愿者队伍专业化、规范化建设。镇江蓝天救援队、云天救援队和镇江市红十字应急救援队在民政系统完成注册，实现与消防、海事等专业救援队的“六联”（联建、联通、联训、联勤、联救、联宣）目标。

应急知识宣教。结合防灾减灾日、全国交通安全日和安全生产月等主题活动，各级、各部门、各单位运用广播、电视、报纸和互联网等媒体，以及手机短信、微博等传播手段，以“平安红手绳”、校园应急救护安全工程、公益应急救护培训、礼让救护车、“小桔灯”夏季安全教育等活动为载体，借助市预警信息发布中心，宣传普及教育应急知识，公共安全与应急知识科普宣传受众20万人次以上。（徐锦红）

【社会稳控工作】 2018年，镇江市处接报一般等级以上突发性事件532起，突发事件相关信息133起。完成国家、省（市）交（督）办件105件，省委巡视组交办237件；应对年初10年一遇的2场冰雪灾害，实现“保安全、保供给、保畅通”的目标；处置市域范围内发生的6起危化品事故，协助常州管辖水域300余吨浓硫酸化学品沉船事故处理；稳妥处置“6·19”非法聚集事件、“7·26”G312丹阳河阳段较大等级交通事故、“10·9”长江焦山水道较大等级船舶碰撞事故和“5·29”句容宝华镇山体滑坡自然灾害。（徐锦红）

·政务服务·

【概况】 2018年，镇江市政务服务管理办公室推进“不见面”审批改革，围绕“不见面”审批改革主线，拓展服务范围，7462个政务服务事项在江苏政务服务网上线，实现“不见面”审批事项7089项，全市“不见面”率提升至95%，市本级“不见面”事项1596项，“不见面”率提升至99.4%；优化服务功能，先后在省政务服务网上线60余个高频政务服务热点应用；健全服务体系，组织完成61个镇（街道）、659个村（社区）政务服务站点信息和25359项公共服务事项清单、办事指南的梳理维护工作，在镇（街道）分批部署“e办事”自助终端，构建线上线下一体化帮办、代办机制，完善市、县、镇、村四级“互联网+政务服务”体系。

深化“3550”改革（即3个工作日内开办企业、5个工作日内获得不动产登记、50个工作日内取得工业建设项目施工许可证）。在完成“3550”改革目标任务的基础上，在企业注册登记领域、不动产权证办理领域及企业投资建设领域深化拓展改革，推进流程再优化、时间再缩短、审批服务再便利。

公共资源交易“三化”建设。推进市县一体化，完善全市交易平台建设，打破市、县两级业务系统壁垒，建立统一的公共资源交易业务系统；开展标准化试点建设，在省级标准化试点建设的基础上，申报成功2018—2019年度国家级标准化试点项目；提升电子化水平，推进建设工程招投标电子化，产权交易全流程电子化，业务档案管理全程无纸化。

“12345”热线运行工作。实现热线交接平稳过渡，管理机构实体化运行；实施热线新一轮整合，推动市、县一体化建设；升级业务平台，建设政情民意分析系统，强化热线数据信息资源分析应用；健全交办、会办、督办工作机制，提升为民办事效能。市“12345”热线全年受理群众诉求约29万件，派发电子工单14万件，热线平均接通率84.5%，按时办结率97.5%以上，回访群众满意率84%。（崔晓婷）

【企业注册开业平均用时1.66天】 2018年，镇江市深化“多证合一”改革，推行“证照分离”改革，实现“照后减证”；率先在全省实行全行业住所信息申报制，推广个体工商户简易登记，推广营业执照自助打印；商业银行、人民银行进驻政务服务中心，依托综合窗口，实现企业开业全链条闭环审批，企业登记时间压缩到1个工作日内，企业开办平均用时1.66天。（崔晓婷）

【3个工作日内获不动产权证】 2018年，镇江市实行不动产登记“一窗受理，集成服务”，研制开发不动产预约登记交易系统，增设不动产登记“四全”（即全流程优化审批、全区域便民服务、全业务网上办理、全节点效能监管）服务网点，交易、纳税、登记受理审核压缩至30分钟以内，实现实体经济企业3个工作日内取得不动产权证，商品房转移登记业务立等可取。（崔晓婷）

【“一窗（一站）全链闭环审批”】 2018年，镇江市探索推行企业投资项目“多联合一”集成改革，构建企业建设项目“一窗（一站）全链闭环审批”模式，实行企业投资项目审批全程帮办代办，企业投资项目施工许可实现1个综合窗口集中受理，办理环节缩减至19个，环节压缩40%，办理周期压缩至39个工作日，时间压缩58%。（崔晓婷）

2018年镇江市政务办各窗口办件一览表

表4－6　　单位：件

部门名称	即办件		承诺件		联办	批量导入	上报件		汇总				办件情况			
	受理	办结	受理	办结			受理	办结	受理	不予受理	办结	不予许可	在办	超时	暂停	办结率（%）
发改委	0	0	192	192	0	0	0	0	192	0	192	0	22	0	0	100.00
经信委	0	0	26	26	0	0	0	0	26	0	26	0	7	0	0	100.00
教育局	6	6	564	564	0	0	0	0	570	0	570	0	0	0	0	100.00
公安局	9703	9690	801	796	0	165385	2	2	175891	0	175873	0	30	7	6	99.99
民政局	93	93	275	274	0	0	64	64	432	0	431	0	2	0	2	99.77
司法局	177	177	100	100	0	0	0	0	277	0	277	0	0	0	0	100.00
财政局	12068	12045	47	47	0	0	0	0	12115	0	12092	0	23	0	1	99.81
人社局	38	38	50	50	0	0	0	0	88	0	88	0	0	0	0	100.00
国土局	0	0	83	72	0	0	6	6	89	0	78	0	11	0	0	87.64

续表 4－6

部门名称	即办件		承诺件		联办	批量导入	上报件		汇总				办件情况			
	受理	办结	受理	办结			受理	办结	受理	不予受理	办结	不予许可	在办	超时	暂停	办结率（%）
环保局	0	0	196	194	0	0	0	0	196	0	194	0	21	0	1	98.98
住建局	128	127	1663	1658	0	0	0	0	1791	1	1758	0	107	1	6	99.66
水利局	0	0	24	24	0	0	0	0	24	0	24	0	1	0	0	100.00
商务局	519	519	0	0	0	149	0	0	668	0	668	0	0	0	0	100.00
卫计委	2621	2618	392	391	0	0	342	342	3355	0	3351	0	4	0	0	99.88
食药监局	1111	1108	297	294	0	0	0	0	1408	0	1402	0	6	0	2	99.57
统计局	0	0	0	0	0	0	0	0	0	0	0	0	0	0	0	0.00
工商局	1978	1978	0	0	0	49212	0	0	51190	0	51190	0	0	0	0	100.00
质监局	193	193	265	261	0	2595	0	0	3053	0	3049	0	4	0	6	99.87
体育局	0	0	81	81	0	0	0	0	81	0	81	0	0	0	0	100.00
安监局	0	0	0	0	0	0	62	62	62	0	62	0	6	0	0	100.00
粮食局	0	0	4	4	0	0	0	0	4	0	4	0	0	0	0	100.00
物价局	0	0	29	29	0	0	0	0	29	0	29	0	0	0	0	100.00
烟草局	651	651	401	401	0	0	0	0	1052	0	1052	0	0	0	0	100.00
气象局	0	0	2	2	0	0	0	0	2	0	2	0	0	0	0	100.00
规划局	327	327	1664	1482	0	0	0	0	1991	0	1809	0	206	0	207	90.86
城管局	303	116	1641	1353	0	0	0	0	1944	0	1469	0	494	0	288	75.57
地震局	0	0	5	5	0	0	0	0	5	0	5	0	0	0	0	100.00
安全局	0	0	0	0	0	0	0	0	0	0	0	0	0	0	0	0.00
残　联	0	0	0	0	0	0	0	0	0	0	0	0	0	0	0	0.00
旅游委	0	0	13	13	0	0	0	0	13	0	13	0	0	0	0	100.00
民宗局	0	0	0	0	0	0	0	0	0	0	0	0	0	0	0	0.00
民防局	123	123	71	71	0	0	0	0	194	0	194	0	0	0	0	100.00
文广新局	15	15	657	657	0	0	10	10	682	0	682	0	0	0	0	100.00
交通局	5318	5318	208	207	0	0	0	0	5526	0	5525	0	2	0	1	99.98
自来水公司	140	140	217	196	0	0	0	0	357	0	336	0	21	0	21	94.12
华润燃气	0	0	8	8	0	0	0	0	8	0	8	0	0	0	0	100.00
供电公司	0	0	0	0	0	0	0	0	0	0	0	0	0	0	0	0.00
农　委	1752	1752	77	69	0	3825	0	0	5654	0	5646	0	8	0	8	99.86
人民银行	0	0	0	0	0	0	0	0	0	0	0	0	0	0	0	0.00
税务局	94667	94667	0	0	0	0	0	0	94667	0	94667	0	0	0	0	100.00
档案局	0	0	0	0	0	0	0	0	0	0	0	0	0	0	0	0.00
机关事务管理局	0	0	0	0	0	0	0	0	0	0	0	0	0	0	0	0.00
邮政管理局	0	0	0	0	0	0	0	0	0	0	0	0	0	0	0	0.00
京口区	18627	18627	282	277	0	0	0	0	18909	0	18904	0	5	0	5	99.97
润州区	19270	19270	203	202	0	0	0	0	19473	0	19472	0	2	0	1	99.99
镇江高新区	0	0	6	5	0	0	0	0	6	0	5	0	1	0	1	83.33
汇　总	169828	169598	10544	10005	0	221166	486	486	402024	1	401255	0	983	8	556	99.81

说明：1. 2018 年总办件 402024 件，其中，即办件 169828 件，承诺件 10544 件；办结率 99.81%，办件差错率 0%；2. 表格中的办结率包含统计时受理的办件，也包含统计时未办结但并未超过承诺办理时间的办件，办结件含上年结转

（崔晓婷）

·外　事·

【概况】 2018 年，镇江外事系统接待外宾 112 批、923 人次，办理因公出国出访团组 284 批、722 人次，办理邀请外国人到华签证函电 245 批、374 人次，代办因私签证 1065 批、1881 人次，领事认证 345 件，申办 APEC 商务旅行卡 73 张，新增国际友好城市 2 对。

外事系统与镇江新区举办“瑞士主题周”活动，并联合市发改委、商务局以及国家发改委国际经济合作中心丝路国际产能合作促进中心，召开 2018 镇江“一带一路”项目投资推进会议，斯洛文尼亚、俄罗斯、塔吉克斯坦、印度、以色列、马来西亚等国先后派员到镇江市访问并洽谈经贸和文化交流等事宜。

组织亚利桑那州语言预备学校师生家长代表团一行 61 人在镇江学习交流，牵线京口区实验小学与该校缔结为国际姐妹学校；与市委宣传部、市文广新局联合主办“激情红五月　共创新时代”一带

一路中德音乐会;与市文广集团、韩国全罗北道政府共同组织20名市民赴全罗北道开展为期6天的友好访问。江苏大学第八届国际文化节开幕,103个国家的1000多名留学生与中国外交官、企业家、市民、学生代表,参加以“民心相通,唱响一带一路”为主题的国际文化节。

设立“国际友城之窗”,推进第四届东盟文化之旅,交往区域拓展至柬埔寨。组织联合国开发计划署驻华代表处国别主任文霭洁、冰岛驻华大使和美国坦佩市、马来西亚古晋南市、俄罗斯斯塔夫罗波尔市、日本仓敷市和津市的友城政府代表团以及美国驻沪总领馆官员20余人到镇江市参加“2018国际低碳(镇江)大会”暨镇江国际友城交流活动。镇江市第一对友好城市日本津市获评全国友协“对华友好城市交流合作奖”,美国赛珍珠国际基金会总裁珍妮特·明泽被省友协授予“江苏省人民友好使者”称号。

10月,市长张叶飞率团赴奥地利和加拿大开展经贸交流活动,重点推进麦格纳北汽高端智能纯电动汽车项目。年内,镇江新区先后签约引进美国瑞孚润滑油调和工厂、年产700架“CT系列轻型运动飞机制造”等14个外资项目;镇江高新区先后签约引进“中澳(镇江)人工智能研究院”等各类新型研发机构、优质孵化载体22个;由北汽与麦格纳合资建设的高端智能纯电动汽车项目落户丹徒;斯洛文尼亚的蝙蝠飞机制造项目落地句容;由固籁特照明科技(江苏)有限公司与光电照明专家茅于海共同创办的“茅于海”工作室在京口区成立;润州区举办“润州区(芬兰)招商引资推介会”、“润州区(芬兰)低碳项目对接会”和印度(中国润州)产业投资说明会,签署润州工业园区创客中心与NIIT(印度国家信息学院)企业职业和信息技术培训项目;扬中市与宝马公司德国总部签订协议,引进宝马i3电池生产线以及储能系统项目;总投资3.5亿元的马铃薯高效收割机项目在丹阳市签约。

镇江外事系统走访美国、俄罗斯、瑞士、韩国、加拿大等多家外国驻沪总领馆和外国驻沪商务机构20家,并赴北京拜访挪威、冰岛、斯洛文尼亚驻华大使馆和丝绸之路城市联盟以及C40气候组织北京代表处等机构。3月,镇江市加入C40城市气候领导联盟。

外事系统简化企业因公出国审批手续,实行一表式审批,一站式服务,限定在2个工作日内办结因公出访审批和护签申办手续,对特殊团组当日办结。对执行重要经贸类任务和开展重大合作项目的团组提供上门服务。召开全市涉外管理网络单位工作座谈会,健全工作机制和网络,做好涉外日常管理工作。与相关部门合作,把预防性领事保护工作纳入出国团组的日常教育工作。在市外办网站宣传外交部全球领事保护与服务应急呼叫中心“12308”热线等视频,转发最新领保信息和海外安全预警。

(张忠华)

【镇江市与法国贝尔热拉克城市聚合体缔结友好城市关系】 2018年5月24日,法国贝尔热拉克城市聚合体代表团访问镇江市,市长张叶飞与聚合体主席福瑞德瑞克·戴尔玛瑞斯代表两地签署缔结国际友好城市关系协议。双方同意,在平等互利的基础上,共同促进两地人民间的友好交往和经济、贸易往来,开展经济、文化、旅游、教育等方面的交流和合作。副市长陈可可、市政府秘书长杭祝鸿参加活动。

(邵文卿)

【镇江市与澳大利亚洛克汉普顿市缔结友好城市关系】 2018年11月7日—9日,澳大利亚洛克汉普顿市政府代表团一行6人在市长玛格丽特·斯特雷洛的率领下到镇江市进行友好访问,与镇江签署正式缔结友好城市关系协议书。此外,两市在医疗、文化、旅游、商贸、教育、宣传等部门进行专题合作座谈,推进两市合作交流项目。市长张叶飞会见斯特雷洛一行。

(卢明月)

【镇江市与韩国益山市缔结友好城市关系20周年纪念】 2018年11月20日—22日,韩国益山市副市长朴澈雄和议长曹圭大率领政府团、议会团和妇女团一行19人到镇江,参加镇江市与益山市缔结友好城市关系20周年纪念活动。市长张叶飞肯定两市20年在各领域取得的交流成果,他认为镇江与益山的未来,在产业发展、生态治理、文化旅游等多方面也有合作空间。益山市副市长朴澈雄希望两市可以继续通过经济、文化、教育等多个领域来开展更多交流,共同实现两市更好的发展。

(邢　可)

【国际瑜伽日·千人瑜伽活动】 2018年6月24日,第四届国际瑜伽日·千人瑜伽活动在南山西入口举行。千人瑜伽活动由镇江市人民对外友好协会与印度驻沪总领馆共同主办,市人民政府外事办公室与市文广集团承办。镇江市连续3年举办该项活动。印度克里希那玛查亚瑜伽院的瑜伽导师N·斯里尼瓦森和塔拉·纳塔拉伽到现场与瑜伽爱好者近距离交流瑜伽文化。

(金升龙)

【北汽与麦格纳新能源汽车合作项目落户镇江】 2018年6月18日,镇江市政府和北汽集团、麦格纳集团在南京签署三方合作协议,由北汽与麦格纳合资建设的高端智能纯电动汽车项目落户镇江。省长吴政隆出席签约仪式,副省长马秋林、麦格纳首席执行官唐·沃克、北汽集团董事长徐和谊、市委书记惠建林出席签约仪式并讲话,市长张叶飞主持签约仪式并代表市政府签约。

(童松强)

图4-2　2018年6月24日,镇江市举办第四届国际瑜伽日·千人瑜伽活动

(纪　伟　供稿)

2018 年重要外宾(团组)到镇江访问情况表

表 4－7

到访月日	团　组	访问目的	主要访问点
1 月 16—17 日	德国政企交流团德国巴符州巴特里波尔曹—沙普巴赫市市长一行	参加镇江中德政企交流会	镇江新区
1 月 24 日	韩国全罗北道政府上海代表处林锡民一行	商议新婚之旅团访问韩国事宜	市文广集团
2 月 7 日	韩国驻沪总领事朴善源一行	友好访问	镇江大韩民国临时政府史料陈列馆
3 月 7 日	以色列驻沪总领事普若璞一行	经贸考察	江苏大学、扬中市
3 月 8 日—9 日	韩国全罗北道政府上海代表处	商议镇江市与全罗北道政府合作事宜	市外办
3 月 15 日	美国瑟斯顿郡经济发展委员会商务代表团	签订合作协议	丹徒区规划展示馆、恒顺醋文化博物馆
3 月 16 日	日本驻上海总领事馆首席领事龟井启次一行	参加日本汽车零部件产业园二期(南区)奠基仪式	丹阳市
3 月 27 日	德国拉尔市考察团	经贸考察	镇江高新区
4 月 9 日	法国依视路国际集团董事长兼首席执行官孙余沛一行	就丹阳视界小镇建设等合作事项进行洽谈、对接	丹阳市
4 月 10 日—11 日	斯洛文尼亚基础设施部部长加什佩尔希奇一行	参加蝙蝠飞机制造厂奠基仪式	句容市
6 月 17 日—18 日	麦格纳首席执行官唐・沃克一行	经贸考察	北汽镇江基地、恒顺醋文化博物馆
6 月 27 日	厄瓜多尔皮钦查省代表团	经贸考察	镇江汇鸿冷链、西津渡历史文化街区
7 月 11 日—12 日	韩国全罗北道政府上海代表处所长许鏷一行	文化交流	镇江市
9 月 17 日—18 日	韩国驻沪总领馆领事朴永大一行	文化交流	市中级人民法院、镇江大韩民国临时政府史料陈列馆
9 月 20 日	美国工程院院士、国家发明院院士,美国加州大学欧文分校常务副校长、教授 Lavernia 一行	考察交流	镇江新区
10 月 10 日	奥地利麦格纳斯太尔工程事业部全球总裁(Karl Stracke)一行	签约会谈	北汽镇江基地
10 月 25 日	加拿大列治文山友城团	医疗合作洽谈	金山寺、镇江博物馆、西津渡历史文化街区
11 月 9 日	美国国家可持续发展中心及中国航天科工集团	项目洽谈	镇江高新区
11 月 17 日—20 日	马来西亚印度中国商会代表团	经贸考察、青少年交流	镇江新区、市商务局、侨办、教育局等
12 月 17 日	巴基斯坦副参谋长 Kaleem Shaukat 一行	出席接水仪式	江苏大津重工有限公司
12 月 22 日—24 日	马来西亚印度中国商会代表团叶濉鸣一行	推进产业合作,国际贸易和校际合作	镇江新区、江苏大学等
12 月 26 日—27 日	保加利亚代表团丹尼尔・伊斯克罗夫(保加利亚中国工业商会副会长)一行	经贸、医疗考察	市外办、江滨医院

(笪俊杰)

2018 年外国友好城市主要团组到镇江访问情况表

表 4－8

到访月日	团　组	访问目的	主要访问点
5 月 23 日—27 日	法国贝尔热拉克城市聚合体代表团	签署两市缔结友好城市关系协议书	金山寺、西津渡历史文化街区、镇江港、Rayalmond 公司、市规划展示馆等
5 月 26 日	法国贝尔热拉克城市聚合体代表团	经贸考察	镇江新区
6 月 10 日—12 日	英国布里斯托市代表团	签署两市建立友好城市关系意向书,医疗、文化考察与交流	镇江高专、江苏大学、市旅游学校、恒顺醋文化博物馆、西津渡历史文化街区等
7 月 23 日	澳大利亚洛克汉普顿特别代表团	文化、教育交流,经贸洽谈	市教育局、江苏大学、市贸促会
9 月 12 日—18 日	诺伯特・艾格尔(德国友城曼海姆市前第一副市长)	“为镇江写书”一事与镇江市进行座谈交流,并商谈协议文本的具体内容	扬中市、市文广集团等

续表 4－8

到访月日	团　组	访问目的	主要访问点
10 月 20 日—24 日	俄罗斯斯塔夫罗波尔政府代表团	参加“中国镇江 2018 国际友城交流活动”以及“2018 国际低碳(镇江)大会”	镇江市
10 月 22 日—11 月 1 日	美国坦佩市代表团	参加“中国镇江 2018 国际友城交流活动”以及“2018 国际低碳(镇江)大会”	镇江市
10 月 22 日—24 日	马来西亚古晋南市代表团	参加“中国镇江 2018 国际友城交流活动”以及“2018 国际低碳(镇江)大会”	句容市
10 月 22 日—25 日	日本津市政府代表团木村重好(津市环境部部长)一行	参加“中国镇江 2018 国际友城交流活动”以及“2018 国际低碳(镇江)大会”	市住建局等
10 月 22 日—25 日	日本仓敷市政府代表团	参加“中国镇江 2018 国际友城交流活动”以及“2018 国际低碳(镇江)大会”	市政府
10 月 29 日—30 日	日本仓敷市第 38 次日中友协代表团原田健明(仓敷市日中友协会长)一行	友好访问	镇江市
11 月 7 日—9 日	洛克汉普顿市政府代表团	签署两市缔结友好城市关系协议书以及文化交流	市文广新局、市教育局等
11 月 12 日	韩国益山市代表团朴澈雄副市长一行	考察绿色新能源小镇	句容市
11 月 18 日—24 日	诺伯特·艾格尔(德国友城曼海姆市前第一副市长)	签订为镇江著书的正式合同,赴多家单位继续采访交流	市外办、市卫计委、市发改委、市经信委、市城建集团、市民政局、市交通局、市教育局、丹阳市等
11 月 20 日—22 日	韩国益山市代表团	友好访问	镇江新区

(笪俊杰)

2018 年外国其他团组到镇江访问情况表

表 4－9

到访月日	团　组	访问目的	主要访问点
1 月 4 日	中国欧盟商会南京分会代表团	经贸考察	市政府
1 月 6 日	澳洲杨春投资集团	洽谈智能建筑项目	京口区
1 月 7 日	日本《朝日新闻》记者高桥哲史	对镇江市厕所革命进行正面报道	丹徒区
1 月 7 日—9 日	美国麦克丹尼尔大学师生代表团	考察调研古运河与镇江	焦山、京口闸、西津渡、瘦西湖
1 月 17 日	匈牙利驻上海总领事馆商务领事宁玛丽洽谈团	智慧城市项目洽谈推进	市城管局
1 月 28 日	瑞士西诺瓦客商	经贸合作,推进项目落地	京口区
2 月 1 日	奥地利汽车轻量化材料项目考察团	经贸洽谈	镇江高新区
3 月 6 日	瑞士西诺瓦公司	推进项目落地	京口区
3 月 12 日	美国格致诊断考察团	经贸洽谈	镇江高新区
3 月 14 日	新西兰 PFO 公司代表团	经贸合作	京口区
3 月 14 日	新加坡新华国际教育集团	经贸考察	京口区
3 月 15 日	日本东洋农机株式会社社长太田耕二一行	签约项目	丹阳市
3 月 21 日	奥地利汽车轻量化材料项目考察团	经贸考察	镇江高新区
3 月 24 日	日本企业家代表团	经贸考察	镇江新区
3 月 26 日	英国 FLI 客商	经贸考察	京口区
4 月 4 日	中澳智能研究院相关考察团	经贸洽谈	镇江高新区
4 月 23 日—24 日	加拿大多伦多大学政治学院教授巴泽尔及华东师范大学学者一行	经贸考察	京口区
4 月 24 日	德国驻沪总领馆法务及领事事务处处长史棠雅一行	探视德国籍公民 LI Sining	镇江看守所
5 月 9 日	LW(Lithium Werks 总部在美国的公司)企业代表团	经贸考察	镇江新区
5 月 10 日	美国亚利桑那州语言预备学校先遣团	商谈预备学校到镇江项目行程安排	市外办
5 月 14 日—15 日	德国赢创集团	签约项目	镇江新区
5 月 17 日	美国太库孵化器项目相关考察团	对接项目	镇江高新区
5 月 17 日	新加坡 Warehouse Logistics Net Asia 公司	商贸洽谈	京口区
5 月 18 日	日本越境会代表团	经贸考察	镇江新区

续表 4－9

到访月日	团　组	访问目的	主要访问点
5 月 21 日—22 日	非洲学前教育考察团	文化交流	句容市
5 月 23 日—25 日	德国邓晓梅国际乐团	访问演出	西津渡历史文化街区、镇江博物馆、南山剧场
5 月 24 日	日本中日多功能研发中心考察团	经贸考察	江苏大学、江苏恒顺生物工程有限公司、镇江源春肉制品有限公司
5 月 25 日	新西兰驻华警务联络官马浩明一行	文化交流	茅山新四军纪念馆、镇江博物馆、恒顺醋文化博物馆
5 月 26 日	尼日利亚驻沪总领馆教育领事阿杜佳达·马伦·阿巴斯一行	文化交流并参加江苏大学第八届国际文化节	江苏大学
5 月 31 日—6 月 5 日	亚利桑那州语言预备学校校董团	签署“中美文化交流合作项目”	京口实小、金山、南山等
6 月 8 日	澳大利亚联邦科学与工业研究组织	签约协议	镇江高新区
6 月 12 日—7 月 11 日	美国坦佩市学生交流团	友好城市学生交流	镇江中学、市第一中学、镇江崇实女子中学
6 月 13 日	新加坡迈思特半导体有限公司皮特一行	经贸考察	镇江高新区
6 月 13 日—14 日	韩国仁川佳林高中访问团	文化交流	句容市
6 月 20 日—21 日	德国联邦技术救援署(青少年)国际交流部负责人 Fabian 一行	与丹阳市云天应急救援队进行交流学习	丹阳市
6 月 24 日—26 日	新加坡智能机器人项目考察团	对接新加坡机器人项目	镇江高新区
7 月 3 日	韩国大邱市庆北经济区域厅客商	经贸考察	京口工业园
7 月 13 日	韩国优利德公司郑义承社长一行	经贸考察	镇江新区
7 月 28 日	西阿拉斯加林产集团 STC 总裁 Duane、品控经理 Jack、中国业务经理邹正一行	经贸洽谈	京口区
7 月 30 日—8 月 1 日	日本仓敷少男少女友好代表团原田健明(仓敷市日中友协会长)一行	青少年交流	市少年宫、恒顺醋文化博物馆、北固山等
8 月 1 日—2 日	日本索喜科技亚太区总裁铃木寿哉一行	经贸考察	京口区
8 月 9 日	韩国驻沪总领馆文化领事赵盛姬一行	文化交流	镇江大韩民国临时政府史料陈列馆
8 月 14 日—15 日	英国路透社记者孙文华一行	新闻采访	句容绿色新能源小镇
9 月 5 日	德国 BHS(博凯机械)集团 Daly(BHS 集团亚太区 CEO)一行	项目洽谈	西津渡历史文化街区、镇江高新区
9 月 9 日	法兰西国家 24 台摄制组一行	采访取景	金山寺、赛珍珠文化公园
9 月 19 日	德国朗盛集团	经贸考察	镇江新区
9 月 21 日	德国巴斯夫 ED 事业部全球副总裁 Henry Paeckert 一行	经贸考察	镇江新区
9 月 26 日	以色列拉马特甘法商学院教授罗恩·伯杰一行	科技人才对接	丹徒区规划展示馆、恒顺醋文化博物馆
10 月 11 日	印度铝工业公司董事总经理兼诺贝丽斯董事局副主席萨提什·派、诺贝丽斯总裁兼首席执行官史蒂夫·费舍尔一行	经贸洽谈	京口区
10 月 22 日	比利时索尔维集团特种化学事业部全球总裁 Rodrigo Elizondo	参加项目投产仪式	镇江新区
10 月 28 日—30 日	“一带一路”国际青少年户外运动(定向)训练营团	体育交流	镇江市
11 月 1 日—4 日	韩国群众体育代表团篮球队	体育交流	镇江市
11 月 3 日	2018 砂板乒乓球世界杯开幕式嘉宾一行	体育交流	市体育会展中心
11 月 14 日	法国薇姿集团销售总监 Marc Joguet 一行	经贸考察	润州区
11 月 20 日	挪威安德森控股集团	经贸考察	润州区
11 月 27 日	加拿大列治文山市祝小清(加拿大奥涅金生殖中心总裁)一行	友好访问、医疗洽谈	市外办、市第四人民医院
12 月 14 日	美国莫仕市场总监 Roger 一行	项目洽谈	镇江高新区
12 月 21 日	丹佛斯动力系统(江苏)有限公司保罗·爱德华一行	项目洽谈	镇江高新区

(笪俊杰)

·侨　务·

【概况】　镇江市是江苏省重点侨乡之一。2018年,全市旅居海外的华侨华人约有3.6万人,分布在美国、加拿大、澳大利亚、日本等国家和地区;全市范围有归侨侨眷约6.18万人,其中,归侨187人,农村困难归侨75人,大部分于抗日战争前后回国定居;海外留学人员约1.2万人。全市正常运营的侨资等企业有972家,分别占全市外资企业总数和外资投资总额的65.6%和69%,累计投资总额207.8亿美元;实到侨资等90.6亿美元,营业收入1020亿元,纳税总额55.6亿元,从业人数12.6万人,是镇江市"三资"企业的重要组成部分。

2018年,镇江市侨办开展"双招双引"系列活动,"以侨引侨、以侨引外"工作有新突破。举办"2018华侨华人创新创业镇江洽谈会暨海外华侨华人高层次人才江苏行"活动,邀请19个国家和地区的131名侨领、侨商、高层次人才对接洽谈,达成初步合作意向35个。举办"镇江日本跨境投资项目恳谈"活动,组织日本企业家与镇江市40多家园区、企业开展项目对接洽谈,达成合作意向6个。开展招商引资活动,先后邀请海外侨团、侨领近30批次到镇江考察洽谈,与海外专业社团签订友好协议和合作协议11个。市侨办与广西、泰州、扬州等省、市侨办单位探讨建立资源共享机制,参加海外华侨华人恳亲大会、江苏世界侨商大会等。

加强海外招才引智联络点建设,与美国华人医药科学家协会、英国高层次人才创业协会等10家海外侨团建立人才联络与交流机制。深化海协会及华商会纽带作用,多次组织华商会会员单位赴天津、武汉、南京等地与海外侨团双向交流座谈。全年新入库海外人才、侨领、科技人士150余人。举办2018海外华裔青少年"中国寻根之旅"夏令营镇江营活动;组织留学生亲属开展"海外学子看镇江"活动。

加大暖企服务力度,举办"贯彻新理念服务新经济报告会"等活动,为近200家侨企举办各类培训活动。推进"侨界关爱工程"。开展"侨法宣传,法律咨询"活动;组织春节走访慰问和困难归侨定补发放工作;主办"进入新时代,同圆中国梦"侨界迎新春文艺会演;开展"关爱健康,凝聚侨心"广场义诊;完成归侨侨眷职业技能培训工作。推进社区侨务工作,组织开展社区侨务工作现场交流推进活动,完成2家侨务工作示范单位挂牌;完成江苏大学"为侨服务工作站"创建工作。

邀请20个国家和地区的海外华文媒体团考察访问镇江。加强与海外华文媒体的合作,通过在海外媒体上刊登专版宣传镇江。通过侨网、省侨办信息报送系统等平台,报送各类侨务信息,宣传镇江市为侨服务动态。当年,新增4家"中华文化海外交流基地"(镇江博物馆、文化馆、茅山新四军纪念馆和南山六艺馆)和3家"华文教育基地"(宜城中学、中山路小学、丹徒实验学校)。利用"镇江市经贸友好代表团"随团出访机会,赴境外开展城市外宣和侨务工作。市侨办联合涉侨部门召开全市侨界庆祝改革开放40周年座谈会,以及侨界纪念改革开放40周年迎新年文艺晚会。

（王雪晴）

2018年镇江市侨务系统邀请接待重点访问团组及客商情况表

表4－10

访问日期	团　组	访问内容
1月26日	美国联丰集团董事长倪举凌一行4人	推进投资合作项目
2月5日	香港西创科技公司(侨企)总经理乔晓丹一行7人	半导体项目投资合作洽谈
2月8日	新加坡SER机器人公司CEO马叶一行6人	推进落户项目
2月11日	纳米比亚中国和平统一促进会陈庆平一行8人	交流合作项目
2月27日	美国福建商会会长一行8人	友好交流
2月28日	法国《欧洲时报》社长一行7人	帮助对外推介镇江投资环境
3月19日—23日	日本跨境会石田和靖会长一行8人	考察镇江投资环境,与企业开展项目对接交流
3月21日	日本华侨许世治一行8人	考察镇江投资环境
3月24日	伯利兹香港贸易代表处辛斌一行8人	投资项目洽谈
3月27日	美国天峰集团董事长林天欢一行7人	友好交流
4月16日	加拿大图今机器人有限公司总经理一行7人	项目洽谈交流
4月19日	巴西江苏同乡会会长一行8人	考察世业洲旅游项目
4月20日—21日	美中经贸科技促进总会主席杨功德一行10人	考察投资环境、大全集团
5月10日	伯利兹中国香港贸易代表处辛斌一行8人	考察丹徒区投资环境
5月17日	日本跨境会石田和靖会长一行30人	举办跨境项目恳谈活动
5月18日	美籍华人胡果威一行9人	拜访侨办
5月23日	德国德中经贸促进会轩海波会长一行8人	华创会团组邀请
5月26日	华文媒体美新社一行7人	推介宣传镇江
6月8日	菲律宾施氏投资集团主席施乃康一行7人	项目考察洽谈
6月25日—28日	美国、加拿大、德国、日本等19个国家和地区的130多名侨领、侨商参加第10届"华侨华人创新创业镇江洽谈会"	环境推介、项目考察、对接洽谈

续表 4－10

访问日期	团　　组	访问内容
7 月 16 日	澳大利亚莫纳什大学农业益生菌项目团队一行 6 人	项目对接交流
8 月 19 日	中国台湾全龄顾问管理有限公司(侨企)一行 8 人	考察养老项目
9 月 7 日	澳大利亚江苏联谊会张文忠一行 9 人	项目交流
9 月 19 日	欧洲华侨华人社团联合会温怀钦一行 8 人	协会友好交流
9 月 29 日	日本镇江同乡会赵德书一行 7 人	考察镇江投资环境
10 月 22 日	日本大阪大学研究员范泰寅一行 4 人	项目意向对接
11 月 17 日	马来西亚中国印度联合总商会会长叶瀧鸣一行 8 人	项目交流
12 月 15 日—19 日	中国在韩侨民协会总会总会长王海军一行 9 人	友好交流、项目洽谈
12 月 17 日—19 日	美国希途医疗公司负责人杨然一行 2 人	友好交流、项目推介
12 月 23 日	中国留日博士总会名誉会长李建平一行 2 人	协会友好交流

（张伯华）

【日本跨境会镇江恳谈会】 2018 年 5 月 18 日，镇江市举行 2018 日本跨境会恳谈会，日本跨境会会长石田和靖、中国留日博士总会名誉会长李建平率日本企业家一行 20 余人，与镇江市 40 多家园区、企业负责人，就生物医药、高端装备制造、IT、节能环保等领域的项目合作议题展开对接洽谈。市侨办、商务局及市（区）商务局、招商中心、相关园区和部分华商会会员企业负责人出席恳谈会。在镇江期间，日本跨境会访问团还赴镇江新区和扬中市相关园区、企业开展考察与项目对接活动。

（王雪晴）

【海外华侨华人高层次人才江苏行活动】 2018 年 6 月 26 日，2018 海外华侨华人高层次人才江苏行暨华侨华人创新创业镇江洽谈会（以下简称“华创会”）在镇江市开幕。美国、加拿大、德国、日本等 19 个国家和地区的 130 多名侨领、侨商携带 111 个项目意向参加。“华创会”活动从 25 日持续至 29 日，其中 25 日至 27 日在镇江市展开。（参见第 122 页）（王雪晴）

【海外华裔青少年“中国寻根之旅”夏令营镇江营开营】 2018 年 7 月，海外华裔青少年“中国寻根之旅”夏令营镇江营活动开营，有美国、德国、加拿大等国的 74 名海外华裔青少年和 7 名领队教师参加。夏令营镇江营活动由市侨办承办，丹徒区侨办、江苏省大港中学、镇江市宜城中学、镇江市中山路小学、镇江市丹徒实验学校共同协办，开营仪式在江苏省大港中学举行。开营仪式后，营员们在镇江市开展为期 10 天的游教活动。（参见彩页第 6 页）（王雪晴）

【华商会三届一次会员代表大会】 2018 年 12 月 18 日，镇江市华商会换届大会暨三届一次会员代表大会召开。大会通过《镇江市华商会》章程修改议案，并选举产生第三届理事会理事、常务理事。陈荣华当选为会长、耿同全当选为监事长。（王雪晴）

【美籍华人胡果威捐赠清代书法作品展】 2018 年 5 月 18 日，清代镇江籍书画家、篆刻家吴毓庭书法作品展暨捐赠人捐赠证书颁发仪式在中华文化海外交流基地镇江博物馆举行。美籍华人胡果威向镇江博物馆无偿捐赠清代镇江籍书画家、篆刻家吴毓庭书法作品。该次捐赠作品 13 套，共计 33 件。（王雪晴）

【侨眷家庭获镇江“最美家庭”称号】 2018 年 5 月 15 日，2017 年度镇江“最美家庭”颁奖暨“一封家书”主题活动启动仪式在西津渡音乐厅举行。镇江市各界群众代表近 400 人参加活动。润州区推荐的马来西亚老归侨李文泉的大儿子李骏家庭成为 2017 年度镇江“最美家庭”标兵户。（周　红）

·港澳事务·

【概况】 2018 年，镇江市成立镇江市港澳同胞投资权益保障协调委员会、镇江澳门联谊会以及镇江市港澳工作协调小组；赴珠海、广州筹备澳门镇江联谊会成立事宜，并推介镇江文创产业相关项目；发挥“香港镇江同乡会”的作用，组团赴港参加“水韵江苏相约香港”的嘉年华活动，并开展镇江特产（老字号）展示、展销和镇江美食与特色旅游文化产品推介等活动。（周文军）

2018 年港澳人士到镇江访问情况表

表 4－11

访问日期	团　　组	访问目的	主要访问点
2 月 3 日	香港驻上海经济贸易办事处代表团首席入境事务主任邝伟成一行	经贸交流	市外办、市公安局
5 月 3 日	澳门客商耿海涛一行	经贸考察	京口区
5 月 10 日—12 日	香港庄士中国地产有限公司副主席、香港镇江同乡会荣誉会长李世慰一行	经贸考察	镇江市
7 月 19 日	香港金龙科技集团总裁胡同赞一行	经贸考察	京口区
8 月 6 日	江苏茅迪集团董事长马志强(澳门)一行	经贸考察	镇江市

（田沛仪）

政协镇江市委员会

·综　述·

【概况】 2018年,政协镇江市委员会把握团结和民主两大主题,发挥社会主义协商民主重要渠道和专门协商机构作用,履行政治协商、民主监督、参政议政职能。截至年底,镇江市有政协委员334人。

市政协聚焦全市改革发展重大问题,深度调研、重点攻关、专题协商,助推“强富美高”新镇江建设。围绕加快推进军民融合产业发展、老旧城区改造、人才发展治理体系等议题开展协商议政;对“深化商事制度改革”“加强农村‘三资’管理”等议题开展资政建言;聚焦城乡生活垃圾分类治理、农村生态环境综合整治等内容开展调研视察,推动生态文明建设;对社会救助工作开展专题民主监督;对安全生产监督工作进行调研推进;围绕推进群众性公共体育设施建设、加强网络安全管理、提升全市质量监测平台服务水平、加强镇江特色餐饮业发展等民生议题,开展专题调研,形成一批议政成果。开展“民主监督‘263’、政协委员在行动”主题活动,组织1400余名四级政协委员,分成40个监督视察小组,对100多个生态环境项目开展民主监督。强化提案作为政协全局性工作的重要作用,在全省率先出台《提案办理协商规则》。围绕“百村万户达新标”扶贫攻坚任务,为100多户贫困户解决实际困难,挂钩帮扶的20多个贫困村实现脱贫。

市政协为镇江改革发展营造“商以求同、协以成事”的氛围,通过会议发言、联合开展调研、参与督办视察、定期召开市政协秘书长会议等方式,为民主党派、工商联和无党派人士履行职责搭建平台、创造条件。发挥港澳委员双重身份作用。落实中共的民族宗教政策,就城市民族工作开展双月委员座谈会。

市政协把发挥委员主体作用作为基础工程,突出学习培训,组织部分委员赴瑞金开展集中培训,举办政协讲堂,邀请专家、学者就乡村振兴战略、改革开放40年的形势与任务、国家治理现代化等课题进行解读,引导委员做到懂政协、会协商、善议政。开展委员述职和评优活动,发挥委员履职考评导向作用。突出平台建设,建立政协微信公众号、委员微信群,筹建委员网络议政互动平台。

市政协开展习近平总书记关于加强和改进人民政协工作的重要思想学习研讨活动;全年组织12次集中学习,并召开全市政协系统理论研讨会;学习研讨活动中有7篇理论研讨文章被省政协采用,多次在全省政协系统理论研讨会、党建工作座谈会上做交流发言,多篇理论文章在国家级刊物上发表。　(顾　飞)

·重要会议·

【全市政协工作会议】 2018年11月20日,中共镇江市委召开全市政协工作会议,贯彻落实习近平总书记关于加强和改进人民政协工作重要思想,研究部署新时代人民政协工作,推动镇江政协事业提质增效、创新发展。市委副书记、市长张叶飞主持会议;市委书记惠建林出席会议并讲话,市政协主席李国忠出席会议并就贯彻落实市委要求、做好新时代政协工作提出意见。会议印发《关于加强和改进新时代人民政协工作的若干意见》《关于加强新时代全市政协系统党的建设工作的实施意见》等文件。市委、市人大常委会、市政府、市政协领导出席会议,市有关方面负责人参加会议。

(顾　飞)

【市政协八届二次会议】 2018年1月6日—9日召开,333名市政协委员出席会议。中共镇江市委书记惠建林出席开幕式并讲话。会议学习惠建林讲话精神,审议通过市政协主席李国忠所做的常务委员会工作报告和副主席朱开宝所做的提案工作情况的报告,全体与会人员列席市八届人大二次会议,听取和讨论《政府工作报告》和其他有关报告。举行联组讨论会,分别以“聚焦风险防范,确保经济健康发展”“聚焦精准脱贫,助推乡村振兴”“聚焦污染防治,共建美好家园”为主题进行讨论。大会提案组收到提案420件,参与的集体13个、委员679人次,其中,市各民主党派、工商联和人民团体的集体提案66件,委员个人和联名提案354件。提案委员会对收到的提案进行审查,确定立案376件。会议选举陈林海为市政协副主席,毛健为市政协常委。　(顾　飞)

【政协常委会议】 2018年5月29日,政协镇江市委员会召开八届七次常委会议,围绕“加快老旧城区改造,提升居民幸福指数”进行专题协商。镇江市委副书记、市长张叶飞出席会议并讲话。市政协主席李国忠主持会议并讲话。市住建局通报老旧城区改造工作情况,3名政协常委、委员发言提出相关意见建议,3名政协委员将自己收集到的相关问题,与市直部门、市(区)政府进行现场互动交流。

7月30日,市政协召开八届八次常委会议,围绕全市人才工作进行协商议政。市政协主席李国忠主持会议并讲话。市委常委、组织部部长、统战部部长李健出席会议,代表市人才工作领导小组作全市人才工作情况通报。会上,夏军、刘贤忠、姚震球等市政协常委将自己收集到的相关问题,与市相关部门进行现场互动交流。

10月24日,市政协召开八届九次常委会议,专题协商“加快推进军民融合产业发展”。会议由市政协主席李国忠主持,市委书记惠建林出席会议并讲话。市政协副主席朱云峰作调研情况说明,市政府秘书长杭祝鸿通报市政协八届二次会议后提案办理情况,市经信委通报全市加快推进军民融合产业发展的情况,3名委员分别围绕协商主题提出意见和建议。会议还审议通过有关人事任免事项。

12月26日,市政协召开八届十次常委会议,学习贯彻全国政协十三届常委会第四次会议精神,审议通过召开市政协八届三次会议等有关事项。市政协主席李国忠主持会议并讲话。会议审议通过《政协镇江市第八届委员会常务委员会工作报告(讨论稿)》《政协镇江市第八届委员会常务委员会关于八届二次会议以来提案工作情况的报告(讨论稿)》以及召开市政协八届三次会议等有关事项,提交市政协八届三次会议审议。会议决定,市政协八届三次会议于2019年1月8日至10日召开,增补朱彤等6人为市政协八届委员。会议还对8个先进委员活动小组、40名优秀政协委员、81件优秀提案、12条优秀社情民意信息、31个提案办理先进单位、40名提案办理先进个人进行表彰。市委常委、市纪委书记、市监委主任黄利民到会通报2018年全市党风廉政建设和反腐败工作情况。　(顾　飞)

【政协主席会议】 2018年2月28日,政协镇江市委员会召开八届十三次主席会议,围绕垃圾分类工作开展调研推进。3月30日,市政协召开八届十四次主席会议,就“深化商事制度改革”进行专题协商。4月28日,市政协召开八届十五次主席会议,专题考察农村生态环境综合整治工作。5月21日,市政协召开八届十六次主席会议,就推进文化创意产品开发利用工作进行专题协商议政。6月27日,市政协召开八届十七次主席会议,考察推进全市安全生产工作。7月18日,市政协召开八届十八次主席会议，就“平战结合”人防工程进行考察推进。8月29日，市政协召开八届十九次主席会议，就“加强农村‘三资’管理，推进农村集体产权制度改革”进行专题协商议政。9月21日，市政协召开八届二十次主席会议，考察推进重点提案的办理落实情况。10月19日，市政协召开八届二十一次主席会议，就提升城市管理综合执法水平开展专题议政；会议听取市城市管理（行政执法）局有关城市管理综合执法情况通报和市政协专题调研组有关调研报告。11月29日，市政协召开八届二十二次主席会议，民主监督社会救助工作；审议通过《镇江市地方立法协商工作办法（草案）》。（顾　飞）

·重点建议选刊·

【推进垃圾分类的建议】　2018年2月28日，政协镇江市委员会召开八届十三次主席会议，围绕如何做好垃圾分类管理提出建议：一是加强顶层设计，保障垃圾分类科学运转。编制垃圾分类目标规划，建立领导机构，建立健全考核办法，强化资金保障机制，推进垃圾分类法规建立。二是强化硬件建设，推动垃圾分类落地生根。源头分类设施建设方便到位，运转垃圾关键环节落实到位，垃圾终端处置设施建设到位。三是创新市场运营，探索垃圾分类镇江模式。科学配置垃圾分类市场化范围，慎重选择垃圾分类企业进入，建立评估标准强化考核监督，给予政策补贴促进有效运转。四是注重宣传教育，引导垃圾分类自觉行动。组织市民参观学习，与媒体协作，加强宣传队伍建设，抓好分级分层培训，加强教育基地建设。（顾　飞）

【加快老旧城区改造的建议】　2018年5月29日，政协镇江市委员会召开八届七次常委会议，围绕“加快老旧城区改造，提升居民幸福指数”进行专题协商并提出建议：一是善用未来眼光规划，打造镇江特色改造方案。理念要有前瞻性，规划要有整体性，设计要有系统性。二是健全高效决策机制，确保老旧城区改造又好又快推进。建议提升老旧城区改造领导机构规格，调整市级指挥部和隶属的区级指挥部职责。三是弘扬工匠精神，打造老旧城区改造精品工程。追求功能完备，注重细节完善，达到特色完美。四是创新政策管理法规，确保老旧城区改造轻装上阵。修订出台《镇江市集体土地拆迁安置办法》，创新政策支持居民危旧房自愿原拆原建；创新工作流程，简化各种手续；创新完善货币化安置政策。五是抢抓金融政策窗口期，开拓多元融资渠道。抢抓政策窗口期，整合政策资源，增加财政投入，吸纳社会资本，发动居民自筹。六是注重延续城市文脉，保留镇江记忆和城市肌理。历史街区与原住民融合，历史人文与现代社区融合，世代建筑与现代城市融合。七是打造共同缔造理念，以共建共享实现长效管理。吸纳各界智慧，发挥各界力量，彰显各界作为。（顾　飞）

【文创产品开发利用工作的建议】　2018年5月21日，政协镇江市委员会召开八届十六次主席会议，以“推进文化创意产品开发利用工作”为专题开展协商议政并提出建议：一是推进文创产品开发利用。文创产品开发工作是传承中华文明，提升国家软实力的重要途径，是展示地域特色，推动文旅融合发展的重要手段，是满足群众需求，提升人的素质的重要内容。二是打造文创产品特色品牌。要挖掘优势资源，聚力培育研发团队，打造产品品牌。三是构建融合发展推广平台。完善文化创意产业发展规划，建设文创展示园和特色文创园，搭建文创产品展销推广平台。四是优化服务发展政策环境。加强部门协调联动，加大资金扶持力度，强化政策支撑保障。（顾　飞）

【军民融合产业发展的建议】　2018年10月24日，政协镇江市委员会召开八届九次常委会议，围绕“加快推进军民融合产业发展”进行专题协商并提出建议：一是强化载体建设，加快创建国家军民融合创新示范区。把准军民融合产业发展的重点方向，构建“一区两园多基地”发展格局，完善园区配套设施建设。二是强化项目带动，培育军民融合产业发展骨干企业。支持一批“民参军”项目建设，招引一批“军转民”项目落地，培育一批军民融合规模企业。三是强化协同创新，提升军民融合产业发展水平。支持军民融合企业自主科技创新，引导军用先进技术转化落地，加强与大院大所的合作。四是强化政策供给，健全军民融合产业发展激励机制。出台系统性支持政策，设立产业发展基金，加强要素保障。五是强化统筹服务，优化军民融合产业发展环境。加强组织领导，完善对接机制，提升服务水平。（顾　飞）

【农村集体产权制度改革的建议】　2018年8月29日，政协镇江市委员会召开八届十九次主席会议，围绕“关于加强镇江市农村‘三资’管理”“推进农村集体产权制度改革”进行专题协商并提出建议：一是完善制度建设，做好顶层设计。做好政策设计，强化指导监督，依法推进运行。二是健全管理机制，促进规范运行。明确管理责任，盘清家底，推进阳光管理，开展审计监督。三是健全平台功能，完善服务体系。各级政府整合相关平台资源，实现平台间数据互通互联、资源共享，提高服务效率。四是发展农村经济，促进农民增收。推进农村“资源变资产、资金变股金、农民变股东”，从而促进农村经济发展和农民增收。五是加强队伍建设，强化基层管理。理顺农经管理的关系，改变管理机构设置过乱的状况，做到农经管理上下一条线。（顾　飞）

纪检监察

·综　述·

【概况】　2018年，镇江市各级纪检监察机关开展形式主义、官僚主义集中整治，聚焦影响中央路线方针政策和中央重大决策部署贯彻落实的突出问题，聚焦群众反映强烈的突出问题，督促相关主管部门履职尽责。查处顶风违纪行为，开展作风建设自查自纠专项行动，整治群众身边腐败和作风问题，规范“政风行风热线”问责事项办理工作机制，推进“扫黑除恶”专项斗争，推动开展教育领域群众反映强烈的突出问题专项治理。当年，查处违反政治纪律行为案件13起，全市从严治党群众满意度为92.28%。

监督执纪工作。市纪检监察系统配合市委制定容错、纠错实施办法，开展地区政治生态监测评价体系课题研究，探索维护和净化政治生态的措施。创新监督机制和方式方法，出台《关于进一步完善专责监督工作机制的意见》。

纪检监察干部队伍建设。落实纪检监察工作双重领导体制，执行向省纪委监委和市委请示报告制度。深化“打铁必须自身硬”专项行动，加强机关党建，“清风润廉、正风护航”被评为“全市十佳服务品牌”。制订纪检监察干部队伍“三年建设计划”，出台纪检监察干部践行“打铁必须自身硬”8条要求，接受社会各界监督。聘请特约监察员和法律顾问，举办纪委监委“开放日”活动，核查纪检监察干部问题线索。

惩治腐败成效。建成覆盖全市纪检监察系统的“12388”检举举报平台，开通纪检监察举报“邮政绿色通道”，实行实名信访举报有功人员奖励制度，畅通群众监督渠道。推进反腐败大数据平台建设与应用，推行案件主办人和主审人负责制，制作运用《唤醒初心》主题教育视频，加强留置场所和看护队伍规范化建设管理，提升审查调查工作水平。强化纪律规矩教育和警示教育，对169名新任县处级领导干部开展集体廉政谈话和党纪党规、法律法规知识考试，拍摄制作警示教育片《把纪律和规矩刻印在心上》。2018年，全市纪检监察机关接收信访举报3826件次，比上年增长49%；立案1042件，增长17.2%，其中，立案县处级干部34人、乡科级干部110人，给予党纪政务处分1027人，采取留置措施29人，移送司法机关23人，查处宋某某、张某某、吴某某等一批严重违纪违法案件。全市监督执纪逐步由"惩治极少数"向"管住大多数"转变。（高君恺）

图4－3　2018年12月20日，镇江市领导干部警示教育大会召开
（高君恺　供稿）

【"强责工程"实施】　2018年，镇江市纪委监委实践完善"以单定责、按单履责、照单问责"工作机制，配合市委制定落实党风廉政建设"两个责任"项目化清单，明确规定49项具体责任，其中，包括党委集体责任9类21项、班子成员责任5类9项，纪委监督责任7类19条，并对序时进度提出要求。深化部门自查、重点抽查、半年检查、专项巡查和年底考核的"四查一考"机制，考核结果与各地各部门绩效管理以及干部评先奖惩挂钩兑现。全年对管党治党主体责任缺失、监督责任缺位等209起204人以及54个党组织实施党内问责，问责人数比上年增长246%。强化选人用人政治关、品行关、作风关、廉洁关，全年实施党风廉政意见回复36批次386人，对11人提出不宜使用建议，对10人提出暂缓使用建议。（高君恺）

【"两个责任"履责记实信息平台上线】

2018年6月1日，镇江市"两个责任"履责记实信息平台在全省率先上线运行。全市各级党组织、纪检监察组织和领导干部运用该平台记录班子集体和个人履行党风廉政建设主体责任和监督责任情况。平台借助"互联网＋履责"手段，实现"两个责任"实时记实、全程留痕、过程监督。截至年底，督促全市各级党组织、纪检监察组织录入履责记实信息34万余条。（高君恺）

【举报"邮政绿色通道"开通】　2018年，镇江市纪委监委开通纪检监察举报"邮政绿色通道"，引导群众在邮政各网点免费领取邮政绿色通道专用信封，现场查看邮政绿色通道宣传海报。同时，施行实名信访举报有功人员奖励制度，对实名举报优先办理，奖励举报有功人员，对在办理群众实名举报工作中存在失职、渎职行为的，追究相关单位和人员的责任，打通信访举报"最后一公里"。（高君恺）

【特约监察员队伍组建】　2018年4月21日，镇江市纪委监委召开特约监察员工作会议，选聘55名社会各界代表担任特约监察员，完善市纪委监委监督制约机制，强化社会监督体系。全年市纪委监委围绕从严治党、党风廉政建设和反腐败斗争，组织特约监察员7批次24人次参加推进会、座谈会、知识竞赛、公务员招录等活动，定期加强联系沟通，听取意见建议，发挥特约监察员的参谋咨询、双重监督和桥梁纽带作用。（高君恺）

·重要会议和活动·

【市纪委七届三次全会】　2018年2月7日，镇江市纪委七届三次全会举行。会议学习习近平总书记在中央纪委二次全会上的重要讲话和中央纪委二次全会、省纪委三次全会精神，回顾总结2017年全市纪检监察工作，分析全面从严治党面临的新形势，部署2018年党风廉政建设和反腐败工作任务。市委书记惠建林出席会议并讲话，市委副书记、市长张叶飞，市政协主席李国忠，市委副书记、政法委书记倪斌和有关方面负责人参加会议。全会审议通过市委常委、市纪委书记、市监委主任黄利民代表市纪委常委会所做的《全面贯彻落实党的十九大精神，坚定不移推动镇江全面从严治党向纵深发展》工作报告和相关决议。（高君恺）

【"三治理一挂牌"专项行动领导小组暨扶贫工作阳光监管平台建设推进会】

2018年5月18日，镇江市"三治理一挂牌"（扶贫领域专项治理、农村集体"三资"管理专项治理和惠农补贴发放专项治理；开展挂牌督办，严查农村基层"微腐败"）专项行动领导小组暨扶贫工作阳光监管平台建设推进会召开，市委副书记、政法委书记倪斌就深化推进专项行动提出要求，市委常委、市纪委书记、市监委主任黄利民主持会议。会议要求，全市要围绕实施乡村振兴战略和打赢脱贫攻坚战的总目标，持续整治农村基层不正之风和腐败问题，推动责任主体落实，健全体制机制，为全市2020年"脱真贫、真脱贫"提供保障。（高君恺）

【全市领导干部警示教育大会】　2018年12月20日，镇江市领导干部警示教育大会召开，与会人员观看警示教育片《把纪律和规矩刻印在心上》，教育引导党员干部特别是领导干部严明纪律规矩，做为民务实清廉的表率。市委书记惠建林到会讲话。大会采取电视电话会议形式举行，各市、区和镇江新区设分会场。市委、市人大常委会、市政府、市政协领导，市中级人民法院代院长、市检察院检察长及市有关方面主要负责人在主会场参加会议。（高君恺）

·监察体制改革·

【概况】　2018年，镇江市推进监察体制

改革试点工作,成立市委书记惠建林任组长的市深化监察体制改革试点工作小组,市纪委承担牵头责任,各相关部门协作完成市、县两级监委组建挂牌工作。1月10日前,镇江市完成全部市、县两级监委组建挂牌工作。监委组建后,深化监察体制改革,设立市、县两级纪委监委内设机构,在总量和增量“双控制”的基础上,实行监督检查和审查调查部门分设,推动力量配备向执纪执法一线倾斜。市、县两级纪委监委直接从事执纪执法一线工作的机构数、编制数占比分别为77.8%、87.3%和80.6%、89.7%。同时,建立完善执纪监督整体工作框架,对执纪监督工作要求、方法措施、运行机制等做出规定,统筹力量、强化监督,推动各监督主体履行监督职责。 (高君悦)

【纪委监委运行制度完善】 2018年,镇江市纪委监委贯彻执行监察工作运行“1+N”(“1”即《江苏省监察委员会监督、调查、处置工作实施办法(试行)》,“N”即聚焦监委各项职能履行中关键环节制定的配套制度)制度体系,按照“权责一致、相互协调、规范高效、相互制约”的要求,出台纪检、监察、派驻机构“三套文书”和54项规范性制度,形成“文件定规范、文书定路径”的工作模式。 (高君悦)

【公职人员监察全覆盖】 2018年,镇江市完成市、县两级纪检监察派驻机构更名并授予部分监察权限,向镇江经济技术开发区派出监察工委,完成镇(街道、园区)综合派出监察员办公室工作,实现对全市行使公权力的9.97万名公职人员监察全覆盖,比改革前增加6.37万人,制度优势逐步转化为治理效能。

(高君悦)

【监督工作“1+4+2”组织体系】 2018年,镇江市纪委监委系统创新监督机制和方式方法,构建监督工作“1+4+2”组织体系。“1”即由市纪委监委党风政风监督室负责统筹协调执纪监督工作,“4”即由4个监督检查室具体开展监督工作,“2”即市纪委监委各派驻纪检监察组和市委巡察机构分维度、按权限开展延伸监督,整合执纪监督、派驻监督、巡察监督三支队伍力量。发挥日常监督特别是派驻监督的优势,建立派驻机构监督执纪划片协同机制和重点工作月度通报制度,推行“嵌入式”监督,实现监督近距离、全过程、常态化。市级派驻机构全年受理信访791件,运用“第一种形态”(即监督执纪中的第一种形态:党内关系要正常化,批评和自我批评要经常开展,让“咬耳扯袖”“红脸出汗”成为常态)处置268件,立案51件,问责97件。全年对履职不力、不作为乱作为问题340起412名相关责任人进行问责追究,问责人数比上年增长343%。(高君悦)

·巡察工作·

【概况】 2018年,镇江市深化政治巡察工作,完善巡察工作机制,压实整改责任,探索建立整改成效评估机制,提升巡察实效。市委主要领导先后5次对巡察工作做出专门批示,7次对巡察上报重要专项问题进行批办。把中央巡视江苏、省委巡视镇江反馈意见整改作为重大政治任务,出台整改工作方案。整体修订《2016—2021年市委巡察工作规划》,完善巡察工作指导思想、总体目标、基本原则和工作方针。探索实施政治生态评价工作,创新实施巡察办组“六位一体”合署办公,制定市委《关于推进巡察工作向纵深发展的实施意见》等一系列制度、机制,工作规范化制度化水平提升。

镇江市开展3轮对34家单位的常规巡察、巡察“回头看”和省市巡视巡察联动,组织对26家已巡察党组织整改情况进行督查,向市委提交专题报告8个,向市纪委等部门移交问题线索125件,推动立案36件,督促被巡察单位制定整改措施2054条,建章立制1103项。完成省委巡视镇江协调联络和中央巡视江苏、省委巡视镇江专项检查、市委巡察迎检工作。推动市、县巡察向村(社区)延伸,覆盖215个村(社区),占比30%。

(高君悦)

【日常监督工作】 2018年,镇江市强化巡察监督与纪检监察、组织部门日常监督的合力。形成巡察监督建议5份,3份由市委组织部办理,2份由市纪委监委实施专责监督。探索派驻纪检监察组对口巡察模式,抽调市纪委监委派驻纪检监察组组长担任巡察组副组长,巡察对口监督单位。探索实践规范化,开展巡察整改专项督查,梳理七届市委第一至五轮56家巡察对象整改情况,巡察机构与纪委监委监督检查室、派驻纪检监察组“三方联动”,从市直单位、街道、国有企业等板块中选取9家单位进行实地督查。对2个市委主要领导签批专报落实情况开展重点督查,督查情况综合报告报市委并全市通报,提出问责建议2条。 (高君悦)

·专项行动·

【概况】 2018年,镇江市开展形式主义、官僚主义集中整治,整治群众身边腐败和作风问题,围绕打好“三大攻坚战”(污染防治、扶贫领域、防范化解重大风险)开展专项监督,推动开展教育领域群众反映强烈突出问题的专项治理。制定出台扶贫领域监督执纪问责工作机制、政府性债务管理工作问责办法等,对推进“三大攻坚战”中主体责任不力、监管不严、失职渎职等相关问题做出处置。规范“政风行风热线”问责事项办理工作机制,问责处理22件、33人和1家单位,实现群众投诉日交办、周督办、月汇总。

市纪委监委推进“扫黑除恶”等专项工作,强化整治党员干部“涉黑涉恶”腐败、充当“保护伞”和工作推进不力等3方面10类重点问题,重点关注征地拆迁、工程建设、民间借贷等“黑恶势力”容易渗透的行业领域,突出打击把持基层政权、操纵破坏基层选举、侵吞集体资产等违法犯罪行为。与政法机关建立联席会议、信息共享、线索双向移送、查办结果反馈、重要案件同步侦办“五项机制”和“涉黑涉恶”问题线索库。全年全市纪检监察机关与政法机关双向移送问题线索24件,先后查处“涉黑涉恶”腐败和“黑恶势力保护伞”20人,其中,留置6人,移送司法机关5人。

全年全市查处违反中央八项规定精神问题186起,处理261人,党纪政务处分141人,比上年分别增长244%、235%、127%。每月对外公布全市查处违反中央八项规定精神问题数据,通报曝光典型案例50批、107起。开展作风建设自查自纠专项行动,督促各地、各部门自查自纠相关问题900个,推动完善制度规定126项。 (高君悦)

【“三治理一挂牌”专项行动】 2018年,镇江市将“三治理一挂牌”深化提升专项行动纳入党建创新重点项目推进,挂牌督办3批次57件问题线索,查处群众身边腐败和作风问题361件486人,给予党纪政务处分170人,查处人数比上年增长154%。全年检查31轮次、146个村、5736户,发现问题户数38户,并对收入构成不精准、责任落实不到位、工作作风不扎实等方面问题进行专题通报。精准脱贫方面,对“阳光扶贫”监管平台抽查、核查发现的3方面、11类、122个问题进行专项督办,对4名责任人提出问责追究。 (高君悦)

【污染防治专项治理】 2018年,镇江市制定《为打好“污染防治攻坚战”提供坚强纪律保障的工作方案》,对302件交办问题和信访件进行跟踪督办。市委常委、市纪委书记、市监委主任黄利民带队，成立6个工作组，开展明察暗访和专项督查。市纪委监委、市委组织部、市委督查室、市政府督查室和市环保局成立督查组，每周开展1次～2次督查工作。在中央环保督察“回头看”期间，加大曝光问责力度，对15起典型问题进行通报曝光，对102人次和6个单位进行问责追究。全年全市在环保领域问责200人次、12个单位，其中，党纪政务处分56人次、诫勉谈话87人次。（高君恺）

【教育领域人民群众反映强烈突出问题专项治理】 2018年11月6日，镇江市召开教育领域人民群众反映强烈突出问题专项治理工作会议，会议要求落实好整治措施，规范好办学行为。市纪委监委对问题线索进行梳理，重点排查克扣学生伙食费、套取资金设立小金库、滥用上级补助资金、乱发津补贴、违规公款吃喝旅游、违反招标采购规定、收受贿赂等人民群众反映强烈的违纪违法问题，加大监督执纪问责和监督调查处置力度。12月27日，镇江市纪委监委通报4起教育领域人民群众反映强烈典型问题。

（高君恺）

【形式主义、官僚主义专项治理】 2018年11月22日，中共镇江市委常委会对集中整治进行专题研究，会后印发《关于在全市开展形式主义、官僚主义集中整治的通知》。镇江市建立由市纪委监委牵头落实，各相关职能部门配合的形式主义、官僚主义专项治理工作机制，明确5大类、16项集中整治重点。截至年底，市纪委监委梳理出全市3方面、6大项、9个问题，通报4起形式主义、官僚主义典型问题。（高君恺）

民主党派·工商联

·综　述·

【概况】 2018年，镇江市各民主党派、工商联以中共十九大精神和习近平新时代中国特色社会主义思想为指导，围绕加强领导班子建设、组织发展工作、党派机关建设等方面内容，开展民主党派调研，建言献策。市各民主党派、工商联负责人和无党派代表人士参加中共镇江市委组织召开的“坚持产业强市，筑牢发展根基”双月座谈会、情况通报会9次。各民主党派参政议政，在省政协提交提案5件，市政协集体提案49件，个人提案206件；在省人大提交议案3件、市人大议案8件；社情民意信息省、市级采用157条，市委主要领导批示10次。全年全市各民主党派发展新成员190人，截至年底，全市有民主党派成员3738人。

市各民主党派将政治建设放在首位，开展“不忘合作初心，继续携手前进”主题学习教育活动。以纪念中共中央发布“五一”口号70周年纪念活动和改革开放40周年为契机，开展“四个一”等系列活动。参加全市民主党派新成员培训班，全市民主党派新成员参加集中培训。全年全市各民主党派举办各类培训班20次，近800人次受训；外出参观学习考察调研200多次。

市工商联举办“弘扬企业家精神、助力高质量发展”新老企业家恳谈会，召开非公人士解放思想大讨论座谈会，从优化营商环境、弘扬企业家精神、构建亲清新型政商关系等方面，为深化改革开放、深度对标苏南建言献策，全年组织引导非公人士提交各级人大议案、政协提案100余件，团体提案12件。举办“2018北京—镇江军民融合项目对接会”，成立镇江市科技装备业商会，依法平等保护企业家合法权益，截至年底，“同心”律师团成员提出各类合理化建议近千条，为企业避免或挽回经济损失近10亿元；打造“讲经说法”民企行品牌，“线上＋线下”讲座，全年开展“微课堂”139期，参训学员2000余人。深化兼职副主席、副会长“一人一重点、履职当表率”活动，修改完善《市直商会管理办法》和《镇江市工商联十二届执委会履职评价办法》。

（赵正杰）

·民革镇江市委员会·

【概况】 2018年，民革镇江市委学习贯彻中共十九大精神和习近平新时代中国特色社会主义思想，推进各项工作，为镇江高质量发展贡献智慧和力量。

组织学习《党的十九大报告辅导读本》；开展习近平新时代中国特色社会主义思想知识竞赛；开展“改革开放40周年”征文活动，收到征文14篇；开展“观故居，走多党合作之路”活动，组织骨干党员参观孙越崎纪念馆；举办和开展纪念中共中央发布“五一”口号70周年征文和座谈活动，收到征文12篇；选送舞台剧《中山装1915》，参加省民革纪念民革江苏省级地方组织成立60周年文艺会演。在民革网站发文100余篇，编辑动态报道230余篇，在公众号上发送图文消息219篇。

2018年镇江市各民主党派、工商联组织、成员参政情况一览表

表4－12

名称	组织情况(个)				成员情况(人)			参政情况(人)											
								人大代表				政协委员							
	市委会	总支部	基层委员会	支部(支社)	总数	高级职称	新成员	县(市)区	市	省	全国	县(市)区	市	省	全国	任处级以上实职数	市特邀约人次数	集体提案件数	个人提案件数
民　革	1	2	—	12	358	164	20	5	6	—	—	20	15	1	—	3	20	10	70
民　盟	1	1	6	49	982	609	48	9	7	—	—	56	25	2	—	5	—	8	32
民　建	1	—	4	27	512	95	28	1	5	—	—	64	18	2	—	7	7	6	30
民　进	1	—	1	19	430	136	22	5	—	—	—	37	22	2	—	3	8	7	39
农工党	1	—	4	26	672	311	37	5	4	1	—	33	21	1	—	7	6	4	22
致公党	1	6	1	22	300	78	19	4	3	—		39	13	1	—	2	—	9	96
九三学社	1	—	4	25	484	351	16	3	—	1	—	40	15	1	—	3	6	4	23
工商联	—	—	—	—	—	—	—	—	—	—	—	—	—	—	—	—	—	14	36
合　计	7	9	20	180	3738	1744	190	32	25	2	—	289	129	10	—	30	47	62	348

（赵正杰）

制定参政议政工作制度性文件。开展台商调研和座谈，以《多措并举服务台企 推动镇江对台工作新发展》为题在市双月座谈会上建言。市、区两会期间，提交议案、建议和提案近70件，向市政协提交10件集体提案。赴市信访局等地开展调研，完成4件省民革立项课题。开展调研课题立项申报，各专委会和支部完成调研报告23件。上报信息140多篇，被上级组织采用近40篇。获评全省民革反映社情民意信息工作先进集体。

全年发展新民革党员20人，全市有党员358人。举办新党员培训班；组织新党员参加全市各民主党派新党员培训班。推进示范支部创建工作，完善示范支部建设考评指标；召开示范支部创建工作推进会；丹徒一支部主委参加全省示范支部经验交流会；组织骨干党员赴绍兴参观民革"党员之家"，文教、丹徒等两个支部创建"中山博爱之家"。各支部开展爱国主义教育等活动40多次。走访部分高校和辖区统战部，并推荐民革优秀党员。监督委员会学习党内监督文件，参政议政和科教文卫委开展乡村振兴调研，中山书画院举行书画笔会纪念改革开放40周年。

民革镇江市委在北固山认养"中山·博爱"常青树；组织支部开展"拥抱新时代，绿动新镇江"公益植树活动。筹资2.4万元赴袁相村开展"因病致贫救助行动"，帮助20名因病致贫村民，为当地村民书写300多副春联。推动中山学校稳步发展，招收新生500多人。开展"情寄韦岗小学 爱心棉衣进校园"活动和"情寄留守·舞暖童心"公益活动。与市残联托养中心创建"中山博爱爱心基地"，为环卫工人开展"中山·博爱"公益慈善活动。开展与自闭症儿童、困难学生、福利院学生、格桑花少年和孤寡老人牵手助学帮困活动。成立民革中山合唱团。

联系接待跨境创新创业交流协会部分会员到访镇江，推动1个项目在镇江落地；参加在北京召开的"首届两岸青年创新创业论坛"，与台湾连胜文等交流意见；与市台办共同举办"第三届海峡两岸(镇江)青创大赛"总决赛。协助台湾"新同盟会"与镇江西津渡文化旅游有限责任公司签订《润台基层交流友好结对备忘录》。（陈　梅）

【推动镇江市台企发展的建议】 2018年，民革镇江市委在中共镇江市委召开的双月座谈会上，围绕"聚力产业强市，推动高质量发展"主题，就推动镇江市台企发展提出四点建议：一要抓紧出台相关惠台政策，推出镇江版"惠台措施"，让台商投资更加"国民待遇"，为台商提供全程服务，提升台商在镇江投资发展信心。二要承接台积电配套产业，融入台积电南京"芯片之城"，争取承接其中的集成电路相关产业，推动全市高端制造业发展。三要帮助解决融资难问题，支持台资银行与镇江同业协作，通过银团贷款等方式为台资企业提供金融服务；发挥在镇江台湾商会、同乡会的作用，保障重点台企的融资诉求。四要减轻台企负担，减轻社保负担、减轻税负、减轻规费负担和降低企业生产成本。（陈　梅）

·民盟镇江市委员会·

【概况】 2018年，民盟镇江市委员会新发展盟员48人，平均年龄36.8岁。全市有盟员982人，其中，主界别盟员占85.5%，高级职称盟员占62.02%，在职盟员占66.2%，40岁以下盟员占19.86%。

以学习贯彻中共十九大精神和习近平新时代中国特色社会主义思想为主线，在全市开展"六个一"特色活动，即举行一次入盟宣誓仪式；举办一次学习中共十九大精神交流活动；助推一个爱国主义教育基地建设——李公朴故居；建设一个民盟文化服务平台——镇江民盟寿邱书画院(江苏省国风书画院镇江分院)；整合一个宣传载体，将《镇江盟讯》和《镇江民盟》合二为一，改版为报纸形式；开展一次"观故居·增共识"参观考察活动。

围绕全市中心工作，从6大领域精选10个课题在全市开展课题招标，最终立项11件，形成调研报告15篇，其中，8篇被民盟市委转化为集体提案、社情民意信息或大会发言。向中共镇江市委报送"建议我市争取设立江苏网络文学作家村"的信息被市委书记惠建林批示，促成该项目落户镇江新区宜园景区；配合市政协调研形成的社情民意"留住中蚕所文化的'根'"被市长张叶飞批示。

两会期间向市政协八届二次会议提交集体提案8件，其中，"关于推进垃圾分类处理"的提案被市政协列为2018年主席重点督办提案；盟员人大代表、政协委员等向省政协会议提交个人提案3件，向市人大会议提交建议11件，向市政协会议提交个人提案32件。

在全市开展以活动好、氛围好、履职好、形象好为内容的"四好"基层组织创建活动，出台《"四好"基层组织标准》；强化基层组织班子建设，全年指导19个基层组织实施换届；举办"四好"基层组织建设论坛；全年新建京口、句容、丹阳、丹徒4个"盟员之家"，全市有"盟员之家"10个，其中，西津渡艺术码头和丹阳马相伯史迹陈列馆被民盟中央授予"优秀盟员之家"称号。

组织中青年盟员开展"弘扬宪法精神 竞展盟员风采"宪法知识竞赛和南山健步走活动，组织退休盟员赴句容开展"观花海 庆重阳"活动，在全体盟员中举办"学习中共十九大精神暨纪念改革开放40周年"文艺演出。举办以"高等教育内涵式发展"为主题的镇江民盟第八届教育论坛。组织盟员参加省、市论坛交流，1篇论文获第九届江苏教育发展论坛一等奖，2篇论文获首届江苏文化发展论坛一等奖，1篇论文获第五届江苏生态文明建设研讨会二等奖。

首度与江苏省句东戒毒所签订帮教合作协议，联袂开展"携手拒绝毒品 共创无毒人生"大型主题帮教活动；组织5名盟员教师暑期赴甘肃天祝藏族自治县开展教育帮扶活动。7月，全国政协副主席、民盟中央常务副主席陈晓光，民盟中央副主席张平，中共镇江市委书记惠建林，市政协主席李国忠等领导到西津渡艺术码头调研考察。依托丹徒支部盟员企业——江苏语诣光电科技有限公司，在市残疾人托养中心开展汽车灯具制造技能培训，为60名残疾人提供辅助性就业岗位。（孙悦萌）

【"非遗"项目助推高质量发展的建议】 2018年11月15日，民盟镇江市委在中共镇江市委双月座谈会上就"非遗"项目助推高质量发展提出三点建议：一是整合"非遗"有效资源，要针对镇江市"非遗"项目具体特点和所处条件，以保持其真实性、整体性和传承性为核心，坚持科学谋划，精准施策，形成传承、保护、利用三者之间的良性互动，走一条继承与发展、生产和保护相辅相成、协调发展之路。二是构建"非遗"传承传播体系，通过搭建地方政府、高校与"非遗"传承人交流合作平台，完善"非遗"项目配套基础设施建设，坚持文化"走出去"战略。三是完善"非遗"保障制度体系，通过制定激励"非遗"发展的政策法规，加大资金投入力度，建立科学合理规范的考核考评机制。（孙悦萌）

·民建镇江市委员会·

【概况】 2018年，民建镇江市委以纪念"五一口号"发布70周年、改革开放40周年为契机，组织会员赴改革开放第一村——安徽凤阳小岗村调研学习；在民建社会服务基地和民建会员之家举办庆祝改革开放40周年会员书画摄影作品展；召开纪念黄炎培先生诞辰140周年座谈会；开展参观黄炎培故居、胡厥文生平事迹展览馆、冷遹纪念馆和上海中华职教社旧址等主题教育。市委会获评民建省委“全省民建工作达标单位”；基地社会服务工作获评民建江苏省委品牌创新奖。

宣传工作。开通“镇江民建”微信公众号，完成《镇江民建》和民建镇江市委网站的全新改版，形成期刊、网站、微信公众号三位一体的宣传阵地模式。全年上报宣传稿件180余篇，被中央、省级刊物采用100余篇。其中，1篇被中央宣传部党刊《党建》采用，1篇被《中国统一战线》采用，3篇文章被中央统战部微信公众号和网站采用，8篇文章被《团结报》采用，9篇文章被民建中央网站采用。

组织建设。全年发展会员28人，全市有民建会员512人，平均年龄51.5岁，其中，经济界会员443人，占会员总数86.5%。推荐会员加入新的社会阶层人士联谊会。组织管理信息系统工作获民建江苏省委三等奖。完成丹徒区基层委员会、财经、城建、新区二支部换届及退休支部合并等工作，调整丹阳市基层委员会领导班子，优化组织领导班子结构，为基层组织活动开展搭建平台。

履职实效。在市两会上提交集体提案6件、个人提案30件、议案3件、建议6件。《关于推进我市乡村产业振兴工作的建议》等3件提案获市政协优秀集体提案。《关于落实中小微企业减负政策的建议》等6件提案获市政协优秀个人提案。参政议政成果获民建省委三等奖。

社情民意反映工作。编辑上报各类信息60余条，7条信息被《信息快报》录用，2条信息获市委书记惠建林、市长张叶飞3次批示。6条信息被江苏省内参刊物《江苏信息》录用。（赵　红）

【乡村产业振兴工作的建议】 2018年1月6日，民建镇江市委在镇江市政协八届二次会议上就如何推进镇江市乡村产业振兴提出如下建议：一要加强农村基础设施和环境建设，让资金、技术等产业要素流向农业和农村，要在提升与现代产业融合相衔接的农村硬件基础设施水平、提升与现代产业融合相匹配的农村软件治理制度环境的建设水平上下功夫。二要推进农业农村为基础的产业融合，通过农业产业链的节点衍生新业态、打造城乡产业要素共生平台。三要打造让农民参与、共享的利益机制，要创造条件让农民参与乡村产业振兴的过程；要完善制度让农民在乡村产业振兴中得到合理的回报。（赵　红）

【金融支持实体经济并防范风险的建议】 2018年1月6日，民建镇江市委在镇江市政协八届二次会议上就金融如何支持实体经济并防范风险提出如下建议：一要贯彻落实市委、市政府关于金融支持实体经济发展的相关文件精神，各银行业金融机构要回归本源。二要加强企业融资风险监管，建立企业诚信榜单，提升企业融资信息透明度，缓解因融资信息不对称造成的不必要风险。三要落实地方金融风险处置责任，对于情形恶劣的企业或个人，组织公检法司等相关单位采取多种手段，坚决予以打击。四要开辟金融诉讼绿色通道，相关部门联合开展金融积案专项行动，为化解金融风险、盘活信贷存量提供有效保障。（赵　红）

·民进镇江市委员会·

【概况】 2018年是民进中央确定的思想政治教育主题年，民进镇江市委制定《民进镇江市委2018年思想政治教育主题年实施方案》，组织市委委员，各基层支部主委、副主委到连云港与民进连云港市赣榆区支部进行学习交流。开展纪念中共中央发布“五一口号”70周年征文活动。庆祝改革开放40周年，举办“我身边的故事——镇江民进庆祝改革开放40周年摄影展”巡展活动。当年，1名会员获“民进全国宣传思想工作先进个人”称号。

市两会期间，民进镇江市委会提交集体提案7件，市政协委员提交个人提案39件。全年向民进江苏省委和中共镇江市委统战部上报信息102条，民进中央、省、市各级有关部门采用38条；民进中央采用2条，中共江苏省委办公厅采用4条；中共镇江市委办公室采用8条；中共镇江市委统战部采用24条。3篇信息被中共镇江市委书记惠建林批示，1篇信息被镇江市政府副市长曹丽虹批示。全年完成民进江苏省委理论研究课题2个，完成民进江苏省委参政议政课题1个、市政协课题1个、市委统战部课题2个。举办民进镇江市委参政议政工作培训班。丹阳民进在丹阳三吕故居挂牌“丹阳民进教育实践基地”。镇江民进悦读会全年开展12次读书分享活动。民进镇江市委启动“文化艺术进校园”系列活动。

全年发展新会员22人，其中，区政协常委1人，全市有会员430人。民进镇江市丹阳基层委员会作为“虚拟机关”试点单位，举办岗位聘用仪式。江苏科技大学支部、直属支部、京口小教支部、润州综合支部、科教文卫支部在12月集中完成换届工作。

民进镇江市委打造“关爱残障儿童扶智扶技伴成长”社会服务品牌，为句容市特殊教育学校和镇江市京口区特殊教育中心孩子捐赠200多套价值7万元的服装。帮助3名镇江市特教中心学生实现就业。京口小教支部组织会员到京口特教中心开展“共圆中秋一轮月”活动。民进镇江市委承接民进中央“彩虹行动”，对接贵州省金沙县沙土镇第二幼儿园，并制定3年结对计划，全年向该幼儿园捐赠4000余册图书，价值2万元。开展“春联万家”活动。2名会员教师参加市教育局组织的赴新疆建设兵团四师第一中学“第七届疆内外教学周”活动。（卢普生）

【规范非学历教育培训机构办学行为的建议】 2018年1月6日，民进镇江市委在镇江市政协八届二次会议上对全市非学历教育培训机构存在的超出经营范围的办学行为、师资队伍良莠不齐等问题提出如下建议：一是市教育主管部门应根据实际，尽快研究制定切实可行的非学历教育培训机构的准入门槛，把事实上从事教育培训机构的管理纳入到各级教育主管部门旗下。建议将原自有校舍面积不低于500平方米办学面积的门槛改为不低于150或200平方米，但教学面积必须不低于80%。民办非学历教育机构应当拥有与办学规模相适应的教师队伍。聘用教师应当政治素质高、业务能力强，具有相应的教师资格。二是全市教育稽查和工商行政执法部门应按照新标准，以企业核定的经营范围为依据，严把民办教育类市场主体准入关口，督促企业守法经营，对超出经营范围的企业，配合有关部门坚决取缔，维护市场经济秩序，净化社会教育环境。（卢普生）

·农工党镇江市委员会·

【概况】 2018年，农工党镇江市委开展“不忘合作初心、继续携手前进”主题教育活动，举办纪念改革开放40周年、“五一口号”发布70周年学习交流、征文等系列活动，开展“新时代 新作为——学习贯彻中共十九大精神”征文活动，收到征文63篇；开展“三学一讲”专题活动，组织各基层组织负责人20余人，赴苏州毛啸岑旧居、嘉兴南湖革命纪念馆现场教学，组织7个农工党支部党员50余人赴常州武进农工党革命活动史料陈列室开展党史学习；加强宣传工作，全年上报宣传稿件120篇，《团结报》采用3篇，农工党江苏省委采用73篇。

完善领导班子各项工作制度，健全领导干部联系基层制度，召开年度恳谈会，邀请各市（区）委统战部及各基层党委负责人开展座谈，举办基层组织负责人培训班和首届基层组织负责人论坛。全年联系发展对象37人，其中，新主界别党员3人，新阶层人士4人，研究生学历以上10人。举行"农工之家"揭牌仪式，省政协副主席、农工党江苏省委主委周健民，中共镇江市委常委、组织部部长、统战部部长李健共同为"农工之家"揭牌。

在镇江市两会上提交集体提案4件，个人提案22件。围绕"加强社会心理服务体系"赴湖北十堰市调研；申报省级调研课题13项，获农工党江苏省委立项3项，其中，"大力实施乡村振兴战略，推进农业农村现代化"入选重点课题。参加农工党江苏省委2018年乡村振兴联合调研征文活动，撰写提交征文7篇，分别获得一等奖1篇、二等奖1篇、三等奖2篇。组建30余人的信息员队伍，举办社情民意及宣传工作培训班，撰写社情民意信息116条，上报社情民意信息104条。

开展各类社会服务活动77场次，农工党党员300余人次参加，服务群众1万余人次，捐资、捐物价值合计约6.9万元。开展"农情心连心"急救公益培训，为近600名驾驶员进行心肺复苏等急救理论授课和现场操作演练；开展农工党健康服务行活动，组织医疗专家，到句容市袁相村开展"同心工程"健康精准扶贫暨送温暖活动，为200多人次群众提供义诊；举办"传承文化、书写经典"硬笔书法竞写大赛颁奖仪式，面向义务教育阶段教师开展书法培训；与市精神卫生中心等单位共同举行"帮孤寡空巢老人找回好睡眠"公益活动；与镇江市残联、公益组织中医萝卜会举行"红气球听障人士中医关怀计划"活动；开展"镇江农工基层医生计划"线上微信群科普讲座活动，开展线上讲座36次，服务群众5880人次；对口帮扶贵州省大方县，组织开展扶贫检查和帮扶捐资活动。

（周　萍）

【加强支柱产业与在镇江高校专业互动的建议】 2018年1月6日，农工党镇江市委在镇江市政协八届二次会议上就如何加强全市支柱产业与在镇江高校专业互动提出以下建议：一是镇江市招商时，应该主攻机械装备尤其是农业装备、生物医药、船舶装备、新材料等领域的企业，要突出镇江市在这些领域的人才优势，争取形成这几个领域的上下游集群，扩大规模效应。二是镇江市与在镇江高校沟通，促进在镇江高校与全市企业的互动。争取在镇江高校开设电子商务、大数据分析、飞机制造、汽车制造等符合市"十三五"规划的专业，或者开设符合全市龙头产业发展的专业。三是促进镇江市与在镇江高校联合引进高端人才。对有项目的高端人才，镇江市应与在镇江高校联合招引，高校提供教授头衔、教学岗位；市委市政府以资金、土地、厂房入股，高端人才以项目、技术入股的方式，实现三方共赢。四是镇江市应帮助在镇江高校与南航、南理工、河海大学等有某一专业特长优势的大学联合办学，但联合办学地点要设在镇江。五是镇江市应帮助在镇江高校招揽人才，包括留学博士回国人员、其他院校著名教授、国内顶尖院校优秀博士等。（周　萍）

·致公党镇江市委员会·

【概况】 2018年，致公党镇江市委学习贯彻中共十九大和致公党十五大精神，履行好参政党职能。深化"不忘合作初心，继续携手前进"学习实践活动。按照致公党省委部署开展解放思想大讨论活动；与其他涉侨部门召开学习中共十九大座谈交流会；开展主题为"以史为鉴，携手奋进，砥砺前行"的座谈会；组织全体党员开展统战理论培训，邀请致公党省委做辅导报告；组织支部主委以上的各级领导班子成员赴上海、浙江考察学习。

全年发展致公党员19人，平均年龄36.4岁，其中，中级以上职称10人，具有硕士以上学历的11人。开展为期一年的党内"大走访"活动，制定出台《中国致公党镇江市委员会退党实施办法（试行）》。

8篇调研课题在致公党省委立项，4篇信息被致公党中央采用。7篇调研报告获评致公党省委优秀调研报告，在不同层次被全国政协、省政协转化采用。全年在各级两会上提交集体和个人议案、提案104件。

组织党员书画家参加省委举办的庆祝改革开放40周年书画展；与"五侨"部门举办"奋进新时代，同圆中国梦"迎新年文艺晚会。结合纪念"五一口号"发布70周年、纪念改革开放40周年等重大活动在市委会网站上开辟专栏，动员和鼓励党员撰写心得、交流体会。开展"致公·爱新站"活动，组织丹阳六中新疆班学生"走进镇江博物馆、西津渡体验城市历史文化"活动；对"同心工程"实验区的贫困村民进行帮扶。

接待致公党省委调研组到镇江调研、无锡市委机关到镇江交流；协助致公党省委举办全省宣传骨干工作培训班。张标当选为镇江市网络社会组织联谊会会长、镇江市新的社会阶层人士联谊会副会长。（蒋　薇）

【海绵城市建设的建议】 2018年1月6日，镇江市政协八届二次会议上，致公党镇江市委针对镇江市海绵城市建设存在的问题和困难提出建议：一是加强组织领导，强化机制建设，设立独立的管理机构，分解任务指标，明确责任人，建立会议制度和考核制度，制定督查考核办法，加强督查考核。二是制定制度和技术标准体系，建立规划建设管控、区域雨水排放管理和标准规范等一系列管理制度体系，根据各地实际情况，完成海绵城市建设专项规划，制定海绵城市管理办法、海绵城市建设技术指南、海绵城市设施运行维护管理办法等制度及技术规范。三是强化宣传发动，确保全员参与到位，实现广播、电视、网络、报刊等多种媒体宣传和街道社区开展海绵城市专题宣传动员同步走，营造良好氛围；加强政府引导，鼓励社会各界参与海绵城市建设。四是PPP模式需要法律保障和科学决策，要依靠完善的法律制度确保PPP模式与海绵城市建设合理衔接配套，简化流程，提高项目效率。五是多措并举，优化工程实施效果。通过对老小区设施环境的修复、改造和提升，将海绵城市建设打造成为一大民生工程，维护保障好居民群众的各项权益，改善居民生活环境和质量，赢得居民支持。（蒋　薇）

·九三学社镇江市委员会·

【概况】 2018年，九三学社镇江市委以践行中共十九大精神和九三学社中央十一大精神为主线，开展政治学习和思想建设工作。全年举办4期"学习十九大报告主委讲堂"，召开纪念中共中央"五一口号"发布70周年座谈会。全年先后组织社员110余人次前往中共一大会址、淮安周恩来纪念馆等革命纪念地瞻仰参观，组织成员160余人次赴无锡、南京、嘉兴、宜兴、湖州等地参观九三学社传统教育基地。开展纪念"五一"口号发布70周年、"不忘合作初心，继续携手前进"等系列征文活动，征集理论研究文章26篇，上报九三学社中央、九三学社省委理论征文6篇。

加强宣传队伍建设，举办宣传培训2期，培训社员100余人次。对社镇江市委刊物《镇江九三》进行改版，以“电子版＋纸质版”的模式发行。全年在《团结报》发表宣传文章1篇，在《九三中央社讯》、《江苏九三》、市政协公众号、镇江统战手机报等发表各类宣传文章33篇。

召开基层组织工作研讨会和组织工作座谈会，研讨成员发展和组织建设。5月，九三学社高专支社完成换届选举。10月，按照组织规程增补市委委员2人。全年发展新社员16人，平均年龄38.6岁，6人具有硕士学历，4人具有博士学历，10人具有高级职称，1人具有正高职称。全年选派社员30多人次参加社省委、市委统战部举办的公文写作、参政议政等培训。

打造参政议政队伍，与九三学社江苏省委联合在镇江举办参政议政培训班，培训社员40多人次，6名成员被聘为九三学社江苏省委特约信息员。开展调查研究，形成综合参政议政材料9篇，专题调研报告5篇。调研报告《农村垃圾和固废处置的现状及问题研究》入选九三学社中央课题调研，社员徐彩凤代表九三学社江苏省委在全国九三论坛上做专题报告。在镇江市两会上提交集体提案4件，个人提案20件，其中，2件获评市政协优秀提案。参与九三学社中央开展的思想调研课题和九三学社江苏省委课题招标工作，投标15篇，中标5篇，中标数量在全省地级组织中列第一名。参与九三学社省委《九三论坛》文集征稿工作，入选稿件数占全省的1/7。全年上报信息182条，各级采用64条，其中，九三学社中央采用6条，九三学社江苏省委采用38条，中共江苏省委采用5条，江苏省委统战部采用11条。

开展“国际科学与和平周”“同心送温暖”等社会服务工作。组织医卫委员会专家社员赴句容开展“国际和平周”活动，服务社区100余人次。参加市统战系统组织的“情牵袁相同心送温暖”行动。入户看望结对帮扶对象，并给予2户困难家庭每户2000元慰问金。做好“百名专家进乡村”活动，组织专家与镇江市浙江商会联合调研镇江市休闲农业发展，对草莓养殖提出合理建议。

5月中旬，九三学社省委2018年全省机关建设工作研讨会在镇江召开。8月22日，九三学社中央机关建设交叉检查组对九三学社镇江市委机关建设工作进行验收，综合得分较高。12月20日，九三学社镇江市委获九三学社中央2018年度机关正规化建设交叉检查市级组织机关规范建设先进单位称号。

（孙　凯）

【发挥互联网作用助推“三农”发展的建议】 2018年1月6日，九三学社镇江市委在镇江市政协八届二次会议上就发挥互联网作用助推“三农”发展提出四点建议：一是重视“互联网＋”在农村的发展，加大宣传力度，培育能熟练运用互联网技术的新农民。二是因地制宜提供特色农业信息服务，强化新型、智能农业技术的推广与应用，推广成熟的农业物联网应用模式。三是加快建设覆盖面广的县域农业电子商务服务中心、乡镇电商服务站和村电商服务点，支持、鼓励农业生产经营主体运用农业电子商务平台，开展农产品同城配送业务。四是加大政策支持力度，探索推广成功经验，通过财政支农、税收减免、价格支持等多种手段，带动更多社会资本参与投资基础设施、设备、通信等产业，引导和激励“互联网＋农业”各相关产业及经营主体快速发展。培养各类互联网农业技术实用人才。

（孙　凯）

·镇江市工商业联合会·

【概况】 2018年，镇江市工商联学习贯彻中共十九大精神和习近平新时代中国特色社会主义思想，促进非公有制经济健康发展，引导非公有制经济人士健康成长。全年新增工商联会员企业500余家，新增商会组织7家，全市有各级各类商会190家。

全年组织引导非公人士提交各级人大议案、政协提案100余件，团体提案12件。围绕飞机循环再制造产业、军民融合基金等进行专题调研，形成题为《建议将通航产业作为我市高质量发展的产业高地进行打造》的调研报告。召开非公人士解放思想大讨论座谈会，从优化营商环境、弘扬企业家精神、构建亲清新型政商关系等方面展开讨论，为深化改革开放、深度对标苏南建言献策。首次举行优秀调研成果评选活动，评选出优秀调研报告13篇。

开展理想信念教育实践活动。召开“弘扬企业家精神、助力高质量发展”新老企业家恳谈会，进行一次工商遗存现场教学、授牌一批非公人士理想信念教育实践活动基地、举办一场工商遗存实践教学（旅游）项目签约、发行一本纪念镇江工商界名人和历史遗存的《百年商道》书籍。开展“思想大解放，发展高质量”专题报道，在《镇江日报》头版宣传天工集团、恒神股份、镇江船厂、大力液压马达、威腾电气等企业的事迹。开展全市第一批民营企业文化建设示范单位创建活动。

参加省工商联组织的“庆祝改革开放40周年江苏省民营经济成就展和杰出苏商人物推选活动”，王刚、朱小坤、吴光明、陈晓龙、郦海星、施文进、徐翔等7人被省委统战部和省工商联联合表彰为改革开放40周年杰出苏商人物。深化结对帮扶，建立与陕西渭南的交流学习机制、经贸合作机制、人才培训机制，推动精准扶贫长效常态。注重产业帮扶，江苏鱼跃集团在西藏自治区拉萨市投资10亿元建设高原制氧产业园，江苏利民纸品公司投资4000万元在渭南白水县建设高档包装新材料项目。

“亲清”政商关系构建。创新开展法律护企行动，与市中级人民法院建立长效合作机制，召开优化营商环境座谈会，为促进民营经济健康发展营造良好的法治环境。发挥“同心”法律服务律师团作用，全年提出各类合理化建议近千条，为企业避免或挽回经济损失近10亿元。开展“法律三进”活动，围绕劳动合同法、税法等开展专题讲座、对企业进行“法治风险体检”，提升企业抵抗法律风险的能力。围绕减轻企业税费负担，联合镇江市税务局举办税务改革情况通报会。开展银企对接活动，针对重点产业、成长型企业开展个性化服务，缓解民营企业融资难题。针对完善政策执行方式，举办制造业“单项冠军”企业经验分享会。持续开展“亲清暖企行动”，全市工商联系统开展走访调研500余次，收集各类问题和建议百余条，协调解决90%以上的问题。开展“讲经说法”民企行活动，“线上＋线下”举办系列讲座，开展“微课堂”139期，举行讲座10余场，参训学员2000余人。

军民融合产业发展。举办“2018北京—镇江军民融合项目对接会”，成立镇江市科技装备业商会，推荐美龙航空、康飞汽车等企业进入陆军竞争性采购装备评审专家库，推荐大力神铝业公司进入《军民两用高新技术民营企业及产品推荐目录》。

（王　芳）

【市工商联十二届二次执委会议】 2018年3月5日，镇江市工商业联合会召开十二届二次执委会议，传达学习全国工商联十二大、市委七届八次全会精神，审议通过市工商联十二届二次执委会议工作报告、审议通过市工商联2017年度会费工作报告、审议通过市工商联十二届二次执委会议决议，开展兼职副主席、副会长述职考评，选举胡舜根为镇江市工商联副主席。

（王　芳）

【市工商联十二届三次常委会议】 2018年8月3日，镇江市工商业联合会召开十二届三次常委会议，传达贯彻中共中央办公厅、国务院办公厅《关于促进工商联所属商会改革和发展的实施意见》及省委十三届四次全会、市委七届七次全会精神，总结上半年工作，部署下半年任务，选举刘正泰为镇江市工商联副主席。（王　芳）

【打造通航产业高地的建议】　2018年11月15日，镇江市工商联在中共镇江市委双月座谈会上就镇江市发展通用航空产业提出四点建议：一是成立专门机构。明确推进通用航空产业的实施主体，依托镇江新区航空产业园，成立专门机构，做到机构独立，办事集中，专职专人，实体运作。二是做好专项规划。明确把通航产业作为全市产业高地、区域通航中枢打造。立足新区航空产业园、丹阳、句容空港产业园，精准研究通用航空产业，在现有飞机配套制造维修产业链上强链、补链、延链；按区域通航中枢的标准加快通用机场建设，完善功能配套；推进通用航空商业和通用航空公共服务业发展，培育通航服务新业态、新模式，打造具有镇江特色的通用航空产业群和产业链。三是制定专门政策。立足镇江实际，制定出台针对性和操作性强的发展通用航空产业专门政策及实施细则，其中，要特别注意通航商业模式引进、服务业发展、人才入户、资本运营等方面的优惠措施，让通航产业能够开好局、起好步。四是进行专题协调。根据通用航空飞行特性和镇江经济地理特点，结合低空空域管理改革试点，推进高位协调，争取镇江立足“长三角”、辐射华东的区域性通航中枢地位，与南京禄口机场形成通用航空和运输航空互为补充的中枢，最大限度地为镇江通用航空发展释放空间。（王　芳）

群众团体

·镇江市总工会·

【概况】　2018年，镇江市总工会有12个内设机构和2个驻会市产业工会，直属企事业6家，即镇江市职工文体中心、镇江市工人文化宫、江苏省工人镇江疗养院、镇江市职工学校、镇江市职工互助互济会和镇江市职工国际旅行社。市直有15个行（产）业工委（会），4个市属产业集团工会。全市基层工会组织6866个，其中，独立基层工会6132个，联合基层工会734个，基层工会覆盖单位34544个，会员1277266人，其中，女会员510536人、农民工会员391558人。

全年举行职工纪念改革开放40周年图片展、送文艺进企业等活动。组织“百个工种、万名职工”职业技能竞赛175场，产生市行业技能状元10人，镇江市技术能手、技师、高级工2450人。评选表彰全国、省、市级五一劳动奖章50人，工人先锋号64个，五一劳动奖状33个。开展劳模党支部、党小组、党员先锋岗创建活动，联合市级媒体开辟劳模先进宣传专栏。打造职工创新创业平台，落实20万元专项资金，培树10个职工创业示范基地、11名职工创业先进个人。搭建就业服务平台，举办庆“五一”专场招聘会，组织125家企业提供3500多个工作岗位，200余人达成就业意向。

全年各级工会筹措720多万元，帮扶慰问各类生活困难职工5850人次，提供免费体检服务1200多人次，帮助106名生活困难农民工子女解决上学难问题。深化“有难大家帮”品牌，职工互助互济会全年吸纳31.5万名职工参保，给付各类保障金760万元，惠及职工3300人次。开展职代会“双达标”活动，全市50人以上建会企业新签订工资集体协商协议2853份。在全国率先制定发布劳动规章“负面清单”，省总工会召开现场会予以推广。开展“遵法守法·携手筑梦”和“法律心连心”主题服务活动18场次，被授予“全省工会劳动法律监督先进单位”称号。新建环卫职工“爱心驿站”3个，职工“母婴温馨小屋”8个。市总工会连续第三次被评为全国“安康杯”竞赛优秀组织单位。建成运营镇江工人疗休养基地，接待各类劳模、职工40批3000多人次。举办第九届职工读书节，开展职工“文化普惠”和职工生活美学培训，开设9大门类、103个文体课程班，4000多名职工参加培训。12月，市总工会、民政局联合举行镇江市工会社会工作者联盟成立仪式，该联盟是融合工会工作与社会工作两种专业理念方法的社工队伍。

落实市委审批的《镇江市总工会改革实施方案》，推动6大类、25项具体改革措施落地见效。印发《关于镇江市总工会机关机构及职责调整的通知》，实现专兼挂相结合的领导班子结构。推进“互联网+工会”工作，启动招投标程序，推进职工服务平台以及工作运行机制建设。深化“六型职工之家”建设，开展“争当示范标兵单位”和“悦职工、越精彩”职工之家建设成果展评活动。加大服务基层、服务职工的经费倾斜力度，服务职工经费比上年增长50%。市总工会获评全国总工会“市级工会财务先进单位”。（徐　瑶）

【庆祝“五一”大会】　2018年4月27日，镇江市庆祝“五一”大会在南山艺术剧院召开。市委书记惠建林出席会议并讲话，市委副书记、市长张叶飞主持大会。大会为全国、省、市五一劳动奖章、五一劳动奖状、工人先锋号获奖代表颁奖。先进模范代表作事迹介绍，江苏省五一劳动奖章获得者崔飞伦向全市劳动者宣读《倡议书》。（徐　瑶）

【工人疗休养基地揭牌运营】　2018年3月20日，镇江市总工会下属单位江苏省工人镇江疗养院与索普度假村达成战略合作协议，成立镇江工人疗休养基地。镇江市劳模首批疗休养活动暨全市职工疗休养工作推进会启动仪式举行，市委常委、组织部部长、统战部部长李健和市人大常委会副主任、市总工会主席王常生共同揭牌，该基地正式投入运营。当年，该基地接待各类劳模、职工40批、3000多人次。（徐　瑶）

【劳动规章制度“负面清单”出台】　2018年10月25日，镇江市总工会、市人社局共同发布《劳动规章制度“负面清单”（试行）》（以下简称“负面清单”），在全省属首创。“负面清单”依据有关法律法规，明确用人单位在制定劳动规章中应禁止出现的内容，包括劳动报酬、工作时间、劳动定额管理、保险福利、劳动安全卫生、劳动纪律、休息休假、职工培训、劳动合同管理等9章、56条。（徐　瑶）

【职工纪念改革开放40周年图片展】　2018年12月17日，由镇江市委宣传部、市总工会主办的“辉煌巨变四十载·劳动书写新时代”镇江职工纪念改革开放40周年图片展在市行政中心市民大厅开展。图片展分为“改革开放的劳模风采”“职工用镜头讲述改革开放故事”和“镇江工会改革印记”三大板块，展出作品200幅，用图片直观记录镇江发展的历程。（徐　瑶）

【“文化普惠”“生活美学”职工培训】　2018年，镇江市总工会以工人文化宫为载体，深化“文化普惠”职工培训，开设器乐、舞蹈、美术等9大门类40种课程；以职工学校为载体，开展烘焙、茶艺、插花等3门“生活美学”职工培训，全年有4000多人次参训。（徐　瑶）

·共青团镇江市委员会·

【概况】　2018年，镇江市有共青团员14

万人（含江苏大学、江苏科技大学），基层团委285个，团总支103个，基层团工委37个，团支部3494个。

共青团镇江市委员会开展“青年大学习”活动，全市建立“青年学习社”182家，其中，示范社23家；15万人次参加网上团课学习。举办镇江共青团纪念改革开放40周年暨团干部解放思想大讨论活动。共青团镇江市十七届二次全委（扩大）会议召开，推选出镇江市出席共青团第十八次全国代表大会代表候选人。举办庆祝“六一”暨“争做新时代好队员”主题队日活动，召开中国少年先锋队镇江市第七次代表大会暨镇江市学生联合会第七次代表大会。丹阳市实验学校团委、丹徒区世业实验学校团支部分别获2017年度“全国五四红旗团委”和“全国五四红旗团支部”称号，1人获评“全国优秀团员”，1人获评“全国向上向善好青年”，3人获评“全国最美中学（中职）生”，4人获评“2018江苏好青年”；10人获评第十二届“镇江市十大杰出青年”。开展“青春分享会”“榜样面对面”等主题活动。打造“镇青声”线上品牌，推进“苏青U+”平台建设，升级“镇青春”广播节目。建立网评员信息库，举办市级层面网宣员培训班，加强青年网络志愿者队伍建设。

镇江市推出《镇江青年人才建功高质量发展三年行动方案》，遴选表彰新一批金山青年创新英才、创业英才。推进“U+展翅”计划，举办青年大学生专场招聘会和就业见习双选会活动，提供就业、见习岗位3000余个。结合第三届镇江“海峡两岸”创新创业大赛，开展两岸青年菁英座谈活动。开展对口支援和扶贫协作“四大青春行动”。举办“百千万青年人才引留工程”。举办镇江青年创新创业节。在江苏大学举行全市青年创新创业大赛校级选拔赛决赛暨第四届镇江青年创新创业节启动仪式。推荐40名创业青年参加2018“创青春”国赛、省赛，“金丝软甲”产业化项目获全国铜奖。举办“青年面对面”“青壳汇”青年电商创业就业培训班、新生代企业家培训班等活动30余场。与市农商行实施“青年创业贷”，全年发放贷款近120笔，贷款总额2500余万元。实施“青春呵护蒲公英”、“希望有约”困境青少年关爱工程、“暖冬行动”等活动，帮助弱势青少年群体实现“微心愿”。开展第五届镇江市中小学生自我保护情景剧大赛。举办“青春有约”青年交友联谊活动30余场。举办“青春志愿行、温暖回家路”“七彩大篷车、志愿社区行”等志愿服务活动，并做好2018国际低碳（镇江）大会、全民“健康节”、“镇江国际马拉松”等赛会志愿服务。连续16年开展“生命志愿者”造血干细胞捐献行动，组织“青年文明号联盟”助力文明城市创建工作。开展“保护大运河，争当河小青”团员青年植树护绿活动和节水护水志愿服务活动暨镇江市团员青年生态环保集中行动启动仪式。开展“保护江豚，留住长江的微笑”“增殖放流”等生态环保活动。

推动市、区两级共青团改革方案落地见效，总结“书记项目”实施经验，5个项目入选省级“10100”创新创优项目库。完成“智慧团建”录入工作。推动“青春镇江”“镇江青年”等线上平台与“青年之家”综合服务平台对接，发起线上活动150余次，近4000名青少年参加，并获100%五星评价。召开镇江市第七次少代会和学代会；完成市（区）少工委集中换届工作。举办全市“十佳百优”高校学生社团评选。开展全市基础团务督察工作。举办全市团干部培训班。深化团干部“走支部连百心”密切联系青年机制，结合巡察整改建立完善22项机关规章制度。开展“悦读月分享”等活动。（缪金杰）

【“益童成长·暖冬行动”——2018“蒲公英”点亮微心愿】 2018年3月9日，由镇江团市委、镇江市希望工程办公室、镇江市关爱青少年校外活动实验中心等单位联合举办的“爱心圆梦手拉手，蒲公英点亮微心愿”活动在润州区实验小学举行，该活动是上年“暖冬行动嘉年华”的后续活动，之前活动中征集到的“微心愿”通过新媒体平台发布的方式被社会爱心人士全部认领。全市爱心人士代表、共青团干部、青联委员以及润州区青少年代表50余人参加活动。（缪金杰）

【青年就业“康桥工程”系列招聘活动】 2018年3月19日，由镇江团市委、驻镇江高校主办，江苏新青年人力资源有限公司等承办的“康桥工程”系列招聘活动启动。江苏大学专场吸引708家单位进场设点，在镇江企业专场设点近100家。招聘参会单位涉及教育、能源、化工、建筑等多个行业，为1万名面临毕业的大学生提供7000多个涵盖文员、会计、行政、设计等近20种专业技术和管理的应聘岗位，招聘会现场有12300余人与企业进行对接和洽谈；在镇江企业招聘专场有2155人与企业进行对接和洽谈。（缪金杰）

【第16届镇江青年造血干细胞捐献血样集中采集活动】 2018年3月24日，由镇江团市委、市文明办、市红十字会、市卫计委、市志愿者协会主办，大爱镇江爱心联盟、《镇江壹周》承办的第16届“点燃生命的希望”镇江青年造血干细胞捐献血样集中采集活动启动仪式在大市口城市客厅举办。全市各行各业300余名青年捐献志愿者参加血样采集活动。截至年底，镇江市加入中华骨髓库的生命志愿者有15400余人，占江苏省入库数的11%，实现捐献人数70人，占全省捐献总数的11.2%。（缪金杰）

【庆祝“六一”暨“争做新时代好队员”主题队日活动】 2018年5月31日，由镇江团市委、市教育局、市少工委主办，京口团区委、京口区教育局、京口区少工委承办的镇江市庆祝“六一”暨“争做新时代好队员”主题队日活动在镇江市江滨实验小学举行。全市少先队辅导员代表、江滨实验小学全体少先队员以及家长代表1900余人参加活动。整个活动分“拥抱新时代，发展我来赞”“学习好榜样，成长有方向”“牢记新要求，争做好队员”三个篇章，少先队员开展诗朗读、红领巾寻访展示、红领巾社团成果汇报等活动。（缪金杰）

【海峡两岸（镇江）青年创业大赛】 2018年9月12日，由镇江市台办、市人才办、团市委、民革镇江市委、全国台企联新世代新青年工作委员会、两岸暨跨境创新创业交流协会主办的第三届镇江海峡两岸青年创业大赛在镇江举行总决赛。12支海峡两岸的参赛团队参加总决赛，决出一等奖1名，二等奖2名，三等奖5名。两岸创业导师在现场做分享会，基金风投机构对部分参赛项目表示意向，相关园区和企业进行交流和接洽。赛后，举行海峡两岸青年菁英座谈交流会。（参见第35页）（缪金杰）

【镇江市青联七届二次常委（扩大）会议】 2018年11月15日，镇江市青联七届二次常委（扩大）会议召开。会议审议通过市青联指定席位常委、委员调整名单；审议通过市青联常委、委员调整名单；审议通过《镇江市青年联合会委员日常管理办法》；选举产生新的市青联主席团。团市委书记陈秋明当选为市青联主席。（缪金杰）

·镇江市妇女联合会·

【概况】 2018年，镇江市妇联开展“十九大精神进万家”巾帼大宣讲活动，组建10支巾帼宣讲队，宣讲435场次，参与人数近3万人。“三八”节期间，集中表彰市“三八红旗手”30人、“三八红旗集体”

10个,“巾帼建功岗位能手”90人、“巾帼建功标兵”10人、“巾帼建功先进集体”22个。1月,市妇联召开十四届四次执委(扩大)会议。9月,省妇儿工委对镇江市开展妇女儿童发展重点难点问题督查和“十三五”妇女儿童发展规划中期评估。

开展“镇有一手”巾帼创业创新主题系列活动。构建“镇品汇”电商服务站。实施“田甜圈”旅游项目。完善妇女创业就业服务体系,培训妇女12632人次,为312名创业女性发放小额贴息贷款3312万元,创建55个省、市级巾帼示范基地。

深化家庭文明建设,开展“万户家庭创最美”活动,推选出绿色低碳、孝老爱亲、热心公益、清廉家风、邻里互助等市级“最美家庭”164户,40户家庭成为第五批镇江市“书香家庭”。6户获全国“最美家庭”“书香之家”“五好家庭”称号。开展镇江市家庭教育专项课题和征文征集活动,举办36场家庭教育公益行巡讲活动。

参与地方性法规性别平等咨询评估,跟进农村集体产权制度改革进程,开展女职工权益保障调研。深化平安家庭创建,推进“美好生活·德法相伴”法律进家庭主题活动,组织“老妈妈”普法宣讲50余场次。推进家事审判改革,完善“和谐婚姻 幸福家庭”引导机制,新命名22个康乃馨家庭工作室。健全妇女议事制度,激发妇女参政议政的热情。推动反家暴法实施,发放家庭暴力告诫书28份,人身保护令25份。落实妇女维权代言人定期接访和妇联干部全员接访工作机制,接待妇女维权信访213件,结案率100%。

开展“十三五”妇女儿童发展规划市级评估督导,完成省级中期评估督导。申报省级服务妇女儿童社工项目13个,争取资金65万元;完成“镇馨港湾”第三期项目结项和第四期项目立项。开展“冬日暖阳”慰问、“冬日织爱”、农村贫困妇女“两癌”查治、“社会妈妈”帮困助学活动,发放慰问金16万元,争取全国“两癌”救助金13万元。巾帼志愿者捐助编织的“爱心毛衣”2000多套,募集“社会妈妈”帮困助学金211万元,1600名困境儿童受益。

推进妇联组织区域化建设,加大机关、行业系统、高校事业单位妇联组织建设,在互联网业、“两新组织”等领域扩大妇联组织覆盖面。加强对外联谊联络,开展妇联改革实践、乡村振兴中的巾帼力量专题调研,实施培养选拔女干部专项督查。增进与各地妇联的互通,加强与韩国、中国台湾地区妇女组织的互访。 (冯新春)

【“情牵一线 温暖相伴”——冬日织爱行动】 2018年1月12日,镇江市妇联、市残联、市文广集团联合举办“情牵一线 温暖相伴”——冬日织爱行动启动仪式。副市长曹丽虹为“情牵一线 温暖相伴”冬日织爱行动“起针”。150余名爱心人士编制围巾、手套、帽子3件套,送给有需要的贫困母亲、困境儿童和残障人士。各类巾帼志愿者捐助编织爱心“三件套”2000余件,认领编织或认捐绒线近千套。 (冯新春)

【三八国际劳动妇女节108周年大会】 2018年3月7日,镇江市召开“新时代·她精彩”——镇江市纪念三八国际劳动妇女节108周年大会。市人大常委会副主任陈琳,市政府副市长、市妇儿工委主任孙晓南,市政协副主席徐平和全市各界妇女代表400人参加。大会表彰一批“三八红旗集体”“三八红旗手”“巾帼建功先进集体”“巾帼建功标兵”。 (冯新春)

【镇江新时代女子学堂揭牌成立】 2018年3月24日,镇江新时代女子学堂在镇江高等专科学校揭牌成立,副市长、市政府妇儿工委主任孙晓南等出席活动。新时代女子学堂通过智慧女性、阳光女性和臻美女性三大模块的课程组合,开设传统文化、心理健康、摄影美学、服饰修养、魅力彩妆、现代礼仪等课程,旨在培养“有生活、有品位、有观点、有态度”的新时代女性。活动现场为镇江新时代女子学堂首批5个校外教学点和5个实训基地授牌。 (冯新春)

【“绿满家园”十百千万环保行动】 2018年4月1日,镇江市妇联、市环保局、市文明办、市教育局、镇江文旅集团在南山文苑联合举行“绿满家园”十百千万环保行动启动仪式暨携手共做护绿使者活动。活动现场为市城管局一分钟公益、江苏大学环保协会、镇江高专绿色环保协会、周艺公益、镇江达人会、京口区四牌楼街道益家乐社会工作服务中心、镇江市绿之行环保协会、净万家环保志愿者、镇江美食自驾群、爱盟教育等10支护绿分队授旗,开展垃圾分类、绿色出行等低碳生活方式宣传,表彰十佳巾帼志愿者和巾帼志愿服务队,300余名家长和孩子一起在南山周边捡拾垃圾,传递低碳环保生活理念。(参见第27页) (冯新春)

【家庭花卉盆景展暨“绿满家园 诗韵南山”妇联邀您来拍全家福活动】 2018年4月15日,镇江市妇联、市环保局、文明办、镇江文旅集团在南山文苑举办镇江市第五届家庭花卉盆景展暨“绿满家园 诗韵南山”妇联邀您来拍全家福活动,展出各类盆景200盆,其中,杜鹃花有30多个品种50盆。活动现场为“最美家庭”、“三八红旗手(三八红旗集体)”、巾帼志愿者及巾帼志愿服务队、巾帼文明岗、社会妈妈和结对儿童等100户家庭和集体代表拍摄全家福。 (冯新春)

【“最美家庭”颁奖暨启动“一封家书”主题活动】 (参见第235页) (冯新春)

图4-4 2018年3月7日,镇江市召开纪念三八国际劳动妇女节108周年大会 (王 军 供稿)

【乡村振兴"田甜圈"家庭亲子游项目启动】 2018年9月22日，镇江市妇联、市旅游协会、文旅集团在句容容北茶谷举行乡村振兴"田甜圈"家庭亲子游项目启动仪式。"田甜圈"项目依托巾帼农家乐"田妈妈"基地和巾帼文明岗"甜姐姐"导游组，通过发布亲子游线路，由"甜姐姐"导游组带队，招募亲子家庭赴"田妈妈"基地，为家庭提供赏景、采摘、劳作、阅读等亲子互动式体验。 （冯新春）

【"老妈妈"普法宣讲进校园】 2018年11月14日，镇江市妇联在江苏大学开展"老妈妈"普法宣讲进校园活动。市"老妈妈"普法宣讲团成员为江苏大学200多名大学生做题为《树立正确婚恋观 不负青春好时光》的婚恋观宣讲。年内，市妇联围绕"校园贷""求职陷阱""大学生婚恋观"等内容编写宣讲案例，组织"老妈妈"普法宣讲团进高校以案说法、开展普法宣讲35场。 （冯新春）

【"镇有一手"全市女大学生创业项目大赛】 2018年11月21日，"镇有一手"女大学生创业项目大赛决赛在镇江高等专科学校举行。10个决赛项目通过PPT路演、专家提问、现场答辩等环节，决出一、二、三等奖及优秀奖，"果牧不忘农场"项目获一等奖。所有获奖项目均获巾帼创业项目扶持金。 （冯新春）

·镇江市科学技术协会·

【概况】 2018年，镇江市科协坚持"四服务"职能定位，深化改革。服务科技工作者。开展选树"2018年镇江市创新争先成绩突出科技人物和科技团队"活动，与江苏省人工智能学会联合主办机器学习学术研讨会暨人工智能产学研交流会。服务科技创新战略。承办第三届江苏省科协青年会员创新创业大赛生命科学领域决赛，新增211家企业入驻中国科协企业创新服务平台。服务全民科学素质提高。实施2018年度镇江市全民科学素质百项行动计划，公民科学素质测评达标率为12%，青少年科技创新大赛的参加学校、参与人数和作品质量持续增长。服务党委政府科学决策。联合江苏科技大学承办"第十三届海峡两岸复合材料论坛"，形成复合材料产业发展研究课题送市委市政府作为决策参考。 （蒋 甜）

【"全国科技工作者日"活动】 2018年5月30日，镇江市委常委、组织部部长、统战部部长李健代表市委、市政府在《镇江日报》头版以一封信的形式，向全市科技工作者致以节日的祝福和问候。在镇江电视台《新闻相对论》栏目以创新驱动高质量发展为题推出访谈时代楷模赵亚夫的专题报道。奖励学术交流优秀项目，市科协对10个优秀学术交流项目进行资助。 （蒋 甜）

【基层组织建设"4+1"试点工作推进】 2018年11月，镇江市召开加强科协基层组织建设"4+1"〔"4"是指吸纳同级医院院长（或卫生服务中心主任）、中小学校校长、农技推广部门负责人和科技型企业家4类人群进入区镇村（社区）三级科协组织任职、兼职挂职发挥作用；"1"是指加强上级科协对下级科协的指导〕试点推进专题会议。丹阳、扬中科协将"四长"人员进入科协领导机构作为重点；扬中市乡镇街道科协全部落实"4+1"工作；句容科协成立基层科协组织建设"4+1"工作领导小组，有序推进；润州科协典型引领，在部分街道科协换届之际，吸纳卫生服务中心主任及中心小学校长担任街道科协兼职副主席。 （蒋 甜）

【"2018年镇江市创新争先成绩突出科技人物和科技团队"选树活动】 2018年9月，镇江市科协联合市委组织部、市人社局开展选树"2018年镇江市创新争先成绩突出科技人物和科技团队"活动。征集科技人物44人、科技团队31个，评选出2018年镇江市创新争先成绩突出科技人物10人，科技团队4个。《镇江日报》开设2个整版并进行10次专题报道，镇江电视台推出2部专题片，宣传2018年镇江市创新争先成绩突出科技人物和科技团队。 （蒋 甜）

【市科协所属学会有序承接政府转移职能】 镇江市科协提请市委办公室、市政府办公室联合印发《推动市科协所属学会有序承接政府转移职能工作的意见》。2018年8月，市科协联合14家政府部门和各市级学会及企事业科协，召开学会有序承接政府转移职能工作推进会。2018年，市科协所属学会承接政府转移职能呈现爆发增长态势，共承接50余项政府转移职能或社会化服务项目，其中新增36项。市科协对6个学会承接的7个政府转移职能项目给予资助。 （蒋 甜）

【科普基础工程】 镇江市科协与市财政局联合实施2018年镇江市基层科普行动计划，开展农村科普先进单位和科普示范社区与社区科普益民服务站的认定奖补活动。4个农村科普先进单位（镇江市润州区林隐茶叶协会、镇江市丹徒区江苏翰雅生态农业有限公司科普示范基地、丹阳市曲阿茶叶专业合作社科普示范基地、扬中市扬中现代渔业产业园区科普示范基地）和4个科普示范社区（镇江市京口区象山街道孟诚社区、镇江市润州区官塘桥街道宝平社区、扬中市兴隆街道三跃社区、句容市崇明街道马扎里社区）获省级表彰。市科协制定出台并实施2018年度镇江市全民科学素质百项行动计划。在行动计划中明确11大类108项行动计划和量化任务。全年市财政投入108万专项经费，为58个社区配置科普信息化终端。 （蒋 甜）

【科普宣传周】 2018年，镇江市第30届科普宣传周以"科技创新，强国富民"为主题，由镇江市全民科学素质工作领导小组主办，镇江市科协、京口区全民科学素质工作领导小组承办。科普宣传周系列活动包括镇江市在"两聚一高"实践中的新技术、新产品、新成果展示活动；科普惠及民生实践中的科普惠农成果展示等活动；蔬菜农药残留快速检测演示活动，转基因食品专题科普宣传、食品药品安全宣传等活动；垃圾分类知识、餐厨废弃物协同处置宣传活动，防灾减灾、应急避险和急救现场教学演示与体验等科普活动。 （蒋 甜）

【国际交流合作】 2018年，镇江市农业科技国际交流常态化开展。全年举办各类技术讲座4场，引进海（境）外农业新品种新技术1项。4批次日本农业专家到镇江交流。开展新兴项目中德工业4.0联盟交流和合作。 （蒋 甜）

·镇江市归国华侨联合会·

【概况】 2018年，镇江市旅居海外的华人、华侨有36000多人，全市范围内有归侨、侨眷61800多人，主要分布在美国、加拿大、澳大利亚、新西兰、德国、日本等国家。9月7日，中国侨联副主席、省侨联主席周建农到镇江调研，并召开侨联干部座谈会，宣讲中国侨联"十代会"精神。中共镇江市委出台《镇江市侨联改革实施方案》。

参政议政工作。参加由市政协港澳台侨委牵头的联合调研小组，就农村困难归侨生活状况开展专题调研，形成《社情民意》获市长张叶飞批示。镇江市侨联、镇江创新人才发展研究院完成合作调研项目"低碳产业集聚塔尖人才"课题。调整和成立市侨联经济科技、侨界专家、参政议政工作、文化交流、法律顾问、老侨工作、青年工作等7个委员会。与镇江市中级人民法院联合成立“镇江市涉侨纠纷调解中心”,出台《镇江市归国华侨联合会关于建立涉侨纠纷多元化解机制的工作细则》,14人被市中级人民法院聘请为涉侨纠纷特邀调解员。

海外联谊工作。市侨联以及其他涉侨部门举办“亲情中华·京江侨韵——进入新时代 同圆中国梦”2018镇江市侨界迎春文艺会演、“庆祝改革开放40周年”镇江市侨界迎新年文艺晚会;与共青团江苏大学委员会、中美文化艺术交流协会联合主办“江河之舞——‘新时代、新丝路、新青年’”中美大学生文化交流之旅活动,聘请董荣璨为海外顾问;举办纪念改革开放40周年“海外学子看镇江”活动,在10多个国家和地区就读或毕业的30多个海外高校的留学及归国人员,以及留学人员亲属参与活动;与市文联、《京江晚报》等部门开展纪念改革开放40周年征文活动,并在《京江晚报》开设“亲情中华·镇江侨界故事”专栏宣传侨界先进典型;与镇江文广集团《健康生活频率》联办“镇江侨界故事”节目;举办《侨海镇江·归雁圆梦》报告文学集、《侨话镇江》优秀征文集编辑发行座谈会;分别与无锡市侨联、渭南市侨联、市文联、金山街道润州山路社区党总支签约结对共建协议;参与镇江市委党校联盟;接待到镇江省亲、考察的马来西亚华侨李志方、美籍华人律师张帆、加拿大侨商杨国昌、莫桑比克中国和平统一促进会副会长邓天宁等海外侨胞。聘请邓天宁为镇江市侨联海外顾问。中国镇江醋文化博物馆被命名为“江苏省华侨文化交流基地”。

关爱侨胞活动。获江苏省华侨公益基金会“弘阳集团专项基金”63600元补助金,帮助全市51名农村生活困难归侨。接受澳籍侨胞魏基成价值25万元的棉服,捐赠给市社会福利中心、句容茅山镇袁相村等部门和单位。组织党员干部赴句容茅山镇袁相村开展慰问活动,捐赠1万元帮扶款。以“我爱侨家”品牌为载体,开展侨界夏季集中走访、新春走访慰问百余人次。与市侨办、京口区侨联、市妇联等部门分别开展“关爱健康,凝聚侨心”广场义诊、“老妈妈”普法宣讲团走进“侨之家”的活动。

(印钢林)

【在实体经济发展中保护新侨知识产权的建议】 2018年1月6日,镇江市政协八届二次会议上,市侨联提出在实体经济发展中保护新侨知识产权的建议:一是加强对新侨创业知识产权相关政策的宣传,增强新侨对知识产权保护工作的信心。加强与海外华人华侨专业社团的联系,增进沟通交流,通过互联网等新媒介开展政策推介、动态宣传活动。二是加大对新侨知识产权方面的支持力度,引导好新侨创业。对于侨资企业转型升级、创新发展等方面,有针对性地在申请、借贷、税收等方面给予优惠和补助。引导新侨在新一代信息技术产业、新能源等战略性新兴产业领域创新创业。三是运用好知识产权工作制度和模式,提高新侨创业积极性。强化新侨创新后成果转化的利益分配,逐步提升创新成果转化率。推进知识产权质押融资服务实现普遍化、常态化和规模化,引导银行与投资机构开展投贷联动,解决新侨创新创业中融资难问题。实施知识产权专业服务人才培养计划。四是加强新侨知识产权保护的针对性,为新侨创业做好服务。成立“维侨法律服务顾问团”,帮助化解涉侨企业纠纷。结合“金山英才”计划,在华人华侨归侨侨眷以及留学人员集聚的创业创新载体中设立新侨服务中心。开设新侨创业创新中的知识产权预警服务,开展新侨创新创业、知识产权档案建设,有针对性地开展预警、跟踪等服务事项。 (印钢林)

·镇江市台湾同胞联谊会·

【概况】 2018年,镇江市有台胞(含两岸婚生子女)167人。市台联加强思想政治教育,组织机关干部、理事和台胞代表,开展意识形态学习教育,全年组织学习28场次,及时向台胞宣传党的对台方针政策。分3次组织台胞参观浙江省安吉县余村、长兴县顾渚村和徐州市建设。

市台联注重发挥小组平台作用,做好台胞团结联谊服务工作。全年走访慰问台胞家庭21户次,按时足额发放生活补助款。以纪念改革开放40周年为契机,以“中国梦、我的梦”为主题,举办中青年台胞座谈会,表彰一批优秀青年台胞。

开展与岛内、海外及大陆台胞、台商的交流联谊活动,全年交流接待6批41人次,先后走访台湾小镇、北台壁纸等5家台资企业,了解镇江台企生产经营以及台商生活情况,并就镇江落实国台办31条惠台政策的情况做调查研究,促进镇江投资环境的改善,推动镇江台资企业的发展。

做好参政议政工作,市台联发挥“参政议政调研小组”的作用,组织赴湖州、徐州调研生态环境保护、休闲旅游产业打造、城市规划建设,提高参政议政水平。5名市、区台籍政协委员围绕市委、市政府的中心工作和群众关心的热点、难点问题,先后提出10件提案。 (刘 军)

【加强棚户区改造的建议】 2018年,镇江市台联就棚户区改造提出如下建议:一是提高认识,增强责任。有关政府和部门要认识当前棚户区改造工作面临的新形势、新要求,增强责任感、紧迫感,统一思想,创新思路,推进棚户区改造工作。二是加强规划,制定计划。有关部门要对棚户区加强规划,对需要保护性修缮的地块,提出修缮标准,给以资金和配套政策支持。对整体重建的地块,要统筹协调,排出计划,逐年改造。三是加强协调,提高效率。棚户区改造涉及的部门较多,区政府推进,住建局牵头协调,其他部门按照各自职责,密切配合,建立和完善绿色审批通道,简化审批流程,提高审批效率,保障棚户区改造实施。四是督促检查,加强考核。市政府按年度与各区政府签订目标责任书,建立绩效考核奖惩机制,做到有奖有惩。同时要加强日常的监督检查。五是宣传引导,形成合力。要加大信息公开力度,主动发布和准确解读政策措施,及时反映工作进展情况,引导棚户区居民参与棚户区改造。 (刘 迅)

·镇江市哲学社会科学界联合会·

【概况】 2018年,镇江市社科联(院)联合全市社科工作者,服务镇江高质量发展,获评全国先进社科组织、全国城市社科院先进单位、省先进社科联奖、省决策咨询奖。

坚持政治引领理论武装。举办全市学习习近平新时代中国特色社会主义思想专题研讨会、“学习贯彻习近平总书记全面深化改革开放重要思想研讨会”、学习“5·17”重要讲话2周年专家座谈会等6场理论研讨和学术交流活动,引领社科理论研究方向。与社科学会基地签订意识形态责任状,把握社科领域意识形态主动权。

重视加强社科应用研究。打造“应用研究精品工程”品牌,应用课题申报750项,立项300项。其中法学专项申报62项,立项48项;教育专项申报421项、立项83项。新增“赛珍珠研究”专项,申报31项,立项20项。举办镇江市第十二届哲学社会科学优秀成果评奖,113项社科优秀成果分别获一、二、三等奖和优秀奖。2018年全省第十五届社科优秀成果评奖中,全市有18项获奖,其中市本级有8项、市社科联机关2项。6篇研究成果获省第十二届学术大会学会专场学术征文一等奖、二等奖。5个学会研究成果获省、市社科学术成果一等奖。

注重加强社团基地管理。制定下发《关于深入推进全市社科类社团组织健康有序发展的意见》等6项制度。举办学会秘书长和社科专家培训班。联合市国际税收研究会等单位，召开解放思想大讨论学会专场座谈会，调研报告获应用研究精品工程一等奖。市保险学会、市社科专家协会获评省模范学术社团，省先进学术社团。推进社科普及"启航工程"，重点实施社科普及"质量提升计划"，全年组织开展各类社科普及活动500多项，社科普及讲座200多场。《镇江手机报·社科悦读》专栏全年编发专栏稿件156篇，阅读人群约7万人。举办第15届社科普及宣传周活动，组织1.4万人参加省社科知识微信有奖竞答活动，获评省社科联"优秀组织奖"。（房利华）

【重点课题研究】 2018年，镇江市社科联实施完成省市领导圈定重大课题9项、重点课题14项。省哲学社会科学规划办公室省市协作重点课题《社会主义核心价值观培塑与生态文明建设统筹推进路径研究》《社会主义核心价值观培育与区域法治建设协同发展机制研究》通过结项评审。国家社科基金课题《我国东部发达地区推进农业现代化有效路径及典型经验研究》完成中期评审。《江苏地方文化史·镇江卷》研究撰写工作进展顺利。全年组织多项重点应用对策研究，形成10期《镇江发展研究报告》，获市委、市政府主要领导的批示和分管领导肯定。（房利华）

【社科工作会议】 2018年1月30日，镇江市社科工作会议暨市社科联理事大会召开。会议肯定2017年全市社科战线在服务全局上有新成效、在创先争优上有新突破、在扩大自身影响上有新进展。同时，提出2018年社科工作的目标是：围绕学习宣传贯彻中共十九大精神，当好主力军；围绕服务全市经济社会发展中心，干出新作为；围绕推动意识形态工作责任制硬落实大命题，再出新成效。（房利华）

【第四届"民生与保险"苏南年会】 "民生与保险"苏南年会由南京、苏州、无锡、常州、镇江等5市保险学会和有关高校于2015年共同发起。2018年10月25日，第四届"民生与保险"苏南年会在镇江市举办，年会以"社会责任与保险"为主题，邀请国务院发展研究中心金融研究所保险研究室副主任朱俊生做《保险业的转型与发展》主旨演讲，表彰22篇优秀研究成果。相关金融保险监管部门、省内高校、科研机构、保险机构等单位的250余名专家学者和代表参加。（房利华）

【宁镇扬智库联盟年会】 2018年11月19日—20日，宁镇扬智库联盟2018年年会在镇江市举行。南京、扬州、镇江的20名社科专家、学者围绕推进智库联盟实现新型项目化管理、实现三地资源共享等主题开展研讨交流。省社科联党组书记、常务副主席刘德海做专题辅导，镇江市委常委、宣传部部长孙晓南出席会议并致辞。（房利华）

·镇江市文学艺术界联合会·

【概况】 2018年，镇江市加强文艺界的思想理论武装工作，团结引领广大文艺工作者做有信仰、有情怀、有担当的文艺工作者。举办文艺领域意识形态工作专题报告会，强化文艺界意识形态管理阵地意识、责任意识。

围绕改革开放40周年组织重大题材文艺作品创作。在中央党校、中央党史和文献研究院的支持和参与下，完成大型连环画图书《中国精神——图说中国共产党的百年奋斗》创作。组织作家、记者采访创作，出版推出纪实文学《四十年四十人：镇江改革开放的历史时空》。组织创作广播连续剧《诗人闻捷》，启动"闻捷诗歌奖"全国新诗歌创作大赛。推动反映中国航空事业发展的报告文学《冲天》等10余部长篇文学创作。加大重点作品扶持力度，市文联立项资助《110在行动》《虚构人生》等12部作品；长篇小说《坎兰特少年》等8部作品获市重大题材扶持资助。王桂宏的散文集《乡愁》镇江卷获"冰心"散文奖。举办任珏方、王桂宏、吴绍祥、马健、宋定国、朱凯生等文学作品研讨会。

完成镇江市第九届文学艺术奖评选工作，扬剧《花旦当家》、舞剧《春江花月夜·赛珍珠》、歌曲《敕勒川》、文学《女帝本色》等20件作品获市文学艺术奖，33件作品获市文学艺术奖提名奖。"天下归元"的《凰权》获世界泛华文网络文学"金键盘奖"，古装言情剧《扶摇》《天盛长歌》分别在浙江卫视、湖南卫视播出，腾讯收视率为148亿人次。试水网络影视创作，联合创作出品镇江市首部网络电影《双世白蛇》，在线播放突破1500万人次。"宜创计划"首部影视作品《双世青蛇》拍摄制作完成。组织力量创作打磨反映农村留守儿童的文艺电影《蝎子》。微电影《我们的家》获国家新闻出版广电总局原创网络视听节目展播优秀奖。微电影《爱在运河边》获首届运河主题国际微电影展2个奖项。微电影《我们结婚吧》《教训》分获江苏"263"环境整治行业评比二等奖、三等奖。

在第14届中国国际合唱节合唱比赛中，镇江市合唱团获银奖。市设计艺术家协会10多件作品在江苏紫金文创设计大赛等省级赛事上获奖。市书法家协会多人入围"江苏书法奖"、省新人展和全国、省刻字展等展赛。美术作品在国家级各类美术作品展览和省级展览中获24个奖项。组织参加江苏省第六届社会舞蹈大赛暨第八届少儿舞蹈比赛，获3个二等奖、2个三等奖；市舞蹈家协会获评优秀组织奖。市摄影家协会30多件作品入选江苏省改革开放40周年图片展等展览，并获评优秀组织奖。

打造文艺活动品牌，创新拓展文艺平台。组织开展"为人民绽放"镇江第二届文学艺术节活动，推出涵盖文学、摄影、书法、美术、戏剧、音乐、舞蹈等艺术形式的30余项活动。协办第二届镇江金山合唱艺术节。举办第16届中国微型小说年度奖评选大赛。与乌鲁木齐、泉州市文联举办"江海陆·丝路情"三市美术交流展。开展文化援疆活动，赴可克达拉市开展文艺交流，援助可克达拉高级中学一批书法作品。发展各种文艺门类，市书法家协会举办第二届全国大字书法艺术展、市第六届书法篆刻双年展、米芾书法创作大赛；市美术家协会举办"新时代·新镇江"首届版画作品展并赴省展出；市戏剧曲艺家协会在西津渡鉴园广场举办跨年篝火晚会；市舞蹈家协会承办"迈进新时代，幸福舞起来"2018年镇江市广场舞大赛；市摄影家协会举办第二届摄影艺术周、第十四届摄影艺术展和"美丽镇江乡村游"摄影大赛等。

推进文联工作改革创新，加强文艺服务保障，开展文艺惠民服务。挂牌成立江苏人民出版社镇江分社，拓展图书出版业务，全年编辑出版文学类、艺术类图书20多本。推动实施"深耕纸媒战略"，改进《金山》杂志采编出版工作，探索打造有声杂志。加强《心连心》双拥杂志编纂工作，推动《优雅少年》中小学生作文杂志筹办工作。组织完成《我的家乡在镇江》幼儿乡土教育绘本和《镇江宝宝的睡前读物》编写创作。完成7个文艺家协会换届工作。先后组建镇江市网络作家协会、镇江市知青作家协会、镇江青年电影联盟，新成立镇江版画学会、水彩画学会。

8月2日，市侨联、文联组织工作对接交流，制定并签署结对共建协议，搭建平台开展活动。市文联动员和组织文艺工作者为市侨联开展文化艺术交流等活动提供指导、帮助或授课培训，市侨联运

用海外资源优势为市文联牵线对外文化交流渠道。（高兴玺）

【江苏人民出版社镇江分社揭牌仪式暨大型纪实文学《四十年四十人：镇江改革开放的历史时空》首发式】 2018年10月30日，江苏人民出版社镇江分社揭牌仪式暨大型纪实文学《四十年四十人：镇江改革开放的历史时空》首发式在镇江市行政中心市民大厅举行。江苏人民出版社社长徐海致辞，凤凰出版传媒集团总编辑佘江涛、镇江市政协副主席朱开宝为江苏人民出版社镇江分社揭牌，江苏人民出版社向镇江图书馆等单位捐赠图书。同时，举行大型纪实文学《四十年四十人：镇江改革开放的历史时空》的首发仪式。该书由中共镇江市委宣传部、镇江市文联、镇江报业传媒集团联合组织创作，讲述镇江的40名代表人物在改革开放40年中的生活经历和奋斗轨迹，展示镇江改革开放40年所发生的变化。（高兴玺）

【“乡村文艺提升”镇江文艺志愿服务三年行动计划启动】 2018年5月23日，“乡村文艺提升”镇江文艺志愿服务三年行动计划启动，并在市行政中心市民大厅举行集中出发仪式。市委常委、组织部部长、统战部部长李健为志愿者授旗，近百位志愿者接受授旗后分成6路下乡开展志愿服务活动。全年组织42支文艺辅导队、200多名艺术家到京口区、润州区、丹徒区的26个社区，开展音乐、舞蹈、美术、书法、摄影、曲艺等门类的文艺辅导；全年开展文艺服务120多场次，服务社区居民4000多人；省文艺志愿者乡村服务基地在江心洲挂牌，句容唐陵村等20多个市级志愿服务基地挂牌，推动城市专业文艺力量结对驻村，开展“教、学、帮、带”。（高兴玺）

·镇江残疾人联合会·

【概况】 2018年，镇江市残疾人工作围绕“打赢残疾人脱贫攻坚战，加快推进残疾人小康进程”的总体目标，制定5年发展规划，推进新时代残疾人事业高质量发展。成立福利助残基金会，设立6个专项助残基金。全年市残联有“同心园”残疾人之家服务品牌和“镇江市残疾人司法助残服务”2个项目获省残联通报表扬。8月24日—29日，江苏省第10届残疾人运动会在镇江市举办，镇江市获39块金牌，总分列全省第三名。

2018年，镇江市推进残疾人扶贫工作，句容市光伏发电扶贫项目，开辟农村贫困残疾人稳定增收渠道，由过去“输血式”的单向扶贫转变成当地残疾贫困户自主“造血”双向互动式的扶贫。该项目在全省推广，229户贫困残疾人家庭年收益3000元至3500元。扬中市光伏产业脱贫项目为建档立卡和重度无业青壮年贫困残疾人免费安装太阳能发电设备，该设备可综合抵减电费，余电售卖收入和新能源补贴年增收3000元～5000元，并且受益期为20年～25年。丹阳市残疾人公共服务平台“1231”服务体系项目，即“1个平台”“2个终端”“3个运营支撑体系”和“1个业务规范标准体系”，使丹阳市18000余户残疾人家庭和近2万名残疾人受益。建设一批辐射带动力强、能够稳定增加残疾人家庭收入的扶贫基地，截至年底，镇江市建成各级残疾人扶贫基地48个，安置残疾人1072人，辐射带动残疾人1544户。

市残疾人联合会召开第六次代表大会，会议选举产生市残联第六届执行理事会，副市长曹丽虹当选为市残联第六届主席团主席，孙萍当选为市残联第六届执行理事会理事长。市委书记、市人大常委会主任惠建林到会讲话。

镇江市构建残疾人司法救助服务体系，提升维权工作质量效益，全年接待处理各类上访795人次。截至年底，全市完成贫困重度残疾人家庭无障碍改造348户，超额完成省指标60户。市残联聘请9名行风监督员，召开2次行风监督员座谈会，加强市残联服务民生、队伍建设、政策宣传等方面的工作。12月，在南京召开的“全省残联系统学法用法知识竞赛”中，市残联代表队获三等奖。（王晨沛）

【助残“十大行动”品牌】 2018年，镇江市的民生助残“十大行动”入围“市级机关服务品牌项目”。其中，复明行动：为全市496名贫困残疾人实行免费白内障手术，手术成功率100%。健行行动：为全市118名贫困肢体残疾人成功安装高品质假肢及矫形器。天籁行动：与市卫计委联合开展耳聋基因检测110例。安宁行动：为全市3414名贫困精神残疾人实施免费服药。平安行动：为全市6万名持证残疾人购买人身意外伤害保险。阳光行动：市公办托养中心全日制托养100余人，全市有1400余名残疾人在65家各类托养机构接受服务；扶持17家“金手指”盲人按摩店。彩虹行动：建成61个“残疾人之家”。暖心行动：走访慰问残疾人860多人。护苗行动：450余名残疾儿童全部纳入护苗行动的受助范围内，基本实现结对帮扶的全覆盖。兜底行动：有26494名重度残疾人享受生活补贴，12198名重度残疾人享受护理补贴，139名残疾学生及贫困残疾人家庭子女享受教育补贴政策。（王晨沛）

【托养服务】 2018年，镇江创建“同心园”残疾人之家服务品牌，主旨是以“镇江市残疾人托养中心”为示范基地，形成“同心圆”向基层镇（街道）、村（社区）“残疾人之家”辐射，打造集辅助性就业、职业技能训练、护理照料、生活自理能力和社会适应能力训练、职业康复、文化体育、维权、基层组织建设、志愿者服务等基层基本公共服务平台。截至年底，在京口区、润州区、镇江新区选择5家“残疾人之家”开展第一批试点，基本实现资源向基层集聚、政策在阵地集成、志愿服务更加便捷的目标，有135名残疾人享受到便利化、常态化、精准化的服务。（王晨沛）

【残疾人志愿服务】 2018年，镇江市56支助残志愿者团队以“扶残助残，脱贫攻坚”为宗旨，借助基金会平台开展扶残助残活动，先后开展“书画家捐画文化助残”“夏日爱心慰问”“残疾人艺术家作品公益拍卖”等多个公益助残活动，累计开展志愿服务3600余人次。（王晨沛）

【残疾人就业服务】 2018年，镇江市建立完善辖市（区）系统管理员队伍，并开展全市各级负责残疾人就业培训工作人员系统操作培训，先后举办计算机应用、电子商务、插花、手工艺品制作、盲人按摩等培训15期，培训人员200多人，实现实名制就业650人。在全省残疾人职业技能大赛中，镇江市获7个奖项，2个项目入围全国赛，并获总体排名第六名。（王晨沛）

·镇江市红十字会·

【概况】 2018年，镇江市有基层红十字会145个、冠名医疗机构10家、团体会员单位144家、会员总数9.14万人、注册志愿者2545人，全年新增注册志愿者250人。举办“新思想引领大爱镇江新时代”——首期“博爱讲坛”活动，100余名志愿者参加。在中国红十字会总会举办的2018年全国红十字防灾避险知识竞赛中，镇江市10家单位获最佳组织一等奖、9家单位获最佳组织二等奖、6家单位获最佳组织三等奖。在江苏省红十字会举办的“见字如面”书信有奖征集活动中，捐献者王丽萍的作品获一等奖，镇江市红十字会获优秀组织奖。造血干细胞捐献工作被江苏省红十字会评定为一等奖单位。20名捐献者被评为中华骨髓库五星级志愿者(2015年7月—2018年6月)。“守护生命,输送希望——为空巢孤老提供人生最后一程服务”项目获中国红十字会总会“最具红十字精神”项目称号。

2018年,镇江市辖市(区)各建立一支养老照护志愿服务队,定期开展生活照料、康复保健、文体娱乐、精神慰藉、安全援助等活动。全年开展养老照护知识普及110余场次,培训3137人次,入户志愿服务320次,受益人数599人。“博爱家园”开展防灾减灾宣传、养老照护服务、应急救护、人道传播等红十字工作。西津古渡社区“博爱家园”在景区商铺里建立8个红十字工作分站并配备红十字急救箱。

当年,4所驻镇江高校红十字会开展“博爱青春”暑期志愿服务项目11个,300余名大学生参加,志愿服务时长2万多小时,受众1.5万人次。江苏大学财经学院“不忘初心,励志髓行”和江苏大学京江学院“青春有你,协力‘童’行”等2个项目获省级一类项目资助5000元,金山职业技术学院“让爱相伴、情暖夕阳”项目获省级二类项目资助3000元。市红十字会、团市委开展市级“博爱青春”暑期志愿服务项目总结展示会,评选表彰优秀项目、优秀组织奖和优秀大学生志愿者。 (贾建芬)

【应急救护技能竞赛】 2018年9月25日—26日,镇江市红十字会、市总工会、市人力资源和社会保障局联合在江苏科技大学举办第二届镇江市应急救护技能竞赛。28名红十字志愿者和培训师参加比赛,扬中市代表队获团体特等奖,市直代表队、句容市代表队获团体一等奖,丹阳市代表队、丹徒区代表队获团体二等奖,润州区、镇江新区代表队获团体三等奖。陈美云获个人第一名并获“镇江市技术能手”称号;魏杰、钱隽、刘劲松分别获个人第二名、第三名、第四名并获“镇江市五一技术标兵”称号;同时,陈美云等15名选手获“镇江市红十字应急救护能手”称号。 (贾建芬)

【百万救护培训项目】 2018年,镇江市实施百万救护培训项目,深入机关、学校、社区、企业开展应急救护培训,培训初级救护员6225人,普及性培训60702人。其中,市本级培训救护员1591人,普及性培训9998人。为相关单位提供急救指导服务,其中,江苏科技大学、江苏大学获江苏省第四届高校应急救护竞赛一等奖。与万科社区开展合作,通过社区微信群等新媒体平台发布培训信息,举办5期培训,400余名社区居民和社区内单位员工参加,228名学员获“红十字初级救护员合格证”。 (贾建芬)

【造血干细胞捐献工作】 2018年,镇江市新加入中华骨髓库志愿者965人,实现造血干细胞捐献8人,入库志愿者和成功捐献人数在全省较为领先。3月24日,镇江市红十字会、团市委、市文明办、市委市级机关工委、市卫计委等单位联合在大市口广场开展第16届爱相“髓”点燃生命的希望造血干细胞捐献血样集中采集活动。3月23日—24日,市红十字会承办江苏省无偿献血和造血干细胞捐献志愿服务交流活动。10月20日,市红十字会在南山绿道、赛珍珠纪念馆举办“捐献者,你好!”2018年造血干细胞捐献者联谊活动,50余名志愿者参加“我捐献,我健康”健步行活动和“捐献者,您好!”书信分享会。当年,市红十字会组织捐献志愿者10余次深入社区、高校、企业、大型活动现场开展造血干细胞捐献知识宣传和采集血样活动。8名捐献者被江苏省文明办、共青团江苏省委、江苏省红十字会、江苏省志愿者协会联合授予“江苏省优秀红十字志愿者”称号。 (贾建芬)

【遗体器官捐献工作】 2018年,镇江市新增遗体器官捐献登记志愿者70人,实现遗体捐献18例、器官捐献3例。4月3日,由镇江市红十字会、市文明办、市卫计委以及江苏大学红十字会联合主办,江苏大学医学院承办的2018镇江市遗体器官捐献缅怀公祭活动在江苏大学举行,数百名捐献者家属、登记志愿者和市民代表参加。当年,生命永恒志愿服务队开展各类遗体器官捐献宣传与动员、春节走访慰问登记志愿者等活动。

(贾建芬)

【红十字应急救援】 2018年,由镇江市政府批准、市民政局审核通过,正式设立镇江市红十字应急救援中心,市红十字会为其业务主管部门。救援中心设立后,完成镇泰扬迎新春游泳邀请赛、镇江首届山地越野赛、镇江首届南山越野赛等大型活动和赛事保障10余场次;承担镇江市消防支队新警、谏壁消防中队、镇扬汽车轮渡公司等单位以及万科社区等初级救护员培训7场次。10月,举办“2018红舟启航——镇江首届急流(岸际)救生课程培训班”。 (贾建芬)

【世界急救日宣传活动】 2018年9月10日,镇江市红十字会、市应急办、市卫计委、市公安局交警支队在丹徒区宝龙广场举办“交通安全‘救’在身边”主题宣传活动。活动现场模拟“交通事故实施应急救护”和“灾情现场的自救与互救”场景,开展有奖竞答、游戏互动;“红十字社会儿女”“爱心家园”志愿服务团队志愿者表演健身气功操、旗袍秀等节目;医疗卫生专家为市民义诊;红十字救护培训师现场讲解、演示心肺复苏、AED机使用、止血、包扎等技能。 (贾建芬)

图4-5 2018年3月24日,爱相“髓”点燃生命的希望——第16届造血干细胞血样集中采集活动

(贾建芬 供稿)

镇江军分区

【概况】 2018 年，镇江军分区贯彻新时代军事战略方针，用强军思想武装头脑，用实战化练兵锻造能力，用调整改革完善体系，用军民融合助推成效，部队建设有新发展。

练兵备战工作。开展“和平积弊大起底大扫除”活动，梳理 8 个方面 16 个问题，制定细化整改措施；以迎接全军战备拉动为牵引，规范日常战备秩序，修订方案计划体系，强化应急力量建设；按新大纲组训、施训，开展首长机关和人武部主官军事训练考核，组织官兵、专武部长和民兵实战化训练，丹阳市人武部获评省军区“军事训练先进单位”；完成省军区民兵报废弹药销毁调运任务，保障南京、苏州等单位调运工作。

国防动员建设。贯彻省国防动员“十三五”规划，开展潜力调查和能力评估，构建市、县两级 7 大类 151 项动员潜力数据库。协助康飞汽车、大全集团、飞驰集团等企业开展动员中心常态化建设；与市交通局对接完成国防交通某方案设计，并通过省级评定；突出“五率”（报名率、上站率、合格率、择优率、退兵率）量化考评，完成新兵征集任务，大学生占 78.4%，大学生新兵比例实现 5 连增，全市 18 周岁男性公民兵役登记率 100%；深化全民国防教育，开展国防知识竞赛活动。

调整改革工作。研究制定《镇江军分区改革期间纪律规定》。展开民兵调整改革工作，完成全市基干民兵整组任务。迎接军委国防动员部民兵调整改革检查考评，某区承担全市民兵应急单位组建任务。实施干休机构调整改革，完成文职人员转改、接收、招考任务。

正规化建设。制定加强新体制下军分区“三个一线”（一线指挥部、一线战斗堡垒和一线带兵人队伍）建设的具体措施，推动新时代民兵和基层武装规范化建设；集中开展“贯彻落实新条令、塑造军队好样子”和“学条令、学法规、正秩序”活动，组织“安全大检查”和“百日安全活动”，做好“两个经常性工作”（经常性思想工作和经常性管理工作），研究制定《机关公勤队安全管理量化细则》，落实安全分析、检查巡查、情况通报、风险评估等制度，规范军车、油料管理。按照“三挂钩”健全机制（机关部门指导抓建、人武部联合帮带、政府机构出资支持），协调军地资金对干休所进行规范化建设整治。句容市人武部获评省军区“安全管理工作先进单位”。

思想政治及其他工作。开展军委主席负责制学习活动，贯穿全年组织“传承红色基因、担当强军重任”主题教育，在干休所开展向“三老”（老红军、老八路、老解放）学习活动。开展“住所蹲点”和机关干部下基层代职等活动。完成军分区“强军网”建设。丹徒区以烈士命名桥梁、京口区大学生兵员征集工作在《解放军报》《国防报》等刊登报道。正风肃纪，以张某、房某某案为反面教材开展纪律教育。加强干部队伍和人才建设，组织作战部队交流转改文职人员业务培训，做好优秀干部遴选推荐工作。推进不合理住房清理工作，开展廉洁征兵检查。在丹徒区曲阳村建立扶贫基地，推进帮困工作。 （刘晓平）

【应急、应战工作】 2018 年，镇江军分区加强应急、应战工作，调整规范区、团两级值班秩序和应急指挥处置，定期组织交接班和拉动演练，保障改革期间指挥不间断。修订军分区应对某重大事变行动总体方案；协调队伍参与防汛勘察和支援地方扫雪除冰等工作；做好战备拉动和过境部队动员保障工作。开展综合整治，提高日常战备水平。落实省军区战备规范化建设试点观摩会精神，投入资金完成所属人武部战备基础设施和战备规范化建设。开展党委班子和首长机关业务训练；依托市国防园组织全市专武干部集训和两级国动委系统集训；统筹组织民兵“三类”队伍基地轮训，健全民兵教练员队伍，3 名民兵教练员获省级“‘四会’教练员”称号；针对辖区长江岸线长、化工企业规模大、森林覆盖率高等特点，采取“分类集中、分层组训、分批轮训”方式，组织抗洪抢险、防化救援、反恐维稳等应急救援分队专业训练；5 月，镇江军分区、市防汛防旱指挥部组织民兵专业分队开展抗洪抢险综合演练；8 月，组织开展两级指挥所带战备值班分队应急拉动演练。 （刘晓平）

【军民融合工作】 2018 年，镇江军分区强化顶层设计，配合市委、市政府制定出台《关于加快推进镇江军民融合产业示范区建设的实施意见》《镇江市军民融合产业发展三年行动计划（2016—2018）》和《镇江市军民融合发展第十三个五年规划》等一系列政策文件，为军民融合深度发展提供保障。编制《镇江军民融合创新示范区建设方案》，提升全要素、多领域、高效益军民融合发展格局。重视双拥工作，八一、春节前，召开双拥领导小组组长办公会和全市军政座谈会议，落实年度互办 20 件实事。投入资金在丹徒区曲阳村建立“扶贫”基地。开展“国防教育日”“国家安全日”宣传教育活动，镇江军分区、市双拥办举办军地演讲比赛及国防知识有奖竞赛。 （刘晓平）

【军分区党委全体(扩大)会议】　2018年1月18日,镇江军分区党委召开十三届八次全体(扩大)会议,会议学习贯彻中国共产党十九大精神,并按照中央军委、军委国防动员部党委、东部战区党委和省军区党委要求,部署工作任务。市委书记、军分区党委第一书记惠建林出席会议并讲话;军分区党委书记、政治委员李迎久,市委常委、军分区党委副书记、司令员曹寅分别讲话。　（刘晓平）

【省军区考核组到镇江检查工作】　2018年12月20日—21日,江苏省军区司令员于中海率综合考核组到镇江就国防后备力量建设情况开展检查考核。市委书记、军分区党委第一书记惠建林,军分区司令员杜新参加检查。12月20日,考核组检查考核军分区首长机关干部和各市、区人武部主官军事理论、业务技能和体能等方面工作。12月21日,召开调研座谈会,听取关于2018年国防后备力量建设落实情况和2019年工作筹划等方面的汇报。考核组对镇江市民兵调整改革任务落实、基于民兵按新大纲施训成效、民兵应急分队战备基础设施建设、民兵政治工作、军分区安全管理现状和干休所调整改革落地后运行等情况进行调研。　（刘晓平）

武警镇江支队

【概况】　2018年,中国人民武装警察部队镇江支队(以下简称武警镇江支队),按照武警江苏省总队“四个相适应”的建设指向和“全面过硬、争创一流”的奋斗目标,着力“统思想、强能力,抓规范、严管理,提士气、正风气”,部队建设有新成效。6月15日,中国共产党武装警察部队镇江支队第一次党代表大会召开。大会产生第一届党委委员、纪委委员,张帆为党委书记。

武警镇江支队以主题教育为主线,挖掘驻地红色资源,通过组织红色教育基地挂牌仪式,参观上海战役总前委旧址、茅山新四军纪念馆等活动,筑牢官兵“三个绝对”思想根基。加强军队基层党的建设,开展党组织大检查、大整顿和“整训、整风、整改”活动。参与脱贫攻坚工作,先后投入近32万元,资助24名家庭贫困学生;为扶贫对象厚固村、曙光村分别添置文体健身器材、建设光伏发电项目。

武警镇江支队开展“三抓三促”(抓机关促基层、抓干部促士兵、抓拳头促部队)练兵活动,部队训练水平有较大幅度

图5－1　2018年6月1日,中国人民武装警察部队镇江市支队在镇江市烈士陵园举行“红色教育基地”揭牌仪式　（秦俊杰　供稿）

的提高。其中,支队半年军事训练考核获武警江苏省总队第一名;特战排获二季度某训练苏南片区第一名。全年先后完成春运执勤、除雪破冰抢险救援、金山灯会、长江音乐节等安保工作以及武装押解等任务,并抓捕成功1名网上在逃犯。

武警镇江支队加强基层建设,提升帮建效果。建立军地联供、联保机制,推进“一组五队”训练演练,增强保障能力。每季度开展医疗心理服务下基层活动,组织官兵健康体检;投入60余万元改善部队基础设施,为基层建设军营网吧,补充完善训练器材等。当年,有1个大队、数个中队获评武警总队“先进标兵”。　（秦俊杰）

【武警江苏省总队跨区帮扶单位到镇江考察】　2018年5月15日,由新疆建设兵团第三师图木舒克市农业局等一行8人组成的武警江苏省总队跨区帮扶单位考察团到镇江考察调研。调研中,考察组到镇江农科院果树、蔬菜、花卉等种植园,与农科院工作人员探讨交流,询问果树、蔬菜、花卉等种植所需的技术。双方就援助项目、援助方式、技术需求等方面,达成技术帮扶合作意向。　（秦俊杰）

军事学院

【陆军军事交通学院镇江校区】　2018年,陆军军事交通学院镇江校区围绕建设世界一流军队战略投送能力支撑性院校要求,推进各项工作深入开展,学院呈现稳中向好、加速向前的发展态势。

思想建设。推动强军思想大众化、普及化,开展各类教育活动百余次。做好年度主题教育、军委主席负责制学习教育。举办纪念改革开放40周年暨定点镇江办学40周年系列活动。采取烈士陵园主题宣誓、毕业学员广场签名等形式,强化官兵使命意识,激发“教战、研战、学战、练战”热情。举办军事航海特色文化月、强军文艺晚会、军事体育运动会,浓厚校园特色军事文化氛围。

组织建设。召开校区第一次党代表大会,选举成立校区第一届党委、纪委;组建校区直属党委,规范健全各级组织机构。召开校区第一次团代表大会。按照减中理顺、改中优化、动中加强的原则,选准配强各级班子和主官,做好干部调整选调、退役安置以及文职人员转改招聘工作。举办文职人员入职宣誓大会。选派干部赴陆军荣誉部队代职锻炼。　（刘登科）

【教学训练活动】　2018年,陆军军事交通学校镇江校区。开展“和平积弊大起底大扫除”活动,推进实践性教学训练改革。组织参加陆军某军事比武竞赛、某毕业综合演练、某综合演练、地文航海实习、野外海岛驻训和年度拉动训练。常态化开展军事体能技能训练,2018年学员毕业联考总通过率96.8%。推进科研学术创新,组建科研创新团队4个;新上军内科研项目11项、学院科研基金项目4项;发表学术论文163篇,被核心期刊收录34篇,获授权专利和软件著作权53项。与陆军研究院作战保障研究所签订战略合作协议,参与某活动,拓展军地合作领域。提升学员综合素质,组织

科研创新实践俱乐部，鼓励学员参加实践创新活动；遴选优秀学员参加首届全国大学生船舶能源与动力创新大赛，获一等奖、二等奖、三等奖各3项；参加第七届全国海洋航行器设计与制作大赛，获一等奖2项、二等奖3项。（刘登科）

人民防空

【概况】 2018年，镇江市人民防空工作围绕履行战时防空、平时服务、应急支援的使命任务，加强人防军事斗争准备，推进人防事业融入经济社会和城市建设。5月15日，镇江市人防警报建设规划通过专家评审。

完成人防指挥管理体系建设。调整市人防指挥部实战化编成。5月，镇江市民防局、镇江军分区战备建设处联合印发《关于镇（街道）人民武装部履行人民防空职责的通知》，在全省率先推进落实镇（街道）人武部履行人民防空职责；7月中旬，市民防局、镇江军分区联合召开镇（街道）人武部履行人民防空职责现场推进会。开展人防专业队和志愿者队伍编组和训练工作；经常性组织民防分队开展实装、实地野外指挥拉练，提高民防队伍的实战化能力。

统筹城市综合防护体系建设。市民防局维修改造市人防地面指挥所，对通信指挥系统升级改造；句容市人防指挥所开工建设；扬中市人防应急疏散基地竣工。结建人防工程（结合城市新建民用建筑修建战时可用于防空的地下室）保持快速增长。

加强人防工程监管。建立市、街道、社区三级人防工程维管联动机制，强化人防工程的日常监管；严格人防工程质量管理，市民防局、市住建局分工、完善监管体系；推进人防工程标准化改造工作，建立技术规范；查纠各类违法、违规问题，维护人防工程的完好率，3月—7月，市民防局在全市范围启动人防工程违规使用情况处理的专项行动，重点对《江苏省物业管理条例》实施以后，依法配建的人防工程平时用作停车位，违规出售（附赠）和租赁时间超过3年的违法行为进行调查、纠正和处罚。

宣传教育工作。开展“3·1”国际民防日宣传周活动，制作首部民防公益动漫宣传片《安安说民防》。组织经常性的群众性防空防灾演练。8月—11月，全市民防系统开展解放思想大讨论暨纪念改革开放40周年系列活动，举办全系统“深度对标苏南，深入解放思想，深化改革创新”主题论坛；开展“我为民防高质量发展献一策”征文活动；与镇江日报社举办“民防记忆”影像及其背后故事有奖征集活动；制作镇江民防改革开放40周年宣传画册和建设成果汇报片。

其他工作。深化“放管服”改革，降低人防易地建设费收费标准，减轻企业负担。实行容缺受理机制，缩短审批时间。推进“不见面”审批，所有权力事项涉及的内容全部上网，方便企业办事。市民防局机关党支部、市财政干部培训中心党支部、市南山风景名胜区管理处党支部、南山街道鹤林社区党支部共同创建“南山绿·党旗红”党建联合体。5月14日—18日，市民防局组织人防专业队干部骨干到江苏省民防教育基地开展集中训练。制定《市民防局机关处室和基层单位绩效目标考核办法》，完善政绩考评体系。（刘　坚　吴有奇）

【人防监理企业信用体系建设】 2018年1月1日，《镇江市人防工程建设监理企业监督管理和信用评价办法》实施。该办法通过对人防工程建设企业的资质、经营能力、信用记录指标等要素的考量，对相关企业进行综合评价，推进人防工程信用体系建设。市民防局完善省、市人防工程建设网上申报与管理系统，对人防工程从业单位和注册人员是否达到人防工程建设资质标准进行动态监控；建成“人防工程管理信息系统”“人防工程质量监督信息系统”等平台，将人防监理企业基本信息、工程业绩、工程质量、安全管理、合同履约、奖惩记录等在内的信用信息录入平台，对所有在镇江市承揽人防工程的监理项目企业进行综合评价，形成守信激励、失信受惩的“黑名单”制度；加强对人防工程建设单位相关技术人员的培训。（刘　坚　吴有奇）

【“国际民防日”宣传活动】 2018年2月26日—3月4日，镇江市人防系统以“民防为民，共建共享”为主题，开展为期一周的“国际民防日”宣传教育活动，宣传人防政策法规，普及市民人防应急意识，展示民防建设发展成果和为民服务的具体举措。镇江市各级人防部门与相关企业、学校、街道、社区联动，向机关企事业单位干部职工、在校学生、社区群众近3万人普及防空减灾知识、自救互救技能。（刘　坚　吴有奇）

【第11届“民防杯”网友公益植树活动】 2018年3月10日，镇江市民防局、文旅集团、报业传媒集团等单位以“新时代、新气象、新人防”为主题，在宝塔山公园中日友谊梅樱园举办“民防杯”网友公益植树活动。“金山公益”“爱心妈妈”“快乐一家人”等网友团队近千人参加活动，种植樱花、海棠、香樟等300余株树木。植树活动期间，市民防局开展宣传教育活动，展出民防建设成果、防空防灾知识展板30余块，并向参加活动的市民、网友发放防空防灾知识宣传手册、宣传手袋、围裙等近2000份。（刘　坚　吴有奇）

【民防行政审批制度改革】 2018年，镇江市民防局采取建立容缺受理、开辟绿色通道等惠民举措，优化民防行政审批工作。主要措施为：优化完善行政许可审批流程；推进实施多图联审工作；建立容缺受理机制，为企业缩短审查时间20

图5-2　2018年3月1日，镇江市“国际民防日”现场宣传活动在南山北入口广场举行（刘　坚　供稿）

个～30个工作日；落实"首席代表"办结制度，实行一个窗口进出、"一站式"服务，提高办事效率，按时办结率100%，现场办结率100%。（刘 坚 吴有奇）

【人防军事训练周活动】 2018年5月21日—25日，镇江市民防局组织机关干部、直属单位全体人员到江苏省民防教育训练基地开展为期一周的人防军事训练活动。该活动突出新知识、新理论、新装备、新技能训练，按照共同训练、专业训练、演习三个模块设置训练内容，组织队列训练、战场救护等室外课目以及应急值守、国家安全环境等室内课目。

（刘 坚 吴有奇）

【统一试鸣防空警报演练系列活动】 2018年9月18日上午10时整，镇江市统一试鸣防空警报。警报试鸣响率100%，覆盖率98%。同时，南山街道黄鹤山社区居民500余人和江科大军训新生4000余人分别在南山风景区北广场和江苏科技大学西校区进行防空袭疏散演练。9月12日—18日，全市人防系统组织机关、学校、社区近2万人参加各类人民防空演练和宣传教育活动。

（刘 坚 吴有奇）

【镇江市防空地下室易地建设费收费标准调整】 2018年11月19日，镇江市物价局、镇江市财政局、镇江市民防局联合出台《关于调整防空地下室易地建设费收费标准的通知》，明确镇江市城市规划区内新建民用建筑，确因条件限制等原因不能依法修建防空地下室的，按应建未建防空地下室面积缴纳易地建设费，一般民用建筑收费标准为每平方米1100元，工业建设项目中的非生产性建筑收费标准为每平方米600元。该通知于2018年12月1日起执行。

（刘 坚 吴有奇）

【"国家公祭日"民防知识教育进校园】 2018年12月13日，镇江市民防局到江苏省镇江第一中学，举办"国家公祭日"民防知识教育及演练进校园活动。该活动旨在教育、宣传广大学生勿忘国耻、警钟长鸣；普及民防知识，增强国防意识。活动分为室内民防知识讲座和室外参观体验两个部分，工作人员从人防知识简介、防空警报识别、防空工程的种类和作用、常见灾害防护常识等方面以公开课的形式为学生宣讲。随后，学生观看民防宣传展板，参观集卫星通信、4G图传、短波（超短波）通信等集多种通信手段于一体的镇江民防应急指挥通信车。（刘 坚 吴有奇）

双拥共建

【概况】 2018年，镇江市双拥工作按照"社会化、法治化、深度融合"的八创全国双拥模范城工作思路，聚焦强军备战，服务军队改革大局，维护和发展军政、军民团结。在深化国防和军队改革的大背景下，服务驻镇江各部队移防、换防、转隶等调整改革任务，完成军地互办20件实事；完成部队在镇江举办的重大活动的保障任务；完成军转干部、随军家属、退役士兵安置和军人子女入学、入托等工作。开展国家、省、市三级双拥模范城创建。落实各项优抚政策，推进优抚数据精细化管理，健全优抚对象电子档案信息。完善抚恤补助自然增长机制；调整重点优抚对象抚恤补助标准；巩固优抚对象医疗保障成果；开展重点优抚对象精神抚慰活动。5月12日，全省优抚安置工作会议在扬中市召开。创新开展烈士褒扬工作，推进军民融合发展。深化"双拥在基层"活动，组织开展市第九届双拥模范镇（街道）、村（社区）考评工作，丹阳市吕城镇等43个镇（街道）被命名为双拥模范镇（街道），扬中市万福村等35个村（社区）被命名为双拥模范村（社区）。组织开展新一轮双拥示范基地（点）创建工作，江苏省丹阳中等专业学校等15个场所被命名为"镇江市双拥示范基地"。

军地共建工作。2018年度军地互办20件实事全部完成。完成在镇江举办的2018年度部省公路交通军地联系应急演练的相关保障工作；镇江军分区、句容市和相关部门完成由驻镇江某部承办的"2018中美两军人道主义救援减灾联合实兵演练"活动的相关保障工作。句容市和相关部门推进原南京军区某分局调整营区土地事宜。市住建局做好原南京军区镇江招待所军队职工宿舍自来水社会化保障工作。相关法院和部门协助做好原南京军区镇江房管局有关门面房清收工作。江苏大学社会科学院与驻镇江73091部队开展结对共建。市双拥办与文广新局联合组织开展"文化进军营"活动。市双拥办组织驻镇江73091等部队参观镇江博物馆、市规划馆、茅山新四军纪念馆；协助空军招飞局南京选拔中心为镇江市首次评定飞行等级空军飞行员家庭颁发荣誉牌匾；组织镇江市老年拥军艺术团赴驻镇江部队慰问演出。

军民融合发展情况。10多个项目申报省军民融合专项引导资金。镇江市与国家军民融合智库某所建立协作关系，推进军事文化体验馆项目招引落地。推进国家级华东地区某动员中心常态化建设，支持国家级、省级经济动员中心承担企业申报省级军民融合项目。市军民融合办公室拍摄全市首部军民融合宣传片，梳理总结镇江市军民融合典型企业的发展经验，某案例材料作为全省唯一民营企业代表被省军民融合办推荐至中央军融委办公室。5月、8月，深圳市、张家港市分别到镇江市学习考察军民融合发展的经验做法。

宣传工作。4月20日，《中国国防报》头版头条以《拥军服务直达"家门口"》为题介绍镇江市社会化拥军工作的经验做法。6月13日，《中国社会报·军民融合周刊》头版头条以《小乡村的爱国拥军大情怀》为题刊登扬中市万福村拥军事迹。丹徒区以烈士沈国良、张国荣名字命名2座桥梁的做法获《人民日报》《解放军报》等媒体报道。《心连心》编辑部举办"纪念改革开放四十周年·有爱就大声说出来"有奖征文活动。开展退役军人和其他优抚对象信息采集工作，在各辖市（区）、61个乡镇（街道）设立165个采集点，添置信息采集设备238台。全年采集有效数据9.1万条。

拥政爱民活动。镇江军分区、陆军军事交通学院镇江校区、73056部队支持世业镇先锋村大棚种植项目。73091部队参与脱贫攻坚工作，开展"一旅帮一村、一连帮一户"帮扶行动，结对帮扶驻地村庄的困难户。武警镇江支队结对丹徒区荣炳盐资源区曙光村，投入资金25万元，帮助该村建设光伏发电站，并入农村电网，供家庭困难群众免费用电。陆军军事交通学院镇江校区开展"学雷锋活动月"活动，为家庭困难学生赠送学习用品、助学金，为家庭困难群众开展义诊赠送药品。（潘俊佳）

【双拥模范城创建工作】 2018年，经镇江市双拥工作领导小组第51次组长办公会审议通过，中共镇江市委、镇江市政府和镇江军分区联合印发《镇江市八创全国双拥模范城目标任务》，明确各地、各部门和各驻军部队的目标、责任和任务。7月30日，中共江苏省委、省政府、省军区在南京市召开省第十一届双拥模范城（区）命名暨双拥模范单位和先进个人表彰大会。丹阳市、句容市、扬中市、丹徒区、京口区、润州区获省级双拥模范城（区）称号，镇江市实现"满堂红"（镇江新区、镇江高新区不参与评选）；市交通运输局、市中级人民法院民事审判一庭、陆军军事交通学院镇江校区学员四队等3家单位获省级双拥模范单位称号；方立波、宫金生、王继东、杨银、朱湘威等5人获省级“双拥先进个人”称号。（潘俊佳）

【纪念建军91周年系列活动】 2018年7月31日，中共镇江市委、镇江市政府、镇江军分区召开纪念建军91周年暨“八一”军政座谈会，市委书记惠建林出席会议并讲话，市长张叶飞主持会议。“八一”期间，市委、市政府联名发出拥军慰问信；中共镇江市委、市政府办联合下发《镇江市纪念建军91周年活动意见》；市政协在驻镇江73091部队举办“军民共筑梦·书画进军营”活动；市双拥办、市妇联和镇江军分区在驻镇江73056部队举办“军地鱼水情·家书抵万金——‘一封家书’军营分享会”，并进行网络直播；市双拥办与《心连心》杂志社联合开展“纪念改革开放四十周年·有爱就大声说出来”有奖征文活动。（潘俊佳）

【烈士纪念活动】 2018年9月27日，丹徒区举行烈士沈国良、张国荣雕塑落成仪式，同时以2名烈士名字命名丹徒新城内的2座桥梁。9月30日，镇江市领导、烈士家属代表、新婚夫妇代表、参战老兵代表、机关党员干部代表、解放军代表、学生代表及社会各界群众约1600余人在市烈士陵园参加“烈士纪念日公祭”活动，市委书记惠建林出席并讲话，市委常委、市委秘书长郭建主持活动，驻镇江73056部队、陆军军事交通学院镇江校区等单位的10对新婚夫妇向革命烈士献花。（潘俊佳）

图5-3 2018年9月27日，丹徒区举行烈士沈国良（右一）、张国荣（左一）雕塑落成仪式。图为现场雕像（汪宏桥 供稿）

【2018年双拥十件大事】 2018年12月，经镇江市双拥工作领导小组、镇江市双拥办、镇江市民政局、镇江军分区政治工作处及相关双拥工作领导小组成员单位联合评选，评出2018年度双拥工作十件大事：第一件，7月30日，在中共江苏省委、省政府、省军区召开的第十一届双拥模范城（县、区）命名暨双拥模范单位和先进个人表彰大会上，镇江各辖市（区）实现省级双拥模范城（区）创建“满堂红”。市交通运输局等3家单位获评省双拥模范单位，宫金生等5人获评省双拥先进个人。第二件，5月8日，省民政厅党组书记、厅长吕德明率考核组到镇江考核验收省级双拥模范城（区）时，评价镇江市的双拥工作：“组织领导坚强有力，服务军改积极主动，军民融合深度发展，双拥氛围浓厚热烈，驻军爱民富有成效。”第三件，5月12日，全省双拥优抚安置工作会议在扬中市召开，与会代表参观江苏友谊服饰有限公司等4个双拥示范点。第四件，镇江市组织开展镇江市第九届双拥模范镇（街道）、村（社区）创建活动，以及双拥示范基地（点）创建活动。第五件，全市开展纪念中国人民解放军建军91周年暨改革开放40周年系列活动。其中，市政协组织书画家赴73091部队开展“军民共筑梦·书画进军营”活动；市双拥办联合市妇联、镇江军分区政治工作处、镇江市电视台民生频道举办“军地鱼水情·家书抵万金——‘一封家书’军营分享会”；市双拥办与《心连心》杂志社联合开展“纪念改革开放四十周年·有爱就大声说出来”等活动。第六件，11月14日—17日，驻镇江某部承办“2018中美两军人道主义救援减灾联合实兵演练”。第七件，9月27日，丹徒区举行烈士沈国良、张国荣雕塑落成仪式，同时以2名烈士名字命名丹徒新城内的2座桥梁。第八件，镇江军分区、陆军军事交通学院镇江校区、73091部队、73056部队、武警镇江支队等驻镇江部队投入资金帮助经济薄弱村建设光伏发电站、果蔬种植基地等项目，并开展“一旅（团）帮一村，一连帮一户”行动。第九件，在镇江军分区的统一协调下，驻镇江73091部队、73056部队、陆军军事交通学院镇江校区等部队出动官兵投入城市扫雪除冰行动。第十件，镇江驻军数支部队完成组建、转隶、移防、调动，同时，中共镇江市委、市政府将隶属于市政府办公室的双拥办的职能，转隶于新成立的镇江市退役军人事务局。（潘俊佳）

综 述

【概况】 2018年，镇江市政法机关围绕"维护国家政治安全，确保社会大局稳定，促进社会公平正义，保障人民安居乐业"四位一体总体布局，助推全市经济社会的高质量发展。健全"大维稳"工作格局，完成全国、省、市两会和上海合作组织成员国元首理事会、中国国际进口博览会等重大活动期间的安保任务。推进网格化社会治理，推动社会治理重心向基层下移；加快"雪亮工程"和政法大数据共享应用服务平台建设；推进"扫黑除恶"专项斗争，推动平安镇江建设。开展打击涉众型经济犯罪的"清风行动"，实现非法集资立案数、涉案值"双下降"。推进"法治惠民镇村行"工程，全市法治满意度提升。

（沙 跃）

【平安镇江建设】 2018年，镇江市创新完善党建引领的基层网格化社会治理机制，基本实现网格划分到位、网格员配备到位、党组织建设到位、公示公开到位，做到"社区网格耀党旗、服务群众零距离、化解矛盾无时差"。强化技防建设，将"雪亮工程"纳入年度综治考评体系，建成市级视频图像信息数据库和案件视频库，在监控点新安装监控摄像机2800台，升级改造2400台，联网视频3万台。依法登记成立市平安志愿者联合会，推动群防群治工作。落实奖补政策，加强对严重精神障碍患者等重点人群的管理服务。开展"扫黑除恶"专项斗争工作，做好统筹协调、宣传发动、线索摸排、侦查起诉、"毁伞"强基等关键环节工作。

（沙 跃）

【法治镇江建设】 2018年，镇江市政法系统提出《2018年法治镇江建设工作要点》，并经中共镇江市委常委会专题研究通过。推进"法治惠民镇村行"工程，推动法治建设工作指导员到镇、村开展法治指导，指导基层党组织5586次，规范基层执法行为3570次，指导制定规范性文件190件；进村入户7700次、化解矛盾纠纷1389起；举办法治讲座2398场，送法进镇、村3850次，服务群众10余万人次。推进47项法治惠民实事项目。《强化法治建设 护航乡村振兴》调研报告获中共镇江市委主要领导批示肯定，并获第三届法治河南乡村论坛征文一等奖。推动调研成果转化，制定《关于法治护航乡村振兴战略的实施意见》，启动法治护航乡村振兴战略试点工作，在30个村（社区）进行试点。办理省委巡视组交办的涉法、涉诉信访案件，维护群众合法权益。组织开展全市"百案评查"活动，促进严格执法、公正司法。加大国家司法救助力度，全年市本级对16起案件当事人实行救助81.5万元。市法学会对53个课题进行立项研究。（沙 跃）

地方立法

【概况】 2018年，镇江市推进科学、民主、依法立法，市人大常委会分别围绕历史文化名城保护、电梯安全管理、餐厨废弃物管理等开展立法调研。制定《镇江市消防条例》《镇江市农村公路条例》等2部地方性法规：《镇江市消防条例》主要依据《中华人民共和国消防法》《江苏省消防条例》等有关法律、法规制定，共八章、六十六条，包括总则、消防组织、火灾预防、灭火救援、消防宣传教育培训、监督检查、法律责任和附则。《镇江市消防条例》旨在构建符合全市实际的消防管理机制，突出消防组织建设的重要性，强化火灾预防，重视消防安全宣传教育培训，体现科技发展成果。《镇江市农村公路条例》主要依据《中华人民共和国公路法》《江苏省公路条例》等有关法律、法规制定，共八章、四十六条，包括规定立法目的、适用范围、基本原则、政府职责、部门职责、社会参与和一般禁止等内容。《镇江市农村公路条例》"建管养运"并重、鼓励全社会参与农村公路事业，创设"路长责任制"，适当提高农村公路建设标准，设置县道超限管理条款，规定禁止行为。（参见第321页）

（赵敬敬）

【协商立法工作】 2018年，镇江市人大常委会深化协商立法机制，立法联系点调整扩充至21家，全年召开由416人次参加的19场座谈会和论证会，征集意见建议1383条；与市政协联合起草《镇江市地方立法协商工作办法》，为规范立法协商活动、凝聚共识提供可操作的程序依据。（赵敬敬）

法治政府建设

【概况】 2018年，镇江市加强法治政府建设工作的组织领导。印发《镇江市2018年度法治政府建设工作要点》，专题召开全市政府法制工作会议。市、辖市（区）两级政府向党委报告法治政府建设中的重大问题，市委和市政府听取政府法制有关工作汇报，研究解决重大问题。

履行第一责任人职责。市委、市政府按照《党政主要负责人履行推进法治建设第一责任人职责规定》要求，部署法治政府建设工作，并协调解决重大问题。

市政府多次召开市政府常务会议研究《镇江市消防条例》《镇江市公共文化服务保障办法》等立法项目。市委书记惠建林专题听取《镇江市长江岸线资源保护条例》和《镇江市金山焦山北固山南山风景区保护条例》实施情况的汇报，并做出指示；市长张叶飞召集相关部门听取市房屋维修基金管理和生活垃圾收费管理等工作汇报，具体指导相关政府立法工作。强化法治政府建设督查考核。市委、市政府将法治政府建设相关指标纳入全市高质量发展综合考核，由市委组织部牵头组成8个检查考核组对辖市（区）统一考核。完善和落实领导干部学法制度。组织169名新任县处级领导干部进行法律、法规知识考试，并将考试结果反馈到各单位组织人事部门。在中国政法大学举办2018年法治政府建设暨地方立法能力培训班，市直120多名领导干部学员参加培训。组织全市国家工作人员学法、考法。开展国家宪法宣传周活动。依托《法治周刊》专版加强法治政府建设的宣传工作，全年报送新闻稿件83篇。录制25期《政府法制时空》节目；编印6期《政府公报》。（赵　杰）

【政府立法制规】 2018年，镇江市完善依法行政制度体系，加强重点领域政府立法，在开展政府规章规范性文件制定管理“规范年”“提升年”的基础上，开展政府规章规范性文件制定管理“巩固年”活动，编印《政府立法制规工作手册》，健全政府立法的立项、起草、论证、协调、审议机制，完善立法项目向社会公开征集制度，引入第三方起草政府规章规范性文件，开展规章规范性文件制定后评估工作，提高政府立法的科学性。市法制办配合市人大制定出台《镇江市立法协商工作办法》。开展规范性文件制定卷宗评查和规范性文件专家点评活动。

加强重点领域政府立法。发挥政府法制部门在地方性法规草案审核过程中的职能作用，完成《镇江市消防条例（草案）》《镇江市农村公路条例（草案）》两部地方性法规起草、审核工作，并提交市人大常委会审议。完成两部政府规章，其中，《镇江市公共文化服务保障办法》经市政府常务会议讨论通过并由市长签发正式发布；《镇江市车站地区综合管理办法》完成审查工作。制定《镇江市人口与计划生育实施办法》《镇江市城市生活垃圾处理收费管理办法》《镇江市城区菜市场管理暂行办法》《镇江市烟草制品零售点设置办法》《镇江市市区住宅专项维修资金管理办法》《镇江市城市排水管理暂行办法》等6部市政府规范性文件，讨论研究《镇江大路通用机场净空和电磁环境保护规定》《镇江市公共场所控制吸烟办法》。

强化规范性文件清理工作。市法制办按照《法治政府建设实施纲要（2015—2020年）》要求，对2017年12月31日之前制定且有效的91件市政府规范性文件进行清理，有效的64件，需要修订的9件，废止和宣布失效的18件。牵头清理军民融合发展的规范性文件、涉及著名商标制度的规章规范性文件、涉及产权保护的规章规范性文件。废止3件规范性文件。配合清理涉及长江经济带发展的政府规范性文件、排除限制竞争政策措施以及涉及民营经济发展的规章和规范性文件清理。经过清理，废止市政府规范性文件1件、市级部门规范性文件3件。（赵　杰）

【重大行政决策】 2018年，镇江市将“312国道宁镇段快速通道”“编制镇江市重要河道保护规划”“市区生活垃圾处理费收费价格调整”“市区供水价格调整”等4个项目列入2018年重大行政决策事项目录，强化重大行政决策法定程序的刚性约束。重视发挥政府法律顾问在制定重大行政决策、推进依法行政中的作用，全年政府法律顾问对重大项目、重大决策、重要协议进行合法性审查并出具法律意见书。坚持公众参与的原则，决策涉及公民、法人和其他组织重大利益的，通过公开听证、网上征求、当面座谈等方式扩大社会公众有序参与。依照法定职权和程序，对重大行政决策对社会稳定形成的风险进行综合评价。在办理“312国道宁镇段快速通道”事项中，对征地拆迁、环境、出行不便以及沿线店铺生产经营等风险进行分析，判断风险等级，并制定风险防范化解措施。引入重大决策专家咨询制度，组织专家论证会，邀请相关领域至少3人以上专家或委托专业研究机构对决策的科学性、必要性、可行性等问题进行论证。在重大行政决策项目过程中，各承办单位按照市政府要求，将改革方案及相关材料报送至市政府法制办公室，进行合法性审查。落实重大决策集体审议制，实施完成的4个决策项目均通过集体审议，由市政府常务会议集体决定。同时，根据实际进行重大决策后评估。“市区供水价格调整”项目经过部门办公会议集体审议后，专门聘请专业人员构建实施模型，对决策进行评估。（赵　杰）

【行政执法监督】 2018年，镇江市完善行政执法体制，加大行政执法体制改革力度，行政执法的社会满意度提高。

推进行政执法体制改革。深化行政执法体制改革，构建地方综合行政执法体系。推进市级综合执法工作，统筹配置执法资源，推行市或区一级执法，提高执法监管效能。在扬中市开展县域综合执法试点，落实“一支队伍管执法”，确定执法范围，整合组建农业、水利农机、交通运输、文化旅游、城市建设管理、市场监管等领域6支执法队伍，并向乡镇进行延伸。实现“一套清单管权责”，针对权责不清的问题，划分行政管理部门与综合执法机构的职责权限。打造“一个中心管指挥”，建立扬中市执法指挥中心，构建全域统一、上下贯通的综合监管执法指挥平台。

推进行政审批自由裁量权改革试点工作。制定出台《镇江市规范行政审批服务自由裁量权改革试点工作的实施意见》，确定在市工商、质监、食药监、民政、卫计委和城管等6个市级部门开展规范行政审批服务自由裁量权改革试点工作，印发《关于公布工商等6个部门行政审批服务事项自由裁量权清单的通知》。分类梳理67大项（137子项）行政审批服务事项，其中，形式审查类42大项（103子项），实质审查类26大项（34子项），涉及现场踏勘事项34项，涉及技术审查事项1项。

加强行政执法监督。完成行政执法“三项制度”（行政执法公示制度、执法全过程记录制度、重大执法决定法制审核制度）试点任务，印发《镇江市行政执法公示办法》《镇江市行政执法全过程记录办法》和《镇江市重大行政执法决定法制审核办法》。对行政执法“三项制度”工作、资源环境等部分重点领域行政执法以及“两法衔接”（行政执法与刑事司法衔接）工作等进行专项监督检查，对市级各行政执法部门2018年度行政处罚、行政许可案卷进行评查。全市基本完成“双随机一公开”监管全覆盖和长效机制建设。（赵　杰）

【行政复议】 2018年，镇江市加强多元化矛盾纠纷解决机制建设，发挥行政机关在预防、解决行政争议中的定纷止争作用。全年市本级收到行政复议申请86件（其中，受理76件，做出不予受理决定7件，补正3件），审结55件。办理以市政府为被告的行政诉讼案件74件（其中一审42件、二审30件、再审2件）。

开展行政复议案件繁简分流工作。召开行政复议案件繁简分流工作部署会，成立工作协调推进小组，在句容市、丹徒区开展试点，《句容市行政复议案件繁简分流暂行办法》出台。推进审理机制创新，将涉及当事人实质利益的矛盾纠纷纳入开庭审理范围。建立行政复议与行政诉讼互动联动机制，提高案件办理效果。

健全行政复议和行政应诉各项机制。市法制办实地调研丹阳市司徒镇和丹徒区上党镇行政复议基层受案点。对各辖市（区）以及市级相关部门规范使用行政复议应诉办案统计系统情况开展专项督查，在句容市召开镇江市行政复议与行政审判工作联席会议，组织对行政机关履行法院生效裁判情况进行检查。

提高行政复议应诉人员业务水平。各辖市（区）政府法制办以及全市55个乡镇（街道）行政复议基层受案点工作人员74人参加行政复议基层受案点人员培训班。召开镇江市行政复议应诉工作会议，以会代训对市级部门从事行政复议应诉工作人员进行年度业务培训。举办镇江市政府行政复议委员会委员及行政复议机构人员培训班。（赵　杰）

公　安

【概况】　2018年，镇江市公安机关在打击犯罪、治安防控、服务发展、社会管理、队伍建设等方面均有新突破。全年推进"扫黑除恶"专项斗争，查处涉枪涉爆、扫黄禁赌、打击"盗抢骗"等专项行动有成效，刑事案件立案比上年下降0.7%，破案率上升5.7个百分点，13起命案全部侦破。

投入"三大攻坚战"有关经验做法被中央人民广播电台、《人民公安报》、《江苏法制报》等媒体播报。深化"放管服"改革，公安行政权力"不见面审批"事项为87.8%，"微警务"集群累计为民服务约46万次。创新推出改革促透明、执法惠民生"六统一"（统一受理、统一平台、统一时限、统一预警、统一保障、统一监督）市级机关服务品牌，被公安部、省公安厅公安改革简报刊载。"平安镇江"新媒体在全国公安机关"三微"大赛中获二等奖，在腾讯政务"双微"评比中获成长潜力奖；两部电视作品分别获全国电视法制节目一等奖和三等奖。"镇江网警"微博被新浪微博评为"微博十大辟谣先锋"称号，被百度评为"年度杰出影响力政务号优秀新媒体运营奖"。实施思想政治工作"凝心聚力工程"，组织开展"不忘初心、牢记使命""警·思"等主题教育活动，相关做法被中央人民广播电台、《江苏法制报》等媒体报道；"基层公安党支部书记'强责强质强职'工程"获评市委直属党（工）委优质书记项目。推进人民警察职务序列改革。

全市公安系统推动建立各级法制部门负责人列席党委会、局长办公会制度。推进综合执法办案基地建设，落实"两统一""两法衔接""刑事案件统归法制部门审核"等制度，形成对执法活动全流程、可回溯、闭环式监督管理模式，在全市行政执法案卷评查中获一等奖。制定《全市公安机关民警学法计划》《关于贯彻落实"谁执法谁普法"普法责任制的实施意见》等规范性文件，举办新警公安法律业务培训暨"执法资格等级考试系列专题讲座"，受训民警500余人次。

开展典型选树工作，产生"省五一劳动奖章获得者"罗海波、"镇江好人"张苏等先进典型，表彰奖励集体二等功以上单位7家，个人一等功1人、二等功27人。（孙　东）

【犯罪打击】　2018年，镇江市公安局推进"扫黑除恶"专项斗争，打掉黑社会性质组织2个、恶势力犯罪集团10个、涉恶团伙58个，抓获"涉黑涉恶"违法犯罪嫌疑人1184人，破获涉恶类刑事案件339起。组织侦破会战和区域打击行动，侦破侵财类案件3498起。侦破"黄赌娼"刑事案件189起，公诉273人；破获公安部挂牌督办的"2·28"跨境网络开设赌场案，抓获犯罪嫌疑人33人，冻结涉案赃款约1亿元，中央电视台《焦点访谈》作专题报道。侦破公安部挂牌网络贩枪案在内的涉枪案件4起，查获涉枪人员68人，追缴非法枪支32支、子弹6700余发。侦破涉毒案件183起，缴获毒品约5千克，社区戒毒康复执行率列全省第一名。破获通信网络诈骗案件99起，抓获犯罪嫌疑人114人，止付冻结金额5643万元。开展"净网2018"专项行动，公诉网络犯罪嫌疑人130人，比上年增长366%。破获"8·29"特大骗取出口退税案，获公安部通令嘉奖，全市非法集资立案数、涉案值分别下降9.4%和71.48%。破获"食药环"犯罪案件184起，破案数增长23.3%。（孙　东）

【巡防稳控】　2018年，镇江市公安局完善巡防执勤机制，组建区域处突机动队，制定完善应急处置工作预案，先后妥善处置群体性事件230余起，完成全国"两会"、上合组织青岛峰会、中国国际进口博览会等重大安保任务。强化显性用警，最大限度地把巡防警力摆上街面。全年破获现行案件935起，抓获犯罪嫌疑人1046人，救助危困群众400余人。推动建立综治牵头、公安主导、各部门参与的社会面视频监控资源整合协调工作机制，深化"雪亮工程"建设，同步建成市级视频图像信息数据库和案件视频库，支撑视频图像信息实战应用。新安装、改造监控摄像机5200台，联网视频3万余台，协破刑事案件2479起，抓获违法犯罪嫌疑人3430人，服务民生4131次。建立全市出租房屋和流动人口管理联席会议制度，牵头组织实施群租房"百日整治"行动，制定《群租房治安管理责任书》，核查群租房目标对象约3万户，登记群租房流动人口承租人100847人，排摸整改群租房安全隐患1097起。依托"微警务"集群，开创"网上社会治安动员"平台，设立"平安志愿者""平安随手拍"等"微动员"模块，规定15类奖励行为，招募并录入约2万名志愿者。（孙　东）

【公安改革创新】　2018年，镇江市公安系统深化"放管服"改革，打造"益民·易办·e警通"服务品牌，营造"亲、清"营商环境和"真、臻"服务氛围。制定出台《关于深入推进全市公安机关"互联网+公安政务服务"工作的实施意见》，对市级行政权力事项证明材料进行清理，市级公安政务服务上线事项49项，上线率100%，"不见率"87.8%。推进车检改革落地，新增检测机构5家，全市车检机构16家，6年免检核发窗口35个，18类车驾管业务凭身份证明一证即办，25项网上服务事项开通运行。优化调整人才落户政策，简化手续、消除堵点，办理居民身份证14.8万张，为特殊群众提供上门办证服务132人次。建成容量32万条的DNA数据库，DNA技术有突破，创新运用"生物检材载体批量快速去除装置及去除方法""DNA的硅珠直扩检验方法"等技术，使DNA检验效率比传统方法提高10倍，并在全国推广运用。（孙　东）

【公共安全监管】　2018年，镇江市公安系统推进道路交通设施智能化进程，研发交管应用综合分析研判平台，引进雷达微波流量监测、信号灯故障预警系统、人行横道语音提示桩等智能设备，服务交管实战应用，查处各类道路交通违法行为320余万起，道路运输事故起数与死亡人数比上年分别下降0.4%和0.7%，因醉驾引发的道路交通事故及死亡人员均下降15%。强化场所行业管理，在全市1364家旅馆安装"人像识别系统"，安装率92.2%，登记旅客248.6万人，抓获逃犯14人，为民服务约3万次。研发"大型活动安全监管+信息数据一体化系统"，运用科技监管手段，完成"长江音乐节""环太湖国际公路自行车赛""2018镇江国际马拉松赛"等活动安保任务260余场次，保障五峰山长江大跨越建设2座106米的烟囱塔爆破拆除。推进烟花爆竹全面禁放工作，开展为期2个月的全市无主危险化学品无害

化处置工作，安全销毁 1.2 吨各类社会无主化学品。（孙　东）

【“5·15”宣传日】 2018 年 5 月 15 日，由公安部经侦局主办，省公安厅经侦总队、市公安局承办的全国公安机关打击和防范经济犯罪宣传日启动仪式在镇江启动，活动主题是“与民同心、为您守护”，宣传重点是打击和防范非法集资、网络传销等常见多发的涉众型经济犯罪。活动现场，公安部经侦局党委副书记、巡视员刘冬，副市长、市公安局局长陈金观等致辞。活动通过现场答疑、专题海报、实物展览、艺术表演等形式，剖析典型案例、讲解犯罪手法、展示打击战果。中央电视台在《新闻联播》《新闻 30 分》《朝闻天下》《新闻直播间》《第一时间》《中国新闻》等栏目播报活动情况。（孙　东）

【出入境管理】 2018 年，镇江市公安局深化出入境管理服务，采购 19 台自助照相机、自助签注机并投入使用，出入境服务窗口增至 17 个；推进证件办理“只跑一次”举措，办证时间缩短至 7 个工作日，实现自助免费照相、自助办理港澳签注。开辟寒暑假周末中小学生办证、“走出去”企业办证绿色通道，提供外籍船员过境签证随到随办服务，办理各类出入境证件 22 万余份，群众满意率 99.6%。落实公安部 14 项出入境便利举措，服务市政府“引智工程”，成立服务人才领导小组和上门服务小分队，对全市国家“千人计划”专家 20 余人、省“双创计划” 100 余人建立外籍引进人才服务数据库，开展“贴心、专属、上门、跟踪”服务。

图 6-1　2018 年 10 月 22 日至 11 月 5 日，镇江市举办国际执法安全培训项目——2018 泰国移民官员研修班　（孙　东　供稿）

举办国际执法安全培训项目——2018 泰国移民官员研修班，推动国际警务合作，加强涉外领域安全防范，对全市常住境外人员开展梳理排查，查处“三非”案件 61 起，遣送出境 6 人。（孙　东）

【道路交通事故分析】 2018 年，镇江市发生道路交通事故 445 起、死亡 265 人、受伤 317 人、直接经济损失 197 万元，与上年相比，事故起数、死亡人数分别下降 0.4%、0.7%，受伤人数、直接财产损失分别上升 1.9%、5.4%。

从事故发生地区看：京口区、镇江新区、高速公路镇江段、润州区、丹阳市事故起数呈上升趋势；扬中市、句容市事故起数呈下降趋势；丹徒辖区事故起数持平。从事故死亡人数来看：镇江新区、句容市、丹阳市死亡人数呈上升趋势；京口区、丹徒区死亡人数呈下降趋势；润州区、扬中市、高速辖区死亡人数持平。从事故发生道路看：全市高速公路发案 11 起，致 10 人死亡；国省道（不含高速）发案 115 起，致 79 人死亡；县乡道路发案 177 起，致 121 人死亡；其他道路发案 142 起，致 55 人死亡。从事故发生时间看：9 月事故相对多发，发案 56 起；3 月死亡事故相对多发，36 人死亡；周三事故发案较多，发案 80 起；周四死亡人数较多，53 人死亡；事故高发时段集中在 18 时至 19 时，发案 37 起，22 人死亡。（孙　东）

2018 年镇江市汽车和驾驶员拥有量情况统计表

表 6-1

名称	单位	合计	丹阳市	句容市	扬中市	市区直辖	丹徒区	京口区	润州区	镇江新区
民用汽车	辆	606221	196623	66649	66654	421	65073	86930	69650	54221
载客汽车	辆	568122	184374	60917	63530	374	59871	83194	65685	50177
私人汽车	辆	537801	177147	60201	59096	259	57760	77948	60299	45091
小型汽车	辆	558150	182274	59843	62607	366	58862	80956	63965	49277
驾驶员	人	1261004	324034	183888	168343	141848	93708	181199	103191	64779

（孙　东）

2018 年镇江市暂住人口情况统计表

表 6-2　　单位：人

	合计	性别		暂住时间				来自地区				居住处所						
		男	女	半年以下	半年至五年	一年至五年	五年以上	省内		省外		租赁房屋	单位内部	工地现场	旅店	居民家中	自购房屋	其他
								乡村	城镇	乡村	城镇							
合　计	647751	396562	251189	151914	154340	337745	3752	214992	23658	363909	45192	444605	66131	45665	1697	32610	2626	54417
务　工	452199	288634	163565	118003	116243	215696	2257	131412	17782	267901	35104	323957	21111	44385	806	27338	2031	32571
录(聘)用	1714	1086	628	717	321	645	31	556	215	592	351	1015	306	97	10	206	44	36
投资经商	26313	15906	10407	4621	4300	16976	416	6852	1089	16277	2095	18390	1162	148	60	846	171	5536

续表 6－2

	合计	性别		暂住时间				来自地区				居住处所						
		男	女	半年以下	半年至五年	一年至五年	五年以上	省内		省外		租赁房屋	单位内部	工地现场	旅店	居民家中	自购房屋	其他
								乡村	城镇	乡村	城镇							
务 农	20915	11298	9617	4331	2652	13359	573	7786	1145	10217	1767	15257	855	270	17	1953	7	2556
服 务	7652	3319	4333	1980	1331	4271	70	2285	566	4388	413	5724	296	106	53	583	60	830
就 读	85504	48660	36844	9560	13906	61924	114	41575	889	40685	2355	37064	40855	57	635	892	166	5835
随迁学龄前子女	5914	3225	2689	2260	1218	2434	2	1815	212	3493	394	4816	114	35	13	132	103	701
治病疗养	3783	2134	1649	436	731	2608	8	1534	214	1804	231	2639	238	30	56	7	6	807
投靠亲属	1000	320	680	418	278	256	48	629	84	214	73	879	3	18	5	54	32	9
探亲访友	9267	4115	5152	1935	2106	5196	30	4835	292	3782	358	8863	51	13	7	68	1	264
其 他	33490	17865	15625	7653	11254	14380	203	15713	1170	14556	2051	26001	1140	506	35	531	5	5272

（孙　东）

【消防安全】 2018年，镇江市集中开展各类专项行动，整治消防安全隐患，火灾四项指数比上年下降，连续24年未发生重特大火灾事故，连续5年未发生较大火灾事故，连续5年在省政府消防工作考核中被评为“优秀”等次。完成省级重大火灾隐患单位龙发大厦摘牌销案和学府商业中心区域性消防安全隐患整治，对9家存在重大火灾隐患单位实施市级挂牌督办，全部整改完成并销案。全市首部地方性消防法规《镇江市消防条例》颁布施行，制作发放《全市网格化消防安全工作指导手册》5200余份，242个社区全部建立微型消防站。打造镇江消防博物馆、江滨实验小学生命体验馆、南徐小学消防教育馆等10个消防科普教育基地，接待访问参观群众约2万人。完成两会、长江国际音乐节、中国进出口博览会等重大活动消防安保任务，全市火灾形势稳定。

落实地方消防业务经费计领标准，争取消防业务经费9610万元。加强重大经费项目评审论证，投入900余万元装备建设专项经费，1.1万余套件器材装备配发基层，新购22辆各类消防车、2套远程供水泵组，装备数量较大提升。推动政府将专职消防队伍建设纳入国民经济和社会发展规划，西津渡、镇江奇美化工有限公司企业专职消防队投入执勤。

全年消防支队组织开展2次全员普考、4次随机抽考、4次项目片区对抗、3次比武竞赛。围绕“一高一地一大一化工”灭火救援难题开展专题研训，灭火演练680余次。建立支撑接警调度和灭火救援工作的数据库，探索完善“VR六熟悉”软件模拟训练，配备支队级动中通通信指挥车。完成山东寿光抗洪抢险，扑救京口区“3·10”龙发大厦火灾、丹徒区“9·14”江苏永达有限公司等事故。全年消防支队窗口受理各类办件923件，未发生一起群众投诉事件，群众满意率100%。　（王　璇）

【火灾情况及分析】 2018年，镇江市发生火灾821起，造成直接财产损失2550.2万元。其中，住宅和宿舍火灾361起，交通工具火灾145起，厂房火灾75起，其他火灾240起。全年未发生较大以上火灾事故，火灾形势总体平稳。

从火灾发生区域看，个别区域、农村、集镇火灾形势较为严峻。京口区火灾数为110起、润州区火灾数为61起、丹徒区火灾数为69起、镇江新区火灾数为100起、丹阳市火灾数为254起、扬中市火灾数为39起、句容市火灾数为188起。城市市区、县城城区发生火灾305起，农村、集镇发生火灾412起，开发区、旅游区发生火灾39起，其他区域发生火灾65起。从起火原因看，电气、生活用火不慎仍是引发火灾的主要原因。从火灾原因调查情况看，各类电气故障引发火灾287起，占火灾总起数的35.0%；生活用火不慎引发的火灾150起，占火灾总起数的18.3%；生产作业类的火灾50起，占火灾总起数的6.0%。　（王　璇）

检　察

【概况】 2018年，镇江市检察机关围绕全市中心工作，履行检察职能，各项工作有成效。市检察院在全省刑事执行检察业务竞赛中获第一名，1名干警被最高人民检察院记个人一等功，1名干警作为江苏检察机关唯一代表，参加全国“改革开放40周年政法系统新闻影响力人物”评选。有43个业务研究成果在省级以上发表、获奖，22个集体和个人获省级以上表彰，办理的8起案件获评省级以上“精品案例”“指导案例”，4人次获评全省“业务标兵”“全国业务能手”。

服务保障镇江高质量发展。协助打击扰乱金融管理、破坏市场经济秩序犯罪，起诉431人。办理公安部挂牌督办、涉案金额约52亿元的“8·29”特大骗取出口退税案，并向监管部门发出检察建议帮助完善管理。在办理一起走私普通货物案件中，依法将民营企业涉案金额从2800万元核减至797万元，《检察日报》头版头条报道。依法打击破坏环境资源犯罪，批捕48人，起诉164人，分别比上年增长500%和60.4%，督促行政执法机关移送涉罪案件7件。办理央视《朝闻天下》曝光的卓某某等5人污染环境案、公安部挂牌的孙某某等8人非法采砂案等一批重大案件。推进长江大保护工作，突出打击非法采砂活动，起诉39人，办理的赵某某等6人非法盗采江砂案被评为全国服务和保障长江经济带发展典型案例。参与镇江西南片区整治，依法处理对以整治为名非法盗采矿产资源价值数亿元的6名犯罪嫌疑人，并向市委、市政府提供治理建议。开展协助解决农民工讨薪专项监督活动，帮助500余名农民工追讨薪酬2600余万元。融入精准扶贫工程，向54名特困刑事被害人及其家庭发放救助金近100万元。

检察办案，维护社会和谐稳定。全年受理刑事案件4969件7780人，分别比上年增长12%和20.4%；依法批准逮捕1779人，提起公诉4786人，分别增长44.2%和15.7%。审查逮捕危害国家安全、公共安全犯罪53人。审查起诉故意杀人、抢劫等严重暴力犯罪202人，涉枪涉爆案件32人，毒品案件219人。开展“保障千家万户舌尖上的安全”专项监督活动，打击危害食品药品安全犯罪，批捕16人，起诉126人，督促行政执法机关移送涉罪案件16件。丹徒区检察院在食品添加“罂粟壳”专项检查中，监督行政机关移送刑事立案3件，被评为全省专项立案监督典型案例。

加强与侦查机关、审判机关的协作配合,共同维护司法公正和法治权威。强化刑事立案和侦查监督,全年监督立案11人,监督撤案39人,追捕、追诉漏犯75人,纠正漏罪26人。组织对119件适用指定居所监视居住强制措施案件开展核查。对149件重大疑难案件提前介入侦查,对17件疑难复杂案件自行补充侦查。强化刑事审判和执行监督,提出刑事抗诉12件,发出再审检察建议5件,提出量刑建议3799人次,采纳率89.6%。审查减刑、假释、暂予监外执行案件3578人次,监督纠正不当情形242件。加大财产刑执行监督力度,促使94名罪犯履行财产刑义务,执行金额90余万元。对83名罪犯提出从严掌握减刑幅度建议,被法院采纳。组织开展监督维护在押人员合法权益专项行动,发出纠正违法通知书26份、书面检察建议75份。在司法行政部门专门成立社区矫正检察官办公室,对9名违规社区服刑人员监督收监执行。强化民事和行政诉讼监督,加强对当事人不服民事生效裁判案件的审查监督,提出抗诉11件,提请上级院抗诉20件,发出再审检察建议13件,提出纠正违法、执行监督等检察建议77件。市检察院历时6年监督纠正一起错误破产裁定案件。

对接监察体制改革,与市监委协作,在全省设区市中率先出台《查办职务犯罪案件加强协作配合的实施办法》。加快职务犯罪检察体系建设和工作机制转型,成立职务犯罪检察处,各基层检察院设立专门办案组,集中统一履行职务犯罪检察职能。全年受理职务犯罪案件37件42人,其中,厅级干部4人、处级干部6人。加大追赃力度,检察环节追缴涉案款物价值人民币8000余万元。办理全省首例被留置的厅级干部郗某某受贿案,起诉苏州市政协高某某、丹徒区政府田某某等一批职务犯罪大要案。(张冰茜)

【“扫黑除恶”专项斗争】 2018年,镇江市检察机关依法打击“黑恶势力”犯罪,批捕177人,起诉154人,逮捕率94.2%,起诉率100%。对省、市挂牌督办的16起重点案件,明确由两级院检察长或分管检察长直接办理。与市公安局会签协作意见,建立健全联席会议、挂牌督办等工作机制,对“涉黑涉恶”所有案件提前介入、引导侦查。办理丹阳市王某某、句容市贺某、京口区于某某等3起黑社会性质组织犯罪案件,涉案人员34人。批捕“天津天狮”涉恶传销案19名嫌疑人。起诉丹徒“2·7”恶势力犯罪集团25名被告人,21人被判处实刑。对一起充当“黑恶势力保护伞”案件依法提起公诉,省检察院在全国检察机关“扫黑除恶”专项斗争会议上介绍镇江做法。办案与监督并重,依法追加逮捕8人,追加起诉10人。对群众反映强烈的戴某组织恶势力人员暴力讨债案,监督侦查机关立案、追捕主犯,以非法拘禁罪追究8人刑事责任,被省检察院列为指导性案例上报最高人民检察院。

(张冰茜)

【公益诉讼工作】 2018年,镇江市检察机关办理公益诉讼诉前程序案件141件,提起公益诉讼11件,发出督促履职检察建议129件,推动清除固体废弃物1万余吨,恢复林地60余亩(4公顷),督促赔偿生态修复费用700余万元,追缴国家专项资金170余万元。市检察院提请市委深改组审议通过加强违法行政行为检察监督工作的意见,与市国土局会签文件建立自然资源行政公益诉讼联动协作机制。建立公益损害观察员制度,聘请媒体人、专家学者、律师等66名社会人士担任两级院首批观察员。落实《镇江市长江岸线资源保护条例》,组织开展长江岸线资源保护公益诉讼专项监督活动。金山检察院提起全省首例长江非法采砂领域刑事附带民事公益诉讼,被《人民日报》等媒体报道。完成行政检察与公益诉讼智能辅助办案平台一期建设,被作为江苏检察4个重要网信建设成果之一,参加全国检察机关智能辅助办案系统现场展示。(张冰茜)

【虚假诉讼行为打击工作】 2018年,镇江市检察机关加大虚假诉讼行为打击力度,办理虚假诉讼案件29件,提出抗诉7件,建议再审7件,移送并监督刑事立案12件。在办理曹某某、孙某某虚假诉讼一案中,市检察院和扬中、润州检察院依法查处3起虚假诉讼案件,涉案金额2200余万元,抗诉后获法院改判,并依法追究二人刑事责任。句容市检察院在办理一起民间借贷纠纷案件中,审查发现当事人恶意串通、虚构债务,侵害民营企业合法债权,及时发出再审检察建议,最终当事人达成调解并将所欠受害企业900余万元债务全部清偿,3名涉案人员依法移送公安机关刑事立案。(张冰茜)

【刑事诉讼改革】 2018年,镇江检察机关学习贯彻新修订的刑事诉讼法,对自愿认罪、真诚认罚的犯罪嫌疑人、被告人,在程序上依法从简从快处理,在实体上依法从宽从轻处罚。推行刑事案件速裁程序,在保障被告人诉讼权利前提下,推行案件繁简分流,实现简案快办、繁案精办。改革落实后,办理认罪认罚从宽案件168件,节约司法资源,提高办案效率。建立值班律师制度,向180名犯罪嫌疑人提供法律帮助,强化诉讼权利保障。建立完善检察长列席法院审判委员会制度,两级院检察长、分管检察长列席18次。(张冰茜)

【司法公开透明推进工作】 2018年,镇江市检察机关向人大常委会专题报告工作16次,邀请各级代表委员和社会人士参加视察评议、庭审观摩、新闻发布会等活动485人次,公开案件程序性信息5887条、法律文书2850份,保障社会各界的知情权、参与权和监督权。强化律师执业权利保障,推送案件信息4000余条,提供阅卷、会见等服务600余次,对公然殴打律师、扰乱法庭秩序的5名涉案人员依法起诉,并召开律师座谈会听取意见建议。加大法治宣传力度,先后以打击毒品犯罪、打击非法集资犯罪、生态环境司法保护等为主题举行新闻发布会9场次,公布办理的典型案例,开展普法宣传。加强智慧检务建设,建成全省首批5个规范化检察办案中心示范点,省检察院在镇江召开现场会向全省推广。(张冰茜)

法　院

【概况】 2018年,镇江市法院受理案件109432件,结案97888件,分别比上年增长8.64%和14.6%,法官人均结案306件。其中,市中级人民法院受理11730件,下降1.51%,结案11103件,增长2.11%。全市法院45个集体和78名个人获市级以上表彰,京口、丹阳法院分别被省高级人民法院记集体一、二等功。

全市法院受理一审刑事案件3389件,审结3096件,分别增长7.11%和5.02%。开展“扫黑除恶”专项斗争,依法审理“涉黑涉恶”案件8件116人。惩处严重暴力犯罪、多发性侵财犯罪,审结故意杀人和盗抢骗等案件933件。参与“清风行动”,审结非法集资案件42件79人,涉案金额60.04亿元。打击毒品犯罪,审结毒品犯罪案件177件212人。助力“净网”行动,依法审结网络犯罪案件50件135人。推进反腐败工作,审结职务犯罪案件47件51人,审结省监委和市监委移送的首起案件。

全市法院受理一审民事案件35503件,审结30673件。深化家事审判改革,审结婚姻家庭纠纷案件3958件。润州法院建成家事审判中心,被评为全省家事审判先进集体。依法处理劳资纠纷,审结劳动争议案件604件。扬中法院在劳动仲裁委设立巡回法庭，联合人社等部门建立劳动争议调解机制，该做法被最高人民法院转发。推行“道交纠纷网上一体化处理”工作，审结交通事故损害赔偿案件4549件。依法审理商品房买卖、建设工程等纠纷案件1624件，解决争议标的36.15亿元，保障房地产市场健康发展。保护农民合法权益，依法审理农村土地承包、农民工追索劳动报酬等涉“三农”案件307件。

全市法院受理一审行政案件798件，审结657件，其中，驳回起诉或诉讼请求354件。通过释法说理，建议行政机关完善行政行为的方式，实质性化解行政争议156件。依法驳回34名集资参与人对丹阳市政府提起的诉讼，引导群众依法理性维权。加强行政非诉案件审查，裁定准予执行行政机关非诉执行申请859件。推动行政机关负责人出庭应诉，出庭应诉率93.27%。针对行政审判中发现的问题，向行政机关发送司法建议15份，其中，3份司法建议获评全省法院优秀司法建议。促进司法与行政良性互动，与行政机关召开联席会议、研讨会40次，协助培训行政执法人员5720人次。

全市法院受理执行案件33275件，增长6.53%；执结29557件，增长25.88%；执行到位金额64.42亿元，增长79.74%。有财产可供执行案件执结率98.15%，终结本次执行程序案件合格率98.11%，执行信访办结率100%，近三年执行案件整体执结率94.95%，超额完成最高人民法院确定的核心指标。制定清理积案攻坚方案，常态化开展凌晨、夜间、假日集中执行289次，出动人员6659人次，强制搜查438次，司法拘留669人次，罚款102.6万元，现场执结案件794件，执行到位金额7275万元。开展涉民生、金融债权和房产腾退等案件的专项执行活动，两级法院合力清空海洋大酒店、宝埝大酒店2.2万平方米房产，为84件案件的执行扫清障碍。镇江经济开发区人民法院一次性执行到位4600万元工程款，盘活50万平方米“烂尾楼盘”；丹徒法院执行到位恒顺集团2.6亿元债权。开展重大执行行动“全媒体直播”，邀请代表委员、检察机关见证执行173人次，中央电视台新闻频道专题报道。京口、润州法院率先执结全部出租车产迁让案件。健全信用联合惩戒网，曝光失信被执行人24830人次，限制高消费41844人次，限制乘坐飞机、高铁32033人次。向党政机关发送失信公职人员、党员名单，8名失信党员被开除党籍。惩治拒不执行判决、裁定犯罪，向公安机关移送线索36人，判刑5人。推进“执转破”工作，对39家涉及执行的“僵尸企业”启动破产程序，化解执行积案1523件。出售式重整科比斯化工公司，资产处置溢价率85%，债务清偿率100%。完善网络司法拍卖机制，引进网拍辅助机构协助法院进行资产处置，提高资产处置效率，累计上网拍卖2971次，拍卖财产2015件，成交额21.86亿元，整体溢价率25.94%，为当事人节约佣金1.09亿元。（王 伟）

【民营经济服务保障】 2018年，镇江市法院系统出台《关于充分发挥商事审判职能助推经济高质量发展的实施意见》，制定16项措施，加强产权保护，区分经济纠纷和刑事犯罪、企业家个人财产和企业责任财产，依法保护企业家人身和财产权利。审结股东出资、股权转让、股权质押等纠纷案件152件。规范民间借贷行为，遏制非法高息等行为，审结民间借贷纠纷案件7748件，降低民营企业融资成本。开展民间借贷涉“套路贷”和虚假诉讼专项整治，纠正虚假诉讼案件6件。树立善意执法理念，慎重采取查封、扣押、冻结等强制措施，减少诉讼对企业的影响。开展“惠民暖企”法治行等活动，走访企业195次，为企业提供法律指导。（王 伟）

【生态环境服务保障】 2018年，镇江市法院受理一审环境资源案件853件，审结819件。打击破坏环境资源犯罪，受理案件88件，审结74件。参与长江非法采砂和西南片区非法采矿专项整治，审结叶某某等非法采砂案6件，朱某某等非法采矿案7件。推动完善环境公益诉讼制度，审理检察机关和社会组织提起的环境公益诉讼案件6件。坚持恢复性司法理念，对破坏土地、林业和渔业等资源的行为，判决支付环境修复补偿金，实现环境司法与环境修复的有效对接。（王 伟）

【矛盾纠纷化解】 2018年，镇江市法院系统融入网格化社会治理体系，助力完善社会风险预警、防范和化解机制。加强“一室一站”建设，建立人民调解工作室23个，调解案件4468件；设立律师工作站8个，化解纠纷147起。建成物业、家事、消费者权益、涉军、涉侨、涉残纠纷联合调处平台32个。扬中法院参与“无讼社区”创建，推动将“民事案件万人起诉率”纳入综治平安考核体系。润州区、镇江经济开发区法院化解“第六空间”装饰城、丁卯六大市场产权式商铺纠纷700多件。加强涉诉信访工作，处理各类信访涉及2170人次，办理中央、省委巡视组转交办信访件248件，化解信访积案20件。做好驻北京接访维稳工作，接待信访群众531人次，获最高人民法院发文表扬。（王 伟）

【司法体制综合配套改革】 2018年，镇江市法院系统规范审判权力运行，组建审判团队140个，加强团队内部分工协作，发挥整体合力。院庭长办案实现常态化，疑难案件由院庭长审理，审结案件50471件，占总数的51.56%。完善审委会议事规则，审委会讨论决定重大疑难案件234件、审判重大事项22项。优化人员分类管理，实行员额法官单独职务序列管理和动态管理，增补25人，按期晋升等级64人。深化书记员制度改革，4名书记员在全省法院技能大赛中获奖，最高人民法院推广镇江经验。贯彻新颁布的人民陪审员法，会同相关部门新选任636名人民陪审员。推进案件繁简分流，科学界定案件分流标准，组建简易案件审判执行团队28个，速裁速执案件11512件。落实认罪认罚从宽制度，对认罪认罚和轻微刑事案件依法简化庭审程序，压降审理周期。扬中法院被确定为全省案件繁简分流机制改革示范法院。强化审判监督管理，实行长期未结案件院庭长包案，长期未结案件下降75.69%。压实院庭长案件质量监管职责，强化“涉群体性纠纷”“重大社会影响”等个案监督。（王 伟）

司法行政

【概况】 2018年，镇江市司法局搭建民营企业法律服务平台，开展民营企业“法治体检”专项活动，对个性化需求按“一企一策”提供定制服务。走访企业618家，巩固联系点124个，帮助企业化解风险、解决问题1076件，挽回经济损失逾3亿元。推动由“小众普法”向“大众普法”转变，通过省级“七五”普法中期考核验收。市级公共法律服务中心获批2018年度省级社会管理和公共服务标准化试点项目，全市50%以上的司法所全部建成标准化镇（街）公共法律服务中心；在全省率先单列行政服务处，制定行政审批事项办事指南；全年全市办理法律援助案件3466件，实施法律援助“名优律师工程”，建立城乡困难家庭法律顾问制度，助力农民工讨薪维权。法律援助中心获评省司法厅“全省‘法润江苏’专项行动先进集体”。完成首次国家统一法律职业资格考试镇江考区工作，市司法局获评司法部“首次国家统一法律职业资格考试工作表现突出单位”。加强城区医患纠纷调处，调处各类矛盾纠纷近39500件，调解成功率96%。全市1682名社区服刑人员“在管在控在矫”，7000多名刑满释放人员和295名后续照管人员情况稳定，未发生重大安全事件和群体性事件。市司法局、市中级人民法院、市公安局，联合印发《镇江市人民陪审员选任工作方案》，推进全市人民陪审员选任工作。6月，中共中央政治局委员、中央政法委书记郭声琨到镇江市公共法律服务中心调研考察。 （夏 玉）

【“法企同行·风险防控”专项行动】 2018年4月，镇江市司法行政系统开展以“防风险、促转型、护发展”为主题的“法企同行·风险防控”专项行动，组织法律服务人员走进企业，帮助企业完善机制，防范风险，解决难题；调整充实“同心”法律服务律师团，搭建民营企业法律服务平台，为民营企业出具相关法律风险监测评估报告及风险防范建议；举办防范化解风险主题法治沙龙；开展民营企业“法治体检”专项活动，对个性化需求按“一企一策”提供定制服务。截至年底，专项行动走访企业618家，巩固联系点124个，帮助企业化解风险、解决问题1076件，挽回经济损失逾3亿元。 （夏 玉）

【国家统一法律职业资格考试镇江考区工作】 2018年是国家统一法律职业资格考试实施的第一年。镇江市司法局通过实地调研考察，筛选确定考点，4月，与各高校签署合作协议。7月9日，报名工作结束，镇江考区最终报名1376人。8月，镇江市在全省率先召开法律职业资格考试工作专题协调会。9月22日，镇江4个考点举行司法考试。 （夏 玉）

【社区矫正检察官办公室成立】 2018年3月，镇江市司法局、镇江市人民检察院在市公共法律服务中心共同举办全省首家社区矫正检察官办公室揭牌仪式，设立全省首家社区矫正检察官办公室，制定出台社区矫正档案管理工作标准，制定落实“六巡查”工作制度，加大特殊人群信息核查和不假外出处理力度，规范暂予监外执行人员病情复查工作，确保1682名社区服刑人员“在管在控”。 （夏 玉）

【公职律师】 2018年3月，镇江市丹徒区司法局、句容市政府法制办公室、镇江市国土资源局新区分局等6家单位的10名工作人员获省司法厅批准，成为全市首批公职律师。自国家推行公职律师、公司律师制度后，市司法局加强对全市党政机关和国有企业申办“两公”律师执业证的工作指导，“两公”律师申请工作呈现快速发展态势。截至年底，全市有32家党政机关成立公职律师管理机构，2家国有企业成立公司律师执业机构。全市有公职律师101人，公司律师1人。 （夏 玉）

【调解委员会建设】 2018年，镇江市开展专业性、行业性调解委员会建设，相继在多个领域有突破。5月，京口区工商联劳动争议调解委员会揭牌成立，成为全市首家商会劳动争议调解组织，启动“4+1+x”[即工商联、人社、工会、司法四部门与街道（园区）]联动调解机制，预防和化解非公有制企业劳动争议。当月，镇江市丹徒区环境资源纠纷人民调解委员会在丹徒区环保局挂牌。7月，镇江市信访矛盾纠纷人民调解委员会成立，该调委会的主要职责是调解符合人民调解委员会调解范围的信访纠纷，并参与重大突出信访问题的处理，提出对策建议。 （夏 玉）

【首届全市人民调解论坛】 2018年9月，镇江市举办“首届全市人民调解论坛”。论坛由市司法局和市人民调解协会主办，江苏省司法警官高等职业学校协办。论坛旨在纪念毛泽东批示“枫桥经验”55周年和总书记习近平做出坚持和发展“枫桥经验”指示15周年。论坛邀请专家以“人民调解机遇、挑战、发展”为题开展演讲。同时，论坛还举行“新时代人民调解工作的创新与发展”主题征文活动颁奖仪式，表彰一等奖2人，二等奖3人，三等奖5人和优秀奖8人；征文主题涉及人民调解阵地规范、组织队伍、信息化、调解协会建设等诸多方面。 （夏 玉）

【刑事案件律师辩护全覆盖工作】 2018年10月，镇江市刑事案件律师辩护全覆盖工作暨刑事法律援助工作联席会议第一次全体会议在扬中市召开。会议贯彻落实全省刑事案件律师辩护全覆盖试点工作推进会会议精神，现场考察、总结、交流扬中刑事案件律师辩护全覆盖试点工作经验，安排部署刑事案件律师辩护工作。会议强调，从辩护律师、工作机制、试点范围和经费保障等4方面推进刑辩全覆盖试点工作。完善机制，落实法律援助值班律师制度和刑事法律援助联席会议制度，推动刑事法律援助工作发展。 （夏 玉）

【“名优律师”工作】 2018年，镇江市推动名优律师参与法律援助值班工作常态化运行，市法律援助中心编排“名优律师”值班表，要求值班律师按时到法律援助中心窗口轮流值班；将值班律师资料在中心大厅公示，接受群众监督；将“名优律师”参与值班工作列入年度考核范围，并每年将考核结果反馈至市律师协会；推进全市“名优律师”工作标准化建设，出台《镇江市法律援助名优律师管理办法（试行）》。 （夏 玉）

【仲裁】 2018年，镇江市提高仲裁办案质量，全年受理案件261件，涉案标的额41.46亿元。案件类型涉及房屋买卖合同、建设工程合同、租赁合同、土地出让合同、股权转让合同、物业合同等。全年没有案件被人民法院裁定撤销或不予执行。

市仲裁委发挥仲裁办事处、仲裁联络员的作用，建立起仲裁宣传网络，宣传仲裁法律制度。利用镇江仲裁门户网站，及时更新公布仲裁工作信息，并对市民的法律咨询进行答疑。深入企事业单位宣传仲裁法律制度。做好仲裁案件的回访工作，定期开展走访调研活动。到深圳、广州、嘉兴等地开展仲裁工作学习交流活动。组织开展仲裁员专题培训。强化首席仲裁员队伍建设，建立以业绩论能力、以贡献论待遇的首席仲裁员管理机制。 （朱 明）

【镇江公证处】 2018年，镇江公证处办理证件9590件，其中，办理涉外及涉港、澳、台公证文书4068件，未出现错、假、伪证。全年提供法律咨询2余万人次，业务收费增长8%。当年，公证处获评市委政法委“争创人民满意政法单位先进集体”；公证处党支部获评市委组织部“党支部书记工作室示范点”；3名公证员获评“镇江市十佳公证员”。公证处落实“最多跑一次”改革，推广“公证云”网上办证，年度公证质量考核评比列全省第一名。 （夏 玉）

【江苏省司法警官高等职业学校】 2018年，江苏省司法警官高等职业学校4名教师入选江苏省第五期“333工程”增选培养对象；2名教师被省教育厅分别确定为2018年度江苏高校“青蓝工程学科带头人和骨干教师”培养对象；8名教师成为省监狱系统“十百千计划”首席专家和领军人才。从系统选调2名、从社会招录6名教师充实到教学一线。桥林新校区项目投资预算由4.4亿元增加至6亿元。

学校成立质量建设领导小组，基本建成校园视频融合安防平台和学校指挥中心，校内公共区域内实现200兆无线全覆盖。推进投资210万元的“智慧云”平台建设。

2018年，新生面试人数1700多人，毕业生参加公务员考试人数356人，笔试成绩总分过线率为97.2%。70%的毕业生取得本科毕业证。发布教学公共信息和资源,开展教学工作网上检查。探索高职学院人才培养模式,调研制订专业三年制人才培养方案。编制《监狱戒毒民警队前讲评教育》等9本实训指导手册。运用专业教学资源库,推行"线上+线下"相结合的教学方法。与扬州社矫中心、南京拘留所、苏州华晴公司等部门和单位签订校行合作协议,建立行业专家外聘教师团队。从相关高校和行业单位选聘专家,筹建校外兼职授课专家团队。打造"警营特色",构建警务化管理育人长效机制。

在第二届全国司法职业院校法律实务技能大赛中,江苏省司法警官高等职业学校获2个团体二等奖、1名个人一等奖、4名个人二等奖、1名个人三等奖、4名优秀指导教师奖,列全部参赛院校前四名;在江苏联合职业技术学院安全知识竞赛中获团体一等奖;"桃李提优对象"10余篇作品在司法部及各类省级以上刊物发表;"1043"读书社区获"镇江市十佳学生社团"称号,2名指导老师获"镇江市百优学生社团指导教师"称号;多名学生在省级比赛中获奖项;自考辅导站第11次获评司法部"先进辅导站"。

拓展业务培训范围,黑龙江、福建、青海等省监狱系统派团到学校参训。全年举办集中培训班20余期、3000余人次。完成30所监狱单位、7所戒毒单位警衔晋升自办班的计划审核、监考、证书验印工作。举办第二届监狱文学创作大会,9个省、市的13名全国监狱系统作家到学校参加新时代监狱文学创新、创作研讨活动。学校与苏州市司法局合作的社区服刑人员矫正项目被司法厅总结推广。 (刘保成)

【镇江监狱】 2018年,镇江监狱深化监狱平安建设,完善安全长效机制,针对重刑犯罪的特点,强化安全精细治理,探索重刑罪犯针对性管教新模式,实现持续安全稳定。严密全员性安全责任体系,落实监狱、部门、监区安全工作的责任。推行每日监管督查晨会制度,强化督查情况交接、工作衔接、任务部署,增强督查力度。强化全过程安全风险防控,完善排查、整改、评估、反馈闭环管理机制。按照司法部部署开展的"大排查、大整治、大评估"专项活动要求,开展安全隐患排查整治活动。提升全领域联防联控水平,完善与武警部队的联合押解机制,强化与公安机关联合信息核查、监狱大门驻勤巡防机制,与公安(特警)、武警部门合作,先后6次开展联合反恐、应急处置演练。

以强化改造工作为中心任务,提升改造质量,探索统筹推进"五大改造"(即政治改造、监管改造、教育改造、文化改造、劳动改造)新格局的方法、路径,提高改造工作综合效能。构建"五大改造"工作格局,强化政治改造的统领地位。发挥"五大改造"叠加效应,强化各种改造手段、资源的统筹和整合,将中华传统文化教育与运用现代矫正技术相结合,将深化爱国主义教育与家庭亲情帮教相结合,推进罪犯亲情关系修复项目,开展"法润江苏"行动,传递人文关怀。争取"五大改造"社会支持,与镇江博物馆、镇江市烈士陵园等单位共同建立罪犯爱国主义教育基地、革命传统教育基地,在有关重大事件纪念日和重要节日特殊时点,开展专题教育宣讲。全年邀请社会专家学者、律师等到监狱开展社会帮教8场次,参加罪犯163人次,组织社会帮教回访活动3次。

推进民警实战能力提升行动,强化警务保障。探索构建梯次民警成长路径,建立以德为先、任人唯贤、人岗相宜的选拔任用体系。加大优秀年轻民警选拔选用力度,年内提拔选用科级领导52人;在青年民警中公开选拔理论研究人才18人。公开选聘监区警长67人。开展民警岗位业务练兵、考核活动,在11月中旬全省岗位练兵技能比武中,镇江监狱获评江苏监狱系统民警岗位练兵技能比武决赛优胜单位。落实10项20条惠警利民实事,建立维修项目报修平台,优化服务基层一线工作机制。 (陈小康)

典型案例

【赵成某等6人非法盗采江砂案】 该案系江苏省公安厅挂牌督办、镇江首例非法采砂案,被江苏省人民检察院转发全省,并被最高人民检察院评为全国检察机关服务和保障长江经济带发展典型案例。2013年春节后,被告人赵成某、赵来某经共谋,由赵成某负责在长江镇江段采砂,赵来某予以收购。2013年3月至2014年1月,赵成某在未办理河道采砂许可证的情况下,雇佣被告人李兆某、李永某在长江镇江段119号黑浮下游锚地附近水域使用采砂船非法采矿,并雇佣被告人赵加某、徐某某等人运输江砂出售。经鉴定,6名被告人非法采矿75万余吨,造成国家矿产资源破坏价值304万余元。

案件移送金山地区人民检察院审查,重点对案件所涉非法采砂砂石是否属于矿产资源、采砂价值认定、被雇佣人员责任认定等法律适用中的难点问题进行审核,并委托权威鉴定机构出具矿产资源破坏价值鉴定意见。2016年8月29日,金山地区人民检察院以被告人赵成某等6人犯非法采矿罪向京口区人民法院提起公诉。2017年4月28日,京口区人民法院一审以非法采矿罪对4名被告人判处六个月至三年六个月不等有期徒刑,并处罚金,对2名被告人单处罚金。2017年5月4日,被告人赵来某不服判决,提出上诉。2017年9月28日,镇江市中级人民法院裁定驳回上诉,维持原判。 (张冰茜)

【潘某某等5人扰乱法庭秩序罪案】 2017年10月11日上午,镇江市中级人民法院在该院第十法庭公开开庭审理原告广东原创动力文化传播有限公司(以下简称原创动力公司)诉被告丹徒新城好家多超市(以下简称好家多超市)侵害著作财产权纠纷案件,原创动力公司的委托诉讼代理人福建文融律师事务所律师彭某某、好家多超市经营者潘某某等人到庭参加诉讼。开庭前,法庭宣布法庭纪律。当天中午12时许,在彭某某、潘某某阅读庭审笔录期间,旁听人员张某某、叶某某、黄某、胡某某等人未经准许进入审判区,与潘某某一起殴打彭某某。在审判人员出面制止的情况下,上述人员仍追打彭某某至第九法庭,致法庭秩序严重混乱。2018年6月14日,镇江市京口区人民法院以扰乱法庭秩序罪,分别判处被告人潘某某等5人有期徒刑一年至一年六个月不等。潘某某等人不服判决,提出上诉。镇江市中级人民法院经审理后裁定驳回上诉,维持原判。 (王 伟)

【朱某某等7人非法采矿案】 2017年11月,朱某某与孔某某、王某某等人共同商议以集体的名义,深夜到镇江市丹徒区辛丰镇大王山矿山整治区(以下简称大王山矿区)开采石头出售,以支付修建道路所欠的部分工程款。同年12月2日凌晨至9日凌晨,朱某某等7人在未取得采矿许可证的情况下,在大王山矿区非法开采矿石11787.2吨,销赃得款人民币352580元。经鉴定,该盗采行为破坏的生态环境修复治理费用总计人民币468828.50元。丹徒检察院向京口法院提起刑事附带民事侵权公益诉讼,诉请判令朱某某等7人对被破坏的生态环境恢复原状,并达到整治验收标准;如不能恢复原状,需支付地质环境修复费用人民币468828.50元,并在镇江市新闻媒体上公开道歉。经调解,朱某某等7人在调解书生效后30日内自行将大王山矿区被破坏的生态环境进行修复恢复原状,并达到相关部门的验收标准。该案获评全市十佳精品案件。 (王 伟)

发展规划管理

【概况】 2018年，镇江市强化规划引领，组织开展《镇江市长江岸线保护规划》《镇江市饮用水水源地安全保障规划》《镇江市城市商圈提升发展规划》《镇江市区热电联产规划》《镇江市特色小镇布局规划》《镇江市分散式风电规划》等规划编制工作。开展"十三五"规划中期评估，推动"十三五"规划目标任务实施。梳理国家政策，编制形成镇江市推动长江经济带发展"政策包"，建立长江经济带项目储备库。对接江苏省对设区市高质量发展考核指标体系，结合镇江市实际，突出产业强市、突出质量效益、突出生态环保，制定镇江市2018年辖市(区)高质量发展考核指标体系。

2018年，镇江市产业项目建设持续提速，15个省重大、175个市重点产业项目有较大进展，北汽麦格纳高端智能纯电动汽车、长城汽车零部件生产基地等一批投资量大、带动性强的制造业项目落地。推进供给侧结构性改革，完成去产能项目60个，化解水泥产能180万吨。企业主体作用增强，5家企业入选"中国民营企业500强"，4家企业入选省"质量标杆企业"，2家企业入选"独角兽"企业榜。新增上市挂牌企业117家，全市上市挂牌企业总数为279家，其中主板上市公司19家(境内13家，境外6家)。魔幻海洋世界、西津渡历史文化小镇入选省现代服务业重点项目。扬中"智慧电气小镇"和镇江新区"再生医学小镇"入选第二批省级"特色小镇"创建名单。举办2018国际低碳(镇江)大会暨江苏省生态环境高质量主题论坛，发布低碳发展指数、镇江低碳城市综合运营模式实践研究报告、江苏省地方标准《低碳城市评价指标体系》等三项低碳成果。当年，镇江市获"2018中欧绿色和智慧城市奖"先行奖。

(邹　璇　朱　玥)

【《镇江市长江岸线保护规划》编制工作】 2018年，镇江市把保护和修复长江生态环境作为长江经济带建设的首要任务，市发改委牵头编制《镇江市长江岸线保护规划》，统筹指导镇江市长江岸线资源的保护工作，落实长江经济带绿色发展战略。该规划结合岸线利用现状及未来发展需要，对全市域范围约293千米岸线划分保护区、保留区、控制利用区、开发利用区，对岸线资源重点保护区域进行划定。规划重点围绕镇江市岸线保护利用存在问题和短板，重点分析研究沿江1千米范围内400余家企业现状，针对性地提出岸线资源集约利用思路，引导产业向陆域纵深发展。

(蔡　希　朱　玥)

【《镇江市饮用水水源地安全保障规划》编制工作】 2018年，镇江市加强饮用水水源地保护，提升饮用水水源地管理能力和水平，旨在从源头保障城乡居民的饮水安全。市发改委牵头组织开展《镇江市饮用水水源地安全保障规划》编制工作。该规划时限为2018年—2035年，主要内容为：因地制宜优化水源布局，统筹城乡供水和水源保护，实现饮用水水源地相对集中、降低风险、便于保护；严格饮用水源保护区划定和管理，强化流域、重要河湖水系保护；对饮用水水源地和应急备用水源地所在区域产业设置、安全状况、保护范围、管理措施、调(输)水工程、量质监测、应急预案等内容进行规划，为镇江市饮用水水源地布局、建设、保护和管理等提供依据。

(蔡　希　朱　玥)

财　政

【概况】 2018年，镇江市完成一般公共预算收入301.5亿元，比上年增长6.0%，其中，税收收入241.2亿元，增长10.7%，税占比为80%。各辖市(区)总体保持稳定较快增收，句容市收入总量首次突破50亿元，收入增幅、税占比均在全省41个县级市中列前5名；镇江高新区发展较快，收入同口径增幅为26.3%；京口区、润州区保持87%以上的税占比，财政收入稳步提升。

服务发展工作。围绕振兴实体经济、促进产业强市，落实财政支持经济发展的各项政策措施。安排专项资金2.5亿元发展战略新兴产业，支持加快发展先进制造业和传统支柱产业提档升级。运用贷款贴息方式，鼓励企业加大设备有效投入。落实省"科技改革30条"、市"科技改革20条"政策，推动重大创新平台载体建设。探索实施科技创新券制度。支持多层次、多领域人才招引，出台12项措施鼓励支持高校毕业生到镇江就业、创业，推动人才发展与产业发展深度融合。优化整合"科技贷款风险池""小微创业贷""惠微贷"等金融产品，缓解企业融资难、融资贵问题。落实减税降费政策和社会保险降费降点规定。

民生保障工作。落实居民医疗保险、城乡低保等各类民生提标、提档、提补政策，企业养老待遇实现"十四连调"。加快完善各类教育经费保障机制，安排资金6.36亿元推动主城区义务教育学校布局规划调整和镇江技师学院新校区建设。提升文化设施服务标准，支持博物馆改造和民间文化艺术馆迁建。保障污染防治各项重点工作，统筹资金

4.59亿元重点向大气、水、土壤污染防治和监测能力建设项目倾斜，实施与污染物排放总量相挂钩的财政政策。投入高标准农田建设及“菜篮子”工程建设资金6000万元，超额完成“新建高标准农田”任务目标。改善城市人居环境，实施棚户区、老旧小区改造“三年行动计划”，支持镇澄路东段、团山路西延、三中周边道路等重大基础设施建设。

财政改革工作。实施政府支出经济分类改革，“四本预算”全部按经济分类编制到款级。建立预算监督查询平台，实现人大常委会对预算安排、资金拨付、收支执行全流程的实时在线监督。扩大政府部门财务报告试点编制范围，选取44个部门参与试编，参与率为25.9%。夯实财政管理基础，实施行政事业单位资产清查核实，首次向市人大常委会做金融企业国有资产专项报告。构建覆盖事前、事中、事后三位一体的全闭环绩效管理机制，全年完成绩效编审项目90个，资金总量近34亿元。规范政府投资项目管理，构建以项目预算管理为核心、全过程监管为主体、考核检查为保障的项目资金监管体系。完善预算执行动态监控体系，全年监控支付业务76352笔，涵盖财政资金23亿元。深化法治财政标准化建设，保障财政在法治轨道上规范、高效运行。2018年，市财政局获评全省法治财政标准管理成绩突出单位，并获评省财政厅“全省法治财政建设示范点”。（冷叶卉）

2018年镇江市财政收支情况表（按项目）

表7－1　　单位：万元

项　目	2018年	同口径增幅（%）	项　目	2018年	比上年增长（%）
一、公共财政预算收入	3015010	6.0	一、公共财政预算支出	4084115	5.63
（一）税收收入	2412424	10.7	一般公共服务	406476	4.15
#增值税	1104074	15.1	公共安全	297451	7.75
营业税	3164	-1.6	教育	778968	8.56
企业所得税	320222	22.4	科学技术	165004	30.41
个人所得税	136443	25.0	文化体育与传媒	73217	-12.40
城市维护建设税	156153	11.0	社会保障和就业	471123	9.13
土地增值税	181131	-2.6	医疗卫生与计划生育	299415	23.50
契税	244497	-7.3	节能环保	125882	-9.99
（二）非税收入	602586	-9.4	城乡社区事务	425007	-23.85
#专项收入	269309	50.5	农林水事务	372205	12.55
行政事业单位收费收入	114660	-23.8	交通运输	87200	0.17
罚没收入	57233	-23.5	资源勘探和电力信息等事务	122967	22.08
国有资源（资产）有偿使用收入	77976	-44.2	住房保障支出	207327	13.40
二、政府性基金收入	2873491	47.1	其他各项支出	251873	26.65
三、社保基金收入	1316752	26.6	二、政府性基金支出	4155425	60.98
四、上划中央收入	1854560	15.4	三、社保基金支出	1316752	26.59
五、国有资本经营预算收入	56843	-26.7	四、国有资本经营预算支出	17671	28.04

（赵　盈）

2018年镇江市财政收支情况表（按地区）

表7－2　　单位：万元

地　区	公共财政预算收入		公共财政预算支出	
	2018年	同口径增幅（%）	2018年	比上年增长（%）
镇江市	3015010	6.0	4084115	5.63
市级	1573289	6.8	2049302	1.25
县级	1441721	5.2	2034813	10.45
镇江市本级	994306	7.5	1376961	-3.92
市直	429057	-1.4	943137	-10.01
镇江新区	504027	5.0	401321	4.89
镇江高新区	61222	543.8	32503	1182.17
京口区	212058	19.7	178158	7.87
润州区	135828	-10.0	167157	8.73
丹徒区	231097	5.0	327026	20.25
丹阳市	614039	0.6	916517	10.58
扬中市	327667	2.4	420297	1.88
句容市	500015	13.6	697999	16.14

（赵　盈）

【安全生产监管体系建设】 2018年，镇江市财政局加大安全生产专项投入，促进安全生产监管体系建设。在市政府安排下，财政安排安全生产专项资金900万元，重点支持安全生产设施建设，安全生产信息化维护，安全生产宣传、考核、检查等。在资金拨付上，做到“有绩效目标、有年初预算、有资金使用计划、有绩效跟踪评价”，逐级审批核拨资金，确保专款专用。同时，在省级安全生产专项资金项目建设资金中安排安全生产综合信息平台建设资金110万元，开发供市、辖市（区）两级使用的安全生产信息化综合监管平台。 （王　兰）

【财政金融产品整合】 2018年，镇江市财政局整合“镇农贷”“助农贷”“镇农保贷”等涉农贷款产品，签署镇银保担合作协议，放开银行参与面，财政出资设立的资金池将不再存放于一家银行，而是根据各家银行按照协议的运作情况进行考核分配，以达到提高财政资金使用绩效的目标；将原“镇农贷”和“助农贷”各1500万元资金池全部纳入新“镇农贷”协议，资金池总额为3000万元。截至年底，原“镇农贷”累计发放贷款141笔，发放金额25683万元，支持75户新型农业主体，其中，2018年发放贷款53笔，发放金额9834万元；“助农贷”累计发放贷款16000万元，支持农户163户，其中，2018年发放贷款1306.8万元，支持农户24户；“镇农保贷”累计发放贷款1534万元，支持农户25户，其中，2018年发放贷款245万元，支持农户11户。 （万　晶）

【“三高”农业发展和脱贫攻坚】 2018年，镇江市财政局以乡村振兴为引领，支持“三高”农业发展和脱贫攻坚。2018年市级支农专项资金总额1.42亿元，比上年增加2350万元。投入高标准农田建设及“菜篮子”工程建设资金6000万元，支持辖区国家级高标准农田配套和市级高标准农田建设、市区新建“菜篮子”工程基地建设补助、产销流通对接建设、蔬菜产品安全监测管理等。全市完成“新建高标准农田12万亩”任务目标，高标准农田比重由51.10%上升到58.43%，排名由全省11名上升至第8名。安排农业供给侧结构性改革发展类资金1230万元，其中，“一村一品”及特色产业发展补助800万元、现代农业产业园区运行发展考核奖补180万元、农业重点项目考核奖补150万元、农业产业化联合体培育100万元。安排农业保障体系建设资金1194万元，支持耕地质量监测与补充耕地培肥试点、农业机械购机补贴和秸秆还田补贴、检疫管理及屠宰无害化补贴、林业基地建设等。同时，下拨2018年度财政扶贫奖补资金2956万元，推进产业扶贫，全市经济薄弱村申报备案扶贫项目233个，其中，标准化厂房类69个，商业用房类66个，农业类35个，光伏类10个，广告牌类23个，休闲旅游类1个，民生设施类10个，资产收益类16个，其他3个。各地完成项目验收86个。开展惠农补贴专项检查行动。 （欧阳荣）

【生态环境专项资金安排】 2018年，镇江市财政局做好2018年度环境保护和生态文明建设专项资金预算安排，安排各类资金超过2.2亿元，重点支持大气水污染防治、环境监测能力建设、污染源普查解析、“三线一单”规划编制等领域，支持“263”专项行动有关项目的组织实施。研究推进城市生活垃圾分类引导、城东垃圾填埋场渗滤液处理站及焚烧灰渣处置场提升改造建设资金保障，推动市区餐厨废弃物资源化利用和无害化处理项目运营。统筹安排落实市区“一湖九河”（黑臭水体）水环境综合整治专项经费超过1.26亿元。支持长江大保护和长江经济带发展战略实施，安排200万元专项资金编制《镇江市长江岸线保护规划》。统筹资金1268万元支持市交通运输部门开展长江水上过驳专项整治，取缔长江镇江段水上违法过驳作业，拆解、驱离浮吊船58艘。

（王大华）

【公共卫生服务均等化工作】 2018年，镇江市财政局安排资金2846万元，通过政府购买服务方式对医疗机构更新设备进行补助。安排学科建设及人才培养补助2500万元，推动各级医疗机构提升服务能力。落实公共卫生服务均等化要求，统筹城乡，整合卫生资源，规范公共卫生服务和“健康镇江”项目，提高基本公共卫生财政补助标准，根据省财政厅、卫计委《关于调整2018年度基本公共卫生服务政府补助标准的通知》要求，将基本公共卫生服务财政补助标准提高到65元/人·年。

（林　芬）

【政府采购“放管服”改革】 2018年，镇江市财政局落实“放管服”改革要求，从明确职责、强化监管和优化服务三个方面切入，完善政府采购制度，通过出台系列制度性文件、加强采购代理机构监督检查、查处违法违规行为、全方位培训优化服务、提升信息化水平等方式，履行政府采购管理职责。强化预算单位在预算编制与执行、确定采购需求、合同履约验收、内控管理等方面的主体责任，将结果导向和绩效理念贯穿于采购活动的全过程。制定出台《市级预算单位变更政府采购方式审批管理办法》，明确非公开招标采购方式的审批范围，规定审批范围之外的非公开招标采购方式由采购人自行依法选取，并依法承担责任；提高分散采购限额标准和公开招标数额标准，镇江市的公开招标采购限额标准由过去的货物、服务80万元统一调整至100万元，加大采购人自主采购权，并由采购人依法确定组织形式和采购方式实施采购活动。同时，运用网络技术，实现网上监管，做到无预算不采购，无计划不采购，不超预算采购。 （朱朝阳）

税　务

【概况】 2018年，镇江市税务系统组织各项收入583.35亿元，比上年增长15.5%。其中，税收收入437.84亿元，增长11.6%；社会保险费131.68亿元，增长31.7%；其他基金、费13.83亿元，增长9.3%。完成地方公共预算收入241.45亿元，增长10.74%。

从税种收入看，增值税入库221.23亿元，增长11.57%；企业所得税入库81.67亿元，增长22.18%；消费税入库6.21亿元，增长7.12%；个人所得税入库34.11亿元，增长25.02%；车辆购置税9.12亿元，增长1.41%；地方“十税”84.87亿元，增长0.38%（其中，契税24.45亿元，下降7.27%；土地增值税18.11亿元，下降2.63%）。2018年，全市办理出口退税39亿元，增长10.17%。

分产业类型看，全市第二、第三产业税收收入总量相当，第三产业收入增幅高于第二产业。其中，第二产业实现税收收入217.57亿元，增长9.95%；第三产业实现税收219.71亿元，增长13.21%，高于第二产业增幅3.26个百分点。从具体行业门类来看，全市税收总量前三名的行业分别是制造业、房地产业和批发零售业。其中，制造业实现税收171.78亿元，增长11.22%，占税收收入比重为39.23%；房地产业实现税收93.57亿元，增长11.78%，占税收收入比重为21.37%；批发零售业实现税收43.76亿元，增长25.09%，占税收收入比重为9.99%。制造业和房地产业税收合计占全市税收的60.60%。建筑业税收增速趋缓，入库29.63亿元，增长 2.00%。

2018 年，市、县（区）两级税务部门党组全部改设党委，制定党委议事规则和决策程序；完成各级党组织和群团组织设立，完善纪检工作机制，为税收中心工作提供政治保障。市税务系统开展各类业务培训，举办第一届“全市税收业务技能大赛”；组织参加国家税务总局“新机构、新职责、新业务、新作为”知识网络竞赛，获 2 个二等奖、2 个三等奖。

（丁俊杰）

【纳税服务工作】 2018 年，镇江市税务局办理各项税收优惠 60.1 亿元，比上年增长 15.1%。其中，增值税改革“三项措施”减税 12.1 亿元，个人所得税第一步改革减税 1.63 亿元，16.23 万名纳税人工资薪金不需要再缴税。办理出口退（免）税 53.77 亿元，增长 13.2%。打造“清新税务 e 路同行”服务品牌，实现“一窗通办”“一人通答”“一事不二罚”“一套资料、一次申请”；7 大类、110 个事项“全程网上办”；5 大类、16 个事项“最多跑一次”；2372 家企业享受注销“免办”和“即办”服务，办税时间平均缩减 66%，报送资料精简 30%，出口退税时间平均缩短至 3.5 天。“银税互动”新增信用贷款 7.86 亿元，增长 11 倍。

（丁俊杰）

【征管体制改革】 2018 年，镇江市税务局牵头 9 个专项组、7 个联络（督导）组推进征管体制改革工作，完成机构挂牌、“三定”落实、职责划转三项工作，落实 12 类、264 项任务。7 月 5 日、7 月 20 日，市、县两级税务局先后挂牌，市长张叶飞、省税务局党委书记王学东分别为镇江市税务局、句容市税务局揭牌；9 月 21 日、10 月 25 日，市、县两级税务局分别完成“三定”落实工作，整合机构、配备人员。推进社保费和非税收入征管职责划转工作，统一业务流程和操作程序，资产清查到位，信息技术支撑到位。

（丁俊杰）

【依法治税工作】 2018 年，环保税改革平稳落实，镇江市环保税减免税比例为 54%，绿色税制的杠杆作用显现，支持全市防治污染攻坚战；增值税改革“三项措施”落地见效，推动全市实体经济发展；推进个人所得税第二步改革，保证新税制开局。镇江市税务局成立依法行政议事机构，完善依法行政工作机制，清理和修订规范性文件 11 件，审结重大税务案件 32 件，统一执法标准，消除政策差异。统筹风险管理，推送风险任务 2957 户次，查补入库税款 7.39 亿元，解决多头重复检查的问题。部署开展“打骗打虚”专项行动，整治发票虚开问题，立案检查 55 户。全面实施区域稽查工作，积案清理率为 90%。

（丁俊杰）

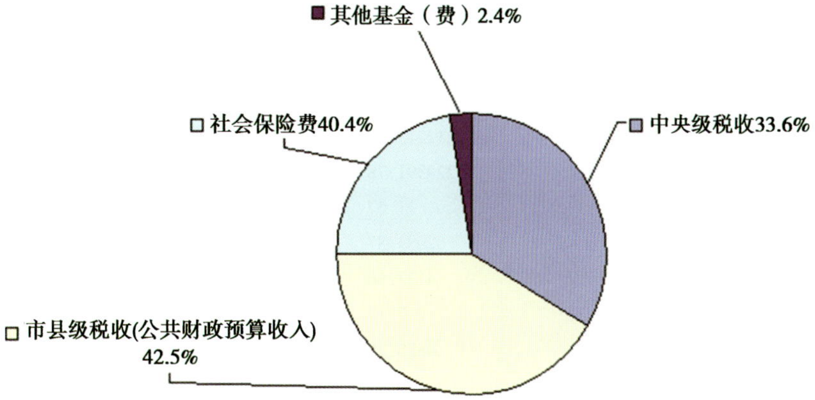

图 7-1 2018 年镇江市各项税收收入比重示意图 （冷 进 供稿）

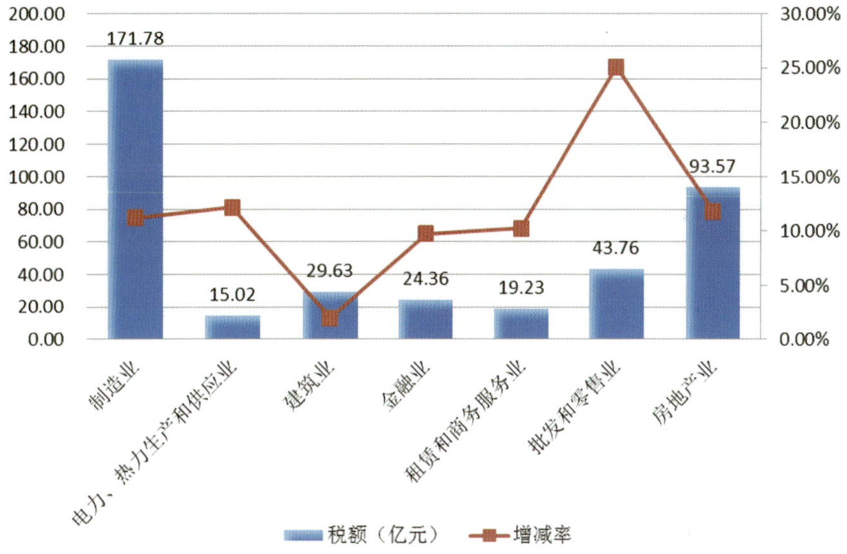

图 7-2 2018 年镇江市税务局重点行业税收情况图 （丁俊杰 供稿）

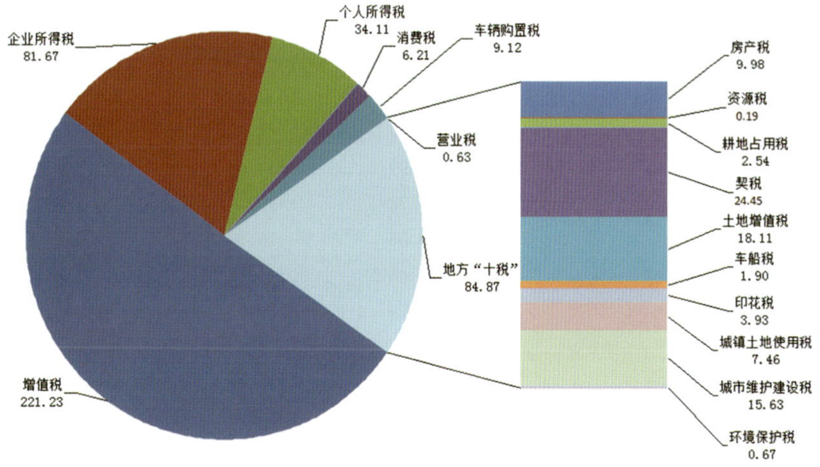

图 7-3 2018 年镇江市税务局税收收入分税种情况图（单位：亿元）

（丁俊杰 供稿）

2018年镇江市主要税种收入统计表

表7－3　　单位：万元

税　种	合　计	市　区	丹徒区	丹阳市	句容市	扬中市
增值税	2212213.38	818446.58	162300.54	581534.76	355898.59	294032.91
比上年增收	229391.78	41621.98	14353.46	67049.16	291785.04	42253.64
增长%	11.57	5.36	9.70	13.03	21.97	16.78
消费税	62083.87	49760.78	7328.23	4141.06	472.22	381.59
比上年增收	4127.66	2376.62	1626.12	87.01	570.70	136.40
增长%	7.12	5.02	28.52	2.15	－17.26	55.63
营业税	6328.25	－558.79	249.91	6377.64	273.09	－13.59
比上年增收	－48.97	－2805.36	－24.56	4614.62	－45.27	－2152.03
增长%	－0.77	－124.87	－8.95	261.75	—	－100.64
城建税	156282.73	61272.77	14263.02	40585.55	21860.40	18300.99
比上年增收	15468.12	1808.20	1871.32	7159.13	19349.87	2118.94
增长%	10.98	3.04	15.10	21.42	12.97	13.09
企业所得税	816662.70	355757.94	69543.70	145189.16	180889.72	65282.19
比上年增收	148236.28	76973.16	26029.09	11377.10	149627.14	2594.37
增长%	22.18	27.61	59.82	8.50	20.89	4.14
房产税	99772.72	43883.42	8098.69	23878.09	13179.57	10732.95
比上年增收	1221.77	－821.51	－755.60	106.65	10047.05	－440.28
增长%	1.24	－1.84	－8.53	0.45	31.18	－3.94
土地使用税	74618.46	26271.01	9885.60	13817.86	13079.69	11564.30
比上年增收	－508.25	－447.85	811.34	20.34	13062.05	－909.72
增长%	－0.68	－1.68	8.94	0.15	0.14	－7.29
个人所得税	341111.22	142277.11	16710.26	59457.81	63285.10	59380.95
比上年增收	68260.89	31086.52	3657.28	10234.80	59302.05	19299.25
增长%	25.02	27.96	28.02	20.79	6.72	48.15
土地增值税	181132.80	89228.42	15868.48	21663.10	44194.43	10178.38
比上年增收	－4896.83	37524.75	－6107.52	－1226.01	54936.76	－24345.71
增长%	－2.63	72.58	－27.79	－5.36	－19.55	－70.52
资源税	1881.30	161.32	683.84	22.13	1014.02	—
比上年增收	－100.45	－124.77	－52.73	－1.96	79.02	—
增长%	－5.07	－43.61	－7.16	－8.15	8.45	—
印花税	39283.01	17060.09	2970.58	7414.55	7837.97	3999.83
比上年增收	－265.79	－637.84	－316.34	－166.97	1830.20	－974.82
增长%	－0.67	－3.60	－9.62	－2.20	30.46	－19.60
车船税	19042.99	10664.03	1908.35	2919.31	1723.74	1827.55
比上年增收	1175.38	1489.74	1270.58	－1471.86	－79.17	－33.91
增长%	6.58	16.24	199.22	－33.52	－4.39	－1.82
车辆购置税	91242.48	50504.42	30.05	23513.60	11585.02	5609.39
比上年增收	1273.94	3729.33	－32.93	－1410.00	353.81	－1366.27
增长%	1.42	7.97	－52.28	－5.66	3.15	－19.59
耕地占用税	25429.69	5735.35	6331.35	7984.67	805.41	4572.91
比上年增收	3896.19	963.98	－5490.65	3869.73	766.53	3786.60
增长%	18.09	20.20	－46.44	94.04	1971.52	481.57
契税	244494.90	104242.10	17602.91	33165.33	67840.53	21644.04
比上年增收	－19181.37	－11713.62	2069.90	－33058.49	17470.93	6049.91
增长%	－7.27	－10.10	13.33	－49.92	34.69	38.80
环境保护税	6711.29	2606.47	1570.91	908.23	1339.46	286.21
比上年增收	6711.29	2606.47	1570.91	908.23	1339.46	286.21

（冷　进）

2018 年镇江市税收分地区收入统计表

表 7－4　　单位：万元

地　区	合　计	市　区	丹徒区	丹阳市	句容市	扬中市
税收总额	4378384	1777315	335346	972573	785279	507871
比上年增收	454861	183636	40479	68092	116258	46395
增长%	11.59	11.52	13.73	7.53	17.38	10.05
其中：中央级税收	1957620	808296	140386	444492	336648	227799
比上年增收	249981	90383	26569	47452	53619	31957
增长%	14.64	12.59	23.34	11.95	18.94	16.32
省级税收	6250.48	6250.16	0.15	0.13	0.04	0.01
比上年增收	－29312.85	－25976.71	－704.26	－792.14	－1168.98	－670.75
增长%	－82.42	－80.61	－99.98	－99.98	－100	－100
公共财政预算收入	2414513	962814	194960	528081	448631	280027
比上年增收	234141	119226	14614	21431	63809	15061
增长%	10.74	14.13	8.10	4.23	16.58	5.68

（冷　进）

国有资产监督管理

【概况】 2018 年，镇江市人民政府国有资产管理委员会（以下简称“市国资委”）直接履行出资人职责的企业资产总额 3220.25 亿元，比上年降低 1.12%；净资产 1174.87 亿元，增长 2.14%；全年实现营业收入 219.86 亿元，增长 17.32%；实现利润 33.88 亿元，增长 57.39%。

推进“瘦身行动”，推动国有企业轻装上阵。清理冗余人员，压降管理费用。全年市属国有企业减员 860 人，运行费用下降 10.3%。压缩管理层级，提高运行效率。完成 19 家子企业的转让或清退工作。严格控制债务，保障平稳运行。国控集团、城建集团、交通集团、文旅集团等 4 家企业全年债务下降 66 亿元。运用市场机制加大资金筹措力度，城建集团与信达资产管理公司合作，募集 20 亿元完成部分不良资产处置工作，瀚瑞控股城市产业发展基金规模由 30 亿元扩大到 65 亿元。组建镇江市金信资产经营有限公司，争取与政策性金融机构合作，申请中长期借款，开展债务重组工作。盘活存量资产，加快资产变现。加快各类权证的办理完善工作，细化变现方案，明确处置路径。通过出售、租赁、合作等方式，各市属产业集团做好土地、房产、股权等存量资产的处置，增加现金流 45 亿元。处置遗留问题，出清“僵尸企业”。推进韦岗铁矿、德龙港务、中瑞冶金、商业大厦、龙门矿业、金州水务、安达机械等 7 家企业破产处置工作，分流安置近 2000 人。19 家国有企业职工家属区“三供一业”（供水、供电、供热和物业管理）分离移交框架协议签订，供水、供电移交完成 80% 以上。督促汽车制造厂、镇江纺站等企业为 80 余名到龄退休职工发放欠发、欠缴的生活费及社保费，为原纺织机械厂等 16 家企业近 300 名职工补缴社保费 313 万元，办理煤矿企业离矿尘肺病职工工伤待遇 2000 余人。

实施“强体行动”，增强国有资本发展动能。加大资本运作力度，做强上市公司。索普集团实施重大资产重组工作，恒顺集团推行市场化机制。加快组建专业化公司，推进市属产业集团市场化转型。深化市属产业集团改革，采取市场化和出资人推动的方式，整合系统内外的经营性资产，按照实体化、市场化、专业化的方向，组建镇江智慧停车有限公司、镇江市百姓惠商贸发展有限公司、镇江市朱方建设集团有限公司（城市建设 EPC 总承包）、江苏金信产业发展基金有限公司、镇江市金信资产经营公司、镇江长山环境有限公司、镇江市港发绿色资源有限公司等 7 家专业化公司，培育营利增长点。加大项目投入力度，夯实产业基础。推进海纳川物流产业发展有限责任公司储运码头改扩建项目。组建江苏金信产业发展基金有限公司，以公司制为组织形式、母子基金为运作方式，促进财政资金与金融资本、产业资本深度合作，撬动更多社会资本投向镇江市重大产业项目。加大片区整治力度，美化生态环境。索普集团等 6 家国有企业在东部片区投入节能减排资金超 1 亿元；文旅集团参与古运河整治和风光带建设，投入资金超过 3 亿元；城建集团实施西南片区生态治理工程，完成复绿任务。2018 年，“北汽麦格纳高端智能纯电动汽车”“孚能科技 20GWh 新能源汽车动力电池”“中国航发线性摩擦焊与工程技术中心”等中央企业项目签约，其中，“孚能科技 20GWh 新能源汽车动力电池”项目开工建设。截至 2018 年年底，全市有 64 家中央企业、国有企业 85 个项目落户镇江，协议投资总额 2327.56 亿元。

完善制度、加强监管，规范企业经营管理行为。加强投资监管。制定市国资委监管事项责任清单和市属企业对外投资项目负面清单，全年核准备案项目 61 个，总投资 28.41 亿元。把关资产评估工作。规范核准备案程序，全年办理资产评估核准备案事项 18 件，净资产增值率为 166%。国有产股权交易系统正式上线，完成 2 家企业进场交易，成交金额 194.5 万元。规范企业融资担保行为。出台加强市属企业出借资金和提供担保管理的规定，落实风险控制措施，防止发生互保、互联贷款代偿现象。优化企业经营业绩考核机制。建立与业绩考核评价结果紧密挂钩的副职负责人薪酬管理制度，落实薪酬分级分类管理。完善企业法人治理结构。出台市属国有企业外部董事管理办法，推进 4 家市属国有企业外部董事聘任工作。

推行“红色标杆”书记项目，促进党建工作。创新党建品牌，各市属产业集团打造富有特色的党建品牌，解决一线党组织党建活动“散、软”的情况。深化“党支部建设质量提升工程”创建活动，编订《国资委党建工作标准手册》，规范基层支部建设，促进基层党组织建设各项任务落地落细。评选党员示范岗 100 个，强化模范带头作用。开展“创新提质看国企”主题宣传活动。（邓　荣）

2018 年镇江市国有及国有控股企业基本情况表

表 7－5　　单位：万元

地区	企业户数（家）		国有资产总量（万元）	年末在岗职工人数（人）	职工人均工资（元/人）
	合计	其中：大中型			
镇江市国有企业汇总	162	42	28813307.31	21365	67197.87
镇江市市直汇总	75	27	14367051.63	15695	72037.65
丹阳市汇总	9	5	3883122.55	2262	55846.76
句容市汇总	17	1	1713652.06	1367	46229.03
扬中市汇总	2	2	11010.64	448	23027.73
丹徒区汇总	38	5	1979682.85	1007	45730.24
京口区汇总	3	0	662070.52	54	58692.50
润州区汇总	7	1	93838.37	190	79411.89
镇江新区汇总	11	1	6102878.69	342	132705.71

（张培工）

2018 年镇江市国有资产监管企业经济效益指标表

表 7－6　　单位：万元

企业名称	资产总计	净资产	营业总收入	利润总额	上缴税费	工业总产值
江苏省镇江市市直监管单位汇总	32202471.56	11748675.33	2198595.46	338776.59	165580.67	1278182.17
江苏索普（集团）有限公司	674014.25	141850.97	622494.96	70416.60	60427.85	560009.58
江苏恒顺集团有限公司	491317.05	149384.38	217174.05	27668.61	24221.52	211794.17
镇江国有投资控股集团有限公司	4049839.02	2254347.90	17170.97	－41544.82	950.52	0.00
江苏太白集团有限公司	73152.66	－5110.24	67170.67	－992.39	3655.92	66755.70
镇江市诚信担保有限责任公司	28064.10	20372.31	104.09	－433.63	0.00	0.00
镇江飞驰汽车集团有限责任公司	62302.18	－14569.14	20936.68	－4535.48	320.66	19096.00
江苏镇江路桥工程有限公司	199783.11	10168.90	64123.53	－1374.81	2005.19	0.00
镇江大东纸业有限公司	123582.30	29080.54	80223.83	－2657.13	2347.79	65786.00
镇江船山石灰石矿有限公司	358311.37	302084.14	342960.92	113497.55	43688.20	354740.72
镇江城市建设产业集团有限公司	10882568.82	4225590.76	183892.94	85078.74	11024.60	0.00
镇江海纳川物流产业发展有限公司	165617.81	61631.36	200853.25	1290.46	852.09	0.00
镇江华润燃气有限公司	148898.15	79030.15	151276.81	33370.44	8961.97	0.00
镇江文化旅游产业集团有限责任公司	4546600.38	1694292.59	72874.99	38435.10	2731.75	0.00
镇江市风景旅游发展有限责任公司	1840094.00	808960.46	9478.89	16666.53	2439.22	0.00
镇江交通产业集团有限公司	7746894.75	1734126.13	6572.25	1172.86	1005.58	0.00
镇江市港口发展集团有限公司	12908.86	10880.04	12417.14	2623.07	945.96	0.00
镇江市高校投资建设发展（集团）有限公司	795434.19	245927.16	126470.23	88.84	0.10	0.00
镇江体育产业发展有限公司	3088.57	626.93	2399.26	6.06	1.74	0.00

（张培工）

2018 年镇江市国有及国有控股企业经济效益表

表 7－7　　单位：万元

分类	营业收入		利润总额		上缴税金		净资产收益率	
	全市	市直	全市	市直	全市	市直	全市	市直
工业企业（全市 26 家，市直 22 家）	1952817.32	1908359.52	185051.40	187100.12	137953.67	135410.06	14.88	17.64
投资公司（全市 19 家，市直 4 家）	1238288.46	280511.15	217886.96	83141.88	74773.88	15712.45	0.95	0.83

续表 7－7

分　类	营业收入		利润总额		上缴税金		净资产收益率	
	全　市	市　直	全　市	市　直	全　市	市　直	全　市	市　直
贸易及餐饮业（全市 17 家，市直 9 家）	262438.39	161463.18	－1037.56	－1360.79	1313.57	922.8	－3.33	－8.8
房地产业（全市 17 家，市直 9 家）	452453.87	262191.51	－13247.56	－3086.24	19928.97	4782.55	－0.71	－0.23
服务及其他（全市 83 家，市直 31 家）	745022.96	653494.20	71129.27	70589.08	23477.08	19815.40	1.40	2.67
合计（全市 162 家，市直 75 家）	4651021.00	3266019.56	459782.51	336384.05	257447.17	176643.26	1.35	1.92

（张培工）

2018 年镇江市国有及国有控股企业资产负债结构表

表 7－8　　单位：万元

分　类	资产总计		负债合计		净资产		国有资本金	
	全　市	市　直	全　市	市　直	全　市	市　直	全　市	市　直
工业企业（全市 26 家，市直 22 家）	3144995.98	2594102.18	2146978.40	1733037.51	998017.58	861064.67	379531.47	257125.45
投资公司（全市 19 家，市直 4 家）	55149643.90	27225902.97	33028126.16	17317545.60	22121517.74	9908357.38	2504153.55	500000.00
贸易及餐饮业（全市 17 家，市直 9 家）	346266.30	177483.58	304138.87	159190.64	42127.43	18292.94	40351.48	32595.67
房地产业（全市 17 家，市直 9 家）	5738860.33	4553671.79	3663278.01	2857833.49	2075582.32	1695838.29	300460.64	225670.00
服务及其他（全市 83 家，市直 31 家）	11855240.48	6179783.75	7647415.70	3844113.71	4207824.78	2335670.05	858946.86	375158.20
合计（全市 162 家，市直 75 家）	76235006.99	40730944.27	46789937.14	25911720.95	29445069.85	14819223.33	4083444.00	1390549.32

（张培工）

【省属企业与镇江市国企合作发展恳谈会】　2018 年 8 月 16 日，镇江市举办省属企业与镇江市国企合作发展恳谈会，旨在通过深化合作推进资源共享、优势互补，加快镇江市属国有企业转型升级，实现省属国有企业和镇江的共赢。会上，镇江市国企与江苏交通控股、省铁路集团、中江集团等省属国有企业在股权、资产、项目、基金、增信和金融产品投资等 6 个领域形成合作共识，并就高端装备制造等 12 个项目进行集中签约，内容涵盖旅游开发、通用航空、城市建设、特种车辆制造、副食品供应链、现代农业等行业领域。　（邓　荣）

【镇江市港发绿色资源有限公司成立】　2018 年 12 月 17 日，镇江市港发绿色资源有限公司成立。该企业注册资金为 10000 万元，由市国资委全额出资成立，并委托镇江市港口发展集团管理、经营。该企业的成立旨在进一步落实市政府授予的长江采砂特许经营权和航道疏浚弃土综合利用特许经营权，建立科学利用、管理规范、安全有序的河道砂石管理新秩序，遏制无序采砂和非法采砂，促进实现资源利用与生态保护可持续协调发展。按照市属国企专业化改革的总体要求，该公司主要承担镇江市航道疏浚弃土综合利用、长江镇江段采砂、机制砂生产的全方位运营管理，是市政府授予的长江采砂特许经营权和航道疏浚弃土综合利用特许经营权的唯一载体。　（邓　荣）

【孚能科技镇江制造基地开工建设】　2018 年 10 月 26 日，孚能科技镇江制造基地项目在镇江新区举行开工奠基仪式。（参见第 274 页）　（邓　荣）

【煤矿整治行动】　2018 年，镇江市开展市属国有煤矿企业专项整治行动，加快市属国有煤矿"僵尸企业"出清工作，释放国有资产沉淀存量，化解历史遗留问题。全年整治清理煤矿外来户 78 户、职工居住户 63 户；整治清退租赁企业 7 家；拆除房屋 1100 多间，拆除房屋面积 3.1 万多平方米，清理土地面积近 500 亩（33.3 公顷）。　（邓　荣）

【镇江市国有出资企业外部董事聘任仪式】　2018 年 7 月 19 日，镇江市国有出资企业外部董事聘任仪式在镇江市国资委举行。外部董事由公司外部人员担任公司董事，以独立的角度帮助市属国有企业董事会进行决策。聘任外部董事旨在完善企业法人治理结构、规范董事会建设。镇江国有投资控股集团有限公司、江苏索普（集团）有限公司、镇江金港产业投资发展有限公司、镇江海纳川物流产业发展有限责任公司等 4 家企业主要负责人及其受聘外部董事出席聘任仪式。　（邓　荣）

【镇江文化旅游产业集团】　2018 年，镇江文化旅游产业集团（以下简称"镇江文旅集团"）以深化国企改革为切入点，推进项目建设、产业布局、景区提升等工作。全年推进三山风景名胜区旅游服务基地（魔幻海洋）主场馆、水街施工等项目建设，新河街完成征收许可的前期手续，西口门码头综合环境治理项目完成立项审批，塔山桥和宝塔山滑坡治理完成。各景区结合文化特点，举办节庆活动 20 余次，全年游客量约 292 万人；举办"十万人游镇江"活动，接待北京、西安、山东、台湾等地的游客 10 万人次。7 月 13 日开始，镇江文旅集团推出"金山湖夕阳游"游船旅游产品，每晚上船率为 80%。镇江文旅集团优化镇江旅游年卡操作系统，加载完成功能应用 7 项；景区、企业 POS 机安装近 80 台；与 42 家企业单位、9 所高校合作，完成约 8 万张年卡销售，较原纸质"镇江游园卡"年销量增长两倍多。2018 年，该集团"萌可可少儿文化部落项目"入选国务院文化和旅游部《2018 文化产业项目手册》，成为国家级重点推荐的文化产业项目；集团"文心书院"获江苏省文化厅、侨办联合授牌"中华文化海外交流基地"；8 月，人民网舆情数据中心发布，镇江三山风景名胜区列 7 月全国 AAAAA 级景区品牌排行榜第 34 名。当年，该集团牵头创建"红色风景线"（阵地红色风景线、组织红色风景线、党员红色风景线、廉政红色风景线)党建品牌工程。

2018 年,镇江文旅集团举办、参与多项活动:春节至元宵节期间,“乐游山水间·火红镇江年”2018 新春文化旅游季活动举行。2 月 3 日—5 日,第二届民俗文化旅游季暨恒顺酱醋文化节在南山风景区北广场举行。3 月 3 日,江苏省第十届春兰展暨“幽香北固”镇江市第三届春兰展在北固山公园启幕。3 月 25 日,上海市民“千车万人游镇江”自驾游活动举行,127 辆自驾车、近 1000 人参与。4 月 28 日,“镇能量·爱奔跑”系列荧光健身徒步活动在南山风景区北广场举行,500 余人参与。5 月 1 日,“欢庆五一·缘在镇江”2018 镇江文旅汉文化主题活动在南山风景区北广场举行。6 月 17 日,以“粽享端午”和“娱情蜜意”为主题的“粽情文旅·齐享端午”2018 镇江端午文化旅游节在南山风景区北广场举行。6 月—8 月,2018 金山荷花展在金山景区举行,“清凉一夏”花鸟鱼虫展在焦山景区举行,“北固仙骨”菖蒲展在北固山景区举行,第三届莲花节在南山景区举行。中秋至国庆期间,“花漫金山”秋韵游园会、焦山第二十届金秋桂花文化旅游节、“相约北固秋色里”系列游园活动、“圆梦中秋喜迎国庆”宝塔山秋季活动、游客天地卡丁车赛等系列活动举行。9 月—11 月,“寿比南山·首届长寿文化艺术节”举行,推出“最美南山、民俗南山、探索南山、品茗南山、健康南山”五大系列游园活动。 (朱 昊)

【镇江城市建设产业集团有限公司】 2018 年,镇江城市建设产业集团有限公司(以下简称“镇江城建集团”)获评江苏省房地产协会“房地产开发企业 50 强”(列全省第三名)、省级“模范职工之家”等,其党建工作获评全省“国有企业党建强基提质工程基层党建创新案例”二等奖、“国资骄傲党建品牌”二等奖。镇江城建集团相关项目主要业绩有:西津音乐厅及实验剧场工程获 2018 年国家优质工程奖;西津渡历史街区获“江苏省服务业名牌”称号,并创成“镇江市餐饮安全示范区”;商务办公 A 区 A5 楼、A 区 A2 楼、赛珍珠文化公园装饰及布展工程获评“省优质工程”;长山学校、金山湖小学、象山小学、检察院等项目获评“绿色建筑二星标准”。

重点项目。“一湖九河”西部圩区水系整治项目首期任务完成,西团结河下段、跃进河竣工验收;南徐新城片区小龙山山体和水环境整治完成;“周转房”、检察院、“90 工程”、新城花园 46 号楼等工程竣工交付;探索实施 EPC(工程总承包),财富广场改造提升工程、高铁南站枢纽改造工程完成 EPC 招标并实施,商务 B 区文化商务广场(含图书馆)确定建筑方案。棚改民生项目全年征收、搬迁面积约 25 万平方米。大西路会莲庵街片区北地块一期项目实现“当年启动、当年完成、当年安置”,润州路东西两侧太平圩地块一期集体地块完成征收拆迁,山巷路东西两侧二期有机更新项目完成 200 户改造目标。全年完成安置面积约 38 万平方米。处置遗留问题,化解权证办理难题,全年完成存量房产权证办理面积约 36 万平方米。“江河汇”项目续建重整计划获市人民法院批准实施,全面托管韦岗铁矿破产资产,完成联合水泥自主清算后的资产收回。安置小区市场化移交,首期完成京口区范围内 4 个安置房项目约 68 万平方米物业管理有偿移交属地;完成跑马山公园、人民广场等 10 个公益性市政设施项目管养主体移交。

产业发展。重组镇江长山环境有限公司。西南片区整治开发项目全面启动。EPC 施工总承包产业落地,朱方建设集团实质运作,承接“小龙山”、新城花园 46 号楼工程等多项业务。水业公司餐厨污泥资源化利用项目特许经营权招标方案获市政府批准,并与湖北荆门静脉产业园达成合作。固体废弃物资源化利用项目合作方确定。国有菜市场试点项目启动,搭建国有菜市场运营平台,组建镇江百姓汇商贸有限公司,启动首个项目——滨东菜市场改造工作。盘活资产,完成体育会展中心北侧、西荷花塘二期、陈家门等 3 宗地块挂牌出让,出让总面积 99.25 亩(6.62 公顷),出让总价 12.57 亿元,均价 1266 万/亩(18990 万/公顷)。全年完成经营性房产盘活、去化 30.82 万平方米,较年初存量总盘活率为 91%,以商务 A 区 A 座整幢销售为引领,全年实现经营性房产销售面积 6.45 万平方米、合同金额 5.54 亿元。安置去化再加快,存量安置房去化变现 8.43 亿元,安置房总体去化率 76%(含纳入安置计划)。西津渡街区全年接待游客 340 万人次,并举办西津灯会、“云台邀月”、“HIFI 西津渡”、纪录片盛典等活动;“书香府邸”等 3 家自营酒店开业运营;东大院街区招商入驻率完成 95%;“如意江南上河街”整体运营,“上河书房”正式对外开放。推进润扬玉石小镇项目落户柳溪水镇。 (王雅琦)

【镇江交通产业集团】 2018 年,镇江交通产业集团注重防范债务风险,推进改革转型,做强片区投资开发综合服务商,重点打造交通全产业链。全年融资到账 170.11 亿元,债务总额较上年年末减少 33 亿元。

改革转型工作。2018 年,该集团通过“瘦身强体”、资源整合、优化管理等措施,提升集团运行效能。集团部门编制数从 130 人缩减到 119 人,本级分流 32 人,下属子公司分流 147 人;规范决策审批机制,完善法人治理结构,健全并改进专业化委员会的机制建设及人员配备;优化调整组织经营架构;推进管理费用压降工作,全年接待费、公车使用费、差旅费等费用比上年下降 12%,公务用车节支率 44%。集团年内注销“空壳”企业 2 家,退出非主业参(控)股企业股权 7 家;成立镇江红星市场投资经营管理有限公司;完成路桥公司划转工作;引进主板上市公司中设设计集团;注资 3000 万元设立江苏红星创业投资有限公司;成立镇江惠出行停车管理公司,完成“智慧停车”云平台搭建工作;组建完成镇江智慧停车有限公司;成立镇江公用新能源公司。

项目工作。2018 年,该集团加大项目包装推进力度,创造银行贷款放款条件;与承销机构对接;加大与省属企业合作力度。全年承担政府投资项目 13 项,年度完成投资 11.1 亿元。丁卯桥路快速化改造及镇江火车站北广场改造项目完工;实验学校远洋分校配套施工、南山路菜市场建设完成年度计划;四明河河道整治完成;李家山片区配套道路完工;推进官塘片区配套道路官平山路、宝珠路建设;官塘绿源安置房三期、2-2 期交付;推进李家山安置房建设;推进铁路东站枢纽建设前期手续工作。

遗留问题解决。成立历史遗留问题调处委员会,年内调处化解遗留问题 15 件,解决率超 50%。推进资产权证办理,年内完成 5 件,推进协调 9 件。盘活存量闲置资产,年内实现资产盘活率 63%。加快推进政府投资项目遗留问题清理,年内完成 50% 以上。加大土地集约利用,完成 25 宗违法用地整改,整改率 100%。开展合同审查月活动,对集团 2012 年至 2017 年的各类合同开展合规性审查。 (陈子涵)

【镇江国有投资控股集团有限公司】 2018 年,镇江国有投资控股集团有限公司(以下简称“国控集团”)加快结构调整和功能转换步伐,创新运营模式和盈利模式,全年实现营收 77 亿元;实现利润总额 1.8 亿元;完成项目投资 13.10 亿元,其中,产业项目完成投资 3.2 亿元,金融项目完成投资 2.02 亿元,城建项目投资 7.88 亿元。该公司控制经营风险,融资余额稳步下降,资产变现 6.1 亿元;全年精简人员和机构,减少人员

179 人，精简机构 8 户。

改革重组。该公司出资 11.88 亿元参与组建江苏省港口集团，完成镇江港口公司资产划转、人员安置工作；太白集团改革重组进入实质性操作阶段，完成资产清查和审计评估；完成路桥公司体制改革；车驰汽车和飞驰商务车整合重组完成；通过股权转让、清算注销、整合等方式，对航天晨光（镇江）专用汽车有限公司、镇江市中小企业信用担保中心等 8 家企业进行处置。对股权投资基金进行分类重组，设立先进制造产业投资基金（鼎强）、通信与信息技术产业投资基金（鼎富）、医疗健康产业投资基金（鼎美），并购重组投资基金（鼎高）等，合计规模 30 亿元。与江苏高科技投资集团、江苏汇鸿集团、江苏交通控股 3 家省属国有企业签订框架合作协议，完成江苏泰州大桥有限公司 10% 股权的转让。

投资布局。总投资超 80 亿元的北汽麦格纳项目启动建设；完成北汽镇江公司分立与重组，镇江智能汽投、卫蓝等公司组建等工作。推进产业链延伸项目，车驰汽车公司依托改装制造主业，向产业链上下游拓展，拓展平行进口汽车贸易、终端销售、售后服务等业务；东普化工公司扩建 10 万吨/年离子膜碱装置，启动 5 万吨/年氯乙酸项目，延伸开发电子酸、电池酸系列产品。加大环保整治力度，大东纸业、太白集团、东普公司等工业企业实施一批技改和环保整治项目。加快基金投资布局，自主管理基金规模扩大，国投创业公司先后成为润州产业引导基金、镇江金信产业基金、丹阳开发区产业基金的管理人，管理基金 5 只、规模 32 亿元。通过专项基金投资的迈瑞医疗公司在创业板上市。出资设立杭州期盈投资管理有限公司，开展债权代持、申购、包销等中间业务。

资产运营。三大地块征收扫尾结束，岗子下地块 1－3、1－5 地块形成净地，11.62 公顷土地纳入上市储备计划；“北京华联”地块 3.61 公顷土地纳入上市储备计划，推进京口法院搬迁工作；加速推进恒顺北地块棚户区征收，完成 753 户征收签约，国家开发银行棚改贷款全部到位。加快回迁安置工作，12 月，岗子下安置房一期土建及配套设施建设全部完成并验收交付；推进岗子下安置房二期建设。加快存量房产权证办理，办理权证 10 宗，进入办证程序 3 宗，启动双证全无办理程序 5 宗。（吴春明）

国土资源管理

【概况】 2018 年，镇江市国土资源管理工作围绕“七个促进”（促进生态文明建设、促进更高质量发展、促进节约集约用地、促进城乡统筹发展、促进满意国土建设、促进发展动能转化、促进清风国土建设）工作思路，为地方经济高质量发展提供资源支撑和服务保障。2018 年，市国土局以发生在土地管理工作中的真实故事为创作题材拍摄制作微电影《不动产登记“动”起来》，该片获评全国“土地日”宣传好项目，并被选为自然资源部全国党员干部现代远程教育专题教材，在共产党员网和中国教育电视台远程教育专有频道播出。

生态建设工作。市政府下发《镇江市耕地保护责任目标考核办法》，签订市、县、乡三级耕地保护目标责任书，压实耕地保护责任。市国土局、农委、发改、财政、水利等部门，完成全市 2017 年高标准农田建设考核工作，上图入库面积 13.4729 万亩（8981.9 公顷）。市政府发布实施《镇江市土地整治规划（2016—2020 年）》，辖市（区）土地整治规划论证全部通过评审。完成耕地质量和耕地产能评价成果编制和数据库建设，通过省国土资源厅审查。统筹推进土地卫片执法检查、土地例行督察、全市存量违法用地整改和“大棚房”问题专项清理整治行动，市国土局、市信用办出台《关于加强对国土资源失信行为实施联合惩戒的通知》，修改《市政府办公室 2017 年度土地利用目标管理综合考评办法》，加大对新增违法用地考核权重，对存量违法用地整改到位率实行宗数、面积双考核。完成市级、丹徒区、句容市《矿产资源总体规划》的编制、审查和颁布。推进全市废弃矿山地质环境治理，新增矿山面积 158 公顷。当年，镇江市加大土地复垦力度，全市完成占补平衡、增减挂钩、工矿废弃地复垦项目 298 个，新增耕地 1.7 万亩（1133.3 公顷），比上年增长 61%。

发展用地保障工作。编制中心城区、乡镇土地利用总体规划调整方案，优化建设用地空间布局，保障镇江东站、镇江市国际学校、高校园区等重点项目合理用地。对辖市（区）农用地计划进行考核统筹，编制完成全市农用地计划分配方案，下达农用地计划 7250 亩（483.3 公顷）。编制完成 5 个村土地利用规划。服务 312 国道、306 省道快速路建设等重大用地项目。保障恒大童世界、中林集团、云阳药业集团、长城汽车等省、市重大项目用地需求。全市审查上报 61 个建设用地批次（项目）23744 亩（1582.9 公顷），其中，农用地 18609 亩（1240.6 公顷）［含耕地 12516 亩（834.4 公顷）］；建设用地 4405 亩（293.7 公顷）；未利用地 730 亩（48.7 公顷）。尝试对退让一宗工业用地开展先行储备，为实体经济发展提供资源保障。

节约集约用地工作。市政府审批通过《镇江市市区土地储备规划（2017—2020 年）》。年度土地供应、储备计划编制完成，全市国有建设用地计划供应 47433.5 亩（3162.2 公顷）。当年，市场出让土地 24039.39 亩（1602.6 公顷），土地出让金 288.46 亿元（含协议出让），其中，市区挂牌出让经营性用地 22 宗，面积 1406.85 亩（93.79 公顷），成交价 86.62 亿元，平均地价 9235.5 万元/公顷，较 2017 年市区出让经营性用地平均地价增长 12.2%。下达年度全市闲置土地处置计划，完成低效用地再开发和消化批而未供土地年度序时目标任务。通过增资技改、收回重新供应等方式，处置各类闲置土地 107 宗，面积 9172.58 亩（611.5 公顷），闲置规模控制在 2200 亩（146.7 公顷）。执行《镇江市国有建设用地批后监管办法》，健全完善动态巡查工作机制，对辖区内经营性建设用地开展动态巡查 371 次，涉及 92 个项目、6953 亩（463.5 公顷）。推进“双提升”行动，开展年度全市开发区土地集约利用更新评价工作，丹阳市、扬中市、京口区和润州区等获评 2017 年度江苏省节约集约利用模范县（市、区），并获奖励新增建设用地计划 2000 亩（133.3 公顷）。市政府印发《关于开展第三次全市土地调查工作的通知》，召开协调推进会，成立领导小组，开展业务培训，全市落实预算经费 4000 万元，全年落实调查经费 927.11 万元。

自然资源权益维护工作。全市新增中国银行镇江分行、丹阳市农村商业银行等 8 个银行办理网点，新增市不动产登记中心京口分中心等 5 个便民服务点。解决不动产登记历史遗留问题，解决近 50 个小区约 3 万户办证难题。启用咨询服务热线“96510”，将原先交易、纳税、登记受理由 3 个工作日压缩至 45 分钟，实现当日取号办理完毕。完成全市“区域压矿调查”工作，并通过省国土资源厅验收。完成 26 个地质灾害危险性评估项目，汛前拉网式梳理排查地质灾害隐患点、危险点 214 处，发布《镇江市 2018 年地质灾害防治方案》，全市连续 15 年实现零伤亡。市国土局与市检察院签订《关于共同推进行政公益诉讼不断提升自然资源依法行政工作水平的意见》，应对行政公益诉讼。优化“四张清单”（征地程序清单、附着物调查清单、补偿测算方案清单、补偿资金监管清单），健全征地制度，实现阳光征地零投诉。推进信访“畅通五路”省级试点工作，建设国土信访“畅通五路”综合智能管理系统。

改革创新工作。探索“互联网＋不动产登记”服务模式，升级“三安”（安心登记、安全交易、安妥服务）服务大厅功能，建设“全天候”登记服务自助办理系统，实现市本级中心间信息互联共享。投入使用人证比对功能的自助查询机；完成不动产登记数据整合及历史档案入库工作；开通不动产远程预约系统，建设银行、农业银行等20家金融机构接入，实现“在线查询、远程预约、择日面签、立等可取”。探索水电气、广电、网络过户联动办理试点。开展全市系统“创新项目”评选活动，提升监管服务、行政审批和依法行政水平。推进“互联网＋法治宣传”，结合地球日、土地日、测绘日、宪法日暨全国法治日等时点，开展普法宣传。落实《中华人民共和国测绘法》《江苏省测绘地理信息条例》，举办广场咨询活动，加大国家版图意识宣传，省测绘地理信息局批准镇江市建立2000地方独立坐标系。（巫少群　傅　琰）

【违法用地整改工作】 2018年，镇江市落实《镇江市违法用地整改工作方案》，市政府召开全市土地例行督察发现问题暨存量违法用地整改工作推进会，对各地整改工作进行督查。全市存量违法用地整改到位380宗、20216.2亩（1347.7公顷），到位率以面积算占76%，以宗数算占92.05%。建成覆盖市域范围的“慧眼守土”动态智能监管系统，并拓展到城管执法领域，强化以辖市（区）局、乡镇所为主的网格化日常巡查发现机制，防止新增违法用地。全年全市新发生违法用地22宗、151.21亩（10.1公顷），并全部消除违法状态。润州区获评省国土资源厅“土地执法先进区”。

（巫少群　傅　琰）

【工业用地供地方式改革】 2018年6月，《镇江市工业用地供应方式改革实施意见（试行）》通过市政府常务会议审议并印发。该意见提出在工业用地一次性50年出让年期的基础上，根据产业政策、产业生命周期及产业发展走向，合理设定有偿使用类型和年限，工业用地弹性出让年期一般不超过30年，以5年为单位，设定20年、25年、30年等出让年限。意见实施后，有涉及18宗地、总面积1102亩（73.1公顷）的企业选择30年弹性出让，为企业节约用地成本9918万元。（巫少群　傅　琰）

【市不动产登记中心京口分中心揭牌】 2018年，镇江市政府将设立市不动产登记中心京口分中心列入市政府十大民生项目。2019年1月13日，市不动产登记中心京口分中心举行揭牌仪式；1月14日，正式对外服务。该中心位于京口区学府路80号恒顺翠谷商业广场4号、5号楼，建筑面积5500平方米，包含一楼服务大厅、机房、档案室和党建室。服务大厅面积1800平方米，设置35个窗口，涵盖一窗受理、不动产查询、注销登记、查封登记等所有不动产登记业务及交易和税务等业务。同时，该中心健全便民服务配套设施，设立自助服务区，提供24小时查询服务，并设立公证处、爱心小屋、母婴室、调解室等辅助设施。

（巫少群　傅　琰）

【“2018镇江坐标系”获批】 镇江市使用2000国家大地坐标系所采用的3度带投影面中央子午线不在镇江市范围内，导致全市约60%面积的市县级基础测绘及大比例尺工程测量精度存在超限风险。2018年12月3日，镇江市国土资源局向省测绘局提出建立2000地方坐标系的申请。12月14日，该申请获批，2000地方坐标系被命名为“2018镇江坐标系”。该坐标系统成为镇江市唯一合法的相对独立的平面坐标系统，这也是自2000国家大地坐标系执行以来，省内首个获批的地方独立坐标系统。“2018镇江坐标系”为高斯投影，投影面采用CGCS2000参考椭球面，中央子午线为东经119°30′。（巫少群　傅　琰）

工商行政管理

【概况】 2018年，镇江市工商系统深化改革创新，优化服务，强化监管，各项工作有成效。全年创建成功省级广告产业园，推动丹阳眼镜创建全省“网络市场监管与服务示范区”，发布“中国丹阳眼镜指数”。实施“红盾金桥”工程助企融资，开通动产抵押登记在线办理系统，完成动产抵押193件，融资95.6亿元；完成股权贷111件，融资10.5亿元。实施“红盾护农”工程助推乡村振兴，组织“农超对接”、涉农企业“银企对接”活动。开展打击商标侵权“溯源”“净化”行动，打击对“镇江香醋”“金山翠芽”等商标的侵权行为，维护“城市名片”形象。当年，镇江市国内商标注册申请量增幅和有效商标注册量增幅，均创历史纪录。

商事制度改革。围绕“3550”改革目标和“不见面审批”要求，加强协同，创新举措，优化服务，将全市企业开办用时压缩为1.66天，窗口事项“不见面审批”率为100%，全年免费为申请人邮政寄递营业执照917份。推行“证照分离”改革，市政府出台《关于印发镇江市“证照分离”改革试点实施方案的通知》，指导镇江新区、镇江高新区完成改革试点。截至11月底，全市“证照分离”改革惠及企业894家。在国务院第五次大督查中，窗口“体验式办照”暗访视频在中央电视台播放，被评价为“值得推广”。

事中事后监管。在全省率先开展跨部门“双随机、一公开”抽查试点工作，组织公安、人社、商务等10个部门随机抽查市区加油站、餐饮企业和大型商场、超市，初步实现“一次检查，全面体检”。在全省率先出台《关于对被列入工商严重违法失信企业开展联合惩戒的通知》，相关部门对783家严重违法失信企业开展协同监管和联合惩戒。强化信用监管，牵头建设全市企业法人库，推动近90%企业主动年报公示信息，年报率较上年增长11个百分点。依托市场监管信息平台，归集259个部门（其中市级部门48个）110余万条信息。组织线上、线下流通领域商品质量抽检，完成47个品种1182个批次抽检任务。改善网络市场秩序，推动丹阳眼镜产业创建全省“网络市场监管与服务示范区”。推广“工商网监”电子标识，开展互联网“净网雷霆”专项行动，办结各类案件26件。

安全消费保障。完善消费维权体系，提高维权水平，开展“智慧315”平台三期建设，强化“大数据”分析，落实《侵犯消费者权益行为认定办法》和《侵犯消费者权益行为惩戒办法》，在全省率先成立金融投诉调解委员会。整治消费环境，维护弱势群体权益，查处江苏玖益健康管理公司虚假宣传、销售不合格医疗器械等违法行为，罚没48万元。提高广告监测效能，叫停“流量不限量”广告，部署非法集资广告清理排查。市工商局配合公安部门打击传销，捣毁窝点327个，遣返传销人员1100人。倡导企业自律，促进放心消费，开展平安市场创建，汽车4S店、汽车维修行业服务质量“回头看”，以及放心粮油“示范店”和“销售店”考核，对公共服务领域消费热点进行评议。

商标品牌战略。以“深化护航品牌，助力镇江制造”品牌创建为切入点，营造品牌兴市氛围，加强全社会品牌意识。开展“独角兽企业品牌运营行动”，搭建高新技术品牌发展平台；深化产业园区护航行动，搭建特色产业园区品牌发展平台；开展产业集群品牌培育行动，搭建区域产业集群发展平台；开展“红盾”系列行动，搭建农业企业品牌发展平台。实施“四进活动”，护航品牌进社区、进商场、进乡村、进网络，延伸护航品牌领域。打击商标侵权，整治假冒违法行为，发放商标规范使用提示书3000多份，查办商标案件126件。全市商标注册申请量1.15万件，有效商标注册3.5万件，比上年增长23.7%；马德里国际注册突破100件，提前完成“十三五”规划目标任务。（郑 欣）

【个体工商户简易登记改革】 2018年，镇江市工商局、市审改办、市政务服务办下发《关于深化个体工商户简易登记改革开展经营者变更、迁移试点工作的意见》，探索完善个体工商户营业转让制度，在双方签订转让协议、明确债权债务清偿责任前提下直接办理经营者变更登记；试点个体工商户跨辖区迁移，改变个体工商户跨辖区“一歇一开”登记模式；实行审核合一登记制，实现个体工商户现场受理、现场核准、现场发照；推广移动端手机App、个体户自助办照一体机等登记模式，拓宽简易登记渠道。当年，全市办理手机“工商通”App登记办件1064件，推广企业通过支付宝、微信小程序下载电子营业执照计5290份。（郑 欣）

【住所信息申报制】 2016年，镇江市开展住所信息申报制改革试点，其中保留危险化学品生产经营，旅行社，产生油烟、异味、废气的餐饮服务项目，互联网上网服务营业场所，娱乐场所等7个敏感行业继续把关。经2年试点，未发生因住所放宽登记导致的履职不到位等消极后果，全行业实行住所信息申报条件业成熟。2018年，镇江市成为全省首家也是唯一一家全行业住所信息申报的地级市。（郑 欣）

【跨部门“双随机”抽查试点】 2018年，镇江市贯彻省工商局《关于开展跨部门“双随机”试点工作的通知》，在市本级和镇江新区同步开展跨部门“双随机”试点工作。8月底，市本级完成餐饮、加油站、大型商场超市等3个行业涉及工商、公安、人社、商务、物价、安监、环保、质监、食药监、卫计等10个部门的跨部门“双随机”抽查。各部门统一依托市场监管信息平台开展相关工作，做到名单一次性抽取，人员一次性选派，检查一次性完成，结果一次性公布，并将检查结果通过市场监管信息平台回填，在全国企业信用信息公示系统公示。市工商局牵头各相关部门通过试点建立完善一套组织领导、协同研判、运行保障和督查考评的工作机制，在全省首次实施多部门、多行业“双随机”联合抽查，首次实现多部门依托同一平台开展“双随机”联合抽查。（郑 欣）

【行政执法职权履行率考核】 2018年，镇江市工商局制定下发《镇江市工商局关于进一步提高行政执法职权履行率的工作意见》，梳理工商行政执法基本职权事项，列出310项工商类行政权力（清单）、30项重点职权事项（清单）。年中，对机关各处室、基层市场监管局履职情况进行考核排名并公开通报。截至11月底，各市场监管局完成25项“2018年行政执法重点职权事项”，完成率83.33%，同时，办结多起有影响的大要案。（郑 欣）

【镇江市企业法人库建设】 2018年，镇江市工商局牵头开展镇江市企业法人库建设。镇江市企业法人库依托市场监管信息平台，对依法应当公示的包括市场主体注册登记备案、动产抵押登记、股权出质登记、知识产权出质登记、商标注册、纳入经营异常名录和严重违法失信企业名单（“黑名单”）、行政许可、行政处罚、监督检查结果（包括抽查结果、专项检查结果、重点检查结果等）等企业信息进行归集（其他涉企信息由相关部门提供给企业法人库）。镇江市企业法人库的建立旨在为政府更好地对企业实施精准服务提供便利，为金融机构判定企业经营状况，提供信用贷款创造更好的条件，同时，有利于夯实对企业进行信用评价、实施守信联合激励失信联合惩戒的基础。（郑 欣）

【“净网雷霆行动”】 2018年，镇江市开展“净网雷霆行动”，遏制互联网领域违法行为，打击网络不正当竞争、网络虚假广告、质量不合格网络商品等，行动中对20个批次儿童安全座椅、50个批次眼镜和50个批次家纺开展网络抽查工作。其中，2个批次儿童座椅、5个批次眼镜和3个批次家纺经检测不合格，分别移送南京市工商局、丹阳市市管局和南通市工商局。全系统查办网络销售质量不合格商品案件9件，罚没款29.04万元。（郑 欣）

【“红盾”系列行动】 2018年，镇江市实施“红盾护农工程”，组织市区10家大型商超和批发市场与80余家农业企业对接，签订大米、蔬菜、家禽、茶叶和水果等产销合同40余份，成交额1600多万元；同时，帮助30余家涉农企业、448个网店入驻华东森林产品电商城，办理涉农动产抵押登记，担保主债权超过10亿元；为29家企业解决流动资金5300多万元。实施“红盾金桥计划”，办理股权出质登记132件，助企融资55.06亿元；召开全市商标专用权质押融资推进会，向全市银行、企业推广商标专用权质押融资；上线动产抵押登记业务系统，实现动产抵押登记在线申请、在线审核、在线公示、在线查询，办理动产抵押登记308件，助企融资127.64亿元，比上年增长近20%。（郑 欣）

价格管理

【概况】 2018年，镇江市价格部门推进价格改革，促进高质量发展；强化价格服务，促进民生保障；优化价格监管，促进市场环境提升。围绕民生重点，完成涉及教育、城市供水、污水处理、管道天然气四大类别7项成本的监审工作，监审总金额为14.44亿元，核减成本2.16亿元。镇江市政府办公室印发《关于建立镇江市公平竞争审查联席会议制度的通知》。对镇江市西南片区环境污染整治督查、打击长江非法采砂专项行动提供价格认定服务。全年完成涉案、涉纪认定和争议调处230件，金额4314.6万元；各类存量房涉税认定1001件，金额64.4亿元。结合改革开放40周年，策划纪念价格改革40年宣传活动。平价商店管理、价格监测预警、宣传信息等工作先后获2017年度全省价格系统先进表彰；“率先开展普通住宅小区物业公共服务等级标准及基准价格第三方评估”项目获评2017年度全省价格系统改革创新成果；镇江市价格认定中心获评国家发改委价格认证中心“价格认定学习提升年活动先进机构”。

价格宏观调控。制定镇江市2018年价格调控目标责任制实施意见，分解价格调控任务，完善价格异动应急体系。市直全年使用价格调节基金200万元，主要用于标准化平价商店建设。全市平价商店全年销售粮油肉蛋等平价商品4720万千克，减轻市民“菜篮子”负担3549万元。提高价格监测水平，完善“智慧物价帮帮您”品牌建设，开发“西津晒价”超市比价栏目，加强价格信息发布。开展市场价格检查巡查，维护市场价格稳定。全年居民消费价格总水平累计上涨2%，涨幅与2017年持平，实现3%左右的预期调控目标。

清费减负。市物价局向镇江新区管委会提交《关于进一步优化新区收费环境、促进新区经济发展的工作建议》；与市行政审批制度改革工作领导小组办公室联合印发《关于清理规范涉企收费营造高质量营商环境的通知》，汇编《镇江市涉企行政事业性收费目录》《镇江市实行政府定价管理的涉企经营服务性收费目录清单》，实现“清单之外无收费”。降低进出口企业口岸通关费用，形成镇江市进出口环节收费公示目录清单。落实省政府《关于取消和转出部分行政事业性收费的通知》，涉及金额约2.65亿元。拟订全市涉企收费项目压减清单，2018年12月1日起，对11个涉企收费项目实行收费优惠。全年下调一般工商业及其他用电销售价格8.19分/千瓦·时，清理规范转供电环节加价行为，为全市工商业减负3.59亿元。全市行政事业性收费项目由上年度的97项减少到40项，涉企行政事业性收费项目由60项减少到24项。

市场价格秩序管理。开展物业服务收费专项整治行动，提高物业服务收费信息透明度。规范市区商品住房销售价格备案管理，京口区、润州区、镇江高新区对106个批次181.9万平方米商品住房销售价格实施备案。专项整治驾校价格行为，对25家驾校评定价格信用等级。针对永辉超市价格举报投诉较多情况，集体“约谈”驻镇江4家永辉超市。对电信、供气、供水、殡葬等垄断行业开展价格检查。加强校外培训机构收费监管，两级价格部门综合执法检查595家，对120家存在问题的校外培训机构发放整改通知。开展医疗服务价格检查，对镇江市康复医院、解放军第359医院分别经济制裁251.5227万元、74.417万元。开展反不正当竞争和反垄断调查。全年受理价格举报(含咨询)918件，办结916件，办结率99.8%。

价格惠民工作。建立平价商店运营监管标准化体系，提升平价商店运营水平和稳价惠民效果。开展“智慧物价帮帮您”服务品牌创建工作。制定、调整基层医疗卫生机构医疗服务价格，初步构建有利于分级诊疗的价格体系。制定《镇江市幼儿园收费管理实施细则》，调整幼儿园收费标准。畅通价格争议诉求渠道，在全市主要风景旅游景区和商圈挂牌设立价格争议调处工作站。2月，镇江市低收入居民生活费用指数超过3%，以及9月镇江CPI涨幅超过3%时，物价与民政部门共同提请市财政向镇江市城乡低保对象、享受国家抚恤补助的优抚对象、农村五保对象、城市“三无”对象和孤儿等5类群体，约4.5万名困难对象发放物价补贴505.6万元。

（姚秀峰）

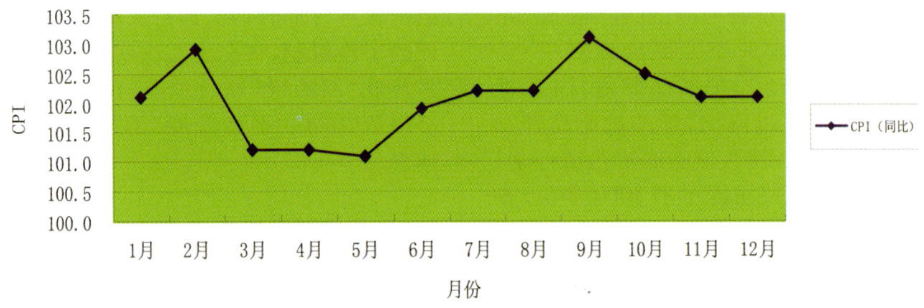

图7－4　2018年镇江市区居民消费价格总指数(CPI)运行图

（姚秀峰　供稿）

【2018年价格运行概况】 2018年，镇江市区居民消费价格总指数(CPI)比上年增长2%，涨幅与2017年同期持平。1月—12月，镇江各月CPI总体处于温和可控区间，分别为102.1、102.9、101.2、101.2、101.1、101.9、102.2、102.2、103.1、102.5、102.1、102.1。八大类商品和服务价格普遍上涨：食品烟酒类上涨3.3%，衣着类上涨1.5%，居住类上涨1.7%，生活用品及服务类上涨2.7%，医疗保健类上涨1.0%，交通和通信类上涨0.8%，教育文化和娱乐类上涨2.1%，其他用品及服务类上涨0.6%。上游主要工业生产资料价格涨多跌少。（姚秀峰）

【农业水价综合改革】 2018年，镇江市大中型灌区农业水价由政府定价。市物价局组织各辖市(区)对农业用水价格进行分类，督促出台区域性作价办法。市物价局参照农业用水运行补偿费成本，将设施维修费、燃料动力费、职工薪酬、管理费用、生产费用纳入补偿费成本范畴，采取基本水价和计量水价2种方式，指导丹阳市、句容市、扬中市、丹徒区等4个主要涉农辖市(区)出台区域农业用水价格。（孙广岩）

【基层医疗卫生机构部分医疗服务价格调整】 2018年，镇江市物价局、卫计委、人社局、财政局联合印发《关于调整基层医疗卫生机构医疗服务价格的通知》，主要内容有：制定出诊等部分社区卫生服务及预防保健类价格，促进家庭医生服务开展；调整中医诊疗类中针刺、灸法、推拿疗法3类项目价格，支持基层发展中医事业；规范基层医疗卫生机构病房床位收费；提高体现医务人员劳务价值的护理、住院诊察、基础性一般治疗、临床诊疗与手术治疗等五大类22个项目医疗服务项目价格；取消大型设备检查上浮15%的规定，设立检验大生化组合项目；取消“CT超层费”等7个医疗服务价格项目；心理咨询等32个项目实行市场调节价；按照医生技术等级增设主任医师、副主任医师一般诊疗费项目。文件自2018年6月1日起，在市区(含京口、润州、丹徒、镇江新区、镇江高新区)实行药品零差率销售的社区卫生服务中心(服务站)、乡镇卫生院、村卫生室以及门诊部、诊所执行。（刘国福）

【一般工商业及其他类别销售电价调整】 2018年，根据国家和省关于合理调整电价结构等有关通知规定，镇江市4月、5月、7月和9月，4次累计下调一般工商业及其他用电销售价格8.19分/千瓦·时，降幅为10%。按照2017年镇江市一般工商业及其他用电电量43.85亿千瓦·时测算，4次电价调整全年为工商业减负3.59亿元。市物价部门、市供电公司清理规范转供电环节加价行为，打通降价的“最后一公里”。（孙广岩）

【进出口企业通关费用调研】 2018年，镇江市物价、财政、口岸、商务等部门对镇江市港口企业、代理单位以及外贸进出口企业开展调研，摸清口岸收费底数，提出口岸降费具体措施；按照海关总署的“公示模板”，形成并公布镇江市进出口环节收费公示目录清单。按照省统一部署，镇江市物价、口岸、商务、出入境检验检疫、财政等部门对镇江市部分涉及口岸经营服务收费单位收费公示情况进行现场督察，重点查处超目录范围收费、超标准收费、滥用市场支配地位乱收费等行为。（赵　飞）

【镇江市幼儿园收费新规定】 2018年，镇江市物价部门出台《镇江市幼儿园收费管理实施细则》，规范幼儿园收费行为；印发《关于调整市区公办幼儿园保育教育费收费标准的通知》，对镇江市区公办幼儿园保教费基准价格进行调整。调整后，省“优质园”2500元/生·学期；市“优质园”2100元/生·学期、“合格园”1700元/生·学期。实施细则有六点变化：一是定价方式调整，公办幼儿园和非营利性民办幼儿园的保教费、住宿费、托管费实行政府指导价；营利性民办幼儿园收费实行市场调节价；二是新增校车费项目，校车费的收取坚持自愿原则；三是明确托底保障措施，对革命烈士或者因公牺牲军人和警察子女、城乡最低生活保障家庭和持“特困职工证”“残疾人证”人员的子女及孤残儿童，全额免除保教费；四是执行差别化定价，实行“等级定价”和“优质优价”结合的定价模式，对部分符合条件的公办幼儿园框定范围、放宽标准，经批准后可适当上浮标准；五是细化退费规定，从原有的最高可退50%提高到可退80%；六是创新降费惩罚性措施，明确七条禁止行为。

（陆雨亭）

【城市生活垃圾处理费收费标准调整】

2018年，镇江市城市生活垃圾处理费收费标准进行调整，具体为：为城市日常生活提供服务的行业单位，按量征收城市生活垃圾处理费，单位按照上年年末在职职工（含临时用工人员和劳务派遣人员）人数计收，每人每月5元；建筑施工（含安装、装饰装修）单位按照工作项目总造价的万分之六标准计收，每万元收取6元；部队、非义务教育阶段学校、医院、公园、车站码头、商场、超市、集贸市场、个体工商户以及住宿、餐饮、娱乐、美容美发、照相、洗浴等行业单位，按照生活垃圾产生量计收，每吨130元；自行将生活垃圾运至垃圾转运站的，每吨100元；生活垃圾日产生量不足15千克的，每月40元，其中，摊点按照摊位收取费用，每个摊位每月30元。（杜开军）

【公平竞争审查制度】 2018年，镇江市下发《镇江市人民政府办公室转发省物价局等部门关于开展公平竞争审查制度落实情况专项督查的通知》《关于建立镇江市公平竞争审查联席会议制度的通知》，市物价部门出台《关于清理现行排除限制竞争政策措施的通知》。按照通知精神，建立镇江市公平竞争审查联席会议制度，5个辖市（区）政府建立公平竞争审查实施意见及联席会议制度。联席会议的主要职责为：贯彻落实国家和省关于公平竞争审查的决策部署和市委、市政府的工作安排，统筹协调推进镇江市公平竞争审查相关工作，对镇江市公平竞争审查制度实行总体指导，协调解决公平竞争审查制度实施过程中的重要问题；加强各部门在公平竞争审查制度实施方面的信息沟通和协同治理，及时交流各部门实施成效，推广先进做法和经验；开展市、区公平竞争审查工作指导，督促各地组织实施公平竞争审查，定期对各地、市各有关部门推进公平竞争审查和清理政策文件进行督察、考核；研究全市公平竞争审查各阶段实施计划、年度任务，根据省出台的实施细则研究镇江市的具体落实措施，细化审查标准、程序、方法；完成市委、市政府交办的其他事项。

（蒋　晶）

【“智慧物价帮帮您”服务品牌创建】

2018年，镇江市围绕价格信息“惠民、助企、帮农”总要求，升级价格信息管理综合系统、平价商店监管服务平台、价格监测综合管理系统、价格信息发布系统等功能，通过推进前后台项目建设、扩充“西津晒价”超市采价项目、制作“价格一扫我知道”二维码宣传牌、提高“价格信息流动服务站”服务效能等方法，实现“海量数据帮民生、全面立体帮企业、即时畅通帮农户”的品牌创建目标。该创建活动旨在反映焦点领域价格公共服务内容，反馈热点、重点领域价格改革作为，展示价格部门形象。

（姜欣宇）

【价格争议调处站点规范化建设】

2018年，镇江市价格部门在西津渡、金山、焦山等主要旅游景区，以及苏宁、万达、吾悦等大型商业综合体分别挂牌设立调处服务站点，明确专（兼）职调处人员。发生旅游、购物等价格争议事项，当事人可直接到站点申请调解，确保价格争议纠纷及时化解，维护市场价格秩序和群众合法价格权益。（马　力）

质量技术监督管理

【概况】 2018年，镇江市质监系统推进质量提升行动，发挥标准引领作用，加强质量安全监管，各项工作有新进展。

质量提升工作。成立质量提升领导小组，开展质量提升工作。第六届市长质量奖评选活动完成，镇江仁德新能源科技有限公司、江苏镇安电力设备有限公司、万新光学集团有限公司获评2018年度镇江市市长质量奖。江苏亿阀股份有限公司、沃得精机（中国）有限公司、江苏鱼跃医疗设备有限公司和江苏万新光学有限公司4家企业获2018年度江苏省工业企业质量信用AAA级评价，江苏鼎胜新能源材料股份有限公司等8家企业获AA级评价。江苏万新集团获批全国首批消费品标准化创新基地。开展“质量流动诊所”活动，到企业开展质量诊断、质量改进辅导，推动企业完善质量管理工作水平。举办全市首席质量官培训，培训首席质量官650余人。

标准引领工作。推进标准化试点项目建设，全年立项国家级标准化试点5个、省级标准化试点10个、省级地方标准2个，完成4个国家级标准化试点项目（丹阳市乡镇基本公共服务标准化试点、江苏沃得农机售后综合服务标准化试点、镇江新区新材料产业园区循环经济标准化试点、丹徒经济开发区管委会综合类产业园区循环经济标准化试点）、4个国家级服务业项目中期评估和9个省级项目的验收工作。市质监局、发改委申报成功全国首个关于评价低碳城市建设的地方标准《低碳城市建设评价指标》，并在2018年国际低碳（镇江）大会上正式发布。指导采用国际标准或国外先进标准89项，企业标准网上自我声明公开4200多项。8月，镇江市获批开展市级地方标准制定工作。

低碳计量工作。组织开展能效对标、能效测试、技术培训等能源计量服务，江苏鸿泰钢铁有限公司、江苏鹤林水泥有限公司获“江苏省能源计量示范单位”称号。在全省率先开展低碳景区评价方法研究，《镇江市低碳景区评价方法研究》通过验收。多次举办能源低碳人才培训交流会，引导用能单位提高能源计量管理和技术水平。

质量安全监管。强化特种设备安全隐患排查和治理，检查企事业单位2558家次，处理投诉举报643起，发现安全隐患1209个，下达安全监察指令书609份，责令停产停业24家，隐患整改率100%。以电线、电缆等13类产品为市级监督抽查和风险监测的重点，组织开展市级产品质量监督抽查和风险监测。开展“质检利剑”“双打”等专项行动，预防出现区域性、集中性的产品质量违法行为。

质监惠民成效。“96333”电梯困人应急救援平台有序运行，全市纳入救援范围电梯20995台，全年接到市民困梯求助电话916起，开展现场救援623次，解救被困人员1245人。推进“两免费”计量检定工作，对全市562个（所）集贸市场和村级卫生室、计划生育指导站、社会福利院在用的10933台（件）计量器具进行免费检定。开展“免费室内甲醛检测”活动，为全市100户家庭免费开展甲醛检测服务。

行政审批改革。取消制造计量器具许可证核发、进口非法定计量单位委托事项等2项行政权力，减少14类工业产品许可管理目录。政务服务中心质监窗口打造“不见面”审批服务平台，实现办理审批“零跑路”、答疑解惑“零见面”、审查审批“零差距”、容缺审批“零耽搁”，全年受理各类办件2860件，群众满意率100%。（卞亚婷）

【低碳城市建设地方标准】 2018 年 10 月 23 日，国家市场监督管理总局、江苏省质监局、镇江市政府在 2018 国际低碳（镇江）大会暨江苏省生态环境高质量主题论坛成果发布会上共同发布江苏省地方标准《低碳城市评价指标体系》。该标准围绕低碳发展理念、发展规划、评价指数级方式等方面进行梳理和总结，规定低碳城市评价指标体系的术语及定义、评价指标、计算方法、评价流程和结果运用，是全国首个在低碳城市建设方面的地方标准。 （卞亚婷）

【2018 年能源低碳计量管理技术研讨会】 2018 年 10 月 26 日—27 日，由江苏省计量协会主办、江苏省质量技术监督气体流量计量检测中心协办的“2018 年能源低碳计量管理技术研讨会”在镇江市召开。会议要求落实国家节能降耗的有关战略部署，推进低碳经济建设。同时，会议还围绕国家能源低碳计量方面的最新政策与技术要求、国内外先进技术和管理经验、流量能源计量实际工作中遇到的技术疑点和解决办法等内容进行交流发言。全省质监系统、燃气集团和国内知名能源计量仪表制造单位的 180 余人参会。 （卞亚婷）

图 7－5 2018 年 10 月 23 日，在 2018 国际低碳（镇江）大会暨江苏省生态环境高质量主题论坛成果发布会上，江苏省地方标准《低碳城市评价指标体系》发布 （卞亚婷 供稿）

食品药品监督管理

【概况】 2018 年，镇江市将食品安全列入高质量发展重点任务考核体系，市政府与各辖市（区）政府、主要职能部门签订食品安全目标责任状，落实责任。市食药监局以食品安全示范城市创建、市民生工程建设为切入点，强化监管，全市食品药品安全形势稳定向好。全年完成市级食品抽检 1822 批次，合格率 96.65%；组织食盐抽检 180 批次，合格率 99.44%。完成国家药品抽验 60 批次，合格率 98.33%；完成省级药品抽验 1200 批次，合格率 99.67%。完成国家医疗器械抽验 33 批次，合格率 90.91%；省级医疗器械抽验 52 批次，合格率 94.23%。全年审核评价药品不良反应报告 3614 份、医疗器械不良事件报告 2011 份、化妆品不良反应报告 201 份、“药物滥用监测调查表”911 份、药品定期安全性更新报告 77 份。识别挖掘处置风险信号 10 个。丹徒区获评省级“食品安全示范城市”。

案件查办。全市查办“四品一械”（食品、保健食品、药品、化妆品、医疗器械）案件 447 件，其中，一般程序案件 364 件、简易程序案件 83 件；货值金额 141.94 万元；罚没款计 689.85 万元；移送公安 6 件；停产停业 8 家；申报大要案 10 件。

“放管服”改革。实施简政放权，推出 18 项靶向性强的改革措施，解决群众与企业的诉求，全年办件 1800 余件，实际办件不见面审批率在 98% 以上。修订《镇江市食药械行政许可疑难问题协商处理办法》，在全省率先推出信用优良，产品风险较低食品生产企业延续换证和不改变工艺流程、不影响食品安全的同大类品种项下增加新品种的 2 项免现场核查试点，办理时限从 20 个工作日缩减到 1 个工作日，综合换证成本降低 95%。

信息化建设。在信息化监管平台建设基础上，推广检查执法全过程留痕和大数据分析预警。全年各类现场检查执法全过程留痕记录 39756 次，覆盖率 100%；运用平台大数据分析预警，为全市食药监管提供风险预警 19 次。投资近百万元，为全市各辖市（区）54 个分局配发移动执法装备和相关执法软件 130 套，实现监管人员现场执法全过程留痕。 （狄 安）

【食品监管】 2018 年，镇江市实施“放心食品小作坊”工程，引导具备条件的小作坊规范取得“食品小作坊登记证”，全市有 445 家小作坊办理登记和信息公

图 7－6 2018 年 3 月 13 日，镇江市食品药品移动检查执法装备配发仪式暨业务培训会议召开 （郭宝圣 供稿）

示。开展小作坊示范点建设，安排专项资金开展食品小作坊“两超一非”（超范围、超限量使用食品添加剂和使用非食用物质）专项整治，对其中的肉制品、面条、糕点、豆制品和食用植物油5类食品小作坊开展专项抽检，抽检产品87批次，合格率98.9%。对建成的52家“食品示范小作坊”以奖代补一次性分别奖励12000元、7000元。制定下发《2018年全市食品流通监管工作要点》，明确13项重点工作；制发市级“放心肉菜示范超市”、食用农产品示范市场、“你点我检”品牌创建等3项创建工作方案，明确创建目标和任务。当年，8家市级“放心肉菜示范超市”和13处食用农产品示范市场通过审核验收。（狄　安）

【餐饮安全监管】　2018年，镇江市出台《2018—2020年实施餐饮业质量安全提升工程工作方案》，巩固推广“放心餐桌”工程经验，在全市建成214家省级餐饮质量示范店（食堂）以及3个省级餐饮质量示范街（区）。出台《学校（托幼机构）、养老机构食堂等重点领域的“明厨亮灶”网络监控管理工作指导意见》，全市学校、养老机构“明厨亮灶”建成率分别为90.1%和98.5%。（狄　安）

【药品监管】　2018年，镇江市加强医疗机构制剂监管力度，制定下发《镇江市医疗机构再注册工作方案》，完成全市5家医疗机构制剂室的再注册工作。开展特殊药品专项检查，市食药监局、市禁毒委开展新精神物质专项整治，对全市药品类易制毒化学品使用企业以及麻精药品定点经营企业开展现场检查，检查企业12家次。开展药用辅料、药包材专项检查，检查企业21家次。做好药品生产企业备案、审核工作，全年完成药品生产企业关键设施设备变更、仓库变更、精神药品、蛋肽类药品、委托生产与检验、科研用麻精药品购买等各项行备案与审核工作20余项。加强执业药师管理。整治执业药师“挂证”行为，对全市2000余家药店的执业药师“挂证”情况开展核查，有9名执业药师在自查阶段自行注销在药店的执业资质；建立执业药师信用档案，全市建立执业药师诚信档案600余份。加强处方药销售管理，对全市近500家药店（含连锁门店）开展监督检查。开展城乡接合部药店诊所整治检查，对全市100余家个体诊所开展排查。（狄　安）

【医疗器械监管】　2018年，镇江市开展生产、经营和使用单位无菌和植入性专项整治，检查单位197个，责令整改52家；开展经营使用环节专项整治，检查经营企业（非网络）558家，网络经营企业17家，使用单位187家，限期整改75家，查处无证经营企业1家；开展生产企业“风险预警、精准监管”专项行动，形成预警信息14条。推进医疗器械使用质量管理，在大多数全市二级以下医院建立使用质量管理体系，召开“医疗器械使用质量管理规范示范点”现场会，增补6名医疗器械使用质量监管专家。（狄　安）

安全生产监督管理

【概况】　2018年，镇江市发生工矿商贸类生产安全事故62起、死亡64人，比上年分别下降6.06%和3.03%，实现事故起数和死亡人数连续17年“双下降”。全年未发生较大以上和有影响的生产安全事故。

2018年，镇江市按照“党政同责、一岗双责”的要求落实安全责任，并开展重要节点安全生产大检查。健全安全责任体系，基本实现责任“全覆盖”。强化对安全生产工作的统筹，出台《镇江市安全生产领域改革发展的实施意见》和《镇江市党政领导干部安全生产责任制规定实施办法》；成立12个安全生产专业委员会，并全部实体化运行。市安监局制定《镇江市安全生产工作约谈办法》，明确驻镇江央企、省属（市属）国有企业安全监管工作和事故报告及调查处理有关职责；组织开展安全生产综合应急预案和危化、矿山子预案的编修。全市重点行业领域推行开展安全生产责任险工作，重点领域投保面为90%，累计风险保额5.67亿元，合计保费收入406万元，比上年增长91.5%。

全市结合地区实际和季节特点，针对事故多发、问题突出的行业，开展隐患排查整治工作，排查企业200余家次，查找各类隐患1500余条，对11家企业挂牌督办、对15家企业责令停产整顿。参与烟花爆竹禁放工作，牵头组织禁放区内112家烟花爆竹零售经营网点的退出经营工作。推进“安全生产执法提升年”活动，5月10日，召开全市安全生产工作暨执法检查现场推进会，建立安全生产事故和执法处罚情况季度通报制度；12月，“安全生产移动执法管理系统”在镇江市正式运行。加大对事故高发和隐患突出地区和行业的督查督办力度，先后对丹徒区、句容市、丹阳市、扬中市、镇江新区等5个阶段性事故高发地区以及连镇铁路五峰山过江通道工程，通过发放督办、交办单、提醒函、现场督办和警示约谈等方式，督促做好事故防控工作。1月—12月，全市安全生产行政处罚事前立案804件，比上年增长54.62%。推进双重预防机制建设，截至年底，进入“双重预防”信息化平台的企业有5550家；安装智能终端10300余个；每月企业自我巡查6.5万余次。同时，安全生产信息平台完成前期立项审批和招投标。

镇江市安监系统构建立体式宣传网络，在“安全生产月”活动的基础上，开展以邀请市政协专题视察安全生产、组织广场咨询、举办安全生产专题讲座和执法比武竞赛等为主的12项专题活动；邀请国内粉尘涉爆、有限空间、金属冶炼、非煤矿山以及化工等行业专家，先后举办6期由基层安监人员、企业负责人以及专业安监干部550余人次参加的业务能力提升培训班。（朱　姝）

【安全生产责任保险统保工作】　2018年1月，镇江市启动新一轮安全生产责任保险统保工作，确定由人保财险主承保、8家保险公司共同组成的共保体，为镇江市安全生产责任保险项目提供保险服务。截至2018年年底，镇江市安全生产责任保险共保体为投保企业组织2期4个班次PSM工艺安全管理培训。全年全市安全生产责任保险项目投保企业166家，为约9000名从业人员提供安全生产保险保障，提供风险保额5.24亿元。（朱　姝）

【烟花爆竹销毁】　2018年，镇江市、区两级安监部门落实全市禁放区域内的烟花爆竹回购工作，将从各烟花爆竹零售经营网点回购的烟花爆竹全部安全移交至公安部门。12月7日，在句容市一个厂区内，镇江市安全生产监督管理局、市公安局等相关部门共同协作，首次成功销毁市区回购的不能用于二次销售的烟花爆竹。（朱　姝）

审　计

【概况】　2018年，镇江市审计机关以高效发挥审计“免疫系统”职能为目标，建立健全审计全覆盖工作架构。建立并动态管理市本级预算单位、国有企业、经济责任审计对象、政府投资项目等4个审计数据库。截至2018年年底，数据库中涵盖322家预算单位（其中一级预算单位90家），涉及当年预算金额41亿元；涵盖国有企业集团9家及其控股子公司

157家，涉及注册资本89.97亿元；涵盖近3年的公共投资项目83个，涉及投资总额578.79亿元；涵盖市管领导干部135人，并按重要性序列分为A、B、C三大类，其中A类重点审计对象52人。基于上述4个审计数据库，制定对重点对象、重点资金的"五年轮审"计划。根据省审计厅批复的年度审计项目计划，全市审计机关完成审计（调查）项目178个，其中，市审计局完成审计（调查）项目43个，市本级促进增收节支4.14亿元，审计移送处理事项8件，审计提出建议被采纳62条，面向社会公告7个审计项目的审计结果和整改情况。

审计主题活动。市审计系统开展"与时代同行·展审计风采"主题活动，活动分为"不忘初心·牢记使命""依法行政·履职尽责"和"建言献策·展示风采"3个阶段，先后组织开展"不忘初心·牢记使命"主题演讲、"青年党员进红船"、党纪法规专题讲座、党纪法规知识竞赛、先进典型宣传、审计建言献策、"金点子"评比、"导师制"阶段成果汇报等活动，并赴润苑廉政教育基地、句容监狱开展现场教育。主题活动成果获《中国审计报》专版宣传。

（甘　永　李晓风）

【审计业务质量建设】　2018年，镇江市审计机关开展全市审计项目质量互评工作，对抽查的22个审计项目从"可借鉴""应整改""综合评分"3个方面进行点评，揭示存在的问题，总结经验60多条。推荐的审计项目连续3年获评省审计厅优秀或表彰项目。构建涵盖法规库、案例库、问题库、优秀审计项目库和业务处室讲业务课案的"四库一案"镇江审计实验室，完成问题库、法规库、案例库的信息汇集工作。加强审计规范化建设，审计项目均执行省审计厅《审计项目现场管理办法》，对审计调查、取证、审查、处理、归档等环节实现全程记录，落实审计复核、审理和审计业务会议制度。

（李晓风）

【审计整改工作】　2018年，镇江市审计机关以健全审计整改机制为核心，强化审计结果运用。按照市委、市政府要求，审计查出问题及整改情况首次纳入镇江市级机关作风效能考核。当年市审计局制定《审计整改跟踪监督办法》，成立审计整改情况跟踪监督领导小组，建立审计整改事项数据库并实施动态销号管理，定期召开审计整改跟踪督查分析会，确保所有问题应改尽改。通过整改促进市委、市政府及主管部门出台关于住宅专项维修资金管理、健康服务保障体系建设、市级政府性专项资金管理、市级政府投资项目资金监管等方面的多部重要制度。

（李晓风）

【财政预算执行审计】　2018年，镇江市审计机关对市直、镇江新区管委会2017年度预算执行和其他财政收支情况进行审计，根据审计结果，出具审计决定书2份，报送审计专报2份。推动市政府和有关部门出台《关于进一步规范市级政府性专项资金管理的通知》《关于进一步加强和完善市级政府投资项目资金监管的实施意见》等文件。常态化推进预算执行审计业务指导，印发《全市审计机关本级预算执行和其他财政收支审计指导意见》，开展全市审计工作报告审定工作，促进提升全市预算执行审计质量。

（姚　宁）

【部门预算执行和其他财政收支审计】　2018年，镇江市审计机关对全市13家部门预算执行和重点公用经费使用情况进行审计，延伸审计市级预算单位143家，比上年增长2.4倍；对部门"五项经费"（因公出国境费、公务车辆运行维护费、公务接待费、会议费、培训费）、编制外用工情况、不动产和土地资产等管理情况进行全面调查。审计反映部分单位预算编制不够完整合理、预算调整幅度过大、部分结余款项未上缴财政、部分专项资金未拨付到位、项目预算执行率低、未严格执行政府采购制度等问题，并督促相关单位整改到位。

（杨博霞　李晓风）

【重大政策落实情况跟踪审计】　2018年，镇江市审计机关按照省审计厅统一部署，完成全市商务发展专项资金、省级战略性新兴产业发展专项资金、全市"四好农村路"、全市减税降费政策落实、泗阳县扶贫政策和扶贫资金、扬州市政府性债务等政策跟踪审计项目，并派审计人员参加省审计厅组织实施的长江经济带生态环境保护专项审计，关注"三大攻坚战"落实情况。审计重点揭示上级政策执行不到位、本级政策配套不健全、政策文件滞后于发展改革步伐等问题。促进在当年制定出台的地方政府规章《镇江市农村公路条例》中明确农村公路养护经费的保障机制。

（李晓风）

【市直行政事业单位不动产专项审计调查】　2018年，镇江市审计机关对市直83家行政单位、245家事业单位的固定资产（不动产）管理情况进行专项审计调查。审计反映部分不动产去向不明、未办理资产入账和销账手续，部分房产出租未签订租赁合同、出租年限较长、未履行报批手续，部分房产出租租金未及时收缴，部分房租收入未上缴财政等问题，并就改进固定资产代建模式、摸清行政事业单位房产家底、整合空闲房产、加大执法力度、加强资产管理部门与财务部门的协同合作等方面提出审计建议，促进完善行政事业单位不动产规范管理。

（张　琛）

【住宅维修资金专项审计调查】　2018年，镇江市审计机关组织对市区及各辖市2017年度住宅维修资金进行专项审计调查，重点审计住宅维修资金收缴、使用和管理及制度建立运行等情况。根据审计发现的问题，提出改进维修资金收缴方式、统筹管理区域经营收益、提高服务意识创新宣传方式、健全项目监管制度等建议，促进市政府年底修订出台《镇江市市区住宅专项维修资金管理办法》。

（曲　明）

【领导干部任期经济责任审计】　2018年，镇江市审计机关按照《党政领导干部和国有企业领导人员经济责任审计规定》及其实施细则，审计领导干部16人，其中，地方党政领导干部1人、部门党政领导干部9人、企事业单位领导干部6人。通过审计，提出审计建议22条。加强经济责任审计结果运用，审计结果报告在报送市政府的同时抄送市委以及相关部门。强化经济责任审计质量控制，把经济责任审计项目作为当年全市审计项目质量互评的重点，对全市统一制定的经济责任审计报告格式进行修订完善。

（史　宏）

【领导干部自然资源资产离任（任中）审计】　2018年，镇江市审计机关根据《领导干部自然资源资产离任审计规定（试行）》及省审计厅工作安排，在全市审计系统推开领导干部自然资源资产离任（任中）审计工作，其中，市本级安排市水利局原局长、党委书记的自然资源资产离任审计，并对全市水资源资产管理情况开展审计，发现涉水行政执行、管理不到位等问题，提出针对性审计建议并督促落实整改。

（王振宇）

【涉企审计】　2018年，镇江市审计机关对镇江城市建设产业集团、文化旅游产业集团、国有投资控股集团有限公司和江苏索普集团相关负责人进行任期经济责任审计，对江苏恒顺集团有限公司资产负债损益审计情况开展审计，实现对全市四大投融资平台公司的审计全覆盖。按照审计署《关于内部审计工作的规定》，加强市属国有企业内部审计工作指导，印发《市属国有企业内部审计业务操作指导意见》，开展国有企业内部审计机构摸底调查。

（史　宏　周祥燕）

【政府投资审计】 2018年，镇江市审计部门与市财政部门按"审计监督+财政评审"的模式，对市直政府投资项目进行全覆盖监督，市审计局全年审计核减投资额9067万元。对全市政府投资项目造价情况开展系统调研，提交审计专报1份，推动规范政府投资项目审批、资金拨付流程，对300多个政府投资项目历史遗留问题开展清理，集中补办缺失手续，对超批准投资、无依据变更等问题进行集中整改。（李晓风）

【社会保障审计】 2018年，镇江市审计机关根据省审计厅统一部署，对镇江市2017年保障性安居工程（含公共租赁住房、经济适用房、限价商品住房等保障性住房和各类棚户区改造）的计划、投资、建设、分配、运营等情况及配套基础设施建设情况开展审计，对21个工程项目进行重点检查。审计发现安居工程资金使用、政策落实、建设程序、建设管理等方面的主要问题并提出整改要求，审计专报被市领导批示3篇次。完成市本级医疗保险（含市城镇职工基本医疗保险、市城镇居民基本医疗保险）政策执行及基金筹集、管理、使用情况专项审计调查，促进健全医保征缴、基金管理、财务核算等工作流程。（吴　蕾）

【大数据与计算机审计】 2018年，镇江市审计机关健全大数据审计模式下的资源配置，在全市住房公积金联网审计平台基础上，完成全市医保资金联网审计平台建设。审计项目中运用大数据技术，如通过大数据分析比对开展地税征管审计；在经济责任审计项目中运用大数据技术查出保障房分配领域的违纪、违规线索；对财政底层数据进行分析，探索行政单位预算执行和公务经费支出大数据审计；对4个审计对象数据库实施动态更新管理，健全与全市一级预算单位、重点国有企业的对口联系机制。

（刘　竹　李晓风）

【审计专业人才培养】 2018年，镇江市审计机关制定出台《关于在全市审计机关全面实施"导师制"工作的意见》，把审计业务"导师制"培养范围扩大到全市近3年新进干部50多人，每人均配备一名业务骨干作为导师，个性化制定培养方案。制定针对导师、学员的考核评比细则，明确每年进行集中考核，结果作为干部职务晋升、评先评优的重要依据。开展青年干部会计实务轮值培训。

（李晓风）

统　计

【概况】 2018年，镇江市统计系统推进依法统计工作，开展各项普查、调查，强化咨询、指导服务，提升作风效能，强化基层统计基础建设。完成镇江市第四次全国经济普查清查工作。全年撰写进度分析和专题报告近百篇，统计信息160多篇，其中，调研课题获省优秀统计分析报告二等奖1篇、市政府调研类课题评比一等奖1篇，市社科优秀精品工程二等奖1篇；扬中市统计局获评"2018年度全省县级统计规范化建设十佳单位"，并代表县级统计机构在全省统计会议做重点交流发言；8家统计站（办）获评"2018年度全省乡镇统计规范化建设百佳单位"；2个项目获评"2018年度全省优秀统计服务项目"。

统计法治建设。省统计局、市统计局联合拍摄《依法统计，依法治统，开启新征程》，获评全市"谁执法谁普法"十佳创新项目，其项目经验在全省统计系统推广。开展统计法律专题讲座，对全市统计系统人员开展统计法治警示教育。编印《统计常用法律必读》，发放至全市各级党政领导、统计人员和"四上"（规模以上工业企业、资质等级建筑业企业、限额以上批零住餐企业、国家重点服务业企业）单位。全年清理涉及统计的违规文件2个，整改代填、代报企业200余家，退出违规入库企业30余家；启动对县（区）、镇（街道）统计"双随机"检查和面向调查对象的统计执法检查，执法检查50余家企事业单位，实现镇江市统计案件、统计诚信惩戒"零"的突破。

统计队伍建设。市统计局出台《镇江市2018—2020统计规范化建设奖补办法》《关于加强村（社区）统计协管员队伍建设的通知》，推动全市统计基层基础建设。在全省率先建立《统计执法检查"八不得"工作纪律》。同时，强化统计队伍建设，全年选派人员参加全国、省、市各类统计培训班，1人参加香港统计能力培训班。全年举办多期"统计讲坛"，邀请专家分析研究经济热点等问题，讲解统计业务知识和统计法律法规。

统计宣传工作。市统计局按季度召开统计新闻发布会、通气会。3月14日，市统计局到政风行风热线，与市民直接对话，解答相关问题。做好镇江市第四次全国经济普查宣传工作，在《镇江日报》发布清查公告；竖立户外宣传广告牌；在市区智能公交站台电子显示屏，滚动播放宣传信息；在行政服务中心设置普查宣传展板等。开展"9·20"统计开放日系列活动。9月16日，市统计局、国家统计局、镇江调查队、市体育局、市卫计委等单位在镇江南山北入口广场举办"镇江统计开放周"启动仪式暨"走进四经普·南山微笑跑"活动，9月16日—20日，"镇江统计开放周"举办12场宣传活动。9月20日，市统计局、国家统计局镇江调查队、市总工会、团市委等单位举办"9·20"统计法治知识竞赛活动，播放《用数据见证伟大时代》统计宣传片。（呼兴庄）

【统计监测工作】 2018年，镇江市统计局强化监测工作，研究制定镇江市高水平全面建成小康社会监测统计指标体系（包括6大类、45项、54个指标），监测范围为全市。4月8日，镇江市政府办公室印发《关于印发镇江市高水平全面建成小康社会监测统计工作实施办法的通知》。当年，镇江市完成高水平全面建成小康社会、基本公共服务体系建设、妇女和儿童发展评价、文化改革与发展、高质量发展监测评价等省级重点监测统计工作任务，并形成相关监测统计报告。当年，市统计局针对"百强"工业企业、先进制造业投资、重点项目建设等方面建立监测制度，按月监测，并将监测情况进行资政运用。（呼兴庄）

【镇江市第四次全国经济普查工作】 2018年，镇江市政府印发《镇江市政府关于做好我市第四次全国经济普查工作的通知》，成立镇江市第四次全国经济普查领导小组，并对各成员单位的职责进行明确。镇江市各级普查机构、各相关部门以及3146名普查指导员对全市范围内从事第二产业、第三产业的全部法人单位、产业活动单位和个体经营户按照"一户不重，一户不漏"的要求进行清查。清查方式采用上门使用Pad录入信息或调查户直接填写纸制表，再由普查员录入Pad。镇江市第四次全国经济普查清查阶段的任务完成。丹阳市代表江苏省接受国家"四经普"单位清查事中检查。截至2018年年底，全市有法人单位近8万家，产业活动单位0.4万家，个体户经营户17万家。（呼兴庄）

人力资源和社会保障

责任编校：徐　湖

综　述

【概况】 2018年，镇江市推进各项人社领域重点任务落实，全市人社工作有新业绩，获评“推进就业收入社保信息共享及大数据监测分析工作”全国试点城市、全国社保卡综合应用示范城市、全国社保标准化建设“先行城市”、“全国巾帼建功先进集体”、“2017—2018年度《中国劳动保障报》新闻宣传工作做得好的单位”等，市人社局获评第四届江苏技能状元大赛优秀组织奖、江苏省“法治人社”建设亮点工作一等奖、中共十九大安保维稳工作记集体二等功等。人才中心创成省“模范职工小家”。

把握人社发展新方向。镇江市被国家发改委再次确定为“推进就业收入社保信息共享及大数据监测分析工作”全国试点城市，创新开发“镇江市重点企业用工监测模块”，关注中美贸易摩擦对镇江企业用工影响。通过全国社会保险标准化建设“先行城市”创建验收，评分全省第一名。承办“医保的初心与使命座谈会”，纪念全国医保改革20周年。镇江被江苏省政府确定为病种分值付费推广试点城市。开展2018年度全省社保基金安全评估试点工作。承办第四届江苏技能状元大赛，镇江市获6个项目第一名，获历史最好成绩。建成省AAAA级数字档案馆，创成省级和谐劳动关系建设综合试验区1家、示范园区2家。

实现人社事业新突破。市政府出台《关于推进就业惠民创业富民工作的实施意见》。开展首批镇江市优秀乡土人才选拔培养工作，评选乡土人才156人。推进机关事业单位养老保险制度改革，退休人员养老金全部实现社保发放。推进医保8项制度改革，优化职工医保运行方式，建立分级分类预算管理制度，推行医保收付费方式改革。推进事业单位人事制度改革，做好分流安置和社保衔接工作。实施公务员分类管理改革试点，开展全市公安机关执法勤务警员职务和警务技术职务序列改革。分析研判劳动关系领域风险点，做好供给侧结构性改革中的劳动关系处置工作，指导企业分流职工2100余人。在全省率先实施人社公共服务“一窗受理、一网通办、一次办结”的“三个一”改革，创新“前店后厂”服务模式，提升服务效能。

展现人社工作新作为。开展“就业创业政策落实年”活动，促进更高质量就业创业。推进精准就业扶贫行动，突出高校毕业生、城乡困难人员和农村劳动力等重点群体帮扶就业。开展创业文化年活动，挖掘百年创业人物事迹，评选年度创业明星。推进博士后科研工作站、技能大师工作室、技能大师产业创新园二期建设，促进“产学研”融合。分析企业社保成本现状，补贴降费贷款并举，助力企业减负增效。养老金实现“十四连增”，完成机关事业单位养老保险制度改革参保登记工作，取消领取社保待遇资格集中认证，城乡社保覆盖率98%以上。医保移动支付实现“刷脸”绑卡，推进医保精准扶贫，对全市困难群众实施医疗救助31.6万人次。建立企业薪酬调查和发布制度，最低工资标准提高为2020元/月，高温津贴标准由每月200元增至300元。落实治欠保支工作任务，全市立案查处违法案件1046件，为5911名职工追回拖欠克扣工资4547万元。

（郑仁轩）

【“三个一”公共服务改革】 2018年，镇江市人社工作实施“一窗受理、一网通办、一次办结”的“三个一”改革，做好“定、减、优、改、通”五方面工作。梳理制订市级人社政务服务“两张清单”，实现事项名称、办理条件、办理材料、服务流程、办事时限、办理渠道“六明确”。精简办事材料109个，80%的服务事项提交2个材料即可办理。制定标准化服务指南，推行“一表集成”“一次审结”，减轻群众办事负担，减少逐级审核时间，80%的事项实现当场办结。实行窗口综合柜员制改造，打造“受理—审核—出件”经办模式，实现就业、人才、社保、医保等条线业务的一窗受理。83个事项实现“一网通办”，审批服务事项网上可办率为96.62%，与南京并列全省第一名，同时提供门户网站、手机APP、微信公众号、自助一体机等多种办事渠道。《中国劳动保障报》《中国组织人事报》《新华日报》等媒体先后对该项工作进行报道。人社公共服务“三个一”改革被评为全省“法治人社”建设亮点工作一等奖。

（郑仁轩）

就业创业

【概况】 2018年，镇江市新增城镇就业8.35万人，年末城镇登记失业率1.78%，新增转移农村劳动力0.99万人，帮扶创业1.33万人，创业带动就业6.04万人，开展城乡劳动者就业技能培训2.36万人，全市零就业家庭连续156个月保持“动态清零”。

镇江市制订《精准就业扶贫三年行动计划（2018—2020年）》，突出对高校毕业生、城乡困难人员和农村劳动力等重点群体帮扶就业，实施精准对接、技能定培、岗位定制、创业扶持、托底帮扶、劳务输送、服务提质、典型引路八大就业扶贫行动，帮扶就业困难人员实现就业1900人。开展"就业创业政策落实年"活动，进校园、进社区、进乡村开展政策宣传和咨询活动，举办大学生创业经验分享会、创业大讲堂等，为城乡劳动者提供创业指导。组织开展"就业援助月""春风行动""大学生就业服务月"等主题活动，通过送岗位、送培训、送服务、送政策，帮助城乡劳动者实现就业。全年组织各类招聘会230余场，提供就业岗位约18万个，服务约16万人次。组建"创响镇江"创业联盟，开展"创业文化年"活动，挖掘百年创业人物事迹，评选年度"创业明星"，编印《镇江百年创业人物传奇》。（郑仁轩）

【政策体系建设】 2018年，镇江市实施就业优先战略，出台《关于推进就业惠民创业富民工作的实施意见》，细化完善一次性创业补贴、创业孵化补贴、宽容创业失败社保补贴、就业困难人员灵活就业社会保险补贴等"1+N"配套实施细则，形成覆盖就业创业全领域的政策体系。出台《关于支持农民工等人员返乡下乡创业的意见》，鼓励农民工、大学生和退役士兵等人员返乡下乡创业，激活农村资源要素，促进乡村振兴。出台《关于做好港澳台人员在我市就业服务的通知》，将港澳台人员纳入就业创业管理服务体系，优化工作流程和办事程序。制定《关于失业保险支持参保职工提升职业技能的实施意见》，开展就业技能、岗前技能、创业培训、技能提升"四大培训"。全年为就业困难人员发放灵活就业社保补贴2588.06万元，为符合条件的各类创业人员发放创业担保贷款21477万元，为5456名取得初、中、高级职业技能等级证书的人员发放技能提升补贴681.39万元。（郑仁轩）

【服务平台建设】 2018年，镇江市推进省级"三创"工作，创成省级创业型街道（镇）15个、社区（村）147个和园区1个。推进省级创业示范基地建设和省级大学生优秀创业项目评选活动，入选省级创业孵化示范基地5家、省级大学生优秀创业项目26个。推进市级标准化示范平台品牌创建工作，新增市级标准化示范平台103家，成立创业大学润州分院。依托智慧人社平台，开发"网上失业登记和就业创业证申领"系统，率先在全省实行技能提升补贴网上申报，实现就业失业管理服务全程网上办理。取消证明材料26项，用工登记备案、援企稳岗补贴、社保补贴申报等7项业务均实现"一次审结"，企业用工登记备案网上经办率为80%。将就业困难人员认定、小微企业招用高校毕业生社保补贴等业务下放到市（区）以及基层平台办理，方便群众就近办事。（郑仁轩）

图8－1 2018年3月3日，"春风行动"全市联动大型就业招聘会举办（郑仁轩 供稿）

社会保障

【概况】 2018年，镇江市主要险种覆盖率98%以上，企业职工养老保险、职工基本医疗保险、失业保险、工伤保险、生育保险分别参保89.69万人、96.37万人、53.95万人、61.35万人、59.25万人，基金分别总收入96.24亿元、45.56亿元、2.67亿元、3.12亿元、1.49亿元。

实施"全民参保计划"，养老金实现"十四连增"，完成机关事业单位养老保险制度改革参保登记工作，取消领取社保待遇资格集中认证。推进医保八大重点课题研究，优化职工医保统账结构，建立分级分类预算制度，推行C－DRG医保支付方式改革，举办全国医保改革20周年会议。（郑仁轩）

【社保经办服务工作】 2018年，镇江市实施"全民参保计划"，完善精准扩面机制，重点引导灵活就业，农民工和新经济、新就业形态从业人员参保。继续执行阶段性降低企业社保缴费政策，为企业减少社保缴费14747万元，单位缴费费率降到29.94%。保障水平逐步提高，养老金实现"十四连增"，月平均养老金提高为2496元，城乡居民基础养老金最低标准从每月130元提高为140元。完成机关事业单位养老保险制度改革参保登记工作，退休人员养老金全部实现社保发放。规范特殊工种提前退休审核工作。扩大企业年金覆盖范围。打造标准化经办服务品牌，通过全国社保标准化建设"先行城市"创建验收。运用信息化手段，取消领取社保待遇资格集中认证。创新服务方式，开展退休待遇审核"上门办"、申请退休"错时办"等服务。（郑仁轩）

【医保改革深化】 2018年，镇江市推进医保八大重点课题研究，制定《关于完善职工基本医疗保险制度的通知》《关于进一步深化医保支付方式改革的实施意见》。将原"统账结合基本医疗保险"更名为"职工基本医疗保险"，完善职工基本医疗保险运行方式，医疗费用支付"三段变两段"。城乡居民基本医保市区户籍个人缴费标准为210元/年，财政补助标准为500元/年。深化医保支付方式改革，强化分级分类预算管理，实行按"点数"付费，实施"病组点数收付费"改革，推行慢病分级管理和打包支付。扩大重大疾病特殊药品范围，医疗保险特殊药品品种由原来的5种扩大到22种。实行医疗救助对象动态管理机制，对全市困难群众实施医疗救助31.6万人次。将患苯丙酮尿症儿童患者（18周岁以下）的治疗性食品、药品及门诊检查费用纳入城乡居民医保保障范围，加强儿童重大疾病保障力度。完善医保定点协议管理，优化定点医药机构考核方案，推进医保智能监管系统建设。医保移动支付实现"刷脸"绑卡，全市开通跨省异地就医医疗机构32个。（郑仁轩）

人力资源

【概况】 2018年，镇江市城镇非私营单位在岗职工433106人（国有单位135069人，集体单位13898人，其他单位284139人）。 （郑仁轩）

2018年镇江市城镇非私营单位在岗职工人数一览表

表8-1 单位：人

地　区	人　数
全市合计	433106
市　区	205807
丹　阳	87209
句　容	74073
扬　中	66017

（郑仁轩）

【人才培育工作】 2018年，镇江市以“金山英才”计划和新兴产业紧缺型基础人才引进培养行动计划为指引，依托国家级与省级技术中心、研究中心、博士后科研站所载体，围绕全市高端装备业、新能源、新材料、电子信息技术、航空制造、生物医疗六大战略性新兴版块，对接外地高校和相关学科强校招才引智。出台《关于鼓励和支持高校毕业生来镇就业创业若干政策的意见》，实施市区高校毕业生租房补贴、生活补贴、学费奖补、社保补贴、就业见习奖补等12条激励举措。全市引进本科以上人才1.7万人，新增高技能人才1.12万人，每万名劳动力中高技能人才数达到905人。出台《镇江市选拔培养优秀乡土人才计划》，开展首批“优秀乡土人才”选培工作，评选“乡土人才”156人。9个项目获省“六大人才高峰计划”资助，1名专家获批省“外专百人计划”，1人获批国务院“享受政府特殊津贴人员”，5人获“江苏省有突出贡献中青年专家”称号，40人获“镇江市有突出贡献中青年专家”称号，11人入选“金山英才”计划高技能领军人才。通过“推介会+面对面+互联网”模式实施精准招聘，实现校企、才企相互推介。创新开展小微企业、女性等专场招聘会。镇江技师学院按计划完成1600人招生任务，定单培养学生人数占招生人数的20%以上。建成中德合作办班实训室、省技工院校校企联合实训中心，1名选手获中国职业技能竞赛金奖。 （郑仁轩）

【江苏技能状元大赛】 2018年，镇江市承办第四届江苏技能状元大赛，办赛规模、竞赛项目和奖励力度均超历届。创新设立青苗组赛项，新增紫砂陶等乡土特色项目，比赛标准接轨世界技能大赛。首次采用开放比赛模式，所有赛点和赛项全程对公众开放。大赛设20个竞赛项目，职工组和青苗组各10个，镇江市代表队40名选手参加除紫砂陶制作以外所有项目的比赛，23名选手在13个项目上获奖。获得6个项目第一名、摘得7名“技能状元”，获奖数列全省第一名，“江苏技能状元”（职工组）实现零的突破，获二等奖和三等奖各8个，被省大赛组委会授予“优秀组织奖”。 （郑仁轩）

人力资源权益保障

【概况】 2018年，镇江市强化信访事项法定途径优先和依法分类处理工作，完善信访矛盾预防与化解长效工作机制，重点领域信访矛盾缓解。开展和谐劳动关系示范区创建活动，申报省级和谐劳动关系建设综合试验区1家、示范园区2家，培育市级和谐劳动关系示范区创建单位10家。建立企业薪酬调查和发布制度，最低工资标准提高到2020元/月，比上年增加130元。调整全市高温津贴标准，由每月200元增至300元。做好供给侧结构性改革中的劳动关系处置工作，指导企业分流职工2100余人。全市建立工会组织的正常运营的企业集体合同签订率保持在95%以上，劳动合同签订率为99.98%。 （郑仁轩）

【治欠保支工作】 2018年，镇江市立足构建和谐劳动关系工作主线，以维护职工和企业合法权益为目标，落实治欠保支工作任务。在全省率先出台《农民工工资治欠保支工作十条考评规范》，将保障农民工工资支付工作纳入综治工作和平安建设考评内容，推动工作责任落实，经验做法被江苏省政府研究室转发。在全省率先建立劳动关系预警监控系统，镇江市获评农民工工资支付监控和保障机制示范城市。畅通农民工维权渠道，受理查处欠薪案件，联合多部门整治重点领域、重点行业和重点地区欠薪突出问题。完善劳动保障监察行政执法与刑事司法衔接机制，解决涉嫌拒不支付劳动报酬罪案件查处移送中的疑难问题，打击恶意欠薪违法犯罪行为。实行拖欠农民工工资“黑名单”制度，对严重欠薪的企业和个人进行协同监管与联合惩戒，并进行公开曝光，形成“一处失信、处处受限”的制约体系。出台保障农民工工资支付工作考核办法、考核工作方案和实施细则，以考核问责倒逼问题整改、责任落实。全市立案查处违法案件1046件，为5911名职工追回拖欠克扣工资4547万元。 （郑仁轩）

人事制度改革

【概况】 2018年，镇江市坚持公开、平等、竞争、择优、安全原则，打造公务员“阳光考录”服务品牌，完成面向社会公开招考412名公务员和参照管理单位工作人员招录工作。严格规范职务职数管理，完善公务员交流机制，实施公务员分类管理改革试点。开展全市公安机关执法勤务警员职务和警务技术职务序列改革，明确套改条件及程序，加强监督指导与督促落实。落实从严控制、及时指导和分级管理的原则，健全事业单位岗位动态管理机制。建成军转管理信息系统，妥善安置军转干部。 （郑仁轩）

【事业单位人事制度改革】 2018年，镇江市根据市生产经营类事业单位改革领导小组工作部署，做好人员分流安置和社保衔接方面有关工作；探索研究公立医院备案制改革、教育系统县管校聘改革，均衡基层教育、卫生人才资源配置。开展全市乡村中小学教师和基层医疗卫生机构定向培养工作，全市乡村教师定向培养105人，农村医学生定向培养123人。探索高等学院领域简政放权、放管结合、优化服务改革，与镇江市高等专科学校、江苏航空职业技术学院等高校就改革岗位管理和人员聘用制度、加大高校用人自主权等方面开展调研，落实事业单位支持与鼓励专业技术人员创新创业政策指导及业务咨询工作。推进事业单位公车改革司勤人员分流安置工作，明确安置对象、方法和注意事项，推进涉改事业单位司勤人员转岗培训与转岗聘用工作。 （郑仁轩）

综 述

【概况】 2018年，镇江市粮食种植面积238.85万亩（15.92万公顷），比上年减少8.71万亩（0.58万公顷）；粮食总产约112.8万吨，单产472.25公斤/亩（7083.75千克/公顷），夏粮较上年增加4.41公斤/亩（66.15千克/公顷），秋粮增加9.18公斤/亩（137.7千克/公顷）；总产112.8万吨，减少1.2万吨；农业增加值持平；农民人均可支配收入24687.4元，增长8.6%。新建高标准农田面积13.49万亩（0.9万公顷）。分别建成小麦、水稻绿色高产高效示范片17个、44个，推广稻田综合种养2.23万亩（1486.66公顷），优质食味水稻种植面积占比59%，推广畜禽生态健康的单位110家，占比40%，新增设施园艺面积2.37万亩（1580公顷），占耕地面积21%。实施轮作休耕试点2.07万亩（1380公顷），夏季秸秆机械化还田80.5万亩（5.36万公顷），秸秆还田率88.4%，综合利用率95.4%。全市拥有"三品一标"（无公害农产品、绿色食品、有机农产品和农产品地理标志）总量达1036个，"金山翠芽""镇江江蟹""丁庄葡萄"获评"国家地理标志保护产品"；扬中秧草、河豚鱼、刀鱼、江虾、江蟹等获国家工商总局地理标志证明商标；句容"茅山长青"茶叶获批区域公用品牌。

实施乡村振兴战略的体制机制。镇江市委、市政府出台《关于乡村振兴战略的实施意见（2018—2022）》《关于发展"三高"农业的意见》《镇江市农村人居环境整治三年行动实施方案》《关于加强城乡社区治理与服务的实施意见》《镇江市选拔培养优秀乡土人才计划》等一系列配套文件，市委农办研究出台《关于学习推广"戴庄经验"推动农业农村高质量发展的意见》，为乡村振兴提供政策支撑。明确任务清单和考核办法，市委农办制定出台《镇江市2018年度实施乡村振兴战略考核办法》，从强化组织领导、完善制度供给、推进重点工作、积极创新探索等4个方面进行考核，与省委、省政府部署的十大重点工程相衔接，确定镇江市27项重点工作任务。

乡村产业发展。推进"三高"农业发展，按照镇江市"三带三区"规划大力调整种植业内部结构，开展农产品质量追溯及产地证明工作督查推进。推进农业产业化，促进一、二、三产业融合发展。实施"培育行业领军企业行动计划"，规范开展国家级农业龙头企业动态监测和省级农业龙头企业申报工作，推动农业企业挂牌上市，强化农产品加工集中区载体建设。推动农业数字化建设，全国首个"京东农场"项目落户镇江，镇江新区大田种植数字农业项目建设试点获农业部批复。丹阳市创成全市首个"省级农产品出口示范区"——丹阳市出口农产品（特色粮油制品）示范区，召开第二届全国昆虫产业发展大会暨镇江市绿色农业发展大会。强化科技服务，"一镇一院、一村一所"覆盖率为70%，与省农科院、中国农学会签订战略合作协议，深化科技服务。打造区域特色农产品品牌，以茶叶为重点开展镇江"金山翠芽"打假治劣活动，市政府制定出台《关于加快推动茶产业高质量发展的意见》，引导知名茶叶生产企业共同打造本地茶业"地域名片"；打响"镇江江蟹""扬中河豚"等地理标志产品知名度；以"丁庄葡萄"产业基地为核心，形成丘陵果品品牌联盟；推广"稻鸭共作"技术，提升"越光大米"等品牌知名度。发展休闲观光农业，举办樱花节、草莓节、葡萄节、柑橘节、郁金香节等创意休闲农业节庆活动20余次，全市休闲观光农业接待游客760万人次，实现综合收入15.3亿元。规划建设休闲观光农业组团，制定出台《镇江市"10个休闲观光农业组团"建设三年行动计划》。

美丽宜居乡村建设。镇江市出台《镇江市特色田园乡村建设行动计划（试行）》，5个省级特色田园乡村试点村庄建设规划编制完成。推进农村人居环境改善，制定出台《镇江市城乡生活垃圾分类和治理三年行动计划（2018—2020）》《镇江市城乡生活垃圾分类设施配置试行标准》，12个镇、8个村创成首批江苏省生态文明建设示范村镇。建立镇江市村庄环境长效管理联席会议制度，市政府办公室出台《镇江市村庄环境长效管理考核办法》，推广扬中市村级公共服务"八位一体"运行维护机制。

现代乡风文明建设。加强社会主义核心价值观宣传，办好"金山理论讲习所"，实施《镇江市"乡村文艺提升"志愿服务三年行动计划（2018—2020）》，丰富镇村道德讲堂内涵与形式，开展活动2500余场。开展"三下乡"活动，丰富群众文化生活。推动农村文明建设，评选产生10名第一届镇江市"新乡贤标兵"和90名"新乡贤"，引导各行政村修订村规民约。

乡村治理体系建设。推进网格化社会治理，市委、市政府成立创新网格化社会治理机制领导小组，出台指导性文件，落实规范化建设"四个到位"，中央政法委书记、中共中央政治局委员郭声琨考察丹徒区宜城街道中心社区网格化治理。开展"平安乡村"建设行动，推进"雪亮工程"建设，实现农村地区主要道路视频全覆盖。推进村民自治实践，镇（街道）重新梳理基层群众性自治组织协助政府工作事项清单，并与各建制村签订协助工作事项协议书，全市“政社互动”推行率100%。完善乡村法治与道德建设，市委政法委制定出台《关于法治护航乡村振兴战略的实施意见》，开展“三治理一挂牌”深化提升专项行动。

农民增收与民生改善工作。实施农民工职业技能培训，2018年，全市城乡劳动者就业技能培训2.36万人，其中，城乡新成长劳动力技能培训7375人，新生代农民工技能提升培训5364人。加强基础设施建设，市交通运输局制定出台《镇江市农村公路提档升级三年行动计划(2018—2020年)建设计划》，实施农村公路提档升级项目。农村4G网络实现全覆盖，农村家庭宽带普及率为80%。推进农村电网改造升级。提升公共服务水平，优先发展教育事业，新建、改扩建农村幼儿园6所，全市学前3年教育毛入园率为99%以上，农村公办幼儿园就读幼儿占比为91%。推进健康乡村建设，建立631支服务团队，基本形成“十五分钟健康服务圈”。稳步提高市区城乡居民基本养老保险基础养老金最低标准。推进精准扶贫、精准脱贫工作，加大健康扶贫推进力度，将建档立卡低收入人群全部纳入医疗保障范围，推动“阳光扶贫”监管平台和“三资”监管平台互联互通。

农业农村改革。深化集体资产股份制改革，截至12月底，全市有550个村开展改革，其中537个村完成改革任务，确认农村集体经济组织成员150.65万人，量化农村集体资产36.78亿元。加强新型职业农民培育，市农委研究制定《镇江市新型职业农民认定管理办法(试行)》，培育各类新型职业农民7191人，开展各类业务技能培训班203期，培训13620人次。推进供销社综合改革、农业水价改革、国有林场改革等其他改革事项。 (王振洲)

【脱贫攻坚】 2018年，镇江市有189个经济薄弱村达标，其中，当年54个村达标。有1.1万余户、2万余名建档立卡低收入人口脱贫，其中，脱贫3300户、6500人左右。

扶贫资金管理工作。镇江市政府办公室下发《关于进一步提高镇江市市级财政扶贫专项资金使用效益的通知》，鼓励基层创新，发挥扶贫资金最大效益。全市经济薄弱村申报备案扶贫项目233个，其中，2018年申报备案67个。市级拨付新一轮财政奖补资金1.08亿元，辖市(区)按1∶1配套，其中，当年拨付2956万元。推进项目建设和扶贫资金拨付工作，市农委、市财政局、市审计局、市纪委监委派驻市农委纪检组等组成督查组，对各地项目建设情况开展督查。各地完成项目验收96个，实际拨付到项目资金1.9亿元(含各地1∶1配套资金)。

村户达标脱贫“回头看”工作。镇江市围绕扶贫领域作风问题开展专项治理工作，采取市及辖市(区)同步展开的方法，比对农村集体“三资”监管平台，对全市2016年—2017年度达标村开展“回头看”。市农委、市纪检监察机关对脱贫建档立卡低收入户，围绕收入构成及“三保障”落实情况，开展入户抽查、核查，并制定建档立卡低收入户脱贫认定表(包含收入构成、“两不愁三保障”、“五签字五确认”内容)，对脱贫一般贫困户进行脱贫认定信息采集，录入阳光扶贫监管系统。

信息录入抽查核查工作。镇江市加大阳光监管平台信息核查和督查通报力度，先后对2016年—2017年度全市135个达标经济薄弱村进行网上核查，对2016年—2017年度脱贫户进行随机抽查，发现问题下发情况通报限期整改。对照精准帮扶要求，为每一个建档立卡户重新明确具体的帮扶责任人，全市落实帮扶责任人4605人，落实经济薄弱村“第一书记”204人。7月，完成“第一书记”轮换工作。

扶贫智能监管工作。镇江市印发《关于加强扶贫工作阳光监管深入推进精准脱贫的实施意见》《关于印发镇江市扶贫工作阳光监管平台运行管理暂行办法的通知》，对资金使用管理、扶贫对象管理、扶贫项目管理、扶贫力量管理、数据更新和系统维护、扶贫过程监督等重点内容进行明确，为平台的规范运行提供制度支撑。完成阳光监管平台二次开发，完善平台功能，开展技术培训和数据录入。推动“阳光扶贫”监管平台和农村集体“三资”监管平台互联互通，实现村级资源的共享。

扶贫对象动态管理工作。市农委按照《江苏省农村扶贫开发条例》规定和上级扶贫工作主管部门的新要求，落实扶贫对象动态管理工作。首次将脱贫措施纳入国扶贫办信息系统脱贫户脱贫信息采集之中。提高脱贫质量，低收入农户进入、退出均履行“两公告四公示两比对”(两公告：申报公告、村脱贫公告；四公示：村公示、乡镇公示、县确认后的村公示、复核结果公示；两比对：相关部门数据比对、入户人工核查比对)程序，从建档立卡到脱贫销账全过程，实行“五签字五确认”(识别人签字确认、农户签字确认、帮扶责任人签字确认、检查验收人签字确认、农户签字确认同意销账)。

行业扶贫政策落实工作。镇江市加大健康扶贫推进力度，建设多层次医疗保障体系，将一般贫困户全部纳入《镇江市社会医疗救助办法》享受对象范围。推进扶贫政策衔接，7月1日起，镇江市城乡低保标准按照省定“农村低保最低保障标准每年增长8%左右”的要求，统一提高至每人每月710元，比上年增长8.4%。镇江市出台有关文件，明确在收入核算认定时，扣减低保对象就业成本。 (卢更生)

【农产品质量监管】 2018年，镇江市农产品质量安全监管工作围绕农业质量年活动方案，落实质量控制措施，农产品质量安全水平稳中有进，在全省农产品质量例行监测中，对农残超标生产单位跟踪监督抽查，依法对2家质量违法单位进行立案查处。镇江市种植业产品合格率为99.2%，畜产品合格率为100%，水产品合格率为100%。全年未发生农产品质量安全事故。开展禁限用农药、“瘦肉精”、兽用抗菌药、生猪屠宰、生鲜乳违禁物质、农资打假、水产品质量安全等整治行动。全市农产品质量安全定量监测1566样次，基层涉农镇速测量76041样次，开展市级监督抽查80样次。全市新增85家生产单位注册全省农产品质量追溯信息系统。镇江市及各市(区)组织农产品质量安全监管技能培训班12期，培训958人次。句容市完成基层农产品质量安全监督能力再提升项目建设。镇江市新增绿色农产品、有机农产品90个，新增地理标志农产品1个，农产品“三品”产量占食用农产品总产量的比重为51.2%，12个乡镇申报优质农产品生产基地，申报规模为35万亩(2.33万公顷)，新增省级畜牧生态健康养殖示范场6家，复检省级生态健康养殖示范场6家，推广生态健康养殖技术示范场191家，创建省级水产品健康养殖示范场4家，生产规模8319亩(554.6公顷)。 (黄杰文)

【镇江农科院】 2018年，镇江市农科院申报各类项目42个，合同经费768万元，5个油菜品种通过国家非主要农作物新品种登记，优质中强筋小麦新品种“镇麦13号”和“镇麦15号”通过江苏省品种审定委员会审定，3个小麦品种分别在湖北省、安徽省、河南省、浙江省通过引种认定。2项技术入选江苏省主推技术名录，制定颁布江苏省地方标准1项，发表各类论文30篇，其中，学报级15篇，SCI论文1篇。“镇稻656”申请品种权保护，“镇油7号”“瑞甘22”等3个品种获授权，25件发明专利获受理、11件发明专利获授权，农药产品“60%咪鲜福美双可湿性粉剂”获正式登记。2个小麦品种和1个油菜品种经营权转让,1 个小麦品种续签转让协议,合同收益 1020.8 万元。湖羊生产羊抗人血清制备成套技术等 13 件专利对外转让,合同收益 434.8 万元。实现一般性服务收入和技术性收入合同收益 180 万元,到账 107 万元。以绿盾公司为主的下属科技企业全年完成销售 1200 万元。1 项成果获省农科院科技成果二等奖,3 项成果分别获江苏省科学技术奖、江苏省农业科技奖、江苏省农业推广奖三等奖,2 项成果获江苏省农业丰收奖二等奖。农科院研究院吉沐祥获评“镇江市优秀基层党组织书记”,生态农业研究室获评“2017—2018 年度市级党员示范岗”。

粮油育种。50 个稻麦油新品系、新组合参加各类中试,多个新品系进入下一年度生产试验。育成的中低直链淀粉、优质食味水稻新品系“镇稻 668”晋级第二年区试;以“镇稻 18 号”为载体,育成光周期钝感镇稻新品系“镇稻 228”,育成含 6 个抗稻瘟病基因、食味品质好的新品系“镇稻 448”。小麦抗赤霉病品种选育有新突破,育成的新品系“镇 15044”自然发病病毒素含量每升仅有 260 微克,远低于国家标准,晋级江苏省区试;成功组配 6 个杂交小麦组合,在盐城、扬州进行多点试验。

果树研究。草莓、葡萄、桃、梨育种工作有序推进,选配出多个杂交组合,获一批杂交种子和单株。创新的杂交种子实生后代早果栽培技术使梨挂果期提早 5 年,缩短育种年限。草莓高架营养液循环利用栽培技术研究,巨峰、阳光玫瑰葡萄无核化栽培技术,葡萄促成栽培及一年两熟技术、葡萄花果管理技术及避雨栽培技术研究等有阶段性成效。猕猴桃、大果樱桃等果树新种类研究进展良好。

蔬菜花卉。选配出表现较好的甘蓝杂交新组合 1 个、青花菜新组合 1 个,选配出 3 个综合性状优良、抗性强的白肉甜瓜新品种,1 个耐储运的西瓜组合,3 个水果辣椒组合,2 个早椒新组合,2 个羽衣甘蓝新组合。推进辣椒黄绿苗不育系、睡莲种间杂交生殖障碍等基础理论研究。

生态农业。研究与推广以葡萄、草莓等为重点的果树绿色防控技术,并加入江苏省葡萄产业技术体系。镇江农科院牵头的省院葡萄小而特学科通过中期检查,设施葡萄绿色高效生产关键技术,使化学农药减量和绿色增效较明显。设施草莓绿色高效生产关键技术被列入江苏省重大技术推广目录。新研制出一批种类丰富的景观园艺产品。果园土壤改良与生物修复,中小叶红茶加工技术等研究达到预期目标。

植物保护。推进水稻病虫简约化防控技术集成研究,在淮安市、南通市、宿迁市、镇江市等地大面积示范,该技术被列入江苏省重大技术推广计划,获准制定江苏省地方标准;完成江苏省草莓灰霉病抗性监测区域分布,在水稻种传病害、小麦赤霉病防治等领域有成效。粮油病虫害绿色防控组加入江苏省农药绿色产品协作网,并承担小麦、水稻农药监测任务。

平台建设。在建的中国以色列园区项目提速,智能温室规划设计方案经论证。推进镇江市农科院科技示范中心新建的猕猴桃资源圃二期、杨梅试验园、青梅园、示范茶园等管理工作;完成科技创新中心南扩工程 160 亩(10.67 公顷)土地租用事务。加强中心实验室的建设管理,结合项目建设新购置 200 万元仪器设备。万山红遍磨盘园区处置基本完成,绿盾公司按要求进入关停阶段,推进绿盾与苏科农化的合作重组工作。

科技服务。全院科技人员结合“挂县强农富民工程项目”“1 + 1 + N”等服务项目,开展各类科技培训 50 多场次,现场指导 200 多场次,培训农民近 1 万人次。帮助新建种植基地 2000 余亩(133.33 余公顷),免费发放农用物资 20 余万元,在省内多地建立草莓、葡萄绿色防控示范基地。镇江农科院指导服务科技示范户生产的优质草莓、葡萄产品,在各种行业评比中获金、银奖 20 项以上(其中,全国金奖 2 项)。举办首届镇江市农业科技嘉年华活动,30 多名农业部门和科研院校的院士、专家应邀参会。水稻病虫害防治技术在中央电视台财经频道《第一时间》报道,在新疆维吾尔自治区开展科技指导工作的情况在《人民日报》报道。葡萄、草莓绿色高效生产技术 4 次在全国相关会议上做交流汇报;全院多名科技专家数次被邀赴贵州省、新疆维吾尔自治区等地开展科技帮扶,2 位专家被新疆维吾尔自治区克孜勒苏柯尔克孜自治州林业局聘为“葡萄产业提质增效特聘专家”。（王敬根）

农村经济体制改革

【概况】 2018 年,镇江市围绕“规范、提升”两大主题,培育新型农业经营主体。制定《2018 年市级示范家庭农场名录》《2018 年政府优先扶持农民合作社名录》,新增省、市两级“示范家庭农场”分别为 17 家、46 家;619 家合作社进入政府优先扶持名录。全市具备家庭农场条件和特征的家庭农场总量为 2343 家,比上年新增 45 家;家庭农场经营面积为 46.7 万亩(3.11 万公顷),占家庭承包经营总面积的 45%。（滕士安）

【新型农业经营主体】 2018 年,镇江市省级、市级“示范家庭农场”总量分别为 88 家、419 家;全市国家级、省级农民合作社示范社总量分别为 36 家、68 家,分别比上年新增 10 家、21 家,国家、省、市、县四级农民合作社示范社比例为 12.29%,列全省第 2 名。建设家庭农场信息档案、合作社信用信息档案,合作社规范化整体推进县建设实现农业现代化监测县(区)全覆盖。开展合作社财务电算化建设,统一使用合作社专用软件,规范合作社财务,丹阳市、扬中市、句容市、丹徒区基本做到“一社一册,总账、分账、成员账户齐备”。开展农民合作社综合社试点工作,在省级试点的基础上开展市级试点,全市农民合作社综合社、试点社 12 家,全年新增 3 家,对 12 家农民合作社进行入社监测,形成监测报告。（滕士安）

【农村集体产权制度改革】 2018 年,镇江市出台《关于深化农村集体产权制度改革的实施意见》,明确 2018 年 50% 的村开展改革试点,2019 年 80% 的村完成改革,2020 年全市基本完成目标。全市各级农经部门组织改革政策培训 42 场,培训 3328 人次,编印《改革政策文件汇编》和《改革政策问答》,通过网络和各类媒体开展宣传。截至 2018 年年底,全市有 550 个村集体开展农村集体产权制度改革,占全市总村数的 92.1%,其中,501 个村成立农村集体经济股份合作社,界定农村集体经济组织成员 150.66 万人,量化资产 36.78 亿元。（魏永春）

【农村集体“三资”管理】 2018 年,镇江市开展农村集体“三资”管理行动,提升镇江市农村集体“三资”管理平台,全市 592 个村的收支在“镇江市阳光村务网”定期公开,143 个村开展村级财务“阳光行动”试点。全市下发《镇江市全面推行“村务卡”实行村级财务非现金结算的实施意见》,“村务卡”发放和管理全面覆盖。丹阳市在《丹阳市农村集体“三资”管理制度》的基础上,制定《丹阳市组级财务管理暂行办法》,句容市出台《村(社区)集体资金镇级财政所统一管理实施方案》,推进乡镇财政所管理村级集体资金,扬中市完善《扬中市农村集体经济组织“三资”管理制度》。全市在 287 个村组织开展会计服务中心委托代理试点工作。（魏永春）

【农村产权交易市场】 2018 年,镇江市制定《镇江市农村产权交易监督管理实施细则(试行)》规定,同时,各辖市(区)、55 个乡镇(涉农街道、园区)农村产权交易市场全部建成运行。全年交易农村集体资产1410宗，成交1364宗，涉及商业门面和厂房等105万平方米，成交总金额2.26亿元，比上年增长438%。全年全市进场流转交易农村土地8.59万亩（0.57万公顷），成交总金额3.43亿元，增长308%。（魏永春）

农业科技创新

【概况】 2018年，镇江市贯彻《2018年全市农业科教与职业农民培育工作要点》精神，全年培育各类农业科技示范户3955户，其中，市农科院300户、丹阳市910户、句容市845户、扬中市900户、丹徒区1000户。培育新型职业农民15178人，新增“一村一所”119个、“一村一所”覆盖率为74%。开展首届“十佳”新型职业农民评选活动。举办“科技兴农、品牌强农”新闻发布会。印发《产学研合作与对口交流项目申报指南》《镇江市与省农科院农业产学研战略合作2018年实施方案》，加强与省农科院等科研院所合作，举办农业科技嘉年华活动。新增产业研究院3个、院士工作站1个。（王传友）

【现代农业“政产学研”合作平台（一村一所）建设】 2018年，镇江市新增“一村一所”119个，其中，丹阳市58个、句容市33个、扬中市8个、丹徒区19个、镇江新区1个，“一村一所”占全市农村74%，100余个规模经营主体与科研院所签订“产学研”合作协议。市政府与省农科院签订“产学研”战略合作协议，制定《镇江市与江苏省农科院农业产学研战略合作协议2018年实施方案》；先后邀请省农科院院长易中懿等专家团队到镇江市开展综合性咨询考察活动；围绕推进桃树标准化栽培、智慧动监、休闲与生态农业发展，邀请省农科院果树所、动物所、农业设计院等专家到镇江市进行专题辅导和“把脉巡诊”。先后印发关于镇江市现代农业“政产学研”合作平台（一村一所）建设、省市农业科技综合示范基地创建、镇江市新型农技推广（1+1+N）等项目申报指南，围绕技术指导、人才培养、产业规划、合作共建等方面，引导科研院所专家与镇江市各类规模经营主体对接。采取项目化运作形式，委托市农科院组织30名专家指导对接300个科技示范户，联合市农科院举办农业科技嘉年华系列活动，进行“长三角”农创项目“桃”“葡萄”“蔬菜”专场路演，以及科技成果展示、合作签约等系列活动，直接受益农户500余户。全年先后4次邀请日本农文协会专家围绕柑橘品种改良、葡萄品质提升、农业绿色发展等主题到镇江市进行考察指导并举办专题讲座。7月18日，镇江市承办第二届全国昆虫产业化大会暨镇江农业绿色发展大会，推动市政府和中国农学会签订战略合作协议，搭建与相关科研院所、专家、学者开展交流合作的平台。（王传友）

【镇江市首届“十佳”新型职业农民评选】 2018年，镇江市举办首届“十佳”新型职业农民评选活动，产生镇江市首届“十佳”新型职业农民，并在首届中国农民丰收节启动仪式上公布名单，他们是：老方葡萄合作社理事长方应明；句容市果牧不忘家庭农场主华梦丽；句容市茅山镇恒泰家庭农场主汲静；镇江立嘉农业发展有限公司执行董事孙爱义；扬中市三叶咸秧草有限公司总经理顾国祥；江苏南翔农业发展科技有限公司总经理池朱忠；镇江原味生活农业科技有限公司总经理蔡秋霖；丹阳市黎明稻鸭共作专业合作社理事长唐黎明；镇江市水木年华现代农业科技有限公司总经理汪月霞；句容市润民食用菌专业合作社理事长郁宝锋。（王传友）

【镇江市农业科技嘉年华活动】 2018年，镇江市首届农业科技嘉年华在句容市举办，参会人数约500人，有开幕式、产业论坛、科技项目签约、成果技术展示、专场路演等系列活动。活动中，镇江市农科院分别与5家科技企业签订科技成果转化合作协议，与1家地方政府、19个农业新型经营主体签订科学技术支撑服务协议。苏浙沪农业科研院校及江苏地区农科所以实物和展板形式，展示特色蔬菜、特经特粮、应时鲜果等品种130多个、高效技术35项目。先后举办“长三角”农创项目桃、葡萄、蔬菜等专项活动。举办农业科技嘉年华活动，旨在汇聚省内外优质科技资源和高层次农业专家的智慧，使他们关注、关心、支持镇江农业高质量发展，推进院企联合、校地联合，使农业科技最新成果和镇江市农业产业发展的实际需求进行深度对接。（王传友）

【“1+1+N”新型农技推广项目实施】 2018年，镇江市印发《镇江市新型农技推广项目（1+1+N）申报指南》，结合“产学研”合作项目实施，引导科研院所专家与镇江市相关推广团队、基地进行对接，发挥首席专家及本地推广团队技术优势，推进“1+1+N”新型农技推广体系建设，全年新增新型农技推广项目团队项目4个，组建“1+1+N”项目18个。全年首席专家、当地团队举办各类知识讲座、培训、现场示范指导50余场次，受益人群5000余人次，受益示范基地40余个，技术辐射面积近20万亩（1.33万公顷），提高示范区范围内的农民、农户种养技能，示范效益节能增效10%以上。（王传友）

农业产业化发展

【概况】 2018年，镇江市有县级以上认定农业龙头企业319家，其中，国家级4家、省级43家、市级113家、县级159家。全市有47家省级以上龙头企业，实现销售收入362.78亿元，比上年增长10.5%；实现净利润14.81亿元，降低1.73%；实现税收15.34亿元，增长9.81%；新增研发技改投入3.12亿元，增长6.12%。全市农业龙头企业带动农户总数突破99.5万户（全国范围）。镇江市完成10家农业企业在江苏股权交易中心“农业板”的挂牌工作。当年，全市有12家农业产业化联合体，其中，4家被评为“省级农业产业化示范联合体”；10月，镇江市第一家江南食用菌产业化联合体成立。对全市3家省级农产品加工集中区进行动态监测工作，全部通过省级动态监测。年内，6家企业被评为“江苏省农业产业化省级重点龙头企业”。句容市白兔镇白兔村入选第八批“全国一村一品示范村镇”。在第二届江苏省农村创业创新项目创意大赛暨第二届全国农村创业创新项目创意大赛江苏选拔赛中，镇江市获1个二等奖、2个三等奖、1个优胜奖，镇江市农委获“优秀组织奖”。镇江市推荐的智慧土壤技术研发及产业化项目在第六届中国江苏人才创新创业大赛总决赛中获三等奖。（王栋梁）

【外向型农业】 2018年，镇江市完成农产品出口4040.5万美元，比上年增长25.34%。10月18日，举办2018中国镇江现代农业项目推介会暨镇江特色农产品展示品鉴会，200余名境内外客商参会。推介会签约农业投资项目34个，投资总额为21.38亿元。其中，在大会集中签约的项目3批15个，投资额10.15亿元；非集中签约项目19个，投资额11.23亿元。34个签约项目中，一、二、三产业深度融合发展项目13个，投资总额为9.1亿元；科技创新类项目10个，投资额为5.48亿元；新产业、新业态类项目11个，投资总额为6.8亿元。

2018年，市农委组队参加第十六届

中国国际农产品（长沙）交易会、第二十届江苏国际农业合作（连云港）洽谈会、第十六届江苏名特优农产品（上海）交易会、第五届江苏优质农产品（南京）农交会等境内展销会。组织部分农产品出口企业参加省农委组织的“香港国际美食展”“法国国际食品展”“美国夏季食品展”“泰国国际食品饮料展览会”等境外农产品展销会。镇江展团获“第二十届江苏国际农业合作洽谈会”组委会颁发的优秀组织单位奖，“第十六届江苏名特优农产品（上海）交易会”组委会颁发的最佳展团奖，同时，丹阳市农委、句容市农委、镇江新区社发局、京口区农委获“最佳县（市、区）展团奖”。江苏红叶福茸农业科技有限公司等3家企业产品获创新产品奖，扬中市三叶咸秧草有限公司等5家企业产品获畅销产品奖。丹阳市出口农产品（特色粮油制品）出口示范区创建工作通过省级验收，镇江市实现农产品出口省级示范区创建工作零的突破；镇江市江苏恒顺醋业股份有限公司的“出口恒顺香（陈）醋专用粮示范基地”被认定为“江苏省第九批农产品出口示范基地”。（毕凤兰）

农业综合开发

【概况】 2018年，镇江市农业综合开发项目土地治理类立项治理面积7170.95公顷，总投资21183.46万元，财政资金20620万元。其中，中央财政资金5250万元、省级财政资金5968.75万元，市级财政配套资金6934.5万元，县级财政配套资金2466.75万元，自筹资金563.46万元。全年全市国家农业综合开发产业化发展财政补助立项2个，总投资721.11万元，财政投资350万元。其中，中央财政投资175万元，省级财政投资121.5万元，县级财政配套53.5万元。全市国家农业综合开发产业化发展货款贴息项目9个，涉及流动资金贷款额44397万元，贴息额674万元。截至2017年年底，镇江市高标准农田比重由51.10%上升到60.01%，列全省第8名，提前三年实现省现代化建设考核指标。（纪建兵）

【国家农业综合开发土地治理项目】 2018年，镇江市立项的国家农业综合开发土地治理项目总投资13513万元，财政资金13500万元。其中，中央财政资金5250万元，省级配套资金3768.75万元，市级配套资金2752.5万元，县级配套资金1728.75万元，自筹资金13万元。新建高标准农田4666.67公顷。项目新建拦河坝13座，排灌站76座，渠系建筑物9954座，修建机耕路102.85千米，开挖疏浚渠道6.04千米，衬砌渠道126.81千米，埋设管道10.34千米，改良土壤400公顷，机耕道路8.52千米，田间道路硬化93.5千米，绿化造林53.33公顷。通过综合治理，新增灌溉面积800公顷，改善灌溉面积1200公顷。新增除涝面积633.33公顷，改善除涝面积1000公顷。新增节水灌溉面积586.67公顷，年节约水量1.87万立方米。增加农田林网防护面积813.33公顷，扩大良种种植面积533.33公顷。新增粮食生产能力845.2万千克，新增油料生产能力9.6万千克，新增蔬菜生产能力35万千克，新增其他农产品生产能力52万千克。新增种植业总产值1920.35万元。项目区农民收入增加总额1522万元。（纪建兵）

【市级高标准农田项目】 2018年，镇江市级高标准农田建设面积为2.24万亩（1493.33公顷），总投资4983.76万元。其中，市级财政资金4182万元，区级财政配套738万元，自筹资金63.76万元，项目分别位于丹徒区和镇江新区。在2018年度国家级高标准农田项目每公顷100元的基础上，按照“缺什么补什么”原则，对丹徒区项目追加每公顷13.33元左右的投资，建设每公顷投资为233.33元左右的高标准农田。建设高标准农田提升项目1.5万亩（1000公顷），总投资3000万元。其中，市级财政投入2550万元，丹徒区级财政配套450万元。（纪建兵）

2018年镇江市农业综合开发项目情况表

表9－1　　单位：万元、公顷

项目名称	总投资	财政资金						自筹	建设面积	备注建设单位（建设地点）
		小计	中央	地方配套						
				小计	其中：省级	其中：市级	其中：县级			
土地治理项目	13513	13500	5250	8250	3768.75	2752.5	1728.75	13	3666.66	—
丹阳市陵口镇高标准农田建设项目	751	750	375	375	262.5	—	112.5	1	333.33	丹阳市陵口镇
丹阳市吕城镇高标准农田建设项目	751	750	375	375	262.5	—	112.5	1	333.33	丹阳市吕城镇
句容市后白镇高标准农田建设项目（五星片）	751	750	375	375	281.25	—	93.75	1	333.33	句容市后白镇
句容市后白镇高标准农田建设项目（槐道片）	751	750	375	375	281.25	—	93.75	1	333.33	句容市后白镇
句容市天王镇高标准农田建设项目（戴庄、袁巷片）	751	750	375	375	281.25	—	93.75	1	333.33	句容市天王镇
句容市天王镇高标准农田建设项目（唐谷片）	751	750	375	375	281.25	—	93.75	1	333.33	句容市天王镇
句容市白兔镇高标准农田建设项目	1501	1500	750	750	562.5	—	187.5	1	666.67	句容市白兔镇
句容市天王镇生态综合治理项目（赵巷片）	751	750	375	375	281.25	—	93.75	1	333.33	句容市天王镇

续表 9－1

项目名称	总投资	财政资金		财政资金：地方配套				自筹	建设面积	备注建设单位（建设地点）
		小计	中央	小计	其中：省级	其中：市级	其中：县级			
扬中市油坊镇高标准农田建设项目	751	750	375	375	243.75	—	131.25	1	333.33	扬中市油坊镇
扬中市八桥镇高标准农田建设项目	751	750	375	375	243.75	—	131.25	1	333.33	扬中市八桥镇
丹徒区辛丰镇高标准农田建设项目	1751	1750	375	1375	262.5	917.5	195	1	333.33	丹徒区辛丰镇
丹徒区荣炳镇高标准农田建设项目	1751	1750	375	1375	262.5	917.5	195	1	333.33	丹徒区荣炳镇
丹徒区上党镇高标准农田建设项目	1751	1750	375	1375	262.5	917.5	195	1	333.33	丹徒区上党镇
市级高标准建设项目	4983.76	4920	—	4920	—	—	738	63.76	1493.33	—
丹徒区江心农业园区市级高标准农田建设项目	763.76	700	—	700	—	560	105	63.76	133.33	江心农业园区
丹徒区世业镇市级高标准农田建设项目	875	875	—	875	—	743.75	131.25	—	166.67	世业镇
新区2018年度大路镇市级高标准农田建设项目	650	650	—	650	—	552.5	97.5	—	173.33	大路镇
新区2018年度姚桥镇市级高标准农田建设项目	1000	1000	—	1000	—	850	150	—	266.67	姚桥镇
新区2018年度大路镇市级高标准农田提升项目	375	375	—	375	—	318.75	56.25	—	166.67	大路镇
新区2018年度丁岗镇市级高标准农田提升项目	570	570	—	570	—	484.5	85.5	—	253.33	丁岗镇
新区2018年度大田种植数字农业建设试点项目	750	750	—	750	—	637.5	112.5	—	333.33	姚桥镇
产业化发展贷款贴息项目	44397	674	674	—	—	—	—	—	—	—
镇江市年产10万吨高档食醋加工原料采购流动资金贷款贴息项目	7000	102	102	—	—	—	—	—	—	江苏恒顺醋业股份有限公司
镇江市丹徒区年产5万吨优质面粉加工改扩建流动资金贷款贴息项目	1280	21	21	—	—	—	—	—	—	镇江市富华面粉有限公司
镇江市丹阳市2.2万吨小麦粉加工原料收购流动资金贷款贴息项目	5391	63	63	—	—	—	—	—	—	丹阳市莲湖面粉有限公司
镇江市丹阳市205吨中药饮片加工原药材收购流动资金贷款贴息项目	2000	31	31	—	—	—	—	—	—	江苏华洪药业科技有限公司
镇江市丹阳市2.3万吨小麦粉加工原料收购流动资金贷款贴息项目	5796	69	69	—	—	—	—	—	—	丹阳市同乐面粉有限公司
镇江市丹阳市2.1万吨小麦粉加工原料收购流动资金贷款贴息项目	5000	77	77	—	—	—	—	—	—	丹阳市永兴面粉有限公司
镇江市丹阳市50万棵苗木收购流动资金贷款贴息项目	3300	44	44	—	—	—	—	—	—	江苏生太环境建设集团有限公司
镇江市丹阳市1.8万吨食用菌原料收购流动资金贷款贴息项目	4630	68	68	—	—	—	—	—	—	江苏江南生物科技有限公司
镇江市丹阳市年产10万立方米中高密度板木材收购流动资金贷款贴息项目	10000	199	199	—	—	—	—	—	—	大亚人造板集团有限公司
产业化发展财政补助项目	721.1	350	175	175	121.25	—	53.75	371.11	—	—

续表 9－1

项目名称	总投资	财政资金						自筹	建设面积	备注建设单位（建设地点）
		小计	中央	地方配套						
				小计	其中：省级	其中：市级	其中：县级			
镇江市句容市年加工 4.5 万吨优质大米加工新建项目	316.11	150	75	75	56.25	—	18.75	166.11	—	句容市恒馨米业有限公司
镇江市扬中市年产 120 吨翘嘴鲌水产养殖基地新建项目	405	200	100	100	65	—	35	205	—	镇江大全现代农业发展有限公司
省级丘陵山区项目	2686.7	2200	—	2200	2200	—	—	486.67	—	—
丹阳市通行农业生态园建设项目	113.25	75	—	75	75	—	—	38.25	28.27	江苏通行农业生态园有限公司
丹阳市陆家嘴绿化苗木基地建设项目	113.96	75	—	75	75	—	—	38.96	30	上海陆家嘴市政绿化管理服务有限公司丹阳分公司
句容市白兔镇伏热花海庄园	192	128	—	128	128	—	—	64	45.33	江苏欢聚一堂旅游文化发展有限公司
江苏木艺园生态旅游发展有限公司花卉苗木种植示范基地	241.5	161	—	161	161	—	—	80.5	70	江苏木艺园生态旅游发展有限公司
句容市天王镇摩尔庄园农业基地建设项目	142.5	95	—	95	95	—	—	47.5	40	句容市摩尔庄园
句容市茅山镇丁庄葡萄小镇丘陵山区开发项目	380	380	—	380	380	—	—	0	233.33	茅山镇政府
句容市后白镇元宝枫种植示范基地	51.7	47	—	47	47	—	—	4.7	20	句容市宏福家庭农场
句容市天王镇山中小雅家庭农场农业基地建设项目	83.6	76	—	76	76	—	—	7.6	46.67	句容市天王镇山中小雅家庭农场
句容市天王镇康健生态观光农业示范园	104.5	95	—	95	95	—	—	9.5	33.33	句容市天王镇康健家庭农场
句容市茅山风景区大山口家庭农场农业基地建设项目	62.7	57	—	57	57	—	—	5.7	26.67	句容市茅山风景区大山口家庭农场
句容市后白镇恒雷家庭农场种植基地	83.6	76	—	76	76	—	—	7.6	30	句容市恒雷家庭农场
句容市华阳街道栀子花开农业园	99	66	—	66	66	—	—	33	27.67	光明南京法律信息咨询有限公司
句容市天王镇立盛家庭农场农业基地	83.6	76	—	76	76	—	—	7.6	33.33	句容市天王镇立盛家庭农场
句容市后白镇欣隆家庭农场种植基地	51.7	47	—	47	47	—	—	4.7	21.2	句容后白镇欣隆家庭农场
句容市天王镇花果原乡农博园	114	76	—	76	76	—	—	38	40	句容花果原乡农业发展有限公司
句容白兔镇啸马苗木基地	83.6	76	—	76	76	—	—	7.6	33.33	句容白兔镇啸马家庭农场
句容市后白镇金海家庭农场草坪苗木种植基地	48.4	44	—	44	44	—	—	4.4	23.33	句容市后白镇金海家庭农场
丹徒区远丰茶林种植基地项目	165.1	150	—	150	150	—	—	15.1	53.33	丹徒区高资远丰家庭农场
镇江市丹徒区兴丹生态苗木基地项目	172.91	115	—	115	115	—	—	57.91	54.45	镇江市丹徒区兴丹生态苗圃
丹徒区上党镇丰城村观光农业基地建设项目	150	150	—	150	150	—	—	—	66.67	上党镇丰城村民委员会
丹徒区高资水月雨茶叶种植基地项目	71.85	65	—	65	65	—	—	6.85	23.33	丹徒区高资水月雨家庭农场
丹徒区锁庆优质果品种植基地项目	77.2	70	—	70	70	—	—	7.2	30.7	丹徒区荣炳锁庆家庭农场

（纪建兵）

种植业

【概况】 2018年，镇江市种植粮食153300公顷，比上年降低3.6%；粮食平均单产6999.17千克/公顷，增长0.44%；实现粮食总产量1072973吨，降低3.18%。播种夏粮64390公顷，降低3.43%；单产4921.01千克/公顷，增长0.88%；总产量316864吨，降低2.59%。其中，小麦总产量312641吨，降低3.1%。播种秋粮88910公顷，降低3.71%；单产8504.21千克/公顷，增长0.31%；总产量756109吨，降低3.42%。其中，种植水稻77190公顷，降低5.11%；单产9087.25千克/公顷，增长0.79%；总产量701445吨，降低4.37%。种植油菜11240公顷，降低42.5%；油菜籽单产2571.7千克/公顷，增长0.58%；总产量28906吨，降低42.2%。

（成春枫）

【果品品牌】 2018年1月17日，在第三届江苏“紫金杯”优质草莓评比中，镇江市选送的草莓获金奖18个，银奖6个。3月，全国草莓大会在山东临沂组织的第十六届全国精品草莓擂台赛中，句容市白兔镇笪小华家庭农场、句容市白兔镇启祥家庭农场选送的2个草莓样品“红颜”获金奖，句容市白兔镇柏生草莓专业合作社选送的“红颜”草莓获银奖。5月31日，由江苏省农业技术推广总站、江苏省园艺学会等单位主办的江苏枇杷产业发展大会的精品枇杷评比中，镇江市选送的“田云标”牌“冠玉”和“江洲”牌“白玉”枇杷分获金奖和银奖。2018年11月22日—23日，在江苏省柑橘产业发展研讨会柑橘评比中，镇江江心洲柑橘专业合作社选送的“宫川”和“贡橘”2个品种分获金、银奖。

（茅蓉芳）

【茶叶品牌】 2018年，第二届中国国际茶叶博览会金奖评选活动结果揭晓，镇江市江苏吟春碧芽股份有限公司“吟春碧芽”等14个茶样获特等奖，句容市赵庄林苗场“清谷香”等11个茶样获一等奖，镇江市农委获组织奖。当年，“镇江金山翠芽”品牌评估价值为12.01亿元，比上年增长10.18%。镇江市加大“镇江金山翠芽”品牌保护力度，建立“镇江金山翠芽”打假治劣活动联席会议制度，（市农委）制定《镇江市名茶打假治劣活动方案》，镇江市农委、镇江市工商局和镇江市茶业协会等联合开展“镇江金山

第三届江苏“紫金杯”草莓评比获奖名单

表9－2

单位名称	草莓品种
金奖（18个）	
句容市白兔镇樊忠家庭农场	红颜
句容市兔子的农场电子商务有限公司	红颜
句容市白兔镇春夏秋冬家庭农场	红颜
句容市白兔镇云兔兴兔公司	容莓三号
句容市白兔镇万山红遍家庭农场	红颜
句容市白兔镇云兔草莓合作社	红颜
句容市白兔镇国生草莓合作社	红颜
句容市倪塘鲜果合作社	红颜
句容市白兔镇行香草莓专业合作社	红颜
句容市白兔镇笪小华家庭农场	红颜
句容市白兔镇笪小华家庭农场	容莓三号
句容市白兔镇小章果园	红颜
句容市白兔镇璟香果园家庭农场	红颜
句容市白兔镇快乐草莓农场	红颜
句容市白兔镇柏生草莓专业合作社	红颜
句容市白兔镇纪荣喜家庭农场	红颜
句容市白兔镇朱文忠草莓园	红颜
句容市白兔镇云兔兴兔公司	白雪公主
银奖（6个）	
句容市白兔纪腊梅草莓园	白雪公主
句容市白兔镇樊忠家庭农场	京郊小白
镇江市泰润农业科技有限公司	红颜
江苏省伊斯贝拉生态农业有限公司	百利
句容市白兔镇黄氏草莓	红颜
句容市白兔纪腊梅草莓园	红颜

（茅蓉芳）

第二届中国国际茶叶博览会江苏名特茶遴选获奖名单

表9－3

单位名称	茶样名称
特等奖（14个）	
江苏吟春碧芽股份有限公司	吟春碧芽牌吟春碧芽
镇江市水木年华现代农业科技有限公司	水台月芽牌白茶
句容市张庙茶场	华阳牌茅山长青
句容市林场	句林牌句容白茶
句容市赵庄林苗场	句曲牌赵庄白茶
句容市下蜀茶场	金翠牌茅山长青
句容市赵庄林苗场	句曲牌金山翠芽
句容市下蜀茶场	金翠牌金山翠芽
句容市龙山茶场	容华牌茅山长青
句容市宝华玉螺农业生态园	宝华玉螺牌宝华玉螺白茶
丹徒区上党三泉茶场	三泉牌玉雪白茶
句容市茅山镇茅业茶场	莱和春牌茅业白茶
句容市浮山果园	浮翠硒茶茅山长青
镇江市丹徒区富农茶叶合作社	茗海雪燕牌长山剑毫
一等奖（11个）	
句容市赵庄林苗场	句曲牌清谷香
丹徒区上党三泉茶场	三泉牌长山剑毫
句容市行香绿润茶场	行香绿润牌绿润白茶
镇江市丹徒区富农茶叶合作社	茗海雪燕牌翠芽
镇江市五峰茶场	五峰迎春牌五峰迎春
句容市龙山茶场	容华牌龙山白玉螺
镇江苏峰茶业科技有限公司	横峰拦翠牌长山剑毫
句容市茅山风景区一念宽家庭农场	一念宽牌茅山长青
句容市茅山茶场	金茅牌茅山长青
句容市方山茶场	翠竹牌茅山长青
句容市边城镇仑山湖白茶茶场	苏叶白茶

（茅蓉芳）

翠芽”茶叶打假治劣和市场整治活动。

（茅蓉芳）

【农作物病虫草害防治】 2018年，镇江市开展主要农作物病虫草害防治61.1万公顷次，挽回粮食损失21.6万吨，占粮食总产量的21.3%，控制主要农作物病虫草危害。推进病虫防治专业化，截至年底，全市经工商注册的植保合作组织有259家，有21家服务组织获省部级荣誉称号。全市有自走式喷杆喷雾机等高效植保机械1.35万台，植保无人机29架，主要农作物病虫统防统治覆盖率为62.3%。全市建立9个省级绿色防控示范区。推广高效低度低残留农药、生物农药等绿色防控产品，绿色防控产品使用面积占比79.6%。（朱友理）

【休闲观光农业】 2018年，镇江市农委牵头组织休闲农业经营主体创建省级以上休闲农业示范点，全年新创成全国休闲农业与乡村旅游五星级示范点2个、三星级示范点3个，省级主题创意农园6个，省级休闲观光农业精品示范村5个。全市创成国家级休闲农业与乡村旅游示范县1个、示范点（园）20个，省级示范点（村）22个。开启“乡村游”惠民摇一摇活动，全年开启“乡村游”惠民活动32期，参与活动总人数150662人次，摇奖人次为902922次，派出奖金242.43万元，平均摇奖人次中奖率1.98%。全年全市有休闲观光农业经营主体626个，举办各类农事节庆活动21个，年接待游客数839.2万人次，年综合营业收入17.5亿元，从业人员13881人，其中，农民9021人，带动农户18174户。

（赵　云　刘常珍）

养殖业

【概况】 2018年，镇江市水产养殖面积1.69万公顷，实现水产品总产量9.57万吨，比上年降低3.13%；实现渔业总产值58.98亿元，增长2.59%。市农委增加渔政船的出航频率，强制拆除水中的簖网、地笼等违法违规渔具，保护渔业资源，全年组织开展清理违规渔具执法检查95次，清理簖网5746米，地笼网645条。全年组织安全检查226次，参加检查人员765人次，组织安全生产培训2次，培训船员230余人，监督检查渔业生产单位和渔船86家，排查一般隐患36项，整改36项，整改率100%。全年无渔业安全生产事故。全年开展5期全市渔业船员培训考核，培训考核职务船员650人，并对考试合格船员核发相应的船员证书。

2018年，镇江市农委做好全年渔船检验工作，全年检验渔船354艘，其中，重点检查渔业安全设备配置，发现和整改安全救生及消防设施老化或配备不到位的安全隐患16起，配备救生衣15件，救生圈10个，渔船安全设施配备合格率为100%。开展渔业互助保险工作，全市参保人数312人，办理渔民人身平安互助保险3744份，为全市渔民提供风险保障金3744万元。（马　梁　高成洪）

【长江禁渔工作】 2018年，镇江市各级渔政部门加大管理力度，开展“亮剑2018”渔政执法行动，组织开展检查、督查、巡查、互查，发现和解决存在的问题。定期开展全市巡航执法行动，各级渔政部门与长航公安部门和市公安局食药环支队及水上分局治安大队联合开展护渔执法行动；增加渔政船的出航频率。打击违法违禁行为，建立违章处罚公示制度。禁渔期间，组织执法行动147次，参加检查船艇253艘次，参加执法人员851人次，接受举报19起，查处举报19起，查获违禁捕捞船4艘次，取缔簖网5746米，收缴电捕鱼器具29台（套）。

（高成洪）

【江蟹品牌建设】 2018年，镇江市制定标准化养殖技术规程，建立江蟹质量管理体系。全市有江蟹养殖面积4万亩（2666.66公顷）、年产量2700余吨。11月10日，在明都大酒店举行第四届镇江江蟹品鉴暨评比大赛，全市有25家养殖企业参与口味奖、金蟹奖和优质奖评选。江苏江心源生态水产有限公司、扬中市南洋家庭农场等8家单位获金蟹奖，扬中市万红江鲜养殖专业合作社、江苏禾富农业科技发展有限公司等8家单位获口味奖。（马　梁）

【渔业生态资源保护】 2018年6月6日，镇江市开展增殖放流活动，放流草鱼、白鲢近2.5吨。7月5日，在扬中市国家级暗纹东方鲀种质资源保护区举办以“增殖水生生物，共建美丽中国”为主题的增殖放流活动，放流规格3厘米的暗纹东方鲀32万尾。加强豚类保护建设，规范豚类资源监测，加大日常巡护力度，江苏镇江省级长江豚类自然保护区管理处联合开展大学生夏令营、户外团体骑行等形式多样的豚类保护宣传活动，对保护区范围内违规建设拆除到位。执行休渔期制度，历时4个月的禁渔期共计组织执法行动147次。（马　梁）

畜牧业

【概况】 2018年，镇江市出栏生猪59.90万头、家禽3177.55万羽、肉羊8.98万只；年末存栏生猪26.73万头、家禽757万羽、奶牛1844头、肉羊2.14万只；肉、蛋、奶产量分别为9.16万吨、2.70万吨、1.15万吨；生猪、蛋禽、肉禽、奶牛县级规模养殖比例分别为99.52%、87.45%、91.80%、99.13%，生猪大中型规模养殖比例为72.11%。

全市新增省级畜牧生态健康养殖示范场6家，复检合格省级生态健康养殖示范场6家。生态健康养殖技术推广应用142家，有效期内的省级生态健康养殖示范场48家，规模养殖场生态健康养殖比重为46%。全市生猪定点屠宰场7家，全年屠宰生猪88.64万头。全年实施生猪产地检疫48万头，家禽近1500万羽，生猪屠宰检疫59万头。实施瘦肉精监测6.1万份，未发现阳性。实施病死猪无害化处理5.2万头。全年未发生动物疫情或肉品质量安全事故。

全市立案动物卫生监督类案件18起，其中，扬中市动物卫生监督所在公安部门的支持下，立案查处私屠滥宰2起，罚没金额2.6万余元，其中，1起移交公安部门刑事立案。无检疫证、证物不符等案件16件。实施泔水禁喂定点清除行动，在开展调查摸底、签订承诺、督促禁喂的基础上，全市立案查处泔水案件9起。市农委、市食品药品监管局、市公安局组织开展打击危害肉品质量安全违法违规行为“百日行动”，悬挂横幅等30余条，组织广播、电视、报刊等宣传报道10余次。（戎沿华　祝　威）

【养殖污染治理】 2018年，镇江市政府出台《镇江市畜禽养殖污染治理和废弃物资源化利用工作三年行动方案》，启动存栏20头猪（或相当量）以上的畜禽养殖场污染治理。全市有规模养殖场616家，全年完成治理585家（其中，关闭198家），规模养殖场治理率为94.97%、粪污处理设施装备配套率为96.3%；有小规模养殖场1207家，完成治理1067家，小规模养殖场粪污处理设施装备配套率为88.4%；全市畜禽粪污综合利用率为95%。（祝　威）

【重大动物疫病防控】 2018年，镇江市组织实施春、夏、秋冬季三大集中防疫行动，牲畜口蹄疫、高致病性禽流感、猪瘟、高致病性猪蓝耳病、羊小反刍兽疫应免密度常年保持100%。加强非洲猪瘟防控，市政府成立防控非洲猪瘟应急指挥部，组织实施以疫情排查、移动监管为主的防控措施，全市禁止从外省调入生猪，并对疫区省份输入的生猪及其生猪产品进行排查和处置，发现2批非洲猪瘟疫区的生猪产品，按规定实行无害化处理。同时，停止饲喂或关闭795家泔水猪场，对生猪运输车辆备案111辆(县内运输27辆)，应急物资更新投入25万元，全市未发生非洲猪瘟疫情。

(祝　威　戎沿华)

【"智慧动监"系统推广应用】　2018年，镇江市近300名官方兽医应用"智慧动监"系统开展动物检疫及无害化处理监管工作，完成3294家养殖场、7家屠宰场、36家兽药经营企业的基础信息录入。并集成GIS地理信息系统定位功能，运用GIS地理信息系统实现养殖场、屠宰场等各类场所的定位和分布检索。完成兽药经营环节二维码追溯系统建设，全市36家兽药经营企业在系统里添加供应商信息，实现兽药出入库系统操作，兽药经营追溯率为100%。

(戎沿华)

【畜产品监管工作】　2018年，镇江市监测各类畜产品样品420份，监测品种为猪肉、牛肉、羊肉、鸡肉、鸡蛋等，重点检测违禁药物、兽用抗生素残留、瘦肉精等指标，样品经检测全部合格。39个饲料产品、45个兽药样品，84个样品产品成分分析保证值、兽药成分含量等指标经检测全部合格。抽样结果显示，镇江市畜产品未发现任何违禁药物或兽药、重金属等超标的现象，畜牧投入品合格率100%。

(戎沿华)

林　业

【概况】　2018年，镇江市林业工作贯彻长江经济带"共抓大保护，不搞大开发"的发展战略，深化林业改革创新，着重森林资源的培育、管理和生态保护、修复，发展绿色富民产业，弘扬森林生态文化，增强基础保障能力。全年全市完成造林面积15048亩(1003.2公顷)、完成率188%，建成"三化"(珍贵化、彩色化、效益化)示范村26个、完成率130%。全市有苗圃3658个，育苗面积23.6万亩(1.57万公顷)，苗木产量8013.6万株，全市种苗年产值18.2亿元。截至2018年11月，全市投产桑园面积2680亩(178.67公顷)，发种量541张，蚕茧产量22.63吨，产值93万元。镇江市有5家国有林场(丹阳市林场、句容市林场、句容市磨盘山林场、句容市东进林场、丹徒区长山林场)均完成改革主体任务。

绿化造林工作。镇江市林木种质资源清查工作历时2年(2016年5月至2018年5月)基本结束。《镇江市长江防护林现状调查及修复建设方案》完成招标。全市开展义务植树活动近130场次，植树超过470万株；社会参加各种义务植树活动人员超过100万人次；全市森林生态效益补偿基金1012万元，补偿面积33.69万亩(22460公顷)，同时依据省级要求，组织对全市公益林资金使用情况跟踪督查。开展全市国家级公益林落界调整工作，按规定的程序和要求报送国家级公益林区划落界成果；完成全市第二次林业碳汇计量监测工作，9月通过省级验收。

林政管理工作。2018年，镇江市办理使用林地项目审核上报45批次。其中，永久使用林地29批次，面积138.72公顷；延期行政许可1批次，面积14公顷；临时使用林地5批次，面积61.79公顷；直接为林业生产服务使用林地10批次，面积5.75公顷。在全市开展2017年度林地"一张图"基础数据调整工作，完成底图修改处理、资料收集、外业调查及变更基础数据的统计整理等工作，9月，全省第一家通过省级验收。7月—8月，国家林业和草原局组织有关专家专项督查镇江市丹徒区森林资源管理及县级人民政府目标责任制执行情况。10月，国家林业和草原局委托华东调查规划设计院对句容市森林资源管理进行专项督查。

生态经济工作。2018年，镇江市依托现有林业龙头企业，加大招商引资力度，促进木材加工业向规模化、专业化、集约化方向发展，抓好林业三产整合发展，林业总产值为375亿元以上。实施"薄壳山核桃丰产栽培与示范推广"和"乡土彩叶观赏苗木的培育示范和推广"2个"1+1+N"(1个首席专家、团队+1个本地农技推广服务小组+若干新型农业经营主体)新型林业技术推广项目，10月底，完成中期检查。2017—2018年度"一村一品"林业项目全部通过市、县级林业和财政部门验收。2018—2019年度"一村一品"林业项目筛选出5个实施主体，重点补助发展珍贵树种培育，补助面积为1197亩(79.8公顷)。

(洪刚俊)

【森林防火】　2018年，镇江市发生4起森林火灾，均启动应急预案响应程序，扑灭火灾，过火面积0.827公顷，完成火灾年控制率1.2公顷/次以下、受害率0.3‰以下、火案查处率80%以上的任务目标，未发生较大森林火灾和人员伤亡事故。"镇江市森林重点火险区综合治理工程建设项目"通过省级验收。市政府办发布《镇江市森林防火中长期建设规划》。森林消防专业队在辖市(区)全覆盖，森林消防专业队9支，专职森防队员196人；半专业灭火队伍22支，393人；群众森林消防队伍20支，367人；护林员700余人。市级指挥中心新建森林防火融合指挥调度系统，升级森林防火指挥中心硬件系统，基本实现省、市、县三级互联互通，丹阳市、丹徒区、镇江新区、京口区等视频监控基本覆盖辖区内主要山体，宝华山国家森林公园森林防火指挥中心建成使用。

(洪刚俊)

【湿地修复】　2018年，镇江市完成湿地修复面积2000亩(133.33公顷)，湿地保有量4.17万公顷，自然湿地27039.76公顷，自然湿地保护率53.1%以上。完成镇江市湿地资源补充调查项目与省级重要湿地名录信息核对工作。赤山湖国家湿地公园完成首期科研监测体系建设。加强湿地保护小区管理，丹徒区对湿地保护小区的标牌界桩进行完善，镇江新区新建1个长江湿地保护小区。句容市宝华山省级自然保护区做好"绿盾2018行动"问题落实的整改，完成保护区落界工作。

(洪刚俊)

【野生动植物保护】　2018年，镇江市严格陆生野生动物行政许可，运用"双随机一公开"监管系统，加强行政许可事项的事中事后监管。开展野生动物救护工作，受理"12345"服务热线和市民求助电话60余次，救助野生动物40只(条)。开展野猪人工繁育单位排查，部署有关监测防控工作。在"世界野生动植物日""江苏省爱鸟周""野生动物保护宣传月"等节日，在赤山湖、长江生态湿地公园、米芾书法公园等地开展多种形式的宣传活动。

(洪刚俊)

【林业有害生物防控】　2018年，镇江市完成清理防治面积2.52万亩(1680公顷)，清理病死松树1.6万株。全市集中送定点疫木加工厂实施病材处理842吨，烧毁枝梢材200余吨，完成松材线虫病年度清理防治任务。市政府办发布《关于加强我市美国白蛾监测防控工作的通知》和《关于印发镇江市美国白蛾防控应急预案》，强化全市美国白蛾监测防控工作的组织领导。全年全市诱到美国白蛾雄性成虫2次，向省林业局和市政府汇报，加大巡查力度和密度，未监测到美国白蛾幼虫定殖情况。综合采取生物、物理和化学等各项防治措施，控制杨树食叶害虫危害，全市杨树食叶害虫联防联治面积3.03万亩(2020公顷)，其中，化学防治0.57万亩(380公顷)，无公害防治2.46万亩(1640公顷)。全年杨舟蛾、杨小舟蛾、杨扇舟蛾等杨树食叶害虫发生面积为2.89万亩(1926.67公顷)，其中，轻度发生2.2万亩(1466.66公顷)，中度发生0.45万亩(300公顷)，重度0.24万亩(160公顷)。（洪刚俊）

农业机械化

【概况】 2018年，镇江市农机总动力149.5万千瓦，其中，拖拉机17487台、收割机3081台、插秧机6319台、烘干机1485台、自走式植保机552台、秸秆还田机5770台。水稻机插面积98.7万亩(6.58万公顷)，机播面积10.6万亩(7067公顷)；小麦机收面积89.89万亩(5.99万公顷)，机收率98.76%。全年稻麦秸秆机械化还田面积172.8万亩(11.52万公顷)，秸秆机械化还田率72%，秸秆综合利用率95.83%。全市农机作业服务组织460个，农机社会化服务面积占种植总面积的70%以上。开展秸秆综合利用和机械还田工作。全市组织3万余台秸秆还田机及配套机具投入作业，建立以村、企、合作组织等为主体的秸秆收贮队伍，培育以畜禽养殖、新能源利用和食用菌秸秆利用的主体。全市组织4000多台联合收割机、5000多台插秧机及10万台配套机具投入农业生产，保障两季抢收抢种。年内，丹阳市获“全国粮食生产全程机械化示范县”称号。镇江市代表队在2018年全省农机安全监理业务竞赛中获三等奖。句容市农机安全监理所朱照杰获“2018年度全国农机安全监理岗位示范标兵”称号。镇江市制定《2018年镇江市农机安全生产工作要点》。签订“农机安全生产目标责任状”，农机安全生产任务逐级分解，与拖拉机和联合收割机驾驶人签订责任状4100余份。开展源头管理物资清查，开展拖拉机联合收割机及驾驶人许可业务的纸质档案、电子档案、证件记载信息“三个一致”清查治理，完成“三个一致”比对4203项。全市发生道路外农机事故2起、轻伤2人，直接经济损失0.2万元。完成拖拉机注册登记284台，联合收割机注册登记102台，办理拖拉机和联合收割机驾驶证行政许可163项。

农机化扶持政策实施情况。实施农机购置补贴和报废更新政策，全年实施农机购置补贴和报废更新机具2016台(套)，实施补贴资金3115万元。推广应用大批高效节能、先进适用的农机。争取省级秸秆综合利用资金1602万元，其中秸秆机械化还田资金1402万元。争取市级农机化发展资金1376.4万元。

（刁野军 严 中）

【农机人才培训】 2018年，镇江市把高效植保、产地化烘干等实用技术作为培训重点，创新“操作+维修”培训模式，做到因需而培。全市举办培训班207期，培训各类农机操作人员13243人次，完成获证奖补鉴定387人次。举办拖拉机驾驶员培训班9期，培训拖拉机驾驶员126人，收割机驾驶员10人。举办2期农机实用技术培训班，培训人员200人；举办2期全市基层农机人员培训班，培训基层农机人员90人。（周 超）

【农机职业技能师资队伍建设】 2018年，镇江市强化农机职业技能获证奖补师资队伍建设，提高广大农机手对新型农机具的使用、保养技能。组织参加省农机职业技能培训课件评选活动，获二等奖1个，三等奖2个。青年教师陈静作为江苏选手之一参加全国农机职业技能培训课件评选及教学比赛活动，课件获一等奖、个人获第3名。全年全市举办职业技能获证奖补培训班9期，鉴定合格387人次，其中，初级工111人、中级工267人、高级工9人。（周 超）

【农机技能竞赛】 2018年，在第四届江苏技能状元大赛农机修理工竞赛暨第六届全省农机职业技能竞赛决赛中，镇江农机代表队选手缪士贵获职工组农机修理工项目一等奖、个人第1名，并获“江苏技能状元”称号；选手仇毅获二等奖、个人第4名，并获“省五一劳动奖章”和“江苏技术能手”称号。江苏省扬中市兴隆农机有限公司和镇江市农业机械培训学校获评“高技能人才摇篮奖”。在农业农村部、人力资源社会保障部、中华全国总工会联合举办的“2018年中国技能大赛——全国农业行业职业技能大赛”中，镇江市农民缪士贵获农机修理工决赛第3名，并获“全国技术能手”称号。（周 超）

【农机执法检查】 2018年，镇江市执行《关于做好变型拖拉机强制报废工作的通知》，变型拖拉机被政府列入重点整治内容，执行变型拖拉机管理“五停止”以及“上线检测、一年双检、逾检注销”的规定。全年全市注销变型拖拉机1224台，注销其他农业机械532台。开展农机安全生产大检查397次，出动执法人员2103人次，检查各类农业机械750台次，查处违法行为363起，查扣违法车辆106台，无牌无证19起。排查隐患单位634个，排查一般隐患342起，整改率100%。开展网上“违法行为”清零活动126人次。（严 中）

【惠农政策落实】 2018年，镇江市印发《关于做好2018年度农业机械定期检审和为农服务工作的通知》，开展农机实地免费检验活动，成立服务小组实行检验检测、责任落实、农机保险、违法查询、信息比对、安全教育、隐患排查、喷放大号牌“八同时”等便民举措，基本做到乡镇巡回服务全覆盖。落实《关于进一步推进农机保险工作的通知》，省市财政补贴比例提高到80%，部分县市补贴比例为100%，通过政府保费直补，鼓励农民参保避险。全市投保政策性保险(农机交强险)1804台，农机综合保险1938台，财政补贴超过162.3万元。强化农机报废回收监管，联合收割机报废更新14台，补贴22.4万元。市农委、中石化镇江分公司联合发布“三优一免农用柴油供应公告”，设立39个办卡点，开辟44个农机“双优”加油绿色通道，允许农机定点灌桶加油，作业用油最高优惠15%。（严 中）

综　述

【概况】 2018年，镇江市水利工作围绕水利现代化建设目标，按照“立足基本、全面拓展、加快推进”的思路，落实各项工作。全年完成重点水利工程建设投资10.85亿元，超额完成年度目标任务。实施生态河湖行动，全市水功能区达标率为81%以上；重点江河湖泊水功能区水质达标率为90%以上。河长制工作提档升级，达成实体运作目标。开展长江禁采工作，实现长江（镇江段）非法采砂行为禁绝目标。全市实现安全度汛。年内，丹阳市创成国家级节水示范区。

（龚　源）

【河长制工作】 2018年，镇江市加快推进落实河长制要求，印发《关于镇江市全面实行湖长制工作的实施方案》《镇江市河长湖长履职办法》《镇江市河长制湖长制考核办法》《镇江市河长制湖长制工作2018年度市级考核细则》以及《镇江市河湖日常管护标准》等文件，为工作开展提供制度保障。印发《镇江市全面推行湖长制工作方案》，对市级河长、湖长进行调整，赤山湖湖长由县级升级为市级，蛟塘湖湖长由镇级升级为县级。组建由高校教授、职能部门业务专家组成的专家库，参与河长巡河履职。市水利局领导班子成员挂钩重点河湖，市河长办成员单位派员集中办公，打造丹阳市延陵镇九里村、丹徒区宝堰镇前隍村等小微水体综合治理试点，建设丹阳九曲河、镇江新区捆山河等样板河湖。

镇江市河长制工作领导小组办公室牵头完成市级河长挂钩的14条河湖“一河一策”的编审工作，完成辖市（区）级河长“一河一策”的编审工作。编制“一片一策”“一镇一策”及小微水体专项实施方案。组织开展“三乱”情况的调查摸排及整治工作，排查出市级重点河湖存在的43处“三乱”问题，完成整改37处。对省河长办下发的长江（镇江段）24个问题交办、督办，完成16处整改。结合“263”（两减六治三提升）、“116”（一江一河六行业）等专项治理行动，统筹开展水环境治理工作。

全市国考断面水质优Ⅲ比例为87.5%，水质达标率为100%；省考断面水质优Ⅲ比例为80%，水质达标率为90%。开展农村地区生活污水治理及垃圾收运处置工作，按照《镇江市村庄生活污水治理工作推进方案》，有122个村开展生活污水治理工作。推动农村生活垃圾分类工作，推进丹阳市生活垃圾焚烧发电和餐厨垃圾协同处理项目实施。全年治理规模养殖场550家，其中，关闭150家，治理率为89.29%。加强水功能区与饮用水源地达标建设，推进河湖生态健康评价，构建跨部门重点水功能区、国控、省控断面和主要入河排污口监测体系，在全市新增95个水质监测点，重点关注支河、小微水体的水质变化。

镇江市各级河长按要求牵头巡查河道，协调解决问题，区级以上河长巡河约1200次，通过巡河发现处置问题，推动整改落实。中心河通过河道清淤疏浚环境整治，提升河道环境与水环境；太平河实施清淤疏浚和面源污染治理；句容河推进系统整治工程，提升河道综合能力；遏制金山湖乱占乱建、围网捕鱼现象；新孟河延伸拓浚工程稳步推进。古运河、通济河、苏南运河、运粮河等河道围绕水质提升、水环境治理、水生态修复等重点问题开展工作。全市2名总河长、12名市级河长“认河”、巡河和督查73次，现场交办整治任务，下发市级河长交办单近70份，辖市（区）级河长签发交办单500余份。

（龚　源）

农村水利

【概况】 2018年，镇江市完成各类土方1620万立方米，新建防渗渠道约280千米。全市有效灌溉面积为204.4万亩（13.62万公顷），旱涝保收田面积为195.1万亩（13.01万公顷），节水灌溉工程面积为148.8万亩（9.92万公顷）。全年新增农业水价综合改革面积63.8万亩（4.25万公顷）。推进全市“小型农田水利重点县建设”“中型灌区节水配套改造”“新增千亿斤粮食田间工程”等项目，各项进度均超全省平均水平。全年完成水土流失综合治理面积25.3平方千米，完成疏浚县乡河道土方量286万立方米，整治村庄河塘土方量331万立方米。年内，有17个村被列入省“水美乡村”建设名单。

（龚　源）

【农村水利改革】 2018年，江苏省下达镇江市的农业水价综合改革面积任务为63万亩（4.2万公顷），全年完成63.8万亩（4.25万公顷）；各地装配计量设施的泵站570座，实行“以电折水”“以计时折水”的泵站1721座；组建专业化、社会化服务组织187个。丹阳市、扬中市完成农业水价测算分析工作，丹阳市、句容市出台灌溉用水累进加价办法。各辖市（区）设有43个乡镇水利（农机）站，全部理顺为县级水行政主管部门的派出机构，体制理顺率为100%。全市水利（农机）站均有独立的办公场所，大部分水利（农机）站办公设备齐全，并配备工程勘测、施工、技术服务车辆等装备。

（龚　源）

水利工程建设

【概况】 2018年，镇江市以规划工作为先导、项目建设为重点，为提高流域、区域和城市防洪水利能力提供项目支撑。

水利规划及基础工作。镇江市水利局牵头配合省水利厅开展秦淮河区域及太湖湖西地区水利治理规划编制、省骨干河道名录修订、太湖流域防洪规划中期评估等工作，形成镇江市长江堤防防洪能力提升工程总体可行性研究及镇江市治涝规划初步成果。推进长江堤防及河道整治工程建设，完成长江干流江苏段崩岸应急治理工程镇江市境内工程、畅洲东北角应急治理工程及丹徒区长江堤防吴家大坝段防洪能力提升工程等项目前期工作。组织推进区域水利重点工程前期工作，完成扬中市万福桥闸站工程可行性研究技术审查，修改完善句容市临港、朝阳坝三站、新生三站、泗庄湖三站等4座泵站除险加固项目可行性研究报告。办理谏壁闸拆除重建工程、新孟河延伸拓浚工程、镇扬河段三期整治工程等项目重大设计变更的报批工作。组织开展镇扬河段重点工段监测分析工作，指导全市长江河道水下地形监测分析工作；汛前、汛中监测分析按计划开展。

工程质量管理工作。2018年，镇江市受监督项目全面建立质量终身制信息档案，项目法人、施工、监理、设计等各参建单位均明确质量终身制负责。对2018年在建受监项目实现全覆盖质量抽检，对辖市（区）监督项目进行抽检，未发现质量不合格问题。针对长江镇扬三期整治工程、长江崩岸应急治理工程、新孟河延伸拓浚工程、扬中市长江干堤复建工程、深水航道整治补偿工程等8项质量安全监督项目，市水利系统加强事前指导，全年下发各类质量安全整改意见26份。

（龚　源）

【水利重点工程建设】 2018年，江苏省水利厅下达镇江市重点水利工程建设项目10个，计划投资10亿元。镇江市全年完成投资10.85亿元，其中，扬中市2017年长江崩岸段干堤复建和岸线守护应急治理、扬中市万福桥闸站、丹阳市九曲河整治等工程批复内项目按期建成；完成谏壁节制闸拆除重建、世业洲左汊2014年度应急护岸、沙头河口上段及和畅洲潜坝下游应急护岸工程竣工验收工作；完成2017年度镇扬三期整治工程建设任务，并通过单位工程及合同工程使用验收。市水利局研究出台《镇江市水利工程扬尘污染防治管理指导意见》《水利工程建设项目参加工伤保险》等相关规定；出台《镇江市水利建设诚信管理考核实施办法》；印发《水利工程建设项目廉政风险防控手册》。镇江市公共资源交易中心交易平台电子招标系统正式上线，开展招标投标专项检查，未发现转包、违法分包等不良行为。

（龚　源）

【安全生产监督工作】 2018年，镇江市有3家施工企业、2家运行管理单位通过水利安全生产标准化省二级单位创建，2家施工企业通过水利安全生产标准化省三级单位创建。开展水利行业安全生产专项行动，预防水利行业安全生产事故发生。组织开展汛期安全生产防范、水利工程建设施工安全专项治理、危化品安全综合整治、电气火灾治理等专项行动。统一部署春节、“五一”、汛前、中秋、国庆等重要节点期间水利行业安全生产大检查活动。全年全市水利系统安全生产形势总体稳定趋好，没有发生一起等级生产安全事故。

（龚　源）

防汛防旱

【概况】 2018年，镇江市汛情总体平稳，主要遭遇4次强降雨和4次台风影响，全市安全度汛。汛前，镇江市组织水利工程汛前检查，梳理出各类安全度汛隐患109项。4月中旬，组织开展水库、塘坝度汛隐患专项检查。谏壁抽水站、九曲河泵站、长山提水站、引航道泵站等汛前完成试运行工作。5月11日，召开全市防汛防旱工作会，传达贯彻全省防汛防旱会议精神，部署全年防汛防旱工作。5月23日，镇江市防汛防旱指挥部（以下简称“市防指”）组织召开全市水库安全度汛工作部署视频会。行文通报全市317千米长江江港洲堤防、51条市级以上骨干河道、106座在册中小型水库、大中型闸站和56座重点塘坝等水利工程防汛行政责任人、技术责任人，编印防汛责任制手册，递送告知信，确保责任人知职履责。2017年度省级以上15项防汛项目按时完成。针对2017年11月8日，扬中市三茅街道指南村发生崩岸灾害，市水利局、扬中市政府加快工程修复，2018年3月底完成干堤复建土方填筑，4月底完成临时度汛子堤实施，5月底完成岸线守护工程。对和畅洲东北角岸段（北60至北62）最为危险的200米区域实施应急抢险工程，2018年2月初完成，累计抛石12525立方米。实施和畅洲新坍码头窝塘口门应急处理工程，2018年4月30日完成，累计抛石1312立方米、“沉树头石”2300组。丹徒区长江世业洲西南缘（2#丁坝下游）抢险护岸工程按时完成。完善镇江市“防汛、防旱、防台风”应急专项预案、水库“三案”（水库防汛抢险应急预案、大坝安全管理应急预案、水情调度方案）；对涉水和在建工程，督促建设单位编制报批施工度汛应急预案。全市储备防汛草包49.7万只、编织袋115万只、木材644立方米、土工布12万平方米、铁丝17.8吨、块石4万吨。全市组建防汛抢险队伍464个。5月11日，市防指与镇江军分区联合组织防汛抢险演练，完成12个抢险项目的演练。对在线监测设施进行维修养护，组织小水库通信预警系统巡检、换卡工作。市、县、镇三级水利专网和防汛视频会商系统投入使用，提高防汛会商、应对部署效率。

（龚　源）

【汛期应对及汛后修复】 2018年，第10号台风“安比”、第18号台风“温比亚”影响镇江市，镇江市防汛防旱指挥部发布防台风蓝色（Ⅳ级）预警并启动Ⅳ级应急响应，通过电视、报纸等媒体宣传、提醒有关单位及社会各界密切关注，加强防范。2018年，长江水位较常年偏低，特别是出梅后晴热高温期间，句容市中部达到气象干旱等级，各地密切监视沿江口门闸内外水位情况，调度沿江闸站全力引水，节约、计划使用水库水源，保障工农业和水环境用水需求。提前预降苏南运河、金山湖、古运河、运粮河等骨干河湖库水位，腾出库容，防范强降雨。降雨过程中，沿江水闸外排雨水，水库及时滞洪，京口闸及时向金山湖分洪，低洼圩区泵站及时启用，全市汛期未发生涝情。按时完成长江岸线汛前监测分析任务，对监测成果组织专家会商研判、上报，按照轻重缓急，实施预防性应急工程。汛后，针对长江上游来水相对较少、水位偏低情况，要求各地针对性地分析低水位、小流量情况下水流对河床影响的特性，在易坍段、风险段树立警示标识、观测标志，落实巡查工作，并安排专业队伍进行水下地形测量，对比分析，掌握水下地形发展趋势，发现问题及时预警、处置和上报。针对汛期暴露的薄弱环节，江苏省防汛防旱指导部下达镇江市防汛应急项目9项，经费1075万元。

（龚　源）

水政水资源管理

【概况】 2018年,镇江市推进全市水资源统一管理和节约保护工作,开展水生态文明建设。完成市水利系统行政权力事项清理工作,经市政府批准公示行政许可、行政处罚、行政强制、行政收费等行政权力清单。全年完成市级行政审批办件17件,全部实现网上办理,办结率和回访满意度均为100%。开展全市取水管理和水资源费征收大检查,委托第三方取水检查及审计机构,对全市取水现场及水资源费、水利工程水费征收情况进行检查,重点对取水许可证、取水计量设施、取水在线监测设施、取用水流程及2016—2018年水资源费和水利工程水费的征收和使用进行审核检查。镇江水政支队、扬中市水利农机局对镇江市自来水公司、扬中市金州水务有限公司未按取水量扣除15%漏损征收水资源费而欠缴水资源情况进行追缴。2018年4月,镇江市2017年度最严格水资源管理制度实行情况通过省级政府考核。丹阳市通过国家级县域节水达标县验收;丹徒区、润州区通过省级"节水型社会示范区"技术核查。全年完成省"节水型学校"7所,市"节水型学校"27所,省级"节水载体"7个,完成纪念第二十六届"世界水日"、第三十一届"中国水周"文艺会演直播宣传活动。7月,举办水行政执法与水资源管理培训班,全市水利系统70余人参加培训。 (龚 源)

【长江保护工作】 2018年,镇江市加大对长江非法采砂打击力度,组织开展"春节、'两会'统一巡江""清江2018百日行动"等联合执法打击行动8次,出动执法人员11692人次,执法船艇2309航次,立案查处非法采砂案件61起,没收江砂3760吨,拆除采砂机具59台(套),罚款421万元。全市各采砂船指定集中停泊点监管、扣押采砂船90艘,镇江市江面除指定集中停泊点外未发现采砂船踪迹。开展河湖"三乱"(乱占、乱建、乱排)整治和"绿盾2018"专项整治行动。制定清理整治方案,明确整改内容、责任单位和时间要求,清理包括新区长江金属表面处理厂、大江风云影视基地在内的一批防汛障碍设施。配合长江水利委员会、省水利厅对长江镇江段171个项目开展重点检查及精准测量工作。根据不符合规划要求且应办理而未办理、不符合规划、应办理而未办理、批建不符、不符合其他管控要求等5类要求,对173个项目进行梳理,最终形成问题清单168个,配合省水利厅对三乱及岸线违法占用的56个项目进行现场督察。全市排查各类入河排污口245个,其中,规模以上入河排污口62个,规模以下入河排污口183个。制定印发《镇江市规模以上入河排污口整改方案》,启动全市入河排污口规范化建设,市水利局、市住建局、市环保局对全市规模以上62个入河排污口开展重点监测。组织对全市长江干流、主要支流、重点湖泊和沿岸码头等水利工程管理范围内的固体废物点位进行全面排查,整治处理固体废物点位12个。11月,长江江心洲(丹阳)水源地通过省级验收。句容二圣水库集中式饮用水源地保护区具备验收条件。全年全市重点开展10个省级水功能区的达标整治工作。委托省水文局镇江分局开展水功能区修编工作。全年完成水功能区达标整治任务9个,全市水功能区达标率为81%以上,重点江河湖泊水功能区水质达标率为90%以上。 (龚 源)

水利工程管理

【概况】 2018年,镇江市各级水利部门创新管理模式,完善管理技术。通过创建国家级和省级水利工程管理单位、小水库规范化管理和"美丽库区、幸福家园"建设,提升管理水平,改善水环境面貌。全年争取省级以上维修养护经费2577.8万元。对2016年—2017年水利工程维修养护项目招标情况开展检查和统计。全年转发下达2018年小水库帮扶项目计划10项1485万元,转发下达后扶直补等其他资金1350万元。完成镇江市2015年—2016年水库后扶项目审计整改。句容二圣水库通过省水利厅考核,创成省二级水利工程管理单位。句容市方山等9座省规范化小水库通过复核。谏壁抽水站管理处通过省一级水利工程管理单位复核。指导镇江新区龟山闸管理所开展创建省三级水利工程管理单位,指导句容市和镇江高新区3座水库创建规范化小水库。全年完成水利工程管理范围确权划界长度2012.31千米,埋设界桩、牌14207根(块),外业工作总任务完成进度为100%。

全市有106座水库、20千米长江堤防、43.3千米骨干河道堤防存在蚁害。全年全市投放白蚁防治药物118934袋,查出死巢指示物18丛。开展堤坝白蚁防治工作专项检查,对句容市中河2千米进行达控验收,对句容市、丹徒区、京口区、镇江高新区堤防、水库进行复查。 (龚 源)

【水库安全管理工作】 2018年,镇江市公布全市106座在册水库大坝安全责任人名单。市水利局、市防汛防旱指挥部办公室联合开展水库隐患专项检查,查出水库重大隐患1处、一般隐患39处,处理完成19处。对水利普查中不在册的35座水库进行调查登记。对全市99座小水库遥测系统进行检修和维护。对水利部开展的暗访水库发现问题进行整改,9月,市水利局、市防汛防旱指挥部办公室按照"四不两直"(不发通知、不打招呼、不听汇报、不用陪同接待;直奔现场、直面"三个责任人","三个责任人"指防汛行政负责人、防汛技术责任人、防汛巡查责任人),督察暗访句容市和镇江高新区7座小型水库,暗访后会商研究全市小型水库检查发现的突出问题和安全隐患情况。 (龚 源)

【水文化遗产调查工作】 2018年,镇江市完成水文化遗址调查工作,形成遗产调研报告上报省水利厅。水文化遗产调查工作历时3年,对镇江行政区域内近500个水文化遗产点进行走访调查,实际登录水文化遗产点315个,其中,包括镇江文物第三次普查登记点163个,新补充登录152个。调查完成以后,对照在镇江文物第三次普查材料中的水文化遗产点,进行野外现场复查、增补信息、GPS定位等工作,并开展搜集大型水利遗址航拍影像资料和后期资料整理工作。非物质文化遗产类水文化遗产登录40项。其中,治(涉)水记忆类登录治水名贤36项(名),口头传说和表述1项,表演风俗类登录表演艺术1项,社会风俗2项。 (龚 源)

制 造 业

责任编校：叶兆国

综 述

【概况】 2018年，镇江市实施产业强市战略，以高端、高新、高效为目标，以转型升级为主线，以供给侧结构性改革为重点，推动质量变革、动力变革、效率变革，促进制造业高质量发展。全市工业经济实现稳中有进的工作目标，全年工业应税销售完成4404亿元，比上年增长12%，连续22个月保持两位数增长；制造业投资占固定资产投资比重52.2%；完成工业固定资产增值税抵扣14.3亿元，增长14.7%；"小升规"企业全年新增227家；工业用电量完成183.4亿千瓦·时，在强制减排停限产影响下，增长1.96%。

行业发展引导。镇江市制定出台《镇江市高端装备升级行动计划（2018—2020年）》《镇江市新材料升级行动计划（2018—2020年）》《镇江市传统产业改造提升实施方案（2018—2020年）》《关于加快全市化工钢铁煤电行业转型升级高质量发展的实施意见》《镇江市消费品工业"三品"战略示范城市行动计划（2018—2020年）》等5个专项行动方案。把单位地区生产总值能耗下降率、制造业投资占固定资产投资的比重、工业固定资产（设备）增值税抵扣、工业应税销售等关键指标，列入全市高质量发展考核体系。制定实施《全市工业企业资源集约利用综合评价实施方案》，明确高质量发展的工作导向。

企业指导服务。市经信委牵头组织全市企业家座谈会3场，解决企业难题49个；开展20余场"三聚"服务活动，协调解决问题近300个；组织"专精特新""军民融合"等7场融资对接活动，发放"周转贷""经信贷"和"冠军贷"113亿元。优化整合市企业网络服务平台，开通"融资对接模块"和"企业网络大学"功能，融资对接383笔，实现融资36亿元，培训企业近500家，超过1万人次；平台全年发布各类信息6000余条，累计受理2500多件，办结率100%，满意率98%，连续第三年被省委宣传部、网信办等8部门评为全省"文明办网"先进单位。加强"诚信镇江"建设，推动"两库"（公民库、法人库）建设，归集信用信息超1.5亿条；有11家企业通过食品诚信体系建设评价，列全省第1名；牵头出台联合惩戒制度19个，发布诚信"红黑名单"13批，协助企业开展信用修复工作。发布2018年版《镇江市涉企服务菜单》，涵盖8大类74条优惠政策。对上争取，为企业争取省级以上专项资金1.43亿元，其中，国家级专项资金3684万元。依据企业资源集约利用综合评价结果，优化发放市级经信类专项资金5700万元。推动建成规模5.8万千瓦的储能电站，弥补全市用电缺口。牵头推进企业降本增效工作，整合企业用能、用工、融资等各项降本措施，全年降低企业生产经营成本106亿元。

经济结构调整。主导产业份额增加，重点发展的高端装备、新材料两大主导产业实现营业收入1371亿元，增长9%，占全市规模以上工业的32.9%，比上年提高2.1个百分点。逸帆航空等30多家企业参与C919、ARJ21、鲲龙AG600等国家重大工程研制配套工作。新增省"首台套重大装备"7个（累计为70个）。天宏自动化数控立式镁铝合金车轮旋压机等18个产品入选《江苏省首台套重大装备保险试点企业及产品名单》，入选总数列全省第7名。先进制造业和生产性服务业融合步伐加快，新增软件企业22家，软件产品113个，江苏斯诺物联科技有限公司"货准达企业智能物流App"入选全省首批优秀工业App案例；惠龙易通公司以15.4亿美元列2017年"中国独角兽企业"第62名；新增3家省级重点物流企业，省重点物流企业（基地）累计为17家。"互联网+先进制造业"融合加深，市经信委组织120多家企业开展"软硬对接"活动，通过国家两化融合管理体系贯标企业为54家，列全省第7名；创成省级以上制造业"双创"平台3家，列全省第6名。军民融合技术对接有成果，39条军民两用技术和产品信息入选《江苏省"民参军"技术与产品推荐目录》；17家企业与军工中央企业和"大院大所"开展深度对接，新增"参军"企业4家。低端产能加快退出，完成去产能项目67个，压减水泥熟料产能180万吨；淘汰铅酸蓄电池19万千伏安时、纺织印染37万米、铸造1.35万吨、碳素5.3万吨。关停化工企业44家，入园进区率为54.9%。推进工业污染综合防治，完成电镀企业综合整治60家、工业"散乱污"治理2512家、VOCs清洁原料替代及综合治理企业119家。

高端制造业发展。实施智能制造提升行动，大全集团"智能电网关键装备智能制造项目"入围工业和信息化部2018年智能制造试点示范项目名单，镇江市国家级智能制造项目累计3个，其中，试点示范项目2个，列全省第4名。新增省级"智能车间"9家，累计35家；力信能源、大全凯帆等2家企业入选省首批"智能工厂"项目。首家市级智能制造创新中心成立，产业链智能升级做法被列为工业和信息化部"区域智能制造十大推进路径"之一。推进"智慧镇江"建设，"工业云"平台上线。推动"企业上云"工作，新增五星级"上云企业"1家、四星级"上云企业"5家、三星级"上云企业"29家，5家企业入选第一批省"工业互联网服务资源池"。加快高端化升级步伐，新增省级企业技术中心9家，市级企业技术中心30家。4家企业入选“江苏省质量标杆”名单，入选数量列全省第1名。鼎泰工程公司“高速列车制动盘”项目通过国家强基工程项目竣工验收。天工国际公司成立国内首家粉末冶金研究院。57个人才项目入围制造业“金山英才”计划，资助资金6200万元。推进消费品“三品”升级，认定市工艺美术大师10人；新增省工业设计中心1家；6个产品获2018江苏省工业设计产品奖，列全省第3名。培育壮大“专精特新”小巨人企业，新增国家级“单项冠军”示范企业1家，“单项冠军”产品1个；新增海昌隐形眼镜等省级“专精特新”产品4个、省级“科技小巨人”企业6家，大全赛雪龙公司成为省级“隐形冠军企业”。（陈海晨）

【制造业重点项目】 2018年，镇江市143个市级制造业重点项目完成投资272亿元，有43个项目竣工或基本竣工。其中，26个省重点工业项目，完成投资113亿元，超年度投资计划11.8个百分点。全市备案工业项目1752个，比上年增长77.9%。“孚能科技动力电池”“北汽麦格纳智能纯电动乘用车”“威翔航空CT系列轻型运动飞机”等一批高技术项目落户；“瑞尔隆鼎汽车涡轮增压器用叶轮”“大全集团低压开关柜及高性能中压成套开关设备研发”等一批项目竣工。（陈海晨）

【制造业绿色转型工作】 2018年，镇江市工业绿色转型城市试点以第一名成绩通过工业和信息化部中期评估；考核验收的2017年节能工作得分列全省第1名。当年，全社会能源消费总量比上年下降0.6%，首次由增转降。全年组织73家企业开展能耗总量和强度“双控”工作，实施绿色制造项目71个，完成投资70亿元，其中，竣工项目24个，年节能量为11.3万吨标准煤。全年认定市级“绿色工厂”20家（累计32家），新增“国家绿色园区”1家、国家级“绿色工厂”5家（累计11家），全市国家级“绿色工厂”占规模以上工业企业的比重列全省第1名。推广低碳用能方式，新增光伏发电装机容量126兆瓦；建成港口岸电设施61台（套），年减排二氧化碳300吨以上；建成全省首个集新能源汽车监测、充电设施监测、资金申报等功能于一体的市级新能源汽车推广应用监测平台，新推广应用新能源汽车377辆（折2630标准辆），新建公共充电桩269个。（陈海晨）

2018年镇江市工业应税销售百强企业表

表11－1

序号	地区	企业名称	销售情况（万元）	序号	地区	企业名称	销售情况（万元）
1	镇江新区	镇江奇美化工有限公司	1625786	28	镇江新区	镇江均和重工有限公司	262442
2	丹阳市	江苏沃得集团有限公司	1336466	29	丹徒区	江苏镇江发电有限公司	244107
3	丹阳市	江苏飞达控股集团有限公司	1216506	30	句容市	镇江协鑫新能源发展有限公司	240305
4	丹阳市	江苏天工集团有限公司	1032885	31	句容市	句容协鑫集成科技有限公司	239639
5	镇江新区	金东纸业（江苏）股份有限公司	913891	32	句容市	句容宁武新材料股份有限公司	223564
6	京口区	江苏鼎胜新能源材料股份有限公司	836342	33	丹徒区	北汽（镇江）汽车有限公司	216820
7	京口区	中储粮镇江粮油有限公司	765241	34	句容市	巨宝精密加工（江苏）有限公司	214109
8	句容市	建华建材（中国）有限公司	716300	35	丹阳市	大赛璐安全系统（江苏）有限公司	208951
9	丹阳市	大亚科技集团有限公司	649611	36	镇江新区	镇江市大港通达铜材有限公司	197753
10	京口区	江苏索普（集团）有限公司	629958	37	镇江新区	索尔维（镇江）化学品有限公司	189963
11	扬中市	大全集团有限公司	541021	38	镇江新区	凯迩必机械工业（镇江）有限公司	187290
12	京口区	国家能源集团谏壁发电厂	515348	39	丹阳市	江苏晶工集团	182257
13	丹徒区	镇江焦化煤气集团有限公司	411594	40	丹徒区	江苏恒顺集团有限公司	180857
14	丹阳市	江苏鑫海铜业有限公司	401472	41	丹阳市	恒宝股份有限公司	179094
15	润州区	江苏船山集团有限公司	363218	42	丹阳市	江苏肯帝亚木业有限公司	165343
16	扬中市	江苏环太集团有限公司	359481	43	镇江新区	江苏车驰汽车有限公司	161504
17	丹阳市	丹阳龙江钢铁有限公司	344141	44	丹徒区	镇江源龙铝业有限责任公司	159520
18	句容市	华电江苏能源有限公司	331314	45	丹阳市	江苏长丰纸业有限公司	150733
19	丹阳市	大力神科技集团有限公司	331022	46	句容市	句容台泥水泥有限公司	144543
20	扬中市	江苏中海粮油工业有限公司	330730	47	镇江新区	中润油新能源股份有限公司	144246
21	镇江新区	镇江联成化学工业有限公司	328281	48	镇江新区	江苏超跃化学有限公司	143616
22	丹徒区	金海宏业（镇江）沥青有限公司	322078	49	镇江新区	中节能太阳能科技（镇江）有限公司	141713
23	扬中市	镇江荣德新能源科技有限公司（含仁德公司）	303627	50	镇江新区	镇江东方电热科技股份有限公司	138350
24	丹阳市	江苏鱼跃医疗设备股份有限公司	276512	51	镇江高新区	江苏省镇江船厂（集团）有限公司	130721
25	京口区	江苏鸿泰钢铁有限公司	274287	52	镇江新区	江苏正丹化学工业股份有限公司	126130
26	镇江新区	道达尔润滑油（中国）有限公司	274232	53	句容市	句容毅马五金制品有限公司	119071
27	镇江新区	镇江江南化工有限公司	267405	54	镇江新区	镇江南帝化工有限公司	118997

续表 11－1

序号	地区	企业名称	销售情况（万元）	序号	地区	企业名称	销售情况（万元）
55	镇江新区	优利德（江苏）化工有限公司	115745	78	扬中市	香江科技股份有限公司	71725
56	丹阳市	江苏锐升新材料有限公司	115172	79	丹阳市	万新光学集团有限公司	71656
57	扬中市	江苏威腾电气集团	107037	80	丹徒区	江苏振光电力设备制造有限公司	69020
58	丹阳市	江苏瑞美福实业有限公司	104653	81	镇江新区	镇江市中信有色金属有限公司	68887
59	丹徒区	二重集团（镇江）重型装备厂有限责任公司	103936	82	扬中市	江苏森林建筑新材料股份有限公司	68716
60	扬中市	江苏新韩通船舶重工有限公司	100711	83	镇江高新区	中船动力有限公司	67710
61	京口区	爱励铝业（镇江）有限公司	99587	84	镇江新区	华东泰克西汽车铸造有限公司	66640
62	丹徒区	帝高力装饰材料（江苏）有限公司	97494	85	镇江新区	江苏东普新材料科技有限公司	66347
63	京口区	国电江苏谏壁发电有限公司	96428	86	句容市	保利协鑫（句容）新能源有限公司	66101
64	丹阳市	海昌隐形眼镜有限公司	92816	87	丹阳市	江苏超力电器有限公司	65417
65	丹徒区	镇江李长荣高性能材料有限公司	90659	88	扬中市	江苏太阳集团有限公司	65293
66	丹阳市	江苏瑞美福新材料有限公司	90615	89	丹阳市	江苏申阳集团	64763
67	丹阳市	江苏彤明高科汽车电器有限公司	89134	90	扬中市	现代重工（中国）电气有限公司	63739
68	丹阳市	江苏辰阳电子有限公司	88425	91	丹徒区	江苏捷诚车载电子信息工程有限公司	62592
69	扬中市	江苏利奥新材料科技有限公司	86109	92	扬中市	江苏大津重工有限公司	62478
70	镇江新区	巴斯夫造纸化学品（江苏）有限公司	81157	93	润州区	江苏柳工机械有限公司	59888
71	镇江新区	太白集团有限公司	80178	94	镇江新区	恩坦华汽车零部件（镇江）有限公司	56783
72	扬中市	江苏利民纸品包装股份有限公司	80084	95	镇江新区	力信（江苏）能源科技有限责任公司	56556
73	镇江新区	镇江大东纸业有限公司	78988	96	丹阳市	江苏华凯比克希线束有限公司	56423
74	丹阳市	江苏新泉汽车饰件股份有限公司	75475	97	丹阳市	常诚车业江苏有限公司	54933
75	句容市	江苏毅马铸锻有限公司	74500	98	丹阳市	丹阳荣嘉精密机械有限公司	53962
76	扬中市	江苏通灵电器股份有限公司	73694	99	丹阳市	江苏华力金属材料有限公司	53597
77	扬中市	中电电气集团有限公司	71872	100	丹阳市	江苏丹毛纺织股份有限公司	53264

（魏星远）

镇江市第三批制造业单项冠军企业和单项冠军产品一览表

表 11－2

地区	企业名称	主营产品	获得称号
京口区	江苏鼎胜新能源材料股份有限公司	铝箔材料	国家第三批制造业单项冠军示范企业
丹阳市	江苏天工工具有限公司	高速工具钢	国家第三批制造业单项冠军产品

（杜广宇）

2018 年镇江市新增省级“智能工厂（车间）”表

表 11－3

地区	企业名称	工厂（车间）名称
扬中市	江苏大全凯帆电器股份有限公司	配电开关控制设备智能工厂建设
镇江新区	力信（江苏）能源科技有限责任公司	年产 30 亿瓦·时锂离子动力电池智能工厂
丹阳市	江苏飞达钻头股份有限公司	飞达钻头智能生产车间
丹阳市	丹阳谊善车灯设备制造有限公司	汽车车灯智能生产车间
扬中市	镇江西门子母线有限公司	母线智能生产车间
扬中市	镇江默勒电器有限公司	低压配电柜智能制造车间
丹徒区	江苏恒顺醋业股份有限公司	十万吨高端醋灌装智能车间
丹徒区	北汽（镇江）汽车有限公司	智能总装车间
京口区	江苏惠通集团有限责任公司	表面贴装器件智能制造车间
镇江新区	力信（江苏）能源科技有限责任公司	锂离子动力电池智能化成车间
镇江新区	恩坦华汽车零部件（镇江）有限公司	转子智能制造车间

（凌　鹏　张　浩）

新兴产业

【概况】 2018年，镇江市加快建设以战略性新兴产业为先导、先进制造业为主体、生产性服务业相配套的新型制造业体系。重点发展高端装备制造(含航空航天)、新材料、新能源、新一代信息技术、生物技术与新医药等战略性新兴产业。全年全市有新兴产业企业497家，占全市规模以上工业企业的24.3%；新兴产业实现主营业务收入1829.01亿元，占全市工业比重的44%，其中，高端装备制造、新材料两大主导产业主营业务收入分别比上年增长8.14%、9.82%，主营业务收入占全市规模以上工业比重的32.9%，提高2.1个百分点。

新材料。新材料产业发展态势较好，主导地位稳步提升。2018年，全市新材料产业规模以上工业企业有121家，占规模以上工业企业的16.5%，占全市规模以上新兴产业企业的37%；实现主营业务收入685.31亿元，增长9.82%；实现利润31.30亿元，占全市规模以上工业利润总额的13.3%。截至2018年年底，镇江市新材料领域有省级企业技术中心13家、市级企业技术中心38家；有"索普""万新"等中国驰名商标6件。镇江市碳纤维及高性能复合材料、高性能合金材料等在国内较为领先。2018年，14个新材料人才项目入围制造业"金山英才"计划。江苏鼎胜新能源材料股份有限公司在主板上市，并获评国家第三批制造业单项冠军示范企业。国内首家粉末冶金研究院在天工国际公司成立，其高速工具钢产品获评国家第三批制造业单项冠军产品。鼎泰工程公司"高速列车制动盘"项目通过国家强基工程项目竣工验收。豪然喷射公司获工业和信息化部国家战略重大研究课题"大规格2195铝锂合金板与锻件制备技术研究"项目立项，这是国家首次将国家战略性重大科研课题交由民营企业负责牵头组队实施。恒神股份公司与陕西煤业化工集团、悦达集团签约合作，推动碳纤维产业发展。8月，市经信委、市科协举办第十三届海峡两岸复合材料论坛，组织全市30家企业与台湾地区高校、企业代表面对面交流，会议现场有14个项目达成合作意向并签约；9月，市经信委组织豪然喷射、航天海鹰、华夏制漆、大亚新材料等4家企业参展第五届中国国际新材料产业博览会，提升企业品牌竞争力。2018年，全市有27个新材料产业项目，其中，新建项目16个，续建项目11个，计划总投资106.63亿元，当年完成投资33.4亿元。奇一科技公司"航空、轨道交通等领域用高性能热塑复合板材"、恒神股份公司"2000吨高性能碳纤维及5000吨碳纤维复合制品二期工程"、乐能电池公司"新能源电池正极材料"、江南化工公司"有机硅新材料"等22个有代表性项目竣工投产。

新能源。2018年，镇江市有新能源产业规模以上工业企业43家，占全市规模以上新兴产业企业的8.65%；实现主营业务收入213.64亿元，下降12.2%。光伏太阳能骨干企业主要分布在扬中市、镇江新区和句容市，其中扬中市占70%。扬中光伏骨干企业中有5家企业(大全、环太硅、荣德、美科、丰源)进入工业和信息化部《光伏制造行业规范条件》名单；同时，有全省首家"新能源产业园"以及镇江首家新能源院士专家工作站。镇江新区光伏骨干企业中中节能太阳能科技(镇江)有限公司和镇江大成新能源有限公司，均进入《光伏制造行业规范条件》名单。句容市光伏骨干企业主要是江苏东昇光伏科技有限公司。

新一代信息技术。2018年，实现主营业务收入119.24亿元，下降2.66%。重点发展的集成电路产业主要涉及芯片设计、封装测试、配套材料，以及与之相关的集成应用。其中，设计企业有：恒宝公司(IC卡设计)、赛达公司(物联网传感器设计)；封装测试企业有：艾科半导体、恒宝、中集电半导体；配套材料企业有：弘信华印、奇美化工、爱思开新材料；应用企业有：兆能电子、惠通电子、辰阳电子、唐邦电子、奥音科技、爱仕达电子。恒宝股份有限公司全年实现应税销售17.9亿元，增长40%，其"面向互联网安全支付的有源可视蓝牙智能卡研发及产业化项目"计划总投资4000万元，当年完成投资3120万元。

生物技术与新医药。生物技术与新医药是镇江市的特色产业，有规模以上企业65家，并形成"研发设计—生产制造—销售终端"的产业链条。全年实现主营业务收入125.15亿元，增长8.72%。医疗器械企业主要集中在丹阳市、扬中市、镇江新区、丹徒区，有24家高新技术企业，有国家级企业技术中心1个、省级重点实验室1个，当年新增各类专利112项。鱼跃医疗公司的无创呼吸机国内市场占用率第1名，销售量突破亿元；系列制氧设备全球产销量第1名，年销量100万台；兼并北京万东公司以及意大利百盛集团，进入大型影像设备制造领域，上年X射线机销售2000多台(套)。 (徐　果)

【2018"江苏行暨华创会"高端装备制造专场】 2018年6月26日，2018"海外华侨华人高层次人才江苏行暨华侨华人创新创业镇江洽谈会"高端装备制造专场在镇江市举行。省侨办主任王华，镇江市副市长陈可可出席开幕式并致辞，伯利兹驻中国香港贸易代表处总代表辛斌、日本京都府驻上海代表处所长富冈一十见作为嘉宾代表分别发言。开幕式结束后，参加洽谈会的嘉宾赴镇江新区、航空产业园、大学科技创业园等地实地参观考察，并分别参加高端装备制造、生物技术与新医药专场、新一代信息技术专场以及现代服务业等4个专场项目对接洽谈会。整个活动有德国、美国、英国、日本、澳大利亚、马来西亚等国家，以及中国香港、中国台湾等地区的22名高端装备制造业专家，携带医疗AI服务机器人产业化、污水污泥处理、工厂自动化改造等高端技术产业项目参加会议，镇江市近50家高端装备制造企业受邀参加对接活动。 (徐　果)

【全市消费品工业"个性化定制"推进会】 2018年7月16日，镇江市经信委

2018年镇江市新增省级企业技术中心表

表11－4

地区	企业名称
丹阳市	海昌隐形眼镜有限公司
句容市	江苏广兴集团有限公司
扬中市	江苏万奇电器集团有限公司
扬中市	江苏海天微电子股份有限公司
扬中市	镇江仁德新能源科技有限公司
扬中市	宜禾股份有限公司
扬中市	镇江维纳特气门有限公司
镇江新区	镇江江南化工有限公司
镇江新区	力信(江苏)能源科技有限责任公司

(朱　卯)

牵头的全市消费品工业“个性化定制”推进会召开。会议旨在深化镇江消费品工业“三品”战略示范城市建设，推进消费品工业“高端、高新、高效”发展。会议邀请海尔集团、大信家居集团的相关负责人围绕“从大规模制造向大规模个性化定制转型”等主题做专题报告。在全国地市级城市中，是首次举办该类型推进会。全市相关部门以及消费品工业重点企业代表200余人参加会议。

（徐　果）

装备制造业

【概况】　2018年，镇江市推进“高端装备升级三年行动计划”，聚焦产业链重点领域和关键环节，全市装备制造业呈现稳中奋进、稳中提质、稳中见新的发展态势。高端升级步伐加快。全市装备制造业实现营业收入1946.25亿元。其中，高端装备制造业实现销售收入685.66亿元，增长8.14%，高于全市战略性新兴产业平均增幅3.07个百分点；占装备制造业销售收入的35.23%，增加2.88个百分点。全年装备制造业领域新增省级企业技术中心4家（累计65家）。新增大津重工自升式碎石桩海洋施工平台、康飞汽车移动式生物安全高等级实验室等省级“首台（套）重大装备”7个（累计70个），列全省第7名。“逸帆航空大型灭火水上救援水陆两栖飞机整舱内多功能业载集成系统”“天宏自动化数控立式镁铝合金车轮旋压机”等18个产品入选《2018年省首台套重大装备保险试点企业及产品名单》，单批次入选总数列全省第8名。新增国家“道路机动车辆产品”87款（累计606款）。入选国家新能源汽车推广推荐车型目录14款。全市汽车行业整车产销双破2.2万辆。新增省级“专精特新”产品“华强新能源燃气轮机进气系统”“东方电热PTC电加热器”2项（累计20个）。菲舍尔航空部件、亿能电气、通灵电器等6家企业被认定为省级“科技小巨人企业”。逸帆航空等30多家企业参与C919、ARJ21、AG600等国家重大工程研制配套。新增“大全集团智能电网关键设备智能工厂”国家智能制造试点示范项目1个（累计3个），其中，试点示范2个、列全省第4名。新增力信（江苏）能源科技有限责任公司年产30亿瓦·时锂离子动力电池智能工厂、江苏大全凯帆电器股份有限公司配电开关控制设备智能工厂省首批省智能工厂2家，列全省第2名。新增省级“智能车间”9家（累计35家）。“孚能科技动力电池”“北汽麦格纳智能纯电动汽车”“威翔航空CT系列轻型运动飞机”等一批高科技项目落户。

（张　浩）

【孚能科技镇江制造基地】　2018年7月21日，孚能科技镇江制造基地签约仪式在镇江新区举行。（参见第274页）

（张　浩）

【协鑫电动生态科技产业园项目】　2018年9月27日，协鑫电动生态科技产业园项目签约奠基仪式在郭庄空港新区举行，市长张叶飞，协鑫集团董事长朱共山等出席仪式。该项目是绿色新能源小镇的重要组成部分，计划总投资60亿元，按照规划，将以绿色能源及先进制造为引领，建设新能源汽车总装基地、动力电池PACK生产基地、汽车配套及零部件基地。同时，将协同新能源汽车领域上下游知名企业，共建园区，打造新能源产业集群。

（张　浩）

【中船动力有限公司】　2018年，中船动力有限公司（法人）完成柴油机对外交验249台、39.9万千瓦，分别比上年增长3.8%和1.5%；实现营业收入74188万元，增长10.6%；工业总产值68599万元，下降13.6%；新接合同96269万元，增长66.2%。截至2018年年底，公司有职工744人；在岗职工702人；专业技术人员308人，其中，高级职称52人，中级职称103人，高级技师6人，技师28人。2018年，公司获“江苏省平安企业”称号。

2018年，中船公司与MAN Energy Solution公司签订L35/44DF四冲程双燃料发动机许可证协议，获该公司L23/30DF、L28/32DF、L35/44DF系列中速双燃料发动机的许可证，能满足市场主流船舶对各功率范围段中速双燃料发动机的需求。在业务拓展上，中船公司承接某电站项目，进入非洲市场；拓展加工及设备维护业务，全年承接设备安装及维修等27项非船业务，合计非船订单金额数千万元。当年，中船公司通过江苏省高新技术企业复审；获评2018年度国家知识产权优势企业；通过工业和信息化部评定，成为国家级“两化融合管理体系贯标企业”；获评江苏省“两化融合优秀企业”（镇江市唯一入选企业）。公司的“大型特种货物运输船动力系统研制及应用项目”获江苏省科学技术进步奖二等奖。

（纪锡丹）

【中船动力有限公司所属参股投资公司】　2018年，中船动力有限公司所属控股参股投资公司生产经营情况如下：镇江中船现代发电设备有限公司完成工业总产值1.5亿元，比上年下降21.1%；实现营业收入1.5亿元，下降21.1%。镇江中船日立造船机械有限公司完成工业总产值0.9亿元，下降10.0%；营业收入0.9亿元，下降10.0%。镇江中船瓦锡兰螺旋桨有限公司完成工业总产值2亿元，与上年持平；营业收入2.1亿元，下降0.5%。

（纪锡丹）

【大功率中速机CMP－MAN12V32/40型主机对外交验】　2018年12月16日，中船动力有限公司大功率中速机CMP－MAN12V32/40型主机按期完成各项试验内容，交验成功。该型号是该公司重点开发的机型之一，配套服务于各类公务船，单台输出功率为6000千瓦，可为挖泥船、交通船、油船等船型进行海上作业提供动力保障。该机型也是该公司为船厂配套的功率最大的中速推进主机。

（纪锡丹）

图11－1　2018年12月16日，中船动力有限公司大功率中速机CMP－MAN12V32/40型主机交验成功

（纪锡丹　供稿）

【北汽(镇江)汽车有限公司】 北汽(镇江)汽车有限公司是北汽集团和北京新能源汽车股份有限公司在华东的重要战略基地。2018年是北汽(镇江)汽车有限公司创新转型的关键年,在国家大力发展新能源汽车背景下,该公司作为北汽新能源公司高端新能源车生产基地,定位于"多用户纯电动新能源汽车代工制造服务工厂",开始执行全面新能源化战略。1月3日,该公司的第二款SUV车型——B20B实现量产下线,市长张叶飞,北汽集团总经理张夕勇等出席下线仪式。6月18日,北汽集团、麦格纳、镇江市政府在南京签署高端智能纯电动汽车项目三方合作协议,计划在镇江成立技术和制造2家合资公司。该次合作研发和制造共同推进,成果共享,是一种新的合作模式。10月17日,北汽集团与麦格纳斯太尔签署技术合资公司合作协议。2019年1月15日,麦格纳卫蓝新能源汽车技术(镇江)有限公司正式揭牌,麦格纳卫蓝新能源汽车试验中心的建设同步启动。 (包 圳)

图11-2 2018年1月4日,北汽(镇江)汽车有限公司B20B首车下线仪式举行 (石小刚 供稿)

【镇江飞驰汽车集团有限责任公司】 镇江飞驰汽车集团有限责任公司是镇江国控集团下属的全资公司,是国内首批从事冷藏保温车等专用车生产的国有装备制造企业之一,有1家分公司和5个驻外营销办事机构,30余家授权经销商。2018年,镇江飞驰汽车集团有限责任公司进行事业部制改革,设立冷链、军工、特种装备、服务车4个事业部,以及运营、财务、技术3个中心,采取盈亏自负的模式,按利润来源分开单独核算成本,以此调动企业的整体积极性与活力。 (李默之)

传统工业

【概况】 2018年,镇江市下发《镇江市传统产业改造提升实施方案(2018—2020年)》,推进镇江市传统产业尽快向先进制造业转化,实现制造业高质量发展。全市传统产业规模以上工业企业1546家,占规模以上工业企业的75.6%;实现主营业务收入2333.1亿元,实现利润145亿元。有从业人员22.6万人,占规模以上工业企业从业人员的64.5%。新增1家百亿企业(飞达集团),传统产业百亿企业总数为5家(奇美化工、建华建材、大亚科技、金东纸业、飞达集团),占全市百亿企业的62.5%。

结构调整。传统产业投资加速萎缩。全市传统产业投资下降40%,比工业投资增幅低12.1个百分点。围绕高端化、智能化、绿色化进行改造的57个重点技术改造项目实施良好,全年完成投资68.4亿元,超年计划6.6个百分点。传统产业从业人员比上年减少1.4万人,下降5.7%。

绿色转型。推进"百千万"节能行动,重点实施71个节能降耗项目,完成投资90亿元,节约标准煤25.7万吨。推进绿色制造体系建设,新增国家级"绿色工厂"5家、"绿色园区"1家,市级"绿色工厂"20家。鹤林水泥获评全国"百家节能自愿承诺用能单位"。江苏索普获评"企业社会责任江苏典范榜·绿色环保企业"。

落后产能淘汰。实施"263"行动暨"四个一批"化工企业整治,制定并贯彻实施《全市化工钢铁煤电行业转型升级高质量发展的实施意见》,关停化工企业44家,化工企业入园进区率为56.8%。淘汰低端低效产能,完成去产能项目67个,淘汰水泥产能180万吨(占全省总量的86%),淘汰铅酸蓄电池19万千伏安时、纺织印染37万米、铸造1.35万吨、碳素5.3万吨等。排查认定工业"散乱污"企业2830家,完成整治2512家。

高端发展。出台《镇江市消费品工业"三品"战略示范城市行动计划(2018—2020年)》,着力增品种、提品质、创品牌。江南化工、宜禾股份等4家企业获省级企业技术中心认定;三超金刚石公司获评省级"科技小巨人";海昌隐形眼镜公司获评省级"专精特新产品";安用座椅公司获评省工业设计产品银奖;8家企业获市级"单打冠军"认定。恒顺醋业获评省"示范智能车间",丹毛纺织等3家企业获评省级"工业互联网四星级上云示范企业",丹阳谊善车灯等4家企业被认定为省级两化融合贯标试点企业。企业管理不断提升,丹阳琦瑞、江苏奇佩公司获评省级服务型制造示范企业,国电谏壁发电厂、华电句容发电厂获评省管理创新优秀企业。 (徐 果)

【5家企业入选"2018中国民营企业500强"】 2018年8月29日,全国工商联发布"2018中国民营企业500强"名单。镇江市江苏沃得机电集团有限公司(268名)、江苏天工集团有限公司(285名)、建华建材(中国)有限公司(340名)、大亚科技集团有限公司(426名)和大全集团有限公司(437名)5家企业入选。 (徐 果)

【纺织工业】 2018年,镇江市纺织业以面料、家纺、服装服饰等产品为代表,以丹阳鹤溪产业园、句容针织产业集聚区、丹徒高桥雪地靴集聚区为依托,集聚规模以上纺织企业133家,从业人员2.5万余人,是镇江市传统产业中从业人员较多的行业。全年全市纺织业规模以上企业实现主营业务收入111亿元,比上年增长0.1%;利润总额2.62亿元,下降33.3%;有丹毛、堂皇、宜禾、丹盛等一批企业。整个纺织业形成从面料生产到家纺、服装服饰制造和销售的产业链。 (徐 果)

·电力工业·

【概况】 2018年,镇江市有发电企业14家,其中,统调燃煤火力发电厂3家(国电谏壁发电厂、华电句容发电厂、华润镇江发电有限公司),热电联产发电企业4家(镇江宏顺热电厂、镇江大港热电厂、丹阳兴联热电厂、江苏华和热电有限公司),自备机组企业7家(镇江金东纸业热电厂、江苏索普热电厂、镇江大东纸业、江苏鹤林水泥、句容台泥水泥、江苏联合水泥、镇江联成化学)。2018年,全市发电装机容量合计为769.7万千瓦,统调燃煤火力发电厂装机容量合计为720万千瓦;非统调公用热电联产发电厂装机容量合计为9.6万千瓦;企业自备机组发电装机容量40.1万千瓦。

(徐　果)

2018年镇江市电力工业主要经济指标一览表

表11－5　　　　单位:万元

项　目	电力、热力的生产和供应业
企业单位数(家)	11
平均用工人数(万人)	0.37
工业销售产值	1104538
主营业务收入	1072174
利税总额	121478
利润总额	54774

(统计局)

【国家能源集团谏壁发电厂】　2017年11月28日,国家能源投资集团有限责任公司成立。2018年11月1日,国电江苏电力有限公司谏壁发电厂更名为国家能源集团谏壁发电厂。2018年1月25日,江苏省发展和改革委员会发布《省发展改革委关于江苏电力有限公司谏壁发电厂10号机组关停认定的通知》,对10号机组(1×33万千瓦)关停予以认定。截至12月底,全厂总装机容量266万千瓦(国家能源集团谏壁发电厂2×100万千瓦,国电江苏谏壁发电有限公司2×33万千瓦);全年完成全口径发电量160.35亿千瓦·时,供热量193.65万吨,实现利税5.35亿元。

安全工作。推行风险分析预控制度,开展安全检查工作,全年排查、消除隐患200余项;深化重点危险源管控,完善各类应急预案,全年组织开展各类演练34次,200余人次参与。深化标准化体系建设,承办国家能源集团公司"机组检修工作座谈会"。2018年,该厂获评国家能源集团"安全环保一级企业"、江苏省电力行业"落实安全生产主体责任示范企业"、江苏省平安企业;2个生产现场获评"江苏省电力行业五星级现场"。截至2018年年底,该厂连续安全生产2956天。

节能工作。该厂制定"在K156型机组外缸不变的情况下,实施内缸通流部分改造,以优化汽轮机热耗率等技术参数"的核心改造方案,施工过程实行"一口一卡"的焊接管理制度,完成焊口超8000只。综合升级改造后,机组启动未发生安装焊口渗漏等异常现象,6期2台机组能效水平提升,额定工况下,供电煤耗降至305克/千瓦时,其中,11号机组单机供电煤耗降低22.24克/千瓦时,2台机组改造成效优于预期。全年实施节能技术改造任务11项,当年投入0.86亿元,创造效益约1.11亿元。供电煤耗降低8.64克/千瓦时,综合厂用电率下降0.56个百分点,补水率下降0.26个百分点。百万机组供电煤耗在国家能源集团同类型机组对标中列第一名;30万机组供电煤耗在同类型纯凝机组对标中列第一名。11号机组先后获评全国电力设备可靠性AAAAA级机组第一名、全国火电机组能效水平对标AAAA级优胜机组、国家能源集团"可靠性优胜机组"等;14号机组获全国厂用电率AAAAA级机组第一名;13号、14号机组获评全国火电机组能效水平对标AAA级优胜机组。

环保工作。实施无组织排放治理、雨污分流、噪音治理等环保技术改造项目,提升环保设施运行管理和环保指标管控能力,全年超低排放电价回收率为100%,未发生环境污染事件。开展燃机和光伏项目调研收资工作,编制完成《"拆煤建燃"2×9H级燃机热电联产机组工程初步可行性研究报告》和《光伏电站项目可行性研究报告》。运用计划性检修,对3台机组实施供热增容技术改造,改造后全厂最大供热能力为1000吨/小时,增加450吨/小时。

企业管理。开展经营行为"跑冒滴漏"问题查纠、治理工作,"两个细则"(并网发电厂辅助服务管理实施细则和并网运行管理实施细则)考核全年完成185万元,燃料管理节约成本3000余万元。参加"电力行业标准化良好行为企业"试点工作,修订完善部门职责、标准制度800余项,并通过"江苏省标准化良好行为企业"AAA级符合性认证。完成"三供一业"(供水、供电、供热和物业管理)分离移交协议的签订,财政补助资金申报通过国务院国资委审核,其中,物业管理、供水、供电完成分离移交。探索建立"大监督"体系,设立监察审计部(纪检办)。当年,该厂编纂《党委委员工作手册》的经验被国家能源集团在全系统推广,同时,该厂获评镇江市工会工作示范单位。

创新工作。2018年,该厂QC成果获全国电力行业奖项3项、省级奖项14项;1项成果受邀参加中国水利电力质量管理协会QC成果发布交流会,在现场发布的江苏省成果中列第一名,并获现场最佳发布奖;在江苏公司科技创新大会上,该厂49个项目、4人获表彰;当年,该厂获首项国家发明专利授权("塔式炉空气分级燃烧方式下的低氮燃烧自

图11－3　2018年,国家能源集团谏壁发电厂"无组织排放改造"项目现场

(朱　坤　供稿)

动控制方法")和12项实用新型专利授权,"亚临界机组综合升级技术应用研究"获国家能源集团科技创新项目立项。

其他工作。组织参加各类技能竞赛,4人获评国家能源集团"技术能手",2人获评国家能源集团"青年岗位能手",1人获评"江苏省技术能手",3人获评"江苏省电力行业技术能手"。向云南省大姚县石羊镇小学捐赠图书1624本。2018年,该厂获评"电力行业雷锋式先进集体"(国家能源集团系统5家获评)。（朱　坤）

【国网镇江供电公司】 2018年,镇江市全社会用电量255.24亿千瓦时,比上年增长4.66%;供、售电量分别为236.19和229.46亿千瓦时,分别增长5.91%和6.89%;调度最高用电负荷404.6万千瓦。全市有35千伏及以上变电站151座,其中,500千伏3座、220千伏28座、110千伏89座、35千伏31座;变压器296台,主变容量2290万千伏安;35千伏及以上输电线路长度5048.6千米,其中,500千伏620.7千米、220千伏1508.52千米、110千伏1920.08千米、35千伏999.3千米,截至2018年年底,该公司连续安全生产5025天、服务电力客户198.21万户。全市累计申请业扩报装容量3698.3兆伏安。

公司开展年度主题安全专项活动。修订公司安全职责规范,编制各层级安全责任清单。开展"一市三县"跨区交叉督察,落实生产现场作业"十不干",提升现场监督实效。应对镇江东部电力缺口及夏季高温、高负荷形势,完成迎峰度夏任务。对260家施工类外包单位开展安全承载能力核查,落实核查结果在招投标环节的应用。开展平安电力创建工作,促请政府将电力设施保护纳入乡镇考核体系。完成长江国际音乐节、国际低碳大会等重要保电任务。

公司研究镇江主网网架调整和电力走廊方案,加强电网规划与城市总体规划衔接。正式并网运行世界最大规模的101兆瓦镇江电网侧储能项目,全年投运用户侧储能项目19个,总容量46.75兆瓦。落实500千伏大港变电站等重大工程,优化东部电网结构。推进4G无线专网建设,建成基站18座。完成220千伏五峰山大跨越线路拆除与杆塔爆破工作。提升配电自动化实用化水平。

公司开展优质服务提质转型年活动,"多表合一"信息采集累计覆盖6.97万户,并推动镇江市以及丹阳市、句容市、扬中市、镇江新区出台优化电力接入营商环境的专项政策。完成市县4个政府行政服务大厅办电窗口设置。投运句容城区供电所等4座"三型一化"(智能型、市场型、体验型、线上线下一体化)营业厅。实施全省首个"公共机构建筑能效提升"政企合作项目,推动公共建筑能效提升。以句容经济技术开发区为试点,首创省内园区综合能源业务模式。茅山供电所获评江苏省首批"全能型示范供电所"。

公司开展"建凝聚人心好支部、做遵章守约好党员"活动,建立"3固定+1自选"("集中学习、热点讨论、党费缴纳"3个固定动作+根据支部自身情况开展自选活动)组织生活常态机制,"小芳"共产党员服务队获省内唯一国网公司"金牌党员服务队"称号,方美芳获省内唯一国网公司"金牌党员服务队长"称号。实施"能源绿·镇江红"红茶扶贫项目,构建可复制、可推广的精准扶贫模式。主办"镇电杯"全国篆刻大赛,推进公司"国网印吧"建设。推进党委联系服务专家试点工作。（陈　虎）

【镇江电网侧储能项目】 2018年,国电江苏电力有限公司谏壁发电厂3台到龄机组关停造成电网供电缺口,镇江供电公司推进电网侧储能项目,提升电网应急响应裕度。截至2018年年底,镇江电网侧储能项目是已建成的世界规模最大、功能最全的电网侧储能电站项目。该项目总体建设规模为101兆瓦/202兆瓦时,包括8个储能电站,主要分布在镇江大港、丹阳和扬中地区,其中,大港地区3座,丹阳地区2座,扬中地区3座。项目开工建设历时73天,于7月18日建成投运。9月,镇江电网侧储能电站工程获评"中国城市能源变革'样板工程'"。（孟学阳）

【扬中高新区配售电有限公司】 2016年11月,《国家发展改革委国家能源局关于规范开展增量配电业务改革试点的通知》确定第一批106个试点项目,镇江扬中高新技术产业开发区增量配电业务试点入选。2017年10月26日,扬中高新区配售电有限公司正式在扬中注册成立。2017年11月10日,扬中高新区配售电有限公司揭牌。2018年3月20日,扬中高新区配售电有限公司获江苏首张增量配电电力业务许可证(供电类)。2018年12月14日,扬中高新区配售电有限公司生成首张配售电公司财务凭证,该公司进入实质性运营阶段。（孟学阳）

【220千伏五峰山大跨越改造工程】 原五峰山220千伏跨江输电线路位于丹徒区长江主航道,始建于20世纪60年代,是江苏境内首条跨江220千伏输电通道,线路跨江段档距1289米,设计最高船桅高度37.46米。该线路不能满足长江干线5万吨级海轮通航净高50米的要求,是制约长江南京以下12.5米深水航道建设项目成效发挥的最后一道空中屏障。在江苏省政府、国网江苏省电力有限公司统一部署下,镇江供电公司组织启动220千伏五峰山大跨越改造工程。该改造工程于2018年3月启动,在原线路路径上新建大跨越区段2.132千米,改造线路3.432千米;6月14日—24日,实施长江主航道封航,并完成旧线拆除工作;7月11日,五峰山220千伏跨江输电线路南北两座跨越塔爆破成功。（孟学阳）

【《镇江市进一步优化电力接入营商环境实施办法(试行)》】 2018年9月25日,镇江市政府办公室印发《镇江市进一步优化电力接入营商环境实施办法(试行)》。该办法旨在简化全市电网项目及电力用户接电项目的审批手续,缩短审批时间,提高接电效率,改善电力接入营商环境。该办法适用于全市申请新装、增容用电的10(20)千伏高压用户以及400伏低压非居民用户的电力接入工程,35千伏及以上各类用户的电力接入工程、各电压等级公共电网新建和改造工程参照执行。按照该办法制定的目标,将全市10(20)千伏高压、400伏低压非居民用户平均接电时间压缩至58和18个工作日以内。（孟学阳）

【一般工商业用户电价调整】 2018年,政府工作报告提出"一般工商业电价平均降低10%"的目标。4月—9月期间,江苏电网4次下调一般工商业电价,累计降幅8.19分/千瓦时,超额完成电价下降10%的目标。(4月1日起,降低"一般工商业及其他"用电类别电价每千瓦·时2.29分;5月1日起降低每千瓦·时1.97分;7月1日起降低每千瓦·时2.36分;9月1日降低每千瓦·时1.57分)。镇江供电公司落实全市近32万户一般工商业用户的电价调整工作,截至2018年12月底,降低企业成本2.07亿元。(参见第96页)（孟学阳）

【"公共机构建筑能效提升"政企合作项目】 2018年7月16日,镇江市机关事务管理局、国网江苏综合能源服务有限公司、国网江苏省电力有限公司镇江供电分公司三方签订《镇江市公共机构建筑能效提升合作框架协议》。按照协议要求,三方共同打造镇江市政府办公大楼综合能源服务示范点,并在镇江市区县政府办公大楼逐步推广，实现用能的实时监测、安全管控、能效提升；提高能源管理自动化、智能化和信息化水平；改善能源质量和用能体验。协议明确三方共同建设镇江地区公共机构综合能源服务平台，促进建筑用能数据的接入，实现能效提升、数据交互和信息共享，并开展智慧能源管理和能源大数据等领域合作。（孟学阳）

【110千伏锦湖输变电工程】 2018年8月，110千伏锦湖输变电工程投运，该工程本期新建110千伏智能变电站，电压等级110/10千伏。远景规划3×50兆伏安主变压器，本期建设2×50兆伏安主变压器。本期新建电缆0.4千米，架空线路9.35千米。（孟学阳）

【110千伏丁岗输变电工程】 2018年9月，110千伏丁岗输变电工程投运，该工程位于大港新区丁岗镇，远景规划3×50兆伏安主变压器，本期建设2×50兆伏安主变压器。110千伏出线远景规划为4回，本期建设4回，其中2回备用。（孟学阳）

【110千伏前进输变电工程】 2018年11月，110千伏前进输变电工程投运，该工程本期建设2×50兆伏安主变压器。110千伏出线远景规划为4回，本期建设4回，其中2回备用。10千伏出线远景规划为36回，本期建设24回。本期新建线路28.9千米。（孟学阳）

【中国能源建设集团江苏省电力建设第三工程有限公司】 2018年，中国能源建设集团江苏省电力建设第三工程有限公司完成营业收入56.58亿元。全年在建项目241个，分布于国内30个省、市、自治区及国外的巴基斯坦、马尔代夫、文莱和孟加拉国4国。全年投产移交核电常规岛机组3台，计350.5万千瓦；火电、燃机机组8台，计301万千瓦；风电机组141台，计40.34万千瓦。完成送变电线路14条，里程数112.2千米；投运变电项目12个，容量56万千伏安。公司推进自主创新和科技进步，19项QC成果获省部级以上奖项、3项工法获电力建设工法、3项科技成果获电力建设科技进步奖三等奖、1项研究获中国电力科学技术三等奖。公司重视安全质量环保管理，承建的彩虹城二期等4个项目获评省级、市级"建筑施工标准化星级工地"，"国信淮安"等3项工程获评优秀焊接工程，"灵州换流站"等5项工程获评中国电力优质工程，广西钦州、国电汉川的2项工程获国家优质工程奖，板集工程获国家优质工程金质奖。2018年，公司获评中国能建安全生产模范单位、江苏省"守合同重信用"企业、电力建设领域"诚信典型企业"、"江苏省建筑业竞争力百强企业"、"江苏建筑业百强企业"等；同时，公司地方及行业资信等级保持"AAA"级水平，并获镇江市建筑业发展专项引导资金。（李广耀）

【光伏扶贫项目】 2018年10月25日，"陆军军事交通学院镇江校区与上党镇上会村、敖毅村低收入户光伏扶贫项目"启动仪式在镇江上会村举行，项目采用光伏扶贫模式，由陆军军事交通学院镇江校区出资，对上党镇上会村、敖毅村共十户建档立卡贫困户进行精准扶贫。陆军军事交通学院镇江校区、市双拥办、上党镇相关代表出席会议并现场签署协议。该项目由中国能源建设集团江苏省电力建设第三工程有限公司金顶光伏公司具体承建。（李广耀）

【第四届江苏技能状元大赛总决赛焊接项目】 2018年11月23日—26日，第四届江苏技能状元大赛总决赛焊接项目在中国能源建设集团江苏省电力建设第三工程有限公司焊培中心举行。江苏省内13个设区市代表队及中石化、华东油气等公司的28名焊接选手参加决赛。焊接项目分18个子项，涵盖板、管、结构件等多位置（带障碍位置）的焊接；包含电弧焊、氩弧焊、实心焊丝二保焊、药芯焊丝二保焊等多种焊接方法；使用碳钢、不锈钢、有色金属铝板等多种材料。综合考察参赛选手的图纸阅读能力及多技术、全方位的焊接技术能力。（李广耀）

·冶金建材工业·

【概况】 2018年，镇江市冶金行业主要涉及钢铁材料、铝合金和铜合金材料等多个细分领域。全市有规模以上企业128家，全年实现主营业务收入327亿元，比上年下降1.36%；利润总额为10.48亿元，下降22.5%。重点企业主要分布在高性能合金材料产业园（丹阳）和京口工业园区等园区，重点企业包括鸿泰钢铁、龙江钢铁、鑫海铜业等。

建材行业主要包括水泥和新型建材两个细分领域。全年建材行业主营业务收入143.1亿元，增长9.4%，利润总额为25.2亿元，增长76.2%。建材行业有规模以上企业106家，从业人员1.14万人，有建华建材、鹤林水泥、台泥水泥、江苏特密斯、北新建材等企业。其中，鹤林水泥获评全国"百家节能自愿承诺用能单位"。（徐　果）

【镇江焦化煤气集团有限公司】 2018年，镇江焦化煤气集团有限公司出口各类焦炭52.3万吨、阳极10.8万吨，实现主营业务销售收入43.4亿元、利税总额7.24亿元，出口创汇3.65亿美元。

江苏苏润高碳材股份有限公司调整内外销结构和营销策略，兼顾国外大客户的稳定供应，全年出口各类焦炭24.7万吨。7月31日，苏润股份完成江苏华元焦化有限公司从苏润股份公司剥离，以及港务物流公司并入苏润股份公司的苏润IPO（首次公开募股）资产重组工作。江苏华元焦化有限公司根据江苏省产业结构调整和镇江市减煤要求，于10月31日停产。江苏苏亚迪炭材有限公司拓展原料采购渠道，加大进口原料的采购量，拓展外销客户，全年出口煅烧石油焦27.6万吨。江苏苏菱铝用阳极公司提升产品合格率，开拓外销市场，全年出口各类阳极10.8万吨，但是受国际铝价的影响，略有亏损。江苏苏润港务物流公司加强成本控制管理，开拓市场，全年装卸船1053艘次，吞吐量259万吨。镇江苏润精工机械有限公司、江苏贝雷钢桥有限公司扩大国内销售市场，开拓国际市场，销售收入和利润均比上年有所提高。镇江苏润能源贸易公司调整经营思路，开拓多元化销售渠道，降低资金风险。丽景国际饭店调整经营策略，拓

2018年镇江市冶金建材工业主要经济指标一览表

表11－6　　单位：万元

行业	单位数（家）	平均用工人数（万人）	工业销售产值	主营业务收入	利润总额	利税总额
黑色金属矿采选业	1	0.01	1281	1227	－664	－576
有色金属矿采选业	1	0.01	5377	5377	227	729
非金属矿采选业	6	0.13	89718	103951	11314	21793
非金属矿物制品业	155	1.88	2130656	2103487	308229	412007
黑色金属冶炼和压延加工业	32	1.12	2295583	2253439	297104	436938
有色金属冶炼和压延加工业	65	0.94	2546906	2530364	87538	151333
金属制品业	202	2.70	2310887	2300070	134079	208622

（统计局）

展培训会议市场，获得一定效益。镇江南徐船舶机械有限公司在调整经营班子后，加强管理，开源节流，减亏明显。

科技创新方面。改造苏润32罐罐式炉高温煅烧及自动化控温等关键技术；与三菱商事、NDK、深圳贝特瑞新能源材料等公司就合作开发负极材料石墨化达成初步意向；与中石化公司合作的针状焦合作煅烧项目有初步成果；完成苏润、苏亚迪、苏菱等公司高新技术企业认定工作；完成江苏省特种碳材料工程技术研究中心省级立项工作；"石灰石—石膏法烟气脱硫技术改造项目"获镇江市经信类专项资金补助100万元；完成"利用脱硫固废生产α型高强石膏关键技术的研发与应用""各向同性碳材的研发与应用""镇江市特种碳材料工程技术研究中心"等市级科技项目，以及"利用导热油系统实现煅烧炉烟气回收关键技术的研发与应用"丹徒区科技项目的验收工作。

环境保护方面。苏润股份公司投资2000万元对管式炉烟气治理进行提标改造，新安装高温脱硝和湿电除尘系统，年底前达到特别排放限值要求；江苏苏亚迪炭材有限公司投入4485万元，完成煅烧炉尾气脱硝和除尘改造、脱硫废水处理等8项维修改造项目，完成煅烧炉烟气系统工艺优化等7项技术改造项目，完成煅烧炉高温烟气回收利用等9项研发项目，公司污染物达到特别排放限值要求；江苏苏菱铝用阳极公司投资2000余万元，新建一套石灰石—石膏湿法脱硫加湿电除尘焙烧烟气净化系统，烟气排放达到铝工业污染物特别限值要求；江苏苏润港务物流公司投资100余万元增加码头料斗喷淋设施，新购1台雾化炮，新增1台运输车辆洗车台、2套扬尘噪声在线检测系统；新增1台抓斗，并完成旧抓斗的改造。（张　军）

【天工国际有限公司】 2018年，天工国际有限公司实现销售收入297.40亿元，比上年增长15.01%；实现利润18.48亿元，增长14.28%；纳税9.85亿元，增长16.1%。当年，该公司正式启动中国首条粉末冶金工业化生产线建设，填补国内空白，并与钢铁研究总院合作成立中国首家粉末冶金研究院，为粉末冶金工业化生产提供技术支撑和保障。北汽集团、沙钢集团入股天工国际有限公司。该公司应诉欧盟反保障措施，成为除中国政府、中国钢铁工业协会外，中国唯一一家获得单独听证应诉资格的企业，代表中国和中国特钢业界出席听证会并发声。同时，该公司应诉美国反补贴诉讼抗辩成功，成为中国唯一获最低税率出口的钢铁企业。当年，该公司列"世界工模具钢特钢强企"第3名，同时，高速工具钢入选全国制造业"单项冠军"（镇江唯一）；天工工模具钢及钛合金产品被国家列入新材料产业目录。该公司董事局主席朱小坤当选第十三届全国人大代表。该公司员工人均工资比上年增长12%。（白世国）

【江苏船山集团有限责任公司】 江苏船山集团有限责任公司是全国规模最大的独立石灰石采掘企业，是宝钢、马钢、沙钢等特大型钢铁企业的石灰石原料基地。企业通过资产重组，相继组建江苏船山矿业股份有限公司、江苏鹤林水泥有限公司和江苏船港物流有限公司等企业，有员工1025人。2018年，该企业投入2000多万元完成矿石生产PLC自动化控制系统、炸药加工混装车及地面站生产系统等技术改造。同时，在"边开采、边复绿"的理念指导下，投入400余万元对采场北边坡、临时堆场、西部绿化带等区域种植各种树木2.7万株，植草坪及复绿约5万平方米。当年，该集团实现销售收入34.29亿元，实现利税15.7亿元。（贾学良）

·化学工业·

【概况】 2018年，镇江市化工行业主要包括功能性材料、精细化工、清洁煤化工、石油化工深加工等4个重点领域。全市有规模以上企业88家，全年化工行业实现主营业务收入351.67亿元，比上年下降0.34%；实现利润总额23.3亿元，增长27.5%；完成利税35.4亿元，增长31.4%。全市化工行业形成"一园一区一基地"的空间布局，化工企业入园进区率为56.8%。（徐　果）

【江苏索普（集团）有限公司】 2018年，江苏索普（集团）有限公司实现营业收入61.78亿元，利润4.83亿元，税金4.46亿元（审计口径），生产经营效益创历史新高。全年生产醋酸111.63万吨、醋酸乙酯19.23万吨、ADC发泡剂及其复配产品3.4万吨、硫酸29.16万吨。当年，索普集团总投资830万元，先后建成氨回收、废水排口升级改造、金河大沟提升等项目，开工建设总投资约8700万元的1万吨/日综合污水处理厂改扩建工程和3000吨/日中水回用项目，滚动实施51项技术改造项目，新增经济效益3293万元。

2018年6月，全国人大常委会副委员长丁仲礼考察索普集团大气污染防治工作。11月，国家发改委副主任胡祖才考察索普化工基地发展情况。11月，索普集团作为镇江市唯一一家化工企业，入围江苏省首批秋冬季错峰生产及重污染天气应急管控停限产豁免企业名单。11月，集团博士后科研工作站获批江苏省示范博士后科研工作站。12月，集团热电锅炉脱硫脱硝超低排放项目作为环境保护成果出现在中央电视台《我们一起走过——致敬改革开放40周年》纪录片中。

实施低成本战略。2018年，索普集团引入阿米巴经营管理模式，推行阿里巴巴网络采购，全年降低成本约5600万元；集团决定5年内除因关系到企业生存和发展的关键人力资源需求外，暂停招收新员工，全年减少在岗职工311人，截至年底，有在岗职工2568人。

开展股权改革。镇江华普投资有限公司持有索普集团的27%股权转让给镇江市国资委，使索普集团成为国有独资企业。10月，镇江市政府同意由镇江城市建设产业集团外部收购索普集团股权并增资控股，内部通过控股的上市公司发行股份及支付现金购买资产并募集配套的方式，对索普集团实施整体资产重组改革。

2018年，索普集团先后获评全国石化行业"最具社会责任企业"、新闻宣传先进单位、企业文化建设先进单位、改革开放40年"勇立潮头榜样"、江苏省高新技术企业等，全年新增授权专利5件。（丁筱茜）

2018年镇江市化学医药工业主要经济指标一览表

表11－7　　单位：万元

行　业	单位数（家）	平均用工人数（万人）	工业销售产值	主营业务收入	利润总额	利税总额
石油、煤炭及其他燃料加工业	12	0.12	744464	755264	71895	116890
化学原料和化学制品制造业	131	1.91	6409093	6427837	438322	684506
医药制造业	19	0.32	313433	314276	39954	60987
化学纤维制造业	4	0.08	95658	95436	19635	23465
橡胶和塑料制品业	93	0.90	728843	727709	48581	72096

（统计局）

【江苏太白集团有限公司】 2018年，江苏太白集团有限公司生产金红石型钛白粉46257吨，销售45133吨，实现销售收入67485万元。当年，公司以环保安全生产为前提，加强技术创新、向外开拓市场，提升产品质量，实现环保百分之百达标排放，产品收率和单日产量等指标均有突破。推进废酸循环再利用项目和连续酸解等技术改造项目。其中，废酸循环再利用项目投资2000万元，旨在提高生产过程中产生的废酸的回收利用效率，降低公司环保处理费用；连续酸解项目投资2500万元，引进连续酸解反应技术，提高酸解质量及矿粉酸解率，解决酸解反应尾气瞬间排放量大等难题。

（袁霄云）

·机械工业·

【概况】 2018年，镇江市机械产业主要包括汽车及零部件、工程和农业机械、机械零部件等细分领域，有规模以上企业648家，其中工程和农业机械企业31家。全年机械产业实现主营业务收入486.6亿元，比上年下降3.5%；实现利润总额25.6亿元，下降3%。其中，工程和农业机械实现主营业务收入308.9亿元，下降5.48%，实现利润总额15.4亿元，下降46%。 （徐 果）

【中电电气集团有限公司】 2018年，中电电气集团有限公司重新确立集团三大支柱产业（变压器、光伏、新能源）解决方案。该公司与美国杜邦公司合作（包括杜邦"雷力通"品牌变压器的授权及光伏领域产品和品牌联合推广）；与云南德宏州签订战略合作协议，开展光伏项目合作；与印度软银（Soft Bank Energy）合作145兆瓦组件项目。当年，该公司中标河南辉县扶贫电站5兆瓦的项目；中标上海电信、杭钢数据中心、浙江电信集采等项目；入围中国国际进口博览会供应商体系；成为中国火星着落综合试验场项目、北京城市副中心项目供货商。2018年，该公司实现销售业绩的二次增长。同时，公司承担的江苏省知识产权战略推进项目通过验收。中电电气扬中变压器产业临江新厂房建设进入扫尾阶段。中电光伏美国加州工厂投产。

（孙红梅）

【二重集团（镇江）重型装备厂有限责任公司】 二重集团（镇江）重型装备厂有限责任公司以超大型石化压力容器设备制造为主，以码头物流、冶轧成套为辅，具有世界级压力容器制造能力，同时具有年吞吐量130多万吨的中转运输能力。企业有A1级、A2级压力容器制造许可证、钢结构二级制造资格许可证，并通过ASME U/U2认证、ISO 9001质量管理体系认证。代表产品有30万吨/年及以上合成氨关键设备，100万吨/年及以上乙烯关键设备，石油化工及煤化工重型容器、塔器类产品、热交换器等超大型、超重石化容器产品。

企业核电容器车间主要用于生产大型石化容器设备，其产品最大质量超2000吨，最大直径接近10米，最长的产品超过70米，并具备生产2500吨级容器的生产制造能力。企业成套重装车间可用于轧机、大型钢构、矿山机械、海洋平台、船机、风电等重大成套装备制造。企业配有理化实验室和试培站，有拉伸万能试验机、摆锤冲击试验机、氧氮氢化学分析仪等设备，其中，试培站具备18个工位同时进行焊接培训的能力。企业重装码头具备一次装卸单件最大1700吨货物能力，港区水位常年在15米以上，无封冻期，并配5万吨级海船泊位，被誉为"长江第一吊"。主管该企业的国机重型装备集团股份有限公司具备年产锻件25万吨、焊接件5万吨、重型压力容器5万吨，锻造500吨级优质锻件的能力。

2018年，企业有正式职工152人。全年实现19台容器产品的的报产销售目标，完成机器产品产量20006吨，实现商品产值12.88亿元，销售收入11亿元。3月，企业由国机重型装备集团股份有限公司托管。4月28日，完成"镇海260万吨/年沸腾床渣油锻焊加氢反应器"项目的制造和发运工作，创造加氢反应器单台重量，生产制造难度，焊接、装配工艺复杂程度等多项世界第一名，中央电视台、《人民日报》等媒体进行现场播报。12月3日，江苏省省长吴政隆到企业调研。 （胥秀娟）

2018年镇江市机械工业主要经济指标一览表

表11－8　　单位：万元

行　业	单位数（家）	平均用工人数（万人）	工业销售产值	主营业务收入	利润总额	利税总额
通用设备制造业	123	1.83	1134891	1138675	100782	141721
专用设备制造业	138	4.26	2481723	2525437	377313	468018
电气机械和器材制造业	319	5.67	5705697	5729639	212767	458091
其他制造业	16	0.14	55629	56947	600	1776

（统计局）

·轻工业·

【概况】 2018年，镇江市轻工产业主要包括木业、造纸、食品、眼镜等细分行业，有规模以上企业381家（含造纸），全年轻工业实现主营业务收入478.3亿元，占规模以上工业总量的11.5%，占传统产业总量的20.5%；利润总额25.3亿元，占传统产业的17.5%，是特色传统产业的主力军。其中，造纸以金东、大东等企业为龙头，有规模以上企业32家，全年实现主营业务收入151亿元，占轻工总量的31.6%；香醋以恒顺等企业为龙头，有规模以上企业14家，全年实现主营业收入29.8亿元，占轻工总量的6.2%；眼镜有规模以上企业61家，实现主营业务收入52.9亿元，占轻工总量的11.1%；木业有规模以上企业12家，实现主营业务收入100亿元，占轻工总量的20.9%。 （徐 果）

【江苏恒顺集团有限公司】 2018年，江苏恒顺集团有限公司实施"强责工程"，开展"瘦身强体"行动。集团实现销售额21.96亿元，比上年增长16.38%；实现利润2.76亿元，增长23.18%；上缴税收2.42亿元，增长40.7%。其中，主营业务销售额16.94亿元，实现利润3.05亿元，净资产收益率15.88%。企业先后获评"国家技术创新示范企业""全国轻工行业先进集体""省轻工行业优秀品牌企业""省出口农产品示范企业""全国劳模劳动关系和谐企业""江苏省示范智能车间"等；党建"三色"家文化品牌获全省国企党建"强基提质"工程创新案例一等奖；在2018中国品牌价值评价信息发布上，恒顺以37亿元的品牌价值列行业第一名；在2018中国特色旅游商品大赛上，"恒顺香醋·十年陈酿"获金奖，成为镇江市第一个获国家级旅游商品金奖的产品；2018上海合作组织青岛峰会在山东青岛举行，恒顺集团成为峰会的食材指定供应商。

2018年，恒顺集团生产经营有亮点：联合"阿里巴巴零售通"，建立数据化管理系统，提升恒顺线下零售小店的市场份额，阿里巴巴销售总额为1038万元。推动"北固山""金顺""振晋"等辅品牌发展，加大北美市场开发力度，新辟匈牙利、西班牙市场，高端产品销售增长13.95%，海外销售增长18.6%。当年，举办第二届国际食醋科技论坛和中国食醋产业技术创新战略联盟年会，以推进科技创新和制度创新“双轮驱动”为路径，提升产业核心竞争力。依托国家级企业研发中心，加大科研投入，全年完成4款特色醋产品开发，4款新品储备及8款产品配方工艺优化改进工作，完成第四代智能酿醋设备制作。实施生产环节ERP精细化管理，香醋产量新增1317万瓶，增长14%，白醋产量增长20%，节约费用超120万元；通过整合产品资源、严控物料采购、优化产品价格，结合国家税制调整，节约费用1260万元。推行成员企业集团化管控，制定“一企一策”目标任务，公司财务信息数据实现共享；成立董监事工作办公室，制定下发《恒顺集团外派董监事管理办法》。

2018年，由中共中央宣传部、中央电视台联合制作的纪录片《我们一起走过——致敬改革开放40年》第14集《绿水青山就是金山银山》，以恒顺传统制醋产业的生产方式变迁为线索，讲述恒顺在绿色环保、节能减排等方面所做的工作。镇江电视台制作专题回顾片《长风破浪会有时》，呈现恒顺国企改革40年发展历程，《新华日报》、江苏卫视等进行专题报道。“百年恒顺”创新发展案例入选《改革开放40年中国食品产业大典》名录。（王　娜）

【镇江大东纸业有限公司】　镇江大东纸业有限公司注册资本3.28亿元，占地24.73公顷，公司地址为镇江新区大港东方路8号。公司有职工1100多人，有6条机制纸生产线［含子公司大东全斯福特种纸业（镇江）有限公司PM10热转移生产线一条］，3条淋膜纸生产线；有3台共12000千瓦时发电机组；有循环流化床锅炉75吨/小时、50吨/小时各1台；有日处理1.5万立方米污水处理场和日处理2万立方米清水场各一座。

该公司是国家高新技术企业，有7项产品发明专利、2项外观设计专利、1项实用新型专利；公司先后通过ISO 9001质量管理体系认证、FSC ®认证、PEFC认证、ISO 14001.2015版环境管理体系认证、复印纸中国环境标志产品认证，以及两化融合管理体系认证和知识产权管理体系认证。公司产品主要分为食品用包装纸系列；防伪纸系列；高档文化用纸系列；工业用纸系列，及其他特种纸，公司产品销往美国、日本、德国等国家及欧美、东南亚和中东地区，其中，纸杯纸、白牛皮纸、薄型包装纸、铝箔衬纸等被数家跨国公司采用。公司有“全国工业产品生产许可证”（产品名称：食品用纸包装、容器等制品）和“全国工业产品生产许可证”（产品名称：防伪材料），是国家税务防伪发票纸指定供应商，也是国家民航电子行程单唯一的生产供应商。公司“HOOPOE及图形”商标为中国驰名商标；“幸运鸟”商标为“江苏省著名商标”；“HOOPOE”及图牌双胶纸为“江苏省名牌产品”；“幸运鸟”牌税务发票专用纸为“镇江名牌产品”。

2018年，公司完成产量11.3万吨，比上年增长4.04%；销量10.5万吨，增长2.38%；销售收入7.2亿元，实现工业总产值6.6亿元。年内，公司获江苏省特种工程技术研究中心资质。（任　典）

2018年镇江市轻工业主要经济指标一览表

表11-9　　单位：万元

行　业	单位数（家）	平均用工人数（万人）	工业销售产值	主营业务收入	利润总额	利税总额
农副食品加工业	26	0.22	1373911	1296278	20030	31654
食品制造业	14	0.31	232216	230719	34433	48449
酒、饮料和精制茶制造业	4	0.05	75022	62539	768	1765
纺织业	64	1.02	537223	522157	11270	30832
纺织服装、服饰业	69	1.64	694929	712607	29048	67266
皮革、毛皮、羽毛及其制品和制鞋业	30	0.35	101155	106980	2737	7267
木材加工和木、竹、藤、棕、草制品业	17	0.53	630696	628330	64206	98277
家具制造业	5	0.10	44421	43640	839	2844
造纸和纸制品业	39	0.88	1767561	1632654	168264	261960
印刷和记录媒介复制业	23	0.34	249163	249607	13843	31825
文教、工美、体育和娱乐用品制造业	18	0.28	148833	148377	6442	12029
废弃资源综合利用业	4	0.03	27020	26993	1354	2396

（统计局）

交通运输综述

【概况】 2018年，镇江市辖区内公路总里程7255.3千米，公路网密度188.9千米/百平方千米。其中，高速公路193.2千米、一级公路961.4千米、二级公路850.4千米、三级公路850.4千米、四级公路4400千米。公路客运站场7个，长江汽渡4个（镇扬汽渡、扬高汽渡、大港汽渡、江心汽渡）。内河航道（不含长江）70个，总里程597.2千米，航道网密度15.5千米/百平方千米。其中，三级航道61.1千米，六级航道27.9千米，七级航道22.4千米，等外级航道485.9千米。通航船闸1座。港口2个（镇江港、镇江内河港），码头泊位340个，码头总延长30002米。其中，万吨级以上深水泊位58个、5万吨级以上深水泊位37个、专业化集装箱泊位5个。铁路里程284.6千米，其中，客运259.6千米，货运25千米，车站7个。通用机场1个。

全年全市境内公路客运量0.30亿人次，旅客周转量20.06亿人千米；公路货运量0.81亿吨，货物周转量90亿吨千米。水路（不含长江）货物运输量0.16亿吨，货物周转量43.43亿吨千米。镇江港货物吞吐量1.53亿吨，集装箱吞吐量43.2万标准箱。内河港口（不含长江）货物吞吐量0.09亿吨。

综合交通建设。全年实施34个项目，完成投资超80亿元。铁路方面，连镇铁路镇江段征地拆迁基本完成，进入架梁施工阶段；镇江五峰山长江大桥主缆开始架设；南沿江铁路、宁句城际轨道开工。公路方面，镇丹高速公路提前至国庆节前建成通车，镇江五峰山长江大桥南北接线高速公路开工；句容西部干线建成通车，推进357省道丹阳市至常州市机场段、122省道丹阳姚庄至241省道段等干线公路建设；农村公路提档升级新改建道路200千米、桥梁20座，行政村双车道四级路覆盖率为98.3%。港口水运方面，长江12.5米深水航道工程镇江段通过交工验收；全港建成6个5万吨级、1个4万吨级、1个1万吨级长江码头；推进苏南运河“四改三”、丹金溧漕河“五改三”跨河桥梁建设，完成桥梁改建4座。航空方面，镇江大路机场水上起降区项目完成报批。枢纽方面，镇江东站、镇江新区站、镇江南站一体化改造等项目开工；句容市南门快速通道建成通车；扬中市238省道扬中段全线贯通；丹徒区265省道丹徒南段改扩建一、二期项目建成；京口区推进焦湾路北延等6个项目建设；润州区保障辖区内交通重点工程房屋征收工作；年内，丹阳市创成全国首批“四好农村路”示范县。

交通运输服务工作。推进全国综合运输服务示范城市、省级公交优先示范城市建设。提升公共交通服务能力，编制《建设省级公交优先示范城市三年行动计划（2018—2020）》，新辟优化公交线路40条，其中，旅游专线3条，定制公交线1条，学生专线2条。新增新能源公交车197辆、分时租赁车353辆，建成出租车综合服务中心，实现市区巡游出租车网约化经营。完成大学城公交枢纽站、大桥公交停保场前期工作。“空巴通”联运平台入选省级运输服务新动能重点培育项目。开通“运游结合”线路26条、乡镇旅游线路5条、旅游景区直通车线路4条。新辟优化城乡、镇村公交线路21条，全市镇村公交通达率100%。开通市县公交、毗邻公交4条，解决百姓出行“最后一公里”问题。新增“多式联运示范企业”3家、线路9条、网点8个，降低运输成本30%，缩短运输时间10%，联运量增长40%。飓风物流通过交通部无车承运试点考核，综合测评居全国前列；全年整合货车2.1万辆，完成在线交易171万吨，车辆里程利用率提高50%。

水运经济发展工作。镇江港完成货物吞吐量1.53亿吨，比上年增长7.9%，其中，外贸吞吐量3750万吨，增长11.1%，集装箱43.2万标准箱，增长6.5%。锚调中心调度海轮停泊1281艘次，锚泊利用率142%。谏壁船闸全年船舶通过量1.55亿吨，货物通过量超1亿吨。贯彻长江大保护战略，建立“进出”机制，优化整治长江岸线资源，将全市长江岸线划分为保护区、保留区、控制区和开发区，实行集中监管。拆除长江非法码头8处、内河非法码头6处，完成生态修复13处，做好高资、二墩港过驳作业区安全生产和防污染监管，办理“港口经营许可证”34件，对外开放码头新增5个、恢复1个。发挥港发集团龙头作用，引导码头集中布置，鼓励企业码头公用化。新民洲中林集团5个万吨级泊位投入运营；华电句容煤炭储运码头打造集煤炭筛分、加工、仓储于一体的产业型港口；港龙石化建成2.5万吨级液体化工专用码头，为后方企业提供中转运输服务。

绿色“智慧交通”工作。镇江市政府举办“绿色港航·美丽长江”低碳交通主题边会。低碳交通城市试点建设和镇丹高速、312国道城区改线段2条全国首条低碳示范高速公路、干线公路通过交通部考核验收。开展交通行业大气污染防治，管控工地扬尘，治理汽修挥发性有机物排放。开展港口环境专项整治，制定实施方案及行动指南，实施港口岸线整治、粉尘治理、绿化美化等8项工作。完成交通干线环境整治“五项行动”阶段性任务，全省首批申报考核验收。制定《治理车辆超限超载联合执法实施方案》，开发“重点货运源头单位监管系统”，干线公路超限超载率控制在3%以内。新增专用运输车450辆、新能源货车108辆，淘汰老旧货车1200辆；新建标准化船舶10艘，标准化船舶比例为50%。开展船舶污染防治工作，检查船舶3300余艘次，送交上岸船舶垃圾5.53吨。建设“智慧交通”体系，建成19套路网监测设施，全市普通国省干线重要节点实时监测覆盖率93%；市航道管理处建成使用航闸信息指挥中心。市运输管理处在全省实现城乡公交智能化全覆盖。地方海事开展网上受理异地验船212艘次，节省船舶返港检验里程1.58万千米。市公共交通有限公司完善手机App功能，市区营运公交线路实现移动支付全覆盖。

行业治理能力建设。2018年，《镇江市长江岸线资源保护条例》实施，制定《镇江市农村公路条例》《镇江市快递管理办法》。推进“放管服”改革，赋予镇江新区、高新区行政审批权力20项。梳理政务服务“不见面”事项230项，“不见面”网上可办率100%。实施“平安交通”建设三年行动计划，全年未发生重大安全生产责任事故。完成全国公路军地联合应急演练任务，开展港口危险货物事故应急演习、内河危险品运输船舶泄漏应急救援桌面推演。全市“两客一危”车辆全部安装主动安全防控系统，“两客一危”、港口危化品、仓储企业安全生产标准化二级以上创建达标率100%。“建管养”能力增强，全市国道、省道路况综合指数（MQI）93，内河通航保证率98%；省、市重点工程质量优良率100%，交通工程应招必招项目公开招标率100%。润通公司签约监理业务1.1亿元；交通设计院签约设计业务750万元。2个工程标段获评省级“平安工地”。（闫雪彤）

【《镇江市农村公路条例》】 2018年，《镇江市农村公路条例》由镇江市第八届人民代表大会常务委员会第十三次会议于10月31日通过，并于11月23日经江苏省第十三届人民代表大会常务委员会第六次会议批准。（参见第324页）（朱　文）

【《镇江市治理车辆超限超载联合执法实施方案》】 2018年6月8日，镇江市交通运输局和市公安局印发《镇江市治理车辆超限超载联合执法实施方案》。根据实施方案，到2020年镇江市要实现省政府同意设立的公路超限检测站实施公安派驻联合执法；公示的重点货物装载源头巡查或派驻率100%；实施公路超限超载非现场执法；治超联合执法处罚信息100%实施抄告，抄告的镇江市籍违法超限超载信息100%依法实施“一超四罚”（公安部门和交通部门在执法中发现超限超载车辆，除依法责令卸载并处罚记分外，还应将有关信息抄送运管部门，由运管部门依法对货运车辆和驾驶人、运输企业实施处罚，并由交通运输执法机构依法对货运场所经营者实施处罚）；落实严重违法失信超限超载当事人联合惩戒机制；全省干线公路超限超载率稳定控制在3%以内，因超限超载引发的道路交通事故率和死亡人数逐年下降。（闫雪彤）

【“嘀嗒出行”平台合作协议】 2018年8月30日，镇江市出租汽车行业协会与“嘀嗒出行”平台签署战略合作协议。根据协议，镇江市出租汽车行业确认“嘀嗒出行”平台为行业认可并接入的唯一巡游出租汽车网约平台，镇江市区1623辆巡游出租车接入“嘀嗒出行”平台。镇江成为省内继南京市后第二个与“嘀嗒出行”平台开展出租车行业战略合作的城市。（唐泽宇）

【镇江五峰山长江大桥北主塔工程】 2018年9月5日，镇江五峰山长江大桥（连镇铁路五峰山公铁大桥）北主塔上横梁浇筑完成，该大桥北主塔工程施工全部完成。镇江五峰山长江大桥北主塔高203米，高塔有横向呈1∶27.8985坡度，是该桥唯一一座位于水上的主桥墩，上层采用钢筋混凝土门式框架结构，下层采用棱台型结构。（闫雪彤）

【镇丹高速公路通车】 2018年9月30日，镇丹高速公路（泰州至镇江高速公路镇江新区至丹阳段）通车。该项目线路起自泰州大桥南接线大港枢纽，经丹北镇、丹阳开发区，止于沪宁高速公路丹阳新区枢纽，全长21.63千米。全线采用双向四车道高速公路标准建设，路基宽28米，设计时速为120千米/小时，设置大港枢纽、镇江新区南互通、丹阳北互通、丹阳新区枢纽等4处互通式立交，并在丹阳市境内设置水晶山服务区。项目投资17.3亿元。11月22日，镇丹高速公路建设绿色公路主题性项目通过交通运输部考核验收，成为江苏省首条新建绿色低碳示范高速公路。（闫雪彤）

【“绿色港航·美丽长江”低碳交通主题边会】 2018年10月24日，由镇江市政府和江苏省交通运输厅主办的“绿色港航·美丽长江”低碳交通主题边会在镇江市召开，低碳交通方面的专家、学者和企业家等参加会议，探讨交通绿色化发展问题。主题边会分政策技术专题交流和“长江大保护”高端访谈2个内容，交通运输部、大连海事大学等相关专家就绿色发展与交通、绿色水运政策法规、国内外绿色港口、国内外生态航道、港口船舶监测与风险评估等政策技术专题做交流发言。（闫雪彤）

【2018年度全国公路交通军地联合应急演练】 2018年11月14日，由交通运输部、江苏省政府、武警某总队主办的2018年度全国公路交通军地联合应急演练在镇江市举行。该演练以“冬季公路交通综合应急保障”为主题，设置预防预警、情况接报、军地联合响应、灾情侦察与研判、干线公路除雪除冰抢通和保畅、高速公路和国省道快速打通、团雾天气船撞桥处置、危化品车辆事故快速处置、空地联动救援等9个预设科目及3个非预设科目。（朱　文）

【江苏润通项目管理有限公司】 2018年，江苏润通项目管理有限公司完成监理、检测经营合同产值1.06亿元。该公司以创建“品质工程”“平安工程”为动力，按照“以人为本、预控为先、管控结合”的内部监管工作总体思路，逐步形成定期考核与动态抽检结合制、问题整改反馈全程跟踪制、重大安全问题一票否决制、帮扶重点项目实行团队合作制等有效管控工作机制。全年组织“平安工地”创建现场模拟检查1次，对标省工地试验室标准化建设新标准、新要求，对常合高速等6个项目新建工地试验室组织现场验收。“海启高速JL2标”项目建立民工管理系统，实行一人一档“实名制”管理，实现“生产有记录、流向可追踪、质量可追溯、责任可追究”的质量责任体系；“五峰山过江通道JL2标”施行专项攻关突破，节段梁施工钢保合格率95%以上；京沪高速、溧高高速、常熟524国道等项目总监办落实首席质量官制度，实行“互联网+施工”的服务应用，提升项目管理信息化水平。该公司连续9年在全省履约考核中保持信誉AA，所监理的海启高速公路工程和五峰山过江通道公路接线工程获评2018年度江苏省公路水运工程“平安工地”建设活动省级示范工程，丁卯桥路快速化改造工程总监办获评镇江市“工人先锋号”。（陈　虹）

【镇江市交通规划设计院】 镇江市交通规划设计院是镇江市交通运输局直属的正科级事业单位,具有独立法人资格,成立于1991年,2016年获工程设计公路行业(公路)专业甲级资质。有从事公路规划、道路桥梁设计、项目咨询等能力,可承揽大中型公路、桥梁项目的设计咨询任务。2018年,该院中高级职称技术人员占技术人员总人数的74%,注册咨询工程师、注册造价工程师占技术人员总人数的20%。截至年底,镇江市交通规划设计院完成各类项目千余项,镇大公路、338省道拓宽改造工程、茅以升大道等多个设计项目获省、市级奖项。规划方面代表性项目:镇江市县道网规划、乡道和村道网规划、邮政规划。设计方面代表性项目:国省干线改造设计完成312国道镇江段快速化及养护大中修工程、233国道镇江段"畅安舒美"示范路、308省道丁岗至镇南立交段中修工程、265省道镇江至荣炳段改扩建工程、241省道和243省道镇江段安全生命防护(保障)工程等项目的设计。完成丹阳市、句容市、扬中市、丹徒区等辖市(区)的农村公路提档升级工程和生命防护工程等项目设计。设计完成苗家湾道路渠化改造工程、茅以升大道、上党大道、创普大道、镇江官塘片区宝珠路与官平山路建设工程等项目设计。完成镇江高速公路建设指挥部镇丹高速公路标尾接丹桂路段建设工程以及与其他院合作238省道上隍互通、镇澄路中段(谏壁闸桥至莺歌桥段)拓宽改造工程、312国道东延建设工程、358省道丹徒及句容段养护改善工程、312国道镇江段"畅安舒美"示范路创建等项目的设计。年内,镇江市交通规划设计院获评省级守合同重信用单位。 (陈宽长)

铁路运输

【概况】 2018年,中国铁路上海局集团有限公司镇江站围绕"交通强国、铁路先行"的目标定位,深化客运产品供给侧结构性改革,增强运输保障能力,增长企业经营效益。全年完成旅客发送1195.9万人次,比上年增加51.7万人次,增长4.5%;客运运输收入10.86亿元,增加1976.5万元,增长1.9%;完成货物发送129.1万吨,减少23.7万吨,降低15.5%。清明小长假期间,铁路镇江站发送旅客约19万人,其中,单日最高峰(4月7日)发送旅客64684人,创造镇江站单日高峰客发历史新高。

(李 俊)

2018年铁路镇江站主要运输任务和技术指标完成情况表

表12-1

项目	单位	实绩	比上年增长(%)
旅客发送量	万人	1195.9	4.5
货物发送量	万吨	129.1	-15.5
客运收入	万元	10858	1.9
货运收入	万元	19218	-11.5
日均装车	车	82	-21.9
日均卸车	车	46	12.2
货车静载重	吨/车	43.2	8.8
货车停留时间	时/次	17.4	1.8

(李 俊)

【2个站房改造工程启用】 2018年1月28日,铁路镇江站北广场站房改造工程竣工启用。镇江站改造工程于2015年8月开工,改建后设3台、5线,采用"上进下出"流线布局,站房主体结构两层、局部三层,站房总面积8000平方米。改造后的镇江站北广场站房与沪宁城际镇江站房实现南北互联互通,共同承担京沪铁路和沪宁城际客运功能。

2018年2月1日,铁路丹阳站南广场站房改造工程竣工启用。改建后的站房主体结构两层、局部三层,采用"下进下出"的设计布局,售票厅分布在架空层西侧,中部位为商业区,东侧为出站口,候车厅分布在一层中部,站房总面积8000平方米。 (李 俊)

【首次停靠镇江至北京长编组"复兴号"动车组】 2018年7月1日零时起,全国铁路实施新的列车运行图。高铁镇江南站首次停靠运行时速为350千米的16辆长编"复兴号"动车组,镇江到北京的旅行时间进一步缩短。同日,铁路部门根据客流规律,实行"一日一图",按日常图、周末图、高峰图组织开行列车。

(李 俊)

公路运输

【概况】 2018年,镇江市开展"畅·镇江"五大发展计划,推进新时代镇江公路高质量发展。完成投资11.9亿元,建成通车5千米。完成23.44千米应急工程及大中修工程项目,投资约7700万元。完成9822个里程碑(牌)、百米桩的更换工作。在全省率先开发运行"镇江市重点货运源头单位监管系统"。镇江市实现"两客"车辆主动安全智能防控系统全覆盖。238省道丁卯桥路快速化改造等4个项目被省厅公路中心初定为标准化建设示范项目。312国道绿色低碳循环主题性示范项目通过交通运输部考核验收。2个项目入选省首批运输服务新动能重点培育项目。年内,镇江市公路管理处列全市交通系统年度考核直属单位第1名,并获评2018年度全国交通运输文化建设优秀单位。丹阳市获评全国"四好农村路"示范县。市区公路管理站支部委员会获评省交通运输行业"两聚一高"行动队。大港街道获评全省普通国省道"十佳集镇段"。微电影《E运有情》获"中国交通辉煌40年"交通联合杯暨第二届全国交通运输行业微视频大赛优秀奖。

2018年,全市公路客运量0.30亿人次、周转量20.1亿人千米,比上年分别降低6.9%、4.0%;公路货运量0.81亿吨、周转量90亿吨千米,分别增长6.7%、5.7%。维修车辆103.96万辆次,培训驾驶学员6.78万人,分别降低12.6%、20.2%。

客运行业情况。镇江市运管部门参与镇江南站优化改造及镇江东站、镇江新区站建设工作。完成句容汽车客运站、镇江城市候机楼人脸识别系统进站建设和4个客运站母婴室改造。优化"空巴通"运输服务,"空地联运综合出行服务及平台建设项目"入选省级运输服务新动能重点培育项目。引导汽车客运站向旅游集散中心转变,增设旅游咨询、票务服务、检票乘车等服务功能。城乡客运一体化水平保持AAAAA级。完成农村客运油价补助政策调整成效考核。

货运行业情况。飓风物流中心(一期)、全国首家GSP高标准疫苗冷链外仓、镇江首家跨境电子商务监管中心建成投产。安能物流镇江常州地区分拨中心落户丹阳市并投入运营。新培育多式联运主体3家,新辟线路9条,新建联运点8个,运输成本降低30%。飓风物流部级甩挂运输试点项目通过验收;全省首家挂车租赁共享企业(江苏挂车帮租赁有限公司)落户镇江市。惠龙易通、中冷云达冷链物流达到省级道路货运无车承运人试点考核标准，飓风物流通过部级无车承运试点考核。引导江苏新越高新技术股份有限公司自主研发新型沥青运输特种集装箱，该项目入选省级运输服务新动能重点培育项目。镇江亚夫江天城市配送有限公司开发物流平台集聚配送资源，实现仓配一体化运作。全市新增专用运输车辆450辆、新能源货车108辆，分别比上年增长9.4%和200%，淘汰老旧货车1200辆。新建标准化船舶10艘，标准化船舶比例为50%。散装化学品船“海纳川99”投入运营。

汽修和驾培行业情况。市运管部门推进维修电子档案上传对接。推动快修连锁多元化发展，增设“途虎”“龙捷快修”等快修网点，建成“百援”连锁店1家。开展直赔定点维修服务，深化“车大夫”品牌建设，运用微信公众号建立行业服务平台。推动绿色汽修创建，开展汽车维修行业VOCs（挥发性有机化合物）治理，启动汽车维修危险废物规范化整治，建成“M站”（汽车排放污染维修治理站）3家，其中，江天汽修通过交通和环保部门认定。实现驾校“预约培训、先培后付”新模式全覆盖。推广驾培理论网上学习，学习人数比上年增长123%。提升从业人员素质，优化从业资格证申请流程，推行网约车从业资格“绿色通航”。

运输安全监管情况。市运管部门创新“移动互联网＋安全监管”工作理念，提出安全生产风险评估指标体系，首创道路运输行业智能化安全监管服务平台，实现安全监管计划布置、源头信息采集、过程监督处理、结果分析应用标准化规范化信息化。促进“两客一危”车辆安装主动安全智能防控系统，安装率为97.21%，客运车辆安装率为100%。

运政执法情况。市运管部门推进“放管服”改革，梳理“三级四同”标准化权力清单、“不见面”办理事项清单。编制“证照分离”审批制度改革配套制度，开展行政审批等权力对接工作。开展全行业“双随机”抽查。推进行业信用管理工作，发布行业信用等级评定结果，建立失信联合惩戒机制。加大非法网约车查处力度，针对“滴滴平台”未取得许可从事网约车经营行为，依法给予行政处罚2次。开展包车市场及教练车车载终端卫星定位装置离线率专项整治，规范客运和驾培市场秩序。做好市人大专项评议西南片区治超相关工作，加大重点货源地排查、巡查力度，推动信用治超体系建设。（朱　文　唐泽宇）

【2018年春运工作】 2018年，为期40天的2018年春运工作（2018年2月1日至3月12日）结束，镇江市未发生一起安全生产事故。发送旅客322万人次，比上年降低3.27%。其中，公路发送212万人次，降低6.57%；铁路发送110万人次，增长3.77%。镇江城市候机楼发送旅客8000人次，较上年持平。运力投放方面，公路日均投入车辆831辆、34209座，日均发送3300班次，铁路日均发送约300趟客车。从流向来看：公路客流以探亲流、民工返乡流为主；铁路旅客流向主要以沪宁线和长途为主；公路客流省际方面以山东省、安徽省、上海市等省市为主，省内以扬州市、淮安市、南通市等地区为主，市内以镇江往返扬中市、丹阳市、句容市等短途客流为主。（唐泽宇）

【原312国道镇江城区段“禁货”工作】 2018年，镇江市公安局、市交通运输局发布通告，自8月10日起，对原312国道城区段和265省道丹徒城区段禁止货车通行。市公路部门对43块标志标牌板面进行安装。原312国道城区段货车数量由原来的12000辆/天下降至2600辆/天，降幅约78%，本地货车与外地货车比约4∶1。新312国道改线段货车数量由原来的5300辆/天增加至12000辆/天，增长126%。镇扬汽渡双向货车数量由原来的7158辆/天下降至5936辆/天，降低17%。（朱　文）

【238省道丁卯桥路快速化改造工程获评全省公路建设十佳项目】 2018年，238省道丁卯桥路快速化改造工程获评全省公路建设十佳项目。238省道丁卯桥路起点位于五凤口高架终点，与五凤口立交衔接，主辅终点位于左湖互通，与金港大道顺接，路线全长为5.78千米，其中，高架桥4.74千米，隧道0.62千米，地面段道路0.42千米。工程主线按照一级公路标准设计，时速80千米/小时，双向6车道；辅路按城市主干路标准设计，时速60千米/小时，双向6车道。（朱　文）

【312国道镇江城区改线段建设绿色公路主题性项目通过验收】 2018年8月，312国道镇江城区改线段建设绿色公路主题性项目通过交通运输部专家组考核验收。该项目被交通运输部列为全国普通国省干线绿色循环低碳主题性试点建设项目。312国道镇江城区改线段全长23.05千米。绿色公路主题性项目建设内容覆盖建设、运营全过程，涵盖路基、路面、桥梁、交安、绿化、房建、养护等方面，12大项49个节能减排新材料、新技术、新工艺。实现节能量56447吨标准煤，替代燃油量4993吨标准油，二氧化碳减排量15.25万吨，循环利用废旧橡胶轮胎10.4万个，循环利用旧沥青混合料3469立方米，循环利用水5100吨。（朱　文）

【超限超载治理云平台】 2018年8月，镇江市公路部门组织开发全市重点货运源头单位监管系统，在全省试运行首个超限超载治理云平台。该系统通过称重设备和视频监控，收集货运车辆车牌识别、车货总质量等相关信息，上传至互联网系统云平台，执法部门通过电脑或手机App登录云平台，第一时间掌握货运车辆信息，结合系统自动生成的报表，实现对货运车辆实时远程监控，针对性地开展路面治理车辆超限超载联合执法工作，提高超载治理科技含量及执法效率，节约执法成本。（朱　文）

【第19届“长三角”地区道路运输一体化工作协调推进会】 2018年6月7日—8日，第19届“长三角”地区道路运输一体化工作协调推进会在镇江市召开。上海市、浙江省、江苏省三地23座城市、30家成员单位主要负责人参加会议。会议围绕“传统道路客运转型发展”“交通综合执法改革”“信息化安全监管手段在行业安全监管中的应用”“城市客运管理”等议题开展讨论。会议期间，参会人员现场参观考察惠龙易通国际物流股份有限公司和镇江绿色交通综合展示馆。（唐泽宇）

【镇江开通至扬州城际定制快线】 2018年10月5日，镇江市开通至扬州城际定制快线，在镇江站和镇江南站出口处快速往返于扬州市，该定制快线投入6辆7座商务车，每半小时一班，每天发送18班次，运行线路途经两地主城区。该班车单人票价40元，包车为180元，中途实行1千米范围内免费接送，扬州市区线路沿途自主上下客。（唐泽宇）

内河水路运输

【概况】 2018年，镇江市加快推进2条干线航道桥梁建设速度，实际完成投资0.81亿元，其中，苏南运河镇江段完成投资0.2亿元，完成投资19.97亿元，占总投资的98.15%；丹金溧漕河丹阳段完成投资0.61亿元，完成投资8.25亿元，占总投资的90.66%。镇江市航道管理处全年航闸养护工程完成投资4683.82万元，航道日常维护项目、船闸运行维护项目、省专项工程项目完成目标任务。

2月,省委宣传部文化产业处、省社科院历史研究所专家对苏南运河入口段、谏壁船闸、苏南运河谏壁水上服务区实地考察调研。年内,镇江市航道管理站“水测镇江”QC小组获评全国行业优秀质量管理小组。谏壁船闸“领航”QC小组获省优秀质量管理小组活动成果技术等级三级评定。“微引航”服务平台获评2017年度镇江市交通运输系统基层党建“优秀书记项目”。谏壁船闸党支部书记工作室获评镇江市党支部书记工作室示范点。“微引航”获评第七届“江苏交通十大服务品牌”。

市航道管理处开展系列法治宣传活动,进行法治惠民项目(推广运用谏壁船闸新版便捷过闸系统)调研,制定《镇江市航道系统深化“放管服”创新便民服务措施》;全年开展航评11起,行政许可12起,行政处罚1起。市航道管理处无“三乱”行为,未出现行政复议撤销和行政诉讼败诉案件。全年完成过闸费征收6111万元。

市航道管理处落实“两个清单”,按照《镇江市航道管理处关爱生命筑牢防线“平安交通”建设三年行动计划(2018—2020)任务清单》完成年度任务,全年辖区内航、闸安全运行无事故,通航保证率98%以上,航标正常率保持99%以上,截至年底,谏壁船闸安全运行1.4万余天。全年安全开放闸次23388次,日平均放行单船条数为450艘,日平均放行船队7.5个,通过单机船16.5万艘,船队2720个,船舶通过量1.56亿吨,货物通过量1.0亿吨。

市航道管理处和国网镇江供电公司合作,在京杭运河水上服务区升级建设第二代船用自助式单相岸电桩10座。航闸信息指挥中心信息化专项工程全部建设完成并投入使用。谏壁船闸于7月16日开通新版“便捷过闸”系统并进行“自动语音播报系统”建设,12月完成并开始试运行,截至年底,登记开通船舶1500余艘,日均通过“便捷过闸”过闸船舶约350艘,使用率90%以上。当年,2项课题获省交通行业优秀奖,其中,“领航”QC小组的“闸门激光开度仪的研制”获省厅发布会二等奖,谏壁船闸“激光开度仪的研制”和市区航道站“便携式测深仪固定装置的研制”均获2017年度全省交通行业优秀QC小组称号。

2018年,镇江市地方海事部门组织开展“平安海事”专项行动、中小型船舶安全管理专项整治行动、防范船舶碰撞桥梁专项整治、救生衣专项整治、安全生产月、油船和散化船专项检查等活动,完成春运、“两会”、首届中国国际进口博览会等重要时段的通航保畅及安保工作。实行全天候电子巡航为主、海巡艇巡航为辅的机制,电子巡航9.64万千米,电子巡航风景区、油码头2190次,电子抓拍船舶动态违章1615起;人工上航1.40万人次,出艇0.43万艘次,检查船舶15.47万艘次,查处、纠正违章船舶1.28万艘次。接处警38起,处理事故13起,排除航道堵塞险情6起,救助遇险船舶21艘、遇险人员49人,比上年分别降低22.2%、23.4%;挽回和避免经济损失2258.77万元,增长41.9%;搜救成功率100%。（姚晶晶　郑　伟）

【苏南运河“四改三”整治项目通过验收】 2018年1月,苏南运河“四改三”(四级航道改三级航道)整治工程丹阳城区段及折柳桥、新泰定桥、吕城桥(左幅)3个桥梁项目通过交工验收。苏南运河镇江段“四改三”整治工程包括丹阳陵口段及丹阳城区段,该次验收的为剩余丹阳城区段,整治后航道口宽90米,底宽60米,投资合计6000万元。

（姚晶晶）

【苏南运河通过船舶主尺度创2项纪录】 2018年2月8日,苏锡常南部高速公路常州至无锡段太湖隧道工程的3艘施工船舶通过苏南运河镇江谏壁船闸,创下通过船舶主尺度最宽和最长两项纪录。其中,一艘施工船舶最宽为22米,是普通船舶的2倍多,通过船闸时两边仅留下0.5米的宽度;另两艘施工船舶长70米。（郑　伟　锁诗洁）

【镇江市船舶检验局营运检验工作站】 2018年4月8日,镇江市船舶检验局在镇江市城区地方海事处设立营运检验工作站,这是在苏南运河沿线设立的首个船舶营运检验“通检通认”工作站。当年,该站完成船舶“通检通认”212艘,其中,异地船舶96艘,节省船舶返港检验里程1.58万千米,节约船舶返港检验成本12.47万元、船检跟踪检验服务成本48.91万元。“全省船舶异地年检改革在镇江取得突破”项目,入选首批省优秀法治实事项目。（郑　伟）

【“船E通”系统试运行】 2018年7月22日,镇江市地方海事局“船E通”系统上线试运行。该系统是基于全省船舶动态监控与海事在线服务系统进行的二次开发,通过开通海事微信公众号,与航道便捷过闸App保持无缝对接,兼顾船民快速过闸与海事执法检查两方面需求。对于船民来说,进入苏南运河谏壁口门更加方便和快速,船舶没有违章一路畅行,有违章也可通过移动在线处理的方式实现全流程“不上岸”,从而提升通江口门的通航效率。截至年底,镇江市地方海事局微信公众号关注船民为6666人,通过船舶绑定审核的数量为3942艘,使用“船E通”过闸率92.4%。（郑　伟）

【谏壁船闸安装船舶自动识别系统(AIS系统)】 2018年,新版便捷过闸系统(水上ETC)推广应用,使用水上ETC实现不上岸登记过闸船舶为85%以上,船舶最快过闸时间缩短到20分钟。为进一步提高ETC便捷效率,12月11日,镇江市谏壁船闸安装船舶自动识别系统(AIS系统)并投入使用,实现船舶在船闸区域内的实时监管,及时联系“迟到”的船舶。借助该系统,能更好地协助谏壁船闸对过闸船舶进行登记、排号以及维护过闸秩序,提高过闸效率,防止船舶套用船名虚报过闸的情况发生。

（范胜澜）

【台风“安比”防抗工作】 2018年7月22日前后,镇江市受到第10号台风“安比”(强热带风暴级)影响,江河湖面风力为7级~8级,阵风9级,并伴有大到暴雨。镇江市地方海事局根据上级指令,逐步将应急响应等级从Ⅳ级提升到Ⅱ级,防抗该台风对水上交通安全的影响;与毗邻海事部门联系,加强对进出口船舶的管控,并对辖区内船舶实行二级管控,累计管控单船300多艘次、船队14个;运用甚高频、设定电子围栏群发短信等发布预警信息80余次;加大电子巡航、现场巡航力度,组织人员深入码头、船舶停泊区、船闸等,做好防台抗台的安全宣传工作,要求水上游览活动、危化品船舶禁止航行和作业,投入执法人员21人次,电子巡航100千米,海巡艇巡航里程80千米;加强应急值守,实施领导在岗带班制、基层站点24小时值守制、应急中队24小时应急待命制,并强化现场监管,投入值班人员30人次。台风影响期间,镇江市辖区内未发生一般等级及以上水上交通事故。（郑　伟）

【平安2018——镇江市内河危险品运输船舶泄漏事故应急救援桌面推演】 2018年12月20日,“平安2018——镇江市内河危险品运输船舶泄漏事故应急救援桌面推演”在镇江市地方海事局水上交通指挥中心举行。该次桌面推演由镇江市交通运输局主办,镇江市地方海事局承办,市安监局、环保局、公安局、消防支队、水利局、卫计委、公路处、运管处、航道处和蓝天救援队等参演。演练主题为“强化部门联动,提升应急能力,建设平安交通”。演练模拟一艘普货船在苏南运河航行过程中触碰桥梁后失控，又与另一艘载有450吨二甲苯的危化品运输船舶碰撞，并造成部分二甲苯泄漏与爆燃的情景，依次推演事故报告、先期处置、响应升级、应急处置、总结评估等过程。期间，推演船舶堵漏、船舶拖带、围油栏施放与回收、水上消防、水上清污、水质检测等科目，并首次动用全省首艘危化品船舶应急救援专用艇——“苏海救1101”。（郑　伟）

城市公共交通

【概况】 2018年，镇江市落实公交优先发展战略，编制《镇江市建设江苏省公交优先示范城市三年行动计划（2018—2020）》。新辟、优化公交线路40条，城乡、镇村公交线路21条，新增新能源公交车辆197辆、分时租赁车353辆。开展“公交出行周”活动，倡导绿色出行。城市公交出行分担率24.7%，城市公交满意度90%。开通“运游结合”线路26条、乡镇旅游线路5条，推进客运与旅游服务融合。创新定制客运服务模式，开通镇扬城际旅游快线，满足个性化出行需求。新辟、优化城乡及镇村公交线路21条，新辟毗邻公交线路1条，实现与周边县市公交对接。推进公交智能化建设，市区实现移动支付扫码乘车全覆盖，城乡公交实现手机终端实时查看线路、车辆信息“一站式”服务。5月，市运输管理处发放全市首张“网络预约出租汽车道路运输证”。镇江市先后开通3条定制公交线路，分别是1号假日旅游专线（江苏大学至宝华山国家森林公园）、2号假日旅游专线（江苏大学至长山薰衣草庄园）以及瑞康医院专线（镇江火车站北广场至镇江新区瑞康医院）。镇江公交驾培中心获培训机构质量调查评估第1名。镇江公交公司职工蒋丹平完成造血干细胞捐献。

2018年，镇江市区有出租汽车1623辆，实际运营1623辆，行业从业人员3000余人。全年市区出租汽车实载率56.8%，年客运量约3028万人次，行业年营业收入约2.77亿元。出租汽车全部为汽油、天然气双燃料车。出租汽车行业2017年度城乡道路客运成品油价格改革补贴资金，每车每月536.48元全部发放到位。镇江市运输管理处出台《出租汽车驾驶员经营服务规范》《出租车辆运营使用规范》，引导经营者为乘客提供规范化、标准化优质服务。加速新旧业态融合发展，与“嘀嗒出行”合作，实现市区巡游出租车网约化经营。推进网约车纳规管理，有4家平台获网约车经营许可，700余名驾驶员获网约车驾驶员证，38辆车获网约车道路证。镇江市区、扬中市建成出租汽车综合服务中心。（唐泽宇）

2018年镇江市城市公共交通基本情况表

表12－2

项目	计量单位	2018年	2017年	比上年增长（%）
运营车辆	辆	1595	1356	17.63
清洁能源车辆	辆	307	307	0
新能源车辆	辆	910	600	51.67
标准运营车数	标台	1987.4	1515.9	31.1
运营线路网长度	千米	587.71	565.71	3.89
公交专用道长度	千米	72	77.2	-6.7
客运总量	亿人次	1.45	1.46	-0.68
线路情况	条	117	112	4.46
站点数	个	1760	1669	5.45

（朱之豪）

【镇江市公共交通有限公司】 镇江市公共交通有限公司成立于1962年9月，是以经营城市公共交通为主的国有企业，主要承担京口区、润州区、丹徒区和镇江新区等市区范围内的公共交通运输任务。该公司实行三级管理、两级核算。下设3个营运分公司、1个出租分公司、1个修理分公司、1个物资供应分公司、1个场站建设管理分公司、1个广告分公司、1个驾驶员培训中心、1个汽车综合性能检测站。2018年，该公司有从业人员约2600人，公交车辆1595辆，其中，天然气公交车307辆，新能源公交车910辆，实现空调车辆全覆盖；营运线路117条，线路长度2180千米，实现城乡公交全覆盖。全年总客运量为1.45亿人次，公交社会满意度为90%，公交出行分担率24.7%。4月，市区公交线路实现移动支付功能全覆盖。（朱之豪）

【扬中至镇江新区毗邻公交线路开通】 2018年10月31日，扬中至镇江新区毗邻公交线路开通运营，解决两地公交直达的问题。该线路起点站为扬中客运站，终点站为位于镇江新区通港路与兴港西路相交路口北侧的新区公交站，线路编号为Y001路。扬中客运站发车班次为首班6:20，末班17:30，新区公交站首班7:20，末班18:30。公交车为无人售票，全程一票制，票价2元，投币或使用江苏交通一卡通IC卡。（唐泽宇）

【第二届“5·20”公交司机关爱日活动】 2018年5月20日，第二届“5·20”公交司机关爱日活动在镇江市大市口广场

图12－1　2018年5月20日，第二届“5·20”公交司机关爱日活动在镇江市大市口广场举行（冯　杨　供稿）

举行。该活动由中共镇江市委宣传部、市总工会、共青团镇江市委、市公安局、市交通运输局主办，市公交有限公司承办。同时，获省内12家公交企业的支持，做到省内13家城市公交企业联动。活动以“文明与爱同行，共建善行车厢”为主题。活动中，对在镇江公交党建服务品牌“公交善行先锋”活动中获2017—2018年度“爱岗敬业”“助人为乐”“见义勇为”“拾金不昧”“孝老爱亲”等5个类别的30名公交“善行员工”进行表彰。南京公交代表省内13家公交企业宣读《江苏省“5·20公交司机关爱日”镇江宣言》。（朱之豪）

【快速通勤1号线开通】 2018年8月28日6时30分，镇江公交开通的快速通勤1号线首班车从金山公园首末站发出，途经牌湾、九华山路北站、万达广场、南徐大道、投资服务中心、银山路北站、体育公园、金港花园、赵声路南站、世纪花苑等10对站点到达镇江新区公交站，单程运行时间约50分钟。该线路在工作日早晚高峰营运，时间为上午6时30分到8时30分，下午4时30分到6时30分，大致行车间隔为15分钟。双休日及国家法定节假日停运。该线路绕开主城区的几个主要堵点，由南徐大道至观音山隧道再通过丁卯高架快速直达镇江新区，沿途只停靠10对站点，提高运行效率，缓解镇江城区至新区的高峰通行压力，并缓解29路、60路、82路的高峰压力。该线路首次在站台上公布各途中站点的车辆到站时间，方便市民乘客候车。（朱之豪）

【汽车维修工（大客）职业技能竞赛】 2018年8月28日—29日，2018年镇江市“浙江中车电车杯”汽车维修工（大客）职业技能竞赛在镇江公交南徐修理车间举行，有丹阳市、句容市、扬中市等地的45名大客维修人员参加竞赛。镇江公交第三分公司胡春获竞赛第一名，镇江公交第一分公司袁飞和镇江公交修理分公司唐海洋分获第二名和第三名。（朱之豪）

【镇江公交场站光伏发电站投入使用】 2018年，镇江科技新城东园公交场站分布式光伏发电站建成并投入使用。截至年底，该电站成为镇江市最大的公交场站光伏发电站。该光伏发电站投资约800万元，安装多晶硅光伏组件3704块，总安装容量为1兆瓦。该光伏发电站利用清洁绿色能源，为公交场站提供低于电网购电价格的能源供给。该光伏充电站是典型的分布式用户侧低压并网光伏发电工程，具有零土地使用、零距离输电和用电黄金时段零排放发电的“三零特性”。（朱之豪）

2018年镇江市新开通和优化公交线路一览表

表12－3

	线路名称	开通时间	基本走向
新辟线路	1号假日旅游专线	5月1日	江苏大学—宝华山千华古村
	瑞康医院专线	5月15日	镇江瑞康医院—火车站北广场
	2号假日旅游专线	5月19日	江苏大学—长山薰衣草庄园
	快速通勤1号线	8月28日	金山公园—镇江新区公交站
	86路	9月5日	火车站北广场—大学城公交站
	79路	9月12日	科技新城东园公交站—公交平昌新城枢纽站
优化线路	线路名称	优化时间	具体优化情况
	20路	1月26日	优化线路走向，由京口中学公交站始发，调整为南门汽车客运站，撤销东吴路等17对站点，新增天桥路等19对站点
	6路	3月5日	调整首末站，首末站由迎江桥始发，调整为大东公交站，撤销春江潮广场、江滨公园等2对站点，新增松盛园、绿竹巷东吴路口、甘露寺（江滨医院北站）等3对站点
	83路	3月5日	优化线路走向，撤销红豆购物广场（象山桥）、香江花城、中南世纪城、象山、焦山风景区等5对站点，新增红豆购物广场、合山公园、中南世纪城东站、焦山路北站等4对站点
	226路	4月24日	优化线路走向，新增古运河大桥西、南洋物流、江苏天诚集团、沙头交管所等4对站点
	35路	4月26日	优化线路走向，原首末站美林湾公交站调整至科技新城西园公交站，新增美林湾南站、美林湾江大源生态等7对站点
	1路	5月15日	优化部分班次走向，新增镇江瑞康医院南门1对站点
	18路	6月22日	优化2个班次延伸，由我家山水运行至国家高新专区后，沿南徐大道向西运行至华东电力厂区门前
	开心之岛乐园公交专线	6月30日	延伸216路部分班次，由世业洲音乐广场至开心乐之岛
	85路	7月26日	优化线路走向，撤销南门汽车客运站、吕家湾、五凤口等6对站点，撤销谷阳路西站、公交官塘新城枢纽站2个单向站点，新增天桥路、青年广场西站等6对站点
	132路	8月17日	优化线路走向，延伸至氢能产业园，撤销创业园区、稳润光电、科技新城实验学校等3对站点，新增镇江瑞康医院、产业集聚区、精英公寓等8对站点
	大学城专线	9月5日	优化线路走向，更改线路番号为87路，首末站由公交丹徒新城枢纽站始发，调整为铭基公交站
	87路	10月8日	更改线路首末站，首末站由技师学院始发，调整为大学城公交站，新增教慈路1对站点
	9路	10月30日	恢复原线运行并优化线路走向，撤销镇江高职校、汝山（香江世纪名城）等7对站点
	219路	10月30日	恢复原线运行并优化线路走向，撤销锦绣皇宫大酒店、恒美嘉园、恒顺翠谷等6对站点

（朱之豪）

现代物流业

【概况】 2018年,镇江市现代物流业运行平稳,物流市场规模稳步增长,物流效率逐步提升,企业运行质量持续改善。全年全市物流业实现增加值301.1亿元,比上年增长4.1%。全市9个重点物流项目实际投资22.35亿元,其中,孟家港国际物流园、新加坡丰树物流园和中储粮华东物流产业基地(三期)等项目实际投资超序时进度。

从货运指标来看,全年全市货运量(含公路、水路、铁路)完成9848.3万吨,比上年增长5.7%;货物周转量完成133.44亿吨千米(公路和水路),增长4.7%。港口运输方面,全市港口货物吞吐量完成1.63亿吨,增长3.7%,其中,长江港货物吞吐量完成1.53亿吨,增长7.9%。从快递行业看,全市快递服务企业业务量完成9690.66万件,增长23.21%;业务收入完成11亿元,增长19.33%。

2018年,35家省市重点物流企业(基地)营业收入175.6亿元,上缴税金总计2.36亿元,分别比上年增长18.34%和34.6%;实现利润2.2亿元,降低9.2%。丹阳飓风物流公司实现营业收入6.3亿元,增长22.8%。10月,丹阳飓风物流公司自主研发的"智运通一站式OTO"物流平台获批江苏省首批重点工业互联网平台;金山物流公司的"智能仓储管理系统优化设计与实施"和惠龙易通公司的"垂直电商平台智能化研究及应用"获市经信专项资金扶持。丹阳飓风物流公司和江苏宏马物流公司入选2018年国家级两化融合管理体系贯标试点企业。镇江市有省物流企业技术中心5家,分别是丹阳市飓风物流股份有限公司、镇江恒伟供应链管理有限公司、惠龙港国际物流有限公司、镇江兴港国际物流有限公司、江苏十野物流有限公司招商局物流集团镇江有限公司。

2018年3月,《2017年中国独角兽企业榜单》发布,惠龙国际(惠龙易通)以15.4亿美元列第62名。丹阳飓风物流公司与南通江苏铭源公司共同申报的甩挂运输试点项目,获中央车购税资金补助1000万元。8月,省交通运输厅公布无车承运人试点综合监测评估情况,丹阳飓风物流公司获全国第7名,江苏第3名。11月,丹阳飓风物流公司获评"2018年全国先进物流企业"。镇江市组织评选第七批市级重点物流基地(企业),新认定3家市重点物流基地(企业)。镇江农副产品批发市场有限公司、招商局物流集团镇江有限公司和江苏百达通物流有限公司等3家企业,被认定为省第十三批重点物流企业。

(王　飞)

【重点物流基地(企业)评选】 2018年,镇江市新认定镇江志宏物流园有限公司、中都(镇江)物流有限公司、中储粮镇江粮油有限公司等3家市级重点物流基地(企业)。镇江农副产品批发市场有限公司、招商局物流集团镇江有限公司和江苏百达通物流有限公司等3家企业,被认定为省第十三批重点物流企业。截至12月底,全市有省、市重点物流基地(企业)41家,其中,省重点物流基地2家、省重点物流企业15家、市重点物流基地2家、市重点物流企业22家。

(王　飞)

邮　政

【概况】 2018年,镇江市邮政管理局、市公安局、市交通运输局、市城管局联合发布《市区快递电动三轮车管理通告》,实现以"三统一"为基础的快递电动三轮车规范管理,并于2019年1月1日起实施。市邮政管理局与市消协联合颁布《关于开展2018—2020年度快递行业放心消费创建活动的通知》,进一步规范快递行业放心消费创建工作。

邮政"普遍服务"和"特殊服务"监管工作。2018年,镇江市邮政管理局在全省邮政机要通信监管档案评审中列全省第1名。开展《人民日报》当日见报监测工作。加大培训和检查力度,做好重点活动期间"扫黄打非"工作,巩固"扫黄打非"成果。推进邮政基础设施配置标准化建设,按照《江苏省"十三五"时期基层基本公共服务功能配置标准》,持续优化邮政基层网点布局,不断健全邮政便民服务体系。拓展村邮站自提、中转、党建功能,推动首批8个"功能型特色村邮站"亮相。扬中市友好村开放村邮站场所免费给各个快递企业使用,共享邮政自提点,打通农村地区快递"最后一公里";镇江新区留村在村邮站建立"红色阅读点",传递党的"好声音"。引导邮政企业依托线上平台及品牌知名度,开展农村电商扶贫工作,通过推动"林里农庄"等农产品进城项目,助农销售鸡蛋、大米、草莓、葡萄等累计1600余万元,进城配送量为1150吨。引导邮政企业加快推进"邮乐购"店建设,完善农村电商运营服务体系,当年新建840个"邮乐购"站点,全市有"邮乐购"站点2040个。丹徒新区纳入城区服务标准,享受城区普遍服务待遇,城市服务标准外沿扩大27平方千米,新增3万人口享受更优普遍服务。当年,《镇江市快递管理办法》经市政府2018年第7号令发布,并于2018年3月1日起施行。这是镇江市获得立法权后出台的首部关于快递行业管理的政府规章。同时,镇江市政府印发《关于促进快递业持续健康发展培育经济新增长点的实施意见》《关于推进电子商务与快递物流协同发展的实施意见》《关于乡村振兴战略的实施意见(2015—2022)》。年内,"推进智能快件箱建设"被列为2018年镇江市法治惠民实事项目;"升级传统住宅信报箱为智能信报箱,将邮政、快递业服务设施纳入城市基础设施统一规划"被纳入《智慧镇江规划纲要》。截至12月31日,镇江市邮政企业和规模以上快递服务企业完成业务收入(不包括邮政储蓄银行直接营业收入)17.23亿元,比上年增长16.88%;业务总量完成26.91亿元,增长24.09%。

(徐　璐)

【中国邮政集团公司镇江市分公司】 中国邮政集团公司镇江市分公司(以下简称"镇江邮政分公司")隶属于中国邮政集团公司,是具有社会公用性质,为党政军机关、企事业单位和社会公众提供邮政通信服务,并承担普遍服务的国有企业,同时,依法为社会各界提供金融、包裹快递、函件、集邮、报刊发行、电子商务、机要等各类服务。

镇江邮政分公司下辖镇江市寄递事业部,丹阳市、句容市、扬中市3个县邮政分公司和城区、丹徒区、镇江新区3个区邮政分公司,有员工2418人;有网点142个,其中,金融网点102个,纯邮务网点10个,揽投部30个;有投递员479人,投递段道576条,其中,城区344个,农村232条;有邮路64条,其中,省际邮路4条,省内干线邮路13条,区内邮路47条。2018年,镇江邮政分公司实现业务收入5.88亿元,比上年增长8.26%,获评镇江市文明行业。同时,中国邮政丹阳市分公司获评镇江市五一劳动奖状,中国邮政镇江新区分公司获评镇江市五星党支部,桃花山庄营业所获评文明城市"双美双优"示范点。根据中国邮政集团公司江苏省分公司统一部署,镇江邮政分公司启动寄递业改革,将原中国邮政速递物流股份有限公司镇江市分公司全部并入邮政公司,成立中国邮政集团公司镇江市寄递事业部,9月21日正式挂牌。丹阳市、句容市、扬中市寄递事业部分别于10月12日、10月15日、10月17日成立。

2018年，镇江邮政分公司在全市安装“邮掌柜”2020个，打造“旗舰店”15家。运作句容“林里农庄”草莓、精准扶贫句容葡萄、江心源江蟹、上党“锦绣黄桃”等项目。在10个网点开通“警邮合作”，实现代缴罚款、证照办理。在4个网点开通代开国税发票业务。开展“助力三大攻坚战，绿色邮政在行动”系列活动，实施农村普惠金融、助推乡村文化振兴、全面主导乡村综合物流和深化推进农村电子商务工作。与镇江市体育局联合举办“精彩绿茵 出彩社区”2018年“与世界杯同行”镇江市五人制社区足球赛项目；与镇江市纪监委打造“邮政绿色通道”项目；与文广集团合作开展“一起周末”高雅文化演出项目；与镇江市扶贫办、市环保局等部门合作共建“扶贫邮路”“环保邮路”，建成爱心邮路9条、预防邮路8条、绿色邮路3条。

2018年，镇江邮政分公司制定邮政营业日常检查实施方案，开展普遍服务达标情况“回头看”活动，提升平信收寄和日戳加盖服务质量。开展邮票打假工作，查堵疑似假邮票信件。优化网点设置，开展营业规范培训、投递员普法及操作规范培训。提升网点服务软实力，出台《镇江市邮政营业网点员工星级积分管理办法》，开展“美丽支局”创建活动，制定《镇江邮政客户投诉处理管理办法》。开展网点定置、定位管理，规范网点日常管理。（陆 斌 朱灵杰）

【邮政便民服务合作】 2018年，中国邮政集团公司镇江市分公司以“资源共享、互惠互利、战略联盟、长远发展”为原则，与基层服务单位开启战略合作，在党建、数据、宣传等方面提供便民服务解决方案。4月25日，与江苏瑞祥商务有限公司举行战略合作协议签约仪式；6月4日，与镇江市公安局交通警察支队举行战略合作协议签约仪式；10月23日，与中国铁塔股份有限公司镇江市分公司举行战略合作协议签约仪式；11月6日，与镇江市供销合作总社举行战略合作协议签约仪式；12月20日，与江苏镇江市烟草专卖局（公司）举行战略合作协议签约仪式。（陆 斌 朱灵杰）

【2家“红领巾主题邮局”挂牌成立】 2018年1月4日，中国邮政集团公司镇江市分公司“红领巾主题邮局”德育基地在镇江市金山小学挂牌成立；9月21日，“红领巾主题邮局”德育基地在镇江新区银山小学挂牌成立。“红领巾主题邮局”通过专家进校园、科普实验进校园、金融理财知识讲座、集邮知识讲座、校园书信文化、设计明信片等活动，帮助学生了解中国书信发展的历史，搭建邮政知识的传播平台，拓宽校园社会实践活动渠道。（陆 斌 朱灵杰）

【镇江邮政电子商务产业园】 镇江邮政电子商务产业园成立于2015年8月，位于丹徒区金润大道201号，园区办公及仓储面积5000平方米，园区规划面积1万平方米，为企业提供办公、仓储、寄递等服务。截至2018年12月底，该园区入驻公司15家，以服装、鞋帽、箱包、运动器材、毛绒玩具等为商品特色，内贸与外贸相结合。当年，镇江邮政电子商务产业园创成“江苏省首批乡镇电子商务特色产业园（街）区”。

（陆 斌 朱灵杰）

【信访举报绿色通道启用】 2018年8月27日，镇江市邮政分公司与镇江市纪委监委联合举办“绿色邮政”专用信封首发式暨信访绿色通道启用仪式，活动现场向市民免费发放信访手册、海报等宣传资料，并开展纪检监察信访举报事项咨询服务。镇江市邮政分公司为市纪委监委制作2万枚《绿色邮政》信访举报专用邮资信封，信封上标明绿色通道适用范围和信访举报受理范围，并印有镇江市及各辖市（区）纪委监委通信地址。群众可在镇江各网点免费领取专用信封，免费邮寄举报信。

（陆 斌 朱灵杰）

·快递业·

【概况】 2018年，镇江市规模以上快递服务企业业务量完成9690.66万件，比上年增长23.21%；业务收入完成11亿元，增长19.33%。快递业务量突破200万件的企业有14家，比上年增加2家。快递业务收入突破2000万元的企业有14家。全市规模以上快递服务企业快递业务投递量14094.11万件，增长33.26%，日均投递量为38.61万件。“双11”期间快递（含邮政包裹）日均处理172.5万件，日均收件96.2万件，日均派件76.3万件。同城快递业务量、收入分别为1011.34万件和0.65亿元，比上年分别增长24.87%和14.71%；异地快递业务量、收入分别为8524.18万件和7.28亿元，分别增长22.94%和19.45%。国际及港澳台快递业务量为155.14万件，增长27.28%；国际及港澳台快递业务收入为1.15亿元，增长7.85%。

2018年，镇江市依法取得快递业务经营许可证的企业43家、一级分支机构18家、二级分支机构130家、末端网点401个。经营体制有国有、民营和外资3种，分属32个品牌。全市投放智能快件箱1694组，比上年增加528组。镇江EMS京口揽投部被省快递协会评为“首批省级快递标准化网点”。推动绿色发展，顺丰快递公司增加单卷胶带长度，将包装袋满版印刷改为无底纹印刷等；“三通一达”（圆通速递、申通速递、中通速递、韵达快递）通过建立循环回收机制减少编织袋用量；EMS快递用帆布包装袋替代寄递盒配送机动车牌，并实现包装循环利用。全年在农村电子商务产品业务方面推动新增生鲜速配、丁庄葡萄等4项业务，实现快递业务量超1万件，业务收入超80万元，带动农业总产值超110万元，拉动就业近100人。推动快递服务“进校园、进社区、进村组”，有末端综合服务网点36家。快递网点在乡镇覆盖率为100%，行政村快件直投覆盖率为100%。（徐 璐）

【快递监管工作】 2018年，镇江市针对《镇江市快递管理办法》规定的“寄件人填写的快递运单不完整或者所填信息与其交寄的实物不相符的情形不予收寄”要求开展专项检查活动。同时，适用《快递暂行条例》，实施镇江市违法泄露用户信息“第一罚”。全年检查单位315家，出动检查人员630人次，纠正和查处违法违规行为131次，下达书面责令整改通知书85份，行政约谈27次，实施行政处罚41起，处罚金额16.3万元，责令停业整顿2起。（徐 璐）

2018 年镇江市快递企业情况一览表

表 12－4

企业名称	企业品牌	注册地址
镇江市申通快递有限公司	申通快递	江苏省镇江市丹徒新城工业园瑞山东路 98 号
镇江市汇通通信有限公司	百世快递	镇江市丁卯开发区扬帆路源龙公司内
镇江中通速递有限公司	中通速递	镇江高新技术产业开发园区扬帆路 1 号
镇江市顺丰速运有限公司	顺丰速运	镇江市丹徒新城长香东大道 78 号 8 号楼 1 层
镇江新区韵达快递有限公司	韵达快运	镇江新区大港村(原五台灯光厂大楼)
镇江天天快递有限公司	天天快递	镇江市丹徒区镇荣公路 155 号
镇江优速货运代理有限公司	优速物流	镇江市丁卯经十二路千里新村
镇江市佳友宅急送物流有限公司	宅急送	镇江市润州区御桥路 9 号郁馨花园 6 幢 114－115 号
镇江指针物流有限公司	韵达快运	镇江市京口区学府路恒美嘉园 B 区 21 幢 104－105 室
镇江金韵达货运代理有限公司	韵达快运	镇江市润州区蒋乔街道蒋家门社区凤凰山西路润州开发区钢模出租站内
镇江通用物流有限公司	韵达快运	镇江新区丁卯纬五路 17 号 2 幢第 1 至 2 层 103 室
镇江新春货运服务有限公司	韵达快运	镇江市京口区京岘山庄 2 幢 105 室
镇江琼华速递有限公司	圆通速递	镇江市丹徒工业园区华园路 57 号
镇江捌诚合众网络科技有限公司	百世快递	镇江市润州区和平路街道太平圩 203 号
镇江禾东物流服务有限公司	江苏大学快递超市	镇江市京口区学府路 301 号江苏大学 B 区 6 栋
丹阳浩宇物流有限公司	UPS(代理)	丹阳市开发区市门一路东侧
丹阳市申通快递有限公司	申通快递	丹阳市开发区大亚东路东侧
丹阳市瑞顺快递有限公司	百世快递	丹阳市开发区兰信公寓 5 幢 1 室
丹阳市星通快运有限公司	圆通速递	丹阳市经济开发区葛丹路 6 号宏福物流园 6 号楼
丹阳市中通速递有限公司	中通速递	丹阳市开发区新希望路 16 号
丹阳市韵达快递有限公司	韵达快运	丹阳市开发区金陵西路 8 号
丹阳市全通速递有限公司	国通	丹阳市开发区兰信公寓 1 幢 10 室
丹阳市天翼速递有限公司	速尔	丹阳市开发区北苑路长段村佳亮眼镜厂内
丹阳市全一快递有限公司	全一快递	丹阳市开发区兰信公寓 4 幢 3 室
丹阳市优速快递有限公司	优速	丹阳市丹北镇后巷济德村
丹阳市运捷速递有限公司	快捷	丹阳市开发区长段村八经路
丹阳市天宇物流有限公司	天天快递	丹阳市开发区市门一路东侧
江苏江韵物流有限公司	韵达快运	句容市空港新区塘西路 66 号
句容市海通国际货运代理有限公司	其他(自主)	江苏省句容市经济开发区华阳北路领秀星城 103 室
句容市申通快递服务有限公司	申通快递	句容市华阳镇杜家山(综合大市场 14 幢 48－50 号)
句容天天快递有限公司	天天快递	句容市华阳镇万宏天源城 19 幢 401 号门市
句容市韵达快运有限公司	韵达快运	句容市华阳镇南大街 18 号
句容中通快递有限公司	中通速递	句容经济开发区西转盘西 300 米处 104 国道南侧 01 幢
句容大众快递有限公司	百世快递	句容市西环路东侧金牛置业南侧
句容市运通物流有限公司	圆通速递	句容市经济开发区西环路 02 栋 1 层
扬中鸿顺速递有限公司	圆通速递	扬中市华丰生物技术公司综合楼(开发区新扬路)
扬中市瑞达快运有限公司	天天快递	扬中市昌盛路 518 号(大众村 173 号)

续表 12－4

企业名称	企业品牌	注册地址
扬中市韵达快递有限公司	韵达快运	扬中市美食一条街132号
扬中市申通快递有限公司	申通快递	扬中市中桥工业园区
扬中市中通快递服务有限公司	中通速递	扬中市新坝镇红联村联丰3组
扬中市骏捷快运有限公司	速尔	扬中市外环南路333号
扬中市润通物流有限公司	百世快递	扬中市三茅街道外环南路333号－A31号
扬中市速尔货运有限公司	速尔	扬中市三茅街道滨江村1176号

（徐　璐）

2018年镇江市快递企业分支机构情况一览表

表 12－5

企业名称	分支机构名称	企业地址
杭州百世网络技术有限公司	杭州百世网络技术有限公司江苏分公司镇江营业部	镇江市丹徒区谷阳大道35号
杭州佳成国际物流股份有限公司	杭州佳成国际物流股份有限公司镇江分公司	镇江市丹徒新城驸马花园6幢第1层103室
嘉里大通物流有限公司(国际换证)	嘉里大通物流有限公司镇江分公司	镇江市丁卯开发区四季经典24幢105号
江苏品骏物流有限公司	江苏品骏物流有限公司镇江分公司	镇江市京口区谷阳路96号钻石铭苑18幢第1至2层121室
联邦快递(中国)有限公司	联邦快递(中国)有限公司镇江分公司	镇江市丁卯桥路239号106室
南京德邦物流有限公司	南京德邦物流有限公司镇江分公司	镇江市兴泽路12号
南京跨越速运有限公司	南京跨越速运有限公司镇江分公司	镇江市丹徒区谷阳镇铁塔路16号水岸华庭12幢101室
南京晟邦物流有限公司	南京晟邦物流有限公司镇江分公司	镇江市京口区象山街道宗泽路42号
上海安能聚创供应链管理有限公司	上海安能聚创供应链管理有限公司镇江分公司	丹阳市经济开发区北苑路57号
上海宅急送物流有限公司	上海宅急送物流有限公司镇江分公司	镇江市丹徒新区铭基商贸城B5区80号－81号
深圳市原飞航物流有限公司	深圳市原飞航物流有限公司镇江分公司	镇江市丹徒新城铁塔路10号
无锡城晓国际货运代理有限公司	无锡城晓国际货运代理有限公司镇江分公司	镇江国际工业品城F03幢第1层107、108室
速尔快递有限公司	速尔快递有限公司镇江分公司	镇江市丹徒区智慧大道恒达物流园内C幢27、28号仓库
中国外运长江有限公司	中国外运长江有限公司镇江分公司	镇江市中山西路98号
中国邮政速递物流股份有限公司	中国邮政速递物流股份有限公司镇江市分公司	镇江市丹徒区金润大道201号
中外运－敦豪国际航空快件有限公司	中外运－敦豪国际航空快件有限公司镇江分公司	镇江丹徒新城瑞山东路9号3号楼西段
江苏京迅递供应链管理有限公司	江苏京迅递供应链管理有限公司镇江分公司	江苏省镇江市丁卯开发区丁卯桥路四季经典24幢第1层－2层109室
江苏好德国际货运代理有限公司	江苏好德国际货运代理有限公司丹阳分公司	丹阳市开发区农商批发大市场B区B1幢15室

（徐　璐）

口岸·港口

责任编校：钱金金

综　述

【概况】　2018年，镇江市境内长江自然岸线总长270千米，占全省长江岸线总长的24%。其中，规划港口岸线126千米，占全省沿江港口岸线总长的29.4%；深水岸线87千米，占全省沿江深水岸线总长的23.7%。截至年底，镇江市利用港口岸线43千米，剩余83千米，其中，深水岸线剩余44千米，主要分布在扬中市、高桥镇、新民洲港区。镇江港由高资、龙门、谏壁、新民洲、大港、高桥以及扬中七大港区组成，是国家主枢纽港、“长三角”组合港重要成员、国家一类开放口岸。该港口建有码头泊位176个，5万吨级以上泊位38个，最大靠泊吨级7万吨，综合通过能力1.60亿吨，集装箱通过能力100万标准箱。

2018年，镇江市按照“江海河联动、港产城融合”的发展思路，注重保护岸线资源，推进港口建设，发展现代港口经济。全年完成长江港口建设投资6.5亿元，规模以上港口完成货物吞吐量15331.4万吨，完成外贸货物吞吐量3750.3万吨，完成集装箱吞吐量43.2万标准箱。镇江口岸对外开放码头泊位48个（其中，万吨级以上35个，万吨级以下13个），有出口加工区（综合保税区）和海关直通式监管点各1个。当年，江苏省镇江船厂（集团）有限公司自主设计建造的全国最大功率7000高柜消拖两用全回转拖船下水；12月，该公司与中船动力有限公司举行战略合作协议签署仪式。

推进港口基础设施建设。全年全市港口建设项目完成投资6.5亿元，新增泊位3个（均为万吨级以上），新增货物通过能力1750万吨。华电句容煤炭储运码头3个万吨级泊位建成，大港港区港务集团12号泊位改扩建工程和新民洲港区新宇国际码头一期、二期工程以及大港港区港龙石化码头改扩建工程通过竣工验收。

强化港口发展规划研究。镇江市交通运输局推进《镇江港总体规划》修编工作。开展课题研究，推动《镇江市沿江港口船舶污染物接收、转运及处置设施建设方案》《镇江市沿江防治船舶及其相关作业活动污染水域环境应急能力建设规划》《镇江市内河防治船舶及其相关作业活动污染水域环境应急能力建设规划》《镇江市船舶污染物接收、转运、处置监管联单制度及联合监管制度》实施。

加强岸线资源管理利用。市交通运输局坚持以“共抓大保护、不搞大开发”为导向，强化长江岸线资源保护，推动《镇江市长江岸线资源保护条例》实施，保障港口岸线的集约利用与综合开发。建立并定期更新镇江市长江岸线利用的数据库，建立和完善港口岸线管理信息化系统，掌握港口码头的建设情况和经营使用情况，分析判断不同使用功能的港口岸线资源使用效率。采取措施，重点检查港口岸线使用人是否在规定的2年时间内启动港口设施建设；重点监督港口岸线使用人是否存在未经批准随意改变港口岸线使用功能、增加或扩大港口设施，加强对尚未开发利用的港口岸线水陆巡视，发现未经批准擅自侵占港口岸线建设、港口设施或进行港口经营的行为，依法加大处罚力度。

优化口岸服务。市交通运输局推进新民洲港务有限公司码头3号、4号、5号、6号泊位和国家能源集团谏壁发电厂码头2号泊位对外开放，并完成码头对外开放的省级验收。做好镇江边防检查站三中队建设的前期工作。镇江边防检查站水上执法基地建成并投入使用。发挥镇江电子口岸的作用，对接口岸查验机构，推行通关“三个一”、船货一体化系统和国际贸易“单一窗口”建设。

加强港口安全监管。市交通运输局贯彻落实国家、部、省关于安全生产的系列部署，开展各项整治工作。全年受理港口危险货物5476艘次，安全接卸危险货物758万吨。全市港口安全形势基本稳定，防范重特大生产安全事故的发生。加大安全生产执法力度，重点加强对港区内港口企业的安全检查，打击各类非法违法生产经营行为。检查镇江港危化品码头及仓储企业，确定“四个一批”清单。全港14家危化品码头及仓储企业，1家转移，1家重组，其余均为升级。督促列入“升级”范围的企业提升管理水平，加大安全投入。13家危化品码头及仓储企业投入6700余万元对安全设备设施、环保设施、安全管理软件、培训教育方面进行提升改造。严格市场准入条件，停止新建、扩建危化品码头及仓储项目。委托专业机构开展《镇江港港口安全风险辨识和管控措施研究》，明确风险点并实施分级管控。开展在役储罐安全专项整治，对管辖范围内的143个储罐逐一核实，建立完善“一企一档，一罐一档”。推进应急演习（演练）常态化，推进安全生产标准化工作，截至2018年年底，镇江港所有石油化工码头均通过标准化达标考评及复评。　（叶　艳）

【长江经济带木业绿色发展研讨会】　2018年11月8日—9日，长江经济带木业绿色发展研讨会在镇江市举行，会议由中国林业集团有限公司、中国林业产业联合会、京口区政府主办，主要围绕中美贸易战背景下木业产业转型升级路径等主题开展专题研讨。在研讨会上,中国林业科学院木材工业研究所(新民洲)研发中心、南京林业大学(新民洲)木材加工与家具研究中心揭牌;镇江新民洲临港产业园管委会与中林时代控股有限公司签署中林(镇江)生态产业城木业先进制造区投资合作补充协议;新民洲临港产业园与江苏金海岸投资建设发展有限公司签署平台公司合作补充协议;新民洲临港产业园、镇江国林生态产业城有限公司和林科院木工所签署"产学研"三方合作协议;中林时代控股有限公司与南京林业大学签署"产学研"合作协议。 (闫雪彤)

【镇江市港口发展集团有限公司挂牌】 2018年1月19日,镇江市港口发展集团有限公司挂牌。镇江市港口发展集团由扬中市交通投资发展有限公司、镇江海纳川物流产业发展有限责任公司、丹阳投资集团有限公司、镇江城市建设产业集团有限公司、江苏瀚瑞投资控股有限公司、镇江交通产业集团有限公司六大股东出资组建,注册资本14.33亿元。镇江市港口发展集团是中共镇江市委、市政府批准成立的推进全市"一城一港一集团"发展战略的唯一载体,是集港口及临港产业的投资、建设和运营于一体的市属国有企业。主要承担全市港口、岸线、航道、沿江沿河物流园区等涉港资源配置,形成区域港口一体化发展的功能。 (闫雪彤)

港口生产经营和服务

【概况】 2018年,镇江市港口生产运行稳中有升。全市港口完成货物吞吐量16265.1万吨,比上年增长3.7%。规模以上港口完成货物吞吐量15331.5万吨,增长7.9%。其中,进港货物吞吐量8893.1万吨,增长9.2%;出港货物吞吐量6438.4万吨,增长6.2%。全市内河港口完成货物吞吐量933.7万吨,降低37.0%。镇江港完成外贸吞吐量3750.4万吨,增长11.1%。其中,进港外贸货物吞吐量3166.4万吨,增长12.5%;出港外贸货物吞吐量584.0万吨,增长3.9%。镇江港完成集装箱箱运量43.2万标准箱,增长6.5%。其中,外贸箱量18.8万标准箱,降低1.2%;内贸箱量为24.4万标准箱,增长13.4%。完成集装箱重量666.7万吨,增长7.4%,其中,外贸集装箱重量300.7万吨,增长2.1%。

主要货种运输发展情况。镇江市进出港货种主要以煤炭、金属矿石、非金属矿石、粮食等为主。2018年主要货种完成吞吐量如下:①煤炭:完成煤炭吞吐量4120.9万吨,占全港货物吞吐量的25.3%,比上年增长3.1%。其中,内贸吞吐量3618.6万吨,增长5.4%;外贸吞吐量502.3万吨,降低10.7%。②金属矿石:完成金属矿石吞吐量4649.2万吨,增长36.6%。其中,外贸吞吐量1258.2万吨,占金属矿石总吞吐量的27.1%,增长30.0%。铁矿石完成吞吐量4319.9万吨,增长37.6%,其中,外贸量1147.3万吨,增长33.7%。③粮食:完成粮食吞吐量755.7万吨,降低40.8%。其中,外贸量366.1万吨,降低22.0%。④非金属矿石:完成非金属矿石吞吐量888.9万吨,降低19.2%。其中,内贸量474.4万吨,降低41.6%;外贸量414.5万吨,增长39.1%。⑤化工原料及制品:完成化工原料及制品697.6万吨,增长28.7%,其中外贸吞吐量192.8万吨。

港口经济运行特点。沿江港口持续较快增长。除8月、11月,港口生产出现下滑外,其他月份港口吞吐量均实现不同程度的增长。煤炭、金属矿石、非金属矿石、粮食四大主要货种完成货物吞吐量10414.7万吨,占镇江市沿江港口的67.9%,比上年增长6.4%。公用码头货物总量提升显著,全年持续保持两位数增长。沿江港口公用码头完成吞吐量11933.6万吨,增长43.5%。其中,外贸量2948.8万吨,增长17.2%。港口外贸吞吐量持续快速增长。在实体经济回稳向好以及外贸进出口运输成本下降的影响下,港口外贸吞吐量实现快速增长。镇江港外贸吞吐量占全市港口吞吐量的24.5%,比重较2017年提高0.7个百分点,增长11.1%。金属矿石及非金属矿石外贸量成为拉动镇江市港口外贸吞吐量增长的主力,全年完成吞吐量1672.7万吨,占镇江市港口外贸吞吐量的44.6%,增长32.2%。 (吕敬忠)

【镇江港务集团有限公司】 2018年,镇江港务集团有限公司管辖生产性泊位25个,其中,万吨级泊位14个(以7万吨级泊位为主),码头总长度5135米,设计通过能力2694万吨。全年完成货物吞吐量8515.5万吨、自然吨4720.6万吨、集装箱量43.17万标准箱,比上年分别增长21.6%、20.0%、6.6%。

该公司提高设备设施保障度,完成12号泊位改扩建工程,添置2台40吨门机,建成"403"库;坚持用体系和标准系统治理企业,构建适合自身特点的技术标准和技术体系。建立环保技术管理网络体系,建立$PM_{2.5}$数据实时监测体系,建立环保实验室,从货物源头或货物作业重要节点治理环保,推动清洁生产从小治理向大管控转变。

该公司重新构建组织架构,推进水平运输设备和场地作业设备社会化,实现干部能上能下,员工能进能出,收入能高能低。加强人本管理,建立员工思想状况和基本诉求周报制度,畅通员工诉求通道;职工食堂成本化运作;增加女员工体检项目;提高员工社保水平。

(马丽娜)

【中国外运长江有限公司镇江分公司】 2018年,中国外运长江有限公司镇江分公司实施"十三五"规划,围绕"提质增效",提升自身经营管理能力。全年实现营业收入1.46亿元,代理集装箱18727标准箱,代理海运大宗散货301万吨,船舶代理艘次、工程物流代理货量、航空货代、铁路货代、报关和报检量稳步增长。工程物流业务承接巴基斯坦核电项目和马尔代夫淡水净化项目。金东纸业(江苏)股份有限公司3PL项目组被中国外运华东有限公司评为"先进集体"。 (汤 蓉)

【中石化长江燃料有限公司镇江分公司】 2018年,中石化长江燃料有限公司镇江分公司是镇江市唯一从事航行国际航线船舶保税油供应单位,承担地方港口、运输船舶、燃润料供应等多项业务,其中,保税油业务辐射镇江市、扬州市和泰州市三地,为多个国家和地区的船舶提供高效燃油服务。当年,该公司围绕年初改革发展目标,通过优化网点建设,推进制度完善,强化基础管理,适时调整经营策略,扩销增效,全年实现经营总量10万吨,安全生产局面保持稳定。 (阙 蕾)

【镇江中联理货有限公司】 2018年,镇江中联理货有限公司完成理货船舶5834艘次,件杂货理货量183.36万吨,集装箱船舶理货量15.16万标准箱,集装箱装拆箱理货量1.65万标准箱。服务满意率、制单合格率均为100%。该公司开展油品计量、水尺计量、监装监卸、危险品、煤炭采样取样等检验业务。该公司完善内部管理,提升理货服务功能与品位,加快服务方式的转型升级,实施理货信息系统更新升级,提升理货服务功能。加强与海关、集装箱公司等多家单位数据联网,理货信息网上实时查询,快捷、准确、方便地为口岸涉外单位、码头及各代理提供理货服务。

(万 雨)

【镇江中远海运物流有限公司】 镇江中远海运物流有限公司主要从事航运、综合物流、供应链管理、保税/非保税物流仓储服务等业务，是江苏省重点物流企业，先后获江苏省五一劳动奖状、全国优秀报关企业等多项荣誉。2018年，该公司实现营业收入1.85亿元，代理船舶货运量730万吨，代理大宗散杂货442万吨，代理集装箱1.8万标准箱。2个总投资约6亿元的镇江中远海仓和远港物流定位于中高端供应链物流仓储基地，占地面积352亩（23.47公顷），有约11万平方米的仓库及堆场，重点打造保税、出口监管、期货交割、分类监管、转口贸易的功能，提供制造业供应链管家式外包、进项零配件VMI、出项成品配送、全段供应链驻厂物流服务，集聚上下游企业，提供航运、金融、保险等一体化的增值服务。（章会龙）

港口运行和管理

【概况】 2018年，镇江市交通运输局加强港口建设管理，强化港口规范经营，推进"绿色港口"建设。

规范港口建设程序。严格设计审查，重点审查港口建设项目主体结构和地基基础的安全、稳定和耐久性是否符合国家和行业的有关要求，对大港港区港务集团12号泊位改扩建工程、扬中港区兴隆作业区联合动力码头工程施工图设计进行技术审查。

规范港口经营许可管理。加强许可证新办证和延期换证工作，开展许可现场核查，严格许可标准；加强对码头新建、改扩建试运行期间经营许可管理工作。全年办理核发"港口经营许可证"17件，其中，新领证4件，换证13件。全港持有"港口经营许可证"91家，其中，码头企业54家，船舶服务企业37家。

推进绿色港口建设。镇江市印发《镇江市港口环境整治实施方案》《镇江市港口环境整治指南》。市政府向各辖市（区）政府下发任务清单，制定港口环境整治"一企一策"。市交通运输局与沿江各企业签订责任状，在全市推进港口环境整治实施方案。截至2018年11月，镇江市沿江港口企业建设各类防尘抑尘设施完成投资近3亿元。完成2套散货泊位皮带机封闭改造，封闭改造82辆港区作业车辆，建成15套粉尘在线监测系统。建成煤炭专用泊位封闭煤棚1座，建成卸船机干雾除尘系统4套，粮食泊位加装散装粮出料口抑尘料斗，所有散货码头堆场实现全覆盖，通过购置雾炮车、雾炮机、洒水车、车辆清洗系统等设施，港区内车辆实现全覆盖封闭运输，降低码头及堆场扬尘。

规范港口行政执法。全年拆除长江非法码头4个，内河干线航道非法码头6个，完成15个拆除码头的生态修复工作，还原长江和内河岸线自然生态。巩固整治成果，开展定期和不定期执法巡查，建立长效管理机制。推进长江水上过驳专项整治，镇江水域整合成2个水上临时过驳区，其343艘浮吊压缩为135艘，由镇江港口发展集团实行公司化规范管理。（叶　艳）

【长江镇江航道处】 2018年，长江镇江航道处围绕建设新型一流航道处、率先实现辖区航道现代化战略目标，聚焦航道服务主业，推进各项工作。优化工作机制，调整基层班组管理模式，建立健全考核机制；制度体系基本构建，修订完善各项制度80余项，编制出台《长江镇江航道处内部制度汇编》。完善应急体系，编制完成《长江镇江航道处突发事件应急预案》。做好安全监管工作，实现安全责任清单全覆盖，开展安全大讨论和安全文化阵地建设等活动，推行长江航道双重预防体系试点和长江南京航道局安全生产双重预防管理App试点工作。优化公益服务，保障国家战略，做好辖区12.5米深水航道二期工程试运行期航道航标维护相关工作；全年完成航道维护工作量216080座天，为年计划的100.34%，实现航标维护正常率为1000‰，航道维护尺度保证率100%；开展区域联动，与地方政府、海事部门、驻镇江长航公安、通信、引航等单位建立健全沟通协调机制。（杨　欣）

【长江引航中心镇江引航站】 2018年，长江引航中心镇江引航站全年船舶申请受理率100%、按时开航率99%以上，引领船舶11707艘次，引航总吨20580万吨，引航净吨11464万吨，引航里程184.3万余千米。镇江引航站应对12.5米深水航道试运行，全年引领受限船舶2921艘次，比上年增长22.5%。引领新造出江船舶15艘，其中，船长299.95米、载重20.8万吨的新造船1艘。引领夜航船舶7443艘次，夜航率63.5%。畅通重点物资运输"绿色通道"，优先为装载电煤、成品油等事关国计民生的重点物资船舶提供引航服务。应对恶劣天气影响，启动应急疏港预案，保证船舶按时进出港口。执行《长江干线船舶靠离泊和引航或移泊辅助作业拖轮配备标准》，不随意提高超大型船舶护航和拖轮配备标准。（罗婧瑜）

检查、检验、检疫

【概况】 2018年，镇江口岸查验机构及口岸服务单位优化服务机制，提升通关效率，推动镇江市外向型经济高质量发展。全年完成外贸货物吞吐量3143万吨，比上年增长3.6%，完成1个泊位恢复对外开放和5个泊位对外开放省级验收。镇江电子口岸完成"国际贸易单一窗口"中运输工具申报系统建设、货物申报系统的实施和推广，提升口岸通关效率，减轻货物代理申报负担；推进"镇江跨境电子商务平台"的实施和推广，完成二期功能的开发；完成镇江综合保税区卡口功能信息化升级和改造；完成口岸危险品码头视频监控中心升级与改造。镇江海事局全年维护保障12.88万艘次船舶、1.85亿吨船载货物安全进出镇江港，保障1023万人次旅客、582万辆车辆平安渡江。镇江海关全年签发各类原产地证书2.43万份。镇江边防检查站全年检查出入境（港）船舶3132艘次，出入境人员39035人次，检查上下轮人员80039人次，办理各类证件25287份，查处违法违规案件15起、17人次，业务量列全省边检站第6名。长航公安局镇江分局全年接处警1345起，立刑事案件381起，侦破380起，打击处理85人；查处行政案件530起，处罚480人；处置群体性事件25起，为沿江经济发展提供坚实保障。

（闫雪彤）

【镇江海事局】 2018年，镇江海事局监管进出港船舶12.88万艘次、船载货物1.85亿吨，其中，外贸货物3353万吨，危险货物（不含散固）817.5万吨。全年实施行政处罚1997起，征收港口建设费2.02亿元。辖区发生等级以上水上交通事故2起、死亡失踪5人、沉船7艘，直接经济损失1896万元。政风社会满意度测评在江苏海事系统列第1名。

服务民生经济发展。镇江海事局保障五峰山长江大桥、12.5米深水航道、扬中崩岸治理、大路水上飞机跑道等重点工程建设，实施9次、总时长36小时的全封航水上交通管制。指导"大津重工二期"等3座码头实现对外开放，支持辖区码头接靠受限船舶2616艘次，比上年增长20%。推进口岸"大通关"建设和电子口岸建设，政务审批业务平均办结时间压缩20%。全年完成各类船员考试评估121期、5407人次，采集船员信息306人次，核发船舶船员各类证书1155份。推动3家渡运单位完成调度指挥中心升级改造；2家渡运单位试点共享安全预警平台。畅通苏冀电煤航线绿色通道，服务353艘次电煤船、1393万吨电煤到港。

维护水上交通安全。镇江海事局开展安全风险辨识评估和分类分级管控，实现辖区安全风险“一张图”标识和“一手册”管控。构建“海事引航联合监控机制”，攻坚六圩河口水域监管难题，创新“红绿灯”监管模式、水上电子警察、党建红色联盟等工作举措。探索运用“军管”方法管理高资水上过驳区，初步实现过驳作业统一调度、交通船艇统一管理、船用物资统一供应、生活污水统一接收。开展“VTS精细化管理提升年”活动，实施VTS（船舶交通服务）分区域监管，实施交通组织32048次，处置重大险情29起。提前落实裕隆洲助航引航等预控举措，应对台风“温比亚”正面侵袭、连续一周浓雾等天气灾害。完成上合组织峰会、中国国际进口博览会等重大活动期间水上安保工作。开展水上应急演练16次，提升应急处置能力。全年救助遇险船舶52艘、遇险人员358名，船舶救助成功率和人员救助成功率为92.9%、99.7%。

保障水域环境安全。镇江海事局落实省环境保护专项行动要求，开展船舶载运危险货物安全综合治理等专项整治。运用“核管”方法深化水运危险货物监管，查处船舶环境违法行为68起，比上年增长343%。开展船舶燃油含硫量检测246艘次，实施行政处罚21起。核减危险货物品种61个，核减比例为31%，降低船载危化品分散作业风险。镇江海事局、市公安局、市航道管理处等部门开展水上运输固体废物大排查行动，向环保部门移送非法转运船舶2艘。协调推进码头船用岸电建设，建成岸电设施26套。推动企业落实主体责任，指导辖区危险品运输企业建立可视化监控系统，实现危险品运输全过程监控。督促过驳区50台浮吊全部安装喷淋降尘装置，落实内河船舶封舱管理措施。指导辖区首艘专业生活污水接收船投入运营，初步实现港内作业趸船生活污水接收零排放、全覆盖。五大港区全部建立防污染联防联控机制，溢油应急设备库投入常态化运行。

（史光周）

图13－1　2018年12月25日，镇江海事局维护电煤船安全入港现场

（史光周　供稿）

【镇江边防检查站】 2018年，镇江边防检查站出动警力24526人次，检查船舶3132艘次，验放出入境人员39035人次，检查上下轮人员80039人次，办理各类证件25287份，查处违法违规案件15起、17人次，业务量列全省边检站第6名。完成监护一中队营房改造、检查艇趸船建设，以及12套公寓房装修、经济适用房分配等涉及官兵切身利益的项目建设，协调解决3名干部家属领取随军未就业一次性补助金各5万元，8名适龄官兵子女全部入学。镇江边防检查站党建工作典型案例先后3次被《公安党建》和《政治指导员》刊载；“双推双创”经验做法在全省“沿江党建带”工作推进会上做交流推广。

2019年1月1日，镇江边防检查站举行集体换装暨揭牌仪式，实现从公安现役部队到人民警察队伍的转变，并更名为中华人民共和国镇江出入境边防检查站，隶属于公安部移民管理局。

（王国文）

【长江航运公安局镇江分局】 2018年，长江航运公安局镇江分局以服务长江经济带建设为中心，维护长江干线水域政治治安稳定。全年接处警1345起，立刑事案件381起，破获380起，打击处理85人；查处行政案件530起，处罚480人；处置群体性事件25起。当年，该局在中央电视台、江苏卫视等新闻媒体刊登稿件1150篇，其中，中央级媒体50篇。10月29日，中央电视台社会与法频道《天网》栏目播出该分局侦破“3·14”煤炭被盗系列案件的专题片。

维护稳定工作。该局通过情报搜集研判，强化预警作用，关注群众利益诉求，处置海损、安全生产事故等各类矛盾纠纷20多起。防控重点部位，完善反恐防恐措施。处置“4·26”占船事件，维护干线水域稳定。完成全国“两会”、上合组织青岛峰会、中国国际进口博览会等重大安保活动。

综合执法工作。该局出动警力700多人次、船艇220艘次，参与水上过驳集中整治工作，保障水上过驳如期进入市场化试运行阶段；与镇江海事局、市水利局、市航道管理处、市渔政支队、市通信导航管理处等涉水单位联勤、联动成为常态化、制度化，推动联合巡逻、联合整治、应急抢险等执法协作的开展。在“8·1”水上重大交通肇事发生后，该分局与镇江海事局开展私渡交通船联合整治行动，查处无证驾驶机动船舶等行政案件82起，劝离或停止运营“三无”交通船23艘。

刑事侦查工作。将打“三非”（打击非法采砂、非法捕捞、非法倾倒危险废物）作为全年刑侦工作的主要方向，通过摸排线索，先后侦办“7·21”“9·13”非法采矿案、“6·8”非法捕捞案、“10·6”危化品非法经营案等一批影响生态安全的案件。配合市检察机关对非法采砂人员提起附带公益诉讼，督促修复长江生态环境，这是长江江苏水域治理非法采砂首期公益诉讼案件。破获“7·20”重大“涉黑”案件、“8·21”涉恶案件，净化水运环境。

消防监督工作。该局以水上加油站船、汽渡船、危化品运输船舶码头、人员密集场所为重点，组织开展危化品运输船舶消防监管专项治理、平安交通百日行动、冬春火灾防控专项行动等，查整安全隐患380多处，查处消防违法行为38起，扑救船舶火灾5起，消除航运安全隐患。

（杨克军）

海 关

【概况】 2018年，镇江海关征收税款56.80亿元，比上年降低8.39%。审结报关单4.75万份，降低2.8%，报关单无纸化率95.43%。监管货运量3143万吨，增长3.6%；监管货物总值89亿美元，增长10.9%。备案加工贸易合同503份，增长15.1%；合同备案金额10.9亿美元，增长36.29%。新增注册企业712家，增长24.26%。检验检疫出入境货物9718批，货值46.43亿美元；出境集装箱755标准箱，检出问题集装箱101标准箱。检疫出入境船舶1967艘，查验进出境交通工具人员3.64万人次，开展进出境人员健康体检4495人次。签发各类原产地证书2.43万份。进境植物检疫截获有害生物269种、11105种次，其中，截获检疫性有害生物28种、1198种次。

2018年，镇江海关对报关报检资质进行合并；实施关检融合整合申报。申报成功无纸化申报非联网优惠贸易协定货物，优惠原产地申报进入无纸化阶段。实施新一代电子支付，第四季度新一代电子支付率93.13%。启动关税保证保险试点改革，截至年底，开出关税保证保险单19份，涉及税款8418元。启动《海关专用缴款书》打印改革试点工作，全市进出口企业、单位下载打印3441份版式化税单，涉及税款7.6亿元。

压缩口岸整体通关时间，优化口岸营商环境，12月，镇江海关进出口通关时间分别为107.76小时和8.5小时。推动进口设备税收优惠政策落实，全年办理减免税证明268份、审批货值9059万美元、减免税款5619万元，分别比上年增长21.27%、11.4%、38.36%。

推进综保区工作。7月23日，上线运行物流信息化管理系统——“掌上物流2.0版”，提升综保区智能化水平，卡口车辆实现自动验放平均验放，通行时间从原来的以分钟为单位缩短至几秒钟，镇江综保区入区货值比上年增长39.68%，出区货值增长27.86%。开展仓储货物按状态分类监管试点，帮助化解区内仓库闲置问题，全年进出区内贸货物2497.2吨，货值476万美元。推进赋予海关特殊监管区域企业增值税一般纳税人资格试点，2家企业作为试点，全年开出增值税发票547份，含税价2637万元，增值税税额422万元。

图13－2 镇江国际旅行卫生保健中心为留学生实施健康检查

（李干荣 供稿）

进境植物检疫工作。1月，在一批进境拉脱维亚原木中截获活体检疫性有害生物暗褐断眼天牛；2月，在一批美国的集装箱中截获检疫性有害生物松材线虫及美雕齿小蠹。8月16日，在一批保加利亚的集装箱中截获非检疫性有害生物 Dorcus peyronis；8月20日，在一批新西兰的原木中截获非检疫性有害生物 Artystona rugiceps。经中国检科院专家确认，上述2种非检疫性有害生物均为全国首次截获。上述检疫性有害生物均为镇江口岸首次截获。

（曾 强 杨 昉 孙弘升）

【家用净水器产品召回】 2018年，镇江海关对辖区内从中国台湾购买的22台家用净水器进行风险监测中，发现净水器中的塑料接头零件存在总迁移量超标的情况。另外，该产品的外包装及铭牌上的文字为英文，且未列出生产者名称、地址和所执行的产品编号等关键信息，使用说明书中及设备本体上未包含任何安全警示提示，均不符合标准要求。该型号净水器在内地销售3批、46台，镇江海关按照要求责令购买商对该型号净水器实施召回。这是原江苏检验检疫局在召回制度实施后第二次对法检产品实施召回。 （曾 强 杨 昉）

【镇江海关缉私分局】 2018年，镇江海关缉私分局立案侦办刑事案件12起，其中，非涉税刑事案件9起，涉税案件3起。案值2172万元，涉嫌偷逃税款1236万元。采取强制措施68人次，抓获犯罪嫌疑人43人。立案查办行政案件96起，案值15214.2万元，涉税1373.5万元。

2018年，镇江海关缉私分局先后开展“蓝天2018”五轮集中打击行动，立案侦办8起走私废物案。打击濒危动植物走私。立案1起走私禁止进出口货物案，涉案货物棱柱木科拉敏白木1021立方米（价值3010万元），属CITES公约（华盛顿公约）附录Ⅱ物种。分局建立完善打击走私协作机制，推进反走私综合治理落实。年内，就固体废物走私案、海砂走私案等案件以及经营中的线索多次与市烟草局、市公安局、市检察院等单位沟通，实现海关缉私与其他综合治理部门的互动。

（曾 强 张 倩）

综　述

【概况】 2018年，镇江市加强“智慧镇江”建设，成立“智慧镇江”建设工作领导小组，协同推进“智慧镇江”建设工作，实现从分散到集聚、从隔阂到融合、从封闭到开放的发展。

制度体系建设。镇江市政府出台《智慧镇江规划纲要》，以“数据为源、民生为本、产业为核、城市为根”为思路，规划信息基础设施、共性平台建设、政务服务体系、普惠民生服务、智能城市管理、智慧产业发展等6大方面33项重点任务，提出38个重点工程。出台《镇江市政府信息化项目管理办法》，优化政府信息化项目管理流程，对信息化项目的生成、实施、验收、评估形成闭环管理。同时，构建“1+1+N”（1个大数据中心、1个城市综合运行监管平台以及N个智慧应用）“智慧镇江”框架体系，解决政府数据碎片化、应用条块化、服务割裂化问题。

工业大数据云平台建设。12月20日，市经信委以“工业互联 创新未来”为主题，牵头举办镇江工业大数据云平台上线发布会，镇江工业云平台正式上线。镇江工业云平台建成六朵“云”，分别是：工业企业资源集约利用云、工业监测云、智能化改造云、资源交易协同云、公共服务云、工业应用软件云。其中，工业企业资源集约利用云采集汇总全市9000多家工业企业数据，完成6000多家用地0.2公顷以上工业企业资源集约利用综合评价，为实施差别化政策，推动企业绿色化、智能化、高端化转型升级，提供决策依据。

镇江“智慧教育云”工程建设。镇江“智慧教育云”作为试点平台，采用虚拟技术，旨在探索解决各自为政、互不兼容的信息孤岛难题，推动实现数据融合，成倍提升网络性能。平台接入国家数字教育资源公共服务体系，用户可以随时访问体系内丰富的平台应用和资源。依托云计算、大数据技术、人工智能技术，平台不仅提供师生互动教学功能，还能根据学生的学业情况，针对学生的薄弱项，自动推送相关学习资源和作业供学生练习，实现“精准教学”。

（陶迪明　刘元元）

【镇江“智慧城市体验馆”】 2018年1月31日，镇江“智慧城市体验馆”正式开馆。该体验馆占地面积近2500平方米，分为3个场馆，其中，主馆为“智慧城市”体验馆，包含大事记走廊、基础网络设施、智慧城市、互联网+行业、翼支付、智慧家庭以及未来体验七大功能区；副馆为大数据中心和“智慧停车”实景展示区。体验馆以镇江通信信息化演变历史为起点，网络架构为基础，“智慧城市”为核心，以数字化、网络化、智能化的形式向镇江各级政府、企业、市民全景展示镇江“智慧城市”的平台和元素，助力“智慧镇江”建设。（李　蕴　谢月珍）

【全省教育信息化工作会议暨智慧校园建设推进会】 2018年5月18日，由江苏省教育厅主办的2018年全省教育信息化工作会议暨智慧校园建设推进会在镇江扬中市召开。会议落实全国网络安全和信息化工作会议及教育信息化工作会议精神，交流展示各地“互联网+教育”建设的最新成果，分析研判教育信息化面临的新形势、新任务，启动实施江苏教育信息化2.0行动。江苏省教育厅厅长、省委教育工委书记葛道凯出席会议并讲话。镇江市政府副市长孙晓南，扬中市政府市长张德军致辞。教育部科技司信息化处调研员舒华和浙江省教育技术中心主任施建国做报告。全省各市、县（市、区）教育局分管副局长、教育信息化（电化教育）工作机构主要负责人、省教育网络安全和信息化领导小组成员单位主要负责人参加会议。（李　蕴）

【镇江入选2017—2018年“中国新型智慧城市”】 2018年7月30日，中国信息化研究与促进网、国衡智慧城市科技研究院联合发布《2017—2018中国新型智慧城市建设与发展综合影响力评估结果通报》，对“2017—2018年度中国最具影响力智慧城市”等八大系列榜单进行公布，在第八系列“2017—2018年中国新型智慧城市建设与发展综合影响力评估排名及得分”中，镇江市在地市排名列第23名，丹阳市在区县排名列第5名。

（李　蕴）

新一代信息技术产业

【概况】 2018年，镇江市以工业互联网和集成电路产业链为切入点，加快新一代信息技术与制造业深度融合应用，推进“制造业企业上云”“两化融合贯标”“信息化集成互联”等项目。镇江市新一代信息技术产业实现主营业务收入119亿元；集成电路产业链实现主营业务收入45亿元，比上年增长11.3%。

工业互联网建设。市经信委牵头研究制定《镇江市工业互联网发展行动方案》；组织企业负责人参加省“工业互联网领军人才”研修班，组织企业考察学习青岛海尔、红领等企业工业互联网建设。成立镇江智能制造创新中心并实体化运作。

企业"云上"转型工作。镇江市政府举办镇江市"千企上云"活动，市经信委牵头开展"企业上云"宣传、贯彻活动。全年新增省级五星级"上云企业"1家，四星级"上云企业"5家，三星级"上云企业"29家。

"软硬对接"活动。市经信委牵头先后在丹阳市、句容市、扬中市、丹徒区等地开展"三聚"（聚焦产业、聚集资源、聚合力量）服务"软硬"对接活动，针对企业两化融合建设关键，帮助、指导企业开展信息化建设，全年服务企业50余家，现场诊断企业36家。同时，建立企业两化融合贯标培育数据库，76家企业通过或开展国家两化融合管理体系贯标评定。（朱瑜慧）

【"互联网+产业创新服务平台"建设】 2018年7月18日，镇江市政府与中软国际签署战略合作协议，共同建设镇江"互联网+产业创新服务平台"。"互联网+产业创新服务平台"，旨在加强供应商能力和信用体系建设，为政务信息化提供全生命周期管理服务，提高资源配置质量和效率，推动镇江数字产业集聚发展。在该框架下，镇江新区管委会与中软国际签署落地合作意向；中软国际与大全集团、上海工业自动化仪表研究院、北京鼎力信安有限公司共同签署"镇江智能制造创新中心"合作协议。（朱瑜慧）

【镇江市"千企上云"活动】 2018年7月20日，镇江市政府举办"千企上云"活动，有150多家重点制造业企业及云服务企业参会。会上，中国电子技术标准化研究院软评中心、中国电信江苏公司、中国移动中移物联网有限公司、华为软件技术有限公司、腾讯云计算（北京）有限责任公司的专家以"云上引领变革，产业智能发展"为主题，围绕云计算、大数据、物联网、人工智能等新技术应用以及如何助力服务"企业上云"展开研讨，为镇江市"互联网+先进制造业"融合创新发展提供建议，为"企业上云"提供解决方案，为工业互联网的发展提供路径。（朱瑜慧）

【镇江智能制造创新中心】 2018年11月16日，镇江智能制造创新中心在镇江新区正式挂牌成立。该中心聚集大全集团等智能制造行业企业，整合上海工业自动化仪表研究院、北京鼎力信安、中软国际等智能制造产业链上下游企业以及科研院所等各类创新资源，旨在为镇江制造业提供最为先进和完整的数字化企业解决方案，助力镇江企业实现数字化转型，打造一个以创新中心为核心的智能制造生态系统。（朱瑜慧）

图14-1 2018年7月20日，镇江市"千企上云"活动举行（陈海晨 供稿）

通信服务业

【概况】 2018年，镇江市电信业务总量139.34亿元，比上年增长127.3%；电信业务收入30.64亿元，增长5.6%。年末固定电话用户60.32万户，下降10.8%；移动电话用户354.73万户，增长9.8%；互联网宽带接入用户144.73万户，增长5.5%。（江 鉴）

【中国电信股份有限公司镇江分公司】 2018年，中国电信股份有限公司镇江分公司基础业务有突破，新兴业务较快发展，用户规模增长。全年净增天翼用户4.91万户、宽带用户2万户。网络能力有提升，无线网络完成移动网七期工程建设，建成1.8G宏站196个（不含高铁）、800M宏站250个；建成室内分布系统101套，站址密度全省第5名；建成800M关键站址201个，增补146个高铁覆盖站点。4G网络扇区退服时长逐月下降，连续多月全省第一名。VOLTE（长期演进语音承载）网络满足商用，网络覆盖率与2G基本持平。有线网络带宽链路总体轻载，千兆宽带局点实现100%覆盖。完成85个新建小区的驻地网覆盖；新增分光器端口数9.3万个，新增标准地址数21.1万个；新建71台10G OLT（光线路终端），千兆宽带局点覆盖率达100%；完成新建10G EPON PON口3840个，10G PON口占比为31%。公众客户满意度83.08分，为同业第一名；4G客户满意度同业第一名；宽带客户满意度同业第二名。投申诉总量2.1万件，比上年下降21.38%，月均投诉率0.93‰，投诉量（率）全省双最低。（谢月珍）

【IPv6升级改造】 2018年，中国电信股份有限公司镇江分公司完成网络层面的IPv6升级改造：完成无线核心网升级，4G用户支持IPv4/IPv6双栈；完成镇江市区及辖市宽带城域网设备IPv6网络升级和业务部署，完全具备接入IPv4/IPv6双栈家庭网关的能力；全区所有公众和政企客户宽带终端全面支持IPv6，28万个家庭网关开启IPv6通道；电信自营IDC机房网络设备全部完成IPv6升级改造及业务测试，具备IPv6接入能力；电信自有手机App全面支持IPv6。（洪朝晖）

【中国移动通信集团江苏有限公司镇江分公司】 2018年，中国移动通信集团江苏有限公司镇江分公司保持发展态势，强化信息基础设施建设，推动信息技术与经济社会各领域深度融合，助力产业强市和"智慧镇江"建设。4G网络转入深度覆盖优化调整阶段，完成150个居民小区深度覆盖、71个小基站建设及439个弱覆盖新建站点建设，完成2018年2G网改第一批和第二批共计856个站点的改造工作。夯实网络基础，打造新一代移动通信网、光纤宽带网、蜂窝物联网协同发展的立体化精品网络，4G网络综合覆盖率99%；家庭宽带100%光纤覆盖到户。全年镇江网络运行稳定，网络质量持续保持优秀。开展"超越行动"，提升宽带品质。完成金山撞钟、演唱会、音乐节等应急通信保障任务 30 余次;开展网络维护应急演练 5 次、网络安全应急演练 2 次,提升突发情况的应变能力。加强网络与信息安全管理,落实网络安全防护、网络安全应急处置规范,从网络与业务两个层面推进网络安全加固工作,形成常态化工作机制。 (杨 欣)

【千兆宽带启动发布会】 2018 年 2 月 10 日,中国移动通信集团江苏有限公司镇江分公司、市经信委共同召开"千兆宽带暨精品小区示范"启动发布会。启动仪式上,授予试点小区——镇江万科邻里社区"千兆宽带精品小区"牌匾,并为镇江首个千兆宽带家庭组网用户授牌。同时,发布会现场还展示智能家居、极速高清视频等高带宽业务,展现千兆网络的优越性。2018 年,中国移动通信集团江苏有限公司镇江分公司加快宽带网络改造建设进度,优化宽带提速方案,并在镇江万科小区试点打造"千兆光网精品小区"。完成 88% 的 OLT 上行 10GE 双链路改造,并根据业务发展规模,动态优化 PON 口资源实现精准支撑千兆家宽接入。截至 2018 年年底,互联网出口带宽为 1000G。 (杨 欣)

【"智能生活 慧选移动 517 通信狂欢节"主题活动】 2018 年 5 月 17 日,中国移动通信集团江苏有限公司镇江分公司、市经信委、市行管办举办以"智能生活 慧选移动 517 通信狂欢节"为主题的 2018 年世界电信日和信息社会日主题活动,活动现场设立人工智能产品展呈区,集中展示智能后视镜、智能手环、阿尔法小蛋、乐心血压计、智能门锁等智能化产品,现场讲解各种产品的智能应用,为群众普及人工智能的知识。 (杨 欣)

【中国联合网络通信有限公司镇江市分公司】 2018 年,中国联合网络通信有限公司镇江市分公司按照"五新联通"(新基因、新治理、新运营、新动能、新生态)战略部署,推进互联网化转型,推进企业创新发展。全年主营收入比上年增长 3.5%,利润增长 22.9%。

品质提升工程建设。重点开展以 NPS(Net Promoter Score)为牵引的品质提升工程,全年平均申诉率 1.5 件/百万户,申诉发生量 10.1 件。NPS1 - 4 季度均值为 8.79,全省列第二名;客户装机满意度为 98.5%,增长 0.5%;竣工及时率为 99.98%,增长 0.12%;24 小时开通及时率 88.96%,增长 6.79%;修障及时率为 98.19%,下降 0.59%;客户修障满意度为 99.56%,增长 0.13%;重复障碍率为 7.89%,下降 19.82%。

价值提升工程建设。实施"绿网行动",优化网络结构,储备 5G 资源,实现节能降耗。移动基站新建 125 个站点,高价值、高感知场景 4G 满足度超 90%,出口宽带总数 320G。全市具备 IPv6、智能专线、NB - IoT 的开放能力。开展 2/3G 网络减容工作,完成 189 台 L2100 RRU 扩容;推进光进铜退工作,年内割接用户 4000 多户,拆除电缆 0.9676 万线对千米;全面清查九级地址,提升九级标准地址的准确性,保障宽固业务的线上"一站式"受理。

市场经营工作。按照"实名制"要求,对在网业务开展专项清理,重点清查由于不合规业务造成的经营风险。管控经营方案、经营欠费及成本使用,强化"过程中"审核,提升营销活动运行水平。2018 年,镇江联通获评"2015—2017 市级文明行业",东方花苑营业厅获评"建设更高水平文明城市双美双优示范工程示范点"。 (高 飞)

广电网络

【概况】 2018 年,江苏有线镇江分公司推进高清惠民行动,探索有线电视与互联网、电视直播与互联网视频点播之间的深度融合,丰富市民精神文化生活;推出电视一体机产品,降低用户观看高质量、高品质视频内容的成本;推动广电宽带、互动电视、云媒体电视和数据专网的融合发展;加快跟进"智慧城市"建设步伐,加强公共文化服务体系建设。

广电网络播出保障。该公司提升机房安全播出保障等级,加强机房建设,更新完善相关设备;统一区县三级播控体系,减少区县公司的安全播出与运维压力。2018 年,该公司通过江苏省新闻出版广电局对镇江地区安全播出暨网络安全大检查。

公益性开机画面宣传。该公司发挥数字电视开机画面优势,为重大活动和社会公益事业营造舆论氛围。2018 年,发布国防日、国家安全日、公安局 WIFI 安全提醒、知识产权日、市八届人大二次会议、禁止燃放烟花爆竹等公益性开机画面 18 幅。

运营服务。该公司对服务站运营模式进行体制创新,实现业务支撑、考核管理、业务运营的分项管理,提升服务水平。产品内容上,以"酷开"系统试点为着力点,整合打包"家庭 60 融合套餐",直播内容和海量互联网视频融合,CCTV - 4K 超高清频道、足球高清频道落地入网。同时,在江苏省首先推出江苏有线定制一体机,降低用户享受高品质视频服务的成本。

其他工作。2018 年,该公司每年自行补贴 300 万元以上,为城市特困户、低保户、二级以上重度残疾人和民政福利企业减免有线电视费用;依托有关政策,为用户争取补偿初装费;保留 8 套模拟电视节目;免费为用户终身保修机顶盒。 (邱翠婷 李钟秀)

【江苏有线镇江分公司"智慧城市"建设】 2018 年,江苏有线镇江分公司加强"智慧城市"建设,通过京口老小区改造监控工程、"6·19"公安监控工程等项目,助力镇江市"智慧安防"建设;做好"320"道路监控、公安机房、平昌新城技防等项目的建设与维护;做好政务视频会议系统建设,成立专门的运维机构,保障省委和省纪委高清视频会议等政府项目系统安全稳定运行;完成镇江市区应急广播体系建设方案并通过省级专家组论证。 (邱翠婷 李钟秀)

综　述

【概况】　2018年，镇江市实施城建项目193个，完成投资257亿元，竣工项目98个，其中，市区实施城建项目146个，完成投资208亿元，竣工项目65个。太古山路竣工通车，团山路西段城市化改造主体贯通，新西门桥危桥改造完成，大港水厂一期具备试运行能力，市区新建、改造供水管网41千米，燃气管道102千米，完成老旧小区燃气立管改造1万户。

优化居住环境。实施老旧小区改造三年行动，对中营、朱方路等五大片区进行品质提升，建筑面积51万平方米，受惠群众近2万人。市区完成棚户区征收拆迁180万平方米，危房和空斗墙房屋解危2.37万平方米。深化物业管理全覆盖，推行第三方考核，5个项目获省级物业管理示范项目称号。建成孟家湾湿地公园等5个街头绿地，市区新增绿地150公顷。完成省园博会参展任务。

统筹城乡发展。以中央环保督察"回头看"、省委环保督察为契机，开展"263""116"专项行动。完成四明河、一夜河、虹桥港、御桥港、西团结河等5条列入省名录的黑臭水体治理任务，对新发现的13条黑臭水体落实"一河一策"整治方案。开展建成区污水管网全覆盖和污水全收集、全处理行动，整治问题排口、检查井230处。基本完成海绵城市试点城市3年建设任务。开展工地扬尘集中治理行动，按照"六个百分百"和"五到位一公示"要求，实行"一工地一档案"，对所有工地逐一验收检查，逐项销号管理，提升工地现场管理水平。

实施特色田园乡村建设，引导规划发展村庄，建设美丽宜居村庄，鼓励有条件的特色村和重点村创建特色田园乡村。丹阳市延陵镇九里村、句容市茅山镇丁庄村等6个村庄新入围省"特色田园乡村"建设第三批试点，镇江全市建成1个市级"美丽宜居镇"，启动10个市级"特色田园乡村"建设试点，完成236个规划发展村庄及居民点村庄生活污水治理工作，完成丹阳市和镇江新区96户"四类对象"农村危房改造工作。

推进建筑强市。出台《镇江市促进建筑业改革发展的实施意见》及配套政策，全市建筑业完成总产值698亿元，比上年增长9%；签订合同额1316亿元，增长6.6%。江苏省交通工程集团有限公司获批住房和城乡建设部公路工程施工总承包特级资质，实现镇江市建筑业企业特级资质"零的突破"，填补江苏省公路工程施工总承包特级资质空白。打造优质工程，创建国家优质工程奖1项、省优"扬子杯"24项、市优"金山杯"171项。推行农民工实名制管理，建立"一卡一户一平台"管理模式，保证农民工工资兑付到位。推进建筑产业现代化，创建省级建筑产业现代化示范园区和省级示范基地各1个，新开工装配式建筑面积270万平方米、成品住房面积150万平方米。全市累计新建节能建筑1223万平方米，获绿色建筑评价标识72项、总建筑面积401万平方米。

坚持"房住不炒"。市住建、工商、物价等部门定期开展市场检查，规范销售行为。推进长期租赁房建设，与中国建设银行镇江市分行合作共建"公有云"平台，打造政府主导的住房租赁管理服务系统。推进市区拆迁安置房权证办理，完成华诚一区、凤凰家园等37个小区3.9万户权证办理，占未办理权证安置房总数的91.62%；累计消除逾期安置4540套，占逾期安置总量的51.86%。

保障城市运行。完成江心洲（丹阳）水源地达标建设并通过省验收。开展易淹易涝点动态排查整治工作，新（改）建江南新村、六角桥等雨水泵站。强化住宅工程质量监管，开展质量潜在缺陷保险制度试点工作，实行质量通病责任标牌制度。开展建筑外墙保温层脱落问题专项检查，确保质量控制措施落实到位。统筹城市综合防护体系，建设某地下人防停车场，改造市地面人防指挥所。推进抗震设防工作，开展活动断层探测与地震危险性评价项目研究，实现辖区地震预警系统全覆盖，建成2个应急避难场所。

坚持改革创新。执行征收拆迁市统筹、区实施工作新机制，实行棚户区改造统筹管理和安置房统建统管，实现当年拆迁、当年完工。聚焦"微创新"，实施"微提速"，改善营商环境，市住建局政务服务事项全部实行"不见面审批"；推进"50"改革，市区工业建设项目施工许可办理时间平均压缩至25个工作日；简化施工和监理合同备案材料，精简省外勘察设计单位资质核验办理流程；推进施工图网上联合审查，市住建局牵头编制《江苏省施工图设计文件数字化审查标准》。市政务服务中心住建窗口被评为2018年度市级机关"十佳群众满意窗口"。

（蒋昊持）

2018 年镇江市房屋征收拆迁户数情况汇总表

表 15－1　　单位:户

序号	区域	实施户数	完成户数	完成率	国有			集体			其中当年项目			当年中国有			当年中集体			其中结转项目			结转中国有			结转中集体		
					实施户数	完成户数	完成率	实施户数	完成户数	完成率	实施户数	完成户数	完成率	实施户数	完成户数	完成率	实施户数	完成户数	完成率	实施户数	完成户数	完成率	实施户数	完成户数	完成率	实施户数	完成户数	完成率
一、市　区																												
1	京口区	4275	4275	100.0%	2123	2123	100.0%	2152	2152	100.0%	4166	4166	100.0%	2123	2123	100.0%	2043	2043	100.0%	109	109	100.0%	0	0	0	109	109	100.0%
2	润州区	1991	1981	99.5%	1451	1441	99.3%	540	540	100.0%	1695	1692	99.8%	1155	1152	99.7%	540	540	100.0%	296	289	97.6%	296	289	97.6%	0	0	97.6%
3	丹徒区	1393	1333	95.7%	0	0	0	1393	1333	95.7%	1102	1102	100.0%	0	0	0	1102	1102	100.0%	291	231	79.4%	0	0	0	291	231	79.4%
4	镇江新区	675	675	100.0%	0	0	0	675	675	100.0%	664	664	100.0%	0	0	0	664	664	100.0%	11	11	100.0%	0	0	0	11	11	100.0%
5	镇江高新区	538	530	98.5%	0	0	0	538	530	98.5%	453	453	100.0%	0	0	0	453	453	100.0%	85	77	90.6%	0	0	0	85	77	90.6%
市区合计		8872	8794	99.1%	3574	3564	99.7%	5298	5230	98.7%	8080	8077	100.0%	3278	3275	99.9%	4802	4802	100.0%	792	717	90.5%	296	289	97.6%	496	428	86.3%
二、辖　市																												
1	丹阳市	708	672	94.9%	82	46	56.1%	626	626	100.0%	626	626	100.0%	0	0	0	626	626	100.0%	82	46	56.1%	82	46	56.1%	0	0	0
2	扬中市	294	203	69.0%	9	7	77.8%	285	196	68.8%	188	157	83.5%	0	0	0	188	157	83.5%	106	46	43.4%	9	7	77.8%	97	39	40%
3	句容市	497	490	98.6%	497	490	98.6%	0	0	0	490	490	0	490	490	0	0	0	0	7	0	0	7	0	0	0	0	0
辖市合计		1499	1365	91.1%	588	543	92.3%	911	822	90.2%	1304	1273	97.6%	490	490	100.0%	814	783	96.2%	195	92	47.2%	98	53	54.1%	97	39	40.2%
全市总计		10371	10159	98.0%	4162	4107	98.7%	6209	6052	97.5%	9384	9350	99.6%	3768	3765	99.9%	5616	5585	99.4%	987	809	82.0%	394	342	86.8%	593	467	78.8%

（薛伟忠）

【自来水】 2018 年,镇江市自来水公司实现售水量 1.28 亿立方米,最高日供水量 43.93 万立方米,新增客户 4 万户,服务客户突破 65 万户。自来水水质综合合格率、管网水余氯合格率、管网水大肠菌群合格率、管网水浊度合格率和管网水压力合格率均为 100%。提升民众饮水品质和供水安全保障度,全年投入 2770 万元,新建、改造 DN75 以上管道 40.5 千米。大港水厂一期一步(10 万立方米/日常规处理)具备供水条件,完成金山水厂加氯系统改造,完成金西水厂深度处理工艺改造中试研究并通过专家评估论证。（郭　皓）

【天然气】 2018 年,镇江华润燃气有限公司敷设各类燃气管线 79 千米,组织各类燃气工程 430 项。重点实施道路工程镇荣公路二期、312 国道高压及句容东部干线等工程项目。工商配套工程重点实施鸿泰钢铁高中压、正丹化学等工程项目。完成地下老旧管网改造 83 千米,重点对东吴北路、三茅宫(1、3 区)、纬五路、医政路、花山路、盛达新村、二道巷、九里山庄、西苑新村、朱方花苑、花山湾(2、8 区)、朱方路、茶山小区等管道进行改造升级。完成老小区立管改造近 2 万户,重点对桃园、贺家弄、东门片区、健康运河片区、尚友片区、东吴路片区等立管进行改造出新。建成 LNG 储配站二期工程,应急储备能力由原先 105 万立方米提升至 210 万立方米。全年销售天然气 4.65 亿立方米,发展燃气用户 4.7 万户。（丁　宁）

2018 年镇江市城乡居民用电情况一览表

表 15－2

	城乡居民生活用电			城市居民用户数		农村居民用户数	
	用电量（亿千瓦·时）	增长率（%）	占比(%)	数量（万户）	占比(%)	数量（万户）	占比(%)
全市	31.31	11.59	100.00	82.8922	100.00	85.5609	100.00
市区	12.95	11.27	41.36	53.7343	64.82	19.5109	22.80
丹阳市	9.12	10.41	29.13	15.2593	18.41	28.3342	33.12
句容市	5.95	16.17	19.00	9.6697	11.67	28.7172	33.56
扬中市	3.30	8.32	10.54	4.2289	5.10	8.9986	10.52

（孟学阳）

城乡规划

【概况】 2018 年,镇江市以“精美镇江”为规划目标,加快规划编制步伐,强化城乡规划管理,提升依法行政和规划服务水平,推进城乡规划协调发展。

完善规划体系。启动总体规划修编核心专题中的城市发展战略规划和城市综合交通规划研究;完成中心城区 33 个控规单元的深化编制工作,出台《镇江市区控制性详细规划调整管理规定(试行)》;完成中心城区 360 平方千米外的乡镇范围内的总规修编工作,并同步对镇村布局规划进行优化调整,实现市区 1088 平方千米规划全覆盖。

强化规划编制。完善城市功能、彰显城市特色,完成《镇江市地下管线综合规划》《镇江高速快速路一体化规划》《镇江市主城区山体保护导则》《基于风貌保护的镇江中心城区城市设计高度研究》等规划编制。

加强规划研究。围绕未来城市发展的核心区域,组织开展《蒋乔土地整理与规划研究》《大禹山北片区规划研究》《古运河保护利用规划提升方案》《镇江东站片区道路网规划》《镇江南站优化提升方案研究》等规划研究,相关研究成果获应用。

实质性推动“多规合一”。完成“多规合一”信息平台的开发建设,年内实现试运行,完成《镇江市“多规合一”信息平台运行管理办法》《镇江市“多规合一”信息平台成果数据规范》《镇江市“多规合一”空间规划数据更新管理办法》的制定,同步完成《镇江市“多规合一”信息平台数据建库规范》《镇江市规划成果 CAD 提交标准》的编制。

坚持依法行政。完善管理制度,压缩自由裁量权,对 2 部规范性文件的部分条款予以修改,对 4 部规范性文件予以废止,研究制定《镇江市规划局城乡规划公开公示实施意见》《镇江市规划局重大建设项目方案审查工作规程》《镇江市规划局行政审批变更管理规定》;深化行政审批制度改革,制定《镇江市规划局关于规划分局“一书两证”赋权改革的工作方案》,完成《镇江市规划局行政许可(审批)委托书》等相关配套文件的起草;坚持“开门搞规划”,通过不同形式公开政府信息 2668 条,受理并回复依申请公开 69 条,规划方案批前公示分别在网站、微信公众号、《镇江日报》发布 307 条,受理回复各类网络问政 117 件,办理“12345”政府热线工单 268 件,受理函信 20 件,接待到访群众 300 余人次。

做好规划服务。组织召开 6 期市规委会规划审查会,审查 15 个项目;组织 8

期分管主任项目专题审查会，审查21个项目。全年办理建设项目选址意见书82项，选址许可面积371.55公顷；建设用地规划许可证209项，用地许可面积689.69公顷。建设工程规划许可证1495份，规划许可面积1072.9万平方米。竣工核实369件，核实面积345万平方米。提出2018年土地上市推荐计划，当年推荐地块20宗、167.07公顷，完成上市交易6宗、61.32公顷。

基础数据库更新维护。常态化动态更新与维护“镇江市中心城区1∶500、1∶1000地形图”“镇江市规划勘察地质数据库动态更新与维护”“规划方案三维辅助决策数据库”“智慧规划·移动展示数据”“地下综合管线数据”等5个基础数据库；开发完善多维度空间地理信息数据库；运用无人机倾斜摄影技术开展镇江市区第二批历史建筑测绘工作，建立历史建筑的高精度测绘档案，辅助历史建筑的还原与修缮保护，促进历史建筑的合理开发与利用；开展镇江市建设工程规划许可电子数据整理工作，为行政审批提供技术支持。

完成“无人测量船在城市河道测量中的应用研究”“利用盘压仪测定地基承载力的研究”“旧城改造中无人机遥感和移动GIS技术的应用研究”“镇江乡镇系列地图建设研究”等4项科研项目。（朱　娴）

【镇江市房屋安全管理动态信息系统】镇江市房屋安全管理动态信息系统项目结合GIS、空间数据库以及虚拟现实等技术，建立镇江市房屋安全基础信息数据库和房屋安全信息管理平台，完成房屋基本信息、空间位置、健康状况和安全鉴定结果的录入，以房屋地理编码为纽带，串接不同时期的房屋安全信息和整改信息，实现房屋生命周期的全事件跟踪和业务可视化管理，为房屋安全应急响应提供决策支持。2018年，该项目获江苏省测绘地理信息科技进步三等奖。（宋大明）

【镇江市历史建筑测绘】2018年，镇江市历史建筑测绘项目获中国地理信息产业优秀工程铜奖。项目位于镇江市润州区大龙王巷内，南至宝盖路，北至大西路，西至伯先路，东至山巷。现场采集历史建筑各层节点、屋顶平面节点、构造节点等反映建筑特征的点位信息；采用基于倾斜摄影的实景三维技术对大龙王巷历史建筑三维数字化还原；构建基于镇江坐标系和1985国家高程基准的真实立体倾斜三维模型，根据测绘数据，绘制历史建筑测绘图，并运用三维成果对绘制的立面图进行精度检核，编写历史建筑工程研究报告，编制历史建筑档案图集，为历史建筑保护修缮提供详细资料。（宋大明）

【句容市三维数字城市建设】句容市三维数字城市建设项目主要对句容市行政辖区范围内的核心区块及规划区域，制作精细模型；对主要道路及沿街主要建筑及标志性建筑依据现状制作标准模型；对其他非重点表现区域制作简模。建立的句容市区二维及三维地理空间数据库可实现规划管理方面，如方案浏览、综合测量、方案编辑与对比、规划分析等多个功能应用及分析，实现科学化、精细化的城市规划管理。2018年，该项目获省城乡建设系统优秀勘察设计类城市勘测三等奖和镇江市优秀勘察设计城市勘测一等奖。（宋大明）

【多维度空间地理信息数据库建设】多维度空间地理信息数据库建设项目以多维度空间地理信息数据库为依托，集成基础地理信息数据及其他专题数据，通过构建“1+3+N”的数据服务框架，构建一个权威统一的多维度空间地理信息大数据库，实现数据资源的标准统一、形式规范、集中管理和交换共享，满足规划等各部门对地理信息服务的需求。其中，“1”是指以测绘院基础地理数据为框架；“3”是指重点整合规划、建设、管理数据，落实城市工作会议精神，建立规划建设管理的空间数据库；“N”是指叠加其他部门相关专题数据，进行专题数据库的建设，从而实现数据的共享与服务。2018年，该项目获省优秀测绘地理信息工程二等奖和镇江市优秀测绘工程一等奖。（宋大明）

【上市地块三维空间信息分析】上市地块三维空间信息分析项目综合运用虚拟现实、遥感、地理信息系统、数据库等信息技术，建立含有建筑高度、建筑容积率、绿地面积等信息的二维数据库和含有真实地形地貌和建筑模型等信息的三维数据库，以二、三维立体方式呈现详细的地块规划方案及相关联的属性信息和规划指标信息，结合GIS三维空间分析工具，为规划人员提供具体的分析数据，在政府决策时提供更科学、更精细的技术支撑。2018年，该项目获省优秀测绘地理信息工程三等奖和镇江市优秀测绘工程二等奖。（宋大明）

【高资、高校园区综合管线普查项目】高资、高校园区综合管线普查项目实施范围包含高资、高校园区，面积约78平方千米，探查各类管线点23844个，探测各类管线长度总计639.7千米，实现镇江市规划区范围地下管线普查数据的全覆盖。2018年，该项目获省优秀测绘地理信息工程二等奖和镇江市优秀测绘工程二等奖。（宋大明）

【镇江市城乡建设档案管理处】2018年，镇江市城乡建设档案管理处根据省住建厅部署开展江苏省建设档案在线接收试点工作，参与档案在线接收系统调研讨论、改进意见等工作，选取8个建设工程对各工程项目相关负责人以及辖市城建档案馆业务人员进行江苏省建设工程档案资料在线接收培训。开展城建档案上门指导服务50余次，并重点做好五凤口高架工程、官塘桥路工程、解放路整治工程、电力路提升改造工程等市政基础设施项目的指导和接收工作，全年出具建设项目档案专项验收意见书797份，出具建设工程档案接收证明书133份，签订“建设工程档案报送责任书”266份。工程竣工档案按照纸质档案、声像档案、电子档案三位一体的要求接收，同时接收、审核未办手续的历史遗留工程档案。全年接收建设工程竣工档案项目902个，接收规划及其他管理类档案3714个，接收电子档案项目346个并做好数字化工作转入档案管理系统，全年完成830个电子档案和规划竣工测量档案的数据转入工作、1200余卷规划管理电子档案转入工作。整理入库工程竣工档案、规划管理类档案、招投标档案等1812个工程16443卷，扫描各类档案46769张（文图），对馆库14465卷、6044盒档案进行消毒。

加快声像档案资源收集。针对高校园区、丁卯高架、凤凰文化广场、火车站北广场、禹山北面江滩、京杭大运河谏壁段等52项城市重点工程与京口工业园运河东部、何家湾、航运新村等21个棚户区现状，加大拍摄收集力度。根据省住建厅的要求，对江苏省人居环境整治后新貌进行系统全面的拍摄。协办“规划记忆镇江40年图片展”。同一角度拍摄，形成城市新旧面貌的对比，反映改革开放40年来，镇江城市规划、建设发生的变化，并为以后的城市变迁研究留下历史素材。全年存档照片1246幅，摄像334GB，拷贝拍摄档案39806张、电子档52G。

做好查档接待工作，全年接待查档1679人次、供档4002卷次，复印文图17366张，并做好查档接待登记与利用效果跟踪反馈工作，编写档案利用效果典型案例30例。工作日午间推延下班时间，为办事的群众提供查档服务。

（万　迟）

海绵城市建设

【概况】　2018年，镇江市推进海绵城市建设试点工作并取得新进展。全市海绵城市建设实施70个项目，投资10亿元，年内完成45个项目，完成投资5.5亿元。开工建设龙门雨水泵站、沿金山湖CSO溢流污染综合治理、黎明河CSO溢流污染综合治理等海绵城市建设重点工程项目。建成镇江海绵公园、孟家湾海绵公园等一批海绵城市设施。对照国家海绵城市建设绩效考核评价指标，完成镇江市试点目标指标：年径流总量控制率为75%；生态岸线恢复1.2千米；天然水域面积保持度为6.2%；地表水体水质达标率75%，Ⅳ类以上；初雨污染控制为60%；雨水资源利用率4.7%；防洪堤达标率100%；内涝防治标准达30年一遇等。

（张　宁）

【海绵制度体系建设】　2018年4月16日，镇江市印发实施《镇江市海绵城市专项规划（2015—2030年）》，同时，加强各部门之间联动，深化全市共建海绵理念，市各有关部门出台《加强海绵城市建设宣传工作的实施意见》《培育发展海绵产业和海绵经济的指导意见（试行）》《在中小学开展海绵城市建设与管理科普知识教育活动的通知》《进一步加强海绵城市规划建设和管理的实施意见》等文件，为全市推动镇江市海绵城市建设提供制度保障。镇江市海绵城市建设PPP项目完善组织架构、人员结构、制度建设和应急预案等内部管理体系，构建覆盖投资、建设、运营全生命周期的管理模式和绩效考核机制。

（张　宁）

城市建设重点工程

【概况】　2018年，镇江市市区计划实施城建项目152个，年度投资221亿元，其中，续建项目46个，年度投资90亿元；新建项目106个，年度投资131亿元。市区实际实施城建项目146个，完成投资208亿元，分为综合交通建设、市政公用设施建设、宜居工程建设、环境治理、旅游景区建设等五方面。其中，镇江新区至丹阳高速公路、丁卯桥路快速化改造、太古山路（檀山路北延）及综合管廊建设、新西门桥危桥改造、宜东铭苑三期、光华路公租房、镇江火车站南北一体化改造、长江－12.5米深水航道工程、江心洲水源地保护、西团结河上段整治、虹桥港水环境整治、一夜河生态修复等65个项目完成。

（沈执中）

2018年镇江市城建竣工项目一览表

表15－3

序号	项目名称	主要建设内容及规模	新建、续建	建设周期
合计	市级政府投资项目	65个	—	—
（一）	市住建局	17个	—	—
1	新西门桥危桥改造	长40米，宽25米	续建	2017年1月—2018年6月
2	市区及农村供水管网改造	改造市区影响供水安全的老旧管道2000米，乡镇内部供水管网15千米（含消火栓改造）	新建	2018年1月—2018年12月
3	江心洲水源地保护	一级保护区设置围栏、警示牌、宣传牌，视频监控系统	新建	2018年1月—2018年12月
4	直管公房修缮	修缮直管公房1万平方米	新建	2018年1月—2018年12月
5	市三中周边道路改造（西府街）	西府街：双井路—斜桥街，长约237米	新建	2018年1月—2018年12月
6	江滨路取直工程	东吴北路—滨水路，长约300米，宽33米	新建	2018年1月—2018年12月
7	陈家门路（新特教中心东侧道路）	南徐大道—团山路，长约520，宽20米（涉及约200平方米征收拆迁）	新建	2018年1月—2018年9月
8	镇江高校园区污水泵站工程	建设规模1.2万立方米/天	新建	2018年1月—2018年12月
9	街巷、积水区整治	完成约1万平方米街巷改造及10个积水区整治	新建	2018年1月—2018年12月
10	老旧小区改造	完成约50万平方米市区老旧小区整治	新建	2018年1月—2020年12月
11	虹桥港整治	完成水质修复，对初期雨水进行处理	续建	2017年7月—2018年12月
12	一夜河、光明河生态修复	进行综合整治，消减水体黑臭现象	续建	2017年10月—2018年6月
13	道路绿化提升	结合道路绿化管养移交、海绵城市建设、“宜城”品质提升等要求，对城区部分道路绿化及街头绿地进行提升改造	新建	2018年9月—2018年12月
14	农村生活污水处理项目	丹徒区完成24个规划发展村庄	新建	2018年1月—2018年12月
15	农村生活污水处理项目	丹阳市完成100个规划发展村庄	新建	2018年1月—2018年12月
16	农村生活污水处理项目	句容市完成52个规划发展村庄	新建	2018年1月—2018年12月
17	农村生活污水处理项目	扬中市完成60个居民点和村民小组	新建	2018年1月—2018年12月
（二）	市交通运输局	2个	—	—
1	镇江新区至丹阳高速公路	全长21.7千米，双向四车道高速公路	续建	2015年1月—2018年12月
2	农村公路提档升级	农路提档升级200千米，农桥改造15座	新建	2018年1月—2018年12月

续表 15-3

序号	项目名称	主要建设内容及规模	新建、续建	建设周期
（三）	市城管局	3 个	—	—
1	宗泽路基站危房改造	危房拆除，新建 4376 平方米基站用房	续建	2017 年 6 月—2018 年 12 月
2	市区夜景灯光建设工程	梦溪广场、解放路泵站、物价局大楼、滨江一号商务楼、平政桥泵站等楼宇，南徐新城主要干道两侧楼宇、绿地、广场等	新建	2018 年 3 月—2018 年 12 月
3	长江 -12.5 米深水航道工程	整治河段约 108 千米，包括修建潜堤、丁坝等整治建筑物，并对原有水下抛石护岸进行加固，护岸总长约为 40035 米，同时实施疏浚工程	续建	2015 年 1 月—2018 年 12 月
（四）	市水利局	2 个	—	—
1	扬中市 2017 年长江崩岸段干堤复建和岸线守护应急治理工程	复建干堤 1331 米，守护岸线 4400 米	新建	2018 年 1 月—2018 年 12 月
2	古运河上段生态护岸、丹徒闸河道清淤项目	仿杉木桩驳岸加固总长 490 米，挡墙维修加固总长 8.42 千米。丹徒闸枢纽清淤总长 168.4 米，清淤总土方量约 2800 立方米	新建	2018 年 1 月—2018 年 7 月
（五）	京口区政府	3 个	—	—
1	两河整治工程	老鼠山河（京杭运河口—谏辛公路段）长 700 米、宽 18 米；华村沟河（京杭运河口—谏辛公路段）长 1000 米、宽 18 米	新建	2018 年 1 月—2018 年 12 月
2	大市口斜桥街商圈环境改造提升工程	八佰伴南广场地下通道及出入口改建扩建，增设约 400 平方米市民下沉式休息广场，增设自动扶梯，新建地面出入口不锈钢雨棚、美化建筑和灯光效果	新建	2018 年 3 月—2018 年 12 月
3	东部圩区水系综合整治	对二夜河、大寨港、前进港等东圩区河道实施清淤、边坡治理及沿线排口整治	新建	2018 年 1 月—2018 年 10 月
（六）	润州区政府	4 个	—	—
1	西团结河中段河道合整治（润兴路以西—老 312 国道）	完成河道清淤、岸坡整理和绿化景观。	新建	2018 年 1 月—2018 年 12 月
2	御桥港中段综合整治	对沪宁铁路桥—团山路桥段约 1.9 千米河道进行清淤，沿线排口整治	新建	2018 年 1 月—2018 年 10 月
3	御桥港下段综合整治	对沪宁铁路—运粮河段约 500 米河道清淤、边坡治理及景观绿化建设，沿线排口整治	新建	2018 年 1 月—2018 年 10 月
4	南山街道下黄山村棚户区城中村改造	征地 29.2 公顷，房屋拆迁 1.7 万平方米，庙宇搬迁 2000 平方米，高压杆线迁移 1.3 千米，道路建设长 1300 米、宽 30 米，城市绿化建设 10 万平方米	新建	2018 年 1 月—2018 年 12 月
（七）	丹徒区政府	7 个	—	—
1	盛园路道路环境综合整治工程	谷阳大道—新 312 国道，全长约 3675 米，宽约 30 米	续建	2017 年 8 月—2018 年 12 月
2	长香东大道道路环境综合整治工程	高速支线—老 312 国道，全长约 1937 米，宽约 40 米	续建	2017 年 8 月—2018 年 12 月
3	宜东铭苑三期	位于龙上路以北，大港中学以东，总建筑面积约 9 万平方米	续建	2016 年 11 月—2018 年 12 月
4	朝阳河护坡改造	护坡全长 2.5 千米	续建	2017 年 8 月—2018 年 12 月
5	省级特色田园乡村建设	建设世业镇世业村还青洲、世业镇世业村永茂圩、世业镇先锋村一组 3 个特色田园乡村	续建	2017 年 10 月—2018 年 12 月
6	御桥港上段综合整治	对长山提水站—白龙山路段约 1.3 千米河道清淤、边坡治理及景观绿化建设，封堵沿线排口、铺设截污水管网	新建	2018 年 1 月—2018 年 10 月
7	丹徒区城中村改造项目	镇南片区等 9 个地块城中村改造，房屋拆迁 2065 户，改造面积 36.75 万平方米，其中 2018 年完成拆迁 1132 户，改造面积约 20.13 万平方米	新建	2018 年 1 月—2018 年 12 月
（八）	镇江新区管委会	6 个	—	—
1	丁卯片区路网建设	经四路（联结纬一路—纬二路段），纬二路（联结谷阳路—经五路段）	续建	2017 年 6 月—2018 年 12 月
2	光华路公租房	位于镇江新区银山西路与周章路交叉口西北边，6 栋住宅，总建筑面积 10.7 万平方米	续建	2016 年 5 月—2018 年 8 月
3	港南路公租房	项目占地 5.06 万平方米，建筑面积 10 万平方米	续建	2013 年 4 月—2018 年 8 月

续表 15－3

序号	项目名称	主要建设内容及规模	新建、续建	建设周期
4	区内水环境整治	丁岗团结河流域环境整治，大港河、丁卯团结河流域环境整治，新竹河源头整治，建设镇江新区北港河西端引水泵站工程	续建	2017 年 12 月—2018 年 12 月
5	圌山新增护林防火通道	护林防火通道 2480 米，宽 2 米，配套建设防火物资，人员疏散平台，护林知识宣传牌等（按绿道要求进行建设）	新建	2018 年 3 月—2018 年 12 月
6	大港片区路网建设	北港北路	新建	2018 年 6 月—2018 年 12 月
（九）	镇江高新区管委会	6 个	—	—
1	西团结河上段整治	老312 国道—汽修厂，沿线实施截污纳管，河道清淤疏浚，消除黑臭现象	新建	2018 年 1 月—2018 年 12 月
2	中能建配套道路建设	南徐大道西端扫尾道路，未实施到位的 350 米路面及绿化、路灯；广庆电子门前—蚕桑路与东升路交叉处（中能建一期项目北侧），未实施到位的 340 米道路	续建	2017 年 12 月—2018 年 12 月
3	西团结河中段截污纳管	润兴路以西—老 312 国道段，封堵排口、沿线铺设污水管网	新建	2018 年 1 月—2018 年 12 月
4	七里河水环境整治	对七里河河道进行集中整治，解决南徐大道下雨积水问题；修建污水提升泵站或闸口，改善七里河水质；河道上、下段进行截污、疏浚，中段进行水利、景观等系统整治工作	新建	2018 年 3 月—2018 年 12 月
5	御桥港中段综合整治	对团山路桥—白龙山路桥段约 1.8 千米河道进行清淤，沿线排水口整治	新建	2018 年 1 月—2018 年 10 月
6	西部圩区水系综合整治	对长江路以南二道河及五摆渡河等河道进行清淤、边坡治理及沿线排口整治	新建	2018 年 1 月— 2018 年 12 月
（十）	市城建产业集团	3 个	—	—
1	西部圩区水系、西团结河下段综合整治	主要为头道河、二道河、三道河、五摆渡河、百花河、银山河、太平河、环湖河河道及西团结河下段整治	续建	2017 年 1 月—2018 年 12 月
2	太古山路及综合管廊建设	中山西路—宝盖路，长 860 米，宽 32 米，结合道路工程实施管廊建设	续建	2015 年 1 月—2018 年 12 月
3	小龙山山体综合整治及环境提升建设项目	进行山体治理和水体治理，结合现有山水资源，配套建设公园、绿地等	新建	2018 年 1 月—2018 年 12 月
（十一）	市交通产业集团	5 个	—	—
1	官塘绿苑安置房	建设官塘绿苑二期、三期等安置房	续建	2013 年 1 月—2018 年 12 月
2	镇江火车站南北一体化改造	包括南广场站房、站台、雨棚、地道、天桥、站场配套；北广场地面改造，占地面积约 1.6 公顷；北广场地下停车场改造，新增停车位 150 个	续建	2015 年 6 月—2018 年 6 月
3	丁卯桥路快速化改造	全长 6 千米，主线采用双向 6 车道，辅道双向 6 车道，局部双向 4 车道，路幅宽 60 米～73 米	续建	2017 年 1 月—2018 年 6 月
4	官塘片区配套道路	位于官塘片区内，建设官平山路	续建	2017 年 12 月—2018 年 12 月
5	李家山片区配套道路	檀山路东辅道，总长 542 米，宽 10 米；李家山路，长约 653 米，宽 24 米	新建	2018 年 1 月—2018 年 12 月
（十二）	市文旅集团	2 个	—	—
1	新河西岸路北延项目	江南桥—航道路，长约 660 米，宽约 20 米	续建	2017 年 1 月—2018 年 12 月
2	江南新村危房加固工程	总面积约 8560 平方米	新建	2018 年 1 月—2018 年 12 月
（十三）	市国控集团	2 个	—	—
1	岗子下安置房工程一期项目	总用地面积 0.95 公顷，建筑面积 4.35 万平方米，287 套	续建	2016 年 2 月—2018 年 6 月
2	周家河下段综合整治	约 470 米河道拓宽、清淤、生态治理及景观绿化建设	新建	2018 年 1 月— 2018 年 12 月
（十四）	土地储备中心	1 个	—	—
1	小龙山路西延、蛋山路南段项目	同左	续建	2017 年 5 月—2018 年 12 月
（十五）	高校园区建设指挥部	1 个	—	—
1	镇江市委党校新校区建设	同左	续建	2015 年 1 月—2018 年 12 月
（十六）	镇江供电公司	1 个	—	—
1	输变电工程建设	220 千伏姚桥、110 千伏云台、110 千伏丁岗	续建	2017 年 6 月—2018 年 12 月

（沈执中）

村镇建设

【概况】 2018 年,镇江市建成 1 个“美丽宜居镇”,启动 10 个“特色田园”试点村,8 个村庄入选省级“特色田园乡村”试点。全年投资约 3.8 亿元,用于农村生活污水处理设施建设,完成 236 个规划发展村庄和居民点生活污水治理,全市建制镇用水普及率 100%,污水集中处理率 55.25%,绿化覆盖率 27%。

(何艳娟)

【8 个村庄入选省级“特色田园乡村”建设试点】 2018 年,镇江市 8 个村庄入选省级“特色田园乡村”第二、三批试点。分别是,第二批试点:句容市茅山风景区管委会李塔村陈庄、天王镇唐陵村东三棚。第三批试点:丹阳市延陵镇柳茹村柳茹、延陵镇九里村九里;句容市茅山镇丁庄村丁庄、后白镇西冯村西冯;扬中市八桥镇利民村六圩埭;丹徒区上党镇上会村东宝庄、毛家榨。截至年底,镇江市有 11 个村庄被列为省级试点村庄。

(何艳娟)

房地产开发

【概况】 2018 年,镇江市(含下辖丹阳、扬中、句容市)商品房累计批准预售 966.56 万平方米,其中,市区商品房累计批准预售 497.02 万平方米,比上年增长 67.68%。全年商品住房累计批准预售 855.91 万平方米,其中,市区商品住房累计批准预售 430.78 万平方米,增长 61.73%。截至年末,全市商品房累计可售面积为 1266.21 万平方米。其中,市区商品房累计可售面积为 573.69 万平方米,增长 51.23%。全市商品住房累计可售面积为 871.94 万平方米,其中,市区商品住房累计可售面积为 378.85 万平方米,增长 102.6%。

全市商品房累计销售 728.68 万平方米,销售金额为 686.66 亿元,其中,市区商品房累计销售 305.04 万平方米,下降 20.03%,销售金额为 264.05 亿元,下降 9.76%。商品住房累计销售 53884 套,销售面积 658.2 万平方米,销售金额为 608.9 亿元,其中,市区商品住房累计销售 23181 套,销售面积 271.74 万平方米,销售套数下降 20.82%,销售面积下降 20.22%。销售金额为 227.36 亿元,下降 9.77%。

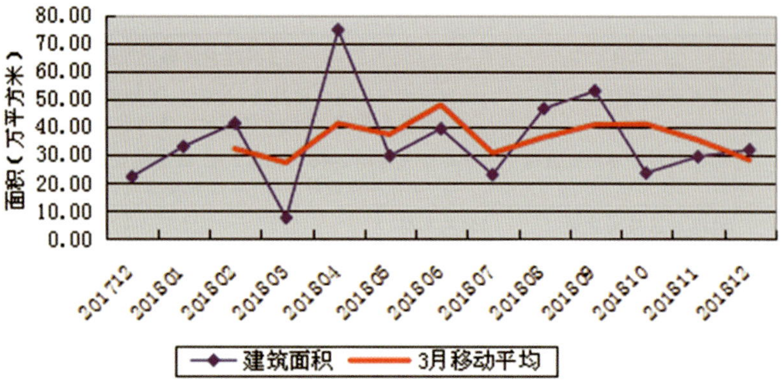

图 15-1 2017 年 12 月—2018 年 12 月商品住宅月度新增供应情况图

(张世顺 供稿)

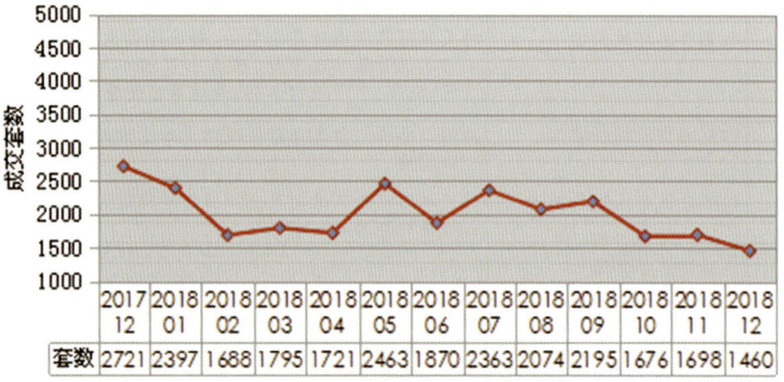

图 15-2 2017 年 12 月—2018 年 12 月新建商品住房月度成交走势图

(张世顺 供稿)

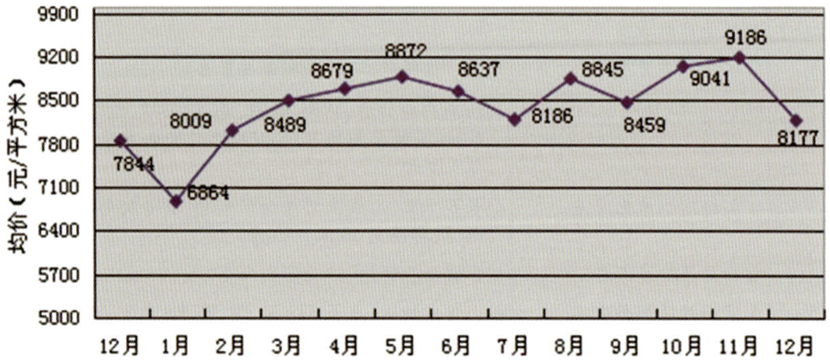

图 15-3 2017 年 12 月—2018 年 12 月商品住房(不含别墅)月度算数均价走势图

(张世顺 供稿)

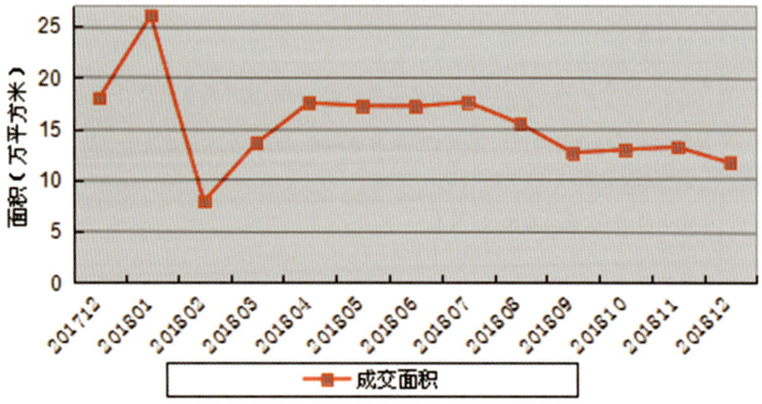

图 15-4 2017 年 12 月—2018 年 12 月二手住房成交走势图(张世顺 供稿)

截至12月末,全市商品住宅去化周期约为16个月,市区商品住宅去化周期约为17个月。

镇江市区计划实施棚户区(城中村)改造6000户,实际完成改造7024户。市区实施危房和空斗墙房屋解危面积23675.05平方米。

(张世顺 韩 峰)

【保障性安居工程】 2018年,镇江市动态调整住房保障准入标准,其中,低收入标准由家庭人均月可支配收入1700元(含)以下调整为1800元(含)以下,中等偏下收入标准由家庭人均月可支配收入2600元(含)以下调整为2800元(含)以下。 (蒋昊持)

建筑业

【概况】 2018年,镇江市完成建筑业总产值698亿元,比上年增长9%;签订合同额1316亿元,增长6.6%,其中,当年新签合同额651亿元,增长10.5%;缴纳税金35.1亿元,增长35.1%;房屋建筑施工面积1997万平方米,下降10.4%,其中,当年新开工面积770万平方米,增长8.8%;市外产值为363.81亿元,占全市建筑业总产值的52.1%,增长15.4%。

江苏省交通工程集团有限公司(企业驻地镇江市)通过公路工程施工总承包特级资质审批,实现镇江市特级资质施工企业零的突破,成为江苏省第一家公路工程施工总承包特级资质企业。全年完成10批建筑业企业资质核准,新申报企业196家,增项资质申报企业126家。新晋级房建、市政、通信、环保总承包二级资质企业6家,新晋级装饰、消防设施工程、电子与智能化、地基与基础工程专业承包一级资质企业5家。全市有建筑业资质企业1269家,具有施工总承包资质项企业1219家,其中一级资质47家、二级资质199家、三级资质973家,分别占比3.8%、16.4%和79.8%;具有专业承包资质项企业1621家,其中,一级资质106家、二级资质616家、三级资质728家、不分等级资质171家,分别占比6.5%、38.0%、44.9%和10.5%;具有劳务资质项企业113家。

全年镇江市市区招标项目368个,当地企业中标260个,中标率70.82%;中标总金额41.86亿元,占中标价总额的60.83%,下降16.11%。直接发包88个项目中,当地企业承包项目42个,承包率47.72%;承包金额10.36亿元,占总发包价的15.19%。

全市有4家企业获评2017年度江苏建筑业"百强企业",分别为:江苏镇江安装集团有限公司、中国能源建设集团江苏省电力建设第三工程有限公司、江苏合发集团有限责任公司、江苏山水环境建设集团股份有限公司。江苏中森建筑设计有限公司、江苏山水环境建设集团股份有限公司、镇江建工建设集团有限公司、镇江索普建筑安装工程有限责任公司、镇江四建建设有限公司、江苏拓科集团有限公司、江苏广兴集团有限公司、江苏华飞建设集团有限公司、镇江第二建筑工程有限公司等9家施工企业入选江苏省工程总承包试点企业。

镇江市施工企业参与创建"鲁班奖"4项,主创房建项目国家优质工程奖1项;参与创建国家优质工程奖6项,主创建筑工程装饰奖6项。有3家企业参建的4个项目获2018—2019年度中国建设工程鲁班奖,分别为:江苏镇江安装集团有限公司参建的南京青奥体育公园市级体育中心体育馆、中铁桥梁科技大厦,江苏省交通工程集团有限公司参建的南京长江四桥,江苏合发集团有限责任公司参建的重庆江北国际机场东航站区及第三跑道建设工程新建T3A航站楼及综合交通枢纽。镇江建工建设集团有限公司承建、镇江建科工程管理有限公司和江苏四达装饰有限公司参建的西津音乐厅及实验剧场工程获2018年—2019年度第一批国家优质工程奖。全市创成省"扬子杯"优质工程项目22个,171个项目被评为镇江市"金山杯"优质工程。评出市优秀QC小组成果一等奖12项、二等奖26项、三等奖68项、优秀奖62项。评选发布市级工法16项,获评省级工法14项。有13项工程获评市建筑业新技术应用示范工程,15项工程进入江苏省新技术应用示范工程评审阶段。创建省级文明标准化工地55个、市级文明标准化(示范)工地108个。

(鲍习文)

【建筑市场秩序管理】 2018年,在质量、安全监管机构开展日常监督基础上,镇江市区及各辖市(区)同步开展二次建筑市场综合执法大检查,重点检查项目管理人员在岗履职情况、参建各方建筑市场行为及实体质量安全状况,打击围标、串标和"三包一靠"行为,加大对未批先建等违法、违规行为的处罚力度,促使参建各方规范市场行为、强化现场管理、在岗履职到位。

全年工程建设领域立案查处案件292件,办结271件,处罚企业306家,累计收缴罚款1218.99万元。市区累计查处各类案件92件(结转27件,新立案65件),其中,未办理施工许可证类案件66件;未组织竣工验收,擅自交付使用案件1件;擅自拆改墙体案件2件;违反建筑节能标准案件3件;出具虚假工程造价成果文件案件2件;未按照扬尘污染防治方案采取防尘降尘措施案件13起;工程未依法进行招标案件5起。下发行政处罚决定书149份;处罚企业76家、个人73人;累计罚款金额1517.72万元,收缴到位838.17万元。 (鲍习文)

【实名制管理】 2018年,镇江市住建局、市人社局、人民银行镇江支行印发《镇江市建设领域从业人员实名制管理暂行办法》和《镇江市建设领域农民工工资专用账户管理暂行办法》,通过建立"一卡一户一平台"管理模式,要求新报监工程落实实名制信息化和银行代发农民工工资管理制度。同时,市住建局、市人社局组织辖市、区层级督查,推进建设领域农民工工资治欠保支"四项制度"(实名制管理、农民工工资专用账户管理、按月足额支付工资、农民工工资保证金)的落实。 (鲍习文)

【企业诚信体系建设】 2018年,镇江市住建局、市信用办先后研究制定《镇江市建筑业企业信用管理实施细则(试行第五版)》《镇江市建筑业企业信用管理实施细则(试行第六版)》,根据新的评价标准,完成信用评价信息系统的调整更新工作,6月25日、12月28日根据第五、六版实施细则评价并发布2018年第一、二次信用分,信用评价结果与建设工程招投标过程直接挂钩,发挥企业信用评价引导作用,实现施工现场与招投标市场的"两场联动",督促建筑业企业提高现场管理水平。 (鲍习文)

【工程安全管理】 2018年,镇江市印发《关于推行镇江市住宅工程质量潜在缺陷保险试点的实施意见》,将主体结构和房屋保温工程、屋面及地下室防水、裂缝、渗漏等纳入保险范围,要求保险公司聘请工程质量安全风险管理机构对保险责任内容实施风险管理,并在"江山樾""碧桂园玖仰""美的城"等项目开展试点。

在开展建筑施工安全专项整治方面,镇江市采取全面检查与重点检查相结合、自查与抽查相结合、明察与暗访相结合的方式,每季度开展建筑施工安全专项整治,强化重大节假日和事故高发时节的安全检查,重点对脚手架、特种设备、深基坑防护、临时用电、高大模板支撑系统、施工现场消防等危险性较大的分项工程进行检查和整治，杜绝发生群死群伤事故。全市安监机构抽查标段工程846个，发现安全隐患、扬尘超标等问题11878条，发出整改通知书2977份，停工、局部停工整改通知书2159份，办理安全中止406份，约谈企业150余次。其中，市区下发整改通知161份，停工整改通知380份，回复办结“12319”热线投诉和大城管转办案件533件。此外，镇江市还对全市建筑施工安全生产工作分季度进行专项督查，重点检查每季度专项整治工作落实、扬尘整治、消防安全、事故处理等情况，对检查情况及时印发通报，并将通报表扬或批评项目计入企业信用分。全市全年抽查工地24个，要求辖市（区）安监部门下发整改通知书10份。（鲍习文）

【建筑产业现代化】 2018年，镇江市印发《关于加强装配式建筑监管工作的通知》，建立施工图审查、施工方案论证、PC构件生产管理、工程质量检测与验收等装配式建筑质量安全全过程监管体系，规范装配式建筑参建各方市场行为。出台《镇江市建筑装配式建筑预制混凝土构件生产技术导则》《关于对装配式建筑PC构件生产供应单位生产技术能力实行登记管理的通知》，明确未按要求进行生产技术能力登记认证企业生产的PC构件不能用于镇江市范围内的在建工程。全年全市有7家PC构件生产企业按要求完成生产能力登记工作。全年镇江市区先后公开出让8幅地块，均在出让土地中明确装配式建筑比例、预制装配率（预制率）、成品住房比例等技术指标，出让地块共明确装配式建筑面积约133.8万平方米，成品住房比例为100%。

句容市下蜀镇通过省级建筑产业现代化产业园评审，中交二航三公司大路PC构件厂创成省级建筑产业现代化示范基地，此外，镇江市评出市级示范基地10个、示范项目8个。全市有国家级示范基地2个、省级产业园区1个、省级示范基地及项目各5个，创建市级示范基地23个、市级示范项目22个，PC构件生产供应到南京、苏州、泰州等城市。

镇江市组织全市工程检测机构、质量监督机构、装配式建筑施工图拆分及PC构件深化设计单位从业人员和工程质量检测见证员和取样员免费培训，提升从业人员专业技能和管理水平，培训人员1000余人次。印发《关于征集镇江市建筑产业现代化专家库的通知》，征集全市建筑产业现代化设计、施工、造价、审图、PC构件生产方面专家，通过个人申报、组织筛选加入专家库，截至年底，专家库内有各类技术专家95人。为推进建筑产业现代化，镇江市推出有关激励政策，对市区远洋三期、绿地新里城、美的城、中南银城樾府等多个装配式建筑项目按规定给予办理提前预销售与邀请招标相关手续。（鲍习文）

城市管理

【概况】 2018年，镇江市城管系统组织各类专项整治。牵头开展占道经营、户外广告、渣土扬尘等专项整治；连续实施10轮月度“集中拆违行动”，市区累计拆除违建45.2万平方米。

打好污染防治攻坚战。实施有关专项行动，牵头开展露天烧烤、废品回收、路边洗车摊点整治，完成预期目标任务。主城区277辆渣土车完成篷布软覆盖改造，购置2辆新型智能环保渣土车。市区40条主要道路洒水频次每天12次，其他道路洒水频次每天4次，并实施高炮喷雾抑尘作业。推进西南片区和东部片区环境整治，通过市人大常委会专项评议。

开展生活垃圾分类。编制《镇江市城乡生活垃圾分类和治理三年行动计划（2018—2020）》和《镇江市城乡生活垃圾分类设施设备配置标准（试行）》，全市257个居民小区、424个党政机关开展分类试点；新增改装分类垃圾桶11813个，主次干道垃圾分类投放设施覆盖率近80%。出台《镇江市城市生活垃圾处理收费管理办法》。

优化长效管理体系。完善网格化管理模式，推动管理资源、专业部门、作业力量进网格。制定“智慧城管”建设方案并推进。开展环境卫生清洁、市容环境美化、市政设施改善、文明秩序整治、综合督查增效“五大行动”，助推更高水平文明城市建设。创新成立“城管·学校联盟”，整合双方资源共同参与城市管理。

推进民生工程建设。全市新建、升级改造环卫公厕42座，另有8座主体完工。完成全市（含丹阳、句容、扬中）停车泊位存量普查，统计全市停车泊位317759个，全市新增停车泊位10658个；市区道路临停泊位实现“互联网+地磁”试运行，市区扫码停车率为55%。加强南徐片区、长江路风光带等区域夜景灯光建设，运用新技术打造夜景灯光。市区道路完好率为95.6%，桥梁安全运行；市区主干道亮灯率98%以上，次干道及街巷96%以上。

推进执法体制改革。挂牌成立镇江高新区综合执法局、镇江市风景名胜区综合执法局，并以委托方式在各自区域范围行使城市管理综合执法职责。推进城管执法重心下移，形成《关于推进城管执法体制改革的建议》报市委研究。

增强为民服务效能。承办市人大建议、政协提案58件，满意率100%。29个行政服务子项中有28个纳入“不见面”清单。受理市政府“12345”服务热线工单2250件，满意率98%。受理、办结并回复各类信访件178件，接待群众上访194批次、760余人次。（唐　昊）

【防违治违】 按照住房和城乡建设部《城市建成区违法建设治理工作五年行动方案》和《镇江市城市建成区违法建设专项治理行动方案》部署，2018年，镇江市区采用市、区和街道强化联动机制，以“零容忍”姿态推进违法建设治理工作，全年市区拆违45.2万平方米（含拆除拆迁地块违建约12.1万平方米）。对重点违建加强处置力度，对市民反复举报、网络舆情等反映较多的新老居民生活小区内违建、影响重点工程建设的违建等，各辖区（管委会）定期组织开展违法建设月度集中整治行动。同时，结合市区5个老旧小区改造整治工作，逐步消减老小区存量违建。（唐　昊）

综　述

【概况】　2018 年,镇江市贯彻全国生态环境保护大会、江苏省生态环境保护大会暨污染防治攻坚战工作推进会议精神,以打好污染防治攻坚战为主线,严格环境执法监管、推动精准治理污染,提升全市生态环境保护水平。全年实施大气污染防治工程 421 个、水污染防治工程 53 个、太湖流域污染防治工程 28 个,治理燃煤锅炉 12 台,整治建筑工地 161 家、露天占道烧烤点 91 家,停产整治重点排污企业 69 家,分类治理“散乱污”企业(作坊)7811 家。6 月 29 日,镇江市人民政府下发《关于印发镇江市蓝天保卫战十条的通知》,在全市实施控燃煤锅炉、控工业颗粒物、控化工废气、控重点行业、控排污总量、控施工扬尘、控露天烧烤、控车辆尾气、控散乱污染、控责任缺失十条措施,管控各类大气污染源。10 月 15 日,镇江市人民政府下发《关于禁止燃放烟花爆竹的通告》,自 2019 年 1 月 1 日起,在镇江市城市建成区划定范围内全时段禁燃烟花爆竹,不再施行自 2010 年 11 月 1 日起施行的《镇江市市区烟花爆竹安全燃放管理暂行办法》。加大《中华人民共和国环境保护法》和《中华人民共和国大气污染防治法》执行力度,全年全市出动执法人员 3.34 万人次,比上年增长 18%;检查企业 1.28 万家(次),增长 14.7%。全市环境行政处罚案件建议立案 809 起,增长 136%;建议处罚金额 7399.7 万元,增长 207%;移送案件 17 件(包括移送适用行政拘留环境违法案件 7 件及涉嫌环境污染犯罪移送案件 10 件);实施查封、扣押案件 101 起;实施限产停产 23 起。全年主要生态环境质量指标保持稳定,全市 $PM_{2.5}$ 平均浓度 51 微克/立方米,空气优良天数达标率 70.1%;镇江市区 $PM_{2.5}$ 平均浓度为 54 微克/立方米,优良天数比率为 64.4%。全市国家考核断面水质Ⅲ类以上比例为 87.5%,省考核断面水质Ⅲ类比例为 90%,优于年度考核目标分别为 12.5 个百分点和 25 个百分点,均排全省第二名。但受重污染天气影响,城市空气环境质量波动较大,上半年,镇江市区除 2 月外,其他月份 $PM_{2.5}$ 浓度同比均不降反升,5 月跌入全国 74 个重点城市且排名最后,1 月—6 月,镇江市区 $PM_{2.5}$ 平均浓度为 66 微克/立方米,同比不降反升 10%(2017 年同期为 60 微克/立方米);下半年,$PM_{2.5}$ 年均浓度整体呈下降趋势,7 月—12 月,镇江市区 $PM_{2.5}$ 平均浓度为 44 微克/立方米,同比下降 13.7%(2017 年同期为 51 微克/立方米),其中 7 月、8 月、9 月、12 月为历史最低水平,10 月与 11 月下旬,受重污染过程影响,月均浓度同比有所反弹。总体来看,产业结构偏重、用煤量较大、机动车尾气污染突出、工地扬尘管理粗放、企业治污水平不高仍是影响镇江市生态环境质量的主要因素。12 月起,镇江市环境保护局建立“企业环保接待日”制度。

为提高群众生态环境保护意识,2018 年 6 月 5 日(第 47 个世界环境日),镇江市环境保护局在大市口广场举行“6·5”环境日广场宣传活动,镇江市环境保护局、市公安局食品药品和环境资源类违法犯罪活动侦缉支队、市金山地区人民检察院、京口区人民法院、京口区环境保护局、镇江供电公司等多家单位,向市民宣讲环境保护法律法规、环境资源犯罪等相关法律知识,接受市民咨询、投诉,并发放环境保护宣传资料。该次活动还举行第一届“环保小卫士”评选活动启动仪式,同时推出“美丽中国我是行动者——爱护我们的家园”宣传活动,镇江市实验幼儿园香江分园的数十名小朋友以环境保护为主题现场作画。

(颜正清)

【中央和江苏省分别督察镇江市环境保护工作】　2018 年 4 月—5 月,江苏省第三环境保护督察组对镇江市进行省级环境保护督察;6 月—7 月,中央环境保护第四督察组督察江苏省到镇江市督察。督察期间,中央环境保护第四督察组交办镇江市环境信访 224 件,江苏省第三环境保护督察组交办镇江市环境信访 605 件。截至 2018 年 12 月底,829 件交办信访件均在规定时限内全部办结,完成整改 717 件,其中,中央环境保护督察“回头看”交办信访 224 件,完成整改 182 件;省级环境保护督察信访 605 件,完成整改 535 件,责令整改企业 223 家,关闭取缔 97 家,查封扣押 32 家。

10 月 17 日,中央第四环境保护督察组向江苏省反馈督察意见,10 月 29 日,江苏省第三环境保护督察组向镇江市反馈督察意见。意见指出,(1)镇江市贯彻落实国家和省环境保护决策部署存在差距。对环境保护工作的艰巨性和重要性认识不足,重发展、轻保护的问题还不同程度存在,环境保护责任考核失之于宽,环境保护压力存在逐级衰减现象。(2)大气污染防治形势严峻。截至 5 月底,镇江市区 $PM_{2.5}$ 平均浓度比上年同期上升 11.7%,与 2018 年同比降幅 3.6% 的考核目标差距较大,空气质量优良天数达标率也与考核目标存在差距。(3)水污染防治工作存在突出短板。镇江市 2017 年 13 个太湖流域水污染防治项目未完成年度目标任务,2018 年京杭运河镇江段水质异常波动,运河上游 9 条入河支流中有 6 条为劣Ⅴ类,流域水环境形势不容乐观。(4)固体废物污染防治推进不快。镇江市一般工业固废综合利用能力不够,生活垃圾处置能力不足,2018年发现大规模违法固体废物倾倒点10处左右,环境风险较大。(5)重点行业环境问题整治不力。全市化工、电镀等重污染企业布局分散,部分企业污染物不能稳定达标排放,畜禽养殖无序发展,重点行业环境问题整治工作进展缓慢、效果不佳。(6)一些突出环境问题尚未得到有效解决。生态红线区域保护、矿山地质环境修复不到位,部分历史遗留及群众关心问题尚未解决。

镇江市根据中央环境保护督察"回头看"反馈意见涉及镇江的事项及省级环境保护督察反馈意见分别制定整改方案。截至2018年12月底,整改方案中涉及面上的大气污染防治、"散乱污"企业治理、电镀碳素行业整治、畜禽养殖污染治理等全面开展,中央环境保护督察"回头看"反馈意见涉及镇江市14个整改事项完成整改2个(镇江长江豚类省级自然保护区内违法违规建设、"减煤"数据代填代报问题);省级督察整改方案列出需整改问题65个,完成整改12个。(汤　虹)

【"263"和污染防治攻坚专项行动】针对上半年大气环境质量不升反降的形势,2018年8月,镇江市成立污染防治攻坚行动指挥部,与"263"("2"指"两减":减少煤炭消费总量和落后化工产能;"6"指"六治":重点治理太湖流域水环境、生活垃圾、黑臭水体、畜禽养殖污染、挥发性有机物污染和环境隐患;"3"指"三提升":提升生态保护水平、环境经济政策调控水平、环境监管执法水平)专项行动领导小组办公室合署办公,统筹实施"263"和污染防治攻坚专项行动。截至年底,污染防治攻坚暨"263"专项行动完成年度任务。2018年,全市非电行业规模以上企业煤炭消费总量较2016年削减147万吨,关停化工企业42家,转移化工企业4家,化工生产企业入园率54%,完成镇江市政府与江苏省政府签订的2018年度太湖水污染治理目标责任书。全年建成255个生活垃圾分类小区,城市建成区生活垃圾分类投放设施覆盖率45%,城乡垃圾无害化处理率100%;完成镇江市区内四明河、一夜河、虹桥港、御桥港、西团结河和丹阳市老九曲河、晓墟河、马塘桥溢洪河8条黑臭水体整治任务;全市616家规模养殖场,完成治理585家,治理率95%,小规模养殖场1207家,完成治理1067家,治理率88%;完成359项挥发性有机物治理项目,110家企业完成工业挥发性有机物清洁原料替代及综合治理;抽查企业环境隐患178家次,发现隐患421条,整改407条;全市17家一级、二级重大危险源企业全部完成二级标准化创建。加大生态环境保护领域财政投入力度,将污染防治、重点片区环境综合整治、"一湖九河"(指镇江市区的金山湖、运粮河、周家河、光明河、古运河、虹桥港、玉带河、丁卯团结河、丁岗团结河、大港河)水环境整治、垃圾处理、生态补偿等领域的资金纳入年度预算,支持"263"专项行动相关项目实施,在全市开展"环保贷"业务,引导更多金融资本进入生态环境保护领域。(颜正清)

环境管理

【概况】2018年,镇江市环境保护局审批建设项目环境影响评价文件55个(一般类报告书2个,报告表33个,辐射类20个),组织建设项目竣工噪声固废专项验收28个。根据简政放权要求,2018年12月16日起,镇江市环境保护局授权镇江国家高新技术产业开发区(以下简称"镇江高新区")管理委员会在环境保护方面的行政审批,镇江高新区范围内建设项目环境影响评价文件审批和环境保护设施竣工验收、固体废物跨省转移、危险废物转移许可和危险废物经营许可由镇江高新区管理委员会直接审批。截至2018年年底,全市第14批清洁生产审核重点企业49家,并全部按进度要求开展审核工作。2018年核发重点行业排污许可证20张,2017年排污许可证制定实施以后累计核发188张。开展第二次全国污染源普查工作,清查各类污染源22821个,其中,工业源名单22056个、规模化畜禽养殖场(养殖小区)名单419个、集中式污染治理设施名单124个、纳入生活源锅炉清查单位58家(90台)、入河排污口164个。2018年1月1日起,全市依法开征环境保护税,征税覆盖镇江市电力、化工、机械制造、造纸、纺织等行业,实施近40年的排污收费制度正式结束,全年全市有784家单位申报环境保护税纳税,合计入库税款6685万元。(袁桂珍　季　虹)

【部分房地产项目环境影响评价简化程序实施】2018年8月,镇江市环境保护局在全省设区市环境保护部门中首家印发《关于加强房地产项目环评管理工作的通知》,对不涉及环境敏感区且污水进入市政管网,排入集中污水厂进一步处理后排放的房地产项目,执行登记表类别,按《建设项目环境影响登记表备案管理办法》进行备案,不再需要环境影响评价审批,同时加强对填报环境影响登记表房地产项目的核查和监管工作。简化程序实施后,符合条件的房地产项目审批时间从20个工作日以内缩短到1个工作日以内,并可网上申报、不见面审批。(袁桂珍)

【示范性突发环境事件应急演练】2018年9月29日,镇江市环境保护局在丹阳市江苏大力神科技股份有限公司开展2018年度示范性突发环境事件应急演练。演练背景模拟该公司氯气中转站氯气储罐鹤管至氯气总阀之间的管道由于长时间使用,管线受到侵蚀发生穿孔,导致氯气泄漏。演练从DCS(集散控制系统)控制室收到氯气浓度超标报警,通知现场勘查人员证实泄漏情况开始,随后企业紧急启动突发环境事件应急处置预案,成立临时指挥小组,指挥各个应急分队,做好紧急停工及疏散、撤离准备,并随时等候通知疏散、撤离危险区域;对氯气站受伤人员进行紧急救援并寻求"120"帮助;警戒组拉警戒线,限制进入危险区域的人员及车辆;环境保护监测组监测大气中氯气含量、打开应急水池阀门,关闭雨水外排口阀门,防止废水排入外环境。指挥小组及时向当地环境保护、安全生产监督管理部门汇报事故情况。随后,环境保护、安全生产监督部门赶到现场,对现场情况进行参与指导。抢险堵漏组在首次对管道抢修失败后,立即请求"119"支援。在环境保护、安全生产监督、消防、公安、卫生计生等部门共同努力下,受伤人员得到及时救治,事故管道抢修成功,大气指标趋于正常,事故险情得到排除。(叶佳周)

污染控制

【概况】2018年,镇江市实施年度大气污染防治项目421项、水污染防治项目53项、太湖流域水污染防治工程28项、污染减排项目200多个,削减化学需氧量1552.34吨、氨氮175.72吨、总氮417.97吨、总磷40.18吨、二氧化硫3471.8吨、氮氧化物3503.8吨。基本完成农用地土壤污染状况详查,完成农用地详查样品采集、制备、流转、分析等工作;启动重点行业企业用地土壤污染状况调查工作,开展企业用地调查信息采集和风险筛查工作。市经济和信息化委员会、环境保护局、国土资源局、规划局等部门联合出台《镇江市污染地块环境管理联动方案(试行)》,实施建设用地准入管理,落实污染地块联动监管责任。全市新增铅酸蓄电池收集处置能力4万吨/年,危险废物年处置能力总计44.363万吨,危险废物综合利用设施投运率30%,焚烧和填埋设施投运率90%以上。2018年,接纳省内外城市危险废物焚烧1.108万吨、危险废物填埋5.67万吨。开展危险废物"减存量、控风险"专项行动,采取"一厂一策"分类处理,帮助鼎胜铝业、江南化工等单位积存的危险废物跨省转移。截至12月底,全市危险废物库存量2.76万吨,较2017年年底削减40.2%,较2016年年底削减58.7%。（吴锦利　张　琦）

【再生利用行业清理整顿】 2018年,镇江市环境保护、发展改革、经济和信息化、公安、商务、工商6个部门按照"依法取缔一批、重点整治一批、规范引导一批"的要求,对全市电子废物、废轮胎、废塑料、废旧衣服、废家电拆解等再生利用行业开展清理整顿行动。全市排查出上述五废类再生利用企业15家、再生利用集散地3个。根据相关环境保护法律法规要求,6个部门依法查处违法排污、证照不全等行为,对无证无照、不符合国家产业政策、无危废经营许可证和加工利用"洋垃圾"等非法加工利用小作坊、"散乱污"企业和环境保护基础设施落后、污染严重、群众反响强烈的集散地,报请当地人民政府依法予以取缔。各辖市(区)通过开展专项执法行动严查企业环境违法行为,倒逼企业转型升级,出动执法人员300多人次,行政处罚4件、申请法院强制执行1件。截至2018年年底,清理整顿工作任务全部完成,全市15家再生利用企业中,1家新建企业达到有关标准;3家企业完成整治任务,由属地环境保护部门予以备案;7家企业自行拆除加工利用设施转型为废旧物资回收点;4家企业关停到位。3家废旧塑料加工集散地内企业全部停止加工利用,相关生产设施均拆除。（张　琦）

【丹徒区飞达碳素有限公司关停】 2018年,丹徒区上党镇海燕村和曹家边村交界处的飞达碳素有限公司粉尘污染、排放黑色烟气,污染周边茶园和村庄。经丹徒区环境保护局检查,群众反映情况属实,企业产生的废气主要来源于煅烧过程中产生的烟尘、二氧化硫、氮氧化物,通过砖制70米烟囱高空排放。丹徒区环境保护局制定《镇江市丹徒区飞达碳素有限公司生产污染问题专项整治方案》,针对该企业不正常运行废气治理设施下达《责令改正违法行为决定书》,要求该企业停产整治,立即对废气治理设施进行整改,同时进行立案查处。丹徒区安全生产监督管理局对企业安全生产工作进行专项检查。丹徒区环境保护局执法人员现场送达"处罚告知书",罚款金额10万元整。该企业向区环境保护部门提交全面停产报告。6月20日,该企业全面关停,并进行现场清理。（颜正清）

太湖流域水污染防治

【概况】 2018年,镇江市太湖流域15个考核断面水质达标率100%,无劣V类;列入太湖流域考核的20个水功能区中,17个水功能区达标,达标率85%。镇江市2018年度太湖流域水污染防治目标责任书明确的5类28项治理工程中24项完成年度目标,完成率85.7%。经江苏省政府考核,镇江市2018年太湖水污染防治工作为良好。2018年,镇江市争取太湖流域水环境综合治理省级专项资金3985万元,支持城镇污水和生活垃圾处理处置、河网综合整治工程项目4个;争取省级水污染防治专项引导资金907万元,支持水污染治理工程项目3个;统筹省、市级专项资金2600万元支持黑臭水体治理;安排专项资金4280万元支持城市生活垃圾分类引导、城东垃圾填埋场渗滤处理站及焚烧灰渣处理场提升改造项目建设、推动支持餐厨废弃物资源化利用和无害化处理项目运营;争取省级畜禽养殖污染治理奖补资金149万元,支持非禁养区畜禽规模养殖场治理和禁养区畜禽养殖场关闭搬迁工作;安排市级专项资金100万元,争取省级补助资金1168万元,支持市交通运输部门开展长江水上过驳专项整治,取缔长江镇江段水上违法过驳作业,拆解、驱离浮吊船58艘。（付艳慧）

2018年度镇江市太湖流域水污染防治重点工程(当年投资500万元以上)完成情况表

表16-1

项目名称	实施地点	主要建设内容及规模	年内实际投资(万元)	2018年目标	完成情况
长湾水厂深度处理改造工程	丹阳	20万吨/日深度处理	2218	完成	完成
江苏亚中化肥有限公司	句容	企业关闭	8938	完成	完成
吕城断面污水收集管网支管网工程	丹阳	企业污水管网支管网建设11000米	1174	开工建设	在建
句容市区污水处理厂二期第一步工程	句容	2.5万吨/日,扩建	3000	完工	完工试运行
镇江市区污水管网建设工程	镇江市区	新建管网5千米	510	完成	完成
丹徒区污水处理厂配套管网建设工程	镇江市区	新建1.2万立方米/天高校园区污水泵站工程;新建2.0万立方米/天镇荣公路污水泵站工程	850	完成	基本完成
上党镇生态汽车配套产业园污水管网工程	丹徒	新建管网5千米,泵站2座	596	完成	完成
丹阳市污水收集管网工程	丹阳	管网建设15千米	5158	完成	完成18.33千米
句容市污水管网建设工程	句容	管网建设20千米(含雨污分流项目)	3280	完成	完成25.5千米
句容市天王镇非建制镇污水管网纳管工程	句容	污水重力管17千米,新建污水提升泵站1座	1508	开工建设	完成当年任务

续表 16－1

项目名称	实施地点	主要建设内容及规模	年内实际投资（万元）	2018 年目标	完成情况
镇江市区面源污染收集、处理示范工程	京口	沿金山湖大管径管网及初雨处理设施建设	10615	筑岛工程完成，顶管工作井进场施工	筑岛工程即将完成，管材制作完成，6#、7#井桩基工程完成
丹阳市新一轮村庄生活污水治理建设及运维项目	丹阳	完成 100 个规划发展村庄内的生活污水治理	11900	完成	100 个规划发展村庄全部开工建设，村内生活污水治理基本完成
循环农业项目（5 个）	丹徒	田间垃圾收集池（不可降解）、有机废弃物堆沤池；田间干粪钢架发酵大棚、田间粪污/沼液存贮池，自卸式运粪车 1 辆、自吸式吸粪车 1 辆；太阳能杀虫灯；改造生态沟渠塘	957.18	完成	完成
畜禽粪便集中处理中心建设（江苏省丹阳市红日肥业有限公司）	丹阳	扩建畜禽粪便集中处理中心	800.8	完成	完成
谷阳湖支河水环境综合整治项目	丹徒	管网 800 米，雨水处理设施 1 座，清淤 1500 立方米，调蓄池 1 座，绿化 1.5 万平方米	700	完成	完成
丹阳市 2017 年中小河流疏浚整治工程	丹阳	疏浚河道 293 条，计 298.7 千米，新建、改建涵、闸等小型配套建筑物 1185 座	7389	完成	完成
万家河片区综合整治	句容	疏浚河道 1.6 千米，面积 100 公顷	3000	完成	完成

（付艳慧）

环境质量

【概况】 2018 年，镇江市环境质量总体保持稳定，部分指标不断改善。全市环境空气质量优良天数比例 70.1%，$PM_{2.5}$ 年均浓度 51 微克/立方米，大部分主要污染物浓度均有不同程度削减，臭氧污染略有抬升。全市酸雨平均发生率为 8.7%，降水年均 pH 值为 5.93，与上年相比，全市酸雨平均发生率上升 1.0 个百分点。全市地表水环境质量总体为良好，列入国家《水污染防治行动计划》地表水环境质量考核的 8 个断面中，水质符合《地表水环境质量标准》Ⅲ类的断面比例为 87.5%，无劣Ⅴ类断面；与上年相比，符合Ⅲ类标准的水质断面比例下降 12.5 个百分点。列入江苏省“十三五”水环境质量目标考核的 20 个流域地表水断面中，水质符合Ⅲ类的断面比例为 90%，无劣Ⅴ类断面；与上年相比，符合Ⅲ类标准的水质断面比例提高 10 个百分点，总体水质有所改善。全市声环境质量总体保持稳定，各类声源声强及分布情况无明显变化，生活噪声和工业噪声仍是影响声环境质量的主要因素。全市危险废物产生量 23.6 万吨，综合利用量 16.9 万吨，处置量 4.5 万吨，贮存量 2.2 万吨。全市危险废物利用年处置能力 44.363 万吨，其中焚烧 3.54 万吨，填埋 12 万吨，综合利用 28.823 万吨。 （吴 淳）

【城市和城镇空气质量】 2018 年，镇江市区环境空气中 $PM_{2.5}$、PM_{10}、二氧化硫、二氧化氮年均浓度分别为 54 微克/立方米、76 微克/立方米、10 微克/立方米和 38 微克/立方米。一氧化碳和臭氧（最大 8 小时）按年评价规定计算，浓度分别为 0.7 毫克/立方米和 109 微克/立方米。与上年相比，$PM_{2.5}$、PM_{10}、二氧化硫、二氧化氮和一氧化碳浓度分别下降 1.8%、15.6%、33.3%、11.6% 和 22.2%，臭氧（最大 8 小时）浓度上升 0.9%。各市（区）$PM_{2.5}$ 浓度范围为 45 微克/立方米～59 微克/立方米，与上年相比，丹阳市、句容市和京口区持平，丹徒区上升 11.3%，其他市（区）均有所下降，其中润州区降幅最大，下降 10.2%。各市（区）环境空气质量优良天数比例范围为 56.2%～77.5%，与上年相比，句容市、润州区、镇江新区均有所上升，其中，润州区升幅最大，为 4.2 个百分点，

图 16－1 2018 年，镇江市全面推行河湖长制，治理河湖环境 （鲍育瑞 供稿）

其他市(区)均有所下降,其中丹阳市降幅最大,为9.9个百分点。 (刘 烨)

【饮用水和主要水系水质状况】 2018年,镇江市区金山水厂和金西水厂2座集中式供水厂共用的长江征润洲取水口是镇江市主要饮用水源地,丹阳市和扬中市城市(镇)集中式饮用水亦取自长江,句容市集中式饮用水主要取自北山水库和句容水库。2018年,镇江市区征润洲水源地水质达标率100%。县级城市4个集中式饮用水水源地,丹阳市长江江心洲水源地、扬中市二墩港水源地、句容市北山水库和句容水库水源地水质达标率均为100%。全市15个太湖流域重点考核断面水质达标率为100%。镇江市长江干流水质为优,4个监测断面水质类别均为Ⅱ类,与上年相比,水质保持稳定。主要入江支流总体水质为优,10个控制断面中,水质符合Ⅲ类和劣Ⅴ类断面分别占90%和10%,与上年相比,符合Ⅲ类标准的断面比例持平,劣Ⅴ类比例上升10%,总体水质有所下降。 (王 琳)

【土壤环境】 2018年,镇江市对3个"七五"背景点位开展剖面监测。根据《土壤环境质量农用地土壤污染风险管控标准(试行)》《全国土壤污染状况评价技术规定》及相关环境质量评价技术规范评价,3个监测点位9个剖面样品,有1个未达到《土壤环境质量农用地土壤污染风险管控标准(试行)》标准,点位达标率为66.7%,剖面达标率为88.9%。 (邹云娣)

【区域环境噪声】 2018年,镇江市区域声环境质量处于一般水平,昼间噪声平均等效声级为55.8分贝(A声级),夜间噪声平均等效声级为46.9分贝(A声级)。根据《环境噪声监测技术规范·城市声环境常规监测》评价,镇江市区、扬中市达到城市区域环境噪声昼间二级水平,声环境质量为较好,丹阳市、句容市达到城市区域环境噪声昼间三级水平,声环境质量为一般。扬中市达到城市区域环境噪声夜间二级水平,声环境质量为较好。镇江市区、丹阳市、句容市达到城市区域环境噪声夜间三级水平,声环境质量为一般。影响区域声环境质量的主要声源仍为生活噪声,所占比例为60.3%,其余依次为工业噪声和交通噪声,所占比例分别为32.4%、7.3%。全市1类至4类功能区声环境昼间达标率分别为94.0%、97.1%、96.1%、96.5%,夜间达标率分别为93.0%、96.1%、94.8%、86.3%。全市道路交通昼间声环境质量总体评价为好,平均等效声级为66.1分贝(A声级),达到道路交通噪声昼间一级水平。 (邹云娣)

【辐射环境】 2018年,镇江市辐射环境3个国控点和14个省控点监测结果表明,环境γ辐射吸收剂量率、空气中氡浓度、土壤中主要放射性核素浓度值与江苏省环境天然放射性水平调查测量结果处于同一水平。重点饮用水水源地取水口水中放射性指标符合《生活饮用水卫生标准》要求。环境中电磁辐射监测结果均低于《电磁辐射防护规定》中公众曝露控制限值要求。 (庞春霞)

环境监测与科研

【概况】 2018年,镇江市环境保护部门发布空气质量日报365期、环境空气质量月报12期,微博预报更新365条,编制金山湖蓝藻巡视报告21期。金山湖蓝藻较往年无异常情况,蓝藻分布受风向影响主要堆积在岸边及湾口,蓝藻总体表现为真实存在但不具备爆发的条件,金山湖整体水质状况良好。6月20日起,市环境保护、城市管理、住房和建设、气象、公安及各区政府、管委会建立大气污染防治会商制度,主要会商当日天气情况、国控大气监测站点污染状况及管控措施计划等,每周开展至少3次现场会商,其余时间线上会商,会商结果形成纪要报市委、市政府及市有关部门、各区政府(管委会)。6月,镇江市环境科学学会及江苏大学环境工程学院部分大学生,参加省环境科学学会在南京农业大学环境学院举办的2018年大学生千乡万村环境保护科普行动启动仪式,并组织20多名大学生志愿者分赴镇江市农村开展活动,围绕土壤"减肥"、垃圾处理、科教支农等方面开展环境保护宣传,通过走访农户、发放资料手册,开展广场竞赛等形式,宣传环境保护知识。4月—9月,镇江市环境科学学会牵头,在京口区民主新村社区、香江花城社区开展居民环境与健康素养监测工作,收集到440名居民的监测问卷数据,并按期通过专用平台直报江苏省环境科学学会和生态环境部。在该项工作中,镇江市环境科学学会、京口区环境保护局、民主新村社区、香江花城社区获江苏省环境科学学会颁发的优秀组织奖。 (邹云娣)

【江苏省镇江环境监测中心挂牌】 2018年7月12日,原镇江市环境监测中心站正式挂牌江苏省镇江环境监测中心。江苏省环境保护厅党组成员、副厅长方斌斌,镇江市委常委、常务副市长裔玉乾为江苏省镇江环境监测中心揭牌。镇江市环境监测中心站成立于1978年5月,系国家二级监测站,是从事环境监测和科研,为环境管理和社会经济服务的环境监测机构、科级建制全额拨款事业单位,作为全市环境监测系统的技术中心、数据中心、研发中心、培训中心,统一组织、协调全市环境监测工作,制定全市环境监测发展规划和年度工作计划,组织区域(流域)监测和专项调查,及时报告全市环境质量现状与变化动态等。中心有仪器设备678台(套),实验室分析仪器化率80%以上,每年提供各类环境监测数据10万个以上,监测能力处于省内领先水平。根据2018年7月5日全省设区市环境监测机构上收工作部署会精神,各设区市环境监测中心站在2018年年底前全部上收江苏省环境保护厅。江苏省镇江环境监测中心挂牌后,在2018年12月底前完成人事、资产、经费及其他事项的划转工作,完成机构上收工作。上收后的江苏省镇江环境监测中心在管理体制上隶属江苏省环境保护厅,在职责上仍以服务镇江地方环境监测事业为主业。 (颜正清)

【环境监测科研】 2018年,镇江环境监测中心发表论文31篇,均为省级期刊论文,其中一篇被SCI(科学引文索引)收录。科研项目方面,申报成功镇江市科技局社会发展项目"三维空间矩阵大气污染物在线精准执法监测及采样技术的研发应用",申报成功江苏省环境监测中心科研基金项目"基于离子印迹——电化学传感器构建高效监测复杂体系下水中重金属铅元素的应用研究"和"镇江市一湖九河'水—沉积物'重金属分布特征及溯源";承担的两项市级社会发展项目"镇江市典型产业园区土壤重金属污染现状及健康风险评价"和"卤化氧铋基复合光催化材料的制备及其光催化降解化工酚类废水技术研究"进入验收阶段;承担的省环境监测中心科研项目"连续大孔印迹材料高选择性分离富集与检测氯酚的研究""氨氮便携式现场连续监测仪研究"和镇江市社会发展项目"镇江市黑臭河流污染及综合治理效果研究""镇江市大气污染中臭氧成因分析及应用研究""水质自动采样远程控制平台建设及应用研究""基于BOD模式下的小型水质自动监测系统在镇江市'一湖九河'中的应用研究"等在进行中。此外,还新增授权专利两个:自动式现场水样平行样采样器、手动式现场水样平行样采样器。 (邹云娣)

旅游

责任编校：钱金金

综述

【概况】 2018年，镇江市旅游总收入934.21亿元，比上年增长13.6%。10月，句容市通过首批国家全域旅游示范区创建省级验收。镇江市、扬中市通过国家园林城市的省级检查。9月，市旅游委代表市政府与镇江市旅游发展有限公司签订合作协议，完成三山南山风景区经营权转让。

截至年底，全市有国家A级旅游景区38个（其中，AAAAA级2个，AAAA级7个，AAA级14个，AA级15个）；省星级乡村旅游区101个（其中，五星级1个，四星级25个，三星级58个，二星级17个）；省级旅游度假区3家；省级工业旅游区7家；星级饭店30个（其中，五星级3个，四星级7个，三星级16个，二星级4个）；旅行社数量112家（五星级1家，三星级23家，二星级10家，一星级1家，非星级77家）；国家重点风景名胜区1家（金山焦山北固山风景名胜区），省级3家（茅山风景名胜区，南山风景名胜区，九龙山风景名胜区），市级1家（圌山风景名胜区）。全市有导游员4021人，其中，初级3914人，中级86人，高级21人；按语种分，外语导游员111人；按学历分，中专186人，高中405人，大专2151人，本科1226人，研究生以上53人；申请注册电子导游证的导游员为2569人。 （秦 臻）

【旅游产业联盟】 2018年5月，镇江市润州区和平路街道召开旅游产业联盟成立大会。会议审议通过《和平路街道旅游产业联盟章程》，签署联盟战略合作协议。联盟有30余家涉旅企业，是全市成立的首家旅游产业联盟。8月，润州区宝塔路街道成立宝塔路街道旅游产业联盟，制定《镇江市润州区宝塔路街道旅游产业联盟章程》，联盟由39家会员单位组成。 （秦 臻）

旅游规划与建设

【概况】 2018年，镇江市31个市重点旅游项目总投资677.82亿元，年度计划投资83.7亿元。其中，市区重点旅游项目有22个，总投资126.8亿元，年度计划投资29.51亿元。31个项目完成投资82.86亿元，完成序时进度的99%。其中，水晶山旅游度假区建设、漫书城文化商业中心（商业城二店升级改造）、苏宁广场凯悦五星级酒店、途居圌山露营地、圌山配套建设5个项目竣工。奥悦镇江冰雪乐园、魔幻海洋世界等5个项目入选省重点旅游项目。

推进旅游项目品牌建设。2018年3月，茅山康缘中华养生谷获评首批国家中医药健康旅游示范基地创建单位。康缘中华养生谷位于句容市茅山湖东南侧、茅山大道西侧，总占地面积约2800亩（186.67公顷），其中，建设用地1100亩（73.33公顷）。该项目依托茅山的山脉、水脉、文脉、绿脉底蕴，规划形成"一带、三轴、八园"，其中，"一带"为滨湖景观带，"三轴"为中医养生会客通廊、北部康体健身廊道、南部湿地廊道，"八园"为中医药文化园、养生村、养老村、养生酒店（含航空飞行营地）、养生山庄、健康管理学院、老年康复医院及商业综合体的空间结构。当年，途居圌山露营地获评国家五星级营地、长三角房车标准化示范营地和省房车露营地。途居圌山露营地位于镇江新区圌山山脚下，总面积650亩（43.33公顷），规划建设接待中心2000平方米、房车营位161个、木屋和树屋13栋，有水上乐园、"快乐大本营"、露天泳池、素质拓展基地等配套设施。

推进乡村旅游发展。镇江市政府印发《2018年度镇江市乡村旅游工作要点》《关于加快乡村旅游发展的实施意见》。开展乡村旅游区"厨房、茅房、客房"三房整治，"村旁、河旁、路旁、山旁"四旁环境整治行动。重点发展丹阳市皇塘镇、句容市茅山镇、扬中市三茅街道、丹徒区世业洲等9个乡村旅游聚集区。开展"美丽镇江乡村游"品牌建设，以3个"1"工程（一张手绘地图、一本书印刷及一个微信公众号、头条公众号上线）方式宣传推介乡村旅游。辖市（区）依托"瓜果茶香"主题，突出各自资源特色，适时推出河豚节、樱花节等节庆套餐，推介"美丽镇江乡村游"线路。8月—9月，组织2018美丽镇江乡村游"拍客、微视频大赛"，评选出一等奖1人，二等奖3人，三等奖6人。12月，举办2018美丽镇江乡村游现场推进会暨特色旅游产品展销活动，特色旅游产品展销在镇江体育会展中心展销馆举办，分为八大片区，60余家参展企业展出数百件乡村旅游商品。年内，丹阳市大圣村和句容市西冯村获评首届省乡村振兴旅游富民先进村。句容茅山湖旅游风情小镇入选第二批省旅游风情小镇创建名单。

推进旅游厕所建设。镇江市新建、改扩建旅游厕所60座。市旅游委争取省级旅游业发展厕所项目专项资金660万元。截至12月底，经江苏省旅游资源规划开发质量评定委员会评定，验收旅游厕所AAA级16座、AA级42座，A级42座。将A级旅游厕所建设作为新创建AAA级以上旅游景区的重要考评指标。市旅游委召开2018年全市旅游厕所革命推进会，邀请专家解读《江苏省旅游厕所质量等级评定细则》。制作旅游厕所标牌,对评定后的旅游厕所挂牌管理。国家AAAA级以上旅游景区内厕所实现男女厕位小于等于1∶1.5的比例,降低女性游客如厕难的问题。

推进城乡旅游交通建设。镇江市旅游委、市交通运输局开展“旅游+交通”融合发展调研,先后召开7场座谈会并现场走访5家景区及企业单位,听取各辖市(区)旅游主管部门、市主要景区景点单位、市江天集团、市公交公司的意见建议。起草“旅游+交通”融合调研报告。4月,市江天集团开通市区至句容千华古村、赤山湖、茅山的旅游直通车。5月,市公交公司开通市区至千华古村旅游直通车。6月,镇江高铁南站旅游综合服务中心由西津渡文化旅游有限责任公司与上海携程旅游公司运营,对外试营业。（秦　臻）

【镇江市区第四期旅游标志牌工程建设】　2018年,镇江市在上年对第四期旅游交通标志牌工程规划设计、造价咨询、招标评审等工作基础上,对项目组织施工并进行全程督导检查。截至年底,全部完工。主要在市区南徐大道、长江路、滨水路、京江路等市区路段新增旅游交通标志牌19块、改面调整10块、移除拆旧21块。8月,《江苏经济报》专题报道镇江市2015年以后旅游交通标志牌优化提升工程。（秦　臻）

【智慧旅游综合管理服务平台】　2018年,镇江市政府将智慧旅游综合管理服务平台纳入“智慧镇江应用项目”,投入1800万元。该平台以旅游大数据建设为核心,建设智慧管理、智慧服务、智慧营销三大体系。具体内容包括旅游数据主题库、旅游大数据分析系统、旅游产业监测系统、应急联动指挥系统、智慧旅游GIS系统、游客“一站式”服务、城市文化地图以及B2C系统对接的电商服务8个子项目。10月,项目建设启动。（秦　臻）

旅游宣传

【概况】　2018年,镇江市举办80多场旅游节事活动。其中,2月3日,中国镇江恒顺酱醋文化节在南山风景区北入口广场举行。2月6日—3月5日,举办“玉犬献瑞、福旺西津”2018西津渡新春游园灯会。期间,景区游客量99.2万人次,其中元宵节当天15.8万人次,比上年分别增长32%和24%,景区旅游综合收入增长35%。开展2018年“5·19”中国旅游日活动,以“全域旅游,美好生活;水韵江苏,宜人镇江”为主题,在金山景区、西津渡景区、火车站南广场出站口等3个场所举行4场旅游宣传咨询活动,开展旅游宣传、旅游普法、文明旅游、旅游安全、咨询投诉、惠民服务。拓展高铁电视广告覆盖面,新拍《乘着高铁游中国——镇江》旅游宣传片,时长5分17秒,将宣传范围拓展到1000余列京沪高铁列车。跟踪支持《世界多美丽》《大运河微电影》等到镇江市拍摄。协助“大美运河”全国著名作家江苏采风活动,协调“三山”、西津渡、中国醋文化博物馆、扬中江之源、南湖农场、白玉兰孔庆璞河豚馆等单位参与拍摄。在上海虹桥火车站播放为期2个月的镇江旅游宣传片。与原省旅游局联合投放宣传广告,组织句容文化旅游局、茅山、西津渡、宝华山投放216万元。5月,镇江市被“同程文旅”评为“2018优质潜力目的地”。“同程文旅”发布2018年“优质潜力目的地榜单”,镇江市列榜单第1名。（秦　臻）

【旅游对外宣传】　2018年3月15日,镇江市旅游委、市旅游协会、镇江文旅集团主办“水韵江苏·宜人镇江”2018全国部分组团旅行社及媒体镇江行暨镇江旅游产品说明会,北京、上海、天津、江苏、安徽、山东等地50余家组团旅行社及20多家省内外媒体参加。活动发布2018年镇江金山、焦山、北固山、南山等主要景区门票政策及优惠信息,以及大江风貌之旅、山水礼佛之旅、养生祈福之旅等近10条镇江旅游精品线路。镇江三山国际旅行社与10家旅行社签订战略合作协议。南京、镇江、扬州、马鞍山四市旅游部门举办“童心同行”2018宁镇扬马都市圈暑期研学旅行产品宣传推介会。7月,在苏州市举办镇江全域旅游推介会。9月,赴陕西渭南、新疆生产建设兵团第四师举办旅游宣传推介活动。11月,在上海、杭州分别举办旅游产品推介会。11月,组织2018全国百家旅行社镇江行暨中国旅游公社镇江踩线推介会。完成上海旅游专列游活动,全年向镇江市运送游客758人,举办专列游客旗袍秀等活动。（秦　臻）

【旅游推介活动】　2018年,镇江市组织参加“水韵江苏”旅游新产品武汉路演活动、重庆路演、第十五届上海世界旅游博览会、2018南京国际度假休闲及房车展览会和第十四届海峡旅游博览会等各类旅游展会15场。9月,组织参加第五届四川国际旅游交易博览会暨2018中国特色旅游商品大赛,镇江市“镇江恒顺十年陈酿”获金奖,“天禄骨传导蓝牙眼镜”获银奖,另有5个产品获入围奖。10月,组织辖市(区)旅游部门、旅游协会、镇江文旅集团、恒顺集团、西津渡公司等10余家单位参加2018中国(无锡)旅游产业博览交易会。同时,通过该平台召开镇江全域旅游推介会,重点推介“三山”、西津渡、丹阳眼镜城、中国醋文化博物馆等旅游资源,宣传镇江“三怪”、长江“四鲜”等美食,策划“白娘子、许仙”推介会现场互动活动。（秦　臻）

【境外旅游宣传】　2018年,镇江市出国境4批5人次。1月,镇江市旅游部门随省旅游促销团在菲律宾马尼拉举办大型摄影图片展和“水韵江苏”旅游推介会。菲律宾国家旅游部路线开发处处长巴郎·欧文,江苏省旅游局、有关地市旅游部门相关人员、旅游企业负责人,菲律宾当地旅游企业代表,菲律宾《世界日报》《商报》《菲华日报》等媒体近60人参加推介会及旅游图片展。4月,镇江旅游部门参加在中国香港举办的2018“水韵江苏”旅游嘉年华活动,组织西津渡公司

图17－1　2018年2月3日,中国镇江恒顺酱醋文化节在南山北广场举行

（王瑞稼　供稿）

（锅盖面品鉴馆）、宴春酒楼、恒顺集团、茅山道院、茅宝葛园等单位参展，现场展演镇江肴肉、香醋、锅盖面、翡翠烧麦、大京果、小京果等地方传统美食，推介镇江旅游资源和产品。同月，随省旅游局参加2018全域旅游年港澳地区主题宣传推广和第六届澳门国际旅游（产业）博览会活动。5月底至6月初，镇江旅游部门参加省旅游局组织的美国、墨西哥旅游推介活动。在洛杉矶和墨西哥城举办2场“水韵江苏”旅游推介会，通过播放江苏旅游宣传片、PPT推介、现场交流等形式，促进旅游交流合作。6月，向2018年发展中国家旅游开发和环境保护官员研修班学员宣传推介镇江旅游。8月，组织茅山、镇江中旅、海峡国旅等单位参加第五届中日韩旅游业界交流会。配合日本长崎电视台到镇江市拍摄，11月，该宣传片在日本长崎电视台播放。配合德国曼海姆市原第一副市长艾格尔博士撰写镇江相关书籍。（秦　臻）

旅游行业管理

【概况】 2018年，镇江市开展“利剑行动”专项整治行动，打击“不合理低价游”、强迫消费和非法经营旅行社业务等突出问题。全年下架“不合理低价游”产品95个，对10家旅游业务经营单位下发责令整改通知书，对5家旅行社进行约谈。加强对旅游市场明察暗访，将行业管理工作重心下移，强化事中事后监管。对全市12家出境组团社精细化管理，全年审核出境团队223个，出境游客4461人。9月，在江苏省旅游局召开的全省旅游市场监管会议上，镇江市围绕旅游市场监管方面做经验交流。推进“证照分离”和“不见面审批”改革，梳理“外商投资旅行社业务经营许可”和“旅行社业务经营许可”审批流程及注意事项。推广“全国旅游监管服务平台”使用，全市旅行社基本信息完善率和电子合同使用均列全省前3名。规范旅行社设立审批、出境游团队管理，批准新设立16家旅行社，分公司备案6家，服务网点备案58家，注销旅行社8家。加强出境团队在线管理，落实出境游团队“一团一申报、一团一审核”的制度。旅游行政许可实现“全程不见面”审批，可通过“e办事”平台进行申报。全年内网审批旅行社业务经营许可8件，按时办结率100%，办件差错率为零，回访群众满意率100%。

旅行社管理。市旅游委指导推荐镇江海峡国际旅行社、江苏畅游山水国际旅行社和江苏踏歌旅行社3家旅行社向江苏省旅游局、文化和旅游部申请出境组团社资质，9月，镇江海峡国际旅行社获出境组团社资质。完成全市112家旅行社2017年度财务报表和2018年季报填报工作，填报率100%。引导旅行社自觉投保，全市旅行社统保率70%左右。开展旅行社星级评定和复核工作，镇江中山国际旅行社、镇江三山国际旅行社被评定为江苏省三星级旅行社。对全市33家星级旅行社进行评定性复核。江苏省镇江中国旅行社综合排名列全省第19名。

导游管理。市旅游委做好导游员的日常监管。指导旅行社和市导游分会做好2569名已注册电子导游证导游员的管理和业务培训。全年办理42名导游员的变更申请。组织参加“江苏省最受游客欢迎的导游员”评选活动，市旅游委推荐的龚尤辉、熊佳荟2名导游员入选30名“江苏省最受游客欢迎的导游员”。

旅游饭店管理。镇江市全年完成1家4星级旅游饭店、2家3星级旅游饭店的评定性复核和32家旅游饭店年度复核。对1家申请三星级旅游饭店资格的句容福地宾馆进行评定。根据申请，依规取消5家三星级旅游饭店和1家二星级旅游饭店的资格。11月，在2018最佳东方高峰论坛暨第五届旅游服务业最佳雇主颁奖典礼上，镇江市江苏水中仙东雅国际酒店获“最佳雇主奖”，总经理眭佳妮获“木兰奖”。对照江苏省旅游局第三批江苏省精品休闲度假旅游饭店评选活动要求，遴选出西津渡雅阁府邸酒店等5家酒店参加全省评审。

景区管理。市旅游委组织召开全市A级旅游景区管理工作推进会。全年暗访金山焦山北固山旅游景区、句容茅山景区等14家景区。指导金山焦山北固山旅游景区、宝华山森林公园等9家景区整改升级。取消世业洲旅游度假区、古城公园旅游区、丹阳水晶山公园3家A级景区等级。对金山焦山北固山旅游景区等下发限期整改通知书。

旅游安全管理。镇江市实施旅游“雪亮工程”，将“三山”、茅山等10家重点景区260多个监控点统一接入市旅游委安全监控平台，并连接市公共安全大监控平台。市旅游委联合市消防支队、市交通运输局、市质监局、市食药监、地方海事局、市气象局等部门成立镇江市旅游安全生产专业委员会，出台《镇江市旅游安全生产专业委员会工作方案》，明确工作职责。10月，组织旅游包车安全培训，印发《关于加强旅游包车管理规定的通知》《旅游包车租车协议示范文本》，拍摄《旅游包车安全教学视频》等培训资料，分发给全市旅行社。编印系列旅游安全典型事故案例，通过网站、QQ、微信等形式，发送给各旅游企业，加强安全宣传。全年全市未发生重大旅游安全事故。

诚信经营和文明旅游。市旅游委与市信用办印发《关于对镇江市旅游领域严重失信责任主体开展联合惩戒的实施意见》。建立创建诚信旅游的协调推进机制。开展“抵制不合理低价旅游”宣传。在旅游行业内开展“守法纪、讲诚信，促规范”的教育活动。以“精美镇江，文明旅游”为主题组织开展系列文明旅游志愿服务活动。6月，由江苏省旅游局、镇江市人民政府主办的“文明旅游 为中国加分 绿色出行”百城联动活动江苏·镇江启动仪式在西津渡鉴园广场举办。镇江国际饭店、镇江观海楼大酒店和市旅游委获评2015—2017年度镇江市文明单位。

旅游执法工作。全年市风景名胜区综合执法局取缔占道售香1180余人次，查处制止景区建成区范围内可能影响生态和景观的临时无证商业活动216起、拆除临时搭建及展示广告5680平方米、制止施工污染道路行为5起。协助南山街道拆除南山景区建成区外的违建3800平方米，取缔清理滨湖废旧收购点1处，整改洗车点1处。市风景名胜区综合执法局完成与市城管局、市体育局、市文广新局、市物价局、市民宗局5个部门的委托执法协议签订工作；与市交通运输局、市工商局、市食药监局3个部门开展联合执法。

游客投诉受理工作。市旅游委制定《投诉受理流程图》等工作程序，规范《旅游投诉移送函》等18份工作文书，建立投诉受理工作流程。全年接到市民和游客旅游投诉、咨询等194件，为游客争取赔偿4.91万元。其中，依法受理177件，不予受理17件。召开4次规模较大的全市旅行社、重点景区情况通报会。

（秦　臻）

【风景名胜资源保护】 2018年，镇江市开展南山风景名胜区的总体规划修编。完成茅山风景名胜区、九龙山风景名胜区总体规划的编制及申报。合理划定“三山”、南山、茅山、九龙山风景名胜区的生态保护红线。加强风景名胜区行政审核，全年办结江南泵改造项目、金山湖溢流污染治理项目、小龙山环境整治项目等8个行政审核案件。加大风景名胜区法律法规宣传贯彻，设计制作《镇江市金山焦山北固山南山风景名胜区保护条例》图文解读手册，并开展有奖知识竞答活动。9月—11月，配合市人大常委会开展《镇江市金山焦山北固山南山风景名胜区保护条例》落实检查活动。

（秦　臻）

综 述

【概况】 2018 年，镇江市实现社会消费品零售总额 1360.92 亿元，比上年增长 5.0%，比全国低 4 个百分点，比全省低 2.9 个百分点，低于苏南地区平均 3 个百分点，列全省第 13 名。其中，限额以上企业（单位）消费品零售额 368.41 亿元，下降 8.4%；限额以下企业（单位）消费品零售额 316.92 亿元，增长 14.7%。按经营单位所在地分，城镇消费品零售额 1281.99 亿元，增长 4.8%；乡村消费品零售额 78.93 亿元，增长 7.6%。按消费形态分，批发业零售额 191.44 亿元，下降 4.0%；零售业零售额 983.49 亿元，增长 6.4%；住宿业零售额 19.12 亿元，增长 12.0%；餐饮业零售额 166.86 亿元，增长 7.1%。在商品零售中，限额以上企业（单位）批发业零售额 37.25 亿元，下降 21.5%；零售业零售额 339.23 亿元，下降 5.7%；住宿业零售额 4.03 亿元，下降 11.3%；餐饮业零售额 35.96 亿元，下降 15.3%。从限额以上批发和零售业分类商品零售情况看，汽车类下降 6.6%，石油及制品类增长 5.2%，通信器材类下降 19.7%，日用品类下降 10.1%，家用电器和音像器材类下降 18.3%，化妆品类增长 5.3%，金银珠宝类下降 0.4%，文化办公用品类下降 24.0%，建筑及装潢材料类下降 42.8%，服装类下降 4.4%，粮油食品、饮料烟酒类下降 9.1%。全年全市有 66 家汽车销售企业完成网上备案。

镇江苏宁置业有限公司获“国家级绿色商场创建单位”称号。江苏恒顺醋业股份有限公司、镇江宴春酒楼有限公司、镇江鼎大祥商贸有限公司、镇江浮玉麻油有限公司、镇江市恒升酿造有限公司、丹阳市云阳镇赵军琴坊等镇江老字号企业参加第二届中国（江苏）老字号博览会，宣传镇江老字号品牌形象，扩大知名度。 （黄 昕）

【电子商务】 2018 年，镇江市商务系统推进电子商务发展，提升电商规模和质量。丹阳市珥陵镇电商产业园、句容市华东森林产品电商城、扬中江苏爱电气电子商务产业园、丹徒区高桥镇雪地靴电子商务特色产业园等 7 家园（街）区创成江苏省乡镇电商特色产业园（街）区；扬中“爱电气空间”、春城农业电子商务“众创空间”等 3 家“众创空间”创成首批省级电子商务“众创空间”试点培育单位；丹阳市导墅镇导墅村、扬中市八桥镇利民村、句容市天王镇唐陵村等 9 个村创成省级电商示范村；京口区健康路街道尚友社区创成首批江苏省电子商务示范社区。

市商务局、共青团镇江市委联合举办“青壳汇”青年电商创业就业公益培训丹徒班，开展电商创业就业培训。组织开展第二届镇江市电子商务技能竞赛。组织 1 家国家级电商示范企业、4 家省级电商示范企业，24 个省级电商示范镇、村参加各类电商培训班。 （秦锐文）

【成品油市场工作】 2018 年，镇江市开展成品油市场联合检查 98 次，检查企业 191 家，查处行政案件 5 起，刑事案件 1 起，涉案金额 300 余万元，抓获涉案人员 10 人，打击成品油违法经营行为，消除非法经营安全隐患，维护成品油市场秩序。同时，推动加油站双层罐改造工作，全市 268 家加油站的 1034 个埋地油罐，有 98 家加油站 375 个油罐完成双层罐或防渗池改造，改造率为 36.3%。开展成品油油品质量抽检，分两次对 64 家加油站 177 个油品批次进行抽检，发现不合格油品 5 批次。 （黄 昕）

【侵犯知识产权和制售假冒伪劣商品打击工作】 2018 年，镇江市打击侵权假冒工作领导小组部署开展“清风行动”、互联网领域侵权假冒治理、农村和城乡接合部市场监管等专项整治，加大知识

2018 年镇江市省级电子商务创建情况汇总表

表 18－1

创建内容	创建成功单位
第六批江苏省农村电子商务示范村	丹阳市导墅镇导墅村、丹阳市珥陵镇护国村、扬中市八桥镇利民村、句容市天王镇唐陵村、丹徒区高桥镇安丰村、丹徒区谷阳镇东湖村
首批省级电子商务“众创空间”试点培育单位	“爱电气空间”、春城农业电子商务“众创空间”、华东森林产品电商城“众创空间”
第七批江苏省农村电子商务示范村	丹阳市司徒镇谭巷村、句容市华阳街道下甸村、扬中市八桥镇红旗村
第二批江苏省乡镇电商特色产业园（街）区	丹阳市皇塘镇电商示范街、扬中江苏爱电气电子商务产业园
首批江苏省电子商务示范社区	京口区健康路街道尚友社区

（秦锐文）

产权、文化版权、食品药品等各领域打击侵权假冒行政执法力度。成员单位中行政机关立案 609 件,办结 565 件,涉案金额 463.1 万元。公安机关破案 113 起,抓获犯罪嫌疑人 237 人,涉案金额 1343.7 万元。公示行政处罚案件 565 件,应公开案件的公开率为 100%。
（黄　昕）

【肉类蔬菜流通追溯体系建设】 2017 年年底,镇江市肉菜追溯项目完成肉菜追溯管理平台和追溯网站的建设,并投入试运行。2018 年 3 月 16 日,肉菜追溯系统上线仪式举行。12 月 26 日,省考核验收组经过实地考察认为镇江市肉菜流通追溯项目完成建设任务,实现节点子系统、城市平台与省平台之间的数据传输,同意项目通过考核验收。当年,《镇江市肉类蔬菜流通追溯体系管理暂行办法》印发施行;市商务局、市财政局联合印发《镇江市肉菜流通追溯体系建设专项资金管理暂行办法(试行)》,完善体系建设工作制度。镇江市在市追溯管理平台的基础上,在各辖(区)建立追溯子平台,各辖(区)可以在各自的平台上了解地区肉菜追溯运行维护的情况。
（黄　昕）

【菜市场工作】 2018 年,镇江市完成主城区 8 个菜市场建设推进目标,指导菜市场创新业态,提供多种指导意见;指导运营主体采取多样化运营模式,满足居民需求。镇江市制定《镇江市菜市场管理暂行办法》《镇江市菜市场长效管理综合考评办法》,厘清菜市场管理职责,健全菜市场管理机制,提升菜市场管理水平。市商务局以及规划部门修编镇江市市区菜市场布局规划,促进市区菜市场科学规划、健康发展。（谢　芳）

【社区商业服务工作】 2018 年,镇江市推广社区商业服务新模式,在南徐新城补缺建设社区便利店 10 个,对传统的单体小超市进行加盟转换,统一配送,运用互联网技术,增加生鲜产品销售、鲜花蛋糕预订等生活"一站式"服务。推进大型流通企业集中连片"互联网 + 社区商业"建设,苏宁集团在镇江建设 40 个"苏宁小店",基于实体门店,推行线上线下运营和智能化物流的新零售模式,同时,提供家政保洁、电器清洗等系列生活服务。（谢　芳）

放心消费创建

【概况】 2018 年,镇江市把提升消费环境安全度、经营者诚信度、消费者满意度作为创建方向,注重宣传培训、加强市场监管,"放心消费创建先进单位""放心消费创建示范单位""示范行业""示范区域"增加,全市消费环境的安全度、经营者的诚信度、消费者的满意度、创建活动的社会参与度提升。

3 月 12 日,市放心消费创建办公室、市工商局在四牌楼街道江一社区,开展"慧眼辨优劣,商品质量伴你行"宣传咨询活动。3 月 13 日,由市政府主办,市放心消费创建办公室、市工商局、市消费者协会和市文广产业集团承办的"3·15"主题直播晚会在镇江影剧院举办。3 月 15 日,由市政府主办,京口区政府、市工商局、市放心消费创建办公室和市消费者协会联合承办的"3·15"大型广场宣传咨询服务活动在大市口苏宁广场举行。11 月中旬,市放心消费创建办、市工商局、市消费者协会、润州区市场监督管理局在城区第六空间家具广场开展"慧眼辨优劣、慧眼识真假"活动。
（陈红生）

【金融知识普及月 金融知识进万家活动】 2018 年 9 月 8 日,镇江市放心消费创建办公室、人行镇江市中心支行、市工商局、市消费者协会以及市区各大银行、保险公司在万达广场开展"金融知识普及月 金融知识进万家"暨"提升金融素养争做金融好网民"广场咨询服务活动。活动现场,人民银行镇江市中心支行、市消费者协会联合成立的镇江市金融消费纠纷调解委员会举行揭牌仪式。该调解委员会的成立是镇江市对金融消费纠纷第三方非诉解决机制探索,将金融机构的专业资源引入其中,在全省是首次。（陈红生）

【公共服务领域消费热点评议活动】 2018 年 9 月 29 日,镇江市放心消费创建办公室、市消费者协会召开"2018 年公共服务领域消费热点评议活动动员会",在全市启动评议活动。评议活动分自查阶段、宣传展示阶段、社会点评阶段、明察暗访阶段、微信投票阶段和评委集中评议阶段等 6 个阶段,按照 100 分量化实施。评议内容包括:服务礼仪、服务态度、服务质量、服务场所环境、广告宣传、回访制度、排队等候(服务效率)、规范收费、投诉处理、服务承诺等情况。对评议结果,市放心消费创建办公室、市消费者协会形成书面报告,并依法、依规处理评议结果。（陈红生）

【"智慧 315"消费维权平台入选省"数据应用十大创新成果"】 2018 年 12 月 17 日,江苏省工商和市场监管系统"数据应用十大创新成果"评选结果揭晓,由镇江市放心消费创建办公室、市工商局、市消费者协会联合推荐的镇江市"智慧 315"消费维权平台获奖。镇江市放心消费创建办公室、市工商局、市消费者协会自 2015 年起,构建以政府主导、部门协同、企业参与的"智慧 315"消费维权平台。经过 3 年多的运作,全市形成依托工商及市场监督管理机关的纵向到底,政府 16 个部门协同联动横向到边,市区近 87 余家市场主体、行业协会参与的触角全覆盖的立体维权网络。各政府部门通过"智慧 315"平台统一接受消费投诉、内部分流转办、限期办结考核,破解消费者多头投诉、重复投诉的困扰。"智慧 315"平台上线后,受理消费者投诉 45013 件,其中,咨询 27873 件,投诉 16508 件,举报 632 件,调解成功率为 98.96%。（陈红生）

餐饮服务业

【概况】 2018 年,镇江市餐饮业零售额 166.86 亿元,比上年增长 7.1%;住宿业收入 19.12 亿元,增长 12%。

2018 年,镇江市餐饮服务行业协会新增 6 家会员单位。3 月 13 日,镇江市餐饮服务行业协会举行一年一度的"会员家庭盛会",20 多家会员单位宣读餐饮行业执行《食品卫生法》倡议书,承诺接受社会各界监督。6 月 30 日,镇江市旅游协会餐饮分会会员大会召开,镇江市餐饮服务行业协会、镇江市烹饪协会、丹阳市餐饮行业协会、句容市餐饮商会、扬中市餐饮烹饪行业协会的 128 名会员代表参加会议。10 月初,《镇江餐饮》《镇江味道》出版。10 月 17 日,镇江市餐饮、烹饪协会 20 年庆典暨《镇江味道》《镇江餐饮》首发式在九华锦江国际酒店举行,中国烹饪协会、江苏省餐饮行业协会、江苏省烹饪协会以及镇江市相关协会代表 200 多人参加会议。2018 年,镇江市餐饮服务行业协会、烹饪协会连续第 11 年组织开展为贫困家庭送年夜饭活动。同时,镇江市餐饮服务行业协会、烹饪协会、报业集团、市残联联合举办"托起折翅小天使天空翱翔"活动。
（何绍珍）

【江苏技能状元大赛中式烹调技能总决赛】 2018 年 11 月 24 日—25 日,第四届江苏技能状元大赛中式烹调(职工组)技能总决赛在镇江高等职业技术学校(南山校区)开赛。第四届江苏技能状元大赛中式烹调项目由镇江市餐饮、烹饪协会负责牵头承办，有经全省13个城市初赛中获得第一名、第二名的选手以及南京金陵饭店、东郊国宾馆、江苏议事园等3家单位共计29名选手参加总决赛。镇江市锦尚花餐饮有限公司选手马淋惠和镇江市观海楼旗下老码头饭店选手张瑞敏代表镇江市参赛，马淋惠获中式烹调项目冠军。（何绍珍）

烟草专卖

【概况】 2018年，镇江市烟草系统销售卷烟12.10万箱，比上年增长0.32%，其中，重点品牌卷烟11.55万箱，占总销量的95.45%；实现销售收入（不含税）41.20亿元，增长3.73%；实现利税13.76亿元，增长5.02%，其中，利润6.13亿元，增长8.09%；单箱销售额（不含税）34052.13元，增长3.39%。全年全系统三项费用额下降13.26%；费用率为2.11%，降低0.41个百分点。强化创新管理工作，全市烟草系统实施完成市级创新课题7项、QC课题26项，《构建卷烟规格市场定位动态评价模型》和《提高网络教育培训参与率》QC课题成果分别获全省系统评审一等奖和省质协技术等级一级；“烟灰桶”获实用新型专利。（方　皓）

【烟草专卖管理】 2018年，镇江市加强监管、维护卷烟市场秩序，落实市场秩序综合评价、大要案件分析、卷烟非法流通分析、零售许可分析等4个报告制度，发挥专卖管理护航卷烟销售的作用。按照“政府领导、部门联合、多方参与、密切协作”要求，完善卷烟联合打假打私长效机制。推进烟草专卖零售许可证全过程网上办理。全年烟草系统出动执法人员28276人次；查处卷烟违法案件761起，查获违法卷烟1916.309件；移送司法机关拘留10人，逮捕3人，判刑18人；办结符合国际网络案件3起，分别为“1·09”销售伪劣产品案、“11·13”销售非法生产卷烟案、“2·20”销售非法生产卷烟案。以防范真烟非法流入、流出为重点，闭环管理，完善规范经营风险防控体系。（方　皓）

粮　食

【概况】 2018年，镇江市粮食行业落实粮食安全责任制，推进粮食流通现代化建设，投资4000多万元，加强粮食仓储设施建设与维修，新建、维修仓容近7万吨，确保种粮农民出售粮食应收尽收。对接种粮大户、家庭农场，开展预约收购，开通便利通道，提供“一站式”服务，全年收购小麦25.6万吨、稻谷18.36万吨。

推进法治政府建设，推动行政审批制度改革，加强粮食收购资格认定事中事后监管，做好“证照分离”改革试点工作。强化粮食市场监管，制定《关于进一步加强粮食流通监督检查工作的意见》《镇江市粮食局粮食质量安全突发事件应急预案》等制度，开展全市军粮质量与管理情况、政策性粮食销售出库、地方储备粮监管等专项检查；加强粮食收购市场监督检查，开展粮食收购市场巡查督查和突击检查，与物价、工商、质监等部门开展粮食收购政策执行情况的执法检查，与南京、常州开展毗邻区域间联合执法检查，维护粮食收购市场秩序。推广使用“满意苏粮”App，实时发布粮食收购库点的收购价格、仓容情况、收购信息等，方便农民售粮以及了解国家粮食收购政策。全年未收到任何举报投诉。（蒋欣容）

【粮食产业发展】 2018年，镇江市推进粮食仓储和物流设施建设，首次创成省级粮食物流示范园（扬中粮油加工及物流产业园），逐步形成以粮食物流产业园区为龙头，中心库为重点，骨干收储库为补充，基层收纳库为支撑的现代粮食仓储物流产业体系。举办粮食产销衔接洽谈活动，邀请省内外68家粮食购销企业及相关单位参与洽谈，现场签订3份粮食产销战略合作协议，达成44份粮食购销协议，协议购销量43.3万吨。实施优质粮食工程，推进1个“中国好粮油”示范央企（中储粮镇江粮油有限公司）、3个县级质检机构建设，丹阳市推进4个粮食产后服务体系建设，项目通过省级专家评审，扬中市发展全产业链经济，为“好粮油”产品提供可控的优质粮源。（蒋欣容）

【地方储备粮管理】 2018年，镇江市粮食局创新储备粮管理，制定市级储备粮管理考核细则。强化储备粮监管，杜绝市级储备粮异地存储，同时，根据企业轮换时间和数量，采取轮入一批验收一批，确保储备粮运作的灵活性和政策性。优化储备粮品种结构，将市级储备粮稻麦比例调整至50%∶50%，降低地方储备粮轮换风险。在保持市级储备粮最低库存量的前提下，延长市级储备粮轮换架空期，由4个月延长至6个月，降低储备粮的运作风险，提高储备粮的运作效益。（蒋欣容）

【“放心粮油”工程建设】 2018年，镇江市粮食局、市放心消费办、市消费者协会、市粮食行业协会制定下发《镇江市2018年“放心粮油工程”建设实施意见》。全年组织开展2次“放心粮店”联合评审活动，新建“放心粮店”35家，其中，示范店12家，销售店23家，“放心粮店”乡镇、街道覆盖率100%。加强对“放心粮店”监管，春节前、5月和9月开展“放心粮油”市场产品质量联合检查，保障粮油市场安全。推进“放心粮油”工程宣传，在世界粮食日、《粮食流通管理条例》颁布实施周年纪念日、全国法制宣传月等时间节点，组织行业干部职工面向机关、企业、农村和消费者，开展“放心粮油”工程宣传教育活动，并对市级评审“放心粮油”销售店、示范店进行授牌。（蒋欣容）

【军粮供应工作】 2018年，镇江市粮食局加强粮食仓储设施建设，危仓老库（军粮专项）改造进展顺利，镇江市军粮供应中心等5个军供站（点）的军粮供应改造和功能提升项目基本完成。市粮食局首次与江苏省粮食局、解放军无锡联勤保障中心联合开展部队饮食应急保障演练。从应急保障企业数据库中选择镇江某公司作为应急供应单位，由市军粮供应中心国家高级公共营养师对供应的菜肴、品种进行选择和搭配，同时，全程监督制作过程，确保食品安全。在演练现场，市军粮供应中心搭建应急临时供应点，供应社会化营养餐近千份，开设野战超市，提供矿泉水、压缩饼干和自加热饭等应急食品。（蒋欣容）

供销合作

【概况】 2018年，镇江市供销合作系统实现营业总收入210.38亿元，比上年增长8.35%；利润总额2.32亿元，增长11%。商品销售总额976.91亿元，增长8.84%，其中，电商销售额5.10亿元，增长72.9%，连锁销售额237.5亿元，增长9.77%。农副产品收购额97.97亿元，增长13.68%；农副产品市场交易额16.4亿元，增长8.6%。完成3家“三体两强”（自主经营实体、农民社员主体、合作经济组织联合体和综合实力强、为农服务能力强的基层社）示范基层社创建和1家薄弱基层社（无资产、无经营或有资产、无经营的基层供销社）改造任务，建成现代农业综合服务中心3家，提档升级农村综合服务社24家。新发展农民专业合作社25家，其中，联合社11家，扬中市绿野秧草专业合作社获农业农村部“国家农民合作社示范社”称号。培训农产品经纪人529人，其中，中级农产品经纪人220人。病虫害统防统治面积8.27万公顷次，实现托管式、菜单式等农业社会化服务面积2.73万公顷。建设重点项目14个，实际完成投资8195万元。丹阳市、扬中市、句容市供销社进入“2017全国供销合作社县级社50强”，丹徒区上党供销合作社、丹阳市导墅中心供销合作社、句容市华阳中心供销合作社等5家获评“基层社标杆社”。镇江市供销合作总社获评省供销合作总社、省人力资源和社会保障厅“全省系统先进集体”。 （姚 强 颜 光 陈 玉）

【供销社综合改革工作】 2018年7月底，丹阳市、句容市、扬中市、丹徒区、京口区、润州区均出台《关于深化供销合作社综合改革实施意见》，提前5个月完成省供销合作总社下达的任务。丹阳市出台《加强供销合作社组织体系、人才队伍和基层社建设实施意见》。截至6月底，所有市、区供销社实现参照公务员法管理。句容市消费合作社实现镇级全覆盖，并且组建全省首家消费合作社联合社。润州区和丹徒区供销社分别召开第三次代表大会、第六次代表大会，并选举产生新一届理事会。扬中市供销社初步构建起市场化运作、多元化经营、规范化管理的社有资产监督管理新体系。全市供销合作社系统承担的中华全国供销总社、省供销总社的专项改革试点任务全部完成。 （李 瑞 曹尧东）

【“三农”服务工作】 2018年，“农资惠”平台建设有成效，创建成功“农资惠”网点113家，基本实现镇江市涉农乡镇全覆盖。农资供应新模式服务功能日趋完善，春耕备耕期间“镇江市供销社农资供应”在央视财经频道《第一时间》栏目专题报道。全年实现农资销售22877.5万元，其中，线上销售3774万元。当年，供销系统做好农资监测和供应服务，保证春耕备耕、夏收夏种、秋收秋种农资供应质量和价格稳定。组织、参加2018全国农资科技博览会暨全国品牌农产品交易会、2018海峡两岸（江苏）名优农产品展销会和镇江市首届“中国农民丰收节”庆祝活动暨优质农产品展示展销等活动，筹备2019“农品惠”新春年货大集活动，推介全市名优农产品，帮助农民解决农产品“销售难”问题。 （史书龙 田春雷）

石 油

【中国石化销售有限公司江苏镇江石油分公司】 中国石化销售有限公司江苏镇江石油分公司是中国石化在镇江地区唯一以经营成品油、天然气业务为主的全资子公司，下辖谏壁油库及丹阳、句容、扬中3个县级分公司。其中，谏壁油库总库容9.3万立方米，年吞吐量超过150万吨，是苏南成品油管道的第二站，承担苏南成品油管道输送任务。2018年，镇江市中石化旗下加油站120余座，全年成品油销售总量超55万吨，销售额近40亿元，汇缴各类税费1.5亿元，市场占有率66%。为打造汽车综合服务商，中石化镇江分公司拓展非油品业务，与市内多家银行、保险、旅游等单位跨界合作，实现非油品销售超1.5亿元。 （邓 璇）

【中国石油天然气股份有限公司江苏镇江销售分公司】 2018年，中国石油天然气股份有限公司江苏镇江销售分公司有加油站59座，其中，营业站52座。总资产比上年增长1.19%。全年零售纯枪销量11.76万吨，下降9.3%；成品油直批销售7.06万吨，增长2.5%；非油品销售以润滑油、便利店商品为主，完成销售收入5144.73万元，增长8.5%；销售成品油18.82万吨，销售收入13.46亿元，上缴税款865.6万元。全年安全环保工作零事故。 （张 衡）

盐 业

【概况】 2018年是国家盐业体制改革2年过渡期的第2年。因市场竞争加剧、批发价格下调等因素影响，江苏省苏盐连锁有限公司镇江分公司全年销售各类盐产品25710.35吨，为上年的96.05%。其中，销售食盐18808.1吨，为上年的83.55%；销售小包装食盐7816.58吨，完成年计划62.53%，为上年的64.42%。全年实现营业收入3430.53万元，完成年计划57.18%，为上年的55.07%。

2018年年底，江苏省苏盐连锁有限公司镇江分公司整体划转至镇江市盐业有限公司，并以镇江市盐业有限公司名义申请换证，同时承继江苏省苏盐连锁有限公司镇江分公司食盐批发经营相关资质、财务、业务和人员等。 （胡建兵）

【盐业经营管理】 2018年，江苏省苏盐连锁有限公司镇江分公司围绕以“保市场、保总量、保效益，破难题、挖潜力、聚合力”为主线，打好小包装食盐市场市内市场保卫战、省外市场攻坚战。抽调5名员工到陕西市场，拓展淮盐市场份额。开展“三定”（定岗、定编、定员）工作；县级公司只设综合管理部，其他岗位按照市场营销职能设置。制定员工工资分配市场化改革指导意见，年度工资总额由基本工资总额和目标激励工资总额、超目标激励工资总额3部分组成。出台《关于勤俭办企、厉行节约管理规定》《全员理货规定》《直配直送费用管理规定》《商品出入库管理规定》等制度，落实降本增效。在中石化镇江地区所有易捷便利店设立“淮盐”专柜，将高端盐上架工商银行融易购电商平台作为积分兑换礼品。在镇江举办的“神通杯”第一届全国无人机花样队列公开赛上，以“千年淮盐健康安全”“淮盐千年甲天下”为主题，独家宣传盐业品牌；设立展位，参加市首届“中国农民丰收节”暨市优质农产品展示展销馆开馆仪式；以团队形式参加2018镇江国际马拉松竞赛迷你马拉松项目竞赛，苏盐集团作为官方供应商的LOGO标识亮相赛场；在镇江交通广播台开设盐业专栏、盐业专场、每天整点以“淮盐”冠名报时，并在该台微信公众号进行品牌宣传。深入广场、商场、农贸市场、社区、乡镇，开展宣传活动，并将淮盐宣传与日常直配、直送到终端客户相结合，开展常态化品牌宣传，巩固淮盐在镇江食盐市场的主渠道地位。

（胡建兵）

【盐政执法】 2018年8月，镇江市出台《盐业监管体制改革方案》，文件明确“实行政企分开，剥离食盐批发企业承担的行政管理职能，实行市场化运营，撤销各级盐业公司加挂的盐务管理局牌子，将行政管理职能划归相关行政机关承担。”镇江市明确市经信委为全市盐业主管部门，市食药监局为全市食盐质量安全主管部门，各市（区）市场监管部门为食盐质量安全、食盐专营管理的执法主体部门。

全年市食品药品监督管理局对全市食品监管执法人员进行食盐监管执法工作知识培训，印发《食盐安全监管手册》450本。全市开展一系列食盐安全专项行动。检查中，执法人员指导食盐经营户严格按照新的食盐专营办法规范经营食盐，对有违规经营行为的商户下达稽查建议书、整改通知书。全年检查食品生产用盐企业50家，食盐零售终端3000余家，小作坊300余家，食堂、餐饮单位1200余家，发放宣传单5000余份；全市立案调查9起，罚没盐产品数量4.5吨，罚没款20752元。 （胡建兵）

综　述

【概况】 2018年，镇江市实到外资及港澳台资8.68亿美元，比上年降低35.85%；总量占全市比重3.39%，降低2%。完成进出口总额118.4亿美元，增长12.4%。其中，出口79.8亿美元，增长14.2%；进口38.6亿美元，增长8.7%。完成服务执行额20.72亿美元，增长26.44%，其中，离岸外包执行额7.09亿美元，增长67.1%，绝对值占外包执行总额的34.2%。全市新批境外投资及港澳台资项目28个，镇江方协议投资1.39亿美元，降低47.24%。全市制造业实到外资及港澳台资6.53亿美元，增长4.7%，占全口径实到外资及港澳台资比重71.4%，增加25.3个百分点；战略性新兴产业实到外资及港澳台资占比超过50%，增加22个百分点；美国、日本、澳大利亚等国家以及欧盟等地区发达经济体投资项目占新批项目的63.7%，增加30个百分点。年内，镇江综保区获企业增值税一般纳税人试点资格。

镇江市商务局成立产业项目招引组，对全市亿元以上签约产业项目每月督查通报，全市签约亿元以上（外资1000万美元以上）产业项目167个。从产业看，制造业项目128个，“三产”非地产类服务业项目39个。从规模看，总投资10亿元以上项目22个，北汽麦格纳、孚能电池、长城汽车核心部件等5个50亿元以上制造业项目落户。其中，制造业12个，服务业10个；5亿元～10亿元的项目19个；其余是5亿元以内项目。从来源看，内资项目134个，外资33个。从进度看，新签约亿元以上产业项目纳入全市重大产业项目库47个，占64个市级重大制造业新建项目的73.4%。市商务局开展招商机制改革，市国投中心通过单一来源政府购买服务的方式，解决招商经费问题，组建3个专业招商部和1个综合部；指导督促各板块制定出台招商改革实施意见，扬中市、句容市、丹阳市均出台相关意见方案。围绕“央企”招商，主攻航空航天和海工船舶产业，签约6个项目；围绕招商合作“平台”建设，探索中欧校友会及江苏浙江商会合作模式，5个项目入驻中欧校友产业园；牵头做好镇江国际低碳大会8场路演，签约36个项目。

贸易摩擦应对工作。全市一般贸易进出口91.56亿美元，占货物进出口的77.3%，比上年增加2.7个百分点，列全省高质量考核指标第4名。对“一带一路”沿线国家和对“金砖国家”的出口增幅均超过20%，木材、大豆、化工原料、集成电路四大主要进口商品增幅均超过30%。强化“进出口前50位企业”“前10类商品”“前5大市场”等项目的监测分析，召开10多场座谈会、培训会，指导帮助企业应对贸易摩擦，帮助天工、希西维等企业争取谈判主动权，美国采购商同意全额承担加征的关税。培育外贸新业态，镇江跨境电商园区建设有阶段性成效，跨境电商公共服务平台通过南京海关验收并开业；开展市级外贸综合服务企业认定工作，认定镇江欣贸跨境电商服务公司为市级试点；招引外贸综合服务企业本地注册，南京红太阳在镇江市设立全球供应链企业。推进“市场替代”工作，按照重点类展会、鼓励类展会和一般类展会分类，分别给予展位费以及综合参展费补助。全年安排境内外展会127个，其中，“金砖国家”和“一带一路”市场展会占比约2/3。组织参加首届中国国际进口博览会，完成省交易团下达专业观众组织和贸易成交促进工作，13家企业达成意向成交20笔。推进口岸工作，全年镇江口岸（港口）完成货物吞吐量15331.4万吨，增长7.9%。其中，外贸货物吞吐量3750.3万吨，增长11.1%；完成集装箱吞吐量43.18万标准箱，增长6.5%，其中，外贸集装箱吞吐量18.81万标准箱，下降1.2%。完成江苏新民洲港务有限公司码头二期3个泊位和谏壁电厂码头二期1个泊位对外开放。完成镇江边防检查站水上执法基地趸船码头及配套设施建设，并交付使用。

国际化营商环境提升工作。镇江市落实外商投资企业设立商务备案与工商登记“一口办理”；完善外商“一卡通”政策，对外企高管在医疗体检、子女就学、居留、签证、景区游览、公共交通等方面给予优惠；出台提升跨境贸易便利化水平19条措施，全省率先公示口岸通关收费清单，实现集装箱进出口合规成本降低100美元。全年争取国家、省级扶持资金近3200万元；与中国出口信用保险公司合作，搭建中小企业统保平台和“走出去”企业风险保障平台，并将覆盖面扩展到3个县级市。 （郭　林）

【外包、外经工作】 2018年，镇江市出台服务外包产业发展的《绩效考核办法》《特色产业集聚区认定管理办法》《产业发展规划》等文件。镇江市服务外包协会成立。鼎胜铝业公司（在泰国）、建华建材公司（在越南）、恒宝公司（在肯尼亚）、沃得公司（在印度）等4个新设境外投资项目超1000万美元，另有6个境外项目增资。境外工程承包营业额为4.3亿美元，比上年增长30.17%。新增1家对外承包工程资质企业。省交通工程集团有限公司、省电建三公司、中交二航三公司等企业在“一带一路”沿线建设港口、公路、桥梁、电厂等。

（郭　林）

对外及对港澳台贸易

【概况】 2018年，镇江市进出口118.4亿美元，比上年增长12.4%，月均值（9.9亿美元）超上年1亿美元，总量列全省第8名。其中，出口79.8亿美元，增长14.2%；进口38.6亿美元，增长8.7%。一般贸易进出口占全市进出口总额的77.3%，列全省高质量指标考核第4名。

2018年，占镇江市出口超五成的四大传统市场均保持正增长，其中，对美国、欧盟、东盟、日本分别出口16.7亿美元、11.1亿美元、10.8亿美元和5.2亿美元，分别增长24.1%、25.7%、11.1%和7.2%；“金砖国家”中，对印度、俄罗斯、巴西分别出口4.9亿美元、1.7亿美元、1.4亿美元，分别增长21.5%、0.3%、18.8%；“一带一路”沿线国家出口28.0亿美元，增长17.8%。

民营企业进出口51.5亿美元，增长18.1%。其中，出口42.4亿美元，增长21.2%，占全市出口总值的53.1%，高于外资企业9.5个百分点，占据第一大出口经营主体地位；进口9.1亿美元，增长5.7%。外商投资企业进出口56.5亿美元，增长2.7%。其中，出口34.8亿美元，增长6.9%；进口21.7亿美元，降低3.2%。

机电产品出口31.3亿美元，增长19.9%，占出口总额的39.2%；高新技术产品出口5.6亿美元，降低14.8%，占出口总额的7.0%。全市重点监测的前50种大宗商品进口额增长13.0%，其中，对二甲苯增长710.3%，集成电路增长231.6%，原木增长166.4%，大豆增长53.7%。

一般贸易保持主体地位，完成进出口91.6亿美元，增长16.4%，超过全市外贸总体增速4个百分点，占全市进出口总值的77.3%，较上年增加2.7个百分点。其中，出口、进口分别增长17.8%、13.5%。加工贸易进出口23.0亿美元，增长0.2%，占全市进出口的19.5%，占比下降2.1个百分点。

（洪　靓）

【12家镇江企业参加第28届中国华东进出口商品交易会】 2018年3月1日—4日，镇江市组织12家企业参展第28届中国华东进出口商品交易会，设展位13个。按照展区类别划分，服装服饰展区参展企业3家，展位3个；家庭用品展区参展企业6家，展位7个；装饰礼品展区参展企业3家，展位3个。按照企业属性划分，“三资”企业2家，占参展企业总数的16.7%；私营企业10家，占83.3%。成交统计显示日韩市场基本稳定，欧美市场略有下降，新产品、高质量产品成交较多，但仍以短单为主。

（洪　靓）

【外贸质量建设项目认定工作】 2018年，镇江市新认定威腾电器、锋芒复合材料、大全集团、海狮汽车、佳峰儿童用品、希西维等6家企业为2018年镇江市外贸品牌；考核确认3家商会工作站为镇江市进出口公平贸易工作站，其中，鼎胜新材工作站考核结果为优秀，丹阳市眼镜商会工作站和丹阳市汽车零部件商会工作站2家考核结果为合格；认定汇鸿冷链和新中瑞2家企业为进口商品交易中心；认定欣贸跨境电商服务有限公司为镇江市综合服务代理试点企业。

（洪　靓）

【镇江市组团参加广交会】 2018年，镇江市组织企业参加第123届、124届中国进出口商品交易会（广交会），设有展位302个，占江苏省交易团展位总数的6.2%，其中，品牌展位16个，特装展位105个（包括品牌展位）。第一期183个展位，第二期50个展位，第三期69个展位。工具展区是镇江市主参展区，有71个展位，占镇江全部展位数的23.5%，占省工具展区总展位数的32.8%。全市有190家参展企业，其中，一期111家企业，二期31家企业，三期48家企业。到会参展代表600多人，有效采购商数量有所增加，非洲客人减少。有70%的参展企业表示出口订单持平，10%的企业表示订单有所增长，20%的企业订单下降；新产品、高质量产品成交较多，但以短单为主。

（洪　靓）

2018年镇江市辖市（区）进出口额完成情况一览表

表19－1　　单位：万美元

辖市（区）	进出口		出　口		进　口	
	累计数	比上年增长（%）	累计数	比上年增长（%）	累计数	比上年增长（%）
全　市	1183866	12.4	797969	14.2	385896	8.7
丹阳市	320574	15.5	278261	17.0	42313	6.8
句容市	68781	31.8	60030	35.0	8751	13.4
扬中市	71486	1.5	62336	12.2	9150	－38.5
丹徒区	77626	23.5	71436	22.6	6190	34.5
京口区	191226	34.8	94014	9.2	97212	74.1
润州区	28633	36.9	22916	37.7	5717	33.8
镇江新区	394015	－1.3	185527	3.7	208488	－5.3
镇江高新区	30782	8.8	22790	12.0	7992	0.5

（洪　靓）

2018 年镇江市进出口贸易方式一览表

表 19－2 单位:万美元

贸易方式	出口			进口			进出口		
	当年数	比上年增长(%)	占全市(%)	当年数	比上年增长(%)	占全市(%)	当年数	比上年增长(%)	占全市(%)
贸易方式	797969	14.24	100	385896	8.68	100	1183866	12.37	100
一般贸易	635050	17.78	79.58	280530	13.45	72.70	915579	16.42	77.34
电子商务	0	－68.45	0	0	—	0	0	－68.45	0
货样广告品 A	61	－47.16	0.01	31	－46.21	0.01	92	－46.85	0.01
加工贸易	158775	3.34	19.90	71920	－6.21	18.64	230694	0.16	19.49
来料加工 1	79451	－13.42	9.96	44338	－14.85	11.49	123789	－13.94	10.46
进料对口	75423	25.73	9.45	24970	10.11	6.47	100393	21.45	8.48
区内进料加工货物	435	－29.79	0.05	2612	35.34	0.68	3047	19.5	0.26
进料非对口	3465	171.18	0.43	0	－100	0	3465	170.45	0.29
其他贸易	4145	－27.03	0.52	33447	7.46	8.67	37592	2.14	3.18

(洪 靓)

2018 年镇江市出口(销售)商品额前 20 国家(地区)一览表

表 19－3 单位:万美元

国别(地区)	当年数	比上年增长(%)	占全市(%)	国别(地区)	当年数	比上年增长(%)	占全市(%)
美国	166610	24.14	20.88	加拿大	16821	19.84	2.11
欧盟	111032	25.74	13.91	俄罗斯	16591	0.28	2.08
东盟	107506	11.07	13.47	墨西哥	15626	30.82	1.96
日本	52155	7.23	6.54	巴西	13929	18.8	1.75
印度	49153	21.49	6.16	土耳其	11811	－0.94	1.48
韩国	35308	－0.64	4.42	沙特阿拉伯	8209	67.02	1.03
阿联酋	32012	116.33	4.01	巴基斯坦	7933	26.01	0.99
中国香港	28899	－29.75	3.62	南非	6414	－13.07	0.80
中国台湾	25595	－4.17	3.21	以色列	4558	23.72	0.57
澳大利亚	21289	29.64	2.67	阿根廷	4279	－2.26	0.54

(洪 靓)

2018 年镇江市进出口商品额前 50 强企业一览表

表 19－4 单位:万美元

企业名称	当年数	比上年增长(%)	占全市(%)
金东纸业(江苏)股份有限公司	127031	－1.34	10.73
镇江奇美化工有限公司	55155	－23.76	4.66
镇江中林林业有限公司	29449	50.47	2.49
中储粮镇江粮油有限公司	28240	92.27	2.39
江苏鼎胜新能源材料股份有限公司	27230	62.29	2.30
江苏天工工具有限公司	25619	33.94	2.16
大赛璐安全系统(江苏)有限公司	24678	11.28	2.08
江苏索普港集团有限公司	16001	496.12	1.35
镇江江南化工有限公司	14620	55.3	1.23
江苏锐升新材料有限公司	14207	121.19	1.20
帝高力装饰材料(江苏)有限公司	13712	16.34	1.16
江苏大津重工有限公司	13662	691.02	1.15
江苏美科硅能源有限公司	13294	－38.95	1.12
镇江艾科半导体有限公司	13218	－60.7	1.12
镇江中沙保税物流有限公司	12987	—	1.10
江苏苏亚迪炭材有限公司	12250	35.54	1.03

续表 19－4

企业名称	当年数	比上年增长（%）	占全市（%）
江苏苏润高碳材股份有限公司	10736	21.67	0.91
索尔维（镇江）化学品有限公司	10644	35.69	0.90
镇江爱迪进出口有限责任公司	10124	70.08	0.86
爱励铝业（镇江）有限公司	9867	14.2	0.83
优利德（江苏）化工有限公司	8689	33.07	0.73
江苏东昇光伏科技有限公司	8134	36598.66	0.69
江苏新民洲港务有限公司	8001	58.91	0.68
江苏正丹化学工业股份有限公司	7930	79.78	0.67
江苏久正光电有限公司	7490	1.37	0.63
江苏肯帝亚木业有限公司	7378	35.68	0.62
大亚车轮制造有限公司	7334	15.53	0.62
江苏福荣服装有限公司	7314	40.89	0.62
江苏苏菱铝用阳极有限公司	7314	30.09	0.62
江苏大力神科技股份有限公司	6484	－25.03	0.55
道达尔润滑油（中国）有限公司	6385	－3.2	0.54
江苏泛华进出口有限公司	6125	1.31	0.52
句容宁武新材料股份有限公司	5994	－8.58	0.51
江苏淘镜有限公司	5628	47.85	0.48
凯迩必机械工业（镇江）有限公司	5567	97.6	0.47
中国镇江外轮代理有限公司	5507	28.77	0.47
镇江碳素制品有限公司	5457	53.27	0.46
江苏万新光学有限公司	4942	23.38	0.42
镇江东亚碳素焦化有限公司	4802	56.11	0.41
镇江李长荣综合石化工业有限公司	4627	112.28	0.39
现代重工（中国）电气有限公司	4624	－14.41	0.39
丹阳镇威汽配有限公司	4618	29.65	0.39
江苏佳星化学股份有限公司	4565	15.78	0.39
镇江市中远海运仓储发展有限公司	4519	－32.59	0.38
江苏沃得农业机械有限公司	4314	－4.96	0.36
菲舍尔航空部件（镇江）有限公司	4295	66.43	0.36
江苏省镇江船厂（集团）有限公司	4274	－20.36	0.36
江苏希西维轴承有限公司	4266	32.49	0.36
江苏鱼跃医疗设备股份有限公司	4199	6.32	0.35
镇江融生进出口贸易有限公司	4031	464.02	0.34
合　计	657531	17.68	55.54

（洪　靓）

2018 年镇江市进出口产品类别一览表

表 19－5　　单位：万美元

产品类别	出口额			进口额			进出口额		
	当年数	比上年增长（%）	占全市（%）	当年数	比上年增长（%）	占全市（%）	当年数	比上年增长（%）	占全市（%）
机电产品	312842	19.87	39.20	57627	－3.04	14.93	370469	15.62	31.29
高新技术产品	55747	－14.78	6.99	19786	－19.67	5.13	75533	－16.12	6.38
纺织服装	56173	9.74	7.04	1739	－12.69	0.45	57912	8.9	4.89
农产品	3887	20.57	0.49	41318	33.58	10.71	45205	32.35	3.82

（洪　靓）

2018 年镇江市出口额1000 万美元以上商品一览表

表 19－6　　单位：万美元

商品名称	出口额	比上年增长(%)	商品名称	出口额	比上年增长(%)
其他书写、印刷纸及纸板，含机械纤维≤10%	50609	－11.15	液压马达	3426	－8.62
氯乙烯聚合物制铺地制品	36306	56.15	水杨酸的其他酯及其盐	3268	12.78
其他已煅烧石油焦	30991	26.34	未列名塑料制品	3247	29.60
其他材料制未列名眼镜片	22689	9.19	其他芳香多元羧酸及其酸酐等及其衍生物	3236	8.42
其他经掺杂用于电子工业的已切片化学元素等	16478	－36.02	粗制碳化硅	3232	13.24
其他材料制工作部件的钻孔工具	15533	17.17	未列名电灯及照明装置	3083	－13.08
烷基亚膦酰烷基－2－二烷氨基乙酯	14678	64.89	其他装置	3021	－3.19
带充气系统的安全气囊及其零件	14537	27.90	品目 6301 至 6307 的未列名制成品，包括服装裁剪样	2823	6.09
轧后未加工无衬背铝箔，0.01 毫米＜厚≤0.2 毫米	12736	71.69	其他钢铁结构体；钢结构体用部件及加工钢材	2807	32.69
带背板的溅射靶材组件	11810	194.33	其他睡袋	2793	9.51
非机械驱动残疾人用车	11687	11.82	塑料制窗板、百叶窗或类似制品及其零件	2730	－9.06
浮动或潜水式钻探或生产平台	11489	—	加工中密度板	2727	9.06
太阳能电池	10477	691.47	未列名化纤女式带风帽防寒短上衣、防风衣等	2711	25.11
成卷的书写、印刷纸及纸板，含机械纤维≤10%	10138	－16.91	厨房废物处理器	2653	20.61
其他合金钢锻造条、杆	10044	47.89	喷汽机、喷砂机及类似的喷射机器	2578	62.27
未列名矫正视力、护目等用途的眼镜等物品	8917	47.42	未命名	2560	50.07
其他车辆用铝合金制车轮及其零附件	8052	2.66	本章其他品目未列名机器或设备的电气零件	2533	1487.66
铝合金矩形板、片，厚度＞4 毫米	7920	27.80	联合收割机	2513	1.62
机动车辆用电气照明装置	7870	15.60	其他坐具	2512	14.77
其他无衬背铝箔	7501	29.77	供运输或包装货物用的乙烯聚合物制袋及包	2489	1.59
其他碳电极	7346	36.26	化纤制针织钩编套头衫、开襟衫、外穿背心等	2470	7.41
液晶显示板	7271	0.84	未装有滚珠或滚子轴承的轴承座；滑动轴承	2464	25.99
其他用作处理器及控制器的集成电路	6200	－66.96	化纤棉填充的其他寝具及类似用品	2432	－1.97
初级形状的其他聚醚	5999	－8.66	品目 8701 至 8704 所列其他车辆用未列名零、附件	2404	3.84
带有天然或合成金刚石、立方氮化硼制的圆锯片及部件	5682	10.63	带有钢制工作部件的圆锯片	2326	17.41
品目 8512 所列装置的零件	5559	26.04	纺织材料制鞋面胶底的其他鞋靴	2307	－10.64
轧后未加工无衬背铝箔，厚度≤0.007 毫米	5541	89.84	其他冰乙酸	2202	46.87
棉制女裤	5161	14.04	其他材料制变色镜片	2130	0.48
已煅烧石油焦，含硫量＜0.8%	5123	1376.72	化纤制女式羽绒大衣	2123	8.40
其他涂布无机物书写、印刷纸，机械纤维＞10%	4504	152.41	（臭氧、氧气、喷雾）治疗器、人工呼吸器等	2107	5.63
乙酸乙酯	4386	－29.04	未列名未装配的光学元件	2102	27.21
钛白粉	4196	0.66	三轮车、踏板车和类似的带轮玩具；玩偶车	2085	17.27
其他漆刷及类似刷	3948	1.42	载重量≤15 万吨的机动散货船	2051	—
未列名合金钢板材，宽≥600 毫米	3869	219604.17	品目 8426、8429、8430 的其他零件	2010	22.25
机动车辆用视觉信号装置	3842	31.73	水杨酸、水杨酸钠	1988	32.75
未列名圆锯片，包括部件	3756	－8.16	工具钢	1975	28.75
其他高速钢条、杆	3687	33.44	氢氧化钾（苛性钾）	1965	18.43
其他集成电路	3668	210.14	深沟球滚珠轴承	1946	27.10
猪鬃制漆刷及类似刷	3645	0.68	飞机及直升机的其他零件	1935	46.86
其他金属家具	3617	31.77	未列名具有独立功能的电气设备及装置	1920	40.91
其他橡、塑或再生皮革外底，皮革鞋面的鞋靴	3576	57.59	未列名成卷成张矩形浸涂印花纸，纸板，纤维纸	1871	66.33
其他合金钢热加工条、杆（除热轧，热拉拔或热挤压外未经进一步）	3483	7.88	缓冲器（保险杠）及其零件	1830	22.17

续表 19－6

商品名称	出口额	比上年增长(％)	商品名称	出口额	比上年增长(％)
车身(包括驾驶室)的未列名零件、附件	1829	21.79	其他钢铁制家用炊事器具及加热板	1314	－26.50
镀或涂铝锌合金的铁或非合金钢平板轧材	1822	－71.69	未列名环酰胺及其衍生物以及它们的盐	1298	44.02
加工中密度板	1814	－19.16	棉制女式上衣	1247	149.50
针织的帽类及用成匹的花边、毡呢或其他纺织物制成的帽类	1805	29.01	未列名钢铁制品	1228	46.99
香草醛(3－甲氧基－4－羟基苯甲醛)	1755	225.35	品目 8711 至 8713 所列其他车辆用辐条	1217	－1.50
铝合金矩形板、片,0.2 毫米＜厚＜0.28 毫米	1753	11.51	精梳毛＜85% 主要或仅与化纤短纤混纺机织物	1215	68.27
以塑料片或纺织材料作面通常置于口袋或手提包内的物品	1753	－3.57	其他非合金铝矩形板、片,厚度＞0.2 毫米	1183	100.19
其他电气控制或电力分配盘板台等,电压≤1000 伏	1748	471.90	工具钢	1179	8.18
其他工业用铝制品	1741	1241.08	未列名的机器零件,不具有电气器材特征的	1176	24.43
钢铁制脚手架、模板或坑道支撑用支柱等设备	1708	21.35	车辆用层压安全玻璃	1174	14.72
船用推进器及桨叶	1672	5.82	矫形或骨折用器具	1173	30.03
油漆块垫及滚筒	1648	24.34	初级形状的聚硅氧烷	1169	28.25
品目 9027 所列的其他仪器及装置	1630	1707.99	塑料马桶座圈及盖	1158	79.78
砂布	1566	－1.74	太阳镜	1141	35.03
铝合金制条、杆	1563	48.77	合纤非针织或钩编的窗帘、帐幔、帘帷及床帷	1117	40.20
品目 8535、8536 或 8537 所列装置的其他零件	1506	49.81	聚四氟乙烯制非泡沫板、片、膜、箔及扁条	1105	11.53
眼镜架	1501	19.19	其他初级形状的丁腈橡胶	1089	21.44
化纤制女式羽绒短上衣	1490	81.31	未列名化纤男式带风帽防寒短上衣、防风衣等	1089	13.28
其他电炉;电锅、电热板、加热环、烧烤炉等	1469	234.59	其他含附加含氧基羧酸及其酸酐等及其衍生物	1077	2046.40
未列名冷拔或冷轧的不锈钢无缝圆形截面管	1448	－9.12	非瓦楞纸或纸板制的可折叠箱、盒、匣	1073	157.68
硫化橡胶制其他分指、连指及露指手套	1440	8.33	加热电阻器	1056	11.53
以塑料或纺织材料作面的提箱、小手袋、公文箱、公文包、书包及类	1430	3.99	16 英寸及以下的未列名自行车	1055	55.50
其他橡胶、塑料或再生皮革制外底的短统靴	1413	－15.50	以塑料片或纺织材料作面的其他类似容器	1053	174.07
同轴电缆及其他同轴电导体	1400	35.29	载重量≤10 万吨的成品油船	1039	10.91
其他聚氯乙烯浸涂、包覆或层压的纺织物	1374	15.70	日字环节链	1031	13.90
动物玩具	1353	5.78	玻璃制坛、瓶、缸等容器,容量≤0.15 升	1029	4.14
未列名摄影用化学制剂;摄影用未混合产品	1348	－17.58	非零售包装除草剂	1019	－29.53
其他芳烃卤化衍生物	1347	83.72	未列名芳香一元羧酸及其酸酐等及其衍生物	1015	－1.76
其他点燃式活塞内燃发动机的零件	1336	88.44	割刀水平旋转草坪、公园或运动场机动割草机	1002	－7.67
用其他材料加强或与其他材料合制有附件管子	1324	360.22			

(洪　靓)

2018 年镇江市出口额前 50 位商品一览表

表 19－7　　单位:万美元

商品名称	当年数	比上年增长(％)	占全市(％)
其他书写、印刷纸及纸板,含机械纤维≤10%	50609	－11.15	6.34
氯乙烯聚合物制铺地制品	36306	56.15	4.55
其他已煅烧石油焦	30991	26.34	3.88
其他材料制未列名眼镜片	22689	9.19	2.84
其他经掺杂用于电子工业的已切片化学元素等	16478	－36.02	2.07
其他材料制工作部件的钻孔工具	15533	17.17	1.95
烷基亚膦酰烷基－2－二烷氨基乙酯	14678	64.89	1.84
带充气系统的安全气囊及其零件	14537	27.90	1.82

续表 19－7

商品名称	当年数	比上年增长(%)	占全市(%)
轧后未加工无衬背铝箔,0.01 毫米＜厚≤0.2 毫米	12736	71.69	1.60
带背板的溅射靶材组件	11810	194.33	1.48
非机械驱动残疾人用车	11687	11.82	1.46
浮动或潜水式钻探或生产平台	11489	—	1.44
太阳能电池	10477	691.47	1.31
成卷的书写、印刷纸及纸板,含机械纤维≤10%	10138	－16.91	1.27
其他合金钢锻造条、杆	10044	47.89	1.26
未列名矫正视力、护目等用途的眼镜等物品	8917	47.42	1.12
其他车辆用铝合金制车轮及其零附件	8052	2.66	1.01
铝合金矩形板、片,厚度＞4 毫米	7920	27.80	0.99
机动车辆用电气照明装置	7870	15.60	0.99
其他无衬背铝箔	7501	29.77	0.94
其他碳电极	7346	36.26	0.92
液晶显示板	7271	0.84	0.91
其他用作处理器及控制器的集成电路	6200	－66.96	0.78
初级形状的其他聚醚	5999	－8.66	0.75
带有天然或合成金刚石、立方氮化硼制的圆锯片及部件	5682	10.63	0.71
品目 8512 所列装置的零件	5559	26.04	0.70
轧后未加工无衬背铝箔,厚度≤0.007 毫米	5541	89.84	0.69
棉制女裤	5161	14.04	0.65
已煅烧石油焦,含硫量＜0.8%	5123	1376.72	0.64
其他涂布无机物书写、印刷纸,机械纤维＞10%	4504	152.41	0.56
乙酸乙酯	4386	－29.04	0.55
钛白粉	4196	0.66	0.53
其他漆刷及类似刷	3948	1.42	0.49
未列名合金钢板材,宽≥600 毫米	3869	219604.17	0.48
机动车辆用视觉信号装置	3842	31.73	0.48
未列名圆锯片,包括部件	3756	－8.16	0.47
其他高速钢条、杆	3687	33.44	0.46
其他集成电路	3668	210.14	0.46
猪鬃制漆刷及类似刷	3645	0.68	0.46
其他金属家具	3617	31.77	0.45
其他橡、塑或再生皮革外底,皮革鞋面的鞋靴	3576	57.59	0.45
其他合金钢热加工条、杆(除热轧,热拉拔或热挤压外未经进一步)	3483	7.88	0.44
液压马达	3426	－8.62	0.43
水杨酸的其他酯及其盐	3268	12.78	0.41
未列名塑料制品	3247	29.60	0.41
其他芳香多元羧酸及其酸酐等及其衍生物	3236	8.42	0.41
粗制碳化硅	3232	13.24	0.41
未列名电灯及照明装置	3083	－13.08	0.39
其他装置	3021	－3.19	0.38
品目 6301 至 6307 的未列名制成品,包括服装裁剪样	2823	6.09	0.35
合　　计	449857	18.97	56.38

(洪　靓)

利用外资及港澳台资

【概况】 2018年，镇江市实际利用外资及港澳台资8.68亿美元，比上年降低35.85%，占全省比重为3.39%，降低1.99个百分点。协议注册外资及港澳台资9.95亿美元，降低64.18%。新批准设立外资及港澳台资企业85家，降低16.67%，其中，新批及净增资3000万美元以上企业29家，降低27.50%。

全市制造业实际利用外资及港澳台资6.53亿美元，增长4.71%，占全市比重为75.23%，增加29.13个百分点。爱励铝业、索尔维、金东纸业等企业的多个项目到位外资及港澳台资1000万美元以上，新引进镇江联城住宅工业科技发展有限公司、威翔航空科技和镇江协鑫新能源等一批总投资超1000万美元的制造业项目。

全市服务业实际利用外资及港澳台资2.53亿美元，降低60.53%，占全市比重为29.17%，降低18.22个百分点。其中，信息传输、计算机服务和软件业增长较大，利用外资及港澳台资0.39亿美元，增长68.58%；科学研究、技术服务和地质勘查0.12亿美元，增长95.15%；租赁和商务服务业1.03亿美元，水利环境和公共设施管理业0.53亿美元，分别降低37.66%、79.77%。

全市实际利用港资5.87亿美元，降低32.27%，占全市比重67.63%，列全市第1名；实际利用英属维尔京群岛、萨摩亚等自由岛地区外资0.55亿美元，占全市比重6.35%；实际利用欧洲、美国和日韩等外资0.91亿美元，新批项目占全市项目32.94%。（夏　旭）

2018年镇江市外商及港澳台商直接投资情况表

表19－8　　单位：万美元

地　区	实际利用外资及港澳台资		协议注册外资及港澳台资		新注册企业数	
	当年数	比上年增长(%)	当年数	比上年增长(%)	当年数(家)	比上年增长(%)
全　市	86774	－35.85	99488	－64.18	85	－16.67
丹阳市	16185	－52.97	27540	5.18	19	－32.14
句容市	10965	－64.93	22003	－58.73	16	－33.33
扬中市	10339	－37.57	22118	－16.45	13	－7.14
丹徒区	1758	－69.25	－2656	－150.19	5	－28.57
京口区	3752	－64.10	4305	－96.25	5	－37.50
润州区	1154	－39.42	273	－96.06	3	50.00
镇江新区	41618	21.79	21292	－51.71	18	5.88
镇江高新区	997	27.53	4612	520.76	6	200

（夏　旭）

2018年镇江市实到外资及港澳台资1000万美元以上企业一览表

表19－9　　单位：万美元

企业名称	实到外资	企业名称	实到外资
江苏瀚瑞金控融资租赁有限公司	8590	江苏天工工具有限公司	2014.11
丹阳市新农市镇建设发展有限公司	5299.97	优利德(江苏)化工有限公司	2000
索尔维(镇江)化学品有限公司	5008.39	镇江世纪好未来教育科技有限公司	2000
金东纸业(江苏)股份有限公司	4873.39	江苏帅天电气有限公司	1766.18
丹阳龙江钢铁有限公司	4537.74	维龙源电气有限公司	1700
圣晖莱(句容)新能源科技有限公司	3900	江苏巨贸康万家医疗设备有限公司	1408.71
镇江瑞康新能源科技有限公司	3812.83	光大环保能源(丹阳)有限公司	1300
江苏金斯瑞生物科技有限公司	3600	镇江中海物流有限公司	1260
金隆浆纸业(江苏)有限公司	3062	镇江嘉辉房地产开发有限公司	1153.9
威翔航空科技(江苏)有限公司	2820	镇江奥音智能制造技术有限公司	1050
爱励铝业(镇江)有限公司	2139.61	帝高力创意建材(江苏)有限公司	1020.3
句容海悦建设有限公司	2044.4	句容碧桂园房地产开发有限公司	1000

（夏　旭）

国际服务外包

【概况】 2018年，镇江市承接服务外包执行额20.74亿美元，比上年增长26.49%。其中，离岸外包执行额7.1亿美元，占外包执行额的34.23%。新增服务外包从业企业148家，新增从业人员1.24万人；截至年底，全市有服务外包企业829家，从业人员约8.5万人。新增服务外包企业注册资金超过千万元的企业有79家，占全市新增服务外包企业的53.38%。年内，全市4家示范区通过省级服务外包示范区考核，分别列全省47家示范区的第19、22、35、40名。（吴皓婧）

【国家级服务外包示范城市建设】 镇江市作为中国服务外包示范城市，享受示范城市公共技术服务平台定额支持、技术先进型服务企业税收减免等优惠政策。2018年，在定额资金使用方面，结合全市服务外包人才欠缺的现状，镇江市国家服务外包示范城市专项资金重点培育和支持公共培训服务平台。市商务局、市财政局认定软通极客信息技术有限公司为服务外包公共培训平台，签订《镇江市服务外包公共服务平台服务协议》，确保定额资金专款专用，促进全市服务外包产业发展。在技术先进型服务企业认定方面，经省科技厅、省商务厅等5部门联合认定，镇江市新增江苏金斯瑞生物科技有限公司为技术先进型服务企业，享受相应税收减免等优惠政策。（吴皓婧）

【镇江市服务外包行业协会成立】 2018年11月29日，镇江市服务外包协会成立。该协会由镇江市重点服务外包企业，从事信息技术服务外包、业务流程服务外包、知识流程服务外包及从事服务外包业务的企业和相关中介服务机构等组成，是具有法人资格的地方性、非营利性专业社会团体。该协会受市商务局、市民政局的业务指导和监督管理，以服务、发展、共赢为目标，旨在通过政府与企业之间、企业与企业之间、国际国内之间建立起沟通的桥梁。首批入会企业有62家。（沈舟侧）

2018年镇江市服务外包情况表

表19－10　　单位：万美元

辖市(区)	服务外包执行额				服务外包合同额			
	总金额		其中：离岸外包		总金额		其中：离岸外包	
	当年数	比上年增长(%)	当年数	比上年增长(%)	当年数	比上年增长(%)	当年数	比上年增长(%)
全市	207358.77	26.49	71093.16	67.50	251129.33	29.96	75749.45	46.17
丹阳市	24159.36	30.74	16893.11	26.91	24583.17	29.14	17231.31	25.24
句容市	23367.92	27.75	1462.97	143.62	25066.01	33.12	1553.90	142.80
扬中市	24919.44	12.04	8706.71	25.76	29435.02	19.21	10575.90	38.24
丹徒区	17619.68	27.14	2246.43	50.98	24012.49	26.33	3131.96	18.37
京口区	44992.64	19.52	27864.19	144.87	48437.46	16.53	27736.71	121.57
润州区	6474.06	—	525.20	—	7415.94	—	525.20	—
镇江新区	47004.63	34.20	11589.95	34.41	73134.95	41.16	13189.87	-9.71
镇江高新区	18821.04	—	1804.60	—	19044.29	—	1804.60	—

辖市(区)	登记企业数(家)			新引进注册资本1000万元以上企业数(家)		通过认证数(个)		
	当年新增		累计数	新增数	比上年增长(%)	当年新增		累计数
	新增数	比上年增长(%)				新增数	比上年增长(%)	
全市	148	57.45	829	79	25.40	28	-37.78	403
丹阳市	19	35.71	113	11	57.14	7	-70.83	64
句容市	25	38.89	128	16	128.57	3	200	32
扬中市	24	140	119	19	90	10	100	75
丹徒区	18	800	43	9	350	0	-100	4
京口区	9	200	125	6	200	-1	-50	100
润州区	4	—	73	3	—	-11	—	17
镇江新区	20	-51.22	173	11	-66.67	4	-55.56%	93
镇江高新区	29	—	47	4	—	16	—	16

（吴皓婧）

对外及对港澳台经济技术合作

【概况】 截至2018年年底,镇江市批准233家企业在64个国家和地区,投资294个境外项目,镇江方协议投资14.79亿美元。全年新批及增资境外投资及港澳台资项目28个,与上年持平;镇江方协议投资1.38亿美元,比上年降低47.24%。其中,6家企业在"一带一路"沿线的泰国、印度尼西亚、越南等6个国家投资设立8个项目,镇江方协议投资额1.22亿美元,增长1077.10%。

主要投资项目:鼎盛新材公司投资4500万美元在泰国设立铝箔生产工厂;建华建材公司投资3000万美元在越南设立混凝土生产工厂;恒宝股份有限公司对新加坡智能卡公司增资2000万美元、在肯尼亚投资1000万美元。

全市6家企业有对外承包工程经营权(镇江国际公司有劳务合作和工程承包双权)。工程承包市场分布在欧盟、东南亚、南亚、拉美、非洲等10多个国家和地区。劳务市场分布在31个国家和地区,有建筑工、缝纫工、计算机工程师、机械工程师、石油勘探工等工种。全年全市新签订对外承包工程合同额0.53亿美元,降低74.03%。完成营业额4.29亿美元,增长30.17%。新派劳务1353人,增长44.40%。

主要工程承包项目:中国能源建设集团江苏省电力建设第三工程有限公司巴基斯坦卡拉奇K2/K3核电项目常规岛土建、安装工程项目,合同金额1100万美元;中交二航三公司分包泰国(和黄)兰乍邦港D1、D2、D3码头一期工程,合同金额4259.09万美元;中交二航三公司分包马来西亚东部沿海铁路项目第7标段,合同金额3211.63万美元。

(孙标艳)

【外经服务工作】 2018年,镇江市为10多家企业申领国家外经贸发展专项资金、省级商务发展专项资金、市级开放发展专项资金1000多万元。全年督促企业劳务培训1353人次。市商务局为全市对外劳务合作企业外派的劳务人员申领"走出去"人生意外伤害险1353份;组织企业参加第十五届中国—东盟博览会、全省企业"走出去"培训班、2018年全省对外承包工程高级人员培训班等;组织企业负责人参加江苏省外经企业老总沙龙等活动。

(孙标艳)

2018年镇江市对外投资与对外及对港澳台经济合作情况表

表19-11　　单位:万美元

辖市(区)	境外投资			
	项目数(个)	比上年增长(%)	镇江方协议投资额	
			累计数	比上年增长(%)
全　市	28	持平	13898.375	-42.24
丹阳市	9	28.57	5025.932	-42.35
句容市	2	-33.33	3200	-74.94
扬中市	0	—	0	—
丹徒区	5	-16.67	407	46.68
京口区	5	150	4944.8	781.61
润州区	3	200	120	20.00
镇江新区	4	-42.86	200.6433	-42.13

辖市(区)	承包工程				外派劳务		
	新签合同额		完成营业额		当年新派人数及期末在外人数		
	累计数(个)	比上年增长(%)	累计数	比上年增长(%)	新派人数	比上年增长(%)	期末在外人数
全　市	5326	-74.03	42955	30.17	1353	44.40	4029
丹阳市	0	—	0	—	83	18.57	206
句容市	0	—	0	—	0	—	0
扬中市	0	—	0	—	0	—	0
丹徒区	0	-100	8758	12.82	31	14.81	173
京口区	0	—	0	—	65	62.50	1004
润州区	4226	-50.73	25750	24.60	860	16.53	1879
镇江新区	1100	—	8447	84.83	314	406.45	767

(孙标艳)

国际及港澳台贸易促进工作

【概况】 2018年,镇江市签发原产地证25351份,比上年增长7%,涉及出口金额180473.6万美元,其中,优惠产地证6686份,增长5%,涉及出口金额24121万美元;办理商事证明书1600份;ATA单证册33份;使馆认证768份,新注册企业98家,会员企业总数1981家;完成国际展览项目74个,参展面积3015平方米,展位335个,参展企业310家;接待国(境)外到访团组6个;举办各类经贸活动8次,参加人数1100人次。

认证服务。2018年,镇江市构建预约应急服务机制,要求出证认证部门对企业提出服务需求,必须在第一时间进行回复,对于在非工作时段有特殊急件的企业,要提供预约应急处理服务,全年为企业处理特殊急件20件,在线解答疑难问题超600人次。采用"不见面"式服务机制,推广产地证申领系统自主打印功能,镇江企业自主打印产地证每年超10000份,占市促贸会出证总量的50%,落实印章电子化,为企业提供快递邮寄服务,并提供快递跟踪,当年,通过这种"不见面"方式办理各类证书约7900份。引导企业利用自贸协定优惠政策提高竞争力,做好当年新实施的中国—格鲁吉亚自贸协定、中国—马尔代夫自贸协定的宣传,定期跟踪江苏金东纸业、江苏华燕船舶等有代表性的优惠证申领企业,了解企业对优惠证的使用情况。强化知识产权服务,加强与专业机构合作,支持企业打造自主品牌,为丹阳市海源眼镜有限公司设计产品商标LOGO并代理注册,为丹阳市翰林模塑有限公司的商标续展、变更提供专业服务;为镇江市瑞琪机械进出口有限公司在欧洲市场树立品牌做好前期查询及调研工作,降低风险,为其代理欧盟商标注册;为镇江尊义进出口有限公司从摩尔多瓦引进红酒品牌提供咨询并代理国内注册事宜;为镇江市祥飞进出口有限公司自主研发的自动供料滚简刷进行实用新型专利检索并提供比对报告。提供贸易摩擦预警服务,做好调查摸底,4月,向全市企业开展对"美国301调查"的相关反馈调查问卷,分别在丹阳市、扬中市、句容市召开涉美出口外贸企业座谈会,了解企业外贸经营情况;组织相关企业参加专题座谈会,组织受中美贸易摩擦影响比较大的江苏华昌织物有限公司参加由中共中央财经工作领导小组办公室、中国贸促总会举办的"中美经贸摩擦应对企业座谈会",组织镇江英科环保机械有限公司等多家企业参加"全省中美贸易摩擦影响企业座谈会";提供预警信息服务,在"镇江贸促家园"微信公众号推出"中美贸易摩擦预警专刊",发布相关预警信息10期。

对外联络工作。镇江促贸会组织企业参加俄罗斯中国品牌展、英国国际汽配展、越南农业机械展、土耳其国际汽配展、墨西哥国际五金工具展等展会,利用国际展会扩大镇江制造在国际市场上的影响力;举办"开拓欧洲户外运动用品市场"说明会,邀请慕尼黑展览有限公司的专家,分析欧洲户外运动用品市场现状以及如何开拓欧洲户外用品市场等内容,引导镇江市企业开拓其他海外市场,降低中美贸易摩擦对全市户外运动用品出口企业的影响;提供"展览+"服务,与展会举办方合作,邀请采购商与镇江参展企业举办对接合作商务活动;建立立体式展览业务推介机制,通过多平台向企业传递展览信息。11月,组织医疗器械联盟部分成员企业赴老挝国家工商会拜访,就医疗行业企业如何开拓老挝及东盟市场与老挝国家工商会进行商谈,双方医疗器械行业企业进行对接洽谈;同月,组织镇江市7家进出口企业、银行代表与澳大利亚洛克汉普顿市代表团在镇江市举行商贸对接会,就如何在食品、农副产品等领域加强贸易合作进行商谈;12月,香港贸易发展局江苏代表张汶锋一行到镇江,就如何更好地利用香港平台资源优势,帮助镇江企业开拓国际市场进行交流。镇江促贸会多次举办镇江企业"一带一路"走出去专题座谈会。举办德国投资贸易说明会,帮助镇江企业了解德国贸易投资法律、税收及优惠政策情况,与德国PUTZ UND PARTNER律师事务所签署合作协议。举办"镇江—意大利国际经贸法律服务直通车"活动,邀请欧盟法律协会副主席CRISTIANO BACCHINI等专家为企业授课。召开境外投资策略及风险防范座谈会。

服务能力建设。2018年6月,镇江促贸会举办国际经贸形势与海外市场分析宣讲会,与人行、市海关、市国税局、市商务局等部门合作举办外贸通关退税结算业务宣讲活动,270家镇江企业和部分省辖市贸促会负责人参加学习;对涉及外贸企业的各类信息进行收集整理,将重要信息传递到企业;开通信息交流微博,为企业解决问题,有1600多人加入"贸促家园"QQ群,1000多人参加贸促微信平台。 (沈为民)

【法律服务"便利店"】 2018年4月,镇江市贸促会、国际商会设立法律服务"便利店",旨在构建"小而丰富"的特色法律服务功能,突出"灵活、快速、便利"三大特点,为企业提供外贸纠纷解决、知识产权保护、经贸摩擦预警、涉外法律咨询、出证认证业务5大类别22种法律服务产品,"便利店"分为网络数字虚拟店铺和贸促会端实体店铺2部分,互为补充,企业可根据自身需求随时获法律援助。开通"便利店"后,接到企业涉外法律咨询155件,其中,网络咨询135件,电话等咨询20件。3月,在48小时之内为镇江黄墟锚链有限公司解决与德国客户之间的贸易纠纷,追回20万元的境外货款。 (沈为民)

【行业企业联盟工作】 截至2018年年底,镇江国际商会成立工具、汽配、眼镜、照明、皮革(高桥雪地靴)、针织、船舶装备、医疗器械等8个行业企业联盟,行业企业联盟旨在搭建行业合作平台,推动行业企业协同创新发展。联盟定期开展研讨交流活动,邀请行业内专业人士进行行业发展趋势和技术分析,定期向联盟成员企业传递经贸信息和国内外政策法规等,组织联盟成员企业抱团开拓国际市场,提升镇江产业的整体影响力。10月,在香港国际灯饰展上,镇江国际商会照明行业企业联盟的14家企业参展;11月,在广东湛江举办的中国海洋经济博览会上,镇江国际商会船舶装备行业企业联盟的12家企业参展。

(沈为民)

综 述

【概况】 2018年，镇江市金融系统贯彻中共十九大、全国金融工作会议、中央经济工作会议关于金融工作的决策部署，以服务实体经济、防范金融风险、深化金融创新为主要任务，为民生改善、经济转型升级、跨越发展和现代化建设提供金融支持。

截至年底，全市银行业金融机构本外币存款余额5122.03亿元，比年初增加155.66亿元，增长3.13%，贷款余额4484.17亿元，新增593.06亿元，增长15.24%，其中，制造业贷款余额941.31亿元，占各项贷款比重20.99%，列全省第二名。

新设常熟农商行镇江分行。市金融系统组织拜访40余家省级金融机构，与国开行省分行等省金融机构签订合作协议；开展多场金融支持实体经济推进会。

全市推进银行债权人委员会工作，组建债权人委员会90个；全市银行业金融机构发放周转贷7470笔，总计483.46亿元，降低企业融资成本3.89亿元，全市周转资金总规模6亿元；设立政银担风险分担"惠微贷"金融产品（政府、银行、担保和再担保按4∶2∶2∶2比例建立风险分担机制），降低小微企业和"三农"获贷难度。

全市62家保险公司保费收入128.19亿元，比上年增长9.3%，其中，产险保费收入27.80亿元，寿险保费收入100.39亿元。全市保险机构赔（给）付金额35.22亿元，下降8.9%，其中，产险赔付金额16.94亿元，寿险给付金额18.28亿元。

在机构监管方面，镇江市以"从严监管、适度创新、服务发展"的工作思路加强对小贷公司的监管，在中国小额贷款公司协会开展的"全国优秀小贷公司推介活动"中，全市10家小贷公司获选"全国优秀小贷公司"称号；在企业风险处置方面，监测企业逾期欠息状况，加大对恶意逃废金融债务、逾期欠息企业的惩治力度。全年处置不良贷款78.52亿元；加大防范和处置非法集资工作力度，严格市场准入，开展宣传教育，化解风险隐患，维护区域金融生态稳定。

5月7日，镇江市综合金融服务平台在全省率先接入省级平台，全年注册企业13181户，发布2675项共计129.73亿元融资需求，融资对接成功1839项，1187家企业获授信105.6亿元，1179家企业获贷款95亿元。以上各项指标均为全省第一名。 （王 伟）

【资本市场发展】 2018年，镇江市引导优质企业加快对接多层次资本市场，推动企业上市，加快直接融资。全市新增上市挂牌企业117家，其中，A股上市1家，区域股交中心挂牌116家。全市境内外上市挂牌企业总数279家，其中，主板上市19家（境内13家，境外6家），"新三板"挂牌43家，区域股交中心挂牌217家。企业上市质量提升，鼎胜新材登陆上交所主板。新增股票融资总额11.56亿元，其中，上市首发融资8.8亿元，"新三板"企业融资2.76亿元，历年累计实现股票融资总额192.66亿元。

实行企业上市后备资源库动态更新机制，截至年底，全市上市挂牌后备企业突破100家，其中，重点拟主板上市企业48家。图南股份、天奈科技、建科集团、中润新能、吉贝尔药业5家企业在江苏证监局进行上市辅导。

强化与省级机构交流合作，与江苏股权交易中心开展战略合作，合力推动全市39家专精特新企业集中挂牌。加强与江苏证监局沟通交流，通过专题拜访、召开联席会议等方式，加快拟上市企业辅导、培育、验收，做大上市后备队伍。将深交所"科技金融2.0平台"引入镇江，举办镇江市与深交所江苏创新创业企业上市培育基地合作签约仪式暨投融资路演活动，推荐优质企业开展投融资路演活动，帮助上市后备企业对接全国知名投融资机构，为企业搭建直接融资平台，加速拟上市企业孵化。举办镇江市企业上市与融资创新高级研修班、镇江市企业上市实务培训班、镇江市民企融资宣介会，邀请深圳大学、江苏银行总行、上交所、深交所、港交所等专家为全市拟上市企业授课。带领重点拟上市企业到深交所、腾讯总部参观学习，提升企业上市积极性。

完成1家"新三板"挂牌企业100万元奖励资金集中兑付工作，向省财政申请7家区域股权交易中心挂牌企业奖励资金140万元，同时，为上市企业鼎胜新材公司兑现上市奖励资金600多万元，帮助企业降低上市成本。

开展拟上市挂牌企业走访调研，实地走访丹阳、扬中、句容等辖市（区）24家拟上市挂牌企业。建立上市公司高管联络机制，举办上市公司董秘研讨会，围绕不同专题开展交流，帮助上市公司用好、用足资本市场政策工具。

（王 凯）

银 行

【概况】 截至2018年12月末，镇江市有银行业金融机构33家，其中，政策性银行1家(农业发展银行),国有商业银行4家(工商银行、农业银行、中国银行、建设银行),股份制商业银行9家(交通银行、华夏银行、浦发银行、民生银行、招商银行、中信银行、兴业银行、广发银行、光大银行),外资银行1家(大新银行),邮政储蓄银行1家,城市商业银行2家(江苏银行、南京银行),法人农村商业银行4家(镇江农商行、丹阳农商行、句容农商行、扬中农商行),异地农村商业银行分支机构6家(紫金农商行、常熟农商行、丹阳张家港农商行、丹阳江南农商行、句容吴江农商行、扬中太仓农商行),村镇银行5家(丹徒蒙银、丹阳保得、句容苏南、扬中恒丰、润州长江),下设分支机构644个,银行从业人员11051人。全市银行业金融机构各项存款余额5122.03亿元,比上年增长3.13%;各项贷款余额4484.17亿元,增长15.24%。

(宋 静)

【存款】 截至2018年12月末,镇江市银行业金融机构各项存款余额5122.03亿元,各项存款与上年相比增速低位徘徊,增长3.13%,低于全省平均增速3.88个百分点,而且低于镇江市2012年—2017年平均增速9.33个百分点;比年初新增155.66亿元,比上年增加14.17亿元,新增量占全省新增存款总额的1.65%。从存款期限看,定期化的趋势较为显著。1月—12月,全市住户存款和非金融企业存款合计增加103.55亿元,其中,活期存款比年初减少160.91亿元,而定期及其他存款比年初增加264.45亿元,定期及其他存款的存量、增量占比分别为70.18%、255.41%,比上年分别增长4.81个百分点、216.11个百分点。从存款部门分布看,住户存款增加75.10亿元,广义政府存款处于近两年的高位,非金融企业存款大幅回落,比年初减少73.80亿元,是各项存款增长乏力的主因。

(宋 静)

【贷款】 截至2018年12月末,镇江市银行业金融机构各项贷款余额4484.17亿元,贷款增量高于上年同期水平,增长15.24%,增速列全省第7名,高于全省平均增速2.11个百分点;比年初增加593.06亿元,增量全省占比为4.34%,比上年同期提高0.55个百分点。从贷款期限看,短期与中长期贷款走势有所分化,中长期贷款全年新增392.25亿元,增量占比66.14%;短期贷款全年新增107.23亿元,增量占比18.08%。从贷款部门分布看,新增贷款主要集中在非金融企业及机关团体。住户贷款增速

2018年镇江市主要金融机构主要经营指标情况表(本外币合计)

表20－1　　　　单位:亿元

金融机构	各项存款	比年初增加	与上年相比(%)	各项贷款	比年初增加	与上年相比(%)
[CM4－3]农发	51.76	4.86	10.36	211.78	23.21	12.31
工　行	433.65	21.83	5.3	461.79	34.30	8.02
农　行	675.05	8.23	1.23	427.39	48.32	12.74
中　行	447.31	17.68	4.11	424.36	42.86	11.23
建　行	447.11	－4.16	－0.92	407.01	39.57	10.77
交　行	277.57	13.18	4.99	221.73	0.56	0.25
江苏银行	472.13	41.35	9.6	341.49	95.36	38.75
邮储银行	264.80	－1.50	－0.56	227.44	43.59	23.71
华夏银行	101.44	7.01	7.42	90.92	0.42	0.46
浦发银行	97.51	－3.22	－3.2	115.32	21.62	23.07
民生银行	254.20	－16.50	－6.09	194.36	12.65	7.05
大新银行	10.39	－1.78	－14.65	3.43	0.12	3.72
招商银行	65.35	13.42	25.85	65.61	6.99	11.92
村镇银行	37.61	－0.50	－1.32	42.07	2.95	7.55
中信银行	205.70	19.63	10.55	251.18	62.60	33.2
农商行	865.11	31.05	3.72	676.66	79.48	13.31
兴业银行	121.18	7.62	6.71	135.57	42.53	45.7
广发银行	17.98	－1.18	－6.18	18.63	－0.56	－2.94
南京银行	156.63	－20.95	－11.8	113.84	25.15	28.36
光大银行	84.64	5.37	6.78	60.59	15.35	33.94
合　计	5087.11	141.43	2.85	4491.17	597.06	15.33

说明:1.本外币各项存款不含人民银行财政存款和各银行机构代理财政性存款和非银行支付机构存款;2.本外币各项贷款合计数含对银行业非存款类金融机构的拆放

(宋 静)

2018年镇江市贷款分行业统计表

表20－2　　　　单位:亿元

行　业	贷款余额	比上年增减	增幅(%)
A.农、林、牧、渔业	69.29	24.94	56.24
B.采矿业	1.74	－1.26	－42.04
C.制造业	823.54	－43.81	－5.05
D.电力、热力、燃气及水生产和供应业	62.28	11.14	21.79
E.建筑业	159.46	15.34	10.65
F.批发和零售业	242.98	19.67	8.81
G.交通运输、仓储和邮政业	52.53	1.11	2.16
H.住宿和餐饮业	13.50	1.43	11.86
I.信息传输、软件和信息技术服务业	4.31	－2.40	－35.74
J.金融业	18.35	8.36	83.74
K.房地产业	138.58	15.75	12.82
L.租赁和商务服务业	571.14	79.96	16.28
M.科学研究和技术服务业	10.35	0.57	5.82
N.水利、环境和公共设施管理业	597.87	134.71	29.08
O.居民服务、修理和其他服务业	8.37	0.33	4.12
P.教育	5.22	－2.52	－32.51
Q.卫生和社会工作	29.16	5.55	23.48
R.文化、体育和娱乐业	10.77	－1.51	－12.31
S.公共管理、社会保障和社会组织	26.36	－6.18	－18.99
T.国际组织	0.00	0.00	0.00
对境外贷款	2.24	1.57	236.84
个人贷款及透支	1407.71	239.67	20.52
贷款总计	4255.76	502.44	13.39

说明:不含票据融资

(宋 静)

高位趋缓，比上年回落10.12个百分点，降至20.52%；非金融企业及机关团体贷款新增较多，比年初增加351.81亿元。推进信贷结构调整，房地产领域贷款增长提速，基础设施建设行业贷款增速小幅波动，制造业贷款余额占比维持高位。区域间、机构间信贷增长不平衡。企业贷款利率总体呈现回落态势，小微企业融资成本下降，人民银行信贷资源向实体经济和民生领域尤其是小微企业倾斜的利率导向作用显现。（宋　静）

【经营效益】2018年，镇江市银行业金融机构加大不良贷款处置力度，通过打包转让、核销、现金清收等手段累计处置不良贷款120.29亿元，比上年增长112.04%，12月末不良贷款率降至1.68%，比年初下降0.21个百分点，不良贷款余额75.35亿元，比年初增加1.64亿元。城市商业银行、村镇银行仍然呈现不良贷款余额和不良贷款率“双升”态势。分行业看，制造业不良贷款余额48.05亿元，占全部不良贷款的63.77%；不良贷款率为5.10%，比上年增长0.12个百分点，高于全市不良贷款率3.42个百分点，制造业领域成为信贷资产风险不断积聚的重要区域。

（宋　静）

【跨境人民币业务】2018年，镇江市办理跨境人民币结算业务194.14亿元，比上年增长21.54%。其中，经常项下结算业务119.44亿元，增长19.19%，资本项下结算业务74.69亿元，增长25.51%。经常项下跨境人民币结算业务84.34亿元，下降7.01%，服务贸易及其他经常项目结算金额35.1亿元，增长268.99%。资本项下跨境人民币结算业务中，直接投资结算金额38.37亿元，下降8.64%，其他投资结算金额0.02亿元，增长18.98%。跨境融资结算金额36.3亿元，增长107.47%。（宋　静）

【国际收支】2018年，镇江市外汇收支及结售汇呈现持续顺差的局势，但跨境收支顺差规模比上年有所下降，银行结售汇顺差增幅收窄。全年全市结汇70.05亿美元，增长0.81%；售汇27.89亿美元，增长0.72%；结售汇顺差为42.16亿美元，增长0.86%。镇江市涉外收入89.73亿美元，增长2.51%；涉外支出48.72亿美元，增长8.48%；涉外收支顺差41.01亿美元，下降3.78%。外汇形势主要特点是外贸进出口规模稳步增长，出口商品结构出现新变化；货物贸易跨境收支和结售汇继续维持“双顺差”，但顺差规模均有下降趋势；外汇存贷款呈现一降一升趋势；资本项目跨境收支顺差收窄，降幅增大；远期结售汇等外汇衍生品签约量增长。（宋　静）

【货币信贷工作】2018年，中国人民银行镇江市中心支行营造适宜的货币金融环境。加强窗口指导，疏通货币政策传导渠道。加强货币信贷政策传导，引导和推动全市金融机构认清经济金融形势，落实货币信贷工作重点，把握货币信贷投放的力度和节奏，满足辖区经济发展的合理资金需求。

注重平台搭建，增强政银企对接实效。实施金融支持产业强市战略加快推进工程，组织开展金融服务产业强市“大走访大落实”活动、“金融惠企大走访”活动，以市政府确立的12条产业链体系中的龙头企业和配套企业、175个重点产业项目及民营和小微企业等为重点，以基本户开立为标准，兼顾业务合作情况，联合全市金融机构逐一上门开展信贷服务对接，促进银企面对面交流沟通，并通过举办“诚信促发展共赢铸未来”政银战略合作推进会、商标专用权质押融资工作推进会、“三聚服务”政银企对接会、军民融合发展政银企恳谈会等10多场特色专题政银企融资对接系列活动，增强工作成效。全年全市金融机构走访制造业3515户，帮助解决融资难题1729个。

改进宏观审慎管理，完善地方法人机构调控。发挥宏观审慎管理逆周期调节作用，加强对地方法人金融机构的工作指导，将小微企业融资情况纳入MPA系统之中，加大考核力度，督促法人金融机构细化工作思路、及时调整信贷投向、压缩票据融资比例，提升对实体经济发展贡献度。采取落实人民银行总行存款准备金率调整、支持发行大额存款和同业存单、用好再贷款再贴现等措施，增加法人金融机构支持民营和小微企业的资金来源。

运用货币政策工具，加大对小微企业、“三农”的支持力度。实施4次定向降准政策，为地方法人金融机构释放4.8亿元资金，用于支持银行机构开拓小微企业市场。发挥再贷款再贴现利率引导作用，使用政策工具发放的各类贷款利率，均低于同期使用其他资金发放贷款的利率。1月—12月累计发放支农支小再贷款20.95亿元，办理再贴现48.48亿元，增加服务民营和小微企业的资金来源。开展中国人民银行评级合格信贷资产质押再贷款业务，办理合格信贷资产质押支小再贷款5000万元。推出“央行微票通”“央行微贷通”，对接中国人民银行再贷款、再贴现资金与商业银行“支小”“支农”信贷产品和服务方式，坚持投向、利率双重引导原则，突出重点支持领域。

加强政策引导，扩大对制造业、民营企业的信贷投放。根据《金融支持制造业提质增效行动计划（2016—2020）》及地方党委政府“聚焦产业强市、加快建设现代化经济体系”的工作要求，制定金融支持产业强市战略加快推进的指导意见，引导金融机构以支持先进制造业发展为发力点，加大信贷投入力度，强化工作督导反馈机制，及时向市委市政府报送重点项目融资情况。截至12月末，全市175个重点产业项目贷款余额162.16亿元，比年初增加29.94亿元，增长22.64%，高于平均贷款增幅7.39个百分点。

推动普惠金融发展，开展“创建普惠金融标杆行、争当普惠金融示范岗”活动，扩大民营小微企业贷款覆盖面。做好乡村振兴战略金融服务，打造金融服务乡村振兴的样板和典型，推动法人金融机构将“合作社贷款”“光伏贷”等具有普惠金融特色的信贷产品做优、做强。截至12月末，中国人民银行普惠口径小微企业贷款新增21.27亿元，增长8.33%，支持小微企业具体做法被《江苏金融之窗》刊登采用。落实金融精准扶贫工作要求，上线运行金融精准扶贫信息系统，完善扶贫企业项目及建档立卡贫困户的统计数据，探索金融支持和产业扶贫的新机制。加大创业担保贷款业务推进力度，督促经办银行金融机构做好政策宣传，创业贷款投放力度不减弱。截至12月末，全市发放创业担保贷款1671笔，共计1.97亿元，直接带动就业人员2450人次。（宋　静）

【金融稳定工作】2018年，镇江市加强金融风险监测预警，确保“大金融”风险监测预警体系高效运行。完善镇江市金融稳定协调小组和中心支行金融稳定工作例会制度，及时通报交流履职中发现的风险隐患，加强对辖内重点行业、重点领域的金融风险监测。建立大型问题企业案例库，了解和跟踪农民资金互助合作社实时风险状况，关注辖区非正规金融机构风险隐患。完成金融稳定评估系统监测指标的数据录入，组织辖内3家法人银行机构开展压力测试，掌握测试对象的风险承受能力和存在的主要问题。

推动落实存款保险制度，夯实金融稳定基础。做好投保手续办理及保费缴纳工作，组织开展存款保险工作宣传教育和培训，加强对辖区重点投保机构面临风险的提示，发挥存款保险早期纠正功能。组织开展中国人民银行金融机构评级工作,对辖内投保机构风险评级定性打分,定期召开中国人民银行金融机构评级委员会工作会议,审核初始评级结果,并组织开展存保评级“回头看”工作。

推进金融生态建设,持续优化辖区金融生态环境。开展金融生态创建工作,完成相关辖市(区)金融生态创建自评估工作。印发《关于推动全市金融生态环境建设全覆盖的意见》,推动“三市五区”金融生态环境建设“八城同创”,实现金融生态环境建设全覆盖。人行镇江支行做好4家高风险地方法人金融机构风险化解工作,通过引进战略投资者、增资扩股、加大债券等方式处置不良贷款。完善金融投资者教育长效工作机制,普及风险防范知识,提高防范能力,引导投资者理性投资。制定《防范和处置非法集资等非法金融活动攻坚战工作方案》,参与镇江市处非攻坚战市级层面战时工作机制。推进互联网金融风险整治,加大对辖内银行业金融机构监测和报送非法集资可疑交易工作的监督力度,做好非法集资专项风险排查。

(宋 静)

【金融监管与服务】 2018年,中国人民银行镇江市中心支行完成1家银行开业管理和1家银行开业一周年回访工作。做好运行管理,建立重大事项台账,落实重大事项“零报告”制度。强化综合评价,修订《银行业金融机构执行人民银行政策情况评价办法》,对2017年度综合评价为“C”类金融机构进行诫勉谈话。对2家银行开展综合执法检查。

强化金融消费权益保护。优化金融消费者投诉处理与风险防范机制,建立引入第三方调解机制,完善多元化纠纷化解机制。加入镇江市整治虚假违法广告联席会议,探索建立辖区违法违规金融广告监测机制。推进普惠金融工作,加强与教育行政部门、小学和银行业金融机构的合作,推进金融知识普及纳入国民教育体系工作,开展“3·15金融消费者权益日”“普及金融知识 守住‘钱袋子’”“金融知识普及月金融知识进万家”暨“提升金融素养争做金融好网民”等主题活动。

加强金融统计与调研分析能力。推进金融业综合统计,联合市金融办、发改委、统计局、银监分局等部门做好推进部署工作。加强金融统计管理,加大考核力度,以评估检查对象的数据质量为导向,对4家银行开展金融统计执法检查,促进金融统计数据质量提升。做好丹徒蒙银村镇银行和国银小贷公司存贷款报送数据的综合抽样工作,保障数据准确性。围绕小微企业贷款、中美贸易摩擦、房地产调控政策等热点问题,开展调研分析工作,为地方经济发展和风险防控提供支撑。

改进支付结算服务管理。移动支付便民示范工程建设有成效,移动支付产品在公共交通、水、电、燃气缴费、教育、医疗等重点便民领域应用。优化农村支付环境,开展“送支付知识下乡”宣传活动,结合农村消费习惯,助推“眨眼支付”项目落地。推进银行账户制度改革,优化企业开户许可流程。强化支付结算服务市场监管,加大无证经营支付业务机构整治力度,推进支付与市场基础设施建设。

夯实金融信息化基础。守住信息安全底线,完成业务网核心交换机改造、虚拟化平台扩容等信息基础设施建设工作,实现支行机房动力环境监控系统接入全省统一监控平台,提升信息安全性。加强业务创新,重新优化建设“反洗钱大数据云分析系统”。配合做好金融机构信息共享系统的推广工作,做到银行、保险、证券、小贷公司、第三方支付全覆盖。

优化货币金银管理和服务。强化人民币流通管理,开展现金示范区建设工作,加强金融消费者现金业务权益保护,整治拒收人民币现金工作。开展现金投放回笼情况、旺季现金情况等监测、调查和分析工作,推进小面额货币供应工作,推进硬币自循环试点工作。加强人民币反假工作力度,提高社会公众对流通领域假货币的防范意识和识别能力。

提升国库服务水平。加强与镇江高新区及财政部门的合作,在全省首家上线成功通过电子凭证库的人民银行国库办理财政直接支付业务,在全省推广并作为创新项目向总行申报。做好国库联网系统测试和系统上线工作,实现关税业务处理电子化,提高关税入库速度。为辖内银行业金融机构加入TIPS系统提供全方面培训和指导,推动TIPS系统扩面计划。与税务部门沟通,优化审批流程,推进“出口退税绿色通道”工作。组织开展“储蓄国债惠民便民活动”,推动国债知识进学校、进庙会、进军营,打造国债服务品牌。

强化征信管理与服务。加强信息采集与应用,建立健全农村和中小企业信用体系,截至12月末,农户建档率超过50%,录入企业信贷信息279.4万条。深化动产融资平台推广应用,推动一般企业、农业龙头企业、政府采购平台三类核心企业与征信中心系统对接,拓宽企业融资渠道。优化征信服务水平,增设自助查询网点3个。规范信用评级业务,组织开展镇江市担保机构信用评级工作,促进辖内征信市场健康发展。

提高反洗钱监管有效性。创新开发反洗钱提数标准校验软件,反洗钱监管科技水平提升。对4家义务主体实施现场检查处以46.4万元人民币罚款。加强对地下钱庄、恐怖融资等可疑交易的排查,上报重点可疑交易线索79条,向公安机关移交线索13条。以打击洗钱犯罪为切入点,人行镇江支行、公安、国安、海关等部门,告破一起骗取出口退税案件。

(宋 静)

【外汇管理与服务】 2018年,人行镇江支行完善内保外贷监测管理,开展内保外贷业务办理情况调查摸底,加强对辖内重点内保外贷监测企业筛选和履约风险评估。处理资本项目信息系统合规性和异常指标,加大对银行业金融机构办理境外投资业务的现场核查力度,开展境外投资外汇登记和资金汇出业务、境外放款业务等专项现场核查,全年开展事后核查1589笔,发现违规2笔。

便利外汇贸易投资。完善“一个柜台”“一站式”全流程外汇服务,争创“镇江市十佳满意服务窗口”。1月—12月,办理外债登记、变更、展期、注销104笔,共计8.37亿美元;对外放款登记7笔、8993万美元。推进全口径跨境融资审慎管理,1月—12月,办理签约登记7.07亿美元,提款2.93亿美元,比上年增长165.11%。推进跨国公司外汇资金集中运营试点业务,3家试点企业降低交易成本约2000万元人民币、节省财务成本逾300万美元。

夯实国际收支统计监测基础。强化国际收支统计申报的日常核查力度,提高大额交易重点核查频率,对14.02万笔数据进行逐笔核查。定期开展银行结售汇统计、对外金融资产负债及交易统计和中资金融机构外汇资产负债统计,推进贸易信贷调查、进出口企业问卷调查等专项调查工作,做好银行结售汇综合头寸统计和监测。

推进跨境人民币业务。设立镇江市“一带一路”资金流通政策咨询服务中心,对全市30多家涉外企业在跨境资金融通方面提供政策咨询,遴选10家“镇江市优质可信企业”提供投资便利化服务,减少其资金审核环节和审核时间,提高跨境人民币资金结算效率,增强服务地方实体经济成效。全年办理跨境人民币结算业务194.14亿元,增长21.54%。

(宋 静)

【银行业监督与管理】 2018年12月26日,中国银行保险监督管理委员会镇江监管分局挂牌成立。

2018年，镇江银监分局健全全市银行组织体系。常熟农村商业银行镇江分行上半年获批开业。支持银行机构网点向县域延伸，批准新设兴业银行句容支行、光大银行句容支行、紫金农村商业银行句容支行、华夏银行句容支行等县域机构网点，提高金融服务覆盖面。镇江农村商业银行新民洲支行开业，解决新民洲无银行网点、金融服务不配套的问题，填补新民洲金融服务空白。

推动支持制造业发展。引导银行机构回归主业，跟进国家和省市重大战略部署，加大对新兴装备制造业信贷投入，帮助制造业转型升级去杠杆，改善制造业融资服务环境。截至年末，全市银行制造业贷款余额941.31亿元，占各项贷款比重为20.99%，制造业贷款占比居全省第2名，高于全省平均水平5.32个百分点。

深化小微企业金融服务。下发《关于做好2018年小微企业金融服务工作的通知》，引导全市银行业小微企业金融服务由高速增长转向高质量发展，缓解小微企业金融服务供给不充分、结构不均衡的问题。截至年末，全市银行业小微企业贷款余额1376.34亿元，比年初增加33.3亿元，增长2.48%。

加强"三农"金融服务。督促银行机构支持乡村振兴战略，推动召开全市金融支持乡村振兴推进会；督促涉农银行机构深化"阳光金融，普惠'三农'"服务品牌创建工作，编印"三农"金融服务产品手册，按照"一年打基础，两年上台阶，三年出成效"的目标组织推进；督促银行机构开展扶贫领域作风问题专项治理，鼓励将信贷规模向扶贫领域倾斜，持续提高"三农"金融服务质效。截至年末，全市涉农贷款余额1803.32亿元，占各项贷款比重为40.21%，高于全省平均水平12.77个百分点。

降低企业融资成本。通过窗口指导、深化乱象整治和查处违法违规行为，督促全市银行业通过取消整合收费项目和降低利率上浮幅度等措施降低企业融资成本。引导银行机构通过周转贷款、无还本续贷等方式，帮助生产经营正常、满足贷款条件且没有欠息的企业减少贷款环节，降低融资成本，全年为企业减免各项费用超5亿元。

化解处置不良资产。督促银行机构真实反映信贷资产质量，摸清风险底数，做实贷款分类，将逾期90天以上贷款分步全部计入不良贷款。加快不良贷款处置速度，综合运用现金清收、批量转让、核销、资产证券化等手段处置不良贷款，其中，核销不良贷款75.43亿元。全市银行信贷风险呈现稳中有降的趋势，年末不良贷款率1.68%，比年初下降0.21个百分点。推动重点机构风险处置工作，辖内重点银行机构风险化解有实质性进展，风险状况好转。

推进大额授信风险处置。按照银保监会和原江苏银监局关于联合授信管理试点工作要求，完成4家企业联合授信管理工作。推进银行机构组建探索紧密型债权人委员会。对一些有潜在风险的重点企业，配合属地政府，通过签订政银企公约等方式，稳定企业融资环境，防止担保圈（链）风险扩散和蔓延。

查处违法违规行为。建立长效机制，深化银行业市场乱象整治，把整治市场乱象作为全年现场检查的重点，组织开展监管检查，加大银行机构违法、违规行为查处力度，扭转资金脱实向虚势头，实现金融与实体经济的良性循环、协调发展。全年银监分局对11家银行机构实施行政处罚，对7名责任人给予警告、罚款的行政处罚。组织辖内银行机构开展"扫黑除恶"线索排查、涉嫌非法集资风险等排查。配合开展网贷整治，防范非法金融活动风险向银行机构传染蔓延。

维护金融消费者合法权益。对江苏银行、南京银行镇江分行组织开展消费者权益保护工作专项评价。引导银行机构加强金融知识宣传教育，部署银行机构开展2018年防范非法集资宣传月活动，到社区、学校、乡镇宣传，增强银行业消费者防范金融风险和使用正规金融服务的意识，听取社会公众对银行业金融服务的意见建议。处理信访投诉纠纷，全年受理各类信访投诉事项196件。未发生被复议、诉讼案件。　（赵晓雯）

【中国农业发展银行镇江市分行】 2018年，中国农业发展银行镇江市分行投放贷款54.85亿元，年末各项贷款余额为211.78亿元，比年初增加23.21亿元。其中，粮棉油购销储贷款58.07亿元，减少1.59亿元；中长期贷款152.36亿元，增加25.02亿元；短期流动资金贷款为1.35亿元，减少0.23亿元。粮棉油和农村基础设施建设等政策性业务占比为99.36%；全年实现利润1.75亿元。年末各项存款余额52.30亿元，实现各项中间业务收入53.99万元。国际业务结算量1415万美元，实现辖内5家机构全覆盖。截至12月末，总收入98824万元，增加8536万元；总支出81341万元，增加19952万元。

强化政策职能，做实粮食收购工作。农发行镇江市分行以落实粮油信贷政策为重点，做好贷款资金供应和管理。配合中储粮、粮食局做好托市收购和地方储备粮资金供应工作。根据收购时间和收购进度，提前发放3天～5天的收购铺底资金，保障收购资金封闭运行。全年发放粮油贷款13.38亿元，其中，中央储备粮油贷款1.08亿元，地方储备粮贷款5.48亿元，市场化收购粮食贷款1.27亿元，实现秋粮贷款投放3.87亿元。

（曹滢洁）

【中国工商银行股份有限公司镇江分行】 2018年年末，中国工商银行镇江分行总资产461.87亿元，总负债453.32亿元；有支行9家、网点56家；全行在编职工总人数1169人。年末，本外币各项存款余额433.65亿元，比上年增加21.83亿元。各项贷款余额461.8亿元，增加34.31亿元。全年实现拨备前利润14.27亿元，增加5263万元，增长3.86%；实现净利润6.27亿元，增加1.47亿元，增长30.63%。不良贷款余额6.55亿元，不良率1.43%。

推进实施客户扩容提质、信贷结构调整、零售业务转型、资产质量攻坚、内部管理完善五大工程。优化信贷经营结构，普惠金融完成外部监管"两增、两控"指标，第一按揭银行目标达成。零售转型取得进展，实现大零售营业贡献（不含小微经营）5.5亿元。资产质量初步出现拐点，潜在风险贷款下降45%，不良资产处置率66%。内部管理实现"三零"管控目标，组织完成渠道建设三年发展规划编制工作，对城区14个网点作息时间进行调整。年末，全行网点负责人、信贷从业人员、客户经理上岗持证率均为100%。　（蒋　群　李秀清）

【中国农业银行股份有限公司镇江分行】 2018年年末，农业银行镇江分行总资产696.94亿元，总负债688.65亿元；有支行7家、网点92家；全行在编职工总人数1787人。年末，本外币各项存款余额675亿元，比上年增加8.23亿元，增长1.23%，其中，个人存款余额393.51亿元，增加27.52亿元。各项贷款余额427.39亿元，增加48.32亿元，增长12.75%，其中，个人贷款余额172.07亿元，新增23.59亿元。实现拨备前利润15.26亿元，增长12.3%。不良贷款余额7.1亿元，不良率1.67%。全年实现跨境人民币结算量39.7亿元，国际结算量50亿美元，外汇交易业务量15.1亿美元，

普惠金融提速发展，成立普惠金融事业部，挂牌2家专营机构，强化"三农"及普惠机构职能。创新"一项目一方案一授权"普惠金融服务新模式，全年55个项目通过初审，规模合计23.62亿元，

实现贷款投放4.78亿元。年末，银保监会口径授信1000万元以内小微企业贷款余额比年初增加5.47亿元，完成“两增两控”监管目标。中国人民银行降准口径普惠金融领域小微企业贷款增加3.48亿元、授信3000万元以下法人小微企业非低风险新拓展259户，完成中国人民银行口径发展目标。推进网点布局优化和智能化轻型化转型，完成轻型化（16家）、智能化（14家）网点改造。

（鄢楚慧）

【中国银行股份有限公司镇江分行】2018年年末，中国银行镇江分行本外币一般性存款时点余额450.03亿元，比年初新增20.67亿元，增长4.81%；本外币贷款余额424.36亿元，新增42.86亿元，增长11.23%。截至年末，全行不良贷款余额4.82亿元，下降0.05亿元，不良率1.14%，下降0.14个百分点，不良余额与不良率连续四年实现“双降”。全行完成授信总额1000万元以下小微企业信贷投放超过3亿元。

中国银行镇江分行运用海内外一体化业务和集团综合经营平台的优势，通过投行资管业务及跨境金融产品增加资金供给，促成鱼跃集团跨境并购银团项目，总金额2.11亿欧元。（束谊滢）

【中国建设银行股份有限公司镇江分行】2018年年末，建设银行镇江分行总资产479.2亿元，总负债476.86亿元；设有8个支行（含营业部），59个营业网点；本部内设15个部门，全行在编职工总人数1089人。年末，本外币各项存款余额447.11亿元，比年初减少4.16亿元，下减0.92%，其中，储蓄存款210.35亿元，增加12.22亿元，增长6.16%；对公存款206.76亿元，减少46.32亿元，下降18.3%。各项贷款余额407.01亿元，增加39.60亿元，增长10.78%，其中，公司类贷款余额203.41亿元，增加3.10亿元，增长1.55%；个人类贷款余额（含卡透支）203.61亿元，增加36.50亿元，增长21.84%。小微企业贷款余额86.2亿元，涉农贷款余额128.44亿元。实现账面拨备前利润12.38亿元。

支持实体经济和地方重大基础设施建设。全年棚户区改造新投放贷款6.8亿元。助力镇江区域造纸、眼镜、地板及化工等行业龙头企业，支持江苏华电句容储运有限公司码头项目、镇江文化旅游发展有限责任公司三山风景区项目、镇江五峰山大桥项目等。加大上市、拟上市公司信贷业务合作力度，与7家镇江地区主板上市企业开展信贷合作，授信额度97575万元。

优化网点布局，全年新增轻型网点3个，完成29个分理处升格工作，全辖网点全部升格为支行。截至年末，全行有自助银行88家，其中，离行式自助银行28家；在省建行系统内首家建设完成并上线指静脉门禁控制系统。成功堵截出借账户2起、电信诈骗3起、假存单1起、假证件3起、冒名挂失6起、冒名开户7起，挽回经济损失16万元。

（乔　欢）

【交通银行股份有限公司镇江分行】2018年年末，交通银行镇江分行有本外币总资产288亿元，本外币总负债283亿元。支行（含1家普惠网点）20家，全行在编职工总人数518人。年末，本外币各项存款余额277.47亿元，比上年增加13.41亿元，增长5.08%。其中，对公存款余额189.04亿元，增加9.92亿元；个人存款余额88.43亿元，增加3.49亿元。本外币各项贷款余额221.73亿元，增加0.56亿元，增长0.25%。其中，个人贷款46.3亿元，新增7.6亿元，增长19.64%；小微企业贷款（监管口径）7.86亿元。涉农贷款余额57.12亿元，新增6.17亿元。实现净利润5.6亿元。不良贷款3.44亿元，不良率1.55%，分别比年初下降2.83亿元和1.28个百分点。

支持实体经济发展，全年交通银行镇江分行合计为镇江经济社会发展提供71亿元的新增资金支持。服务社会民生，新增贷款向普惠领域和消费升级领域倾斜，小企业贷款（银监监管口径）比年初新增1.58亿元。强化业务创新，全年完成10单创新业务，筹集资金44亿元。针对利差、汇差波动，围绕企业避险需求，通过境内外联动，应用贸易融资、跨境双向人民币资金池等产品引进境外低成本资金7亿元。（朱　超）

保　险

【概况】　截至2018年12月31日，镇江市有市级保险机构62家，其中，财险公司29家，寿险公司33家。全年全市保费收入128.19亿元，比上年增长9.3%。其中，产险公司保费收入27.80亿元，增长3.3%；寿险公司保费收入100.39亿元，增长11.1%。全市保险深度3.17%，增加0.31个百分点；保险密度4010.95元，增长9%。产险、寿险赔款与给付支出35.22亿元，下降8.9%。其中，财产险赔款支出16.90亿元，增长1.5%；人身险给付支出18.30亿元，下降16.8%。人身险给付额大幅度下降，是因为大量、集中的满期给付和非正常退保发生在2013年—2017年间，运用5年时间化解银保集中满期给付和非正常退保风险。

全行业上缴地方税收5.71亿元，其中代收车船税约1.93亿元。截至2018年年底，全行业从业人员30236人，其中代理人26785人。全行业为全市62.26万辆机动车提供保险保障5385亿元；为企事业生产运营提供10779亿元财产风险保障；累计承保人次4370万人次，提供12万亿元的人身保障。

全市多家保险公司参与政府部门招投标项目，承保安全生产责任险、环境污染责任险、医疗责任险、校园方责任险、工程质量潜在缺陷险、公共场所安全责任险等。中国人寿、人保财险承保大病保险，为民生社会发展服务。

农业保险推进大灾保险，提高主要种植险保额，扩大承保覆盖面，丰富农险产品体系。全市农业保险保费收入11188.28万元，为全市36.19万户次的农业生产经营者提供22.49亿元的风险保障。全年累计处理农险赔案8697件，总赔款5612.66万元。构建保险机构农业保险基层服务体系，全市设立村级三农保险服务点521个，镇级三农保险服务站51个，中心乡镇网点18个，基本实现基层网点全覆盖。安信农业推出小麦种植提标保险，增强新型农业经营主体抵抗自然风险的能力。

人保财险直升机救援服务纳入镇江市应急救援体系；人保、太保、平安财险与公安交警支队共同推出“警保联动”服务新模式，服务市民对道路通畅、理赔快捷的需求；平安、太保财险经市车管所授权开通“代办年检”，实现年检、交罚款、保险“一条龙”便捷服务；太保财险升级出险代步车服务；紫金公司加大道路救援基金施救力度；多家公司试行“交管12123”系统、开发手机App，开展事故现场查勘定损，为交通事故处理提供方便。

各经营主体调整业务结构，发展保障型产品和个人代理业务。储蓄分红性险种占比下降。短期意外险和健康险保费合计为3.96亿元，增长23.56%，占总保费比重有所提升。产险公司非车险业务实现保费5.83亿元，增长17.55%，业务占比20.97%，提升2.55个百分点。

（汤　岚）

【保险业协会】　2018年，镇江市保险行业维护保险市场秩序，防范金融风险。全市面临的销售行为违规风险、互联网新型保险业务风险等导致的投诉、诉讼案件呈上升趋势，部分案件涉嫌保险欺诈。市保险协会处理句容车辆维修企业在互联网联合发布抵制险企的舆情事件，维护车险市场稳定；对发生在扬中地区的两起寿险公司工作人员组织参与非法集资的事件，与市金融办联合开展人身保险经营业务风险排查。

市保险协会发挥“镇江市保险纠纷人民调解委员会”的作用，全年调解成功法院和保险公司移交的保险纠纷13件，出具调解协议5份，调解金额123万元；举办投诉处理培训班；开展“4008012378”保险消费者维权热线上线宣传工作。

建立保险业与相关部门的反欺诈常态联动模式，对一起团伙骗保串案进行立案，涉骗保件数25件，已决金额近50万元；推进与市公安局经侦支队的合作，建立“双线移送、属地侦办”的片区办案模式，同时注重与相关行业联络员的联系和协作。

市保险协会与市司法鉴定协会联合召开涉保险司法鉴定工作座谈会，减少认知差异，提升司法鉴定公信力；与丹阳市中级人民法院召开丹阳市车险疑难诉讼案件研讨会，围绕道路交通事故理赔涉诉案中焦点、疑点问题形成《会议纪要》，以法律手段维护保险当事人合法权益。协调处理两起涉嫌保险欺诈案件。召开“定点直赔”发布会，邀请政府机构、媒体、汽修企业、保险公司及客户代表参加，在媒体进行发布。

推广车险投保人实名缴费，做好车险“报行合一”工作，建立投诉举报制度及车险数据周报制度，规范车险在销售费用、新车折扣等方面存在的问题，纠偏行业恶性竞争行为。

践行慈善公益，组织“寿险行业之星”成立“保险服务”专业社工服务队，对接镇江市慈善总会开展的“微慈善”公益捐助活动。（汤　岚）

2018年镇江市财产保险业务情况表

表20－3　单位：万元

单位		累计承保金额	累计保费收入：企财险	家财险	工程险	车险保费总额	商业车辆险	商业车辆险 其中：电销	交强险 汽车	交强险 汽车 其中：电销	交强险 摩托车	交强险 拖拉机	运输险	船舶险	责任险	保证险	人意险	健康险	信用险	农险	其他险	累计	比上年（%）	赔款支出 累计	赔付率（%）	赔付案件（件）	市场份额（%）
人保财险	市区	27281832	1397	74	609	45182	36008	196	9084	73	72	18	479	282	1752	3689	1116	112	114	721	1208	56735	11.3	32757	57.7	34350	40.14
	丹阳	33397100	1476	287	11	27142	21199	220	5854	80	53	36	166	0	1574	87	1028	151	125	2360	2256	36663	5.2	26200	71.5	41026	
	句容	6591061	193	55	24	7448	5681	65	1581	25	130	56	59	0	813	0	271	57	2	1830	1	10753	8.6	7111	66.1	8462	
	扬中	5157362	318	95	2	5632	4420	62	1185	21	15	12	26	0	314	22	577	26	5	425	-2	7440	-2.5	5156	69.3	6251	
	合计	72427355	3384	511	646	85404	67308	543	17704	199	270	122	730	282	4453	3798	2992	346	246	5336	3463	111591	8.0	71224	63.8	90089	
太保财险	市区	12083651	1262	30	151	13019	10369	1462	2650	472	0	0	519	144	629	3	497	227	56	0	54	16591	-4.0	8460	51.0	9710	11.17
	丹阳	3619629	454	5	0	6090	4803	1026	1238	308	49	0	2	0	306	0	179	104	140	4	0	7284	-7.8	5101	70.0	4610	
	句容	1825138	223	5	0	2326	1818	492	508	154	0	0	18	0	97	0	32	38	0	19	0	2758	25.4	1299	47.1	1457	
	扬中	3039427	518	24	0	3519	2753	626	754	179	12	0	96	0	140	0	59	54	0	1	0	4411	-9.7	2274	51.6	2567	
	合计	20567845	2457	64	151	24954	19743	3606	5150	1113	61	0	635	144	1172	3	767	423	196	24	54	31044	-3.8	17134	55.2	18344	
平安财险	市区	10934403	853	24	45	18107	13931	152	4049	95	127	—	127	24	848	—	1127	132	0	0	878	22165	26.7	10408	47.0	13739	17.50
	丹阳	3296345	350	35	3	14803	11458	5	3345	11	—	—	38	0	304	—	394	37	0	0	26	15990	1.2	9623	60.2	11751	
	句容	1169004	2	11	0	6230	4828	1	1402	3	—	—	2	0	33	—	197	17	0	0	6	6498	7.4	4009	61.7	5030	
	扬中	745646	5	5	0	3772	2913	3	859	2	—	—	1	2	22	—	124	12	0	0	5	3948	-0.3	2357	59.7	2781	
	合计	16145398	1210	75	48	42912	33130	161	9655	111	127	0	168	26	1207	0	1842	198	0	0	915	48601	12.2	26397	54.3	33301	
国寿财险	市区	8966970	363	13	13	8678	6297	526	2364	176	17	0	55	138	711	0	170	5	0	146	510	10802	-28.3	9359	86.6	8946	17.48
	丹阳	1753874	369	7	0	4093	3066	23	1027	8	0	0	2	0	162	0	3	2	0	0	2	4640	-2.8	3213	69.2	3303	
	句容	812499	85	4	0	2161	1633	16	506	11	22	0	0	0	79	0	26	1	0	0	0	2356	-1.7	1569	66.6	1466	
	扬中	955494	26	3	13	1957	1458	34	486	11	13	0	5	0	36	0	101	0	0	0	0	2141	-3.3	1166	54.5	1487	
	合计	12488837	843	27	26	16889	12454	599	4383	206	52	0	62	138	988	0	300	8	0	146	512	19939	-18.4	15307	76.8	15202	
阳光财险	市区	2461852	138	9	10	3470	2474	860	985	256	11	—	4	—	109	2598	359	—	—	—	—	6697	0.7	3032	45.3	3874	3.72
	丹阳	530746	60	9	—	1407	1038	498	369	176	—	—	—	—	1	—	24	—	—	—	—	1501	-0.1	1036	69.0	1629	
	句容	175851	9	1	—	1001	744	247	257	83	—	—	—	—	1	—	26	—	—	—	—	1038	-0.1	776	74.8	1206	
	扬中	230967	37	—	—	1044	772	174	272	63	—	—	—	—	—	—	35	—	—	—	—	1116	0.1	639	57.3	1140	
	合计	3399416	244	19	10	6922	5028	1779	1883	578	11	0	4	0	111	2598	444	0	0	0	0	10352	3.9	5483	53.0	7849	
中华财险	市区	1797794	95	1	60	1744	1326	2	414	2	4	—	111	3	244	3	241	65	5	—	—	2572	1.0	1810	70.4	3639	1.89
	丹阳	555519	20	—	—	1002	777	—	225	1	—	—	—	—	21	—	45	16	—	—	—	1104	1.1	789	71.5	—	
	句容	400008	24	6	—	666	492	—	174	—	—	—	—	11	2	—	38	8	—	—	—	755	-10.0	571	75.6	—	
	扬中	405326	20	2	4	672	486	—	186	—	—	—	8	—	57	—	39	8	—	—	—	810	12.0	454	56.0	—	
	合计	3158647	159	9	64	4084	3081	2	999	3	4	0	119	14	324	3	363	97	5	0	0	5241	0.8	3624	69.1	3639	
太平财险	市区	3620987	406	30	—	3213	2400	441	810	145	3	—	15	21	95	—	240	16	—	38	19	4093	17.0	1946	47.5	3924	2.26
	丹阳	464791	1	—	—	1108	861	204	247	68	—	—	—	—	14	—	24	2	—	—	—	1149	33.0	426	37.1	988	
	句容	218640	30	—	2	446	339	80	107	27	—	—	—	—	12	—	25	—	—	—	—	515	9.0	305	59.2	512	
	扬中	229120	4	—	17	474	359	60	115	20	—	—	—	—	5	—	13	—	—	—	—	513	-38.0	429	83.6	807	
	合计	4533538	441	30	19	5241	3959	785	1279	260	3	0	15	21	126	0	302	18	0	38	19	6270	10.7	3106	49.5	6231	
天安财险	市区	2587522	105	9	—	1815	1355	—	455	—	5	—	14	—	95	—	54	148	—	—	—	2240	56.9	987	44.1	1152	1.97
	丹阳	1007095	137	—	—	904	659	—	245	—	—	—	87	—	47	—	13	6	—	—	—	1194	-17.1	903	75.6	818	
	句容	1009127	18	—	—	1131	860	—	271	—	—	—	1	—	163	—	14	13	—	—	—	1340	22.2	652	48.7	683	
	扬中	670903	94	—	—	511	375	—	136	—	—	—	20	—	40	—	24	9	—	—	—	698	39.0	401	57.4	393	
	合计	5274647	354	9	0	4361	3249	0	1107	0	5	0	122	0	345	0	105	176	0	0	0	5472	22.5	2943	53.8	3046	

续表 20－3

单位		累计承保金额	累计保费收入：企财险	家财险	工程险	车险保费总额	商业车辆险	商业车辆险 其中：电销	交强险 汽车	交强险 汽车 其中：电销	交强险 摩托车	交强险 拖拉机	运输险	船舶险	责任险	保证险	人意险	健康险	信用险	农险	其他险	累计	比上年(%)	赔款支出 累计	赔付率(%)	赔付案件(件)	市场份额(%)
大地财险	市区	2678036	304	1	26	1449	1041	469	400	201	8	—	48	—	230	—	506	10	—	218	—	2792	4.3	1074	38.5	3269	2.16
	丹阳	775772	47	—	—	1184	832	361	352	143	—	—	—	—	62	—	58	8	—	—	—	1359	-25.2	989	72.8	1114	
	句容	662058	20	—	—	903	662	186	241	75	—	—	—	—	33	—	60	12	—	—	—	1028	-4.0	477	46.4	770	
	扬中	538274	99.00	—	—	592	423	159	169	69	—	—	—	47	62	—	29	2	—	—	—	831	20.3	359	43.2	530	
	合计	4654140	470	1	26	4128	2958	1175	1162	488	8	0	48	47	387	0	653	32	0	218	0	6010	-3.9	2899	48.2	5683	
紫金保险	市区	2239171	277	1	34	1427	1036	—	388	—	3	—	13	33	116	—	134	47	—	—	—	2082	—	1327	63.7	1942	2.34
	丹阳	1221312	207	—	1	1479	1168	—	304	—	7	—	—	—	111	—	66	29	—	—	—	1893	—	854	45.1	1020	
	句容	282973	34	1	2	992	782	—	210	—	—	—	—	—	5	—	7	5	—	—	—	1046	—	207	19.8	332	
	扬中	1406436	194	—	1	1039	815	—	220	—	—	4	28	22	71	—	113	22	—	—	—	1490	—	622	41.7	554	
	合计	5149892	712	2	38	4937	3801	0	1122	0	10	4	41	55	303	0	320	103	0	0	0	6511	49.3	3010	46.2	3848	
英大财险	市区	780645	169	—	—	1620	1255	—	363	—	2	—	—	—	198	175	31	—	—	—	—	2193	-15.0	1663	75.8	1296	0.93
	丹阳	156860	27	—	—	266	207	—	59	—	—	—	—	—	51	33	3	—	—	—	—	380	—	—	0.0	—	
	合计	937505	196	0	0	1886	1462	0	422	0	2	0	0	0	249	208	34	0	0	0	0	2573	-15.0	1663	64.6	1296	
永安保险	市区	566537	92	—	12	1343	976	—	367	—	—	—	12	—	120	—	70	12	—	—	—	1661	39.0	876	52.7	844	1.19
	丹阳	187311	16	—	6	330	240	—	90	—	—	—	1	—	22	—	7	3	—	—	—	385	36.5	237	61.6	282	
	句容	279972	—	—	23	955	688	—	267	—	—	—	1	—	25	—	15	1	—	—	—	1020	-17.0	628	61.6	676	
	扬中	101273	2	1	—	212	155	—	57	—	—	—	—	—	3	—	38	—	—	—	—	256	9.0	156	60.9	175	
	合计	1135093	110	1	41	2840	2059	0	781	0	0	0	14	0	170	0	130	16	0	0	0	3322	12.7	1897	57.1	1977	
中银保险	市区	2525661	553	17	—	1316	999	—	312	—	5	—	50	5	524	6	248	222	50	—	—	2991	11.8	1454	48.6	2053	1.47
	丹阳	837846	516	4	—	419	333	—	86	—	—	—	—	—	7	—	104	54	—	—	—	1104	56.8	370	33.5	539	
	合计	3363507	1069	21	0	1735	1332	0	398	0	5	0	50	5	531	6	352	276	50	0	0	4095	21.2	1824	44.5	2592	
长安责任	市区	318258	50	—	—	315	243	—	71	—	1	—	1	—	64	—	167	—	—	—	—	597	-0.1	285	47.7	290	0.42
	丹阳	133314	56	—	—	190	143	—	47	—	—	—	—	—	6	—	62	—	—	—	—	314	-0.2	299	95.2	200	
	句容	99277	7	—	—	211	158	—	53	—	—	—	—	—	7	—	26	—	—	—	—	251	-0.5	378	150.6	271	
	合计	550849	113	0	0	716	544	0	171	0	1	0	1	0	77	0	255	0	0	0	0	1162	-22.7	962	82.8	761	
都邦财险	市区	754744	95	—	17	1038	783	—	253	—	2	—	9	—	100	—	52	27	—	—	2	1340	0.5	965	72.0	905	0.61
	丹阳	118890	4	—	4	333	227	—	106	—	—	—	—	—	9	—	10	—	—	—	—	360	-17.4	247	68.6	243	
	合计	873634	99	0	21	1371	1010	0	359	0	2	0	9	0	109	0	62	27	0	0	2	1700	-4.0	1212	71.3	1148	
安诚财险	市区	899599	99	—	72	991	731	—	260	—	—	—	35	—	31	—	51	—	—	—	—	1279	-23.46	895	70.0	1419	0.57
	扬中	121530	1	—	—	311	220	—	91	—	—	—	—	—	—	—	3	—	—	—	—	315	-30.77	262	83.2	391	
	合计	1021129	100	0	72	1302	951	0	351	0	0	0	35	0	31	0	54	0	0	0	0	1594	-25	1157	72.6	1810	
华泰财险	市区	717385	22	1	—	1559	1171	—	386	—	2	—	5	—	53	—	125	—	—	—	—	1765	-41.2	1570	89.0	2291	0.63
华安财险	市区	385470	9	—	—	279	194	—	85	—	—	—	—	7	159	—	13	1	—	—	—	468	-23.3	492	105.1	680	0.57
	丹阳	161296	8	—	—	523	337	—	186	—	—	—	—	—	10	—	5	—	—	—	—	546	16.9	377	69.0	739	
	句容	147073	2	—	—	385	264	—	121	—	—	—	—	15	—	—	14	2	—	—	—	418	-5.6	372	89.0	544	
	扬中	70838	6	—	—	136	95	—	41	—	—	—	—	—	—	—	11	—	—	—	—	153	-29.5	83	54.2	315	
	合计	764677	25	0	0	1323	890	0	433	0	0	0	0	22	169	0	43	3	0	0	0	1585	-5.8	1324	83.5	2278	
亚太财险	市区	587194	162	—	14	214	152	—	60	—	2	—	17	—	23	92	221	—	—	—	—	743	-25.3	583	78.5	382	0.50
	丹阳	349432	88	—	—	535	420	—	115	—	—	—	—	—	9	—	4	—	—	—	—	636	-19.3	685	107.7	420	
	合计	936626	250	0	14	749	572	0	175	0	2	0	17	0	32	92	225	0	0	0	0	1379	-22.6	1268	92.0	802	
安邦财险	市区	135283	—	—	—	373	244	—	129	—	—	—	—	—	18	—	7	—	—	—	—	398	-46.9	661	166.1	501	0.49
	丹阳	100610	—	—	—	298	205	—	93	—	—	—	—	—	4	—	—	—	—	—	—	302	-37.9	336	111.3	269	
	句容	71561	—	—	—	216	146	—	70	—	—	—	—	—	5	—	—	—	—	—	—	221	-34.2	258	116.7	176	
	扬中	144161	1	—	—	433	312	—	121	—	—	—	—	—	10	—	3	—	—	—	—	447	-52.1	510	114.1	518	
	合计	451615	1	0	0	1320	907	0	413	0	0	0	0	0	37	0	10	0	0	0	0	1368	-45.4	1765	129.0	1464	
永诚财险	市区	430028	49	1	26	390	279	69	111	25	—	—	—	—	58	—	26	4	—	—	—	554	-37.5	608	109.7	556	0.20
安信农业	市区	33224	4	—	—	0	—	—	—	—	—	—	—	—	13	1	22	—	—	164	—	204	54.5	121	59.3	16	0.07
泰山财险	市区	146504	15	—	15	348	290	—	58	—	—	—	—	—	29	—	24	—	—	—	—	431	-57.7	425	98.6	257	0.26
	扬中	100535	—	—	—	278	195	—	83	—	—	—	—	—	3	—	—	—	—	—	—	281	22.7	309	110.0	280	
	合计	247039	15	0	15	626	485	0	141	0	0	0	0	0	32	0	24	0	0	0	0	712	-27.5	734	103.1	537	

续表 20－3

单位		累计承保金额	累计保费收入																			比上年（%）	赔款支出		赔付案件（件）	市场份额（%）
			企财险	家财险	工程险	车险保费总额	商业车辆险	其中：电销	交强险 汽车	其中：电销	摩托车	拖拉机	运输险	船舶险	责任险	保证险	人意险	健康险	信用险	农险	其他险	累计		累计	赔付率（%）		
浙商财险	市区	747186	92	—	—	744	586	—	157	—	1	—	8	—	78	—	84	—	—	—	—	1006	－4.9	566	56.3	70	0.36
渤海财险	市区	661339	31	2	46	1481	1027	—	438	—	7	9	—	29	99	—	63	—	—	—	—	1751	201.9	373	21.3	579	0.63
国任财险	市区	222666	—	—	—	736	559	—	176	—	1	—	—	—	59	—	8	—	—	—	—	803	－14.4	569	70.9	584	0.29
安盛天平	市区	35567	—	—	—	94	74	20	20	7	—	—	—	—	—	—	—	—	—	—	—	94	－79.2	143	152.1	306	0.03
富德财险	市区	712280	64	—	13	1003	735	—	268	—	—	—	13	—	145	—	59	7	—	—	—	1304	25.7	475	36.4	213	0.50
合计	市区	85311788	6706	213	1163	111948	86535	4197	25113	1452	273	27	1535	686	6600	6567	5715	1035	225	1287	2671	146351	4.4	83276	56.9	97787	100
	丹阳	48667742	3836	347	25	62106	47973	2337	13988	795	109	36	296	0	2720	120	2029	412	265	2364	2284	76804	1.8	51685	67.3	68951	
	句容	13744242	647	83	51	25071	19095	1087	5768	378	152	56	81	26	1275	0	751	154	2	1849	7	29997	7.2	18612	62.0	21585	
	扬中	13917292	1325	130	37	20582	15751	1118	4775	365	40	16	184	71	763	22	1169	133	5	426	3	24850	－2.4	15785	63.5	18189	
	总计	161641064	12514	773	1276	219707	169354	8739	49644	2990	574	135	2096	783	11358	6709	9664	1734	497	5926	4965	278002	3.3	169358	60.9	206512	

（汤　岚）

2018 年镇江市人寿保险业务统计表

表 20－4　　　　单位：万元

单位		累计保费收入								比上年（%）	累计给付金额			累计给付案件（件）	累计退保金额	累计承保人次	市场份额（%）
		合计	其中 首年新单	首年期缴	续收	团险	营销	银邮	其他业务		理赔给付	其他给付	合计				
中国人寿	市区	90891	26508	20350	64383	3491	76892	10507	—	6.1	7757	25612	33369	10608	19097	6475999	31.95
	丹阳	113656	29514	21875	84142	3941	91697	18018	—	8.0	5790	19764	25554	8562	21893	9795405	
	句容	59194	20488	15893	38706	2702	46518	9974	—	19.2	2465	13624	16089	4902	8059	8517666	
	扬中	56987	17465	12345	39522	3381	41550	12057	—	8.3	4643	14023	18666	6210	12139	5702361	
	合计	320728	93975	70463	226753	13515	256657	50556	0	9.4	20655	73023	93678	30282	61188	30491431	
平安人寿	市区	38168	11550	9958	26618	4310	33208	649	—	2.8	2656	5785	8441	4070	6293	9407	9.77
	丹阳	45348	13722	11831	31626	5121	39455	771	—	19.9	3613	3418	7031	5471	2113	21997	
	句容	8104	2452	2114	5652	915	7051	138	—	37.1	450	469	919	496	149	5772	
	扬中	6483	1962	1692	4521	733	5641	111	—	8.4	556	508	1064	527	194	2489	
	合计	98103	29686	25595	68417	11079	85355	1669	0	13.0	7275	10180	17455	10564	8749	39665	
阳光人寿	市区	13000	8016	679	4984	388	2132	8666	1814	－65.0	207	1761	1968	305	13739	1563	2.08
	丹阳	3341	792	792	2549	—	3341	—	—	2.9	146	—	146	101	415	888	
	句容	935	120	120	815	—	935	—	—	－18.1	92	—	92	44	314	224	
	扬中	3570	758	758	2812	—	3570	—	—	4.1	211	—	211	161	269	1399	
	合计	20846	9686	2349	11160	388	9978	8666	1814	－53.7	656	1761	2417	611	14737	4074	
太保人寿	市区	33212	5845	5062	27367	428	32604	180	—	7.0	2002	5440	7442	34855	1824	3058853	5.72
	丹阳	9809	2077	1577	7732	350	9451	8	—	3.1	421	2577	2998	9973	710	837512	
	句容	7724	1713	1172	6011	449	7274	0	—	9.3	695	764	1459	4140	647	8072498	
	扬中	6682	1829	1129	4853	660	5977	46	—	－0.2	568	1853	2421	5841	459	720403	
	合计	57427	11464	8940	45963	1887	55306	234	0	－0.1	3686	10634	14320	54809	3640	12689266	
人民人寿	市区	10422	5709	1898	4713	257	1140	9021	4	0.1	255	2866	3121	3134	9473	3285	2.31
	丹阳	5034	4228	518	806	96	254	4684	—	0.3	68	1286	1354	818	5723	411	
	句容	4341	2445	856	1896	60	1332	2949	—	0.1	69	2607	2676	1608	1630	840	
	扬中	3406	1919	528	1487	1	1521	1884	—	－0.2	55	2628	2683	1050	3826	498	
	合计	23203	14301	3800	8902	414	4247	18538	4	6.2	447	9387	9834	6610	20652	5034	

续表 20－4

单位		累计保费收入								比上年(%)	累计给付金额			累计给付案件(件)	累计退保金额	累计承保人次	市场份额(%)
		合计	其中								理赔给付	其他给付	合计				
			首年新单	首年期缴	续收	团险	营销	银邮	其他业务								
利安人寿	市区	40817	30211	3073	10606	267	698	39845	7	54.6	90	2925	3015	152	18149	40570	
	丹阳	2237	337	289	1900	8	2229	—	—	－27.8	15	283	298	48	197	1305	
	句容	1068	231	215	837	17	1051	—	—	－11.3	29	117	146	29	48	1349	4.61
	扬中	2183	565	344	1618	215	1968	—	—	－50.0	51	280	331	149	73	14003	
	合计	46305	31344	3921	14961	507	5946	39845	7	32.0	185	3605	3790	378	18467	57227	
君康人寿	市区	90518	85163	3147	5355	—	51	90464	3	55.5	92	20	112	70	1607	14318	
	丹阳	0	—	—	—	—	—	—	—	—	—	—	0	—	—	—	
	句容	0	—	—	—	—	—	—	—	—	—	—	0	—	—	—	9.02
	扬中	0	—	—	—	—	—	—	—	—	—	—	0	—	—	—	
	合计	90518	85163	3147	5355	0	51	90464	3	55.5	92	20	112	70	1607	14318	
太平人寿	市区	26865	7685	6791	19180	501	23055	3310	—	14.3	497	2287	2784	494	5163	3694	
	丹阳	5927	1611	1507	4316	—	5927	—	—	19.8	141	—	141	85	126	988	
	句容	1619	272	230	1347	—	1619	—	—	－26.7	37	—	37	22	56	458	3.60
	扬中	1720	478	418	1242	—	1719	—	—	－18.8	66	—	66	23	45	576	
	合计	36131	10046	8946	26085	501	32320	3310	0	10.2	741	2287	3028	624	5390	5716	
富德生命人寿	市区	9710	2389	2031	7321	22	8631	2290	404	－2.5	49	934	983	49	16534	2642	
	丹阳	5284	1332	1035	3952	—	3931	116	—	－1.5	13	464	477	12	572	1346	
	句容	3001	655	637	2346	—	3147	1	—	－1.1	11	367	378	6	384	792	2.27
	扬中	4838	1432	1627	3406	—	4289	2	—	－1.8	17	881	898	11	756	1732	
	合计	22833	5808	5330	17025	22	19998	2409	404	－6.9	90	2646	2736	78	18246	6512	
新华保险	市区	16516	3145	1623	13371	885	14061	1570	—	－0.1	936	3312	4248	8704	3499	29356	
	丹阳	7969	2649	2649	5320	—	7969	—	—	28.6	483	1101	1584	3859	1648	14957	
	句容	3421	1022	1022	2399	—	3421	—	—	120.1	66	240	306	809	347	4684	2.85
	扬中	738	231	231	507	—	738	—	—	12.2	32	114	146	280	126	648	
	合计	28644	7047	5525	21597	885	26189	1570	0	14.8	1517	4767	6284	13652	5620	49645	
泰康人寿	市区	24070	5065	4232	19005	—	21573	2497	—	－7.0	1556	5240	6796	909	2566	6937	
	丹阳	10018	2101	1846	7917	—	10018	—	—	19.9	—	—	0	—	—	2895	
	句容	3811	1247	1180	2564	—	3811	—	—	36.8	—	—	0	—	—	2481	4.12
	扬中	3484	1228	845	2256	—	3484	—	—	24.9	—	—	0	—	—	1805	
	合计	41383	9641	8103	31742	0	38886	2497	0	3.9	1556	5240	6796	909	2566	14118	
建信人寿	市区	7006	6517	892	489	314	—	6692	—	13.4	92	1413	1505	36	14130	—	
	丹阳	0	—	—	—	—	—	—	—	—	—	—	0	—	—	—	
	句容	0	—	—	—	—	—	—	—	—	—	—	0	—	—	—	0.70
	扬中	0	—	—	—	—	—	—	—	—	—	—	0	—	—	—	
	合计	7006	6517	892	489	314	0	6692	0	13.4	92	1413	1505	36	14130	0	
人保健康	市区	4831	4608	261	223	4256	75	410	90	－14.6	4347	307	4654	523	2143	242489	
	丹阳	0	—	—	—	—	—	—	—	—	—	—	0	—	—	—	
	句容	0	—	—	—	—	—	—	—	—	—	—	0	—	—	—	0.48
	扬中	0	—	—	—	—	—	—	—	—	—	—	0	—	—	—	
	合计	4831	4608	261	223	4256	75	410	90	－14.6	4347	307	4654	523	2143	242489	
农银人寿	市区	5180	2524	1943	2656	446	1042	3692	—	－54.8	79	3707	3786	—	9526	136	
	丹阳	0	—	—	—	—	—	—	—	—	—	—	0	—	—	35	
	句容	0	—	—	—	—	—	—	—	—	—	—	0	—	—	—	0.52
	扬中	0	—	—	—	—	—	—	—	—	—	—	0	—	—	—	
	合计	5180	2524	1943	2656	446	1042	3692	0	－54.8	79	3707	3786	0	9526	171	
东吴人寿	市区	5290	2656	503	2634	169	2829	6128	—	－33	164	1185	1349	—	23205	2679	
	丹阳	986	772	30	214	—	128	746	—	—	—	—	0	—	—	325	
	句容	3903	187	58	3716	—	155	149	—	—	—	—	0	—	—	221	1.08
	扬中	644	480	97	164	6	156	357	—	—	—	—	0	—	—	309	
	合计	10823	4095	688	6728	175	3268	7380	0	－33.0	164	1185	1349	0	23205	3534	

续表 20－4

单位		累计保费收入								比上年（%）	累计给付金额			累计给付案件（件）	累计退保金额	累计承保人次	市场份额（%）
		合计	其中								理赔给付	其他给付	合计				
			首年新单	首年期缴	续收	团险	营销	银邮	其他业务								
国华人寿	市区	4719	4616	－61	103	—	4	4715	—	－56.5	82	625	707	—	28855	—	0.47
	丹阳	0	—	—	—	—	—	—	—	—	—	—	0	—	—	—	
	句容	0	—	—	—	—	—	—	—	—	—	—	0	—	—	—	
	扬中	0	—	—	—	—	—	—	—	—	—	—	0	—	—	—	
	合计	4719	4616	－61	103	0	4	4715	0	－56.5	82	625	707	0	28855	0	
华夏保险	市区	71466	46416	10073	9497	115	9419	58989	—	198.0	173	1662	1835	381	19589	17028	9.36
	丹阳	16192	13916	3192	13428	—	18293	—	—	－76.0	89	1994	2083	194	126	9598	
	句容	1432	1267	309	1268	—	3042	—	—	1988.0	56	160	216	52	47	4355	
	扬中	4852	4089	3226	4061	—	4084	—	—	402.0	45	662	707	41	25	3547	
	合计	93942	65688	16800	28254	115	34838	58989	0	62.5	363	4478	4841	668	19787	34528	
民生人寿	市区	2406	251	225	2155	—	2230	—	176	－1.1	117	1202	1319	59	527	7813	0.38
	丹阳	660	183	173	477	—	659	—	—	33.0	5	35	40	8	22	1999	
	句容	228	5	—	223	—	228	—	—	－2.0	1	25	26	2	10	942	
	扬中	493	21	18	472	—	494	—	—	4.0	7	32	39	4	53	1501	
	合计	3787	460	416	3327	0	3611	0	176	4.2	130	1294	1424	73	612	12255	
华泰人寿	市区	673	179	171	494	91	5896	19	4	13.0	266	333	599	—	206	2201	0.60
	丹阳	3167	895	880	2272	—	—	—	—	—	—	—	0	—	—	—	
	句容	669	167	161	502	—	—	—	—	—	—	—	0	—	—	—	
	扬中	1501	381	372	1120	—	—	—	—	—	—	—	0	—	—	—	
	合计	6010	1622	1584	4388	91	5896	19	4	13	266	333	599	0	206	2201	
中宏保险	市区	6390	1232	1028	5158	164	6041	163	22	12.1	438	304	742	1972	148	6514	0.64
	丹阳	—	—	—	—	—	—	—	—	—	—	—	0	0	—	—	
	句容	—	—	—	—	—	—	—	—	—	—	—	0	0	—	—	
	扬中	—	—	—	—	—	—	—	—	—	—	—	0	0	—	—	
	合计	6390	1232	1028	5158	164	6041	163	22	12.1	438	304	742	1972	148	6514	
信泰保险	市区	5718	1271	889	4447	—	4192	1334	192	－28.0	9	740	749	55	340	1221	0.63
	丹阳	338	338	338	—	—	338	—	—	－9.0	—	—	0	—	—	387	
	句容	243	243	243	—	—	243	—	—	－25.0	—	—	0	—	—	537	
	扬中	0	—	—	—	—	—	—	—	—	—	—	0	—	—	—	
	合计	6299	1852	1470	4447	0	4773	1334	192	－26.9	9	740	749	55	340	2145	
长城人寿	市区	520	52	49	468	—	520	—	—	－0.2	25	74	99	30	16	520	0.25
	丹阳	652	134	115	518	—	652	—	—	23.0	36	81	117	21	24	652	
	句容	750	148	133	602	—	750	—	—	13.6	24	92	116	10	33	750	
	扬中	620	199	178	421	—	620	—	—	31.4	25	78	103	4	17	620	
	合计	2542	533	475	2009	0	2542	0	0	16.4	110	325	435	65	90	2542	
中信保诚	市区	1338	785	716	553	84	911	320	23	1.2	272	15	287	429	84	5704	0.35
	丹阳	2050	646	642	1404	0	2050	0	0	0.3	—	—	0	—	—	—	
	句容	80	74	74	6	0	80	0	0	15.1	—	—	0	—	—	—	
	扬中	0	0	0	0	0	0	0	0	—	—	—	0	—	—	—	
	合计	3468	1505	1432	1963	84	3041	320	23	58.1	272	15	287	429	84	5704	
合众人寿	市区	0	—	—	—	—	—	—	—	—	—	—	0	—	—	—	0.05
	丹阳	507	28	23	479	—	507	—	—	－2.3	9	116	125	—	36	—	
	句容	0	—	—	—	—	—	—	—	—	—	—	0	—	—	—	
	扬中	0	—	—	—	—	—	—	—	—	—	—	0	—	—	—	
	合计	507	28	23	479	0	507	0	0	－2.3	9	116	125	0	36	0	
同方全球人寿	市区	1230	602	602	628	—	324	906	—	69.4	48	128	176	—	77	—	0.12
	丹阳	0	—	—	—	—	—	—	—	—	—	—	0	—	—	—	
	句容	0	—	—	—	—	—	—	—	—	—	—	0	—	—	—	
	扬中	0	—	—	—	—	—	—	—	—	—	—	0	—	—	—	
	合计	1230	602	602	628	0	324	906	0	69.4	48	128	176	0	77	0	

续表 20－4

单位		累计保费收入								比上年(%)	累计给付金额			累计给付案件(件)	累计退保金额	累计承保人次	市场份额(%)
		合计	其中								理赔给付	其他给付	合计				
			首年新单	首年期缴	续收	团险	营销	银邮	其他业务								
陆家嘴国泰人寿	市区	2009	460	440	1549	26	1956	2	25	18	112	77	189	—	15	—	0.20
	丹阳	0	—	—	—	—	—	—	—	—	—	—	0	—	—	—	
	句容	0	—	—	—	—	—	—	—	—	—	—	0	—	—	—	
	扬中	0	—	—	—	—	—	—	—	—	—	—	0	—	—	—	
	合计	2009	460	440	1549	26	1956	2	25	18	112	77	189	0	15	0	
友邦保险	市区	2117	1488	1243	629	31	2035	52	—	—	55	10	65	1	4	—	0.20
	丹阳	0	—	—	—	—	—	—	—	—	—	—	0	—	—	—	
	句容	0	—	—	—	—	—	—	—	—	—	—	0	—	—	—	
	扬中	0	—	—	—	—	—	—	—	—	—	—	0	—	—	—	
	合计	2117	1488	1243	629	31	2035	52	0	—	55	10	65	1	4	0	
英大人寿	市区	2028	833	833	1195	—	2015	13	—	—	23	—	23	19	13	1069	0.42
	丹阳	1821	752	752	1069	—	1778	43	—	—	11	—	11	10	9	1243	
	句容	366	170	170	196	—	366	—	—	—	2	—	2	6	—	334	
	扬中	0	—	—	—	—	—	—	—	—	—	—	0	—	—	—	
	合计	4215	1755	1755	2460	0	4159	56	0	60.6	36	0	36	35	22	2646	
百年人寿	市区	27625	24316	4654	3309	9	754	26862	—	－18.7	166	388	554	1426	4619	4376	2.76
	丹阳	102	102	—	—	—	102	—	—	—	—	—	0	—	—	—	
	句容	0	0	—	—	—	—	—	—	—	—	—	0	—	—	—	
	扬中	0	0	—	—	—	—	—	—	—	—	—	0	—	—	—	
	合计	27727	24418	4654	3309	9	856	26862	0	－18.7	166	388	554	1426	4619	4376	
国联人寿	市区	23968	21071	1062	2897	11	1863	22690	—	234.3	35	96	131	—	251	306	2.45
	丹阳	192	192	—	—	—	—	—	—	—	—	—	0	—	—	—	
	句容	0	—	—	—	—	—	—	—	—	—	—	0	—	—	—	
	扬中	404	404	—	—	—	—	—	—	—	—	—	0	—	—	—	
	合计	24564	21667	1062	2897	11	1863	22690	0	234.3	35	96	131	0	251	306	
中英人寿	市区	403	403	403	—	—	403	—	—	—	—	—	0	—	1	—	0.04
	丹阳	0	—	—	—	—	—	—	—	—	—	—	0	—	—	—	
	句容	0	—	—	—	—	—	—	—	—	—	—	0	—	—	—	
	扬中	0	—	—	—	—	—	—	—	—	—	—	0	—	—	—	
	合计	403	403	403	0	0	403	0	0	—	0	0	0	0	1	0	
合计	市区	569106	311566	84770	241987	16265	256554	301986	2764	10.2	22600	68448	91048	68281	201693	9938680	100
	丹阳	235290	76321	50064	170121	9516	198779	24386	0	13.2	10840	31119	41959	29162	33614	10691943	
	句容	100889	32906	24587	69086	4143	81023	13211	0	20.3	3997	18465	22462	12126	11724	16613903	
	扬中	98605	33441	23808	68462	4996	75811	14457	0	3.7	6276	21059	27335	14301	17982	6451891	
	总合计	1003890	454234	183229	549656	34920	612167	354040	2764	11.1	43713	139091	182804	123870	265013	43696417	

（汤　岚）

【中国人民财产保险股份有限公司镇江市分公司】　2018年年末，中国人民财产保险股份有限公司镇江市分公司有营业网点27个，从业人员501人。全年保费收入11.16亿元，比上年增长8.0%。其中，车险实现保费收入8.54亿元，增长5.0%；非车险保费收入2.09亿元，增长20.9%；农险保费收入0.53亿元，增长11.4%。市场份额40.14%。全公司处理赔案约9万件，支付各险赔款7.12亿元，赔付率63.8%，下降1.8个百分点。重要保险项目为镇江市行政事业单位公务用车定点招标项目，全年承保保费101万元。（吴　晨）

【中国人寿保险股份有限公司镇江市分公司】　2018年年末，中国人寿保险股份有限公司镇江市分公司有营业网点74个，从业人员9660人。全年实现保费收入32.07亿元，比上年增长9.3%，其中个险保费收入25.6亿元。市场份额31.95%。给付案件30280件，给付金额9.37亿元，给付率99.99%，增长22%，金额提升30%。分红类产品保费收入12.1亿元。30万元以上重大保险给付案件42件，给付金额0.19亿元。

（钱　燕）

【中国太平洋财产保险股份有限公司镇江中心支公司】　2018年年末，中国太平洋财产保险股份有限公司镇江中心支公司有营业网点8个，从业人员185人。全年保费收入3.10亿元，比上年下降3.76%。其中，非车险保费收入6090万元，下降21.83%；车险保费收入24954.08万元，增长1.94%；全年处理赔案18308件，支付各险赔款1.71亿元，赔付率55.2%，下降6.7个百分点。重要保险项目45个，保费收入3204万元。重大保险赔案（100万元以上）4件，赔付金额711.25万元。（朱　彤）

【中国太平洋人寿保险股份有限公司镇江中心支公司】　2018年年末，中国太平洋人寿保险股份有限公司镇江中心支公司有营业网点15个，从业人员1079人。全年实现保费收入5.74亿元，市场份额5.72%。其中，个人业务保费收入5.54亿元，法人业务保费收入0.20亿元。给付案件54809件，给付金额1.43亿元，给付率24.9%，比上年增加1714万元。重大保险给付案件1件，给付金额102万元。 （华　沙）

【太平财产保险有限公司镇江中心支公司】 2018年年末，太平财产保险有限公司镇江中心支公司有营业网点4个，从业人员127人。全年保费收入6270万元，比上年增长10.7%。其中，车险保费收入0.52亿元，增长3.8%；企业财产险保费收入441万元，增长40.4%；责任险保费收入126万元，增长13.5%。市场份额2.26%。全公司处理赔案6231件，支付各险赔款3106万元，赔付率49.5%。重要保险项目为索普集团财产险，保费收入200万元。重大保险赔案赔付金额70万元。

（季　青）

【太平人寿保险有限公司镇江中心支公司】 2018年年末，太平人寿保险有限公司镇江中心支公司有营业网点5个，从业人员1921人。全年实现保费收入3.61亿元，比上年增长10.2%。其中，个险保费收入3.23亿元，市场份额3.6%。给付案件624件，给付金额3028万元。重大保险给付案件为重疾险理赔案件，给付金额100万元。

（郭　青）

【中华联合财产保险股份有限公司镇江中心支公司】 2018年年末，中华联合财产保险股份有限公司镇江中心支公司有营业网点6个，从业人员62人。全年保费收入5241万元，比上年增长0.8%。其中，车险保费收入4084万元，下降1.35%；非车险保费收入1160万元，增长8.76%。全年处理赔案3639件，支付各险赔款3624万元，车险综合赔付率（含费用）76.63%，增长16.25%。重要保险项目为安全生产责任保险，保费收入19.08万元。重大保险赔案（10万元以上案件）86件，赔付金额1558.55万元。 （唐国卿）

【紫金财产保险股份有限公司镇江中心支公司】 2018年年末，紫金财产保险股份有限公司镇江中心支公司有营业网点5个，从业人员117人。全年保费收入6511万元，比上年增长49.3%。其中，车险实现保费收入4937万元，增长46.45%；财产险保费收入1151万元，增长60.31%；意健险保费收入423万元，增长62.07%。市场份额2.34%。全公司处理赔案3848件，支付各险赔款3010万元，赔付率46.2%，下降13.2%。重要保险项目有新疆大全新能源股份有限公司"一揽子"保险，保费收入142.88万元；江苏鹤林水泥有限公司财产综合险及机损险，保费收入93.29万元；江苏汇鸿冷链物流有限公司财产一切险，保费收入20.52万元；安徽省恒创建设工程有限公司建工团意险，保费收入22.12万元。重大保险赔案有江苏鹤林水泥有限公司赔付金额95万元；机动车碰撞电瓶车事故赔付112万元。 （王　跃）

证　券

【概况】 2018年，镇江市有15家证券公司，设证券营业部25家，其中，丹阳市6家，句容市3家，扬中市2家，京口区7家，润州区6家，丹徒区1家。截至年末，证券公司有账户数153.63万户（其中，资金账户44.66万户，A股证券账户78.20万户，B股证券账户0.52万户，基金账户30.25万户），指定与托管证券市值426.79亿元。全年市场交易量下滑，净利润降幅明显，股票基金交易量6416.31亿元，手续费及佣金收入1.57亿元，全行业实现净利润0.19亿元。盈利水平比上年大幅下降。 （宋　静）

2018年镇江市证券经营情况表

表20－5　　单位：万元

证券机构	手续费及佣金收入	增幅（%）	交易金额	增幅（%）
安信证券	777.12	－30.00	3507530.24	－40.17
东吴证券	297.72	－15.23	1988025.91	0.64
广州证券	39.88	17.95	229938.87	29.55
国联证券	558.90	－24.58	2034437.11	－14.25
银河证券	260.35	－43.05	1175394.73	－50.13
南京证券	998.87	－36.09	4049033.91	－38.11
中信证券	341.70	－33.91	1666519.53	－24.64
金元证券	59.09	1527.95	343267.44	2167.41
华林证券	0.50	—	3666.79	—
海通证券	491.44	0.64	1766589.67	7.99
申银万国	1368.70	－36.80	4500770.28	－35.71
中投证券	138.90	－21.32	913105.67	－3.37
海通证券（丹阳）	729.72	－26.58	2559813.17	－21.39
西部证券（丹阳）	931.48	－28.17	1953183.48	－22.51
光大证券（丹阳中新路）	1857.70	－29.60	4769294.42	－13.42
光大证券（丹阳东方路）	365.05	－23.84	1021865.26	－11.56
国联证券（丹阳）	26.20	－2.53	171097.71	20.82
南京证券（句容）	69.59	－20.86	199538.76	－33.28
申银万国（句容）	475.69	－37.32	1221549.33	－34.40
南京证券（扬中）	290.89	－26.46	778353.41	－33.02
华泰证券（扬中）	791.32	－20.74	4118337.47	－25.51
华泰证券（镇江）	3417.72	7.40	16744518.40	－8.07
华泰证券（丹徒）	836.04	25.54	5465354.95	－19.68
华泰证券（丹阳）	264.21	21.24	1061849.27	12.64
华泰证券（句容）	312.52	－2.88	1920030.73	－17.70

（宋　静）

科技综述

【概况】 2018年，镇江市实现高新技术产业产值2025亿元，比上年增长4.1%，占全市规模以上工业总产值的47.5%，占比全省第一名。专利申请总量29635件，发明专利申请量12466件；授权量15348件，发明专利授权2790件；万人发明专利拥有量35.7件，列全省第四名。全社会研发经费支出占地区生产总值的2.54%，每万人劳动力中研发人员数162人，科技进步贡献率63%。

推进镇江苏南国家自主创新示范区建设。2018年，镇江国家高新区和扬中省级高新区分别进位9名和8名，丹阳省级高新区进位5名，其中扬中省级高新区在江苏省27家省级高新区中列第一名。

深化科技体制改革。制定《关于进一步深化科技体制改革推动高质量发展若干政策措施》，出台《镇江市科技创新券实施管理办法（试行）》。形成《镇江市低碳产业技术研究院章程（试行）》等“2+1”文件。市“线上+线下”系统化技术交易市场上网运营。

加强科技合作。围绕产学研合作和创新国际化，举办全市性科技招商活动11场，举办专题科技招商活动近60场，新增产学研合作项目50项。组织参加国际科技合作交流活动6场次，参与对接企业400余家，达成合作意向6项。

优化创业环境。“句容宝华软件信息技术众创社区”等4家众创集聚区域成为第二批省“众创社区”，全市新增5个省孵化器、2个省“众创空间”，全市省级以上科技孵化器、加速器37个，孵化总面积285.58万平方米。市科技局、团市委、人社局、睿泰数字产业园共同组织开展“睿泰杯”镇江市青年创新创业大赛，报名参赛项目223个，有20个项目获奖。推进苏科贷、镇科通等科技金融项目管理服务工作，协调支持实体企业发展，全年通过各类科技金融产品引导银行金融机构发放科技贷款177笔，帮助科技企业融资5.1亿元，为科技企业解决融资难、融资贵问题。

培育高新技术企业集群。推动科技型企业“小升高”计划，全市336家企业被认定为国家高新技术企业，总数增至750家；121家企业进入省高企培育库，648家企业备案为国家科技型中小企业；83家企业新增为省民营科技企业，总数有1687家。江苏金斯瑞生物科技有限公司成为全市第二家国家技术先进型服务企业。

推进“国家知识产权强市创建市”建设。围绕“3+2+X”的产业链体系，提高产业发展规划和运行决策的科学化程度，推动产业布局与结构更科学合理，依托知识产权助推产业形成较强竞争优势。开展专利导航产业发展实验区建设，在智能电气、高性能合金材料、新能源、船舶与海工配套等产业集群开展专利导航分析研究，助推国家知识产权强市建设。在扬中市油坊镇启动光伏新能源产业知识产权特色小镇建设，构建乡镇知识产权促进产业发展、助力创新驱动的知识产权生态发展体系。

（许定星）

【第二届国际食醋科技与健康论坛】 2018年6月10日，第二届国际食醋科技与健康论坛暨中国食醋产业技术创新战略联盟年会在镇江市召开。会议以“食醋——健康与创新”为主题，由中国食品科学技术学会、恒顺醋业股份有限公司、江南大学、加利福尼亚大学戴维斯发酵食品和饮料研究中心共同主办。中国科技部农村科技司巡视员王喆、江苏省科技厅副厅长段雄、中国食品科学技术学会理事长孟素荷到会致辞，中国工程院院士庞国芳、张偲、陈坚等与美国、意大利等国内外食醋领域20余名专家学者，30多家研究院校和50多家食醋企业代表参会。

（陈　晨）

【市级临床医学研究中心建设】 2018年，镇江市在全省率先建设市级临床医学研究中心：分别是由江苏大学附属医院组建的镇江市心血管病临床医学研究中心和由镇江市第一人民医院组建的镇江市血液病临床医学研究中心。市级临床医学研究中心单个项目经费总投入900万元，其中市级财政支持经费300万元，是镇江市历史上对社会发展科技领域单个项目资金支持力度最大的科技计划项目。11月22日，镇江市临床医学研究中心现场推进会分别在江苏大学附属医院和镇江市第一人民医院召开，会上举行2家临床医学研究中心揭牌仪式。

（陈　晨）

科技管理

【概况】 2018年，镇江市以深化科技体制改革为动力，以落实全省科技创新大会精神，推进高质量发展为契机，围绕产业链，部署创新链，配套资金链，加快研发类普惠制政策的落地，推动科技工作由研发管理向创新服务转变。全年推进实施24个科技创新重点项目，实现投资8.2亿元，完成年度计划的103%。

（宋胡生）

【科技创新券政策实施】 2018年，镇江市出台《镇江市科技创新券实施管理办法（试行）》，对企业向科研院所购买技术服务给予普惠性补贴，对市区内初次认定的高新技术企业，省高新技术企业培育库初次入库企业，新认定省级以上研发机构，省孵化器绩效评价为A、B类的省级以上孵化器，新认定省级孵化器、国家级孵化器、省级众创社区、省重大科研基础设施和大型科研仪器平台设备使用进行奖补。全年企业申领科技创新券面值3025万元，兑现1020万元。

（宋胡生）

【科技与人才工作目标管理】 2018年，镇江市加大科技人才招引及培养工作力度，组织申报国家级人才计划10人和省“双创计划”个人54人、团队4个，入选国家级科技创新人才2人、增补“169”人才183人，其中，学术技术带头人25人、科技骨干158人；增补“333”人才第一层次培养对象1人、第二层次9人、第三层次127人。在推进“金山英才”计划方面，人才、技术的行业带动作用凸显，通过对5大类845个申报项目的评审，入选人才125人，其中，入选顶尖人才计划4人，每人给予1000万元资助。同时，打破地域限制，借助“科技镇长团”优势资源，通过其牵线搭桥，加深与高校院所合作交流，吸引158名高层次人才到镇江创新创业。（李海滢）

【国家农业科技园区建设】 2018年，镇江市加快国家农业科技园区核心区建设。4月，完成核心区建设范围内2个村庄120多户拆迁。5月，确定园区建筑与配套工程、农田整治灌溉工程2个项目的设计单位并完成初步设计。7月，谋划“镇江国家农业高新技术产业示范区”创建，镇江市委副书记倪斌等到科技部农村司汇报创建有关情况，同月，向江苏省科技厅上报创建意向和初步方案。9月，镇江市成立创建示范区领导小组。10月，园区核心区建设可行性报告等完成审核报批后，进场开工建设科创中心、智能温室大棚等。（陈 晨）

【丹阳现代农业科技园获批启动建设】 2018年12月，江苏省科技厅公布新一批省现代农业科技园建设名单，江苏丹阳现代农业科技园获批启动建设。至此，镇江市有江苏句容万山红遍果品科技园、江苏丹阳茶叶科技园、江苏扬中长江水产养殖科技园和江苏丹阳现代农业科技园等4家省级现代农业科技园。

（陈 晨）

【新增1家国家级“星创天地”和2家省级“星创天地”】 2018年，科技部公布第三批通过备案的国家级“星创天地”（“星创天地”是众创空间在农村基层的一种表现形式）名单，镇江市“句容市现代农业电子商务产业星创天地”通过国家备案；江苏省科技厅公布第二批通过备案的省级“星创天地”名单，镇江市“镇江丹徒墅香茶业星创天地”和“句容市现代农业产业星创天地”通过省级备案。截至年底，镇江市有9家省级“星创天地”，其中5家获国家级“星创天地”备案。（陈 晨）

【3家省级农业产业技术创新战略联盟获批】 2018年11月，江苏省科技厅公布第四批省级农业产业技术创新战略联盟名单，江苏省草坪产业技术创新战略联盟、江苏省无人化农机装备产业技术创新战略联盟、江苏省薄壳山核桃产业技术创新战略联盟获确认，确认数量在省第四批农业产业技术创新战略联盟中列全省第一名。截至年底，镇江市有1家国家级农业产业技术创新战略联盟和6家省级农业产业技术创新战略联盟。

（陈 晨）

【4家省级农业科技型企业获批】 2018年12月，江苏省科技厅公布第八批江苏省农业科技型企业名单，镇江智农食品有限公司、镇江市丹徒区粮机厂有限公司、华大（镇江）水产科技产业有限公司、江苏华桑食品科技有限公司等4家企业入选。截至年底，镇江市有47家省级农业科技型企业。（陈 晨）

科技合作

【概况】 2018年，镇江市科技合作工作围绕实施“产业强市”战略，推动“产学研”协同创新，加强在镇江高校与当地企业的“产学研”合作，促进科技成果就地转化。加强与国内外著名高校院所的科技合作，围绕特种船舶与海工装备、航空航天和新材料、智能电气装备等镇江主导产业，组织企业参加“2018江苏—英国海上风电技术对接交流活动”“挪威科技大学创新合作对接交流会”，组织企业参加江苏省与挪威驻上海总领事馆总领事、挪威驻中国大使馆科技参赞、挪威创新署中国代表会谈，参加省科技厅赴挪威、德国科技合作交流活动，引导企业利用国际创新资源，引进、吸收、消化国际先进技术，推进国际创新资源向镇江集聚。组织企业申报省级国际科技合作项目，获立项5项，获批项目经费380万元；组织实施市级国际科技合作项目，立项10项，安排经费320万元。10月20日，江苏省产学研专场对接洽谈会暨丹阳市新材料及智能制造高峰论坛在丹阳市举行，中国工程院的12名院士以及100多名国内外院校专家、学者、企业负责人等聚焦新材料、智能制造等领域，围绕人才和项目进行对接交流。12月7日，“2018年省产学研专场对接洽谈会暨镇江市先进制造业专题对接会”在镇江高新区举办，清华大学、中科院理化所、中科院力学研究所、中国工程物理研究院等国内40余所高校院所的专家，省内120余家企业、中介机构300余名代表参加会议。（唐 蕊）

【宁镇扬一体化（镇江）科技合作月】 2018年，镇江市举办第三届宁镇扬一体化（镇江）科技合作月活动。6月1日，举办“百家企业进高校——江苏大学行”活动，全市有100家高新技术企业负责人与江苏大学27名专家教授进行对接交流，近50个项目达成合作意向；6月14日，举办“镇江企业扬州大学行”活动，组织42家科技型企业与扬州大学专家教授洽谈对接，镇江新区与扬州大学签订全面合作协议。活动期间，镇江新区、扬中市等市（区）与中电14所、东南大学、南京工业大学、南京邮电大学等大学科研院所开展对接洽谈。

（唐 蕊）

【镇江市—武汉长沙科技招商（产学研）活动】 2018年7月2日—4日，镇江市围绕新材料和高端装备两大主导产业，组织相关单位和企业分别赴华中科技大学、武汉理工大学、中南大学和长沙理工大学等4所高校开展科技招商活动，宣传推介镇江市低碳产业技术研究院、镇江市技术交易所，组织企业和高校专家开展一对一对接交流，有43位专家、教授、42家企业参与对接交流，达成合作意向22项。（唐 蕊）

科技计划

【概况】 2018年，镇江市科技部门围绕科技创新重点工作，获国家级、省级各类科技计划立项超300项，获上级科技拨款超3亿元，新立项的省级项目两大主导产业和三大战略性新兴产业领域占60%以上。全年下达市级科技计划项目226项，资助金额9550万元。

（宋胡生）

2018 年镇江市承担江苏省国际科技合作项目一览表

表 21－1

序号	项目编号	项目名称	项目承担单位	拨款(万元)
1	BZ2018047	低频吸声超材料与吸声结构关键技术的联合开发	江苏英思达科技有限公司	70
2	BZ2018048	面向船舶节能改造应用的高效螺旋桨关键技术联合研发	镇江同舟螺旋桨有限公司	70
3	BZ2018049	满足 TierⅢ法规大功率中速船舶动力脱硝关键技术研究	中船动力有限公司	70
4	BZ2018050	面向成套电气行业的云制造关键技术及服务平台合作研发	大全集团有限公司	70
5	BZ2018058	“一带一路”欧亚地震带粘弹性减震技术合作研发与应用示范	江苏大学	100
合 计				380

(唐 蕊)

2018 年镇江市获江苏省重点研发(产业前瞻与共性关键技术)项目立项一览表

表 21－2

序号	项目编号	项目名称	承担单位	项目负责人	资金支持(万元)
1	BE2018042	新一代 X 射线源关键技术研发	镇江米特杰科技有限责任公司	王育立	30
2	BE2018109	岸基一键控制的新型智能岸电系统关键技术研发	江苏中智海洋工程装备有限公司	张发平	120
3	BE2018107	电推进系统用永磁容错电机及其控制关键技术研发	江苏大学	赵文祥	120
4	BE2018108	车联异构网高效传输技术及安全系统研发	江苏大学	鲍 煦	120
5	BE2018110	无人机耐高温碳纤维复合材料制备工艺及关键技术研发	江苏恒神股份有限公司	刘 伟	120
6	BE2018111	基于新型载波通信的智能电气物联网关键技术研发	华北电力大学扬中智能电气研究中心	黄永章	120
7	BE2018007	基于节能环保的船舶直流组网关键技术研发	大全集团有限公司、江苏科技大学、江苏舾普泰克自动化科技有限公司	刘维亭	560
8	BE2018007－1	基于节能环保的船舶直流组网电力推进用断路器关键技术研发	大全集团有限公司	朱忠建	*200
9	BE2018007－2	基于节能环保的船舶直流组网能量匹配及管理关键技术研发	江苏科技大学	刘维亭	*180
10	BE2018007－3	基于节能环保的船舶直流组网电力推进用逆变器关键技术研发	江苏舾普泰克自动化科技有限公司	魏海峰	*180
合 计					1190

说明：* 为重点项目子课题的资金支持数，已包含在总数内

(潘 登)

2018 年镇江市获江苏省重点研发(现代农业)项目立项一览表

表 21－3

序号	项目编号	项目名称	申报单位	省拨经费(万元)
1	BE2018368	智能化绿色高效食品超声波生物制造装备开发	江苏江大五棵松生物科技有限公司	150
2	BE2018369	二类新兽药奥美普林原料开发及制剂创制	镇江威特药业有限责任公司	150
3	BE2018370	基于物联网的镇江香醋固态分层发酵智能化装备研发	江苏恒顺集团有限公司	150
4	BE2018371	基于营养靶向设计的香醋功能性食品制造技术研发	镇江恒顺生物工程有限公司	100
5	BE2018372	无人驾驶精密变量喷雾机与农药减施关键技术研发	江苏大学	50
6	BE2018373	低压节能射流脉冲滴灌技术研究及装备开发	江苏大学	50
7	BE2018374	桑葚酒渣增值利用关键技术研究及新产品开发	句容市东方紫酒业有限公司	50
8	BE2018421	优良特色红叶石楠新品种“句红 2”选育与应用	江苏农林职业技术学院	30
9	BE2018422	优质抗病厚皮甜瓜新品种“华月”选育与应用	江苏丘陵地区镇江农业科学研究所	30
10	BE2018423	优质抗病秋甘蓝新品种“瑞甘 17”选育与应用	江苏丘陵地区镇江农业科学研究所	30
11	BE2018424	优质草坪草新品种“润草 2 号”选育与应用	镇江润祥园林科技发展有限公司	30
合 计				820

(陈 晨)

2018 年镇江市获江苏省重点研发计划(社会发展)项目立项一览表

表 21－4

序号	项目编号	项目名称	承担单位	省拨经费(万元)
1	BE2018689	血清 exosome 源性的 lncRNA 在胰腺癌诊断和治疗中作用的研究	江苏大学附属医院	50
2	BE2018690	MicroRNA 响应型纳米 DNA 水凝胶药释开关的构建和微流体单细胞胰腺癌靶向验证	江苏大学附属医院	200
3	BE2018691	基于纳米生物技术的新型靶向抗癌药物研发	江苏大学附属医院	200
4	BE2018692	Oxytocin 在超重/肥胖 2 型糖尿病患者中的临床应用研究	江苏大学附属医院	50
5	BE2018693	基于外泌体来源 SIAH1 构建卵巢癌耐药的新型预警与干预策略	镇江市第四人民医院	50
6	BE2018694	高效特异性检验食品中磺胺类抗生素的关键技术及应用研究	镇江市食品药品监督检验中心	50
合　计				600

(陈　晨)

【3 家农村科技服务超市分店获省奖补资金】 2018 年,镇江市有 3 家农村科技服务超市分店获江苏省农业科技社会化服务奖补资金共计 38 万元,其中,句容经济林果产业分店获 19 万元,丹阳食用菌产业分店获 11 万元,丹阳经济林果产业分店获 8 万元。 (陈　晨)

【82 个自然科学基金项目获省立项】 2018 年,镇江市获江苏省基础研究计划(自然科学基金)项目立项 82 项,其中,省杰出青年基金项目立项 3 项,省优秀青年基金项目立项 3 项,省青年基金项目立项 60 项,面上项目立项 16 项,项目总经费 1808 万元。 (陈　晨)

【驻镇江高校 212 个项目获国家自然科学基金立项】 2018 年,镇江市获国家自然科学基金项目资金支持,江苏大学和江苏科技大学共获 212 个国家自然科学基金项目立项,总计获经费 8462.2 万元。 (陈　晨)

高新技术产业化

【概况】 2018 年,镇江市高新技术产业产值比上年增长 4.1%,占全市规模以上工业总产值的 47.5%。其中,民营企业实现高新技术产业产值增长 5.3%,占全市高新技术产业产值的 67.6%;外商及港澳台企业实现高新技术产业产值增长 3.3%,占全市高新技术产业产值的 27.2%;国有及国有控股企业实现高新技术产业产值增长 0.7%,占全市高新技术产业产值的 5.2%。全市高新技术产业实现主营业务收入增长 3.7%,占全市规模以上工业主营业务收入的 46.6%;实现利税增长 6.1%,占全市规模工业利税的 45.7%。以行业产值划分,全市全年智能装备制造业增长 2.7%,占比(与全市高新技术产业产值相比,下同)28.7%,提高 0.3 个百分点;新材料制造业增长 6.9%,占比 38.9%,提高 0.1 个百分点;航空航天制造业增长 4.2%,占比 0.8%,下降 2.7 个百分点;电子计算机及办公设备制造业增长 8.4%,占比 1.2%,提高 0.3 个百分点;电子及通信设备制造业增长 1.4%,占比 7.8%,提高 0.6 个百分点;医药制造业增长 8.5%,占比 4.0%,提高 0.7 个百分点;仪器仪表制造业增长 6.2%,占比 15.3%,提高 0.5 个百分点;新能源制造业增长 0.2%,占比 3.4%,下降 0.5 个百分点。 (潘　登)

【镇江苏南国家自主创新示范区建设】 2018 年,镇江市在苏南国家自主创新示范区建设上有新进展。镇江高新区获苏南国家自主创新示范区建设专项资金高新区奖励补助资金 2100 万元。镇江高新区在科技部火炬中心 2017 年国家高新区评价中排名第 72 名,上升 2 名。在 2018 年江苏省科技厅《全省高新技术产业开发区创新驱动发展综合评价情况的通报》中,镇江、扬中、丹阳高新区排名省高新区第 16 名、第 13 名和第 24 名,分别上升 9 名、8 名和 5 名。扬中高新区升级国家高新区请示由省政府上报国务院,扬中智慧电气产业化基地通过国家级高新技术产业化基地评审。扬中高新区、丹阳高新区分获 2018 年全省高新区奖励资金 1000 万元、540 万元。惠龙易通、江苏恒神 2 家企业成为苏南自创区"独角兽企业"(一般指投资界对于 10 亿美元以上估值,并且创办时间相对较短的公司),航天海鹰、怀特驱动等 8 家企业成为苏南自创区"瞪羚企业"(一般指高成长中小企业)。镇江高新区船舶海工科技成果产业化基地和丹阳高新区高性能材料科技成果产业化基地成为首批启动建设的苏南科技产业化基地。 (郑淇元)

【科技创新创业】 2018 年,句容宝华软件信息技术众创社区、扬中智慧电气众创社区、丹阳高性能合金材料众创社区、京口软件及游戏动漫众创社区等 4 家众创集聚区域成为第二批江苏省众创社区。新增江苏芳满庭科技企业孵化器、扬中高新技术创新创业服务中心、扬中新城科技企业孵化器、丹阳总部经济科技孵化器等 4 家省科技企业孵化器。新增生态众创空间、句容创客邦等 2 家省众创空间。全市约 166 家(个)企业(团队)参加第五届"创业江苏"科技创业大赛。 (潘　登)

【科技政策落实】 2018 年,镇江市科技部门强化高新技术企业政策落实,与市国税、地税部门针对高新技术企业享税情况进行统计分析,并召开座谈会听取企业享税过程中遇到的问题。全年落实高新技术企业所得税减免优惠 275 家,减免税额 9.19 亿元;722 家企业享受加计扣除政策,抵扣应纳税所得额 23.65 亿元。 (潘　登)

【科技金融】 2018 年,镇江市完善修订科技金融等 4 个政策文件,推动解决科技金融中存在的困难和问题。推进苏科贷、镇科通等科技金融项目日常管理服务工作,协调支持实体企业发展,通过各类科技金融产品引导银行金融机构发放科技贷款 177 笔,帮助科技企业融资 5.1 亿元。全市累计发放苏科贷 1099 笔,36.1 亿元;镇科通 149 笔,5 亿元;镇保贷 81 笔,1.7 亿元。镇科贷申请备案 29 笔,5.7 亿元。组织申报省科技企业上市培育计划,8 家企业成功入库培育。 (潘　登)

【高新技术企业培育】 2018 年,镇江市 336 家企业被认定为国家高新技术企业,截至年底,总数有 750 家。121 家企业进入江苏省高企培育库,648 家企业备案为国家科技型中小企业;83 家企业新增为省民营科技企业。江苏金斯瑞生物科技有限公司成为全市第二家国家技术先进型服务企业。 (潘　登)

2018 年镇江市 336 家新认定国家高新技术企业名称一览表

表 21－5

序号	企业名称	序号	企业名称
	（丹阳市）	50	江苏淘镜有限公司
1	埼玉铝合金精密锻造（丹阳）有限公司	51	江苏欣战江新能源有限公司
2	大亚（江苏）地板有限公司	52	江苏新通达电子科技股份有限公司
3	大亚车轮制造有限公司	53	江苏信利电子有限公司
4	丹阳市光华汽车内饰件有限公司	54	江苏迅捷装具科技有限公司
5	丹阳市国美汽配有限公司	55	江苏中宏机械制造有限公司
6	丹阳市维尼光学有限公司	56	江苏中科四象激光科技有限公司
7	丹阳市逸帆电子有限公司	57	丹阳飓风物流股份有限公司
8	丹阳市中远车灯有限公司	58	艾科卡特催化器丹阳有限公司
9	丹阳新华美塑料有限公司	59	丹阳荣嘉精密机械有限公司
10	江苏超峰工具有限公司	60	丹阳市凯鑫合金材料有限公司
11	江苏丹通电气有限公司	61	丹阳市瑞华光学元件有限公司
12	江苏河阳线缆有限公司	62	丹阳市伟鹤祥线缆制造有限公司
13	江苏华久辐条制造有限公司	63	丹阳市沃德立电工材料有限公司
14	江苏康尚生物医疗科技有限公司	64	丹阳市宇晟纺织新材料有限公司
15	江苏瑞美福实业有限公司	65	江苏畅通车业发展有限公司
16	江苏山宝集团有限公司	66	江苏东方光学有限公司
17	江苏太平橡胶股份有限公司	67	江苏东源电子科技有限公司
18	江苏天元激光科技有限公司	68	江苏法拉电子有限公司
19	江苏新泉汽车饰件股份有限公司	69	江苏飞达钻头股份有限公司
20	江苏正亚科技有限公司	70	江苏国亨车业有限公司
21	镇江视程影视有限公司	71	江苏国翔环保科技有限公司
22	丹阳奇烨科技有限公司	72	江苏海昌工具有限公司
23	丹阳市常盛机械有限公司	73	江苏洪昌科技股份有限公司
24	丹阳市长江汽车部件有限公司	74	江苏江南生物科技有限公司
25	丹阳市飞轮气体阀门有限公司	75	江苏捷飞机电有限公司
26	丹阳市恒泰电炉有限公司	76	江苏金茂化纤股份有限公司
27	丹阳市利旺车辆部件有限公司	77	江苏金茂制链有限公司
28	丹阳市曙光镍材有限公司	78	江苏可奥熙光学材料科技有限公司
29	丹阳市助剂化工厂有限公司	79	江苏绿叶锅炉有限公司
30	丹阳兴隆车辆部件有限公司	80	江苏明月光电科技有限公司
31	丹阳卓尔包装设备制造有限公司	81	江苏奇一科技有限公司
32	丹阳琦瑞机械有限公司	82	江苏瑞文新材料科技有限公司
33	格鲁赛特阀门配件江苏有限公司	83	江苏双志新能源有限公司
34	海昌隐形眼镜有限公司	84	江苏天诚车饰科技有限公司
35	花王生态工程股份有限公司	85	江苏天工工具有限公司
36	江苏埠恒复合材料有限公司	86	江苏天元金属粉末有限公司
37	江苏宝锐汽车部件有限公司	87	江苏万乐复合材料有限公司
38	江苏博安工具有限公司	88	江苏沃得农业机械有限公司
39	江苏丹耐刚玉材料有限公司	89	江苏信轮美合金发展有限公司
40	江苏恒立弹簧有限公司	90	江苏兄弟合金有限公司
41	江苏恒力炉业有限公司	91	江苏亿诺车辆部件有限公司
42	江苏华泰重工装备有限公司	92	江苏鑫通汽车部件有限公司
43	江苏汇能锅炉有限公司	93	上海凤凰自行车江苏有限公司
44	江苏金聚合金材料有限公司	94	万盛精密钣金江苏有限公司
45	江苏凯伦铝业有限公司	95	威尔机械江苏有限公司
46	江苏科新汽车装饰件有限公司	96	鑫美亚传动部件有限公司
47	江苏乐能电池股份有限公司		（句容市）
48	江苏平安汽车部件有限公司	97	江苏华阳管业股份有限公司
49	江苏启迪合金有限公司	98	江苏久维压力容器制造有限公司

续表 21－5

序号	企业名称	序号	企业名称
99	江苏派欧汽车零部件有限公司	149	镇江裕太防爆电加热器有限公司
100	江苏赛达电子科技有限公司	150	鼎圣集团有限公司
101	江苏思派包装设备有限公司	151	汇森生物设备镇江有限公司
102	江苏威尔迪威阀业有限公司	152	江苏海天微电子股份有限公司
103	镇江贝思特有机活性肥料有限公司	153	江苏华强新能源科技有限公司
104	江苏苏南药业实业有限公司	154	江苏精科新能源科技有限公司
105	江苏德厚机电有限公司	155	江苏绿能电力科技有限公司
106	江苏伟建工具科技有限公司	156	江苏瑞克健身用品有限公司
107	江苏山水环境建设集团股份有限公司	157	江苏太阳科技股份有限公司
108	江苏芯力特电子科技有限公司	158	江苏天辰新材料股份有限公司
109	江苏中容科技有限公司	159	江苏威腾新材料科技有限公司
110	句容骏升显示技术有限公司	160	江苏新坝电气集团有限公司
111	句容市博远电子有限公司	161	江苏新韩通船舶重工有限公司
112	江苏大华激光科技开发有限公司	162	江苏亿阀股份有限公司
113	江苏海川新材料科技有限公司	163	江苏中顺电气有限公司
114	江苏海川卓越密封材料有限公司	164	扬中市宏辉橡胶制品有限公司
115	江苏海祥消防科技有限公司	165	扬中市南方矿用电器有限公司
116	江苏和正特种装备有限公司	166	镇江朝阳机电科技有限公司
117	江苏华昌织物有限公司	167	镇江施耐德电器有限公司
118	江苏金门能源装备有限公司	168	镇江市隆盛工具有限公司
119	江苏农景生态建设有限公司	169	大航有能电气有限公司
120	江苏天晟环境科技有限公司	170	江苏华威线路设备集团有限公司
121	句容市天王汽车配件制造有限公司	171	江苏吉庆管材有限公司
122	三斯达（江苏）环保科技有限公司	172	江苏连动电力有限公司
123	镇江华源晋昌电器有限公司	173	江苏绿艳高分子材料有限公司
124	镇江镓芯光电科技有限公司	174	江苏神力电源科技有限公司
（扬中市）		175	江苏同庆车辆配件有限公司
125	倍德力能源装备（江苏）有限公司	176	江苏文昌电子化工有限公司
126	浩翔电气集团有限公司	177	江苏中远环保科技有限公司
127	江苏成城电气有限公司	178	江苏中远稀土新材料有限公司
128	江苏大津重工有限公司	179	威腾电气集团股份有限公司
129	江苏德溢利新材料科技有限公司	180	扬中市宏飞镀业有限公司
130	江苏高照新能源发展有限公司	181	扬中市盛新氟塑制品有限公司
131	江苏海航电气科技有限公司	182	扬中市旭升电器配件有限公司
132	江苏宏强电气集团有限公司	183	扬中市扬子铝加工有限公司
133	江苏弘历电气有限公司	184	镇江丰成特种工具有限公司
134	江苏华太电力仪表有限公司	185	镇江丰源新能源科技有限公司
135	江苏汇鑫电力科技有限公司	186	镇江美杰超硬材料有限公司
136	江苏耐尔特钻石有限公司	187	镇江仁德新能源科技有限公司
137	江苏万奇电器集团有限公司	188	镇江市恒创环境工程有限公司
138	江苏伟创晶智能科技有限公司	189	镇江市神龙电器管件有限公司
139	江苏亿能电气有限公司	190	镇江市星翌交通设备配件有限公司
140	江苏中环电气集团有限公司	191	镇江市益宝电气科技有限公司
141	江苏卓岸电源科技有限公司	192	中电电气（江苏）股份有限公司
142	美嘉科技（镇江）有限公司	（丹徒区）	
143	向荣集团有限公司	193	江苏海雷德蒙新能源有限公司
144	扬中市阀门厂有限公司	194	江苏华夏制漆科技有限公司
145	扬中市华电电力设备有限公司	195	江苏苏亚迪炭材有限公司
146	镇江大全赛雪龙牵引电气有限公司	196	镇江亨威金融保险机具有限公司
147	镇江大全伊顿电器有限公司	197	镇江华浩通信器材有限公司
148	镇江神飞新能源科技有限公司	198	镇江明润信息科技有限公司

续表 21－5

序号	企业名称
199	镇江市丰泰化验制样设备有限公司
200	镇江市惠灵顿膜业有限公司
201	镇江先锋汽车零部件有限公司
202	江苏江大环境工程有限责任公司
203	江苏领先电子有限公司
204	江苏苏润高碳材股份有限公司
205	镇江东艺机械有限公司
206	镇江恒生涓恩医疗器械有限公司
207	镇江宏联电工有限公司
208	镇江市金鼎变速箱有限公司
209	镇江沃尔夫重工部件有限公司
210	镇江亿地光电照明有限公司
211	镇江英格电气有限公司
212	镇江越辉市政工程有限公司
213	江苏百崮钢结构工程有限公司
214	江苏崇佑新型建材有限公司
215	江苏恒顺醋业股份有限公司
216	江苏昆仲机械有限公司
217	江苏联海通信股份有限公司
218	江苏明联电子科技有限公司
219	江苏明润环境科技有限公司
220	江苏欧文斯彩砂科技有限公司
221	江苏苏菱铝用阳极有限公司
222	江苏万源新材料股份有限公司
223	江苏友穗传感科技股份有限公司
224	江苏语谐光电科技有限公司
225	江苏正军装饰材料有限公司
226	江苏甬润工具有限公司
227	镇江京润电气有限公司
228	镇江龙源铝业有限公司
229	镇江市邦禾螺旋制造有限公司
230	镇江市黄墟锚链有限公司
231	镇江市润奇电子有限公司
232	镇江先锋植保科技有限公司
	（京口区）
233	江苏鼎胜新能源材料股份有限公司
234	江苏名通信息科技有限公司
235	江苏索普（集团）有限公司
236	江苏天海特种装备有限公司
237	江苏中森建筑设计有限公司
238	镇江常青园林工程有限公司
239	中船绿洲镇江船舶辅机有限公司
240	江苏惠通集团有限责任公司
241	镇江江工生物工程成套设备有限公司
242	镇江四洋柴油机制造有限公司
243	江苏艾克斯信息科技有限公司
244	江苏兴农基质科技有限公司
245	镇江市宝华半挂车配件有限公司
246	镇江市电子管厂
247	镇江四洋特种金属材料制造有限公司
	（润州区）
248	江苏科茂信息技术有限公司
249	镇江东亚碳素焦化有限公司
250	镇江中谊抗震科技股份有限公司
251	正茂集团有限责任公司
	（镇江新区）
252	华东泰克西汽车铸造有限公司
253	江苏爱姆欧光电材料有限公司
254	江苏安用座椅科技有限公司
255	江苏奥迪康医学科技股份有限公司
256	江苏宝亨新电气有限公司
257	江苏金海创科技有限公司
258	江苏塞孚航空科技有限公司
259	江苏硕阳电子科技有限公司
260	江苏特丰新材料科技有限公司
261	江苏镇宝开关电器有限公司
262	江苏正丹化学工业股份有限公司
263	欧宝聚合物江苏有限公司
264	双峰格雷斯海姆医药包装（镇江）有限公司
265	特耐斯（镇江）电碳有限公司
266	威凡智能电气高科技有限公司
267	维机轨道交通科技（镇江）有限公司
268	镇江超纳仪器有限公司
269	镇江道博科技信息有限公司
270	镇江泛美汽车零部件有限公司
271	镇江加勒智慧电力科技股份有限公司
272	镇江江南化工有限公司
273	镇江康飞汽车制造股份有限公司
274	镇江四联机电科技有限公司
275	镇江同立橡胶有限公司
276	镇江香江云动力科技有限公司
277	恩坦华汽车零部件（镇江）有限公司
278	江苏安卡新材料科技有限公司
279	江苏奥雷光电有限公司
280	江苏法利沃环保科技有限公司
281	江苏飞尚安全监测咨询有限公司
282	江苏峰谷源储能技术研究院有限公司
283	江苏海宏制药有限公司
284	江苏辉能电气有限公司
285	江苏慧明智能科技有限公司
286	江苏金阳新材料科技有限公司
287	江苏万隆化学有限公司
288	江苏永伟精密工具有限公司
289	江苏兆能电子有限公司
290	千盛电气集团有限公司
291	镇江阿尔法特种镀膜科技有限公司
292	镇江艾康医疗器械有限公司
293	镇江宝塑高分子材料有限公司
294	镇江成泰自动化技术有限公司
295	镇江东方电热科技股份有限公司
296	镇江科美机械制造有限公司
297	镇江科信动力系统设计研究有限公司

续表21－5

序号	企业名称	序号	企业名称
298	镇江美达塑胶有限公司	318	镇江东方生物工程设备技术有限责任公司
299	镇江耐丝新型材料有限公司	319	镇江恒昌彩艺科技有限公司
300	镇江市天祥精密机电有限公司	320	镇江三维输送装备股份有限公司
301	镇江市亿华系统集成有限公司	321	镇江裕久智能装备股份有限公司
302	镇江市逸帆航空部件有限公司	322	镇江中船瓦锡兰螺旋桨有限公司
303	镇江西杰电气有限公司	（镇江高新区）	
304	镇江银峰电镀科技有限公司	323	江苏华兴通讯科技有限公司
305	镇江英科环保机械有限公司	324	江苏凯德电控科技有限公司
306	镇江中船现代发电设备有限公司	325	江苏铁科新材料股份有限公司
307	镇江中天光学仪器有限责任公司	326	镇江市胜得机械制造有限责任公司
308	中节能太阳能科技（镇江）有限公司	327	镇江液压股份有限公司
309	江苏安一信息科技有限公司	328	镇江诺兴传动联轴器制造有限公司
310	江苏畅远信息科技有限公司	329	镇江锐翼自动化科技有限公司
311	江苏诚志软件科技有限公司	330	怀特（中国）驱动产品有限公司
312	江苏德顺祥电气有限公司	331	江苏汇创机电科技股份有限公司
313	江苏立德精密模具有限公司	332	江苏金顺光电科技有限公司
314	江苏镇钛化工有限公司	333	江苏省镇江船厂（集团）有限公司
315	江苏舾普泰克自动化科技有限公司	334	江苏云端重工科技有限公司
316	力信（江苏）能源科技有限责任公司	335	镇江汉邦科技有限公司
317	亚星（镇江）系泊链有限公司	336	镇江中化聚氨酯工业设备有限公司

（潘　登）

2018年镇江市获国家科学技术奖项目一览表

表21－6

序号	奖励名称	项目名称	完成单位	完成人员
1	国家科技进步二等奖	磷酸铁锂动力电池制造及其应用过程关键技术	江苏乐能电池股份有限公司	丁建民
2	国家科技进步二等奖	高速铁路弓网系统运营安全保障成套技术与装备	江苏新绿能科技有限公司	吴积钦、刘志刚
3	国家科技进步二等奖	农林剩余物功能人造板低碳制造关键技术与产业化	大亚人造板集团有限公司	陈秀兰
4	国家科技进步二等奖	中药资源产业化过程循环利用模式与适宜技术体系创建及其推广应用	江苏天晟药业股份有限公司	季　浩

（李海滢）

2018年镇江市获江苏省科学技术奖项目一览表

表21－7

序号	奖励名称	项目名称	完成单位	完成人员
1	省科学技术一等奖	缓释智能递药系统的关键技术及其应用	扬子江药业集团有限公司，中国药科大学，江苏大学	尹莉芳、董志奎、顾孝红、徐希明、胡　涛、杨　磊、徐浩宇、李浩冬、吕慧敏、金　霞、江　芳
2	省科学技术一等奖	高端化工离心泵关键技术研究及工程应用	江苏大学，江苏双达泵阀集团有限公司，上海凯泉泵业（集团）有限公司，江苏海狮泵业制造有限公司，江苏亚梅泵业集团有限公司	袁寿其、王秀礼、付　强、宋浩杰、朱荣生、严建华、肖功槐、项　伟、朱巧君、孙宏祥
3	省科学技术二等奖	磁悬浮飞轮系统关键技术及其应用	南京工程学院，中国人民解放军某大学，江苏大学，北京石油化工学院，中国人民解放军某研究院	孙玉坤、任　元、朱志莹、刘　强、袁　野、陈晓岑、张新华、周云红、杨泽斌
4	省科学技术二等奖	千吨级深海油气开采平台井口智能成套装备设计与制造技术	南通大学，江苏如通石油机械股份有限公司，江苏大学，南通蓝岛海洋工程有限公司，南通理工学院，江苏韩通船舶重工有限公司	吴国庆、符永宏、周井玲、吴树谦、许波兵、曹彩红、何云华、朱　军、顾　海、张　华、张旭东
5	省科学技术二等奖	远洋LNG－柴油双燃料化学品运输船设计建造关键技术	中航鼎衡造船有限公司，江苏科技大学	王　东、芮晓松、杨兴林、冯国增、朱　刚、方云虎、陈　翔、胡以怀、印　军、姜宏波、张　亮

续表 21－7

序号	奖励名称	项目名称	完成单位	完成人员
6	省科学技术二等奖	大型船舶与海洋结构物锚泊系统关键技术及应用	江苏科技大学，正茂集团有限责任公司，江苏亚星锚链股份有限公司，武汉船用机械有限责任公司，舟山市质量技术监督检测研究院，江苏扬远船舶设备铸造有限公司，上海雄程海洋工程股份有限公司	唐文献、苏世杰、朱林放、张卫新、刘志强、高　卓、李存军、张　毅、庄　宏、孙　泽、徐　兵
7	省科学技术二等奖	工程结构细节疲劳件激光冲击与复合强化关键技术及应用	江苏大学，中国航空工业集团公司成都飞机设计研究所，安徽工业大学，成都飞机工业（集团）有限责任公司，江苏鼎盛重工有限公司，江苏亿阀股份有限公司	姜银方、黄建云、张兴权、戴峰泽、华　程、姜文帆、何水辉、陈红云、万全红、张　杰
8	省科学技术二等奖	环境污染治理中绿色高效化学技术的设计、构建及应用	江苏大学	施伟东、李华明、朱文帅、潘建明、王　赟、范伟强、韩　娟、闫永胜
9	省科学技术二等奖	车用柴油机氮氧化物和颗粒物后处理关键技术及应用	南京工程学院，凯龙高科技股份有限公司，南京依维柯汽车有限公司，凯龙蓝烽新材料科技有限公司，江苏卡威汽车工业集团股份有限公司	赵振东、臧志成、邹小俊、朱　磊、倪建华、谭文轶、赵　闯、宋　伟、朱增赞、孙　敏、王玉国
10	省科学技术二等奖	2 型糖尿病的发病机理及药物干预探索	江苏大学附属医院，上海市内分泌代谢病研究所，南京中医药大学	袁国跃、陈名道、杨　颖、尚文斌、安晓飞、贾　珏、王　东、杨　玲、邓玉杰、胡　浩、钱唯韵
11	省科学技术二等奖	病毒性肝炎防控新策略及其应用	江苏省疾病预防控制中心，北京大学，南京医科大学，泰兴疾病预防控制中心，丹阳市疾病预防控制中心，张家港市疾病预防控制中心	翟祥军、张雪峰、朱凤才、李　杰、朱立国、马红霞、庄　辉、汪　华、范　敏、王志坚、王群刚
12	省科学技术三等奖	基于国产芯片安全支付技术的金融 IC 卡研发及产业化	恒宝股份有限公司	祝景国、陆道如、张建祥、曹　炜、方树平、李　勇、孔素红、梅海鹏、孙稳稳、曹志新、钟迎九
13	省科学技术三等奖	音视频内容分析及其在行为监控与展现中的应用	江苏大学，江苏名通信息科技有限公司，电子科技大学	毛启容、成科扬、饶云波、詹永照、曾兰玲、陈潇君、王新宇、杨　洋、沈项军、苟建平、秦　谦
14	省科学技术三等奖	货运集配电子商务系统关键技术研究及集成应用	惠龙易通国际物流股份有限公司，江苏大学，东南大学	施文进、宋余庆、刘　哲、郁培昌、朱　轶、刘　毅、倪巍伟、施　俊
15	省科学技术三等奖	高渗透率有源配电网知识自动化调控技术及其成套装备	国网江苏省电力有限公司，华南理工大学，南京工程学院，威凡智能电气高科技有限公司，苏州华天国科电力科技有限公司，天合光能股份有限公司	余　涛、袁晓冬、方　鑫、张孝顺、葛　乐、柳　丹、徐晓春、薛恒怀、李正佳、瞿凯平、孙大军
16	省科学技术三等奖	基于智能双向变流器的复合储能系统关键技术研究与应用	江苏峰谷源储能技术研究院有限公司，南京工程学院	司红磊、陈　强、熊宇迪、李青海、蒋振强、陈　杰、章宁琳
17	省科学技术三等奖	节能环保型塑料燃油系统关键技术研究与应用	亚普汽车部件股份有限公司，江苏大学	姜　林、何　仁、刘　亮、苏卫东、高德俊、翁益明、张恩慧
18	省科学技术三等奖	航空级碳纤维预浸料研发与产业化建设	江苏恒神股份有限公司	王怡敏、李国明、燕春云、周　强、单瑞俊、黄登亮、孙永锋、姜晨宁、张　睿、杨　强、梁群群
19	省科学技术三等奖	偏苯三酸三辛酯新型催化剂与新工艺的开发及产业化	江苏正丹化学工业股份有限公司	曹正国、荆晓平、任　伟、王　福、王立俊
20	省科学技术三等奖	载重汽车底盘悬架关键零部件轻量化制造技术与应用	江苏汤臣汽车零部件有限公司，江苏大学	吴华锋、朱劲松、毛永锋、陈　刚、刘金华、方国兴、李　强、朱亮亮、刘小江、周　鑫
21	省科学技术三等奖	高精度薄壁发动机缸体智能铸造关键技术与应用	华东泰克西汽车铸造有限公司，大连理工大学	李佑杰、周秉文、亚　斌、张文海、孟令刚、孟富银、文　勇、陈　荣、王卓为
22	省科学技术三等奖	基于镍钛基形状记忆合金元件的超低温阀门关键技术及产业化	江苏亿阀股份有限公司，哈尔滨工程大学	江树勇、钱玉峰、张艳秋、佟运祥、钱存根、赵亚楠、李　莉、张春芳、张庆荣

续表 21－7

序号	奖励名称	项目名称	完成单位	完成人员
23	省科学技术三等奖	高性能大马力农用动力关键技术及应用	江苏大学,常柴股份有限公司,江苏常发农业装备股份有限公司,辽阳新风科技有限公司	尹必峰、贾和坤、董　非、朱　镇、韩江义、夏长高、徐　毅、修永海、臧广辉、王伟峰
24	省科学技术三等奖	船舶舱室声学设计评估关键技术	中国船舶重工集团公司第七〇二研究所,江苏大学,上海交通大学,中国船级社	吴文伟、刘厚林、孙玉东、李泽成、严　斌、黄伟稀、何　涛、杨德庆、周亚军、马　骏、陈小平
25	省科学技术三等奖	中重型车辆盘式制动器关键技术研发及产业化	江苏恒力制动器制造有限公司,江苏科技大学	徐旗钊、朱永梅、张　建、周　丹、郑继飞、谭雪龙、陈　赟、朱一平、胡正林、李应声、徐　宇
26	省科学技术三等奖	自身免疫性甲状腺疾病发病新机制及干预策略研究	江苏大学附属人民医院	王胜军、田　洁、柳迎昭、彭辉勇、许化溪、朱晨露、陈艳红、陈　娟、崔大伟
27	省科学技术三等奖	葡萄品种资源的收集、利用及早熟葡萄新品种的培育	南京农业大学,江苏省农业科学院,张家港市神园葡萄科技有限公司,江苏省农业技术推广总站,江苏农林职业技术学院,徐州市林业技术推广服务中心,盐城市仰徐现代农业科技有限公司,淮阴工学院,宜兴市颖丰生态农业有限公司	房经贵、吴伟民、徐卫东、陆爱华、解振强、朱守卫、顾克余、王纪忠、张　涛、上官凌飞、王西成

（李海滢）

【科技服务业】 2018年,镇江高新区获江苏省科技服务骨干机构能力提升专项资金450万元,连续2年获该专项支持。扬中高新区获批第三批筹建的江苏省科技服务业特色基地(研发设计服务)。为推动重大科研基础设施和大型科研仪器等科技资源开放共享,引导中小企业使用公共科技资源开展研发创新,提高科学仪器设备使用效率,镇江市通过科技创新券方式对上年度江苏省大型科学仪器设备共享服务平台中小企业用户给予市级配套补贴资金8.74万元。（郑淇元）

科技成果

【概况】 2018年,镇江市大飞机复合材料结构件(后机身前段和垂尾)研发及产业化等6个项目获批江苏省重大科技成果转化专项资金项目,计划总投资3.5亿元、实现销售6.2亿元、利税8900万元、申请专利50件,获得省级财政专项资助4400万元。加强科技奖励申报工作,镇江市全年获国家科学技术进步二等奖4项;获省科学技术奖27项,其中,江苏省科学技术一等奖2项、江苏省科学技术二等奖9项、江苏省科学技术三等奖16项。同时,镇江市鼓励人才创新,年内获得省级以上科技人才计划资助25项、1610万元。（李海滢）

【技术合同成交情况】 2018年,镇江市签订技术合同1588项,成交总金额21.36亿元。其中,技术开发合同840项,合同成交金额17.6亿元,技术转让合同130项,合同成交金额8410万元,技术咨询合同132项,合同成交金额1.29亿元,技术服务合同486项,合同成交金额1.63亿元。全市通过技术市场认定登记实现减免税的技术合同496项,合同成交总额2.9亿元,技术交易额2.78亿元,合计减免各类税收约1700万元。（李海滢）

2018年镇江市获江苏省科技成果转化专项资金项目一览表

表21－8　　单位:万元

序号	项目编号	项目名称	承担单位	省拨经费
1	BA2018117	300千米/小时及以上高速列车用合金钢制动盘研发及产业化	江苏鼎泰工程材料有限公司	600
2	BA2018116	进口替代航空航天紧固件用高温合金棒丝材研发及产业化	江苏图南合金股份有限公司	1000
3	BA2018118	草菇加工型新品种选育与应用技术研发及产业化	江苏江南生物科技有限公司	600
4	BA2018119	环境友好型高固厚膜自抛光长效防污涂料的研发及产业化	江苏海晟涂料有限公司	600
5	BA2018120	军民两用机动指挥通信信息系统研发及产业化	江苏捷诚车载电子信息工程有限公司	600
6	BA20181121	大飞机复合材料结构件(后机身前段和垂尾)研发及产业化	航天海鹰(镇江)特种材料有限公司	1000
合　计				4400

（李海滢）

知识产权工作

【概况】 2018年，镇江市围绕产业强市，突出两大主导产业和三大战略性新兴产业，在智能电气、高性能合金材料、新能源、航天航空等产业集群开展专利导航分析研究，推进高价值专利培育工作，有10个项目获第二十届中国专利奖，其中，金奖2个，优秀奖8个。强化企业知识产权管理体系建设，新增国家知识产权示范企业2家、优势企业10家。全市专利申请总量29365件，专利授权总量为15348件，万人发明专利拥有量超过35件，列全省第4名。查处相关案件943件(含电商案件)，完成全年830件任务的114%。镇江市2017年全国专利行政执法工作绩效考评在161个副省级城市及地级市中排名第14名，比2016年上升13名。全市知识产权工作呈现结构好、质量好、效果好的三好局面。5月24日—25日，镇江市举办2018年度企业知识产权贯标内审员培训班。6月28日，江苏省知识产权工程师培训在镇江开班。10月30日，由国家知识产权局人事司主办，江苏大学知识产权研究中心承办的"全国知识产权专业学位建设研讨班"在镇江开班。11月24日，全市知识产权维权志愿者培训会议召开。 (孙　焱)

【12家企业获批国家级知识产权示范、优势企业】 2018年7月17日，国家知识产权局公布2018年度国家知识产权示范企业和优势企业评审结果，镇江市江苏恒顺醋业股份公司等12家企业分别获批国家知识产权示范企业、优势企业。截至年底，镇江市有22家企业成为国家级知识产权示范企业、优势企业。 (孙　焱)

【大学生知识产权知识竞赛】 2018年4月20日，镇江市第三届大学生知识产权知识竞赛在江苏大学举办。竞赛由市知识产权局和团市委主办，江苏大学团委、江苏大学知识产权研究中心、中国(镇江)知识产权维权援助中心及镇江新区分中心承办。江苏大学、江苏科技大学、镇江高等专科学校、江苏农林职业技术学院等8所高校代表队参赛。江苏大学获竞赛第一名，江苏科技大学、江苏农林职业技术学院获第二名，镇江市高等专科学校、镇江技师学院、金山职业技术学院获第三名，江苏省交通技师学院、江苏航空职业技术学院获竞赛活动最佳组织奖。 (王　强)

【世界知识产权日广场宣传咨询活动】 2018年4月26日，镇江市在万达广场开展"4·26"世界知识产权日大型广场宣传咨询活动，市中级人民法院、市检察院、市工商局、市质监局、市版权局等数十家单位参加，为市民提供咨询宣传服务。活动现场，摆放主题宣传展板，宣传镇江市2017年知识产权工作取得的成效，知识产权保护志愿者向过往行人发放知识产权发展和保护状况白皮书、"4·26"《镇江日报》知识产权日专版、知识产权维权保护宣传册等宣传品。为突出该年世界知识产权日"变革的动力：女性参与创新创造"的主题，市知识产权局在现场用展板展出与市妇联共同遴选出的11名镇江优秀女性科技工作者的事迹介绍。 (王　强)

【2家商贸企业被认定为国家知识产权保护规范化培育市场】 2018年6月11日，国家知识产权局下发《关于确定第五批知识产权保护规范化培训市场并启动培育工作的通知》，镇江市红星美凯龙镇江新区商场、扬中月星家居等2家商贸企业被认定为第五批国家级知识产权保护规范化培育市场。 (王　强)

【镇江市知识产权工作获省政府通报表扬】 2018年6月13日，江苏省政府办公厅下发《关于对2017年落实有关重大政策措施真抓实干成效明显地方予以督查激励的通报》，镇江市被确认为实施知识产权战略成效明显的城市，通报要求省相关部门在建设专利审查员实践基地、企业知识产权战略推进计划等重大项目，以及知识产权综合管理改革试点、建设高价值专利培育示范中心等方面优先给予镇江支持。 (王　强)

【第六届"三江知识产权国际论坛"开幕】 2018年6月22日，第六届"三江知识产权国际论坛"在镇江开幕。300多名国内和美国、瑞士、加拿大、日本、韩国等国家代表参加。该届论坛由国家知识产权局、江苏省知识产权局指导，江苏大学、中国专利保护协会主办，省知识产权研究中心、江苏汇智知识产权服务有限公司、镇江市知识产权保护协会承办。论坛围绕"知识产权与经济社会的高质量发展——动力、使命、前景"主题，开设4个分论坛，分别为"新结构经济学视角下中国知识产权战略""专利运营与国际技术转移—专利运营CEO对话""高价值专利培育高峰对话""知识产权与区域创新发展"。 (王　强)

【2所学校获评江苏省知识产权教育试点学校】 2018年6月27日，省知识产权局、省教育厅联合下发《关于确定2018年度江苏省中小学知识产权教育试点学校的通知》，扬中市新坝中学、句容市崇明小学入选2018年度"省中小学知识产权教育试点学校"。(王　强)

【3家企业获省企业知识产权推进计划项目立项支持】 2018年5月，江苏省财政厅和省知识产权局联合发文，确定给予江苏仅一联合制造有限公司、江苏鱼跃医疗设备股份有限公司、恒宝股份有限公司等3家企业"省企业知识产权推进计划项目"立项支持，并合计给予230万元省级财政经费支持。 (孙　焱)

【10人获第二届江苏省专利发明人奖】 2018年8月，镇江市陈龙等10人获第二届江苏省专利发明人奖。该奖由江苏省政府奖励，每两年评选一次，每次奖励人数不超过10人，旨在表彰在创新创业，促进专利技术转化运用等方面有突出贡献的人员。 (王　强)

【2家市级"正版正货"示范街区获认定】 2018年8月29日，经组织申报、专家评审、立项公示等程序，镇江市认定句容雨润中央购物广场有限公司、镇江市八佰伴商贸有限公司等2家商贸街区为市级"正版正货"示范街区。项目实施期1年，每家给予10万元奖励经费，用于鼓励和引导商贸街区建立知识产权保护联盟，开展优质商户培育与认定工作及组织街区内商户进行知识产权知识培训。 (王　强)

【1家企业获省高价值专利培育计划项目立项支持】 2018年5月，江苏省财政厅和省知识产权局联合发文，确定江苏和成显示科技有限公司大尺寸高世代TFT－LCD用混合液晶材料高价值专利培育示范中心获省高价值专利培育计划项目立项支持，并给予400万元省级财政经费支持。该公司在项目实施期内，获第二十届中国专利奖金奖一项。 (孙　焱)

【第十二届中国专利周系列活动】 2018年11月30日—12月6日，镇江市开展第十二届中国专利周系列活动。11月28日—30日，市知识产权局联合丹阳市和京口区知识产权局，开展专利执法行动。检查药品保健品、洗漱用品、儿童玩具等商品共1500余件，登记涉嫌假冒专利产品及专利标注不规范商品60

余件。12月3日,市知识产权局人员走进京口区古城社区,通过设置主题展板、咨询服务等形式开展知识产权宣传活动。活动期间,镇江市还先后举办全市商贸流通领域知识产权风险防范与纠纷应对培训会、专利导航产业发展实验区阶段成果发布会、专利导航与高价值专利培育研讨会。 (王 强)

【专利保险工作】 2018年,镇江市引导企业参加知识产权保险,组织79家科技型中小企业申请专利保险,涉及专利188件。其中,投保执行险企业72家,涉及专利175件,投保侵权险企业11家,涉及专利12件。 (王 强)

【"知识产权走基层 服务经济万里行"活动】 2018年9月28日,"知识产权走基层 服务经济万里行"活动在丹阳市举办,该次活动主题为"培育知识产权密集型产业,助力区域经济高质量发展",国家知识产权局保护协调司巡视员毛金生,江苏省知识产权局局长支苏平,镇江市副市长、丹阳市委书记陈可可出席启动仪式,全市160多家企业的200余名代表参加活动。江苏省专利信息中心、知识产权出版社有限责任公司、镇江市知识产权局、中国专利技术开发公司等多家单位签订一批合作协议。活动现场,举行国家专利局南京专利代办处第三工作站揭牌仪式,发布丹阳知识产权密集型产业发展报告。与此同时,还举办论坛、讲座等多项活动。 (孙 焱)

【国家知识产权示范优势企业(镇江)沙龙成立】 2018年12月28日,镇江市成立国家知识产权示范优势企业(镇江)沙龙,全市39家国家知识产权示范企业、优势企业以及知识产权优势培育企业参加活动。沙龙建立以示范企业为核心的沙龙主席团,采取轮值主席制度,开展知识产权工作和学术交流、系列知识产权实务培训、培养企业知识产权人才等活动。沙龙建立每月培训和交流一次的工作制度。首次沙龙活动以高价值专利培育和优秀专利分析培训为主题,邀请国家专利导航试点工程(江苏)研究基地的专家,就高价值专利培育和优秀专利分析开展培训。 (孙 焱)

【专利质押融资银企对接会】 2018年11月16日,镇江市召开知识产权质押融资"一站通"——专利质押融资银企对接会。会上,中国银行镇江分行、兴业银行镇江分行发布专利质押融资专属产品,并分别与镇江市4家企业就知识产权质押融资的授信额度签约。该次银企对接会由镇江市知识产权局、市金融办、市财政局联办,镇江市生产力促进中心、中国银行镇江分行、兴业银行镇江分行承办,有110家企业参加对接会。 (孙 焱)

【市级专利资助】 2018年,镇江市以质量优先、分级资助的理念开展专利资助工作,全年分级资助授权发明专利和授权实用新型专利3201项,资助金额428.54万元,明确资助高质量专利的鲜明导向,激发企业攻克关键技术难题的积极性。 (孙 焱)

2018年镇江市获省级以上科技项目立项情况表

表21-9 单位:万元

序号	项目类别	项目名称	单位名称	拨款经费
1	高价值专利培育计划	大尺寸高世代TFT-LCD用混合液晶材料高价值专利培育示范中心	江苏和成显示科技有限公司	400
2	江苏省企业知识产权战略推进计划	江苏省企业知识产权战略推进计划	江苏仅一联合制造有限公司	100
3	江苏省企业知识产权战略推进计划	江苏省企业知识产权战略推进计划	江苏鱼跃医疗设备股份有限公司	100
4	江苏省企业知识产权战略推进计划	江苏省企业知识产权战略推进计划	恒宝股份有限公司	30
5	软科学研究项目	江苏船舶与海洋工程装备产业知识产权与产业发展互促机制研究	江苏科技大学	5
6	省"正版正货"示范创建街区	省"正版正货"示范创建街区	扬中通达商城	30
7	省"正版正货"示范创建街区	省"正版正货"示范创建街区	扬中月星家居广场	30
8	省"正版正货"示范创建街区	省"正版正货"示范创建街区	上海红星美凯龙品牌管理有限公司镇江分公司	30
9	省"正版正货"示范创建街区	省"正版正货"示范创建街区	句容天一商城	30
10	省级电子商务平台	省级电子商务平台	江苏同一网路科技有限公司	30
11	省级电子商务平台	省级电子商务平台	大航控股集团有限公司	30
12	省级知识产权保护专项	省级知识产权保护专项	镇江市金山包装厂	50
13	省级中小学知识产权教育试点项目	省级中小学知识产权教育试点项目	扬中市新坝中学	5
14	省级中小学知识产权教育试点项目	省级中小学知识产权教育试点项目	句容市崇明小学	5
15	专利预警分析	外骨骼机器人	镇江市高等专科学校	26
16	专利预警分析	新型航空材料	镇江中智知识产权有限公司	26

(王 强 孙 焱)

防震减灾

【概况】 2018年，镇江市把防震减灾列为市政府重要工作，纳入市国民经济和社会发展规划及年度计划，强化组织领导，形成防震减灾协调联动机制。贯彻实施《镇江市“十三五”防震减灾发展规划》，建立和完善防震减灾计划体制及相应经费渠道，市及各辖市（区）地震事业经费得到财政部门保障，防震减灾事业经费投入每年增加。市及各辖市（区）、镇江新区均建立防震减灾工作联席会议制度。镇江市在全省市县防震减灾工作综合考核中获“优秀单位”。

开展防灾减灾知识“百家行”系列活动。5月8日，举办镇江市防灾减灾宣传周启动仪式暨广场宣传活动；5月9日，镇江市地震局与市气象局、市民政局共同走进学府路社区开展活动；5月14日，防灾减灾知识“百家行”走进政府机关开展活动；6月1日，“百家行”走进镇江市香江花城小学，发放百余本青少年防灾减灾知识书籍，将防灾减灾知识宣传融入学校“快乐六一 体验成长”主题活动。市地震局、市民政局、市气象局开展防灾减灾知识校园巡展，全年巡展学校14所，受众万余人。市地震局组织参与“防震减灾知识大赛”“防震减灾科普作品大赛”“防灾减灾千场科普讲座”等活动。在“全国防震减灾知识大赛”江苏省初赛中，镇江市2所学校参赛分获初中组和高中组三等奖。组织辖市（区）地震局选送4个科普作品参与“防震减灾科普作品大赛”。全年科普馆接待各类团体23批，数千人次。5月12日、7月28日前后，镇江首部自制动漫短片《地震来了怎么办》在万达广场、苏宁广场、文广集团等户外多媒体屏、数百个写字楼、公众场所、小区电梯等室内多媒体终端以及全市800辆公交车和互联网平台上滚动播放。

市政务服务管理办公室地震窗口全年受理行政许可事项2件，均按承诺时限办结，办结率100%，社会评议满意率100%，并实现“零投诉”。 （汪　波）

【震情动态】 2018年，镇江市辖区内发生2次小震：市地震监测台网测定，12月14日23时12分，镇江市丹阳市（N31°55′，E119°39′）发生M0.5级地震；12月26日6时13分，镇江市京口区（N32°08′，E119°45′）发生M0.8级地震。处理近震及地方震40个，其中，省内地震20个，速报地震1个。发送震情短信60批次（含自动及正式测定地震），编制《台网月报表》12期、《震情通报》12期、震情简报4份、台网运行年报1份。 （董建平）

【地震监测】 2018年，镇江市有4个地震监测综合台站（镇江地震台、“苏句容16井”、“苏丹徒18井”及丹阳白龙寺井）、1个强震台（扬中强震台）和15个地震宏观观测点，地震监测涉及3大学科16个测项。市地震局制定实施《2018年度镇江市震情监视和短临跟踪工作方案》，坚持24小时震情值班和主副班工作制，跟踪监测震情。做好测震台网、前兆台网及流动数字地震仪器日常维护、标定工作，重点做好3月、6月和12月台站巡查工作，依法保护全市地震监测设施和观测环境，各地震监测台站运行正常，地震监测资料连续可靠，镇江市地震台网中心测震资料连续率99.91%，丹阳台测震资料连续率99.76%，“苏句容16井”前兆资料连续率99.94%，“苏丹徒18井”前兆资料连续率99.09%，观测资料在全省评比中全部为优。完成《江苏省2019年度地震趋势研究报告（镇江市部分）》编辑，并在全省评比中为优。全年处理“苏丹徒18井”水位突降后出现不连续具有单一方向的脉冲群异常，“苏句容16井”水位及水温异常等宏观异常等事件，并配合省地震局相关部门的专家进行现场的落实调查，及时上报异常报告。扬中市深井测震建设项目于3月12日钻孔开工，9月15日完工并完成终孔验收。 （董建平）

【抗震设防】 2018年，镇江市加强重大建设工程抗震设防要求监督管理，建设工程抗震设防要求审核全部纳入基本建设项目并联审批程序，市政务服务管理办公室地震窗口融入全市行政审批“多评合一”，对重点项目实行全程跟踪服务，全市重大建设工程和可能发生严重次生灾害建设工程地震安全性评价工作有进展。深化“放管服”改革，加强与“e办事”平台衔接，优化网上审批流程，细化办事指南。推进事中事后监管落实，对窗口审批的项目进行一次“双随机”现场抽查。落实“效能革命”实施方案，组织实施“平安震防”服务品牌创建工作。全年新申报国家综合减灾示范社区13个。完成清单事项应上尽上“e办事”平台，参与“3550”（即3个工作日内开办企业、5个工作日内获得不动产登记、50个工作日内取得工业建设项目施工许可证）实施，强化事中事后监管。市地震部门配合市住建部门宣传普及农村民居地震安全知识和建筑抗震知识，指导农民在新建民居时选用经济适用建筑类抗震设计图集，杜绝新建空斗墙、预制空心板房，逐步提升农村民居抗震能力。 （汪　波）

【地震应急】 2018年，镇江市应急工作实现地震应急指挥中心24小时值班，监测预报处24小时通信畅通。实行地震异常零报告制度。推进地震应急预案修编并根据地震应急预案组织开展地震应急演练活动。5月10日，全市7所学校的15000名师生参加防灾减灾综合演练。9月、10月，市地震局与市教育局联合组织各辖市（区）地震部门、教育部门相关人员以及部分中小学校分管领导40余人，分2批次赴四川成都，与成都高新减灾研究所联合举办地震烈度速报系统、地震预警系统联动演练以及培训活动。应急专用车辆，应急通信、应急供电、流动观测等设施设备配备齐全。在前期建成地震应急物资仓库的基础上，建立地震应急物资装备管理制度，定人定期检查应急物资，确保地震应急时发挥作用。加强现场应急工作队培训和演练，全年组织2次省、市联合演练，提升应急工作能力。动员社会力量参与地震应急工作。分别与大域无疆无人机应急志愿服务队和铁塔镇江公司签订合作共建协议，在应急救援、监测预警项目建设、应急保障等方面开展合作，提升应急能力。 （程晓东）

【市活动断层探测与地震危险性评价工程项目】 “镇江市活动断层探测与地震危险性评价”是《镇江市“十三五”防震减灾发展规划》重点项目。2018年，镇江市地震局配合协调推进，多次赴施工现场巡视监察，施工单位按计划推进。12月20日，该项目3个子专题在北京通过专家审查验收，完成年度目标任务，为2019年项目推进提供技术支撑。该项目计划于2020年9月完成所有专题验收和项目总验收，项目完成可为城市建设抗震设计、土地规划利用、城市建设规划和防震减灾规划制定提供科学依据和基础资料，提高镇江市抗御地震灾害能力，减轻地震灾害及其对社会经济影响，保障社会稳定及人民生命财产安全。 （汪　波）

气　象

【概况】 2018年，镇江市城镇气象预报考核指标连续7年列全省前列，短时预报质量年度第一名，预警信号评分成绩排名居前，地面气象观测业务质量维持稳定。丹阳、句容、扬中印发探测环境保护规划，丹徒气象观测站探测环境保护规划通过专家认证并报市政府发文。开展测场标准化改造工作，到10月底所有台站改造完成，标准化评分均为90分以上。全市有关气象工作的财政保障机制实现市县全覆盖。全市落实1924万元地方财政资金，其中，基本经费1404万元，项目经费520万元。公共财政基本支出保障率100%，基本满足维持业务运转的资金需求。

9月26日，镇江市政府办公室印发《关于做好基层气象灾害预警传播功能配置工作的通知》，各辖市（区）政府先后印发关于基层气象灾害预警传播功能配置工作的通知，其中，句容市在年初将建立预警信息接收传播机制等工作纳入基层年终考核任务。市气象部门将基层气象灾害预警传播功能配置标准融入全国综合减灾示范社区创建标准中，并于9月中旬与市民政、地震等部门到镇江市8个社区开展防灾减灾社区检查。3月，全市开展"3·23"气象日宣传活动。5月，市气象局与市民政局联合开展"防灾减灾周"活动，走进润州区和平文化体育公园举办"镇江市2018年防灾减灾宣传周广场活动"。创立"气象播报站"和"气象小课堂"2个科普品牌，打造镇江气象科普传播的新名片。（尹媛媛）

【关键时段气象服务】 2018年，镇江市做好寒潮、雾霾、强降水等灾害性天气监测预警服务，完成春运、"两会"、高考、关键农事季节以及"苏台灯会""金山湖航空飞行表演""镇江学而思国际马拉松"等重大活动气象保障工作。全年发布相关预警信息157条，其中，气象灾害预警信号138条，地质灾害预警信息2条，温馨提示15条，辟谣信息1条，台风四级应急响应信息1条。所有重要预警信息均通过镇江市预警发布中心对外发布，发布渠道有"阿里巴巴钉钉"、短信、电台新闻频道（FM104）、微博、预警电视、社区电子显示屏、民防显示屏、江苏有线电视滚动字幕、公交车站台显示屏以及公交车移动电视，解决预警信息传播"最后一公里"问题。（尹媛媛）

【标准化智能气象台站建设】 2018年，按照《江苏省气象局关于规范观测场建设的通知》要求，镇江市丹徒区气象局在完善新站建设前期准备工作基础上，土建工程开工，10月30日，主体工程封顶。新观测场建设同步推进，完成新测场的观测环境保护规划工作，并通过专家组的审核，确保新观测站在2019年年底前投入使用。镇江市气象灾害应急响应与预警指挥中心项目初步设计和概算通过镇江市发改委批复。（尹媛媛）

【防雷安全监管】 2018年，镇江市将防雷安全工作纳入地方政府安全生产责任制和考核评价指标体系，建立健全防雷重点单位名录库和执法人员名录库。上半年，开展2018年度易燃易爆场所"双随机一公开"防雷检查，按照防雷新标准完善监管台账，并将抽查情况在市气象局网站公示。8月，市气象局对接市安监局，联合发文《关于进一步加强全市防雷安全工作的通知》。9月，为推进企业防雷安全专项整治工作，落实防雷安全企业主体责任，市气象局与市安监局联合举办危化品单位防雷安全知识培训班，培训邀请江苏省气象局防雷专家授课，全市80余家危化品单位主要负责人及安全员参加培训。（尹媛媛）

【气象科研】 2018年，镇江市气象科研项目立项镇江市科技局课题1项，江苏省气象局面上项目1项，江苏省预报员专项1项；论文成果申报参加全国性交流1篇、区域性交流1篇、省级交流1篇，其中1篇论文获优秀论文奖，另有2篇论文被中国气象学会年会录用。在气象科研课题方面，一个省预报员专项"多模式对镇江极端天气的预报评估及误差订正"完成验收。（尹媛媛）

【气象预警信息发布中心建设】 2017年12月29日，镇江市预警信息发布中心成立。2018年，镇江市协调市县（区）同步推进气象预警信息发布中心建设工作。各辖市（区）气象局也相继推进预警发布体系建设，丹阳、句容和扬中分别成立突发事件预警信息发布中心，丹阳、句容和扬中市信息发布平台建设费用落实，并将预警发布中心运维费用纳入财政预算。镇江市任命预警发布中心负责人，招聘专业人员，更新多媒体大屏，升级预警会商室，购置应急指挥智能灾害预警信息接收机，并与市民政部门对接，布设预警电视、预警信息接收机到社区、乡镇，打造防灾减灾社区，实现预警信息覆盖市、辖市（区）、试点镇（街道）三级应急管理人员。市气象局与市应急办联合印发《镇江市突发事件预警信息发布规范》，全市10个部门的42个灾种的突发预警信息由预警发布中心负责对外发布，实现部门发布、预警中心签发的流程。（尹媛媛）

水　文

【概况】 2018年，镇江市初步建成布局较合理、项目较齐全的地表水、地下水基本和专用水文站网体系，其中，地表水基本站19处、专用站26处；浅层地下水监测井11处、深层地下水监测井13处。水量巡测断面沿江口门8处及市界口门4处、水质监测断面150多处。水文部门全年编制《镇江市水功能区水质通报》12期、《镇江市湖泊水生态监测简报》4期，《2018年度镇江市水功能区水环境质量年报》《2018年镇江市水资源公报》《2018年度深层地下水动态监测报告》季报4期、年报1期，以及《句容市水功能区水质及湖泊水生态通报》12期。（姚允龙）

【水文监测】 2018年，镇江市完成国家基本水文监测站年数如下：降水18站年、蒸发1站年、水位10站年、流量6站年；浅层地下水逐日水位11站年、水温11站年；深层地下水逐日水位7站年、人工十五日水位4站年、水温11站年；另有中小河流水文监测系统以及市水文现代化站网中降水24站年、水位11站年、流量2站年、墒情3站年。其他监测站年数：自记雨量（镇江、丹阳、句容）降水3站年、沿江巡测站水位3站年、市界口门巡测站流量4站年。（姚允龙）

【水文情报】 2018年，镇江市雨水情遥测站运行稳定，向水利部、江苏省水文局、镇江市防汛防旱指挥部发送雨水情遥测数据3500多万个，遥测数据入库率近100%。全年编发水情月报12期、雨水情分析12期、汛期水情周报20期、水情报表170余份，发送雨水情短信25000多条。开展长江镇江站潮位、扬中沙家港潮位站日常化预报工作，达到甲等预报精度。镇江市全年雨水情平稳，未发布洪水预警。（姚允龙）

【水资源监测】 2018年，镇江市加强水功能区全覆盖、湖泊水生态、饮用水源地、地下水、入河排污口、边界河道、长江、大运河、运粮河支流等水质监测工作。全年89个监测项目、320个监测站点，取水样4000多个，获水质数据8万多个。（姚允龙）

综 述

【概况】 2018年，镇江市各级、各类学校总数501所，在校生480945人。其中：普通高校8所（含南京财经大学红山学院），在校生125327人（含研究生和成人高校）；中职学校11所（调整后有中职学校2所，普通中专8所，职业高中1所），在校生18874人；普通中学111所（其中，完全中学2所，高级中学17所，初级中学65所，九年一贯制学校24所，十二年一贯制学校3所），初中在校生69405人，普通高中在校生33523人；普通小学113所，在校生153540人；幼儿园253所，在园人数79727人；特殊教育学校5所，在校生549人。全市有教职工44073人，其中专任教师32922人。学前教育毛入园率99%，义务教育九年巩固率100%，高中阶段毛入学率100%。

镇江市把教育发展主要目标纳入经济和社会发展整体布局之中。建立、健全党政领导成员定点联系学校制度，定期召开教育专题会议，推动国家、省、市教育重大政策落实，破解教育发展难点问题，形成政府主导、部门联动、分工合作、齐抓共管的工作格局。全市教育现代化建设水平提升，江苏教育现代化建设年度监测综合得分91.69分，首次实现各市（区）监测得分均在90分以上。开展校外培训机构专项治理工作，全市开展联合执法420批次，下发整改通知书813份，拆除228家机构的违规广告牌，对整改后符合条件的82家机构发放新的办学许可证；全面推行黑白名单制度，公布首批86家通过审批登记的校外培训机构名单。推进校园安全防控体系建设，建立、健全校园安全管理制度，落实技防、人防、物防要求。专用校车配比有较大提升，校车覆盖率与乘车满足率均为100%。丹阳市创成"江苏省平安校园建设示范县（市、区）"。市教育局、市卫计委、市体育局制定《镇江市儿童青少年近视防控项目实施方案》，市区以润州区为试点，通过传授近视防控方法、开展视力检查、建立视觉健康档案、跟踪干预等措施，减少近视特别是高度近视发生率。

教育质态提升工作。均衡义务教育发展，各地基本完成"全面改薄"工程5年规划总任务。建立义务教育优质均衡发展监测制度，依据监测结果配置教育资源，制定创建全国义务教育优质均衡发展县（市、区）时间表、路线图。规范实施综合实践活动课程，推进校本课程开发和建设。有3所学校入选省第二批中小学生品格提升工程项目，6所学校被列入省学生品格提升工程项目。镇江崇实女中博雅教育课程被教育部命名为全国德育经验推广项目。全市6所学校通过省课程基地中期评估，新增省课程基地8个。新增省前瞻性教学改革实验项目3个。推动特殊教育提升工作，全市建成市、区特殊教育指导中心8个，学前、小学和初中融合教育资源中心52个。选配专兼职融合教育管理及教学人员200余人。镇江新区实现特殊教育资源中心全覆盖。高中教育质量有提升，落实普高扩招计划。推进占地10公顷，投资3.5亿元的镇江心湖高级中学建设，首批280名高一新生入学。全市创成2个省职业学校现代化专业群和2个现代化实训基地。5月6日—6月30日，全国职业院校技能大赛（常规赛项）在天津主赛区及22个分赛区举行，镇江市选拔的中、高职学生获5金3银，总成绩在全省各设区市中列第5名。丹阳中专、句容中专创成第二批省现代化示范性职业学校，句容中专创成第三批省职业学校"智慧校园"。承办2018年江苏省暨镇江市全民终身学习活动周开幕式，全市33万多人次参与终身学习活动，县级覆盖率为100%。京口区"家长学校共同体"获评省级社区教育品牌。

师资队伍建设。推进师德师风建设，落实《关于全面深化新时代教师队伍建设改革的意见》，开展全市中小学教师有偿补课专项整治行动。丹阳市组织各镇（区）政府组建教育评议委员会，对教师进行"三评"活动。加强教师培训机构专业化建设，句容市创成省级示范性教师发展中心，京口区创建工作接受省级现场评估，全市创成省级教师发展示范基地校5家。加大培训力度，全年全市参加国家级和境外培训的骨干教师均有百人次，参加省级培训教师4500余人。丹阳市组织义务教育学校校（园）长评课活动，提升校（园）长的业务能力和水平。全市全年新增省特级教师11人、正高级职称教师7人。全市教育系统新增"333"三层次人才25人、学术技术带头人3人。有4名青年教师入选省乡村优秀青年教师培养奖励计划，5名校长入选省领雁工程领军校长培育计划，其中，王华入选教育部乡村优秀青年教师奖励计划。设立教育改革发展考核奖，保障教师工资待遇。丹阳市、句容市、扬中市的部分镇以及企业团体设立优秀教师奖励专项基金。

教育改革工作。巩固"全国中小学校责任督学挂牌督导创新县（市、区）"创建成果，市直创新督导方式，首次引入第三方督导评估机制。深化学前教育体制改革，镇江市教育局"学前教育体制改革的探索与实践"获第五届全国教育改革创新典型案例创新优秀奖。扬中市深化集团化办学工作，推进义务教育优质均衡发展。丹徒区创成江苏省青少年校园足球试点区（县、市）和江苏省社区教育示范区。句容市深化“县管校聘”试点改革，成立教师管理服务中心，推行中小学适岗竞聘，增强教师队伍管理活力。丹阳市下发“县管校聘”改革指导意见和“1+4”配套文件，就统筹使用编制、岗位、聘用等人事管理的新机制做出部署。润州中专开展混合所有制试点，加快镇江中德双元制职业教育中心建设。丹阳中专与企业共同制定人才培养方案，共同承担学生的培养、培训任务。

存在问题：资源配置仍不均衡。学前教育资源配置不足，40%的幼儿园班额超标，仅有京口区、润州区和镇江新区达到“常住人口每1万人建设一所幼儿园”的配置要求。对照国家县域义务教育优质均衡发展督导评估标准要求，全市校额不达标学校有26所。部分地区教育投入未实现法定增长。师资队伍存在城乡不够均衡，学科、年龄结构不够合理的问题。从城乡看，农村骨干教师流失较多，体艺教师有待补充。从学段看，幼儿园教师缺口较大，部分小学校医和幼儿园保健医生配备不足。 （裴 伟）

【教育投入】 2018年，镇江市地方教育经费总投入93.40亿元，比上年增长7.97%；市直地方教育经费总投入17.50亿元，增长23.73%。其中：全市国家财政性教育经费总投入83.18亿元，增长10.37%；市直国家财政性教育经费总投入16.69亿元，增长24.99%；全市一般公共预算安排的教育经费81.97亿元，增长9.16%；政府性基金预算安排的教育经费1.2亿元，增长343.36%。民办学校中举办者投入0.36亿元，下降26.49%。捐赠收入0.11亿元，增长6.52%。事业收入8.08亿元，增长20.77%，其中，学费/保教费收入6.85亿元，增长21.03%。其他教育经费收入1.68亿元，下降56.53%。全市教育经费投入以政府为主，其他教育经费投入作为补充。

2018年，镇江市公共财政教育支出66.01亿元，增长11.06%；财政经常性收入217.59亿元，增长5.09%；公共财政教育支出增长高于财政经常性收入增长5.97个百分点，其中，丹阳市、扬中市、丹徒区、京口区、润州区、镇江新区分别高出6.37、4.02、19.37、3.37、6.09、27.29个百分点。全市平均公共财政教育支出（含教育费附加、地方教育附加和教育资金）占公共财政支出的比例为22.66%，增长1.37个百分点。除丹阳市和句容市外，其他市（区）公共财政教育支出占公共财政支出的比例较上年均有提高，其中，扬中市、丹徒区、京口区、润州区、镇江新区分别提高1.11、1、0.48、6.18、3.32个百分点。根据2017年教育经费统计年报，除扬中市外，其余市（区）生均公共财政预算教育事业费支出均有增长。当年，各地均按规定要求安排生均公共财政预算公用经费，其中，学前教育每生、每年385元，小学每生、每年770元，初中每生、每年1100元，普通高中和职业高中每生、每年1100元，均较省基准定额提高10%。全年各地征收教育费附加6.53亿元，地方教育附加4.35亿元；土地出让收益计提教育资金3.16亿元；上级补助专项收入0.005亿元；收入合计14.04亿元，增加3.51亿元。“两费一金”上年结余0.82亿元，当年可使用附加及基金为14.86亿元，安排使用12.9亿元，上解支出1.12亿元，结转下年使用0.83亿元。“两费一金”的使用率为94.38%，提高8.21个百分点。 （裴 伟 蒋 峰）

【招生考试】 2018年，镇江市组织普通高考、普通高中学业水平测试、成人高考、中职学生学业水平测试、自学考试、社会证书考试、教师资格考试、海（空）军招飞体检等19类国家教育考试，总规模294698人次。其中，组织各类考试报名22次，考试27次，教师资格面试2次，空军、海航、青少年航校招飞初检、复检5次。镇江市2017年度普通高考、成人高考、自学考试考务工作分别获省考务工作考核一等奖，其中，成人高考考务工作为一等奖第一名。空飞录取人数列全省第二名。市教育考试院获评招飞工作先进单位。 （张小兰）

【特殊教育】 2018年4月，镇江市印发《镇江市第二期特殊教育提升计划（2018—2020年）》。建立特殊教育联席会议制度，组建特殊教育发展专家委员会。截至12月底，全市建成市、区特殊教育指导中心8个，学前、小学和初中融合教育资源中心52个。推进以普通学校随班就读为主体，以特殊教育学校为骨干，以送教上门及远程教育为补充的特殊教育格局建设。特殊教育仍存在基础相对薄弱、适龄特殊儿童底数难摸查、特殊教育资源尤其是融合教育资源不足、政策保障体系不够完善、教师队伍建设滞后、监管运行体制机制不健全、“一人一案”课程设置难度较大等问题。 （裴 伟）

【教育国际交流】 2018年，镇江市教育部门聘请22名美国大学毕业生作为实习教师到各地中小学及幼儿园任教。7月，邀请美国“杰森课堂”2位外国专家，为40名初中理科教师开展为期5天的STEM课程专项技能提高培训。7月、11月，澳大利亚洛克汉普顿市政府代表团两次访问市教育局。崇实女中、市中山路小学、敏成小学、扬中实验小学等学校接待澳大利亚、西班牙“2018锦绣江苏·国际青年领袖文化交流团”100多人到访。7月，德国友城曼海姆市前第一副市长艾格尔访问市教育局和崇实女中。1月，第十四届江苏中小学校长论坛国际交流与协助会的6名外国校长访问镇江市结对友好学校。7月—8月，省镇江中学、镇江一中及崇实女中分别组织数十名师生访问英国、德国和西班牙等各自的友好学校。镇江市近百名学生参加省教育行政部门组织的境外修学旅行活动，有4名学生被2018年度江苏初三、高二毕业生新加坡定向培养计划项目录取，4名学生赴美国友好城市参加交流项目。组织镇江市100多名教师赴英国、美国、德国和澳大利亚等国参加培训。 （裴 伟）

【语言文字工作】 2018年，镇江市贯彻《国家中长期语言文字事业改革和发展规划纲要（2012—2020年）》。11月下旬，市语委办公室牵头组织人员赴安阳市学习考察语言文字工作，参观中国文字博物馆。市普通话培训测试站完成普通话水平等级测试6000余人，丹阳市、扬中市通过镇江市语委组织的县域普通话基本普及验收。镇江市组织相关语言文字竞赛活动。9月20日，第九届“我们的节日·京江明月中秋韵”经典诵读活动决赛在镇江崇实女子中学举行。经典诵读内容以弘扬社会主义核心价值观、咏赞祖国、家乡的诗词散文为主。镇江市江南学校和句容市华阳中学获一等奖。同时，镇江市江南学校获网评“最佳人气奖”。 （裴 伟）

【市属学校三年发展规划总结性评估工作】 2018年，镇江市开展市属学校发展规划总结性评估工作。10月14日—26日，市教育局、市政府教育督导室委托第三方机构聘请教育专家，对市属14所学校开展第四轮三年发展规划总结性督导评估工作，考察学校规划实施情况和发展水平，并开出问题清单。该次评审是教育行政部门首次邀请第三方专业机构参与学校发展规划评估。12月23日—25日，市属14所学校开展第五轮三年发展规划评审论证工作，修改第五轮三年发展规划。 （裴 伟 姚 宇）

学前教育

【概况】 截至2018年12月底,镇江市有幼儿园253所,其中,公办园162所,省"优质园"181所。在园幼儿79727人,其中,在公办园和普惠性民办园就读幼儿71494人。教职工总数9800人,其中,专任教师5216人。秋季学期,市区公办幼儿园保育教育费实行新的收费标准,是2011年以后首次调整收费。11月,丹徒区石马中心幼儿园教师陈政雨、镇江市解放路幼儿园教师邹吉在2018年基础教育青年教师教学基本功大赛中获一等奖。推进学前教育改革,全年接待国内各省、市到访3500余人次。

学前教育相关问题。部分资源短缺,班额正常幼儿园占比60%,有大规模、大班额现象,五年行动计划建设情况与目标有差距,学前教育资源特别是城区公办园资源紧张,主城区公办资源下滑,低于国家标准。学前教育发展水平不均衡。课程改革推进中区域和园所间有差异。 (裘 伟)

【学前教育改革】 2018年,镇江市调整幼儿园保教费收费标准,实行"等级定价"和"优质优价"相结合、"基准价"和"浮动比例"相结合的保教费标准调整模式,调整政府、社会、家庭成本合理分担的比例。推动幼儿园课程改革由实验基地园的"点"上建设向区域整体"面"上转变,启动民办园市级"指南"实验基地建设项目,推进民办园幼儿园课程"游戏化"建设,公、民办幼儿园保教水平有提升。无证园整治工作有实质性成果,关停32所、注册1所、治理6所、转看护点3所。 (裘 伟)

基础教育

【概况】 2018年,镇江市有义务教育学校192所,在校学生22.3万人,专任教师15973人。其中,普通小学104所(另有村完全小学5所,教学点7个);普通初中65所,九年一贯制学校23所;普通高中18所;完全中学2所;十二年制学校3所。特殊教育学校5所。中小学合计220所,在校生约25.7万人,专任教师19553人。全市有三星级高中3所,四星级高中13所。全市普通高中在校生33523人,高中专任教师3422人。(以上部分数据按市部门口径统计)

义务教育改薄工程。"全面改善贫困地区义务教育薄弱学校基本办学条件"目标完成。截至12月,全市投入23.2亿元,建成113.6万平方米校舍和54.1万平方米室外运动场,购置28.1万台(件、套)计算机、教学仪器等设备,项目覆盖157所中小学、14万人。

教学管理集团组建。市教育局将市属初中组建成3个教学管理集团,开展教研协作活动。东部3所学校为市江南学校、江科大附中和市索普初中;中部4所学校为市外国语学校、市三中、江大附校和崇实女中;西部3所学校为市四中、市六中、省镇中附中。

2018年,镇江市参加国际学生评估项目(简称PISA)的评估监测,全市有5所中学(中专)1300多名学生参加。第七次全省义务教育阶段学生学业质量监测,全市有134所义务教育学校、8722名学生参加。4月,省义务教育标准化建设监测显示,全市有93.4%的义务教育学校基本达到省定建设标准,其中,小学基本达标和初中基本达标占比均列全省第一名。镇江市启动省"高品质示范高中"创建立项申报工作,经评审,推荐省丹阳高级中学参加省立项申报评估工作。 (顾正勇 马继红)

【主城区中小学布局调整】 2018年,镇江市将"八校联动 三大工程"作为市政府"百项工作目标"和为民办实事项目之一。实施市三中改扩建,涉及市中山路小学、八叉巷小学、象山花园小学、市三中、市四中5所学校联动布局;实施市江南学校扩建,市实验初中(镇江中学附属初中)将异地迁建,李家大山小学改扩建工程将在实验初中迁移后的校址上改建。市四中停止招收新生,施教区划入市三中。市三中因校园扩建工程,八、九年级到市四中上课,七年级借市少年宫校舍上课。江南学校在青少年活动中心教室上课。李家大山小学提前迁入实验初中校园办学。八叉巷小学停止招生,原施教区划给周边学校。(裘 伟)

【镇江市区新增3所普通高中】 2018年9月1日,镇江心湖高级中学(省镇江一中新区分校)借用镇江新区大港中学校址开学。面向市区范围招收6个班、280名学生;同时,借用省镇江一中(市属学校)管理教学人员5人,面向全国引进优秀师资12人,招聘研究生学历教师6人。镇江正兴学校、镇江江河艺术高级中学2所民办学校各招收142名、182名高一新生。 (马继红)

【学生体质健康监测工作】 2018年,镇江市中小学生体质健康标准测试合格率和优秀率分别为96.39%、12.67%,市区中考现场体育考试满分率为72.34%;大一新生身体素质抽测列全省第4名;学生体质健康监测工作获省一等奖。全市创成省健康促进学校207所,其中,"金奖"学校35所;5名选手分别参加省初中足球优秀课和省小学体育优秀课评选,均获省一等奖。印发《镇江市学生身心健康促进三年行动计划(2018—2020年)》,开展"四大行动"(学生体质健康促进行动、学生视力保护行动、学生睡眠保障行动和学生心理健康促进行动),建立学校、家庭、社会三位一体,协同干预的工作机制。将开展学生阳光体育运动与贯彻《国家学生体育健康标准》相结合,各校建立体质测试报告书制度,向学生和家长发放体质测试结果和锻炼指导意见。加强学生体质监测工作,对全市高三、小学四年级和市属初二的学生进行体质抽测。开展学生体质健康监测点校体质监测工作,发布《镇江市中小学生体质健康状况蓝皮书》。 (裘 伟)

【外来人员子女接受义务教育保障工作】 2018年5月,镇江市政府办公室印发《关于进一步做好外来人员随迁子女接受义务教育工作的意见》,明确"以流入地政府管理为主,以公办中小学为主"的基本原则,要求各区教育行政部门科学合理制定义务教育阶段外来人员随迁子女入学办法和实施细则,统筹安排随迁子女平等接受义务教育。凡是当年5月31日前取得镇江市区居住证(或申报居住登记)、住房证明或务工经商证明、在该市缴纳城镇职工社会保险满一年的外来人员,其随迁子女都可申请在镇江市区接受义务教育。在公办义务教育学校设立登记点,负责受理外来人员随迁子女入学申请、在市区工作和居住的证明材料等。当地教育行政部门根据实际情况,统筹安排随迁子女在公办义务教育学校入学。每年7月1日—10日,完成外来人员子女申请入学登记,7月15日—31日,由相关学校,电话通知家长携相关材料到校报到。该意见明确教育、财政、公安、人社、工商、住建等相关部门职责。 (顾正勇)

【珠心算教育实验工作】 2018年,句容市崇明小学、镇江市宜城小学(丹徒区)和扬中市外国语小学获评江苏省珠心算教学实验基地,丹徒区被命名为全国珠心算实验区。1月,市宜城小学承办省珠心算骨干教师培训;3月,市红旗小学承办省珠心算方案研讨会;7月,市红旗小学承办省珠心算骨干教师培训活动;8月,丹徒实验学校承办全国珠算传承人

培训活动;10 月,丹徒区辛丰小学承办省珠心算方案研讨会。（顾正勇）

【中、高考情况】 2018 年,镇江市有 19925 名初中毕业生报名参加中考,普通高中录取 12098 人。截至 9 月 30 日,镇江市高一年级普通高中注册学籍人数为 12027 人,普通高中实际录取率为 60.36%。全市有 8876 名高三学生参加高考,3490 人达“本一”线,占比 39.3%,7970 人达“本二”线,占比 89.8%,400 分以上的考生数上升到 49 人。清华大学、北京大学录取 23 人,省丹阳高级中学陈新高考总分为全省文科总分第一名。（马继红）

【校园足球活动】 2018 年,镇江市新增全国青少年校园足球特色学校 20 所,总数为 117 所,占全市中小学总数的 50% 以上;全市“足球特色学校”中高中、初中、小学的比例为 1∶3∶6,兼顾城乡。有 12 所“童趣足球”省级特色幼儿园,50 所市级足球特色幼儿园。镇江市中考招生政策支持校园足球特色学校享受足球特长生的优录待遇,市区录取 8 名足球运动员进入高中就读。组织足球特色学校“达标争优”活动;组织省、市足球特色幼儿园开展“区域月会”;组织首届中小学足球教师技能大赛、足球教师技能培训;印发《镇江市青少年校园足球工作指南(试行)》。（周志良）

2018 年镇江市区普通高中录取分数线一览表

表 22－1

学校名称	统招分数(分)			
江苏省镇江中学	573	—		
江苏省镇江第一中学	567			
镇江市实验高级中学	536	513(美术)	492(音乐)	478(日语)
镇江崇实女子中学	517	丹阳 488,句容 438,扬中 453,丹徒 527		
镇江心湖高级中学	531	—		
镇江枫叶国际学校	—			
镇江第一外国语学校	—			
镇江正兴学校	449			
镇江江河艺术高级中学	401			

（刘祥蓉）

职业教育和社会教育

【概况】 2018 年,镇江市有中职和五年制高职学校 11 所,在校生 2.5 万人。开设 15 个专业大类 41 个三年制中职专业、51 个五年制高职专业;有省现代化专业群 8 个,省现代化实训基地 5 个。丹阳中等专业学校、句容中等专业学校创成省“现代化示范性职业学校”,句容中等专业学校创成省“职业学校智慧校园”。

2018 年,镇江市实现省标准化社区教育中心全覆盖。创成 2 个省教育服务“三农”高水平示范基地,2 个省标准化社区教育中心,103 个省标准化居民学校。承办 2018 年江苏省全民终身学习活动周开幕式。丹阳市陵口镇社区教育中心申报的“孙红芳烙铁画名师工作室”等 5 家单位入选省社区教育“名师工作室”建设单位;句容市茅山风景区社区教育中心的“茅山红色文化游学”项目获批立项为省“游学项目”;2 项科研项目获省社会教育成果二等奖。

2018 年,在全国职业院校技能大赛中,镇江市选手获 5 枚金牌、3 枚银牌。在省职业学校技能大赛中,镇江市选手获一等奖 22 个,镇江高等职业技术学校连续 9 年获全省技能大赛学校总分第一名;在省职业学校教学大赛中,镇江市教师获 8 个一等奖;在省创新大赛中,镇江市创新作品获 4 个一等奖,机器人项目获 5 个一等奖;在省第四届技能状元大赛中,镇江高等职业技术学校 1 名学生获“青苗组”状元称号。（许大宏）

【职业教育帮扶】 2018 年,镇江市 5 所职业学校(3 所国家示范校、2 所省四星级)对接云南普洱市,招收普洱市建档立卡困难家庭学生到镇江接受职业教育。9 月,普洱市 9 个县的 350 名学生到 5 所学校就读中餐烹饪与营养膳食、汽车运用与维修等 10 个专业。5 所职业学校根据普洱市学生实际,定制人才培养方案,调整课程设置,注重学生专业技能教学,提升普洱市学生就业能力。（许大宏）

【镇江高等职业技术学校】 镇江高等职业技术学校(江苏联合职业技术学院镇江分院)是一所以五年制高职教育为主体的职业院校,系首批国家中等职业教育改革发展示范学校、首批省高水平现代化职业学校、省现代化示范性职业学校。学校由主校区和南山校区组成,占地面积 17.92 万平方米(268 亩),建筑面积 9.78 万平方米,实训基地面积 3.38 万平方米;在校生 4500 余人,教职工 456 人。学校有正高级讲师、副教授等以上职称教师 172 人;专任专业课教师 215 人;研究生学历学位(含硕士在读)208 人;省“333”工程培养对象、省“职教领军人才”、省“青蓝工程”培养对象等各类骨干教师 100 人次;同时,有省“职业教育名师工作室”3 个、市“名师工作室”3 个。有财经商贸、现代制造、电子信息、文化艺术、旅游服务等 5 大类专业,17 个五年制高职专业(其中,6 个省品牌专业、2 个省特色专业),5 个“3＋4”现代职教体系建设试点专业。建有旅游管理、信息技术、机电一体化等 3 个省现代化专业群。建成国家数控技术应用专业技能型紧缺人才培养培训基地、教育部工业机器人开放式公共实训基地、江苏省软件人才培养基地。建成电子电工、旅游管理、信息技术、现代制造等 4 个省“高水平示范性实训基地”和旅游管理、现代制造等 2 个省现代化实训基地。2010 年—2018 年,学校连续九年获江苏省职业院校技能大赛总分第一名,在各类国家级比赛中获 35 金、22 银、3 铜;先后获省职业院校创新大赛 16 个一等奖、省创业能力大赛 2 个一等奖,全国发明展览会金奖,全国中等职业学校学生技能作品展洽会一等奖等。同时,学校的教学成果获国家二等奖 1 个,省特等奖 1 个,省一等奖 2 个、二等奖 2 个。（刘　璇）

【镇江市老年大学】 2018 年,镇江市老年大学有 2 个校区,占地 1 公顷,建筑面积 12500 余平方米。学校有电脑、钢琴、电子琴、古筝、烹饪、舞蹈、音乐、书画、瑜伽等专用教室和图书阅览室等教学辅助用房,有文史系、书画系、体卫系、家政系、艺术一系、艺术二系和表演系等 7 个系,开设 46 个专业、157 门课程。学校有班级 212 个、学员 11300 人次。学校参与国家和省老年大学协会的各项活动,组织学员参加省、市体艺交流比赛,学校艺术团参加中国老年大学协会举办的全国第六届老年大学文艺会演,选送的舞蹈节目《茉莉花》获金奖。2 月 7 日,在江苏省第二届优秀文化老人表彰现场,学员王礼刚获评江苏省“十佳”文化老人。学校举办专题合唱会、征文活动,以及书画、摄影展

等庆祝改革开放40周年系列活动。2018年，学校获评中共镇江市委、市政府“文明单位”。（毛建国）

【镇江市少年宫】 2018，镇江市少年宫开设34门公益课程，近千名学生参与。开展“小青蛙”讲故事比赛、迎新书画展、春夏秋令营、迎新年艺术展演、写春联活动等公益性品牌活动，其中，“小青蛙”讲故事比赛有7000多名儿童参赛。市少年宫在原有12个公益社团基础上增加“小青蛙”语言表演艺术社团。扬州评话、古筝等社团多次赴“甘露书场”、德高护理院等场所参与公益演出20余场。市少年宫获第七届全国少儿书法大赛江苏赛区优秀团体奖；2018“米芾杯”国际青少年书法大赛最佳组织单位（其中，米芾奖1个、一等奖2个、二等奖4个）。舞蹈社团获评2018星途第七届CCTV中国青少年艺术素质教育展评最佳组织机构。市少年宫与镇江市的国际友好城市日本仓敷、加拿大金山等文化团队交流。东校区全年有2000多名学员参与活动。（樊 涛）

【镇江市青少年活动中心】 镇江市青少年活动中心和江苏省镇江青少年综合实践基地是“两块牌子，一套班子”，有教职工61人，主要承担中小学劳动技术和综合实践活动课程教学任务。2018年，市青少年活动中心服务学生约10万人次。5月，承办《中小学幼儿园应急疏散演练操作规程》全国学校实操演练（镇江专场）；9月，承办江苏省基地文明礼仪教育中心教研组教学研讨活动；12月，承办全省中小学社会实践基地协作会二届四次会员大会。镇江青少年综合实践基地获评教育部“全国中小学生研学实践教育营地”、省爱国卫生运动委员会“江苏省爱国卫生教育（健康教育）基地”、市应急办“镇江市应急培训实训基地”，并获全省未成年人社会实践基地运行管理测评一等奖。同时，党建文化品牌项目“‘圆梦’微公益，党员在行动”入选省委教育工委首批江苏省中小学校“一校一品”党建文化品牌项目建设成果；“八礼四仪养成教育系列课程”获全省中小学社会实践基地优秀课程评选一等奖。（姜 光）

【校外培训机构整治】 2018年，镇江市对校外培训机构进行专项治理，通过摸底排查、分类梳理、自查自纠、综合执法、专项督查等阶段，全市706家有问题的校外培训机构全部整改到位。10月下旬，《关于公布镇江市区校外培训机构白名单的通告》公布，市瑞思英语培训中心等86所校外培训机构列入首批白名单，成为合法校外培训机构。校外培训机构白名单实行动态管理，不定期更新。

2018年11月6日起至12月31日前，镇江市分四个阶段再次集中整治校外培训机构。集中整治的对象主要是面向中小学生开展非学历教育培训的校外培训机构，重点规范校外培训机构开展语文、数学、外语及物理、化学、生物等学科知识培训行为。重点整治的内容主要集中在两个方面：对校外培训机构办学资质、安全隐患、教学内容、师资聘任、竞赛考试、招生宣传、收费管理等方面存在的违规违法行为进行集中整顿，禁止校外培训机构应试、超标、超前培训及与招生入学挂钩等违规行为；查处中小学校和教师队伍中存在的侵害群众利益的违规、违法行为。12月29日，市校外培训机构专项治理联席会议办公室向社会公布在镇江市教育行政部门取得办学许可的合法、合规校外培训机构白名单。（李欣蔚）

镇江市取得办学许可的校外培训机构名单

（截至2018年12月29日）

表22－2

机构全称	办学许可证号	机构全称	办学许可证号
扬中市补习学校	13211827XX00040	镇江常春藤教育培训有限公司	13211028ZX00109
扬中好未来教育科技有限公司	13211828000201	镇江凯乐博培训中心（普通合伙）	13211028ZX00119
扬中知晓教育有限公司	13211828000211	镇江市京口区群励教育培训有限公司	13211028ZX00129
扬中市星火英语教育培训有限公司	13211828000241	镇江和乐教育培训有限公司	13211028ZX00139
扬中市英途教育培训有限公司	13211828000251	镇江正兴高考辅导有限公司	13211028ZX00149
扬中市柯惟培训有限公司	13211828000271	镇江梦溪学堂教育培训有限公司	13211028ZX00159
扬中市敏学教育培训有限公司	13211828000281	镇江博朗教育有限公司	13211028ZX00179
扬中市心光教育培训有限公司	13211828000291	镇江市东吴开源文化教育培训有限公司	13211028ZX00189
扬中市成贤教育培训有限公司	13211828000301	镇江亚博教育培训有限公司	13211028ZX00199
扬中市辰轩教育培训有限公司	13211828000311	镇江市名思堂教育培训中心有限公司	13211028ZX00209
扬中市美科蒂思维英语教育培训有限公司	13211828000321	镇江市文辉培训中心（有限合伙）	13211028ZX00219
扬中市泰迪贝儿教育培训有限公司	13211828000331	镇江绿蝶教育培训有限公司	13211028ZX00229
扬中市卓凡教育培训有限公司	13211828000341	镇江鹏成教育培训有限公司	13211028ZX00259
扬中市菲怡教育培训有限公司	13211828000351	镇江市润州区佐岸教育培训中心	13211118ZX00261
扬中市花儿朵朵教育培训有限公司	13211828000361	镇江学思堂教育中心有限公司	13211118ZX00279
扬中市大嘴巴英语教育培训有限公司	13211828000371	镇江苏奥教育咨询有限公司	13211118ZX00309
扬中市瑞思教育培训有限公司	13211828000381	镇江飞腾培训中心有限公司	13211118ZX00349
扬中市金苇教育培训有限公司	13211828000391	镇江市润州区知了教育培训中心	13211118ZX00378
扬中市信诚博教育培训有限公司	13211828000401	镇江市润州区励步儿童教育中心	13211117ZX00248
扬中市名思堂教育培训有限公司	13211828000411	镇江市润州区贝乐教育培训中心	13211118ZX00281
扬中市易道教育咨询有限公司	13211828000421	镇江润州区吉的堡英群培训中心	13211117000231
扬中市马力文化艺术培训有限公司	13211828000431	镇江市润州区必卓儿童教育培训有限公司	13211117ZX00389
镇江市京口区飞马教育培训中心	13211028ZX00031	镇江久青文化艺术培训中心有限公司	13211117ZX00399
镇江学而思培训学校有限公司	13211028ZX00099	镇江市润州区新航道精英教育培训中心	13211117ZX00408

续表 22－2

机构全称	办学许可证号	机构全称	办学许可证号
镇江市润州区英科培训中心	13211118ZX00358	句容青果课外培训中心有限公司	132118380000341
镇江青色小草教育咨询有限公司	13211118ZX00319	句容秋实课外培训中心有限公司	132118380000261
镇江市润州区美罗教育发展有限公司	13211118ZX00369	句容睿志英语培训中心有限公司	132118380000311
润书堂教育培训(镇江)有限公司	13211117ZX00449	句容市巨人课外辅导中心有限公司	132118380000371
镇江润江明诚培训中心有限公司	13211117ZX00459	句容托马斯课外培训中心有限公司	132118380000391
镇江启贤学堂教育中心有限公司	13211117ZX00469	句容思尔博课外培训中心有限公司	132118380000351
镇江市丹徒区普朗教育培训中心	13211127ZX00101	句容思迈尔洪恩英语培训中心有限公司	132118380000271
镇江市丹徒区学赏教育培训中心	13211127ZX00141	句容新四维课外培训中心有限公司	132118380000291
镇江市丹徒区卓越教育培训中心	13211127ZX00151	句容智慧园课外培训中心有限公司	132118380000411
镇江市丹徒区志明教育培训中心	13211127ZX00161	句容市远方课外培训中心有限公司	132118380000381
镇江市丹徒区佼佼星培训中心有限公司	13211127ZX00189	句容玩美画坊艺术培训中心有限公司	132118380000201
镇江市丹徒区海学培训中心有限公司	13211127ZX00199	句容七色雨艺术教育培训中心	132118380000060
镇江市丹徒区品质培训中心有限公司	13211127ZX00209	句容黑与白围棋培训中心	132118380000100
镇江市丹徒区辛丰镇红红培训中心有限公司	13211127ZX00219	句容上音文化艺术培训中心有限公司	132118380000131
镇江市丹徒区育人培训中心有限公司	13211127ZX00229	句容云心艺术培训中心有限公司	132118380000141
镇江市丹徒区优益思培训中心有限公司	13211127ZX00239	丹阳博恩教育培训有限公司	132118170001069
镇江市丹徒区首骏培训学校有限公司	13211127ZX00249	丹阳德松教育培训有限公司	132118170001159
镇江市丹徒区飞越培训中心有限公司	13211127ZX00259	丹阳枫叶教育培训中心	132118170000811
镇江市丹徒区嘉德培训中心有限公司	13211127ZX00269	丹阳翰林教育培训有限公司	132118170001219
镇江市丹徒区柯林斯培训中心有限公司	13211127ZX00279	丹阳励学教育培训有限公司	132118170001249
江苏学而思教育科技有限公司	132110170000061	丹阳砺行教育培训有限公司	132118170001079
镇江新区大港弈扬教育咨询服务中心	132110180000071	丹阳铭创教育培训有限公司	132118170000881
镇江新区大港博艺教育培训中心	132110180000091	丹阳市昂立外语培训中心	132118170000061
镇江爱盟教育培训中心	132110080000560	丹阳市秉轩教育培训有限公司	132118170001169
镇江博奥教育咨询有限公司	132110180000081	丹阳市博思园教育培训有限公司	132118170000939
镇江市邦你学教育培训有限公司	132110180000179	丹阳市常春藤外语培训中心	132118170000571
镇江市精英教育培训中心	132110080000471	丹阳市宸心教育培训有限公司	132118170001269
镇江漂流树培训有限公司	132110180000169	丹阳市成才教育培训中心	132118170000421
江苏新思路教育培训有限公司	132110180000189	丹阳市达尔美教育培训有限公司	132118170001239
镇江东方贝乐英语培训有限公司	132110180000109	丹阳市德胜教育培训有限公司	132118170001009
镇江西立教育有限公司	132110180000199	丹阳市德优教育培训有限公司	132118170001299
镇江市达优教育培训中心	132110180000159	丹阳市点识文化教育培训有限公司	132118170000989
镇江昂励文化教育培训有限公司	132110180000209	丹阳市桂冠教育培训有限公司	132118170000871
镇江锦霖教育培训有限公司	132110180000119	丹阳市环球雅思教育培训中心	132118170000471
镇江学思堂教育中心有限公司运河分公司	132110180000139	丹阳市汇智教育培训有限公司	132118170000909
镇江拾知教育培训有限公司	132110180000149	丹阳市金榜教育培训有限公司	132118170001229
句容金点课外培训中心有限公司	132118380000331	丹阳市聚贤育能教育培训有限公司	132118170001019
句容书人教育培训中心有限公司	132118380000151	丹阳市力行教育培训有限公司	132118170000929
句容市睿鑫课外辅导中心有限公司	132118380000361	丹阳市领航教育培训有限公司	132118170001199
句容乐豆教育培训中心有限公司	132118380000181	丹阳市名思堂文化艺术培训有限公司	132118170001029
句容博朗得课外培训中心有限公司	132118380000281	丹阳市名学思教育培训有限公司	132118170001149
句容优慧教育培训中心有限公司	132118380000171	丹阳市培而优教育培训有限公司	132118170000979
句容精英教育培训中心有限公司	132118380000221	丹阳市培尖教育培训有限公司	132118170001209
句容创艺田课外培训中心有限公司	132118380000211	丹阳市潜心教育培训有限公司	132118170000899
句容陆胜楠课外培训中心有限公司	132118380000251	丹阳市青少年宫文化艺术培训中心	132118170000081
句容爱学课外培训中心有限公司	132118380000321	丹阳市上德教育培训有限公司	132118170001129
句容市布莱恩英语培训中心有限公司	132118380000401	丹阳市上好教育培训有限公司	132118170000949
句容博言课外培训中心有限公司	132118380000421	丹阳市天材教育培训有限公司	132118170001119
句容博远课外培训中心有限公司	132118380000301	丹阳市沃尔特教育培训中心	132118170000071
句容恒创英语培训中心有限公司	132118380000241	丹阳市熙宸教育有限公司	132118170000999
句容名思课外培训中心有限公司	132118380000231	丹阳市辛巴星文化艺术培训有限公司	132118170001289

续表 22－2

机构全名	办学许可证号	机构全名	办学许可证号
丹阳市育陶教育培训有限公司	132118170001279	镇江市瑞思英语培训中心	13211008ZX00711
丹阳市智英教育培训有限公司	132118170000959	镇江思考乐教育培训中心	13211008ZX00461
丹阳小桔灯教育培训有限公司	132118170001099	镇江沃尔特教育培训中心	13211008ZX00361
丹阳新创意教育培训有限公司	132118170001189	镇江市新起点教育培训中心	13211008ZX00221
丹阳学而思教育培训有限公司	132118170001039	镇江市朗阁外语培训中心	13211008ZX00241
丹阳源点教育培训中心	132118170000861	镇江新东方培训中心	13211008ZX00441
丹阳远方教育培训有限公司	132118170001089	镇江市美华英语培训中心	13211008ZX00431
联大教育培训镇江有限公司	132118170001179	镇江市环球雅思教育培训中心	13211008ZX00480
镇江学思堂教育中心有限公司丹阳分公司	132118170001059	镇江市英才培训中心	13211008ZX00170
丹阳市鼓逸教育培训有限公司	132118170000969	镇江安博教育培训中心	13211008ZX00381
丹阳市名瑞教育培训有限公司	132118170001109	镇江优特英语培训中心	13211008ZX00500
丹阳市职工学校	132118170000151	镇江市乐英少儿英语培训中心	13211008ZX00600
丹阳知博堂英语培训中心	132118170000561	镇江学大教育培训中心	13211008ZX00550
丹阳万豪教育培训有限公司	132118170000449	镇江东吴进修学院	132110080000010
丹阳市优科教育培训有限公司	132118170000919	镇江市韦博培训中心	13211008ZX00291
丹阳市汇百灵教育培训有限公司	132118170001259		

（李欣蔚）

高等教育

【概况】　2018 年，镇江市有普通高校 7 所，其中，省属本科院校 3 所，省属专科院校 1 所，市属专科院校 2 所，民办专科院校 1 所。江苏大学是以工科为特色的综合性大学；江苏科技大学有“船舶、海洋、蚕桑”三大特色；中北学院所属南京师范大学是国家“211”工程重点建设的省属高校，形成“宽基础、复合型、有特色”的人才培养格局；江苏农林职业技术学院是国家示范性高职院校，按照“课堂移村口、师生到田头、成果进农户、论文写大地”的思路，形成办学特色；镇江市高等专科学校是教育部人才培养工作水平评估优秀学校，实施大学生素质教育工程和工学结合的人才培养模式；江苏航空职业技术学院是江苏省首家航空类专业高等职业院校，主要面向航空工业和航空服务业，形成以航空工程类专业为主干，无人机应用技术等新型专业为特色，航空服务类专业协同发展的专业建设布局；金山职业技术学院由国有企业投资兴办，是民办全日制普通高等职业院校。　（苏　军　卢双岩）

·江苏大学·

【概况】　2018 年，江苏大学有专任教师 2550 人（具有海外经历的比例为 25%）。在校生 37600 余人，其中，本科生 23000 余人，研究生 12000 余人，留学生 2600 余人。校园占地面积 203 公顷，各类建筑面积 120 余万平方米。教学科研仪器设备总值 9.8 亿元。学科涵盖工学、理学、医学、管理学、经济学、哲学、法学、文学、教育学、历史学、艺术学等 11 个大学科门类。设有 25 个学院，89 个本科专业。有 14 个一级学科博士点，3 个博士后科研流动站；44 个一级学科硕士点，12 个硕士专业学位类别，26 个工程硕士授权领域。有 2 个国家重点学科，1 个国家重点（培育）学科，10 个“江苏高校优势学科”，7 个江苏省“十三五”一级重点学科，2 个江苏省“十三五”一级重点（培育）学科。有国家水泵及系统工程技术研究中心、混合动力车辆国家地方联合工程中心、国家级新农村发展研究院、高端装备关键结构健康管理国际联合研究中心、流体工程装备节能技术国际联合研究中心等国家级科技创新平台；建有国家知识产权培训（江苏）基地。学校先后获国家级科技成果奖 13 项、何梁何利基金科学与技术创新奖 2 项、国家杰出青年基金项目 2 项。学校先后与美国、英国、德国、奥地利、澳大利亚、日本等 34 个国家和地区的 152 所高校及科研机构建立长期合作关系，并与奥地利格拉茨大学共建孔子学院及汉德语言文化中心。

人才培养。2018 年，江苏大学作为主持单位获国家教学成果二等奖 2 项，作为参与单位获国家教学成果一等奖 1 项；获批国家虚拟仿真实验教学项目 2 项，国家精品在线开放课程 5 门；7 个专业通过工程教育专业认证现场考查，6 个品牌专业通过中期检查。成立江苏大学农学院（句容）。获国家级大学生创新创业训练计划立项 50 项；获全国大学生机械创新设计大赛一等奖 1 项，国际数学建模竞赛一等奖 3 项，第四届全国大学生智能农业装备创新大赛特等奖 2 项、一等奖 1 项。获评全国大学生心理健康教育工作先进集体（谢钢获“大学生心理健康教育 25 年奉献奖”）、国家“三全育人”综合改革试点高校；1 个团支部获评“全国五四红旗团支部”。全年招收博士研究生 194 人、硕士研究生 2392 人、全日制本科生 6505 人，2018 届毕业生总就业率 97% 以上，毕业生中有 1287 人考取清华、北大等学校研究生，172 人赴美国哥伦比亚大学、英国伦敦大学学院等学校留学深造。

科学研究。2018 年，江苏大学科研总经费 7.53 亿元，其中，纵向经费 2.57 亿元。获批国家自然科学基金 174 项、国家社会科学基金 17 项；获批国家自然科学基金数连续六年保持全国前 50 名。国家重点研发计划项目、国家社科基金重大项目、军工重点项目等有新突破。获批国家首批高校科技成果转化和技术转移基地；获省部级科技成果一等奖 8 项，江苏专利发明人奖 1 项，获教育部科学技术奖数量列全国高校第 17 名。SCI 检索论文 1960 篇（其中一区论文 397 篇）；授权国家专利 1221 件（其中发明专利 937 件），并获国内农机收获领域首项国家专利金奖。参加全国首轮农业全过程无人作业示范演示，获 2018 年中国产学研合作创新成果奖一等奖 2 项、创新奖 1 项。成立泰州海陵区新能源产业研究院、泰州兴化无人农业系统研究院、浙江温岭乡村振兴学院、扬州新能源汽车研究院等一批校地合作研究机构。《江苏大学学报》（社科版）被列入全国中文核心期刊。

学科建设与研究生教育。2018年，学校有10个学科入选“江苏高校优势学科”三期项目；工程学、材料科学、临床医学、化学、农业科学5个学科进入ESI全球前5‰，ESI综合排名列全国第51名。食品科学与工程、化学工程2个学科进入“软科世界一流学科排名”全球前100名。成立江苏大学南京和洛阳研究生分院。获评省优秀博士论文4篇、优秀硕士论文14篇。获评省首届“十佳研究生导师”1人，“十佳研究生导师团队”提名奖1个；获全国研究生数学建模比赛一等奖2项，移动终端应用设计创新大赛全国一等奖1项。

师资队伍。学校完成管理人员职员制改革。聘请特聘院士3人、国务院参事特聘教授1人；9人当选新一届教育部高等学校教学指导委员会委员，5人入选“2018年中国高被引学者”名单，袁寿其获评“改革开放40年中国农机工业功勋人物”；新增“千人计划”“万人计划”等国家级人才9人；新增省“333工程”一层次培养对象1人、二层次培养对象4人，“六大人才高峰”创新人才团队2个，江苏特聘教授4人，“江苏省突出贡献专家”1人，“青蓝工程”培养对象6人，“双创博士”20人。全年引进博士114人，招收博士后195人；新增正高职称73人，副高职称158人。

国际交流。2018年，江苏大学与英国克兰菲尔德大学签署研究生双学位项目协议和双学位博士培养协议；赴海外交流学习学生首次突破1000人；当选“江苏—英国高水平大学20+20联盟”江苏方首轮主席单位和联盟江苏方秘书处常设单位。举办“一带一路”农业现代化国际合作发展论坛，发起成立农业装备国际（产能）合作联盟。获批“外专千人计划”1项、国家外专局文教类“高端外国专家项目”2项、江苏省外国专家工作室4个；入选江苏“外专百人计划”1人；1名外国专家获评“改革开放40周年最具影响力的外国专家”。学历留学生规模为2162人，其中，留学硕士研究生527人，留学博士研究生411人，学校获评省外国文教专家管理工作先进单位。

排名情况。2018年2月25日，中国管理科学研究院《中国大学评价》课题组发布《2018中国大学评价》报告，江苏大学列全国高校第39名；3月21日，世界知识产权组织（WIPO）公布2017年全球国家和企业的PCT专利申请相关数据，江苏大学PCT专利申请公开数量50件，列全球教育机构第41名、中国高校第9名；10月11日，英国教育组织（QS）发布2019年中国大陆大学排名，江苏大学列第61名、非“双一流”高校第2名。（蒋建业）

【一级学科博士点和一级学科硕士点建设】 2018年3月26日，国务院学位委员会发布《关于下达2017年审核增列的博士、硕士学位授权点名单的通知》，江苏大学力学、电气工程、计算机科学与技术、临床医学、仪器科学与技术5个学科获批一级学科博士学位授予权；哲学、法学、中国语言文学、外国语言文学、物理学、冶金工程、信息与通信工程、土木工程、水利工程9个学科获批一级学科硕士学位授予权；图书情报学科获批为硕士专业学位类别。（蒋建业）

【江苏大学京江校区启用】 2018年9月25日，江苏大学京江学院2018级新生开学典礼在江苏大学京江校区举行。镇江市委常委、宣传部部长孙晓南和江苏大学校长颜晓红共同为京江校区揭牌，标志着京江校区正式启用。同时，京江学院2017级、2018级学生全部入驻新校区。该学院位于镇江市丹徒新城长香路十里长山高校园区，建筑面积27万平方米，建有3.5万平方米的图文信息中心。学院有39个专业及方向，涵盖理学、工学、文学、经济学、管理学、医学、艺术学等七大学科门类，全部为四年制本科。（蒋建业）

【“一带一路”农业现代化国际合作发展论坛】 2018年11月30日，“一带一路”农业现代化国际合作发展论坛在江苏大学举办，“一带一路”沿线国家农业部门、国际组织和智库代表以及中国农业装备行业企业、高校、研究机构代表，在论坛期间，探讨“一带一路”农业现代化国际合作发展议题。同时，江苏大学发起成立农业装备国际（产能）合作联盟。（蒋建业）

【1项专利获评中国专利奖金奖】 2018年12月25日，第二十届中国专利奖颁奖大会在北京举行，江苏大学农业装备工程学院教授李耀明团队的“一种轴向喂入式稻麦脱粒分离一体化装置”获评中国专利奖金奖，该次获奖是中国农业收获机械领域首项国家专利金奖。（蒋建业）

【江苏大学在全国大学生智能农业装备创新大赛中获奖】 2018年12月8日，“东方红”杯第四届全国大学生智能农业装备创新大赛决赛在福建农林大学举行，国内55所高校的718名学生，359件智能农业装备创新作品参加比赛。江苏大学获特等奖3项，一等奖4项，并获大赛“优胜杯”。（蒋建业）

【3项教学成果获国家级教学成果奖】 2018年12月21日，教育部下发《关于批准2018年国家级教学成果奖获奖项目的决定》。江苏大学教授刘会霞参与的“推进基础课与实践教学协同创新，致力知识向能力有效转化”教学成果获国家级教学成果一等奖；教授王谦等主持完成的“‘卓越引领，产教协同，本研互融’的能源动力类卓越工程人才培养与实践”、教授程晓农等主持完成的“深度产教融合的材料类‘工程素质链’人才培养模式创新与实践”教学成果分别获国家级教学成果二等奖。（蒋建业）

·江苏科技大学·

【概况】 江苏科技大学是江苏省政府与中国船舶工业集团公司、中国船舶重工集团公司的共建大学，也是国家国防科技工业局与江苏省政府的共建大学。2018年，学校有镇江东、南、西3个校区和张家港校区，占地约168公顷；占地约157公顷的镇江市丹徒新区十里长山新校区在建设中。学校有教职员工2080余人，其中，专任教师1280余人。有正高职称人员180余人，副高职称人员600余人。在校普通本科生23982人（含苏州理工学院6731人），硕士、博士研究生3608人，本、硕、博全日制学历留学生626人。学校纸质图书文献总量211万册，电子图书270万种。学校设有15个学院，60个本科专业；有1个博士后科研流动站，4个一级学科博士学位授权点、11个二级学科博士学位授权点、19个一级学科硕士学位授权点、71个二级学科硕士学位授权点。学校在全国31个省、市、自治区招生，2018年录取本科生6456人（含苏州理工学院1944人），博硕士研究生1175人，学历留学生192人。学校列“武书连中国大学排行榜”第198名，列“中国最好大学”第187名；工程学学科进入ESI（Essential Science Indicators）全球前1%；江苏科技大学团委获评“全国五四红旗团委”；教授王俊获评“镇江市十大杰出青年”。

2018年，学校科研经费总量2.84亿元，立项计划项目311项，其中，国家级和省部级项目106项，包括国家自然科学基金项目51项，国家社科基金项目2项，国家重点研发计划项目2项，工业和信息化部高技术船舶科研项目1项；获各类科技奖61项，其中，省部级奖11项，“社会力量”奖7项，以第一单位获国防科技奖二等奖1项、江苏省科学技术奖二等奖1项,以参与单位获中国机械工业科学技术奖特等奖1项。发表各类学术论文2287篇,出版著作40部,获专利授权349件。学校主办有《江苏科技大学学报(自然科学版)》《江苏科技大学学报(社会科学版)》《中国蚕业》《蚕业科学》等公开出版学术刊物。12月,学校与澳大利亚乐卓博大学合作举办的工商管理专业本科教育项目,与乌克兰马卡洛夫国立造船大学合作举办的船舶与海洋工程专业本科教育项目通过“江苏省中外合作办学高水平示范性建设工程”培育点建设考核,成为首批“江苏省中外合作办学高水平示范性建设工程”。学校各类奖助学金年总额为2300余万元。 (张 羽)

【中共江苏科技大学第三次代表大会召开】 2018年12月27日—28日,中国共产党江苏科技大学第三次代表大会召开,大会表决通过关于党委工作报告和纪委工作报告的决议,并选举产生新一届党委和纪委。大会确立学校至2023年以及至2033年两个时间段奋斗目标。未来五年,江苏科技大学战略指导思想为:“改革创新、人才强校、特色发展、开放发展”;同时,实施“学科攀峰、人才培养质量提升、科技创新能力提升、高端人才集聚、管理服务创新、凝心聚力”六大工程。 (张 羽)

【博士、硕士学位授权点建设】 2018年3月,在国务院学位委员会发布的2017年审核增列的博士、硕士学位授权点名单中,江苏科技大学新增船舶与海洋工程、畜牧学为一级学科博士学位授权点;新增电气工程、信息与通信工程、理论经济学、化学、科学技术史、动力工程与工程热物理为一级学科硕士学位授权点。该校办学形成船舶、海洋、蚕桑三大特色。 (张 羽)

【2个科研项目获批国家重点研发计划重点专项】 2018年8月,江苏科技大学牵头申报的2个项目入选国家2018年重点研发计划“深海关键技术与装备”重点专项项目。项目分别为王自力主持的“基于增材制造技术研制用于FLNG装置的紧凑高效换热器”项目、卢道华主持的“船载无人潜水器收放系统”项目。2个项目获经费2221万元,实施周期为3.5年。 (张 羽)

·南京师范大学中北学院·

【概况】 南京师范大学中北学院(以下简称“中北学院”)成立于1999年,由南京师范大学与南京师范大学教育发展基金会共同举办,是首批经教育部批准成立的独立学院和经江苏省事业单位登记管理局批准成立的公益性事业单位。2017年9月,中北学院正式启用丹阳校区。该校区位于丹阳市正德路8号,占地总面积60公顷,规划建筑面积38.75万平方米。自2017年9月开始,学院每年招收的一年级新生在丹阳校区学习;2020年9月后全部迁址丹阳办学。中北学院以“正德厚生、笃学敏行”为校训,以“团结、勤奋、朴实、奉献”为院风,以专业建设为龙头,提升人才培养与产业需求契合度,形成语言类、管理类、工程技术类和艺术类四大专业群。学院有在校生8800余人,教职工近400人。学院下设8个系科,分别为人文系、外语系、经济与管理系、公共管理系、信息科学与技术系、工学系、美术系、音乐系,有38个本科专业,涉及经、法、文、理、工、管、艺等门类。2018年,中北学院新增艺术与科技、数据科学与大数据技术2个专业;“高招类”录取2171人;2018届毕业生就业率96.71%,205人考取东南大学、华东师范大学等高校研究生,56人赴英国考文垂大学、诺森比亚大学纽卡斯尔商学院等学习。

师资队伍。中北学院推进教学改革,培养“双师”型人才,提高教学质量。学院有高级职称的教师人数占教师总数的38%,当年,1人入选江苏省第五期“333高层次人才培养工程”第三层次培养对象,1人入选2018年高校“青蓝工程”优秀青年骨干教师培养对象。1人获镇江市“十佳教师”称号。同时,学院教师在2018年江苏省艺术设计大赛中获金奖1项;在江苏省高等学校微课教学比赛中获二等奖1项,三等奖4项。

人才培养。2018年,中北学院学生获国家级奖12个,省部级奖73个。其中,在全国大学生英语竞赛中,2人获一等奖;在全国“互联网+”大学生创新创业大赛江苏省竞赛中,获二等奖1项;在第十一届“高教杯”全国大学生先进成图技术与产品信息建模创新大赛中,分别获机械类个人尺规绘图、计算机三维建模、产品数字化设计与3D打印技术三等奖;在2018年“挑战杯”大学生创业大赛江苏省竞赛中,获铜奖1项。

校地互动。构建“校地互动、校企互融、产学研创四位一体”的人才培养和专业建设模式。以迁址丹阳办学为契机,加强与地方行业骨干、龙头企业和行业协会的联系,与江苏省丹阳中等专业学校、江苏新通达电子科技股份有限公司合作,联合申报中等职业教育与应用本科教育“3+4”分段培养项目(计算机网络技术+物联网工程);与江苏省丹阳中等专业学校、中兴华会计师事务所镇江分所合作,联合申报中等职业教育与应用本科教育“3+4”分段培养项目(会计+会计学);与万新光学集团合作,在经管系、工学系中遴选12名学生进入眼视光学专业方向特色班学习;实行音乐学专业五年一贯制招生制度改革,推进职业教育与本科教育的衔接;实施人才培养厚生计划(访学),从2017级部分专业学生中遴选22人委托南京师范大学培养。

国际交流。深化与海外高校的合作与交流,在学生互换、学分互认、教师交流、社会实践、海外精品课程教材和网络教学资源共享等方面开展合作。当年,先后与美国滑石大学、英国普利茅斯大学、澳大利亚墨尔本理工大学签订合作方案;鼓励在校学生赴海外大学学习,为学生提供海外交流、体验生活等服务平台;做好引智工作,聘请英语、日语和法语3名外籍教师为本科生开设课程。 (窦 飒)

【江苏仅一联合智造有限公司实习实训基地共建】 2018年,南京师范大学中北学院与江苏仅一联合智造有限公司正式签订实习实训基地,就学生实习实训、推荐就业、人员互派等方面开展全面合作。江苏仅一联合智造有限公司主要从事工业自动化包装流水线的控制系统、软件的技术开发和生产;包装设备、输送设备、移动仓储设备的技术开发与销售;提供研发控制系统、软件及服务、仓储、物流、供应链服务;重力式自动装料衡器的技术开发和生产;自营和代理各类货物及技术的进出口业务;暖通工程各类设备的技术开发和销售。江苏仅一联合智造有限公司实习实训基地可为学院电气工程及其自动化、热能与动力工程、机械工程等专业学生的实习实训、就业等提供保障。 (窦 飒)

【江苏水中仙东亚国际酒店有限公司实习实训基地共建】 2018年,南京师范大学中北学院与江苏水中仙东亚国际酒店有限公司(丹阳水中仙国际酒店)签订实习实训基地协议,就学生实习实训、推荐就业、人员互派等方面开展全面合作。江苏水中仙东亚国际酒店有限公司(丹阳水中仙国际酒店)是集餐饮、住宿、会务、健身、休闲、涉外接待及配套服务于一体的综合型酒店,可为学院旅游管理等专业学生的实习实训、就业等提供保障。 (窦 飒)

【丹阳广播电视集团实习实训基地共建】 2018年,南京师范大学中北学院与丹阳广播电视集团正式签订实习实训基地协议，就学生实习实训、推荐就业、人员互派等方面开展全面合作。丹阳广播电视集团负责全市广播电视的行业管理；采集编辑播出广播、电视、数据节目；规划、建设、管理全市的广电宽带综合业务网；通过空中发射和广电综合业务网为用户提供信息传输服务。丹阳广播电视集团可为学院新闻学、广播电视编导、广告学、播音与主持等专业学生的实习实训、就业等提供保障。（窦　飒）

【南京西奥仪表测控有限公司实习实训基地共建】　2018年，南京师范大学中北学院与南京西奥仪表测控有限公司正式签订实习实训基地协议，就学生实习实训、推荐就业、人员互派等方面开展全面合作。南京西奥仪表测控有限公司主要从事设计制造多种流量仪表、工程成套及组装业务。公司有自动化仪表专业工程师及管理人才，可提供设计、制造、安装、调试等系列服务。南京西奥仪表测控有限公司可为学院电气工程及其自动化、机械工程等专业学生的实习实训、就业等提供保障。（窦　飒）

·镇江市高等专科学校·

【概况】　镇江市高等专科学校（以下简称“镇江高专”）占地面积545790平方米，总建筑面积325615平方米，有全日制在校生近8000人，各类成人教育学员5000余人。有12个二级学院（部）、48个专业，其中，中央财政支持的提高专业服务产业能力重点专业2个，江苏省重点专业（群）3个，高水平骨干专业3个，品牌特色专业2个。学校有教职工598人，其中，专任教师441人，正高职称教师34人，副高职称教师261人；享受国务院特殊津贴专家1人；省、市“突出贡献中青年专家”4人；省“333工程”培养对象二层次1人、三层次6人；省“六大人才高峰”高层次人才团队2个；省高校“青蓝工程”优秀教学团队1个；“青蓝工程”学术带头人、“169工程”学术带头人及科技骨干16人；省、市“优秀青年骨干教师”“优秀教育工作者”30余人。全年引进博士4人，高技能人才1人，副高职称3人，硕士12人，送培博士9人。开展省级及以上教师培训66人次，先后输送2批次、近30人次教师赴韩国、美国进修。全年申报市级以上各类课题229项，获批立项课题120项；申请专利83件，授权专利251件。高专电气与电竞学院获评2018年“江苏省工人先锋号”。

2018年，镇江高专开展“课程思政”改革试点项目、“三全育人并举，构建大思政格局”特色项目和“三全育人”综合改革试点工作，编制《管理岗、服务岗育人职责说明书》，对2016—2017年度“三全育人”先进集体与个人进行表彰。学校先后出台《关于加强和改进思想政治工作实施方案》《意识形态工作责任制实施细则》等文件，加强意识形态阵地管理和形式审查，压实责任落实与长效保障机制。分段对照应用型本科院校建设标准，定期召开筹建工作例会和专项推进会，推进完成拟申本专业论证材料、部门特色报告、学院5年建设规划等重点文本与校院两级基础性台账资料，并派人赴深圳技术大学（筹）、浙大宁波理工学院等院校调研本科建设工作。同时，该校推进首批拟申本专业建设，在机械制造及自动化、电气自动化等2个专业启动以《悉尼协议》为范式的专业建设。新申报物联网应用技术等9个专业，延续电气自动化技术、会计专业“3+2”培养试点项目。

综合改革工作。2018年，镇江高专完成人文旅游与艺术学院、电气电竞与交通学院合署办公和人员调配工作。推进“1+3+N”综合改革，完善学校二级管理制度，加强校内招投标、财务预算、法律顾问和校领导联系学院等工作机制建设。学校获评省“平安校园建设示范高校”。举办首届“游学·留学宣传周”活动，向12个国外院校及机构开展专题宣讲10场。开展第二轮校园文化布置工作，推动校园文化景观整体规划设计和中国正则绣博物馆建设方案深化设计等工作。印发《创新素质教育学分管理办法》和《美育课程实施方案》，推广美育和素质拓展课程建设工作。学校的工业机器人领域教育合作项目通过教育部首批验收。出台《学术道德规范》《重点科研项目培育基金管理办法》等文件，完成新一届校院两级学术委员会的改选工作。成立区域健康（镇江）研究院和镇江大运河文化带建设研究中心。吕凤子文化教育研究所被列为江苏高校哲学社会科学重点建设基地。1月14日，承办吕凤子文化教育思想座谈会。（何　斌）

【校企合作共建视觉健康技术服务创新平台】　2018年2月10日，镇江高专与中国眼镜网有限公司举行产教融合、校企共建签约授牌仪式，启动视觉健康检测实训基地和技术服务平台建设。该平台是在丹阳市政府指导下的校企合作重点建设项目，旨在完善儿童及青少年近视“筛查—发现—转诊—随访—健康管理”为一体的综合防治体系，为居民定期开展视觉健康检查与诊断，常态化开展儿童屈光免费筛查项目提供服务。平台被纳入“丹阳眼镜小镇”规划。（何　斌）

【“镇江新时代女子学堂”揭牌】　2018年3月24日，由镇江市妇联、镇江高专联合创办的“镇江新时代女子学堂”揭牌仪式举行。镇江市副市长孙晓南为“镇江新时代女子学堂”揭牌，同时，参加活动的领导为该学堂首批5个校外教学点和5个校外实训基地授牌。该学堂设置智慧女性、阳光女性和臻美女性三大模块的课程，开设传统文化、科技前沿、心理健康、社会服务、舞动美丽、家庭软装、油画创作、摄影美学、服饰修养、魅力彩妆、现代礼仪等课程。（参见第64页）（何　斌）

【1名学生在全国导游竞赛中获奖】　2018年5月27日—30日，由教育部主办的2018年全国职业院校技能大赛“导游服务”赛项在南京旅游职业学院举行，30个省的109所高校、152名选手参赛。镇江高专人文与旅游学院学生赵杰获三等奖（指导教师屠玉蓉），这是该校首次在该项赛事中获奖。（何　斌）

【镇江高专获“学创杯”全国大学生创业综合模拟大赛总决赛特等奖】　2018年10月13日—14日，“学创杯”2018全国大学生创业综合模拟大赛总决赛在内蒙古财经大学举行。作为江苏省唯一入围大赛的高职院校，镇江高专代表队以总分96分的成绩获总决赛特等奖。参赛选手陈志琪、乔祚理、曹建国3人同时获赴杭州贝腾科技有限公司实习和就业的机会；教师陈庆苓、陈兴和获“最佳指导教师”称号。（何　斌）

【镇江高专选手在纪念赛珍珠朗诵大赛获奖】　2018年11月25日，由镇江市赛珍珠研究会主办的纪念赛珍珠获诺贝尔文学奖80周年“大地情”诗词朗诵大赛在江苏大学图书馆报告厅举行。江苏大学、江苏科技大学、高专等学校的16组选手参赛。镇江高专有3组选手（5名学生）参赛。文旅与艺术设计学院赵杰获大赛特等奖，文旅与艺术设计学院阚雪玮、电气电竞与交通学院方哲闻获一等奖。钱兴、潘玥、徐晓明3名教师的作品分获文稿一、二、三等奖。（何　斌）

【镇江高专吕凤子文化教育研究所获评全省教科研系统先进集体】　2018年11月底，江苏省教育科学研究院公布2017年度全省教科研系统先进集体和先进个人评选结果，镇江高专吕凤子文化教育研究所获评2017年度全省教科研系统先进集体。该所开展吕凤子及其文化教育思想研究，先后出版《高等职业教育的文化驱动——吕凤子“崇爱尚美”文化育人思想的传承与实践》《文化的内核与张力》等著作，撰写相关研究报告、论文20余篇，相关成果先后获江苏省第十四届哲学社会科学优秀成果奖三等奖、江苏省教育科学研究成果（教育研究类）三等奖、江苏省教学科学研究成果（高校哲学社会科学研究类）三等奖、镇江市优秀科技论文（专著）特等奖、镇江市第十一届哲学社会科学优秀成果评奖一等奖等。（何　斌）

【2项课题获教育部人文社会科学研究项目立项】 2018年12月，教育部社会科学司公布2018年度教育部人文社会科学研究一般项目评审结果。镇江高专基础部教师潘玥主持申报的“系统功能语言学视域下中轻度阿尔茨海默病言语失调的特征、评估和修复研究”（青年基金项目）、人文与旅游学院教授张永刚主持申报的“晚明东林文学与东林精神”（规划基金项目）等2个项目获立项。（何　斌）

图22－1　2018年，江苏航空职业技术学院校区景观　　（刘子琪　供稿）

·江苏航空职业技术学院·

【概况】 江苏航空职业技术学院是江苏省唯一一家航空类专业高职院校，2016年3月16日经江苏省人民政府批准成立，4月27日在教育部备案，7月首批招生。学院聚焦航空领域，形成包含飞行器制造技术、飞行器维修技术、航空发动机维修技术、航空电子电气技术、无人机应用技术、空中乘务、民航安全技术管理、机场运行、飞机机电设备维修、飞机电子设备维修、航空物流、通用航空器维修等14个涉航专业的两大专业群。学院位于镇江新区，占地面积46.67公顷，规划建筑面积20万平方米，有图文信息中心、基础实训中心、教学楼、体育馆等较完善教学设施，并规划建设研发与培训中心、生产实训区等一批教学设施。2018年6月，一架退出营运的波音737－300飞机进驻该院，为学院教学提供平台。

学院成立后，录取学生2810人，其中，2018年录取新生1378人，录取率98.4%。招生省份由原来的14个增加到22个，部分省份招录的新生中近一半录取分数超当地本科线，平均录取成绩超各省省控线40分以上。

学院为全国航空工业职业教育教学指导委员会无人机专业指导委员会主任单位。12月27日，在全国航职教指委年会上，学院院长浦黄忠被增补为副主任委员，学院成为继西安航空职业技术学院、长沙航空职业技术学院、成都航空职业技术学院、西安航空学院之后的全国航职教指委第5家副主任单位。当年，江苏航空职业技术学院工会教职工之家获评“江苏省模范职工之家”。（刘子琪）

【学院在全国民航乘务技能大赛中获奖】 2018年11月，“春秋杯”全国民航乘务技能大赛在浙江杭州举行，赛事设置知识抢答、机上急救、服务情景处置、现场问答等项目。全国26所职业院校的50多支代表队参赛。江苏航空职业技术学院获团队第一名；该院学生李梦洁获个人第二名，并获航空公司聘用体检直通车资格。（刘子琪）

【“专起本”办学】 2018年5月16日，江苏航空职业技术学院与南京航空航天大学联合举办的“专起本”培训班开学典礼举行。江苏航空职业技术学院依托南京航空航天大学师资队伍和办学资源，建立大专—本科联动的应用型人才培养体系，该院学生专科在读阶段开始南航本科课程的学习，并逐门参加全国考试，在取得专科毕业证书后，可以通过自学考试获得教育部认可的本科毕业证书和学士学位证书，实现专科到本科的升级。（刘子琪）

·江苏农林职业技术学院·

【概况】 江苏农林职业技术学院创建于1923年，校本部位于句容市城区，全院校区占地面积约400公顷，建筑面积47万平方米。学院设置1个分校区、7个二级学院和1个教学部，分别为茅山校区、农学园艺学院、风景园林学院、畜牧兽医学院、茶与食品科技学院、经济与人文学院、机电工程学院、信息工程学院、基础部（思政部、体育部），设置51个专业（方向），在校学生11330人。2018年，该学院招收学历留学生191人，并与南京林业大学签订留学生教育培养合作协议。学院是以涉农专业为特色的多学科、综合型高等职业技术学院，并形成以校本部为主体，江苏农博园、江苏茶博园相呼应的“一主两翼”校园格局。当年，该学院入选“2018亚太职业院校影响力50强”“全国高职院校国际影响力50强”“江苏省卓越高职院校建设单位”。同时，该学院获省政府颁发的“高技能人才摇篮奖”。

2018年，该学院学生获省部级及以上竞赛奖项170项，其中，获国赛一等奖3项；4人进入第45届世赛中国集训队；3人获评省“技能状元”。学院获国家教学成果二等奖4项，省教学成果奖一等奖、二等奖各2项，国家自然科学基金项目1项，教育部人文社会科学项目1项，省自然科学基金项目1项。该学院牵头成立“江苏省草坪产业技术创新战略联盟”，为省内首家由高职院校牵头成立的省级农业产业技术创新战略联盟。（王海莉）

【江苏农林职业技术学院老挝分校成立】 2018年11月8日，江苏农林职业技术学院老挝分校在老挝乌多姆赛省中老友谊学校挂牌成立。双方签署《江苏农林职业技术学院老挝分校建设项目合

图 22－2　2018 年 11 月 8 日，江苏农林职业技术学院老挝分校在老挝乌多姆赛省中老友谊学校挂牌成立　　（王海莉　供稿）

作协议书》，运用江苏农林职业技术学院和老挝乌多姆赛省中老友谊学校教育资源，根据老挝当地人才需要，开展职业技能培训、汉语培训、学历教育以及文化交流活动，培养技能型、复合型人才。老挝乌多姆赛省副省长松居、教育厅副厅长宋松尼、外事厅副厅长万都沙，江苏农林职业技术学院党委书记俞卫东及相关部门负责人等出席活动。（王海莉）

·金山职业技术学院·

【概况】 金山职业技术学院是教育部备案、江苏省政府批准，独立设置的全日制民办普通高等学校，位于扬中市金山路。学院有机电与交通系、建筑与艺术系、经济与贸易系、现代服务与管理系 4 个教学单位 25 个专业，在籍学生 3706 人。2018 年，学院实现录取新生 1570 人，报到 1321 人；毕业生初次就业率 77%，最终就业率 97%。

学院推进课程建设与教育信息化融合，修订工学结合导向的人才培养方案，并新申报艺术设计、连锁经营管理 2 个新专业；指导学生获各类省级奖项 20 余项；立项江苏省高等学校大学生创新创业训练计划项目 8 个、校级课题 12 项。当年，学院非学历培训 1603 人，同时，与江苏亚奥精密机械有限公司合作的项目，入选 2018 年度市科技支撑成果转化专项资金项目。

学院加强教师队伍建设，完善培训和考核制度，选派教师参加各类培训项目，并组织开展青年教师教学竞赛、新老教师结对等活动；启动"金山英才"第二批申报工作。学院组织学生开展专业技能竞赛，并举办校园文化艺术节、心理健康周、社团文化节、体育运动会等活动。（常　霞）

【学院师生在全国高校艺术与设计作品展评中获奖】 2018 年，在由中国人生科学学会主办、人生科学学会艺术与教育分会承办的 2018 第二届"国青杯"全国高校艺术与设计作品展评活动中，金山职业技术学院建筑与艺术系教师张聪的《无纸训练在构成课程中的探索》《浩云湾三居室室内设计》均获一等奖；教师王程的绘画作品《温暖的红林》获二等奖并被评为优秀指导教师；建装班学生沈一晓的《君悦国际花园两居室室内设计》、广告班学生陈雨晨的《夜精灵》获学生组一等奖，吴煜育、李银、文敬 3 名学生作品获二等奖，10 名学生作品获三等奖。（金　山）

教师队伍

【概况】 2018 年，镇江市有普通中小学教职工 21862 人。其中专任教师 20000 人，包括小学专任教师 9885 人，初中专任教师 6644 人，高中专任教师 3471 人。幼儿园教职工 9800 人，其中，专任教师 5216 人。特殊教育学校教职工 180 人，其中，专任教师 149 人。镇江市市属学校教职工总数 2273 人，其中，专任教师 2096 人。中职学校教职工 453 人，其中，专任教师 406 人。普通中学教职工 1820 人，其中，专任教师 1634 人。初中专任教师 923 人，高中专任教师 711 人。特殊教育学校教职工 63 人，其中，专任教师 56 人。

师德建设。组织 3000 多名教师观看师德教育剧《湖湾金秋》；组织全市 2 万多名教师参加省师德师风建设网络知识竞赛；组织开展"为教师亮灯"公益活动；召开全市庆祝第 34 个教师节座谈会，评选表彰年度"十佳"教师；组织开展全市中小学教师有偿补课专项整治活动，社会师德测评满意率列全省前 3 名。

队伍建设。句容市创成省级示范性教师发展中心。镇江市创建省级教师发展示范基地校 5 个。举办全市教师发展示范校标准化建设培训班。全年安排 100 多人参加国家级培训，4500 多人参加省级培训，近 100 人参加境外培训；组织 700 多名乡村教师参加"领雁工程""助力工程"培训。调整市属拔尖人才教科研奖励的奖金标准；改革第七批市级学科带头人评审办法，评选出新一批市级学科带头人 272 人；新增省"333"人才 25 人，市学术技术带头人 3 人、科技骨干 50 人；新增省特级教师 11 人、正高级职称教师 7 人。有 4 人入选省乡村优秀青年教师培养奖励计划，5 人入选省"领雁工程"领军校长培育计划，1 人入选教育部乡村优秀青年教师奖励计划（全省 4 人）。设立教育改革发展考核奖，探索建立县域内教师和公务员收入比较的联动机制。做好乡镇学校机关事业单位生活补贴发放工作，句容市、丹徒区等地将涉农街道（开发区）纳入发放范围。指导各地按不少于乡镇机关事业单位个人生活补助 50% 的标准，制定边远村小学和办学点教师生活补贴政策。（张伟斌　裴　伟）

【镇江市教师发展中心】 2018 年，镇江市教师发展中心分类开展各类教师培训，在教师全员培训方面，开展国家级、省级、市级和校本级培训活动；推进"金山名师讲堂"活动。在校（园）长培养方面，开展跟岗培训、研修式主题论坛、暑期领导干部培训、领导干部高级研究班等，培养人才梯队。在开展"送培上门"和共同体建设的基础上，以"特级教师讲师团""拔尖教师教练团"及"青年教师成长接力团"为载体，以解决教师工学矛盾、缺乏成长平台等问题切入点，建立涵盖全学段、多层次、全方位、多形式的教师培训培养体系。全年培训量超 2.6 万人次，人均不少于 90 课时。（裴　伟）

【教师节座谈会】 2018 年 9 月 10 日，镇江市第 34 个教师节座谈会召开，市委书记惠建林、市长张叶飞到会并讲话。会上，王海英等 7 名教师代表以及市教育局、市人社局做交流发言。会议表彰镇江市第十五批省特级教师和 2018 年镇江市"十佳教师"，并颁发证书。（裴　伟）

综 述

【概况】 2018年，镇江市提升公共文化服务水平，推进创建工作。成立创建国家公共文化服务体系示范区工作领导小组、公共文化服务体系建设协调组，制订《镇江市创建公共文化服务体系示范区建设规划（2018—2020年）》《镇江市创建国家公共文化服务体系示范区实施方案（2018—2020年）》，建立公共文化服务资金使用的监督和统计公告制度。推进公共文化服务地方标准化建设，《村（社区）综合性文化服务中心服务规范》成为省级地方标准。当年，获第四批国家公共文化服务体系示范区创建单位资格，并获评江苏省公共文化服务体系建设创新示范项目。全市建设完成省级村（社区）基层综合文化服务中心246个、农村文化礼堂251个；完成30个镇（街道）和37个村（社区）文化广场提升任务，新建小微型文化广场373个。全市建成图书馆分馆539个，文化馆分馆59个，镇（街道）文化站图书馆分馆、文化馆分馆建成率分别为100%和96%。年内，丹阳市图书馆、句容市图书馆、扬中市文化馆获评江苏省2018年度县级文化馆图书馆总分馆制先进单位。镇江市文物局获评全国文物系统先进集体。镇江市文广新局和镇江市艺术创作研究中心获评省文化厅2017年度全省艺术创作工作先进单位。在2018紫金文化艺术节上，镇江市委宣传部获2018紫金文化艺术节组织奖，龚莉莉获2018紫金文化艺术节优秀表演奖。

2018年，全市开展文心系列活动545场，包括文心阅读184场、文心电影106场、文心公益培训138场、文心展览38场、文心剧场12场、文心讲堂57场。举办2018年度“金山”艺术展演月，组织惠民演出和展览30余场。举办首届“农民丰收节”文化活动。开展“纪念改革开放40周年”系列活动15场次。推广“文化镇江云”数字公共文化服务平台，全年发布活动预告736场，抢票199场，入驻团队174支，艺术培训94场。面向全市征集全民艺术普及项目212项，开展艺术普及活动528场次。市文广新局、市教育局开展全民艺术普及进校园活动14期；市文广新局、市委市级机关工委开展全民艺术普及进机关16期，900余人参加；市文广新局、市总工会开展全民艺术普及进企业53期，惠及企业员工3700多人。5月，镇江市启动“乡村文艺提升”文艺志愿服务三年行动计划。

全市有6件作品获评第十三届江苏省“五星工程奖”优秀作品。扬剧《花旦当家》参加“一带一路”江苏省优秀剧目会演。《完节堂1937》参加2018扬剧联盟精品展开幕式演出。《红船》参加省“紫金文化艺术节”会演，在辖市（区）巡演11场。创排新编现代扬剧《茶山女人》，创作微电影《虎踞桥畔》、戏歌《柳荫同善》。出版《新时代镇江扬剧集萃》。承办江苏省戏曲现代戏第六届年会。举办全国第二届大字书法艺术展、江海陆·丝路情——镇江、乌鲁木齐、泉州三地书法交流展，开展“扬清风颂正气”——廉政书画展等活动。

镇江市制定出台《镇江市区域评估文物保护评价实施办法（试行）》，推进区域评估文物保护评价工作。开展大运河文化带遗产调查复核工作。争取国家重点文物保护专项资金937万元，省级文物保护专项补助经费440万元。举办“三城荟萃·山韵清新——第四届民俗文化周”系列活动。推出镇江“非遗”微课堂第三季、第四季。组织秦淮灯彩、恒顺香醋酿制技艺、扬中竹编参加第五届中国非物质文化遗产博览会，竹编原创作品《竹编鱼篓》获草柳藤编织组第2名。镇江市成立非物质文化遗产专家库，26名民间文学、传统音乐、传统体育、游艺与杂技、传统美术、传统医药、民俗等领域专家被聘为“镇江市非物质文化遗产专家库”成员。

镇江市全民阅读活动领导小组成员单位由31个扩充至36个。推进书香城市示范市创建，实现农家书屋“通借通还”率65%以上。句容市农家书屋与市图书馆“通借通还”率100%。新建“阅读新空间”，其中“有宜书房”“湖畔书吧”“啡你不可共享阅读空间”“‘马副官的店’——文心品书会”入选省级共享阅读空间认证扶持项目。在市委巡视组办案场所建设书香阅读点5个，投放图书和杂志3000余册。全市首家24小时城市书房——“上河·书房”建成开放。举办第六届文心阅读节，承办书香江苏·流动的盛宴——“走读江南”中华经典传诵（镇江专场）活动。开展“我的书屋·我的梦”农村少年儿童阅读实践、第八届江苏农民阅读节、镇江市第九届职工读书节、“我为镇江市民选本好书”、“带一本好书回家过年”、阅读早教包项目等阅读活动。组织“书香镇江，烛照人生”阅读微心愿点亮活动。

全市有版权登记点9个。完成473家印刷企业、459家出版物发行单位、48家连续性内部资料出版物、900余家文化市场经营单位的年度核验工作。江苏名通信息科技有限公司等3家单位获评江苏省版权示范单位，首次举办全市印刷企业负责人法规培训。先后开展寒暑假网吧专项整治、农村演出市场专项整治等行动，开展“双随机”抽查10次，抽查各领域市场主体61家，出动执法人员3570人次，检查经营场所984家次，受理“12345”及上级转发投诉举报30起，查处案件52起。开展“小耳朵”（卫星电视地面接收设施）专项整治，拆除非法“小耳朵”650余台，查扣140余台，查处非法销售“小耳朵”窝点38个。镇江市版权局获2017年度打击侵权盗版有功单位一等奖。开展“净网”“清源”“秋风”“护苗”“固边”五大专项行动。加强印刷企业“五项制度”检查，查处“低俗、庸俗、媚俗”等违禁出版物。开展“扫黄打非进基层活动”、2018年“绿书签”系列宣传活动、印刷和出版物市场环境整治行动、打击非法宗教出版物及有害信息集中行动等15项专项行动。

（许　婷）

【《镇江市非物质文化遗产项目代表性传承人评估办法》】 2018年8月28日，镇江市文广新局出台《镇江市非物质文化遗产项目代表性传承人评估办法》，自2018年10月1日起试行。该评估办法依据《镇江市非物质文化遗产项目代表性传承人条例》，分为23条，适用于评估被认定的国家级、江苏省级、镇江市级代表性传承人履行传承义务情况。评估工作遵循公平、公正、公开的原则，每2年开展1次，镇江市“非遗”保护中心负责制定评估细则、具体评估市直各级代表性传承人，各辖市（区）文化主管部门负责评估当地各级代表性传承人，镇江市文广新局对各地上报的评估结果进行审核，在镇江市文广新局和“镇江非遗”官方网站对评估结果进行公示和发布。评估结果分为优秀、合格、不合格3个层次，评估结果为优秀的代表性传承人，将授予其“优秀代表性传承人”称号，连续2次评估为不合格的代表性传承人，将取消其市级代表性传承人资格。

（许　婷）

【群众文化艺术政府奖“群星奖”】 2018年3月22日，镇江市出台《镇江市群星奖评奖办法》，首次设立群众文化艺术政府奖“群星奖”。“群星奖”评奖每2年1届，在音乐、舞蹈、戏剧、曲艺4个评奖项目中设金、银、铜奖16个，颁发镇江市“群星奖”获奖证书。参加“群星奖”的对象为全市群众文化工作者和群众文艺爱好者创作和表演的作品，除市级专业文艺院团和专业艺术院校在校师生创作或表演的作品外，均可参加评选。参赛项目分评奖和展览2类，评奖项目为音乐、舞蹈、戏剧（含小戏、小品）、曲艺4类（不分老年、成人、少儿组别），展览项目为美术书法摄影类作品，评选产生金奖3件、银奖4件、铜奖6件。

（许　婷）

【镇江市第六届文心阅读节启动仪式】 2018年4月20日，镇江市第六届文心阅读节在镇江影剧院启动，主题为“美好生活、从阅读开始”。市领导出席开幕式并与全体人员诵读经典。欧阳江河、张清华等分别以“阅读，就是白天也要仰望星空”和“阅读，就是打开生命另一扇门”为主题，进行现场阅读分享。启动仪式上，确立重点活动项目30个、主要活动项目200个，有“书香八进”“文心讲堂”“图书漂流”活动等；向全市市民推荐好书16本，并为2017年度镇江全民阅读先进典型颁奖。镇江文心阅读节有效整合全市阅读资源，覆盖不同的阅读人群。

（许　婷）

【第六届金山艺术展演月】 2018年5月8日—6月1日，镇江市委宣传部、镇江市文广新局、京口区政府主办2018金山艺术展演月活动。活动期间，镇江市文化馆、镇江市艺术创作研究中心、镇江市图书馆、镇江博物馆、镇江市美术馆、茅山新四军纪念馆为人民群众献上交响音乐会2台、优秀剧目3台、优秀群众文艺节目5台，举办收藏、美术和阅读等多种门类的精品展览等30余场，邀请省内和省外演艺团体加盟演出，演出和展览场次30余场。

（许　婷）

【赴渭南市开展文化扶贫交流活动】 2018年9月10日—11日，镇江市文广新局一行30余人赴陕西省渭南市开展文化扶贫交流活动。10日，在渭南市文化艺术中心上演以“手拉手、心连心——苏陕扶贫文化惠民演出”为主题的惠民演出。镇江市文广新局赠送的50余幅书画作品和60余幅摄影作品在渭南市艺术中心展出，参观人数500余人。活动中，双方交流两市的文化产业、文化事业发展情况，并探索共建文化发展新路径，在文化交流、人才输送、文化产业带动扶贫等方面形成共识。

（许　婷）

【全国第二届大字书法艺术展】 2018年9月12日，由中国书法家协会、江苏省文化厅、江苏省文联、镇江市人民政府主办的全国第二届大字书法艺术展在镇江市文广集团城市山林文化艺术空间开展。该艺术展收到作品22074件，其中，江苏省投稿2301件，山东省投稿2016件，河南省投稿1716件，广东省投稿1501件，河北省投稿1234件。260名作者的260件作品入展，并出版《全国第二届大字书法艺术展作品集》。

（许　婷）

【第四届民俗文化周（宁镇扬）暨南山长寿节】 2018年10月17日—21日，由镇江市委宣传部、镇江市文广新局、镇江市文旅集团主办的“三城荟萃 山韵清新”——第四届民俗文化周（宁镇扬）暨南山长寿节系列活动在南山风景区举办。该活动整合“宁镇扬”三地富有特色的“非遗”项目，围绕“吉祥如意”“寿比南山”等民俗元素，开展非物质文化遗产系列展演，表演内容涉及“行街表演”“民间艺人现场手工技艺展示”“戏曲专场”“百名学生技艺大比拼”和“中医义

图23－1　2018年4月20日，镇江市第六届文心阅读节活动现场

（张　梅　供稿）

诊”5 个板块，含省非物质文化遗产项目扬州傩舞（跳娘娘）和南京竹镇高跷 2 项表演。（许 婷）

【镇江市第 30 届少儿故事创作演讲大赛】 2018 年 10 月 27 日，镇江市第 30 届少儿故事创作演讲大赛（决赛）在润州区实验小学举行。活动由市委宣传部、市教育局、市文广新局主办，市文化馆等承办。该届少儿故事创作演讲大赛经过初赛、复赛，有 20 件作品进入决赛。少儿故事创作演讲大赛是镇江市的传统赛事，截至 2018 年连续举办 30 届。（许 婷）

【2018 江苏·镇江传统武术国际邀请赛】 2018 年 12 月 1 日，由镇江市文广新局、市体育局、世界太极拳网、欧中文化联盟等多家单位联合主办的“健康中国、文化魅力——2018 江苏·镇江传统武术邀请赛”在镇江市体育会展中心举行，英国、法国、加拿大等 10 多个国家和地区 70 多支代表队、近千名选手参与比赛。比赛设有中国传统拳术、传统器械单练、对练和集体项目等。活动期间，开展以“中国武术文化的现代社会价值与国际化交流”为主题的“中欧武术文化论坛”，通过挖掘中国传统武术文化内涵、探索国际化推广方式、推进国际武术文化交流合作、促进武术文化在青少年中的推广等内容进行研讨。（许 婷）

【首届“米芾杯”国际青少年书法大赛优秀作品展】 2018 年 12 月 22 日，由中国国际书画艺术研究会、（全国）教育书画协会、中国文字博物馆、江苏省教育书法协会、镇江市文化广电新闻出版局、镇江市丹徒区人民政府主办的 2018 首届“米芾杯”国际青少年书法大赛优秀作品展开幕式暨 2019 第二届“米芾杯”国际青少年书法大赛启动仪式在北京中华世纪坛举行，200 余人参加开幕式。在预赛征稿中收到青少年书法作品 1.2 万件，近 700 件作品入围。2018 年 7 月 15 日—17 日，入围选手集中到中国米芾书法公园进行现场比赛，评出“米芾奖”7 人，一等奖 73 人，二、三等奖若干人。（许 婷）

【镇江民间文化艺术馆新馆对外试开放】 2018 年 12 月 30 日，镇江民间文化艺术馆新馆落成，对外试开放。镇江民间文化艺术馆新馆位于长江路 243－1 号，建筑面积 2400 多平方米，是集非物质文化遗产研究、展示、培训、交流、传播于一体的多功能、现代化的展示馆。展馆一楼设有文创中心、多功能厅和专题展厅，二楼设有镇江非物质文化遗产展示厅和“白蛇传传说”展示厅，三楼为镇江民间文艺资料库。（许 婷）

文学艺术

【6 件作品获省“五星工程奖”】 2018 年 11 月，第十三届江苏省“五星工程奖”评选结果揭晓，镇江市有 6 件作品获奖，作品分别为镇江市丹徒区文化馆、镇江市丹徒区实验学校的少儿无伴奏田歌表演唱《车水号子——数螃蟹》，镇江市文化馆的民乐合奏《西津寻渡》，扬中市文化馆、油坊镇文体服务中心的小锡剧《阿旺的救赎》，镇江市文化馆的小音乐剧《回响》，丹阳市文化馆的小品《夜话》，以及市文广新局的书法作品《春江花月夜》。（许 婷）

【第六届“百花争艳”——2018 宁镇扬女画家中国画作品邀请展】 2018 年 3 月 7 日，第六届“百花争艳”——2018 宁镇扬女画家中国画作品邀请展在镇江美术馆开展。展览由镇江市文广新局、镇江市文联、镇江市美术馆、镇江画院联合主办，展期 7 天。该展览邀请南京市、扬州市和镇江市部分江苏省美术家协会及以上女性会员和女画家参加，展出作品 48 件，主题为工笔花鸟、人物、山水等。（许 婷）

【“华润 80·润物耕心”诗文书画大赛】 （参见第 234 页）（许 婷）

【各辖市（区）文联开展文艺活动】 2018 年，镇江市各级文联、产行业文联贯彻市文联五届五次全委会工作部署，开展文艺活动。丹阳市文联开展文化交流活动，组织举办“中韩书画交流展”、“汉风吴韵”丹阳·徐州中国画作品展。句容市文联组织文艺工作者赴各镇开展文化惠民系列文艺演出。扬中市文联依托“河豚文化节”品牌，策划承办全国剪纸大赛、长三角舞狮精英赛、风筝节等 10 多项特色文艺活动，宣传城市、弘扬文化、快乐百姓、活跃经济。丹徒区文联以“幸福丹徒”主题，组织书法、美术、摄影系列创作展示活动，庆祝改革开放 40 周年。京口区文联加强文艺志愿者协会建设，开展文艺志愿服务，成为京口区精神文明建设重点品牌。润州区文联重视文艺精品生产，创作推出《初心难忘》精品广播剧，菊吟剧获得全国京剧票友大赛票房组决赛冠军。（高兴玺）

【镇江首届版画展】 2018 年 7 月 28 日—8 月 5 日，镇江首届版画展在西津渡西津画苑举行。画展由市文联、镇江日报社、市美术家协会联合主办。江苏省美协、江苏版画界专家、学者以及镇江市文联等 400 余人参加开展仪式。该版画展收到参赛作品 300 多幅，经过省、市版画专家的评选，入选作品 150 多幅。入选的作品分别有水印版画、黑白木刻、铜版画、石版画、纸版画、丝网版画、综合材料、独幅版画等。作品题材紧扣镇江改革开放 40 年来的交通业发展、城乡建设的变迁、百姓和谐生活及城市山林的生态变化，展现镇江市改革开放 40 周年的成就。（高兴玺）

【“新时代·新镇江”版画作品展】 2018 年 9 月 4 日，“新时代·新镇江”版画作品展在南京市江苏省现代美术馆

图 23－2 2018 年 7 月 15 日—17 日，2018 首届“米芾杯”国际青少年书法大赛系列活动在中国米芾书法公园举行（图为第三赛场） （季 翔 供稿）

展出，江苏省文联党组成员、副主席、书记处书记王建在开幕式上讲话，中共镇江市委宣传部副部长陆艳华致感谢词。展览从镇江首届版画展中选取90幅精品，画面构思、制作方法在继承版画传统的同时，具备新时代的特色。通过参展以画会友，加强镇江市版画家们与省内版画界的联系和交流。（高兴玺）

【"江海陆·丝路情"镇江市、乌鲁木齐市、泉州市三市美术作品交流展】 2018年9月8日至13日，"江海陆·丝路情"美术作品交流展，第1站在乌鲁木齐市美术馆开展，该次展览由乌鲁木齐市、镇江市和泉州市三地市委宣传部、市文联主办。展览展出乌鲁木齐市、镇江市和泉州市艺术家创作的157幅作品。10月20日至26日，"江海陆·丝路情"美术作品交流展第2站，在镇江市墨海神韵美术馆开展。该次展览由镇江市、乌鲁木齐市、泉州市三地宣传部、文广新局、文联联合主办。12月28日至1月3日，"江海陆·丝路情"美术作品交流展第3站在泉州市海上丝绸之路交通博物馆展出。（高兴玺）

【"江苏网络作家村"挂牌】 2018年11月18日，"江苏网络作家村"和"中国网络文学泛娱乐产业孵化基地"揭牌仪式在镇江宜园举行，数百人出席仪式。"江苏网络作家村"将规划建设中国网络文学IP形象展览馆、网络作家培训基地、编剧医生培训中心、网络文学众创空间、江苏网络文学研院、国家级网络文学IP路演基地等，为网络文学泛娱乐产业提供便捷服务。（参见第274页）（高兴玺）

·文学艺术界协会·

【镇江市作家协会】 2018年，镇江市作家协会有会员705人，其中，省级会员126人，国家级会员20人。当年，市级会员新入会会员52人。4月18日，组织10名一线作家赴扬中市西来桥镇进行创作采风活动；组织协会作家参加《镇江味道》的编写和《四十年四十人：镇江改革开放的历史时空》资料收集、编写等工作。10月29日，市作协在镇江市行政中心会议中心召开第七次代表大会，会议通过《镇江市作家协会第六届理事会工作报告》《镇江市作家协会第六届理事会财务工作报告》《镇江市作家协会章程修改草案的说明》，选举产生市作协第七届理事会，推选并通过市作协监事会成员名单。随后召开市作协七届一次理事会，选举产生市作协七届主席团，蔡永祥当选主席。年内，作家董新建的长篇报告文学《110在行动》入选省作协重大题材项目，警察题材小说《风雪将至》于2018年5月获第三届"海峡两岸网络原创文学大赛"金奖。4月21日，市作家协会组织《浮茶》作品研讨会，北京银河悦读中文写作网到镇江市参加该作品的研讨。蔡永祥的《大医许祥生》举办3场读书会。市作家协会、市文联、市评论家协会筹办吴绍祥、陶然、钱俊梅、马健、朱凯生等作家的作品研讨。省作协为作家任珏方召开作品研讨会。（高兴玺）

【镇江市戏剧曲艺家协会】 2018年，镇江市戏剧曲艺家协会有会员153人，其中，省级会员51人，国家级会员11人，当年，4名会员加入省剧协，2名会员加入中国剧协。10月31日，市戏剧曲艺家协会召开第七届会员代表大会，会议做工作报告、财务工作报告并修改协会章程。会议选举产生第七届剧协理事会，推选协会监事会成员。随后召开第七届剧协理事会第一次会议，选举产生市剧协新一届主席团，汤文彪当选主席。2018年1月1日，市剧协在西津渡鉴园广场组织演出戏曲、艺术专场活动，同时推出西津渡"跨年篝火晚会"。市剧协组织会员开展戏剧进校园、进社区活动，对江苏大学兰韵剧社的学生进行辅导，提升戏剧作品的创作水平。对几个定点结对的社区加大戏曲扶持力度，为他们创作排练新节目。全年组建3个团队，服务5个社区，活动60余次。（高兴玺）

【镇江市音乐家协会】 2018年，镇江市音乐家协会有会员656人，其中，省级会员193人，国家级会员27人。11月22日，市音乐家协会召开第七次会员代表大会，会议听取并审议通过《镇江市音乐家协会第六届理事会工作报告》《镇江市音乐家协会第六届理事会财务工作报告》《镇江市音乐家协会章程修改草案的说明》，选举产生市音协第七届理事会成员，推选市音协监事会成员。随后召开市音协七届一次理事会，选举产生市音协新一届主席团，汪蕾当选主席。市音协组织江苏省音协考级在镇江地区的考务工作，多名指导教师获评优秀指导教师，促进镇江音乐教育的普及提高。当年，张志强创作的《西津寻渡》获江苏省五星工程奖；左光明创作的G大调葫芦丝协奏《水漫金山》在国家艺术类核心期刊《戏剧之家》发表，且在国内外发行；王红编著的《镇江戏曲音乐》出版；孙伟申报的《"非遗学"视野下里下河地区民歌研究》被批准为2018年度教育部人文社会科学研究规划基金项目。（高兴玺）

【镇江市舞蹈家协会】 2018年，镇江市舞蹈家协会有会员304人，其中，省级会员75人，国家级会员16人。组织参加江苏省第六届社会舞蹈大赛暨第八届少儿舞蹈比赛，获创作二等奖1个、表演二等奖2个、表演三等奖2个，市舞蹈家协会获优秀组织奖；组织参加镇江市第九届文学艺术奖评选，舞协推荐作品（个人）获文学艺术奖1项、文学艺术提名奖1项；组织"文艺提升展风采"镇江市社区文艺联赛舞蹈比赛；参与承办"迈进新时代，幸福舞起来"2018年镇江市广场舞大赛；举办舞协考级单位优秀节目展演，并组织参加全省展演。市舞蹈家协会组织开展"乡村文艺提升"文艺志愿服务活动，与丹徒区宝堰镇、丹阳市行宫中心小学、扬中市兴隆小学等5个村和乡村小学结对，开展舞蹈辅导、支教等活动。按照省文联部署，与丹徒区实验学校开展文艺支教志愿服务活动。11月8日，市舞蹈家协会召开第七次会员代表大会，会议听取并审议通过《镇江市舞蹈家协会第六届理事会工作报告》《镇江市舞蹈家协会第六届理事会财务工作报告》《镇江市舞蹈家协会章程修改草案的说明》，选举产生市舞协第七届理事会，推选并通过市舞协监事会成员名单。随后召开市舞协七届一次理事会，选举产生市舞协第七届主席团，葛宇豪当选主席。（高兴玺）

【镇江市美术家协会】 2018年，镇江市美术家协会有会员529人，其中，省级会员116人，国家级会员24人。市美术家协会全市范围内组织多次采风写生活动，组织部分协会会员赴安徽大别山区、黟县、三界，山西右玉，陕西绥德等多地进行写生创作活动。11月11日，镇江市美术家协会召开第十次会员代表大会，会议听取并审议通过《镇江市美术家协会第九届理事会工作报告》《镇江市美术家协会第九届理事会财务工作报告》《镇江市美术家协会章程修改草案的说明》，选举产生市美协第十届理事会，推选并通过市美协监事会成员名单。随后召开市美协十届一次理事会，选举产生市美协第十届主席团，朱鹏举当选主席。12月8日至12日，市美协组织的"未来艺术家——2018镇江市优秀美术青年人才提名展"在墨海神韵美术馆展出。该次展出镇江市21名青年美术家的71

幅作品，涵盖中国画、油画、版画、雕塑、漆画等5个门类。9月4日，在江苏省现代美术馆组织“新时代·新镇江”版画作品展，画展由市文联、镇江日报社、市美术家协联合主办。7月28日至8月5日，在西津渡西津画苑举行镇江首届版画展，画展由市文联、镇江日报社、市美术家协联合主办。（高兴玺）

【镇江市书法家协会】 2018年，镇江市书法家协会有会员460人，其中，省级会员205人，国家级会员42人。当年，省级以上入会会员13人。市书协组织承办第二届全国大字书法展，举办镇江市第六届书法篆刻双年展，举办镇江市首届青年书法家提名展，参与全省“送福进万家”高铁站书法惠民活动。参与“社区文艺提升”和“乡村文艺提升”文艺志愿服务活动，先后组织书法家赴宝堰镇、江心洲、万科社区、韦岗社区、扬中兴隆中学、丹阳行宫中心小学等多地开展志愿服务活动。10月30日，镇江市书法家协会召开第八次会员代表大会，会议听取并审议通过《镇江市书法家协会第七届理事会工作报告》《镇江市书法家协会章程修改草案的说明》，选举产生书协第八届理事会，推选并通过书协监事会成员名单。随后召开市书协八届一次理事会，选举产生市书协第八届理事会主席团，曹秉峰当选主席。（高兴玺）

【镇江市摄影家协会】 2018年，镇江市摄影家协会有会员1298人，其中，省级会员502人，国家级会员208人。4月15日，市摄影家协会组织党员文艺家到世业洲开展志愿服务活动，主题是“为留守儿童摄影”，有50多名党员摄影家参与。5月5日，镇江市摄影家协会召开六届七次理事（扩大）会，投票产生2017年度优秀团体会员、优秀摄影社团、优秀摄影志愿者服务队，评选产生2017年度优秀摄影家。6月28日，老干部摄影家协会联合江苏科技大学摄影家协会举办摄影业务培训班。6月16日，市摄影家协会举办“2018镇江摄影盛典”活动，活动中，举行“程默摄影少儿社团”成立仪式，并表彰2017年度优秀摄影家佘佳虎、唐悦之等优秀摄影家。年内，在河南郑州举行的中国第17届国际摄影艺术展览上，镇江市何克作品《晒佛归途》、钱小平作品《太极》入选展览。

（高兴玺）

【镇江市民间文艺家协会】 2018年，镇江市民间文艺家协会有会员370人，其中，省级会员163人，国家级会员44人。镇江市民间文艺家协会和市文联组织“2018·海内外灯谜函寄会猜”活动，收到22个省、78个城市以及来自美国和新加坡华人的新创作谜语近3000条。9月22日—24日，市民间文艺家协会和镇江民艺馆在西津渡举办中秋谜语有奖竞猜活动，精选600条适合市民竞猜的谜语，市民间文艺家协会邀请镇江市灯谜协会的灯谜专家，现场为竞猜者解惑、提示和引导。（高兴玺）

【镇江市电影电视艺术家协会】 2018年，镇江市电影电视艺术家协会有会员276人，其中，省级会员25人，国家级会员7人。市电影电视艺术家协会成立青年电影联盟。截至年底，联盟有12个有创作能力的团队，联盟以轮值制的方式，每年各团队轮流派出一人担任秘书长。开展青年导演创作分享会，让创作团队走进校园和影视爱好者交流。当年，走进江苏科技大学，由协会青年导演王迪君、秦凯、张达3人，带着自己的作品，以“一片一观点”的形式，和在校大学生分享创作体会和经验。推进网络大电影创作发展。由镇江新光映像公司制作，秦凯导演的镇江首部本土古装玄幻网络大电影《双世白蛇》，于2018年5月25日在爱奇艺独家播放，该片的点击率超1500万次，最终票房超300万元。年内，由栾凡任编剧，赵健任艺术总监，秦凯团队摄制的微电影作品《我们的家》，被国家广播电视总局确定为2018年“弘扬社会主义核心价值观 共筑中国梦”主题原创网络视听节目征集推选和展播节目活动优秀节目。12月10日，镇江市电影电视艺术家协会召开第五次会员代表大会，会议听取并审议通过《镇江市电影电视艺术家协会第四届理事会工作报告》《镇江市电影电视艺术家协会第四届理事会财务工作报告》《镇江市电影电视艺术家协会章程修改草案的说明》，选举产生市影视家协会第十届理事，推选并通过市影视家协会监事会成名名单。随后召开市影视家协会五届一次理事会，选举产生市影视家协会第十届主席团，沈卓当选主席。（高兴玺）

【镇江市设计艺术家协会】 2018年，镇江市设计艺术家协会有会员190人。市设计艺术家协会主席团代表参加由市文联举办的“乡村文艺提升”镇江志愿服务三年行动计划启动仪式，与市民间文艺家协会组队前往定点服务乡村进行实地走访调研与采风。参与承办镇江市第四届文化创意设计大赛并组织人员报送第五届“紫金奖”文化创意设计大赛作品。市设计艺术家协会主席团成员代表参与并完成镇江市第四届文化创意设计大赛作品初评工作。组织开展“2018年度镇江市十佳设计师”评选工作。3月9日，镇江市设计艺术家协会组织召开镇江市文联协会工作推进会暨镇江市设计艺术家协会一届六次理事会。9月21日，组织召开镇江市设计艺术家协会一届七次理事会。（高兴玺）

【镇江文艺评论家协会】 2018年，镇江文艺评论家协会有会员15人。协会先后主办、协办和参加任珏方、吴绍祥、马健等多位作家的文学作品研讨会，组织骨干力量撰写、发表多篇文艺评论作品。组织会员参加第二届“镇江金山文艺评论奖”和“镇江市第九届文学艺术奖”评选。协会副主席王景曙、理事马彦如参加文联重点创作项目大型纪实文学《镇江：40年，40人》的采访创作活动。协会组织会员赴扬中市参加省文艺评论家协会主席汪政的专题讲座。组织会员代表赴句容开展采风交流活动。在市“乡村文艺提升”志愿服务活动中，协会组织骨干力量赴高资中心小学，举办“同一堂课”文艺支教活动。“名家讲堂”志愿服务走进江苏大学，举办“狂人百年”纪念活动；走进镇江市高等专科学校，协会副主席张坚强在“正则讲堂”举办“文化自信的多维解读”讲座。在西津渡举办“文心品书会”活动。此外，协会副主席张坚强赴句容后白镇西冯村，作“走向深蓝，筑梦海洋”主题讲座，并向该村学生捐赠图书与学习用品。在镇江市第九届文学艺术奖评选中，协会理事唐悦之论文《目遇五色 心笃一途——对新传播环境下摄影状态及摄影自律的思考》获提名奖；会员乔芳论文《北宋〈论语〉诠释的演进路径与嬗变图景》获省教育厅主办的江苏省教育教学与研究成果奖（研究类）三等奖，论文《高质量推进江苏文化建设的路径依赖》获中国民主同盟江苏省委员会首届江苏文化发展研讨会优秀论文一等奖；理事孙伟的研究项目《非遗学视野下里下河地区民歌研究》，入选2018年度教育部人文社会科学研究一般项目。（高兴玺）

公共文化及服务

【概况】 2018年，镇江市出台《镇江市公共文化服务保障办法》，提升公共文化服务水平。开展国家公共文化服务体系示范区创建工作。市委宣传部、市文化广电新闻出版局印发《茅山革命老区经济薄弱村综合文化服务中心强基工程方案》。综合性文化服务中心建成率100%,列全省第1名。升级30个镇(街道)和37个村(社区)文化广场设施,新建农村文化礼堂251个、小微型文化广场373个。打造"全民艺术普及·精彩与你同行"活动品牌,开展全民艺术普及活动528场,惠及群众10万余人次。全市农村电影放映7884场次,观影165.77万人次;全市城市影院放映4.26万场,观影666.52万人次,票房19744.39万元,比上年分别增长11.50%、2.41%、6.35%,平均票价29.62元。全年全市新增电影院3家、银幕20块、座位数2564个;影院、银幕、座位总数分别为37家、229块、3.5万个。5月,镇江市老年艺术大学丁卯教学基地揭牌。镇江市被确定为第四批国家公共文化服务体系示范区创建单位,推动市级文化场馆改扩建,实施茅山革命老区经济薄弱村综合文化服务中心强基工程、镇江市"乡村文艺提升"志愿服务三年行动计划。举办第16届中国微型小说创作大赛。开展第九届"文学艺术奖"评选。创作民族音乐剧《九九艳阳天》、图书《中国精神:图说中国共产党的百年奋斗》等重大题材作品。微电影《爱在运河边》《镇江往事》获首届运河主题国际微电影展最佳剧情片、最佳男演员、最佳导演奖。举办首届"农民丰收节"以及"节日展风采"、"一起镇江"、金山合唱节等文化惠民活动,推广"文化镇江云"数字公共文化服务平台。推动睿泰数字产业园建设,"江苏网络文学作家村"落户镇江。启动大运河文化保护传承利用规划和大运河国家文化公园镇江段规划编制工作,推进市大运河文化带建设研究院实体化运作。（许 婷 于 芳）

【《镇江市公共文化服务保障办法》】 2018年11月26日,镇江市政府出台《镇江市公共文化服务保障办法》(以下简称《办法》)。《办法》于2019年1月1日正式施行,有7章45条。《办法》旨在保证城市公共文化服务水平,强化农村的公共文化服务,尤其注重基层公共文化服务设施、服务内容等方面的要求。同时,该办法明确公共文化设施的开放时间、建设流动服务和数字服务相结合的公共文化设施网络等服务方式的内容,明确公共文化服务发展的经费问题。（许 婷）

【文化云服务平台升级改造】 2018年10月,"文化镇江云"平台优化上线。多个服务渠道升级,如PC门户网站、H5微网站、手机App;增加文化直播、文化地图、文化志愿者、文化消费、全民艺术普及公益培训报名等功能,美化操作界面,简化注册程序,并对用户实行分级和积分管理。"文化镇江云"数字公共文化服务平台全年发布预告文化活动736场、抢票活动199场,上传艺术普及等文化视频50个,开通文化单位功能室预约287个,入驻文化团队174个,发布文化活动信息831条,内容包括讲座、展览、演出、全民阅读等文化活动信息。（许 婷）

【"节日展风采"主题文化活动】 2018年,镇江市委宣传部、市文广新局等单位在全市以联动形式开展"节日展风采"主题文化活动。活动历时10个月,市文化馆、市民间文化艺术馆分别举办"喜迎新年·畅享未来"系列活动、"欢欢喜喜过大年"广场民俗表演、"欢天喜地闹元宵"文艺演出、"乐享民俗风情·共度元宵佳节"民俗文化交流活动、"最美半边天"庆祝"三八"妇女节文艺演出、"不忘初心"缅怀先烈汇聚力量专场文艺演出、"胜利的歌声"纪念镇江解放日合唱专场文艺演出、"劳动赞歌""五一"国际劳动节专场文艺演出、"共筑青春·放飞梦想"时尚快闪活动、"自强感恩、融合成长"庆祝第二十八个全国助残日活动、"六一"儿童节2018"希望之星"镇江艺术考级单位优秀节目展演、"多彩非遗 美好生活"文化和自然遗产日活动、"弘扬传统文化·情系浓情端午"讲座展示活动、端午节主题文化活动——瀚海墨韵画展暨公益美术培训成果展、"永远跟党走"为主题的庆"七一"快闪活动、"八一"篇——"最可爱的人"文心少儿艺术团走进老北门社区文艺演出、"七夕"篇专场文艺演出、"五谷丰登迎中秋"文艺展演、"歌唱祖国"国庆篇文艺演出、"放歌新时代·舞动新风采"重阳节专场演出、"三城荟萃山韵清新——第四届民俗文化周(宁镇扬)暨南山重阳节"等22场群众性节日文化活动,艺术样式有诗词(歌)、戏曲曲艺、音乐舞蹈、书法绘画、民间文艺等。（刘 昱）

【群众文化"十百千"工程评选】 2018年10月,镇江市组织开展镇江市群众文化"十百千"工程第二批优秀群众文艺品牌、第三批优秀群众文艺团队和优秀群众文艺骨干评选活动。在各地推荐申报的基础上,经评审和社会公示,"清风雅韵"戏曲周活动等3个优秀群众文艺品牌、"丹阳市鸿喜鹊公益合唱团"等20支优秀群众文艺团队、陈辉等200名优秀群众文艺骨干获表彰。（刘 昱）

【第三期基层群众文艺骨干轮训班】 2018年11月,镇江市推进群众文化"十百千"工程,旨在培养基层优秀群文团队、优秀文艺骨干。市委宣传部、市文广新局以专家集中授课培训、团队和个人经验交流的方式,联合举办镇江市第三期基层群众文艺骨干轮训班。全市各辖市(区)文化馆、镇(街道)文化站、村(社区)综合文化服务中心文化专兼职人员、文艺骨干,群众文艺团队负责人和文艺骨干等200余人参加培训。（刘 昱）

【"带一本好书回家过年"】 2018年2月2日,镇江市委宣传部和市文广新局组织的"带一本好书回家过年"在镇江站、镇江南站、镇江汽车客运站启动,为旅客返乡送上文化礼物。活动中,向返乡乘客发放《习近平的七年知青岁月》《历史文化名城镇江》《中国价值》等图书近5000册,涵盖哲学、政治、法律、经济、文化、艺术、历史、医药等众多类别。10多位书画家在3个活动地点,参与送"福"活动,为市民书写"福"字1200余张。（许 婷）

【"墨海添彩 书画有情"捐赠书画作品仪式】 2018年8月28日,镇江市文广新局举办以"墨海添彩 书画有情"为主题的捐赠书画作品仪式,向全市56个镇(街道)捐赠书法、绘画作品112幅。润州区7个街道文化站作为代表接受书画捐赠。捐赠书画均由省级以上美术家协会、书法家协会会员创作而成,由镇江市文广新局装裱。（许 婷）

文化产业

【概况】 2018年,镇江市文化产业实现规模以上文化企业营业收入201.87亿元,规模以上文化企业增加值78.17亿元,占地区生产总值比重为4.80%。镇江睿泰科技的SaaS(软件即服务)学习平台建设及推广等5个项目获省级文化和新闻出版广播影视专项资金补助556万元。市文广新局联合市财政局出台《镇江市市级文化创意及数字出版产业发展引导资金管理办法》。长山薰衣草庄园的薰衣草——凤凰文化创意展示馆等6个项目获资金扶持200万。睿泰数字产业园服务平台项目入选国家新闻出版广电总局改革发展项目库。推动睿泰数字产业园建设,截至2018年,睿泰数字产业园注册、入驻企业356家,其中,产业链相关企业276家。发挥"镇文贷"

平台作用，推动银企对接，支持文化企业10余次，发放贷款8400万元。推进镇江博物馆、镇江市图书馆、茅山新四军纪念馆、镇江市民艺馆、镇江市文化馆开展文创品开发，组织5家单位产品参加第七届中国国际版权博览会，茅山新四军纪念馆"小兵驿站"入选文化部红色文创产品展。

市文广新局组织金霓影视服饰道具工艺厂、方美珑乱针绣、紫颖笔庄、上品红木等文创企业参加浙江义乌文博会、深圳文博会、苏州创博会、无锡文博会、第九届西部文博会等展会活动。组织"33文创产业园"参加江浙沪特色文化产业项目路演活动，组织10家企业参加江苏省文化与旅游产品走出去论坛暨培训活动。

市文广新局与市旅游委联合推出镇江文化旅游口袋书《遇见镇江》。一套8本，分《揽胜篇》《故事篇》《诗话篇》《记忆篇》《遗迹篇》《民俗篇》《休闲篇》《饮食篇》，首印1万册。推荐茅山湖康养风情小镇、长江渔文化风情小镇、宝华镇千华古村等文化特色鲜明的乡镇参评省级文化旅游名镇创建。开展江苏省文化科研课题研究，撰写《镇江特色小镇创建中的文化功能建设研究》。推荐恒顺醋文化博物馆、宝华山千华古村、丹阳眼镜小镇、魔幻海洋世界4个项目申报文化和旅游部文化旅游精品项目。遴选醋文化博物馆、米芾书法公园等有代表性的项目参与省"文化旅游融合看江苏"主题报道活动。

举办第二届"希望之星"镇江艺术考级单位优秀节目展演，承办江苏省第二届社会艺术水平考级展演。开展"绿色网吧"建设工程，创成省级"绿色网吧"8家，开展文化娱乐行业转型升级示范场所评定工作，评选出5家歌舞娱乐场所、4家互联网上网服务营业场所、3家游戏游艺娱乐场所为"转型升级示范场所"，发放6.9万元奖励并授牌。

（许　婷）

【2018镇江(上海)文化产业招商项目推介会】 （参见第34页）　（许　婷）

【数字互娱文化产业基地落户镇江】 2018年12月12日，中国镇江"新数娱、新未来"产业论坛暨镇江天影天工数字互娱产业基地签约仪式在镇江市京口区举行，文创企业代表等60多人参加活动。按照协议，该项目计划投资2000万元，以建成7万余平方米的产业为载体，打造"众创空间+孵化器+加速器"产业链培育体系。签约仪式上，3批入驻企业进行签约。第一批是影视板块，深圳创天影视、镇江天影影业等企业签约；第二批是游戏板块，北京天趣网络、苏州首越网络等企业签约；第三批是娱乐培训板块，苏州星梦造星、苏州北电青艺等企业签约。

（许　婷）

【第二届"希望之星"社会艺术考级优秀节目展演】 2018年5月26日，镇江市第二届"希望之星"社会艺术考级单位优秀节目展演在镇江大市口广场举行。展演分为音乐舞蹈类优秀节目和美术书法类优秀作品展2个部分。全市40多家艺术考级单位参与，选送作品超过300件。有17个音乐舞蹈类作品和30幅美术书法类作品入围最终展演。在入围的47个优秀作品中评出音乐舞蹈类和美术书法类"希望之星"奖8个，并颁发"优秀组织奖"和"优秀指导教师"等奖项。

（许　婷）

【第四届镇江市文创设计大赛】 2018年8月16日，由镇江市委宣传部、市文明办、市经信委、市文广新局、市住建局、市工商局、市文联等单位联合主办，市文化市场行业协会、市设计艺术家协会承办的2018镇江市第四届市文化创意设计大赛启动，大赛以"生活艺术化，艺术生活化"为主题，分为4大项："紫金奖·文创产品设计大赛""紫金奖·公益传播设计大赛""紫金奖·建筑及环境设计大赛"及"创富镇江·工业产品设计大赛"。大赛征集作品837件，其中，文创产品创意设计类319件，公益传播设计类350件，建筑及环境设计类121件，工业设计类47件。评选出3个金奖、8个银奖、20个铜奖和165个优秀奖。其中，"来事镇江——镇江区域民俗文化视觉体验设计研究""宀字造物家族"获文创设计类金奖，"鱼跃YH－450呼吸机"获工业设计类金奖。

（许　婷）

图书馆事业

【概况】 截至2018年年底，镇江市有7家图书馆，均为国家一级馆。建成图书馆分馆539家，镇(街道)文化站作为图书馆分馆的建成率为100%。镇江市图书馆做好免费开放和服务工作，提高服务质量，完善服务设施，图书馆总分馆制继续实施，新建特色分馆19家、党建(红色)书屋5个，建成镇江市首家24小时城市书房——"上河·书房"分馆。编纂大型地方文献丛书《镇江文库》。丹阳市图书馆、句容市图书馆、扬中市文化馆获"江苏省2018年度县级文化馆图书馆总分馆制先进单位"称号。

（许　婷）

【镇江市图书馆】 2018年，镇江市图书馆有持证读者13.4万人，年借还图书36.2万册，年接待读者160余万人。在全省率先成立"书香校园"馆校联盟，开展"图书馆畅游计划"，参与人数300余人；实施"一人一证项目"，办理借阅证740张；完成"建章立制·守护芸编——《镇江市古籍保护办法》颁行一周年"图文展。制定《借阅证统一编码

图23－3　2018年5月26日，镇江市第二届"希望之星"社会艺术考级单位优秀节目展演　（展演组委会　供稿）

规则(2018 讨论版)》,完成全市图书馆读者借阅证的设计及招标工作。镇江市图书馆引入 RFID 自助借还系统(通过结合无线射频识别、计算机、网络、软件以及触摸控制操作等技术,实现对安装有电子标签的多本图书进行同时识别和处理)。利用该系统,读者可以全自助式进行检索、借书、还书、续借、预约等项目,且操作简单,方便快捷,实现图书自助借还功能。启动图书流动车线路化服务项目,全年完成流通服务 52 次。镇江市图书馆被文化和旅游部评为"国家一级图书馆"。

全年举办王志庚、张清华、傅亚成等主讲的"文心讲堂"14 场,小型讲座"文心课堂"30 场,内容涉及阅读指导、艺术创作、健康知识、传统文化等。举办"文心悦读"184 场。举办"汉字——中华文化的津梁"汉字演变展、第十三届文津图书奖图片展等展览 11 场。全年文心影厅放映电影 106 场。开展第五届"书香镇江·少儿阅读季"活动。组织小橘灯志愿者活动、红领巾读书征文评奖活动、英文绘本故事会、少儿数字资源线下活动等各类少年儿童阅读活动 11 个项目、116 场。

古籍数字化建设。2018 年 6 月,镇江市图书馆所藏的 14 部珍本古籍入选江苏省政府公布的第四批《江苏省珍贵古籍名录》。完成第六批《国家珍贵古籍名录》申报工作,筛选出图书馆二级以上的善本古籍 24 部,并对入选国家及省级珍贵古籍名录的 30 余种、170 余册珍贵古籍进行数字化扫描加工。参加国家图书馆联合国内 14 家古籍单位发布数字资源活动,通过镇江市图书馆官网发布 10 余种、100 余册方志古籍电子本,展示镇江市图书馆古籍数字化成果。做好《镇江文库》的书目与资料搜集整理工作。对《镇江文库》丹阳、《句容县志》部分内容进行编辑排版,对国内存世稀少且缺页情况复杂的《隆庆丹阳县志》《乾隆丹阳县志》等古籍资料进行调研。对专题志中的山水志部分进行资料征集与编辑。 (许 婷)

【"4·23 世界读书日"活动】 2018 年,在世界读书日期间,镇江市各公共图书馆开展读书活动。市图书馆邀请北京师范大学张清华教授开展"格非小说的读法"专题讲座;配合"书香镇江,诗韵南山"读书赛诗会开展图书漂流、少儿手绘传统漫画、中国雕版印刷体验等活动;举办美育讲座,畅谈如何呵护孩子最初的创作理念;组织小读者开展古籍探源,制作手工古籍。各县(区)级图书馆配合当地文体局分别启动京口区梦溪读书节、润州区第十届文心阅读节、丹徒区第三届宜文读书节、镇江新区"书香宜地·阅读悦美"读书节、丹阳市第五届全民阅读节、扬中市第五届江洲读书节、句容市第四届文昌读书节等读书节活动。 (许 婷)

【24 小时城市书房建成开放】 2018 年 7 月 20 日,镇江市首家 24 小时城市书房——"上河·书房"建成开放。书房位于京口区如意江南上河街,上下两层,古典庭院分割。上河书房是镇江市图书馆与镇江市城建集团合作共建的智慧型阅读新空间,有 4700 多册图书,主要侧重人文社科类书籍。上河书房开辟一块盲人阅读区,有盲文图书 77 册,盲人听读器 2 台,安装盲人阅读软件的掌上电脑,为盲人阅读者提供借阅便利。上河书房结合 RFID 技术,通过引进自助办证机、自助借还机等智能化设备,实现 24 小时无人值守、全程自助的图书服务模式,并与镇江市图书馆实现资源共享和图书通借通还。 (许 婷)

【博看朗读亭投入使用】 2018 年 10 月 24 日,镇江市首个朗读亭——博看朗读亭在镇江市图书馆投入使用。该设备采用高强度、全隔音钢化玻璃,保证安全的同时阻隔 95% 的声音,朗读亭内还配有专业的录音棚设备,保证朗读的效果。朗读亭提供的内容涉及唐诗、宋词、元曲等经典国学及传统文化作品以及热点及经典小说、散文等千余种文学作品;朗读亭还提供英语口语测试练习。读者通过微信扫描二维码即可登录并选择朗读内容进行录音。 (许 婷)

【"书香校园·馆校联盟"授牌仪式】 2018 年 12 月 17 日,镇江市"书香校园·馆校联盟"授牌仪式在镇江市图书馆举行,为馆校联盟的 31 所学校进行授牌。镇江市"书香镇江·馆校联盟"是省内第一家由政府职能部门主导的图书馆与学校联合成立的联盟组织。"馆校联盟"的建立旨在对图书馆和学校的资源进行整合,实现双方优势的互补,促进阅读与教育的融合。"馆校联盟"为 10 家幼儿园"绘本故事园"各配备 500 册绘本图书和故事投影仪。图书馆实施错时开放服务,从下午 1:30 到晚上 8:30,让少年儿童在课余时间能够阅读。 (许 婷)

【江苏大学图书馆】 江苏大学图书馆由校本部馆、校本部 4 个学院资料室、北固校区借阅处组成,总面积 47270 平方米(不含资料室)。截至 2018 年 12 月,图书馆纸质馆藏总量 313 万册,馆藏电子资源总量 22.1TB,订购各类中外文数据库 150 个,自建数据库 9 个。全年引进博士 1 人,外出参会调研学习 195 余人次,国外访学 2 人。全年获批图书情报专业学位硕士点,增加农业农村信息资源组织与管理方向专业;获批各类科研项目 7 项,4 项科研项目结题(含国家级课题 2 项)。发表论文 40 篇,其中,C 刊论文 26 篇,出版专著 1 部,申请发明专利 1 件,获省哲学社会科学三等奖 2 项,获全国信息素养教育研讨会论文一等奖、教材二等奖、视频微课二等奖、教学案例三等奖等各 1 项,"耶鲁公益课"获省高校情报咨询优秀服务案例,获第四届中国"互联网+"大学生创新创业大赛优胜奖 1 项,获第三届"中山杯"江苏省大学生专利分析大赛最佳组织奖。2 人获全国专利分析师(中级)资质,3 人获评"江苏省知识产权工程师"。江苏大学图书馆获评"省高校图工委先进集体",1 人获评省高校图书情报工作委员会"优秀馆长奖"。

图书馆暑假首次每天 14 小时开放,假期日均入馆约 2100 人次,全年接待读者 166 余万人次,比上年增长 10%。借还图书 38 万余册、办理各类通用借书证 519 张,上机 6 万人次。提供 SCI/ESI、CSSCI 等数据库查收查引证明 2300 人次,论文相似性检测 431 条。承接 12 场次 380 人次参加的 HSK(汉语水平考试),组织 4 批次 59 场 1062 人次参加的 ACCA(特许公认会计师)考试。为适应读者阅读习惯的改变,修订借阅规则,增加读者借阅权限。梳理上线 43 个"菜单式服务工作项目",恢复线下"一站式"服务台功能。开展"挂牌亮身份"服务,公布监督邮箱。农业装备特色资源中心建设正式启动。推进机构知识库建设,建立 62 名博士生导师、硕士生导师个人学术主页。

江苏大学图书馆在"2018 读书节"期间,举行第二届诗词大会、"陈更诗词分享会"、"茶与健康生活"讲座、"名家讲堂"、"校长荐书"榜单展、古籍民国文献图片展、赛珍珠获诺贝尔奖作品图片展等活动,发布"江苏大学图书馆阅读大数据报告",并分别给借阅量和进馆量前 10 名的读者颁奖。"再见江图"毕业季开展"书生"人偶纪念相框及床头书榜纪念书单发放、签名墙留言、"那些年有我的青春痕迹"主题征文等活动。"书影""书的盛宴""江图新书""智在江图""读书阅读分享""这里有你的一封信”等活动贯穿全年。举办第三届“辉煌一课”活动，传承“江大”文化，弘扬“江大”精神。承办第三届（2018）省地本科高校图书馆创新服务与建设研修班、江苏省高校图工委文献资源建设专业委员会2018年年会暨工作研讨会、纪念赛珍珠获诺贝尔奖80周年诗歌朗诵比赛。（卞丽芳）

【江苏科技大学图书馆】 2018年，江苏科技大学图书馆制订新、老馆的纸质资源调拨方案，新馆空间布局、功能优化方案和家具设备预算草案；签订智慧空间管理系统、RFID智能图书管理系统采购合同，入馆教育系统进行阶段验收；上线新门户网站。全年制定、修订13项规章制度、工作流程与业务规范，从行政管理、岗位职责、资源建设、读者工作、党建工作等7个方面细化图书馆业务工作。

全年完成文献信息资源的建设工作，典藏中外文图书55682册，订购中外文期刊1192种、1384份，报纸45种、77份，完成28个数据库平台的采购和续订工作。实现全年无事故正常开放。全年有借阅的读者6763人，有借阅的读者人数较上年增长15%，总借阅册数46571册，比上年略有增长。配合江苏科技大学学科办提供多期ESI（基本科学指标数据库）学科的潜力排名和统计数据，向学校深蓝人才启动知识定向服务。

开展第二届“悦读·起航”读书节系列活动，主办多场学生阅读活动和文化讲座。期间，开展的“阅读马拉松”活动获包括中国新闻网、江苏教育网、扬子晚报网等媒体的报道。

改善老馆条件，清理并添置存包柜、设置考研自习区、改造部分卫生间；发挥学生自我教育、自我管理、自我服务作用，坚持清理自习室，抵制占座行为。通过有效优化阅读环境，缓解读者对空间服务需求。

学报（自然科学版）在“2018年度中国高校杰出·百佳·优秀科技期刊遴选活动”中获评“中国高校优秀科技期刊”、教育部科技发展中心“中国科技论文在线优秀期刊”二等奖，学报（社会科学版）被中国社会科学评价研究院评定为“2018年度中国人文社会科学期刊AMI综合评价”A刊扩展期刊。

（师衍辉）

【镇江市高等专科学校图书馆】 2018年，镇江市高等专科学校图书馆建筑面积22500余平方米，分设校本部图书馆、丹阳师范学院图书馆、润州校区（原镇江卫生学校）。馆员31人，具有副高及以上职称人员10人；注册读者8000余人。有纸质图书73万余册和各类电子版图书300万种，中文专业期刊近500种，电子期刊全文数据库1万多种6000多万篇。新校区图书馆内设有文学艺术借阅区、社科类借阅区、自然科学借阅区、教师阅览室（特色书库）、电子阅览室、视听室、报告厅、密集书库、研讨（修）区、咖啡吧休闲区等。

图书馆秉承“读者第一，服务至上”理念，把为读者提供文明、优质、高效、人性化的服务作为追求目标。加强图书馆信息化建设，丰富电子学习资源，建有超星读秀数据库、知网期刊论文数据库、CALIS外文期刊网、镇江地方文化数据库、新东方多媒体学习库、数字移动图书馆等，此外，还有维普期刊数据库、海研全球科研项目数据库、东篱科研大数据发现系统（DRDS）等试用资源。添置自助借还机、电子书借阅机、电子阅览设备、共享打印机等，为读者提供优质、便捷的服务。

图书馆每年定期举办读书节活动，开展优秀书目推广、好书阅读、有奖征文等活动，开展相关的培训和专题讲座，丰富学生的课余生活，营造浓郁的书香校园氛围。（魏胜宏）

文博事业

【概况】 2018年，镇江市文博系统发掘地方传统文化精华，提升文化遗产保护利用水平。镇江市文物局被人力资源和社会保障部、国家文物局评为“全国文物工作先进集体”。镇江博物馆晋升国家二级馆，获国家考古发掘资质。镇江博物馆改造工程完成规划设计方案，西津渡5、6号楼总承包（EPC）招标结束。12月29日，“奔流——近代镇江”主题展试开放。市文广新局成立镇江市文广新局大运河文化遗产保护传承利用工作组，制订《大运河文化带遗产保护传承利用三年（2018—2020）工作方案》；开展大运河文化带遗产调查复核工作，组织开展论文征集活动并编撰《镇江大运河历史文化研究论文集》。开展博物馆和文物建筑消防安全大检查工作。争取国家重点文物保护专项资金937万元、省级文物保护专项补助经费440万元。

《全国重点文物保护单位隆昌寺消防工程方案》获国家文物局审批，镇江博物馆等3个馆藏文物数字化保护方案获省文物局审批，镇江市文物局指导编制《省级文物保护单位狮子山土墩墓群保护规划》等6个规划、方案，指导完成殷氏宗祠维修工程、赛珍珠旧居修缮加固工程；完成杨一清墓维修工程；实施京口闸遗址保护工程。句容市博物馆馆藏青铜文物保护修复项目、江南土墩墓博物馆馆藏陶器保护修复项目、镇江英国领事馆旧址防雷工程等通过省文物局验收。孙家村遗址、铁瓮城遗址2个项目通过国家文物局审批，镇江大港吴国遗址群考古调查勘探项目通过省文物局审批。

启动国家级代表性传承人抢救性记录工作，制定拍摄计划，完成筱荣贵口述部分拍摄。开展第四批市级“非遗”传承人申报、省级“非遗”名录中长期保护规划编制、2018年度传承人评估工作。贯彻落实《镇江市非物质文化遗产项目代表性传承人条例》，出台《镇江市非物质文化遗产项目代表性传承人评估办法》，市级“非遗”代表性传承人固定资助落实到位。镇江市“非遗”立法工作获评全省首批优秀法治实事项目，获江苏省依法治省领导小组通报表彰。举办“三城荟萃·山韵清新——第四届民俗文化周”系列活动。推出镇江“非遗”微课堂第三季、第四季。

2018年，镇江博物馆馆舍面积扩大9700平方米，建设新的近代镇江通史基本陈列室、文物修复室、文物科研室，建设新的青少年活动中心，全年接待观众近53万人次，讲解接待510场，讲解团体观众9177人，讲解满意率为100%。完成馆藏34件金银器和胡果威捐赠的12件吴毓庭书法作品、7件陶瓷文物的修复工作。入库文物212件。出版《听风听雨·吾爱吾庐——镇江名人故居撷珍》。参加北京电视台科教频道《记忆》栏目的录制，讲解《探秘镇江佛舍利之谜》。完成镇江英国领事馆旧址消防升级改造工程方案编制。配合城市基本建设，完成西津渡遗址、连镇铁路镇江古代城市遗址、句容岗下村遗址和宁句轨道交通句容段等16个地块的考古工作。完成孙家村遗址、铁瓮城遗址的年度发掘任务。继续进行溧阳东滩头遗址、金坛至江宁输气管道镇江段等3个项目的考古工作。

2018年，镇江博物馆举办庆祝镇江博物馆成立60周年系列活动，包括“重庆中国三峡博物馆鼻烟壶展”“镇江博物馆藏京江画派精品展”“胡果威捐赠书法暨镇江博物馆藏吴毓庭作品展”等11个专题展览。开设“大运河——中华文明的结晶与见证”“纪念赛珍珠获得诺贝尔文学奖80周年”等文博知识讲座10场。以“乐享传统节”“彩虹手工坊”

“流动博物馆”和“我与博物馆”品牌活动为载体，开展社教活动76场。

茅山新四军纪念馆推进茅山爱国主义教育活动中心项目，与宝堰四县抗敌总会纪念馆等合作推出“菜单式”培训课程和服务，内容主要包括党史专家讲座、重走新四军之路（吃忆苦思甜饭、寻访革命先烈）；与茅山景区社区教育中心推进“茅山红色文化+”游学项目，将红色文化教育向学校、社区等延伸。6月，与句容市实验高级中学联合共建的“句容抗日斗争历史陈列馆”对外开放，该专题展览分为“句容沦陷”“挺进茅山”“烽火句容”“建立政权”“艰苦坚持”“夺取胜利”6个部分，系统展示抗战时期新四军与句容人民血与火的抗日斗争历程。开展“踏寻革命足迹·重温红色岁月”——第八届茅山红色夏令营活动。与天津周恩来、邓颖超纪念馆达成合作协议，以“展览互换”的形式，展出周恩来、邓颖超纪念馆的“中国共产党人的杰出楷模——周恩来生平事迹展”。抢救性征集革命文物213套。接受烈士吴林根、新四军老战士蒋铁如、周瑾等革命前辈家属捐赠的文物，同时，赴上海、安徽等地上门征集文物，接受储孔玉、陈茂辉等将军后人文物史料的捐赠。编制《茅山新四军纪念馆馆藏文物预防性保护方案》，提升馆藏文物保护、利用和管理的科学性；开展爱国主义教育基地共建活动，新增南京交通职业技术学院、扬州大学马克思主义学院、丹阳市实验小学、民生银行苏州分行、江宁监狱等11家共建单位。焦山碑刻博物馆的“虚实意象——焦山碑林书法艺术体验式巡展”在日本展出；在上海市松江区博物馆举办“鹤鸣九皋——镇江焦山碑林藏名碑名帖拓片展”。（许　婷）

【《镇江市区域评估文物保护评价实施办法》】 2018年2月14日，镇江市政府办印发《镇江市区域评估文物保护评价实施办法》。该办法分为10条，主要明确文物保护评价的适用范围、责任主体、工作深度、实施流程、成果运用、经费落实以及监督管理等方面内容。通过集中、提前且经费由政府通过购买服务方式进行区域评估文物保护评价工作，解决建设项目开工后发现文物造成停工的矛盾，避免因发现地下文物需要原址保护，造成项目建设与文物保护的冲突。（许　婷）

【镇江博物馆成立60周年】 2018年，镇江博物馆建馆60周年。12月18日，镇江博物馆举办镇江大港吴国遗址群考古研讨会、“紫禁城：从皇宫到博物院”专题讲座、“墨蕴万象——镇江博物馆藏明清书画精品展”等系列活动。镇江博物馆建于1958年，馆藏文物总量为3万余件（套），其中，一级文物103件（套），二级文物340件（套），三级文物3121件（套），从西周到春秋时期吴国青铜器、六朝青瓷器、唐代金银器、明清书画等都是特色藏品。（许　婷）

【镇江市成立名人故居（纪念馆）联盟】 2018年2月8日，镇江市召开名人故居（纪念馆）联盟成立会议。全市有名人故居（纪念馆）15座，其中，省级、市级文保单位各有5座，面向社会开放的有6座，多家是省、市级爱国主义教育基地和各类实践示范基地。名人故居（纪念馆）联盟的成立旨在推进名人故居（纪念馆）的保护利用，深度挖掘镇江历史文化底蕴，形成文化遗产的保护合力，扩大对外交流。（许　婷）

【虚实意象——焦山碑林书法艺术体验式巡展】 2018年5月30日—6月3日，虚实意象——焦山碑林书法艺术体验式巡展在江苏大学图书馆举办。展览遴选碑林拓片22幅，综合运用数字交互、虚拟现实、增强现实、三维打印等现代科技手段，对碑林历史及各个时期代表作品进行解读，营造贯穿时空、多维立体的文化空间。7月，该展览走出国门在日本京都国际交流中心进行展示。（许　婷）

【江苏省2018年文化和自然遗产日主场城市系列活动】 2018年6月8日，“江苏省2018年文化和自然遗产日主场城市系列活动”在镇江市举办，全省文博工作者代表100余人参加活动。主场城市系列活动主要包括“江苏省文物保护利用成果展”、“流韵——江苏大运河文化带出土文物精粹展”、博物馆文创产品全省联动展销3个项目。“江苏省文物保护利用成果展”用81块展板，展示全省文物保护利用总体情况和文物保护、文物安全、考古发掘、博物馆公共文化活动、文创产品开发、综合管理等成果。“流韵——江苏大运河文化带出土文物精粹展”汇聚8市、12家文博单位的150件（套）展品，介绍大运河与江苏经济社会发展的相关情况及大运河沿线城市考古成果。博物馆文创产品全省联动展销，在镇江博物馆博苏堂集中全省各地文物单位的文化创意产品，展示全省文化创意开发的最新产品。活动还举办“大运河——中华文明的结晶与见证”文化和遗产日专题讲座，邀请学者朱光亚讲述大运河的历史。活动邀请鲁力、王金潮、程晓中、李竹、徐铁城等文物专家面向社会开展免费文物鉴定活动。（许　婷）

【周恩来同志生平事迹展】 2018年7月1日—10月31日，中国共产党人的杰出楷模——周恩来同志生平事迹展在茅山新四军纪念馆开展，8万余人参观展览，该展览由茅山新四军纪念馆、周恩来邓颖超纪念馆主办。展览分“不忘初心·坚守信仰”“对党忠诚·维护大局”“热爱人民·勤政为民”“自我革命·永远奋斗”“勇于担当·鞠躬尽瘁”“严于律己·清正廉洁”6个部分，遴选周恩来各个历史时期的100多张珍贵照片，再现周恩来的光辉一生。（许　婷）

【镇江大港吴国遗址群考古研讨会】 2018年12月6日—7日，镇江大港吴国遗址群考古研讨会在镇江新区圌山召开。研讨会由镇江市文化广电新闻出版局与中共镇江新区工委宣传部主办。江苏省文化和旅游厅（文物局）、南京博物院、社科院考古所、安徽省文物考古研究所、镇江博物馆、北京大学考古文博学院等单位的11名学界专家学者参加研讨会，5名专家分别从遗址群整体情况、植物考古、冶金考古、环境考古和可移动文物保护等方面介绍镇江大港吴国遗址群的考古工作进展。与会专家还现场考察分布于镇江大港地区的吴文化遗址群，依次踏查烟墩山墓地、魏家墩、谢家神墩遗址、东巨遗址、孙家村遗址和断山墩遗址。（许　婷）

历史文化名城研究与保护

【概况】 2018年，镇江市历史文化名城研究会有会员173人，全年召开会议18次，参加学术会议300多人次。学会撰写学术论文90多篇，在刊物发表60多篇次。全年镇江市历史文化名城研究会加强学术研究、应用性研究，增强咨询服务效果。编印《镇江市历史文化名城研究会论文集》第19集。《名城镇江文史研究丛书》《京杭运河镇江服务区文化墙策划方案》分获镇江市第十二届哲学社会科学优秀成果一等奖和二等奖。完成镇江长江大桥南北公路接线工程沿途区域文化遗产保护与展示研究；分别完成镇江方志馆展陈大纲和镇江名人馆展陈大纲的编撰；完成镇江老旧小区环境和品位问题的研究课题更新；完成镇江火车站北广场文化墙策划方案；完成“中泠泉”和“芙蓉楼”历史文化研究及激活一泉景区的策划方案；完成镇江近代租界史调研报告；完成西津渡、伯先路和龙王巷历史文化街区传统商业研究及街区商业运营策划研究报告。 （蓝纯龙）

【镇江市历史文化名城研究会第19次学术研讨会】 2018年3月18日，镇江市历史文化名城研究会在京城饭店召开2018年年会暨第十九次学术研讨会。会长任振棣做工作报告。研讨会收到论文75篇，经专家评审入选65篇，内容涉及精美镇江建设、优秀传统文化与时代精神、文化遗产保护、文化旅游和文史等五大类20个方面。其中，8篇论文做大会交流。 （赵康琪）

【参与省炎黄文化研究会专题学术研讨活动】 2018年，镇江市历史文化名城研究会有3篇论文入选省炎黄文化研究会主办的“改革开放时代精神和中国特色社会主义文化自信”理论研讨会，邱隆洪做《传承亚夫精神，推进乡村振兴》大会发言。有4篇论文入选省炎黄文化研究会主办的“名城保护与振兴发展”专题研讨会，窦晓青做《我国历史文化名城保护发展工作的新问题及对策解析》大会发言。有6篇论文入选省炎黄文化研究会编印的《中华优秀传统文化与党内政治文化建设》一书，其中，镇江市历史文化名城研究会报送的钱永波《优秀传统文化是党政领导者的必备素养》、孙志军《论新四军铁军精神在党内政治文化建设中的现实启示》获省炎黄文化研究会优秀论文奖。 （赵康琪）

【镇江长江大桥南北公路接线工程沿途区域文化遗产保护与展示研究】 2018年，镇江市历史文化名城研究会受镇江长江大桥南北公路接线工程指挥部委托，对镇江长江大桥南北公路接线工程两侧地面文物、重要古建筑、古人类居住遗址、古墓葬和地下文物进行调查研究，完成保护和展示的调研报告。报告主要内容有：公路两侧地面文物和尚未列为文物的重要建筑概况、保护建议，公路两侧地下文物及古代遗址墓葬概况及保护建议，镇江长江大桥南北公路沿线文化遗产展览内容策划方案等。 （王玉国）

【镇江方志馆展陈大纲编撰】 2018年，镇江市历史文化名城研究会受市史志办公室委托，组织专家搜集史料，在反复论证的基础上，形成展陈大纲，主要由镇江概况、建置沿革、山水名胜、经济发展、人文荟萃、社会事业、民俗风情、方志赏鉴等部分组成。 （赵康琪）

【镇江名人馆展陈大纲编撰】 2018年，镇江市历史文化名城研究会受镇江市文广新局委托，编撰镇江名人馆展陈大纲。大纲将名人馆分帝王将相，进士、院士，群星璀璨（历代其他名人）三大部分，反映镇江历史上在政治、军事、经济、科技、文化等方面做出卓越贡献的历史名人300余人。 （王玉国）

【镇江老旧小区环境和品位问题研究课题更新】 2018年，镇江市历史文化名城研究会调研城区老旧小区现状，分析存在主要问题，特别是对2018年正待改造的大市口西北片区、同德里山巷片区、中营片区、朱方路和九里街片区等历史文化资源进行详细阐述，提出挖掘、运用各小区历史文化资源和富有特色的地名文化，提升老旧小区环境和品位的建议。 （罗福春）

【天下第一泉历史文化研究及激活一泉景区策划方案】 2018年，镇江市历史文化名城研究会提出尽快实施激活天下第一泉工程项目、展示一泉景区历史文化、鉴亭内建王仁堪诗碑、整体提升一泉景区和“芙蓉楼”景观等10个方面的建议。 （罗福春）

【镇江近代租界史调研报告】 2018年，镇江市历史文化名城研究会完成镇江近代租界史调研报告。报告分英租界设立、发展与终结，镇江英租界权力机构，镇江租界城市基础建设及影响，镇江租界经济发展及对城市经济的影响，中西文化融合，近代镇江英租界被收回成因等方面，系统介绍镇江租界史，为进一步修复西津渡历史街区提供历史依据。 （罗福春）

赛珍珠研究

【概况】 镇江市赛珍珠研究会成立于2003年2月，截至2018年年底有会员131人。经镇江市社科联研究同意，从2018年起，镇江市赛珍珠研究会（简称“市赛研会”）每年可申报赛珍珠应用研究课题20个。全年有4所学校报送课题31项，评出一等奖1名、二等奖4名、三等奖6名，同时编印《赛珍珠课题文集》。近年来，赛珍珠研究在深度、宽度和高度上取得突破和进步。经过近二十年的积淀，逐步呈现出研究视角多元、研究理论交叉、研究文本多样、研究队伍扩大的态势。

2018年4月，中国镇江市赛珍珠研究会与韩国富川市赛珍珠研究会在韩国富川正式签订友好馆际合作协议。10月30日至11月1日，韩国富川赛珍珠国际学术大会期间，中、美、韩三国有关方面就近年共同配合举办“赛珍珠国际学术研讨会”等问题进行交流，并取得一致意见。

为纪念赛珍珠获诺贝尔文学奖80周年，7月26日，在珍珠书屋举办“赛珍珠文化公园主题摄影展”。该次摄影展由市赛研会与市摄影家协会联合主办，市老干部摄影家协会协办，展出陈大经、潘致熙、杨宪华等摄影家作品23幅，内容以赛珍珠文化公园和赛珍珠国际学术研讨会等相关活动为主。编辑出版《赛珍珠纪念文集（第六辑）》，台湾学者余玉照作序。摄制《珍珠映大地》资料片，片长15分钟，资料片以赛珍珠文化公园开园为背景，介绍赛珍珠故居、纪念馆、珍珠书屋及赛珍珠研究会的工作历程。

（裴　伟）

【“重温经典、再读大地”——赛珍珠获诺贝尔文学奖80周年纪念会】 2018年10月21日，“重温经典、再读大地”——赛珍珠获诺贝尔文学奖80周年纪念会在镇江赛珍珠文化公园召开。纪念会由镇江市赛珍珠研究会主办，文艺评论家、复旦大学图书馆馆长、上海市作协副主席陈思和，复旦大学教授段怀清，《大地》1988年版译者、中国社科院研究员王逢振，加拿大华语小说作家、学者薛忆沩，《大地》最早全译者胡仲持之孙女胡孟崮，城市文化学者、赛珍珠诗集《爱的琐语》译者眭谦，文艺评论家韩传喜，文艺评论家王雪瑛等应邀参会。镇江市赛珍珠研究会会长蔡文俊致欢迎辞，陈思和、段怀清分别主持研讨活动。上海市作协主席王安忆题词“重温经典，再读大地”，作家格非、叶兆言及陆建德、刘宏伟等致信祝贺。纪念会对镇江市赛珍珠研究工作给予较高评价，认为“镇江赛珍珠研究会力量不可小觑，不仅仅将赛珍珠作为外籍作家来对待，而且大大拓展了赛珍珠研究的外延。”（段怀清语）该次会议不仅规格层次高，而且影响大、成果丰，一些理论观点和学术方法得到创新和突破，研究方向及价值被进一步廓清和认可，引领赛珍珠研究工作不断迈向新台阶。澎湃、搜狐、中国社会科学等网站发布会议综述，《新京报》《文汇报》以及海外报刊发表相关新闻和纪念文章。

（裴　伟）

【美国赛珍珠学术研讨会】 2018年9月13日—15日，在美国西弗吉尼亚大学召开第二届“赛珍珠大门依然敞开研讨会”。该次会议由西弗吉尼亚大学（以下简称西弗大）主办，西弗大卫斯理学院、西弗大人文科学委员会、赛珍珠出生地基金会共同协办。为纪念赛珍珠获诺贝尔文学奖80周年，西弗大再次以作家珍贵手稿展、国际学术会议、重游故居、纪念音乐会等方式，向这位出生于西弗吉尼亚的世界文学优秀女性礼敬。中国、韩国、印度、俄罗斯和美国本土学者以及赛珍珠文学爱好者100多人参加。中国镇江市赛珍珠研究会名誉会长、中国人民大学郭英剑教授应邀出席。该次研讨会围绕“大门依然敞开”的主题，分别从赛珍珠人生经历、文学创作、文本解读、文献资料价值、战争视野等议题展开阐述和学者对话。研讨会组织参观西弗大图书馆馆藏的赛珍珠手稿。西弗大拥有超过70个档案盒的赛珍珠珍贵底稿，西弗大图书馆是美国最大最全的赛珍珠文献资料中心。手稿展示赛珍珠为其母亲创作的传记《异邦客》（原名为《一位美国妇人》），为其父亲创作的传记《战斗的天使》（原名为《盲目的天使》）。主办方西弗吉尼亚大学还组织纪念音乐会并邀请与会者前往赛珍珠出生地参观。

（裴　伟）

【韩国富川赛珍珠国际学术大会】 2018年10月31日，以“赛珍珠的人生与文学”为主题的2018年富川赛珍珠国际学术大会在韩国富川市政大厅二楼会议室召开。该次会议邀请中国、美国、韩国等国家的15名嘉宾参加。美国赛珍珠国际基金会总裁珍妮特·明泽、中国镇江市赛珍珠研究会会长蔡文俊应邀到会致贺词。镇江市赛珍珠研究会名誉会长——中国人民大学教授郭英剑、南京师范大学教授姚君伟参会并分别作赛珍珠与亚洲、赛珍珠一生对跨文化理解的追求的主旨发言。韩国赛珍珠研究会向中国镇江赛珍珠研究会赠送赛珍珠写的以韩国为题材的小说《生芦苇》。韩国富川赛珍珠研究会成立于2017年10月，韩国首尔大学崔锺库教授担任会长。2018年6月26日赛珍珠出生纪念日，韩国召开首次赛珍珠学术研讨会。

（裴　伟）

【“大地情”诗词朗诵大赛】 2018年11月25日下午，镇江市赛珍珠研究会主办“大地情”诗词朗诵大赛，江苏大学、江科大、镇江高专、镇江高等职业技术学校、镇江崇实女中等5所大中学校的16名学生参加，内容联系赛珍珠的传奇人生，歌颂赛珍珠致力东西方文化交流、支持中国抗战、热心慈善事业等高贵品质。镇江高专赵杰获特等奖，其他参赛者分获一、二、三等奖。赛珍珠诗集《爱的琐语》译者眭谦向大赛致贺联：桑梓安寻，大地异邦留爱语；蕙香欲奉，东风西报诵芳亭。

（裴　伟）

资料链接：

【意大利米兰赛珍珠学术研讨会】

2018年11月9日，意大利米兰国立大学孔子学院和贝尔加莫大学联合召开以“跨文化观点与翻译实践：赛珍珠和20世纪中国的其他声音”为主题的国际学术研讨会，是继2016年米兰国立大学孔子学院首届意大利赛珍珠国际学术研讨会之后意大利召开的又一次会议。研讨会由贝尔加莫大学瓦莱里娅·根纳罗主持，中国、奥地利、意大利等国近百名学者，包括《文心雕龙》意大利文译者阿莱桑德拉·拉瓦尼诺参加研讨会。中国南京师范大学教授姚君伟和奥地利克拉根福大学亚莉克莎·冯·莫斯纳分别做《21世纪中国赛珍珠研究》和《赛珍珠小说中同情艺术》的主旨发言，有6名学者就《龙子》《大地》中译本做交流发言。

（南　师）

三国文化研究

【概况】 镇江市《三国演义》学会（以下简称“学会”）成立于1992年12月，其基本职责是开展《三国演义》学术研究、组织考察活动；开展学术讲座；撰写学术论文，出版学术刊物、学术专著；开展三国文化旅游咨询活动；向全国和有关部门推荐《三国演义》研究成果。2018年，镇江市《三国演义》学会有会员72人，全年召开学术会议1次，参加学术会议4次。

学会撰写学术论文30篇，在书刊发表20篇次。

2018年，由中国《三国演义》学会主办、镇江市《三国演义》学会承办的《三国文化》刊物分别于6月、11月印发两期，每期印发750份寄送全国各地的三国文化专家、学者。作为镇江市社科联下属学会第一协作组（成员为镇江市历史文化名城研究会、镇江市赛珍珠研究会、镇江市《三国演义》学会、镇江市新四军研究会、镇江市史志研究会、镇江市写作研究会、镇江市世界语研究会）组长单位，于6月21日和12月26日，召开协作组联谊会议，研究学术课题，交流学会工作。2018年6月29日至7月1日，中国《三国演义》学会2018黄石高端论坛在湖北师范大学文学院举行，镇江市《三国演义》学会会长王玉国应邀出席会议并做题为《读〈三国演义〉，讲道德文明》的发言。（王玉国）

【镇江市《三国演义》学会第七届学术研讨会召开】 2018年12月1日，镇江市《三国演义》学会第七届学术研讨会在镇江博物馆举行。研讨会收到论文30篇，撰写论文的会员30人出席会议。镇江市《三国演义》学会副会长高曾伟主持会议，10名论文作者做会议交流，副会长徐苏做论文综述，会长王玉国进行研讨会总结。（王玉国）

【出席首届四大名著与杭州论坛暨全国市县三国研究机构第五届学术会议】 该会议于2018年9月21日—23日在杭州市举行，由杭州市社科联主办，中国湿地博物馆、杭州市三国水浒学会等10家单位承办。镇江市《三国演义》学会提交论文11篇，均收入论文集，分别是：杨玉秀《浅论人本思想在〈三国演义〉中的反映》、司红伟《三国文化遗迹的类别与区域分布及动因分析》、王勇《〈三国演义大辞典〉成语部分补葺》、唐静《东吴政权的经济制度述略》、苏国宝《三国史上真实的空城计是东吴在长江南京镇江段成功蒙骗御退了曹丕》、沈君芳《从“曹操请天子田猎”看古代狩猎之性质》、赵顺凌和王玉国《读〈三国演义〉讲道德文明》、倪永明译《〈吴书〉——武人们的世界》、王礼刚《试述三国英雄孙策》、颜晨馨《挖掘北固山三国英雄文化 打造镇江旅游文化名片》、李寅宇《西津渡是三国文化亮点》。（王玉国）

【出席“罗学”与沂蒙传统文化学术研讨会暨山东省水浒研究会2018年学术年会】 该会议于2018年10月20日起在临沂大学举行，由山东省社会科学界联合会、山东省水浒研究会、临沂大学共同主办，临沂大学文学院承办。6名专家学者做主旨报告，中国《三国演义》学会副会长兼副秘书长、镇江市《三国演义》学会会长王玉国以《沂蒙传统文化的精华与“罗学”的诞生、发展及成果》为题，做主旨报告。（王玉国）

【出席江苏省炎黄文化研究会历史文化名城保护委员会成立会议】 该会于2018年5月8日在南京中央饭店召开。同时举行“保护历史文化名城、弘扬优秀传统文化”学术报告会。镇江市老领导钱永波被聘为江苏省炎黄文化研究会历史文化名城保护委员会专家组顾问。镇江市《三国演义》学会会长王玉国被聘为江苏省炎黄文化研究会历史文化名城保护委员会副主任。由钱永波、王玉国撰写的论文《深入研究名城保护工作 让历史文明与现代文明交相辉映》在会上做交流发言。（王玉国）

【宜文化研究】 （参见第296页）

诗词楹联创作与研究

【概况】 镇江自古就是诗乡词海，流传大量的诗词作品。晋“永嘉南迁”，中原士庶大家南渡侨寄于京口。诗杰文魁如谢灵运、鲍照、颜延之、江淹、刘勰、徐陵、萧统、何逊辈，写下许多蜚声古今的作品。隋唐之际，京口为大江南北通津，王湾、孟浩然、王维、王昌龄、李白、白居易、元稹、刘禹锡、李绅、杜牧等途经于此，无不登山临水，吟咏流连。本籍诗人张祜、许浑等寄情山水，触目兴怀，留下许多佳作。北宋初年，刁约、范仲淹、欧阳修、梅尧臣、苏舜卿、王安石、沈括、苏轼、黄庭坚、米芾等，都写有流连于此的名篇巨制。南宋时，镇江是抗金前线，守土之官和爱国士子陆游、辛弃疾、陈亮、刘过、姜夔、岳珂、程珌等，每登北固亭、跻多景楼，则抚今追昔，抒发壮志难酬的思绪情怀。据教育部《全日制义务教育语文课程标准》要求学生背诵的古典诗词计有百余首，其中多首写及镇江。“洛阳亲友如相问，一片冰心在玉壶”“春风又绿江南岸，明月何时照我还”“何处望神州，满眼风光北固楼”……历代诗人词家在镇江留下的名篇佳句，千百年来一直为人们传诵。

镇江得江山之助，是一座充满诗意的城市。2014年，中共中央总书记习近平到镇江视察时说，镇江很有前途，是个望得见山，看得见水，记得住乡愁的地方。近年来，习近平总书记还在内政外交多个不同场合引用镇江的古诗名句，如“偷得浮生半日闲”“潮平两岸阔，风正一帆悬”“我劝天公重抖擞，不拘一格降人才”等。

中华人民共和国建立后，中华诗词文化的薪火在镇江得到传承。1957年镇江市成立中泠诗社；1962年重阳节，镇江市政协多景诗社在北固山多景楼成立，为中华诗词学会发起单位之一和团体会员；1983年12月，“江南诗词学会”在焦山华严阁成立；1987年端午节，镇江市诗词协会成立；1996年年初，镇江市毛泽东诗词研究会成立，在全国省辖市中为首家，与镇江市诗词协会为“两块牌子、一套班子”。

镇江是全国最早开展诗词之乡创建的城市之一。2002年，扬中市获首批“全国诗词之乡”称号。2015年12月，镇江市和所辖各市（区）通过中华诗词学会验收，分别被命名为“中华诗词之市”和“中华诗词之乡”，是全国第一个实现“满堂红”的地级市。

镇江市政协多景诗社自1997年起改名为镇江多景诗社，历任社长分别为赵思伯、郭长传、李宗海、吕卜郇、蒋光年、于文清。先后编印《诗刊》八辑；选编《历代诗人咏镇江》一册；1989年，为庆祝中华人民共和国成立40周年，选编《多景诗词选集》，江渭清为封面题签，李宗海为主编；1992年，为纪念镇江市政协多景诗社成立30周年，选编《多景诗词选集》，匡亚明为封面题签，李宗海为主编；1997年，为纪念镇江市政协多景诗社成立35周年，选编《多景诗词选集》，贺敬之为封面题签，吕卜郇为主编；2002年，为庆祝镇江多景诗社成立40周年，举办“全国诗书画名家作品邀请展”，出版《当代诗人咏镇江》，蒋光年、于文清为主编；2012年和2017年，为庆祝镇江多景诗社成立50周年和55周年，分别出版《江上题襟集》和《江上行歌集》，于文清为主编。

镇江市诗词协会自2003年8月改名为镇江市诗词楹联协会，历任会长分别为孙凤翔、陈伟远、范然、赵庆荣，蒋光年为连续五届常务副会长。先后编印《镇江通讯》（1988—1989），《镇江诗刊》（1990—1998），徐舒为主编；《多景诗报》（1999—2012），《多景诗词》（2012至今），蒋光年为主编，丁小玲为执行主编；1998年编辑出版《镇江诗词》，朱庚成为主编。2007年，为庆祝镇江市诗词协会成立20周年，编辑出版《镇江诗词作品集》，陈伟远为主编，蒋光年为执行主编。2010年，与镇江市档案局合作编辑出版

《镇江名胜楹联精萃》,王欣、蒋光年为主编。2013年,编辑出版《当代中华诗词集成·镇江卷》,蒋光年为总编审,丁小玲、韩永军为执行主编。2013年,编印《诗词入门》教材,范然为总编,蒋光年为主编,董国军为执行主编。2013年,与中共镇江市委宣传部一起编辑出版《镇江诗词一百首》,蒋光年为主编。2015年,与镇江市政协一起编辑出版《"满眼风光北固楼"全国诗联大赛优秀作品集》,蒋光年为主编。同年,适逢"2015世界华语诗歌大会"在镇江举行之际,与江苏大学图书馆一起,举办"大地珍珠——赛珍珠主题诗书画展",出版《大地珍珠——赛珍珠主题诗书画选萃》。同年,应镇江市文化广电新闻出版局之邀,为镇江新二十四景创作24首诗,并组织镇江市书法家协会和镇江中泠印社的书法家、篆刻家书写篆刻;镇江市文化广电新闻出版局同时将镇江画院创作的镇江新二十四景中国画作品和镇江博物馆收藏的清代京江画派画家周镐画的《京江二十四景》,一并在镇江博物馆展出,并编印《京江二十四景》和《镇江新二十四景》诗书画印邮册;镇江市诗词楹联协会组织创作的24首诗,在北固楼长期展示。2016年,为庆祝南京大学成立115周年,与南京大学镇江校友会一起,先后在南京大学图书馆和镇江市美术馆举办"翰墨飘香——南京大学成立115周年校庆诗书画展",并出版《翰墨飘香——南京大学成立115周年校庆诗书画展作品集》;2017年,为庆祝镇江市诗词协会成立30周年和全国诗教工作会议在镇江召开,编辑出版《镇江新咏》,蒋光年为主编,丁小玲为执行主编。

镇江市诗词楹联协会有各类各级诗社、诗词组织400多家,会员总数9000多人,全市诗词爱好者10余万人。在注重诗词组织建设的同时,镇江市诗词创作也取得较好成绩。1994年,卜积祥、蒋光年、张开、孙中在江苏省首届"舒尔美杯"中青年诗词大赛中获奖;1994年,张开、卜积祥在"李杜杯"全国诗词大赛中获奖;1995年,张开、卜积祥在"鹿鸣杯"全国诗词大赛中获奖;2006年,蒋光年获"江苏十佳青年诗人"称号;2008年,祝亚星、丁小玲、杨敏获"江苏十佳女诗人"称号;2008年,蒋光年、丁小玲获中华诗词最高奖"华夏诗词奖";2009年,蒋光年、于文清入选"百年西泠·金石缘"西泠印社诗书画印大展并入编《"百年西泠·金石缘"西泠印社诗书画印大展作品集》;2010年,卜积祥获"江苏十佳老年诗人"称号;2010年,"蒋光年诗书展"先后在镇江博物馆和溧阳市文化艺术中心展出;2011年,"传承的清韵——蒋光年、黄君、于文清诗书展"在常州刘海粟美术馆展出;2013年,"烟水江南——叶鹏飞、蒋光年、于文清、陈克年诗书展"在南京瞻园展出;2014年,蒋光年、丁小玲楹联作品在南京艺术学院展出并入编《江苏当代百联赏析》一书;2016年,蒋光年获"云梯关杯"全国诗词大赛一等奖。 (蒋光年)

【"书香镇江、诗韵南山"读书赛诗会】 2018年4月21日,由镇江市文化广电新闻出版局、中共镇江市委市级机关工委、镇江市旅游发展委员会、镇江文旅集团主办,镇江南山风景区管委会、镇江市诗词楹联协会、镇江市朗诵艺术协会等单位承办的"书香镇江、诗韵南山"读书赛诗会,在2018镇江杜鹃花节举行。赛诗会评出诗词一等奖1名、二等奖3名、三等奖6名,优秀奖15名,获奖和特邀作品分别请镇江市书法名家书写后在南山招隐寺韶华楼展出。主办单位在招隐寺景区举行朗诵和颁奖活动,市朗诵艺术协会朗诵有关获奖和特邀作品。

(文 光)

【"2018云台邀月·中秋雅集"】 2018年中秋节,镇江城建集团和镇江文广集团、镇江市诗词楹联协会等单位在西津渡云台阁联合举办"2018云台邀月·中秋雅集"活动,镇江籍歌手柏文献唱,中国朗诵艺术家殷之光、张宏,演员沈丹萍等登台诵读经典。市领导孙晓南、朱开宝出席活动并为2018西津渡中国风微电影视频大赛获奖者颁奖。

(文 光)

【"华润80·润物耕心"诗文书画大赛】 2018年10月,为庆祝华润集团成立80周年、镇江华润燃气有限公司成立12周年,镇江华润燃气有限公司和镇江文化广电新闻出版局、镇江市诗词楹联协会等单位联合举办"华润80·润物耕心"诗文书画大赛,全国各地诗文书画作者600余人参加大赛,大赛收到诗文作品1600余件、书画作品200余幅,评出诗联类、诗文类、书法类、美术类一等奖各1名、二等奖各2名、三等奖各4名、优秀奖10名。12月,获奖作品和特邀作品一并在镇江市美术馆展出,并编辑出版优秀作品集。 (文 光)

【《西津十八景诗书画印作品集》出版】 2017年9月,由镇江城建集团、镇江市西津渡文化旅游公司发起,征集51名(其中镇江多景诗社18名)国内部分诗词名家创作的诗词楹联作品近300首(副),同时委托市书协、美协书画家、篆刻家,于2018年4月,共同完成西津十八景诗书画印作品创作,并举办展览,出版《西津十八景诗书画印作品集》,庞迅为主编。 (文 光)

【句容市首届诗词创作大赛】 2018年5月至11月,由句容市政协主办、句容市诗词楹联协会承办的"句容市首届诗词创作大赛",收到海内外作者3000多首诗词作品,经过中国诗词大会总顾问钟振振和舒贵生、蒋光年、于文清、丁小玲等诗词专家评委的评审,评出一等奖2名、二等奖6名、三等奖12名、优秀奖20名、入围奖30名。 (丘 溪)

【出席2018祁县第四届"国际王维诗歌节"】 2018祁县第四届"国际王维诗歌节"于2018年11月16日在王维故里山西祁县千朝观园开幕,全球汉诗总会会长朱添寿等100多名中外诗人、专家、学者参加。大会举办王维诗歌高峰论坛、"王维故里行"采风创作和全球华人"王维杯"山水田园诗大赛颁奖典礼等一系列活动,镇江市蒋光年作为获奖作者应邀参加。该次由全球汉诗总会主办的大赛收到海内外作者近万首诗作,经专家评审,15首诗作获奖。 (丘 溪)

【文心书院楹联匾额创作】 位于南山北入口的文心书院,又名文心六艺馆,于2017年建成并对外开放,镇江市文联和镇江市诗词楹联协会受镇江文旅集团委托,组织楹联书法作品创作。2018年年初,9副新创作的楹联书法作品全部悬挂于文心书院六艺馆。 (丘 溪)

附:文心书院楹联匾额

"文心书院"匾额

(匾额:蒋光年题)

文脉绵延,书声琴韵皆承六艺;
心田芳润,院落门庭毕萃群英。

(楹联:蒋光年撰,宇文家林书)

乐 馆

泉韵清心,何须丝竹吹弹调;
琴声悦耳,犹带鹂莺啼啭音。

(楹联:蒋光年撰书)

轻拢慢捻,弦中清调宗于古;
斗酒双柑,竹外黄鹂唱到今。

(楹联:韩永军撰,孙彤书)

射 馆

檀司马量沙,兵机了得;
祖豫州击楫,士气如何?

(楹联:徐徐撰,蒋光年书)

数 馆

持将玉尺,度量天地;
推演些微,辨证古今。

(楹联:丁小玲撰,曹秉峰书)

礼　馆

披书明道，但使民氓归教化；
聚墨留云，且凭山鸟啭清明。
（楹联：丁小玲撰，郑为人书）

书　馆

山磨黛墨天开纸；
水染斜阳柳蘸金。
（楹联：董国军撰，于文清书）

御　馆

能金戈铁马方为虎；
起竹舍茅庐也是龙。
（楹联：韩永军撰，郑为人书）
御雄兵，鞭扬千里开疆域；
循陋巷，风过百川有豪英。
（楹联：张涵宇撰，孙彤书）

【鹤林寺楹联匾额创作】　2017—2018年，镇江鹤林寺鹤林烟雨景区恢复修建鹤林烟雨牌坊、鹤林寺大殿、杜鹃楼、苏公竹院、廉溪祠等景点。镇江市诗词楹联协会应镇江市文化广电新闻出版局和镇江交投集团之邀创作相关楹联，8副楹联作品入选，入选楹联作品分别请中国书协顾问言恭达、中国书法院院长管峻及镇江市部分书法家进行书写，全部镌刻并悬挂于鹤林烟雨景区。
（丘　溪）

附：鹤林寺楹联匾额

“鹤林烟雨”牌坊

（匾额：言恭达书）
红照日高，鹤栖峰下青莲宇；
紫凝霞曙，花发江城世界春。
——集唐·李绅诗句
（楹联：蒋光年撰，言恭达书）
鹂调莺声，戴家琴谱；
朝烟夕雨，米老画图。
（楹联：于文清撰，言恭达书）

鹤林寺大殿

鹤舞空山，胸罗贝叶三千卷；
龙潜古刹，心有灵犀一点通。
（楹联：蒋光年撰，管峻书）

杜鹃楼

鸟鸣林外数声磬；
花语楼前万木春。
（楹联：蒋光年撰，于文清书）
鹃红也醉，蛙鼓也诗，楼起潜龙处；
云聚者山，墨翻者海，风来隐士家。
（楹联：丁小玲撰，曹秉峰书）

苏公竹院

行歌竹院宜题壁；
坐咏莲池好读书。
（楹联：蒋光年撰书）
十三松影当门，记黄鹤来朝，凤凰结集；
数杵钟声绕水，过东坡竹院，米氏云山。
（楹联：丁小玲撰，唐云书）

廉溪祠

不染不夭，花中君子；
明心明理，学界圣人。
（楹联：董国军撰，周文娟书）
（立　溪）

姓氏家族、名人研究和家风文化建设

【概况】　2018年，镇江市姓氏家族文化活动活跃，名人研究有新进展，家风文化建设受到重视。各种形式的“扬家风、立家规、传家训”活动在全市开展。2月，丹徒区举行“学习身边好人，传承优良家风”主题活动，丹阳市云阳街道华都锦城社区组织开展“家风家训灯谜汇”活动；4月，京口区开办家风课堂，扬中新坝镇制作家训牌匾赠送文明家庭，润州区金山街道京畿路社区表彰“好家风好家训”家庭；5月15日，一批镇江“最美家庭”获表彰，“一封家书”主题活动在全市开展……寻根祭祖活动持续不断，9月，台北镇江同乡会总干事一行访问镇江；同月，海内外苏氏宗亲汇聚镇江，纪念苏颂998周年诞辰，探寻苏颂墓址，探访苏氏后人老宅；12月15日，北宋词人柳永故里福建省武夷山市上梅乡茶景村常桂旭一行，到镇江探访位于北固山的柳永墓，并就两地共同发扬和传承柳永文化寻求合作。

各类姓氏文化联谊、研讨活动越来越多。1月，镇江何氏宗亲联谊会、镇江唐氏宗亲联谊会联合举办“何唐悦色”书画展；7月1日，江苏省谱牒与家族文化研究会成立，镇江市2名学者王玉国、赵康琪被推选为研究会理事，镇江姓氏文化研究会（筹）、镇江何氏宗亲会与南京、泰州两地何氏宗亲会分别派代表参加大会，三地何氏宗亲还向研究会赠送何氏书画家的书画作品、何氏作家出版的书籍；10月，朱子文化馆举办朱熹888周年诞辰纪念活动，镇江朱熹文化研究会评选表彰“朱氏十大学子”；10月，大港赵氏应邀参加江西赵氏文史委员会成立大会。

部分姓氏文化、名人研究团体及活动基地成立，姓氏家族、名人研究取得新成果。7月，京口区象山街道孟诚社区设立孟子学堂，传播孟子文化；9月15日，全国葛洪学术研讨会在句容茅山举行，句容成立葛洪研究分会；9月16日，镇江市苏颂研究会成立，首期《苏颂研究》印行；9月，第二辑《镇江朱氏文化研究文集》出版发行。镇江姓氏文化研究会筹备。

家谱文献开发整理和基础设施建设加强，民间续谱、修祠活动升温。近年来，扬中市新发现民间收藏家谱30部300余卷，正在筹划出版系列丛书《我从哪里来——扬中百家姓氏探源》；1月，丹阳市家谱馆升级改造完工；年初，镇江新区丁岗镇孙氏宗祠永思堂修缮复原方案确定并进入筹款阶段；4月，丹阳《麒麟殷氏家乘》完成续修，南宋麒麟殷氏始祖墓修缮一新，安徽、广东、江西、上海和省内常州、镇江、江阴、宜兴、如皋等地的殷氏后裔举行祭祖仪式和新版《麒麟殷氏家乘》首发式；4月，镇江新区姚桥镇华山村冷氏宗祠修复启动。　（邱隆洪）

【“最美家庭”表彰】　第25个国际家庭日来临之际，2018年5月15日，中共镇江市委宣传部、市妇联举行2017年度镇江“最美家庭”颁奖仪式，122户镇江“最美家庭”获表彰，其中，10户家庭被评为2017年度镇江“最美家庭”标兵户。寻找镇江“最美家庭”活动将“最美家庭”建设与“邻里守望·姐妹相助”巾帼志愿服务活动结合，发挥各级各类“最美家庭”在家庭文明宣传、家风美德示范、困境群体关爱、邻里纠纷调解等方面的辐射带动作用，选树一批“最美家庭”工作室。颁奖仪式现场，以短片、访谈、颁奖、文艺演出相结合的形式，分创业奋斗、崇德向善、家风传承3个篇章，宣传展示10户2017年度镇江“最美家庭”标兵户的生动故事，并为12家镇江“最美家庭”工作室授牌。现场播放《一封家书》宣传片，启动“一封家书”主题活动。
（邱隆洪　王　军　古　瑾）

【镇江市苏颂研究会成立】　2018年9月16日，镇江市苏颂研究会成立暨纪念苏颂998周年诞辰大会召开，首期《苏颂研究》同时推出，国内外苏颂学术研究界的20多名专家、学者和中国大陆、台湾、香港、澳门，以及海外的近百名苏氏宗亲出席大会，苏颂故乡厦门同安区派员参会。第12届世界苏氏总会理事长苏世选，世界苏氏总会名誉理事长、厦门市芦山堂同安苏颂研究会会长苏清样，厦门市同安区副主席洪祖益等先后致辞。世界苏氏宗亲总会常务副理事长、中国苏颂研究会名誉会长苏克福致贺信。苏颂研究会常务副会长、世界苏姓宗亲会顾问、北京大学教授管成学，长春师范大学教授张成刚等做专题演讲。镇江市苏颂研究会秘书长宣读镇江市民政局关于批准成立镇江市苏颂研究会的文件，宣布镇江市苏颂研究会首任会长、副会长、理事及顾问名单。镇江市苏颂研究会表示，研究会将致力于发掘苏颂科技文化成果，推动苏颂文化研究及学术交流活动。会后，数十名学者专家、苏颂宗亲和镇江苏颂研究会会员到五州山探寻苏颂墓址，并到大路镇探访苏氏后人老宅。

苏颂，字子容，原籍福建泉州府同安县（今属厦门市同安区）人，北宋中期宰相，杰出的天文学家、天文机械制造家、药物学家，晚年定居于镇江，死后葬于镇江五州山。（邱隆洪　马彦如）

【台北镇江同乡会总干事一行访问镇江】 2018年9月，应镇江市台湾事务办公室邀请，台北镇江同乡会总干事张庆生一行回乡探亲，参加"京江明月乡思中秋"联谊活动，中共镇江市委常委、组织部部长、统战部部长李健会见张庆生一行。2018年是两岸交流合作30周年，活动中，视频播放展示镇江和台湾两地交流合作30年取得的重大成果，两地亲人通过微信视频连线互致中秋佳节的问候，台商代表分享多年来在镇江生活、工作、学习的感受。参访团一行还先后参观焦山、西津渡、镇江博物馆、中国醋文化博物馆、茅山。台北镇江同乡会创立于1990年，多年来同乡会曾多次组织会员回乡探亲。（邱隆洪　谭艺婷）

【"何唐悦色"——何氏唐氏书画家镇江净因寺琉璃斋笔会】 2018年1月12日，由镇江何氏宗亲联谊会、镇江唐氏宗亲联谊会举办的"何唐悦色——何氏唐氏书画家镇江净因寺琉璃斋笔会"在五州山净因寺举行，何氏、唐氏11名书画家50多幅作品参展，镇江文艺、社科界有关人士，以及徐州、南京及镇江各地的何氏、唐氏宗亲，上海、广东、山东等地的书画爱好者近300人出席开幕式。镇江何氏、镇江唐氏书画家在书画篆刻界有一定影响，其中有首届中国书法"兰亭奖"书法展获奖者唐云，中国硬笔书法协会常务理事、江苏省硬笔书法家协会副主席、镇江市硬笔书法家协会主席唐明觉，"中国书法刻字艺术网"执行副总编何文祥，江苏大学篆刻艺术研究会秘书长唐戈，以及书画篆刻家何文斌，致力写意山水花鸟画研究的何明耀，江苏甲骨印社理事、镇江中泠印社副社长唐铁军等。开幕式后，何氏、唐氏7名书画家在琉璃斋现场为书法爱好者绘画或送福字60多幅。（邱隆洪　何　勇）

【孟诚社区设立孟子学堂】 2018年7月，京口区象山街道孟诚社区设立孟子学堂。孟诚社区原为孟家湾村，居民多姓孟，相传为孟子后人，明代孟淳自山东迁来，后代在此繁衍生息数百年，现有孟姓600多人，孟子儒家思想在村民中影响很大，形成风格独特的孟村文化。孟子学堂位于社区办公楼二楼，设置国学图书角，配备有30多本儒学书籍，墙上展示孟子名言和孟母教子的故事。学堂每个月举办一次习儒活动，聘请讲师进行授课，开展家风家训、感恩励志、八礼四仪等讲座，组织群众参加学习。孟子学堂还针对青少年开设经典诵读、书法绘画、汉服表演、拓印、孟子手工书制作等系列传统文化体验项目，以寓教于乐的方式传播孟子思想，使得学堂成为村居群众文化生活的重要场所。

（邱隆洪　尹　艳　林　兰）

【朱子文化馆举办朱熹888周年诞辰纪念活动】 2018年10月26日，镇江地区朱氏宗亲到丹阳市丹北镇朱子文化馆，纪念朱熹888周年诞辰，大会还评选表彰"朱氏十大学子"，英国帝国理工学院在读硕士研究生朱文超、南京理工大学光学工程专业硕博连读研究生朱新浩等10名青年学子获表彰。华东师范大学终身教授、世界朱氏联合会秘书长、朱子及朱子学研究专家朱杰人以朱子文化精髓为主题，应邀做讲座。全国人大代表、镇江市朱熹文化研究会会长、天工国际董事局主席朱小坤为朱杰人颁发聘书，聘请其为镇江市朱熹文化研究会顾问。近年来，镇江市朱子理论研究取得成果，先后结集出版两辑《镇江朱氏文化研究文集》。（邱隆洪　丹　北）

【丹阳市家谱馆升级改造完工】 2018年1月，丹阳市家谱馆完成升级改造。丹阳市家谱馆成立于2014年，占地面积150平方米，是丹阳市档案局成立姓氏文化研究会后搭建的集展示馆藏家谱、探寻姓氏源流、服务民间修谱、助力稽谱寻根于一体，展厅与交流相融合的平台。升级改造后的家谱馆，展厅分为6个板块，既有姓氏谱牒起源、修谱流程等常识介绍，也有馆藏新老家谱的展示；既有丹阳祠堂、家风家规介绍，也有姓氏探幽、谱牒编研等研究成果的展示，还有保存近千册馆藏家谱电子触摸屏供查寻。

（邱隆洪　王　勤　干光磊）

【扬中开展姓氏文化研究】 截至2018年，扬中市新发现民间收藏家谱30部、300余卷，形成研究文章10余篇近20万字。扬中市位于长江第二大岛，祖辈移民来自四面八方，姓氏繁多。土地面积327平方千米的扬中，聚集400多个姓氏。扬中市民俗文化研究会、扬中市史志办共同开展扬中姓氏文化研究，计划用5年左右时间，集中研究扬中市300个左右主要姓氏，形成一批研究成果，并公开出版系列丛书《我从哪里来——扬中百家姓氏探源》。（邱隆洪　朱怀林）

【全国葛洪学术研讨会在句容茅山举行】 2019年9月15日，由中国中医药信息研究会葛洪研究分会、中国致公党江苏省委教育卫生委员会主办的全国葛洪学术研讨会在句容茅山举行，全国各地的相关领域专家、学者160人参加。会议收到论文100余篇，其中69篇收录于大会论文集。葛洪为句容人，是东晋著名道教学家、化学家、医药学家，著有《抱朴子》《肘后备急方》等医学著作。中国当代女科学家屠呦呦受葛洪《肘后备急方》有关青蒿截疟记载的启发，用低沸点法提取青蒿素，获得诺贝尔生理学或医学奖。同月，句容市成立葛洪研究分会，探索葛洪著作与中医药、养生等产业结合之路。

（邱隆洪　朱秋霞　孔德琴　史利陵）

出版管理

【概况】 截至2018年年底，镇江市有1家出版社、7种报纸、14种期刊、9个报刊社驻镇江记者站、473家印刷企业。全市版权登记点增加至9个并对外接受登记。全市一般作品版权登记数量为2819件。当年，镇江市推进江苏国家数字出版基地镇江园区发展，培育镇江数字出版企业集中集约发展。截至年底，睿泰数字产业园有入驻、注册单位356家，其中，产业链相关企业276家。通过吸引上下游企业入驻，助力数字教育出版产业链打造。组织5家单位参加2018年第七届中国国际版权博览会，镇江市版权局获省“金慧奖”优秀组织奖，镇江博物馆获省“金慧奖”优秀企业奖。提升版权法治管理水平，制定《镇江市版权行政调解工作制度》《版权行政调解流程》；通过调解解决相关企业的软件正版化问题。11月，镇江市版权局获评2017年度全国查处侵权盗版案件有功单位一等奖；镇江市3家企业获评省级版权示范单位。（许　婷）

【镇江市版权宣传周】 2018年，镇江市版权局围绕第18个世界知识产权日，集中开展版权宣传系列活动。市版权局、市扫黄打非办、市科技局、市工商局等部门开展广场宣传活动，普及版权知识，发放宣传资料500余份。以辖市（区）为主题开展系列版权培训，将版权向基层普及。运用多种媒介，增加版权保护宣传氛围，如在门户网站、文化网站和微信平台上普及相关法律法规，推送宣传信息；在全市文化场馆、闹市区等人流密集地张贴宣传海报，在镇（街区）文体服务中心、村（社区）综合性文化服务中心服务大厅放置宣传展牌、设立临时版权咨询服务点，为群众提供版权法律法规咨询服务。（许　婷）

【印刷业管理】 截至2018年年底，镇江市印刷企业有473家，其中，出版物印刷企业17家，专项印刷企业3家，包装装潢印刷企业275家，其他印刷品印刷企业172家，数字印刷企业5家。全市印刷业工业总产值为81.26亿元，工业增加值16亿元，实现销售收入75.6亿元，比上年增长0.8%。全市亿元以上产值印刷企业为11家，产值5000万元以上印刷企业为18家。全市印刷业从业人员1.3万人，资产总额102.5亿元，实现利润总额4.9亿元。

完成全市472家印刷企业、459家出版物发行单位年度核验工作，开展法律法规宣传和咨询服务活动，为企业解惑释疑，指导企业转型升级，督促企业规范经营。开展镇江地区新华书店社会绩效考核检查。组织书店参加江苏省“最美书店”评选活动。组织开展对重点商铺、出版物、音像经营市场的集中检查。镇江市恒宝股份有限公司、江苏中彩印务有限公司2家企业上榜2018中国印刷包装企业100强。（许　婷）

【发行管理】 截至2018年年底，镇江市有出版物发行单位459家（其中，出版物批发单位7家，零售单位452家）。全市出版物发行业实现销售额约3.37亿元。召开镇江市2017年度报刊审读会议，完善报刊审读管理制度，编发22期《镇江报刊审读与管理》简报。组织审读人员参加全省审读员培训会议。完成48家连续性内部资料出版物的年度核验工作。凤凰新华镇江分公司漫书阁店投入运营。（许　婷）

【版权管理】 2018年，镇江市版权局举办“4·26世界知识产权日”广场咨询活动，接受群众咨询，营造良好的版权保护工作氛围。新增1家版权工作站，截至年底，全市有9家版权工作站对外接受登记，版权登记点实现辖市（区）全覆盖。全市一般作品版权登记数量2819件。全市2件作品获评省级优秀版权作品三等奖，实现一般作品登记零的突破。通过软件著作权纠纷调解，指导企业进行软件正版化。开展首批市级版权示范单位、园区（基地）评选申报工作，丹阳正则绣等6家单位获评市级版权示范单位。（许　婷）

【江苏大学出版社】 2018年，江苏大学出版社有员工48人，全年出版图书705种，其中，新书327种，重印书378种。新书码洋3959.56万元，重印书码洋4634.97万元。出版的新书品种包括高校教材教辅（178种）、学术著作（57种）、大众读物（77种）和中小学教材教辅（15种）。全年总印数188.789万册，总印张0.2806亿印张，定价总额0.8594亿元。该社有10个项目入选“十三五”江苏省重点图书出版规划项目，并完成5个项目的出版工作。全年出版《清朝涉外战争史》《汉画像石西王母图像方位模式研究》及“吕凤子研究丛书”的首本《吕凤子文集校释》。当年，《绿色发展之路：路径选择与保障机制研究》《乡村振兴背景下的农民工创业成长：基于双重网络嵌入的视角》入选“十三五”重点图书出版规划项目；“当代台湾文化研究新视野丛书”获评第二届江苏省新闻出版广电政府奖图书奖提名奖（社科类）；“大田作物生产机械化技术丛书”获评“2017苏版好书”。

2018年，该社在毛泽东《在延安文

艺座谈会上的讲话》发表76周年之际，围绕“文艺人民性”和“人民美学”主题，出版《文艺的人民性与人民美学再出》。出版《永不打烊的警务室》《大医许祥生》等反映基层民警和医疗战线典型人物的报告文学作品。11月8日，首届世界内燃机大会在无锡市开幕，江苏大学出版社出版科普读物《内燃机百问》。扩充“泵流体系列”图书，出版《低扬程泵装置水动力特性及优化选型》《离心泵数值模拟实用技术》《英语—汉语—法语泵技术词汇大全》。该社推出“新材料研究系列丛书”，包括《固体氧化物燃料电池结构设计与性能研究》《高熵合金的凝固组织与性能研究》《土岩组合地铁深基坑变形特性与控制指标研究》《硅基高k氧化物锶硅界面缓冲层的研究》等作品。该社的教材出版比例提高，教材系列化趋势明显。当年，该社重点打造“来华留学生英文授课精编教材”系列，出版13种英文教材，涉及经济管理、土木工程、医学、化学化工、计算机、机械制造等专业。推出《百十回全评石头记》《清名家词传》《陆游踏雪观瘞鹤铭题记》《听风听雨 吾爱吾庐：镇江名人故居撷珍》《遇见镇江：镇江文化旅游口袋书》等大众读物。

2018年，该社在高等教材出版中融入数字技术，为读者提供立体和感性的阅读、学习体验。在《汽车概论》《临床超声医学》《可再生能源》《建筑环境与能源应用工程课程设计指南》等教材中加入二维码，读者可在线看到各类汽车模型、临床影像图片、视频、设计案例等。同时，以少儿读物为切入点，出版反映中国传统文化、习俗风俗的读物。《我们的节日》以动漫绘画的形式，结合主题人物，讲述关于中国传统节日的知识和故事。在第八届江苏书展苏州主会场和徐州分会场，均开展“传统节日T台秀”活动。（常 钰）

报业传媒

【概况】 2018年，镇江市报业传媒业深化体制机制改革，加快媒体转型，推动产品升级，激发内在活力，释放潜力，提升综合实力。围绕重大主题宣传，镇江报业传媒集团（以下简称报业集团）加强新闻策划，科学设置议题，开展全媒体整体联动，讲好镇江故事。围绕纪念改革开放40周年，推出《思想大解放，发展高质量》等专栏。推进“两学一做”常态化、制度化宣传。组织“聚力产业强市，推动高质量发展”主题宣传，推出“新时代、新作为、新篇章”“聚力产业强市，推动高质量发展”“来自大项目建设现场的报道”等专题、系列报道。通过《美丽镇江人》《最美人物系列》等栏目推出一批人物典型，弘扬社会主义核心价值观，传递社会正能量。聚焦民生热点，围绕就业创业、社会保障、城乡建设、生态环境、食药品安全、社会治安等热点领域，跟踪报道市委市政府关注民生、为民办实事项目的进展情况。针对污染整治、房地产爆热、市区停车难等热点话题，及时报道，引导舆情，推动民生问题的解决。开展社会公益讲座、论坛，发挥社会作用。6月10日，邀请新东方创始人俞敏洪在镇江第一中学举办“做好父母，放飞孩子”家庭教育讲座；11月10日，邀请原博鳌亚洲论坛理事、秘书长龙永图到镇江，开展“交流融通 永图论道”展望中美贸易论坛。与镇江市委机关刊物《创新》实现战略联办，推动《创新》重大改版。该集团适应全媒体时代发展大势，整合内部资源，对相关部室进行调整，成立时政融媒体中心、产经融媒体中心、城建融媒体中心、视觉融媒体中心、新媒体运营中心、日报策划工作室、晚报策划中心等部室。同时，组织干部竞争上岗、员工双向选择岗位工作，根据各人自身优势合理定人定岗，推进媒体融合向纵深发展。

报业集团以传播主流价值观为着力点，抢占网络阵地，推进“报网端”三大传播渠道高效融合发展。在加强《镇江日报》《京江晚报》等纸质媒体建设基础上，加强镇江手机报、“金山网”微博微信公众号、“今日镇江”和“智慧镇江”客户端等新媒体产品的建设运营，以内容生产机制创新为关键，推进信息采集、内容生产、多次发布的流程再造，建成融媒体指挥中心，升级融媒体内容生产平台。加强以网络舆情开发为重点的媒体智库建设，通过《镇江网情》等产品开发，提升网络舆情的管理引导水平。推进“融媒体中央厨房”建设，通过实施“全媒体采编提升工程”“大数据运用引领工程”“智媒体中心基础建设工程”“智能化生产支持工程”四大工程，构筑起立体化、全方位的传播格局，掌握新闻舆论主动权。

该集团加强广告经营运作，提升广告经营活动的策划能力，开拓“媒体+演艺”、会展、体育、旅游、培训等，整合各方资源，拓展新的业务领域，实现经营效益最大化。顺应移动优先的趋势，发展“两微一端”和户外公共阅报栏，提高新媒体和户外媒体广告份额。在“增华阁”“高端论坛”等品牌活动基础上，该集团运用新媒体技术资源拓展外包服务、内容数据资源开展图书出版、读者数据资源开发高端用户市场、物业仓储资源发展物流培训会展等措施，加强图片和视频产品生产。加强对子公司的经营管理，提高印务公司、网络公司、报发公司、新闻国旅等经营水平，为集团形成多元利润来源，实现集团经济的稳定发展。（朱 朱）

2018年镇江市公开发行报纸一览表

表25－1

报纸名称	刊　号	刊　期	地　址
镇江日报	CN32－0015	日报	镇江市中山东路4号
京江晚报	CN32－0064	日报	镇江市中山东路4号
江苏声屏·镇江广播电视	CN32－0082/04	周报	镇江市长江路33号
丹阳日报	CN32－0070	周六报	丹阳市开发区东方路报业大厦
江苏大学报	CN32－0809/G	半月报	镇江市学府路301号
江苏科技大学报	CN32－0821/(G)	旬报	镇江市梦溪路2号
镇江高等专科学校报	CN32－0838－(G)	20天	镇江市学府路61号

（许 婷）

2018 年镇江市公开发行期刊一览表

表 25－2

期刊名称	国内统一连续出版物号	刊　期	地　址
金山	CN32－1035/I	月刊	镇江市正东路 34 号
蚕业科学	CN32－1115/S	季刊	镇江市四摆渡中国农科院蚕业研究所
中国蚕业	CN32－1421/S	季刊	镇江市四摆渡中国农科院蚕业研究所
江苏船舶	CN32－1230－U	双月刊	镇江市正东路 37 号
农业装备技术	CN32－1646/S	双月刊	镇江市学府路 71 号
排灌机械	CN32－1171－TH	季刊	镇江市学府 301 号
江苏实用心电学杂志	CN32－1484/R	双月刊	镇江市解放路 438 号
江苏大学学报(自然科学版)	32－1450－N	双月刊	梦溪园巷 30 号
江苏大学学报(社会科学版)	32－1655－C	季刊	梦溪园巷 30 号
江苏大学学报(医学版)	32－1434－R	季刊	梦溪园巷 30 号
江苏大学学报(高教版)	32－1075－G	季刊	梦溪园巷 30 号
江苏科技大学学报(社会科学版)	32－1422－U	双月刊	镇江市梦溪路 2 号
江苏科技大学学报(自然科学版)	32－1608－C	季刊	镇江市梦溪路 2 号
镇江高专学报	CN32－1511/G4	季刊	镇江市学府路 61 号

（许　婷）

【改革开放 40 周年主题报道】 2018 年，镇江报业传媒集团庆祝改革开放 40 周年，策划推出“致敬 40 年，镇江再出发——纪念改革开放 40 周年系列报道”。通过“改革再出发，发展高质量”大型集中主题采访活动、“致敬 40 年，我的故事”征文活动，以及《回望重要历史事件》《聆听风云人物故事》《“数”说发展历程》《镜头见证变迁》《镇江改革开放启示录》等栏目，全景展示 40 年镇江的辉煌历程和巨大成就，为镇江“深度对标苏南、聚力产业强市”凝聚思想共识，推动镇江市高质量发展。（朱　朱）

【产业强市主题报道】 2018 年，镇江日报以“聚力产业强市　推动高质量发展”为统领，推出相关主题报道，开设《奋斗进行时》《聚焦营商环境大提升》等专栏，重点宣传镇江市和各地、各部门“深度对标苏南、深化改革创新、推动产业高质量发展、提升工作效能、优化营商环境”的新思路、新举措、新成效，以及全市产业发展的特色亮点、推进产业发展的各类先进典型等。报道贯穿全年，提升全市范围内的发展热度，提振广大干部群众的发展信心，为镇江高质量发展营造良好的舆论氛围。（朱　朱）

【《绿色镇江》周刊及公众号创办】 2018 年 10 月 23 日，镇江日报在“2018 国际低碳（镇江）大会”开幕当天，推出《绿色镇江》周刊。周刊每周 1 期，每期 1 版，宣传和诠释“绿水青山就是金山银山”的发展理念，展示镇江市在低碳城市建设中的探索实践，凝聚绿色发展的广泛共识和强大力量，推动“绿色镇江”实现高质量发展。配合周刊推出“中山东路 4 号”微信公众号，每周推出周刊文章和其他相关文章，打造“绿色发展”的开放平台和融合载体。（朱　朱）

2018 年镇江记者站一览表

表 25－3

记者站名称	地　址
《江苏工人报》镇江记者站	镇江市梦溪路 5 号
江苏法制报社镇江记者站	镇江市学府路 3 号
新华日报社镇江记者站	镇江市正东路 32 号
《扬子晚报》镇江记者站	镇江市梦溪路 4 号 3－205 室
《江苏电力报》镇江记者站	镇江市电力路 182 号
《江苏经济报》镇江记者站	镇江市解放路 201 号
《镇江日报》丹阳记者站	丹阳市行政中心
《镇江日报》扬中记者站	扬中市政府机关大院
《镇江日报》句容记者站	句容市华阳镇

（张　冰）

【“今日镇江”】 2018 年，镇江报业传媒集团对“今日镇江”移动客户端进行创新，推动媒体融合发展。推出投票必须下载客户端的功能模块，提升“今日镇江”关注度；编辑部开创《我新闻》栏目，市民可通过该栏目给编辑部直接投稿，成为普通老百姓发声的重要平台；推出《今晨七点半》和《今晚八点半》两档新闻类聚合栏目，提供符合镇江读者口味的新闻“早餐”和“晚餐”；打造《镇事今编》栏目，利用二维码和报纸互动，让“今日镇江”的形象宣传从“静态”走向“动态”。同时，提升服务能力，将“实时公交”“全省高速实时监控”“网络发言人”“镇江企业网络平台”等特色服务纳入“今日镇江”。（朱　朱）

【2017 年度江苏省报纸优秀作品评选】 2018 年 3 月，由江苏省新闻工作者协会主办，镇江报业传媒集团承办的 2017 年度江苏省报纸优秀作品评选工作在镇江市举行。有 605 件作品参加消息、通讯、评论、系列报道、重大主题策划和新闻专栏的评选。有 579 件作品通过审核参评。评出省报纸优秀作品一、二、三等奖，中国新闻奖参评推荐作品和江苏新闻奖候选作品。（朱　朱）

【新闻采访团赴渭南采访】 2018 年 6 月 10 日—15 日，镇江日报组织新闻采访团赴镇江市对口结对扶贫城市陕西省渭南市采访。采访团深入村庄田头，感受扶贫成效，先后刊发各类通讯、消息等 10 多篇稿件。采访活动结束后，镇江日报新闻采访团与镇江新闻国际旅行社在全市征集 30 名“友城使者”出访渭南，开辟镇江市至渭南市的旅游专线，加强两地旅游资源的合作与开发。（朱　朱）

2018年镇江报业传媒集团新闻作品获奖情况表

表25－4

2017年度江苏新闻奖获奖篇目			
标　题		类　别	作者、编辑
《走三区三市 看十里桃花——品味桃农故事里的供给侧结构性改革》		系列报道	王景曙、王鹏程、胡冰心、梁和峰、朱婕、司马珂、栾继业、翟志伟、李駑
2017年度江苏省报纸优秀作品篇目			
奖级	标　题	类　别	作者、编辑
一等奖	《购买200吨碳减排量"中和"会展产生的温室气体 国际低碳大会实现"近零碳排放"》(《镇江日报》)	消息	梁和峰
	《江苏省"对口援建"领域首创镇江前指出台"史上最严"项目管理新政》(《镇江日报》)	消息	王景曙
	《"好事怎么就做不好?""暴力放流"引发市民争议》(《京江晚报》)	消息	戴慧
	《金山包装厂应诉美国"337调查",打赢"洋官司"——一场"工匠精神"对贸易保护的胜利》(《镇江日报》)	通讯	梁和峰、丁一舟
	《13年,村民年终分红提高了53倍——探寻"股改第一村"的富民路径》(《镇江日报》)	通讯	王鹏程、周迎、张文璨
	《警惕改革的基层"衰减效应"》(《镇江日报》)	评论	王鹏程
	《"海天"收购镇江醋企一石激起千层浪等》(《镇江日报》)	系列报道	栾继业、司马珂、吴斌(编辑一等奖)
二等奖	《泔水变成优质天然气 提纯沼气已供市政管网3.3万立方米》(《镇江日报》)	消息	司马珂
	《99个"单打冠军":"镇江制造"的希望所在》(《镇江日报》)	通讯	梁和峰、郇庭薇、周钥(编辑二等奖)
	《C919带上"镇江制造"一飞冲天》(《京江晚报》)	通讯	王小月
	《驻镇高校虽多,但我市却"近水楼台难得月"吸引更多毕业生留镇,尚需合力破题》(《京江晚报》)	通讯	沈春来
	《向总书记汇报·镇江来信》(《镇江日报》)	重大主题创新策划	刘兰明、孙晨飞、王鹏程、梁和峰、朱婕
	《朝花即拾》(《镇江日报》)	专栏	集体
三等奖	《本月起我市开启医保移动支付缩短排队时间,提升就医体验》(《镇江日报》)	消息	杨佩佩
	《最年长"社会儿女"唐贞义捐20万助医金,让爱子的孝心长存人间,惠及更多孤老——我市"慰藉孤老助医"项目昨启动》(《京江晚报》)	消息	杨泠
	《满足本地刚需 体现政府担当》(《镇江日报》)	通讯	滕庆海
	《自立春始,向目标进,撸起袖子加油干!》(《京江晚报》)	通讯	张翀煜、崔骏
	《少年如歌,诠释别样"手足之情"》(《京江晚报》)	通讯	张立华、古瑾
	《走三区三市 看十里桃花 品味桃农故事里的供给侧结构性改革》(《镇江日报》)	系列报道	王景曙、王鹏程、胡冰心、梁和峰、朱婕、司马珂、栾继业、翟志伟、李駑
	《"看此日桃花灼灼,宜室宜家,卜他年瓜瓞绵绵,尔昌尔炽"民国时候,他们这样写婚书》(《京江晚报》)	系列报道	许正兰、王玉娟、朱美娜、孙力(编辑三等奖)
	《走进钱云宝的"不等式"人生系列报道》(《京江晚报》)	系列报道	张翀煜、张立华、李恒(编辑三等奖)、胡骏(编辑三等奖)
2017年度江苏省优秀新闻论文评选获奖篇目			
奖级	标　题	类　别	作者、编辑
三等奖	《以文化自信提升地方报纸传播力》《中国记者》第5期	论文	何菁
2017年度江苏省报纸新闻摄影作品评选获奖篇目			
奖级	标　题	类　别	作者、编辑
二等奖	《强者——2017年全国残疾人田径锦标赛在镇江举行》(《镇江日报》)	摄影作品	石小刚
二等奖	《找爸爸》(《镇江日报》)	摄影作品	陶春
三等奖	《九旬老人"刷脸"认证社保待遇资格》(《镇江日报》)	摄影作品	文雯
2017年度江苏省报纸副刊评选获奖篇目			
奖级	标　题	类　别	作者、编辑
二等奖	《磨刀的张大爷》(《镇江日报》)	散文	花蕾、滕建锋(编辑二等奖)
二等奖	《我家那个不优秀的孩子》(《京江晚报》)	散文	沙艳秋、卢伟庆(编辑二等奖)
三等奖	《大运河上一渡口》(《京江晚报》)	散文	吴炳辉、沙艳秋(编辑三等奖)

续表 25－4

奖级	标　　题	类　别	作者、编辑
2017 年度江苏省报纸版面评选获奖篇目			
二等奖	《镇江日报》2 月 24 日第 6 版	版面	编辑：方舒、马坚
三等奖	《京江晚报》12 月 8 日封面版	版面	编辑：刁斌、胡骏
2017 年度江苏省优秀新闻摄影作品评选获奖篇目			
奖级	标　　题	类　别	作者、编辑
银奖	《九旬老人"刷脸"认证社保待遇资格》(《镇江日报》)	摄影作品	文雯
银奖	《强者——2017 年全国残疾人田径锦标赛在镇江举行》(《镇江日报》)	摄影作品	石小刚
铜奖	《盲人夫妻也有光明的梦想》(组照)(《镇江日报》)	摄影作品	谢道韫
铜奖	《千人南山展示健身气功》(《镇江日报》)	摄影作品	文雯
铜奖	《找爸爸》(《镇江日报》)	摄影作品	陶春
铜奖	《世界最大陆地沉井下沉施工到位》(《镇江日报》)	摄影作品	谢道韫
2017 年度赵超构新闻奖获奖篇目			
奖级	标　　题	类　别	作者、编辑
特等奖	《走进钱云宝的"不等式"人生》	作品	作者：张翀煜、张立华　编辑：李恒、胡骏
二等奖	《民国时候，他们这样写婚书》	作品	作者：朱美娜
三等奖	《我市"慰藉孤老助医"项目昨启动》	作品	作者：杨泠　编辑：李恒、胡健
三等奖	《"好事怎么就做不好"》	作品	作者：戴慧
三等奖	《让"书香"沁人，拓展帮困内涵——以〈京江晚报〉"书香镇江·关爱学子"岁末暖心行动为例》	作品	作者：李恒

（朱　朱）

广播电视

【概况】　2018 年，镇江文广集团（以下简称"文广集团"）所属媒体围绕"聚力产业强市，推动高质量发展"主题，组织开展"奋斗进行时"等系列宣传报道，采发新闻专稿 300 余篇。围绕纪念改革开放 40 周年主题，策划开设《新时代　新担当　新作为》等专题、专栏，推出系列报道、新闻专稿约 400 篇，策划摄制纪念改革开放 40 周年大型系列片《长风破浪会有时》。拓展新媒体外宣渠道，推进新闻宣传创新创优，在中央电视台用稿 38 条，其中，《新闻联播》用稿 13 条；在中央人民广播电台用稿 32 篇；在江苏卫视用稿近 1000 条；在江苏新闻广播、"金陵之声"用稿 325 篇。在"新华社""今日头条"等移动互联客户端开设账号，推送稿件 1000 余篇。全媒体整合传播成效显现，"一起镇江"App 发布信息 4 万余条，政企版块新增入驻单位 63 家，生活版块新增"智慧人社"等实用查询功能。年内，文广集团获评中央电视台"全国十大优秀通联集体"、新闻融合创新银荔枝奖（江苏省广播电视总台）、CPTN"杰出交流奖"以及 6 项江苏省新闻出版广电政府奖。"秒懂镇江"工作室入选"2018 江苏百人纪录片扶持计划"。文广集团获评镇江市广告协会"突出贡献企业奖"，该集团旗下江苏文广五十弦文化传播股份有限公司获评市级"新兴产业创新企业奖""品牌塑造优秀企业奖"。

产业拓展。梳理评估公司主体，对相关业态进行整合重组，优化资产结构，降低负债率；升级金融板块，成立镇江文广金融服务有限公司，拓展"小微融"和中间业务，推进资金互助合作社向村镇银行转型。北京华江亿动、五十弦文化传播、文广国旅等公司推进 IPO 进程。"丝路屏媒"项目落户塔吉克斯坦共和国，并与其他中亚国家落实相关合作方案。拓展新能源产业，组建文广朱方新能源科技有限公司、中建科技镇江有限公司，参与实施充电桩建设、绿色装配建筑构件研发制造等项目。院线广告代理拓展至上海市、大连市、苏州市、常州市、厦门市等城市市场。会展运营进入无锡市、宿迁市、淮安市等区域市场，并中标 2018 第五届世界互联网之光博览会、2018 第四届江苏技能状元大赛、2018 世界物联网博览会等项目。民族音乐剧《九九艳阳天》完成首轮创作排演，被列入文化和旅游部国家文化艺术基金资助项目，并被江苏省文化和旅游厅列为与镇江市联合打造项目。举办 2018 长江国际音乐节、"蝎子乐队"在北京市、上海市 2018 极限宇宙世界巡回演唱会、"一起周末"镇江文化演出季、镇江少儿春节联欢晚会、中老年春晚、云台邀月·中秋雅集等活动，组织扬剧《红船》《完节堂 1937》巡演，组织舞台剧《春江花月夜·赛珍珠》国外巡演，承制运营 2018 国际低碳（镇江）大会、区域新型主流媒体融合发展论坛等活动，参加江苏紫金文化艺术节展演、南京博物院"非遗"戏剧精品展演。年内，长江国际音乐节获评音乐中国博览会"中国音乐节十强"；本土化情景影视剧《生活就是家》获发行许可证；原创舞台剧《春江花月夜·赛珍珠》获第 28 届上海白玉兰戏剧表演艺术奖"集体奖"。　　（姚福军）

【2018 长江国际音乐节】　2018 年 4 月 29 日—30 日，2018 长江国际音乐节在镇江市丹徒区世业洲举行。该届音乐节以"春风十里我依然在江南等你"为主题，李宇春、华晨宇、张碧晨、熊天平、零点乐队、信乐团、马赛克乐队等为代表的 20 余组（名）歌手登场表演，观众 10 万余人次。镇江市宣传、公安、交通、供电、消防等市、区、镇三级 40 多个部门，1200 多人参与组织协调和保障工作。　　（姚福军）

【"丝路屏媒"产业项目落户塔吉克斯坦共和国】　2018 年 10 月 15 日，在塔吉克斯坦共和国首都杜尚别举行的"塔吉克斯坦共和国企业家论坛"上，镇江市文广集团与塔吉克斯坦共和国国资委签订"丝路屏媒"项目合作协议。在该论坛上，集团旅游产业板块主体江苏文广国际旅游有限公司，分别与塔吉克斯坦共和国国家旅游委员会、中塔旅游公司进行交流并就旅游产业项目落户达成合作意向。文广集团所属江苏穿越金点信息科技股份有限公司作为"丝路屏媒"项目具体实施主体，在塔吉克斯坦共和国成立分公司。　　（姚福军）

【“一起周末”2018 镇江文化演出季】 2018 年 10 月—2019 年 1 月，镇江文广集团主办开展“一起周末”2018 镇江文化演出季活动。活动时间为 2018 年 10 月至 2019 年 1 月期间每周末或节假日，分别在镇江市和句容市两地，展示、展演黄梅戏《严凤英》、锡剧《珍珠塔》和话剧《风华绝代》等多个国内外精品舞台剧。

（姚福军）

【2018 第六届“中国·镇江西津渡国际纪录片盛典”】 2018 年 11 月 7 日—9 日，2018 第六届“中国·镇江西津渡国际纪录片盛典”——“当代中国与微视频”高层论坛暨镇江西津渡微纪录大赛在镇江市西津渡举行。该活动以“看见中国”为主题，推出当代中国与微视频高层论坛，并发行《看见中国》系列纪录片。在“一眼看千年——西津古渡”微纪录大赛中，江苏星帝文化传媒有限公司拍摄的《耳朵》获特殊贡献奖，镇江文广集团视频创作中心工作室拍摄的《面之味》、大连红领巾数字影像工作室拍摄的《玩转西津渡·一眼看千年》获最佳微视频奖项；大赛评选出最佳导演奖、最佳摄影奖、最佳制作奖、最佳人气奖等。

（姚福军）

图 25－1 2018 年 11 月 7 日，2018 第六届“中国·镇江西津渡国际纪录片盛典”在镇江市西津渡举行

（屈海斌 供稿）

图书发行

【概况】 2018 年，江苏凤凰新华书店集团有限公司镇江分公司围绕经营管理目标和各项工作任务，加强管理，拓展市场，保持发行工作健康发展的势头。全年销售收入（含丹徒区）1.05 亿元，实现利税 960 万元，完成各项经营指标。加强社会效益工作和企业文化建设，组织多种全民阅读推广活动，并开展创建文明单位、创星级门店活动。开展“校园人文行”活动，在镇江校园举办 23 场读书报告会。12 月 19 日，作家张嘉佳在江苏大学举办新作《云边有个小卖部》校园分享会。年内，该公司与江滨实验小学联合开办的“红领巾书屋”被中国图书发行业协会评为“2018 年度校园书店”，漫书阁店被省新闻出版局评为“江苏最美书店”。

（姚 远）

【漫书阁店】 2018 年 4 月 24 日，镇江市新的中心门店——漫书阁店开业，漫书阁店由镇江新华书店的中心门店中山东路书城搬迁而来，是新华书店在镇江的旗舰店，是设计现代、环境优雅、构成开放、图书品种齐全、业态多元的大型复合式文化体验休闲空间。店内提供自主查询平台、实现 Wi－Fi 全覆盖，随处可见阅读体验区，给读者提供舒适温馨的阅读空间。新增文化互动活动专区等功能性区域，开展以阅读、文化方面的讲座、培训、交流等活动。单独开辟有 700 平方米的 24 小时书店区域。（姚 远）

【镇江市首批未成年人课外阅读基地建成】 2018 年 4 月 24 日，镇江市首批未成年人课外阅读实践基地揭牌仪式，在镇江新华书店漫书阁店举行。首批基地有 4 个学校，分别是镇江江南学校、中山路小学、镇江实验学校、江滨实验小学。该基地由镇江市教育局、镇江新华书店共同建设，新华书店为主基地，各学校为分基地，校店共建“第二课堂”，是集课外阅读、思想道德教育、文化交流于一体的平台，旨在帮助广大青少年培养良好的阅读习惯，同时提高未成年人社会实践能力和综合素质。

（姚 远）

【“凤凰姐姐讲绘本”活动】 2018 年，“凤凰姐姐讲绘本”活动在镇江新华书店漫书阁店举行。每周双休日下午 2：30—3：00，由凤凰姐姐（新华书店评选的服务明星、首席导购员）为少年朋友及家长讲读如何阅读绘本图书，激发孩子的阅读兴趣，给孩子艺术审美的熏陶，培养孩子的认知能力、观察能力、沟通能力、想象力、创造力。

（姚 远）

【假期阅读征文活动】 2018 年，镇江新华书店与京口区教育局、润州区教育局、镇江新区社会发展局联合举办假期阅读征文活动，引导学生阅读优秀读物。寒暑假各有 4 万多名中小学生参加活动，收到征文 6000 多篇。同时，镇江新华书店在漫书阁店设立优秀课外读物专架。

（姚 远）

2018 年镇江市新华书店经营情况表

表 25－5

店　名	销售总额（万元）	册　数（万册）	利润总额（万元）	利税总额（万元）	劳动生产率（万元/人）	年末固定资产原值（万元）
镇江市	9535.69	411.77	675.95	855.83	130.62	1573.42
丹徒区	1005.03	60.75	96.06	104.22	125.62	537.58
丹阳市	7319.32	491.51	407.40	563.73	104.56	3507.61
句容市	3262.14	224.17	267.04	352.08	88.16	4490.22
扬中市	2588.78	97.70	189.21	118.61	76.14	832.52
合　计	23710.96	1285.90	1635.66	1994.47	106.80	10941.35

（姚 远）

网络媒体

【概况】 截至2018年年底，镇江市IPv4地址数为73.3万个；域名总数1.5万个；注册地在镇江的备案主体数为1.2万个，备案网站数为1.4万个。镇江市网民规模为191万人，互联网普及率为60.1%；手机网民规模为184万人。手机是镇江网民上网的首选设备，使用率为98.3%。镇江市网民人均周上网时长为27.6小时，比全国平均水平高出0.6小时，比江苏整体水平低出1.1小时。镇江网民对即时通信、网络新闻、搜索引擎、网络视频、网络音乐等应用使用率相对靠前，均在70%以上；网上支付、网络购物使用率接近70%，旅行预订使用率为46.0%，比上年提升8.5个百分点，是增速最快的应用。

2018年，镇江市深化管网用网创新，举办多期"互联网+会客厅"活动。在全省率先推行"互联网+多联合一"集成改革应用，培育"金山公益""爱心妈妈"等多支网络社会组织，开展网民节、公益援助等上百场网络文化活动。组织开展20多项重点专题网上宣传，引导网上舆论。（张玲钥）

【"网聚新时代"2017年镇江第十届网民节颁奖典礼】 2018年1月13日，"网聚新时代"2017年镇江第十届网民节颁奖典礼在镇江影剧院举行。镇江市重点网络发言人单位代表、50家网络社会组织负责人、新媒体代表、重点网站负责人以及近千名网友代表参加典礼。活动总结过去十年来镇江网络的发展成果，表彰2018年围绕中央和省级重大活动，以及市委、市政府中心工作推出的品牌网络活动和在推动互联网创新和网信经济发展等方面有突出贡献的互联网企业、弘扬先进网络文化传播网络正能量过程中涌现出的先进个人、优秀网络作品以及网上网下共绘同心圆方面表现突出的政府部门和网络社会组织。（霍　超）

【"聚力产业强市 推动高质量发展"网友看项目议发展系列活动】 2018年4月—11月，镇江市开展"聚力产业强市推动高质量发展"网友看项目议发展系列活动，组织全市各媒体网站代表、网络社会组织负责人和网友代表，多次走进相关产业部门和重点项目现场，参观感受镇江产业集聚发展和宁镇扬一体化进程，并与相关部门负责人座谈交流，围绕产业强市、环境保护、精准脱贫、乡村振兴、文化旅游等方面，提出建议和意见。（霍　超）

【"镇江骄傲"网络微视频大赛】 2018年4月15日，由镇江市委宣传部主办，市委网信办、市文广集团等单位承办的"镇江骄傲"网络微视频大赛启动，活动分为网络征集、网络展示、网络投票、专家评审4个阶段，为期3个月。活动征集到符合要求的参赛作品40多部，所有参赛作品在"镇江发布""金山网""一起镇江"等市各网络新媒体平台进行为期1个月的展播，最后经过网络投票和专家评审评选出获奖作品12部，其中，一等奖1部、二等奖2部、三等奖3部、优秀奖6部，网络投票访问量为543821人次。获奖作品在全市各网站、新媒体平台及"今日头条"等市外新媒体平台进行展播。（汤　沛）

【参加在中国网络社会组织联合会党委成立大会】 2018年7月19日，中国网络社会组织联合会党委成立大会暨网络社会组织党建工作座谈会在北京举行，部分全国性网络社会组织、地方网络社会组织、中央重点新闻网站及互联网企业代表参会。镇江市网络社会组织联合会作为全国唯一一家地市级理事单位，同时也是全国6家受邀代表之一在会上做经验交流发言，介绍镇江网络社会组织联合会党建工作经验与成效。（霍　超）

【2018镇江网民节系列活动】 2018年11月10日，"辉煌四十年 镇江再发现"2018镇江网民节暨城市定向挑战活动启动仪式在西津渡鉴园广场举行。镇江市各网络社会组织围绕市委、市政府中心工作及网民爱好需求，在两个多月的时间里举办5大类25项活动，活动涵盖改革开放、助推发展、美好生活、网络文明、网络公益等多个类别，通过线上线下结合互动，凝聚网上正能量。（霍　超）

【金山网】 金山网创办于2002年12月，隶属于镇江日报社，由镇江报业网络传媒有限公司营运，是国家一类新闻网站。拥有《镇江手机报》、《镇江数字报》、"今日镇江App"、"智慧镇江App"、金山网微博微信矩阵、《镇江网情》杂志等新媒体产品资源以及《网络问政》《网络发言人》等网络栏目，是镇江互联网新媒体领域主流新闻传播舆论平台。

2018年，金山网组织完成"聚焦全国两会""聚力产业强市，推进高质量发展""2018国际低碳（镇江）大会"等系列重点报道。其中，1件作品获镇江新闻奖，2件作品获镇江新闻奖提名奖，其他作品分获市级奖项20个。《美丽镇江 美在书香》专栏获第二届江苏全民阅读十佳推广栏目。金山网在中央网信办主管的《网络传播》杂志全国"地方城市网站传播力"排行榜中，微信传播力一直维持在全国第26名~29名，在江苏网站排名维持在2名~3名。新媒体各平台的阅读量达5600万次以上，推出阅读量过万的稿件18篇，其中，正能量稿件12篇。截至年底，"今日镇江"客户端粉丝量超20万，"智慧镇江"的装机量也由80万上升到近90万。

2018年，金山网开展各类社会公益活动，"金山e支教"公益活动获江苏网络公益十佳项目、第三届江苏省志交会银奖项目；"光阴的故事"获评第三届江苏省志交会金奖项目。（高　新）

【"镇江网友之家"】 "镇江网友之家"（my0511.com）创办于2000年5月，是镇江地区主流的社区门户网站。网站致力于发展网络应用服务，为广大镇江市民提供各类免费信息服务，有消费娱乐指南、镇江房产介绍、租房售房、婚介交友、便民查询和互动交流等服务，经过发展和当地各部门的支持，访问量稳步攀升。截至2018年年底，网站有员工52人，注册会员190万人，日均访问用户20万人，日均访问量为300万人次。全年该网站在移动端持续发力，旗下的移动端产品"MY0511"App，"镇江MY0511""我们的镇江""0511吃喝玩乐"微信公众号的安装量及粉丝量均在镇江地区名列前茅。（张　炜）

卫 生

责任编校：钱金金

综 述

【概况】 2018年，镇江市卫生计生系统推动医药卫生体制改革，完善医疗卫生服务体系，推进“健康镇江”建设。3月26日，江苏省委书记娄勤俭到镇江市调研卫生健康工作。镇江市举办首个“中国医师节”庆祝大会等系列宣传活动，开展“十大医德标兵”“百名医德之星”评选活动。年内，镇江市获评“2016—2017年度全国无偿献血先进市”，镇江市精神卫生中心工会委员会获评“江苏省模范职工之家”，“助您健康·温度门诊”服务品牌获评市级机关“十佳服务品牌”。全年，市卫生计生系统创成“五星”先进党支部4个、市级“党员示范岗”2个；4人获评“江苏省第四届百名医德之星”，1人获评“江苏省优秀工会工作者”；在《光明日报》《健康报》《新华日报》等各级媒体发布稿件2296篇次。

综合医改工作。完成医改课题调研，镇江市出台《关于深入推进镇江市健康服务保障体系建设的意见》《镇江市引进和培育医生集团指导意见》《关于完善家庭健康责任团队服务的实施意见》等系列政策。推动化解公立医院债务5770万元，完善公立医院绩效考核办法。全市二级以上公立医院药占比为27.63%，劳务性收入占比为30.43%；门诊病人次均医药费用比上年增长5.65%，住院病人次均医药费用增长5.06%。建立健全医联体12个，有56家基层医疗卫生机构开设104个“全—专联合门诊”，接诊10.5万人次；建成康复联合病房20家，收治上级医院下转康复期病人1162人次；家庭医生签约服务与基层首诊目标对接，常住人口和重点人群签约率分别为37.16%、68.32%；建成胸痛、卒中、创伤、孕产妇、新生儿危急重症等“五大救治中心”。公立医疗机构全部进入江苏省公共资源交易中心网上采购平台采购，并开展市级药品价格谈判，与省入围价格相比最大降幅为69.17%。加快“智慧健康”建设，建立区域预约诊疗服务平台，实现市级医疗机构统一预约；市区二级以上医院及4家社区卫生服务中心开通医保移动支付，12家社区投放MINI自助挂号缴费设备；2家三甲综合医院推进C－DRG（按疾病诊断相关分组）收付费改革试点工作。

公共卫生服务。免费为城乡居民提供55项国家基本公共卫生服务，项目补助标准提高到人均70.43元。在省级绩效考核中列全省第3名。在村（居）委会成立公共卫生委员会，开展以“清死角、除四害、促健康”为主题的春季爱国卫生运动，通过城乡环境卫生整洁行动中期评估；新创建国家卫生镇3个、省级卫生镇1个、省级卫生村11个，省级健康镇4个、健康村（社区）12个，其他各类健康细胞582个；征集“健康融入所有政策”项目选题、实践案例19个；完成农村改厕8000户。举办“第三届全民健康节”。加强食品安全风险监测，饮用水监测覆盖率和水样合格率均为100%。全市无甲类传染病病例和较大规模传染病暴发流行发生。开展一、二类疫苗接种80余万剂次，一类疫苗接种率和及时率分别保持在95%和90%以上，数字化预防接种门诊建设率为80.88%；规范处置长春长生公司疫苗事件。全市连续12年未发生“急感”疫情。镇江市通过省血吸虫病传播阻断考核。丹徒区、京口区通过慢性病综合防控示范区国家级复审，丹阳市、句容市、丹徒区、京口区和润州区被重新确认为“江苏省慢性病综合防控示范区”。严重精神障碍患者管理率为92.09%。组建2110人的“红细胞”急救志愿服务队。开展“全民自救互救素养提升工程”宣传活动247场、参与人数19.3万余人，完成各类重大活动保障167次。献血屋、急救科技体验馆等民生建设项目全部完成。

基层卫生工作。推进首批8个市级重点培育特色专科建设；全市建成国家临床重点专科建设单位4个，省级临床重点专科25个，省级中医重点专科8个，省妇幼健康重点学科4个，市级临床重点专科35个，市级中医临床重点专科22个。江苏大学附属医院、市第一人民医院通过三甲综合医院复审。二级以上医院全部实施临床路径管理，二级以上医院所有病房均实施优质护理服务。省示范乡镇卫生院、村卫生室占比分别为82.86%、29.84%。新增省级基层特色科室7个，建成或正建特色科室的基层机构占比63%。有7家机构开展社区医院和农村区域医疗卫生中心建设试点，其中，3家获评“江苏省首批社区医院”、3家乡镇卫生院达到二级综合医院基本标准；2家机构开展实训基地建设试点。确认首批市级基层特色科室孵化中心建设单位11家。全市二级以上医院下派201名医务人员到基层坐诊、带教，中医药服务向基层延伸。试点中医院托管基层医疗机构中医药服务，中医馆建成率为90%，建成中医阁48个；2家机构试点推进虚拟中药房建设。开展中医药文化巡诊、巡讲活动112场。丹阳市通过国家中医药工作先进单位复审。全市核销疾病应急救助基金319.7万元，救助275人次。批准设置医疗机构7所，执业登记医疗机构3所，备案中医诊所14家。

计划生育工作。完善生育配套政策措施，镇江市出台《镇江市人口与计划生育实施办法》，保障全面"二孩"政策实施，落实生育登记承诺制，办理生育登记14080人，出生人口性别比基本保持正常水平。公共区域母婴设施配置率为80%。免费完成1.96万名孕妇产前筛查和2.12万名新生儿疾病筛查任务，出生缺陷发生率控制在3.7‰。农村妇女"两癌"检查和服用叶酸完成率为100%。启动预防听力缺陷、儿童青少年近视防控工作。发放各类计划生育奖励扶助资金8777.95万元，惠及群众13.13万人，比上年增长13.74%。为市区1373个"失独"家庭购买"国寿意外伤害保险和住院护工保险"，涉及关爱资金68.65万元。建成全国首家专为失独老人看病提供自助服务的"博爱驿站"。流动人口基本公共卫生计生服务覆盖率90%以上。出台《镇江市深入推进医疗卫生与养老服务相结合的实施意见》，延伸健康养老进社区、进家庭，实现全市养老服务机构基本医疗服务全覆盖。推进丹阳市医养结合省级试点。年内，句容市获评"江苏省妇幼健康优质服务示范市""省级幸福家庭项目县"，扬中市获评"省级流动人口基本公共卫生计生服务均等化示范县"。

人才队伍工作。培育建设省"科教强卫工程"医学创新团队4人、省医学重点人才2人、青年医学人才35人，市级医学重点人才35人；实施柔性引进人才项目7个。增选省"333工程"人才19人、市"169工程"人才21人。新增国家级"名老中医学术经验指导老师"1人、"名老中医学术经验继承人"2人，遴选第二批市级"中医师承工作指导老师"30人、"中医师承工作继承人"36人。对新招录的184名住院医师及全科医师进行规范化培训。有112项科研项目获各级科技部门立项，获经费资助1804.7万元。获各类医学科技成果奖24项，其中，省科学技术奖2项、省医学新技术引进奖8项。申报获准国家级继续医学教育项目16项、省级项目38项、评审公布市级项目233项。开展各类培训58项次，培训基层医务人员7000余人次。遴选基层卫生骨干人才199人，其中，150人获评"省优秀基层卫生骨干人才"。开展第二批基层心血管疾病首席医生培训，37名医务人员获评"基层心血管疾病首席医生"。招录农村订单定向免费培养医学生80人。（卫计委办）

【卫生机构、床位和人员】 2018年，镇江市有各级各类卫生计生机构972个，其中，医院类单位50个，包括综合医院29个，中医医院5个，中西医结合医院2个，专科医院8个，护理院6个；基层医疗卫生机构886个，包括社区卫生服务中心35个，社区卫生服务站97个，乡镇卫生院49个，村卫生室308个，门诊部77个，诊所、卫生所、医务室、村卫生室、护理站共320个；专业公共卫生机构31个，包括疾病预防控制中心（防疫站）7个，专科疾病防治院（所、站）4个，妇幼保健院（所、站）7个，急救中心（站）2个，采供血机构2个，卫生监督所7个，计划生育技术服务机构2个；其他机构5个。

全市实有床位15623张，比上年增加454张，每千人口床位数为4.89张，其中，医院病床11416张，增加557张，占全市病床总数的73.07%。综合医院、中医院、中西医结合医院、卫生院和社区卫生服务中心分别有病床7273张、1270张、480张、1747张和1511张，分别占病床总数的46.55%、8.13%、3.07%、11.18%和9.67%。

全市有卫生人员26180人，增加780人，其中，卫生技术人员21080人，增加712人，占人员总数80.52%；全市每千人拥有卫生技术人员6.59人。全市有执业（助理）医师8200人，注册护士9183人，每千人拥有执业（助理）医师和注册护士分别为2.57人和2.87人。

全市医疗卫生机构总诊疗人次244.6万人次，比上年增长0.35%；出院病人40.34万人次，比上年增长0.55%；住院病人中手术119902人次，比上年增长5.75%。（巫 斌）

【卫生收支情况】 财政拨款。2018年，镇江市医疗卫生计生机构争取到各级财政拨款192827.05万元，比上年增加23350.44万元，增长13.78%。其中，医疗机构的财政补助126916.88万元，增加17607.27万元，增长16.11%，其中，公立医院增加3912.32万元，增长7.83%；基层医院增加13694.95万元，增长23.08%；中医医院减少680.53万元，下降9.03%。卫生计生机构的财政拨款65910.17万元，增加5743.17万元，增长9.55%。

收入情况。全年医疗机构实现收入845790.7万元，比上年增加49090.9万元，增长6.16%。公立医院的业务收入614830.37万元，占收入比重的93.89%，增加40021.78万元，增长6.96%，其中，药品收入占业务收入的29.28%，比上年下降0.93个百分点。基层医疗机构全年实现医疗收入108168.25万元，占收入比重的56.64%，增加5822.06万元，增长5.69%，其中，药品收入占医疗收入比重平均为53.17%，增长1.71个百分点。全市卫生计生机构总收入69126.13万元，增加5279.83万元，增长8.27%，其中，实现事业收入3215.96万元，增加212.76万元，增长7.08%。

支出情况。全市医疗机构支出881693.63万元，比上年增加56024.44万元，增长6.79%。公立医院支出693257.4万元，增加40351.4万元，增长6.18%，其中，医疗业务成本557689.75万元，管理费用70572.38万元，其他支出2564.46万元。基层医疗机构年度支出188436.23万元，增加15673.03万元，增长9.07%，其中，医疗卫生支出185260.69万元，增加15882.21万元，增长9.38%，其中，医疗支出占比85.59%，公共卫生支出占比14.41%。卫生计生机构支出68483.49万元，增加5317.53万元，增长8.42%。

工作量完成情况。全市医疗机构完成门急诊工作量为2111.69万人次，比上年增加102.74万人次，增长5.11%。实际出院人数40.34万人次，增加0.22万人次，增长0.55%。实际开放总床日为456.69万床日，实际占用总床日数363.4万床日，病床使用率88.23%，病床周转次数37次。

均次费用。公立医院门诊均次收费水平为227.62元，其中药品费81.86元。每床日平均收费水平1116.62元，其中，药品费284.41元。出院者平均医药费用9681.1元，其中，药品费2465.83元。基层医疗机构门诊均次收费水平为100.86元，其中，药品费58.7元。每床日平均收费水平350.07元，其中，药品费101.9元。出院者平均医药费用3630.23元，其中，药品费1056.7元。（邵乐婷）

【规划与统计工作】 2018年，镇江市卫生计生系统开展卫生健康领域《江苏省"十三五"基本公共服务均等化规划》《苏南现代化建设示范区规划》《长江经济带发展实施规划》《镇江市国民经济和社会发展第十三个五年规划纲要》《镇江市"十三五"新型城镇化和城乡发展一体化规划》等专项规划落实情况的自查评估，完成省卫生健康高质量发展"健康水平、健康素养、健康环境、健康服务、健康管理、健康投入"6大类16项指标的监测。制定出台《镇江市卫生健康统计工作管理办法（试行）》，开展2018年度卫生健康统计数据质量自查评估，接受省卫计委对镇江市承担的全国第六次卫生服务调查现场督导及卫生健康统计工作检查。（汪 峰）

【智慧健康信息化建设】 2018年，镇江市完善市、县两级区域健康信息平台功能，加强互联互通和数据共享。推进社区家庭医生签约系统建设；完成省中医馆系统的部署、培训、上线运行及医院系统改造工作；推进医疗监管系统与省监管系统数据对接；推进远程医疗，部分医院建立与南京都市圈影像及心电系统的对接；在建立实名制就诊的同时，构建全市统一的预约诊疗服务平台，以市区12家社区卫生服务中心作为试点开展基层诊间结算工作；实现医保移动支付手机人脸识别，市直二级以上7家医院和4家社区卫生服务中心开通医保移动支付；引进人工智能语音外呼系统，用于出院患者满意度调查、基层高血压、糖尿病及老人健康体检的随访调查；完善重要信息系统的安全等级防护工作，借助市第四人民医院的数据资源建立异地灾备中心。 （朱月兰）

疾病预防控制与卫生应急

【概况】 2018年，镇江市疾病预防控制系统完善疾控体系，完成重大疾病防治规划，提升疾控工作核心能力。坚持平战结合原则，强化预警、健全预案，加强应急演练，应对各类突发事件，全市疾病预防控制、卫生应急工作取得成效。

职业与放射卫生工作。全市完成企事业单位职业健康监护773家，放射工作人员职业健康监护4.2万人；开展放射单位检测54家，设备防护检测142台；开展职业危害因素监测91家、样品956份；接受职业病诊断申请99人，确诊32人。完成省重点职业病监测、放射性疾病哨点监测与职业健康风险评估。

食品、环境与学校卫生工作。全市完成城乡饮用水水质监测520份，空气污染（雾霾）对人群健康监测$PM_{2.5}$采样滤膜检测96份、开展人群调查674人，农村环境卫生监测200户；协助完成卫生监督样品抽检629份。完成食品安全风险检测464份，食源性疾病病例监测2150例、样本检测608份，总阳性率为8.55%；食品饮用水放射性污染样品监测12类38种。实施学生缺课监测，248所中小学校缺课网络报告年平均上报率为94.3%，非零上报率为49.77%；实施学生伤害监测，学生伤害事件报告率为5.32%，学生伤害发生率为4.94%；开展学生健康体检信息监测15.8万人，指导丹阳市、京口区2个省级项目点开展学生常见病和健康影响因素项目监测，指导扬中市、丹徒区2个省级项目点开展江苏省儿童青少年近视调查。

消毒与媒介生物防制工作。完成病媒生物密度和抗药性监测、控制水平现场评估、虫媒传染病综合监测、伊蚊专项等监测。完成48家医院和托幼机构的消毒质量监测及血液净化中心（室）、洁净手术室监测工作。

健康教育工作。结合卫生宣传日，全市举办各类健康宣传咨询活动1066次、健康巡讲（展）3330场次。制作播放《健康镇江》专题片21期、《健康讲堂》156期、公益广告片4部，其中，1部宣传片获2018年江苏省工作场所健康促进传播材料制作大赛视频类一等奖。刊发《健康镇江》专栏35期、户外LED大屏和电视台播放健康宣传172次。省居民健康素养评估学习系统点击率超过19万次，占全市总人口的6.05%，知识知晓率为87.72%，行为形成率为95.9%。指导全市开展健康素养和烟草流行监测，完成调查问卷2750份。协助举办2018年“健康江苏行”（镇江站）暨镇江市第三届“全民健康节”，指导建成一批省级健康促进医院、“健康村（镇）”、“健康单位”、健康促进学校等。开发设计健康主题海报、展板、折页、健康干预工具等40余种，实施精准化健康教育。谋划健康科普布展项目方案论证设计，邀请国家（省）级、市级多领域专家论证听取意见建议，完成布展文案和设计文稿。 （施泉清）

【急性传染病防制】 2018年，镇江市报告乙类传染病14种3440例，比上年增长3.65%（全省增长2.19%）；报告丙类传染病6种、8884例，比上年增长16.59%（全省增长75.88%），无甲类传染病病例和较大规模传染病暴发流行发生。传染病疫情网络直报综合质量为99.99%。开展流感、禽流感、手足口病、虫媒传染病、住院肺炎等疾病监测4169份，上报致病菌监测菌株139株。肠道门诊登记病人31786例，病源检索率为25.5%（省指标为10%）。处置在镇江市首次检出的肠黏附性大肠埃希菌（又名肠聚集性大肠埃希菌EAEC）引起的中学食源性疾病疫情1起及镇江市首次发生的输入性登革热病例疫情4起。 （寻海占）

【计划免疫】 2018年，镇江市68家预防接种单位开展一、二类疫苗接种80万余剂次，一类疫苗接种率和及时率分别保持在95%和90%以上；开展麻疹疫苗查漏补种活动3万余剂次，实现应种人群、重点人群（单位）疫苗接种率双超95%的目标；适龄儿童预防接种异常反应估算报告率为3.69‰，相关补偿保险投保率为45.50%。4家一般预防接种单位通过省级三级门诊复核。建成27家留观门禁系统。数字化预防接种门诊建设率为80.88%，预防接种知情告知签核系统建设率为94.12%，儿童预防接种专用App软件绑定率为74.85%。 （寻海占）

【结核病防制】 2018年，镇江市推进肺结核分级诊疗综合防治模式试点，耐多药肺结核筛查全市覆盖；遏制学校结核病疫情。1月—12月，全市确诊利福平敏感肺结核患者1089例，比上年下降10.1%，报告发病率为34.14/10万；纳入治疗1086例，纳入治疗率为99.7%，成功治疗率为92.4%。确诊耐药肺结核患者37例，纳入治疗32例，纳入治疗率为88.9%。患者规范管理率、规则服药率、医保报销政策执行率、耐药肺结核筛查率和医疗机构结核病人治疗管理“五率”均达标。 （寻海占）

【艾滋病防制】 2018年，镇江市推进扩大检测和PITC项目工作，全年检测各类人群51.9万余人次，占全人群的16.3%，比上年增长8.5%，检出艾滋病感染者和病人151人，HIV阳性检出率为29.10/10万。全市治疗管理的艾滋病感染者和病人1018人，全人群感染率为3.20/万。美沙酮维持治疗690人、在治135人，治疗年保持率为90.0%。组织全市11个社会组织成功申报国家和省艾滋病防治基金项目。启动全市18所大中专院校和普通高中艾滋病防治知识传播校园行活动。推进城市示范区工作，探索创新模式，其中，娱乐场所暗娼自主管理干预模式在全省推广，京口区吸食新型毒品人群禁毒防艾的联防联控工作机制入选国家优秀创新模式，艾滋病、梅毒、丙肝血清学检测被纳入吸毒人员“惠民体检”。 （寻海占）

【血吸虫病、寄生虫病和地方病防控】 2018年，镇江市通过血吸虫病传播阻断考核和血吸虫病、地方病、重点寄生虫病“十三五”规划中期评估。开展大规模血防查灭螺、查治病行动，查螺1.36亿平方米、灭螺3348万平方米，完成查治病9万人次；开展重点甲状腺疾病专项调查、地方病现症病人调查、食源性寄生虫调查、水中“两虫”（贾第鞭毛虫和隐孢子虫）调查。全市连续12年未发生“急感”疫情。组织开展纪念毛泽东“送瘟神”诗词发表60周年系列活动。年内，镇江市1人获评全国“血防楷模”，4人获评全国“血防卫士”；镇江市在全省寄生虫病防治技能竞赛中获团体三等

奖;镇江市疾控中心获评湘鄂赣皖苏五省“送瘟神”60 周年宣传工作先进集体。（寻海占）

【慢病防制】　2018 年,丹徒区、京口区通过慢性病综合防控示范区国家级复审,丹阳市、句容市、丹徒区、京口区和润州区被重新确认为“江苏省慢性病综合防控示范区”;全市肿瘤登记、死因监测、心脑血管事件报告等慢性病监测工作不断强化,完成相关分析报告,制定《全市慢性阻塞性肺疾病登记管理规范(试行)》;以项目工作为载体,开展重点慢性病患者和高风险人群筛查 26366 人,完成双生子随访调查 1299 人、专题调查 126 人;市疾控中心申报成功 2018 年江苏省疾控中心“三减三健”专项行动人群健康干预项目;句容市和润州区启动省糖尿病基地建设项目。不断完善社会心理服务体系建设,实施精神疾病规范治疗管理项目,全市严重精神障碍患者报告患病率 4.12‰,在册患者管理率为 92.09%,在管患者服药率为 72.56%。开展儿童口腔疾病综合干预项目,全市筛查适龄儿童 8233 人,开展窝沟封闭 10269 颗。（寻海占）

【卫生应急工作】　2018 年,镇江市卫计委加强部门间的联防联控和综合演练,规范处置各类各级突发公共卫生事件。组织开展镇江市卫生应急素养暨自救互救情景剧展演活动。年内,镇江市卫计委值班室复评为市“优秀值班室”;在市政府应急办组织的应急管理征文活动中,市卫计委 2 篇作品获二等奖,6 篇获优秀奖。

预警监测及风险评估。全市接报、处置突发公共卫生事件及相关信息 23 起,处置各类传染病预警信息 889 条,24 小时内响应率为 99.89%。完成风险评估报告 12 期;完成登革热、人感染 H7N9 禽流感、手足口病、水痘、流感、血吸虫病等专病疫情分析周报告、月报告及风险评估报告 70 余份。

联防联控及应急演练。2018 年,市卫计委承办江苏省宁镇扬区域性紧急医学救援卫生应急演练,并组织参与 2018 年度部省公路交通军地联合应急演练,2018 年润扬大桥危化品车交通事故应急救援演练,2018 镇江港港口设施保安、危险货物事故应急演习等各类型应急救援演练。全年全市完成演练 64 场次,参与人数 1795 人次。

卫生应急保障工作。2018 年,全市卫生计生系统完成 2018“一带一路”国际青少年户外运动(定向)训练营、2018 年砂板乒乓球世界杯、江苏省技能“状元”大赛、江苏省第十届残疾人运动会、国际低碳大会、镇江国际马拉松赛、危险化学品安全处置、高考、市政府突发事件等 167 项各类重大活动的医疗卫生保障任务,制定保障方案,出动救护车 190 辆次,参与保障医务人员约 700 人次。

自救互救工程。在市实验高中、镇江中学、镇江第一中学等场所投放 20 台自动体外除颤仪(AED),并对校园骨干师资完成规范化的初级救护员培训。全市有 116 支“红细胞”生命呵护志愿者服务队,2110 名志愿者。开展应急“六进”(进机关、进企业、进社区、进学校、进家庭、进农村)活动,开展宣传活动 247 场、参与人数 19.3 万余人。编写印发《公民卫生应急素养十二条》10 万份;编写印发《突发公共卫生事件分级、报告和信息发布指南》2000 份。（寻海占）

卫生监督

【概况】　2018 年,镇江市各级卫生监督机构推进“三项清单”和“三项制度”工作,市卫计委修订完善《镇江市卫生计生行政审批与监督执法“三项清单”》,包括权力清单 19 项,其中,许可权力 6 项、监督检查权力 5 项、处罚权力 7 项、强制权力 1 项;责任清单 5 项。推动建设“卫生监督综合执法监管指挥平台”。市卫生监督所制定下发《2018 年镇江市卫生监督协管工作实施方案》,开展协管站点“装备标准化、业务规范化”建设,对全市 151 名协管员分批开展业务轮训,并组织第一届全市协管员业务技能竞赛活动。全年协管巡查 5600 余次,巡查单位 9600 余户次,上报各类信息 4600 余条。全年“双随机”任务涉及医疗卫生、传染病卫生、公共场所卫生等 8 个专业、911 个办件任务,完成率为 100%。全年检查各类单位 9600 余户次,办理行政许可证 8782 件(其中市本级 6744 件);立案查处 292 件(一般和简易程序分别为 252 件、40 件,罚款 88.88 余万元,没收违法所得 11.49 余万元),其中,打击取缔非法行医 50 件,吊证 1 件,移送公安 3 件,罚款 52.6 余万元,没收违法所得 9.92 余万元。组织许可及处罚案卷评查、专题业务培训等活动 12 次。1 份处罚案卷入选国家级优秀典型案例、2 份处罚案卷入选省级优秀典型案例。全年全市接到各类投诉举报 165 件,办结率为 100%,群众满意率为 100%。组织打击非法行医、食品安全标准、“3·15”国际消费者权益日广场宣传、生活饮用水知识安全宣传、防艾宣传等现场宣传等活动 10 余次,印发各类宣传手册 4000 份。（彭林玉）

【“放管服”改革】　2018 年,镇江市卫生监督机构在全省率先制定印发《关于进一步规范卫生计生监督管理深化“放管服”改革的意见》,对受理、审查、审批各环节职能进行梳理,提高小型公共场所、放射诊疗建设项目等审批事项的即办件和一次性办结件占比。同时,加强事中事后监管,推进“双随机一公开”及“双公示”工作。全年完成许可办件 8782 件(市本级 6744 件)。其中,公共场所卫生许可 1316 件,供水单位卫生许可 2 件,放射诊疗卫生许可 142 件,涉水产品卫生许可 14 件,消毒产品生产企业卫生许可 6 件,医疗机构准入管理 390 件,母婴保健专项技术许可 22 件,麻精卡许可 109 件,护士执业注册 6012 人,医师执业注册 704 人,职业病诊断医师许可 24 件,医疗广告审查 34 件。（彭林玉）

【医疗行业监管】　2018 年,镇江市卫生监督机构加强医疗机构守法信用体系建设与管理。运用医疗机构失信行为数据库和失信行为相关制度,开展医疗机构“守信激励,失信惩戒”信用体系建设与管理。针对医疗美容机构,市卫生监督所制订《镇江市医疗美容机构依法执业信用分类管理实施方案》并征求意见;召开医疗美容机构依法执业信用分类管理讨论会。加强医疗广告审核审查,完成 34 个医疗广告的审批核查。

开展专项整治活动。全年开展依法执业业务培训 4 次,检查医疗机构 772 家,监督覆盖率为 97%;对违法违规行为进行查处,查办一般程序案件 10 件、简易程序 4 件,罚没款 3.05 万元,并对查处的医疗机构实行不良行为记分。全年完成 7 部委严厉打击非法医疗美容跨年专项总结汇总工作,制订全市打击非法行医校园宣传活动方案,制作印发并张贴“打击非法医疗美容宣传海报”120 余张。市卫生监督机构牵头镇江电视台民生频道、《镇江日报》、《京江晚报》等媒体以及公安机关,对镇江大港新区个体非法行医、润州万达商圈 6 家生活美容机构开展集中突击检查。

深化传染病防治监督。镇江市卫生监督机构开展口腔器械消毒灭菌、预防接种、医疗卫生机构传染病防治分类监督综合评价、冬春季传染病防治监督、中医医疗机构传染病防治和感染防控监督、医疗废物处置等专项整治行动。检查单位 146 个,出具现场笔录和监督意见书 26 份,查处违法违规行为 6 起。

开展计划生育与母婴保健监督执法。镇江市卫生监督机构对计划生育与母婴保健技术服务机构的依法执业、有无违法违规开展“两非”(非医学需要的胎儿性别鉴定和人工终止妊娠)行为及应用人类辅助生殖技术等情况开展专项检查,检查单位90家。检查中对发现部分单位未建立健全终止妊娠药品购进记录、药品使用者病例档案等问题出具监督文书,责令限期整改。成立由全市妇幼临床专家、计划生育与母婴保健专职卫生监督员组成的联合检查组,对全市60余家医疗、保健机构是否违规开展孕妇外周血胎儿游离DNA产前筛查与诊断技术进行专项检查。检查中,发现有个别医疗机构在未取得资质的情况下,私自与第三方检测机构签订协议,违规采集孕妇外周血对胎儿游离DNA进行产前筛查与诊断,检查组对此进行查处。

(彭林玉)

【职业卫生与放射卫生】 2018年,镇江市卫生监督机构制定下发《2018年镇江市放射、职业卫生监督检查工作方案》,组织召开全市2018年医疗、放射卫生监督工作会议。对3家新、改、扩建的放射诊疗建设项目进行预防性审查,竣工验收5家。现场检查放射卫生单位176家,出具意见书29份;市直监管22家,出具卫生监督意见书12份。对全市9家职业健康检查机构、1家职业病诊断机构、2家放射卫生技术服务机构进行日常监督检查,出具卫生监督意见书8份。与疾控、安监等部门在万达广场开展《中华人民共和国职业病防治法》宣传周活动。

(彭林玉)

爱国卫生

【概况】 2018年,镇江市把“健康中国”的建设目标转化为“健康城市”“健康村、镇”的指标,开展各项爱国卫生工作。3月,结合全国第30个爱国卫生月和江苏省第22个健康教育宣传月、世界无烟日等重大活动,开展以“清死角、除四害、促健康”为主题的春季爱国卫生运动,悬挂宣传横幅430余条,展出展板660余块,发放宣传资料12万余份,开展专题讲座50余场,并开展城乡环境卫生整洁行动。10月,镇江市健康促进委员会举办健康江苏行(镇江站)暨全市第三届全民健康节启动仪式。11月,市政府举行居民健康状况新闻发布会,发布《镇江市居民健康状况调查报告》,其中,2017年全市1周岁~69周岁城乡居民健康素养总体水平为28.89%,高于2017年江苏省22.69%的平均水平。扬中市八桥镇和句容市郭庄镇、边城镇通过国家卫生镇考核,其中,扬中市率先实现国家卫生镇全覆盖;丹阳市延陵镇通过省级卫生镇考核。全市新创省级卫生村11个。完成省、市城乡生活饮用水水质卫生监测点任务。全年监测水样数520份,监测覆盖率100%,水样合格率100%。

(毛俊峰)

【农村改厕工作】 2018年,镇江市实施农村改厕任务8000户,农村无害化改厕覆盖率为91.35%,列全省第7名。具体实施过程主要有4个环节:推进以县(市、区)为单位农村改厕受益户网上公示;实行统一编号制度,确保新增改厕数据真实可靠;重点控制质量监管和工程进度,加强资金管理,确保专款专用;加强改厕后续服务和管理,建立卫生厕所建、管、用并重的长效管理机制。

(毛俊峰)

【健康城市试点工作】 2018年,镇江市委市政府将“健康镇江”建设列入市委常委会2018年工作要点重点任务和深化医药卫生体制改革2018年重点工作任务,并进行定期跟踪督查考核。扬中市西来桥镇、油坊镇,句容市天王镇、下蜀镇通过省级健康镇考核,同时,全市创建省级健康村9个、省级健康社区3个、省级健康家庭550个、省级健康促进医院16所、省级金牌健康促进学校8所、省级健康机关10个、省级健康企业1家。

(毛俊峰)

基层卫生

【概况】 2018年,镇江市加强基层医疗卫生服务体系建设,提高基层医疗卫生服务能力水平,做好家庭医生签约服务和基本公共卫生服务。年内,组织开展农村基层卫生人员务实进修,39名乡镇卫生院医务人员和48名乡村医生参加实用技能进修培训。

基层服务能力建设。加强慢病管理、儿科、妇产科、康复科等重点领域建设,新增省级“基层特色科室”7个,建成或在建“特色科室”的基层医疗卫生机构占比为63%。在二级及以上医院建立孵化中心,帮助基层培育、建设特色科室。通过语音回访系统对老年人健康体检真实性进行智能电话随访,拨打语音电话1万余次。2家机构开展基层卫生人员实训基地建设试点,促进区域实训资源共享。年内,3家社区卫生服务中心获评“江苏省首批社区医院”,1家乡镇卫生院创成“省示范乡镇卫生院”,9家村卫生室创成“省示范村卫生室”。在国家高血压防治在线知识竞赛中,1家基层机构获全国优秀基层医疗卫生机构奖第4名,3名基层医务人员获全国个人比赛前200名。

基本公共卫生服务。全市基本公共卫生项目人均财政补助标准为70.43元,丹阳市、句容市、扬中市和市区分别为70元、82元、70元和65元。市卫计委与市财政局联合下发《镇江市基本公共卫生服务项目补助资金管理办法》,做

图26-1 2018年10月27日,健康江苏行(镇江站)暨镇江市第三届全民健康节启动仪式在北固湾广场举行

(景晓轶 供稿)

好基本公共卫生资金的预算、拨付、管理和使用；与市财政局开展基线调查、座谈研讨和数据测算，制订《镇江市2018年基本公共卫生服务项目绩效考核方案》，明确基本公共卫生项目支付标准、年度任务数，并采取购买服务方式，按照实际完成的服务数量和质量拨付资金。指导基层科学制订项目实施方案，在省级国家基本公共卫生服务项目基层优秀实施方案评选中，丹阳市获县（市、区）方案第2名，两家基层医疗卫生机构分别获二、三等奖。（徐 庆）

【家庭医生签约服务】 2018年，优先做好老年人、孕产妇、0岁～6岁儿童、残疾人，高血压、糖尿病、结核病和严重精神障碍患者，以及农村低收入人口建档立卡、计划生育特殊家庭等重点人群签约服务工作，提供可供选择的家庭医生签约服务项目，包括基本公共卫生服务包、健康管理综合服务包、个性化服务包等。4家基层机构获评“省级家庭医生服务模式创新建设单位”，其中，2家为家庭医生签约服务项目库应用省级联系点。11月30日，组织召开镇江家庭医生签约服务现场推进会。组织开展家庭医生签约服务主题宣传月活动和“5·19”世界家庭医生日宣传活动，通过签约服务进社区、进农村、进学校、进机关、进企业等专题专场活动，提高居民知晓度和参与度。组织开展全市家庭医生团队服务技能竞赛活动，在全省家庭医生团队服务技能竞赛总决赛中，京口区健康路社区卫生服务中心杨凌团队以总分第1名的成绩获评“江苏省十强家庭医生团队”，扬中市新坝中心卫生院新坝团队获评“江苏省十佳家庭医生团队”，镇江市获评“全省优秀组织奖”。（徐 庆）

妇幼健康

【概况】 2018年，镇江市贯彻落实《镇江市“十三五”卫生与健康发展规划》《镇江市“十三五”妇女儿童发展规划》和《镇江市“十三五”妇幼健康事业发展规划》。在全市开展妇幼保健、计划生育服务义诊活动，在预防出生缺陷日、母乳喂养周、早产儿日、世界避孕日、世界艾滋病日等公益宣传日，开展多种形式的宣传科普活动。运用“0511”论坛、镇江电视台等传播媒介，推广药具领取发放的相关知识。江苏大学附属医院投资6600万元建设妇儿诊疗中心；丹阳市投资3.5亿元建成妇保院门诊住院大楼；句容市投资1.89亿元异地新建妇幼保健院。当年，镇江市妇幼保健院通过省卫生健康委三级甲等妇保院复评，句容市获评“江苏省妇幼健康优质服务示范市”，京口区谏壁社区卫生服务中心创成“江苏省示范基层医疗机构妇幼健康规范化门诊”。

妇幼重大公共卫生项目。制订《2018年镇江市农村妇女宫颈癌和乳腺癌检查项目实施方案》，投入1460万元，完成11.79万例宫颈癌和11.99万例乳腺癌免费筛查任务，“两癌”（乳腺癌、宫颈癌）检查和服用叶酸补助标准分别为136.6元和24元，项目任务完成率为100%。孕产妇艾滋病、梅毒和乙肝免费检测率均为100%。

图26-2 2018年11月30日，镇江市家庭医生签约服务现场推进会
（景骁轶 供稿）

母婴保健服务管理。加强对各级各类医疗机构母婴保健技术服务的监督检查，强化助产技术、产前筛查与诊断等行为的管理。开展孕产妇和新生儿危急重症救治中心建设，建成省、市、县三级孕产妇和新生儿救治中心11家，实现救治中心县域全覆盖。

计划生育服务管理。推进计生药具“双进”（进高校、进医院）工作，实现免费药具自助发放机对高校和市级医院的全覆盖，提前完成省卫计委下达的目标任务。开创药具网络平台发放新模式，在省内率先采用“互联网+”模式，与邮政公司合作，开通微信“二维码”申领免费药具服务，实现药具实时配送。

（谢旭东）

【出生缺陷综合防治】 2018年，镇江市印发《镇江市出生缺陷综合防治民生实事项目实施方案》，启动免费产前筛查和免费新生儿疾病筛查项目，市财政投入140万元。完成19600例产前筛查和21240例新生儿疾病筛查，筛查率分别为95.15%和100%。创新开展听力缺陷预防工作，对6024例孕妇和新生儿开展耳聋基因检测，发现耳聋基因携带者440例。（谢旭东）

【儿童近视防控项目】 2018年，镇江市制订《镇江市儿童青少年近视防控项目实施方案》，建立市卫计委、市教育局和市体育局3部门协同配合的近视防控新机制，发挥妇幼保健机构、疾控机构、专科医院和学校的职责。成立镇江市儿童青少年近视防控基地，在中小学和托幼机构开展免费视力筛查试点工作，全年进校筛查2.68万人次，建立视觉健康档案4680份、屈光发育档案1635份。

（谢旭东）

医政管理

【概况】 2018年，镇江市医政医管工作以让人民群众获得更高水平、更高质量的医疗卫生服务为目标，实施新一轮改善医疗服务行动计划，推进改善医疗服务8项工作制度和13项创新工作，推行全预约诊疗服务，实施优质护理服务下基层和精准健康扶贫工作。建立完善现代医院管理制度，推进医院章程制定，完善医院决策机制和医院各项管理制度。贯彻《医疗质量管理办法》，落实18项医疗质量安全核心制度，加强重点专科建设和医学人才培养，确立首批8个重点培育特色专科，努力提升医疗服务能力水平。完善医疗服务监管机制，强化事中事后监管，发挥20个市级医疗质量控制中心的监督与管理作用。开展"平安医院"建设，构建和谐医患关系，推进"健康镇江"建设。（朱朝阳）

【医疗服务】 2018年，镇江市制订《镇江市深入落实进一步改善医疗服务行动计划实施方案（2018—2020年）》，改善医疗服务8项工作制度和13项创新工作。推进全预约诊疗工作，市区三级医疗机构逐步取消普通门诊，推动全市所有二、三级医院与省预约平台转诊预约通道对接。落实"三合理规范"（合理检查、合理用药、合理治疗），推进医学检验检查结果互认。推广多学科联合诊疗（MDT）、日间手术管理，提升服务效率，全年全市二、三级公立综合医院平均住院日分别控制在7.5天、8.0天以内，专科医院平均住院日呈下降趋势。

（朱朝阳）

【护理服务】 2018年，镇江市结合"管理下沉""技术下沉""服务下沉"，推进优质护理服务延伸到基层、社区和家庭，为患者提供专业化延续性护理服务。开展市级专科护士培训和年轻护士规范化培训考核，全年在心血管护理、静脉输液护理、母婴护理等7个护理专科培养市级专科护士108人，参加规范化培训考核年轻护士528人，其中，488人合格，合格率为92%。市卫计委开展护理科研课题、新技术20余项，60余项护理用具获国家专利；发表护理论文500余篇。年内，句容市人民医院获江苏省第二届护理创新大赛一等奖，江苏大学附属医院、市第一人民医院获二等奖，扬中市人民医院获三等奖。（朱朝阳）

【健康扶贫工作】 2018年，镇江市卫生计生系统贯彻落实《镇江市健康扶贫工作责任分解（2017—2020年）》，开展精准健康扶贫工作。组织开展农村订单定向医学生免费培养和全科医师规范化培训，推进城乡医疗机构对口支援，优先安排内、外、妇、儿科及中医科医师到老区基层医疗机构服务。在茅山老区落实贫困人口先诊疗后付费工作，开设"健康扶贫病床"64张。组织开展2018年农村基层卫生人员务实进修，30名乡镇卫生院医务人员和48名乡村医生参加实用技能进修培训。年内，建成"国家群众满意的乡镇卫生院"4所，"省示范乡镇卫生院"10所，"省示范村卫生室"24个；建成"妇幼健康规范化门诊"7家。

（朱朝阳）

【医疗质量】 2018年，镇江市卫生计生系统贯彻《医疗质量管理办法》和《江苏省医疗质量管理实施办法》，落实18项医疗质量安全核心制度，完善医疗服务质量管理与控制指标体系。建立完善20个市级医疗质量控制中心，明确挂靠单位和负责人。组织开展全市医院病历处方质量检查，抽查18所二级以上医院住院病历305份，甲级病历293份，甲级率为96.1%。督促各医院提升临床路径管理工作内涵，全市二级以上医院全部实施临床路径管理，完成临床路径管理病例6.8万余例，入径率87.2%，完成率92.4%。推进"品管圈"等质量管理工具使用，在第二届江苏省医院"品管圈"比赛中，镇江市口腔医院"8020圈"获一等奖，句容市人民医院"和合共生圈"获二等奖，镇江市中西医结合医院"手优圈"、镇江市传染病医院"彩虹圈"、市第一人民医院新区分院"朋友圈"和丹徒区人民医院"点滴圈"获三等奖。（朱朝阳）

【和谐医患关系】 2018年，镇江市城区医患纠纷矛盾调处服务中心接待各类信件106件，其中，立案84件，结案78件，调解成功75件，调解成功率为96.15%。通过公开招标方式采购2018年—2021年度城区医疗机构"两险"项目，完善"两险"理赔机制。全年保险公司受理赔付"两险"案件61起，其中，医疗责任险18起，赔付193.51万元；基本医疗意外险43起，赔付150.5万元；申请无过错损害救助7起，救助金额24.5万元。在全市范围内开展学习宣传和贯彻实施《医疗纠纷预防与处理条例》。镇江市第一人民医院获评2013—2017年度全国创建"平安医院"活动表现突出集体；镇江市中医院陆素琴获评2013—2017年度全国创建"平安医院"活动表现突出个人。（朱朝阳）

【血液检验管理】 2018年，镇江市结合"6·14"世界献血者日、"9·28"终身教育活动日举行纪念献血法实施20周年和省无偿献血宣传月等宣传节点，在全市范围内开展无偿献血宣传活动。当年，市政府重点民生工程之一的新型移动献血屋在东门梦溪广场正式启用。加强采供血分支机构管理，保持血站血液核酸检测全覆盖。建设血液管理信息系统，推进医疗机构与采供血机构信息互联互通工作。推广自体血回输技术，全面停止互助献血，提高血液使用效率。组织对全市用血量较大的5所二级以上医院的血液安全技术及医院临床用血与管理情况开展专项督查，保障临床用血安全。市区全年无偿献血30418人次，献血人数首次突破3万人，比上年增长6.02%；全年临床安全供应血液9.19吨，增长6.84%；采集机采血小板3701人份，降低0.62%。年内，镇江市获评"全国2016—2017年无偿献血先进市"，市中心血站获评"全国无偿献血促进奖"。（朱朝阳）

【院前急救工作】 2018年，镇江市院前急救接警164085人次，出车501102人次，其中，有效出车43594人次，有效处置病人45605人，监护转运危急重症患者8396人。推进急救优先分级调度机制建设，实行院前急救医疗业务的分类管理，优先确保危及生命的院前急救服务。加强救护车辆使用管理，提高抢救成功率，降低病死率。开展非急救患者转运专项整治行动，对辖区内二级以上医疗机构开展"拉网式"自查自纠，规范非急诊患者转运服务。（朱朝阳）

【院内感染控制】 2018年，镇江市加强市、县两级医院感染质量控制组织建设和医院感染管理专业队伍能力建设，注重医院重点部门、重点环节院感管理，医院感染管理质量控制覆盖全市各级各类医疗机构。开展医疗废物排查并上报排查数据。开展全市医疗卫生机构固体废物管理专项督查，并针对存在问题整改措施落实情况开展"回头看"专项督查，全市未发生重大院内感染事件和医疗废物流失事件。组织对全市所有血液净化中心（室）血液净化技术临床应用专项检查。（朱朝阳）

【抗菌药物管理】 2018年，镇江市加强抗菌药物分级管理和医师处方权限管理。组织对全市14所乡镇卫生院及社区卫生服务中心、23个村卫生室及社区卫生服务站抗菌药物临床应用情况进行专项督查。开展抗菌药物临床应用、静脉输液、处方点评、特殊药品管理以及肿瘤治疗药和辅助治疗药临床应用专项整治活动，建立重点监控药品目录，落实抗菌药物临床应用管理各项工作要求。严格毒麻精放等特殊药品管理。

（朱朝阳）

【药事管理】 2018年，镇江市完善药品供应保障机制，巩固基本药物制度的实施成效，允许基层医疗卫生机构在坚持基本药物配备使用占主导地位的前提下，配备使用一定数量的非基本药物，同时加大二级以上医疗机构使用基本药物力度，优化用药结构。组织开展药品集中采购市级价格谈判，完成对省入围的

7305 种低价药品,5336 种限价挂网采购入围产品(用量小的药品),5444 种竞价、议价采购入围产品的价格谈判,并实施网上集中采购;同步执行药品采购“两票制”相关规定,与省入围价格相比,最大降幅为 69.17%。全市各级、各类公立医疗机构全部通过省公共资源交易中心网上药品耗材采购平台进行采购。提高短缺药品的监测精度和预警能力,加强应急短缺药品储备与调用管理,提高短缺药品保障水平。组织对全市 21 所公立二级以上医疗机构的药品、医用耗材网上集中采购情况进行专项检查。(朱朝阳)

【专科建设与人才培养】 2018 年,镇江市加强医学重点专科建设和人才培养,结合市区各医院发展方向和功能定位,确定江苏大学附属医院心血管病科等 8 个专科为镇江市首批重点培育特色专科。全市建成 4 个国家临床重点专科建设单位(含 2 个中医建设单位),25 个省级临床重点专科(含 1 个建设单位),8 个省级中医重点专科(含 2 个建设单位),4 个省妇幼健康重点学科,35 个市级临床重点专科(含 3 个建设单位)、22 个市级中医临床重点专科(含 4 个建设单位)。全市有省“科教强卫工程”医学创新团队 4 人(含共建 2 人)、省“医学重点人才”2 人(含共建 1 人)和省“青年医学人才”35 人。全市有市级“医学重点人才”35 人。(朱朝阳)

【卫生科技与教育】 2018 年,镇江市组织全市各级医疗卫生机构申报省、市级以上科研课题,全年有 112 项各类科研项目获各级科技部门立项和经费资助,其中,获国家自然基金项目 9 项、省自然基金项目 5 项、省级重点研发专项 5 项、省卫计委“医学科研项目”6 项、省中医药局“科技项目”2 项、省预防医学科研课题 11 项,市临床医学研究中心 2 项、市社会发展项目 64 项、软科学研究 5 项,获科研资助经费 1800 余万元。全市获各类医学科技成果奖 24 项,其中,获省科学技术奖二等奖、三等奖各 1 项,省医学新技术引进奖二等奖 8 项、省医学科技奖三等奖 2 项、省中医药科学技术奖三等奖 1 项,市医学新技术引进奖二等奖 11 项。完成省医改重大专项卫生人员培训工作,选派 8 名乡镇卫生院院长、9 名社区卫生服务中心主任参加全省城乡基层卫生机构管理人员培训班,选派 5 名基层医疗机构主要负责人参加江苏省城乡基层卫生机构管理人员培训提高班;组织 172 人参加村卫生室人员常见病诊疗知识培训;组织 129 人参加村卫生室人员初级急救知识培训;组织 19 人参加全科医生转岗培训。做好农村订单定向医学生免费培养工作,全市 4 个市(区)获 84 个免费培养名额,争取 62 个预留定向招录事业编制名额,实际招录本科、专科各 40 人。全年申报获准国家级继续医学教育项目 16 项,省级项目 38 项;评审公布市级继续医学教育项目 233 项。(朱朝阳)

【住院医师规范化培训】 2018 年,镇江市开展住院医师规范化培训,新招录的 184 名住院医师、全科医师到江苏大学附属医院、市第一人民医院等 2 家国家级住院医师规范化培训基地,以及镇江市中医院、镇江市口腔医院 2 家协同医院进行培训。加大全科、儿科、精神科等紧缺专业住院医师培训力度,新录用临床医师参培率为 100%。组织住院医师规范化培训阶段考核工作,分别组织 350 名和 367 名住院医师(均含中医类)参加理论省统考和临床技能考核,考核合格率分别为 85.96% 和 94.5%。选派 28 名带教老师分别参加省全科临床、社区、公共卫生基地师资培训,选派 18 名全科考官参加全省全科规培临床技能考试考官培训,选派 180 余名各专业考官和规培专职管理人员参加全省住院医师规范化培训结业实践技能考核考官培训班。委托有关国家基地开展市级住院医师规范化培训师资培训,培训师资 200 余人。京口区健康路社区卫生服务中心等 10 所基层医疗机构获评“镇江市住院医师规范化培训全科专业基层实践基地”。(朱朝阳)

中医药事业

【概况】 2018 年,镇江市有各级中医类别医疗机构 7 个,其中,三级中医类医院 3 所,二级 3 所,一级 1 所;中医床位 1700 余张,每千人中医床位数 0.56 张;中医类别执业医师(含中医助理执业医师)1065 人,每千人中医执业(助理)医师数 0.35 人。加强备案中医诊所的事中事后监管,推进中医药医疗机构的“放管服”改革,全市备案中医诊所 17 家。全年全市新建国家和省级“名老中医传承工作室基层工作站”3 个、培养国家和省级“名老中医传承工作室基层工作站继承人”8 人;新增加“全国中医护理骨干人才”1 人。3 人参加“全国中药特色人才”选拔,全市遴选第二批中医师承工作指导老师 30 人和中医师承工作“继承人”36 人。年内,开展“中医药健康你我他”主题活动,通过播放宣传片、讲座、咨询等方式宣传《中华人民共和国中医药法》。开展“中医药文化科普宣传周”“中医药就在你身边”“岐黄校园行”等活动。(李亚茹)

【中医服务工作】 2018 年,镇江市加强市级中医重点专科建设,对 2016 年以后评定的“重点专家”进行考核和监督。开展市级“重点专科”专项督查工作。以中医馆建设为主线,市卫计委制定下发《加强全市基层中医阁建设的意见》,在全市遴选 60 个村卫生室、社区卫生服务站试点建设中医阁,截至 11 月底,建成 48 个。全市新增省级中医重点专科 1 个。实施二级以上医院帮扶基层卫生机构项目,结对帮扶基层医疗卫生机构 20 个,派出中医医师 38 人,坐诊带教 1130 个工作日,服务群众 23800 余人次。(李亚茹)

医疗集团

【江苏康复医疗集团】 江苏康复医疗集团是以资产、技术、管理为纽带,由镇江市第一人民医院为核心,镇江市第二人民医院、镇江市第四人民医院、镇江市新区人民医院共同组建而成的紧密型医疗集团,同时按照“政府办、集团管”的模式,托管润州区和镇江新区 13 个社区卫生服务中心。2018 年,江苏康复医疗集团完善分工协作机制,推进优质资源下沉,落实分级诊疗制度,提升集团各医院医疗服务质量。全年集团所属医院完成门急诊诊疗病人 252.42 万人次、出院病人 10.43 万人次,业务收入 17.84 亿元;总药占比为 25.24%,比上年降低 0.39 个百分点。年内,集团获国家、省、市级科研立项 44 项,国家级继续教育项目 10 项,发表 SCI 论文 38 篇。

该集团推进医联体建设工作,跨集团、跨行政区域分别与丹徒区世业镇、句容市天王镇、扬中市新坝镇等基层卫生院开展技术协作,推进医疗资源纵向联合。镇江市第一人民医院胸痛中心与各市(区)医疗机构组建专病联合体,构建融合预防、筛查、救治、康复为一体的三级防治网络;呼吸科与七里甸社区卫生服务中心组建呼吸专科联盟,对慢阻肺患者实施临床路径管理;妇产科与社区开设妇产科“全—专联合门诊”,实施孕产妇整合型连续服务模式;眼科医院与黎明社区卫生服务中心、平昌社区卫生服务中心、镇江市第一人民医院新区分院等基层医疗机构开展眼科医疗联盟。

运用互联网技术，在各医院、社区之间实现互联互通、共享利用，支持集团内预约挂号、双向转诊、远程会诊、费用结算。全年病理中心为基层免费诊断11560例，影像中心为基层诊断31280例，心电诊断中心为基层诊断725例。

该集团各成员单位落实集团医院与社区合作任务，全年集团医院下转病人542人次，比上年增加152人次，增幅为38.9%。在2017年39个“全—专联合门诊”基础上，集团新增5个“全—专联合门诊”，其中，黎明社区卫生服务中心“黎明社区——九久医养结合模式”创新工作被定为市级标准。指导润州区、丹徒区开展“家庭医生岗位竞技、挑战一对一技能竞赛”“家庭医生团队服务技能竞赛”。镇江市第一人民医院举办第二届镇江市基层心血管首席医生培训班。年内，黎明社区卫生服务中心刘素萍团队获评“全国优秀家庭医生签约服务团队”。

该集团各医院按照现代医院管理制度要求，实行医疗质量与安全管理，在医院管理工作及重大比赛中获多项荣誉。镇江市第一人民医院获“2013—2017年度全国创建‘平安医院’活动表现突出集体”“陕西省医疗卫生对口帮扶贡献奖”等多项省级以上称号；管理案例“坚持业财融合，打好财务信息组合拳”“基于物联网的医院供应链全流程管理模式”分别获中国医院管理案例评选铜奖、优秀奖。镇江中西医结合医院检验科的“同心圈”获第六届全国医院“品管圈”大赛优秀奖，药械科的“百草圈”获2018年度江苏省医院药学品质管理项目铜奖，“阳光圈”获2018年镇江市医院药学“品管圈”大赛二等奖。镇江市第一人民医院新区分院在住院高血糖患者护理质量改进项目竞赛活动中获三等奖。

该集团各医院重视护理的内涵质量和服务水准。举办“危重症患者护理风险管理”等市级继续教育医学培训班，600余人次参与培训。市第一人民医院开展10项护理“品管圈”活动；开展临床问题改善项目152个。同时，市第一人民医院“糖尿病风险评分计算盘”获江苏省第二届护理用具创新展示与交流活动二等奖；《手术室——你我“针”重》《化疗路上，有你“针”好》分别获省护理学会演讲比赛二、三等奖。市第四人民医院全年开展护理质量持续改进项目20余项，其中，1项获省住院高血糖患者护理质量改进项目二等奖。

（张　明）

【江滨医疗集团】 2018年，江滨医疗集团建立以江苏大学附属医院为核心医院，解放军第359医院、公安消防医院、东吴医院、瑞康医院、健康路社区卫生服务中心、大市口社区卫生服务中心、四牌楼社区卫生服务中心、谏壁镇社区卫生服务中心、象山社区卫生服务中心、丁卯社区卫生服务中心为成员单位的区域协作医疗联合体。除集团成员单位外，核心医院与溧阳市第三人民医院、溱潼人民医院、金坛人民医院、金坛中医医院、丹阳云阳医院等5所医院建立专科医联体。该集团发挥核心医院的国家脑卒中筛查与防治基地、胸痛中心、急性心肌梗死区域化协同救治网络等优势，完善专业公共卫生服务网络，建立疾病应急救助制度，并开通绿色就医通道。

分级诊疗体系建设。该集团开展“全—专联合门诊”，核心医院指派健康服务中心具体负责“全—专联合门诊”相关工作，心内科、内分泌科、神经内科、呼吸内科、消化科、胃镜中心、骨科、妇科、产科、耳鼻喉科、口腔科、超声科、皮肤科、老年病科在基层医疗卫生机构开设“全—专联合门诊”，协助基层医疗机构开展无法独立开展的疾病诊疗和健康服务，实现卫生工作重心下移、资源下沉。对下转病人进行追踪，实施完整、统一化的管理。全年接收各社区卫生服务中心上转病人2500余人次。

医疗护理工作。该集团安排专人与健康路社区卫生服务中心、四牌楼社区卫生服务中心、谏壁镇社区卫生服务中心、象山社区卫生服务中心、东吴医院联合推进康复联合病房工作，将一部分康复期的病人逐步转入康复联合病房并进行追踪管理，医生定期到社区查房，安排治疗方案；健康理疗师每周定期指导患者康复训练。全年下转“8个病种”康复期患者128人次到各社区卫生服务中心。与区域内10余家医疗机构对接不同级别医疗机构各护理条口，并建立多种帮扶形式的合作方案。与健康路社区卫生服务中心签订长期护理管理帮扶协议，全年进行30余次专科护理培训，协助该社区完成“家庭医生工作室模式下社区护士核心能力体系建设”“冠心病慢病健康管理建设”“消毒隔离专项质量改善”“社区护士临床综合能力提升”等项目。全年接收社区护理进修人员25人，对外开放培训课程60余次。发展老年康复、临终关怀、健康管理等全周期健康服务，为老年患者提供居家护理20人次，与基层医疗机构和老年护理服务机构等建立合作联系，为德高养老院、信缘康养老院等转入病人18人次；核心医院完善修订预防老年误吸窒息评估表及护理流程，开展预见性护理；成立“安宁疗护温馨病房”，制定“安宁疗护温馨病房”服务规范及流程，开展临终关怀护理，收治病人12例。

智慧医疗服务。该集团加快智能健康信息系统建设，完善以疾病控制网络为主体的公共卫生信息系统和社区卫生系统，采用统一的HIS、PACS、电子病历、体检管理等信息管理系统，使数据结构、财务报表以及数据上报实现同步。核心医院运用公共网络平台的交互式远程会诊系统，开展医疗、影像、病理远程会诊，基层坐诊医生就诊中遇到问题可通过集团远程会诊中心将病人影像、病理等资料传输至核心医院。同时，坐诊医生可直接联系核心医院疑难病会诊中心，会诊中心可在规定时间内组织专家会诊。年内，集团核心医院通过信息化建设互联互通四级测评。

慢病管理工作。该集团核心医院成立6个（手术室、骨科、糖尿病、老年、人工肾、心血管）慢病延续性护理多学科团队，内分泌代谢科建立国家标准化代谢性疾病管理中心（MMC），在核心医院内“一站式”解决问诊及相关服务。在院外通过大数据和手机App的应用对患者进行延续管理。与基层医院合作，推行区域内分级转介延续护理服务项目，借助“心血管门诊”“冠心病之友”平台，实现病情风险分层随访方案，对重症高危患者跟进家庭访视，完成家庭访视40例次。定期举办健康讲座，发放宣传资料，开展知识问答，指导实际操作。

（杨　雪）

综 述

【概况】 2018年，镇江市群众体育、竞技体育、体育产业呈良好发展局面。全年组织开展全民健身活动和比赛300余场次。新增AAAA级社会组织3个、运动协会2个。5月，镇江市跆拳道运动协会第一次会员大会暨镇江市跆拳道运动协会成立大会举行，宋浩当选为会长。6月8日，江苏省第十三届“长江经济带”全民健身大联动(镇江分会场)暨宁镇扬健身气功交流展示活动在市体育会展中心北入口举行，南京市、镇江市、扬州市三地1000多人参加活动。年内，环赤山湖湖滨绿道获评“江苏省最美跑步线路”，丹徒区辛丰镇农民健身公园和世业村健康体育公园获评“全省最美乡村体育公园”，市体育局获评市“五一劳动奖章”。

全市有省级注册教练员111人、运动员1137人。参加江苏省第19届运动会青少年部田径、击剑、乒羽等21个竞技体育运动项目及围棋、国际象棋等6个智力和时尚运动项目比赛，镇江市代表团获省第19届运动会输送奖二等奖、贡献奖二等奖，青少年体育工作优秀组织奖三等奖，竞技体育未来之星奖三等奖。全年承办国际、国家级竞技类体育赛事9项、省级青少年竞赛5项。举办市级青少年阳光体育联赛比赛21项次。

全市有4个体育产业项目获省级体育产业发展专项资金550万元。2家俱乐部获省级健身俱乐部专项扶持资金80万元。8个体育产业项目入选《江苏省体育旅游发展行动计划》。全年体育彩票销售额为10.28亿元，突破10亿元大关，比上年增长25%。 (王煜琦)

【2017年镇江市体育摄影大赛落幕】 2018年3月7日，由镇江市体育局、镇江报业传媒集团、市摄影家协会联合举办的第二届“体育伴你行——体彩杯”2017年镇江市体育摄影大赛颁奖仪式在体育会展中心举行。该大赛收到5000多幅作品，其中，100幅作品获奖。镇江报业传媒集团、市体育局有关领导为获一、二、三等奖的作者颁奖，大赛一等奖获奖作品为柴樵的《天伦之乐》。(王煜琦)

【体质测定与科学健身指导服务月活动】 2018年4月2日—5月1日，镇江市体育科研所开展体质测定与科学健身指导服务月活动，测试包含骨密度检测、身体成分含量、亚健康状况、血管弹性测试以及国民体质测试等12项。现场一对一制定出个性化、科学化的运动及营养改善方案并发放科学健身指导手册。服务月活动期间，镇江市中西医结合医院运动医学专家每周四下午2：00～5：30现场开展义诊服务，服务市民1672人次，其中，男性588人，女性1084人，年龄范围为20周岁～69周岁。 (王煜琦)

【镇江市体育馆建馆40周年历史图片展】 2018年4月26日上午，镇江市体育馆建馆40周年历史图片展开展仪式在大市口城市客厅举行，图片展主题为“流金岁月，不负芳华”，展出的136张老照片，从体育赛事、文化交流、娱乐活动等方面记录原体育馆跟随改革开放时代浪潮走过的40年历程。陈大经对图片展做出贡献，并获评“特别贡献奖”。 (王煜琦)

【游泳(教员)救生员职鉴考核工作】 2018年6月4日—18日，镇江市健康路体育场游泳馆开展游泳(教员)救生员国家职业资格培训工作，有68名救生员、27名游泳教员参加培训。6月25日，江苏省职业技能鉴定中心委派职业技能考评小组对参加培训游泳(教员)救生员的理论知识、水上技能等项目进行职鉴考核并颁发相应的国家职业技能资格证书。 (王煜琦)

群众体育

【概况】 2018年，镇江市建成5个体育小公园、15个乡镇(街道)多功能运动场、70条健身路径、6个笼式足球场、1个拆装式游泳池，安装80张室外乒乓球桌及15副篮球架。组队参加江苏省第19届运动会中的11个群众体育项目，获1个集体冠军、1个单项冠军，2个集体亚军、1个单项亚军，3个单项季军。开展体质测定与科学健身指导服务月活动，完成全市2.1万人的测试任务。8个体育场馆获中央和省级免费低收费开放专项补助资金485万元。成立镇江市跆拳道运动协会、镇江市掼蛋运动协会。镇江市足球协会、镇江市形意拳运动协会、句容市门球协会获评AAAA级社会组织。新增1名国家级乒乓球裁判。在江苏省第19届运动会群众比赛舞龙项目中，扬中市西来桥镇舞龙队的“小岛荷花映日红”获金牌。 (王煜琦)

【市首期遥控航空模型飞行员技术等级考核举行】 2018年2月3日至4日、2月10日，镇江市首期遥控航空模型飞行员技术等级理论考核和外场实践考核分别在镇江市体育运动学校与天空联盟金山湖飞行基地举行。活动由镇江市航空运动协会主办，镇江、扬州、泰州等市20多名航模飞行员参加该次考核。考核分为理论培训、理论考试和外场实践考试3个部分，理论考核成绩80分以上者才能进行外场飞行考核,考核使用的无人机必须关闭飞控系统,完全靠手动操纵,从8级到特级,分9个飞行等级,现场由3名具有飞行技术代表资质的考官对无人机飞行动作完成的质量进行打分。有44人参加,通过率100%。 (王煜琦)

【2018年江苏省老年人体育节镇江分会场】 2018年4月15日—10月16日,镇江市组织开展江苏省老年人体育节镇江分会场。江苏省老年人体育节在镇江市举行开幕仪式。开幕仪式上,镇江市老年体协8个老年人团体进行威风锣鼓、太极拳、戏曲广播体操、空竹、手杖操等文体表演。全省13个地级市老年人体育协会主席、秘书长和演出团体等近千人参加启动仪式。体育节期间,全市各级组织开展展示交流和竞赛活动800多项次,举办各类培训班350多期,组队、派员参加省与全国各类活动20多项次,直接参与体育节活动的中老年人为15万余人次。"健康镇江"2018年江苏省老年人体育节镇江分会场闭幕式暨"迎重阳"全市老年人健步走活动在金山湖北岸举行。 (王煜琦)

【江苏体育舞蹈俱乐部联赛首场在丹阳市开赛】 2018年4月21日,"我要上省运"——"魅力江苏 最美体育"2018江苏体育舞蹈俱乐部联赛首场赛在丹阳市举行。省内苏州市、无锡市、南通市、盐城市、扬州市、常州市、宿迁市、南京市和镇江市等地区的45支代表队、2000多名运动员参加比赛。有500多名选手获金牌,20多家单位分获"优秀组织奖"和"道德风尚奖"。 (王煜琦)

【省健身气功精英培训班暨江苏—荷兰健身气功协会交流活动在镇江举行】 2018年5月15日—18日,2018年江苏省健身气功精英培训班(第一期)暨江苏—荷兰健身气功协会交流活动在镇江举行,全省各地市近100名健身气功爱好者以及荷兰健身气功协会养生团成员参加培训。该培训由江苏省社会体育管理中心(江苏省健身气功管理办公室)、江苏省健身气功协会主办,丹阳市体育局、丹阳市体育总会承办。培训班上,北京体育大学副教授刘晓蕾规范健身气功·易筋经、五禽戏、六字诀、八段锦的动作要领,传授教学方法;南京艺术学院教授胡飞燕针对健身气功——气舞的编排、音乐、背景三个方面如何融合运用进行讲授;江苏省健身气功部部长李伟围绕健身气功的竞赛规则进行讲解。培训最后进行现场考核环节,并为学员们颁发合格证书。 (王煜琦)

【"徒步南山 遇见美好"毅行活动】 2018年5月20日上午,由镇江市体育总会主办,创联体育、腾讯·大苏网镇江站、本地头条、行云户外、畅享文化传媒承办的"徒步南山 遇见美好"毅行活动在沙山公园开幕,该次活动参与者超过1000人。活动分为两大主题,勇士组与亲子组,勇士组由两人或单人挑战,全长12千米,路线为沙山公园—南山绿道—融创银城·盛唐府售楼中心;亲子组路线全长3千米,路线为沙山公园—融创银城·盛唐府售楼中心。 (王煜琦)

【第十四届"润州杯"武术大赛暨太极拳健康大会】 2018年5月26日,第十四届"润州杯"武术大赛暨太极拳健康大会在镇江市体育馆举行。该次赛事活动由镇江市润州区人民政府、镇江市体育局、镇江市体育总会等主办,镇江市润州区文化体育局、镇江市体育馆、镇江华东武术馆等承办。比赛有69支代表队,650余名运动员参加。竞赛项目包括长拳、剑术、棍术、各式太极拳等20个项目。镇江市木兰拳协会的木兰双扇《风云梦》获团体一等奖。 (王煜琦)

【全国业余棋王赛江苏赛区镇江预选赛】 2018年7月8日,为期2天的"江阴周庄"2018中国体育彩票全国象棋业余棋王赛江苏赛区镇江市预选赛、镇江市围棋棋王赛结束。象棋棋王赛决出5个组别的冠军:公开男子组冠军范越、公开女子组冠军徐旭霞、少年男子组冠军栾傲东、少年女子组冠军刘紫涵、老年组冠军李玉璞。围棋棋王赛由周靖宇夺冠。他们都获"镇江市棋王"称号。全国象棋业余棋王赛江苏赛区镇江市预选赛由江苏省体育总会、省棋类运动协会主办,镇江市体育总会、市棋类协会承办。各组别优胜选手代表镇江市参加江苏赛区的决赛,该次赛事也是第19届省运会资格选拔赛。 (王煜琦)

【镇江市第七届"千台万人"乒乓球总决赛】 2018年7月22日,由镇江市体育局、市体育总会主办,市乒乓球运动协会承办的"我要上省运 爱乒才会赢——2018年镇江市第七届'千台万人'乒乓球总决赛"在镇江实验学校举行。比赛分为男子单打和女子单打2个大项8个组别,辖市(区)7支代表队100余名运动员参加比赛。丁宏坤、吴悠、陈彬、陈婕、尹网泉、孟雪萍、高飞、尹红英分别获精英组男子单打、精英组女子单打、30岁~39岁组男子单打、30岁~39岁组女子单打、40岁~49岁组男子单打、40岁~49岁组女子单打、50岁以上组男子单打、50岁以上组女子单打冠军。 (王煜琦)

【首届"与世界杯同行"五人制社区足球赛】 2018年7月1日—29日,镇江市举办首届"我爱足球"之"与世界杯同行"五人制社区足球赛,在江苏科技大学南校区体育场开赛。决赛在市体育会展中心外场举行,象山社区队以5:3战胜焦山社区队获冠军。潘宗社区一队队员冯聪以28个进球获该次赛事"最佳射手"称号。五人制社区足球赛,是镇江市球迷的首个大规模赛事,有70支社区代表队报名参赛,917名选手参赛,进行220场比赛。 (王煜琦)

【第十个全民健身日——2018镇江市游泳大奖赛暨镇江市少儿游泳比赛】 2018年8月5日,庆祝第十个全民健身日——2018镇江市游泳大奖赛暨镇江市少儿游泳比赛在镇江市体育会展中心游泳馆举行。活动由镇江市体育局、镇江市教育局、镇江文广集团、镇江市体育总会主办。比赛分成人组、少年儿童组、亲子组及畅游组,近千名游泳爱好者参加比赛。主要比赛泳姿是自由泳、蛙泳,个别组别设有蝶泳、仰泳。成人及亲子19个组别57人分获一、二、三名。 (王煜琦)

【镇江第二届网络社会组织水上趣味运动会】 2018年8月18日上午,"新时代新阶层 新担当"镇江第二届网络社会组织的水上趣味运动会在镇江市健康路游泳池举行。该次活动由市网信办、镇江网络社会组织联合会、镇江网络社会组织联谊分会主办,《镇江壹周》、镇江大爱联盟网络社会组织服务中心、镇江市中心业余体校、镇江市冬泳协会承办,镇江福利彩票发行中心协办。趣味水上运动会设水上捞宝、海龟接力、英雄救美和游泳接力等4项内容。12支志愿团队的志愿者们参加运动会。 (王煜琦)

【全国首届无人机花样队列公开赛】 2018年10月26日—28日,"神通杯"首届全国无人机花样队列公开赛在镇江市举办。大赛主题是"运动炫科技 智慧赢未来"。全国34支代表队200多名选手参加比赛。南京市柳袱小学一队获少年组冠军,南京市鼓楼实验中学一队获青年组冠军,中国人民解放军陆军装甲兵学院二队获成年组冠军,5个代表队获"最佳组织单位"称号。 (王煜琦)

【"一带一路"国际青少年户外(定向)训练营(镇江站)开幕式】 2018年10月29日,由江苏省体育局、江苏省人民政府外事办公室主办的2018"一带一路"

国际青少年户外定向训练营(镇江站)在镇江西津渡开幕。训练营邀请挪威、瑞典、芬兰、英国、德国、爱尔兰、捷克、克罗地亚、匈牙利、韩国等15个国家150名选手参加。训练营以户外定向越野为主,突出青少年之间体育技能训练和文化教育交流活动,传播中国传统文化及江苏地域文化和自然人文知识,弘扬“一带一路”和平合作、开放包容、互学互鉴、互利共赢的丝路精神。 (王煜琦)

【2018江苏省青少年万人纸飞机总决赛】 2018年11月17日上午,2018江苏省青少年万人纸飞机总决赛在镇江市体育会展中心会展馆开赛。该比赛由省体育局、省教育厅、团省委、省科学技术协会、省妇女联合会、省关心下一代工作委员会主办。21支代表队近280名运动员参加比赛。开幕式上宣布镇江市第三中学、江苏省大港中学等10所学校被命名为第二批“镇江市航空运动示范学校”,并为这10所学校举行授牌仪式。镇江市恒顺实验小学获小学男子组、小学女子组综合团体一等奖,镇江市丹徒区高资中心小学获综合团体小学男子组二等奖,镇江市丹徒实验学校获综合团体小学男子组三等奖,镇江市丁卯中心小学获综合团体小学女子组二等奖、小学男子组三等奖,镇江市中山路小学获综合团体女子组三等奖,江苏科技大学附属中学获综合团体中学男子组三等奖,江苏省大港中学获综合团体中学男子组、中学女子组三等奖。 (王煜琦)

【环赤山湖湖滨绿道获评“全省最美跑步线路”】 2018年11月24日,“致敬改革开放40周年——‘魅力江苏 最美体育’2018全省最美跑步线路颁奖晚会”在南京市举行,现场揭晓15条最美跑步线路,句容市环赤山湖湖滨绿道获评“全省最美跑步线路”。环湖跑道长约10千米,可同时承载1万人~2万人,路面材质为沥青及红色沥青,绿道色彩有绛红色、湖蓝色、草绿色。赤山湖多次承办徒步毅行、马拉松、铁人三项赛、环太湖国际公路自行车赛等大型活动。 (王煜琦)

【世业村健康体育公园建成】 世业村健康体育公园,位于镇江市世业镇,建于2018年,占地面积约4万平方米,总投资300万元。场地设有健康教育专栏和健康标牌、标识,安装健身器材、儿童游乐设施,并配有篮球场、五人制足球场、乒乓球桌、室内羽毛球场和排球场等。年内,丹徒区世业村健康体育公园获评“全省最美乡村体育公园”。 (王煜琦)

【2018江苏·镇江传统武术国际邀请赛】 2018年12月1日上午,由世界太极拳网、欧中文化联盟、市体育局、市体育总会联合举办的“健康中国·文化魅力”——2018江苏·镇江传统武术国际邀请赛暨“中欧武学文化论坛”在镇江市体育会展中心举行。英国、法国、加拿大、澳大利亚等10多个国家和地区的武术团体及国内各省市的70多支代表队、近千名运动员参加比赛。比赛项目有中国传统拳术、传统器械单练、对练和集体项目。活动期间,举办中欧武学文化论坛,对挖掘中国武术文化内涵、探索国际化推广方式、推进国际武术文化交流合作等内容进行探讨。 (王煜琦)

【“健康江苏健步走”启动仪式】 2018年12月13日下午,“健康江苏健步走”启动仪式在镇江市丹徒区世业镇举行。该活动由江苏省体育局、镇江市人民政府主办。2014年12月,习近平总书记在视察镇江市世业镇时,首次提出“没有全民健康,就没有全面小康”。该次健康江苏健步走活动,不仅是全民健身的具体实践,更是对习近平总书记重要论断的诠释。省体育局机关全体人员、直属单位处级以上干部,各设区市体育局和昆山市、泰兴市、沭阳县体育局的负责人等500余人参加启动仪式。全体人员重走习近平总书记当年的视察路线,参加5千米的健步走活动。 (王煜琦)

竞技体育

【概况】 2018年,镇江市体育局与省体育局联办运动队,有皮划艇、女足、田径中长跑、步枪4个省队项目落户镇江市。举办市级青少年阳光体育联赛比赛21项次。全市拥有全国校园足球特色学校117所,开展校园足球活动的特色幼儿园62所,创建中的市级校园足球后备人才示范校30所,省青少年校园足球试点县2个(丹阳市、丹徒区);江苏省校园篮球特色学校11所。承办第九届环太湖国际公路自行车赛(句容赛段)、2018砂板乒乓球世界杯、镇江国际马拉松、首届全国青少年软式曲棍球锦标赛等9项国际、国家级竞技类体育赛事及省少年儿童乒乓球冠军赛、省业余足球俱乐部超级联赛等5项省级青少年竞赛。组织开展“省市校企联办江苏省皮划艇高水平运动队”签约揭牌仪式及“联办镇江市青少年高尔夫球运动队”签约仪式。3名镇江籍运动员代表中国参加2018年第18届亚运会,获一金两银一铜。镇江籍运动员杨恒郁和队友在2018年巴尔的摩女子佩剑世界杯比赛上获团体亚军。在射击世界杯美国站比赛中,镇江市运动员江婷获女子50米步枪三姿个人银牌。在2018年“迁安杯”全国击剑锦标赛青年组男子重剑个人赛中,镇江市运动员蒋刻梨获冠军;镇江市运动员丁群在青年组男子佩剑个人赛中获冠军,在青年组男子佩剑团体赛中获亚军。在2018年“红双喜·开拓杯”全国少儿乒乓球比赛中,镇江市乒乓球运动学校组队参赛的男子乙C组别获团体冠军。 (王煜琦)

【曹雪获法网青少年外卡赛女单冠军】 2018年4月26日,在江西南昌中昌红网中心举行的2018年法网青少年外卡赛女单决赛上,镇江市运动员女单4号选手曹雪直落两盘击败对手袁程依依,获冠军。2008年9月,曹雪经选拔进入市网球队训练,2014年,获省第18届运动会女单、女团2枚金牌,同年,进入江苏省体校。2015年9月,进入江苏省网球队。 (王煜琦)

【2018年砂板乒乓球世界杯比赛在镇江市举行】 2018年11月10日至11日,2018年砂板乒乓球世界杯比赛在镇江市体育会展中心会展馆举行,英国、德国、西班牙、俄罗斯、丹麦和东道主中国等6个国家16名选手参加比赛。比赛分为小组赛和淘汰赛,采取五局三胜制。德国选手亚历山大·弗莱明获冠军,中国选手陈婕获亚军,中国选手严魏豪和英国选手巴格力并列第三名。这是镇江市首次举办世界砂板乒乓球比赛。 (王煜琦)

【国奥队选拔赛镇江赛区】 2018年6月23日—6月29日,“我要上奥运·中国国奥队”在镇江和扬州2市举办,中国国奥选拔队(U21)、山东鲁能泰山队(U21)、北京人和队(U21)以及上海队(第13届全运会男子U20组冠军队)等4支球队通过单循环方式决出冠亚军。6月26日,山东鲁能泰山队在镇江体育会展中心对阵北京人和队,最终山东鲁能泰山队以5比0胜北京人和队,全取3分。“我要上奥运·中国国奥队”选拔赛是中国足协创新赛制设立的全新竞赛项目,旨在给适龄球员搭建更好的竞赛、选拔平台,让更多有实力、有潜质的苗子凸现出来。该次“我要上奥运·中国国奥队”选拔赛为最大限度给优秀球员提供参赛平台,打破以往俱乐部之间的壁垒,每轮比赛结束之后都允许晋级球队从被淘汰球队挑选优秀球员补充进自己球队。 (王煜琦)

【2018 年"我爱足球"镇江市娃娃组足球比赛开幕】 2018 年 7 月 15 日—29 日，"我爱足球"镇江市娃娃组足球比赛举行，该次赛事由镇江市足球协会主办，参赛队员均为 2011 年 1 月 1 日以后出生的小朋友，参赛人数为 168 人，在足球协会注册的足球培训机构、学校以及镇江市校园足球特色学校（幼儿园）26 支队伍参加比赛。经过 50 场比赛，江大雏鹰队夺冠，莱恩少年菠菜队和伯纳屋足球队分列二、三名。 （王煜琦）

【镇江市近千名运动员参加省运会】 2018 年 8 月 7 日上午，镇江市体育代表团省 19 届运动会出征仪式在镇江体育会展中心举行。镇江市近千名体育运动员参加省运会击剑、田径、举重、羽毛球、乒乓球等 21 个竞技体育项目和围棋、攀岩、体育舞蹈等 6 个智力及时尚运动项目比赛。镇江市代表团获省 19 届运动会输送奖二等奖、贡献奖二等奖、青少年体育工作优秀组织奖三等奖、竞技体育未来之星奖三等奖；获青少年部金牌 24.5 枚，银牌 17 枚，铜牌 41 枚。 （王煜琦）

【2018 年全国象棋之乡工作会议】 2018 年 11 月 3 日，2018 年全国象棋之乡工作会议暨团体赛在镇江市举行，全国 13 个象棋之乡的代表和 36 名棋手参加。广东省惠东县获团体赛第一名，江苏省镇江市一队、江苏省江阴市分别获二、三名。镇江市是全国唯一的地级市象棋之乡，镇江棋院持续开展象棋的群众推广和青少年普及工作，举办各类象棋赛事活动，先后培养出象棋特级大师张国凤，象棋国家大师童本平、廖二平、李群等棋手。 （王煜琦）

【"全国娃娃足球工程"宣传月（镇江站）】 2018 年 11 月 18 日，由中国足球协会指导，镇江市体育局、镇江市体育总会、镇江市足球协会等单位承办的"全国娃娃足球工程"宣传月镇江启动仪式在市恒大绿洲幼儿园运动场举行。宣传月活动以"足球从娃娃抓起"为方针，构建"五系一体、两心一赛"（"五系"包括职业俱乐部青训体系、省区体育局青训体系、城市青训体系、体教结合校园青训体系、社会俱乐部青训体系；"两心"是指国内青训中心与国外青训中心的建设共同推进；"一赛"则是指自 2017 年起中国足协推出的青少年足球超级联赛。）青少年足球发展新模式；以弘扬健康足球文化为主旨，贯彻落实《中国足球改革发展总体方案》精神，在全市宣传推广 3 岁～6 岁娃娃足球活动，达到从源头扩大青少年足球人口的目的。 （王煜琦）

【2018 年宁镇扬足球邀请赛】 2018 年 12 月 22 日—23 日，2018 年宁镇扬足球邀请赛在镇江市体育会展中心主体育场举行。赛事由镇江市体育局、镇江市体育总会主办，由镇江市足球协会、镇江体育产业发展有限公司承办。赛事聚集南京市、镇江市、扬州市业余联赛冠、亚军队伍，采用八人制赛制，分 2 天进行。南京奇兵足球俱乐部、南京十四所顺络迅达足球俱乐部、扬州华奥风云足球俱乐部、扬州扬恩足球俱乐部、镇江华盛足球俱乐部、镇江扬中飞扬足球俱乐部等 6 支球队参赛，镇江飞扬足球队夺冠。镇江飞扬俱乐部、镇江华盛俱乐部获优胜奖，扬州华奥风云俱乐部、扬州扬恩足球俱乐部获优秀奖，镇江华盛队 10 号队员戴培以 6 个进球获"最佳射手"称号。 （王煜琦）

体育产业

【概况】 2018 年，镇江市推进市民体育公园项目建设，完成区域老旧建筑拆除和清场工作。健康路全民健身中心项目进入施工阶段。4 个体育产业项目获 550 万元省级体育产业发展专项资金。镇江博派健身管理有限公司、扬中市中扬奥体体育产业发展有限公司获 80 万元省级健身俱乐部专项扶持资金。12 个体育产业项目入选《江苏省体育旅游发展行动计划》。体育彩票年销售额首次突破 10 亿元，为 10.28 亿元，比上年增长 25%。 （王煜琦）

【省体育产业发展专项资金项目专家组考察镇江市入围项目】 2018 年 5 月 28 日，江苏省体育局体育产业指导中心副主任徐光辉带队到镇江市，对镇江市申报 2018 年度江苏省体育产业发展专项资金项目单位进行实地考察。被列入省专家组实地考察的 7 个项目分别是：天空联盟金山湖航空飞行营地、镇江·圌山露营地项目一期项目、2017—2018 赛季 CBA 中国男子篮球职业联赛肯帝亚俱乐部、镇江苏宁置业世纪星冰场项目、金山湖国际房车露营地、艾宝迪健身连锁品牌建设与开发项目、江苏锐升新材料有限公司体育场馆专用发泡复合运动地板研发生产销售项目。最终，天空联盟金山湖航空飞行营地等 4 个项目获省体育产业发展专项资金。 （王煜琦）

【镇江市游泳场馆"双随机"检查工作】 2018 年 7 月 12 日，根据镇江市体育局"双随机"（随机抽取检查对象，随机选派执法检查人员）抽查机制，市体育局联合市卫生监督所、公安等部门对全市的游泳场馆开展"联合执法检查"。该次抽检 10 家场馆，主要检查设备设施人员规范性，包括三个方面，一是人员的配备，二是设施设备的标准是否符合国家的开放标准，三是各方面的制度是否齐全。对 2 家游泳馆下达限期整改通知书。 （王煜琦）

2018 年镇江市体育彩票百万元以上大奖一览表

表 27－1

时　间	销售站点	期　号	注数（注）	奖金（万元）	中奖地区	玩　法
5 月 4 日	11052	18067	10	5000	市区	7 位数
5 月 26 日	11245	18060	1	1500（含派奖）	市区	大乐透
6 月 22 日	11116	18095	1	500	市区	7 位数
9 月 1 日	11936	18109	14 场一等奖 1 注，二等奖 8 注	551	丹阳市	传统足彩 14 场胜负
9 月 3 日	11877	18239	12	120	丹徒区	排列 5
9 月 7 日	11769	18243	10	100	扬中市	排列 5
11 月 18 日	11243	18315	10	100	市区	排列 5
12 月 10 日	11962	18145	一等奖 1 注，三等奖 10 注，四等奖 10 注	1005	丹阳市	大乐透
12 月 24 日	11547	18351	10	100	丹阳市	排列 5

（王煜琦）

民政事务

【概况】 2018年，镇江市深化民政事业改革创新，推进现代民政高质量发展。“‘一库两平台’——构建地名地址信息公共服务系统”“建立‘双全’社工动态考评机制”均获评2018年度全省现代民政建设创新成果和优秀成果。

截至年底，全市有城乡低保对象14775户、23320人，其中，城市低保对象6223户、9958人，农村低保对象8552户、13362人，全年发放低保金1.42亿元。实施临时救助7622人次，支出临时救助资金970.48万元。7月，全市城乡低保标准统一提高至每人每月710元，临时救助标准实现同步增长。

全市遭遇“十年一遇”的暴雪和台风两个自然灾害，启动自然灾害预警响应2次。全市有5个辖市（区）、35个镇（街道）、6949人受灾；紧急转移安置5人；倒塌房屋4户5间，严重损坏房屋5户10间，一般损坏房屋63户94间，直接经济损失3518.5万元。民政系统应对雪灾等自然灾害，发放棉被4400床、棉衣1620套，保障受灾困难群众基本生活。启动新一轮自然灾害“惠润万家”保险，对首轮农房保险进行“提标扩面”，全年为328户受灾家庭发放理赔金75.77万元。创成全国综合减灾示范社区11个，全市有全国综合减灾示范社区73个。建立全国首个“安全守护联盟”，首次组织自然灾害救助桌面推演，多方参与的社会化防灾、减灾、救灾格局基本形成。

全市有各类养老机构135家，其中，公办51家（包括敬老院44家），民办84家，总床位数29452张，千名老人拥有床位40.7张。其中，机构床位20524张，入住老人7799人，入住率约38%。

出台《镇江市关于进一步促进养老服务业发展若干措施的通知》，从完善社区居家养老服务、促进养老机构发展、推动医养融合发展、加强养老服务队伍建设以及落实财政支持政策等5个方面，提出15条具体措施。优化养老服务设施布局，新建老年人日间照料中心5个、老年人助餐点100个、标准化及以上居家养老服务中心15个。新增护理型养老床位787张，全市护理型床位占养老机构总床位比例55.2%。

全市有480个村委会（建制村489个）、255个社区居委会（建制社区280个），城乡和谐社区建设合格率分别为94.5%和91.5%。出台《关于加强城乡社区治理与服务的实施意见》。社区“减负增效”工作有进展，首次将社区盖章事项列入市级机关部门绩效管理考核内容，遏制社区“乱盖章”现象。推进“三社联动”，为市区179个社区党组织为民服务项目提供专项补贴。全年新建4个中心社区，完善社区服务功能。按照社会治理“一张网”的要求，建成“全要素”网格，完善网格治理机制。社区工作者职业体系建设试点有实效，完善“三岗十八级”职业薪酬体系。特色服务型社区创建、“双全”社工、“参与式”社区治理等有成效。拓展农村社区“一规五制”（即村规民约规范；村级事务协商、财务管理监督、居民办事代理、社区服务社会、服务成效评议制度）和村民小组“两组四会”（即组建村民小组党小组，推选村民小组组委，建立组民议事会、道德评议会、经济合作社和互助合作会）试点，提高社区服务自治水平。

全市有社会组织3821个，其中，社会团体1919个、民办非企业单位1899个，基金会3个，每万人拥有社会组织数12个（按常住人口计算）。出台《大力培育发展社区社会组织的实施意见》，全市社区社会组织登记、备案数提升。全市有市、县（区）两级社会组织孵化基地20个，实现市、县（区）两级全覆盖，基本完成全市性行业协会商会脱钩任务。全年新登记、认定慈善组织6家，比上年增长20%，慈善组织信息公开率为100%。设立登记扬中市伟信教育发展基金会，实现全市地方性基金会登记零的突破。加强社会组织日常监督管理，清除“僵尸组织”19家。开展打击非法社会组织专项行动，劝散非法社会组织5家，引导登记5家。

全市社工考试有1561人报名，增长11.02%，考试通过人数507人，增长203.59%。全市有1880人取得助理社工师以上资格，其中，初级1318人、中级562人，万人拥有持证社工5.9人。社工人才队伍专业化水平提升，1人获省“社会工作领军人才”称号，4人获省首届“最美社工”称号，6个案例（项目）入选全省优秀案例（项目）。全市有民办社工机构60个，全省首家实施民办养老机构购买老年社会工作服务，填补全市民办养老机构专业社工领域空白。

全市享受抚恤补助的优抚对象11792人，其中，重点优抚对象3874人，其他优抚对象7918人。全年发放抚恤补助1.02亿元，医疗救助1086.1万元。全市享受困难残疾人生活补贴26265人、重残护理补贴17334人，发放资金约2.06亿元。

全年发放现役军人优待及奖励金5257.18万元。符合政府安置工作条件的转业士官安置率为100%。退役士兵教育培训参训率为83%。推进退役军人和其他优抚对象信息采集工作，完成军队退休干部、无军籍职工安置工作。

（陈　俊）

【困难群体普惠制节日慰问工作】 2018年“两节”期间，镇江市给5万余名城乡困难群众发放节日补助金1691.07万元，其中，市级发放春节专项补助532.44万元。全年两次启动物价补贴机制，为4.5万名困难群体发放物价补贴505.6万元。（陈　俊）

【城乡特困人员供养】 2018年，镇江市有城乡特困人员6063人：城市特困人员351人，其中，集中供养179人，分散供养172人，平均供养标准为每人每年17937元；农村特困人员5712人，其中，集中供养1649人，分散供养4063人，平均供养标准为每人每年10784元。全市有孤儿133人，市区集中供养孤儿基本生活费调整至每人每月2017元，分散供养调整至每人每月1320元。（陈　俊）

【养老院服务质量建设专项行动】 2018年，镇江市按照养老院运营管理、生活服务、健康服务、社会工作服务、安全管理等5个方面115项指标要求，开展养老院服务质量建设专项行动，全市养老机构基础类指标整治合格率为96%。（陈　俊）

【社会救助“云”平台】 2018年，镇江市推进“互联网＋社会救助”体系建设，整合原“镇江市救助申请家庭经济状况核对平台”“镇江市救助申请家庭金融资产信息查询平台”“镇江市社会救助信息管理服务平台”等系统，设计研发“镇江市社会救助云平台”，为“精准认定、精准救助”提供数字化技术支撑。该平台实现社会救助对象核（查）、管（监）、办（理）一体化，与61家部门（企业、银行金融机构）定期开展数据交换（核对数据391项），新申请对象排除率76.7%以上。（陈　俊）

【地名管理】 2018年，镇江市命名地名127个，设置地名标志981块。做好第二次全国地名普查成果转换工作，编制市、县两级政区地名图。上线试运行市地名地址审核、审批平台，实现“不见面跨部门跨层级”政务服务的全市通办和多级联动。举办“镇江诗话地名文化”“三进”展示活动，传承和弘扬地名文化。《齐梁故里 诚信丹阳》获“美丽中国·地名寻梦”全国地名文化短视频征集活动三等奖。完成“镇泰线”等4条界线联检任务，界线矢量转化数据与“智慧镇江”等平台实现互联共享。（陈　俊）

【福利彩票发行工作】 2018年，镇江市福利彩票销售4.67亿元，比上年增长2.3%。其中，电脑彩票销售2.72亿元，增长2.84%；刮刮乐销售1107万元，下降23.39%；中福在线销售1.84亿元，增长3.5%。全年筹集福彩公益金5395万元。（陈　俊）

【婚姻登记工作】 2018年，镇江市结婚登记人数20359对，离婚登记人数8458对，结婚登记人数逐年下降，离婚登记人数呈现上升趋势。全市初婚登记平均年龄男性为35.8岁，女性为34.3岁。（陈　俊）

【殡葬工作】 2018年，镇江市推进惠民殡葬工作，全市享受惠民殡葬16394人，减免基本服务费2827.75万元。全市火化尸体22105具。（陈　俊）

【未成年人保护工作】 2018年，镇江市有农村留守儿童778人。镇江市出台《镇江市农村留守儿童关爱保护及困境儿童保障工作常态化制度化实施意见》，“合力监护、相伴成长”未成年人保护专项行动实现制度化、常态化。每季度更新农村留守儿童信息，实现信息库动态管理。加强农村留守儿童工作队伍建设，全市有儿童督导员68人、儿童主任731人，实现镇（街道）、村（居）全覆盖。丹徒区荣炳留守儿童志愿服务协会成为全市首个省级农村留守儿童“关爱之家”。（陈　俊）

【流浪乞讨救助】 2018年，镇江市救助城市生活无着落的流浪乞讨人员2079人次，其中，男性1718人，女性361人，未成年人53人，患病、残疾590人。通过全国救助寻亲网、“今日头条”等方式发布寻亲信息56条，成功寻亲28人；公安人脸识别系统比对53人次，成功6例。全年护送153人回家，安置7名长期滞留人员。（陈　俊）

人口和计划生育服务

【概况】 2018年，镇江市全面“二孩”政策实施顺利。落实国务院推进的政务服务“一网通”工作。实现计划生育一票否决制等多项内容“不见面审批”。落实生育登记承诺制。市卫计委、发改委、财政局等10部门联合出台《关于加强母婴设施建设的实施意见》。截至年底，全市母婴设施配置率为80%。全年办理生育登记14080人（其中“一孩”8357人，“二孩”5723人），比上年下降14.03%；办理再生育审批372人，下降16.22%。句容市获评省级幸福家庭建设示范县（市、区），句容市卫计委获评全国生育状况抽样调查先进单位；丹阳市卫计委、扬中市卫计委获评省级生育状况抽样调查先进单位；扬中市获评省级流动人口基本公共卫生计生服务均等化示范县。（龚　璐）

【计划生育奖励扶助政策落实情况】 2018年，镇江市以《镇江市人口与计划生育实施办法》出台为切入点，修订完善计划生育奖励扶助政策措施。以政府会议纪要形式，解决企业退休职工计生一次性奖励政策有关问题。下发文件重新规范企业退休职工计生一次性奖励工作流程。落实计划生育奖励扶助制度，全年发放各类计划生育奖励扶助资金8777.95万元，涉及13.13万人，比上年增长13.74%。（龚　璐）

【特殊家庭扶助关怀工作】 2018年，镇江市为计生特殊扶助对象畅通就医绿色通道，落实相关优先服务措施。全市实现特殊扶助对象家庭医生签约服务、住院护工保险全覆盖；县级公立医院开通“绿色通道”。市卫计委、市民政局、市人社局等7部门联合出台《关于进一步做好计划生育特殊困难家庭扶助工作的实施意见》，对计生特殊家庭在养老医疗、生活帮扶、公交出行、园林游览优惠等方面给予政策倾斜。建成全国首个专为失独老人看病提供自助服务的“博爱驿站”。实施“关爱失独家庭”慈善救助保险项目，全年为市区1373个“失独”家庭购买“国寿意外伤害保险和住院护工保险”，涉及关爱资金68.65万元。落实计生特殊家庭“双岗”联系人制度，建立完善联系人信息网络制度，制作发放计生特殊家庭“暖心服务联系卡”。通过政府购买服务形式，发动“金山公益”等社会公益组织，为失独家庭开展各类社会关爱活动。“金山公益”志愿者团队通过“天使在现”项目，与419户的700多名失独老人结对，开展志愿服务。“天使在现”项目获评全国最佳志愿服务项目。（龚　璐）

【医疗养老融合工作】 2018年，镇江市出台《镇江市深入推进医疗卫生与养老服务相结合的实施意见》。推进医疗卫生机构与养老机构深度合作，实现全市所有养老服务机构基本医疗服务全覆盖。建成10家医养结合机构，开放床位876张，有8家机构纳入医保定点。推进医疗服务向社区、家庭延伸。结合基本公共卫生服务项目，由签约家庭医生团队为辖区65岁以上老年人建立健康档案并动态管理。在镇江新区平昌新城社区和丹阳云阳街道大定船居委会开展“在社区日间照料中心嵌入健康卫生小屋”试点工作。开展医养结合试点及公立医院转型工作,丹阳市新增省级试点老年护理院1家;推动基层医疗卫生机构与居家老年人建立签约服务,居家老人医疗卫生服务覆盖率为90%。句容市边城镇成立医养中心,打造社区养老、医疗保健、康复养生、生活护理、临终关怀为一体的全新医养结合综合体。探索“互联网+”智慧健康养老新模式,探索医养结合服务体系智能化建设,迎江路社区日间照料中心嵌入的全科医生工作站与社区“慧明AR驿站”建立合作,运用AR驿站的互联网智慧健康养老服务平台,为日间照料中心在管老年人提供医养结合服务。

(龚　璐)

【流动人口公共服务均等化】 2018年,镇江市流动人口目标人群基本公共卫生计生服务覆盖率为90%,与上年持平。开展流动人口健康教育和促进工作,镇江市荣德新能源科技有限公司、扬中市联合中心小学分别获省级流动人口健康促进示范企业、学校称号,吴金辉等9户家庭获健康家庭称号。完成国家流动人口动态监测调查,扬中市卫计委获评全国流动人口动态监测调查优秀单位,王琛等4人获评全国流动人口动态监测调查优秀个人;丹阳市卫计委获评全国流动人口动态监测省级优秀单位,龚璐等8人获评全国流动人口动态监测调查省级优秀个人。 (龚　璐)

老龄事务

【概况】 截至2018年年底,镇江市60周岁以上老年户籍人口72.3万人,其中,80周岁以上高龄老年人口9.68万人,占老年人口总数的13.4%,百岁老人212人。镇江市在老年社会福利、“安康关爱行动”、“敬老月”活动等方面有实效。当年,市老龄委印发《关于创建第三届镇江市“敬老文明号”的创建活动的通知》,在全市营造“尊老孝亲”的社会氛围。

镇江市开展以“营造敬老爱老社会氛围,纪念改革开放40周年”为主题的“敬老月”活动。活动内容包括结合改革开放40周年和人口老龄化的国情教育,敬老、爱老主题宣讲,中华优秀敬老传统文化和具有民族特色、时代特征的敬老爱老文化展示,以及志愿服务活动、老年文体活动等。“敬老月”期间,举办江苏省第七届“中国人寿”杯老年春晚海选专场活动,全市4个节目入选;举办“迎重阳”老年人健步走活动、“放歌新时代 舞动新风采”纪念改革开放40周年暨第七届市老年艺术节文艺会演、庆祝改革开放40周年江苏省老年书画作品展等活动。组织10余支老年文艺团体,送戏下乡,到社区、乡村以及养老机构开展慰问演出。举办多场以维护老年权益、防诈骗、健康养生等为主要内容的公益讲座。2018年,市老龄办获评省老年春晚卓越组织奖。

(薛　萍)

【尊老金发放】 2018年,镇江市区按一次登记、两次“打卡”发放方式做好尊老金发放工作,即当年新增和上年漏报人员在上半年实行一次性登记,7月底前“打卡”发放1月—6月尊老金及上年补发尊老金;12月底前“打卡”发放7月—12月尊老金。上半年市区(不包括丹徒区)尊老金发放总人数为31906人(上年漏报补发581人,当年1月—6月发放31325人);下半年总人数为29981人。全年下达市补资金824.85万元。

(薛　萍)

【“安康关爱行动”】 2018年,镇江市通过政府统保和自费投保相结合方式推进“安康关爱行动”,将由政府统保的困难老人意外伤害险标准提高至100元/人·年,实现困难老年群体财政统保制度以县为单位的全覆盖。新增免费健康服务,为投保老年人提供免费预约挂号、健康咨询、健康短信提醒等服务。截至年底,全市参保老年人52.6万人,参保率77.67%,参保率列全省第二名。镇江市老龄办获评江苏省老龄办“2017—2018年度全省老龄宣传工作先进单位”“2017—2018年度安康关爱行动先进单位突出贡献奖”。 (薛　萍)

【重点空巢独居老人关爱活动】 截至2018年年底,镇江市有重点空巢独居老人662人。镇江市通过签订“4+1”关爱服务协议,确保重点空巢独居老人关爱守望无死角、无遗漏。“4”即由镇(街道)民政办、1名党员或村(社区)干部、1名近邻亲属或志愿者与1名重点空巢独居老人结对,四方共同签订《镇江市重点空巢独居老人关爱服务协议书》,明确四方责任和义务,更好地为老人提供关爱服务;“1”是指依托“12349”服务平台及部分辖市(区)虚拟养老院服务平台,为重点空巢独居老人提供信息核查、精神慰藉、缓解急难等关爱服务。 (薛　萍)

民族事务

【概况】 镇江市有47个少数民族,常住人口中少数民族人口18493人,占全市总人口的比例为0.60%。少数民族人口中,人数排在前五名的是回族7288人、苗族2291人、土家族1820人、彝族1280人、蒙古族1062人,以上5个少数民族人口占全市少数民族人口的74%。全市3个少数民族村分别为句容市边城镇倪池民族村、丹徒区世业镇卫星民族村、润州区工业园区大桥民族村;8个省级民族工作示范社区分别为丹阳市云阳镇凤美新村社区,扬中市三茅镇文化新村社区,丹徒区新城长山社区,京口区大市口街道千秋桥社区、京口区四牌楼街道江滨新村第一社区、京口区正东路街道贺家弄社区,润州区金山街道杨家门社区、润州区宝塔路街道同德里社区;2所民族学校为镇江市民族实验小学、镇江市穆源民族学校;1所对口支援学校为丹阳六中新疆班。有4座清真寺分别为山巷清真寺、古润礼拜寺、句容清真寺、丹阳清真寺。有124家清真食品网点,其中,有2家清真食品基本供应点。5家企业确定为“十三五”期间全国民族特需商品定点生产企业,分别是镇江联友历代服饰工艺品有限公司、镇江维达斯裘革鞋业有限公司、丹阳通泰纺织品有限公司、丹阳市春明漳绒有限公司、扬中金海新源电气江苏有限公司。1个市级社会团体为市民族团结促进会。全市有7处民族公墓,市区3座民族公墓,凌家湾公墓占地6.7亩(0.45公顷),王家湾公墓占地12.6亩(0.84公顷),丹徒区长青园民族公墓占地0.45公顷;丹阳2处民族公墓,总占地面积0.37公顷;句容2处民族公墓,1处占地0.37公顷,另一处在规划建设中。

2018年,镇江市民族工作围绕“中华民族一家亲、同心共筑中国梦”新时代民族工作任务,结合实际细化落实。聚焦民生,解决民族公墓等民生关切问题,6月30日,镇江市民族公墓正式投入使用,解决安葬难题。推进“六进”创建工作;推动民族聚居地方经济发展,改善少数民族生产、生活环境;完善城市民族工作机制,建立完善民族工作服务管理体系;维护保障少数民族合法权益,维护平等、团结、互助、和谐的社会主义民族关系,保障民族领域团结稳定。

(曹祥清　黄萍萍)

【江苏省第19届运动会少数民族项目镇江市代表队获奖】 2018年5月23日—27日，江苏省第19届运动会珍珠球比赛在南京市举行，全省设区市的11支男子珍珠球队参加比赛，镇江市获铜牌。6月13日—15日，省第19届运动会毽球比赛在苏州市举行，11个设区市的21支男、女代表队参加比赛，镇江市男、女毽球队分别获铜牌，镇江市代表队获省运会群众比赛项目毽球比赛二等奖。8月29日—31日，省第19届运动会板鞋竞速比赛在南京举行，全省11个设区市组队参赛，镇江市男女板鞋竞速队获板鞋竞速比赛团体三等奖。市民宗局获第19届省运会"优秀组织奖""体育道德风尚奖"。 （曹祥清　黄萍萍）

【民族团结进步宣传月活动】 2018年9月7日，镇江市委宣传部、市委统战部、市民宗局在润州区山巷广场联合举办"全市民族团结进步宣传月"启动仪式，开展文艺演出、政策咨询、义诊、社科普及等活动，全市300余名少数民族群众代表参加活动。宣传月活动期间开展10项活动，包括："民族团结进步宣传月"宣传教育，精准帮扶活动，民族团结进步创建"六进"活动，民族风味拉面技艺展示活动，民族政策法规咨询活动，国家通用语言、文字、文化政策教育服务进企业活动，组织参加省运会和民族传统体育项目比赛，民族团结进步创建经验交流活动等。全市举办演出8场、组织活动13次，9000人次参加活动。

（曹祥清　黄萍萍）

【少数民族务工人员语言文化政策学习培训】 2018年9月8日—30日，镇江市民宗局在江苏双仪光学器材有限公司举办少数民族到镇江务工人员语言文化政策学习培训班。50名到镇江的少数民族务工人员参加培训。培训内容有国家通用语言文字；维吾尔语和汉语双语教学；解读民族政策、法律法规，城市管理相关法规；民族文化讲座；民族风味拉面展示；参观交流等。

（曹祥清　黄萍萍）

宗教事务

【概况】 镇江市是江苏省宗教工作重点城市，全市有佛教、道教、伊斯兰教、天主教、基督教等五大宗教。经依法登记的宗教活动场所154处，分别是佛教62处、道教15处、伊斯兰教4处、天主教1处、基督教72处。其中，金山江天禅寺、焦山定慧寺、宝华山隆昌寺、茅山道院是全国重点寺观；山巷清真寺是全国模范清真寺；镇江新区绍隆寺是江苏省重点寺院。全市有宗教团体21个，宗教教职人员377人。法师心澄为中国佛教协会副会长、省佛教协会会长；道长杨世华为省道教协会会长；道长孙敏财为省道教协会副会长；牧师尹素华为省基督教协会副会长。全市宗教界人士中，教职人员有37人次在各级人大、政协担任职务。其中，全国政协委员1人；省政协常委1人；市级人大代表2人（含常委1人）、政协委员9人（含常委4人）。

2018年，镇江市宗教工作从工作机制的健全、宗教事务的依法管理、宗教界的团结引领和宗教人才队伍建设等方面，推动解决难点问题有成效。《宗教工作通讯》做题为《镇江六举措加强宗教人才队伍建设》的专题介绍。召开全市民族宗教工作领导小组会议，传达部署全省宗教团体工作会议精神。市民宗局、市委统战部出台《关于加强和改进新时代宗教团体工作的意见》。宗教团体工作经费的财政补助列入本级财政预算，每个宗教团体年补助经费20万元落实到位。下发《关于开展学习宣传与贯彻落实新修订的〈宗教事务条例〉的通知》。组织开展"宗教档案知识讲座""宗教道风建设"等内容的培训。开展市宗教工作基础数据统计调查工作，反映全市宗教工作基本信息。协调解决焦山佛学院扩建和甘露寺恢复问题，市民宗局、规划局、文广新局提出焦山佛学院扩建、甘露寺恢复的工作建议；市民宗局、市人大联合开展宗教团体建设和宗教人才培养调研，《宗教工作通讯》介绍镇江市的经验做法。 （李　同）

【穆斯林开斋节活动】 2018年6月15日，镇江市近千名各族穆斯林在山巷清真寺参加伊斯兰教开斋节庆典。市伊斯兰教协会主持仪式，会长沙振镇致辞；副市长胡宗元代表中共镇江市委、市政府讲话，对全市各族穆斯林群众为镇江经济发展、城市建设所做出的贡献表示肯定。 （李　同）

【"宗教专业资源库、数字图书馆"上线仪式】 2018年7月10日，宗教文化出版社在镇江举办"宗教专业资源库、数字图书馆"上线仪式暨应用培训班，国家宗教局各部门和全国各省、区、市宗教工作部门的有关负责人，全国性宗教团体、全国性宗教院校相关负责人及地方宗教院校相关人员等160余人参加会议。"宗教专业资源库、数字图书馆"内容资源主要涵盖五大种类：政策法规类、宗教经典类、学术研究类、教材教程类、知识文化类。该数字服务平台首批有近300种数字图书及部分文献和音视频资源完成入库，后续计划分批次纳入更多资源，并以此为基础，细化构筑宗教专业知识体系。

（李　同）

【"首届茅山生态道观论坛"开幕】 2018年8月18日，江苏省道教协会主办，江苏省句容市茅山道院承办的"首届茅山生态道观论坛"开幕，论坛以"洞天福地绿水青山"为主题，海内外专家学者、道教界人士围绕生态道观的经验和做法，生态道观与景区的环境保护（包括资源回收再利用），生态道观与环保教育，生态道观与建设人类生命共同体等议题展开讨论。 （李　同）

关心下一代工作

【概况】 2018年，镇江市镇（街道）、村（社区），各级教育、政法、农委等系统以及民企有关工委组织1785个；参加关心下一代工作的"五老"志愿者有6.8万人。全市有650个单位参加基层关工委"五有五好"创建工作，达标616个。丹徒区西麓中心小学孔金生等6人在法制教育工作方面被省关工委和司法厅通报表扬。9月，南通市关工委一行27人到镇江市考察关心下一代工作，参观句容市未成年人校外思想道德教育现场、镇江市关爱青少年校外活动实验中心江滨新村第一社区分中心。12月，安徽省芜湖市关工委一行9人到镇江市考察关心下一代工作，参观京口区谏壁街道蔡家社区关工委校外教育辅导站现场。当年，镇江市关工委青少年思想道德教育专家组形成第五批调研成果24篇，评出一等奖1篇、二等奖2篇、三等奖3篇、优秀奖4篇。丹阳市延陵镇等15个校外辅导站电子阅览室获评省级"先进电子阅览室"。

2018年，在省关工委"传红色基因，共话新时代，放飞青春梦"征文和演讲稿评选活动中，镇江市19篇主题教育征文获奖，其中，省大港中学学生创作的《烟雨中华》、扬中市高级中学学生创作的《永远在长征路上》获高中组一等奖；4篇"五老"优秀讲稿分别获二等奖、三等奖。在全省校外教育辅导站优秀活动推广项目和特色活动品牌视频制作评选中，句容市王长明制作的《茅山脚下有一抹动人的红》获特等奖，丹徒区赵莉制作的《鹭岛娃跟着刁爷爷走》获一等奖；丹阳市关工委选送的《我们是蒲公英的培

育者》获评“特色品牌活动”。（吴明宝）

【“传红色基因，共话新时代，放飞青春梦”主题教育活动】 2018年，镇江市各辖市（区）关工委围绕纪念新四军成功开辟华中第一个敌后根据地——茅山抗日根据地80周年、新四军打响江南抗战第一仗的韦岗战斗胜利80周年开展系列活动，发动“五老”和学校师生编写和宣讲适合青少年的镇江故事，各地关工委选送《镇江故事》53篇。全市组织1291名“五老”宣讲员撰写745篇宣讲稿，听讲青少年27.9万人次；全市参加征文活动的学生9.9万人次；组织演讲比赛551场，听讲青少年16.1万人次。市教育局关工委常年组织全市中小学生参加“五好小公民”主题教育活动。市教育局等8家单位获教育部关工委“先进集体”称号，21所学校获主题教育“示范学校”称号，10个班级获“优秀班集体”称号，11人获评先进个人，21名学生获征文特等奖，1898名学生获征文一、二、三等奖，获奖学生的指导老师均获相应等级的指导奖。（吴明宝）

【“三扶两创一促进”活动】 2018年，镇江市参加“三扶两创一促进”活动的老农业科技人员646人；创建青年农民示范基地176个；帮扶青年农民创办合作社等新型经营组织183个。评选“青年农民创业之星”89人，其中，郁宝峰获评2017—2018年度江苏省十佳“农村青年致富带头人”。4月9日，市关工委在扬中市召开“三扶两创一促进”活动现场推进会，介绍当地青年农民先进经验，推广扬中市的经验做法。（吴明宝）

【校外教育辅导站建设】 2018年，镇江市有校外辅导站点1249个，其中，镇（街道）辅导总站44个，村（社区）中心辅导站700个，分站440个，家庭辅导点65个。有750个辅导站建立校站联系制度。参加校外辅导的“五老”7167人，参加辅导的教师、大学生等社会志愿者5634人，辅导学生28.2万人次。全市校外辅导站建立电子阅览室715个，有电脑4505台；组织活动11728次，参加活动的学生有9.7万人。10月23日—24日，市关工委在丹徒区举办第10期校外辅导站研训班，围绕校站结合主题开展交流和研讨。在全省校外辅导站工作会议上，镇江市做经验介绍。（吴明宝）

【青少年违法犯罪预防和减少工作】 2018年，镇江市有445个帮教小组结对帮教失足青少年，参加帮教活动的“五老”2208人，帮教574人，有效转化562人，占帮教总人数的98%。建立关爱工作团队906个，5471人参加。建立35个法制教育宣讲报告团，宣讲1090场，参与人数19.8万人次。聘请“‘五老’法制副校长”188人，受教育人数18.01万人次。镇江市有未成年人零犯罪社区（村）682个。京口区关工委获全省“未成年人零犯罪社区（村）”创建工作先进集体称号。（吴明宝）

【“爱的奉献”帮困助学活动】 2018年，镇江市关工委筹措省关心下一代基金镇江分会基金，基金规模超百万元。配合省关心下一代基金会完成在镇江推行的“千人助学计划”；配合省《关心下一代周报》在镇江推行的“冰凌花助学计划”。全年筹集助学助困资金427.9万元，扶贫助学3651人。市关工委对全市70名贫困学子开展“爱的奉献”资助，捐助14名大学生每人3000元，21名高中学生每人2000元，35名初中、小学生每人1000元。（吴明宝）

【“百名教授老区行”活动启动仪式】 2018年11月24日，由镇江市关工委、老区开发促进会、总工会主办，句容市老促会、关工委协办，江苏大学、江苏科技大学、江苏农林职业技术学院、镇江高等专科学校、江苏航空职业技术学院、金山职业技术学院关工委以及后白镇党委、政府联合承办的，主题为“放歌改革开放40周年”的镇江高校第18次“百名教授老区行”系列活动在句容市后白镇福源社区广场举行。启动仪式上，6所高校的教授和师生代表开展法律、科技、医疗、文化等方面咨询服务；6所高校关工委向后白镇58名贫困家庭学生发放每人1000元的助学款，并向当地校外教育辅导站捐赠一批图书；镇江市老促会向后白镇10名革命老战士每人发放1000元慰问金；江苏大学关工委向后白镇赠送400套服装及鞋子。该活动连续开展17年，主要开展“文化、科技、卫生”三下乡系列活动。（吴明宝）

慈善事业

【概况】 2018年，镇江市慈善总会系统募集慈善资金1.70亿元，救助支出0.91亿元，救助48.98万人次。其中，市本级募集收入4012.00万元，救助支出2321.41万元，救助22.20万人次。截至年底，全市慈善总会系统结存资金7.72亿元，比上年增加1.14亿元，其中，市本级结存资金1.50亿元，增加1737.92万元。在第四届“江苏慈善奖”评选中，镇江市获“最具影响力慈善项目”“最具爱心慈善捐助企业”“最具爱心慈善捐赠个人”和“最具爱心慈善行为楷模”等4个奖项。在第五届“中国城市公益慈善发展指数”评选中，镇江市排名全国第19名，比上届排名上升7名。丹阳市、扬中市分别排名全国县级市第15名和19名。

全市慈善系统把助力脱贫攻坚作为主要任务，推进落实《关于全市慈善组织助力脱贫攻坚奔小康的实施意见》。7月12日，市慈善总会在扬中召开全市慈善助力脱贫攻坚工作现场推进会，督促检查和观摩交流全市慈善系统助力脱贫攻坚项目实施情况。（汤　敏）

【慈善救助】 2018年，镇江市各级慈善组织实施“健康扶贫”“教育扶贫”“助残扶贫”“救急扶贫”“救灾扶贫”“造血扶贫”等精准扶贫“新六助”，在推进传统扶贫项目基础上，创新拓展“造血”扶贫救助项目以及救助方式，扩大慈善救助成效。对发展生产型、经营型、服务型项目，给予资金、物资和技术援助，增强受助对象内生发展动力。扬中市慈善总会与残联在八桥镇开展光伏扶贫试点工作，建立光伏扶贫专项基金，计划三年时间，投入300万元左右，完成200户残疾困难家庭的光伏扶贫。丹阳市慈善总会与住建局合作，对全市180户建档立卡、低保、分散供养的五保、贫困残疾人实施光伏增收和危房改造项目，计划3年时间，投入550万元。句容市白兔镇行香村慈善扶贫基地“造血型”示范项目，扩大基地规模，新增投入100万元，建设3.33公顷大棚草莓、1.33公顷草坪。

市本级完成19个救助项目。重点项目中，健康扶贫助医支出743.31万元，教育扶贫助学支出164.72万元，助残扶贫支出231.56万元，助老支出77.55万元，应急扶贫支出606.72万元。慈善助残“复明行动”为351名贫困老人进行白内障手术；“健行行动”为88名肢障人员安装假肢；为34名企业特困人员实施“暖流行动”；为37名劳动模范、道德模范实施“情系模范”关爱行动；为1704名低保户、建档立卡户实施“温暖行动”，救助支出308.64万元。“新年第一缕阳光慈善关爱行动”看望慰问肿瘤患者206人，给农民工、福利院和精神病院等捐赠冬衣10840件。中华慈善总会镇江慈善发药点为2133人次重病患者发放援助药品合计金额4369.00万元。市慈善总会加强同市区20多个慈善公益团队的工作联系、业务指导、资金帮扶，合作实施对接微慈善项目25个，捐款捐物96.86万元,4882人次受益;志愿者公益活动累计超过100万个小时。市慈善总会赴渭南市检查验收联合丹阳堂皇集团出资50万元援建的两座"慈安便民桥",解决当地2个自然村3200多人和200名学生的生产、生活及上学出行难问题;同时,再次捐赠30万元援建第三座"慈安便民桥",并为临渭区老年公寓捐赠价值10万元的过冬物品。

(汤　敏)

【慈善资金募集】 2018年,镇江市市区"慈善一日捐"收到捐款1245.09万元,其中,市本级574.74万元。当年,市本级增加民营认捐企业江苏康华建设集团,一次性到账500万元。市本级18家重点骨干企业履行社会责任,保持较高到账率。市慈善总会巩固部门合作捐资项目,拓宽公众捐款渠道,完善结存资金增值机制。市区各界爱心人士个人捐款40.37万元;多名爱心人士连续多年捐款万元以上。

(汤　敏)

【慈善组织建设】 2018年,镇江市基层组织累计救助支出1.14亿元,结存资金2.92亿元,慈善分会资金达到200万元以上的有11个,其中:200万元至500万元的有3个,500万元至800万元的有3个,800万元至1000万元的有2个,1000万元以上的有3个;慈善工作站资金达到20万元以上的有329个,其中:20万元至50万元的有210个,50万元至100万元的有105个,100万元以上的有14个。推动消除少数地方基层慈善组织"有牌子、无资金"的状况,扭转慈善资金实力不足、扶贫济困能力不强的问题。市慈善总会组织全市系统财务工作专题培训,各辖市(区)慈善总会分批对基层组织工作人员开展业务轮训。

(汤　敏)

【慈善宣传】 2018年,镇江市慈善系统依托主流媒体和新型网络媒体,开展慈善宣传活动,传播慈善文化,普及慈善理念,增强公众慈善意识。全市慈善系统在辖市(区)以上媒体刊用稿件1066篇次,其中,全国性慈善报刊刊用稿件10篇次。市慈善总会结合第3个"中华慈善日",联合市委宣传部、文明办、民政局举办"情系慈善公益、助力脱贫攻坚"主题活动,32个爱心单位向20多个志愿者团队的27个微慈善项目捐款34.95万元。

加强慈善文化建设,省、市和县三级慈善总会联合建立扬中市慈善教育基金。市慈善总会先后在扬中市八桥中学和京口区谏壁中心小学设立"校园慈善文化教育基地",并编写《慈善文化读本》。争取到中华慈善总会天使基金"中慈爱心图书室"落户镇江,给20所中小学捐赠图书7.4万册,价值200万元。牵头筹建"镇江慈善文化公园"。

(汤　敏)

收入与消费

【居民收入情况】 2018年,镇江市居民人均可支配收入首次突破4万元,为40883元,增长8.5%。农村居民收入增速快于城镇居民。按常住地分,全市城镇常住居民人均可支配收入48903元,增长7.7%;农村常住居民人均可支配收入24687元,增长8.6%。城乡居民收入比由上年的2.00∶1收窄为1.98∶1。高低收入户收入差距扩大,各地收入平稳增长。全市居民人均可支配收入比全省平均水平高2787元,其中城、乡居民人均收入分别比全省平均水平高1703元和3842元;镇江居民人均可支配收入列全省第五名。

居民收入构成,工资性收入占比最高,居民人均工资性收入26351元,占可支配收入的比重为64.5%,增长7.6%,拉动可支配收入增长4.9个百分点,对收入增长的贡献率最大。经营净收入缓速增长,居民人均经营净收入5863元,占可支配收入的比重为14.3%,拉动可支配收入增长0.9个百分点。财产净收入增速最快,居民人均财产净收入3503元,增长14.6%,拉动可支配收入增长1.2个百分点;财产净收入占可支配收入的比重为8.6%。转移净收入实现两位数增长,居民人均转移净收入5166元,增长12.6%,占可支配收入的比重为12.6%,拉动可支配收入增长1.5个百分点。

收入增长的主要因素有以下五方面:就业率稳步上升,全市新增城镇就业人员8.35万人,新增转移农村劳动力0.99万人,新增城镇失业人员再就业人数3.40万人,城镇登记失业率1.78%,下降0.02个百分点。最低工资标准和企业工资指导线上调,8月,镇江市最低工资标准由1890元调整为2020元,增长6.9%;非全日制用工小时最低工资标准提高为18.5元/小时,增长8.8%。财产增值收益提升,全市城乡居民储蓄存款余额2161.07亿元,增长9.0%,农村居民财产性收入渠道拓宽,居民虚拟租金和房租收入相应增长。养老待遇普遍提高,全市人均养老金2280元,增长6.4%;城乡居民基本养老保险基础养老金最低标准由每月130元调整至140元,增长7.7%。精准扶贫政策到位,全市城乡低保标准统一提高至710元,全市城乡居民基本医疗保险财政补助标准调整为510元/人,失业金发放由1890元和852元分别提高至2020元和923元。

(市统计局)

【居民消费情况】 2018年,镇江市居民人均消费支出24359元,比上年增加1619元,增长7.1%。城镇居民人均消费支出27278元,增加1641元,增长6.4%;农村居民人均消费支出18463元,增加1336元,增长7.8%。居民消费倾向走低,消费意愿下滑。

八大类支出增长,消费结构调整。其中,食品烟酒、衣着、居住、生活用品及服务、交通通信、教育文化娱乐、医疗保健、其他用品及服务支出分别增长4.7%、5.3%、7.1%、5.5%、10.6%、11.1%、7.8%、3.1%。

居民消费呈现以下特点:恩格尔系数下降,全市恩格尔系数27.6%,下降0.6个百分点。教育文化娱乐支出增幅最快,居民人均教育文化娱乐支出3488元,增长11.1%,增幅列八类支出之首,占生活消费支出的比重为14.3%。交通通信支出较快增长,居民人均交通通信支出3467元,增长10.6%,占生活消费支出的比重为14.2%。医疗保健支出增长,居民人均医疗保健支出1186元,增长7.8%,占生活消费支出的比重为4.9%。居住支出平稳增长,居民人均居住支出5501元,增长7.1%,占生活消费支出的比重为22.6%,仅次于食品烟酒类消费。

(市统计局)

丹阳市

【概 况】 2018年，丹阳市总面积1047.44平方千米。辖10个镇、2个街道，145个行政村、72个居委会。年末户籍总人口80.63万人，人口出生率7.50‰，死亡率8.14‰，自然增长率-0.64‰。实现地区生产总值1250.25亿元，比上年增长2.8%；一般公共预算收入61.40亿元，增长0.6%；工业应税销售1492.54亿元，增长16.3%；工业用电量65.88亿千瓦时，增长6.1%，工业固定资产抵扣增长12%；进出口总值32.06亿美元，增长15.5%。

农业。实现农业总产值83.85亿元，农业增加值56.88亿元。全市粮食种植面积6.5万公顷，总产量46132万千克；蔬菜播种面积18268.06公顷，总产量572302吨；水产品总产量41224吨；渔业总产值232699万元。新增高效设施农业面积283.76公顷、蔬菜基地面积86.66公顷。完成造林面积571.14公顷。全市农机化水平为92.9%。新增“三资”投农项目104个，总投资12.7亿元。完成小型农田水利重点县项目、三陵河流域防洪除涝等农村水利工程。在镇江范围内率先完成农村集体资产股份制改革。当年，丹阳市入选农业部“率先基本实现主要农作物生产全程机械化示范县(市、区)”名单，为镇江市首个入选。

项目建设。34个镇江市级、200个丹阳市级重点产业类项目分别完成投资74.5亿元、150.5亿元，新建项目开工率100%。全年制造业实到外资1.8亿美元。省级重点项目鱼跃生命科学产业园完成投资19.5亿元，一期厂房竣工，二期厂房完成封顶，智能化仓库全面动工。

科技创新。举办江苏(丹阳)新材料及智能制造高峰论坛，研发经费支出占地区生产总值的2.6%。新增国家级“绿色工厂”2家、省高新技术企业41家。引进院士4人，入选省“双创”计划16人、镇江“金山英才”计划26人。万人发明专利拥有量20.25件。“天工高速工具钢”入选全国制造业“单项冠军”产品。江苏省眼镜光学标准化技术委员会成立。省内首家产业院士工作站落户丹阳，丹阳高新区获省政府批复设立。

生态环境。推进“263”“116”专项行动，实施农业绿色防控示范区建设。疏浚整治河道沟渠300千米，实施太湖流域水环境治理项目12个。完成老九曲河、晓墟河等河道综合整治工程。区域内国(省)考断面水质达标率100%。划定大气强化管控区和重点管控区范围，对工业废气排放、扬尘、油烟等落实管控措施。整治涉水企业98家、涂料化工企业47家，取缔“散乱污”企业(作坊)276家。禁养区内规模养殖场全部关闭，非禁养区内省规模养殖场治理率90%以上。完成120个村庄生活污水综合治理任务，建成污水主管网51.4千米，城镇污水集中处理率86%，城区污水管网覆盖率90%。长湾水厂深度处理改造工程投入使用，自来水深度处理实现全覆盖。全市建成25个市级“美丽宜居村庄”。

城市建设。泰镇高速丹阳段建成通车。357省道吕城段、南三环东延等工程完工。推进新孟河延伸拓浚工程。麻巷门桥拆除重建工程启动。加快丹金溧漕河、新孟河桥梁建设，横塘桥、老丹金闸桥、邓家桥、皇蒋线公路桥竣工通车。启动东风片区改造，完成老旧小区改造9.28万平方米。建立完善农贸市场长效管理机制，丹金路菜市场、吕城河北农贸市场投入使用。开工建设生活垃圾焚烧发电与餐厨垃圾协同处置项目，生活垃圾分类投放设施覆盖率45.8%。建成全国首座“源网荷储”一体化储能电站。长湾水厂深度处理工程投入运行。新增天然气管网80千米。建成启用丹阳大数据中心，“智慧停车”运营。

社会民生。新增城镇就业1.8万人，转移农村劳动力4500人，城镇登记失业率2.27%。城乡居民最低生活保障标准提高至每人每月710元。建成丹阳市智慧养老服务中心。异地就医系统正式上线。69个经济薄弱村、3004户、5220人脱贫。连续7次获评省级双拥模范城称号。创成全国中小学责任督学挂牌督导创新市，并获国家义务教育质量监测“县级优秀组织奖”。人民医院门急诊住院综合大楼完成土建封顶，精神病防治院、皇塘卫生院投入使用，家庭医生签约服务覆盖率35.7%。美术馆、民族工商业展馆对外开放。延陵村“农家书屋”获评“全国示范农家书屋”。足球训练中心被认定为全国青少年足球训练基地。丹阳市档案馆创成省级AAAAA数字档案馆。 (丹志办)

【丹阳入选5项全国“百强”名单】 2018年，丹阳市入选5项全国“百强”名单：“2018年度全国综合实力百强县市”第15名、“2018年全国绿色发展百强县市”第13名、“2018年全国科技创新百强县市”第19名、“2018年度全国新型城镇化质量百强县市”第23名、“中国工业百强县(市)”第12名。 (丹志办)

【丹阳获3项国家科学技术进步二等奖】 2019年1月8日，2018年度国家科学技术奖励大会在北京人民大会堂举行，丹阳市有3个项目获国家科学技术进步奖二等奖，分别是大亚人造板集团有限公司参与完成的“农林剩余物功能人造板低碳制造关键技术与产业化”项目、江苏乐能电池股份有限公司参与完成的“磷酸铁锂动力电池制造及其应用过程关键技术”项目以及江苏新绿能科技有限公司参与完成的“高速铁路弓网系统运营安全保障成套技术与装备”项目。丹阳市该次获奖数在全省县级市中列第1名。（丹志办）

【丹阳市高新技术创业园创业孵化基地获批省级创业示范基地】 2018年，江苏省级创业示范基地公示名单发布，丹阳市高新技术创业园创业孵化基地被认定为省级创业示范基地。高新技术创业园创业孵化基地成立于2013年8月，基地内基础设施配套齐全，设有专业创业服务中心，引进16个部门入驻，为企业提供专利申请、子女就学、技能培训、人才招聘等各项服务。创业孵化基地在孵企业有43家，涉及软件开发、电子信息、智能装备、新能源、互联网、精密制造、新材料、生物医药等领域，提供就业岗位367个。（丹志办）

【江南生物院士工作站获评“全国示范站”】 2018年年初，在中国科协公布的2017年度全国示范院士专家工作站评审结果中，江南生物科技有限公司院士专家工作站获“全国示范院士专家工作站”称号，成为全国食用菌领域第一批（共2家）、全省第一家获该称号的企业院士工作站。（丹志办）

【丹阳市美术馆开馆】 2018年5月，丹阳市美术馆新馆正式对外开放。新馆位于荣城国际南侧，面积1026平方米，为江南民居风格建筑。该美术馆是集展览、研究、人文教育、参观交流于一体的多功能文化场馆。当年，该馆免费开放，并举办书画展览、讲座、公共教育培训等活动。（毕　浩）

【“智慧停车”管理】 2018年，丹阳市用城投收储土地建设公共停车场，以及利用有条件的道路、小区、闲置的厂区等划设临时停车泊位，新增停车泊位1300余个。丹阳市政府制定实施《丹阳市机动车停车服务收费管理办法》，对主城区南环路、东门外大街、健康路等12条道路临时停车泊位，实行收费停车，并派驻停车服务人员对机动车规范化停车进行宣传、引导和管理；同时，上线“丹阳行”App，提供停车场查询、余位查询、导航、移动支付等主要功能；将商业广场、万善公园、云阳医院等11个停车场接入“智慧停车”云平台。（浦月梅）

句容市

【概况】 句容市位于江苏省西南部，地处苏南，总面积1385平方千米。截至2018年年末，户籍人口58.90万人，常住人口62.76万人。全市有35个少数民族，共3605人，占全市总人口0.6%。全市辖8个镇（下蜀、白兔、茅山、后白、郭庄、天王、宝华、边城），1个管委会（茅山风景区管委会），3个街道办事处（华阳、崇明、黄梅），24个社区居委会、153个建制村。

2018年，句容市完成地区生产总值571.1亿元，比上年增长5.5%，人均地区生产总值为9.1万元。其中，第一产业增加值46.41亿元，增长1.1%；第二产业增加值264.19亿元，增长4.8%；第三产业增加值260.50亿元，增长7.1%。完成一般公共预算收入50亿元，增长13.6%，税占比为89.4%。城乡居民人均可支配收入35907元，增长9.0%，城镇居民人均可支配收入47431元，增长7.8%，农村居民人均可支配收入22313元，增长8.7%。3月26日，省委书记娄勤俭到句容市调研。当年，句容市列“全国综合实力百强县”第51名、“全国新型城镇化质量百强县市”第38名、“全国最具投资潜力百强县市”第45名。

实体经济。实现工业应税销售收入520.22亿元，增长30.0%；工业增加值133.06亿元，增长4.2%；进出口总额6.88亿美元，增长31.8%。新增规模以上工业企业25家，全市78家亿元以上工业企业实现应税销售386.36亿元。全年全市列入省级重大产业项目5个、镇江市级重点产业项目22个，分别完成投资21亿元、96亿元。国际智能工业博览创新小镇、“联东U谷”等项目签约。与赛迪产业研究院合作，编制黄金湖科创中心总体规划。引进中英合作能源研究院、拓扑纳米研究院等平台。中科物栖、晶能半导体等科技项目入驻省高创中心句容基地。协鑫电动生态科技产业园奠基。南京大学国家级“双创”园规模扩大，投资增加至60亿元。“壹度科技”“华君电力”“宝嵩机器人”等一批项目投产。新增省级“科技企业孵化器”“众创空间”各1家，宝华镇创成全省首个乡镇“众创社区”。引进高校人才园区运营团队4个、国家级人才5人，净增高新技术企业13家。高新技术产业产值占规模工业总产值的37.2%，全社会研发投入占地区生产总值的2.08%，万人发明专利拥有量为26件。

农业。2018年，句容市农林牧渔业总产值78.81亿元。入选国家农村产业融合发展示范园创建名单，承办全国农村产业融合发展现场会，形成“葡萄小镇”“芝樱小镇”“伏热花海”等一批产业融合典型项目。启动国家农业科技园区建设，创成省级现代农业产业园。成立省薄壳山核桃产业技术创新战略联盟。后白镇与南京农业大学共建草坪研究院。白兔镇入选全国农业产业强镇示范建设名单，白兔村入选全国“一村一品”示范村。新增农民合作社22家、家庭农场99家、专业大户68家。新增国家级示范合作社4家，新认定高标准农田7.72万亩（5146.67公顷）。创成省级农业电子商务示范县，农村电商销售额突破8亿元。市、镇两级农村产权交易平台完成农村产权交易1578笔，交易金额3.3亿元。“戴庄经验”在全省进行推广，举办首届句容农民丰收节。

城乡建设。2018年，南沿江城际铁路、宁句城际轨道交通先后开工，宁扬宁马城际马鞍山至句容段签订合作框架协议。南门（句容市区南部）快速通道工程，西部干线南延段、洪武路改造工程，宝华仙林东路拓宽工程等完成并通车。完善农村基础设施，提档升级农村公路60千米，改造危窄桥16座；完成高低压燃气管道建设35千米；改造农村小型泵站53座；8座镇级污水处理厂实现专业化运营。完成赤山湖地区蓄滞洪能力提升工程，城区污水处理厂二期投入使用，南部应急水厂正式运营。实施句容河风光带、城市出入口等景观绿化升级工程。推进11个老旧小区改造和物管达标整治工作。完成3条城市慢行道示范路建设。建成3家微型消防站。建成12个镇村体育小公园、35个村级文化服务中心，新建和提升40条城乡健身路径。

社会事业。2018年，句容市举办第四届“福地青年英才”创业大赛；建设各类创业载体3家，支持自主创业成功2449人，带动就业10985人。成立句容市职业技能公共实训基地，培训就业困难群众3672人次。新增城镇就业12686人，城镇失业人员再就业4750人，城镇登记失业率控制在1.87%以内。全市累计74个经济薄弱村、6347户、11875人完成脱贫任务。句容市获批成为全省唯一的贫困残疾人光伏发电工作试点县。全年各类救助资金1396万元。实施全民参保计划，社保覆盖率为98%。“新农合”筹资标准提高至每人每年920元。省内异地就医联网结算实现全覆盖，新增医保定点零售药店15家。创成全国社保标准化建设“先行城市”。全年民生支出54.7亿元，占一般公共预算支出的78.4%。新改、扩建中小学、幼儿园14所,依法关停取缔校外培训机构59家。推进新建的句容市人民医院、妇幼保健院等卫生健康重点工程,与省人民医院开展“院府合作”。推进养老机构“公建民营”,5家城区居家养老服务设施投入运营。2018年,全市实现社会消费品零售额167.5亿元,增长6.9%,城镇消费市场总额为123.6亿元,增长5.9%;农村市场总额为43.9亿元,增长9.7%。

全域旅游示范化建设。2018年,句容市旅游总收入208.65亿元,接待游客1475.7万人次。创成全省唯一的“全国森林旅游示范县”。举办句容马拉松、环太湖公路自行车赛等国际性赛事。全年新增国家AAA级旅游景区2家、省三星乡村旅游区6家。茅山湖国家级旅游度假区总体规划及核心区控制性详细规划编制完成。康缘中华养生谷航空飞行营地完成飞机试飞,茅山“天下无有谷”项目开工建设。宝华山入选“省十大旅游新目的地”,郭庄镇获评“省十佳特色旅游小镇”,赤山湖获国家湿地公园正式授牌。

生态环境。全年新增国家级生态红线12处,林木覆盖率29.2%,自然湿地保护率47%。2018年,句容市主要河流和水库水质都保持在国家Ⅲ类水标准。$PM_{2.5}$浓度为45.0微克/立方米,下降0.57%;优良天数比率77.49%,增长0.59%。 (陈龙浩)

【茅山红色文化节】 2018年4月4日,由茅山管委会、茅山新四军纪念馆主办的首届茅山红色文化节开幕式暨“铭记历史,缅怀先烈”清明主题活动在苏南抗战胜利纪念碑广场举行。活动现场举行“铁军精神革命教育基地”“党员干部现场教学基地”“茅山红色文化服务中心合作单位”授牌仪式,淮安周恩来纪念馆、水西村新四军江南指挥部纪念馆、宝堰新四军四县抗敌总会纪念馆和新四军高淳办事处旧址纪念馆等4个单位与茅山新四军纪念馆、茅山风景区管委会结成茅山红色文化服务中心合作单位;同时,活动现场主办方启动茅山红色旅游服务卡,为企事业单位到茅山景区开展红色文化教育培训等活动提供服务。

(陈龙浩)

【国家城市轨道交通建设工程产品质量监督检验中心开工】 2018年6月16日,国家城市轨道交通建设工程产品质量监督检验中心、江苏省建筑工程质量检测中心句容实验基地项目在边城镇开工建设。该项目计划投资1.2亿元,占地30.8亩(2.1公顷),建筑面积约27000平方米,按照计划,建成后将主要从事工程质量检测领域的相关技术服务。 (陈龙浩)

图29-1 2018年4月11日,句容蝙蝠飞机制造厂奠基仪式在句容市举行

(句容市新闻中心 供稿)

【句容国际智能工业博览创新小镇项目】 2018年9月27日,句容市与深圳移盟投资有限公司举行句容国际智能工业博览创新小镇项目签约仪式。该项目总投资约150亿元,分3期建设,包括智能小镇板块与产业配套板块。其中,智能小镇板块规划沿西部干线建设创新研发中心,智能制造园区,智能工业旅游、博览、休闲体验综合配套等产业集群;产业配套板块项目规划建设科学家公馆、商务及其他配套设施、低密度住宅、多层及高层住宅等人才配套用房。 (陈龙浩)

【南京至句容城际轨道交通工程开工】 2018年12月21日,南京至句容城际轨道交通工程开工仪式举行。省委常委、南京市委书记张敬华,南京市市长蓝绍敏,镇江市委书记惠建林,镇江市委常委、秘书长郭建,镇江副市长胡宗元等出席开工仪式。宁句城际线路起于马群站,途经麒麟、汤山、黄梅、句容北部新城、句容城区等地。线路全长43.64千米,设车站13座,其中,地下站7座,高架站6座。 (陈龙浩)

【句容市创成2家国家AAA级旅游景区】 2018年12月,经镇江市旅游资源规划开发质量评定委员会组织评定,镇江市“伏热花海”“茅山半岛”2家景区达到国家AAA级旅游景区标准要求并通过公示,确定为国家AAA旅游景区。“伏热花海”景区占地46.7公顷,有“四季花海”和亲子乐园两大主题项目;“茅山半岛”景区作为茅山景区重点项目之一,含“源滩”“原町”项目。 (陈龙浩)

扬中市

【概况】 2018年,扬中市总面积331平方千米,辖4个镇、2个街道,其中,58个行政村、19个社区。全市户籍人口282459人,比上年增加545人,其中,男性人口138172人,女性人口144287人。全年出生人口3346人,人口出生率11.8‰,增长1.7‰;死亡人口2302人,死亡率8.15‰,下降0.55‰。年末,全市常住人口34.39万人,城镇化率64.26%。2018年,实现地区生产总值542亿元,可比增长5%。其中,第一产业增加值14.82亿元,增长1.5%;第二产业增加值276.78亿元,增长4.9%;第三产业增加值250.4亿元,增长5.1%。人均地区生产总值15.76万元(按常住人口计算),按现行汇率折算为22842美元。三次产业构成为2.7:51.1:46.2,一般公共预算收入占地区生产总值的6.05%。一般公共预算收入327667万元,同口径增长2.38%;居民人均可支配收入43290元,增长8.8%;城镇常住居民人均可支配收入53675元,增长7.9%;农村常住居民人均可支配收入28199元,增长8.9%。扬中市被中央文明办确定为全国文明城市提名城市;扬中市全面小康指数列全国县级市第8名,全面小康指数为133.36;扬中智慧电气小镇入选第二批省级特色小镇;扬中市列2018年度“全国综合实力百强县市”第23名、2018年度“全国绿色发展百强县市”第5名、2018年度“全国科技创新百强县市”第39名、2018年度“全

国新型城镇化质量百强县市”第29名。

乡村振兴战略实施。2018年，扬中市实现农业总产值28.93亿元，农林牧渔增加值18.36亿元，增长6.04%；新建高标准农田666.67公顷，完成轮作休耕666.67公顷。建成标准化生猪定点屠宰场。八桥粮库投入使用。完成农村集体产权制度改革，推进农村居民点建设，加强村级公共服务“八位一体”（对河道保洁、垃圾收运、绿化管护、道路养护、生活污水处理设施运行、村容村貌“三乱”整治、村级综合服务中心维护、文体活动设施管护工作实行一体化运行）运行维护，创成省“美丽乡村”2个。开展“双建双增”（建工业厂方、建商业物业，增固定资产、增稳定收入）主题活动，新坝镇、八桥镇建设村级物业经济项目。开展休闲乡村建设，申报成功“江苏省休闲农业精品村”2个，“一村一品一店”示范村1个。农业生态环境呈现新面貌，完成造林29.6公顷，新建“三化”（彩色化、珍贵化、效益化）示范村8个，示范单位23个，林木覆盖率20.50%。推进扶贫攻坚工作，汇编印制《扬中市精准扶贫政策指南》，全市落实帮扶政策15条，惠及建档立卡低收入户159户、1061人，全面消除村集体收入在100万元以下的经济薄弱村和年人均收入在8000元以下的低收入农户家庭。推进农村集体产权制度改革，所有村（社区）完成农村集体经营性资产股份制改革工作，农业保险覆盖率63%。

产业质态。完成工业纳税销售625亿元、增长7.8%。新增“四上企业”（规模以上工业企业、资质等级建筑业企业、限额以上批零住餐企业、规模以上服务业企业）56家。大全集团获“中国工业大奖表彰奖”，环太集团创成国家级“绿色工厂”。新增四星级以上“上云”企业（通过高速互联网络，将企业的基础系统、业务、平台部署到云端的企业）3家，入选省级“专精特新”产品企业、“科技小巨人”企业和“隐形冠军”企业（社会知名度虽不高，但拥有核心技术、创新能力强、成长快、具有爆发式增长潜力的企业）4家；通过国家“两化”融合贯标试点认定企业3家；新增“智能车间”5个。实现外贸进出口总额7.15亿美元、服务外包执行额2.4亿美元，服务业增加值占比46%。完成固定资产投资78.2亿元，其中，先进制造业投资40亿元。绿色高照能源、鼎圣电气、磊金建材等项目竣工，推进和润粮油、中南朗杰膜、江岛高铁内饰件等项目。深化招商体制改革，筹备设立北京、上海、深圳等驻外招商分局。引进亿元以上项目30个，先进制造业利用外资8138.3万美元。总投资95亿元的蜂巢易创汽车核心零部件项目落户。创成国家智慧电气高新技术产业化基地，净增高新技术企业23家、省级研发机构12家。全社会研发投入占地区生产总值的2.82%，万人发明专利拥有量35件。江苏和成显示公司获中国专利金奖。

城建配套。推进扬子新村、滨江新城、西城区棚户区改造。238省道改线西来桥段竣工通车，523国道、扬中大道提升改造工程完成。新建、改建农村公路27.9千米、农桥3座。运营西来桥公交次枢纽，开通常州孟河、镇江新区毗邻公交。完成“11·8”长江崩岸段干堤复建和岸线守护应急治理。建成思议港闸站、万太220千伏输变电等工程，改造老旧自来水管网30.8千米。推进全国文明城市创建工作。编制完成综合交通、供水、天然气等专项规划，调整土地利用总体规划，整改违法用地71.2公顷，创成省“国土资源节约集约利用模范市”。设立翠竹路、扬子路等严管街5条，开展市容环境、文明交通、电动三四轮车等专项整治。扩大垃圾分类试点范围，在21个小区推行垃圾分类，建成可回收垃圾分拣中心、油坊镇垃圾分类处置中心等终端处置设施7个。

公共服务。完成城区义务教育学校施教区调整，新建幼儿园、中小学5所，整体搬迁江苏省扬中中等专业学校。推进教育领域突出问题专项治理工作，整治校外培训机构和教师有偿补课问题。优化医疗资源配置，扬中市人民医院分别与新坝、八桥中心卫生院组建医联体，成立名医专家工作站5个。举办扬中市第18届运动会、长三角地区龙狮精英赛、中国比利时女篮对抗赛。扬中市档案馆创成省AAAAA级数字档案馆。扬中籍运动员张心妍获雅加达亚运会女子个人射箭项目金牌。推进全域旅游发展，培育园博园、长江渔文化生态园等景区，建设滨江驿站、宿予民宿、新治博物馆群；完成“友好村”传统民居改造；建成园博园自驾游基地一期、三江湾驿站、西来桥花海等项目，设计精品旅游线路5条。举办第十五届中国·扬中河豚文化节，开展“最美乡村越野跑”、乡村旅游文化节等活动。冠名“中国河豚岛·扬中号”高铁。

社会保障。发放稳岗补贴337万元、创业贴息贷款2350万元，扶持创业672人。实施医保“惠民大礼包”和“全民参保”计划，完成转保1.75万人。城乡低保标准提高至每人每月710元，特困人员供养标准提高至每人每月865元。982户、1920人实现脱贫。启动公办养老机构民营化改革，开工建设市级老年活动中心，建成残疾人“三大中心”（特教中心、康复中心、托养中心），新增“残疾人之家”3家、标准化居家养老服务中心8家。（张　虹）

【长江生态旅游岛建设】 2018年3月2日，扬中市召开长江生态旅游岛建设动员大会。会议印发《关于长江生态旅游岛建设的实施意见（2018—2020年）》《〈关于聚力创新、加快转型，促进实体经济发展的实施意见〉关于全域旅游政策的补充意见》等文件，要求围绕“到2020年，绿色发展水平显著提升，生态环境品质显著改善，城乡环境面貌显著优化，社会文明水平显著提升，旅游综合实力显著增强”的总体目标，聚焦生态特质，打造宜居宜业的水上花园城；聚焦旅游品质，打造特色多元的旅游目的地；聚焦城市气质，打造共建共享的幸福岛城；聚焦担当素质，打造优质高效的服务软环境。其中，重要目标有：紧扣生态，推进绿色产业发展、生态环境保护和美丽镇村建设；构建“一核一带一路”（旅游发展中心核、环岛旅游风光带、水上旅游线路）的全域旅游功能区布局，到2020年，全市旅游业总收入年均增长15%以上，旅游业增加值占地区生产总值比重显著增长；启动“全国文明城市”创建，在城市功能、环境提升、管理创新上求突破，构建平安、和谐扬中。按照会议要求，扬中市成立长江生态旅游岛建设领导小组，成立文体旅游执法大队，协同推进工作开展。（张　虹）

【污染防治攻坚战】 2018年，扬中市开展污染防治攻坚行动，推进水环境整治工作。编制《扬中市城区黑臭水体整治方案》，确定“一河一策”治理思路，推进三茅大港、扬子河、明珠湾等流域水环境整治；建成排口截污设施26座；实施20个居民小区雨污分流改造；新增雨污水管网145千米。开工建设西来桥镇污水处理厂，完成油坊镇新材料园区、新坝镇黄山套片区企业雨污分流。启动丰裕、兴隆、油坊等集镇雨污分流工程，完成60个村庄和居民点生活污水治理，新增污水处理设施16座。落实“河长制”，完成入河排污口调查登记，整治河道“三乱”（违法占用河道管理范围，违法建设涉水建筑物，违法向河道排放废污水、倾倒废弃物等行为）86处，疏浚河道267条。整改中央环保督察“回头看”、省环保督察交办信访问题58件。推进“263”专项行动，开展“散乱污”企业（作坊）整治，取缔35蒸吨以下燃煤锅炉5台，关闭不达标畜禽养殖场59家、化工企业7家。强化大气质量管控,推行渣土密闭化运输,规范工地扬尘和餐饮油烟治理,全年空气优良天数比例 69.3%,$PM_{2.5}$平均浓度 44.5 微克/立方米。 (张 虹)

【第十五届中国·扬中河豚文化节】 2018 年 3 月 18 日—4 月 21 日,扬中市以"相约河豚岛、共筑绿色梦"为主题,举办第十五届中国·扬中河豚文化节。文化节历时 35 天,举办节庆活动 20 余项,组织专业招商队伍开展集中推介 50 余场次、招商 80 余批次,拜访接待重点客商 1000 余人次;举办第三届扬中国际互联网高峰论坛、2018 智慧电气产业链协同创新发展研讨会等多项活动。4 月 21 日,25 个高端项目集中签约,其中,1 亿美元或 10 亿元人民币以上项目 6 个,"产学研"合作项目 5 个,产业基金项目 1 个,签约项目涉及新能源、新材料、高端装备制造、智慧教育、生态旅游多个领域。河豚节期间,围绕传播河豚文化、共享河豚美食、展现民俗风情等方面,推进全域旅游建设,举办长江增殖放流、青年河豚厨王寻味争霸赛、全国剪纸艺术名家邀请展等多项文化活动,组织开展长三角地区旅游专题推介、"中国河豚岛——美味扬中行"等,邀请近百家旅行社到扬中考察,与 21 家规模旅行社达成合作协议,接待游客 85 万人次,团队游客 2.3 万人次。 (张 虹)

【智慧电气产业链协同创新发展研讨会】 2018 年 3 月 31 日,"e 起高新"——2018 智慧电气产业链协同创新发展研讨会在扬中市举行,智慧电气和能源互联行业专家出席研讨会,上海电力学院党委书记李明福,江苏省产业技术研究院党委书记、副院长胡义东等参加会议。研讨会现场,扬中高新区线上一站式平台启动,西安交通大学国家技术转移中心扬中分中心、国家专利导航试点工程(江苏)研究基地扬中高新区运营服务中心、中国(镇江)知识产权维权援助中心扬中分中心揭牌。扬中高新区与重庆大学、"云道智造"、太极集团等学校、企业签订《关于联合创建江苏省数字化电力装备创新中心的战略合作协议》;与国家专利导航试点工程(江苏)研究基地、江苏省专利信息服务中心签订战略合作协议;就共建扬中高新区研究生双创实践基地校地合作与常州大学、华东理工大学等 14 家单位签订合作协议,构筑区域专利导航和知识产权保护体系。 (张 虹)

【2018 国际智慧电气论坛】 2018 年 3 月 31 日,以"智慧电气,能源互联"为主题的 2018 国际智慧电气论坛在扬中市举行。上海归国华侨联合会副主席程东主持会议,国家发展和改革委员会能源研究所能源经济与发展战略研究中心主任张有生、中国产业互联网发展联盟李响、江苏省专利信息服务中心黄俊、中科创新战略管理部总经理毛维倩、江苏省产业技术研究院党委书记胡义东等分别就"生态文明建设与能源转型""产业互联和产业升级""工程电气产业知识产权分析报告""硬科技改变世界""江苏省新型研发机构的建设和发展"等主题发表主旨演讲。 (张 虹)

【第三届国际能源互联网高峰论坛】 2018 年 4 月 21 日,由扬中市政府、华北电力大学主办的第三届国际能源互联网高峰论坛在扬中市举行,海内外能源互联网领域的 30 余名专家、学者、企业负责人参加论坛。中国能源研究会副理事长史玉波、李晶华,10 余家国内规模新能源企业代表出席活动。华北电力大学副校长李双辰致辞,中国能源研究会副理事长史玉波做题为《建设综合能源系统,构建现代能源体系》的主旨演讲。围绕"能源互联网"主题,6 名专家就日本能源互联网实践、综合能源系统建设等话题,做专题报告;结合扬中市能源互联网、综合能源服务的主要困难和应对措施,与会专家开展互动研讨;大全集团、南都电源等 9 家企业做专题报告。华北电力大学扬中智能电气研究中心、日本环境能源技术研究所、北京华电天德资产经营公司、中国技术交易所签订共建"地产地消型能源供给系统的机器构成的确定以及电热模拟研究"合作协议;华北电力大学与宜禾股份公司签订共建"可穿戴防护材料产业发展促进中心"产业化合作协议。论坛设立中国能源研究会—华电扬中能源互联网专项研究资金,总额 150 万元,用于开展"支撑智慧城市的能源结合管控与服务平台""促进新型城镇的能源与产业协调发展模式"等 10 个课题研究,鼓励能源互联网领域的自主创新,解决扬中建设高比例可再生能源城市面临的新问题。 (张 虹)

【汽车核心零部件制造项目签约】 2018 年 7 月 18 日,扬中市与蜂巢易创科技有限公司(以下简称"蜂巢易创")、精诚工科汽车系统有限公司(以下简称"精工汽车")签订投资合作协议。蜂巢易创和精工汽车是长城汽车股份有限公司的全资子公司。蜂巢易创涵盖整车核心零部件的研发、生产、销售等业务;精工汽车包括底盘、压铸、装备三大业务板块,涉及底盘、自动化及再生资源等八大业务领域。该次签约的蜂巢易创、精工汽车项目落户于江苏省扬中经济开发区工业园内,项目内容为汽车核心零部件制造,包括发动机、变速箱、电驱动系统、压铸等产品,一期项目 2020 年 12 月底量产。 (张 虹)

【"文明扬中 12 条"】 2018 年 5 月,扬中市启动"文明扬中 12 条"起草工作,根据走访调研及"城市啄木鸟——文明巡访团"反馈,形成 16 条内容。7 月 25 日—31 日,扬中市委宣传部、文明办面向市民开展"文明扬中 12 条"投票活动,在"文明扬中""扬中发布""微扬中""扬中公安微警务"等 30 余个微信公众平台推广宣传,各类平台总浏览量 2 万人次。9 月 19 日,扬中市举行"文明扬中 12 条"发布仪式,涉及文明交通、公共场合文明行为、文明生活习惯等多个方面内容,具体包括:爱敬诚善树形象、文明有礼不能忘、吸烟吐痰莫随意、生活垃圾分类放、不闯红灯不争抢、各行其道守规章、礼让行人树风尚、有序停车讲朝向、窗外抛物不应当、排队等候莫喧张、共用楼道不堆放、遛狗牵绳防留脏。 (新闻中心)

【中比国际女篮对抗赛】 2018 年 6 月 3 日,由中国篮球协会主办,扬中市政府、江苏省篮球运动协会承办,扬中市文体旅游局、江苏天禾旅游发展有限公司、扬中市豚岛文化传媒有限公司协办的 2018 年中国女篮系列赛——中比国际女篮对抗赛第二场在扬中市奥体中心举行,中国女篮 81∶62 战胜比利时女篮。该次赛事由中央电视台 5 套(体育频道)全程报道。 (张 虹)

【长三角地区龙狮精英赛】 2018 年 3 月 18 日,"和润杯"2018 年长三角地区龙狮精英赛在扬中西来桥镇举行,长三角地区的 16 支舞龙、舞狮队伍,230 余人参赛。该次大赛由江苏省社会体育管理中心、省龙狮运动协会、扬中市政府主办。龙狮大赛设舞龙自选、舞龙传统、北狮 3 个大项,南京理工大学代表队、江苏西来桥代表队、安徽福兴堂代表队分别获舞龙自选项目、舞龙传统项目以及北狮项目金奖。 (张 虹)

【"中国河豚岛·扬中号"高铁试运行】

2018 年 6 月 26 日,"中国河豚岛·扬中号"高铁试运行;7 月,"中国河豚岛·扬中号"举行首发仪式。该次高铁冠名是扬中市对外宣传推介"中国河豚岛"的一项举措,旨在依托高铁媒介,通过广告、公关等多种宣传形式，展示扬中的旅游资源、文化品牌及特色魅力。该次冠名时间为一年，冠名的高铁线路有 2 条，分别是北京南—上海虹桥（试运行班次 G105、G138），北京南—济南西（试运行班次 G333）。 （张 虹）

丹徒区

【概况】 2018 年，丹徒区总面积 617.08 平方千米，其中，土地面积 541.58 平方千米（耕地面积 2.43 万公顷）、水面 75.5 平方千米。辖 6 个镇、2 个街道和 2 个园区，有 6 个居民委员会、88 个村民委员会、1884 个村民小组，另设有江苏省丹徒经济开发区、世业洲旅游度假区、高新技术产业园、长山文化产业园和 4 个农林场圃。全区总户数 103460 户，总人口 290533 人，其中，男 142318 人、女 148215 人。全区出生人口 2310 人，人口出生率 7.95‰；死亡人口 2530 人，人口死亡率 8.71‰。人口净增率 -0.76‰。

2018 年，丹徒区完成地区生产总值 417.02 亿元，比上年增长 2.8%；一般公共预算收入 23.11 亿元，增长 5%；工业应税销售收入 415 亿元，增长 8%。固定资产投资 74 亿元，其中，工业投资 33.55 亿元，服务业投资 40.45 亿元；全区规模以上先进制造业投资 12.62 亿元。服务业增加值占地区生产总值的 43.3%。实际利用外资 1758 万美元，进出口总额 77626 万美元。社会消费品零售额 72.04 亿元。城镇常住居民人均可支配收入 48151 元，增长 8.2%；农村常住居民人均可支配收入 22315 元，增长 8.5%。

产业发展。推进 42 个重点产业项目，全年完成投资 41.5 亿元，其中，22 个市级重点产业项目完成投资 26.4 亿元。“力信电气一期”“原轼金刚石线锯”“英赛德耐火材料”等项目建成投产，“苏能新材料”“美科医疗”等项目开工建设，“省交通工程集团总部暨生产基地”“语诣汽车零部件模具”等项目基本竣工，“海纳川汽车零部件”“贝达精密机械制造”等项目主体封顶，“燃机热电联产”“润祥油气物流”等重大项目有进展。实施精准招商，丹徒区招商中心正式运行，委托招商平台建立，金浦临港智能科技股权投资基金和中诚高端智能制造产业基金先后设立；举办中欧校友产业园投资推介会、智能制造主题路演、高质量发展投资推介会等专题招商会，全区开展各类招商活动 360 次；“北汽麦格纳”“中建科技”“美好建筑”“海优威新材料”等项目签约落户，全年新签约亿元以上产业项目 31 个，总投资 180 亿元，其中，10 亿元以上产业项目 3 个。增强创新活力，制定落实科技创新十项政策措施实施细则，投入科技奖励资金 1300 万元、人才发展资金 1500 万元；新增省级工程技术研究中心 2 家，引进省“双创计划”15 人、市“金山英才”计划 16 人；获批市级以上科技项目 36 项，争取科技专项经费 2700 万元；新增高新技术企业 22 家，比上年增长 39.2%，增幅全市第一名；签订“产学研”合作协议 51 项，签约数量增长 34.2%；新增授权发明专利 150 件，万人发明专利拥有量为 22 件；新申请注册商标 632 件，增长 40.4%，有效注册商标保有量为 2669 件。优化产业质态，支持民营企业加快发展，落实企业减负增效政策措施，全年新增减税 1.5 亿元；新增规模以上企业 14 家、江苏股权交易中心挂牌企业 5 家；新认定省“两化”融合贯标试点企业 2 家、市级单打冠军企业 2 家；装备制造和新型建材业应税销售收入分别增长 25% 和 24%；全年新增省级电子商务示范村 2 个、市级外贸出口品牌 1 个，引进知名服务外包企业 1 家；创成市级以上农业龙头企业 8 家、农民专业合作社 19 个、示范家庭农场 21 个，新增高标准农田 1300 公顷、高效设施园艺面积 101.33 公顷，“益农信息社”实现全覆盖。

图 29-2 2018 年 6 月 26 日，“中国河豚岛·扬中号”高铁试运行

（扬中市新闻中心 供稿）

生态建设。开展“两减六治三提升”“一江一河六行业”（“一江”，长江生态保护；“一河”，京杭运河水质提升；“六行业”，化工、碳素、电镀、尾气扬尘、畜禽养殖、“散乱污”企业）专项治理行动，推进东部片区、西南片区、高资片区生态环境整治，关停茂源化工、华元焦化炼焦生产线、柏穗化工、宏利仕化工等企业；零山水泥完成职工安置；完成开发区化工园区卫生防护距离内居民搬迁；煤炭消费量比 2016 年减少 72 万吨。开展大气污染防治专项行动，实施工业污染源、工地扬尘、裸土覆盖、道路保洁、露天烧烤、餐饮油烟、汽车尾气、港口码头等专项整治，整治露天烧烤点 60 个，所有建筑工地对照“六个 100%”（工地周边 100% 围挡、物料堆放 100% 覆盖、出入车辆 100% 冲洗、施工现场 100% 硬化、拆迁工地 100% 湿法作业、渣土车辆 100% 密闭运输）整改。推进水污染防治专项行动，启动实施京杭运河辛丰段、中心河水质提升工程，基本完成上党、谷阳农业面源污染综合治理试点工程；开展畜禽养殖专项治理，关闭畜禽养殖场（户）851 家；推进城市建成区黑臭水体治理，完成朝阳河、谷阳湖支河、御桥港治理任务；国考断面水质优Ⅲ比例为 100%。开展清废专项行动，处置各类固体废物 4 万多吨，整治“散乱污”企业 304 家，完成第二次全国污染源普查入户调查任务。推进长江生态环境保护，江心洲水源地达标建设通过省级验收，关停非法船厂 3 家、整改 2 家，世星船厂改造成体育健康公园。完成国家生态保护红线校核和省级生态保护红线优化调整工作，省级以上生态保护红线区域增加至 15 个，总面积 84.6 平方千米，占全区土地面积的 13.7%；认定省级重要湿地 52.2 平方千米，生态保护红线区域监督管理考核列全市第一名。优化畜禽养殖规划布局，制定农业产业项目全过程管理办

法。在全区主要河流增设26个区控断面,掌握水环境质量。丹徒区获省级生态文明建设示范区称号,同时,创成省级生态文明建设示范镇(园区)7个、示范村11个,森林资源管理工作被国家林业局评为优秀等级。

社会事业。推进城乡建设,镇荣公路三期开工建设,宜冬路建成通车,朱方湖体育广场、城西公园启动建设,恒顺大道、盛园路、长香东大道改造工程完成;完成连淮扬镇铁路镇江段和五峰山过江通道南北接线工程征地拆迁任务;实施农村公路提档升级76千米,改造危桥4座,新辟优化公交线路6条;完成棚户区(城中村)改造38.1万平方米,争取政策性贷款30.5亿元;长香水岸小区建成交付;推进高校园区建设,江苏大学京江校区交付使用,市委党校基本竣工,长山派出所建成运行;推进村庄生活污水治理工作,137个村庄污水处理设施全部开工建设,其中,86个村庄进入调试阶段,城区可回收垃圾分拣中心和有害垃圾暂存库建成投入使用;投入3800万元推进小型农田水利重点县建设,创成省级"节水型社会示范区"。改善人民生活,新增城镇就业9345人,帮助困难家庭就业122户,城镇登记失业率控制在2%以内;城乡低保标准提高到每人每月710元,发放残疾人补贴1728万元,慈善救助支出748万元,经济薄弱村达标率和低收入户脱贫率均为95%;丹徒区九年一贯制学校、宝龙幼儿园、蓝波湾幼儿园开工建设;强化校外培训机构专项治理,完成苏南教育现代化创建任务;组建医疗联合体、专科联盟,2家省级"示范村卫生室"通过考核;通过国家慢性非传染疾病综合防控示范区复审;完成17个基层综合文化服务中心提升工程,建成文化礼堂42个、农民健身公园10个,送戏、送电影、送图书下乡分别为100场、1290场、10000册。

重点改革。推进"放管服"改革,"e办事"平台办理事项为2202件;制定投资项目模拟审批试行办法,开展代办、帮办服务;全区新设立私营企业1539家、个体工商户4072户,新增民营注册资本91.31亿元;国税、地税征管体制改革完成,丹徒区税务局挂牌运行;实施行业协会、商会与行政机关脱钩改革,9家行业协会商会完成注销脱钩;开展农村集体产权制度改革,82个村完成集体资产股份制改革任务;长山国有林场改革通过省级验收。

成果亮点。丹徒区入选"2018中国工业百强区"。举办"宜风韵、生态美"2018中国·丹徒旅游文化节,恒顺香醋获中国特色旅游商品大赛金奖。经济开发区循环经济标准化示范试点园区通过国家级评审;世业镇推进省级"特色田园乡村"建设,世业洲跑步线路入选"中国十大最美徒步路线";丹徒高新技术产业园举办跨境电商峰会和丹徒楼友会创业节;高桥镇雪地靴产业总销售额为18亿元,比上年增长10%以上;辛丰镇黄墟村入选中国传统古村落保护名录;谷阳镇转型升级、"腾笼换鸟"有进展,盘活土地11.27公顷、厂房3.7万平方米;上党镇产业扶贫有成效,实施渔光互补、光伏发电项目4个;宝堰镇推进省级重点及特色镇发展项目,获省级专项引导资金;江心洲生态农业园区完成长江生态保护任务,荣炳盐资源区引进总投资2亿元的金蚁田园生态农业项目;长山科教文化产业园举办首届"米芾杯"国际青少年书法大赛。(刘　芳)

【2018中国·丹徒旅游文化节】 2018年4月7日—12月17日,丹徒区举办2018中国·丹徒旅游文化节,文化节开幕式在上党镇举行,闭幕式在高桥镇举行。该届文化节是第三届,以"宜风韵、生态美"为主题,有"赏花之旅、采摘之旅、人文之旅、乐活之旅"四个系列活动,先后举办2018丹徒旅游线路推介会、第十一届江心洲野菜节、第二届高资樱花节、2018长江国际音乐节、第五届荣炳乡村旅游节、首届上党茶文化节、荣炳美丽乡村旅游推介会、第三届上党黄桃节、第四届江心洲无花果节、首届荣炳农民丰收节、第十一届江心洲柑橘节、第二届宝堰美食生活节、第二届高桥雪地靴文化节等10余项子活动,带动节庆所在地农副产品的销售和乡村休闲旅游,全区前三季度实现旅游综合收入55.11亿元,比上年增长13.5%;接待游客512万人次。文化节期间,丹徒区在新华网主办的"2018休闲旅游发展与品质峰会"上获"国民休闲旅游胜地"称号;同时,举行"雪地靴产业设计研发大师工作室"揭牌仪式和"中国雪地靴之乡高桥"区域品牌LOGO发布会。(刘　芳)

【2018首届"米芾杯"国际青少年书法大赛】 2018年7月15日—17日,2018首届"米芾杯"国际青少年书法大赛系列活动在丹徒区的中国米芾书法公园举行。该次大赛由中国国际书画艺术研究会、中国文字博物馆、江苏省教育书法协会、镇江市文化广电新闻出版局联合主办,由丹徒区政府、中国米芾书法公园、江苏言恭达文化基金会、镇江市米芾文化研究会、抱云堂书院承办。大赛收到北京、上海、江苏、山东、浙江等30个省、自治区、直辖市以及中国台湾、香港、澳门地区,日本、新加坡、澳大利亚、马来西亚、印度尼西亚、文莱、缅甸等国家的青少年书法作品1.2万件,有630余人入围现场总决赛,有200余件境外作品入选总决赛。大赛评选出米芾奖(最高奖)7人、一等奖73人,同时,评选出二等奖、三等奖以及最佳书法指导老师和最佳组织单位等奖项。大赛期间,大赛组委会开设主题"舞动的汉字""心怀感恩立志成才"讲座2场,传授汉字知识、国学文化。(刘　芳)

图29-3　2018年4月7日,丹徒区举办"宜风韵、生态美"——2018中国·丹徒旅游文化节启动仪式
(刘　芳　供稿)

【《丹徒新城建设（1998—2018）》】 2018年12月，丹徒区政协编撰的《丹徒新城建设（1998—2018）》由中国文化出版社出版发行。全书18万字，随文插图171幅，记录丹徒新城从无到有、从小到大、从村庄到城市的建设历史，并从建设的视角审视丹徒新城建设的过程和成果。12月19日，在举行的改革开放40周年丹徒经济社会发展十件大事发布会上，丹徒区向社会各界代表赠送该书。（刘　芳）

【改革开放40周年丹徒经济社会发展十件大事发布会】 2018年12月19日，改革开放40周年丹徒经济社会发展十件大事发布会在大港中学报告厅举行。发布会以歌舞、诗朗诵等文艺节目为载体，分“崛起、奋进、巨变、跨越”4个篇章，旨在展现丹徒区40年的建设历程，凝聚新时代改革开放再出发的合力。十件大事涵盖丹徒改革开放以来各个历史节点上的重要事件，见证丹徒40年经济社会发展的成就，具体为：习近平总书记视察丹徒；建设丹徒新城；润扬长江公路大桥世业互通建成通车；设立丹徒经济开发区；丹徒跨入全国百强县；创成国家生态文明建设示范区；北汽华东（镇江）产业基地项目；建设中国米芾书法公园；镇江高校园区建设；长山灌区建设。（刘　芳）

京口区

【概况】 2018年，京口区总面积124.686平方千米。辖6个街道、2个园区，5个行政村、61个社区。年末，全区常住人口31.3088万人。全年实现地区生产总值475亿元，比上年增长3.2%。地方财政一般预算收入21.21亿元，增长19.7%。完成产业类实际利用外资4007万美元。城镇居民人均可支配收入49006元，增长7.4%。京口区通过“七五”普法中期考核，获评全市唯一“全国法治县（市区）创建活动先进单位”（江苏省19家）；同时，获评“江苏省双拥模范区”。

农业。全年完成粮食总产量10302吨，油料总产量483吨。上市放心蔬菜7881吨，抽检合格率100%。检疫屠宰生猪14万头，上市肉品1.05万吨。开展省级湿地名录信息确认工作，全区湿地面积31.31平方千米，自然湿地保护率为95.37%。完成畜禽养殖污染治理，关停养殖场54家，清理猪8000余头、家禽2.5万羽。全年新增造林面积130亩（8.67公顷）。

工业。实现工业应税销售收入378.6亿元，比上年增长8.1%。规模以上先进制造业投资5.0亿元，增长36.2%。工业固定资产投资（设备）增值税抵扣1亿元，增长45.2%。规模以上工业利税23.6亿元，增长37.8%。航空航天、绿色化工、金属压延、装备制造四大行业实现工业应税销售收入210亿元，增长12.2%，总量占全区的55.6%。全区工业新兴产业销售108亿元，增长15.7%，高于全区工业销售增速11个百分点。新材料产业增长较快，实现销售95亿元，增长16.5%，总量占全区的30.1%。

服务业。全年实现服务业增加值349.13亿元，增长4.8%，占地区生产总值的73.5%，较上年提高0.4个百分点。社会消费品零售总额313.8亿元，增长2.7%。出台《关于促进楼宇经济发展的行动纲要（2018—2020年）》《楼宇经济政策汇编》等文件，全年盘活楼宇闲置面积近9万平方米，66幢列入政府统计部门名单的楼宇税收增长32%。服务业实现进出口总额17.97亿美元，增长40%。服务外包执行额4.3亿美元，增长31.2%。居民服务业增长2.91倍。旅游业增长27.7%。

项目建设。全区3个省级重点产业项目投资9.2亿元。中林木材初加工园二期A区进行附属设施施工。中储粮粮油配送中心竣工投入运营，内港池码头主体工程竣工运行。12个市级重点产业项目投资15.4亿元。“轨道交通特钢生产”等6个新建项目全部开工。“漫书城文化商业中心”“稀有气体提纯”“年产5万吨钎焊式交换器用铝合金制造”“年产25万吨铝板带箔”等4个项目竣工。55个区重点产业项目完成投资42.5亿元。“爱励空客机翼板深加工”等34个项目开工建设。苏宁凯悦酒店、“科辰节能型燃气轮机部件生产”等25个项目竣工运营，其中，“智能数字移动终端设备研发生产”等16个项目当年开工、当年竣工。

科技创新。研发投入占地区生产总值的2.67%（调整后），高新技术产业产值占规模以上工业产值49.3%。全年认定高新技术企业15家，新增高新技术企业6家。建成市级研发机构5家，6家企业获评“省民营科技型企业”；帮助14家企业获科技贷款3074万元。新增国家标准《企业知识产权管理规范》备案企业7家，万人发明专利拥有量105.68件。京口高新技术创业服务中心获评省孵化器绩效评价A类。开展产学研对接11场次，签订合作协议40多个，合作申报国家、省、市科技项目36项，省、市立项13项，获立项资金1495万元。江苏大学新一代信息技术产业研究院和中山大学惠州研究院华东分院挂牌运营，在孵企业6家。当年，京口区获评2018—2020年国家知识产权强县工程示范县（区）称号。1人获2018年中国博士后科学基金会第63批面上项目一等资助8万元；5人通过镇江市“乡土人才计划”选拔；2人入选2018年镇江市“金山英才”高技能领军人才。

城市建设。实施重点城建项目23个，年度总投资49.95亿元。完成谷阳路中段、西府街、江滨路取直工程等项目。孟家湾湿地公园建成开放。完成索普化工基地和镇江新区化工园区周边3946户、56.23万平方米6个征收搬迁项目。推进大市口西北片区等3个30万平方米老旧片区改造。建立市、区、街道（园区）三级扬尘监管体系，聘请30名工地扬尘管理监督员开展常态化巡查。规范物业管理，指导京口花园等5个小区业主委员会换届；依法处理太和广场、江山名洲等小区物业矛盾，调处成功率90%以上。推广“门前五包”（保持环境卫生、保持市容整洁、保持亮化美化、保持公用设施完好无损、维护公共秩序倡导文明）责任制。推进垃圾分类工作和“公厕革命”，城市建成区生活垃圾分类覆盖率75.3%，改造公厕15座，其中，10座公厕获评“旅游公厕”。完成“散乱污”专项整治，重点处理露天烧烤、占道经营，规范各类违规行为。拆除江苏大学步行街违建。

生态环境。$PM_{2.5}$平均浓度53微克/立方米，空气质量优良天数比例56.4%，地表水优于Ⅲ类比例100%，国控断面、省控断面水质全面达标。永久性关停鼎胜新材公司4台煤气发生炉。完成索普集团、鼎胜新材等企业治污设施的提标改造，关停南谢铸造公司等工艺落后企业。实施谏壁片区生态环境综合整治，完成一夜河东段、虹桥港水系周家庄等多条黑臭水体整治，启动城东垃圾填埋场规范化封场工作，55个小区、99家机关单位的垃圾分类设施投放完毕。全年下达责令改正违法行为决定书95件，立案处罚53起，处罚金额234.44万元。

社会民生。新增城镇就业11755人。中小企业信息产业园创成省级“创业示范基地”，健康路街道、大市口街道获评省级“创业型街道”。支持自主创业2013人，新开业的各类市场主体增长12.4%。新建月湖等4个中心社区，建成老年人日间照料中心1个、助餐点11个、“残疾人之家”2个。景阳山庄、孟诚尚美苑安置房具备权证办理条件，华诚新村二区一期安置房回迁。优化中山路小学、镇江市实验小学、红旗小学施教区布局,完成老红旗小学校安工程,象山花园小学竣工交付,京口中学部分主体封顶,京口区获评“全国中小学校责任督学挂牌督导创新区”。创成省级“健康促进医院”2个;健康路社区卫生服务中心获评省首批社区医院;杨凌工作室新址启用;京口区获“国家慢病防控示范区”称号。印刷出版《京口区志(1983—2007)》,编撰出版文化丛书《京口风物》,居民综合阅读率96%。中南御锦城、孔雀城、尚海茗苑3家菜市场投入运营。推进“放心餐桌”工程、食品安全示范区创建,全年未发生较大及以上安全事故。（京志办）

【鼎胜新材上交所上市】 2018年4月18日,江苏鼎胜新能源材料股份有限公司上市仪式在上海证券交易所举行。这是国内A股市场上首家京口区企业,也是镇江市区范围内首家主板直接上市的民营企业。12月,鼎胜新材公司获批可转债12.5亿元,一年内实现上市到再融资的“两级跳”。（京志办）

【第三届中国物流金融与供应链高端京口峰会】 2018年7月21日,由中国物流与采购联合会主办,京口区政府等单位承办的第三届中国物流金融与供应链高端峰会在京口区举行。峰会围绕“赋能新金融·智赢供应链”主题进行,中国物流与采购联合会、工业和信息化部、交通运输部、国家发改委综合运输研究所、联合国世界地球村等相关部门和行业协会的代表,以及物流、投资、金融、互联网平台、电子商务、装备制造业等业界代表800余人参会。会上,“互联网+物流+政府服务”产业发展线上平台正式签约。该线上平台由中科智谷人工智能工业研究院研发,旨在通过结合线下服务体系,应用现代信息技术,构建和优化线上、线下业务协同的创新管理平台。平台分为招商与服务板块、供应链服务板块、大数据研发与应用业务板块。（京志办）

【社区工作者职业体系建设】 2018年,京口区推进构建社区工作者职业体系“六有六化”(管理有指向,以系统化思维破解队伍突出问题;进入有渠道,以综合化方式拓宽队伍源头活水;提升有标准,以专业化培训提高队伍综合素质;发展有空间,以制度化创新打通队伍晋升通道;待遇有保障,以多样化手段激励队伍干事创业;评价有导向,以科学化考核激发队伍生机活力)工作格局,出台《关于构建京口区社区工作者职业体系的意见(试行)》“1+6”系列文件,形成由员额管理、选任转聘招聘及人事档案管理、职业培训、“双全”(全科+全能)社工考聘、岗位职责和绩效考核、职业薪酬体系构成的“工作链”。当年,社区服务人口39.99万人,设立“社工编制”384个;举办2期“双全”社工培训班,436人次参训;社工参与公共服务项目157项,其中,社会组织26项、政府94项、社区37项。社区工作者职业体系建设成为中共镇江市委“书记项目”,并获评全市优质基层党建“书记项目”;“打造‘双全’社工体系”获评全省2017—2018年度基层社会治理十大创新成果。（京志办）

图29-4 2018年4月18日,鼎胜新能源材料股份有限公司上市仪式在上海证券交易所举行 （京志办 供稿）

【长江经济带木业绿色发展研讨会】 2018年11月8日,长江经济带木业绿色发展研讨会在京口区召开。会上,镇江新民洲临港产业园管委会与中林时代控股有限公司签署中林(镇江)生态产业城木业先进制造区投资合作补充协议,新民洲临港产业园与江苏金海岸投资建设发展有限公司签署平台公司合作补充协议,新民洲临港产业园、镇江国林生态产业城有限公司和中国林业科学院木材工业研究所签署“产学研”三方合作协议,中林时代控股有限公司与南京林业大学签署“产学研”合作协议。同时,“中国林业科学院木材工业研究所(新民洲)研发中心”“南京林业大学(新民洲)木材加工与家具研究中心”揭牌。（京志办）

润州区

【概况】 2018年,润州区辖七里甸街道、官塘桥街道、宝塔路街道、和平路街道、金山街道、韦岗街道、南山街道7个街道,镇江市黄山园艺良种场、镇江市水产养殖试验场、润州茶场等3个场圃,共8个行政村、52个社区。年末,润州区土地总面积88.87平方千米,其中,耕地面积1489公顷,茶园面积98公顷,果园面积5.20公顷,另有淡水养殖面积53.3公顷。全年完成地区生产总值218.4亿元,比上年增长4.2%;固定资产投资108.66亿元,增长5.8%;一般公共预算收入13.58亿元;社会消费品零售总额124.33亿元,增长6.5%;到位外资1154万美元。城镇常住居民人均可支配收入48144元,增长7.5%;年末,全区总户数为10.1784万户,户籍总人口为24.24万人,其中,男12.15万人,女12.09万人,男性、女性之比为1.005∶1;全年出生1845人(男性946人,女性899人);死亡1912人(男性1111人,女性801人)。

润州区出台城市经济发展战略规划和“1+4”(《润州区关于加快推进产业发展的政策意见》《2018年润州区招商工作实施意见》《润州区产业转型发展引导基金管理办法》《润州区关于实施“润州英才”计划的意见》《关于进一步优化人才发展环境的实施意见》)政策文件,明确“生产性服务业、现代旅游业、高端商贸、低碳产业和智能制造”五大产业发展方向,开展企业大走访、企业家座谈会活动,密集开展以城市经济为主题的“双招双引”(招商引资、招才引智)活动。全区25个重点产业项目实现投资97亿元,联想控股集团旗下的联想星云加速器项目投入运营;大西路商业中心开工建设;推进镇江长江金融产业园建设;"树实科技""慧灵科技"等项目落户润州。润州区成为全市唯一入选省级服务业综合改革试点区域,现代服务业应税营业收入为105亿元,增长15.9%。改善营商环境,371项政务服务事项实现不见面审批,占总量的97%;企业、个体工商户注册登记压减至1个工作日;办理全程电子化营业执照688件,占全市比例的34%。10个村(涉农社区)完成农村集体经营性资产股份合作制改革。完成供销社专项试点改革任务。

润州区启动新一轮义务教育布局调整工作,实施学前教育办学体制改革。深化基层卫生综合改革,创新家庭医生团队"首诊式"签约管理服务模式。城镇居民人均可支配收入为48639元,增长7.8%;养老保险基金征缴总收入超3亿元,完成率122%。2个标准化老年人日间照料中心投入运行,12个老年人助餐点投入使用。推进帮扶救困工作,"善行义举榜"工作经验在全市推广。开展防灾、减灾工作,2个村(社区)入围"全国综合减灾示范社区"。推进创新网格化治理,初步建立覆盖全区的"职能、资源、力量等社会治理要素的全要素"网格。开展村(社区)工作者职业体系建设,构建涵盖待遇保障、绩效考核、事务准入、员额管理、统一招录的政策制度体系。

润州区探索以"六统十八联"(聚焦政治统领、组织统联、阵地统建、队伍统管、资源统用、治理统抓;做实三级责任联动、条块横向联手、示范片区联建、为民项目联认、党群事务联商等18项互联互动工作)为核心内涵的城市基层"全域党建"工作,并承办全市现场会进行推广,《中国组织人事报》、中国共产党新闻网、省委《快报》进行报道。新增市"五星"先进党支部2个,市级支部书记工作室、党员教育实境课堂各1个,制定出台"鼓励激励、容错纠错、能上能下"的三项机制实施细则,实施"政治体检"和区管领导班子综合评价、领导干部"360°适岗评价"等工作。深化纪检监察体制改革,建立"三双三集"(即纪委监委双机关集聚、派驻巡察双机构集成、街道村居双层级集合)工作机制。当年,润州区接受省委第五轮巡视,开展3轮常规巡察和1轮省、区联动巡察,发现问题308个,移交问题线索33条,问责9人。

全年润州区$PM_{2.5}$年平均浓度53微克/立方米,下降8.2%;空气质量优良天数比率为60%,增长5%,增幅全市最高;运粮河新河桥国控断面总体水质均值为Ⅲ类,污染物减排和第二次全国污染源普查年度任务完成。大气治理方面:排查整治"散乱污"企业750家,实施完成工业类整治项目7个,完成城区259家餐饮店油烟净化系统及5家重点餐饮单位油烟在线监控系统安装工作。水环境治理方面:推进"河湖长制"工作,建成运粮河国控监测站点,清理征润洲水源地一级保护区内违法、违规设施,完成周家河,御桥港中段、下段,西团结河中段等4条黑臭水体整治任务。土壤治理方面:完成农用地土壤详查采样工作,原江南化工厂土壤及地下水修复试点项目启动。综合整治方面:西南片区(韦岗区域)阶段性整治任务完成,地块复绿工作收尾;完成重点货运源头企业监控设备的安装与调试工作。完成中央环保督察"回头看"、省第三环保督察组交办的73件信访工作任务。开展"263""116"专项行动。 (润志办)

【"联想之星·星云加速器(镇江)"项目】 2018年3月5日,润州区政府、镇江市科技局、北京星云极客科技孵化器有限公司举行"联想之星·星云加速器(镇江)"项目签约仪式,镇江市与联想控股股份有限公司达成战略合作协议后的首个子项目落户润州。3月23日,润州区举行2018年全市重大产业项目集中开工润州分会场活动暨"联想之星·镇江星云极客科技孵化器"项目开工仪式。市委常委、组织部部长、统战部部长李健,副市长胡宗元等出席项目开工仪式。 (孙 伟)

【农村集体产权制度改革试点工作】 2018年8月9日,润州区七里甸街道光华社区股份经济合作社正式揭牌成立,成为镇江市主城区首家农村集体产权制度改革试点成功的社区。光华社区以"尊重历史、照顾现实、程序规范、群众认可"为原则,折股量化集体经营性资产1.4亿元,认定合作社成员1911人,选举产生股东代表53人,合作社章程(草案)获全体股东代表一致同意。截至2018年年末,润州10家涉农村(社区)完成农村集体经营性资产股份合作制改革。 (孙 伟)

【广播剧《初心难忘》】 2018年10月16日,中共润州区委、市文广集团联合举办"不忘初心 一心向党"重阳节活动暨广播剧《初心难忘》首发式。该广播剧以主人公何以范自述的方式,通过"进步思想的萌芽""追随共产党""人生的挫折""入党"4个章节,讲述其七十年如一日,对党忠诚,并在93岁生日之际加入中国共产党圆梦的故事。10月17日,中央人民广播电台、中国广播网、江苏广播电台、镇江广播电台等国家、省、市三级媒体上线播出该剧。 (孙 伟)

镇江新区

【概况】 2018年,镇江新区总面积223平方千米,城市建成区面积59.6平方千米,常住人口22.26万人。下辖丁卯、大港2个街道和丁岗、大路、姚桥3个镇。全年完成地区生产总值665.87亿元,比上年增长5.1%;实现一般公共预算收入50.4亿元;城乡居民人均可支配收入分别增长7.4%、8.0%。创成国家"绿色园区"、省级"生态工业园区"、省级"智慧园区"、省创新创业示范基地。在

图29-5 2018年10月16日,润州区"不忘初心 一心向党"重阳节活动暨广播剧《初心难忘》首发式举行 (孙 伟 供稿)

国家级经济技术开发区综合考评中列全国第22名、全省第5名。

实体经济。全年完成工业应税销售981.1亿元,比上年增长10%;制造业投资占固定资产投资的69%(不包括房地产);工业固定资产投资增值税抵扣增长12.5%;制造业税收收入增长12.9%,占全区税收收入的58%。科技创新对实体经济支撑作用明显,研发投入经费支出占地区生产总值比重为2.75%,高新技术产业产值占规模以上工业产值的57%,万人发明专利拥有量50.57件。16人获评省级"科技企业家",2家企业获评市长质量奖。

生态环境。推进中央和省环保督察问题整改工作,开展大气管控攻坚行动,全年$PM_{2.5}$年均浓度54微克/立方米,较2017年下降3微克每立方米,优良天数比例68%,实现"双达标"。落实"河长制""断面长制",国考、省考断面水质达标。推进"263""四个一批"(即关停一批、转移一批、升级一批和重组一批)等专项行动,全年实施治水、治气项目180个,非电行业减煤51.38万吨,关停"四个一批"化工企业5家,整治"散乱污"企业875家。

项目建设。全年实现产业类实际到位外资4.16亿美元,同口径增长21.8%,占全市比重为39%。完成先进制造业到位外资2.41亿美元。新签约、新开工、新竣工亿元以上项目分别为44个、52个、42个,先进制造业、外资项目占新签约项目比重分别为77.6%、32.7%。"孚能科技""好未来教育基地"等重大项目当年签约、当年开工。市级产业类重点项目投资完成率、制造业固定资产投资、规模以上先进制造业投资均列全市第一名。

营商环境。实施容缺预审代办和"证照分离"改革,扩大"不见面"审批领域,常态化提供窗口延时服务,43个新开工工业项目从立项到施工许可平均审批用时25个工作日。勃肯特机器人、台佳空调等企业5小时完成企业登记、公章备案、银行开户、税务登记、社保登记等流程。改善金融环境,制造业企业贷款余额增长8.5%,全区不良贷款率为0.8%。各类市场主体和人才加速集聚,全年新增市场主体5587户,增长41.7%;新设企业2092家,增长31.9%;新增企业用工10214人,其中,本科生占24%。

民生实事。推进创业富民工程,城镇新增就业8579人,扶持1175人实现创业,创业带动就业5865人;城镇登记失业率为1.78%。以"7+2"("7"是办好老百姓家门口的公园、医疗、助老、停车、公交、活动、环境7件事;"2"是抓好政府分内的2件事:即逐步扩大救助范围、逐步提高救助标准)行动为切入点,新建、改扩建公园(广场)5.7万平方米;举行各类"家门口"活动1059场;新建、改造智慧公交站台(点)113个;实施8个村、14个社区环境综合整治;新增小区停车位1720个、道路停车位440个;建成5个村卫生室和社区卫生服务站;2个养老综合体、6个助餐点向老年人开放。心湖高级中学、南师大附属镇江小学及幼儿园等开学。出台《关于贯彻落实乡村振兴战略的实施意见(2018—2022)》,提出重点实施规划引领、农业提质、宜居乐享、乡村治理和富民增收"五大工程"18项工作。

图29-6 2018年,南京师范大学附属镇江小学外景

(镇江新区社会发展局 供稿)

党的建设。推出全市首个理论头条号"圌山微言",形成传播知识、凝聚共识的平台。全年评选表彰"文明系列""最美人物"30余人次。建成镇江新区家风家训馆暨新乡贤事迹展示馆并对外开放。制定出台经济责任领域"八项制度"和廉洁从政"八条禁令",把反腐拒变关口前移到经济发展和项目建设一线。推进"三治理一挂牌"(扶贫领域专项治理、农村集体"三资"管理专项治理、惠农补贴发放专项治理和开展挂牌督办,严查农村基层"微腐败"),开展群众身边腐败和不正之风专项整治行动。

(镇江新区办)

【"2332"审批改革】 2018年,镇江新区以"一层全链"为目标,拓展划转事项覆盖面,实现涉企审批事项"应进必进",并建立项目整体推进服务机制。实行"2332"("2"指2个工作日完成企业注册开业,"3"指3个工作日获得不动产权证,"32"指32个工作日取得工业建设项目施工许可证)高效审批,实现审批时间、环节、材料的全方位压缩。探索出台容缺预审代办制,为产业项目全流程50天开工建设开辟绿色通道,平均报批时长下降近40%;在全市率先启动"一枚印章管审批",实施"证照分离"改革试点;开设公共事务综合窗口,实现文教卫、财政、综合执法等12个条线121项事项的"一窗"无差别受理、审批;开展"不见面"审批改革,推进智慧平台建设,实施政务服务综合管理系统升级改造工程;推动"互联网+政务服务网"向镇、街道延伸,建设"e办事"自助终端。

(伍叙励)

【"310人才品质生活圈"】 2018年,镇江新区以国家大学科技园为试点,集成区域城市功能,布局"310人才品质生活圈"(10分钟优质服务圈、10分钟生活休闲圈、10分钟便捷交通圈),以"10分钟"为容忍时间,打造宜居宜业人才服务环境。8月,镇江市建设人才品质生活圈现场推进会在镇江新区召开,人才品质生活圈建设的经验获全市推广。

(王逸辰)

【四季旅游系列活动】 2018年,镇江新区打造"春之旅""夏之乐""秋之韵""冬之味"四季旅游系列活动。"春之旅"重点活动——黄明旅游文化节,7天吸引近60万人次游客;"夏之乐"举办系列夏令营及亲子活动;"秋之韵"包括2018镇江国际马拉松、"江苏网络作家村"挂牌活动、华山"关门集"庙会等活动;"冬之味"串联东乡休闲美食节、"东乡美食之旅"惠民旅游、亲子游等系列活

动，打造镇江新区美食品牌。（徐 驰）

【循环化改造示范试点通过国家验收】 2018年6月，镇江新区在全省率先通过国家发改委、财政部国家园区循环化改造示范试点验收。2012年7月，镇江新区创建成为全省首家国家循环化改造示范试点园区后，重点实施竣工17个循环化改造项目。通过园区循环化改造，每年节约能源消耗8.33万吨标准煤，节约用水123万立方米，工业固体废弃物年综合利用量为28.62万吨，产生直接经济效益约14亿元。（张 浩）

【“京东标准”农场落户镇江新区】 2018年6月7日，京东集团与江苏润果农业发展有限公司合作，成立京东农场江苏润果基地，按照“京东农场”建设标准和规范，打造全国首个智慧示范农场项目。该项目首期建设5000亩（333.3公顷），农作物种植涉及稻米和小麦。同时，按照合作内容，针对高品质农产品，计划运用京东物流、冷链仓储等优势，缩短流通环节，实现优质农产品品牌化建设和优质产品销售的闭环。（沈 萍）

【“88012345”热线】 2018年8月8日，镇江新区正式开通“88012345”新区服务热线，提供24小时在线服务，帮助个人、家庭、企业解决生活、生产中所遇到的问题。“12345”热线、“88012345”热线、“宜地民声”微信公众号、简易信访事项4项工单处置流程全年解决群众来电反映问题2.1万条，帮助群众解决问题2万余件，满意率95%以上。（司徒俊）

【社区嵌入式养老助残综合服务中心】 2018年10月16日，镇江市首个社区嵌入式养老助残综合服务中心在镇江新区启用。中心利用平昌新茂社区一楼、二楼1300余平方米配套设施用房，以资源嵌入、功能嵌入和多元的运作方式嵌入为理念，整合周边养老服务资源，将社区养老服务与机构养老服务、居家养老服务联动起来，为平昌的老年人和残疾人提供食、住、娱、医、养、护一站式服务。（朱 莲）

【国际低碳（镇江）大会新区分会】 2018年10月22日，以“绿动新区，‘宜’起幸福”为主题的2018国际低碳大会（镇江新区）路演活动在镇江新区圌心大厦举办，活动展示循环经济、能源变革、大气管控等方面的先进理念和案例，集中签约产业类和科技人才类项目6个，总投资近30亿元。（张 浩）

【孚能科技镇江制造基地项目】 2018年10月25日，由孚能科技（赣州）有限公司、中国国新控股有限责任公司、镇江新区三方共同发起的孚能科技镇江制造基地项目在镇江新区正式开工建设。项目占地38.67公顷，分两期实施（一期2020年达产、二期2022年达产），按照计划，建成后汽车动力电池产能为24GWh，每年配套约40万台新能源汽车。（张 玮）

【第四届“瑞士主题周”】 2018年11月12日，第四届“瑞士主题周”在镇江新区中瑞产业园启幕。该届“瑞士主题周”以“科技赋能职业教育的国际化”为主题，瑞士、中国两方高等教育方面的专家、区域企业代表共同探讨新时代职业教育发展的方向和路径，互相学习先进的职业教育理念和模式。主题周开幕当天，中瑞产业园、好未来集团和瑞士苏黎世应用科技大学签订战略合作协议，在职业教育、互联网教育领域形成合作。（镇江新区办）

【首届“宜创杯”现代服务业创新创业大赛】 2018年11月16日，首届“宜创杯”现代服务业创新创业大赛在镇江新区大学科技园举行。大赛以“服务新实体经济、推进高质量发展”为主题，聚焦高端现代服务业，历经一个月的选拔，21个项目进入决赛，最终“JCM文件智能优化”项目、“血液LP－PLA2含量及活性测定辅助诊断试剂盒的研制”项目获一等奖。开幕式当天，江苏省生产性服务业集聚示范区、江苏省知识产权服务业集聚发展区、镇江智能制造创新中心、江苏省镇江软件园运营服务中心正式揭牌，江苏省技术网络交互平台——“苏畅网”上线。（赵 丽）

【江苏网络作家村】 2018年11月18日，由中国作家协会网络文学委员会、江苏省委宣传部指导，江苏省作家协会、中共镇江市委宣传部、镇江市文学艺术界联合会、镇江新区党工委管委会主办，中共镇江新区工委宣传部、宜创（镇江）网络科技文化有限公司、镇江宜园文化传播有限公司、镇江三山文化传媒公司承办的“江苏网络作家村”开村仪式在宜园举行。中国作家协会授予江苏网络作家村“中国网络文学泛娱乐产业孵化示范基地”称号，首批15名国内知名网络作家和18家知名网络平台、影视公司、投资公司签约入驻。网络文学作品《扶摇》和《天盛长歌》作者天下归元任村长。“江苏网络作家村”是以创作孵化优质网络文学IP为龙头，以IP影视转化为主导，集网络文学创作、网络影视、游戏动漫、纸质出版、移动阅读、有声读物、衍生文创开发等于一体的网络文学全产业链园区。（徐 驰）

【2018镇江国际马拉松】 2018年11月25日，由中国田径协会、人民网、江苏省体育局、镇江市政府主办，镇江新区管委会、镇江市体育局承办的“学而思”·2018镇江国际马拉松赛在镇江新区人民公园开赛，埃塞俄比亚、美国、法国、乌干达等22个国家和地区的2万多名马拉松爱好者参与。2018年，镇江国际马拉松获中国田径协会认证的金牌赛事称号。（杜云娜）

【地域特色家风家训馆】 2018年12月21日，镇江市首个具有地域特色的家风家训馆在姚桥镇儒里村正式开馆。该馆保留苏南民居的外观结构，与场馆入门处“家燕归巢”灯光软装主题，共同体现家的元素。场馆内共设序厅和八个分厅，以一幅画、一句家训、一件书法作品、一个名人故事的布展思路，展出儒里朱氏、大路苏氏、丁岗解氏、大港赵氏、丁卯许氏的传统家风家训。场馆布展的文献资料全部由志愿者提供。（钱 钢）

【镇江经济技术开发区监察工作委员会】 2018年12月24日，镇江市首家省级以上开发区监察工委——镇江经济技术开发区监察工作委员会正式揭牌。新成立的镇江经济技术开发区监察工作委员会由镇江市监委派出，与镇江新区纪工委合署办公，受市监委直接领导，对市监委负责，根据市监委授权，按照管理权限履行监督、调查、处置职责，加强对所有行使公权力的公职人员的监督。（朱 磊）

【省级和谐劳动关系综合试验区】 2018年12月29日，经江苏省协调劳动关系三方委员会审核评估，镇江新区被确认为2018年省级和谐劳动关系综合试验区，成为镇江市首个获批地区。该区探索集成管理模式，发挥集成管理中心统一调度优势，形成部门联动、各司其职、共同调处、共破难题的闭环管理模式；推动预警全覆盖，建成镇江市首个“信息采集多元化、工单派送集成化、研判处置精准化”预警系统，实现“红黄橙”三色应急处置方案全覆盖；丰富调处机制，探索出调解组织互联互通、疑难问题会商会决、群体纠纷联动联办的新路径，创成2家省级基层调解中心。

（宋冬冬）

镇江高新区

【概况】 2018年，镇江高新区围绕“城市发展新空间、特色产业承载地、创新驱动主引擎”的发展定位，出台《镇江高新区推进高质量发展实施方案》，围绕“六个高质量”（创新发展、改革开放、城乡建设、文化建设、生态环境、人民生活）发展要求，明确产业强区的关键指标和环境保护约束性指标，推动政策、要素、力量向高质量发展聚焦。当年，核心区完成一般公共预算收入6.12亿元，比上年增长26.3%；工业应税销售收入100.7亿元，增长34%；工业固定资产投资（设备）增值税抵扣3337万元，增长39%；规模以上先进制造业投资4.3亿元，增长20%；全口径到位外资1997万美元，制造业项目到位外资1681万美元；单位地区生产总值能耗下降3.5%；居民人均可支配收入4.7万元，增长7%。实施“团山英才”计划，举办“镇江高新区杯”先进制造业创新创业大赛、2018国际低碳（镇江）大会镇江高新区分会、江苏省产学研专场对接洽谈会等多场“双创”活动，新增市“金山英才”计划11人、省“双创”人才1人、“江苏省科技副总”8人。当年，镇江高新区在全国国家级高新区综合评价中列第72名，比上年上升2名。4月，镇江高新区举办江苏省科技企业融资路演服务中心镇江分中心2018年首场融资路演活动，辖区内7家科技型企业参与，达成意向融资额2200万元。

镇江高新区构建全级规划体系，小牛山、“云创领地”、嶂山、工业园区等4个片区规划形成成果，全域规划通过市规委会审议；同步实施基础设施、公共服务设施规划编制工作，完成雨水规划、污水专项规划、夜景灯光美化亮化专项规划，交通规划纳入全市综合交通规划体系。实施工业园区形象提升三年行动计划，推进戴家门路、“康士伯海事”、“五洲创客”等重要节点景观优化、绿化亮化、改造出新等工作。完成违法用地整改工作，实现整改宗数、整改面积完成率“双百分百”。统筹推进省“263”和市“116”专项行动，开展治水、治土、治气攻坚战。治水方面，出台三年水质提升计划，实施“一湖九河”水环境综合整治，完成西团结河、御桥港、七里河等6条河道整治工作，解决黑臭水体问题；治土方面，完成3个地块基础信息调查、风险筛查及专家审核纠偏工作；治气方面，系统整治工业废气、工地扬尘、餐饮油烟等大气污染问题，取缔西南片区非法采石企业，关停高污染、高耗能企业3家，整治“散乱污”企业302家，区域$PM_{2.5}$年均浓度53微克/立方米，下降10.2%，优良天数达标率60.3%。

镇江高新区深化“放管服”改革，“一站式”政务服务大厅正式运行，实现“一窗受理、集成服务”；“3550”目标基本实现，推进证照分离改革，首批不见面审批事项占比为96.55%，初步建立区、街道、社区三级“互联网+政务服务”体系。成立项目推进服务办公室，构建项目建设全过程、全流程、“一条龙”服务体系。按照“放得下、接得住、用得好”的原则，新承接直接审批、执法事项265项，承接行政权力事项1710项。推动“投融资”改革，加快高新发展集团市场化运作步伐，先后新增控股二级子公司2家、全资三级子公司1家、参股三级子公司2家，集团合并资产总额增长172%。

镇江高新区涉农社区农村股份合作制产权制度改革完成。推进小牛山片区棚户区改造工作，完成江小圩、八摆渡片区解危搬迁，严庄片区、白湾片区棚户区改造任务；加快完善园区路网管网，完成南徐大道西延、乔家门路改造；富润路拓宽工程开工建设，推进团山路西段城市化改造。

镇江高新区统筹推进城郊接合部“惠民”党建、农村党建“标准化”建设、非公企业“五联”党建等工作，增强基层党组织组织力。推动干部人事管理制度改革，构建绩效管理考核体系，实施全员绩效管理。实施年轻干部“启航工程”，开展干部“双周六”能力素质提升行动，组织专题培训21期。不动产登记中心高新区分中心成立，实现不动产登记“同城通办、就近服务”。全年化解信访积案11件，未发生一起较大安全生产事故、公共安全事件或群体性上访事件。（参见第279页）。

（陆　琦）

【2018年“镇江高新区杯”先进制造业创新创业大赛】 2018年3月30日，2018年“镇江高新区杯”先进制造业创新创业大赛暨“团山英才”计划新闻发布会在镇江高新区举行，创新创业赛事正式启动。5月—6月，大赛先后在深圳、南京、镇江高新区等地举行，并为获奖团队提供50万元至100万元的创业资金支持，同时，符合条件的一、二等奖获奖团队直接入围镇江市“金山英才”面试，并列入镇江高新区“团山英才”计划管理。最终，谢晓峰团队获一等奖，中国药科大学谢唯佳团队获二等奖。

（陆　琦）

【镇江市先进制造业专题对接会】 2018年12月7日，2018年江苏省产学研专场对接洽谈会——镇江市先进制造业专题对接会在镇江高新区举行，国内40余所高校院所，120余家企业、中介机构的300余名代表参加会议。与会专家与省内企业进行对接洽谈，镇江市与省内企业达成初步合作意向15个；21名专家接受企业邀请，与企业开展进一步洽谈。

（陆　琦）

图29-7　2018年6月7日，2018年“镇江高新区杯”先进制造业创新创业大赛颁奖仪式在镇江高新区举行　（陆　琦　供稿）

市(区)经济社会发展基本情况

2018 年丹阳市各镇(街道)经济社会发展基本情况一览表

表 29－1

镇(街道)名称	土地面积(平方千米)	耕地面积(公顷)	户籍人口(人)	地区生产总值(亿元)	工业总产值(亿元)	地方一般预算收入(万元)	实际利用外资(万美元)	农村居民人均可支配收入(元)
丹北镇	114.91	4014.81	76386	255.71	584.35	120527	2816	31850
司徒镇	91.65	4557.66	46028	55.80	87.60	24331	66	21648
延陵镇	115.52	5998.21	62341	47.11	50.91	13296	1504	21956
珥陵镇	83.66	4894.31	49007	28.07	30.47	5200	—	23030
导墅镇	80.6	4674.69	47909	44.42	41.13	11458	—	23082
皇塘镇	80.44	4168.22	49326	72.74	107.05	12701	—	26945
吕城镇	67.99	3946.93	48840	55.38	54.65	12535	—	26564
陵口镇	64.4	3867.76	42362	29.65	37.96	6680	—	24228
访仙镇	73.79	4403.4	49191	30.89	55.55	9669	—	25237
界牌镇	23.63	714.91	22079	75.87	115.70	17185	—	43759
云阳街道	72.01	3597.01	179074	226.25	100.57	83636	78	25987
曲阿街道	178.63	6425.14	133778	328.35	409.13	159583	18.9	21850

(丹阳志办)

2018 年句容市各镇(街道、区、管委会)经济社会发展基本情况一览表

表 29－2

镇(街道、区、管委会)名称	土地面积(平方千米)	耕地面积(公顷)	户籍人口(人)	地区生产总值(亿元)	工业企业总产值(亿元)	财政总收入(万元)	农民人均可支配收入(元)
华阳街道	119.97	5374	53022	50.94	28.14	139498	23947
下蜀镇	96.44	2792	35482	69.39	161.85	103912	23669
宝华镇	103.06	1446	27168	25.83	31.73	165752	23790
边城镇	109	3225	35185	43.76	48.13	15000	23758
白兔镇	115.50	4557	40424	41.23	31.00	20968	23458
郭庄镇	141.72	7707	68246	54.77	89.74	34051	26638
后白镇	143.28	7572	59342	53.21	87.52	20100	23174
天王镇	131.54	8173	55185	51.70	50.85	27200	23605
茅山镇	81	3087	29347	20.43	3.88	9115	23325
开发区	144	3094	74954	135.06	210.74	229203	22735
茅山管委会	153	4585	33131	24.00	2.55	11810	23732

(句容志办)

2018 年扬中市各镇(街道、区)经济社会发展基本情况一览表

表 29－3

镇(街道、区)名称	土地面积(平方千米)	耕地面积(公顷)	户籍人口(人)	地区生产总值(亿元)	财政收入(万元)	到账外资及港澳台资(万美元)	外贸进出口总额(万美元)	出口总额(万美元)	农民人均纯收入(元)
八桥镇	34.58	1479.73	32229	45.60	19820	1105.47	2318.58	2315.52	25147
西来桥镇	19.05	701.87	17356	23.66	7771	1260	16621.43	12687.14	24112
油坊镇	45.93	2084.80	40386	69.88	20497	2312.54	3254.55	2534.36	25318
新坝镇	49.20	1667.53	46230	200.85	81434	3023.54	17666.95	14996.22	36061
三茅街道	77.16	1797.33	117930	120.38	108581	3027.30	7983.04	7803.36	28201
开发区	27.40	976.27	28328	59.82	37100	1418	22314.98	20676.37	25549

(扬中志办)

2018 年丹徒区各镇(街道、区)经济社会发展基本情况一览表

表 29－4

镇(街道、区)名称	土地面积(平方千米)	耕地面积(公顷)	户籍总人口(人)	地区生产总值(亿元)	一般公共预算收入(万元)	到账外资及港澳台资(万美元)	外贸进出口总额(万美元)	农民人均纯收入(元)	参加农村社会养老保险(人)
谷阳镇	50.68	1634	27651	27.46	8627.96	120	—	23185	6908
辛丰镇	79.4	2582	47954	59.72	9946	—	—	23966	15018
上党镇	112.6	3581	49322	50.27	11183	784	1675.30	23175	8892
宝堰镇	40.19	2225.41	23875	16.11	3908	—	—	22230	12511
高桥镇	42.79	1098	19542	15.13	7365	—	—	23590	6795
世业镇	44	1253.40	14221	9.36	3693	—	—	22416	3622
高资镇(高资街道)	93.66	1623	40814	95.41	39500	—	35501	22939	4968
丹徒新城(宜城街道)	49.80	201	40188	118.93	62624	1256	19260	23850	589
江心洲生态农业园区	13.46	411	7548	4.53	3294	543	735	22095	2782
荣炳盐资源区	45	1609.55	19418	14.77	5035	10	508	19595	6100

(丹徒志办)

2018 年京口区各街道(园区)经济发展基本情况一览表

表 29－5

街道(园区)名称	土地面积(平方千米)	耕地面积(公顷)	户籍总人口(人)	一般公共预算收入(万元)	到位外资及港澳台资(万美元)	城镇居民人均可支配收入(元)
谏壁街道	33.418	735.88	31235	29884	300.8	49006
象山街道	22.583	205.6	49904	29372	200	49006
正东路街道	4.92	2.207	34496	16560	2	49006
健康路街道	1.892	—	82004	20737	2	49006
四牌楼街道	4.097	—	55671	32163	—	49006
大市口街道	2.318	—	58649	22822	300	49006
京口工业园区	7	147.57	4544	10040	2039	49006
新民洲临港产业园	24.775	548.767	1129	3517	1000	49006

(京口志办)

2018 年润州区各街道经济社会发展基本情况一览表

表 29－6

街道名称	土地面积(平方千米)	户籍总人口(人)	财政收入(亿元)	到账外资及港澳台资(万美元)	社会消费品零售总额(亿元)	固定资产投资(亿元)
宝塔路街道	7.63	102423	35217	8000	81.53	39.21
和平路街道	26	68000	12754	18800	14.57	28.55
七里甸街道	14.77	26943	22018	3000	6.43	6.01
金山街道	5.16	50000	15053	5115	6.66	11.07
官塘桥街道	16.32	7730	8522	2066	0.52	15.64
韦岗街道	10.52	5083	5808	—	0.38	1.44
南山街道	16.28	7503	3452	—	14.21	6.71

(润州志办)

2018 年镇江新区各镇(街道)经济社会发展情况一览表

表 29－7

镇(街道)名称	土地面积(平方千米)	户籍人口(人)	一般公共预算收入(万元)	规模工业产值(亿元)	产业类实际到位外资(万美元)	工业应税销售(亿元)	限额以上社会消费品零售总额(万元)
丁岗镇	35.36	23129	12251	44.4	655	47.9	8778.4
大路镇	41.67	29593	4976	9.7	1160	27.9	5018.6
姚桥镇	55.88	46000	6206	27.8	—	24.99	2410.9
大港街道	68.2	52346	66418	187.5	744	210.1	60103.4
丁卯街道	20	30000	100036	155.3	5724	122	579628

(镇江新区办)

2018 年镇江高新区街道经济社会发展情况一览表

表 29－8

街道名称	土地面积(平方千米)	户籍人口(人)	一般公共预算收入(亿元)	固定资产投资(亿元)	工商注册实际到位外资(万美元)	工业应税销售(亿元)	农村居民人均可支配收入(元)
蒋乔街道	44.03	50600	6.12	32.91	1997	100.70	47338

(陆　琦)

国家级经济开发区

【中国镇江经济技术开发区】 2018年，镇江经济技术开发区（以下简称经开区）完成地区生产总值665.87亿元，比上年增长5.1%，其中，第一产业增加值6.4亿元；第二产业增加值432.7亿元，增长5.3%；第三产业增加值226.8亿元，增长5.5%。实现一般公共预算收入50.4亿元，增长5%；社会消费品零售总额121.4亿元，增长6.6%。全年新增上市挂牌企业3家。实现进出口总额39.4亿美元，其中，进口总额20.8亿美元，出口总额18.6亿美元；新增服务外包企业20家，完成服务外包执行额4.7亿美元，增长34.2%，总量及增幅均列全市第1名。城乡居民人均可支配收入分别增长7.4%、8.0%。国家级经开区综合考评列全国第22名、全省第5名。

项目建设。全年新签约亿元以上项目44个，其中，30亿元以上项目3个，10亿元以上项目3个。到位制造业外资2.41亿美元，增长26.47%，占全市制造业到位外资的36.9%。全区分别完成新开工、新竣工项目52个、42个，同口径增长21.5%、16.7%。大路"通航小镇"通过省发改委省级"特色小镇"年度考核验收，"再生医学小镇"创成第二批省级"特色小镇"。

科技创新。全年研发投入支出占地区生产总值的比重为2.75%，新认定高新技术企业25家，新增省级研发机构8家。全年完成专利申请4162件，其中，发明专利申请1641件；专利授权2191件，其中，发明专利授权267件；万人发明专利拥有量50.57件。入选"金山英才"26人（含"顶尖人才"2人），列全市第1名；入围2018年"镇江制造2025"领军人才计划14人，连续三年列全市第1名。

城市建设与管理。实施保障安居工程，推进港南路公租房和光华路公租房共15.8万平方米建设；建成姚桥卫生院、丁卯第二中心小学及配套幼儿园等便民工程；启动连镇铁路镇江大港站客运综合枢纽及基础设施配套项目、长江干流江苏段崩岸应急治理工程等重点项目建设。扩大"一把笤帚扫到底"范围，新增保洁面积48.17万平方米；完成46个生活垃圾分类试点小区建设，城市居民小区生活垃圾分类覆盖率54%。启动垃圾中转站建设，建成粮山路渣土堆放场，150辆渣土车全部安装电动篷布，6家渣土运输公司统一入驻渣土车停放场。

社会文化事业。镇江心湖高级中学、南师附小及幼儿园、丁卯小学东校区（丁卯二小）、丁卯中心幼儿园建成并投入使用；创成镇江市"智慧校园"2所，江苏省课程游戏化实验项目学校2所。建成体育健身路径109套、健身广场92个，人均拥有公共体育设施面积3.0平方米。完成23个基层综合文化服务中心、15个自然村小微型文化广场建设，完成3个乡镇（街道）、2个村（社区）文化广场舞台创建任务；举办"宜地新风"——镇江新区庆祝改革开放40周年书画、摄影、诗词艺术作品展等各类文化惠民活动，受众约15万人次。

重点领域改革。推进具有经开区特色的集成改革，建成两级（区、镇两级"1+7"）指挥中心，实现"1+7+50"（指挥中心与7个分中心建立视频会议系统，与50个村、社区二级网格建立专线）、"1+31"（指挥中心与31个机关职能部门建立专线）两大体系的互联互通。以"2332"（"2"指2个工作日完成企业注册开业，"3"指3个工作日获得不动产权证，"32"指32个工作日取得工业建设项目施工许可证）改革为引领，深化行政审批制度改革，实施容缺预审代办和"证照分离"改革，启动"一枚印章管审批"，开设公共事务综合窗口。推进绩效、流程、文化三大管理改革，发布改革阶段性成果。

5月18日，威翔航空科技股份有限公司CT系列轻型运动飞机项目签约落户；9月12日，中瑞镇江生态产业园在瑞士卢塞恩州D4产业园设立首家海外代表处；9月29日，好未来镇江教育基地项目开工建设，旨在打造现代教育"一区四基地"（中国区域教育现代化示范区、教育科技产品创新基地、优秀教师培训基地、青少年素质教育基地、国际GES教育大会基地）；10月22日，索尔维（镇江）化学品有限公司年产2.4万吨的电子级过氧化氢项目正式投产。

（杭茹萍）

【中国镇江综合保税区】 2018年，中国镇江综合保税区（以下简称"综保区"）实现一般公共预算收入2224万元，比上年增长29.4%；海关监管货值实现13.26亿美元，增长33%；进出口额3.3亿美元，增长5%；港口综合物流园物流产业应税营业收入6.58亿元，增长2.2%；实现税收2450万元。1月，综保区获批全国海关特殊监管区域企业增值税一般纳税人试点资格，2家企业申报试点。综保区全年开具增值税发票547份，开票金额2637万元，增值税额422万元。7月23日，南京海关重点改革项目"掌上物流"2.0系统试运行，提升卡口作业效率。镇江综合保税区综合服务中心委托镇江远港物流有限公司运营分类监管仓库，实现非保税货物进出库2377吨，货值458万美元。金关二期海关特殊监管区域管理系统上线实施，贸易便利化水平提升。7月18日，全国首个10万千瓦级电池储能电站在镇江正式并网投运，综保区内的北山电站规模为16兆瓦/32兆瓦时，保障镇江东部电网供电缺口问题。

综保区全年新注册企业15家，其中，固定资产投资亿元及以上项目4家。新审批亿元项目2家，新开工亿元项目2家，新竣工亿元项目3家。进口酒分装加工项目签约落户并开工，拓展园区新业态类型；总投资4.4亿元的富春网营物联供应链项目落户；中远海运保税物流和跨境电商综合基地项目桩基施工，外贸业务同步开展，实现进出口额约6000万美元；面积超4万平方米的爱库存华东供应链运营中心在宝湾物流内正式投入运行，提供从工厂到仓库、经销商、门店和消费者的全链路供应链服务。江苏汇鸿冷链有限公司获市级进口商品交易中心授牌；江苏汇鸿冷链有限公司冷库获评中国物流与采购联合会冷链物流专业委员会“冷库设计创新奖”。（任晓锋）

【镇江国家高新技术产业开发区】2018年，镇江国家高新技术产业开发区核心区完成一般公共预算收入6.12亿元，比上年增长26.3%；工业应税销售收入100.7亿元，增长34%；工业固定资产投资（设备）增值税抵扣3337万元，增长39%；规模以上先进制造业投资4.3亿元，增长20%；全口径到位外资1997万美元，制造业项目到位外资1681万美元；单位地区生产总值能耗下降3.5%。当年，该开发区在全国国家级开发区土地集约利用评价中列第53名，上升81名；在全省开发区土地集约利用综合评价中，列全省第13名。

2018年，该开发区引进亿元以上产业项目22个，总投资超230亿元，盘活闲置载体14.5万平方米；推进团山睿谷、半导体产业园等20个市级重点产业项目，中集智能物流装备产业园、新能源汽车热管理系统、耐德佳AR镜片模组研发及产业化等制造业项目投产运营，完成年度投资25.45亿元。全年新增国家级高新技术企业5家，高新技术产业产值占规模以上工业产值的64%；全社会研发投入占地区生产总值的3.2%，“两化”融合、智能制造等工作有突破。引进各类新型研发机构、孵化载体22个。11月，财政部、工业和信息化部、科技部联合公布2018年首批100家国家“双创升级打造特色载体”项目，该开发区“科技资源支撑型特色载体”入选。同时，开发区获批江苏省船舶海工科技成果产业化基地、江苏省知识产权示范园区。万人发明专利拥有量为59件。2月，中船动力有限公司与福建马尾造船股份有限公司签订“6+4”条11000吨油船主发动机组合同；3月，科技部发布《2017年中国独角兽企业发展报告》，惠龙国际公司以15.4亿美元的估值列第62名；9月，开发区内的“芳满庭科技企业孵化器”获批省级科技企业孵化器。（陆　琦）

图30－1　2018年，中集智能物流装备产业园落户镇江国家高新技术产业开发区（陆　琦　供稿）

省级经济开发园区

【江苏省丹阳经济开发区】2018年，江苏省丹阳经济开发区总面积178平方千米，辖20个行政村、18个社区，居民户籍总户数45927户，总人口133778人。境内有京沪高铁、沪蓉高速公路（42国道）、沪宁城际高铁、沪宁铁路、京杭大运河等交通运输网络，北距镇江大港港口15千米，南距常州国际机场25千米，西距南京禄口机场70千米。

2018年，全区实现地区生产总值328.4亿元，一般公共财政预算收入18.68亿元，工业应税销售366.1亿元，规模以上工业投入20.22亿元，规模以上工业增加值70.8亿元，先进制造业投资9.29亿元，实际利用外资3396.8万美元。在省级经济开发区科学发展综合考核中，综合实力首次列全省同等级开发区第1名。总投资2亿元的生命科学产业园基础设施提升工程基本完工，日产园正式启动总面积约2.5万平方米的二期（南区）项目建设。“眼镜小镇”通过省发改委验收，“中国·丹阳眼镜指数”发布，眼镜城创成镇江市诚信示范街区示范点。科创园获评“江苏省创业示范基地”。当年，全区有21家企业通过高新技术企业认定，1家企业通过省级工程技术研究中心认定，12家企业入库丹阳市科技项目；2个重大项目获2018年度国家科学技术进步奖二等奖；新增省级科技企业孵化器1个，达成校企“产学研”合作10多家。全年专利申请量1877件，专利授权总量912件。全年引进中国工程院院士2人，申报成功江苏省“双创计划”1人、镇江“金山英才”计划4人、丹阳“丹凤朝阳”计划9人。

2018年，开发区加快推进城市基础设施建设，对大亚片区、中北学院周边、齐梁路延伸地段、滨河路进行道路改造新建；对曲园小区进行环境改造。投资1.18亿元推进水环境综合整治工程，年末，老九曲河整治工程完工，晓墟河整治工程（除晓墟闸外）完工。全年完成安置面积5.8万平方米，安置房交付360户、615套；完成房屋搬迁面积7.5万平方米、35户。

开发区围绕医疗器械、汽车零部件、生物医药等产业，加大招商引资力度，推动重大项目落地。全年洽谈项目150余个，年内签约或在手成熟项目55个，总投资约316.7亿元，其中，内资项目44个，外资项目11个。全年市级以上重点产业类项目开工19个，报批16个。其中：总投资50亿元的鱼跃医疗设备项目有6栋厂房竣工验收；总投资10亿元的乐能电池新材料项目一期基建完成，设备安装到位；大亚车轮、大亚高端印务、裕桥粉末冶金、金鹏健身器材、华明眼镜、奇一科技二期、鸿晨隐形眼镜及光学镜片等项目竣工投产。

开发区完成马相伯学校校安工程收尾及校外道路新建工程，推进河阳幼儿园移址新建工程和原技工学校改建规划设计工作，完成离岗幼儿园代课老师和离岗小学、中学代课老师群体登记工作。全区38个村（社区）综合文化服务中心全部建成并对外开放，并先后举办或承办余康宁、陶伯安、马黎书画展，“筑梦新区·活力曲阿”新春联欢会，开发区首届青年才艺展示大赛等文体活动。城乡居民养老、医疗保险基本实现全覆盖，近2万名劳动年龄段失地农民全部纳入全市社会保障系统。推进慈善救助、重点优抚、退役安置等工作，全年发放民政资金1230万余元。以高楼社区为试点，全面推广网格化社会治理和综治信息化建设。推进基层平安创建和公共法律服务实体平台建设。（王　铸）

【江苏省丹阳高新技术产业开发区】江苏省丹阳高新技术产业开发区于2016年5月获省政府批复筹建，2018年9月，正式进入省级高新区行列，在全省国家级和省级高新区综合排名上升5名，列省级高新区第6名。丹阳高新区总规划面积175.85平方千米，常住人口20万人。2018年，丹阳高新区实现地区生产总值226.25亿元，其中，高新技术产值占58.8%，科学研究与试验发展占2.66%。丹阳高新区企业总数1918家，其中，高新技术企业115家，境内外上市挂牌企业19家，国家火炬计划重点企业13家；形成收入百亿级产业集群3个，国家级新材料特色产业基地1个。

管理与服务。丹阳高新区集科技公共服务、科技企业孵化器、创新社区等功能为一体的“科技小镇”通过省级科技孵化器评审。建成江苏省（丹阳）高性能合金材料研究院、北京航空航天大学丹阳研究院、苏南高端装备制造研究所等9个公共服务平台。有丹阳市高新技术创业服务有限公司、丹阳科创知识产权服务有限公司等15家科技服务机构。形成创业投资和产业投资相互衔接的资本结构，与上海股权托管交易中心共建“丹阳高新区企业挂牌孵化基地”，帮助8家科技型企业Q版挂牌、1家“新三板”挂牌。

产业建设。丹阳高新区按照“一轴三区四园”模式规划布局，下辖生命科学产业园、沿江先进装备制造产业园、江苏省高性能合金材料科技产业园以及鹤溪产业园四大园区，初步形成医疗器械与视觉健康、新材料、高端装备制造三大新兴产业集群。当年，实施重点产业类项目23个，完成年度投资额11.56亿元，恒丰科技环境工程、西安冠泰检测、阳光西尔板材等项目投产。

招商引资。丹阳高新区对接北科建、海科建、清华启迪、力合科创、宏泰集团、松禾资本、宝龙地产、富力地产等客商100余批次。举办北京科技创新推介会，承办丹阳高质量发展精英论坛、大院大所高端装备制造技术与产业论坛；与中关村共同打造丹阳高新区（中关村）青创中心，创新镇江地区“飞地”孵化新模式。组织人员先后赴深圳、北京等地开展专题招商，重点对接洽谈项目26个，涵盖科技小镇二期建设运营、高新技术项目、产业引导基金、校地合作转化、城市功能配套五个方面，其中，西工大飞行器检测中心、北航3D打印金属粉材料、流体剥离法石墨烯、雷登科技镜片单体浇注自动化设备、南航无人机、中关村京港澳丹阳创新创业中心、迅捷智能药房、华丰电子体温血压计、嘉力士新型环保阻尼材料9个项目签约落户。

科技创新。丹阳高新区科创园新增省级孵化器、省级众创社各1家，实现可用孵化面积近3.5万平方米，入孵企业数量89家。启动“人才服务月”活动，全年入选市级以上人才计划11人，新增江苏省科技企业家2人，省“333”工程2人，镇江“金山英才顶尖人才”计划1人。全年新增国家科技专项计划1个，省“创新型企业100强”企业1家，高新技术企业3家。北航（丹阳）研究院获批全省首家产业院士工作站。绿能科技公司科技成果获国家科技进步二等奖。全年新增国家“知识产权优势企业”1家、“中国专利优秀奖”企业2家，省知识产权计划企业2家，省知识产权贯标企业2家。开展2018（深圳—丹阳）科技金融专题对接交流会，5个项目参加路演，3个项目明确合作意向。丹阳高新区2家创投机构（盛宇丹昇、高新投）管理资金规模为6亿元，军民融合产业基金规模为2.35亿元。当年，丹阳高新区获评苏南国家自主创新示范区——高性能合金材料科技成果转化示范区、首批“一站式”服务中心。

城乡建设。丹阳高新区启动城市总体规划修编、产业规划编制工作；完善17平方千米路网规划；启动电网规划编制工作，完成年度杆线迁移方案编制工作，用地调整规划40公顷。完成振兴路东段综合改造、新丰路改造工程；完成22万伏丹湾1线、2线搬迁工作。新建2万平方米创业服务中心交付；总面积3.8万平方米的人才公寓，在一期55套交付的基础上，二期96套公寓和10间专家套房内部装修完成，无人超市、咖啡厅、阅读空间等设施投入使用。围绕“四好农路”创建，投入3000多万元，完成大钱路等10.8千米农村道路建设。推进现代园艺产业园区建设，总投资6000万元的多肉植物项目前期工程完成，农业展示基地、园区公共服务平台、天元蔬菜配送中心、高档花卉基地等落成。大圣村入选省级“休闲农业精品村”。

社会民生。丹阳高新区推进“263”“116”专项行动，完成“小散乱污”整治35家；完成中小河流疏浚治理29条；村庄环境整治投入500余万元，“河长驿站”获评镇江市河长制创新亮点工作。完成新河景观、大运河改造等征收拆迁项目5个，搬迁总户数120户，总面积2.56万平方米。推动16个村成立股份经济合作社，完成集体资产股份制改革和清产核资工作。丹阳高新区奖教基金增至150万元。丹阳高新区侨联成立。全年发展私营企业984家，个体工商户3103户，新增就业2868人，登记失业率在2.2%以下；城镇人均可支配收入48790元，比上年增长8.1%，农村人均可支配收入25987元，增长11.2%。推进老旧小区改造，推广专业化物业服务。推进居家养老服务中心、“残疾人之家”建设。发放困难户等救助金250万元。举办大中型文体活动30余次，自编自创的节目连续4年获丹阳市小戏小品大赛一等奖。（邹　涛）

【江苏省句容经济开发区】江苏省句容经济开发区面积134平方千米，下辖19个村（社区），总人口约10万人。2018年，全区完成地区生产总值135.06亿元，比上年增长5.2%；财政一般公共预算收入13.27亿元，增长20.26%；固定资产投资61.53亿元；工业应税销售114.45亿元，增长13.7%；注册外资16266万美元，实到外资5978万美元。完成25个普查区的第四次经济普查工作。在2017年度省级经济开发区科学发展综合考核中排名上升至第24名，2018年，获评江苏省小微型企业创业创新示范基地。

2018年，句容经济开发区开展半导体、智能制造、科研平台等主题的招商活动，新引进中科物栖、中科院国科创新平台、联东U谷产业园、倍利新材料等项目，投资总额超100亿元。全年新增规模以上工业企业6家，新增限额以上商贸企业7家，新增亿元企业6家。重视培育科技企业，全年创成省级“科技小巨人企业”2家，省级中小企业“专精特新”产品4项；新增高新技术企业5家。企业专利申请950件，万人专利拥有量37.3件。重视人才引育，全年入选“福地英才”75人、“金山英才”24人、“省双创人才”9人、“省双创博士计划”7人；引进“千人计划”6人、“科技副总”14人、“江苏省科技企业家”3人、镇江“169计划”2人、“句容市级乡土人才”20人。

2018年，句容经济开发区优化园区生产、生活、生态布局，提升园区城建功能品位和整体形象。编制完成乌背山科技产业园控制性详规方案、石狮片区乡村振兴规划方案、开发区镇村布局规划方案、城区环境综合整治规划方案，优化西部工业园控制性详细规划。完成20千米主干管网雨污分流建设及80千米小区、厂区雨污分流改造工程。实现华阳西路西延、建业路和文昌路部分路段通车，实现4.9千米唐姚线和1.22千米西南线东营房段农路全线通车。修补沥青路面9967平方米，维修路灯756杆，清淤整治塘坝28座、渠道4.6千米，新建、改造拦水坝、涵闸、抗旱电站5座，修复水毁工程11处。研究制定《开发区市政设施巡查维管规定》《开发区市政设施巡查制度》《开发区建设行业专家督察组实施方案》《开发区工程建设项目管理规定》。

2018年，句容经济开发区投资近1200万元引入废气排放在线监测系统，对巨宝、天宁、三斯达等8家重点企业的废气排放进行全天候监控，大气质量改善。开展治理扬尘污染、VOC污染、餐饮油烟等专项整治行动，淘汰江苏环能新型建材厂、句容巫市砖瓦厂2家砖瓦厂，取缔“散乱污”企业15家。

2018年，句容经济开发区推行人事制度改革，构建党工委、管委会以及局办（中心）两级扁平化组织框架；加大投融资管理机制改革，整合成立新农控股集团；推进行政审批制度改革，建立行政审批科，全年办结帮办、代办服务事项621件。推进城乡一体化社会保障建设，老年公寓、城西小学、石狮中学、垃圾中转站等工程投入使用。新建1家敬老院，全年集中、分散供养226人，救助弱势群体3000人次，发放救助金90万元。为城市“三无”人员（无劳动能力、无生活来源、无法定赡养人和抚养人）、困境儿童、残疾人等群体发放补贴3000人次，累计560万元。募集慈善募捐和慈善救助资金240万元，全年救助3000多人次，发放慈善款60万元。保障优抚对象348人，发放优抚金485万元，发放生活补贴费26万元。（谭莹莹）

【江苏省扬中经济开发区】 江苏扬中经济开发区（以下简称“经开区”）位于江苏省扬中市东南部，下辖8个村（社区），总面积27.4平方千米，常住人口4.2万人，拥有深水岸线7.2千米。2018年，全区实现工业产值186.46亿元，公共财政预算收入4亿元，固定资产投资14.1亿元，工业投资13.8亿元。

2018年，经开区新增上市挂牌企业4家；科创中心保持国家级A类孵化器，且为镇江市唯一。国风文化传媒、伊威服饰科技等在孵企业销售比上年增长30%。江苏航天惠利特环保科技有限公司“有机废气高效资源化成套技术定制研发及产业化”项目获中国产学研合作创新成果一等奖，同时公司获批省博士后实践创业基地；亿能集团、通灵电器等公司获批“省科技小巨人企业”；环太集团、银佳集团等公司获批“国家知识产权优势企业”；环太集团获批“国家级绿色工厂”；荣德新能源公司获评“单项顶级光伏材料品牌”。全年新增高新技术企业9家，高新技术企业累计35家。全年引进“双创计划”等省级人才3人，“金山英才”计划等镇江市级人才8人。

经开区接待长城集团、中建材、中节能、亚洲生态集团等公司的客商100余批次，获有效项目信息20余个。围绕绿色高质量发展目标，推进长城汽车部件产业园、军民融合产业园、汽车配套产业园、丰树产业园等新兴园区建设。截至年底，长城汽车部件项目前期准备工作到位，军民融合产业园完成签约。

经开区排定重点项目11个，其中，新能源产业园“中荣德金刚线及黑硅制绒”项目以及“环太金刚线技改”项目竣工投产。中小企业产业园中苏电电气、神龙电气等企业厂房建成并投入使用。深化“智慧园区”建设，智慧服务中心大厦封顶。

经开区发放各类优抚对象生活补助金129万元。开展“就业派对”“春风行动”等就业富民举措，帮助实现就业1169人次。“助医兴教”奖励金额102.67万元。农村妇女“两癌”免费筛查，参检人数3271人，参检率44%；全区4292位65周岁以上老年人参加体检，参检率71.7%。“经开区艺术团”品牌知名度有提升，组织开展“平安法治文化村企行”以及“好家风润万家”表彰文艺晚会等活动30余场次。文化健身广场实现全覆盖，打造“少儿故事之乡”“一村一品”等特色品牌。

经开区创成全省党员冬训工作示范街道。以荣德、亿能等企业为主体，打造非公企业党建阵地样板示范群，星河集团黄家波获推荐为全省唯一非公企业“党课名师”。重点推动港湾新城城市社区建设，加强“党建+社区服务+物业管理”，打造“党建聚合力、人文新港湾”和谐安置社区。打造“新时代青锋论坛”、村（社区）干部“领头雁”培塑等工作品牌。（曹燕）

【江苏省扬中高新技术产业开发区】
江苏省扬中高新技术产业开发区（以下简称高新区）2015年11月经江苏省人民政府批准筹建，2018年9月获批正式设立，并入选《中国开发区审核公告目录》。全区批复核心面积为3.12平方千米，实际管辖总面积为10.94平方千米。2018年，全区实现地区生产总值210亿元、公共财政预算收入8.14亿元；全社会研究与开发投入占地区生产总值的3%，规模以上企业高新技术产业总产值109.83亿元，占全市的48%。在省科技厅《关于2017年度全省高新区创新驱动发展综合评价情况的通报》中，高新区在全省48家国家和省级高新区中排第13名，在27家省级高新区中排第1名。

2018年，高新区与西安交通大学合作共建国家技术转移中心扬中分中心，与上海电力大学合作共建产教融合创新实践基地，与10余所高校共建扬中高新区研究生双创实践基地。全年申请立项33个，引进国家“千人计划”3人，入选国家“千人计划”外专项目1个，获批省“双创”计划2人，省科技企业家3人，镇江“金山英才”计划3人。创建省级“隐形冠军”1家，获批省级“专精特新”产品企业1家、“上云企业”20家。大全集团获评省级五星级“上云企业”，并获2018年中国工业大奖表彰奖。镇江西门子母线有限公司智能化母线系统获批国家高新技术产业标准化试点。江苏和成显示公司成为镇江市首个获中国专利金奖的企业。

高新区建成“新创天地”众创空间，招引科技孵化项目11个。创建中国（镇江）知识产权维权援助中心扬中高新区分中心、国家专利导航试点工程（江苏）研究基地扬中高新区运营服务中心。与金控集团合作，组建配套国家级孵化器的自有种子资金；与毅达资本投资基金合作，设立扬中高投毅达创业投资基金，总金额5亿元。高新区一站式服务中心线上平台、线下平台正式投入使用，并委托亿蜂科技公司进行运营管理。扬中“智慧电气众创社区”创成省级“众创社区”，高新区获批筹建省级科技服务业特色基地（研发设计服务）。（于婧）

【江苏省丹徒经济开发区】 2017年7月，原江苏省丹徒经济开发区变更为江苏丹徒经济开发区。2018年，江苏丹徒经济开发区把握特色园区建设总目标，推动经济发展由高速度向高质量转型。全年完成地区生产总值95.4亿元；完成规模以上工业总产值156.8亿元，完成应税销售收入161亿元，实现利税29.78

亿元。完成社会固定资产投资 5.5 亿元，比上年下降 7.8%，其中，规模以上工业固定资产投资 1.7 亿元，下降 1.4%。完成一般公共预算收入 3.95 亿元。年内，丹徒经济开发区通过国家级循环经济标准化示范试点园区专家组评审，并在丹徒区高质量发展考核中获一等奖。

该经济开发区排定重点项目 27 个，总投资 48 亿元。列入镇江市、丹徒区重点工业项目 8 个（续建项目 2 个、新开工项目 6 个），总投资 7.7 亿元。李长荣电子级新材料产业升级项目、二重集团（镇江）重型装备厂屋顶光伏项目竣工投产；推进“万特福构件”“巨神大件物流”“建科研发中心”“日上建设”“省交镇江分公司厂区”等 5 个项目主体建设；利德尔复合材料升级项目有进展；总投资 6 亿元的“中建科技”开工建设；推进“苏润新材料”“神华太阳能薄膜”“宏顺燃机”“智农生态”等重大产业项目落地。

该经济开发区推动加快产业转型升级的步伐，实施企业创新战略。全年完成华泰化工拆除扫尾工程和化工园区 500 米卫生防护距离拆迁工作，全年超额完成减煤任务。完成江苏长三角精细化工有限公司顺酐生产线拆除工作。签订华元焦化公司的关停协议，启动焦炉停产程序。整治园区内 165 家“散乱污”企业（作坊），其中，取缔关闭 29 家，搬迁 4 家，完成整治提升 22 家。

该经济开发区完成高新技术产业产值 60.37 亿元，全社会研发投入 19.71 亿元。各类专利授权 260 项，申报并通过高新技术企业认定 4 家，获批江苏省企业研究生工作站 1 家。全年申报各类科技项目 13 项，其中，市级科技项目 5 项、区级科技计划项目 8 项。

该经济开发区投入 31.8 万元实施“巢凰灌溉管道迁移”工作，投入约 48 万元改造巫岗蔡家庄互通水系 1 号滚水坝，投入 10.06 万元实施迎江大道（沪宁铁路）北段护栏工程。实施 4 个小区雨污水管网工程，投入约 5 万元。（刘　芳）

图 30－2　2018 年 6 月 15 日，中建科技绿色装配式建筑构件研发与制造基地项目投资签约　（丹徒经济开发区　供稿）

【江苏镇江京口工业园区】　2018 年，江苏省镇江京口工业园区完成一般公共预算收入 10040 万元，比上年增长 19.9%；完成工业应税销售 97.26 亿元，增长 17.1%。根据省商务厅 2017 年考核评价情况，园区在全省 82 个省级开发区科学发展综合评价中，集约水平和管理水平均列全省第 6 名。全年园区入选省“双创”1 人，入选市“金山英才”1 人，入选区“金凤凰”7 人。全年 16 个项目列入区级重点产业项目，其中，“科辰节能型燃气轮机部件生产”“鼎胜新材年产 5 万吨钎焊式交换器用铝合金制造”等 6 个项目竣工，“爱励空客机翼板深加工”项目设备完成安装调试。“鼎胜新材年产 5 万吨动力电池电极用铝合金箔”“年产 6 万吨铝合金车身板”等单体投资 3 亿元以上项目签约落户。园区中小企业众创加速器大楼封顶，累计投资 7000 多万元、总建筑面积 1.2 万平方米。鼎胜新材公司在上交所上市，成为镇江市区首家主板上市的民营企业。海龙核科技公司“核反应堆乏燃料贮运用中子吸收板研发与产业化”技术获评“中国好技术”二等奖。3 家企业入选省“民营科技企业”，7 家企业入围省“科技型中小企业”。（京志办）

图 30－3　2018 年，江苏镇江京口工业园区的爱励空客机翼板深加工项目开工建设　（京志办　供稿）

市级新任领导

陈可可

2018年1月任镇江市副市长、党组成员。

1968年4月生，江苏句容人，党校研究生学历。1987年9月加入中国共产党，1988年7月参加工作。1988年7月山东建筑材料工业学院建材地质专业毕业后，分配至镇江工业民用建筑设计研究院工作，历任计划室副主任、计财室主任、计划科科长（其间：1998年5月起兼任镇江环球建设监理有限责任公司总经理；1995年8月—1997年12月在中央党校函授学院经济管理专业本科班学习）；2000年3月起任镇江工业民用建筑设计研究院副院长兼计划科科长；2002年4月起任镇江工业民用建筑设计研究院院长、党总支书记兼镇江环球建设监理有限责任公司董事长；2003年7月起任镇江市市政公用事业管理局局长、党委书记兼市建设局党委委员（其间：2005年12月兼市建设局副局长；2001年9月—2004年7月在省委党校区域经济学专业研究生班学习）；2010年2月起任丹徒区委副书记（2011年6月兼组织部部长）；2012年2月起任市住建局局长、党委书记；2013年12月起历任丹阳市委副书记、代市长、市长；2016年6月起任丹阳市委书记；2017年12月起任镇江市政府党组成员、丹阳市委书记；2018年1月起任镇江市副市长、党组成员，丹阳市委书记；2018年11月起不再担任丹阳市委书记。

（市委组织部）

许　文

2018年8月任镇江市副市长、党组成员。

1968年7月生，江苏扬中人，大学学历，学士学位。1994年6月加入中国共产党，1990年8月参加工作。1990年8月中国矿业大学矿山机械系电厂热能动力工程专业毕业后，分配在扬中县（市）政府办公室工作，历任秘书、综合科副科长、科长、副主任；1997年8月起任扬中市委办公室副主任；1998年12月起历任扬中市新坝镇党委副书记、副镇长，三茅镇党委副书记、镇长、党委书记；2002年12月起任丹阳市副市长；2008年1月起任丹阳市委常委、纪委书记；2011年5月起任丹阳市委常委、副市长；2013年1月起任句容市委副书记、市长；2016年1月起任句容市委书记、市长；2016年6月起任句容市委书记；2018年8月起任镇江市副市长、党组成员，句容市委书记；2018年11月起不再担任句容市委书记。

（市委组织部）

陈林海

2018年1月任镇江市政协副主席、党组成员。

1961年8月生，江苏靖江人，党校研究生学历。1985年9月加入中国共产党，1981年7月参加工作。1981年7月南京建筑工程学院建筑机械专业毕业后分配至句容团县委工作；1984年1月到共青团镇江市委工作，历任办公室干事，青农部副部长、部长，宣传部部长（其间：1985年8月—1988年6月在中央党校函授学院经济管理专业大专班学习）；1992年1月起任共青团镇江市委副书记；1996年6月起任共青团镇江市委书记（其间：1997年11月—1999年10月在镇江市第二期中青年干部研究生课程进修班学习）；1998年4月起任镇江市委研究室副主任（正处级）；2001年6月起任镇江市委市级机关工委书记（其间：2001年9月—2002年12月在江苏省委党校科学社会主义与共产主义运动专业结转毕研究生班学习）；2006年3月起任镇江市委副秘书长、市级机关工委书记、政法委副书记兼市综治办主任；2006年6月起不再担任市委市级机关工委书记；2012年9月起任镇江市委副秘书长、政法委常务副书记兼市综治办主任；2013年11月起任镇江市编办主任；2017年12月起任镇江市政协党组成员、市编办主任。2018年1月起不再担任市编办主任。

（市委组织部）

汤小夫

2018年10月任镇江市中级人民法院党组书记、代院长。

1963年11月生，江苏常州人，研究生学历，博士学位。1987年12月加入中国共产党，1988年8月参加工作。1988年8月西南政法学院法律系法律专业毕业后，分配至南京市秦淮区人民法院，先后任经济庭书记员，行政庭助理审判员，1994年4月到省高级人民法院工作，先后任经济庭副科级助理审判员、正科级助理审判员；2000年12月任省高级人民法院经济庭审判员（副处级）；2002年2月任省高级人民法院民三庭副庭长（其间：2000年3月—2003年12月在南京大学法学院法律专业在职学习获法律硕士学位）；2008年6月任省高级人民法院民二庭庭长、审委会委员（其间：2010年10月—2011年10月挂职任常州市中级人民法院副院长、党组副书记）；2012年5月任宿迁市中级人民法院副院长、代院长；2012年6月任宿迁市中级人民法院院长（其间：2006年9月—2012年7月在对外经济贸易大学法学院国际法专业在职研究生学习获法学博士学位）；2012年9

月—2018 年 10 月任宿迁市中级人民法院院长、党组书记(2015 年 2 月获批二级高级法官)。 (市委组织部)

模范人物

陈苏士

镇江市自来水公司机电班班长,2018 年获全国五一劳动奖章。

1962 年 11 月生,江苏镇江人,高中文化。陈苏士负责厂区内所有电器设备安全运行的任务,并需要随时待命做好 2 座主供水厂的设备维修保养工作。30 多年中,只要设备出现故障,他都会出现在抢修现场。为修理主变压器,他曾坚守在一线连续工作 20 多个小时;为维修排泥机滑触线,他曾在小腿摔伤的情况下,不顾冰冻,坚持到维修完毕;为维修滤池电动排污阀,他常趴在狭小的沟渠中,忍受着蚊虫叮咬和臭味刺鼻。多年中,他解决攻关生产过程中出现的各类设施运转等疑难技术问题 10 余次,节约资金约 6 万余元。他严格执行班组日常巡检规范,明确巡检重点,并通过现场讲解提高班组巡检能力。他主动将自己总结的各类电气事故经验分享给班组成员,并言传身教带领年轻职工参与项目建设及设备维修。在他的帮带下,电工班成员的技术能力提升较快,全部获技师职称,其中,有 2 人分别获江苏省青年岗位能手和镇江市青年岗位能手称号。他多次在市级技能大赛中获前三名奖次,并曾获评镇江市五一技术标兵、镇江市技术能手、江苏省五一劳动奖章、江苏省劳动模范等。 (岳 芳)

沈春雷

江苏广兴集团公司首席技师、总工程师,2018 年获全国五一劳动奖章。

1965 年 3 月生,江苏句容人,中共党员,大学文化,砌筑工技师、装饰镶贴工高级技师、一级建造师。沈春雷长期工作在建筑行业一线,并担任瓦工队长职务,有较强的业务技能和丰富的现场施工经验,是既具有高技能又能够从事一线工程管理的"双师型"人才。他多次在各级技能大赛中获奖,其研究的多项技能创新工艺在行业内获较广泛应用。多年中,他参与建设的工程,先后获评省"扬子杯"优质工程奖,"江苏省文明工地","镇江市文明示范工地"等。沈春雷协助企业开展各类劳动竞赛和培训活动,提升企业竞争力。沈春雷曾获评全国优秀农民工、全国建设行业技术能手、全国建筑行业技能竞赛砌筑工优秀选手、江苏省企业首席技师、江苏省有突出贡献中青年专家、江苏省技术能手、江苏省群众性经济技术创新能手、江苏省建设行业杰出技能标兵、江苏省十佳文明职工、镇江市首席技师、镇江市技术能手、镇江市有突出贡献技师、镇江市劳动模范、首届十大"镇江工匠"等。 (岳 芳)

崔飞伦

镇江市第一人民医院泌尿科主任,2018 年获江苏省五一劳动奖章。

1962 年 8 月生,辽宁大连人,中共党员,博士学位。崔飞伦从事泌尿外科临床工作 30 多年,开展大量临床诊疗新技术、新业务,其中,保留性神经的解剖性前列腺癌根治术,活体供肾肾脏移植术,腹腔镜取肾活体供肾肾脏移植术,微创小切口取肾活体供肾肾脏移植术,经皮肾镜碎石、取石术,保留肾单位肾癌根治术均为首创,填补镇江市空白;保留性神经的解剖性前列腺癌根治术及前列腺癌的内分泌治疗、前列腺增生的诊断及治疗在省内较为领先。他在镇江市率先开展亲子间活体供肾肾脏移植术,成功率 100%。他是镇江市男科学专业委员会主任委员,在镇江市较早开展规范化、系统化的男性科诊断、治疗,并推动建立全市的男科学医师网络系统。他参与国家自然科学基金项目 2 项,主持多项江苏省社会发展重点项目、江苏省自然科学基金、江苏省卫计委及镇江市社会发展基金项目,并多次获江苏省科技进步奖、江苏省卫计委医学新技术奖和镇江市科技进步奖。他曾获评江苏省有突出贡献中青年专家、江苏省优秀科技工作者、江苏省"333 工程"首批中青年科学技术带头人、镇江市医学重点人才、镇江市"169 工程"学术技术带头人、镇江市劳动模范等。 (岳 芳)

陈晓龙

大亚科技集团有限公司党委书记、董事局主席,2018 年获江苏省五一劳动奖章。

1976 年 5 月生,江苏丹阳人,中共党员,硕士学位。陈晓龙面对新一轮科技革命和产业变革的形势,推动构建新的矩阵完善的网络化协同制造的大亚现代产业体系。他坚持实业为基,建成 8 个行业较高水平的产业链项目;建成亚洲最大的人造板生产基地、亚洲较大影响的圣象品牌中心、中国最大的家居体验馆等。他坚持品质为本,在他的带领下,"圣象地板"和"大亚人造板"等品牌获评"中国 500 最具价值品牌""亚洲品牌 500 强""中国品牌年度大奖 NO. 1"等。2017 年,该企业实现销售收入 182.66 亿元,净纳税总量 3.03 亿元。 (岳 芳)

洪素琴

镇江市公共交通有限公司公交驾驶员、216 线路班长,2018 年获江苏省五一劳动奖章。

女,1970 年 10 月生,安徽天长人,中共党员,高中文化。洪素琴 1993 年进入公交公司,先后担任售票员、驾驶员、线路班长等。公交 216 线路是一条在润扬高速路面行驶的公交线路,全长 28.4 千米,在该线路开通的 5 年时间里,洪素琴及其班组成员收到大量乘客表扬信以及锦旗近 30 面。近年来,洪素琴安全行车 135311 千米,节油 3691 升。她拾金不昧、热心帮助走失儿童,被市民称为"最美公交女司机"。她是镇江市"手拉手"公益服务中心的志愿者,热心参加各项公益活动。她坚持无偿献血,曾获镇江市"无偿献血奉献奖"。她曾获评镇江公交"十佳爱心司机"、镇江公交"服务之星"、镇江市交通运输系统"金牌驾驶员"、镇江"最美交通人"、镇江市"优秀志愿者"、"镇江好人"等。 (岳 芳)

罗海波

镇江市公安局新区分局丁卯派出所副所长,2018 年获江苏省五一劳动奖章。

1987 年 5 月生,湖南衡阳人,中共党员,大学文化。罗海波不断创新群众工作和社会管理手段,其开创的"广场舞式演讲"被市公安局以群众路线创新工作方法采纳并推广。他推动成立全国首家"物业巡防联盟"工作站,辖区可防性侵财案件发案率下降 28.2%;小区内部发案率下降 65%,部分小区实现"零发案"。他联系律师事务所、江苏大学法学院构建"两所一院"矛盾纠纷多元化解机制,发挥三方主体在社会治安纠纷中的调解作用。 (岳 芳)

汤文辉

江苏美龙航空部件有限公司技术员,2018 年获江苏省五一劳动奖章。

1978 年 11 月生,江苏丹阳人,大专文化。汤文辉从事机械加工工作 18 年,刻苦钻研技术,从一名普通的操作工成长为一名技术能手。他为国产大飞机 C919 解决碳纤维复合材料加工技术难题;为加工现场批量产品提升加工效率设计方案。他不计较个人得失,坚持在生产一线,认真完成每一项工作任务。他重视产品质量把控工作,提升全体员

工质量意识。他曾获评镇江市技术能手、首届十大"镇江工匠"等。（岳　芳）

王海庆

江苏美科硅能源有限公司副总经理，2018年获江苏省五一劳动奖章。

1976年1月生，江苏扬中人，大学文化。王海庆2011年就职于江苏美科硅能源有限公司，主要从事技术研发和生产管理工作。在他的带领下，企业产线管理和班组建设规范有序，促进企业的良好发展。他主导企业的多晶炉G5改G6项目，在多晶炉节能降耗、提升设备产能方面有成效，被列入国家发改委资源节约和环境保护2015年中央预算内投资备选项目。他主导企业的切片机金钢线改造项目，通过切片机改造，采用环保节能的金钢线切片工艺，设备产能提升60%。他是镇江市第七届、第八届人大代表，第七届优秀人大代表。他曾获评江苏大学全日制研究生校外实践指导教师、镇江市创业导师、镇江市"169工程"第5期科技骨干等，并获2013年江苏省科学技术奖二等奖，2016年镇江市科学技术进步三等奖。（岳　芳）

席　阳

金东纸业（江苏）股份有限公司领班，2018年获江苏省五一劳动奖章。

1984年4月生，江苏镇江人，中专文化。席阳在企业从事过流送、压部、网部和纸机DCS、湿部领班等多个岗位，均能较出色地完成工作任务，提升团队战斗力。工作中，他加强巡检，主动思考提升纸机运转顺畅性的办法，并多次发现机器的异常情况，避免跳车事故。他带领的班组曾连续7个月在考核中列第一名。在停机时，他带领班组成员创下7个小时更换3张干网，5个小时更换2张毛布并复位好的纸机纪录，缩短停车时间。他具备较强的节能环保意识，工作中不断探索，优化流程，提升设备性能，节约能耗，减少排放。他多次受到公司嘉奖和记功，并曾获镇江市文明职工称号。（岳　芳）

郑德明

镇江市润州区环境卫生管理所清洁二队队长，2018年获江苏省五一劳动奖章。

1969年12月生，河南新县人，高中文化。郑德明20多年坚持工作在环卫一线，任劳任怨，为镇江的市容整洁卫生做出一份贡献。在工作中，他身先士卒，主动帮带新入职的队员，并带队参加劳动和技能竞赛活动。遇到创卫检查及市容整治等特殊任务，他放弃休息，加班加点。中转站地槽堵塞，他不顾沟内的污水又臭又脏，主动下到池内清理。在生活中，队员有困难，他主动关心，帮助生病职工到医院治疗，并垫付医疗费用。他曾获评镇江市城管局"保洁标兵"、润州区"五一劳动奖章"、镇江市劳动模范等。（岳　芳）

周晓华

镇江市江南学校党总支书记，2018年获江苏省五一劳动奖章。

女，1965年10月生，江苏丹阳人，中共党员，大学文化。周晓华从教30多年，长期担任分管教育、教学的副校长，2013年任该校党总支书记。在担任分管校长期间，学校的教育教学质量不断提升。担任学校党总支书记后，她倡导和建立学校平等、民主、团结、和谐的工作氛围与人文环境，通过一系列举措，强化基层党组织建设，提升基层党组织的战斗力。她曾获评镇江市教育局"优秀党务工作者"。（岳　芳）

张心妍

射箭运动员，2018年获第18届亚运会射箭反弓曲女子个人淘汰赛第一名，全国室外射箭锦标赛女子个人淘汰赛第一名。

女，1995年5月生，江苏扬中人，国际运动健将。2008年经选拔进入南徐中学读书，并在镇江市体育运动学校射箭队训练。2012年参加全国室外射箭锦标赛获女子个人淘汰赛第二名。2013年进入国家队集训，同年参加世界青年射箭锦标赛，与队友合作获女子团体淘汰赛季军。（王煜琦）

江　婷

射击运动员，2018年获射击世界锦标赛女子步枪50米三种姿势个人亚军。简历参见《镇江年鉴（2018）》第359页。（王煜琦）

杨恒郁

击剑运动员，2018年获巴尔的摩女子佩剑世界杯亚军；获"铭氏杯"全国击剑冠军赛个人冠军；与队友合作获2018年"铭氏杯"全国击剑冠军赛团体冠军。简历参见《镇江年鉴（2018）》第359页。（王煜琦）

郑　雨

羽毛球运动员，2018年获德国世界羽毛球巡回赛女双亚军；获新西兰公开赛女双亚军；与队友合作获31届尤伯杯团体季军以及雅加达亚运会团体亚军。

女，1996年1月生，山东济南人，运动健将。2003年进入镇江市羽毛球队，2007年进入八一队，2010年进入国家队。她曾与队友合作获2011年亚洲青年羽毛球锦标赛团体冠军、2012年世界青年羽毛球锦标赛团体冠军、2013年第12届全国运动会羽毛球女团冠军。（王煜琦）

蒋刻梨

击剑运动员，2018年获"迁安杯"全国青年击剑锦标赛个人冠军。简历参见《镇江年鉴（2018）》第359页。（王煜琦）

丁　群

击剑运动员，2018年获"迁安杯"全国青年击剑锦标赛个人冠军，并与队友合作获团体亚军；与队友合作获"铭氏杯"全国击剑冠军赛团体冠军。

2000年4月生，江苏镇江人。2012年进入镇江市击剑队，2014年进入江苏省少体校，2017年与队友合作获"斐讯杯"全国击剑冠军赛总决赛青年组男子佩剑团体冠军。（王煜琦）

蔡博珩

镇江市第三中学学生，2018年获国际象棋世界学校锦标赛女子十三岁组亚军，国际象棋全国少年精英赛女子A组第三名。简历参见《镇江年鉴（2016）》第361页。（王煜琦）

张　潇

国际象棋运动员，2018年获世界青少年锦标赛16岁组超快棋亚军；与队友合作获全国国际象棋团体赛冠军。简历参见《镇江年鉴（2016）》第361页。（王煜琦）

庞连康

手球运动员，2017年获全国男子手球冠军杯赛冠军。

1996年7月生，江苏淮安人。2008年进入市体育运动学校手球队训练。2013年入选国家青年队，2017年入选国家队，2018年获全国男子手球锦标赛第三名。（王煜琦）

孙文铎

羽毛球运动员，2018年获全国青少年羽毛球锦标赛男单冠军，男双冠军。

2005年9月生，山东东营人。2013年进入镇江市羽毛球队，2016年进入江苏省少体校，2018年担任国家少年队队长。他曾与队友合作获2017年全国青少年羽毛球锦标赛男团冠军，其个人获男单冠军。（王煜琦）

镇江名人

陈 竺

2018年3月,当选为十三届全国人大常委会副委员长;同时任农工党中央主席、中国红十字会会长、欧美同学会(中国留学人员联谊会)会长。

1953年8月生,江苏镇江人,农工党成员,研究生学历,博士学位,教授,研究员,中国科学院院士。陈竺1970年至1975年为江西省信丰县、横峰县插队知青;1975年至1977年在江西省上饶地区卫生学校学习;1977年至1978年任江西省上饶地区卫生学校教师;1978年至1981年为上海第二医学院医疗系血液病学专业硕士研究生;1981年至1984年任上海第二医学院附属瑞金医院内科住院医师;1984年至1989年为法国巴黎第七大学圣・路易医院血液中心实验室外籍住院医师,血液学研究所博士研究生、博士后;1989年至2007年,历任上海第二医科大学附属瑞金医院内科主治医师,上海血液学研究所分子生物学实验室主任、研究员,上海血液学研究所副所长、所长;1998年至2016年任国家人类基因组南方研究中心主任;2000年至2007年任中国科学院副院长;2005年任上海交通大学系统生物医学研究院院长;2007年至2013年任卫生部部长;2010年至2015年任中华医学会会长;2012年任农工党十四届中央副主席、十五届中央主席;2013年任十二届全国人大常委会副委员长;2014年任欧美同学会会长;2015年任中国红十字会会长;2017年12月任农工党十六届中央主席。

(江 鉴)

柳传志

联想控股股份有限公司董事长,联想集团创始人。2018年12月18日,庆祝改革开放40周年大会在北京人民大会堂举行,大会授予"科技产业化的先行者"柳传志"改革先锋"称号。

1944年4月生,江苏镇江人,中共党员,高级工程师。柳传志致力于高科技产业化的探索和实践,不断引领联想集团开展自主创新。他推动中国高科技产业化事业的发展,通过和中国科学院一起创办"联想之星"项目,以及在投资业务中复制和输出联想的经验,促进科技成果转化和科技企业管理人才的培养,帮助更多中国的科技企业发展。他制定实施企业国际化发展战略,带领联想并购国际商业机器公司(IBM)个人电脑业务,为中国企业"走出去"积累经验。他曾任中国民间商会副会长,是中共十六大、十七大代表;九届、十届、十一届全国人大代表。他曾获评全国劳动模范、"改革开放40年百名杰出民营企业家"等。

(江 鉴)

于 漪

上海市杨浦高级中学名誉校长。2018年12月18日,庆祝改革开放40周年大会在北京人民大会堂举行,授予"基础教育改革的优秀教师代表"于漪"改革先锋"称号。

女,1929年2月生,江苏镇江人,中共党员,特级教师。于漪毕业于镇江中学,1951年7月毕业于复旦大学教育系。她长期从事中学语文教学,坚持教文育人,推动"人文性"写入全国《语文课程标准》,为全国基础教育改革发展做出贡献。她曾任全国语言学会理事,全国中学语文教学研究会副会长,中华全国总工会候补执行委员;上海市第七届、第八届、第九届人大常委会委员,教育科学文化卫生委员会副主任委员等职。代表作品有《于漪语文教育论集》《于漪文集》《于漪全集》等。她曾获评"全国三八红旗手"、全国先进工作者等。

(江 鉴)

逝世人物

孙国柱

镇江市人大常委会原副主任兼秘书长。2019年1月9日,孙国柱在镇江因病逝世。

1930年9月生,江苏镇江人。孙国柱1949年6月在丹徒县渣泽区粮库参加工作,11月加入中国共产党。1949年6月至1950年4月任丹徒区粮库会计、区委组织干事;1950年4月至1958年1月任丹徒县委组织干事、党训班副主任;1958年1月至1965年1月任丹徒县委、镇江市委办公室副主任、主任;1965年1月至1969年1月任丹徒县上党区委书记;1969年1月至1972年8月任丹徒县江心公社党委书记;1972年8月至1975年10月任丹徒县革委会办事组副组长;1975年10月至1977年7月任丹徒县委办公室主任;1977年7月至1979年5月任丹徒县委常委、县革委会副主任;1979年5月至1980年12月任丹徒县委副书记;1980年12月至1983年10月任扬中县委书记、人大常委会主任;1983年10月至1984年7月任镇江市城区区委书记、人大常委会主任;1984年7月至1988年2月任镇江市建委主任、党委书记;1988年2月至1990年3月任镇江市人大常委会副主任兼秘书长。

(赵敬敬)

筱荣贵

扬剧表演艺术家、原镇江市扬剧团演员。2018年10月11日,筱荣贵在镇江逝世。

女,1934年2月生,江苏扬州人,曾用名李荣贵,中共党员,国家一级演员,镇江市国家级非物质文化遗产项目代表性传承人。筱荣贵出生于上海,5岁随父亲(扬剧琴师李庆元)学艺,14岁登台,主攻青衣花旦,兼小花脸。她追求行腔的柔和与"丝竹美",形成自己独特的唱腔,被称为"筱派"。

1950年,筱荣贵加入镇江"金星扬剧团"。1958年,筱荣贵被选送到江苏省戏剧学校进修。她曾受到刘少奇、周恩来、朱德、董必武等老一辈党和国家领导人的接见,京剧艺术家梅兰芳看完她的演出后向她表示祝贺,并献鲜花致意。1960年,她出席中国文学艺术工作者第三次代表大会,受到毛泽东的接见并合影。她曾任中国戏曲家协会理事、中国青年联合会理事、江苏省戏曲家协会理事、镇江艺术剧院名誉院长。她曾当选镇江市政协委员、江苏省政协委员,并获镇江市劳动模范、江苏省劳动模范等称号。

(江 鉴)

书　目

2018 年镇江市部分作者编著出版图书书目一览表

表 32－1

书　名	编著者	出版者	出版年月	字数（千字）
赛珍珠、布克与宿州：皖北大地中美文化交流的百年印记	鄢化志	合肥工业大学出版社	2017 年 8 月	—
中国居民消费结构研究	吴　瑾	上海财经大学出版社	2017 年 11 月	193
文选旧注辑存	刘跃进	凤凰出版社	2017 年 11 月	—
农村社区体育的发展模式构建	掌玉宏	中国纺织出版社	2017 年 11 月	220
旅游高职教育人才培养研究	李冬梅	江苏人民出版社	2017 年 12 月	280
相遇语文好课：好学好用的课堂教学艺术	王益民	华东师范大学出版社	2017 年 12 月	230
裳裳者华	薛　刚	江苏人民出版社	2018 年 1 月	960
草言根说	阳　根	江苏人民出版社	2018 年 1 月	360
可重构制造系统	齐继阳	北京理工大学出版社	2018 年 1 月	190
岩土工程施工技术	齐永正	中国建材工业出版社	2018 年 2 月	510
京口年鉴 2017	京口区史志档案办公室	方志出版社	2018 年 2 月	508
无轴承无刷直流电机的控制研究	王伟然	武汉大学出版社	2018 年 2 月	251
普通人与教育	于忠海	吉林文史出版社	2018 年 2 月	169
柳诒徵文集	柳诒徵	商务印书馆	2018 年 3 月	5500
大学生文化引领与素质教育实践创新	杨志春	光明日报出版社	2018 年 3 月	374
基于医疗保障制度的农村居民慢性病管理模式研究	代宝珍	科学出版社	2018 年 3 月	250
风雪将至	董新建	江苏人民出版社	2018 年 3 月	242
智慧矿山信息化标准化系统关键问题研究	韩　茜	中国质检出版社	2018 年 3 月	234
幼儿科学教育——科学素养与活动实训	蔡志东	复旦大学出版社	2018 年 4 月	436
协作网络演化动力学模型研究	刘　鹏	中国质检出版社	2018 年 4 月	173
社会办医路径研究：医联体建设视角	阚　为	合肥工业大学出版社	2018 年 4 月	125
问道三农	庄晋财	人民出版社	2018 年 5 月	260
新型城镇化与智能空间	潘　青	延边大学出版社	2018 年 5 月	200
喀什风情——吴猛人文摄影作品集	吴　猛	中国摄影出版社	2018 年 5 月	—

续表 32－1

书　名	编著者	出版者	出版年月	字数（千字）
基于非局部滤波的图像处理算法研究	李垣江	吉林大学出版社	2018 年 6 月	230
联合 TETROLET 域信息的图像非局部滤波方法研究	李垣江	吉林大学出版社	2018 年 6 月	220
实用高等数学	李炜虹	上海交通大学出版社	2018 年 7 月	474
解剖学基础	万爱军	科学出版社	2018 年 7 月	390
域外人	陶　然	中国文史出版社	2018 年 7 月	270
于猗全集	于　猗	上海教育出版社	2018 年 8 月	7000
《文选》与汉唐文化——第十一届《文选》学国际学术研讨会论文集	刘志伟	中华书局	2018 年 8 月	701
机电设备维护与管理	黄　伟	机械工业出版社	2018 年 8 月	493
永磁同步电机脉振高频信号注入的无传感器零速自起动	魏海峰	吉林大学出版社	2018 年 8 月	280
固体氧化物燃料电池理论分析与结构优化设计	孔　为	化学工业出版社	2018 年 8 月	235
新型蜂窝舷侧防护结构耐撞性能分析与优化	何　强	北京理工大学出版社	2018 年 8 月	216
图的哈密顿因子（英文）	周思中	东北大学出版社	2018 年 8 月	152
全国第二届大字书法艺术展作品集	中国书法家协会	书法出版社	2018 年 8 月	—
镇江年鉴 2018	镇江市史志办公室	方志出版社	2018 年 9 月	1280
计算机网络理论	李永忠	电子科技大学出版社	2018 年 9 月	750
句容年鉴 2018	句容市史志办公室	方志出版社	2018 年 9 月	605
润州年鉴 2018	润州区史志档案办公室	方志出版社	2018 年 9 月	550
四十年四十人：镇江改革开放的历史时空	市委宣传部、市文联、市报业集团	江苏人民出版社	2018 年 9 月	269
无刷直流电机新型直接转矩控制研究	张　懿	吉林大学出版社	2018 年 9 月	268
水下传感器网络及目标定位	王　彪	吉林大学出版社	2018 年 9 月	150
丹阳年鉴 2018	丹阳市史志办公室	方志出版社	2018 年 10 月	753
Outline of Innovation	徐明君	中国书籍出版社	2018 年 10 月	300
新时代镇江扬剧集萃	镇江市文化广电新闻出版局、镇江市艺术创作研究中心	江苏人民出版社	2018 年 10 月	246
110 在行动	董新建	江苏人民出版社	2018 年 10 月	230
新时代大学课程发展与变革研究	高有华	安徽师范大学出版社	2018 年 10 月	200
近现代工艺美术研究	阮怡帆	东南大学出版社	2018 年 10 月	200
金属间化合物基复合材料的摩擦学性能研究	牛牧野	西安交通大学出版社	2018 年 10 月	200
基于 MBD 的三维机加工艺设计关键技术研究及应用	刘金锋	北京理工大学出版社	2018 年 10 月	165
水下目标声散射的计算与计量	何　呈	国防工业出版社	2018 年 10 月	158
穆克宏文集	穆克宏	中华书局	2018 年 11 月	1900
扬中年鉴 2018	扬中市史志办公室	江苏人民出版社	2018 年 11 月	803
丹徒年鉴 2018	丹徒区史志办公室	方志出版社	2018 年 11 月	558
浮式防波堤水动力与消波性能分析理论与方法	嵇春艳	科学出版社	2018 年 11 月	250
几种氧化物对钇钡铜氧结构和输运的影响	徐　胜	中国矿业大学出版社	2018 年 11 月	224
幻旅	陶　然	江苏人民出版社	2018 年 11 月	202
掺钢渣再生骨料自密实混凝土技术与工程应用	马　剑	武汉大学出版社	2018 年 11 月	196
船舶综合电力推进系统风险评估技术研究	智鹏飞	西北工业大学出版社	2018 年 11 月	184
SCI/EI 学术论文写作与发表攻略	张　建	机械工业出版社	2018 年 12 月	378

说明：本表补录了往年出版的部分图书书目　　　　（史　图　犀　泽　叶　卜）

2018年江苏大学出版社出版图书书目一览表

表32－2

ISBN	书名	第一责任者	出版年月	字数(千字)
978－7－5684－0530－0	百十回全评石头记(精装)	〔清〕曹雪芹,著	1	1393
978－7－5684－0701－4	申论素材库	刹　那,编著	1	783
978－7－5684－0740－3	镇江戏曲音乐	王　红,编著	1	712
978－7－5684－0685－7	物流学导论:概念、技术与应用.2版	王仲君、王臣昊,编著	1	500
978－7－5684－0605－5	实用钢琴即兴伴奏教程	梅　芳,主编	1	499
978－7－5684－0589－8	误人犹是说聪明:清代女词人的悲欢人生	沈尘色,著	1	438
978－7－5684－0544－7	导游实务	殷开明,主编	1	433
978－7－5684－0721－2	陈情	思　源,著	1	430
978－7－5684－0760－1	装饰材料与施工工艺	周　康、秦培晟、谭惠文,主编	1	424
978－7－5684－0659－8	计算机数学基础	刘　淋,主编	1	393
978－7－5684－0761－8	离心泵数值模拟实用技术	司乔瑞、袁建平、裴　吉、陆　荣,编著	1	382
978－7－5684－0688－8	汽车防抱死制动系统构造与维修	李劲松、熊安胜,主编	1	380
978－7－5684－0756－4	家在富春江上:郁达夫少年文学院优秀作品选	苏立军,主编	1	360
978－7－5684－0725－0	学前儿童健康教育	张乃丹、莫　群、满孝平,主编	1	347
978－7－5684－0755－7	大学生社交礼仪	刘晓芬、敖丽芳、罗　敏,主编	1	347
978－7－5684－0758－8	汽车文化与概论	楚庆华、孟宪明、常保利,主编	1	335
978－7－5684－0690－1	机械制造技术综合实验教程.2版	宋昌才、袁晓明、沈春根、刘东雷、黄　舒、李　品,编著	1	334
978－7－5684－0680－2	大学物理练习册:习题分析与解答	江苏大学理学院大学物理教学部,编	1	318
978－7－5684－0742－7	怡然自得	黄剑非,著	1	298
978－7－5684－0753－3	《毛泽东思想和中国特色社会主义理论体系概论》学生辅学读本	杨中兵、王　燕、汪琦佳,主编	1	253
978－7－5684－0754－0	《思想道德修养与法律基础》学生辅学读本	杨中兵、王　燕、汪琦佳,主编	1	236
978－7－5684－0723－6	学思录	贾　轸,著	1	233
978－7－5684－0747－2	中职数学学业水平测试教材.数学	谢丽萍、李碧璀、薛淑萍,主编	1	226
978－7－5684－0704－5	微机原理及控制技术实验教程	王　伟、何　杰,主编	1	182
978－7－5684－0762－5	小升初名校直通车.数学	任　杰,主编	1	174
978－7－5684－0759－5	秀镇江.5:小镇风情写生创作展作品集	杨　雷,主编	1	150
978－7－5684－0764－9	小升初名校直通车.语文	任　杰,主编	1	134
978－7－5684－0657－4	工程数学练习册	江苏大学理学院,编	1	111
978－7－5684－0686－4	我们的节日	江苏湛蓝影视股份有限公司,编绘	1	70
978－7－5684－0537－9	陆游踏雪观瘗鹤铭题记(盒装)	焦山碑刻博物馆,编	1	52
978－7－5684－0751－9	财务会计	吴育湘、杜　敏,主编	2	514
978－7－5684－0752－6	国际金融	龙晓辉、陈　浛、谢亚可,主编	2	468
978－7－5684－0719－9	钢琴基础.上册	姜　雪、胡少林、左张弛,主编	2	423
978－7－5684－0748－9	汽车保险与理赔:一体化教程	楚春贵、马建普、周胜奇,主编	2	398
978　7－5684－0765－6	汽车涂装技术	李　海、左小勇、梁成泽,主编	2	375
978－7－5684－0768－7	苦旅印记	何仁旺,著	2	360
978－7－5684－0766－3	大学生心理健康教育:阳光心灵 幸福成长	齐丽丽,主编	2	301
978－7－5684－0712－0	"毛泽东思想和中国特色社会主义理论体系概论"课程案例精选与实践教程	李智水,主编	2	282
978－7－5684－0750－2	财务会计实训	杜　敏、吴育湘、贺　晶,主编	2	236
978－7－5684－0763－2	管理信息系统设计与开发实训教程	刘秋生,主编	2	230
978－7－5684－0767－0	小升初名校直通车.英语	任　杰,主编	2	174
978－7－5684－0769－4	工程力学实验	吴卫国、王自平、刘红光,编	2	164
978－7－5684－0771－7	海洋生物酶发酵过程软测量与优化控制方法研究	朱湘临,著	2	158
978－7－5684－0772－4	单招新学径:基础复习方略.数学	杨艳红,主编	2	1088

续表 32－2

ISBN	书名	第一责任者	出版年月	字数(千字)
978－7－5684－0779－3	单招新学径:基础复习方略. 语文	《单招新学径:基础复习方略》编写组,编	3	1021
978－7－5684－0780－9	单招新学径:基础复习方略. 英语	《单招新学径:基础复习方略》编写组,编	3	1010
978－7－5684－0778－6	经济法基础	王维新、康微婧、赵生园,主编	3	479
978－7－5684－0773－1	健康评估	郭素环、崔永勤、李凌云,主编	3	462
978－7－5684－0787－8	中考精练 1＋1. 物理	罗大为,主编	3	436
978－7－5684－0519－5	故国千门难锁梦:清初词人的生死抉择	沈尘色,著	3	392
978－7－5684－0749－6	中外室内设计史	冯宪伟、李远林、蔡建华,主编	3	392
978－7－5684－0774－8	大学生心理健康教育	雍　浩,主编	3	358
978－7－5684－0782－3	晨读如沐	黄友芹,主编	3	332
978－7－5684－0783－0	走过的路是一阵魔术	黄友芹,著	3	330
978－7－5684－0637－6	恋他芳草不多时:道咸词人的寥落穷愁	沈尘色,著	3	321
978－7－5684－0793－9	三维数学教育思想	邹施凯,主编	3	307
978－7－5684－0801－1	燕子不来花自落:乾嘉词人的盛世悲歌	沈尘色,著	3	299
978－7－5684－0520－1	人生若只如初见:清代词人的情感故事	沈尘色,著	3	266
978－7－5684－0777－9	钢琴基础. 下册	朱春秀、万凌艳、贾晓英,主编	3	265
978－7－5684－0785－4	韩诗三百首:言意象观照中的原创中国汉语诗歌(精装)	韩陈其,著	3	260
978－7－5684－0784－7	七言品读《道德经》	王荣华,编著	3	220
978－7－5684－0770－0	病理学＝Pathological Morphology	鞠小丽,主编	3	216
978－7－5684－0775－5	感受镇江温度	王晨沛,著	3	208
978－7－5684－0776－2	幼儿园趣味微耕课堂	王　慧,主编	3	170
978－7－5684－0781－6	舞动西来桥:2017 年第十届全国舞龙舞狮锦标赛江苏省舞龙舞狮比赛摄影作品选	扬中市西来桥镇人民政府,编	3	80
978－7－5684－0786－1	扬中河豚记忆	方泽华,主编	4	380
978－7－5684－0803－5	西津十八景诗书画印作品集(精装)	庞　迅,主编	4	280
978－7－5684－0789－2	室内照明设计	鲍亚飞、熊　杰、赵学凯,主编	4	260
978－7－5684－0794－6	遗传与优生	郭素环、李凌云、刘　婷,主编	4	237
978－7－5684－0813－4	清风徐来	史　祥,著	4	230
978－7－5684－0815－8	《韩非子》对称结构句法研究	李　文,著	4	227
978－7－5684－0788－5	高等数学习题册. 多学时	陈　洋、郭艳慧,主编	4	156
978－7－5684－0807－3	小学期末总动员. 一年级语文. 下	任　杰,主编	4	31
978－7－5684－0805－9	小学期末总动员. 二年级语文. 下	任　杰,主编	4	63
978－7－5684－0806－6	小学期末总动员. 三年级语文. 下	任　杰,主编	4	63
978－7－5684－0809－7	小学期末总动员. 四年级语文. 下	任　杰,主编	4	63
978－7－5684－0810－3	小学期末总动员. 五年级语文. 下	任　杰,主编	4	63
978－7－5684－0811－0	小学期末总动员. 六年级语文. 下	任　杰,主编	4	63
978－7－5684－0797－7	小学期末总动员. 一年级数学. 下	任　杰,主编	4	31
978－7－5684－0798－4	小学期末总动员. 二年级数学. 下	任　杰,主编	4	31
978－7－5684－0799－1	小学期末总动员. 三年级数学. 下	任　杰,主编	4	31
978－7－5684－0800－4	小学期末总动员. 四年级数学. 下	任　杰,主编	4	31
978－7－5684－0796－0	小学期末总动员. 五年级数学. 下	任　杰,主编	4	31
978－7－5684－0795－3	小学期末总动员. 六年级数学. 下	任　杰,主编	4	31
978－7－5684－0836－3	大学衍义补. 全十三册(精装)	[明]丘　濬,著	5	1513
978－7－5684－0812－7	临床超声医学	陈宝定、鹿　皎,主编	5	978
978－7－5684－0848－6	注册消防工程师考前辅导:实战金钥匙	葛　磊,主编	5	804
978－7－5684－0835－6	单招新学径:导学导练. 数学. 第二册	《单招新学径:导学导练》编写组,编	5	653
978－7－5684－0837－0	南京乡土语文读本	姜琍敏,主编	5	605

续表 32-2

ISBN	书名	第一责任者	出版年月	字数(千字)
978-7-5684-0831-8	弘道录.全四册(精装)	[明]邵经邦,著	5	503
978-7-5684-0830-1	管子榷.全三册(精装)	[明]朱长春,著	5	418
978-7-5684-0802-8	汽车车损与定损	张德虎、汪　洋,主编	5	400
978-7-5684-0845-5	创新创业教育实训教程	张　雷,主编	5	370
978-7-5684-0816-5	大学语文	敖丽芳、魏金强、方立群,主编	5	344
978-7-5684-0828-8	阳明先生文录(精装)	[明]王守仁,著	5	324
978-7-5684-0819-6	能源与动力工程控制基础	田　飞、徐伟幸,编著	5	322
978-7-5684-0842-4	福建省中等职业学校学业水平测试语文读本	语文编写组,主编	5	278
978-7-5684-0817-2	徂徕集	[日]物茂卿,著	5	271
978-7-5684-0814-1	汽车传动系统维修工作页	孙亚菲、孙晓丽、杨爱新,主编	5	231
978-7-5684-0824-0	性理奥.全二册(精装)	[明]丁　进,辑	5	231
978-7-5684-0825-7	宋朝长编资治通鉴(精装)	[宋]李　焘,著	5	231
978-7-5684-0822-6	新编晦庵先生语录类要.全二册(精装)	[宋]叶士龙,编	5	186
978-7-5684-0820-2	顺渠先生文录.全二册(精装)	[明]王　道,著	5	185
978-7-5684-0827-1	薛文清公读书全录类编.全二册(精装)	[明]薛　瑄,著	5	182
978-7-5684-0821-9	闲家编.全二册(精装)	[清]王士俊,辑	5	180
978-7-5684-0829-5	见闻杂记.全二册(精装)	[明]李　乐,著	5	180
978-7-5684-0832-5	最乐编.全二册(精装)	[明]魏大中,辑	5	170
978-7-5684-0841-7	中国汽车线束行业研究报告.2017.上册	中国汽车零部件工业有限公司、中国汽车工程学会电器技术分会、中国汽车零部件电子电器发展中心,编著	5	160
978-7-5684-0823-3	楞严经疏解.全二册(精装)	[印]般剌密帝,译	5	140
978-7-5684-0833-2	中诠	[明]汪应蛟,著	5	140
978-7-5684-0826-4	泾野子内篇(精装)	[明]吕　柟,著	5	115
978-7-5684-0863-9	润州非遗:璀璨多姿的文化印迹(精装)	蔡文龙,主编	5	113
978-7-5684-0818-9	容安斋苏谈	[明]白胤昌,著	5	72
978-7-5684-0834-9	新增愿体广类集(精装)	[清]李仲麟,编	5	65
978-7-5684-0869-1	外科护理学学习与实训指导	王　毅,主编	6	467
978-7-5684-0853-0	单招新学径:导学导练.英语.第三册	《单招新学径:导学导练》编写组,编	6	466
978-7-5684-0877-6	当代教育评论.第7辑	徐继存、潘洪建,主编	6	420
978-7-5684-0847-9	汽车传动系统检修	李　新、冯丽敏、张金友,主编	6	400
978-7-5684-0861-5	汽车发动机检修一体化项目教程	刘　文、廖仲卿、吴　健,主编	6	385
978-7-5684-0892-9	防治心脑血管疾病专题精讲800题:揭开心脑血管疾病之谜	李洪斌、隋旭波,主编	6	381
978-7-5684-0868-4	旅游学概论	闻　芳、杨　辉,主编	6	375
978-7-5684-0866-0	内科护理学学习与实训指导	张　蓉,主编	6	360
978-7-5684-0858-5	设计营销与管理	王　琨,主编	6	340
978-7-5684-0872-1	网格化配电网规划实战手册	陈德鹏、刘　松、韩　坚,编著	6	323
978-7-5684-0859-2	3Ds Max 项目化实用教程	王　雪,主编	6	315
978-7-5684-0849-3	宫廷游艺:翰林画家邹一桂研究	朱光耀,著	6	240
978-7-5684-0840-0	MRI 技术与实验	张卫萍、谢寰彤、甘　泉,主编	6	230
978-7-5684-0862-2	养老服务实用手册	黄　颖,主编	6	208
978-7-5684-0879-0	高等数学习题册.上	南通大学理学院数学系,编	6	120
978-7-81130-981-2	概率论与数理统计习题册与综合训练	李晓莉、张雅文,主编	6	113
978-7-5684-0864-6	亦师亦母话成长	刘婷婷,著	6	97
978-7-5684-0844-8	线性代数习题册	居腾霞、缪雪晴,主编	6	88
978-7-5684-0856-1	阻燃木塑—酚醛树脂整体式节能外挂复合墙板建筑构造与技术措施	戚　豹、李继才,著	6	49

续表 32－2

ISBN	书名	第一责任者	出版年月	字数(千字)
978－7－5684－0876－9	文艺的人民性与人民美学再出发．全2册	刘小新、杨健民、郑海婷，主编	7	750
978－7－5684－0890－5	古汉语与文学基础．上册	易　滢，主编	7	641
978－7－5684－0891－2	古汉语与文学基础．下册	易　滢，主编	7	474
978－7－5684－0900－1	计算机应用基础	周　瑞、石秀君、周建福，主编	7	474
978－7－5684－0852－3	大学预科数学＝Pre－U Pure Mathematics	张　弘、［罗］保罗·乔治斯库(Paul Georgescu)，主编	7	462
978－7－5684－0909－4	叶向高与晚明台阁体文学研究	赵莹莹，著	7	425
978－7－5684－0865－3	妇产科护理学学习与实训指导	刘淑荣，主编	7	394
978－7－5684－0874－5	汽车底盘结构与拆装工作页	金　翔、王家兵、倪伟智，主编	7	382
978－7－5684－0843－1	大医许祥生	蔡永祥，著	7	360
978－7－5684－0883－7	大学生安全教育	邵　超、张黎萌，主编	7	295
978－7－5684－0850－9	工业机器人基础技能实操	唐洪涛，主编	7	273
978－7－5684－0897－4	大学计算机信息技术实验指导	李　俊、周　凡，主编	7	272
978－7－5684－0893－6	《思想道德修养与法律基础》学习指导与练习	张振越、康永英、周雅安，主编	7	217
978－7－5684－0885－1	流体力学实验．2版	闻建龙，主编	7	196
978－7－5684－0911－7	新能源汽车电机及控制技术	廖毅鸣、刘健聪、唐友名，主编	7	192
978－7－5684－0878－3	高强高阻尼镁合金的制备加工技术研究	陈洪美，著	7	184
978－7－5684－0494－5	清朝涉外战争史(精装)	徐圣言，编著	8	1080
978－7－5684－0873－8	资料分析1200题	花生十三，编著	8	818
978－7－5684－0808－0	微型小说全观察(全二册)	吴铁俊，主编	8	657
978－7－5684－0945－2	大学语文：文学·应用·口才	龙　江、杜启蓉、聂希安，主编	8	616
978－7－5684－0910－0	基础会计＝Fundamental Accounting	杨顺华，编著	8	607
978－7－5684－0846－2	有机化学＝Organic Chemistry	陈秋云，主编	8	561
978－7－5684－0895－0	循环系统	贾俊海、金　雯，主编	8	505
978－7－5684－0904－9	骨科学＝Orthopedics	程　千、陈　奇，主编	8	456
978－7－5684－0857－8	电工学＝Electrotechnics	陈　山，主编	8	440
978－7－5684－0944－5	学前儿童艺术教育	刘俊萍、蓝四美、程　丹，主编	8	433
978－7－5684－0889－9	PowerPoint课件设计与制作	丁春兰，主编	8	422
978－7－5684－0791－5	跨境电子商务	张冠凤、邱三平、刘亚杰，主编	8	410
978－7－5684－0921－6	药物化学	吴小林、马永刚，主编	8	409
978－7－5684－0881－3	前厅客房服务与管理	刘诗妍，主编	8	404
978－7－5684－0875－2	中国美术史	范建华、沈　泓，主编	8	378
978－7－5684－0902－5	儿科护理学学习与实训指导	曲鲁清、田　罗，主编	8	377
978－7－5684－0903－2	高等数学．工科类	杨　翠、杨伍梅，主编	8	375
978－7－5684－0923－0	社区护理学	黄　萍，主编	8	375
978－7－5684－0898－1	柴油发动机电控系统检测与维修	黄洪庆、钟连结，主编	8	350
978－7－5684－0916－2	传染病护理学	李影影，主编	8	347
978－7－5684－0922－3	成本会计实务	吴育湘、张　亮，主编	8	346
978－7－5684－0882－0	影视鉴赏	文　源、王立影，主编	8	335
978－7－5684－0880－6	国际市场营销	郑　欣、吴楚媛，主编	8	320
978－7－5684－0924－7	大学计算机信息技术	李　俊、周　凡，主编	8	300
978－7－5684－0908－7	小学综合实践活动指导．2版	潘洪建等，编著	8	296
978－7－5684－0838－7	Flash制作与基础	熊少巍、徐　超，主编	8	283
978－7－5684－0804－2	建筑速写	吴小亮、尚龙勇，主编	8	270
978－7－5684－0926－1	就业与创业指导	战庆举、张成勇、焦建华，主编	8	266
978－7－5684－0887－5	aVR导联心电图研究进展	张建义、张羽中，主编	8	262
978－7－5684－0927－8	新生入学教育	张新有，主编	8	260
978－7－5684－0913－1	风景写生	李茂丹，编著	8	257
978－7－5684－0901－8	计算机应用基础实训	周　瑞、徐艳玲、孟　丛，主编	8	248

续表 32-2

ISBN	书名	第一责任者	出版年月	字数(千字)
978-7-5684-0867-7	网页美工设计	夏　霍、石秀君、罗燕君,主编	8	242
978-7-5684-0912-4	大学预科物理=College Preparatory Physics	俞笑竹,主编	8	242
978-7-5684-0906-3	商业空间设计	吴志强、高　雄,主编	8	240
978-7-5684-0914-8	国学经典语录100	罗永妃、王　强,主编	8	237
978-7-5684-0935-3	成本会计实训	吴育湘、张　亮,主编	8	214
978-7-5684-0907-0	药理学学习指导与习题集	厉彦翔、王　卉,主编	8	201
978-7-5684-0938-4	碳配额约束下的产业系统螺旋低碳演化研究	沈　辉、路正南、邱玉珊,著	8	200
978-7-5684-0896-7	无菌制剂技术	沙赟颖,主编	8	185
978-7-5684-0928-5	少儿快速心算.全三册	刘永年、管　青,编著	8	180
978-7-5684-0884-4	药物分析实验=Experiment of Pharmaceutical Analysis	戚雪勇,主编	8	174
978-7-5684-0925-4	幼儿歌曲弹唱	白　穆、彭筱屏、唐月梅,主编	8	174
978-7-5684-0888-2	仪器分析实验	苏学军,主编	8	155
978-7-5684-0919-3	高职学生工作探索与创新:大学生思政工作论文集.2017年卷	寿伟义,主编	8	134
978-7-5684-0213-2	蜕变吧! 少女	王晓雁,著	8	6
978-7-5684-0940-7	淮阴师范学院校史稿	《淮阴师范学院校史稿》编撰工作办公室,编	9	840
978-7-5684-0965-0	非无菌制剂技术	刘竺云,主编	9	549
978-7-5684-0953-7	吕凤子文集校释	吕凤子,著	9	544
978-7-5684-0860-8	正常人体功能	林扬眉,主编	9	537
978-7-5684-0929-2	机械工程图学实训=Exercise workbook of mechanical engineering graphics	黄　娟、戴立玲,主编	9	507
978-7-5684-0947-6	实用电子商务英语	刘德华、熊　伟,主编	9	392
978-7-5684-0952-0	实用护理技术操作规程与考核指南	吕相群,主编	9	366
978-7-5684-0948-3	护理管理学	田　静、王玉山,主编	9	350
978-7-5684-0957-5	标志设计与VI应用	郭恩文,主编	9	346
978-7-5684-0942-1	大学体育与健康教程	王春华、杨通平、李丹捷,主编	9	330
978-7-5684-0851-6	英语-汉语-法语泵技术词汇大全(精装)	司乔瑞、[法]杰·博华、江启峰,主编	9	322
978-7-5684-0886-8	线性代数及其应用	顾文亚、孟祥瑞、刘　慧、孙艾明,主编	9	314
978-7-5684-0918-6	平面构成	黄丽帆、周剑峰,主编	9	270
978-7-5684-0941-4	供应链管理	杨雨蕾、罗晓彤,主编	9	268
978-7-5684-0939-1	物流运输管理实务	黄少峰,主编	9	250
978-7-5684-0954-4	汽车概论:技术·产业·文化	顾　丹、章　伟,主编	9	250
978-7-5684-0937-7	基本化学实验实训	张文华、卞小琴,主编	9	238
978-7-5684-0915-5	新能源汽车底盘	梁灿基、文培辅、余孔平,主编	9	234
978-7-5684-0899-8	商品包装设计	宗　林、夏甸清、李佳龙,主编	9	225
978-7-5684-0871-4	低扬程泵装置水动力特性及优化选型(精装)	戴　景、袁寿其、李彦军,著	9	203
978-7-5684-0955-1	东坡文化悦读	简冬秋,主编	9	202
978-7-5684-0399-3	设计透视学	卜开智、蔡婉云、门　爽,主编	9	187
978-7-5684-0949-0	"泥"里的精彩:幼儿超轻黏土制作	马　砚、徐虹旻、吴逸琦,编著	9	50
978-7-5684-0950-6	标准行书:精选唐诗66首	管松生,著	9	30
978-7-5684-0971-1	江苏大学年鉴.2017	江苏大学档案馆,编	10	1240
978-7-5684-0966-7	单招新学径:专题集锦与高考领航卷.数学	《单招新学径:专题集锦与高考领航卷》编写组,编	10	456
978-7-5684-0963-6	大学生职业生涯规划与就业指导	简冬秋、许继勇,主编	10	429
978-7-5684-0967-4	单招新学径:导学导练.英语.第五册	《单招新学径:导学导练》编写组,编	10	383
978-7-5684-0964-3	沟通技巧与实训	徐凌洁,主编	10	376
978-7-5684-0943-8	Illustrator基础与实例	关　森、解　艳,主编	10	357

续表 32－2

ISBN	书名	第一责任者	出版年月	字数(千字)
978－7－5684－0934－6	皮肤性病学＝Dermatology and Venereology	李遇梅、许　辉、孙彩虹、马　红，主编	10	350
978－7－5684－0972－8	赛珍珠纪念文集. 第六辑	蔡文俊，主编	10	305
978－7－5684－0969－8	前厅服务与管理	李　岩、隋国研、李慧明，主编	10	271
978－7－5684－0978－0	校园安全教育	熊安锋、阳　军、闵　锐，主编	10	254
978－7－5684－0976－6	餐饮服务与管理	张　勤，主编	10	253
978－7－5684－0956－8	女性职业发展的天花板：机制与出路	李叔君，著	10	220
978－7－5684－0973－5	前厅服务与管理	田　力，主编	10	200
978－7－5684－0975－9	客房服务与管理	孟祥山，主编	10	200
978－7－5684－0930－8	建筑企业敏捷化	鲁业红，著	10	163
978－7－5684－0984－1	单招新学径：专题集锦与高考领航卷. 语文	《单招新学径：专题集锦与高考领航卷》编写组，编	11	712
978－7－5684－0946－9	药物分析＝Pharmaceutical Analysis	童珊珊、余江南，主编	11	711
978－7－5684－0962－9	机械制造基础工程训练＝Mechanical Manufacturing Basic Engineering Training	曾艳明，主编	11	685
978－7－5684－0920－9	临床影像诊断＝Clinical Imaging Diagnosis	崔恒武、单秀红、张联合，主编	11	626
978－7－5684－0735－9	行测名师教案	东　华、徐克猛，主编	11	601
978－7－5684－0936－0	电子学＝Electronics	白　雪、徐雷钧，主编	11	506
978－7－5684－0992－6	当代教育评论. 第 8 辑	潘洪建、徐继存，主编	11	433
978－7－5684－0985－8	应用文写作	冯泽仙、王朝艳、李剑萍，主编	11	335
978－7－5684－0989－6	叙事语言与时空表达：《点石斋画报》图像叙事研究	沈冠东，著	11	284
978－7－5684－1000－7	三位一体 协同育人	王丽荣、李　丹，编著	11	248
978－7－5684－1010－6	大学生通识教程	王丽荣、李　婧，主编	11	243
978－7－5684－0982－7	生物柴油发动机燃烧与排放基础	赵　洋、李铭迪、许广举，编著	11	230
978－7－5684－0987－2	主动式电网技术	陈德鹏、韩　坚、刘　松，编著	11	230
978－7－5684－0993－3	客房服务与管理	李　岩、王莉敏，主编	11	219
978－7－5684－0932－2	近现代扬剧名人录	黄　强，编著	11	213
978－7－5684－0977－3	专利内生价值的评定：以中药专利组合为例	温　明、何　英，著	11	210
978－7－5684－0988－9	永不打烊的警务室	王向明，著	11	198
978－7－5684－0980－3	内燃机百问	中国内燃机学会，编	11	196
978－7－5684－0979－7	县级公立医院改革跟踪评估和发展对策	周绿林、刘　童、许兴龙，著	11	194
978－7－5684－0990－2	联盟企业知识转移、技术研发及产学研合作创新研究	盛永祥、吴　洁、周　潇、王旭娜，著	11	180
978－7－5684－0970－4	固体氧化物燃料电池结构设计与性能研究	肖　进，著	11	168
978－7－5684－0968－1	国际经济法＝International Economic Law	冯　涛、胡小宏、高志红，主编	12	781
978－7－5684－0757－1	雅思听力教程	薛玉秀、顾　鹏，主编	12	650
978－7－5684－1054－0	镇江市文物志	镇江市文化广电新闻出版局，编	12	500
978－7－5684－0746－5	机械制造技术基础	任乃飞、任旭东，主编	12	499
978－7－5684－1029－8	单招新学径：导学导练. 语文. 第五册	《单招新学径：导学导练》编写组，编	12	475
978－7－5684－1039－7	战略规划与管理：演化思想与主导技术＝Strategic Planning and Management: Evolutionary Thinking and Dominant Techniques	蔡　莉，编著	12	473
978－7－5684－1038－0	蒋乔民间故事	《蒋乔民间故事》编委会，主编	12	435
978－7－5684－0997－1	西津渡考古：1998－2010	刘建国、霍　强、陈长荣、王克飞、龚邦安，编著	12	420
978－7－5684－1034－2	甘蔗生产机械化研究	区颖刚、刘庆庭，著	12	420
978－7－5684－1047－2	大学语文	广东培正学院中文教研室大学语文编写组，主编	12	420
978－7－5684－1036－6	汉画像石西王母图像方位模式研究	王　倩，著	12	402
978－7－5684－1015－1	遇见镇江：镇江文化旅游口袋书	镇江市文化广电新闻出版局、镇江市旅游发展委员会，编	12	400

续表 32 - 2

ISBN	书名	第一责任者	出版年月	字数(千字)
978 - 7 - 5684 - 1018 - 2	团体唤醒之旅:心理戒毒的实践与应用	刘　伟、李子洋,主编	12	400
978 - 7 - 5684 - 1033 - 5	精神科护理学	张秋冬、李瑞兰、代建华,主编	12	370
978 - 7 - 5684 - 0855 - 4	汇编语言与接口技术 = Assembly Language & Interfacing Technology	曾兰玲,主编	12	360
978 - 7 - 5684 - 1060 - 1	新型城镇化的理论与实践:以江浙城镇化为例	何育静,著	12	350
978 - 7 - 5684 - 1032 - 8	小学生心理辅导	姚炎昕、李晓军,主编	12	341
978 - 7 - 5684 - 0839 - 4	基层医疗机构实用急救技能	张利远、陈建荣,主编	12	333
978 - 7 - 5684 - 1004 - 5	药品生产质量管理	刘竺云、王立中,主编	12	323
978 - 7 - 5684 - 1050 - 2	解放思想,推动镇江高质量发展:2018 年镇江发展研究报告	孙晓南、潘法强,主编	12	320
978 - 7 - 5684 - 0991 - 9	我的数学情怀	华云锋,著	12	317
978 - 7 - 5684 - 1003 - 8	新产品开发管理	李文元,编著	12	305
978 - 7 - 5684 - 0958 - 2	高等数学. 上 = Advanced Mathematics Ⅰ	杜瑞瑾、董高高、杨　洁,主编	12	300
978 - 7 - 5684 - 1002 - 1	镇江历史文化名人辛弃疾	韩希明,编著	12	300
978 - 7 - 5684 - 1024 - 3	旅游美学	张苏榕,主编	12	300
978 - 7 - 5684 - 1062 - 5	浮世的小园:中国士人的园林生活	李　刚、朱光耀,著	12	300
978 - 7 - 5684 - 1035 - 9	觉醒:凯特·肖邦作品新论	万雪梅等,著	12	281
978 - 7 - 5684 - 1037 - 3	大学生的主体自觉:理论探索与实践创新	李宏刚,著	12	280
978 - 7 - 5684 - 1048 - 9	花开的声音:夏文飙公共文化活动创意策划集	夏文飚,编	12	280
978 - 7 - 5684 - 1040 - 3	护理心理学	刘　芳、赵　阳,主编	12	277
978 - 7 - 5684 - 1001 - 4	茶文化与茶艺技能	黄凌云、王小琴,主编	12	260
978 - 7 - 5684 - 0986 - 5	微电子工艺技术与仿真	王　强,主编	12	258
978 - 7 - 5684 - 1071 - 7	亚人格心理分析、测量与诊断	张奇勇,著	12	250
978 - 7 - 5684 - 0974 - 2	汽车悬置系统设计及性能开发	董加加,编著	12	237
978 - 7 - 5684 - 1011 - 3	致伯藜:陶学子的故事	范一蓉,主编	12	230
978 - 7 - 5684 - 1070 - 0	近代中国中小学教员资格检定制度研究	申卫革,著	12	230
978 - 7 - 5684 - 1041 - 0	护理礼仪	刘　芳、蒋春梅,主编	12	225
978 - 7 - 5684 - 1020 - 5	小学数学学习心理学	郭兆明,著	12	220
978 - 7 - 5684 - 1053 - 3	护理学基础	周彩峰、李倩倩,主编	12	220
978 - 7 - 5684 - 1042 - 7	企业信息系统数据复杂性的度量及应用	尹　隽,著	12	219
978 - 7 - 5684 - 1009 - 0	清溪集	周冠军,著	12	210
978 - 7 - 5684 - 1019 - 9	我们这一年	钱爱芙、吴伟锋,主编	12	206
978 - 7 - 5684 - 0854 - 7	SketchUp 草图大师基础操作与实例教程	田　飞、闫　磊,主编	12	205
978 - 7 - 5684 - 1006 - 9	镇江百年创业人物传奇	镇江市创业就业工作领导小组,编	12	200
978 - 7 - 5684 - 1014 - 4	高熵合金的凝固组织与性能研究	刘　宁,著	12	200
978 - 7 - 5684 - 1022 - 9	京口一相逢:"2018·海内外函寄灯谜大会猜"应征作品专辑	金璐明,主编	12	190
978 - 7 - 5684 - 1031 - 1	钛铝金属间化合物的高温特性及疲劳行为研究	项宏福、冯　迪,著	12	168
978 - 7 - 5684 - 1027 - 4	土岩组合地铁深基坑变形特性与控制指标研究	沈圆顺,著	12	160
978 - 7 - 5684 - 1043 - 4	孕前耳聋基因筛查体系建设	许豪勤、查树伟,主编	12	160
978 - 7 - 5684 - 1025 - 0	低碳经济背景下果蔬类农产品物流信息系统设计研究	胡百灵、赵子琪、姚冠新,著	12	150
978 - 7 - 5684 - 1030 - 4	硅基高 k 氧化物锶硅界面缓冲层的研究	杜文汉,著	12	150
978 - 7 - 5684 - 1044 - 1	耳聋基因筛查与耳聋预防知识解析	查树伟、许豪勤,主编	12	150
978 - 7 - 5684 - 0998 - 8	激光 + 双电弧复合焊接热源耦合机理及工艺研究	顾小燕,著	12	118
978 - 7 - 5684 - 0996 - 4	纳米材料热力学:相关参数对纳米晶体性质的影响及应用研究	姜小宝,著	12	113
978 - 7 - 5684 - 0999 - 5	高等数学习题册. 下	南通大学理学院数学系,编	12	106
978 - 7 - 5684 - 1052 - 6	摇啊摇,摇到外婆桥:吴地童谣	张晓岚、金晓芳,主编	12	80
978 - 7 - 5684 - 1045 - 8	石头·剪刀·布:吴地民间游戏	王丽娜、张晓岚,主编	12	50

(常　钰)

文　摘

宜文化就是早期的吴文化

镇江市历史文化名城研究会
吴文化课题组

一、吴文化的时空概念

吴文化最初的时段，按照西汉司马迁著《史记》所说，太伯、仲雍奔吴的时间至战国时期越灭吴（公元前473年）为止，约700年。唐代陆广微编纂的《吴地记》，在列举吴主从太伯至夫差在位年数后，总括起来说"计二十五主，治国六百十四年"。按照规范算法，从周武王克商后封周章为吴侯算起，则是576年。

就地域而言，我们赞同"吴文化是吴国始发地文化"的概念，即今苏南地区以至扬州和淮安等地区的特色文化。吴王夫差就兼邗王，修邗沟，达末口（故址在今淮安），通江淮。

至于镇江的地域文化，西周、春秋属吴，战国前期属越、后期属楚……在历史长河中，镇江总体上属于吴越之地，楚灭越后也曾属楚，特别是两晋交替之际，大批北方移民来到京口及其周边地区，南徐州人口中，本地居民20万人，北方移民高达22万人，超过本地居民。至近代，镇江又成为对外通商口岸，有英租界、英美等领事馆。所以，镇江的历史文化是以吴文化为主体、南北兼容、中外交流的开放型文化。

二、西周宜侯封国为吴朱方邑前身

1954年4月，镇江大港烟墩山西周土墩大墓边的田头，出土西周青铜器"宜侯夨簋"，簋内底部有铭文12行，存118字，缺损8字，铭文记述周王封虞侯为宜侯时的情景。这是中华人民共和国成立之初，最早出现的长篇金文，在历史学、考古学和古文字学界引起轰动，它使古籍所载太伯、仲雍"奔荆蛮，自号句吴"的记载有了旁证，也表明宁镇丘陵地区是吴文化的发祥地之一。

从1955年发表"宜侯夨簋"出土简报以后，经过30年的考释、论证，著名历史学家、古文字学家李学勤进行梳理辨证，在《文物》1985年第7期上发表《宜侯夨簋与吴国》一文，文章认为，周章是吴国事实上的首封之君，簋名"虞（吴）公"很可能是他，而夨是辈分相当康王的熊遂，宜侯夨簋这件器物也与熊遂时相合；宜是一座较大的都邑，离墓地不会太远。文章最后还提及唐兰认为宜侯夨不是令方尊、方彝的作册夨，作册夨任职成周，其器物在洛阳出土，他就葬在那里，与宜侯夨不过同名，他们的身份是悬殊的。

著名历史学家杨宽著《西周史》更认为宜侯夨可能是吴的始祖，该书在论述"太伯、仲雍迁虞"时有太伯、仲雍奔荆蛮、自号句吴的传说，"尽管春秋时代已经存在，但是，不符合事实。事实上，太伯、仲雍是虞的始祖，所以仲雍又称虞仲……至于吴国，应该是虞的分支。宜侯夨簋所说康王时虞侯夨分封到宜的事，该即吴国的始祖。"他分析说，实际上，在周太王（古公亶父）时，周的势力绝不可能到达吴国，必须待周公东征后，周的支族才有可能封到吴国。

考古学家、江苏省社科院研究员王文清主编的《江苏史纲・古代卷》在写到"东国的兴起"时，专列吴、宜、邗一节，三者并列，吴强盛后宜、邗成为吴国的属地。书中记载：宜侯夨是周章之弟虞仲后裔虞侯夨改封到吴境内宜地的，夨字令，其父虞公丁，可能是虞侯虞仲之子。宜与吴同为姬姓国，春秋时成为吴国的"朱方"邑。

至于周康王是哪一年迁封宜侯的，这个诸侯国又存在多少年，河南省电化教育馆孙顺霖在题为《宜吴国都镇江小考》的论文中，测算了宜吴国存在的时间，从康王封宜侯到春秋时（约公元前6世纪）成为吴国的朱方邑，约400年左右。我们查阅相关史料，康王南巡封宜侯的时间定在周康王二十二年（公元前1005年），这是至今唯一有史可考的时间。如果把宜国成为吴国朱方邑的时间，合理推定为吴王寿梦称王的寿梦元年（公元前585年），则宜国存在了420年。

根据历史资料的综合分析，结合镇江地区考古发掘的成果，我们认为，宜是西周早期在东南地区分封的姬姓诸侯国，也是镇江建置史和城市史的开端。到春秋中期，宜侯国成为吴国的朱方邑，历经400年左右。宜文化就是早期的吴文化，用"宜地吴风"表达是很确切的。

中国社科院主办、谭其骧主编的《中国历史地图集》在"西周时期中心区域图"上，今镇江市区东面就标有"宜"的地名；在春秋时期"楚吴越"图上，今镇江市区东面则标有"朱方县"的地名。从图上标明的位置看，宜的位置与今大港相当，朱方县位置稍有西移，在今镇江主城区与大港之间。这说明，大港周边地区是西周时的宜国所在地，已经得到历史地理学界的认定。

三、宜文化的母体是西周文化

周康王封宜侯在西周时期，春秋时成为吴国的朱方，一直到战国前期，都属于镇江吴文化研究的范畴。吴文化是周文化与本地文化的融合，无疑周文化居主导地位。我们研究早期吴文化即宜文化，就要了解西周所以能够灭商、立朝和繁荣昌盛的优秀文化，包括与此密切相关的历史文化。

西周文化中有哪些优秀的历史文化值得继承和发扬呢？我们查阅《尚书》《诗经》《周易》《礼记》《史记》等古籍和范文澜著《中国通史》等有关篇章，围绕"成康之治"这个重点，归纳为以下八个方面的内容：天下为公、裕民政治、勇于革新、选贤任能、奋发有为、多谋善断、按章办事、团结合作。正是弘扬西周文化中的这些优秀成分，吴国形成了安定和谐的政治局面，赢得一段宝贵的和平发展时期，最终雄居东吴，成为春秋五霸之一。

（撰稿人：钱永波，课题组成员：钱永波、吕万海、王玉国、笪远毅、吴晓峰、严其林、纪东、王书敏、何汉生；摘自"金山网"2018－09－25）

文化开放与认同危机
——以镇江文化为核心的考察

邓　瑗

一、地理形势与文化走向：镇江文化的历史脉络

镇江的历史最早可追溯至周代初年。太伯、仲雍的南奔带来了中原文化，中原文化与江南文化的交会、融通，促使镇江成为吴文化的重要发源地，也在某种程度上奠定了镇江文化的最初形态。西晋末年"八王之乱""五胡乱华"导致北方人民向淮河、长江以南地区大规模迁移，京口（古镇江）成为北方侨民集中聚居区的治所。据统计，"东晋时，北方有一百万人涌入江南，侨居今江苏境内者二十六万人，而京口就有二十二万余人，比当地居民（二十万）还多"（《历史文化名城镇江》，江苏大学出版社2016年版）。移民的涌入、政治经济地位的提高，促发了文化的繁荣，改变了镇江的文化性格与命运。在这样的背景下，镇江的文人文化获得空前发展，如编写《世说新语》的刘义庆祖籍徐州却世居镇江，《文心雕龙》的作者刘勰曾在竹林寺当和尚，梁昭明太子萧统曾在招隐山读书，编纂《文选》，等等。隋唐以降的一段历史时期，镇江政治相对安定，经济繁荣，大运河的开凿使镇江处于黄金水道的十字路口，交通地位更为显著，南来北往的文人墨客在此驻足，留下了流传千古的文化遗产。如，北宋时沈括在镇江建梦溪园，定居8年，并创作了《梦溪笔谈》；书画家米芾

留恋于镇江山水，立下遗嘱死后要葬在镇江；清代郑板桥曾在焦山读书、作画。至今焦山碑刻林立，留有大量诗文遗迹。书写镇江的诗文亦不在少数，仅《全唐诗》收录的著名诗人如骆宾王、李白、孟浩然、刘禹锡、张祜等的诗作就数以百计。近代的镇江同样在中国历史上写下了举足轻重的一笔。鸦片战争开始后，英军进攻广东、福建海面，之后侵犯浙江沿海，并进一步进犯长江，目标直指镇江和南京。西方列强对镇江险要的地理位置十分清楚，《天津条约》将镇江列为通商口岸之一。1861 年 5 月 10 日镇江开埠，时间比汉口、九江、南京等城市都早。政治形势的变化带动了文化的转型，近代镇江出现的重要文化现象纷纷呈现新旧杂陈、中西合璧的特征。如镇江丹徒人马建忠《马氏文通》首次以西方语法学研究古汉语，创立了较完整的汉语语法体系；刘鹗《老残游记》被誉为清末四大谴责小说之一，开篇以行舟遇难隐喻近代中国一盘散沙、列强环伺的危急情境，表达了一代爱国知识分子的忧患意识。西方文明的入侵，是镇江乃至整个近代中国面临的最严峻的问题，这是挑战，也是机遇。商埠的开放使镇江在某种程度上得风气之先，较早近距离接触西方文化，推动了镇江文化的现代转型。

二、多元的焦虑与本土的迷惘：镇江文化的现实定位

由上述对镇江文化形成发展的梳理可知，镇江文化的繁荣很大程度上得益于其独特的地理位置。每次发生大迁徙或大动乱，镇江都成为移民南下的落脚点、兵家必争之地。这样的地理特征造就了镇江独有的移民文化。从镇江有文字记载时起，它留在历史上的形象便是北人南迁后的聚居地，中原文化在此与吴文化交流、融合，西方文化也在此与传统文化聚、碰撞。虽然镇江历史上诞生了大量的文化名人，但有学者注意到，在一长串的名单中，客籍名人占据了很大比例。也就是说，镇江辉煌的地域文化多是由他乡迁徙而来的移民创造的，镇江的作用更多在于提供了一片多元、包容、充满开放性的土地。这一方面是镇江的文化优势，另一方面也可能造成一种多元的焦虑，即镇江兼容并蓄了多种精彩纷呈的文化元素，却无法整合成更具本土特色的文化力量。因此，镇江始终处于金陵文化、淮扬文化与吴文化的边缘地带，没能发展出自己独有的文化特质。

这里不妨借西津渡作一说明。西津渡是镇江重要的文化遗迹，成为当今彰显镇江特色的文化历史街区。它位于镇江城西云台山北麓，原为临江峭壁上开凿的一条栈道，是南北江上交通的重要渡口，李白、孟浩然、苏东坡、陆游等都曾在此候船或登岸，留下了众多诗篇。著名景区“一眼看千年”展现了街道下叠压的从唐代至清代的文化堆积层，如今这里还保存着昭关石塔、观音洞、救生会等众多文物遗迹。古街上开满酒吧、店铺、餐馆和旅社，与矗立的英国领事馆遗迹比邻而立。古典与现代、东方与西方在此交会碰撞，沉重的历史记忆与轻盈的消费文化杂糅并存，如同一个多元的矛盾体。某种意义上，西津渡成为了镇江文化的象征和隐喻。

那么，拥有如此多样丰富的文化遗产的镇江究竟应该如何确定它在江苏、乃至全国的文化地位？在对镇江文化遗产的梳理与当地学者的对谈中，最令人印象深刻的一点是，镇江学者十分自豪于本地厚重的历史文化，对它们如数家珍，但面对“如果用一句话概括本地区的文化特色，最合适的表达是什么？”的问题时，他们却呈现了集体的失语。21 世纪以来，镇江对自身的文化定位经历了一系列演变，从“要发财，来镇江，镇江有金山；要长寿，来镇江，镇江有南山”，到“显山露水，透绿见蓝”，再到“镇江，一个美得让人吃醋的城市”，城市定位由强调财富与寿命等物化层面，转向对“城市山林”的构想，并进而突出醋作为镇江的文化标识。这种城市定位的迁移意味着镇江对本城的文化想象在步步深入，但总体上目前的探索仍呈碎片化、表层化的特点，醋的文化意象显然无法承载镇江厚重的历史，也难以表征镇江文化的总体特征。

由此，“镇江在哪里”成为梳理镇江文脉、提炼其地域文化内核必须面对的严峻问题。《站位苏南：创新引领、优化发展——2017 年镇江发展研究报告》（江苏大学出版社 2017 年版）收录了 38 篇探讨镇江经济社会发展定位的文章，某种程度上体现了镇江本土专家、学者对“镇江在哪里”的新思考。但“站位苏南”的总标题又意味着一种文化主体性的缺失：镇江必须向经济更发达的苏南其他区域靠拢。这样的定位本身就是底气不足、缺乏自信的。这也进一步表明，镇江仍未摆脱历史上承载各方文化却缺乏自身文化属性的残酷命运。

三、文化开放与认同危机：“小码头文化”的发展悖论

镇江文化的历史发展与现实处境生动诠释了开放背景下文化自主的两难：开放的环境吸引了古往今来众多文化名人，并且借此成就了自身文化的精彩；但这种开放也留下了一种隐患和风险，即：文化自主性缺失，文化主体性薄弱，文化面貌模糊，文化认同困难。镇江学者将这种状态形象地称为“小码头文化”。镇江引渡接驳了多种外来文化，但开放带来的高流动性，又使得这些外来文化自由飘荡、旋进旋出，反而不利于它们扎下根来并且开花结果；而且，驳杂的质地、异样的色彩也许在互相激荡中互相消解，无助于当地从根本上建构起属于自身的文化传统。

这种状况提示我们：高度的开放性是否必然有利于地域文化传统的建构？或者说，在地域文化传统足够丰满强大之前，地域文化建构是否需要设立某种“干预”机制？这种“干预”，不是简单地拒绝或者说把自己封闭起来，而是辩证地看待文化开放，并根据自己的需要在文化建构中增加“选择”或“设计”的维度。

这个维度之所以重要，是因为当下地域文化面临着与历史完全不同的境遇。镇江的历史文化是在农耕文明背景下随自然的节律进行的，始终处于一种自在的状态，而当下全球化背景下的文化交流融汇，早已从自在层面进入到自为层面，无论在广度、深度还是密度上，都远远强于历史上任何时期。在这个阶段，地域文化普遍受到被解构的威胁，地方的文化物种正面临消失的风险，因此，在镇江文化建构中开展顶层设计，不仅可能，而且必须。

（摘自《世界华文文学论坛》2018 年第 3 期）

北固山京城考

刘建国

1991 年，镇江市北固山前峰（南峰）考古发现三国铁瓮城遗址，经过多年勘探、发掘，一座依山而筑、略近椭圆、周长 1000 余米的孙吴古城被基本探明，并与志载“吴大帝孙权所筑，周廻六百三十步，开南、西二门，内外皆固以砖壁”，若合符节。2013 年，铁瓮城遗址被国务院颁布为国家重点文物保护单位。但是，笔者在铁瓮城考古的过程中常被两个问题所困惑：一是当年孙权面对南北三峰的北固山，为何单选前峰筑城？二是铁瓮城与三国时期地处古镇江的“京城”又存在什么关系？本文通过对史料及考古资料的双重探掘，试逐步揭开这一文化之谜。

一、北固山中峰、后峰都曾是江中半岛

北固山北侧临江，自南向北为前、中、后三峰。后峰（北峰），顶部海拔

55.6米，其上建有著名的甘露寺；中峰，顶面海拔35.3米。以上两峰山壁陡峭，山体均为“火山喷发后的火山岩形成”，并且两者之间有长岗相连（俗称“龙埂”）。前峰（南峰），亦称正峰，山体为粉性黏土，平面略近椭圆状，区内北高南低，海拔37米～24米，铁瓮城即依此山而筑。在前峰与中峰之间亦有龙埂相连，现今有东吴路从中东西向穿过。2003年，在东吴路拓宽工程北侧龙埂断面上，考古发现南宋罗城及太平天国新城的城垣夯土等遗迹，显示宋、清两代曾依北固山龙埂加筑罗城及新城的东垣。史料透露，六朝时北固山三峰之间相互通连，其中当以梁武帝游幸事迹较为具体：“武帝大同十年（544年）三月幸京口城，登北固楼，更名‘北顾’”。此行梁武帝还作《登北顾楼诗》，诗云：“清道巡丘壑，缓步肆登陟。雁行上差池，羊肠转相逼。”“南城连地险，北顾临水侧。深潭下无底，高岸长不测。”诗中“南城”指铁瓮城，“北顾”指北顾（固）楼。梁武帝从南城（铁瓮城）衙署乘舆登临北固楼，这反映其时南北三峰之间确是连成一体，往来通达。观察长江与北固山之间的关系，古代曾经有过较大的变化。清代《北固山志》记曰：“北固山，一峰入城一里弱，两峰出城一里强……北凭大江，高十四丈五尺，周约六里。”文中所谓“城”，是指依铁瓮城旧址所修建的子城。唐代《元和郡县志》记述：“北固山在县北一里，下临长江，其势险固。”所谓“下临长江”与“北凭大江”意思相近，即表明长江岸线与后峰北侧山脚相重合。但若是上溯六朝志书，其江与山的关系则另有不同的表述。如南朝《南徐州记》：“城西北有岭，陡入江，三面临水，号云‘北固’。”又《京口记》：“回岭入江，悬水峻壁。”史料显示，六朝时期中、后峰为“回岭入江”“三面临水”，俨然为江中半岛；而唐代以降则变为“下临长江”“北凭大江”，也就是说江岸向北推移，半岛已经登陆。史料所记亦得到考古的证实：2005年，北固山下实施洛阳铲探，在横跨东吴路南北一线孔探地层中显示：以东吴路为界，路南地下的早期文化地层为六朝以远；而路北地下最早的文化地层只是属于唐代堆积，其下即为长江淤积土，这表示此地域唐以前确是处于江水之中。

通过以上史志及考古资料的相互印证，已能大致复原唐以前北固山地理环境：中、后峰为石体，三面临水，悬崖峭壁，兀立江中；前峰为缓坡土台，东、西、南三翼皆为陆地。故当年孙权在规划利用北固山时便南北有别：南边陆地前峰实为土台，自当需要筑城方能御敌；而北边江中的二峰为天然“石头城”，也就无须再行人工加固。

二、三国东晋时期，北固山已具有完整的治所功能

另一方面，史料还透露出北固山三峰之间存在文化及功能的整体性关系。其中，又以立于三峰之上的三座名楼，即后峰北固楼、中峰芙蓉楼和前峰万岁楼最具象征意义。北固楼。南朝《舆地志》记载：“北固山有亭屋五间，蔡谟以置军实。”《南史》亦载：“蔡谟起楼其上，以置军实。”表明其规模较大，为面阔五开间，且有楼层上下。蔡谟（281年—356年），东晋重臣。东晋咸康五年（339年），“太尉郗鉴疾笃，出谟为太尉军司，加侍中。鉴卒，即拜谟为征北将军，都督徐兖青三州、扬州之晋陵、豫州之沛郡诸军事，领徐州刺史、假节”。郗鉴与蔡谟是前后任徐州刺史，治所在北固山前峰铁瓮城，后峰被作为储藏军需的所在。2000年，在北固山后峰腰台进行考古勘探、试掘，出有三国、六朝建筑遗物。这反映北固山后峰与前峰铁瓮城有着共存、密切的文化关系。芙蓉楼。又名千秋楼，位于北固山中峰。南朝《京口记》云：“晋王恭为刺史，改创西南楼名万岁，西北楼为芙蓉，楼之最高者。”王恭（？—398年）东晋大臣、外戚。东晋太元十五年（390年），“以恭为都督兖青冀幽并徐州晋陵诸军事、平北将军、兖青二州刺史、假节，镇京口”。东晋芙蓉楼既是属于“改创”，可见其始建年代当是更早。而宋人汪藻记述其具体方位：“州治之西有楼焉，并城而出，名曰千秋者。考诸《图志》，始于晋王恭之时。”宋时州治，即铁瓮城旧址上修建的子城，所谓城西之楼即是中峰芙蓉楼。及至中唐时，李德裕任润州刺史，“创甘露寺于北固山”，“施州宅后地广其基”，“宅在中峰”。又，晚唐镇海节度使周宝驻润州，“募亲军千人，号‘后楼兵’”（芙蓉楼又称“后楼”）。唐光启三年（887年）二月乙巳朔，宝与僚属宴后楼，“是夕宝醉方寝，（镇海军将刘）浩率其党作乱，攻府舍而焚之。外兵格斗，火照城中。宝惊起，徒跣叩芙蓉门，呼后楼兵，后楼兵亦反矣”。文中芙蓉门当是子城通向中峰的便门。唐时以中峰及芙蓉楼为润州官邸，折射承袭三国、东晋的传统格局。2005年，于中峰腰台实施考古勘探，并在试掘的小型探方内揭示唐代夯土台基、砖墙及砖铺屋基面遗迹；又通过周边洛阳铲孔探，探出其叠加的夯土分布范围较广，当是大型建筑基址。万岁楼。南朝《京口记》云：“晋王恭为刺史，改创西南楼名万岁楼。”楼位于南峰西南角外侧月华山上，与城垣毗连。万岁楼不但是一座观赏长江画卷的名楼，同时又担负铁瓮城西南角楼的防御功能。南峰铁瓮城，自晋唐以降，郡治衙署皆因袭其间，又称之曰“子城”，直至清末方结束其千年衙城的功能。综上所述，中唐之前北固山三峰有着功能方面的明确分工，即：前峰为衙署区，中峰为官邸区，后峰为仓储区，整个北固山统属于治所范围；而自中唐李德裕开始，将后峰辟建甘露寺，从此后峰遂划出官府治所的范围。

三、孙权“都京”数年，“京城”已具备完整格局

京城，古代通常指国都。但历史上亦有两个地方名曰“京城”：一是春秋郑国的城邑，《左传》载：“请京，使居之，谓之‘京城大叔’。”故城在今河南荥阳。二是吴地京城，又称京，早在三国时就已闻名于世。且以成书西晋的《三国志》为例，其中《吴书》《蜀书》内凡是见有“京城”“京”名，皆是指古镇江，如：孙河屯京城。东汉末年，孙策占据江东，随后即派孙河屯戍京城。《吴志》曰：“汉献帝兴平二年（195年）孙策创业江东，使将军孙河领兵屯京地。”又，《三国志》云：“（孙）河，字伯海，本姓俞氏，亦吴人也。孙策爱之，赐姓为孙，列之属籍。后为将军，屯京城。”孙河秉承孙策旨意，较早地就开始建设京城，为以后作为政权中心做好前期准备。孙韶缮治京城。孙韶为孙河子侄。在东汉建安九年（204年），当孙河遇害之时，“韶年十七，收河余众，缮治京城，起楼橹，修器备以御敌。（孙）权闻乱，……夜至京城下营，试攻惊之，兵皆乘城传檄备警，讙声动地，颇射外人，权使晓喻乃止。明日见韶，甚器之。”孙权当即委任他为承烈校尉，统辖孙河旧部，以曲阿（今丹阳）与丹徒二县税粮作军用，可以自设长史（军府属吏之长），一切待遇与孙河相同。可知，早在三国时期，丹徒、曲阿二县已经成为京城所辖的腹地。孙权都京。孙权在江东建立政权以后，曾一度以京城作为政权中心。《三国志》载：“（孙）权为车骑将军，都京。”《建康实录》称，东汉建安十三年（208年），“权始自吴迁于京口而镇之”。“十六年，权始自京口徙治秣陵（今南京）”。虽然孙权以京为都的时间前后只有四年，但在此期间孙权联刘抗曹，取得赤壁大战胜利，京城扮演了这段历史演绎中的重要角色。

考之，京城之名何以称“京”？宋《润州类集》“北固山”条目：“州谓之京镇、京口者，因此山。”唐《祭言禅师文》：“北固乃京岘之一枝。”而《元和郡县志》点明：“京上郡城，城前浦口即是京口。”郡城即立于京山（北固山）之上，京口之名亦源出于此山。南朝志书对京城的表述就更为明确、完整。如《南齐书》：“今

京城因山为垒，望海临江，缘江为境。”它既包括“因山为垒”的铁瓮城，又收入“望海临江”的中、后峰。又，梁武帝诗云：“南城连地险，北顾临水侧”。诗中的“南城”即铁瓮城，“北顾”即北顾（固）楼，点明南城、北楼的呼应态势。而《丹徒县志》所引史料则表述更为明确：“按《志》：吴筑京城，又于京城内筑子城。”综上所述，京城范围应是涵盖整个北固山，并包括前峰上的铁瓮城（即“南城”，后依旧址加筑子城）。汉末，朝廷曾颁给孙权“车骑将军”身份。《三国志·胡综传》写道：“权为车骑将军，都京，召综还，为书部，与是仪、徐详俱典军国密事。”所谓“都京”，则是以京城为都城。孙权自建安十三年“都京”的数年中，虽然尚未立国，但其政权统辖范围已包括吴、丹阳、会稽、豫章、庐陵、新都、鄱阳等7个郡、100余个县，相当于现今苏南、皖东、上海、浙江、福建、江西面积的总和，基本上涵盖了中国东南地区。故此时孙权的车骑将军府，在一定程度上已具备准宫城性质。古代宫城“前朝后寝”。以此审之：北固山前峰铁瓮城，是孙权朝政办公处所；而中峰当是后宫苑区；后峰则是设有武库、粮仓等仓储所在。推知京城规模，前峰夯土城加上中、后峰石头城，南北1000余米，周围长约3000米，形成周长逾3000米的城址，它应该是完整意义的京城格局。

结　语

古代北固山是一座完整的山，它的三峰之间系由长岗（龙埂）相连；而山体则南北有异，前峰为黄土构成，中、后峰属火成岩体；且唐代以前，中、后峰尚三面临水，悬崖峭壁，伸入江中。三国、东晋时期，北固山已然具有完整的治所功能，其布局前峰为南城（铁瓮城）衙署区，中峰以芙蓉楼为标志的官邸区，后峰以北固楼为军库的仓储区。京城是三国孙权因地制宜、富于创造的建城杰作，他利用前峰夯土城与中、后峰天然石头城组成合体城。这一结合人工和天然的特色城址，堪称是我国古代建城史上的奇葩，实属罕见。

（摘自《中国文物报》2018年6月1日）

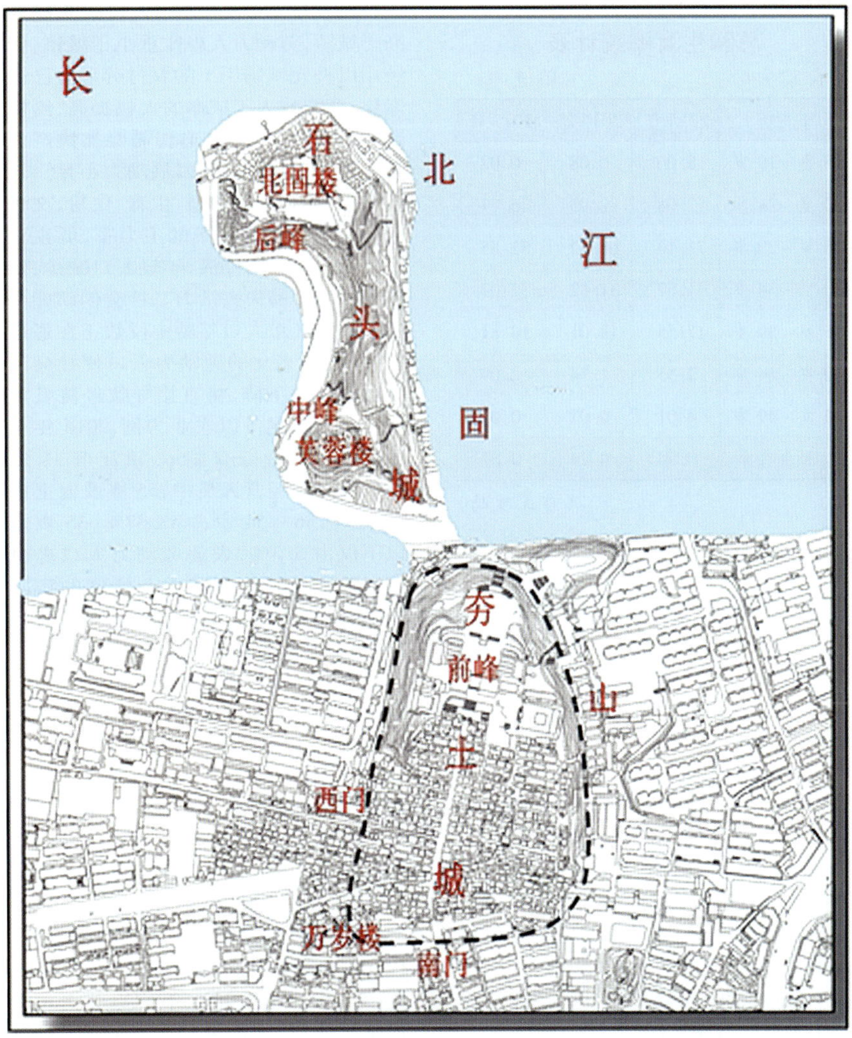

图32-1　六朝时期镇江北固山地理环境及城址示意图　（刘建国　供稿）

对近年来镇江市人口结构变化的分析

镇江市民政局课题组

（课题组成员：尹卫民、潘志坚、黄自、张琳、薛萍；执笔：黄自）

从2013年中共十八届三中全会决定启动实施一方是独生子女的夫妇可生育两个孩子（以下简称“单独两孩”），到2015年中共十八届五中全会决定全面实施一对夫妇可生育两个孩子（以下简称“全面二孩”），结束了实施35年的“一孩政策”。2010年第六次全国人口普查以来镇江市人口结构如何？全面二孩人口增殖及发展趋势如何？

一、镇江市人口发展现状

2010年以来，镇江市总人口和14岁及以下人口（以下简称“少儿人口”）缓慢增长，15岁~59岁人口（以下简称“劳动人口”）逐年下降，60岁及以上人口（以下简称“老年人口”）迅速增加，老年人口数量和比重全面超过少儿人口。

1. 老年人口总数超过少儿人口，增速快于少儿人口。2010年以来，镇江市少儿人口比重缓慢增长，劳动人口比重逐年下降，老年人口比重持续增加。截至2017年，全市有常住总人口318.63万人。其中，14岁及以下33.68万人，15岁~59岁217.3万人；60岁及以上67.65万人（15岁~64岁241.54万人），是少儿人口的2倍。60岁及以上人口年均增长42.3‰（65岁及以上年均增长43.4‰）。

2. 老年家庭空巢化现象普遍。2015年全国1%人口抽样调查显示，镇江市常住人口家庭户均人口为2.87人。全市家庭户中，独居老人和“仅二老相伴”家庭分别占11.79%和21.62%，老年家庭空巢率超过1/3。空巢老人21.96万人，其中独居老人7.75万人，子女与老人分居十分普遍。

3. 劳动力人口比重持续下滑。2010年以来，镇江市劳动力人口持续负增长，到2017年，15岁~59岁人口减少11.43万人，年均负增长7.3‰，劳动人口下滑速度快于少儿人口（6.93‰）的增长速度。与此同时，镇江市人均预期寿命逐年延长，2016年达80.6岁，高于全国平均4.6岁，人口老少比不断上升势头难以扭转。

4. 社会抚养负担日趋加重。由于15岁~64岁劳动力人口持续下降，老年抚养比（65岁以上人口与15岁~64岁人口之比）持续快速上升。2010年，镇江市老年抚养比超过少儿抚养比，社会总抚养比在多年下降后出现由降转升的逆转。

5. 人口老龄化程度日益加深。与2010年相比,2017年镇江市60岁以上老年人口比重上升5个百分点(65岁以上上升3.27个百分点),14岁以下少儿人口仅增加0.27个百分点,老少比提高28.3个百分点,人口年龄中位数提高7岁。

6. 未来10年将迎来老年人口最高峰。未来10年,随着第二个人口出生高峰(1963年—1972年)人口步入老年人行列,加上1990年以后出生人口锐减,老龄人口比重迅速攀升,2030年前后将迎来人口老龄化最高峰。人口老龄化、老年人高龄化、严重少子化、家庭空巢化、社会抚养比日趋上升,成为镇江市人口最显著特征。

二、镇江市人口生育情况

1. “全面二孩”政策效果昙花一现

2016年,实施“全面二孩”政策第一年,镇江市新生人口比上年增加0.24万人,人口出生率提高2.66‰。与全国和全省一样,2017年,镇江市出现出生人口和人口出生率双下降。与2016年相比,新生人口减少0.2万人,人口出生率下降2.51‰,而且人口出生率显著低于全国和全省平均水平。

2. 育龄妇女人数大幅下降

据统计,镇江市15岁~49岁育龄妇女人数2016年比2015年略增0.23万人,2017年比2016年则锐减4.47万人。

2015年—2017年镇江市育龄妇女人数统计表

表32-3 单位:万人

年龄组	2015年	2016年	2017年
15岁~19岁	4.71	4.31	4.09
20岁~24岁	8.75	7.8	6.87
25岁~29岁	14.78	14.31	13.01
30岁~34岁	10.86	10.98	11.67
35岁~39岁	10.54	13.41	11.34
40岁~44岁	12.92	11.99	11.3
45岁~49岁	15.78	15.77	15.82
合计	78.34	78.57	74.1

(市民政局)

生育旺盛期(20岁~29岁,下同)育龄妇女人数大幅下降。与2015年相比,2017年20岁~24岁育龄妇女减少1.88万人,25岁~29岁育龄妇女减少1.77万人,合计减少3.65万人。

未来镇江市生育旺盛期妇女人数将出现断崖式下降。忽略人口死亡和迁移因素,依据市卫计部门统计推算,生育旺盛期妇女人数2022年和2027年则分别减为10.96万人、8.5万人,分别净减少8.92万人、11.38万人。

随着镇江市第三个也是最后一个人口出生高峰(“80后”)带来的生育高峰即将过去,“90后”“00后”人口大幅度下滑,新生人口大幅下降的序幕已经拉开,目前正处在“80后”与“90后”交替的生育旺盛期女性人口生育窗口期,也是不容错过的镇江市人口增长的最后“黄金期”。

3. 总和生育率处于极低状态

通过对镇江市2016年—2017年各年龄组育龄妇女新出生人口分析,可以看出全市人口生育率持续走低。2015年,全市总和生育率(TFR)为0.94,低于全国(1.05)的平均水平。2016年、2017年分别降至0.74和0.62,显著低于人口自然更替所需的(1.8~2.5)生育率水平,已跌落国际公认的(小于1.3)“低生育陷阱”。

2015年—2017年镇江市总和生育率统计表

表32-4 单位:‰

年龄组	2015年	2016年	2017年
15岁~19岁	8.06	0.08	0.02
20岁~24岁	52.08	32.95	26.71
25岁~29岁	71.16	68.32	52.85
30岁~34岁	31.67	31.82	32.07
35岁~39岁	17.55	13.01	10.81
40岁~44岁	2.55	1.34	2.09
45岁~49岁	4.01	0.07	0.09
总和生育率	0.94	0.74	0.62

(市民政局)

4. 生育堆积效应已经释放

从生育孩次来看,“一孩”占比下降,“二孩”占比上升。2017年“一孩”比例从上年66.17%降为58.48%,“二孩”比例从上年33.83%升为41.52%,两者相差7.69个百分点。从育龄妇女年龄分析,生育旺盛期(20岁~29岁)女性生育“二孩”比例显著低于“一孩”,2016年和2017年大龄(30岁以上)女性所生“二孩”分别占57.56%和61.97%。

从孩次生育率看,2015年至2017年镇江市“一孩”生育率持续下降,“二孩”生育率基本持平。在生育率总体下降的前提下,生育旺盛期女性“一孩”生育率高于大龄女性,大龄女性“二孩”生育率高于生育旺盛期女性。

30岁以上大龄女性是生育“二孩”的主力军,“全面二孩”实施两年来镇江市出生人口不升反降,印证了生育堆积效应已经大部分释放,预示着“二孩”生育高峰已经过去。

三、新生人口下滑的后续影响

1. 人口低生育水平难以扭转

城镇化水平不断提高,社会保障体系逐渐完善,社会“养儿防老”观念逐渐淡化,加之生育成本居高不下,民众整体生育意愿走低。2017年,镇江市总工会对514名职工生育状况调查,65%的职场妇女表示不愿生“二孩”;镇江市妇联对500名育龄妇女调查,没有生“二孩”意愿者达41.75%。

2. 人口结构失衡进一步加剧

长时间的“独生子女”生育限制和极低生育率,导致镇江市人口结构严重失衡。不到30年,14岁以下人口减少37.03%,65岁以上人口增加147%。“少子老龄化”的畸形人口结构难以通过“二孩”措施加以扭转。

3. 经济持续发展受到制约

劳动力人口不足。2015年全国1%人口调查显示,农村老年人口比重显著高于城镇,劳动力人口比重小于城镇,曾经用以补充城镇用工的农村劳动力已经老化,意味着人工成本的大幅提高,给制造业造成巨大冲击,迫切需要加快产业结构转型升级。经济发展动力不足。长期以来,年轻人口结婚、生育、住房、文化教育等消费作为消费的主力军,低生育率导致人口增长停滞,年轻人口减少,致使消费和贸易失去活力。社会创新能力不足。镇江市人口年龄中位数正在逼近50岁,逐渐老化的劳动力人口使社会总体创新能力下降,将直接导致经济发展后续动能不足。以农业为例,2016年全国第三次农业普查显示,镇江市31.31万农业生产经营人员中,55岁及以上占51.36%,36~54岁占43.37%,35岁及以下仅占5.3%,农业劳动力人口老化难以适应镇江市现代农业发展的实际需要。

4. 社会保障压力不断加大

养老保障资金来源不足。随着镇江市第二次人口出生高峰人口陆续跨入老年人行列,领取养老金的人员队伍不断壮大,全社会用于老年人的养老、医疗、照料服务及设施建设等社会保障投入需要不断增加。养老服务社会供给不足。根据对镇江市户籍不同人群人口数量统计,由于老年人口寿龄逐渐延长,随着“独生子女”一代父母步入老年人行列,代际人口结构反转为“倒金字塔型”,基座(年轻人口)严重萎缩,家庭养老功能严重弱化,传统的家庭养老难以为继。养老服务人力资源不足。2016年,镇江市1378名养老护理员中,50岁~59岁占35.8%,60岁以上占20.5%,而30岁以下不足10%。无论家庭还是养老机构,低龄老人照料高龄老人现象十分普遍。

2017年镇江市各类人群人口数量统计表

表32-5　　单位:万人

人群	年龄组	女	男
少儿	0岁~14岁	13	13.89
青年	15岁~29岁	20.42	20.58
壮年	30岁~59岁	66.34	64.44
老年	60岁以上	36.35	33.96

(市民政局)

5. 最终影响社会和代际和谐

2017年,镇江市每3.2个劳动力就需要抚养1个60岁以上老年人。随着时间的推移,在老年人口增长的同时劳动力人口逐渐减少,老年抚养比持续增加,劳动力人口抚养负担不断加重,老年人口对公共服务资源需求不断加大,代际利益分配矛盾和冲突将逐渐显现。

(摘自《江苏老年学研究》2018年第3期)

“润扬大桥”桥名的来历

俞　明

润扬大桥是我国长江上的三大名桥之一。在这三大名桥中,武汉长江大桥之所以有名,是因为它在1957年最早建成通车,是“万里长江第一桥”。南京长江大桥之所以更出名,是因为它被写进了中小学课本,是中国人民自己设计并建造的“争气桥”。润扬大桥出名,则是因它的四字桥名和被它刷新的多项造桥纪录。值此桥名问世20周年之际,我来说说这一桥名的来历。

1998年3月,由镇江、扬州两市联合申报的“镇江扬州长江公路大桥预可行性报告”,在国家计划委员会(以下简称“国家计委”)进入工作程序。是年秋,国家计委副主任叶青签发这一报告批准立项。消息传来,我也不禁为江苏又将增加一座大桥而高兴,同时也为这个桥名沉思起来:南京的大桥,江南江北都是南京的市辖区,只能称南京长江大桥(武汉也是如此),镇江和扬州是两个省辖大城市,桥名应该兼顾两市城市名,可以把桥名称为“润扬大桥”,不宜称为“镇扬”或“扬镇”大桥。1984年,我南京大学毕业参加工作后,因工作需要,对镇江和扬州城名演变过程做过一些研究。

扬州之名,起初在周代是大概念的“东南为扬州”(见《周礼》),春秋时称邗,秦汉时先后称“广陵”“江都”。隋开皇九年(589年)设扬州。唐高祖武德八年(625年)将扬州治所定于江北,从此广陵享有扬州这一专属地名。镇江之地古名先后有“宜”“朱方”“谷阳”“丹徒”,隋开皇十五年(595年)置润州。唐代一度在润州设“镇海军”,宋开宝八年(975)年,改镇海军为镇江军。宋政和三年(1113年),始改润州为镇江府。

基于上述想法,1998年12月,我撰写了一份书面建议,提出把“镇江扬州长江公路大桥”改名为“润扬长江公路大桥”。我在建议书中写了六条理由,要点是:(1)镇江古名润州,扬州古名扬州。古名对应古名,是比较合适的。(2)润州对应扬州,州名对州名,也较合理,江苏地名称州最多(五市),颇具我国传统文化色彩。(3)润扬,润在先,扬在后,符合桥名命名规律。而且朗朗上口,过目难忘。(4)“润”,是个含褒义或中性的字,可作动词用。“润扬”亦可视为动宾结构,引申义较为生动,音韵平仄上也比较顺。(5)原名十个字,不易浓缩,不便简称。如改名“润扬长江公路大桥”八个字,极易浓缩为“润扬大桥”四个字,可节省很多桥名印刷、制作费用。(6)该桥在镇江段的起点即位于镇江市润州区,其建桥机构亦设在润州区。

信件以挂号信形式寄呈国务院办公厅(当时我在南京市担任区长,属政府系统),希望引起政府主管部门的重视。1999年年初,省委办公厅派人和我做了沟通,中办有关负责人也从北京打电话给我,通知我此建议已得到采纳。1999年11月12日,江苏省成立“镇江扬州大桥发展有限公司”,但当时因文件批准环节较多,尚未采用我建议更改的桥名。2000年10月13日,国家计委下发了〔2000〕1647号文件,正式行文批准了这座大桥的开工报告,确定桥名改为“润扬长江公路大桥”,简称“润扬大桥”。国务院副总理李岚清专程到江苏宣布润扬大桥被批准开工的消息。2000年10月18日,江泽民为大桥题写桥名。10月20日,润扬大桥开工典礼举行。经过四年半时间的施工,2005年4月30日上午11时,润扬大桥正式通车。

(摘自《南京史志》2018年第2期)

图32-2　　2005年4月30日建成通车的润扬长江公路大桥　　(石小刚　供稿)

报刊文章题录

经济和政治

题名/作者/文献来源

镇江工业经济发展补短板研究/李强、胥畅/创新 2018 年第 6 期

市属产业集团及上市公司资本运作建议/钱仁汉/创新 2018 年第 9 期

以高质量指标引领高质量发展——《镇江高质量发展监测评价指标体系与实施办法》解读/市发改委、市统计局/创新 2018 年第 10 期

高质量发展背景下的镇江制造业转型/张叶飞/创新 2018 年第 10 期

镇江市汽车产业集聚创新发展路径探索/陶薇/镇江高专学报 2018 年第 3 期

镇江容错机制的构建与完善/马红霞/镇江高专学报 2018 年第 3 期

基于"网络在线评论"的酒店服务质量控制和线上口碑研究——以镇江万达喜来登酒店为例/茅蓉/镇江高专学报 2018 年第 3 期

宁镇扬一体化下镇江产业协同发展路径研究/镇江市经信委综合规划处/镇江社会科学 2018 年第 1 期

2018 年镇江市新兴产业人才需求分析/孙秀宝、欧阳琦/镇江社会科学 2018 年第 2 期

镇江市高端装备制造业发展对策思考/镇江市经信委装备工业处/镇江社会科学 2018 年第 2 期

关于江苏及镇江融入长江经济带，提升发展质量的思考/吴先满/镇江社会科学 2018 年第 3 期

"互联网+"驱动镇江农业转型升级/刘铮/镇江社会科学 2018 年第 3 期

镇江商贸业改革开放的主要经验/章存保/镇江社会科学 2018 年第 6 期

（沙　跃　犀　泽　叶　卜）

社　会

题名/作者/文献来源

精准扶贫过程中的双重网络嵌入机理及其模式研究——基于镇江市茅山革命老区的案例分析/许玲燕、吴杨/江苏大学学报（社会科学版）2018 年第 1 期

镇江自然风景体系与城市格局研究/高原、王向荣/中国城市林业 2018 年第 4 期

镇江市地下水水质评价研究/曹芹/镇江高专学报 2018 年第 2 期

论地理环境对镇江地域文化的影响/高曾伟/镇江高专学报 2018 年第 4 期

"天地图·镇江"电子地图制图方法探讨/王偲迪、肖燕平/镇江高专学报 2018 年第 4 期

非物质文化遗产核心下的地方文创产业体系开发研究——以"镇江三怪"非遗文化设计为例/孟婷/常州工学院学报（社会科学版）2018 年第 3 期

改革开放四十年江苏省绿色城市发展/姜克芳、国子健/江苏城市规划 2018 年第 1 期

中国记者节缘自镇江"刘煜生案"/徐策/档案与建设 2018 年第 10 期

与中华职教社有历史渊源的镇江蚕种场/王荣、王抒滟/江苏地方志 2018 年第 5 期

2017 年度镇江市科技创新十件大事/镇江日报/2018. 1. 15

2017 年镇江市知识产权发展与保护状况/镇江日报/2018. 4. 26

（沙　跃　犀　泽　叶　卜）

文　史

题名/作者/文献来源

春秋晚期前后吴越音乐文化来源考索/马国伟/中国音乐学 2018 年第 3 期

《杨弼臣阿衡纪念碑》文稿考释——兼述镇江回族德润堂杨氏族史/薛龙和/中国穆斯林 2018 年第 5 期

江苏镇江市孙家村遗址 2015—2016 年发掘简报/何汉生、王克飞/考古 2018 年第 6 期

论丹阳金家村南朝墓竹林七贤壁画的承前启后/王汉/故宫博物院院刊 2018 年第 3 期

南宋李虎墓志铭考释/连小刚/文物春秋 2018 年第 4 期

南三阁的社会作用/徐苏/四库学 2018 年第 1 期

南三阁《四库全书》与江南学术文化/李文昌/四库学 2018 年第 1 期

从吴越诗人群体看吴越地域文化及其美学特征/王晓霞/内蒙古师范大学学报（哲学社会科学版）2018 年第 4 期

近代镇江桐油贸易兴衰论析（1864—1937）——基于镇江海关资料的分析/郑忠、陈遥/民国研究 2018 年第 1 期

三国文化的传统意蕴及当代价值/张玲/罗学 2018 年第 6 期

江苏省立镇江图书馆筹建始末/李永卉、殷琛/历史文献研究 2018 年第 1 期

《四库全书总目》镇江人著述提要补正/胡露；周录祥/历史文献研究 2018 年第 1 期

如何既"做新闻"亦"求美文"——以镇江日报《国宝级文物宜侯夨簋出土 60 周年特别报道为例》/王景曙/记者摇篮 2018 年 12 期

《四库全书总目》镇江人著述提要补正/胡露、周录祥/历史文献研究 2018 年第 1 期

江苏省立镇江图书馆筹建始末/李永卉、殷琛/历史文献研究 2018 年第 1 期

近代镇江桐油贸易兴衰论析（1864－1937）——基于镇江海关资料的分析/郑忠、陈遥/民国研究 2018 年第 1 期

镇江东晋隆安二年墓画像砖艺术特征研究/王英/美术大观 2018 年第 5 期

江苏镇江东晋画像砖墓的渊源和意义补论/韦正、朴南巡/东南文化 2018 年第 6 期

乾隆《镇江府志》研究/周祥/华东师范大学（硕士论文）2018 年

明清镇江水运交通与城市发展（硕士论文）/林家豪/华东师范大学 2018 年第 12 期

镇江开埠与社会变迁/孙洪军/江苏科技大学学报（社会科学版）/2018 年第 3 期

刍议抗战时期镇江民族资本家因应时局变化之策——以张怿伯为例/张若愚/江苏科技大学学报（社会科学版）2018 年第 3 期

周孚生平二三事考证兼论其与京口文化之关系/王德龙/镇江高专学报 2018 年第 2 期

论 1842 年镇江沦陷前后的社会治安/孙洪军、高廷爱/镇江高专学报 2018 年第 2 期

高等职业教育文化建设：实践与创新——评《高等职业教育的文化驱动：吕凤子"崇爱尚美"文化育人思想的传承与实践》/丁晓昌/镇江高专学报 2018 年第 2 期

传薪·传心——读《高等职业教育的文化驱动：吕凤子"崇爱尚美"文化育人思想的传承与实践》/裴伟/镇江高专学报 2018 年第 2 期

选择与定位——对南社叶玉森之词的接受视野考察/蔡晓伟/镇江高专学报 2018 年第 3 期

镇江运河文化的历史考察/俞佳奇/镇江高专学报 2018 年第 4 期

论地理环境对镇江地域文化的影响/高曾伟/镇江高专学报 2018 年第 4 期

两汉三国时期丹阳都尉考/李子豪/阜阳师范学院学报（社会科学版）2018 年第 5 期

何处是江南：论明代镇江府"江南"归属性的历史变迁/胡克诚/浙江社会科学 2018 年第 1 期

比较视野下的江南史研究/孙竞昊/浙江社会科学 2018 年第 1 期

镇江与江苏文脉传承创新的重大关联/裴伟/镇江社会科学2018年第3期
镇江古运河文化资源及设置古迹碑之建议/王礼刚/镇江社会科学2018年第1期
江苏大学北固校区的民国建筑及往事/姜平、赵康琪/钟山风雨2018年第1期
试论宁镇地区商周时期考古学文化的结构/许鹏飞、何汉生/东南文化2018年第5期
江苏丹阳北宋邵亢夫妻合葬墓发掘报告/霍强、连小刚/东南文化2018年第4期
镇江名人故居现状调查及对策研究/陆为中/创新2018年第12期
早期楚文化研究辨析与早期楚国的地域范围/赵炳清/长江文明2018年第1期
明清镇江竹枝词中的风土人情探析/惠静海;顾陆燕/安徽文学(下半月)2018年第10期
镇江家风展示馆的叙事策略/庄元/居舍2018年第35期
“诗词镇江”里的情怀/王英志/中国社会科学报2018.9.29
新见碑刻中的文武帝君庙/连小刚/镇江日报2018.1.5
民国时期的镇东铁路计划/王礼刚/镇江日报2018.3.9
从谢灵运诗说宋文帝君臣登“北固”/乔长富/镇江日报2018.3.9

(沙　跃　犀　泽　叶　卜)

镇江人物、姓氏、家风文化研究

题名/作者/文献来源
李之仪与沈括的交谊/任连炬、张海鹰/春秋2018年第1期
皇甫冉诗歌创作与润州/辛馨/牡丹江大学学报2018年第12期
茅以升工程教育观及其当代价值/曾甘霖/高等工程教育研究2018年第5期
一份珍贵的唐代姓氏资料——《魏法师碑》碑阴释文解读/邱隆洪/镇江高专学报2018年第1期
明代大港赵氏希真子夫妇史话/连小刚/镇江日报2018.1.12
京江柳氏十六世传人——刘谷书/唐恒周爱春/镇江日报2018.1.19
宋柳开知润州事辑考/王勇/镇江日报2018.4.20
国医大师吴子周/吴善元/镇江日报2018.5.11
柳氏兄弟与镇江同善堂/徐苏/镇江日报2018.6.22
镇江教育世家法氏家族/何勇、自为/京江晚报2018.2.24
镇江柳氏宗族的家训/徐苏/京江晚报2018.3.17
曾布三起三落扎根镇江/沈伯素/京江晚报2018.12.29

(沙　跃　犀　泽　叶　卜)

赛珍珠研究

题名/作者/文献来源
抵制、协调、强化美国东方主义:20世纪30年代的《大地》中译本比较研究/梁志芳/江苏大学学报(社会科学版)2018年第3期
论赛珍珠的文艺创作——女性领导力视阈下的分析/黄橙/江苏大学学报(社会科学版)2018年第3期
赛珍珠的中国小说创作论新探/刘澍芃/江苏大学学报(社会科学版)2018年第3期
基于数据库平台的赛珍珠研究综述(1978—2017)/张媛、穆坤坤/江苏科技大学学报(社会科学版)2018年第3期
论赛珍珠作品中的生命关怀/鲍旦旦/镇江高专学报2018年第3期
论赛珍珠《龙子》中的中国人形象/周小英、李秀梅等/镇江高专学报2018年第4期
称谓语的翻译策略——以《水浒传》赛、沙两英译本为例/刘力瑗、龚小萍/译苑新谭2018年第1期
论赛珍珠跨文化书写、阐释和传播中的前瞻性与开拓性/姚君伟、姚望/南京师范大学文学院学报2018年第1期
赛珍珠故居小考/郁青/江苏地方志2018年第1期
亦中亦西:赛珍珠《分家》中的中西文化交融之路/康芬/牡丹江教育学院学报2018年第2期
小说《大地》中人物指称语的文化阐释/王少娣/宿州学院学报2018年第2期
中美赛珍珠主题硕博学位论文本体构建及比较研究/卢章平、邵澍赟/图书情报研究2018年第3期
赛珍珠与胡适的中西文化认知比较研究/王丽霞/淮北师范大学学报(哲学社会科学版)2018年第4期
浅论《帝王女人》对慈禧形象的文学性虚构/何长静/绥化学院学报2018年第5期
译者审美心理视角下《水浒传》两英译本的比较研究/梁伟达/菏泽学院学报2018年第6期
南京赛珍珠故居的历史变迁/郁青/档案与建设2018年第6期
赛珍珠写作风格之“杂合性”探索及其对中国文学外译的启示——以《大地》为例/郭天骥/乐山师范学院学报2018年第7期
《大地》中的中国哲学思想/汪桃红/安徽文学(下半月)2018年第9期
为何定位赛珍珠为“中国作家”/关相东/绥化学院学报2018年第9期
赛珍珠助推中国文化“走出去”的方法论探讨/陆美/开封教育学院学报2018年第11期
多维视野中的传教士汉学研究——评刘丽霞《近现代来华传教士与中国文学研究》/李春艳/绵阳师范学院学报2018年第12期
对中国农民的原生态描述——赛珍珠《大地》中的思想倾向分析/苏小青/理论视野2018年第12期
诺贝尔文学奖中的中国国家形象的媒介映射/汤城芳/华侨大学2018年第12期
浅析关联理论视域下的《水浒传》两英译本社会称谓语对比研究/王冠/湖北函授大学学报2018年第13期
重读赛珍珠,她的人生大于文学/薛忆沩/新京报2018.12.8
赛珍珠:我在镇江有个家/段怀情/文汇报2018.12.4

附:赛珍珠研究部分硕士、博士论文

题名/作者/作者院校
《我的几个世界》中赛珍珠多重社会身份研究/马俊/温州大学
超越女性内在性:存在主义女性主义视域下《母亲》中的“母亲”研究/张秋娥/湖南师范大学
《大地》和《一千英亩》的生态女性主义对比研究/张萌/鲁东大学
赛珍珠笔下的中国形象构建研究/周玲丽/江苏师范大学
空间叙事视角下的赛珍珠《大地》研究/赵博/河北师范大学
赛珍珠《帝王女人》中慈禧形象的存在主义女性主义研究/时巾然/南京师范大学
基督教在宿州地区的传播历程与社会适应/葛救恩/安徽大学
诺贝尔文学奖中的中国国家形象的媒介映射/汤城芳/华侨大学

(犀　泽　沙　跃)

《镇江网情》题录

热点聚焦

题名/刊期
省内网民热议镇江发展问题/2018年第2期
南京政协委员析宁镇扬一体化发展掣

肘/2018 年第 4 期
新华系媒体分析镇扬两市过江通道建设/2018 年第 12 期
我市第二轮污染源普查征集线索/2018 年第 14 期
网盼我市争取加入海上丝绸之路申遗/2018 年第 14 期
自媒体分析长江深水航道对镇江影响/2018 年第 19 期
我市消费外流引网议商业环境再升级/2018 年第 19 期
本地网民热议老小区加装电梯话题/2018 年第 21 期
新闻联播聚焦长江镇江段跨江电缆拆除工程/2018 年第 23 期
网民悼念追忆我市知名公益志愿者朱同/2018 年第 24 期
我市严查丹阳龙江钢铁排放数据造假引关注/2018 年第 31 期
生态环境厅通报全省 10 月 $PM_{2.5}$ 排名/2018 年第 43 期
网媒网民关注"镇江长江大桥"命名/2018 年第 44 期
媒体聚焦我市揭牌"江苏网络作家村"/2018 年第 45 期
中国政府网站评估我市列地级市第 5 名/2018 年第 49 期
媒体报道我市 361 家违规培训机构被取缔/2018 年第 50 期

（《镇江网情》编辑部　叶　卜）

网络曝光

题名/刊期
省环保厅通报我市两起环境违法案件/2018 年第 1 期
网曝我市多家贸易公司涉嫌诈骗/2018 年第 1 期
三起楼盘违规事件成网络热点，协信太古城集体维权成焦点/2018 年第 2 期
网传我市韦岗等地"精准扶贫"存猫腻/2018 年第 3 期
春节前后因讨薪导致冲突事件多发/2018 年第 7 期
城东片区异味问题再起/2018 年第 8 期
网曝我市多企业受骗，涉案近 2000 万元/2018 年第 9 期
网揭我市部分老小区也深陷传销现象/2018 年第 9 期
网称我市大型棋牌室"遍地开花"/2018 年第 9 期
网民痛陈京口老丹徒集镇破败现状/2018 年第 9 期
多篇网贴曝光我市消费领域乱象/2018 年第 10 期
"3·15"前夕多网贴曝光本地楼市乱象/2018 年第 10 期
网曝丹徒被关停船厂改头换面继续排污/2018 年第 11 期
网称我市多地被征地农民未纳入社保/2018 年第 11 期
省 263 行动暗访组曝光京口区环境问题/2018 年第 12 期
运管与警方联合打击网约车再引争议/2018 年第 12 期
网民再度质疑本地企业偷排/2018 年第 12 期
网民披露我市违建投诉居高不下/2018 年第 16 期
媒体曝光"果小美"在我市问题多多/2018 年第 17 期
宴春再曝食品安全问题，引发网上哗然/2018 年第 20 期
网上再曝古运河丁卯段污染，盼协力治水/2018 年第 20 期
数篇网帖反映市区多处污染"顽疾"治理多年无果/2018 年第 21 期
央视等相继曝光我市多起环境问题/2018 年第 25 期
省台连续曝光外地垃圾污染丹徒土壤/2018 年第 26 期
省台关注丹徒高桥污泥埋田恐涉利益链/2018 年第 27 期
网借重载车辆噪音扰民，盘点镇江汽渡管理乱象/2018 年第 28 期
省媒曝光我市无人药房处方药销售乱象/2018 年第 28 期
我市两碳素企业违规偷排遭省媒曝光/2018 年第 29 期
多家企业所产缬沙坦含致癌成分，本地网民关注召回问题/2018 年第 30 期
网曝台风过境引发多起突发状况/2018 年第 33 期
网民投诉恒美嘉园周边渣土车扰民无果/2018 年第 34 期
多篇网贴再曝我市环境污染问题/2018 年第 35 期
我市四起典型环境违法案件被曝/2018 年第 36 期
网曝奥音科技压榨工人并指政府失管/2018 年第 36 期
媒体关注我市涉两起地方违规融资/2018 年第 37 期
网称长江牛奶送奶分包代理管理混乱/2018 年第 38 期
长假后期网上空气污染舆情再起/2018 年第 39 期
中央环保督察组意见涉我市多项问题/2018 年第 40 期
零距离曝光连镇铁路施工方疑将五万吨垃圾土偷埋地下/2018 年第 41 期
丹阳多条公路沿线非法加油乱象猖獗/2018 年第 42 期

（《镇江网情》编辑部　叶　卜）

舆情警示

题名/刊期
自媒体再度列举镇江多个违规楼盘/2018 年第 1 期
自媒体煽动镇江等地投资者串联维权/2018 年第 1 期
网称镇江站火车运行班次将削弱，网民担忧我市交通枢纽地位下降/2018 年第 1 期
医保个人账户舆情引关注/2018 年第 2 期
京口双龙市场坍塌致人死亡舆情再起/2018 年第 2 期
财经类杂志曝天楹并购疑点重重，网警我市两国企留神/2018 年第 2 期
网上建议规范出租房登记打击传销组织/2018 年第 4 期
网民质疑新区化工企业偷排强致癌物/2018 年第 4 期
网传丹徒农村教师专项补贴三年未发放/2018 年第 4 期
年关将至，多篇网贴曝光企业欠薪问题/2018 年第 6 期
网传御桥巷四千平米违建系村委会所为/2018 年第 7 期
网曝驸马山庄开发商违规超面积用地/2018 年第 9 期
扬子晚报整版曝光句容一楼盘违规销售/2018 年第 12 期
媒体称恒顺回归主业后强敌环伺/2018 年第 17 期
网披苏州天马精化污染业务转移镇江/2018 年第 19 期
新京报曝望洲财富在我市陷"兑付难"/2018 年第 20 期
媒体报道含我市在内的江苏五市空气质量严重下滑被约谈/2018 年第 21 期
媒体报道镇江毒品案件增幅明显/2018 年第 25 期
300 亿出事平台幕后大股东系镇江企业/2018 年第 28 期
网议上半年我市 GDP 增幅列苏南五市末位/2018 年第 29 期
自媒体发文分析我市政府债务现状/2018 年第 32 期
温州滴滴顺风车命案引本地网民呼吁严管网约车/2018 年第 34 期
城管叫停市区共享单车引发网上议论/2018 年第 35 期
我市网民关注快鹿集资诈骗案上海开庭/2018 年第 38 期
网上关注我市新一轮土拍状况/2018 年第 38 期
恒大"金陵句容"广告引发网上热议/2018 年第 39 期

网议索普原董事长宋勤华被查/2018 年第 41 期
网曝新区国土部门纵容不法分子敛财/2018 年第 42 期
自媒体分析我市 2019 年城投偿债压力巨大/2018 年第 45 期
网曝迎江桥附近两处污水直排大运河/2018 年第 45 期
网称黑人学生租房扰民现象多发/2018 年第 45 期
持续强雾霾天气成本地网络关注焦点/2018 年第 46 期
零距离曝光丹徒司法人员阻扰群众购房/2018 年第 50 期

(《镇江网情》编辑部　叶　卜)

市(区)舆情

题名/刊期
吕凤子后人发帖要求政府恢复故居原貌/2018 年第 2 期
网称外省反传销人士在丹阳开展营救/2018 年第 10 期
网曝我市两条“河长制”河流污染回潮/2018 年第 11 期
自媒体曝圣象地板“绿色产业链”名不符实/2018 年第 15 期
危废物处置项目紧邻句容布点引抗议/2018 年第 15 期
零距离曝光丹北镇黑加油站经营乱象/2018 年第 15 期
扬子晚报曝光仑山水库滩地违建别墅/2018 年第 16 期
省媒追踪丹阳导墅镇某违建无视执法/2018 年第 19 期
句容电三轮车整治被曝“双重”标准/2018 年第 19 期
省台关注丹阳丹北镇取缔无证幼儿园/2018 年第 20 期
新浪发文分析丹阳鱼跃医疗并购隐忧/2018 年第 21 期
句容多项环境问题被连续曝光/2018 年第 22 期
丹阳等经济强县或面临都市经济转型/2018 年第 22 期
江苏卫视“263”在行动,曝光句容丹阳企业治污设施不健全/2018 年第 24 期
建筑和生活垃圾随意倾倒,句容一基本农田被曝沦为垃圾场/2018 年第 24 期
网曝丹阳大亚公司偷排有毒废气/2018 年第 25 期
省台曝光扬中一猪肉加工作坊屡查不改/2018 年第 27 期
媒体关注扬中金控入股天海防务/2018 年第 27 期
省媒聚焦扬中应对“531 光伏新政”负面影响/2018 年第 31 期
省媒报道因劣质除草剂引发句容大片水稻死亡/2018 年第 31 期
全省 1—7 月空气质量排名公布,句容倒数/2018 年第 31 期
政风热线曝光句容后白企业噪声扰民/2018 年第 33 期
央媒省媒报道点赞句容丁庄葡萄产业链/2018 年第 33 期
丹阳田亮公司负责人涉嫌非法集资投案/2018 年第 33 期
网曝丹阳云阳镇九房村账目十年未公开/2018 年第 34 期
网媒称丹化科技大举并购有风险/2018 年第 35 期
媒体报道丹阳天工国际成功应诉美国反补贴调查/2018 年第 35 期
第一财经肯定扬中着力阻断污水排长江/2018 年第 41 期
丹阳国道旁无证加油站难整治遭质疑/2018 年第 48 期
扬子晚报称宁句交界处藏洗砂碎石企业/2018 年第 50 期
省媒曝丹阳一楼盘借工业用地开发房产/2018 年第 50 期

(《镇江网情》编辑部　叶　卜)

建言献策

题名/刊期
网吁我市早日实现社保卡全市通用/2018 年第 9 期
网盼我市紧扣产业积极揽才/2018 年第 9 期
网借“招工难”析我市劳动力流失问题/2018 年第 9 期
自媒体建言镇江港注重规模化和集约化/2018 年第 11 期
网借全省启动长江流域污染整治,盼改善我市沿江区域环境/2018 年第 11 期
老年大学一位难求,网盼政府借力服务/2018 年第 14 期
网民公开信呼吁我市提高遗属补助人员待遇/2018 年第 22 期
对标苏南其他四市,网盼镇江加速发展/2018 年第 23 期
网借“家长作业”话题盼整顿师德师风/2018 年第 40 期

(《镇江网情》编辑部　叶　卜)

镇江网情深度阅读

题录/刊期
环保税征收还需细化配套制度/2018 年第 2 期
土地空置,钱多也未必是好事/2018 年第 3 期
“人才争夺战”夯实城市活力之基/2018 年第 4 期
谁为民营医院“过度医疗”埋单?/2018 年第 5 期
一中食堂差劲令人心寒/2018 年第 8 期
高资唐岗村新南墩桥下河道污染严重/2018 年第 8 期
网友建议镇江园林打造“花季”景点/2018 年第 11 期
丁卯高架再次堵车又堵心/2018 年第 13 期
违规用地频发,问题出在哪儿?/2018 年第 15 期
莫让高档别墅区成为法外之地/2018 年第 16 期
盲目多元化买回的不只是教训/2018 年第 17 期
丁卯桥路乱象:非机动车道居然成了停车场?/2018 年第 18 期
没有办法?沿街烧烤店严重扰民/2018 年第 18 期
沈括故居扩建项目何时才能开工?/2018 年第 19 期
协信太古城交房质量问题舆情调查/2018 年第 20 期
学府路三百米红绿灯笑话尴尬了谁?/2018 年第 23 期
中考体育调整方案遭网友怒怼!/2018 年第 28 期
“内鬼”被揪,长江盗采可以休否?/2018 年第 31 期
环境监测数据造假能否划上“休止符”?/2018 年第 32 期
“黄山路、南山支路限高架设置”舆情调查/2018 年第 33 期
一则拆违“踢皮球”经典案例/2018 年第 34 期
镇江 24 小时自助图书馆为何沦为摆设?/2018 年第 34 期
网上担忧镇江长江大桥命名起变/2018 年第 37 期
华山村真是破败不堪,还发展旅游啊?/2018 年第 38 期
老旧小区改造工程要加强细节管理/2018 年第 47 期

(《镇江网情》编辑部　叶　卜)

重要会议报告

落实“三项机制”　激励干事担当　推动高质量发展落地见效

——2018年7月27日在中共镇江市委七届七次全会上的报告（摘要）

市委书记　惠建林

一、上半年工作回顾

上半年，全市实现地区生产总值2118.9亿元，增长3.5%；一般公共预算收入171.6亿元，增长9.1%；社会消费品零售总额增长7.2%；城乡居民人均可支配收入分别增长7.7%和8.9%。

1. 凝聚了解放思想、追赶超越的发展共识。3月26日，省委娄勤俭书记调研镇江，要求我们深入学习贯彻党的十九大和全国“两会”精神，以高质量发展实现追赶超越，用实干实绩回答好总书记交给镇江的时代命题。认真学习领会、全面贯彻落实。深入开展解放思想大讨论活动，市委常委会带头把自己摆进去，推动全市紧紧围绕新思想新理念对标定向，坚决破除与新时代不适应的思想观念和思维定式，切实增强立足本职、尽心履职的责任意识和担当精神。坚持深度对标苏南，把发现问题、分析问题、解决问题作为根本着力点，在破解难题中把改革发展不断推向深入。召开全市高质量发展大会，制定《高质量发展走在前列工作方案》以及监测评价指标体系、考核办法等，进一步坚定方向、明确路径、强化措施，汇聚推动高质量发展的强大合力。

2. 突出了产业强市、提质增效的鲜明导向。坚定不移实施产业强市战略，聚焦聚力发展先进制造业，工业应税销售收入增长17.1%，货运量增长7.2%，制造业税收占比、实际利用外资占比分别提高1.2和14.5个百分点。加快促进产业向中高端迈进，战略性新兴产业销售占比44.8%，高新技术产业产值占比49.5%，均提高0.2个百分点；单位地区生产总值能耗下降4.0%。大力推动产业项目招引建设，举办集中开工活动，每季度现场观摩推进，8个省重大产业项目和143个市级重点制造业项目进展顺利，北汽麦格纳、长城汽车零部件等82个亿元以上项目正式签约，大工业业扩报装完成用户、申请用户分别增长99.2%和70.9%，新登记市场主体3.6万户。强化创新引领、自主发展，研发经费支出占地区生产总值比重达到2.6%。深入实施“金山英才”计划，加强乡土人才培养，完善配套政策体系，新引进顶尖人才3名、高层次领军人才122名，每万劳动力高技能人才数达到890人。全力推动知识产权强市建设，万人发明专利拥有量达到33.3件。切实为企业家解决实际问题，恪守政府诚信，构建亲清新型政商关系，发展环境有了新提升。

3. “三大攻坚战”取得阶段性成效。防范风险方面，着力防范化解地方债务风险，采取严控债务规模、优化债务结构、盘活闲置资产、严控投资和支出等综合措施，牢牢守住不出险底线。强化社会稳定风险防控，集中力量化解环境保护、拆迁安置等方面信访问题，深入开展扫黑除恶专项斗争和“清风行动”，维护社会大局和谐稳定。污染防治方面，以中央环保督察“回头看”、省委环保督察为契机，重拳整治突出环境问题。“减煤减化”有序推进，非法采砂采石全面禁绝，“两个片区”环境整治以及化工、钢铁等重点行业专项整治取得初步成效。深入开展“116”专项行动，全面推进落实河长制和断面长制，坚决打好治水、治气、治土“三大战役”，国考、省考断面水质优Ⅲ类比例分别达到75%和70%。精准脱贫方面，严格落实涉农奖补资金，统筹用好各类兜底保障政策，63个扶贫项目完成验收，各级驻村“第一书记”、帮扶责任人履职尽责，村、户脱贫基础进一步夯实。

4. 下决心破解了一批复杂矛盾和问题。坚持守土有责、用心履职，全力以赴打好问题“歼灭战”。实质性推动“多规合一”和控规“全覆盖”，实现规划刚性管控。严格执行政府投资项目生成管理机制,征收拆迁安置全面实行“市统筹、区实施”,经营性用地一律招拍挂,随意性建设行为得到有效控制。加大违法建设、违法用地整治力度,盘活了一批闲置资源,清理了一批“僵尸企业”,手续完善、权证办理等历史遗留问题取得积极进展。大力实施乡村振兴战略,新增高效设施农业面积1.3万亩(866.67公顷),新建农村公路27公里,集体产权制度改革深入推进,农村基础设施、人居环境水平不断提升。持续深化“放管服”改革,“3550”目标基本实现,取消、停征、转出一批行政事业性收费项目,制度性交易成本进一步降低。

5. 民生改善迈出新步伐。推进“暖企惠民”大走访常态化长效化,扎实办好民生实事、推进民生改善。多措并举推进就业创业,全市新增城镇就业4.3万人,扶持自主创业6127人,零就业家庭保持“动态清零”。启动实施一批棚户区、老旧小区改造和危房解危项目,群众居住环境持续改善。认真落实基本公共服务配置标准化要求,统筹推进公共服务设施布局调整。深化教育改革,优化调整普职比例,着力扩大优质教育资源供给。务实推进医药卫生体制改革,基层医疗价格改革有序实施。兜牢社会保障底线,城乡低保标准统一提高到每人每月710元。部署推进大运河文化带建设,深入实施文化惠民工程,新时代更高水平文明城市建设扎实推进。养老、体育、慈善等各项社会事业加快发展。严格落实安全生产责任制,上半年全市生产安全事故起数和死亡人数实现“双下降”。

6. 党的建设进一步加强。严格落实管党治党主体责任,始终把政治建设摆在首位,在丹阳试行领导干部“政治体检”,广大党员干部“四个意识”不断增强。出台鼓励激励、容错纠错、能上能下“三项机制”,制定辖市区、市级机关高质量发展综合考核办法,着力激发党员干部新时代新担当新作为。深化“一创六争”活动,实施基层党建“书记项目”和“三提升一示范”工程,加强互联网业党建工作,表彰100名优秀基层党组织书记,基层组织战斗力进一步提升。完成市县两级监委组建挂牌工作,监察体制改革试点工作取得阶段性成果。完善巡察工作机制,实现街道巡察“全覆盖”。严肃查处违反中央八项规定精神问题,动真碰硬整治作风效能“顽症”,持续保持反腐高压态势,全面从严治党进一步向纵深推进。半年来,市人大始终紧扣大局、依法科学履职,市政协围绕中心、紧盯民生献计出力,各地各部门自加压力、奋发有为,各民主党派、工商联和群团组织融入大局、争做贡献,齐心协力、团结奋进的氛围更加浓厚。

二、下半年重点任务

下半年,要以新思想引领新实践,把习近平新时代中国特色社会主义思想作为“定盘星”和“指南针”,推动学习领会不断往深里走、往实里走、往心里走,切实解决不符合不适应的问题,以思想大解放推动改革再深入、实践再创新、工作再抓实。要以新担当推进新发展,全市党员干部要强化责任担当,紧扣全年目标任务,把发展作为第一要务不动摇,自觉践行新发展理念,牢牢把握稳中求进工作总基调,全力打好“三大攻坚战”,统筹做好稳增长、促改革、调结构、惠民生、防风险各项工作。要以新作为开创新局面,进一步提振“深度对标苏南、深化改革创新”的精气神,进一步强化目标导向、问题导向、实效导向,把解放思想和扎实履行职责紧密结合起来,更有针对性地抓重点、补短板、强弱项,推动高质量发展落地见效。

1. 坚定不移推进产业强市。要认真对照要求,咬定青山不放松,久久为功不松劲,切实增强关键技术的控制力、产业集群的带动力、产业链条的整合力、信息化的引领力,着力构建自主可控的先进制造业体系。着力培育优质增量。全力推进8个省重大产业项目和143个市级重点制造业项目建设,围绕重点产业链强链延链补链开展精准招商,确保制造业投资占固定资产投资比重达到41.5%。各地要以专业园区为主阵地,强化集聚整合,制定产业规划,明确产业和项目招引“负面清单”,重点推动新能源、新一代信息技术、生物技术与新医药等战略性新兴产业集群发展,探索产业发展的新模式和新机制。把生产性服务业作为现代服务业的主攻方向,在现代物流、工业设计、检验检测等方面壮大规模,在“枢纽经济”、新兴消费等领域深化探索,确保服务业增加值占地区生产总值比重达到47.6%。支持和引导金融机构加大对实体经济特别是制造业的资金投放力度,更多运用产业基金、股权融资等市场化手段支持“专精特新”企业发展,鼓励他们增强市场控制力和行业话语权,加快成长为具有核心竞争力的“单打冠军”“独角兽企业”。着力优化提升存量。在供给侧结构性改革上进一步统一思想,坚定不移地“破”。这是我们推进产业结构调整的机会,只要有利于下一步发展,影响眼前的指标也不必纠结。坚决淘汰落后产能、化解过剩产能,确保年内实施40个去产能项目、“僵尸企业”基本出清。实施化工行业专项整治及钢铁、煤电、造纸等行业转型升级专项行动,确保年内关停化工企业38家、化工生产企业入园率达到50%,绝不用简单的“提升”来取代“关停”。落实高端装备制造、新材料两大主导产业三年提升行动计划,推动眼镜、木业、汽车零部件等传统产业改造,推动新一代信息技术与制造业深度融合,通过技术升级、装备提档、互联网化提升和制造业服务化,增品种、提品质、创品牌,加快产业转型升级和产品质量提升。抓紧建立工业企业资源集约利用综合评价体系,加大政策、土地、闲置房产、平台载体、招商力量的整合力度,做好“腾笼换凤”的文章,提高单位建设用地税收收入,确保单位地区生产总值能耗下降4%。着力推进创新驱动。积极对接落实省“四个一”要求,增强工作主动性,确保在全省布局中有项目进入、有平台落地,为打造高水平“创新矩阵”作出应有贡献。更好发挥镇江高新区、句容“江苏硅谷”的创新主阵地作用,支持扬中创建国家高新区、句容创建国家农业高新区,推进镇江国家大学科技园有效运营,实现科技资源整合共享、创新效能整体提升。高度重视科技资源统筹问题,加快构建以企业为主体、产学研用一体化的技术创新体系,支持龙头企业整合科研院所、高等院校力量,建立创新联合体,推动创新链产业链人才链深度融合,促进最具发展前景、最有成本效益的技术创新在市场竞争中脱颖而出。更加紧密开展校地合作,共同打造新型研发机构和综合性科技服务平台,构建利益联结机制,推动更多科研人员以挂职、参与项目合作、兼职、离岗创业等多种形式,参与到镇江产业发展中去。更加精准实施“金山英才”计划,加大人才领域“放管服”改革力度,不能让繁文缛节、报表审批束缚人才的手脚、耽误人才的精力。聚焦科研经费管理、绩效分配和成果转化收益方式等人才关注的重点问题,研究制定符合创新规律、体现知识价值、富有吸引力的人才政策包,让人才“流得动、引得进、留得住、用得好”。发挥市场机制作用,推动各类主体融通创新,搭建资源共享、协同合作的平台,打通资源流动、成果转化的渠道,营造宜居宜业、守法守信的环境,浓厚鼓励创新、宽容失败的氛围,不断集聚创新要素、优化创新生态。着力弘扬企业家精神。认真贯彻中央、省委相关文件精神,依法保护企业家财产权、创新权益和自主经营权,像尊重科学家一样尊重企业家。建立企业家座谈会等定期沟通机制,构建亲清新型政商关系,重点培育一支具有全球视野、战略思维和持续创新能力的科技企业家队伍,打造一支坚守实体、深耕主业、专注创新的新生代企业家队伍。引导企业树立“以质取胜”的战略意识,既向“镇江创造”上努力,更在“镇江精造”上发力,通过发挥企业家的创业精神、产业工人的工匠精神,推动产品和服务的品质革命,为经济高质量发展奠定坚实基础。

2. 把生态建设作为压倒性任务。深入贯彻习近平生态文明思想，深刻认识经济发展与环境保护的关系，善于借势借力、化挑战为机遇，坚决打赢污染防治攻坚战和蓝天、碧水、净土三大保卫战。狠抓保护修复，突出“一江一河”。按照“两个一公里”要求，有序关停转移沿江沿河落后产能，组织开展长江固体废物大排查，大力发展绿色工厂，加快构建节能环保、循环再生、清洁能源、清洁生产等绿色产业发展体系。扎实推进涉水问题六项重点整治任务，严格落实河长制、断面长制，“一河一策”推动水环境整治，逐步实现城市建成区污水全收集、全处理，确保列入国家和省整治名录的黑臭水体整治达标率100%、国考断面水质Ⅲ类以上占比75%。统筹实施山水林田湖草生态保护和修复工程，加快打造沿江沿河生态绿色廊道，谋划实施好市区山体整治和滨水空间拓展，与创建全域旅游示范区和文旅产业发展充分结合起来，打造镇江的特色和亮点。狠抓精准治污，突出问题整治。紧紧围绕中央环保督察“回头看”、省环保督察组反馈和群众反映强烈的问题，更大力度开展省“263”和市“116”专项行动，巩固深化“两减”“两采”“两个片区”整治工作成果，全面完成化工园区卫生防护距离内居民搬迁，确保全市危险废物规范处置率100%。保持大气污染防治高压态势，严格执行“蓝天保卫战十条”，强化重点企业管理，扎实开展工地扬尘、机动车尾气、露天烧烤等专项治理，确保空气质量稳步提升，$PM_{2.5}$浓度稳定在合理水平，重污染天气明显减少。狠抓系统治理，突出压茬落实。强化“三线一单”硬约束，严格空间管制、总量管控、环境准入，确保发展不超载、底线不突破。建立环境保护网格化管理制度，加强环保执法队伍和执法能力建设，完善环保督察机制，做到落细落小、到边到底，违法必究、问责必严。深化生态文明建设综合改革，加快建立完善生态补偿、生态损害赔偿等制度，积极倡导绿色发展方式和生活方式，全面提升绿色发展质量和生态宜居魅力。

3. 在改革开放上迈出更大步伐。要聚焦重点难点问题全面深化改革，新出台的改革方案要注重精准性、实效性，正在推进的改革要突出系统性、整体性、协同性。具体工作中，要以市场准入、投资建设和民生服务等领域为重点推进“放管服”改革，围绕“不见面审批”完善制度、细化政策，落实“3550”改革目标，按照国家减税降费政策和省物流降本增效实施意见，继续清理规范涉企收费，在降低制度性交易成本、企业生产经营性成本上协同发力，更好地为市场主体减负增效。以质量和效益为核心推进国资国企改革，优化国有上市公司管理体制，重点解决好资产证券化水平低和企业主业不强、整体不活的问题，推动市属产业集团有效化解历史遗留问题、全面盘活闲置资产、切实提高运营管理水平，加快建立现代企业制度。深化推进军民融合发展，找准我市产业发展和军工科技资源的结合点，充分发挥在航空航天、高性能合金等方面的基础和优势，深化产业、标准、人才融合，进一步打通“民参军”“军转民”渠道。有序推进财税体制改革，落实国税地税征管体制改革各项要求，加大专项资金整合归并力度，进一步明晰功能定位、支出范围、支持重点，确保今年税收收入占一般公共预算收入比重超过80%。统筹推进医药卫生体制改革，坚持医疗、医保、医药“三医联动”，通过制度化建设使医院发展可持续、医保基金可承受、患者负担不增加，确保医改工作成效各方认可，经得起实践和历史检验。严格按照中央和省委部署要求，加强研究对接，有组织、有步骤地推进党政机构改革。要积极利用国家放宽开放领域、提高开放水平的契机，加大先进制造业外资项目招引力度，力争战略性新兴产业实际利用外资占比达到45%。深入对接“一带一路”建设，支持有条件的企业到境外收购专利技术、建设营销网络和生产物流基地，鼓励在开放中引进更多战略合作伙伴。以创新创造、优进优出为目标调整贸易结构，推动跨境电子商务和外贸综合服务业务融合发展，确保一般贸易进出口占货物进出口总额比重达到75%。以“一特三提升”为导向推进各类开发园区转型，通过整合优化、功能提升、制度创新，升级为现代产业园区。认真落实扩大开放的各项政策措施，复制推广自贸试验区改革试点经验，充分发挥区位、交通、成本、配套等方面的综合优势，进一步优化营商环境，推动形成高水平双向开放新格局。

4. 扎实推进城乡建设。要用理念思维的大转变推进建设管理水平的大提升，把内涵式发展落到实处，展现现代山水花园城市的独特魅力。切实强化规划引领。以更高的站位、更宽广的视野，开展城市发展战略规划研究，明确战略方向，做好系统谋划，全力打造历史文化名城、生态宜居城市、区域性先进制造业基地三张名片。全面梳理完善各类规划，年内建成“多规合一”信息平台，推进控制性详规全覆盖。深化研究城市综合交通体系等专项规划，推进镇江东站等重点区域城市设计，逐步形成合理的城市框架、科学的城市布局、鲜明的城市特色。牢固树立“规划即法”“无规划无建设”的理念，严格规划编制、审批、实施全流程管理，建立完善保证规划刚性执行的制度体系，切实增强规划的权威性和严肃性。大力提升城市品质。主动对接长江经济带、长三角城市群等重大战略，积极推进宁镇扬同城化全面提速、深度融合，从容易形成共识的领域做起，项目化推动基础设施、资源要素、产业布局、生态建设等统筹协调，在区域一体化进程中争取更多“红利”。抢抓省级层面建设现代综合交通运输体系的机遇，全力实施连镇铁路、宁句、南沿江城际铁路、镇江过江第二通道等重大项目，积极主动加强机场、港口布局的前瞻性研究，培育新的经济增长点。扎实抓好市区137个市级政府投资项目，重点加快图书馆、科技馆、青少年活动中心等公共设施建设，完成10个片区、50万平方米的老旧小区改造任务，切实补好城市功能短板。坚持精心设计、精致建设、精细管理，把控好建筑设计、工程造价、施工质量等重点环节，打造高品质的城市建筑。统筹推进低碳城市、海绵城市、智慧城市建设，把绿色低碳循环的理念融入具体建设行为之中，支持扬中国家高比例可再生能源示范市建设。完善政府投资项目集中组织建设、招投标、审计监督等工作机制，强化市政工程的及时移交、管理维护，抓好垃圾分类、占道经营、车辆乱停、违章乱建等突出问题治理，寓管理于服务之中，于细节处彰显品质。全面推动乡村振兴。大力发展“三高”农业，加快培育一批年产值超10亿元的特色产业，高标准建设镇江国家农业科技园区，促进农村一二三产融合发展，夯实农田水利、农业机械化等基础，推动农业全面升级。深入开展农村人居环境整治三年行动计划，主攻垃圾污水治理、村容村貌提升、农村“厕所革命”，加大农业面源污染、畜禽养殖污染防治力度，再创成一批“美丽宜居镇”“特色田园乡村”，推动农村全面进步。积极培育新型农业经营主体和农村致富带头人，巩固提升“三治理一挂牌”行动，深化推进“三资”监督管理、农村集体产权制度改革，促进农民经营性、财产性收入稳步增长，弘扬“新乡贤”文化和现代文明理念，推动农民全面发展。

5. 更加务实有效改善民生。立足我市实际，科学区分基本和非基本民生，坚持尽力而为、量力而行，分类施策、统筹推进，既确保基本民生保障到位，也充分调动市场力量增加优质产品和服务有效供给。加快富民增收步伐。按照中央部署实施的五级书记遍访贫困对象行动要求，以茅山老区为重点，更大力度探索扶持经济薄弱村发展新路径，推动各项政策措施精准落地，切实提高工作效率、减少行政成本、规范扶贫资金管理，以务实行动坚决打赢脱贫攻坚战。坚持“四化”同步，建立健全城乡融合发展体制机制和政策体系，通过提升整体发展水平带动脱贫攻坚。持续推进就业再就业，紧贴产业转型和企业需求,广开就业渠道,优化就业创业服务,提高创业成功率,确保城镇登记失业率控制在2.6%以内。以经济稳定发展"基本面"守住就业"基本盘",通过提升产业层次、发展特色产业、拓展新模式新业态,夯实居民增收基础,逐步缩小城乡、区域、不同群体收入差距。提升民生供给水平。推进基层基本公共服务标准化均等化,统筹各类民生政策,扎实办好民生实事。深入实施全民参保计划,强化社保基金监测预警机制和兜底保障制度,构建覆盖全民、城乡统筹、权责清晰、保障适度可持续的多层次社会保障体系。教育事业要按照省委统一部署,切实解决好普职比不够合理、教育资源不均衡等热点难点问题,更好满足群众对公平而有质量教育的需求。加快发展居家、社区和互助式养老,稳步推进医养结合,加强老年人精神关怀。继续发挥慈善事业在助力精准脱贫、实施社会帮扶方面的积极作用。增强以文化人实效。深入开展大运河文化带建设,启动编制《镇江市大运河文化保护传承利用实施规划》,统筹抓好文化遗存保护、文化价值弘扬、生态保护修复、沿线环境建设,充分挖掘其生态、观赏、旅游等多重价值。持续推进国家公共文化服务体系示范区创建,确保村(社区)综合性文化服务中心建成率100%。积极培育践行社会主义核心价值观,组织开展"精美镇江,文明先行"等主题教育实践活动,推进句容市、扬中市创建县级全国文明城市,努力建设新时代更高水平文明城市。

6. 坚持底线思维,切实防范风险。强化风险和忧患意识,针对安全生产、金融领域、环境保护、社会稳定等风险隐患,突出源头管控,深化专项治理,加强预警、完善预案,切实加固"底板"。加强统筹管理,切实防范债务风险。紧紧围绕"管总量、降成本、控增速、调结构、防风险"原则,加大统筹力度,立足标本兼治,综合运用加强资产经营处置、规范平台公司融资行为和内部管理、严格效益考核等手段,系统化解决问题,坚决守住不发生风险的底线。积极稳妥处置担保圈风险,严厉打击恶意逃废债行为,深化开展"清风行动",全力打击和处置非法集资等行为,切实维护良好的区域金融生态环境。把牢舆论阵地,广泛汇聚正能量。牢牢掌握意识形态工作领导权和网络意识形态主导权,始终坚持正确的政治方向、舆论导向、价值取向,勇于站在意识形态前沿阵地开展斗争,扶正祛邪、激浊扬清,坚决向歪理邪说、歪风邪气说"不",形成敢于亮剑是尽责、"爱惜羽毛"是失职的健康环境。加大舆论宣传力度,重点围绕庆祝改革开放40周年等开展主题宣传,为推动高质量发展凝心聚力、鼓劲造势。完善舆情预警、舆论引导管控、应急处置和媒体深度融合机制,建好管好具有新闻舆论和社会动员功能的新媒体,提升主流舆论吸引力影响力。依法善治,构建共建共治共享新格局。坚持依法行政,加强综合执法,促进全社会尊法学法守法用法。倡导公平正义、诚实守信,构建"一处失信,处处受限"社会环境。严格落实领导干部接访下访制度和信访案件包案化解责任,关口前移、主动防范,及时疏导负面情绪,下决心逐项解决存量问题,最大限度减少不稳定因素。充分发挥基层村、社区、网格在社会治理中的基础性作用,整合调动社区工作者、网络社会组织等力量,让重心下移落到实处、资源下沉取得实效。深入推进扫黑除恶专项斗争,坚决铲除黑恶势力"保护伞",确保公众安全感保持全省前列。认真落实安全生产责任制,加强对重大隐患督查督办和警示约谈,确保不发生较大以上生产安全事故。进一步完善立体化信息化社会治安防控体系,加快运行市突发事件预警信息发布中心,实现应急体系和应急能力建设的新提升。

三、落实"一个体系、三项机制",推进全面从严治党向纵深发展

1. 发挥好"一个体系"的指挥棒作用,对标定向、刚性落实。各地各部门要认真把高质量发展指标体系把握准、研究透、落实好,使新指标体系真正为发展强化引领、校准方向。要解放思想、把握内涵。当前我们推进思想解放,最重要的是以习近平新时代中国特色社会主义思想为行动指南,坚持在对标新思想的大前提下解放思想,坚决破除一切与新思想不适应不符合的惯性思维和传统指标评价体系。新指标体系的内涵,就是要突出高质量发展最为关键和公认的指标,引领推动新实践。要深入研究把握新指标体系的各个子项,知其所以然,处理好共性与个性、数量与质量、速度与效益、当前与长远的关系,围绕共性要求分析薄弱环节、聚焦个性任务提升发展水平,不仅看"有没有",还要看"好不好";不仅追求进步快,还要兼顾基础牢、增量优;不仅重视指标数据,还要关注群众获得感、彰显区域特色亮点。要紧贴发展实际、本职工作,真正弄清楚优势是什么、短板在哪里,找准发力点,注重操作性,探索创新之举、谋划落实之道。要加强领导、压实责任。"指挥棒"明确后,关键考验执行力。各地各部门要把落实新指标体系作为"一把手"工程,紧抓不放、坚决执行。要迅速细化目标,充分兼顾考核要求、现实基础和发展潜力,设定工作目标、分解工作任务。建立完善领导挂钩、部门协同、区域落实的工作机制,统筹政策、资金、人才等资源,集中力量攻坚克难。要实行项目化推动,逐项对标找差,明确责任人、路线图、时间表,切实把省委、市委决策部署落到实处。要系统谋划、统筹推进。高质量发展监测评价指标体系是一个整体,不能割裂开来认识和推进,而要深入领会指标之间的关联性、匹配性、协调性,始终站在全局角度谋划推动,坚决防止孤立片面、单兵突进,严防政出多门、相互掣肘。牵头部门要扛起责任、牵好头,深度分析、吃透内涵、探索有效路径,扎实提升工作质量。要注重数据质量和真实性,杜绝弄虚作假,更加客观、全面、有效反映发展实绩。尊重基层首创精神,强化探索性、创新性、引领性的工作导向,加强分类指导和重点推进,把握不同区域、不同领域的基础禀赋和发展特征,鼓励探索创新。

2. 落实"三项机制",激励问责双向发力。要认真贯彻中共中央办公厅《关于进一步激励广大干部新时代新担当新作为的意见》,落实好省委、市委制定的"三项机制",引导和推动广大干部做改革的促进派、发展的实干家、事业的担当者。激励干事担当,为实干者鼓劲。加强正面清单有效供给,坚持精神激励、物质激励、政治激励三管齐下,进一步激发干部干事创业的热情与活力。结合年度综合考核、"一创六争"活动等积极选树先进集体和先进个人,在全市大力褒奖宣传,给予荣誉待遇。坚持20字好干部标准,按照6种选拔重用的条件,切实把想干事、能干事、干成事的干部选出来、用起来。对获评省"推进高质量发展先进县(市、区)"等3种情形给予物质奖励,根据年度综合考核等次拉开奖金级差,体现奖优奖勤。重视典型案例引领,形成具体参照和实践样本,用身边人身边事提升干部使用说服力、公信力,在全社会形成鼓励担当作为、崇尚实干苦干的良好风尚。科学容错纠错,为担当者撑腰。贯彻"三个区分开来"重大要求,区分失误与失职、敢为与乱为、民主与专断、为公与为私的界限,结合动机态度、客观条件、程序方法、性质程度、后果影响以及挽回损失等情况,综合分析干部的失误错误,为干事的干部卸下包袱,为出现偏差者"兜住底"。对照容错正面清单和不容负面清单,按照应当容错、可以容错、不予容错的情形标明界限,客观公正进行评定。对容错认定免责的干部,在提拔使用、评先评优等方面不受影响,让干事创业的干部打消顾虑。推动能上能下,让怠政者挪位。针对部分党员干部存在的不想为、不敢为、不会为、不作为"四增多"现象,进一步细化情形、规范程序、畅通渠道,推动优者上、庸者下、劣者汰成为常态。依据政治表现、年度考核、担当作为、履行全面从严

治党责任等认定结果，对干部不适宜担任现职进行组织调整的26种情形划出“硬杠杠”，抓负面典型，抓督查问责，层层传导压力、倒逼责任落实，大力整治不作为、假作为、乱作为。落实“三项机制”要注重与“一个体系”的衔接，以考核为基础、用实绩来说话，构建各地各部门落实高质量发展的完整制度链条，树立鲜明导向、强化成果运用。

3. 提高党的建设质量，深化全面从严治党。以政治建设为统领，思想建党、纪律强党和制度治党同向发力，把全面从严治党不断推向纵深。严格政治纪律和政治规矩。切实增强“四个意识”，坚决维护以习近平同志为核心的党中央权威和集中统一领导，坚定执行中央、省委和市委决策部署不讲条件、不打折扣、不搞变通，坚决做到讲政治、守规矩、令行禁止。始终把中央巡视组对江苏反馈意见中涉及镇江的问题和省委巡视镇江反馈意见整改落实作为重大政治任务，扎实做好各项整改任务落实和问题线索查处工作，使每一个整改事项、每一件问题线索都有一个负责任的交代和结果。严肃党内政治生活，加强党内政治文化建设，积极稳妥推进领导干部“政治体检”工作，充分发挥各级党组织作用，不断提高各级干部的政治站位和政治水平。加强干部能力建设。紧扣高质量发展和全面增强“八个本领”的要求，切实提高发现问题、分析问题、解决问题的能力，提升科学谋事、依法办事、专业干事的水平。加强学习研究，在知识获取的广度、融会贯通的深度、学以致用的精准度上狠下功夫，紧紧围绕事关经济社会发展和人民群众利益的重点难点热点问题，深入开展调查研究，系统提出解决办法。锐意开拓创新，善于在改革开放40年的历史经验中温故知新，勇于在高质量发展的进程中破旧立新，增强工作前瞻性预见性，走出一条符合镇江实际、彰显镇江特色的追赶超越之路。严格依法办事，更好地以法治促发展、保善治、惠民生。弘扬实干精神，树立正确政绩观，以“功成不必在我”的境界、“功成必定有我”的担当，增强工作自觉性主动性实效性，以钉钉子精神推进各项任务落细落实。切实提升基层组织力。把党的建设责任传导到“神经末梢”、任务落实到“基层细胞”，推动基层组织全面进步、全面过硬。扎实推进基层党建“书记项目”和党支部质量提升工程，不断夯实基层基础。加强对基层党组织的分类别具体指导、分领域统筹推进，不断扩大党的组织和工作的有形有效覆盖。农村党建突出富民强基，深化推广“戴庄经验”，推动农村基层党建与乡村振兴、脱贫攻坚紧密结合，推进农村基层党建工作标准化建设，集聚乡村发展合力，增强党建工作活力。社区党建突出治理创新，把支部设立在网格上，试点推开社区工作者职业体系建设，使党建嵌入到城市发展最基本单元、服务落实到社会治理最基层一线。机关党建重点解决“灯下黑”“空泛化”问题，坚决防止“填表式”落实、“材料式”考评，着力推动机关党建在有效教育管理、有效转变作风、有效解决问题上做表率。坚持以党建带群建，加强对群团工作的领导。持之以恒正风肃纪。以落实中央八项规定精神为抓手加强作风建设，紧盯“四风”老问题、剑指“四风”新动向，寸步不让、严查重处，坚决防止变异反弹。全面加强纪律建设，坚持挺纪于前、抓早抓小，以案明纪、警钟长鸣，真正使党的纪律成为不可触碰的“高压线”。加强党内监督，充分发挥巡察“利剑”、派驻“探头”作用，促进监督寓于日常工作中，见人见事见细节，在“治未病”上积极作为。始终保持零容忍态度严惩腐败，实践运用监督执纪“四种形态”，真正做到纪法约束有硬度、批评教育有力度、组织关怀有温度，着力营造正气充盈的良好政治生态。

深入贯彻新思想　改革开放再出发　在高质量发展新征程上奋勇前进

——2018年12月29日在中共镇江市委七届八次全会上的报告(摘要)

市委书记　惠建林

一、践行新思想新理念，高质量发展实现良好开局

全年预计实现地区生产总值4050亿元、增长3%，一般公共预算收入301.5亿元、增长6%，工业应税销售4400亿元、增长12%，城乡居民人均可支配收入分别增长8%、8.5%。

1. 确立了高质量发展鲜明导向。深入开展解放思想大讨论，深化对新思想新理念的认识、对高质量发展内涵的认识，坚决克服不符合、不适应的思维定式和习惯做法。紧扣“六个高质量”要求，研究落实工作方案，明确高质量发展的目标和重点，突出产业强市的关键指标和生态环保约束性指标。研究细化高质量发展监测评价指标体系和综合考核办法，建立招商引资“负面清单”，编制长江经济带战略环评“三线一单”，推动政策、要素等向高质量发展聚焦，形成有效激励约束。倡导深度对标苏南，弘扬求真务实精神，大兴调查研究之风，更加注重系统谋划、重点突破。树立正确政绩观，突出实干实效导向，工作的针对性和有效性明显提升。

2. 产业强市战略深入实施。产业基础不断夯实。狠抓招商引资和项目建设，新签约亿元以上项目167个，其中制造业项目占比76.6%；总投资10亿元以上项目23个，其中50亿元以上项目5个。175个市级重点产业项目完成年度投资计划。经济结构不断优化。深入推进供给侧结构性改革，先进制造业投资占比提高4.4个百分点；预计高端装备制造、新材料两大主导产业主营业务收入占全市规上工业比重达32.8%、提高2个百分点；高新技术产业产值占比提高0.2个百分点。发展质量不断提升。大力推动提质增效，全市一般公共预算收入占地区生产总值比重提高0.3个百分点，税占比提高3.4个百分点，制造业税收占比38.7%，各项经济指标匹配性明显增强。万人发明专利拥有量增加7.1件，新认定高新技术企业、“单打冠军”企业、“科技小巨人”企业、省质量标杆企业180家；新增挂牌上市企业83家、增长167.7%。新增“国家杰出青年”等国家级人才21人、“双创计划”等省级人才98人。成功举办第四届江苏技能状元大赛，每万名劳动力中高技能人才数达905人。着力优化产业空间布局，推进集聚集约发展，新投资工业项目全部入园进区，落户在省级以上开发区、高新区的占比达到65.9%。

3. “三大攻坚战”有力推进。防范风险方面，全力防范化解政府债务风险，加强与金融机构对接，争取与省属企业合作，千方百计盘活资产，全力以赴筹措资金。大幅压降政府投资项目和一般性支出，严格规范融资行为，加快平台公司转型，多措并举降低债务规模，优化债务结构，全市债务总量下降3.4%，坚决守住不出险底线。严厉打击涉众型经济犯罪行为，金融生态环境保持稳定。组织律师、公证员等开展民营企业法治体检，注重预防化解企业生产经营法律风险。污染防治方面，以前所未有的力度狠抓污染整治，统筹推进“263”“116”专项行动。出台实施“蓝天保卫战十条”，系统整治工业废气、工地扬尘、餐饮油烟等大气污染问题，全面关停西南片区非法采石企业，$PM_{2.5}$平均浓度控制在55微克/立方米，空气优良天数达标率65%。严格落实河（湖）长制、断面长制，“一河一策”推动水环境治理，整治入河排口215个、“散乱污”企业（作坊）7811家，关停化工企业38家，长江非法采砂全面禁绝，1月—11月国、省考断面水质优Ⅲ类比例分别好于年度目标12.5%、15%。积极开展土壤污染治理和修复试点，实施土壤污染状况详查。铁腕整治突出环境问题，中央环保督察“回头看”和省环保督察交办的829件信访件全部办结，长江豚类自然保护区等重点问题基本解决到位。精准脱贫方面，组织实施产业扶贫、驻村帮扶和阳光监管等综合措施，织牢织密兜底保障网，完成扶贫项目验收96个，全市54个村、3300余户、6500余名建档立卡低收入人口实现脱贫。

4. 用改革创新的办法破解难题。针对经济发展中的薄弱环节，坚持系统思维，完善体制机制，为高质量发展打下更加坚实基础。着力打造法治诚信营商环境，持续深化“放管服”改革，“3550”目标基本实现，市区不见面审批事项率为99.6%。严肃整治违法用地、违法建设，全面推行经营性用地招拍挂，坚决杜绝任何形式的捆绑出让。整改到位存量违法用地1.8万亩（1200公顷），拆除违法建设43.1万平方米。着力规范政府投资项目建设和管理，建立政府投资项目生成机制，所有建设项目必须经过规划审批，规范建设工程管理和工程款支付，初步构建起从立项到决算的项目建设全周期管理制度。强化工作统筹，建立“市统筹、区实施”征收拆迁安置工作机制，实行安置房统建统管。着力强化资源统筹利用，开展首次全市工业企业资源集约利用综合评价。盘活“四集团一中心”闲置房产230万平方米、闲置土地4290亩（286公顷）。着力激发开发区发展活力，加快开发区集成改革试点，镇江新区简政放权创业创新环境评价位于全省前列；赋权镇江高新区直接审批、执法事项265项，为高新区加快发展创造良好环境。着力化解征收拆迁、劳动保障、权证办理等一批信访积案，不回避矛盾、不推卸责任，分类处置、集中办理，完成权证办理3.2万户，消除逾期安置4540套，依法依规完成韦岗铁矿、联合水泥等资产处置。着力在深化改革中破解难题，共推出改革方案60多个，工作规范性明显增强，经济社会发展活力进一步激发。全年新增市场主体7.1万户，同比增长18.8%，其中新增企业2.1万户，同比增长20.1%。

5. 城乡建设协调发展。强化规划龙头作用，“多规合一”取得实质性进展，实现1088平方公里规划全覆盖。重大基础设施建设顺利推进，南沿江城际铁路、宁句城际轨道交通工程正式开工，镇丹高速建成通车，长江12.5米深水航道工程镇江段全面完成，连镇铁路等重大工程进展顺利。强化水电气供应保障，建成世界最大规模储能电站群，新建改造供水管网294.8公里、燃气管道79公里、污水管网189.7公里，城市功能进一步完善。持续推进棚户区和老旧小区改造，集中连片推进大市口、中营等五个片区改造，完成82个街巷积水区整治项目，城市品质进一步提升。启动智慧城市建设，实施城市治理与服务十项行动，开展生活垃圾分类试点，推进占道经营、露天烧烤等专项整治。大力实施乡村振兴战略，发展壮大生态高效农业和农村新兴业态，绿色优质农产品比重达到35%，农产品网上销售额增长23.4%以上。加快培育新型农业经营主体，新增省级家庭农场17家、省级以上农民合作社示范社30家、省级农业龙头企业6家，“戴庄经验”在全省推广。完成农村公路提档升级200公里，新增80个“美丽宜居村”，12个镇、8个村创成首批省生态文明建设示范镇村。深入推进农业农村改革，农村集体产权制度改革任务完成50%，农村土地承包经营权确权登记颁证工作基本完成。

6. 着力保障改善民生。稳就业促创业，全年新增城镇就业8.3万人，扶持创业1.3万人，创业带动就业6.1万人，城镇登记失业率控制在2%以内，零就业家庭保持“动态清零”。完善社会保障体系，退休人员养老金实现“十四连增”，城乡社保覆盖率达到98%以上。强化社会救助精准化，在全省率先建成社会救助一体化云平台。加快公共服务标准化均等化，市区“八校联动”教育布局调整加快推进，民间文化艺术馆新馆顺利开放，市民体育公园、青少年活动中心、科技馆等重点文化体育项目加快实施。优化调整普职比例，教育现代化建设监测水平连续两年位列全省第二。深化医药卫生体制改革，出台“1+4”系列政策措施，推动医疗资源向基层下沉，医保资金运行平稳可控。扎实办好民生实事，新建市区体育小公园5个、停车泊位1万个、街头绿地5个、菜市场5个、老年人日间照料中心5个。文明城市建设深入推进。强化法治镇江、平安镇江建设，深入推进扫黑除恶专项斗争，建成运行法律服务中心，公众安全感保持全省前列。严格落实安全生产责任制，保持事故起数、死亡人数“双下降”。深入推进党建引领的基层网格化社会治理机制，社区工作者职业体系建设在全省推广。

7. 担当作为的氛围更加浓厚。全面贯彻新时代党的建设总要求，始终把政治建设放在首位，在全省率先全面推行领导干部“政治体检”。落实“一个体系、三项机制”，深化“一创六争”活动，推动广大干部担当作为、履职尽责。创设“金山理论讲习所”，推动新思想入脑入心。全面压实意识形态工作责任制，强化互联网运用管理。启动新时代文明实践中心试点，推进社会主义核心价值观教育示范。深化监察体制改革，完成市县两级监委组建挂牌。深入实施“强责工程”，市县乡三级履责记实信息平台上线。推进“三治理一挂牌”专项行动，严查群众身边腐败和作风问题。保持反腐败斗争高压态势，全年共立案1042件，同比增长17.2%，给予党纪政务处分1027人。深化军民融合发展，再次实现省级双拥模范城创建“满堂红”。全面落实“党管保密”原则，市保密保障中心建成使用。人大工作聚焦高质量发展和民主法治建设，持续加强工作监督和法律监督；政协工作有效发挥协商民主重要渠道和专门协商机构作用，在助推高质量发展上贡献智慧和力量。各民主党派、工商联和群团组织主动融入、服务大局，巩固了团结和谐的良好局面。

二、以改革开放40周年为新起点，推动高质量发展迈出更大步伐

明年工作的指导思想是：以习近平新时代中国特色社会主义思想为指导，全面贯彻党的十九大和中央经济工作会议、省委十三届五次全会精神，坚持稳中求进工作总基调，坚持新发展理念，坚持以供给侧结构性改革为主线，坚持深化市场化改革、扩大高水平开放，加快建设现代化经济体系，继续打好“三大攻坚战”，有效激发微观主体活力，统筹做好稳增长、促改革、调结构、惠民生、防风险工作，保持经济持续发展和社会大局稳定，在高质量发展新征程上奋勇前进，为高水平全面建成小康社会打下决定性基础，以优异成绩庆祝中华人民共和国成立70周年。

明年经济社会发展的主要目标是：地区生产总值增长6.5%以上，一般公共预算收入增长4.5%左右，制造业投资占固定资产投资比重30%以上，城乡居民收入增长与经济增长同步，确保完成生态环保约束性指标。确立这样的目标，既考虑到宏观环境、经济周期等因素的影响，也体现了求真务实、实干实效的要求。全市上下要狠抓落实，努力完成。

——坚持用新思想对标定向，实现发展理念根本性转变。坚持用习近平新时代中国特色社会主义思想对标定向，在解放思想中统一思想，自觉以新思想定向领航、与新思想对标找差、从新思想寻策问道，实现发展理念、发展方式的根本性转变。要把握好新时代践行新发展理念的着力点，坚持以人民为中心，牢固树立正确政绩观，明大势、讲大局、抓基础、重实效，推动新发展理念落地生根；把握好新时代推动高质量发展的着力点，把高质量发展落实到具体的政策支撑体系、工作标准体系中；把握好新时代推动改革创新的着力点，从存在问题切入，在新思想的指导下去创造、去变革、去突破，不断校正偏差，增强工作的预见性、主动性和创造性。

——突出高质量发展，努力追赶超越。高质量发展首先是发展。高质量发展绝不是不发展，发展慢不等于质量高，要坚持以供给侧结构性改革为主线不动摇，在"巩固、增强、提升、畅通"八个字上下功夫，努力在提高质量的前提下实现又好又快发展。高质量发展要坚持"稳中求进"工作总基调。把"稳"和"进"作为一个整体来把握，强调稳的定力，用好进的条件，正确把握经济发展与生态保护、防范风险的关系，尽力而为与量力而行的关系，在解决深层次问题、结构性矛盾中实现"稳"，在强化新亮点新动能支撑、提升发展质量效益上体现"进"。高质量发展必须勇于自我加压、加快追赶超越。保持对标苏南的韧劲，产业发展突出高端高新高效，增长方式突出绿色发展，城乡建设突出内涵提升，社会建设突出治理能力现代化，跟上苏南发展整体步伐。

——深化改革开放，着力破解深层次问题。要深化市场化改革，以增强微观主体活力为重点推动相关改革走深走实；扩大高水平开放，推动由商品和要素流动型开放向规则等制度型开放转变；鼓励创造性贯彻落实，加强调查研究，勇于探索新路、破解难题。要着力提升统筹能力，充分考虑各种关联性因素，强化系统思维，坚持谋定而动，坚决彻底解决问题；着力提升法治水平，善用法治思维和法治方式处理矛盾纠纷、平衡利益关系，为高质量发展扫清障碍；着力提升专业化水平，坚持干一行钻一行精一行，做到开对药方、精准施策，防止大而化之、浅尝辄止；着力提高群众工作能力，关注群众期盼，把工作做扎实、做到位、做到群众心坎里，从源头上减少矛盾，维护团结和谐的社会局面。

——全面从严治党，激励担当作为。旗帜鲜明讲政治，永葆对党忠诚的政治本色，在严格的纪律约束下履职尽责、谋事干事。要有勇于担当的态度、善于担当的本领、乐于担当的情怀，以"功成不必在我"的胸襟和"功成必定有我"的锐气，用宽肩膀和铁肩膀扛起责任，让担当成为镇江干部的鲜明特质。要坚持低调务实不张扬，把心思和精力聚焦到推进高质量发展上，营造担当干事、风清气正的政治生态，推动高质量发展干在实处、走在前列。

三、狠抓重点，推动高质量发展落地见效

1. 推进"产业强市"，着力构建现代产业体系。把产业项目建设作为重中之重。一着不让狠抓招商引资，新签约亿元以上高质量项目要有新突破。加强统筹管理和调度会办，加快实施一批增后劲、促转型、补短板的高质量项目。市级重点产业项目年度完成投资不低于400亿元。各市、区要聚焦战略性主导产业特别是优势产业，集中力量延链、补链、强链，加快培育新的产业集群。扎实推进园区整合提升，把省级以上开发区、高新区作为产业发展、科技创新主阵地，提高产业集中度，加快建设现代产业园区。支持镇江高新区和丹徒区合作共建专业化产业园区。全力推动制造业高质量发展。中央把制造业高质量发展摆在突出位置，这也是我们实现追赶超越最关键的支撑。加大"破"的力度，建立健全企业绿色发展正向激励、反向倒逼机制，运用工业企业资源集约利用大数据平台，通过亩产、效益、能耗、环境、安全等关键指标，对企业评价分类、精准引导，稳步推进企业优胜劣汰，促进新技术、新组织形式、新产业集群形成和发展。提升"立"的成效，推动孵化器、众创空间从重数量向重质量转变，着力打造"双创"载体升级版，加速孵化、培育一批科技型企业。注重利用技术创新和规模效应形成竞争优势，重点围绕产业链加大精准支持力度，培育先进制造业集群。鼓励符合条件的制造业企业上市挂牌，加快对接多层次资本市场。扎实推进传统产业改造提升专项行动，统筹整合各类产业发展专项资金和贷款贴息资金，优化扶持方向和方式，推动企业"小进规、小转精、小升高"。着力增强科技创新能力。全面精准落实省"科技改革 30 条"、市"科技改革 20 条"等政策，强化企业创新主体地位和主导作用，推进科技与产业深度融合，加快培育和发展技术交易市场。围绕重点产业链部署创新链，针对"卡脖子"问题，积极构建攻关体系，列入科技重大专项，努力做到核心关键技术自主可控。积极争取国家科技重大专项、重大创新平台等国家创新资源，加快突破技术瓶颈。深化"校地合作"，促进在镇高校院所成果转化与镇江市优势产业培育紧密衔接。围绕"2+3"重点产业领域，壮大骨干领军企业，持续培育细分领域的"单项冠军"，促进大中小企业融通发展。深化"金山英才"等人才计划，突出用人单位主体作用，支持"飞地式"柔性引才。全面落实基础人才政策，在住房补贴、扶持资金、专业服务上加大投入力度。深化高校毕业生留镇行动，支持职业技术教育发展，促进知识型、技能型人才导入。毫不动摇支持民营经济发展壮大。不折不扣落实中央、省支持民营经济发展的政策措施，明确的降税减费降成本等措施要迅速到位，坚决破除民营企业发展障碍，确保依法平等使用生产要素、公平参与市场竞争、同等受到法律保护，依法保护企业家人身安全和财产安全，优化融资服务，帮助更多企业直接融资。把"强政府"更多体现在"强服务"上，对接企业需求，帮助解决难题。着力建设大型仪器设备共享平台、产业链精准对接平台、企业信用信息平台、政府服务快速反应平台，以高质量服务推动高质量发展。

2. 解决重点问题，全力打好"三大攻坚战"。打好防范化解重大风险攻坚战。按照"坚定、可控、有序、适度"的要求，细化制定化解地方政府债务工作计划，严控政府投资项目，压减政府一般性支出，确保债务总量下降、结构明显优化，坚决守住不出险底线。创新化债思路，加快资产处置，开展股权合作，稳妥有序推进平台公司改革。深入实施"清风行动"，更大力度防范处置各类非法金融活动。不断增进银企互信，扎实推进"破圈解链"，加大金融对接实体经济力度，推进综合金融服务平台应用推广，防范金融市场异常波动和共振，营造良好金融生态环境。打好污染防治攻坚战。深入实施"263""116"专项行动，强化"三线一单"硬约束，实施产业发展"负面清单"制度，持续开展"散乱污"企业整治，再关停转移化工企业 8 家以上，切实从源头上减少污染。注重帮助企业制定环境治理解决方案，避免处置措施简单粗暴。坚决整改环境突出问题，确保中央环保督察"回头看"、省环保督察反馈的 85 个问题按时保质"见底清零"。打好蓝天碧水净土保卫战，健全完善河(湖)长制、断面长制，在"一河一策"基础上，以水系为单位开展综合治理，确保集中式饮用水水源地安全隐患整治任务全面完成，建成区黑臭水体基本消除。全力推进长江岸线整治和河湖违法圈圩、违法建设治理，打造良好河湖环境。扎实开展大气污染源集中整治，压降 $PM_{2.5}$浓度，提高空气优良天数比例。加大农业面源污染、畜禽养殖污染综合治理力度，全面推动非规模化畜禽养殖场整合。深化生态文明体制改革，完善环保信用评价、信息披露、企业排污许可证等制度，把生态环境破坏的外部成本内部化。组织开展"铁腕 2019"环保专项执法行动，严格环境执法监管，形成强大震慑效应。打好精准脱贫攻坚战。开展省定标准脱贫人口"回头看"，严格落实"两不愁、三保障"

要求，针对“病残孤老灾”等重点群体开展精准帮扶，减少和防止脱贫人口返贫，确保全市经济薄弱村和建档立卡低收入人口累计达标率达到100%。

3. 激发新的动能，更大力度推进改革开放。着力深化市场化改革。提高改革的系统性、整体性、协同性，中央、省委已经部署的改革举措要迅速对接、加快落地，已经出台的改革方案要加强跟踪问效。统筹推进市县党政机构改革，优化机构设置，切实提升服务能力。深化“放管服”改革，完善不见面审批（服务）、“互联网+多联合一”、证照分离、信用监管等措施，不断提高便民化水平。积极稳妥推进国资国企改革和从事生产经营活动事业单位改革，加快实现从管企业向管资本转变，提高经营管理水平和经营效益。深化改革要强化问题导向，推动巡视巡察、环保督察和媒体曝光问题对账销号，更多从体制机制上解决问题。着力扩大高水平开放。抢抓长三角一体化上升为国家战略的重大机遇，扎实推进宁镇扬一体化发展，以我为主加强系统研究，加快规划建设，促进融合互动、互联互通，着力构建铁路交通枢纽优势；加强基础设施建设，完善公铁水联运，提升港口优势。努力提高利用外资质量，抢抓放宽市场准入机遇，大力引进先进技术和创新型项目，支持外资制造业企业增资扩产、转型升级。加快推进通关便利化，削减进出口环节制度性成本。做好信息咨询、人才服务、政策辅导等服务，引导、支持企业借助国家“一带一路”建设契机，积极稳妥“走出去”，促进国际产能合作，实现出口市场多元化；支持有较强国际竞争力的企业通过多种方式，有效利用全球科技创新资源。对标国际通行规则和先进地区标准，着力构建便捷高效、公平竞争、法治化的投资营商环境，严格落实负面清单制度，实行依法合规、有度有效的审慎监管。把政务诚信作为优化营商环境的重要内容，以政府守法诚信带动社会诚信建设。

4. 注重内涵提升，扎实推进城乡建设。强化规划引领作用。明晰城市战略定位、发展方向和空间格局。深入推进“多规合一”，加强控制性详规的动态维护和规范管理，确保规划刚性管控落到实处。构建综合交通体系。“对外”要以更大的格局、更宽的视野，主动融入区域交通一体化战略。加快推进连镇铁路镇江段、南沿江铁路、宁句城际轨道交通工程、镇江东站综合客运枢纽等项目。“对内”要着力构建快速便捷的交通体系，实施谷阳路桥改造等骨干道路建设项目，继续推进宗泽路中段、汝山路南段等一批群众反映强烈的断头路、瓶颈路改造。提升城市宜居水平。加强拆迁安置工作集中统筹，加快推进棚户区改造，实施第二批50万平方米老旧小区改造。严格规范土地出让行为，促进房地产市场健康发展。扎实推进污水管网建设和改造，力争两年内实现建成区全覆盖、全收集、全处理。开展户外广告、油烟污水排放、人行道破损问题等专项整治，扩大垃圾分类试点，加大市政公用设施和配套设施补短板力度。加快国家全域旅游示范区创建，制定实施《镇江市山体保护条例》，有效保护城市山体，推进古运河水环境综合整治，打造“亲山”“滨水”独特城市风貌。加快推进智慧城市建设，建设大数据中心和城市综合运行监管平台。大力推动乡村振兴。坚持农业农村优先发展，全面推广“戴庄经验”，强化质量兴农、科技兴农，大力发展“互联网+农业”，增加绿色优质农产品供给。培育发展新型农业经营主体，强化乡村振兴人才支撑，壮大新型职业农民、农技推广人才、乡土人才等人才队伍。补好农村基础设施建设短板，新建高标准农田8万亩（5333.3公顷），实现行政村双车道四级公路全覆盖。以垃圾污水处理、厕所革命、村容村貌为重点，持续开展农村人居环境整治，完成174个村庄和居住点生活污水治理，新建100个“美丽宜居村”。深化农业农村综合改革，完成80%村集体产权制度改革任务，完善农村土地“三权”分置政策体系。

5. 加快民生改善，提升群众获得感。坚持在尽力而为的前提下量力而行，围绕“民生七有”精准施策，把实事办好办实。把稳就业摆在民生工作的突出位置。坚持就业优先，进一步扩大就业容量。围绕重点群体加强岗位对接和职业技能培训，着力缓解结构性就业矛盾，确保新增城镇就业7万人，扶持创业7000人，创业带动就业3.5万人。严格落实增加居民收入、促进居民消费的政策举措。扎实做好退役军人优抚安置工作。把提高公共服务水平作为增进民生福祉的重要举措。严格落实省定基本公共服务标准，推动教育、医疗、养老等公共资源均衡配置。加快推进教育现代化，继续推动学校布局优化调整，持续改善办学条件。深化教育领域综合改革，探索集团化办学模式，优化教育资源配置，着力解决教师结构性缺编问题。根据普高扩招需求，在校舍建设、师资力量等方面系统考虑、及时跟进。深化“三医联动”综合改革，推动市医疗集团实体化运作，优化市区公立医院布局，推进农村区域性医疗中心和城市社区医院建设。加快推进医保政策市级统筹，优化职工医保统账运行方式，推动医保支付方式改革试点。进一步发挥公共法律服务网络的服务保障作用。加快发展居家、社区和互助式养老，构建多元化社会养老服务体系。强化民生兜底保障，完善社会救助体系，切实保障困难群众基本生活。把高质量文化建设作为服务民生的重要内容。更高标准推进文明城市建设，开展新时代文明实践中心试点，打造县级融媒体中心，组织开展“庆祝建国70周年”系列文化活动，筑牢团结奋斗的共同思想基础。编制实施大运河文化保护传承利用规划和大运河国家文化公园镇江段规划，传承文化基因，讲好镇江故事。通过公共文化服务体系示范区中期评估，继续推进市博物馆改建、图书馆新建，增强群众文化获得感。

6. 创新社会治理，确保社会和谐稳定。强化源头治理。常态长效开展“暖企惠民”大走访，加强矛盾纠纷的实时监测、及时处理，全力推进矛盾源头化解。严格实施重大决策社会稳定风险评估，坚决杜绝因政府行为不依法不合规不守信而引发新的问题。推动社会治理重心下移。加快完善以基层党组织为核心、全社会共同参与的基层社会治理新格局，全面落实基层网格化治理机制，确保党员网格长全覆盖。全面推进社区工作者职业体系建设，培育发展专业社会工作组织和志愿服务，拓宽公众参与社会治理渠道，促进政府治理、社会调节和居民自治良性互动。推进基层民主政治建设，完成第十二届村委会和第七届居委会换届选举。构建更高效的矛盾化解和处置机制。健全完善信访联席会议、矛盾纠纷多元化解等制度，加强联动配合，落实工作责任，凝聚维护社会稳定工作合力。完善社会治安防控体系，深入开展扫黑除恶专项斗争，加快建设大数据指挥服务中心，构建信息化、高效迅捷的应急处置机制。下更大气力抓好食品药品安全、安全生产和交通安全，加强综合防灾减灾救灾能力和应急体系建设，切实维护人民群众生命财产安全。

四、深入推进全面从严治党，为高质量发展提供坚强政治保证

1. 加强政治建设，锻造良好政治生态。坚持以政治建设为统领，坚决维护以习近平同志为核心的党中央权威和集中统一领导。严肃党内政治生活。充分发挥党内政治生活的“大熔炉”“净化器”作用，让干部在严格的党性锻炼中淬火成钢，自觉树信仰高线、立价值坐标、划行为底线，始终在政治上站得稳、靠得住、信得过，永葆对党忠诚的政治本色。认真抓好巡视问题整改。把抓好中央和省委巡视整改作为重大政治任务，主动认领、有力有效做好巡视整改“后半篇文章”。各级党组织要落实全面从严治党主体责任，把握整改原则，强化整改措施，

注重举一反三，巩固扩大整改成果。有效深化"政治体检"。将政治标准作为首要标准，政治不合格的一票否决，着力把忠诚干净担当的高素质干部选出来用起来。对市管领导干部开展任前政治体检；在村（社区）党组织换届中，对党组织书记的人选试点开展政治体检；对省委巡视、市委巡察中反映比较集中的领导班子及成员开展政治体检。加强政治体检结果运用，坚持好中选优、优中选强，匡正选人用人风气，提高选人用人科学化水平。

2. 强化思想武装，锤炼过硬本领。结合"不忘初心、牢记使命"主题教育，常态长效推进解放思想，自觉运用新思想指导新实践，争创一流业绩，推动高质量发展。各级干部要不断增强专业能力、专业素养，更好适应高质量发展要求。加大干部实践历练力度，注重在基层一线、艰苦地区、改革前沿、关键岗位培养锻炼干部，着力发现和培养一批具备高端制造、生态经济、科技创新、金融和资本运作、现代社会治理、文化建设、党的建设等专业素养的干部。坚持用新思想占领意识形态阵地，增强社会主义意识形态的凝聚力和引领力。党员干部要增强政治敏锐性和洞察力，在大是大非问题上不能"爱惜羽毛"，关键时刻要敢于举旗亮剑，对似是而非、混淆视听的思想观点要廓清迷雾，决不能任由其传播扩散、搞乱人心。建强党在基层的主流舆论阵地，更好引导群众、服务群众。

3. 深化"三项机制"，激励干事创业。着力建设政治强、专业强、担当强、自律强的"四强"干部队伍。强化正向引导，激励担当作为。树立讲担当、重担当的鲜明导向，坚持上级为下级担当、组织为干部担当、干部为事业担当。各级干部要敢闯敢试、敢于负责，推动工作干在实处、问题有效解决。鼓励创造性贯彻落实，坚决防止机械跟着走、照着做，克服慢动作、跟不上现象。大力发现和选树优秀典型，引导党员干部更好地立足新岗位、奋斗新时代。注重实践引领，科学容错纠错。准确把握"六看"要求，进一步细化应当容错和可以容错情形的实施标准，减少弹性空间，做到容错不纵错、纠错不犯错。通过"身边人""具体事"的正反对照，树牢锐意进取、崇尚实干的"风向标"。完善考核机制，推进能上能下。将"考人"与"考事"深度融合，优化考核指标体系，真正考准考实，考出精气神。既多角度、多渠道了解干部，又注重掌握干部在完成急难险重任务、处理复杂问题、应对重大考验中的表现，提高干部考核的科学性、精准性。将考核结果与干部使用、奖惩紧密挂钩，推动优者上、庸者下、劣者汰成为常态。

4. 坚持挺纪在前，保持正风肃纪高压态势。持续深化作风建设。持之以恒落实中央八项规定精神，紧盯不敬畏、不在乎、喊口号、装样子的问题，坚决破除形式主义、官僚主义，严肃查纠上有政策、下有对策以及政策执行"中梗阻"、弄虚作假等问题，推动中央和省委、市委重大决策部署落地见效。统筹规范督查检查考核和城市创建有关工作，切实减轻基层负担。持续深化反腐败斗争。巩固发展反腐败斗争压倒性胜利，不断释放全面从严的强烈信号，强化不敢腐的震慑，扎牢不能腐的笼子，增强不想腐的自觉，有力削减存量、有效遏制增量。坚决整治群众身边腐败和作风问题，紧盯政府投资项目、公共资源交易、国有资产处置等重点领域加大案件查办力度，对脱贫攻坚、征地拆迁、教育医疗等领域违纪违规行为要严惩不贷。聚焦村"两委"换届，严肃查处干扰破坏农村基层换届选举的行为。持续深化监督体系建设。继续深化纪检监察体制改革，把握标本兼治目标，健全全方位、经常性管理监督体系。坚持挺纪于前、抓早抓小，用好监督执纪"四种形态"，管好关键人、管住关键事、管到关键处、管在关键时。常态化开展纪律教育特别是警示教育，引导各级领导干部严守纪律规矩，加强党性修养，主动接受监督。

5. 强化组织功能，加强基层党组织建设。推动全面从严治党向基层延伸，切实强化基层党组织的政治功能、党员党的意识和组织观念。推广标准化组织生活模式，增强组织生活的影响力和吸引力。持续整顿软弱涣散党组织，着力解决弱化、虚化、边缘化等突出问题。坚持党的一切工作到支部、一切工作靠支部，深入贯彻《中国共产党支部工作条例（试行）》，分领域规范优化党支部建设，着力加强全市基层党组织"五个基本"建设。建强基本队伍，抓好村（社区）带头人、基层党务工作者和党员"三支队伍"，稳妥推进村、社区党组织集中换届，重点实施分类培训，严把党员发展"入口"、畅通"出口"。规范基本活动，用好党支部阵地和党员教育实境课堂，推动党组织活动质量持续提升。抓牢基本阵地，积极推动城市社区、农村基层、"两新"组织等各类阵地建设，实现设施配备和参学率"双提升"。落实基本制度，探索建立市委、各市区委常委直接联系党支部制度。强化基本保障，落实村级组织运转经费、社区为民服务资金，做好各级党委留存党费下拨返还，逐步强化基层干部待遇保障。

政府工作报告（摘要）

——2019年1月9日在市第八届人民代表大会第三次会议上

市长　张叶飞

2018年工作回顾

预计实现地区生产总值4050亿元，增长3%；一般公共预算收入301.5亿元，增长6%；社会消费品零售总额1360亿元，增长6%；城乡居民人均可支配收入达49020元、24660元，分别增长8%、8.5%；城镇登记失业率1.8%；完成省下达的节能减排约束性指标。

一、面对转型升级的压力，坚持产业强市不动摇，经济运行质态得到提升

重大项目取得突破。175个市重点产业项目完成年度投资计划，其中制造业投资占比达68.6%。新签约亿元以上项目167个，其中制造业项目占比达76.6%，北汽麦格纳高端智能纯电动汽车、长城汽车零部件生产基地、孚能科技制造基地、协鑫电动生态科技产业园、蝙蝠飞机制造厂等一批投资量大、带动力强的先进制造业项目落地。恒大童世界、康缘中华养生谷入选省级重点旅游项目，好未来镇江教育基地项目签约落户。5家企业入选中国民营企业500强(1)，4家企业成为省质量标杆企业(2)，新增8家国家"两化融合"贯标试点企业(3)，创成6家省级示范智能车间(4)。"戴庄经验"在全省推广，新增高标准农田19.7万亩（13133.3公顷）、省级农业龙头企业6家(5)，绿色优质农产品占比达35%。

园区承载能力提升。镇江经济技术开发区创成省级生态工业园，简政放权创业创新环境评价位居全省前列，国家大学科技园创成省级生产性服务业集聚示范区，国家级开发区综合考评位列全国第22位，较上年提升20位。赋予镇江高新区直接审批、执法事项265项，中集智能物流装备产业园、美的智能装配产业园、金牛山片区合作开发等项目落户，入选国家“双创升级特色载体”[6]，并创成省知识产权示范区。丹阳经济技术开发区综合考评位居省级开发区榜首，省级高新区正式获批设立，创成省级出口农产品示范区。句容绿色新能源小镇考核居全省首批特色小镇第3位，创成省级现代农业产业示范园。扬中省级高新区正式获批，创成国家智慧电气高新技术产业化基地。丹徒经济开发区通过国家循环经济标准化试点园区验收。扬中智慧电气小镇、镇江新区再生医学小镇入选第二批省级特色小镇。

改革开放不断深化。扎实推进供给侧结构性改革，完成去产能项目60个，化解水泥产能180万吨；开展化工企业“四个一批”[7]专项行动，关停化工企业38家，化工企业入园进区率达54%。推进农村各项改革，农村土地承包经营权确权登记颁证工作基本完成，83%的村完成农村集体产权制度改革，287个村完成会计服务中心委托代理。润州成为全省新一轮服务业改革试点区域。深化“放管服”改革[8]，构建市县镇村四级政务服务体系，“3550”[9]目标基本实现，企业开办用时压缩45%，市级全程不见面审批率达99.6%。进出口贸易创历史新高，对“一带一路”[10]沿线市场出口达25.9亿美元，增长23%；与法国贝尔热拉克城市聚合体、澳大利亚洛克汉普顿市建立友城关系，举办镇江市与韩国益山市缔结友城关系20周年、“第四届东盟文化之旅”等系列活动。

创新动能明显增强。市技术交易市场网络平台投入运营，新增国家级高新技术企业122家，高新技术产业产值占比达49.5%，位居福布斯中国最具创新力城市第18位；2家企业入选“独角兽”[11]企业榜，新增省级“科技小巨人”企业6家[12]、上市挂牌企业117家，1家企业获得中国专利金奖[13]，4家企业获得国家科学技术进步二等奖，京口获评“国家知识产权强县工程示范区”。新增省级企业技术中心9家[14]、省级企业工程技术研究中心10家[15]、省级众创社区5家[16]和孵化器5家[17]。培育引进“国家杰出青年”[18]等人才21人、省“双创计划”[19]等人才98人、市“金山英才”计划[20]118人。成功承办第四届江苏技能状元大赛，7人荣获“技能状元”称号，取得历史性突破。

营商环境持续优化。定期召开企业家座谈、政银企对接等交流活动，创成企业网络服务国家级示范平台。完善外商“一卡通”[21]优惠服务。打击商标侵权违法行为，深化全省“网络市场监管与服务示范区”创建。全面落实各项减税降费政策，全年减免各项税费106亿元；推进口岸提效降费，率先公示收费清单，整体通关时间压缩1/3。在全省率先实现综合金融服务平台上线运行，帮助1187家企业获得授信105.3亿元、贷款76.5亿元。

二、面对环境治理的挑战，切实加强整改不懈怠，生态环境质量得到改善

开展专项行动。扎实开展“263”[22]“116”[23]专项行动，系统推进水气土治理，中央环保督察“回头看”和省环保督察交办信访件全部办结。打好蓝天保卫战，开展建筑工地、扬尘尾气、餐饮油烟、燃煤电厂、“散乱污”企业[24]等专项整治，实施大气污染防治项目375项，全市$PM_{2.5}$平均浓度51微克/立方米，空气优良天数达标率70.1%。打好碧水保卫战，全面落实河（湖）长制，开展河湖“三乱”[25]、长江岸线保护等专项整治行动，整治入河排口215个，关闭违规畜禽规模养殖场149家，长江镇江水域非法采砂全面禁绝，完成江心洲水源地达标建设，长江豚类自然保护区问题整改到位，完成四明河、一夜河、虹桥港、御桥港、西团结河5条黑臭水体治理任务，预计国考、省考断面水质优Ⅲ比例分别为87.5%、80%，重点江河湖泊水功能区水质达标率90%以上。打好净土保卫战，积极开展土壤污染治理与修复试点，出台《镇江市污染地块环境管理联动方案（试行）》，完成全国污染源普查工作。

强化片区整治。西南片区突出粉尘治理，2家重点企业[26]完成环保设施升级改造，非法采矿全面禁绝，废弃宕口、关闭企业复垦复绿有序推进。东部片区突出综合整治，完成15家工业企业污染治理，关停“散乱污”企业148家，解决长江沿岸雨污管网混接、固废倾倒等问题28个；稳妥推进镇江新区化工园区、索普化工基地周边居民搬迁工作。高资片区突出环境提升，关停焦化生产线，关停各类“散乱污”企业58家。

厚植生态本底。启动长江经济带战略环评及“三线一单”[27]划定编制工作，完成生态红线优化调整。加大土地复垦力度，新增耕地1.7万亩（1133.3公顷），完成成片造林1.5万亩（1000公顷），抚育森林6万亩（4000公顷），林木覆盖率达25%，自然湿地保护率达54%。全市12个镇、8个村创成首批省生态文明建设示范镇（村），丹徒区通过省级生态文明建设示范区考核验收。应邀参加第24届联合国气候变化大会，成功举办“2018国际低碳（镇江）大会暨江苏省生态环境高质量主题论坛”。提升生态安全防护能力，危险废物设施投运率90%以上。

三、面对矛盾风险的叠加，坚决守住底线不畏难，社会稳定大局得到巩固

坚决化解重大风险。综合采取严控政府投资、盘活闲置资产、加强省市国企合作、压缩一般性支出等措施，降低债务规模，优化债务结构，地方政府隐性债务得到有效控制。推进“破圈解链”[28]工作，签署政银企联合公约，协调化解骨干企业融资风险，重点地区担保圈风险总体可控；开展防范金融风险专项行动，严厉打击非法集资和恶意逃废债，重点法人银行风险处置取得明显成效，金融生态持续优化。

坚决解决积存问题。盘活“四集团一中心”[29]闲置房产230万平方米，盘活率达88%。实施市区“集中拆违行动”，拆除违法建设45.2万平方米。推进集约节约用地，建成“慧眼守土”[30]动态智能监管系统，整改存量违法用地1.8万亩（1200公顷），处置各类闲置土地4290亩（286公顷）。研究处置市中小企业信用担保中心、“退城进区”政策废止等历史遗留问题，依法依规完成韦岗铁矿、胜华船厂、联合水泥等资产处置，妥善处置7家国有煤矿企业安全环保、综合利用等问题，化解37个小区3.4万户产权证办理难题，消除逾期安置4540套，完成国有企业职工家属区“三供一业”[31]分离移交协议签订。

坚决维护和谐稳定。开展社会矛盾排查和风险防控，依法分类处理信访问题，攻坚化解信访积案，实施信访秩序“百日专项整治行动”，圆满完成重要节点时期信访维稳任务，成功处置专项维稳事件。开展重点行业安全生产专项整治行动，事故起数和死亡人数保持“双下降”。成立全国首个“安全守护联盟”[32]，形成多方参与的社会化防灾减灾救灾格局。开展“扫黑除恶”“三打击一整治”[33]等专项行动，深化完善基层网格化社会治理机制得到中央领导肯定，公众安全感保持全省前列。

四、面对美好生活的期待，坚持精准施策不停步，惠民发展实效得到增强

在城乡建设上，强化规划龙头作用，市区1088平方公里规划全覆盖，“多规合一”[34]取得实质性进展，中心城区380平方公里、33个单元控制性详细规划编制完成。安排财政资金3亿元，运用“共同缔造”理念[35]，推进中营、大市口北等五个老旧小区改造，完成危房和空斗墙房屋改造2.37万平方米，解危搬迁八摆渡、江小圩受淹片区群众；建立征收拆迁“市统筹、区实施”工作机制，市区完成棚户区改造170万平方米。海绵城市建设完成试点任务。高校园区建设顺利推进，江苏大学京江学院新校区交付使用。镇丹高速、句容西部干线建成通车，南沿江高铁、宁句城际轨道交通、镇江高铁南站优化提升工程正式开工,连淮扬镇铁路镇江段、五峰山过江通道及其接线高速公路加快推进,江滨路交叉口、西府街等断头路、瓶颈路完成改造;长江南京以下12.5米深水航道工程镇江段全面完成,扬中长江崩岸段干堤复建和岸线应急治理、九曲河整治工程基本完成;智慧城市综合运行监管平台基本建成,工业云平台、智慧信用上线运行。市区建设市政燃气管道79公里,改造老旧燃气管道83公里,完成上党液化天然气储配站二期扩建工程;新建改造供水管网40.4公里、污水管网30.3公里;建成世界最大规模电网侧储能电站[36]群。农村环境持续改善,提档升级农村公路200公里,改造农桥20座,新增80个美丽宜居村,3个省级特色田园乡村[37]基本建成。

在城市管理上,深化更高水平文明城市创建,扎实推进城市治理与服务十项行动[38],开展露天烧烤、电动车违法行为等专项整治,加强交通堵点治理,对拥堵路段过境货车有序分流疏导。全市257个居民小区、424个党政机关开展垃圾分类试点,主次干道垃圾分类投放设施覆盖率达80%。新增优化公交线路61条,市区实现公交扫码乘车移动支付全覆盖,完成镇村公交智能化改造。推行机关、企事业单位停车位对外开放,新增停车泊位1万个,道路临停泊位"互联网+地磁"系统上线运行。

在基本保障上,深化产业扶贫、电商扶贫、健康扶贫等行动,全市54个经济薄弱村达标,3300余户建档立卡低收入人口实现脱贫,达标率超过80%。实施"全民参保计划",城乡困难人群纳入保障体系,社保覆盖率98%以上,低保标准提高到每人每月710元,退休人员养老金实现"十四连增"。优化职工医保统账结构,改善群众医保待遇;完善"医疗保险+医疗救助"与慈善助医衔接机制,实施医疗救助31.6万人次;开通"电子医保卡"和医保移动支付平台。在全省率先构建社会救助云平台。新建老年人日间照料中心5个、助餐点100个、居家养老服务中心15个。

在公共服务上,完善就业创业服务体系,新增城镇就业8.4万人,扶持创业1.33万人,创业带动就业6.04万人。出台市区义务教育布局规划,实施"八校联动、三大工程"[39],南师附小镇江小学、镇江心湖高级中学投入运营,苏州外国语学校官塘校区项目签约落户,学前教育体制改革获"全国教育改革创新优秀奖",率先实现全国中小学校责任督学挂牌督导创新县(市、区)全覆盖。建立642支家庭医生签约服务团队,开设103个全—专联合门诊,建成20家康复联合病房,重大疾病分级诊疗体系不断健全。5个菜市场[40]建成开业。创成市级"放心肉菜示范超市"8家[41],全市学校、养老机构"明厨亮灶"[42]覆盖率分别达90.1%和98.5%。建成省级村(社区)基层综合文化服务中心277个、农村文化礼堂236个,镇江民间文化艺术馆新馆对外开放,江苏电力历史博物馆建成开馆,延陵村农家书屋获评"全国示范农家书屋"。省级双拥模范城市再创"满堂红"。成功举办2018砂板乒乓球世界杯、江苏省第十届残运会等重大赛事,镇江籍运动员在亚运会、全国击剑锦标赛上勇创佳绩。政府法制、侨务、行政学院、人口计生、民族宗教、机关事务等工作取得新成绩,档案、地方志、防震、气象、供销、科普、老龄、妇女儿童、关心下一代、见义勇为、残疾人、红十字等事业取得新进展,国家安全、国防教育、人民武装、人民防空、援藏援疆援陕等工作取得新成效。

在总结成绩的同时,我们清醒地认识到,发展中还存在一些深层次矛盾和问题:一是受宏观经济下行、消化过高基数等因素影响,地区生产总值、社会消费品零售总额、固定资产投资三项指标未能完成人代会确定的目标。二是产业结构偏重,先进制造业发展还不充分,生态环境仍存在许多短板和问题。三是影响社会稳定的隐患依然较多,地方政府隐性债务、非法民间金融活动、安全生产等领域的风险隐患不容忽视。四是民生领域还有不少短板,城乡发展还不平衡,基础设施建设仍然滞后,公共服务水平有待进一步优化。五是政府职能转变还不到位,服务效能还不够高,形式主义、官僚主义一定程度上仍然存在,营商环境需进一步改善。对此,我们一定高度重视,采取有力措施,切实加以解决。

2019年工作总体要求

2019年是新中国成立70周年,也是高水平全面建成小康社会的关键之年。今年政府工作的总体要求是:以习近平新时代中国特色社会主义思想为指导,全面贯彻党的十九大和中央经济工作会议、省委省政府及市委的决策部署,坚持稳中求进工作总基调,坚持新发展理念,坚持推动高质量发展,坚持以供给侧结构性改革为主线,坚持深化市场化改革、扩大高水平开放,继续打好三大攻坚战,统筹做好稳增长、促改革、调结构、惠民生、防风险工作,保持经济持续健康发展和社会大局稳定,在高质量发展新征程上奋勇前进,打好高水平全面建成小康社会决定性基础,以优异成绩庆祝中华人民共和国成立70周年。

今年经济社会发展的主要预期目标是:地区生产总值增长6.5%以上;固定资产投资增长6.5%左右;一般公共预算收入增长4.5%左右;社会消费品零售总额增长7.5%左右;研发经费支出占地区生产总值比重2.55%;城乡居民人均可支配收入与经济增长同步;全面完成生态环保约束性指标。

做好今年工作,完成全年任务,必须按照市委七届八次全会的部署,进一步把思想、力量、智慧汇聚到高质量发展上来:深刻理解高质量发展的内涵,坚决落实高质量发展的要求,积极抢抓高质量发展的机遇,始终坚定高质量发展的信心。

2019年重点工作

做好今年工作,围绕高质量发展和"六个稳"[43]要求,重点在七个方面狠下功夫、狠抓关键。

一、坚定不移推进产业强市

产业是高质量发展的基石,集中力量推动产业结构转型升级,加快补齐制造业短板,着力构建现代产业体系。

扩大有效投入。切实发挥投资对稳增长、调结构的关键作用,进一步提升增量、优化存量。狠抓项目建设,加快推进北汽麦格纳高端智能纯电动汽车、孚能科技制造基地、长城汽车零部件生产基地等178个市级重点产业项目,当年完成投资400亿元。强化项目招引,制定招商引资负面清单,细分产业招商方向,推动产业基金参与项目招引,加强招商专业队伍建设,建立健全招引项目预审制和全过程帮办制,新签约亿元以上产业项目160个。加大技术改造,鼓励引导企业积极运用新装备、新工艺、新技术、新材料,开展高端化、智能化、绿色化改造,提高企业安全生产、节能环保水平;依托工业云平台,推进企业"设备联网"工程,新增省级星级上云企业30家。密切跟踪产业发展最新趋势,推动第五代移动通信网络试点部署,加强人工智能、工业互联网、物联网等新型基础设施建设,积极发展共享经济、数字经济、生物经济、现代供应链等新产业新业态新模式。

做强特色产业。实施高端装备、新材料升级行动计划,推进"智能制造三百工程"[44],新增省级示范智能车间(工厂)3家、省首台(套)重大装备5个;壮大高性能纤维及复合材料、新能源等战略性材料产业规模,加快布局增材制造、石墨烯等新材料产业,落实新材料首批次应用保险政策;提升航空航天国家级新型工业化示范基地功能,加强与航天科工、航发集团等央企的战略合作,加快推进航发优材粉末盘工程中心、通用机场水上跑道等项目，争取重大军民融合项目落户。深化国家全域旅游示范区创建，推进三山南山、茅山等景区市场化改革，旅游总收入突破千亿元。探索“工业 + 物流 + 金融”融合模式，新增省级重点物流企业（基地）1 家以上。积极招引外地金融机构落户，做大做强本地法人金融机构，新增上市挂牌企业 20 家。培育新消费热点，积极引导社会力量进入健康、养老、文化、幼教等领域，扩大电子商务服务领域，引导企业增品种、提品质、创品牌，推进城市商圈业态提升和老字号传承创新，更好满足居民消费升级需求。

狠抓政策落地。抢抓“中国制造 2025”、全省培育先进制造业集群等政策机遇，深入谋划、精准发力，把政策红利转化为发展红利。保持政策的连续性和稳定性，严格执行国家和省减税降费政策，实施清单制度，涉企收费只减不增、能减尽减；全面落实省“降低企业负担 28 条”，出台我市降低企业负担政策措施。完善政策执行方式，在安监、环保等领域执法过程中避免简单化，坚持实事求是，执行政策不搞“一刀切”。树立“亩产论英雄、效益论英雄、能耗论英雄、环境论英雄”的政策导向，运用工业企业资源集约利用大数据平台，对企业评价分类、精准引导，稳步推进企业优胜劣汰，为优质项目腾出资源和空间。

壮大民营经济。民营企业和民营企业家是镇江最宝贵的财富。坚决贯彻“两个毫不动摇”(45)，切实支持民营企业发展壮大，提振信心、保持定力，让民营企业放胆投资。全面破除民营企业发展障碍，消除市场准入、行政审批、政府采购、招投标等领域的隐性壁垒，降低企业成本，减轻企业负担，让民营企业放开搞活。大力保护民营企业合法权益，建立健全民营企业合法权益保护机制，让民营企业放心经营。积极构建新型政商关系，在靠前服务上体现“亲近”，在规范服务上做到“清白”，打造公平公正、透明可预期的一流营商环境，让民营企业放手发展。

二、坚定不移深化改革开放

以改革造就新气象，以开放带来新活力，以创新打开新空间，推动发展质量更高、竞争力更强。

加大改革强度。深化“放管服”改革，规范行政审批自由裁量权，推进“3550”改革普惠制，持续优化水电气报装、纳税等重点领域审批流程；推进“不见面审批”改革，拓展完善“e 办事”平台功能，推动“互联网 + 政务服务”向基层延伸。推动国资国企改革，完善国有资产管理体制，创新监管方式，做强做优国有资本，实现从管资产向管资本转变；积极引进战略投资者，实施兼并收购、资产重组，提升国有上市公司资本运作和抗风险能力。加快产业集团改革，整合市属产业集团相近产业和资源，按照实体化、市场化、专业化方向，着力打造一批主业突出、竞争力强、带动作用明显的运营公司，积极稳妥有序推动产业集团转型。完成政府机构改革，推动下蜀镇、新坝镇强镇扩权。实施国民经济统一核算改革，完成第四次全国经济普查。

扩大开放程度。贯彻落实国家扩大开放新举措和全省对外开放大会精神，抢抓放宽市场准入机遇，提升高端装备制造、新材料等重点产业外资贡献度，推动外资企业增资扩股，制造业到位外资 6.5 亿美元。推进通关便利化，落实口岸提效降费要求，培育外贸新业态，推动跨境电商和外贸综合服务企业融合发展，谋划建设外贸综合服务中心。壮大进口经营企业，放大中国国际进口博览会效应，扩大先进设备和技术进口。发挥中信保“镇江统保平台”(46)作用，帮助企业降低贸易风险，支持企业开拓“金砖国家”(47)和“一带一路”市场。

提升创新力度。充分发挥开发园区创新主阵地作用，加快推进苏南自主创新示范区建设，支持丹阳创建国家级经济开发区、扬中创建国家级高新区、句容和丹徒创建省级高新区。加强园区市场化运作，支持镇江高新区建设国家创新型特色园区并和丹徒合作共建产业园区。落实省“科技改革 30 条”和市“科技改革 20 条”，加强规模以上工业企业研发机构建设，实施高新技术企业培育计划，认定国家级高新技术企业 200 家。加大对中小企业创新支持力度，培育壮大技术交易市场，支持中小微企业向驻镇高校、科研院所等购买技术服务，加强知识产权保护和运用。优化升级“金山英才”计划，实施柔性引才，壮大人才经纪人队伍，新增高层次产业领军人才 200 名、高技能人才 6000 名以上。

三、坚定不移提升品质内涵

牢固树立“精明增长”(48)“紧凑城市”(49)理念，深入推进“多规合一”，注重内涵提升，建设幸福感强的宜居宜业城市。

构建综合交通体系。完成连淮扬镇铁路镇江段桥梁主体工程建设，开展五峰山过江通道及其接线高速公路路基和桥梁施工，加快实施宁句城际轨道交通、南沿江高铁等项目，积极推进润扬第二过江通道、宁马宁扬城际、连镇铁路南延接入南沿江高铁和宁杭高铁、宁句城际延伸至茅山等前期可行性研究，加快建设镇江东站交通枢纽。推动大港港区与外部高速公路、铁路的顺畅衔接，建设铁路集装箱集散地，打通临港交通“最后一公里”。完成团山路西段城市化改造，开工建设蚕桑路，启动谷阳路桥拓宽及安全隐患整治工程。

补齐公共设施短板。持续推进“城市双修”(50)，着力改善老旧城区人居环境，对大市口等老城区实施成片品质提升，统筹推进棚户区、老旧小区改造以及危旧房解危，修缮直管公房 8000 平方米，完成 1 万平方米街巷改造、10 个积水区整治。推动零星地块、闲置地块品质提升和功能塑造，为市民提供更多公共空间。加快市区缺陷污水管网和谏壁、丹徒老集镇等空白区域规划改造，逐步实现污水管网全覆盖、全收集、全处理。提升水电气保供能力，完成大港水厂一期工程，新增日供水能力 20 万立方米，实施高校园区供水设施、城乡供水管网改造等项目；加快推进 500 千伏大港变电站建设；推广使用管道天然气，新建镇江大港至姚桥高压燃气管道 14 公里，改造老旧燃气管道 80 公里，建设高资、姚桥高中压站和世业洲、高桥液化天然气综合站。

加强城市精细管理。深化露天烧烤、占道经营、违章停车等专项整治，加大共享单车管理、环卫保洁、防违拆违等工作力度，推动文明城市长效管理。广泛开展垃圾分类进校园、进社区宣传活动，普及推广垃圾分类知识，新增 135 个垃圾分类试点居民小区，加快餐厨废弃物处置二期、丹阳市生活垃圾焚烧发电厂建设，构建生活垃圾分类投放、收集、收运和处理体系。完善智慧镇江“1 + 1 + N”体系(51)，建设全市统一的人口、法人、空间地理等基础数据库，城市综合运行监管平台、智慧城管、智慧旅游、大数据共享交换平台上线运行，进一步提升城市治理科学化、智慧化、精细化水平。

四、坚定不移推动绿色发展

深入落实生态环境保护责任，着力控制污染源头，狠抓末端排放治理，促进生态环境质量持续改善。

整改突出问题。深入实施“263”“116”专项行动，加大工作力度，确保中央环保督察“回头看”和省环保督察反馈问题全部“见底清零”。持续开展煤电企业、“散乱污”企业、柴油车尾气、工地扬尘等领域集中整治，加强动态监测和应急管控，从源头上减少污染。完善河（湖）长制，实施重点河湖“挂图作战、综合治理”，全面完成集中式饮用水源地安全隐患整治任务，建成区黑臭水体基本消除。推进土壤污染治理，加快固体废物处置设施建设。

加快绿色转型。推动产业绿色发展，深化传统产业“八个一批”工程(52)，落实化工钢铁煤电行业转型升级要求，发挥绿色信贷、绿色债券等金融产品作用，培育市级以上绿色工厂 10

家、绿色园区1家,化工企业入园进区率提高到60%。促进能源结构优化,推广燃煤清洁高效利用技术,钢铁、化工等重点行业全面执行特别排放限值。推进绿色港口和绿色公路建设,开展柴油货车、非道路移动机械燃油油品整治,加快长江和运河水上加气站建设,推广使用液化天然气船舶。深化农业面源污染治理,加强畜禽养殖废弃物资源化利用,综合利用率90%以上。推进低碳城市建设,加快低碳项目落地见效,推动国际低碳(镇江)大会市场化运作,倡导节电、节水等绿色生活习惯。

增加生态供给。完成"三线一单"划定工作,建立分区管控体系。加大长江岸线生态保护力度,完成镇扬河段三期整治、长江干流江苏段崩岸应急治理等重点工程,基本完成大路姚桥段长江堤防防洪能力提升工程,全面实施新孟河延伸拓浚主体工程。加强生态修复,加快岸线整治、宕口治理,完成成片造林面积8000亩(533.3公顷),推进主城区山体"一山一景"改造、古运河水环境综合整治,打造"亲山""滨水"独特城市风貌。

健全治理机制。深入推进排污权有偿使用和交易,完善与污染物排放总量挂钩的财政政策,深化资源环境价格、水环境双向补偿、企业排污权许可、环境污染责任保险等制度改革,试行苏南运河等重点河湖生态补偿机制。指导帮助企业制定环境治理解决方案。创新环保监管模式,推动行政执法与刑事司法无缝衔接,依法打击生态环境违法犯罪行为。

五、坚定不移实施乡村振兴

坚持农业农村优先发展,大力弘扬"亚夫精神"[53],全面推广"戴庄经验",加快推进农业农村现代化。

壮大乡村产业。优化"三带三区"[54]空间布局,壮大优质粮油、特色园艺等优势产业,大力发展储藏保鲜、烘干物流、初级加工等生产性服务业,新增高效设施农业面积1.5万亩(1000公顷)、渔业面积1000亩(66.67公顷)。推进丁庄葡萄、扬中河豚等特色小镇建设,依托农产品营销模式大赛、农民丰收节等载体,培育乡村旅游、农村电商等新业态,新增省级以上休闲农业示范点4个,农业电商网上销售额增长20%以上。扩大绿色农产品基地规模,规划建设高效生态农业示范基地30个,新培育国家级和省级示范社30家,绿色优质农产品占比达到40%;全面完成粮食生产功能区和重要农产品生产保护区划定工作,新建高标准农田8万亩(5333.3公顷)。

优化乡村环境。统筹生产设施、生活服务设施、社会事业设施等规划,鼓励农民和农村集体经济组织自主开展村内基础设施建设。深化特色田园乡村建设,以垃圾污水处理、厕所革命[55]、村容村貌提升为重点,持续开展农村人居环境整治,完成174个规划发展村庄和居民点生活污水治理,新增100个美丽宜居村庄、20个绿化示范村。推进"四好农村路"[56]建设,提档升级农村公路100公里,改造农桥10座。建设农村生态河道20条,新增"水美乡村"[57]15个。

深化乡村改革。深化农村集体产权制度改革,力争全市90%以上的村完成改革任务,强化农村集体"三资"[58]管理,规范农村产权交易市场,推动农村集体资产保值增值。深化农村土地制度改革,推进农村宅基地"三权"分置[59]试点,加快推进房地一体的农村集体用地和宅基地使用权确权登记工作,支持以出租、联营、入股等形式,盘活利用闲置农房及宅基地。深化农业保险经营模式改革,推动农业保险市场化运营,强化涉农保险保障和服务功能改革创新。统筹推进供销合作社、农村水利、集体林权制度改革,增强为农服务能力。

培育乡村人才。壮大家庭农场、农民专业合作社等新型经营主体,培育新型职业农民8000人。完善基层农技、农机推广体系,全市"一村一所"[60]占比达80%。引导鼓励大学生、农民工返乡就业创业,扶持一批农业职业经理人、经纪人,培育一批乡村工匠、文化能人。

全面精准脱贫。开展省定标准脱贫人口"回头看",严格落实"两不愁三保障"[61]要求,完成脱贫攻坚各项目标任务。支持经济薄弱村发展特色产业,增强发展内生动力;完善新型经营主体与低收入农户利益联结机制,带动贫困人口增收致富。加强精准管理和阳光监管,制定"一村一策""一户一策"任务清单。强化健康扶贫,严格落实低收入人口大病保险起付线降低和报销比例提高政策,提升社会救助保障水平,切实提高脱贫质量。

六、坚定不移维护社会稳定

始终把防范化解重大风险作为重中之重,坚持底线思维,采取过硬措施,营造和谐、安全、稳定的发展环境。

坚守金融安全底线。按照"坚定、可控、有序、适度"要求,细化制定化解地方政府隐性债务工作方案,严控政府投资项目,压减政府一般性支出,确保总量下降、结构优化,坚决守住不出险底线。深入实施"清风行动"[62]和金融生态环境"八城同创"[63],严厉打击金融欺诈、非法集资等非法金融活动,健全恶意逃废债联合惩戒机制,扎实推进"破圈解链",不断增进银企互信,防范金融市场异常波动和共振。

有效化解社会矛盾。健全社会矛盾排查预警、重大决策社会稳定风险评估和矛盾纠纷多元化解机制,坚持依法处置涉访违法行为,实施严重失信信访人信用管理,健全信访工作联席会议机制,有效预防和化解矛盾纠纷。积极推进社会治理重心下移,做优、做强网格化管理体系,加强公共法律服务平台建设,提高社会治理水平。推进公安大数据指挥服务中心和执法办案基地、实战训练基地建设,继续开展"扫黑除恶"专项斗争,严厉打击各类犯罪活动,确保人民群众生命财产安全。

维护社会公共安全。加强食品药品安全监管,坚决防范重特大食品药品安全事故。严格落实安全生产责任制,深化安全风险分级管控和隐患排查治理双重预防机制建设,全市生产安全事故起数、死亡人数保持"双下降"。持续开展电动车违规行驶、渣土车超载超速等专项整治,防范处置公共交通领域突发极端事件。健全应急管理机制,扎实做好火灾防控和应急救援工作,深化"祛火源、降荷载、强设施、畅通道"专项行动,加快预警发布系统和民间救援体系建设,强化动物疫情、生态破坏等公共安全事件处置,不断提升公众安全感。

七、坚定不移持续改善民生

聚焦群众关注的热点难点问题,精准发力、持续攻坚,不断增强广大群众的获得感和幸福感。

稳定就业创业。把稳就业摆在突出位置,实施更加积极的就业政策,深化"创响镇江""援企稳岗"等行动,新增城镇就业7万人,扶持大众创业7000人,创业带动就业3.5万人,争创2家省级示范基地。建立健全终身职业技能培训制度,推进企业新型学徒制,扩大培训范围,全年培训城乡劳动者就业技能1.5万人。继续实施"万名高校毕业生留镇行动",鼓励引导高校毕业生来镇就业创业,全年培养引进本科以上人才1.6万人。

强化社会保障。深入推进社保制度改革,有序开展社会保险费征管职责划转工作,落实机关事业单位养老保险制度改革政策,巩固全民参保登记工作成果,城乡社保覆盖率保持98%以上。继续做好城乡居民和灵活就业人员社保费征缴工作。深化医保支付方式改革,稳步推进医保"按疾病诊断相关分组"收付费[64]试点;打击欺诈医保基金行为,防范基金风险。大力发展社会慈善事业,完善多层次救助体系,全面落实残疾人"两项补贴"[65]及成年无业重度残疾人"单人保"[66]政策,建成市残疾人创业就业孵化基地。

坚持教育优先。完成市区学前教育布局规划修编工作,优化普惠性学前教育资源配置。探索集团化办学模式,深化教师

"县管校聘"改革[67],放大"名师工作室"效应,扩大优质教育资源受益范围。实施高中办学体制改革,推动高中教育优质多样发展,促进普教、职教渗透融合。启动第四中学迁建工程。探索数字化督导、第三方督导,促进教育"管办评"分离[68]。加强校外培训机构专项整治,完善长效监管机制,切实减轻中小学生课外负担。加快推进高校园区建设,江苏科技大学、市委党校等6所学校全面入驻,共享区图书馆和体育馆投入使用。

建设健康镇江。完善市区医疗设施布局规划,优化医疗资源配置。深化公立医院综合改革,稳妥推进市医疗集团实体化运作,建立市属医疗机构健康服务共同体,推进农村区域性医疗卫生中心和城市社区医院建设,完善大医院与基层医疗卫生机构共建共享机制。引进和培育医生集团,增加医疗服务供给。加强家庭医生工作室建设,规范签约服务流程,提升签约服务质量。推进健康镇村建设,争创2个省级健康镇、5个省级健康村。开展应急救护"百万培训"进社区、进学校、进企业、进机关活动,新增6万人基本掌握应急救护知识和技能。

促进文化繁荣。完成市区公共文化布局规划,国家公共文化服务体系示范区创建通过中期评估,提升镇(街道)文化广场15个、村(社区)文化广场37个。开展金山艺术展演月、民俗文化周等文化惠民活动,继续办好长江国际音乐节。加大历史文化名城保护力度,弘扬优秀历史文化,加强文物保护工作,推进大运河文化带建设,实施京口闸遗址、焦山摩崖石刻、殷氏六房旧宅保护工程,加强传统表演艺术类、手工技艺类、民俗活动类等非物质文化遗产保护传承。

推动全民健身。组织群众喜闻乐见的足球、篮球、乒乓球等"十大业余联赛",开展全民健身活动200场(次)以上。打造世业洲体育健康公园。进一步提高公共体育场馆使用效率,提供高质量体育服务。

今年,将努力办好事关民生福祉的10件实事。

1. 优化医疗保障。试点"中医经典病房"[69]建设,推广"市中医院巡诊巡讲"工程,在村卫生室、社区卫生服务站建设中医阁100个;推进医保政策市级统筹,优化职工基本医疗保险门诊和住院统筹制度,整合补充医疗保险制度,提高医保"特药"[70]报销比例10个百分点。

2. 优化养老服务。新建5个老年人日间照料中心,加快建设标准化及以上社区居家养老服务中心,推进农村敬老院"公建民营";深化医养融合,在社区日间照料中心嵌入医疗服务。

3. 优化教育布局。完成市区三中改扩建、江南学校扩建、实验初中迁建工程和中山路小学、李家大山小学改扩建工程,建设丹徒茅以升学校,异地新建句容市高级中学,创建40所智慧校园。

4. 优化体育设施。建成健康路市民体育公园并对外开放,建成镇(街道)多功能运动场10个、笼式足球场5个、健身路径80条。

5. 优化菜场建设。筹划建设农产品批发市场,新建改造4个菜市场,加强菜市场长效管理综合考评。

6. 优化公厕环境。提高标准、优化布局、完善功能、创新管理,新建环卫公厕18座,改造环卫公厕56座。

7. 优化公交出行。探索主要交叉口公交车信号优先,市区新购置190辆新能源公交车,新辟、优化公交路线20条。

8. 优化停车管理。新增1万个停车泊位,推进"互联网+停车"全覆盖,实现扫码收费、精细管理,提高停车服务智能化水平。

9. 优化道路通行。打通宗泽路、汝山路等断头路、瓶颈路,改善演军巷、仙鹤巷等道路微循环;综合采取科学调度、合理分流等措施,缓解南徐大道等城市拥堵路段。

10. 优化文化服务。完成11个茅山革命老区经济薄弱村综合文化服务中心强基层任务,开展全民艺术普及惠民文化活动500场。

加强政府自身建设

新的一年,我们将牢固树立"四个意识",坚定"四个自信",坚决践行"两个维护",主动作为、开拓进取,努力建设人民满意的服务型政府。敢担当,提效能,重法治,讲诚信,促清廉。

【原文所附注释】

(1) 5家企业入选中国民营企业500强:江苏沃得机电集团有限公司、江苏天工集团有限公司、建华建材(中国)有限公司、大亚科技集团有限公司、大全集团有限公司。

(2) 4家企业成为省质量标杆企业:江苏恒顺醋业股份有限公司、大全集团有限公司、江苏鼎胜新能源材料股份有限公司、镇江万新光学眼镜有限公司。

(3) 8家国家"两化融合"贯标试点企业:贯彻信息化和工业化融合发展管理体系的企业。包括丹阳飓风物流股份有限公司、北汽(镇江)汽车有限公司、江苏超力电器有限公司、江苏通灵电器股份有限公司、江苏亿阀股份有限公司 、江苏银佳企业集团有限公司、中节能太阳能科技(镇江)有限公司 、江苏宏马物流股份有限公司。

(4) 6家省级示范智能车间:江苏恒顺醋业股份有限公司、北汽(镇江)汽车有限公司、力信(江苏)能源科技有限责任公司、镇江默勒电器有限公司、江苏惠通集团有限责任公司、恩坦华汽车零部件(镇江)有限公司。

(5) 省级农业龙头企业6家:镇江市丹阳市莲湖面粉有限公司、江苏新禾润世家食品有限公司、江苏汤氏园林有限公司、江苏茅宝葛业有限公司、江苏天王园林之窗农业发展有限公司、句容市唐陵花木交易市场有限公司。

(6) "双创升级特色载体":专业资本集聚型、大中小企业融通型、科技资源支撑型、高端人才引领型4类创新创业特色载体。

(7) 化工企业"四个一批":关停一批、转移一批、升级一批、重组一批。

(8) "放管服"改革:以转变政府职能为核心的"简政放权、放管结合、优化服务"系列改革。

(9) "3550":开办企业3个工作日内完成、不动产登记5个工作日内完成、工业建设项目施工许可50个工作日内完成。

(10) "一带一路":"丝绸之路经济带"和"21世纪海上丝绸之路"。

(11) 2家企业入选"独角兽":分别为江苏恒神股份有限公司、惠龙易通国际物流股份有限公司。"独角兽"一般指估值10亿美元以上,并且创办时间相对较短的企业。

(12) 省级"科技小巨人"企业6家:恒宝股份有限公司、江苏三超金刚石工具有限公司、菲舍尔航空部件(镇江)有限公司、江苏峰谷源储能技术研究院有限公司、江苏亿能电气有限公司、江苏通灵电器股份有限公司。

(13) 1家企业获得中国专利金奖:江苏和成显示科技有限公司。

(14) 省级企业技术中心9家:镇江江南化工有限公司、力信(江苏)能源科技有限责任公司、海昌隐形眼镜有限公司、江苏万奇电器集团有限公司、江苏海天微电子股份有限公司、镇江维纳特气门有限公司、镇江仁德新能源科技有限公司、宜禾股份有限公司、江苏广兴集团有限公司等9家企业技术中心。

(15) 省级企业工程技术研究中心10家:江苏省光电子微组装工程技术研究中心、江苏省飞机内装饰工程技术研究中心、江苏省航空复合材料工程技术研究中心、江苏省高性能耐磨有色金属材料及应用工程技术研究中心,江苏省航天、车辆用纳米改性轻质防火材料工程技术研究中心,江苏省(大东)特种纸工程技术研究中心、江苏省特种碳材料工程技术研发中心、江苏省汽车轻量化饰件工程技术研究中心、江苏省树脂光学工程技术研究中心、江苏省钛及钛合金新材料工程技术研究中心。

(16)省级众创社区5家:镇江大学科技园生命健康众创社区、句容宝华软件信息技术众创社区、扬中智慧电气众创社区、丹阳高性能合金材料众创社区、镇江京口软件及游戏动漫众创社区。

(17)省级孵化器5家:江苏芳满庭科技企业孵化器、扬中高新技术创新创业服务中心、扬中新城科技企业孵化器、丹阳总部经济科技孵化器、江苏国华健康科技孵化器。

(18)"国家杰出青年":国家杰出青年科学基金获得者。

(19)省"双创计划":"江苏省高层次创新创业人才引进计划",每年面向海内外引进200名左右高层次创新创业人才或团队。

(20)市"金山英才"计划:"十三五"期间,重点引进支持600名(个)以上产业发展领域的高层次领军人才(团队)。

(21)外商"一卡通":在我市投资符合条件的外方高管,在医疗保健、子女入学、签证户籍、车辆交通、景区游览等方面可以享受优惠。

(22)"263":江苏省生态环境保护治理"两减六治三提升"专项行动。"两减"是指减少煤炭消费总量、减少落后化工产能;"六治"是指治理太湖水环境、治理生活垃圾、治理黑臭水体、治理畜禽养殖污染、治理挥发性有机物污染、治理环境隐患;"三提升"是指提升生态保护水平、提升环境经济政策调控水平、提升环境执法监管水平。

(23)"116":"一江"(长江生态保护)"一河"(京杭运河水质提升)"六行业"(化工、碳素、电镀、尾气扬尘、畜禽养殖、"散乱污"企业)生态环境综合整治专项行动。

(24)"散乱污"企业:使用落后生产工艺与淘汰类设备,审批手续不全和不符合布局规划、不符合产业政策,存在违法建设、违法用地、违法排污或安全隐患的企业。

(25)河湖"三乱":河湖管理范围内乱占、乱建、乱排等侵害河湖水利工程安全运行、危害河湖生态健康的违法行为。

(26)2家重点企业:江苏船山集团、东亚碳素有限公司。

(27)"三线一单":生态保护红线、环境质量底线、资源利用上线和环境准入清单。

(28)"破圈解链":破解企业互联互保(担保圈、担保链)的问题。

(29)"四集团一中心":市城建集团、交通集团、文旅集团、国控集团和土地储备中心。

(30)"慧眼守土":通过在移动基站上安装高清摄像头,对违法用地进行实时监控。

(31)"三供一业":供水、供电、供热和物业管理。

(32)"安全守护联盟":我市与无锡市361综合减灾服务中心联合搭建的全国首个防灾减灾长效管理服务平台。

(33)"三打击一整治":严厉打击网络贩枪、电信网络诈骗等新型犯罪和传统盗抢骗犯罪,集中整治地域性职业犯罪重点地区。

(34)"多规合一":将国民经济和社会发展规划、城乡规划、土地利用规划、生态环境保护规划等多个规划融合到一个区域上。

(35)"共同缔造"理念:以社区为基本治理单元,通过发动群众共同治理和统筹资源合力治理,形成政府、社会和居民良性互动的治理格局,推进城市治理体系和治理能力现代化。

(36)电网侧储能电站:面向电网调控运行,满足区域电网调峰、调频、调压、应急响应、黑启动等应用需求的电能中转站。

(37)3个省级特色田园乡村:丹徒区世业镇世业村还青洲、世业镇世业村永茂圩和世业镇先锋村一组。

(38)城市治理与服务十项行动:交通畅行工程、停车便利化工程、排水防涝工程、黑臭水体整治工程、生活垃圾分类工程、基本公共服务提升计划、棚户区改造和住宅小区服务改造提升计划、新市民融入城市计划、市民文明素养提升计划、公共安全防护计划。

(39)"八校联动、三大工程":三大工程即市第三中学改扩建工程、市江南学校扩建工程、市实验初级中学异地迁建工程;八校联动即市第三中学、市第四中学、市江南学校、市实验初级中学、市中山路小学、市八叉巷小学、象山花园小学、市李家大山小学8所学校联动。

(40)5个菜市场:桃园、金山水城四期、中南御锦城、孔雀城、尚海名苑共5个菜市场。

(41)市级"放心肉菜示范超市"8家:麦德龙镇江开发区商场、永辉超市金谷路分公司、欧尚超市学府店、京口润京商业有限公司、欧尚超市有限公司、丹徒区世纪联华有限公司、永辉超市朱方路分公司、句容经济开发区众联超市。

(42)"明厨亮灶":餐饮服务单位采用隔断矮墙、透明玻璃幕墙、视频显示、网络展示等方式,将餐饮食品的加工制作过程公开展示给消费者,主动接受监督。

(43)"六个稳":2018年7月,中共中央政治局会议提出要做好稳就业、稳金融、稳外贸、稳外资、稳投资、稳预期工作。

(44)"智能制造三百工程":到2020年,创成省级以上两化融合贯标企业100家、智能车间(工厂)100家、星级上云企业100家。

(45)"两个毫不动摇":毫不动摇巩固和发展公有制经济,毫不动摇鼓励、支持、引导非公有制经济发展。

(46)中信保"镇江统保平台":中国出口信用保险公司"镇江市市级外贸企业信保统保平台",旨在为发生收汇损失的平台企业提供理赔保障。

(47)"金砖国家":指中国、俄罗斯、印度、巴西、南非五个成长前景看好的新兴市场国家。

(48)"精明增长":2015年12月,习近平总书记在中央城市工作会议上提出的新型城市发展理念。旨在遏制城市无序蔓延和侵占农地、缓解城市交通拥堵、防治大气污染,有效治理"城市病"。

(49)"紧凑城市":2015年12月,习近平总书记在中央城市工作会议上提出的理念。以防止城市蔓延、节约土地与能源、提高城市运行效率为目的,具有要素集聚、形态紧凑、功能混合等空间特征。

(50)"城市双修":生态修复、城市修补。

(51)智慧镇江"1+1+N"体系:由一个大数据中心、一个城市综合运行管理平台、多个智慧应用组成的智慧镇江总体框架。

(52)传统产业"八个一批"工程:打造一批先进制造业集群、实施一批技术改造项目、化解一批落后过剩产能、推进一批研发创新活动、开展一批融合发展试点示范、树立一批标杆企业、培育一批名品名牌、建设一批高端平台。

(53)"亚夫精神":扎根农村、心系农民的为民情怀,勇于创新、科技兴农的进取精神,爱岗敬业、不懈奋斗的人生追求,淡泊名利、无私奉献的高尚品格。

(54)"三带三区":环宁都市休闲观光农业集中带、沿江生态休闲与农产品加工物流集中带、沿河沿路农产品加工与工厂化设施农业集中带,东部田园乡村都市农业区、中部丘陵农

(林)牧循环农业区、南部生态稻渔农业区。

(55)厕所革命:2015 年 4 月,习近平总书记就"厕所革命"作出重要指示,强调抓"厕所革命"是提升旅游业品质的务实之举,要像反对"四风"一样,下决心整治旅游不文明的各种陋习。2017 年 11 月,习近平总书记再次对"厕所革命"作出重要指示,强调厕所问题不是小事情,是城乡文明建设的重要方面,不但景区、城市要抓,农村也要抓。

(56)"四好农村路":2014 年 3 月 4 日,习近平总书记作出重要指示,进一步把农村公路"建好、管好、护好、运营好"。

(57)"水美乡村":我省自 2014 年起开展"水美乡村"创建,依据各地不同的水资源禀赋、水生态特点、水文化底蕴和水景观特色,建设"河畅、水清、岸绿、景美"乡村。

(58)农村集体"三资":农村集体经济中的资金、资产、资源。

(59)"三权"分置:所有权、资格权、使用权分置并行。

(60)"一村一所":一个行政村至少与一个科研院所合作,以提升农村规模经营主体科技创新能力。

(61)"两不愁三保障":稳定实现扶贫对象不愁吃、不愁穿,保障其义务教育、基本医疗和住房。

(62)"清风行动":打击非法集资和传销犯罪专项整治行动。

(63)"八城同创":我市八个辖市区共同推进金融生态环境建设。

(64)"按疾病诊断相关分组"收付费:根据住院病人的病情严重程度、治疗方法的复杂程度、诊疗的资源消耗(成本)程度以及并发症、年龄、住院转归等因素,将患者分为若干的"疾病诊断相关组",并以组为单位打包确定价格、收费、医保支付标准。

(65)残疾人"两项补贴":困难残疾人生活补贴和重度残疾人护理补贴。

(66)成年无业重度残疾人"单人保":生活困难、靠家庭供养且无法单独立户的成年无业重度残疾人,经个人申请,可按照单人户纳入最低生活保障范围。

(67)"县管校聘"改革:按照"以人为本、总量控制、统筹使用、合理配置"的原则,强化县级教育主管部门对中小学教师的统筹管理功能,建立中小学(幼儿园)教职工"以县为主"的管理体制,完善教职工编制和岗位管理方式,打破校长教师交流轮岗的体制障碍,落实学校的用人自主权,并逐步建立能上能下、能进能出的竞争性用人机制。

(68)教育"管办评"分离:管理、办学、评价相分离,即处理好政府、学校、社会之间的关系,实现政府适度管教育、学校规范办教育、社会科学评教育。

(69)"中医经典病房":在中医医院开设由中医理论指导,发挥中医药的特色优势,充分运用中医经方、典籍和传统中医特色诊疗技术诊治疾病的病区或病房,中医药治疗率一般要达到 85% 以上。

(70)医保"特药":列入我市基本医疗保险特殊药品管理范围的药品,目前有伊马替尼、尼洛替尼、曲妥珠单抗、尼妥珠单抗等 35 种。

法律、法规及重要文件

镇江市消防条例

(2018 年 8 月 24 日镇江市第八届人民代表大会常务委员会第十二次会议制定　2018 年 9 月 21 日江苏省第十三届人民代表大会常务委员会第五次会议批准)

目　录

第一章　总则

第一条　为了预防火灾和减少火灾危害,加强应急救援工作,保障人身、财产安全,维护公共安全,根据《中华人民共和国消防法》《江苏省消防条例》等法律法规,结合本市实际,制定本条例。

第二条　本市行政区域内的防火、灭火和相关应急救援工作,适用本条例。

第三条　消防工作贯彻预防为主、防消结合的方针,遵循政府统一领导、部门依法监管、单位全面负责、公民积极参与的原则。

第四条　各级人民政府、各有关部门和单位应当依照国家消防安全责任制的有关规定履行消防工作职责,建立健全社会化的消防安全工作网络。

消防主管部门负责对消防工作实施监督管理。

第五条　市、辖市(区)人民政府应当将智慧消防纳入智慧城市总体布局,同步规划、同步建设、同步管理;鼓励、支持消防科学研究和技术创新,推广使用先进的消防设备。

消防主管部门应当充分运用大数据、云计算、移动互联网等信息技术,推进物联网消防远程监控、高层住宅智能消防预警等系统建设。

第六条　单位和个人都应当学习消防知识,维护消防安全,提高自救互救能力。

鼓励、支持单位和个人参与消防公益事业,开展消防志愿服务活动。

对在消防工作中作出突出贡献的单位和个人,应当给予表彰、奖励。

第二章　消防组织

第七条　各级人民政府应当加强消防组织建设,按照国家和省的规定建立多种形式的消防组织。

第八条　市、辖市(区)人民政府应当按照国家和省的规定建立政府消防队。

建筑面积大于一百万平方米的住宅区或者大于五十万平方米的公共建筑群,且距离现有政府消防队超过三千米的,应当建立政府消防队。

第九条　下列单位应当建立单位专职消防队：

（一）大型发电厂、民用机场、大型港口企业；

（二）生产、储存易燃易爆危险品的大型企业；

（三）储备可燃的重要物资的大型仓库、基地；

（四）距离政府消防队超过三千米、被列为全国重点文物保护单位的古建筑群的管理单位；

（五）距离政府消防队超过五千米、火灾危险性较大的其他大型企业。

生产、储存易燃易爆危险品的大、中型企业应当建立专业处置队伍，在火灾事故中提供救援技术支持，协助做好堵漏、关阀、输转等应急处置工作。

第十条　本条例第九条第一款规定之外的消防安全重点单位应当按照标准建立微型消防站，鼓励村（居）民委员会建立微型消防站。

微型消防站负责开展防火检查巡查、消防宣传、初起火灾扑救等工作，每季度至少开展一次消防演练。

第十一条　商业集中区、化工园区、商贸物流园区等区域应当建立消防安全区域联防组织。

消防安全区域联防组织应当设有固定办公场所，承担消防安全互查、消防宣传教育培训、联合开展演练、协同扑救火灾等职责。

第三章　火灾预防

第一节　公共消防设施建设

第十二条　消防规划应当纳入城乡规划。公共消防设施应当与其他城乡基础设施统一规划建设。

城乡规划主管部门对消防规划中确定的消防站、消防训练设施和其他公共消防设施的建设用地、水上岸线，应当予以控制预留，任何单位和个人不得侵占或者擅自改变其使用性质。确需调整的，应当征得有关部门和消防主管部门同意。

第十三条　利用天然水源作为消防水源的，应当建设取水码头等便于消防车和水泵取水的设施，并设置醒目标志。

消防水源不足或者取水困难的，应当修建消防水池等蓄水设施，配置消防水泵等设备。

第十四条　对老旧小区、城中村、棚户区等区域进行改造，应当同步建设公共消防设施。暂未列入改造且公共消防设施不能满足消防安全需要的，市、辖市（区）人民政府应当采取下列消防安全措施：

（一）开辟消防通道并保持畅通；

（二）设置消防水源，配备小型消防车或者消防摩托车，配置消防水枪、水带和灭火器等消防设备；

（三）更新、改造老旧电气线路，安装电气安全保护装置。

第十五条　公共消防供水设施由消防主管部门监督和使用，其建设和维护管理由供水单位负责，所需资金由当地人民政府承担。

因城乡建设确需拆除或者迁移公共消防设施的，建设单位应当依法办理许可，并报消防主管部门备案。

第二节　建设工程火灾预防

第十六条　建设工程的消防设计、施工应当符合消防技术标准，施工现场的消防安全由施工单位负责。

施工现场搭建的建筑物、构筑物和使用的模板、脚手架、防护网等，其防火性能应当符合消防技术标准和管理规定。

施工现场用火、用电、用气应当按照消防安全操作规程进行，并落实消防安全措施。

第十七条　建设、施工单位不得在易燃易爆危险品输送管道保护范围内搭建建筑物、构筑物；动用明火或者进行开挖施工的，应当事先告知输送管道的管理、使用单位，设置警示标志，制定并实施保护方案。

第十八条　建筑物、构筑物禁止使用易燃或者可燃材料夹芯板。

建设工程禁止使用侧向式、水平封闭式、折叠提升式等非自重自动关闭式防火卷帘。

建筑物的屋面使用、外墙装饰装修、广告牌或者显示屏的设置等，不得影响防火、逃生和灭火救援。

第十九条　建设工程竣工验收后，建设单位应当将包括消防设计审查、竣工验收等文件在内的建设工程竣工档案移交城建档案管理机构保存。

第三节　特定场所火灾预防

第二十条　火灾高危单位应当聘任符合岗位要求的专职消防安全管理人员。

火灾高危单位应当按照国家有关规定参加火灾公众责任保险。鼓励、引导其他单位和个人参加火灾公众责任保险。

第二十一条　生产、储存、使用、经营、运输危险化学品的单位，应当在其作业场所和安全设施、设备上设置明显的安全警示标志，载明危险化学品的品名、储量、危险特性、处置对策和安全防护措施等信息。

危险化学品集中区域应当统筹建设应对火灾事故的基础设施，建立危险化学品信息化系统，建设监测预警平台，健全火灾事故联动处置机制，完善应急处置预案，定期组织开展演练。

第二十二条　生产、储存、经营易燃易爆危险品的场所不得与居住场所设置在同一建筑物内，并与居住场所保持安全距离。

生产、储存、经营其他可燃物品的场所确需与居住场所设置在同一建筑物内的，应当按照消防技术标准，采取防火分隔措施，设置报警、疏散、逃生等设施，加强用火用电管理；有条件的，推广使用自动消防设施。

第二十三条　历史文化街区、名镇、名村核心保护范围内和文物建筑的消防设施、消防车通道等应当按照消防技术标准设置，根据需要配备消防车或者消防泵等装备和器材。确因保护需要无法按照消防技术标准设置的，由消防主管部门会同城乡规划主管部门制定消防安全保障方案。

历史文化街区、名镇、名村和文物建筑的管理、使用单位，应当制定灭火和应急疏散预案，对保护范围内的室外消火栓每季度至少进行一次出水测试，每半年至少组织开展一次消防演练。

第二十四条　学校、幼儿园、教育培训机构、社会福利机构和医疗卫生机构等公共场所中供住宿的房间内不得使用明火。

第二十五条　出租房屋应当符合消防安全要求，出租人和承租人应当依法明确各方的消防安全责任。

出租房屋除厨房外，其他区域不得放置、使用瓶装液化石油气。供住宿的房间内不得使用明火炉灶等容易引发火灾的物品。

群租房屋的内部隔墙应当采用不燃材料，电气线路应当设置短路保护、过负荷保护和漏电保护装置。

第二十六条　餐饮场所存放液化石油气瓶总量一百千克以上的，应当设置专用气瓶间并安装燃气浓度检测报警设备，禁止与燃气灶具一起布置在厨房间内。

禁止在下列场所放置、使用瓶装液化石油气：

（一）高层民用建筑、城市综合体、地下建筑；

（二）人员密集场所用餐区；

（三）文物保护单位本体；

（四）其他不具备安全使用瓶装液化石油气条件的场所。

第四节 其他规定

第二十七条 附设在建筑内的消防控制室应当优先设置在建筑内首层靠外墙部位。

设有独立消防控制室的单位，应当接入城市消防远程监控系统。联网设施和传输网络不得擅自拆除或者停用。

第二十八条 电力设施产权人及其委托管理人应当定期对供电设施、电气线路进行检测，及时更换、改造老化供电设施和电气线路，推广采用先进的火灾防范技术措施。

第二十九条 消防车通道和登高操作场地应当设置明显标志，保持通畅，不得被占用、堵塞、封闭或者作为停车泊位使用，其路面应当能够承受重型消防车的压力。

第三十条 电动车停放较多的单位、住宅小区等场所，应当设置集中停放、充电区域，安装符合消防安全要求的充电设施，采取防火分隔措施，配备消防设施和器材。因客观条件无法设置集中停放、充电区域的，物业服务企业或者其他管理人应当加强日常巡查、检查工作。

禁止在建筑内的共用走道、楼梯间、安全出口等公共区域停放电动车，禁止违反用电安全要求私拉电线和插座为电动车充电。

第三十一条 物业服务企业应当建立消防安全制度，对管理区域内的共用消防设施、疏散通道、安全出口、消防车通道和登高操作场地进行维护管理，提供消防安全防范服务，并履行物业服务合同约定的其他消防安全职责。

物业服务企业应当定期开展防火巡查和检查，及时消除隐患；发现消防违法行为，应当予以劝阻、制止；劝阻、制止无效的，应当及时向消防主管部门报告。

存在严重火灾隐患危及房屋或者人身安全等情况，可以使用住宅专项维修资金对共用消防设施进行维修、更新和改造，具体办法由市人民政府制定。

第三十二条 禁止燃放孔明灯等产生明火的空中漂移物。

禁止在公众聚集场所带入、存放、使用烟花爆竹、冷烟花以及其他易燃易爆危险品；除处置突发安全事件外，营业期间禁止进行电焊、气焊、气割等动火作业。

禁止在高层建筑、城市综合体的中庭、室内步行街等共享空间布置可燃物。

第四章 灭火救援

第三十三条 市、辖市（区）人民政府应当建立灭火救援指挥体系和社会应急联动机制，加强灭火救援装备建设和物资储备。

第三十四条 政府消防队、单位专职消防队应当熟悉辖区内的道路、消防水源、消防安全重点单位分布和重大危险源等情况，制定灭火和应急救援预案，开展实战演练。有关部门和单位应当依法予以配合。

政府消防队、单位专职消防队实行二十四小时执勤制度，接到火警后，应当立即赶赴火灾现场，救助遇险人员，排除险情，扑灭火灾。

第三十五条 单位发生火灾，应当立即报警、疏散人员、组织力量扑救，并向实施火灾扑救的消防队提供火灾现场的相关信息。

火灾扑灭后，发生火灾的单位及有关人员应当按照消防主管部门的要求保护现场，接受事故调查，如实提供与火灾有关的情况。未经消防主管部门同意，任何人不得擅自进入火灾现场，不得擅自清理、移动火灾现场物品。

第三十六条 消防主管部门统一组织和指挥火灾现场扑救，有权调动单位专职消防队和交通、供水、供电、供气、通信、医疗救护等有关单位进行灭火救援。

第三十七条 因修建道路、停电、停水、切断通信线路等可能影响灭火救援的，有关单位应当提前二十四小时告知所在地消防主管部门；应急抢修的，抢修单位应当即时告知。

第五章 宣传教育培训

第三十八条 市、辖市（区）人民政府及其消防主管部门应当设立消防宣传教育培训场所，定期向公众开放消防站，有计划地开展消防科普教育活动，提高公众消防安全素质。

鼓励镇人民政府、街道办事处建立消防宣传教育培训场所，为公众提供消防安全教育培训服务。

鼓励、支持社会力量从事消防职业教育和消防安全培训。

第三十九条 教育、人社、科技、司法等部门应当将消防法律、法规、规章和消防安全知识列入教学、培训、科普和普法内容。

其他部门和团体应当在各自的职责范围内开展消防宣传教育培训工作。

第四十条 单位应当加强消防宣传教育，定期组织开展消防培训和消防演练，消防主管部门应当给予指导和支持。

第四十一条 学校、幼儿园应当至少确定一名专（兼）职消防辅导员，每学期至少开设两个课时的消防安全课程，至少组织开展一次消防演练。

第四十二条 报刊、广播、电视、网络等媒体和广告运营单位应当开设消防宣传栏目，开展公益性消防安全宣传。

第六章 监督检查

第四十三条 市、辖市（区）人民政府应当建立健全消防工作考核评价体系，将消防工作目标责任纳入年度目标考核内容。

市、辖市（区）人民政府应当组织开展重大火灾隐患和区域性火灾隐患整治工作，建立健全重大火灾隐患督办制度。

第四十四条 消防主管部门应当会同有关部门建立消防安全信息通报和执法协作机制。执法中发现属于其他部门管辖的违法行为，应当通报、移送有关部门，有关部门应当依法及时处理。

第四十五条 镇人民政府、街道办事处在消防安全检查中发现火灾隐患或者消防违法行为的，应当督促改正；拒不改正的，移送消防主管部门或者其他有关部门处理。

第四十六条 消防主管部门在消防监督检查中发现火灾隐患的，应当通知有关单位和个人立即采取措施进行消除；具有下列情形之一，不及时消除可能严重威胁公共安全的，应当依法对危险部位或者场所采取临时查封措施，并责令限期改正：

（一）疏散通道、安全出口严重不足或者严重堵塞，已不具备安全疏散条件的；

（二）自动消防系统、室内消火栓等建筑消防设施严重损坏，不再具备防火灭火功能的；

（三）人员密集场所违反消防安全规定，使用、储存易燃易爆危险品的；

（四）公众聚集场所违反消防技术标准，采用可燃材料装修，可能导致重大人员伤亡的；

（五）其他可能严重威胁公共安全的火灾隐患。

第七章 法律责任

第四十七条 违反本条例规定，施工单位搭建的建筑物、构筑物或者使用的模板、脚手架、防护网等，其防火性能不符合消防技术标准或者管理规定的，由消防主管部门责令限期改正；逾期不改正的，责令停止施工，处五千元以上五万元以下罚款。

第四十八条　违反本条例规定，建设、施工单位在易燃易爆危险品输送管道保护范围内搭建建筑物、构筑物的，由消防主管部门责令限期改正；逾期不改正的，处五千元以上五万元以下罚款。

第四十九条　违反本条例规定，建筑物、构筑物使用易燃或者可燃材料夹芯板的，由消防主管部门责令限期改正；逾期不改正的，责令停止施工、停止使用，对单位处五千元以上五万元以下罚款，并对有关责任人员处五百元以上二千元以下罚款。

建筑物的屋面使用、外墙装饰装修、广告牌或者显示屏的设置等影响防火、逃生和灭火救援的，由消防主管部门责令限期改正；逾期不改正的，处五千元以上五万元以下罚款。

第五十条　违反本条例规定，在学校、幼儿园、教育培训机构、社会福利机构和医疗卫生机构等公共场所中供住宿的房间内使用明火，或者在出租房屋供住宿的房间内使用明火炉灶等容易引发火灾物品的，由消防主管部门责令改正，对单位处三千元以上三万元以下罚款；对个人依照《中华人民共和国消防法》的规定处罚。

第五十一条　违反本条例规定，餐饮场所存放总量一百千克以上的液化石油气瓶与燃气灶具一起布置在厨房间内，或者在禁止放置、使用瓶装液化石油气的场所放置、使用的，由消防主管部门责令限期改正；逾期不改正的，处一千元以上五千元以下罚款。

第五十二条　违反本条例规定，在建筑内的共用走道、楼梯间、安全出口等公共区域停放电动车，或者违反用电安全要求私拉电线和插座为电动车充电的，由消防主管部门责令改正，处警告或者五百元以下罚款。

第五十三条　违反本条例规定，物业服务企业未落实消防安全责任的，由消防主管部门责令限期改正；逾期不改正的，处二千元以上一万元以下罚款。

第五十四条　违反本条例规定，燃放孔明灯等产生明火的空中漂移物的，由城市管理执法主管部门处五十元以上二百元以下罚款。

第五十五条　违反本条例规定，在公众聚集场所带入、存放、使用烟花爆竹、冷烟花以及其他易燃易爆危险品的，依照《中华人民共和国治安管理处罚法》的规定处罚。

在公众聚集场所营业期间擅自进行电焊、气焊、气割等动火作业的，由消防主管部门责令改正，对单位处三千元以上三万元以下罚款；对个人依照《中华人民共和国消防法》的规定处罚。

在高层建筑、城市综合体的中庭、室内步行街等共享空间布置可燃物的，由消防主管部门责令限期改正；逾期不改正的，处二千元以上一万元以下罚款。

第五十六条　各级人民政府或者有关部门不依法履行消防安全职责的，依法对相关责任人给予处分；构成犯罪的，依法追究刑事责任。

第五十七条　以暴力等方式阻碍消防主管部门执行公务的，依照《中华人民共和国治安管理处罚法》的规定给予处罚；构成犯罪的，依法追究刑事责任。

第八章　附　　则

第五十八条　本条例下列用语的含义：

（一）火灾高危单位，是指容易造成群死群伤火灾的人员密集场所、易燃易爆单位和高层、地下公共建筑等单位。

（二）微型消防站，是指村（居）民委员会、单位等组建的有人员、有装备，具备扑救初起火灾能力的志愿消防队。具体标准由消防主管部门确定。

（三）群租房屋，是指一个产权单元内实际居住人数十人以上或者人均租住面积十平方米以下的群租房屋。

第五十九条　开发区、工业园区、风景名胜区等区域的管理机构，依法履行本区域内的消防工作职责。

第六十条　本条例自 2018 年 12 月 1 日起施行。

镇江市农村公路条例

（2018 年 10 月 31 日镇江市第八届人民代表大会常务委员会第十三次会议通过　2018 年 11 月 23 日江苏省第十三届人民代表大会常务委员会第六次会议批准）

目　录

第一章　总　　则

第一条　为了促进农村公路事业发展，落实乡村振兴战略，根据《中华人民共和国公路法》《江苏省公路条例》等有关法律法规，结合本市实际，制定本条例。

第二条　本市行政区域内农村公路建设、管理、养护和运营，适用本条例。

本条例所称农村公路是指纳入农村公路规划的县道、乡道、村道及其附属设施，包括桥梁、隧道和渡口。

第三条　市、辖市（区）人民政府应当加强对农村公路工作的组织领导，将农村公路工作纳入对本级人民政府有关部门及其负责人和下一级人民政府及其负责人的考核内容。考核结果应当及时向社会公布。

辖市（区）人民政府是本行政区域内农村公路事业发展的责任主体，应当健全农村公路工作机制，组织有关部门做好农村公路工作。

镇人民政府、街道办事处应当明确相应工作机构和工作人员，负责辖区内乡道、村道的建设、管理和养护工作。

村民委员会、居民委员会在镇人民政府、街道办事处的指导下，按照自愿、民主决策的原则组织村道建设、管理和养护工作。

第四条　市交通运输主管部门负责监督和指导农村公路工作。

辖市（区）交通运输主管部门负责组织实施本行政区域内农村公路建设、管理、养护和运营工作。

其他有关行政主管部门按照各自职责，做好农村公路的有关工作。

第五条　鼓励依法利用路边绿化经营权、广告经营权等方式筹集社会资金，投资农村公路建设。

鼓励企业、社会团体和个人捐助、捐款，对农村公路工作做出重大贡献的企业、社会团体和个人，辖市（区）人民政府可以通过设置宣传标牌、设置纪念标志、授予荣誉称号等方式予以表彰、鼓励。

第六条　任何单位和个人不得破坏、损坏或者非法侵占农村公路、公路用地以及公路附属设施。

第二章　建　　设

第七条　农村公路规划应当符合国民经济和社会发展规划、城乡规划、土地利用总体规划、生态环境保护规划，与国道、省道以及其他交通运输方式的发展规划相协调。

鼓励按照城乡融合、区域一体、多规合一的要求做好农村公路规划工作。

第八条　农村公路规划应当按照公路网规划编制办法编制。

县道规划由辖市(区)交通运输主管部门会同有关部门编制，经辖市(区)人民政府审定后，报市人民政府批准。

乡道、村道规划由辖市(区)交通运输主管部门协助镇人民政府、街道办事处编制，报辖市(区)人民政府批准。

经批准的农村公路规划，应当报批准机关的上一级人民政府交通运输主管部门备案，并向社会公开。

经批准的农村公路规划需要修改的，应当按照原程序报批和备案。

第九条　编制农村公路规划应当听取农村公路沿线村民委员会、居民委员会、学校、企业等组织的意见；必要时举行听证会，听取公众、专家等多方面意见。

第十条　辖市(区)人民政府应当规范农村公路项目审批和资金管理，涉及政府财政出资项目应当纳入政府投资计划，加强项目管理。

第十一条　农村公路建设应当符合下列标准：

(一)新建县道不低于二级公路标准，改建县道不低于三级公路标准；

(二)新建乡道不低于三级公路标准，改建乡道不低于双车道四级公路标准；

(三)新建、改建村道不低于双车道四级公路标准。

受地形、地质等自然条件限制的路段，经辖市(区)交通运输主管部门组织论证后确定无法执行前款标准的，可以按照省级标准执行。

第十二条　农村公路建设应当充分利用现有道路改建或者扩建，合理应用环保工艺和适于筑路的废旧材料、低碳材料。

第十三条　农村公路安全防护、排水、交通标志等设施以及沿线绿化，应当与农村公路主体工程同步设计、同步施工、同步投入使用。

鼓励在新建、改建农村公路时同步建设通信、供水、燃气、电力、照明、污水管网等市政公用设施。

第十四条　因城市建成区范围扩大的，该范围内的农村公路应当调整为城市道路。

农村公路经过集镇、村庄、学校、景点、工业园区等路段的，应当参照城市道路标准，同步建设市政公用设施。

第十五条　农村公路在急弯、陡坡、连续下坡、视距不良、干道接口处和路侧险要的路段，应当按照国家公路工程技术标准的要求设置防护和警示设施。

第十六条 农村公路建设项目符合法定招标条件的，应当依法进行公开招标。

纳入省、市、辖市(区)年度农村公路建设计划的项目，应当采用统一的交通运输招投标信息管理系统，在公共资源交易中心进行招投标，交通运输主管部门实施监督。

第十七条　辖市(区)交通运输主管部门应当依法开展农村公路工程质量监督管理工作，任何单位和个人不得非法干预或者阻挠。

市交通运输主管部门应当随机抽取建设项目，随机选派检查人员，对农村公路建设项目进行监督检查，并将检查情况向社会公开。

第十八条　农村公路未经验收或者验收不合格的，不得交付使用。

农村公路建设项目验收合格后，建设单位应当将该工程及其相关资料同时移交。县道移交辖市(区)交通运输主管部门或者其养护管理机构，乡道、村道移交镇人民政府、街道办事处的农村公路管理机构。辖市(区)交通运输主管部门、管理机构对工程资料负有保管责任。

第十九条　辖市(区)交通运输主管部门应当公开农村公路的建设计划、补助政策、招标投标、施工管理、质量监管、资金使用、工程验收等信息。

第三章　管　　理

第二十条　辖市(区)人民政府应当加强对农村公路综合管理，实行县、乡、村三级路长责任制，统筹做好农村公路相关工作。具体实施办法由市人民政府制定。

第二十一条　县道、乡道的公路用地和建筑控制区的范围按照有关法律法规执行。

村道的公路用地和建筑控制区的具体范围由辖市(区)人民政府确定并向社会公告。

第二十二条　新建、改建农村公路线路经批准后五日内，辖市(区)交通运输主管部门应当书面通知规划、建设、国土部门和沿线镇人民政府、街道办事处。自通知规定之日起，在新建、改建农村公路用地范围和建筑控制区内不得再审批建筑物、构筑物的规划和建设。

第二十三条　辖市(区)交通运输主管部门依法负责农村公路执法。

镇人民政府、街道办事处和村民委员会、居民委员会应当组织对辖区内农村公路的巡查，劝阻各种违法使用、占用和损坏农村公路的行为；劝阻无效的，及时报告辖市(区)交通运输主管部门，并协助现场执法。

第二十四条　辖市(区)人民政府应当建立联合执法机制，组织交通运输、公安、安全生产监督、农业(农机)等相关部门开展农村公路重点路段、事故多发地段的巡查、执法等工作。

第二十五条　工程建设需要占用、挖掘农村公路或者使农村公路改线的，建设单位应当事先征得辖市(区)交通运输主管部门同意；影响交通安全的，应当同时征得公安机关同意。

超限车辆不得在农村公路上行驶。工程建设重载车辆确需反复通过乡道、村道的，应当与镇人民政府、街道办事处签订农村公路保护协议。

因田间作业需要，农业机械在农村公路上行驶的，应当采取安全保护措施。

造成农村公路损害或者使农村公路改线的，应当按照不低于该段公路原有技术标准予以修复、改建或者给予相应经济补偿。

第二十六条　辖市(区)交通运输主管部门、镇人民政府、街道办事处可以根据保护乡道、村道的需要，在出入口设置必要的限高、限宽、限载设施，但是不得影响消防和卫生急救等应急通行需要，不得向通行车辆收费。

第二十七条　在县道、乡道上的禁止行为按照有关法律法规执行。

在村道及其用地范围内禁止下列行为：

（一）打谷晒粮、堆放物料、种植作物；

（二）挖沟引水、漫路灌溉、堵塞边沟；

（三）撒漏污物，倾倒渣土、垃圾，焚烧物品；

（四）毁坏绿化，擅自更新、采伐树木；

（五）损坏、污染农村公路或者影响农村公路安全、畅通的其他行为。

第二十八条　在农村公路建筑控制区内，除农村公路保护和养护需要外，禁止修建建筑物和地面构筑物。农村公路建筑控制区划定前已经合法修建的建筑物和地面构筑物，不得扩建。

因农村公路建设或者保障公路运行安全等原因需要拆除建筑物和地面构筑物的，应当依法给予补偿。

第二十九条　因损坏农村公路支付的赔偿费、补偿费，应当用于受损公路的修复、养护。

第四章　养　　护

第三十条　辖市（区）交通运输主管部门应当会同有关部门按照国家和省有关规定，定期组织农村公路质量检测和评定，根据检测和评定结果确定养护方案和经费预算。

第三十一条　辖市（区）交通运输主管部门负责县道养护。

镇人民政府、街道办事处负责乡道、村道养护，支持协助县道养护，辖市（区）交通运输主管部门应当给予监督和指导。

第三十二条　农村公路养护应当逐步推行市场化，运用信用评价体系，采取公开招标的方式，择优确定养护作业单位。

鼓励农村公路沿线群众参与乡道、村道日常养护工作，采取个人、家庭分段承包等方式，逐步建立相对稳定的群众性养护队伍。

第三十三条　辖市（区）交通运输主管部门、镇人民政府和街道办事处应当建立养护维修信息档案，设立养护公示牌，公示养护作业单位名称、养护路段以及报修和投诉电话。

养护作业单位应当按照规定和技术规范要求开展养护作业，并定时进行养护巡查，记录养护作业、巡查、检测以及其他相关信息。

第三十四条　因自然灾害或者其他突发事件导致农村公路中断的，辖市（区）人民政府和镇人民政府、街道办事处应当及时组织力量抢修、抢险，恢复交通。

第五章　运　　营

第三十五条　辖市（区）人民政府应当发展农村客货运输，推进城乡客运一体化和农村物流发展，对镇、村班车进行补助，保障镇、村班车的开通和运营。

鼓励发展预约、定制式客运服务，促进城乡客运基本服务均等化。

第三十六条　辖市（区）人民政府应当在农村公路沿线规划、设置客货运场站、候车亭和停靠、装卸作业场地。

鼓励农村客货运场站开展物流服务业务。

第三十七条　辖市（区）人民政府应当推进农村公路信息化建设，将农村公路建设、养护管理、出行服务、超限管理、交通运行、执法监督等系统纳入智慧农村公路建设。

第三十八条　鼓励在农村公路建设绿道、步道和自行车专用道等慢行交通设施，建设停车、休憩、观景等服务设施。

第三十九条　农村公路建设应当服务农村产业和全域旅游发展。有条件的地区应当将农村公路与产业园区、田园综合体、特色小镇和乡村旅游等开发项目进行一体化建设。

第四十条　辖市（区）人民政府应当建立农村公路运营安全监管机制。交通运输、公安、安全生产监督等相关部门按照职责分工对农村公路运营进行安全监管。

第六章　资金保障

第四十一条　市人民政府应当安排财政性资金用于对农村公路建设和养护的补助。

辖市（区）人民政府应当将本行政区域内农村公路建设、管理、养护和运营资金纳入本级财政预算予以保障，具体负责县道资金的投入，并对乡道、村道资金予以补助。

镇人民政府、街道办事处负责本行政区域内乡道、村道资金的投入。

第四十二条　农村公路建设、管理、养护和运营的资金包括：

（一）各级人民政府安排的财政性资金；

（二）中央和省级补助资金；

（三）村民委员会通过一事一议等方式筹集的资金；

（四）社会捐助；

（五）其他合法方式募集的资金。

第四十三条　辖市（区）人民政府、镇人民政府、街道办事处应当结合物价增长、养护公路里程增加和公共财政能力增强等因素，保障农村公路日常管理、装备配备和设施维护等经费。

第四十四条　农村公路建设、管理、养护和运营资金实行专款专用，任何单位和个人不得挤占、挪用和截留。

交通运输、财政、审计等部门应当依法对农村公路资金的使用情况进行监督检查和审计，并按照规定向社会公示。

第七章　法律责任

第四十五条　违反本条例第二十七条第二款第一项、第二项、第三项规定的，由辖市（区）交通运输主管部门责令停止违法行为、限期改正，并可以处五百元以上五千元以下的罚款；逾期不改正的，由交通运输主管部门采取措施恢复原状，有关费用由责任者承担。

违反本条例第二十七条第二款第四项规定的，由辖市（区）交通运输主管部门责令补种，没收违法所得，并处采伐林木价值三倍以上五倍以下的处罚。

第四十六条　违反本条例第二十八条第一款规定，在农村公路建筑控制区内修建、扩建建筑物或者地面构筑物的，由交通运输主管部门责令限期拆除，并可以处五千元以上五万元以下的罚款；逾期不拆除的，依照有关法律法规处理。

第四十七条　违反本条例第四十四条第一款规定，未专款专用，或者挤占、挪用、截留农村公路资金的，由市、辖市（区）交通运输主管部门或者由其向同级人民政府建议对责任单位进行通报批评，责令其改正，对主管人员、直接责任人员依法予以处分；构成犯罪的，依法追究刑事责任。

第四十八条　辖市（区）人民政府、镇人民政府、街道办事处、交通运输主管部门和其他职能部门，不履行或者不正确履行职责的，上级主管部门应当责令其改正；造成恶劣影响或者严重后果的，对主管人员、直接责任人员依法予以处分；构成犯罪的，依法追究刑事责任。

第四十九条　拒绝、阻碍农村公路执法的，依照《中华人民共和国治安管理处罚法》的规定由公安机关予以处罚；构成犯罪的，依法追究刑事责任。

第八章　附　　则

第五十条　本条例自 2019 年 3 月 1 日起施行。

2018 年镇江市重要文件一览表

表 33－1

文 件 名	发 文 号	发文日期
中共镇江市委 镇江市人民政府《关于进一步深化“放管服”改革营造高质量营商环境的意见》	镇发〔2018〕9 号	2018－02－23
中共镇江市委 镇江市人民政府《关于开展扫黑除恶专项斗争的实施意见》	镇发〔2018〕10 号	2018－02－26
中共镇江市委 镇江市人民政府 关于乡村振兴战略的实施意见(2018—2022)	镇发〔2018〕13 号	2018－04－12
中共镇江市委 镇江市人民政府关于印发《镇江市生态环境保护工作责任规定(试行)》的通知	镇发〔2018〕14 号	2018－04－19
中共镇江市委 镇江市人民政府关于印发《深化农村集体产权制度改革的实施意见》的通知	镇发〔2018〕15 号	2018－05－21
中共镇江市委 镇江市人民政府关于印发《推进安全生产领域改革发展的实施意见》的通知	镇发〔2018〕16 号	2018－05－21
中共镇江市委印发《关于开展市管领导干部“政治体检”的意见(试行)》的通知	镇发〔2018〕20 号	2018－08－20
中共镇江市委 镇江市人民政府印发《关于加强城乡治理与服务的实施意见》的通知	镇发〔2018〕21 号	2018－09－04
中共镇江市委 镇江市人民政府印发《关于深入推进镇江市长江经济带高质量发展走在前列的行动方案》的通知	镇发〔2018〕23 号	2018－09－19
中共镇江市委 镇江市人民政府印发《关于进一步深化科技体制改革 推动高质量发展若干政策措施》的通知	镇发〔2018〕26 号	2018－10－29
中共镇江市委 镇江市人民政府印发《关于深入推进镇江市健康服务保障体系建设的意见》的通知	镇发〔2018〕27 号	2018－11－06
中共镇江市委 镇江市人民政府印发《关于学习推广“戴庄经验”推动农业农村高质量发展的意见》的通知	镇发〔2018〕29 号	2018－12－12
市委办公室 市政府办公室《关于加强扶贫工作阳光监管深入推进精准脱贫的实施意见》	镇办发〔2018〕6 号	2018－02－08
中共镇江市委办公室关于印发《2018 年法治镇江建设工作要点》的通知	镇办发〔2018〕32 号	2018－05－14
中共镇江市委办公室关于印发《镇江市干部鼓励激励实施办法(试行)》等三项机制的通知	镇办发〔2018〕39 号	2018－06－19
市委办公室 市政府办公室关于印发《镇江市“一江一河六行业”生态环境综合整治专项行动方案》的通知	镇办发〔2018〕48 号	2018－07－02
市委办公室 市政府办公室 关于印发《镇江高质量发展监测评价指标体系与实施办法》的通知	镇办发〔2018〕55 号	2018－07－26
市委办公室 市政府办公室关于印发《镇江市深化农村集体“三资”管理监督工作实施方案(试行)》的通知	镇办发〔2018〕61 号	2018－08－28
市委办公室 市政府办公室关于印发《镇江市全面推行湖长制工作方案》的通知	镇办发〔2018〕66 号	2018－09－10
市委办公室 市政府办公室印发《关于加快全市化工钢铁煤电行业转型升级高质量发展的实施意见》的通知	镇办发〔2018〕67 号	2018－09－19
市委办公室 市政府办公室印发《关于全面加强以党建为引领的基层网格化社会治理机制建设的实施意见》的通知	镇办发〔2018〕73 号	2018－10－30
中共镇江市委办公室印发《关于建设新时代文明实践中心试点工作的实施方案》的通知	镇办发〔2018〕85 号	2018－11－29
中共镇江市委办公室印发《关于加强城市社区工作者职业体系建设的指导意见》的通知	镇办发〔2018〕88 号	2018－12－11
市委办公室 市政府办公室印发《关于深入推进审批服务便民化的实施方案》的通知	镇办发〔2018〕91 号	2018－12－18
镇江市人民政府关于印发《镇江市人口与计划生育实施办法的通知》	镇政规发〔2018〕1 号	2018－07－26
镇江市人民政府关于印发《镇江市城市生活垃圾处理收费管理办法的通知》	镇政规发〔2018〕2 号	2018－09－30
镇江市人民政府关于修改《镇江市城市排水管理暂行办法》的决定	镇政规发〔2018〕3 号	2018－10－31
镇江市人民政府关于印发《镇江市烟草制品零售点设置办法》的通知	镇政规发〔2018〕4 号	2018－11－27
镇江市人民政府关于印发《镇江市菜市场管理暂行办法的通知》	镇政规发〔2018〕5 号	2018－11－22
镇江市人民政府关于印发《镇江市市区住宅专项维修资金管理办法的通知》	镇政规发〔2018〕6 号	2018－12－28
镇江市人民政府关于发展“三高”农业的意见	镇政发〔2018〕18 号	2018－05－18
镇江市人民政府关于推进就业惠民创业富民工作的实施意见	镇政发〔2018〕19 号	2018－06－01
镇江市人民政府关于进一步加强和改进政府新闻发布工作的实施意见	镇政发〔2018〕34 号	2018－09－03
镇江市人民政府关于促进快递业持续健康发展培育经济新增长点的实施意见	镇政发〔2018〕48 号	2018－12－14
镇江市人民政府办公室关于建立市统筹区实施工作机制加快推进市区征收拆迁安置工作的实施意见	镇政办发〔2018〕10 号	2018－02－05
镇江市人民政府办公室关于打击长江非法采砂的工作意见	镇政办发〔2018〕25 号	2018－03－13
镇江市人民政府办公室关于贯彻落实镇江市长江岸线资源保护条例的实施意见	镇政办发〔2018〕27 号	2018－03－16
镇江市人民政府办公室关于建立粮食生产功能区和重要农产品生产保护区的实施意见	镇政办发〔2018〕41 号	2018－04－09
镇江市人民政府办公室关于进一步加强疫苗流通和预防接种管理工作的实施意见	镇政办发〔2018〕43 号	2018－04－10

续表 33－1

文　件　名	发　文　号	发文日期
镇江市人民政府办公室关于印发镇江市工业用地供应方式改革实施意见(试行)的通知	镇政办发〔2018〕67 号	2018－05－25
镇江市人民政府办公室关于2018 年镇江市社会信用体系建设工作的意见	镇政办发〔2018〕80 号	2018－07－05
镇江市人民政府办公室关于加强 2018—2020 年市区城市黑臭水体整治建设项目和资金管理工作的意见	镇政办发〔2018〕101 号	2018－07－23
镇江市人民政府办公室关于进一步加强江苏镇江长江豚类省级自然保护区管理工作的意见	镇政办发〔2018〕129 号	2018－10－16
镇江市人民政府办公室关于全面加强电子商务领域诚信建设的实施意见	镇政办发〔2018〕145 号	2018－11－01
镇江市人民政府办公室关于进一步深化基本医疗保险支付方式改革的实施意见	镇政办发〔2018〕156 号	2018－10－23
镇江市人民政府办公室关于镇江市引进和培育医生集团的指导意见	镇政办发〔2018〕157 号	2018－10－23
镇江市人民政府办公室关于加快推进粮食产业经济发展的实施意见	镇政办发〔2018〕181 号	2018－12－17
镇江市人民政府办公室关于加强个人诚信体系建设的实施意见	镇政办发〔2018〕184 号	2018－12－29
镇江市人民政府办公室关于印发镇江市高标准农田建设考核办法的通知	镇政办发〔2018〕9 号	2018－01－31
镇江市人民政府办公室关于印发镇江市保障农民工工资支付工作考核办法的通知	镇政办发〔2018〕16 号	2018－02－13
镇江市人民政府办公室关于印发镇江市区域评估文物保护评价工作实施办法(试行)的通知	镇政办发〔2018〕17 号	2018－02－11
镇江市人民政府办公室关于印发镇江市高水平全面建成小康社会监测统计工作实施办法的通知	镇政办发〔2018〕40 号	2018－04－08
镇江市人民政府办公室关于印发镇江市肉类蔬菜流通追溯体系管理暂行办法的通知	镇政办发〔2018〕73 号	2018－06－21
镇江市人民政府办公室关于印发镇江市耕地保护责任目标考核办法的通知	镇政办发〔2018〕86 号	2018－07－23
镇江市人民政府办公室关于印发镇江市进一步优化电力接入营商环境实施办法(试行)的通知	镇政办发〔2018〕117 号	2018－09－19
镇江市人民政府办公室关于印发镇江市公共信用信息管理办法(试行)的通知	镇政办发〔2018〕136 号	2018－10－09
镇江市人民政府办公室关于印发智慧镇江建设工作考核办法的通知	镇政办发〔2018〕153 号	2018－10－16

(王明君　徐海音)

组织机构及负责人名单

·中共镇江市委员会·

书　　记　惠建林
副 书 记　张叶飞　倪　斌
常　　委　童国祥(7 月止)
　　　　　曹　寅(11 月止)
　　　　　黄利民
　　　　　李　健
　　　　　秦海涛
　　　　　郭　建
　　　　　裔玉乾
　　　　　詹立风
　　　　　孙晓南(7 月任)
　　　　　李迎久(11 月任)
秘 书 长　郭　建
副秘书长　赵　军　张伟清
　　　　　陈跃生(兼,1 月止)
　　　　　匡文虎
　　　　　张　军(1 月任)

办公室

主　　任　赵　军
副 主 任　谭坚强
　　　　　刘　璇(女)
　　　　　李　牧
市纪委监委派驻市委办纪检监察组
　组长　王　珏

组织部

部　　长　李　健
副 部 长　吴　彤(女)
　　　　　毛　健
　　　　　马振兵
　　　　　杜官军(兼,11 月任)
市纪委监委派驻市委组织部
　纪检监察组组长　易北江
部务委员　汤　杲(7 月免)
　　　　　郭　鑫
非公有制企业和社会组织工委书记
　　　　　马振兵(1 月任)
非公有制经济和社会组织工委副书记
　　　　　郭　鑫
市人才办专职副主任　孙丽君
市远教中心(市电教中心)主任
　　　　　曹　玮
举报核查中心主任　罗小兵(1 月任)

宣传部

部　　长　童国祥(7 月止)
　　　　　孙晓南(7 月任)
副 部 长　顾小俊(1 月止)
　　　　　曾文兵　潘法强(兼)
　　　　　徐志伟　于　伟
　　　　　陆艳华(女,1 月任)
市纪委监委派驻市委宣传部
　纪检监察组组长　肖军荣
部务委员　朱巍巍　鲜永超
对外宣传办公室主任　曹永忠(援藏)
　　　　　吴修飞
互联网信息办公室主任　郦卫星
精神文明建设指导委员会办公室主任
　　　　　顾小俊(兼,1 月止)
　　　　　徐志伟(1 月任)
精神文明建设指导委员会办公室副主任
　　　　　凌继堂

统一战线工作部

部　　长　李　健
副 部 长　夏和生(兼)
　　　　　徐建锋
　　　　　刘正泰(7 月任)
　　　　　时秋香(女,7 月免)
　　　　　邵学军
社会主义学院院长　李　健(12 月止)
　　　　　徐建锋(12 月任)
社会主义学院副院长　倪克强
　　　　　张欣平(兼)
　　　　　孙中良(兼)

台湾工作办公室
(市人民政府台湾事务办公室)

主　　任　吕朝霞(女)
副 主 任　陈波涛(1 月止)

黄宝红
许德华
市政府台湾事务办公室副主任　洪　涛

政法委员会

书　　记　倪　斌
副 书 记　陈金观(兼)
　　　　　马建生(7 月止)
　　　　　彭忠东(7 月任)
　　　　　李明洪
政治部主任　李　栋
市纪委监委派驻市委政法委纪检监察组组长　宋卫东
社会治安综合治理委员会办公室主任
　　　　　马建生(兼,7 月止)
　　　　　彭忠东(兼,7 月任)
副 主 任　孙和平
　　　　　王卫红
法学会副会长　杨宏平

研究室

主　　任　匡文虎
副 主 任　徐　强
　　　　　刘春安
　　　　　凡　浩

农村工作领导小组办公室

主　　任　胡敖成
副 主 任　张海斌　刘明传

机构编制委员会办公室

主　　任　陈林海(1 月止)
　　　　　顾小俊(1 月任)
副 主 任　吕永生
　　　　　陈小平
事业单位登记管理局局长　王国华

市级机关工作委员会

书　　记　潘国建
副 书 记　朱凯生　白连生
　　　　　何　俊(女)
市纪委市级机关纪工委书记　张建平

老干部局

局　　长　吴　彤(女,兼,7 月止)
　　　　　杜官军(7 月任)
副 局 长　王瑞卿　胡继锡
市委离退休干部工作委员会书记
　　　　　杜官军(7 月任)
　　　　　李　明(7 月止)
市委离退休干部工作委员会副书记
　　　　　蒋朝霞(女)

信访局

局　　长　陈跃生(1 月止)
　　　　　张　军(1 月任)
副 局 长　段洪波
　　　　　蒋祥林
　　　　　赵春龄
党组书记　陈跃生(1 月止)
　　　　　张　军(1 月任)
党组副书记　段洪波

保密委员会办公室（市国家保密工作局）

主任(局长)　李　牧

机要局(国家密码管理局)

局　　长　谈国兴
国家密码管理局局长　谈国兴

史志办公室（市委党史工作办公室）

主　　任　吴海平
副 主 任　杨　兵
　　　　　王　浩
党组书记　吴海平

党校(行政学院)

校　　长　倪　斌
常务副校长　艾晓晖
副 校 长　陈　炜　张欣平
　　　　　蔡　欣
教 育 长　孙文平
党委书记　艾晓晖
党委副书记　陈　炜
　　　　　王会明
行政学院院长　裔玉乾
行政学院常务副院长　艾晓晖
行政学院副院长　陈　炜
　　　　　张欣平
行政学院教育长　孙文平

档案局

局　　长　徐　策
副 局 长　沈红亮　於志洪
党组书记　徐　策

市委市政府接待办公室

主　　任　沈　红(女)
副 主 任　朱纪斌　盛　伟
党组书记　沈　红(女)

文化广电产业集团(广播电视台)

总经理(台长)　张　兵
副总经理(副台长)　江忠顺
　　　　　汤文彪
　　　　　杨　捷
　　　　　沈　卓
党委书记　张　兵
纪委书记　翟正兴
市广播电视发展中心主任
　　　　　童　舒(女)

报业传媒集团

社　　长　王红卫
副 社 长　柳昌焰　任　罡
董 事 长　王红卫
总 编 辑　朱纪平
副总编辑　刘玉祥
　　　　　张翀煜(女)　刘兰明
党委书记　王红卫
党委副书记　朱纪平
纪委书记　徐洪波

·镇江市人民代表大会常务委员会·

主　　任　惠建林(1 月任)
副 主 任　张洪水
　　　　　王　萍(女)
　　　　　王常生
　　　　　岳卫平
　　　　　陈　琳(女)
秘 书 长　丁羽如
副秘书长　徐　萍(女)
　　　　　武白苹(女,兼,2 月止)
　　　　　周义平(兼)
　　　　　徐红军(2 月止)
　　　　　胡高云(1 月任)
党组书记　惠建林
党组副书记　张洪水
市纪委监委派驻市人大政协机关纪检监察组组长　殷国平

财政经济委员会

主任委员　王常生
副主任委员　张炳良　许向阳(女)

法制委员会

主任委员　陈　琳(女)
副主任委员　张　蕾(女)

办公室

主　　任　徐　萍(女)
副 主 任　胡高云(1 月止)
　　　　　丁　吉
信访处处长　李西仑

研究室

主　　任　周义平(2 月止)
　　　　　徐红军(2 月任)
副 主 任　王　平

内务司法委员会

主　　任　倪艳平(女)
副 主 任　王克华

法制工作委员会

主　　任　张　蕾(女)

预算工作委员会

主　　任　张炳良
副 主 任　乔姝蓉(女)

经济工作委员会

主　　任　许向阳(女)
副 主 任　朱保卫

农村工作委员会

主　　任　夏雨林
副 主 任　郑宇飞

环境资源城乡建设委员会

主　　任　姚继承
副 主 任　张百和(1 月任)

教育科学文化卫生委员会

主　　任　赵　峰
副 主 任　金　蓓(女)

民族宗教侨务台湾事务委员会（外事工作委员会）

主　　任　魏跃明
副 主 任　张百和(1 月止)

人事代表联络委员会

主　　任　于士和
副 主 任　王丰江

·镇江市人民政府·

市　　长　张叶飞
副 市 长　裔玉乾
　　　　　胡宗元
　　　　　曹丽虹(女)
　　　　　孙晓南(8 月止)
　　　　　陈金观
　　　　　桑长清(挂职,7 月止)
　　　　　陈可可(1 月任)
　　　　　许　文(8 月任)
秘 书 长　杭祝鸿
副秘书长　陈鹏飞
　　　　　陈新中(1 月任)
　　　　　张　军(1 月止)
　　　　　夏卫军
　　　　　贾　晟
　　　　　卢利林
　　　　　杨　毅
党组书记　张叶飞
党组副书记　裔玉乾

办公室

主　　任　陈鹏飞
副 主 任　陈　凯(1 月止)
　　　　　王　磊
　　　　　谈建新
党组书记　杭祝鸿
党组副书记　陈鹏飞
市纪委监委派驻市政府办
　纪检监察组组长　张学斌
研究室副主任　王　军

金融工作办公室

主　　任　钱仁汉
副 主 任　张祝建
　　　　　薛玉志(挂职,8 月任)

市应急管理委员会办公室

主　　任　郭必东
副 主 任　杨宏斌

发展和改革委员会

主　　任　殷国兴
副 主 任　史健洁(女,1 月任)
　　　　　许军炯(1 月止)
　　　　　吕仁卿　周德荣
　　　　　孙嘉磊(援陕)
　　　　　赵养泉(挂职,4 月止)
　　　　　卜小科(挂职,5 月任)
党组书记　殷国兴
党组副书记　许军炯(1 月止)
市纪委监委派驻市发改委
　纪检监察组组长　陈银芳(女)

经济和信息化委员会（中小企业局）

主　　任　卜晓放
副 主 任　徐志刚(1 月止)
　　　　　陈凤翔(6 月止)
　　　　　朱利荣
　　　　　汪　峰
　　　　　陆炳西(援疆)
　　　　　孙前进
　　　　　蒋　磊
　　　　　王小平(挂职,5 月任)
党委书记　卜晓放
党委副书记　徐志刚(1 月止)
中小企业局局长　卜晓放(兼)

教育局（市委教育工作委员会）

局　　长　刘元良
副 局 长　潘晓芙(女,兼)
　　　　　朱定明
　　　　　薛安明
　　　　　黄科文
党委书记　刘元良
党委副书记　蔡　萍(女,12 月止)
　　　　　　姜成林
市纪委监委派驻市教育局
　纪检监察组组长　周　巍
教育工作委员会书记　刘元良
市政府教育督导室主任
　　　　　蔡　萍(女,12 月止)
市政府教育督导室副主任　赵建军

科学技术局（知识产权局）

局　　长　周必松(12 月止)
　　　　　蔡　萍(女,12 月任)
副 局 长　杨国祥　葛玉连
　　　　　肖晨帆(女)　赖忠民
党组书记　周必松(12 月止)
　　　　　蔡　萍(女,12 月任)
知识产权局局长　周必松(12 月止)
　　　　　　　　蔡　萍(女,12 月任)

公安局

局　　长　陈金观
副 局 长　张卫东
　　　　　梁　坚
　　　　　顾传先
　　　　　季成宾
　　　　　范存建
　　　　　单永建
　　　　　刘　斌(挂职)
党委书记　陈金观
党委副书记　张卫东
　　　　　　郦锡梅(女)
　　　　　　刘　斌(挂职,5 月任)
市纪委监委派驻市公安局
　纪检监察组组长　李桂芳
政治部主任　郦锡梅(女)
治安警察支队支队长　朱游仙
治安警察支队政委　杨忆宁
刑警支队支队长　赵晓平
刑警支队政委　顾西蒙
经侦支队政委　周　勇
交警支队支队长　陈雪华
交警支队政委　许正宏
水警支队支队长　许文浩(1 月任)
水警支队政委　王琦梦
国保支队支队长　俞　斌
国保支队政委　朱继军
网络安全保卫支队支队长　张爱祥
技术侦察支队支队长　孙瑞冰
巡特警支队支队长　赵福民
巡特警支队政委　许文浩(1 月止)
维护稳定工作领导小组办公室主任
　　　　　张卫东
维护稳定工作领导小组办公室副主任
　　　　　邱新芳　高建新
市公安局督察长　陈金观

监察局（2018 年 1 月成立监察委员会，原监察局负责人职务均免除）

局　　长　徐冀锋(1 月止)
副 局 长　司马东良(1 月止)
　　　　　杨晓勤(女,兼,1 月止)

民政局

局　　长　尹卫民
副 局 长　陈发荣
　　　　　陈海虹（女）
　　　　　陆　敏（女）
党委书记　尹卫民
党委副书记　陈发荣
市社会福利服务中心主任　张映青

司法局

局　　长　张宇轩（8 月止）
　　　　　马建生（8 月任）
副 局 长　陈平清
　　　　　殷金顺
　　　　　陈志杰
　　　　　石庆银
　　　　　曾　见（兼）
党组书记　张宇轩（7 月止）
　　　　　马建生（7 月任）

财政局

局　　长　黄万荣（12 月止）
　　　　　戴非平（12 月任）
副 局 长　王　捷　严明礼
　　　　　张跃明
总会计师　孙明祥
党组书记　黄万荣（12 月止）
　　　　　戴非平（12 月任）
市纪委监委派驻市财政局
　纪检监察组组长　谢　键

国有资产监督管理委员会

主　　任　董和建
副 主 任　张荣军
　　　　　张志军
　　　　　王　林
　　　　　殷　军
　　　　　陈　峰
党委书记　董和建
党委副书记　李　志
市纪委监委派驻市国资委
　纪检监察组组长　魏春林

人力资源和社会保障局

局　　长　孙沛然
副 局 长　温小卫
　　　　　戴江澄
　　　　　黎　平
　　　　　胡　强
　　　　　崔海柱
　　　　　吴志龙
党委书记　孙沛然
党委副书记　温小卫
人才服务中心党总支书记　翟　海
人才服务中心主任　翟　海
医保基金管理中心主任　张正明

环境保护局

局　　长　刘正泰（8 月止）
　　　　　张宇轩（8 月任，10 月止）
副 局 长　王敏敏
　　　　　梁晨辉（1 月止）
　　　　　贾龙华
　　　　　戴永卿
总工程师　高　平
党委书记　刘正泰（7 月止）
　　　　　张宇轩（7 月任，9 月止）
环境监察支队支队长　汤　立

住房和城乡建设局

局　　长　宇文家胜
副 局 长　陈　凯（1 月任）
　　　　　施仁新
　　　　　王宝海
　　　　　胡　坚
总工程师　潘海涛
党委书记　宇文家胜
党委副书记　余　雷
市纪委监委派驻市住建局
　纪检监察组组长　蔡迎曙（女）

规划局

局　　长　梅耀林（1 月止）
　　　　　陈跃生（1 月任）
副 局 长　史健洁（女，1 月止）
　　　　　郭继军
　　　　　殷　强
总规划师　段志旺
党委书记　王根生（1 月止）
　　　　　陈跃生（1 月任）
党委副书记　梅耀林（1 月止）
　　　　　　王国生
规划监察支队支队长　张炳林

城市管理局
（城市管理行政执法局）

局　　长　宋平生
副 局 长　荆国霖
　　　　　贺建国
　　　　　贾安民
　　　　　项志明（11 月任）
党委书记　宋平生
城市管理行政执法支队支队长　郑定国

旅游发展委员会（园林管理局）

主　　任　刘吉顺
副 主 任　蔡晓伟
　　　　　朱国夫　孙正林
　　　　　董有成
　　　　　朱大荣（7 月免）
　　　　　蒋云峰（援藏）
党委书记　刘吉顺
党委副书记　蔡晓伟
园林管理局局长　刘吉顺

风景名胜区综合执法局局长　陈学军

交通运输局（口岸管理办公室）

局　　长　丁　锋
副 局 长　郜大浩
　　　　　袁　琦
　　　　　巫天明
　　　　　夏　军
　　　　　金国俊
　　　　　杨　文（兼）
总工程师　陈峰林
党委书记　丁　锋
党委副书记　翟胜勇
市纪委监委派驻市交通运输局
　纪检监察组组长　唐友余
铁路办主任　翟胜勇

农业委员会
（农业机械管理局、农业资源开发局、林业局）

主　　任　马国进
副 主 任　荆国芳
　　　　　吴　杨
　　　　　周惠瑜
　　　　　朱　毅　李传德
党委书记　马国进
市纪委监委派驻市农委
　纪检监察组组长　邵卫国
农业资源开发局局长　荆国芳
林业局局长　李传德

水利局

局　　长　凌荣春
副 局 长　朱志江　张益民
　　　　　田　谷　朱　峰（援藏）
　　　　　董文生
总工程师　许国忠
党委书记　凌荣春
党委副书记　朱志江

商务局
（中国国际贸易促进委员会镇江市委员会）

局　　长　路月中（12 月止）
　　　　　谈沁磊（12 月任）
副 局 长　黄志中　李金方
　　　　　林丹如
　　　　　周军捷
　　　　　潘大春
党委书记　路月中（12 月止）
　　　　　谈沁磊（12 月任）
党委副书记　万峻松
中国国际贸易促进委员会
　镇江市委员会会长
　　　　　路月中（12 月止）
　　　　　谈沁磊（12 月任）
中国国际贸易促进委员会
　镇江市委员会副会长　徐加荣

文化广电新闻出版局（市文物局）

局　　长　周文娟（女）
副 局 长　张志耕
　　　　　马建中
　　　　　孙小梅（女）
　　　　　许　伟（女）
党委书记　周文娟（女）
文物局局长　周文娟（女）
镇江博物馆馆长　杨正宏
文化市场综合执法支队支队长　薛玉龙

卫生和计划生育委员会

主　　任　胡云霞（女）
副 主 任　苏　枫（女）
　　　　　李文福
　　　　　郭　军
　　　　　邵　教（12 月止）
党委书记　胡云霞（女）
党委副书记　章昆明
市纪委监委派驻市卫计委
　纪检监察组组长　周建华（女）

工商行政管理局

局　　长　邓国平
副 局 长　刘　建
　　　　　周君梅（女）
　　　　　赵剑萍
　　　　　吴圣涛
　　　　　徐　艺（1 月任）
党组书记　邓国平
市纪委监委派驻市工商局
　纪检监察组组长　颜美薇（女）

质量技术监督局

局　　长　杜秀芹（女）
副 局 长　谭浩俊
　　　　　王伟群
　　　　　赵国新
党组书记　翟春辉

食品药品监督管理局

局　　长　张红娣（女）
副 局 长　陈　黎（女）
　　　　　吴福平
　　　　　陈　文
食品药品安全总监　戴宏斌
党组书记　张纪成

审计局

局　　长　刘晓东
副 局 长　蒋建军
　　　　　孙浩琦
　　　　　吴小红（女）
总审计师　田茂松
党组书记　刘晓东

体育局

局　　长　戚亚新
副 局 长　张志明
　　　　　尤卫东
　　　　　承　纲
党组书记　戚亚新

安全生产监督管理局

局　　长　徐心田（1 月止）
　　　　　徐志刚（1 月任）
副 局 长　吴志忠
　　　　　侯阳锦（11 月止）
　　　　　张　勤　周德厚
　　　　　蒋　磊（挂职，7 月止）
党组书记　徐心田（1 月止）
　　　　　徐志刚（1 月任）
党组副书记　吴志忠
安全生产监察支队支队长　孙建春

统计局

局　　长　戴　坚
副 局 长　史　强　王　涛
总统计师　陈正群
党组书记　戴　坚

物价局

局　　长　田先华
副 局 长　陈　明
　　　　　张彤明（女）
党组书记　田先华

粮食局

局　　长　韩迎农
副 局 长　孙国忠
　　　　　王达保
　　　　　何益华
党委书记　韩迎农

民族宗教事务局

局　　长　夏和生
副 局 长　张俊美　周志强
党组书记　夏和生

机关事务管理局

局　　长　王协祖
副 局 长　张剑斌
　　　　　刘立军
　　　　　周瑞荣
　　　　　王　宏（女）
党组书记　王协祖

民防局（人民防空办公室）

局　　长　方德龙（12 月止）
副 局 长　谢庚龙
　　　　　周锦程
党组书记　方德龙（11 月止）
党组副书记　谢庚龙

退役军人事务局

局　　长　方德龙（12 月任）
副 局 长　侯阳锦（11 月任）
　　　　　龚祺祯（女，11 月任）
　　　　　缪德新（11 月任）
党组书记　方德龙（11 月任）

政府外事办公室（政府港澳事务办公室）

主　　任　张国云
副 主 任　张忠华
　　　　　李　婕（女，11 月止）
　　　　　许德成
党组书记　张国云
政府港澳事务办公室主任　张国云

政府侨务办公室

主　　任　魏弘扬
副 主 任　周晓保
党组书记　魏弘扬

政府法制办公室

主　　任　薛国荣
副 主 任　王　宏
　　　　　冯　琳
　　　　　朱　海
党组书记　薛国荣

仲裁委员会秘书处

秘 书 长　薛国荣（兼）
副秘书长　窦高林

地震局

局　　长　戴宏才
副 局 长　赵伯廷　孟　坚
党组书记　戴宏才

供销合作总社

理事会主任　徐海亮
理事会副主任　吴士富
　　　　　　　李明俊
　　　　　　　戚　研
党委书记　徐海亮

镇江新区［党工委、人大工委、管理委员会（经济开发总公司）、政协工委］

党工委书记　秦海涛
党工委副书记　薛　峰　孙家政
　　　　　　　刘祥生
党工委委员　邵　兵　马云明
　　　　　　皋古和（12 月止）
　　　　　　钱建平
　　　　　　吴晓彤（12 月任）
　　　　　　朱晓阳
　　　　　　王德家　杨菊兰（女）
　　　　　　李　军（援藏）

陆建林
徐志华(女)
朱小兵
尹红亮(挂职)
纪工委书记 皋古和(12 月止)
吴晓彤(12 月任)
政法委书记 陆建林
人大工委主任 经山河
人大工委副主任 安 江
管委会主任 薛 峰
管委会副主任 邵 兵
晏丽君(女,挂职,5 月任,11 月止)
马云明 钱建平
朱晓阳
杨菊兰(女)
尹红亮(挂职)
刘 虹(挂职,5 月止)
张国栋(挂职)
巢 莺(女,挂职)
王后军(挂职)
政协工委主任 孙家政
政协工委副主任 倪 宏
镇江出口加工区管理委员会主任
薛 峰
党政办公室主任 蒋红武
经发局局长 张春华
科学技术和信息化局局长
方 莉(女)
财政局局长 朱 萍(女)
人社局局长 徐子荣
城乡建设局局长 王开吉
市场监督管理局局长 刘 巍
行政审批局局长 吴 江
综合保税区管理局局长 徐 丹
镇江国家大学科技园管理办主任
徐仁兰(女)
新能源产业园管理办主任
赵 宓(女)
新材料产业园管理办公室主任
蒋峻青
中瑞产业园管委会主任
杨承忠(6 月任)
航空产业园管委会主任
王 忠(6 月任,12 月止)
杨 亮(12 月任)

镇江高新技术产业开发区(党工委、管理委员会)

党工委书记 詹立风
党工委副书记 严竹波 曹 军
党工委委员 肖敬东
张宁晖
曹文栋
刘晓虎
王 旭
文层耕
杨春柏(挂职,12 月止)
印宏峰(挂职,8 月任)
纪工委书记 曹文栋
管委会主任 严竹波
管委会副主任 肖敬东
张宁晖
刘晓虎
文层耕
段志旺(挂职)
赖忠民(挂职,1 月任)
杨春柏(挂职)
张贤杰(挂职,9 月任)
印宏峰(挂职,8 月任)

政务服务管理办公室

主 任 潘文瑜
副 主 任 周春旺
张 敏(援疆)
黄国华
陈启华
党组书记 潘文瑜
党组副书记 周春旺

企业改革指导办公室

主 任 吴光明
党委书记 吴光明

农业科学院

院 长 庄义庆
副 院 长 姚克兵
刘照亭
吴盛祥
党委书记 孙德举
党委副书记 庄义庆
陈明春
纪委书记 王建祥

城市水利管理处

主 任 颜朗辉
党总支书记 颜朗辉

拆迁管理办公室

主 任 周小平
党总支书记 周小平

城市干道工程建设办公室

主 任 李少龙
党支部书记 李少龙

给排水管理处

处 长 蒋礼兵
党委书记 蒋礼兵

房产交易中心

主 任 杨茂盛
党支部书记 杨茂盛

规划设计研究院

院 长 王荣飞
党总支书记 何辉鹏

地方海事局

局 长 赵永富
党总支书记 顾建武(10 月止)

运输管理处

党总支书记 汤 雪

公路管理处

处 长 石小武
党委书记 王 宁

航道管理处

处 长 符 明
党委书记 周明盛

交通工程建设管理处

处 长 赵旭东
党总支书记 侯 辉

城市建设产业集团

董 事 长 庞 迅
总 经 理 翟德智
副总经理 何新荣 马士良
曹 俊
陆 江
党委书记 庞 迅
党委副书记 翟德智
景有军
纪委书记 袁 泉
总会计师 张 慧(女)
工会主席 高 峰

交通产业集团

董 事 长 余国根
总 经 理 王明法
副总经理 秦开颜
部益农
聂 江
党委书记 余国根
党委副书记 王明法 蔡 超
纪委书记 常啸宇
工会主席 顾文娟(女)

文化旅游产业集团

董 事 长 陈新中(1 月止)
陈 兵(1 月任)
总 经 理 杨益斌
副总经理 谢 翔 王素俊
石 磊 张 乐
党委书记 陈新中(1 月止)
陈 兵(1 月任)
党委副书记 杨益斌 王永平
纪委书记 沈忠华

工会主席　吴江玲(女)

国有投资控股集团

董 事 长　周　毅
总 经 理　陈　兵(1月止)
　　　　　陈家军(7月任)
副总经理　蒋金署　田刁高
　　　　　朱　涛
党委书记　周　毅
党委副书记　陈　兵(1月止)
　　　　　　陈家军(7月任)
　　　　　　杜友义
纪委书记　戴　云(女)
工会主席　张翼达

江苏恒顺集团有限公司

董 事 长　张玉宏
总 经 理　聂旭东
副总经理　杨晓康
　　　　　王召祥
恒顺醋业总经理　李国权
党委书记　张玉宏
党委副书记　聂旭东
　　　　　　夏振刚
纪委书记　陈月娥(女)
工会主席　强　健

江苏索普(集团)有限公司

董 事 长　胡宗贵
总 经 理　胡宗贵(7月止)
　　　　　邵守言(7月任)
常务副总经理　凌　晨(女,7月任)
副总经理　邵守言(7月止)
　　　　　许宝华
　　　　　吴　杰
　　　　　凌　晨(女,7月止)
　　　　　代松涛
党委书记　胡宗贵
党委副书记　邵守言(7月任)
　　　　　　范立明
　　　　　　凌　晨(女,7月任)
纪委书记　谢天白
工会主席　朱晓新

港口发展集团有限公司

董 事 长　荆天翔
总 经 理　胡文辉
副总经理　韩年庚(5月任)
　　　　　丁邦红(5月任)
　　　　　张玉龙(11月任)
党委书记　荆天翔
党委副书记　胡文辉

体育产业发展有限公司

董 事 长　张敬荣(8月止)
　　　　　孙佑美(12月任)
总 经 理　张爱民(12月止)
　　　　　李朝勤(12月任)

住房公积金管理中心

主　　任　林　海

劳动就业管理中心

主　　任　庄志南
党总支书记　庄志南

社会保险基金管理中心

主　　任　胡西华
党总支书记　胡西华

市属国有企业监事会

主　　席　王文平　王继承　陈锦荣

疾病预防控制中心

主　　任　陈　宏
党总支书记　何广立

卫生监督所

所　　长　陈国年

餐饮安全监督所

所　　长　刘　远

财政干部培训中心

主　　任　周方明

公共资源交易中心

主　　任　赵　波
总支部书记　赵　波

·政协镇江市委员会·

主　　席　李国忠
副 主 席　徐　平　朱开宝
　　　　　朱云峰　卢道富
　　　　　王冬生(12月止)
　　　　　张红娣(女)
　　　　　陈林海(1月任)
秘 书 长　何培树
副秘书长　谈德成
　　　　　吕纯贵　任一鸣
　　　　　宗加伟(兼)
　　　　　钱伯安(兼)
　　　　　梁新歌(女,兼)
　　　　　尹红敏(女,兼)
　　　　　吴银权(兼)
党组书记　李国忠

办公室

主　　任　谈德成
副 主 任　陈　青(女)　张　峥

研究室

副 主 任　张旭彬

提案委员会

主　　任　顾大福
副 主 任　张友林

经济科技委员会

主　　任　蒋平权
副 主 任　解志勇

农业经济委员会

主　　任　吴　当
副 主 任　谢荣洲

教卫文体委员会

主　　任　蒋　宁(女)
副 主 任　施章传

文史资料委员会

主　　任　蔡永祥
副 主 任　汤光强(援陕,8月任)

社会法制委员会(民族宗教委员会)

主　　任　谭金生
副 主 任　卢小芳(女)

港澳台侨委员会(外事委员会)

主　　任　戴永胜
副 主 任　陈　红(女)

城乡建设人口资源环境委员会

主　　任　季　平
副 主 任　孔　萍(女)

政协委员工作办公室

主　　任　许小琦
副 主 任　霍　双(女)

·中共镇江市纪律检查委员会(镇江市监察委员会)·

书　　记　黄利民
副 书 记　徐冀锋
　　　　　周奇恒
　　　　　庄　旭
常　　委　聂美红(女)
　　　　　吴晓彤
　　　　　司马东良(5月止)
　　　　　陈　晖
　　　　　李　军
　　　　　许志民(5月任)
秘 书 长　许志民
办公室主任　方　明
组织部部长　朱海生
宣传部部长　李立云(1月任)

法规研究室主任　邓玉红
党风政风监督室主任　杨　韬(1月任)
案件监督管理室主任　傅　裕(女)
信访室主任　杨恒林
第一纪检监察室主任　陈国华
第二纪检监察室主任　陈　功
第三纪检监察室主任　屠文华(1月止)
第四纪检监察室主任　张立祥(1月任)
第五纪检监察室主任
屠文华(1月任)
左　荣(女,1月止)
第六纪检监察室主任　赵小堂(1月任)
第七纪检监察室主任
左　荣(女,1月任)
第八纪检监察室主任　骆　俊(1月任)
第九纪检监察室主任　任驭阳(1月任)
案件审理室主任　赵凌云(女)
纪检监察干部监督室主任
张晓勤(女)
市纪委监委派驻综合纪检监察组组长
叶　红(女)
市委巡察工作领导小组办公室主任
聂美红(女)
市委巡察工作领导小组办公室副主任
沈　华(女)
眭尔佳
市委巡察组组长　司马东良
臧鹏刚　凌仁泉
任曼青(女)
杨传军
翟新跃
副 组 长　唐承军
于德道
陈志耕
束国玉
沈　亚
尹瑞庭
杨万兵
徐　刚
张晓燕(女)
宋卫东
赵志功
徐雪蕾(女)
监察委员会主任　黄利民(1月任)
监察委员会副主任　徐冀峰(1月任)
周奇恒(1月任)
庄　旭(1月任)

·镇江市中级人民法院·

院　　长　茅仲华(2月止)
副 院 长　章纯钢
姚　强(1月止)
吴　猛　陈　敏
党组书记　茅仲华(1月止)
汤小夫(10月任)
党组副书记　章纯钢
市纪委监委派驻市中级法院
纪检监察组组长　周国达
政治部主任　闻　凤(女)
审判委员会专职委员　陈　玉(女)
宁　杰
镇江经济开发区法院院长　卜士凡
执行局局长　张巧林

·镇江市人民检察院·

检 察 长　张新祥
副检察长　朱　毅
鲁　宽(12月任)
侯建伟(女)
方红卫(女,12月任)
景双彬(12月止)
党组书记　张新祥
党组副书记　朱　毅
市纪委监委派驻市检察院
纪检监察组组长　黄亚平
政治部主任　丁立新
检察委员会专职委员
司马兆二
周绪平(12月止)
镇江经济开发区检察院检察长
鲁　宽(12月止)
景双彬(12月任)
金山地区检察院检察长
周绪平(12月止)

·民主党派、工商联·

中国国民党革命委员会镇江市委员会

主任委员　王加友
副主任委员　施伟东
方玉强(驻会)

中国民主同盟镇江市委员会

主任委员　杨晓勤(女,驻会)
副主任委员　王瑞楠　袁建平
卢全有　林黎明

中国民主建国会镇江市委员会

主任委员　孙中良(驻会)
副主任委员　夏　军
陆霄霞(女)　庄晋财

中国民主促进会镇江市委员会

主任委员　徐　平
副主任委员　李耀明　邹家生
陈建红
尹红敏(女,驻会)

中国农工民主党镇江市委员会

主任委员　蒋鹏程
副主任委员　梁新歌(女,驻会)
李遇梅(女)
王卫方(女)　李国海

中国致公党镇江市委员会

主任委员　张红娣(女)
副主任委员　宗加伟(驻会)
吴黎红(女)　易小辉

九三学社镇江市委员会

副主任委员　陈沛华(女)
钱伯安(驻会)
祝中昊　姚震球

工商业联合会

主　　席　卢道富
副 主 席　时秋香(女,7月免)
刘正泰(7月任)
张国华　刘　杰
吴银权　胡舜根
吴光明(兼)
陈晓龙(兼)
王　刚(兼)
郦海星(兼)
倪道宏(兼)
郭　琰(兼)
施文进(兼)
耿仲毅(兼)
高庆文(兼)
艾学平(兼)
张玉宏(兼)
党组书记　刘正泰(7月任)
时秋香(女,7月止)

·群众团体·

总工会

主　　席　王常生
副 主 席　卫锁宏　解军英(女)
徐炳辉　包大成
孙　勇(挂职,6月任)
左克祥(兼,6月任)
林田中(兼,6月任)
周惠祥(兼,6月任)
党组书记　卫锁宏
市纪委监委派驻市总工会
纪检监察组组长　毛乾元

共青团镇江市委员会

书　　记　张永意(7月止)
陈秋明(7月任)
副 书 记　朱明珠(女)　胡光亮
杜　剑　王　啸(挂职)
吴国涛(兼职)
曹大威(兼职)
王　丹(女,兼职)
党组书记　张永意(7月止)
陈秋明(7月任)

妇女联合会

主　　席　张宜英(女)
副 主 席　郑迎伟(女)
　　　　　罗　娟(女)
　　　　　孙　萍(女,6月止)
　　　　　高　静(女,兼)
　　　　　方美芳(女,兼,6月任)
　　　　　孙逍霞(女,兼,6月任)
　　　　　秦　艳(女,兼,6月任)
党组书记　张宜英(女)
妇儿工委办主任　罗航宇(女)

科学技术协会

主　　席　王　琴(女)
副 主 席　邵锦亚(女)　杨维勤
　　　　　程晓农(兼)
　　　　　王加友(兼)
　　　　　徐志刚(兼)
　　　　　冯章葆(兼)
　　　　　杨国祥(兼)
　　　　　王　捷(兼)
　　　　　刘捷铃(女,兼)
　　　　　邵　教(兼)
党组书记　王　琴(女)
秘 书 长　王亚东

哲学社会科学界联合会

主　　席　潘法强
副 主 席　刘业林　杨　猛(女)
　　　　　谢林祥　薛玉刚
　　　　　梅　强(兼)
　　　　　黄　进(女,兼)
　　　　　赵　军(兼)
　　　　　于　伟(兼)
　　　　　陈鹏飞(兼)
　　　　　戴　坚(兼)
　　　　　谭浩俊(兼)
　　　　　陆介平(兼)
党组书记　潘法强
秘 书 长　薛玉刚

文学艺术界联合会

主　　席　包建国
副 主 席　蒋光年　孙　彤
　　　　　潘仲民(11月任)
　　　　　阚爱萍(女,兼)
　　　　　黄科文(兼)
　　　　　孙小梅(女,兼)
　　　　　汤文彪(兼)
　　　　　蔡永祥(兼)
党组书记　曾文兵
党组副书记　包建国

归国华侨联合会

主　　席　王永新
副 主 席　黄　蓓(女)
　　　　　施伟东(兼)
　　　　　顾　平(兼)
　　　　　陈　惠(兼)
党组书记　王永新

台湾同胞联合会

会　　长　刘贤忠

残疾人联合会

理 事 长　印　明(6月止)
　　　　　孙　萍(女,6月任)
副理事长　赵　斌(6月止)　孙　权
　　　　　陈　前(6月任)
　　　　　刘　静(女,兼,6月任)
　　　　　汤优钢(兼,6月任)
党组书记　印　明(5月止)
　　　　　孙　萍(女,5月任)

红十字会

会　　长　孙晓南(兼)
副 会 长　史寿胜(7月免)
　　　　　林　枫(兼)
　　　　　吴　彤(女,兼)
　　　　　顾小俊(兼)
　　　　　白连生(兼)
　　　　　杨　毅(兼)
　　　　　赵　峰(兼)
　　　　　朱定明(兼)
　　　　　郦锡梅(女,兼)
　　　　　陈发荣(兼)
　　　　　张玉平(兼)
　　　　　朱明珠(女,兼)
　　　　　刘　杰(兼)
党组书记　史寿胜(7月免)

关心下一代工作委员会

主　　任　唐成海
副 主 任　郑宏章　王忠保

·市(区)·

丹阳市

市委书记　陈可可(11月止)
　　　　　黄春年(11月任)
市委副书记　黄春年(12月止)
　　　　　　黄万荣(12月任)
　　　　　　赵志强
市委常委　任剑平　赵立群
　　　　　金夕龙
　　　　　杜官军(7月止)
　　　　　石　捷(7月任)
　　　　　仇　洋　薛军民
　　　　　陈水文　周东明
人大常委会主任　李忠法
人大常委会副主任　马耿良
　　　　　　　　　周爱仙(女)
　　　　　　　　　蒋明辉
　　　　　　　　　韩静慧(女)
市　　长　黄春年(11月止)
代 市 长　黄万荣(11月任)
副 市 长　赵立群　王为华(援疆)
　　　　　贺云华(女)　符卫国
　　　　　陈　俊　刘宏程
　　　　　黄俊杰　魏国荣
政协主席　沈岳方
政协副主席　钱留梅(女)　沈留海
　　　　　　谭国祥　陈建红
纪委书记　仇　洋
法院院长　唐东升
检察院检察长　方红卫(女,12月止)
代检察长　周绪平(12月任)

句容市

市委书记　许　文(11月止)
　　　　　潘　群(11月任)
市委副书记　潘　群(12月止)
　　　　　　周必松(12月任)
　　　　　　高庆华
市委常委　蒋建中　宋飞雄
　　　　　胡　旭(7月止)　姚　华
　　　　　赵树锋　段永齐
　　　　　查兆娣(女)　孙卫军
　　　　　陈志勇(7月任)
人大常委会主任　文雁才
人大常委会副主任　周春芳
　　　　　　　　　石继刚
　　　　　　　　　黄　培
　　　　　　　　　刘志鹏
市　　长　潘群(11月止)
代 市 长　周必松(11月任)
副 市 长　宋飞雄
　　　　　贾云亮(援藏)
　　　　　侯华锋　张荣海
　　　　　王大金　孙桂林
　　　　　凌　华(女,7月任)
　　　　　潘　群(1月止)
政协主席　章壮钧(1月任)
政协副主席　商　震　吴小香(女)
　　　　　　倪定胜　王道银(女)
　　　　　　胡现龙
纪委书记　赵树锋
法院院长　王锁平
检察院检察长　高　鹏

扬中市

市委书记　潘早云
市委副书记　张德军　马家胜
市委常委　陆艳华(女,1月止)
　　　　　王成明　黄子来
　　　　　孙　健　卜兴荣(1月任)
　　　　　巫晓辉　王汉英
　　　　　潘　杰　于德祥
　　　　　李世杰(7月任)
人大常委会主任　冯锦跃
人大常委会副主任　唐崇林

王继兰(女)
常 云
蒋金龙
市 长 张德军
副 市 长 王成明
卜兴荣(1月止)
陈波涛(1月任)
宫金生 吴明成
孙冬梅(女)
林成春(援陕)
政协主席 施健华
政协副主席 沈大银 陆国平
黄成刚 兰云林
倪 军
纪委书记 巫晓辉
法院院长 岳益民
检察院检察长 黄卫群

丹徒区

区委书记 张映桥
区委副书记 谢继步
谈沁磊(12月止)
区委常委 韩宏亮 殷利民(援陕)
陈平才 刘 东
包荣军 李莉珺(女)
洪 伟
朱 彤(7月任)
人大常委会主任 李幸福
人大常委会副主任 杨伟民
王卫方(女)
宋守雷
程道云
代 区 长 谢继步(1月止)
区 长 谢继步(1月任)
副 区 长 韩宏亮
朱 彤(7月止)
贺 文
贺丽娟(女)
陈 静(女)
梅 放(7月任)
邵建海(7月任)
政协主席 徐新祥
政协副主席 叶向东
郭祥明
江 灿
李晓娟(女)
任金华
纪委书记 李莉珺(女)
法院院长 汤国生
检察院检察长 黄 进

京口区

区委书记 殷 敏(女)
区委副书记 徐申锋 彭忠东(7月止)
区委常委 何广林 石 捷(7月止)
倪新明
孙国林
杨国平
汤 杲(7月任)
徐玉军
人大常委会主任 施正中
人大常委会副主任 姜厚荣
郑苏真(女)
陈德福
杜承华
区 长 徐申锋(1月任)
代 区 长 徐申锋(1月止)
副 区 长 何广林
林黎明
赵永斌(12月止)
郑兆巍
顾明华
姚恒清
政协主席 孙国平
政协副主席 徐 军
朱裕根
盛 杰
张和松
宋小燕(女)
纪委书记 石 捷(7月止)
汤 杲(7月任)
法院院长 刘 凯
检察院检察长 张东生

润州区

区委书记 高国成
区委副书记 徐心田 贾敬远
区委常委 蒋 勇
徐 燕(女)
杨 坚
周文雄(10月止)
陈家军(7月止)
张庆松
胡如明(7月任)
张 成(10月任)
人大常委会主任 范永放
人大常委会副主任 刘凯成
易丽娟(女)
赵宝恒
徐菊生
代 区 长 徐心田(1月止)
区 长 徐心田(1月任)
副 区 长 贾敬远
祝中昊
陆金火
胡如明(7月止)
刘国明
王家振(7月任)
政协主席 蔡文龙
政协副主席 高亚明
蔡 飞
季 莉(女)
倪南成
张春平
纪委书记 杨 坚
法院院长 张子敏
检察院检察长 王 飞

·部省属单位·

国家安全局

局 长 童海东(10月止)
政 委 张 强
副 局 长 徐向阳(9月止)
周光弟
党委书记 童海东(10月止)
纪委书记 施 云(女)

国家税务局

局 长 冯一江
副 局 长 刘卫忠
朱智宏
杨长春
总会计师 孙 军
总经济师 沈志坚
党组书记 冯一江
纪检组长 洪 宇(女)

地方税务局

局 长 孙 虹
副 局 长 李 峻
邵 云
郦梅生
总经济师 高 凌(女)
总会计师 何光荣
党组书记 孙 虹
纪检组长 丁国洪(2月任)

国土资源局

局 长 戴非平
副 局 长 黄 毅
张朝晖
王建国
党委书记 戴非平
纪委书记 吴斌(女)

土地储备中心

主 任 何玉博

国家统计局镇江调查队

队 长 潘荣军
副 队 长 罗凌俊(2月止)
韩志明
蔡建刚(6月任)
周松青(女)
党组书记 潘荣军
纪检组长 蔡建刚(6月止)
李玉强(6月任)

出入境检验检疫局

局 长 陈久春

副 局 长　程　昕(女)
吴小华
余　峰
党组书记　陈久春

海　关

关　　长　贡立新
副 关 长　徐六生
朱　华
刘希安
蒋　敏(女)
南京海关驻镇江海关纪检监察特派员
汪　虎
党组书记　贡立新

海关缉私分局

局　　长　徐六生
副 局 长　王　军

海事局

局　　长　张金宝
副 局 长　周文斌
吴云锦
党组书记　张金宝
党组副书记　彭慧敏
政　　委　彭慧敏
纪委书记　彭慧敏

烟草专卖局
(省烟草公司镇江市公司)

局长(经理)　李江苏(1 月止)
李一匡(1 月任)
副 局 长　郭　俊(1 月止)
史永锋(3 月任)
副 经 理　郭　俊(1 月任)
韦　理(1 月止)
党组书记　李江苏(1 月止)
李一匡(1 月任)

盐业有限公司

总 经 理　刘长龙(5 月止)
戴奇鸣(5 月任)
副总经理　詹长军(5 月止)
刘长龙(5 月任)
王统翔
张群林
党委书记　詹长军(5 月止)
刘长龙(5 月任)
党委副书记　刘长龙(5 月止)
戴奇鸣(5 月任)
王统翔
纪委书记　王统翔
工会主席　王统翔

镇江供电公司

总 经 理　蔡　榕(1 月止)
潘　勇(8 月任)
副总经理　潘　勇(1 月任,8 月止)
吕晓峰(8 月止)
施天明(8 月任)
刘　勇(1 月任)
王文天
孙海勃
张子阳
总会计师　刘　勇(1 月任)
党委书记　吕晓峰(8 月止)
党委副书记　蔡　榕(1 月止)
潘　勇(1 月任)
施天明(8 月任)
纪委书记　刘　勇(1 月止)
工会主席　张映月(1 月止)

邮政管理局

局　　长　杨　文
副 局 长　戴文涛
党组书记　杨　文
纪检组长　戴文涛

省邮政公司镇江分公司

总 经 理　刘永红
副总经理　杭　坚
丁震宇
朱宏波
郭华波(6 月任)
党委书记　刘永红
工会主席　杭　坚
纪委书记　杭　坚(6 月止)
郭华波(6 月任)

中国电信股份有限公司镇江分公司

总 经 理　江　冲(11 月止)
唐　方(11 月任)
副总经理　贺　军
顾锦飞
邹征宙(女)
夏敏健
党委书记　江　冲(11 月止)
唐　方(11 月任)
纪委书记　顾锦飞
工会主席　贺　军

江苏移动通信有限公司镇江分公司

总 经 理　陈　逵
副总经理　李劲松
陈苏闽
郭慧钰(女)
党委书记　陈　逵
纪委书记　陈苏闽
工会主席　李劲松

中国联通镇江分公司

总 经 理　蒋文虎(11 月止)
副总经理　殷海云(11 月任)
高立群
李宏立
王　刚
纪委书记　高立群
党委书记　蒋文虎(11 月止)
党委副书记　殷海云(11 月任)

省广电信息网络股份有限公司
镇江分公司

总 经 理　陈　剑
副总经理　包信家
党委书记　陈　剑
纪委书记　张旭峰
工会主席　包信家

镇江市气象局

局　　长　尹连荣
副 局 长　顾　茗　顾永顺
党组书记　尹连荣
纪检组长　曹纪平

·银　行·

人民银行镇江市中心支行

行　　长　张先忧
副 行 长　顾　强　孙　雯(女)
秦文炜(9 月任)
党委书记　张先忧
纪委书记　周宜强(2 月止)
吕云荣(2 月任)
工会主席　马　成(10 月止)

中国银行保险监督管理委员会
镇江监管分局

副 局 长　贺平泉(主持工作)
潘　勇
刘思吾(1 月任)
纪委书记　陈家龙

农业发展银行镇江市分行

行　　长　孟凡庭
副 行 长　王　华
黄　健
陈晓宇
党委书记　孟凡庭

工商银行股份有限公司镇江分行

行　　长　吴海清
副 行 长　汪　航
方向学
奚彩建
党委书记　吴海清
党委副书记　汪　航
纪委书记　燕　军

农业银行股份有限公司镇江分行

行　　长　陶长辉
副 行 长　荆玉萍

李建荣
王伯骏(11 月止)
张　英(11 月止)
王进军
党委书记　陶长辉
纪委书记　张　英(11 月任)

中国银行股份有限公司镇江分行

行　　长　刘瑞成
副 行 长　尹国瑞
李晓翔
沙亚平
李　勇(3 月任)
党委书记　刘瑞成
纪委书记　胡　进

建设银行股份有限公司镇江分行

行　　长　倪晓伟
副 行 长　杨跃岷(2 月止)
钟一平
张家平
张　鹏(6 月任)
刘海鹏(7 月任)
孙　正(7 月任)
党委书记　倪晓伟
党委副书记　杨跃岷(2 月止)
纪委书记　张家平

交通银行股份有限公司镇江分行

行　　长　曹云杰
副 行 长　徐绍福
叶齐芝(女)
张卫东
胡江平
许隆伟(4 月任)
党委书记　曹云杰

江苏银行镇江分行

行　　长　邹宏亮
副 行 长　赵长亮(7 月止)
许再湘(女)
周元明　吴培中
党委书记　邹宏亮
纪委书记　赵长亮(7 月止)
汤　楠(7 月任)

镇江农村商业银行股份有限公司

董 事 长　张　杰
行　　长　陈　辉(5 月止)
施　健(5 月任)
副 行 长　杨　燕(女)(5 月止)
马志刚
张荷秀(女)
王锋云
王登国(5 月任)
仲向阳(12 月任)
党委书记　张　杰
党委副书记　施　健(5 月任)
纪委书记　蔡金宝

·学校、医院·

江苏大学

校　　长　颜晓红
副 校 长　宋余庆(9 月止)
程晓农(9 月止)
陈　龙(9 月止)
丁建宁(9 月任)
吴春笃
梅　强
张济建
全　力(2 月任)
赵玉涛(9 月任)
陈　红(9 月任)
缪子梅(女,9 月止)
李洪波(9 月止)
党委书记　袁寿其
党委副书记　颜晓红
李洪波(9 月任)
纪委书记　高庆国

江苏科技大学

校　　长　王自力(9 月止)
周南平(9 月任)
副 校 长　景旭文
许俊华(9 月止)
王加友
戴跃伟(9 月止)
李　茜(9 月止)
汤　建
黄　进(女)(9 月止)
俞孟蕻
谈　镇(9 月任)
嵇春艳(9 月任)
党委书记　王济干(9 月止)
葛世伦(9 月任)
党委副书记　王自力(9 月止)
周南平(9 月任)
景旭文(9 月任)
许俊华(9 月任)
郭锡杰(9 月止)
纪委书记　郭锡杰(9 月止)
郑培钢(9 月任)

镇江市高等专科学校

校　　长　丁　钢
副 校 长　万碧波(女)
冷耀明
李大洪
李冬梅(女)
党委书记　林　枫
党委副书记　丁　钢
王桂龙
纪委书记　胡永盛

江苏农林职业技术学院

院　　长　巫建华
副 院 长　简祖平(10 月止)
周兴元
贾　君(女)
曹仁勇
党委书记　俞卫东
党委副书记　巫建华
王润贤(10 月止)
简祖平(10 月任)
纪委书记　王润贤(10 月止)

江苏省交通技师学院

院　　长　司马华炜
副 院 长　纪玉国　陈　伟
高为群(10 月止)
杨雪茹(10 月任)
党委书记　曾正德
党委副书记　司马华炜
高为群(10 月任)
张永春(10 月止)
纪委书记　李　严

镇江技师学院

院　　长　朱建忠
副 院 长　李国建(5 月止)
张宗锋(5 月任)
史　勇
蔡　浪
张　永(5 月任)
党委书记　朱建忠
纪委书记　张　涛(2017 年 3 月任)
党委副书记　朱殿月

江苏航空职业技术学院

院　　长　浦黄忠
副 院 长　孙家政
蒋新民
戴金跃
陆纪荣
党委书记　杜官彪(9 月止)
路月中(9 月任)
党委副书记　浦黄忠
潘国华
纪委书记　刘永希

镇江中学

校　　长　冯章葆
副 校 长　龚保庆(5 月止)
陶圣建　赵国斌
张宗锋(5 月止)
陆建根
李国建(5 月任)
党委书记　冯章葆
党委副书记　钱　进

纪委书记 钱 进(5月止)
俞 惠(女,5月任)

镇江第一中学

校 长 吴铁俊
副 校 长 赵竹林 郭晓峰
王瑞楠 邹建平
龚保庆(5月任)
党委书记 吴铁俊
党委副书记 赵竹林
纪委书记 张 俊(5月任)

镇江高等职业技术学校

校 长 王 健
党委书记 王 健

江苏江滨医疗集团

集团院长 陈德玉
集团副院长 徐晓丽(12月止)
孙炳伟(5月止)
吕剑平
陈吉祥
李遇梅(女)
张红光(12月止)
史亚祥(12月止)

江苏康复医疗集团
(2018年12月更名为镇江市医疗集团)

集团院长 朱 夫(7月止)
邵 教(12月任)
集团副院长 周 云
许文林(12月止)
蒋鹏程(12月止)
姚恒祝(12月止)
岳燧岩(12月止)
钱 炜(12月止)
张红光(12月任)
集团党委书记 朱 夫(7月止)
邵 教(12月任)
集团党委副书记 吴家平(12月止)
集团纪委书记 贺春金(12月止)
岳燧岩(12月任)
理 事 长 邵 教(12月任)

说明:领导人职务任止年份除特别说明外,均为2018年

(市委组织部)

统计资料

·综 合·

2018年镇江市行政区划、土地面积及人口概况表

表33-2

项 目	单 位	全 市	市 区	京口区	润州区	丹徒区	镇江新区	丹阳市	扬中市	句容市
街道办事处	个	25	18	6	7	2	2	2	2	3
居民委员会	个	280	161	61	52	8	25	72	23	24
镇政府	个	31	9	—	—	—	3	10	4	8
村民委员会	个	489	133	5	8	5	32	145	58	153
土地面积	平方千米	3840	1088	125	89	617	222	1047	327	1378
其中:建成区土地面积	平方千米	222.0	142.8	—	—	—	—	35.9	14.9	28.5
总户数	万户	101.65	40.31	12.60	8.95	10.35	7.12	27.86	10.63	22.86
年末户籍人口	万人	270.78	103.00	31.31	21.26	29.05	18.43	80.63	28.25	58.90
#女	万人	137.11	52.04	15.72	10.58	14.82	9.41	40.84	14.43	29.79
人口自然增长率	‰	0.13	-0.03	0.87	-0.58	-0.76	-0.10	-0.66	3.70	-0.20

说明:"市区"中含镇江高新区

(市统计局)

2018年镇江市国民经济主要指标日均水平情况表

表33-3

项 目	单 位	2018年	项 目	单 位	2018年
地区生产总值	万元	110959	住户存款余额	万元	59207
第一产业	万元	3792	全社会用电量	万千瓦时	6993
第二产业	万元	54153	规模以上工业能源消费量	吨标准煤	48251
第三产业	万元	53014	邮电业务总量	万元	5074
农林牧渔业总产值	万元	6738	出生人数	人	61
一般公共预算收入	万元	8260	死亡人数	人	60
一般公共预算支出	万元	11189	粮食产量	吨	2940
社会消费品零售总额	万元	37285	油料产量	吨	89
进出口总额	万美元	3243	肉类产量	吨	186
实际利用外资	万美元	238	水产品产量	吨	262
货物运输量	万吨	22	发电量	万千瓦时	10711
旅客客运量	万人	8.12	水泥产量	万吨	3.80
接待旅游者人数	万人	6554	食醋产量	吨	754
市区公共汽车运客量	万人次	46.68	机制纸及纸板	吨	7056

(市统计局)

2018年镇江市经济社会主要指标完成情况表

表33－4

项 目	单 位	全 市	市 区	项 目	单 位	全 市	市 区
年末户籍人口	万人	270.78	103.00	赔款和给付	亿元	35.22	17.43
从业人员	万人	194.82	69.91	财产险	亿元	16.94	8.33
地区生产总值	亿元	4050.00	1965.80	人身险	亿元	18.28	9.10
第一产业	亿元	138.40	28.60	社会消费品零售总额	亿元	1360.92	668.12
第二产业	亿元	1976.60	916.36	居民消费价格总指数	—	—	102.0
#工业	亿元	1804.00	813.85	国内旅游人数	万人	6547	2792
第三产业	亿元	1935.00	1020.83	公路货运量	万吨	8058	4524
人均地区生产总值	元	126906	159276	公路客运量	万人	2965	1507
农林牧渔业总产值	亿元	245.94	54.34	港口货物吞吐量	万吨	16265	13910
规模工业总产值	亿元	4194.78	1880.04	邮电业务总量	万元	1851868	849062
规模工业主营业务收入	亿元	4105.67	1850.36	全社会用电量	万千瓦时	2552352	1202660
固定资产投资	亿元	938.44	453.80	#工业用电	万千瓦时	1834182	876899
#工业固定资产投资	亿元	365.90	158.91	城乡居民生活用电	万千瓦时	313128	129466
#服务业固定资产投资	亿元	571.93	294.89	在岗职工平均工资	元	79608	85513
#房地产开发投资	亿元	167.18	38.73	城镇居民人均可支配收入	元	48903	48325
进出口总额	万美元	1183866	723024	城镇居民人均生活消费支出	元	27278	28823
#出口总额	万美元	385896	325682	农村居民人均可支配收入	元	24687	23241
协议利用外资金额	万美元	99488	27826	农村居民人均生活消费支出	元	18463	16806
实际利用外资金额	万美元	86774	49279	普通高校在校学生数	万人	9.59	9.59
一般公共预算收入	亿元	301.50	157.33	中等专业学校在校学生数	万人	1.89	0.97
一般公共预算支出	亿元	408.41	204.93	普通中学在校学生数	万人	10.29	3.97
金融机构年末存款余额	亿元	5042.97	2486.41	小学在校学生数	万人	15.35	5.98
#住户存款余额	亿元	2161.07	844.94	幼儿园在园幼儿数	万人	7.97	3.10
金融机构年末贷款余额	亿元	4450.60	1985.56	卫生机构数	个	972	414
保费收入	亿元	128.19	71.55	卫生机构床位数	张	15623	8765
财产险	亿元	27.80	14.64	卫生技术人员	人	21080	11046
人身险	亿元	100.39	56.91				

（市统计局）

2018年镇江市国民经济主要指标占江苏省比重表

表33－5　　单位:%

指 标	单位	全省	镇江	镇江占全省比重（%）	指 标	单位	全省	镇江	镇江占全省比重（%）
土地面积	万平方千米	10.72	0.38	3.74	一般公共预算支出	亿元	11658.22	408.41	3.50
年末户籍人口	万人	7831.86	270.78	3.46	金融机构各项存款余额	亿元	139717.98	5042.97	3.61
从业人员	万人	4750.9	194.82	4.10	金融机构各项贷款余额	亿元	115719.00	4450.60	3.85
地区生产总值	亿元	92595.40	4050.00	4.37	居民人均可支配收入	元	38096	40883	107.32
农林牧渔业总产值	亿元	7192.46	245.936	3.42	居民人均生活消费支出	元	25007	24359	97.41
粮食产量	万吨	3660.28	107.30	2.93	城镇常住居民人均可支配收入	元	47200	48903	103.61
社会消费品零售总额	亿元	33230.35	1360.92	4.10	城镇常住居民人均生活消费支出	元	29462	27278	92.59
进出口总额	亿美元	6640.43	118.39	1.78	农村常住居民人均可支配收入	元	20845	24687	118.43
#出口	亿美元	4040.44	79.80	1.98	农村常住居民人均生活消费支出	元	16567	18463	111.44
协议利用外资金额	亿美元	605.22	9.95	1.64	卫生机构床位数	万张	49.08	1.56	3.18
实际利用外资金额	亿美元	255.92	8.68	3.39	卫生技术人员	万人	59.00	2.11	3.57
一般公共预算收入	亿元	8630.16	301.50	3.49	#执业（助理）医师	万人	23.34	0.82	3.51

（市统计局）

·农业和工业·

2018年镇江市农林牧业生产情况表

表33－6

项　目	单　位	全　市	市　区	丹阳市	扬中市	句容市
一、粮食作物						
面积	千公顷	153.3	34.91	65.01	10.73	42.65
单产	公斤/公顷	6999	6876	7069	7327	6870
总产	吨	1072973	240028	461319	78618	293008
二、油料						
面积	千公顷	13.15	2.64	2.29	0.40	7.82
单产	公斤/公顷	2471	9265	2618	2463	2488
总产	吨	32492	6054	5995	985	19458
三、棉花(皮棉)						
面积	千公顷	0.74	0.02	—	—	0.72
单产	公斤/公顷	869	1200	—	—	860
总产	吨	643	24	—	—	619
四、林业						
当年人工造林面积合计	公顷	1003	167	363	30	444
#经济林	公顷	106	43	42	3	17
零星(四旁)植树	万株	182	46	65	10	60
木材采伐量	立方米	11365	1936	3257	493	5679
五、牧业						
猪当年出栏数	万头	52.26	16.92	18.29	6.37	10.68
猪期末存栏数	万头	26.77	3.49	14.92	3.66	4.69
羊当年出栏数	万只	4.76	0.92	1.05	1.75	1.04
羊期末存栏数	万只	3.14	0.51	0.70	0.81	1.13
家禽当年出栏数	万只	1448.16	418.48	734.53	57.46	237.69
家禽期末存栏数	万只	466.74	153.07	137.38	37.58	138.70
肉类总产量	吨	68043	21160	27621	6433	12829
奶类产量	吨	13921	5910	1144	—	6867
禽蛋产量	吨	19756	4362	7232	3077	5084
六、桑、茶、果						
年末实有茶园面积	公顷	5085	1370	963	—	2752
茶叶产量	吨	1670	392	383	—	894
年末果园面积	公顷	8605	1228	668	422	6287
园林水果产量	吨	150846	12717	5695	7559	124875

说明:“市区”中含镇江高新区　　　　　　　　　　　　　　　　　　　　　　　　　　　　　(市统计局)

2018 年镇江市农业现代化基本情况表

表 33－7

项 目	单位	全 市	市 区					丹阳市	扬中市	句容市
				京口区	润州区	丹徒区	镇江新区			
农用化肥施用量(折纯)	吨	49449	12066	681	420	8350	2594	14226	3407	19750
氮肥	吨	21801	4634	313	163	3310	848	6531	2080	8556
磷肥	吨	2382	158	37	24	92	5	177	341	1706
钾肥	吨	3150	306	66	6	201	33	961	342	1541
复合肥	吨	22116	6968	265	227	4747	1708	6557	644	7947
农用薄膜使用量	吨	3187	511	11	5	168	326	1527	114	1035
#地膜使用量	吨	1668	89	5	—	65	18	921	98	560
地膜覆盖面积	公顷	6513	907	29	—	813	60	2398	488	2720
农用柴油使用量	吨	20524	2592	63	2	1971	556	7219	379	10334
农药使用量	吨	2159	382	12	7	221	141	765	210	802
农业机械总动力	千瓦	1495000	396152	56198	20268	230863	88823	382483	140250	576115
#柴油机	千瓦	900511	246134	35776	8238	147736	54384	191475	74125	388777
汽油机	千瓦	127088	31811	6551	5912	14361	4987	55321	9001	30955
电动机	千瓦	467401	118207	13871	6118	68766	29452	135687	57124	156383
农业机械与设备										
大中型拖拉机	台	4906	1219	91	51	930	147	2169	385	1133
小型拖拉机	台	12581	1572	12	35	1449	76	1522	462	9025
农用水泵	套	33185	11837	996	986	7735	2120	6530	3795	11023
联合收获机	台	3081	738	49	6	489	194	1444	205	694
机动脱粒机	台	—	—	—	—	—	—	—	—	—
机动喷雾(粉)机	台	10898	2413	66	57	1522	768	4211	1085	3189
饲草料加工机械	台	2630	853	—	56	715	82	1210	120	447

说明:“市区”中含镇江高新区 （市统计局）

2018 年镇江市规模以上工业企业主要经济指标表

表 33－8

项 目	计量单位	全 市	市 区					丹阳市	扬中市	句容市
				京口区	润州区	丹徒区	镇江新区			
规模以上工业企业单位数	个	2020	728	56	13	201	409	703	343	246
#亏损企业	个	301	125	15	4	26	71	104	44	28
规模以上工业总产值	万元	41947811	18800385	3434720	305538	3474859	10791934	10766374	6801295	5579758
流动资产合计	万元	28427180	11107089	1544140	184005	2437593	6220499	8420424	5621662	3278004
资产合计	万元	50332795	20622311	3577335	344620	4183840	11483408	13265411	9376435	7068638
负债合计	万元	27601694	10703268	2265010	146262	2282249	5485697	7834711	5207459	3856256
所有者权益合计	万元	22731087	9919040	1312325	198359	1901590	5997711	5430692	4168972	3212382
规模以上工业主营业务收入	万元	41056689	18503599	3431832	324792	3471921	10528930	10561077	6478018	5513996
利润总额	万元	3006349	1328821	126678	47236	390217	726415	1010996	306739	359793
利税总额	万元	4718302	2026711	254797	59212	524905	1117141	1482503	610126	598962
全部从业人员年平均人数	万人	36.37	11.23	1.40	0.31	2.91	5.56	14.44	5.59	5.11

说明:“市区”中含镇江高新区 （市统计局）

2018 年镇江市主要工业产品产量表

表 33－9

产品名称	单位	实绩	产品名称	单位	实绩
一、采矿业产品			石膏板	万平方米	2158.00
石灰石	万吨	733.29	砖	万块	23318
膨润土	万吨	28.69	玻璃纤维纱	吨	5423.90
二、水电工业产品			玻璃纤维布	万米	1769.15
发电量	亿千瓦小时	390.94	纤维增强塑料制品	吨	20921
#江苏镇江发电公司	亿千瓦小时	69.98	耐火材料制品	吨	3100.89
中国国电集团公司	亿千瓦小时	117.11	石墨及碳素制品	万吨	30.73
华电江苏能源有限公司	亿千瓦小时	104.45	七、冶金工业产品		
国电江苏谏壁发电厂	亿千瓦小时	25.22	钢材	万吨	320.28
自来水生产量	万立方米	29529.64	高温合金	吨	2024.60
三、农副食品加工业产品			铁合金	吨	3600.00
原盐	万吨	86.32	铜合金	吨	653.37
小麦粉	万吨	33.41	铝合金	万吨	1.58
饲料	万吨	10.52	铜材	万吨	4.35
食用植物油	万吨	93.23	铝材	万吨	61
鲜、冷藏肉	吨	2665.10	镍材	吨	4801
焙烤松脆食品	吨	403.55	金属切削工具	亿件	6.44
酱油	吨	3301	八、机械工业产品		
醋及醋代用品	万吨	27.54	金属切削机床	台	215
调味酱	吨	3188	金属成形机床	台	8906
饮料酒	千升	39525	内燃叉车	台	2300
四、纺织工业产品			泵	万台	36.16
纱	吨	16011	气体压缩机	万台	17.91
布	万米	10127.46	#车用空调压缩机	万台	8.88
棉混纺布	万米	6546	非制冷设备用压缩机	万台	9.02
化学纤维短纤布	万米	1749.46	阀门	万吨	2.59
化纤长丝机织物	万米	1481	滚动轴承	万套	5279.60
蚕丝被	万条	7.25	工业链条	吨	5944
被罩	万个	50.87	风机	台	20840
毯子	万条	2.02	工商用制冷、空调设备	万套	4.19
棉被	万条	109.67	电动手提式工具	万台	31.81
毛巾被	万条	2.12	金属紧固件	吨	8873
帐篷	万顶	31.0	建筑工程用机械	台	3774
服装	万件	9549	农产品加工专用设备	台	3985
#梭织服装	万件	8894	大型拖拉机	台	850
手提包(袋)	万个	48	中型拖拉机	台	9197
鞋	万双	359.90	机械化园艺机具	万台	7.74
#皮革鞋靴	万双	284.80	眼镜成镜	万副	5025.21
五、化学工业产品			大气污染防治设备	台(套)	839.00
对二甲苯(PX)	万吨	37.36	灭火器	万台	26.43
冰乙酸(冰醋酸)	万吨	111.63	汽车	辆	19192
化学农药原药	万吨	4.95	改装汽车	辆	127
涂料	万吨	2.04	民用钢质船舶	万载重吨	14.17
初级形态塑料	万吨	152.35	船用螺旋桨桨叶	吨	366
#ABS 树脂	万吨	15.51	两轮脚踏自行车	万辆	82.79
合成橡胶	万吨	4.94	残疾人座车	万辆	57.45
碳纤维及其复合材料	吨	594.50	九、电子通信工业产品		
化学药品原药	吨	294.63	变压器	万千伏安	22
中成药	吨	2792.02	绝缘电线	吨	26669
化学纤维	万吨	2.72	通信及网络用电缆	对千米	11864
涤纶纤维	万吨	2.16	电力电缆	亿米	11.93
塑料制品	万吨	7.66	光纤	亿米	5.30
纸浆	万吨	7.63	绝缘制品	吨	5530
机制纸及纸板	万吨	257.56	蓄电池	万千伏安时	48.65
#涂布类印刷用纸	万吨	191.03	电光源	万只	9901.00
纸制品	万吨	21.82	灯具及照明装	万套	6602.07
其中:瓦楞纸箱	万吨	3.32	手机	万台	91.40
单色印刷品	万令	18.73	集成电路	万块	129.80
多色印刷品	万对开色令	118.18	光电子器件	万只	13.50
六、建材工业产品			遥控器	万只	945
人造板	万立方米	40.18	液晶显示屏	万片	2083.50
实木木地板	万平方米	660.21	电子元件	亿只	23.68
复合木地板	万平方米	4624.29	印制电路板	万平方米	2.93
家具	件	201.03	汽车仪器仪表	万台	110.61
硅酸盐水泥熟料	万吨	775.94	光学仪器	万个	33.12
水泥	万吨	1388.70	多晶硅片	万片	16999
商品混凝土	万立方米	466.01	桥架	万吨	27.48
预应力混凝土桩	万米	1410.23	母线	万米	111.93
水泥混凝土预制构件	万立方米	21.35	锂离子电池	万千瓦时	283.00

说明：本表统计口径为规模以上工业，即国有企业及年销售收入在 2000 万元以上的非国有工业企业　（市统计局）

·国内贸易、外向型经济·

2018 年镇江市社会消费品零售总额表

表 33－10　　　　单位:万元

项 目	全 市	市 区					丹阳市	扬中市	句容市
			京口区	润州区	丹徒区	镇江新区			
合 计	13609156	6681239	3137529	1243339	720396	1213965	3587360	1665159	1675398
一、按所在地分									
城 镇	12819894	6670004	3137529	1242190	713054	1211221	3378589	1534446	1236855
乡 村	789262	11235	—	1149	7342	2744	208771	130713	438543
二、按行业分									
批发业	1914390	1289176	407482	313401	58680	225890	238839	160016	226359
零售业	9834929	4464388	2241877	683166	566534	906251	2944026	1171393	1255122
住宿业	191190	118383	14934	75539	21998	5912	9794	39758	23255
餐饮业	1668647	809292	473236	171233	73184	75912	394701	293992	170662
三、按规模分									
限额以上	4164700	2037294	823353	417137	182349	588284	751140	676795	699472
批发业	372486	274029	118205	133153	8225	—	75946	17607	4905
零售业	3392330	1564815	598142	236765	152844	571041	592586	598845	636084
住宿业	40303	14018	5561	3789	3487	1181	8980	14138	3168
餐饮业	359581	184432	101445	43430	17793	16062	73628	46205	55315
限额以下	9444456	4643945	2314176	826202	538047	625681	2836220	988364	975926
批发业	1541905	1015147	289277	180247	50456	225890	162893	142410	221454
零售业	6442599	2899574	1643735	446402	413690	335210	2351440	572548	619037
住宿业	150886	104364	9372	71750	18511	4731	815	25619	20088
餐饮业	1309066	624860	371792	127803	55390	59850	321072	247787	115347

说明:“市区”中含镇江高新区　　　　（市统计局）

2018 年镇江市外向型经济主要指标表

表 33－11

项 目	单 位	全 市	市 区					丹阳市	扬中市	句容市
				京口区	润州区	丹徒区	镇江新区			
一、新批外商直接投资项目	个	85	37	5	3	5	18	19	13	16
二、协议利用外资	万美元	99488	27826	4305	273	－2656	21292	27540	22118	22003
三、实际利用外资	万美元	86774	49279	3752	1154	1758	41618	16185	10339	10965
四、进出口总额	万美元	1183866	723024	191226	28633	77626	394015	320574	71486	68781
# 进口总额	万美元	385896	325682	97212	5717	6190	208488	42313	9150	8751
# 一般贸易	万美元	280530	234593	89616	5715	5240	127633	35440	5458	5038
加工贸易	万美元	71920	60216	2149	—	957	55495	6213	1880	3611
# 国有企业	万美元	76419	—	—	—	—	—	—	—	—
外商投资企业	万美元	217215	—	—	—	—	—	—	—	—
民营企业	万美元	91666	—	—	—	—	—	—	—	—
# 出口总额	万美元	797969	397342	94014	22916	71436	185527	278261	62336	60030
# 一般贸易	万美元	635050	288676	86229	22908	69697	90410	251327	46188	48858
加工贸易	万美元	158775	104824	7683		1741	91474	26657	16142	11151
# 国有企业	万美元	26336	—	—	—	—	—	—	—	—
外商投资企业	万美元	347551	—	—	—	—	—	—	—	—
民营企业	万美元	423831	—	—	—	—	—	—	—	—
五、新批海外投资										
新批海外投资企业	个	20	10	—	1	1	6	8	—	2
新批海外中方协议投资额	万美元	16026	4966	—	20	—	4536	8714	—	2346

说明:“市区”中含市直属企业和镇江高新区　　　　（市统计局）

·基础设施建设·

2018年镇江市固定资产投资完成情况表

表33－12　　　　单位:万元

项　目	全　市	市　区					丹阳市	扬中市	句容市
			京口区	润州区	丹徒区	镇江新区			
固定资产投资总额	9384409	4538049	993286	1086569	740044	1389089	1646778	781532	2418050
一、按登记注册类型分									
内资	8355513	4122952	960462	1059158	708194	1108088	1334730	712670	2185161
#国有企业	1559557	762752	133561	263840	113779	220414	125729	—	671076
集体企业	100681	2919	—	2420	499	—	—	—	97762
股份合作企业	—	—	—	—	—	—	—	—	—
联营企业	131651	112595	43186	58848	—	10561	—	—	19056
有限责任公司	1834583	1274236	277470	254351	205454	393983	213401	153649	193297
股份有限公司	259936	140616	131315	—	—	5350	67505	29531	22284
私营企业	4303077	1788979	369160	479699	385803	445354	902888	529490	1081720
其他	166028	40855	5770	—	2659	32426	25207	—	99966
港澳台商投资企业	665424	213206	13516	27411	20751	151528	267163	27538	157517
外商投资企业	363472	201891	19308	—	11099	129473	44885	41324	75372
二、按资金来源分									
国家预算内资金	90790	12120	4920	7200	—	—	14716	—	63954
上年末结余资金	2828452	1361010	168624	832543	138071	120613	527812	137716	801914
国内贷款	1800082	594769	86630	364399	70643	48097	219547	199570	786196
债券	30000						30000		
利用外资	11103	2525	—	—	—	2525	8578	—	—
自筹资金	5150840	2729958	683600	781348	270065	834956	907755	304343	1208784
其他资金	516940	410319	60267	47940	37117	252050	6770	30863	68988
三、按构成分									
建筑安装工程	6305267	2787065	651173	657673	485847	836584	1311820	572321	1634061
设备工器具购置	1744545	896153	190551	14069	179380	426994	251884	207318	389190
其他费用	1334597	843681	151562	414827	74817	114361	86074	10043	394799
四、按产业分									
第一产业	3892	—	—	—	—	—	—	2888	1004
第二产业	3661238	1589110	305880	20016	335502	842479	722418	558871	790839
#工业	3659008	1589110	305880	20016	335502	842479	720188	558871	790839
第三产业	5719279	2948939	687406	1066553	404542	546610	924360	219773	1626207
新增固定资产	4748312	2050724	499876	452010	175557	687802	1090709	498151	1108728

说明:“市区”中含镇江高新区

（市统计局）

·教育、卫生·

2018年镇江市各类教育事业概况表

表33－13

项 目	学校数(所)	招生数(人)	在校学生数(人)	毕业生数(人)	专任教师数(人)
合计	253	102412	384803	84516	28378
#普通高等学校	8	28850	95933	22657	5967
普通中等专业学校	11	6432	18874	5391	1590
普通中学	111	33705	102928	30557	10115
#高中	22	10254	33523	10254	3471
初中	89	23451	69405	20303	6644
技工学校	5	4303	12979	2460	672
小学	113	29050	153540	23385	9885
特殊教育学校	5	72	549	66	149

(市统计局)

2018年镇江市市区普通高中教育基本情况表

表33－14 单位:人

项 目	在校学生				毕业生数	专任教师
		高一年级	高二年级	高三年级		
镇江中学	2513	918	796	799	831	217
镇江第一中学	2517	901	801	815	830	206
镇江市第二中学	700	209	245	246	208	98
镇江市实验高级中学	2497	899	793	805	799	190
镇江枫叶国际学校	576	209	192	175	148	14
江苏省大港中学	1554	525	523	506	538	195
镇江市丹徒区高级中学	1666	568	558	540	509	198
镇江第一外国语学校	63	10	27	26	—	15
镇江市外国语学校(国际学校)	216	—	117	99	141	—
镇江市京口区正兴学校	142	142	—	—	—	16
镇江心湖高级中学	279	279	—	—	—	15
镇江江河艺术高级中学	145	145	—	—	—	15

(市统计局)

2018年镇江市卫生事业基本情况表

表33－15

项 目	计量单位	全 市				
			市 区	丹阳市	扬中市	句容市
卫生机构数	个	972	414	248	102	208
#医院	个	50	28	8	5	9
卫生院	个	49	14	21	4	10
卫生机构床位数	张	15623	8765	3548	1426	1884
#医院	张	11416	6896	2106	1215	1199
卫生院	张	1747	479	694	131	443
卫生工作人员	人	26180	13580	6181	2488	3931
卫生技术人员	人	21080	11046	4880	2013	3141
#执业(助理)医师	人	8200	4148	1998	790	1264
注册护士	人	9183	5099	2053	763	1268
5岁以下儿童死亡率	‰	3.52	3.22	3.78	3.13	3.91
婴儿死亡率	‰	2.72	2.72	2.47	2.69	3.18
每千人拥有卫生机构床位数	张	4.89	7.10	3.58	4.15	3.00
每千人拥有医院(卫生院)床位数	张	4.12	5.97	2.83	3.91	2.62
每千人拥有卫生技术人员数	人	6.59	8.94	4.93	5.85	5.00
每千人拥有执业(助理)医师数	人	2.57	3.36	2.02	2.30	2.01
每千人拥有注册护士数	人	2.87	4.13	2.07	2.22	2.02

(市统计局)

·劳动就业、人民生活·

2018 年镇江市劳动工资主要指标表

表 33－16

项 目	单位	全 市	市 区					丹阳市	扬中市	句容市
				京口区	润州区	丹徒区	镇江新区			
全部单位从业人员数	人	384320	195741	71189	34733	35945	40681	68800	52341	67438
其中:在岗职工工人数	人	335292	161039	50246	29256	33493	36194	63286	48943	62024
国有单位从业人员数	人	117788	61708	26039	16225	9828	3383	20507	14000	21573
其中:在岗职工工人数	人	103084	52492	21166	13873	9246	2725	17863	12149	20580
集体单位从业人员数	人	10643	2738	635	643	747	690	3163	1635	3107
其中:在岗职工工人数	人	8385	2431	608	456	730	614	2535	1492	1927
其他单位从业人员数	人	255889	131295	44515	17865	25370	36608	45130	36706	42758
其中:在岗职工人数	人	223823	106116	28472	14927	23517	32855	42888	35302	39517
全部单位在岗职工工资总额	万元	2773293	1454002	492462	298541	267794	307619	517337	343971	457984
其中:国有单位	万元	1075551	577775	238588	170990	97057	30032	205615	122720	169441
集体单位	万元	61694	15294	3504	2917	4887	3883	24071	10049	12279
其他单位	万元	1636048	860932	250370	124634	165850	273704	287650	211202	276263
全部单位在岗职工平均工资	元	79608	85513	89441	96873	77737	81298	77831	69110	72787
其中:国有单位	元	101135	107488	110736	118705	102848	104487	105824	92013	84865
集体单位	元	67758	62027	56984	58318	68422	63389	85653	67256	53776
其他单位	元	70432	76090	77782	78535	68590	79539	64739	60399	68054

说明:"市区"中含镇江高新区

（市统计局）

2018 年镇江市城镇居民和农村居民家庭生活基本情况表

表 33－17

项 目	单 位	绝对数	项 目	单 位	绝对数
城镇居民			农村居民		
调查户数	户	590	调查户数	户	360
平均每户家庭人口	人	3.1	平均每户家庭人口	人	3.1
平均每户就业人口	人	1.9	平均每户就业人口	人	2.1
平均每户离退休人口	人	0.4	平均每户离退休人口	人	0.2
平均每一就业者负担人数	人	1.6	平均每一就业者负担人数	人	1.5
平均每户就业面	%	61.1	平均每户就业面	%	68.5
现住房平均每人建筑面积	平方米	48.6	现住房平均每人建筑面积	平方米	57.3
#现住房平均每人使用面积	平方米	36.5	#现住房平均每人使用面积	平方米	43.0
人均可支配收入	元/人	48903	人均可支配收入	元/人	24687
(一)工资性收入	元/人	31569	(一)工资性收入	元/人	15814
(二)经营净收入	元/人	6209	(二)经营净收入	元/人	5164
(三)财产净收入	元/人	4766	(三)财产净收入	元/人	951
(四)转移净收入	元/人	6359	(四)转移净收入	元/人	2758
人均总支出	元/人	39298	人均总支出	元/人	28805
生活消费支出	元/人	27278	生活消费支出	元/人	18463

（市统计局）

2018 年镇江市城乡居民家庭生活消费支出表

表 33－18　　单位:元

项　　目	金　额	项　　目	金　额
城镇居民人均消费性支出(元)	27278	农村居民人均消费性支出(元)	18463
食品烟酒	7537	食品烟酒	5075
衣着	2174	衣着	1117
居住	6080	居住	4332
生活用品及服务	1622	生活用品及服务	1068
交通通信	3871	交通通信	2651
教育文化娱乐	3898	教育文化娱乐	2659
医疗保健	1259	医疗保健	1039
其他用品和服务	837	其他用品和服务	522

(市统计局)

2018 年镇江市市区居民消费价格分类指数表

表 33－19

项　目	以上年价格为 100	项　目	以上年价格为 100
居民消费价格总指数	102.0		
其中:非食品烟酒价格指数	101.6	1. 服装	101.0
服务价格指数	101.1	2. 鞋类	102.4
消费品价格指数	102.6	三、居住	101.7
一、食品烟酒	103.3	1. 租赁房房租	102.5
1. 食品	102.8	2. 住房保养维修及管理	104.4
(1)粮食	102.0	3. 水电燃料	101.9
(2)薯类	103.7	4. 自有住房	100.9
(3)豆类	95.2	四、生活用品及服务	102.7
(4)食用油	99.3	1. 家具及室内装饰品	101.6
(5)菜	105.8	2. 家用器具	103.2
鲜　菜	105.1	3. 家用纺织品	101.7
(6)畜肉类	97.7	4. 家庭日用杂品	100.5
(7)禽肉类	106.3	5. 个人护理用品	101.4
(8)水产品	102.1	6. 家庭服务	109.7
(9)蛋类	115.6	五、交通和通信	100.8
(10)奶类	101.6	1. 交通	102.6
(11)干鲜瓜果类	107.5	2. 通信	96.6
(12)糖果糕点类	105.2	六、教育文化和娱乐	102.1
(13)调味品	105.8	1. 教育	102.4
(14)其他食品类	98.3	2. 文化娱乐	101.8
2. 茶及饮料	103.8	七、医疗保健	101.0
3. 烟酒	102.5	1. 药品及医疗器具	102.9
(1)烟草	99.4	2. 医疗服务	99.9
(2)酒类	108.1	八、其他用品和服务	100.6
4. 在外餐饮	105.0	1. 其他用品类	98.2
二、衣着	101.5	2. 其他服务类	102.5

(市统计局)

2018 年镇江市市区商品零售价格分类指数表

表 33－20

项　目	以上年价格为 100	项　目	以上年价格为 100
商品零售价格总指数	102.5		
一、食品类	103.1	九、交通、通信用品	98.9
二、饮料、烟酒	103.1	十、家具	101.0
三、服装、鞋帽类	101.3	十一、化妆品类	100.0
四、纺织品类	102.0	十二、金银珠宝类	95.8
五、家用电器及音像器材	100.8	十三、中西药品及医疗保健用品类	102.6
六、文化办公用品	101.1	十四、书报杂志及电子出版物类	112.4
七、日用品	101.7	十五、燃料类	111.2
八、体育娱乐用品	99.6	十六、建筑材料及五金电料类	104.8

（市统计局）

2018 年镇江市城镇每百户常住居民家庭耐用消费品情况表

表 33－21

品　名	单位	年购买量	年末拥有量	品　名	单位	年购买量	年末拥有量
家用汽车	辆	2.4	56.1	洗碗机	台	0.0	2.0
摩托车	辆	0.3	19.0	排油烟机	台	3.6	89.7
助力车	台	18.5	128.0	移动电话	部	45.8	268.0
洗衣机	台	4.7	104.6	计算机	台	4.7	100.1
电冰箱(柜)	台	3.6	112.9	照相机	台	0.3	20.3
微波炉	台	3.9	94.7	中高档乐器(含钢琴)	元/人	10.5	8.6
彩色电视机	台	4.7	193.4	健身器材	元/人	9.1	8.8
空调	台	8.8	238.3	空气净化器(含新风系统)	台	0.5	7.6
淋浴热水器	台	3.7	118.7	吸尘器	台	1.0	19.2
其中:太阳能热水器	台	0.3	69.4				

（市统计局）

2018 年镇江市农村每百户常住居民家庭耐用消费品情况表

表 33－22

品　名	单位	年购买量	年末拥有量	品　名	单位	年购买量	年末拥有量
家用汽车	辆	3.3	42.6	洗碗机	台	0.6	1.4
摩托车	辆	0.6	31.4	排油烟机	台	2.9	62.5
助力车	台	15.8	131.9	移动电话	部	42.5	262.0
洗衣机	台	5.8	102.5	计算机	台	1.6	60.5
电冰箱(柜)	台	10.7	116.1	照相机	台	0.0	5.5
微波炉	台	5.3	83.6	中高档乐器(含钢琴)	元/人	6.2	1.9
彩色电视机	台	4.7	175.5	健身器材	元/人	0.1	4.4
空调	台	12.8	193.5	空气净化器(含新风系统)	台	0.6	2.8
淋浴热水器	台	4.2	113.0	吸尘器	台	0.8	7.2
其中:太阳能热水器	台	1.7	91.1				

（市统计局）

·企业经济指标排名·

2018年镇江市工业总产值前50家企业表

表33－23

企业名称	所属地区	企业名称	所属地区
镇江奇美化工有限公司	镇江新区	句容宁武新材料股份有限公司	句容市
金东纸业（江苏）股份有限公司	镇江新区	镇江仁德新能源科技有限公司	扬中市
中储粮镇江粮油有限公司	京口区	江苏肯帝亚木业有限公司	丹阳市
江苏鼎胜新能源材料股份有限公司	京口区	大赛璐安全系统（江苏）有限公司	丹阳市
江苏索普（集团）有限公司	京口区	巨宝精密加工（江苏）有限公司	句容市
江苏鑫海铜业有限公司	丹阳市	索尔维（镇江）化学品有限公司	镇江新区
中国国电集团公司谏壁发电厂	京口区	江苏美科硅能源有限公司	扬中市
丹阳龙江钢铁有限公司	丹阳市	江苏大力神科技股份有限公司	丹阳市
镇江联成化学工业有限公司	镇江新区	凯途必机械工业（镇江）有限公司	镇江新区
江苏中海粮油工业有限公司	扬中市	镇江源龙铝业有限责任公司	丹徒区
江苏沃得农业机械有限公司	丹阳市	镇江市东方电热科技股份有限公司	镇江新区
建华建材（中国）有限公司	句容市	江苏长丰纸业有限公司	丹阳市
华电江苏能源有限公司	句容市	金海宏业（镇江）沥青有限公司	丹徒区
江苏鹤林水泥有限公司	丹徒区	镇江华润燃气有限公司	润州区
江苏天工工具有限公司	丹阳市	恒宝股份有限公司	丹阳市
天工爱和特钢有限公司	丹阳市	大亚人造板集团有限公司	丹阳市
镇江江南化工有限公司	镇江新区	江苏恒顺醋业股份有限公司	丹徒区
江苏鸿泰钢铁有限公司	京口区	句容台泥水泥有限公司	句容市
道达尔润滑油（中国）有限公司	镇江新区	江苏车驰汽车有限公司	镇江新区
中冶东方江苏重工有限公司	丹阳市	江苏彤明高科汽车电器有限公司	丹阳市
镇江天力变压器有限公司	句容市	镇江西门子母线有限公司	扬中市
镇江市大港通达铜材有限公司	镇江新区	江苏吉星新材料有限公司	扬中市
江苏镇江发电有限公司	丹徒区	江苏锐升新材料有限公司	丹阳市
江苏鱼跃医疗设备股份有限公司	丹阳市	镇江中船现代发电设备有限公司	镇江新区
句容市天工新材料科技有限公司	句容市	江苏正丹化学工业股份有限公司	镇江新区

（市统计局）

2018年镇江市产品销售收入前50家企业表

表33－24

企业名称	所属地区	企业名称	所属地区
镇江奇美化工有限公司	镇江新区	江苏鹤林水泥有限公司	丹徒区
金东纸业（江苏）股份有限公司	镇江新区	江苏中海粮油工业有限公司	扬中市
江苏鼎胜新能源材料股份有限公司	京口区	建华建材（中国）有限公司	句容市
中储粮镇江粮油有限公司	京口区	江苏天工工具有限公司	丹阳市
江苏索普（集团）有限公司	京口区	江苏鱼跃医疗设备股份有限公司	丹阳市
江苏沃得农业机械有限公司	丹阳市	道达尔润滑油（中国）有限公司	镇江新区
江苏鑫海铜业有限公司	丹阳市	江苏鸿泰钢铁有限公司	京口区
丹阳龙江钢铁有限公司	丹阳市	中冶东方江苏重工有限公司	丹阳市
中国国电集团公司谏壁发电厂	京口区	镇江江南化工有限公司	镇江新区
华电江苏能源有限公司	句容市	天工爱和特钢有限公司	丹阳市
镇江联成化学工业有限公司	镇江新区	镇江天力变压器有限公司	句容市

续表 33－24

企业名称	所属地区	企业名称	所属地区
江苏镇江发电有限公司	丹徒区	江苏大力神科技股份有限公司	丹阳市
句容宁武新材料股份有限公司	句容市	江苏车驰汽车有限公司	镇江新区
句容市天工新材料科技有限公司	句容市	江苏美科硅能源有限公司	扬中市
镇江仁德新能源科技有限公司	扬中市	恒宝股份有限公司	丹阳市
大赛璐安全系统(江苏)有限公司	丹阳市	镇江华润燃气有限公司	润州区
巨宝精密加工(江苏)有限公司	句容市	中润油新能源股份有限公司	镇江新区
句容协鑫集成科技有限公司	句容市	金海宏业(镇江)沥青有限公司	丹徒区
索尔维(镇江)化学品有限公司	镇江新区	江苏恒顺醋业股份有限公司	丹徒区
凯迩必机械工业(镇江)有限公司	镇江新区	句容台泥水泥有限公司	句容市
中节能太阳能科技(镇江)有限公司	镇江新区	镇江西门子母线有限公司	扬中市
镇江市大港通达铜材有限公司	镇江新区	江苏苏亚迪炭材有限公司	丹徒区
江苏肯帝亚木业有限公司	丹阳市	江苏吉星新材料有限公司	扬中市
江苏长丰纸业有限公司	丹阳市	镇江市东方电热科技股份有限公司	镇江新区
镇江源龙铝业有限责任公司	丹徒区	大亚人造板集团有限公司	丹阳市

（市统计局）

2018 年镇江市利税总额前 50 家企业表

表 33－25

企业名称	所属地区	企业名称	所属地区
金东纸业(江苏)股份有限公司	镇江新区	江苏长丰纸业有限公司	丹阳市
中冶东方江苏重工有限公司	丹阳市	道达尔润滑油(中国)有限公司	镇江新区
江苏鹤林水泥有限公司	丹徒区	江苏镇江发电有限公司	丹徒区
镇江奇美化工有限公司	镇江新区	巨宝精密加工(江苏)有限公司	句容市
江苏沃得农业机械有限公司	丹阳市	二重集团(镇江)重型装备厂有限责任公司	丹徒区
建华建材(中国)有限公司	句容市	沃得重工(中国)有限公司	丹徒区
江苏天工工具有限公司	丹阳市	江苏超跃化学有限公司	镇江新区
江苏鱼跃医疗设备股份有限公司	丹阳市	镇江西门子母线有限公司	扬中市
江苏索普(集团)有限公司	京口区	江苏仅一联合智造有限公司	丹阳市
句容台泥水泥有限公司	句容市	丹阳市富豪机械制造有限公司	丹阳市
大赛璐安全系统(江苏)有限公司	丹阳市	江苏吉贝尔药业股份有限公司	镇江新区
大亚人造板集团有限公司	丹阳市	凯迩必机械工业(镇江)有限公司	镇江新区
镇江江南化工有限公司	镇江新区	香江科技股份有限公司	扬中市
天工爱和特钢有限公司	丹阳市	江苏大亚滤嘴材料有限公司	丹阳市
丹阳飞达重工有限公司	丹阳市	镇江南帝化工有限公司	镇江新区
索尔维(镇江)化学品有限公司	镇江新区	镇江高鹏药业有限公司	镇江新区
镇江华润燃气有限公司	润州区	恒宝股份有限公司	丹阳市
江苏恒顺醋业股份有限公司	丹徒区	中国国电集团公司谏壁发电厂	京口区
金海宏业(镇江)沥青有限公司	丹徒区	亚星(镇江)系泊链有限公司	镇江新区
丹阳龙江钢铁有限公司	丹阳市	江苏苏亚迪炭材有限公司	丹徒区
江苏鼎胜新能源材料股份有限公司	京口区	优利德(江苏)化工有限公司	镇江新区
海昌隐形眼镜有限公司	丹阳市	镇江市东方电热科技股份有限公司	镇江新区
镇江源龙铝业有限责任公司	丹徒区	沃得精机(中国)有限公司	丹阳市
江苏沃得植保机械有限公司	丹阳市	江苏精工特种材料有限公司	丹阳市
中储粮镇江粮油有限公司	京口区	中润油新能源股份有限公司	镇江新区

（市统计局）

2018 年镇江市利润总额前 50 家企业表

表 33－26

企业名称	所属地区	企业名称	所属地区
金东纸业(江苏)股份有限公司	镇江新区	中储粮镇江粮油有限公司	京口区
江苏鹤林水泥有限公司	丹徒区	江苏长丰纸业有限公司	丹阳市
中冶东方江苏重工有限公司	丹阳市	巨宝精密加工(江苏)有限公司	句容市
镇江奇美化工有限公司	镇江新区	江苏镇江发电有限公司	丹徒区
江苏沃得农业机械有限公司	丹阳市	沃得重工(中国)有限公司	丹徒区
建华建材(中国)有限公司	句容市	二重集团(镇江)重型装备厂有限责任公司	丹徒区
江苏天工工具有限公司	丹阳市	江苏仅一联合智造有限公司	丹阳市
江苏鱼跃医疗设备股份有限公司	丹阳市	丹阳市富豪机械制造有限公司	丹阳市
句容台泥水泥有限公司	句容市	镇江西门子母线有限公司	扬中市
江苏索普(集团)有限公司	京口区	江苏吉贝尔药业股份有限公司	镇江新区
大赛璐安全系统(江苏)有限公司	丹阳市	江苏大亚滤嘴材料有限公司	丹阳市
大亚人造板集团有限公司	丹阳市	香江科技股份有限公司	扬中市
镇江江南化工有限公司	镇江新区	镇江南帝化工有限公司	镇江新区
天工爱和特钢有限公司	丹阳市	凯迩必机械工业(镇江)有限公司	镇江新区
丹阳飞达重工有限公司	丹阳市	镇江高鹏药业有限公司	镇江新区
镇江均和重工有限公司	镇江新区	亚星(镇江)系泊链有限公司	镇江新区
索尔维(镇江)化学品有限公司	镇江新区	恒宝股份有限公司	丹阳市
镇江华润燃气有限公司	润州区	江苏苏亚迪炭材有限公司	丹徒区
江苏恒顺醋业股份有限公司	丹徒区	镇江市东方电热科技股份有限公司	镇江新区
丹阳龙江钢铁有限公司	丹阳市	优利德(江苏)化工有限公司	镇江新区
海昌隐形眼镜有限公司	丹阳市	沃得精机(中国)有限公司	丹阳市
江苏鼎胜新能源材料股份有限公司	京口区	江苏精工特种材料有限公司	丹阳市
镇江源龙铝业有限责任公司	丹徒区	道达尔润滑油(中国)有限公司	镇江新区
金海宏业(镇江)沥青有限公司	丹徒区	江苏耘农化工有限公司	镇江新区
江苏沃得植保机械有限公司	丹阳市	句容协鑫集成科技有限公司	句容市

（市统计局）

2018 年镇江市资产总额前 50 家企业表

表 33－27

企业名称	所属地区	企业名称	所属地区
金东纸业(江苏)股份有限公司	镇江新区	句容协鑫集成科技有限公司	句容市
华电江苏能源有限公司	句容市	镇江荣德新能源科技有限公司	扬中市
建华建材(中国)有限公司	句容市	镇江市东方电热科技股份有限公司	镇江新区
镇江奇美化工有限公司	镇江新区	天工爱和特钢有限公司	丹阳市
江苏天工工具有限公司	丹阳市	中电电气(江苏)股份有限公司	扬中市
江苏大航智能电气有限公司	扬中市	大亚人造板集团有限公司	丹阳市
江苏鼎胜新能源材料股份有限公司	京口区	江苏镇江发电有限公司	丹徒区
江苏索普(集团)有限公司	京口区	江苏新韩通船舶重工有限公司	扬中市
江苏鱼跃医疗设备股份有限公司	丹阳市	江苏恒顺醋业股份有限公司	丹徒区
镇江环太硅科技有限公司	扬中市	索尔维(镇江)化学品有限公司	镇江新区
江苏中海粮油工业有限公司	扬中市	句容市水务集团有限公司	句容市
中国国电集团公司谏壁发电厂	京口区	大力神铝业股份有限公司	丹阳市
中储粮镇江粮油有限公司	京口区	江苏鹤林水泥有限公司	丹徒区
江苏沃得农业机械有限公司	丹阳市	恒宝股份有限公司	丹阳市
江苏美科硅能源有限公司	扬中市	中润油新能源股份有限公司	镇江新区
巨宝精密加工(江苏)有限公司	句容市	江苏大全长江电器股份有限公司	扬中市
沃得重工(中国)有限公司	丹徒区	江苏新泉汽车饰件股份有限公司	丹阳市
江苏恒神股份有限公司	丹阳市	江苏省镇江船厂(集团)有限公司	润州区
句容台泥水泥有限公司	句容市	丹阳市富豪机械制造有限公司	丹阳市
二重集团(镇江)重型装备厂有限责任公司	丹徒区	丹阳水务集团有限公司	丹阳市
中节能太阳能科技(镇江)有限公司	镇江新区	江苏彤明高科汽车电器有限公司	丹阳市
江苏沃得植保机械有限公司	丹阳市	香江科技股份有限公司	扬中市
力信(江苏)能源科技有限责任公司	镇江新区	大赛璐安全系统(江苏)有限公司	丹阳市
海昌隐形眼镜有限公司	丹阳市	江苏卡威汽车工业集团股份有限公司	丹阳市
爱励铝业(镇江)有限公司	京口区	江苏肯帝亚木业有限公司	丹阳市

（市统计局）

标准地名命名(更名)

2018 年镇江市市区标准地名命名(更名)情况表

表 33－28

标准地名	实体状况说明
智慧大厦	位于镇江新区丁卯街道,智慧大道 553 号。东至智慧大道,南临四平山路,西至镇江恒业电子有限公司,北临潘宗路,占地面积 10816 平方米,总建筑面积 48470 平方米(含地下建筑面积 9050 平方米)
宝信商业中心	“永隆城市广场”分片区,位于镇江新区丁卯街道,谷阳路 87 号。东至谷阳路,南至纬五路,西至永隆城市广场融景湾,北至永隆城市广场骏景苑,占地面积 20800 平方米,总建筑面积 31170 平方米(含地下建筑面积 7858 平方米)
交通综合服务大楼	位于镇江新区大港街道、兴港东路 1 号。东至新区社会福利中心,南至兴港东路,西至港中路,北至新区质量检测中心,占地面积 12777.2 平方米,总建筑面积 15945 平方米
银山门广场	位于伯先路与迎江路交会处西北侧、西南侧。东至迎江路、贾家巷,南至小白龙巷,西至伯先路、小码头街,北临长江路,占地面积 7121 平方米,总建筑面积 16185 平方米。其中,“银山门广场 1 栋”位于迎江路 39 号,“银山门广场 2 栋”位于伯先路 96 号,“银山门广场 3 栋”位于大西路 507 号,“银山门广场 4 栋”位于小街 118 号,“银山门广场 5 栋”位于伯先路 94 号
方圆大厦	位于丁卯街道,纬五路 86 号。东临经八路,南临“恒华苑”居民地,西临经七路,北至纬五路,占地面积 2203 平方米,总建筑面积 9757.2 平方米(含地下建筑面积 2064 平方米)
魏家墩邻里中心	位于丁岗镇,港南路 700 号。东至葛村路,南至港南路,西至魏家墩支路,北临魏家墩路,占地面积 20800 平方米(含公共绿地面积 1900 平方米),总建筑面积 19285 平方米(含地下建筑面积 295 平方米)
镇屏山文化中心	位于金山街道,迎江路 2 号。东至镇屏山,南至大西路,西至迎江路,北至长江路,占地面积 20005 平方米,总建筑面积 21305 平方米(含地下建筑面积 5481 平方米)。其中,“镇屏山文化中心 1 栋～3 栋”分别位于迎江路 2、6、8 号,“镇屏山文化中心 57 栋”分别位于迎江路 10、14、12 号
鸿润家园	位于镇江高新区蒋乔街道,金润大道 1009 号。东至沟西路,南临扬溧高速,西至扬溧高速镇江南出入口,北至金润大道,占地面积 119607 平方米,总建筑面积 264563 平方米(含地下建筑面积 67895 平方米)
官塘绿苑二区	位于润州区南山街道、官塘桥街道,官山路 10 号。东至官山路,南临五凤口路,西至官塘桥路,北至宝平路,占地面积 31300 平方米,总建筑面积 76458 平方米(含地下建筑面积 14731 平方米)
大桥家园	位于镇江高新区蒋乔街道,耀金西路 22 号。东至规划杨家圩路,南至耀金西路,西至港前路,北至百花路(待建)向西延伸段,占地面积 89900 平方米,总建筑面积 301897 平方米(含地下建筑面积 57273 平方米)。其中,“大桥家园 19 栋”幼儿园位于耀金西路 26 号
金山水城四区	位于镇江高新区蒋乔街道,柳城路 2 号。东至柳城路,南至徐家圩路,西至览江桥北路,北至京江路,占地面积 80500 平方米,总建筑面积 254141 平方米(含地下建筑面积 53549 平方米)
美的城二区	位于润州区七里甸街道,东、南至朱方路,西至御桥港,北至蚕桑路,占地面积 102300 平方米,总建筑面积 360826 平方米(含地下建筑面积 72860 平方米)。其中,“美的城二区 1 栋～13 栋”位于七里路 2 号,“美的城二区 14 栋～17 栋”位于七里路 1 号,“美的城二区 19 栋”位于七里路 4 号,“美的城二区 18 栋”位于朱方路 498 号
欣鸿公寓	位于矿机路与鸿鹤桥路交会处东北侧,东至金星市场,南至鸿鹤桥路,西至矿机路,北至九润双子星公寓,占地面积 9539 平方米,规划总建筑面积 43782 平方米(含地下建筑面积 10420 平方米)。其中,“欣鸿公寓 1 栋”商住楼位于矿机路 7 号,“欣鸿公寓 2 栋”商业位于矿机路 9 号
官塘绿苑四区	位于官塘桥路与板桥路交会处东北侧,板桥路 5 号。东至官山路,南至板桥路,西至官塘桥路,北至五凤口路,占地面积 84933 平方米,总建筑面积 256601.4 平方米(含地下建筑面积 68987.7 平方米)。其中,“官塘绿苑四区 16 栋”商业位于五凤口路 8 号,“官塘绿苑四区 17 栋”商办及社区用房位于五凤口路 10 号
御桥嘉苑	位于镇江高新区蒋乔街道,蚕宝路与七里路交会处东北侧,蚕宝路 6 号。东至规划春桑路,南至七里路,西至蚕宝路,北临蚕桑路,占地面积 50643 平方米,总建筑面积 220994.7 平方米(含地下建筑面积 42348.8 平方米)。其中,商办及社区配套位于御桥嘉苑 1 栋,蚕宝路 2 号;幼儿园位于御桥嘉苑 3 栋,七里路 20 号
港欣城	位于镇江新区丁岗镇,烟墩山路与宜侯路交会处西南侧,烟墩山路 468 号。东至烟墩山路,南至观塘路,西至南宫路,北至宜侯路,占地面积 118600 平方米,总建筑面积 206586.43 平方米(含地下建筑面积 26777.92 平方米)
官塘绿苑三区	位于宝平路与五凤口路交会处西南侧,板桥路 8 号。东至宝平路,南至板桥路,西至官山路,北至五凤口路,占地面积 41962.83 平方米,总建筑面积 181768.3 平方米(含地下建筑面积 37261.4 平方米)。其中,“官塘绿苑三区 15 栋”商办楼位于五凤口路 1 号,“官塘绿苑三区 16 栋”商办楼位于五凤口路 3 号,“官塘绿苑三区 17 栋”文体中心位于五凤口路 5 号
珑悦苑	位于镇江新区丁卯街道,丁卯桥路与经五路交会处西南侧,经五路 6 号。东至经五路,南至纬四路,西临谷阳路,北至丁卯桥路,占地面积 70766 平方米,总建筑面积 211987.87 平方米(含地下建筑面积 44048.22 平方米)。其中,“珑悦苑 1 栋、2 栋”底商住宅分别位于纬四路 22 号、26 号;“珑悦苑 18 栋、19 栋、20 栋、21 栋”商业分别对应位于经五路 10 号、8 号、4 号、2 号

续表 33－28

标准地名	实体状况说明
新乐府	位于京口区大市口街道，小米山路与花山路交会处西北侧，小米山路263号。东至小米山路，南、西至华润新村，北至华润路向西延伸段，占地面积75795平方米，总建筑面积176298.57平方米（含地下建筑面积47695.74平方米）。其中，“新乐府23栋”商业及市政配套位于小米山路263－1号～263－43号，“新乐府25栋”商业位于小米山路263－44号～263－59号
滨湖湾誉园	位于润州区和平路街道，金山湖路与长林路交会处西南侧，金山湖路59号。东至金山湖路，南至中泠路，西至京江路，北至长林路，占地面积84500平方米，总建筑面积128910.53平方米（含地下建筑面积27898.11平方米）。其中，“滨湖湾誉园27栋”社区用房位于中泠路36号
富润华庭五区	位于高新区蒋乔街道，福馨路与庆丰圩路交会处东北侧，福馨路10号。东临富润路，南至福馨路，西、北至庆丰圩路，占地面积15500平方米，总建筑面积41641平方米
庆丰圩路	位于富润华庭西、北侧，东起二道河路，西转南至规划摆渡路，长1110米，宽20米
建勤路	位于市公安局润州分局东侧，北起金蚕路，南至南徐大道，长248米，宽10米
三里岗路	位于香奈城南侧，西起官塘桥路，规划东至宝平路，长1343米，宽30米
沟西路	位于扬溧高速镇江南出入口东侧，北起金润大道，南转东至友谊路向南延伸段，长2075米，宽35米～45米
孟家湾路	位于学府路北侧，西起谷阳路，东转南至学府路，长402米，宽8米
桃花路	位于檀山路西侧，西起润兴路，东至长山渠路规划向南延伸段，长953米，宽20米
松子头路	位于蛋山路西侧，北起镇江实验学校魅力之城分校，规划南至小龙山路，长1488米，宽12米
莘学路	位于四牌楼街道江滨新村第一社区，江滨实验小学东侧，南起怡馨路，北至尚德路，长200米，宽6米
北湖路	位于四牌楼街道虹桥社区，南起北湖花园，北至长江路，长151米，宽4米
李苑路	位于檀山路东侧，南起北府路，北至黄山西路，长638米，宽22米
桃李路	位于九华山路西侧，南起北府路，北至黄山西路，长556米，宽20米
丁卯高架路	主体位于镇江新区丁卯街道，东西走向，西起五凤口高架桥，沿丁卯桥路东至左湖互通，全长5780米，包括高架快速路4740米，隧道620米，地面道路420米。其中，高架快速路为双向6车道，辅道为双向6车道，局部双向4车道。全线共设置出入口7对，包括焦山路出入口1对、谷阳路出入口2对、智慧大道出入口2对、隧道出入口2对。2016年4月开工建设，2018年1月1日正式通车

（市民政局）

2018年镇江市各市（区）标准地名命名（更名）情况表

表 33－29

市（区）	标准地名
丹徒区	悦隽苑、康乾家园、悦山园、铂金华庭、南乡华庭、恒宇大厦、润金华庭
丹阳市	新桥广场、汇金天地小区、嘉荟新城、顺康路、普恒路、长乐路、贡潘路、双庙路、高楼路、谈家路、杨巷路、平楼路、路巷路、西麻路、龙河路、新桥西路、云家路、姜家园东路、姜家园西路、寺前路、小东门广场路、宜和路、双井巷、灯笼巷、南门大街、大南门街、小村里路、东门外大街、草巷路、中山路、伊甸园路、华南路、宗巷路、大井巷路、望湖桥、新元桥
句容市	鹿山院、悦荣府、建华苑、知海墅、阅山花园、滨湖雅苑、合悦府、临港佳园、文昌雅苑、容悦花园、集美雅苑、悦居花苑、黄梅新村、东昌家园、山水葛园、凤凰商业广场、邻瑞广场、义台街商业广场、荟景广场、紫东广场、花溪路、千华路、杨柳泉路、练城路、吴岗路、秦源路、汤青路、丹泉大道、胜利大道、丹桂路、环湖路、同心路、创业路、和谐路、明德路、天福路
扬中市	滨江华府、花园雅居、汇锦雅居、沁园、天香花园、梧桐墅、现代家纺城、兴阳南苑、养生谷花园一区、养生谷花园二区、浮玉花园一期、浮玉花园二期、浮玉小区、九里香畔、西苑路

（市民政局）

索 引

说 明

一、本索引采用主题分析方法编制。标引词中机构、单位名称按《简称全称对照表》,用简称。市机构、单位名称前不加"镇江市"或"市"。标引词按第一字汉语拼音音序排列;第一字相同,按第二字排列,依次类推。

二、类目、分目(次分目)名称用黑体字标明。标引词后的阿拉伯数字表示内容所在页码,数字后的字母 a、b、c 分别表示从左至右第一、二、三栏。标引词后第二个页码起,表示该索引参见内容所在位置;空一字起排的为上一标引词的附见内容。

三、所有内容(含彩色画页)均编制索引。

D

E

F

M

N

X

中共镇江市委党校

市委领导出席春季学期开学典礼并讲授开学第一课

市领导到校为主体班学员授课

省委党校领导，市委领导一行现场推进新校区建设

2018年，市委党校（市行政学院）各项工作成效显著。一是聚焦主责主业，着力打造“鲜活实”干部培训新方法。坚持“精品战略”，科学教学布局，丰富教学方法，创新专题生成，一批以“组团式”教学为代表的新型教学模式不断走进课堂，一批以“精美镇江”为代表的“精品课程”陆续服务学员，一批以“重走习总书记视察镇江路”为代表的教学品牌正在打磨成型，干部教育“鲜活实”的经典案例被《江苏党校报》《镇江日报》关注。市领导先后到党校授课8次，完成主班次培训17期，合作培训140多期，培训学员超过9000人次，送课到基层130余场，受众万余人次，获得了第八届全省党校行政学院系统优秀教学组织奖，跻身全省第一方阵。二是聚焦科研资政，着力推进教研咨一体化建设。始终坚持用学术讲政治，以决策咨询为重点，以组团攻关为路径，以项目课题为支撑，充分发挥“智囊作用”。全年立项省、市和校级课题42项，完成科研成果60多项。8篇决策咨询成果被省委、市委信息刊物采用，省市级以上奖项11项。坚持重大时段“搭平台”，在学习贯彻中共十九大精神、开展解放思想大讨论、纪念改革开放40周年等重大时段举办专家理论研讨会，在《镇江日报》刊发理论专版6期，在镇江电视台录播专题党课，进一步巩固理论宣传阵地，教研咨一体化建设步伐不断加快。三是聚焦政治建设，着力创新党校联盟新载体。组建“信仰力量希望党校联盟”，建立起“市委党校——机关企事业单位分校——基层工作站”三级架构，为全市63家单位提供有深度、有温度、有力度的理论教育、党性教育和科研资政服务，引领基层党组织政治建设正确方向。省委党校主要领导高度评价党校联盟在全省乃至全国范围内是一种探索创新，相关做法被《学习时报》《新华日报》《江苏党校报》等主流媒体报道，成效经验被省委《信息专报》、省委党校《江苏党校工作通讯》及市委《信息快报》刊发，并作为全市解放思想优秀案例仅有的两个之一报送省委宣传部、省改革办。

“信仰希望力量”党校联盟启动仪式

市委领导与全市党校系统优秀教师、优秀教育工作者合影

开展七一庆祝活动暨“新时代新担当新作为”主题党课

深度对标苏南 深化改革创新 开创新时代发展新局面的丹阳

2018年，丹阳市实现地区生产总值1250亿元，一般公共预算收入61.4亿元；工业应税销售1452亿元，比上年增长17%；工业固定资产抵扣增长12%；进出口总值31.8亿美元，比上年增长14.6%。实现农业总产值83.85亿元，农业增加值56.88亿元。新增“三资”投农项目104个，总投资12.7亿元。入选农业部“率先基本实现主要农作物生产全程机械化示范县（市、区）”名单。项目建设加快推进，34个镇江市级、200个丹阳市级重点产业类项目分别完成投资74.5亿元、150.5亿元，新建项目开工率100%。省级重点项目鱼跃生命科学产业园完成投资19.5亿元。全年制造业实到外资1.8亿美元。举办江苏（丹阳）新材料及智能制造高峰论坛，研发经费支出占地区生产总值的2.6%。新增国家级“绿色工厂”2家、省高新技术企业41家。“天工高速工具钢”入选全国制造业“单项冠军”产品。江苏省眼镜光学标准化技术委员会成立。省内首家产业院士工作站落户丹阳，丹阳市高新技术创业园创业孵化基地获批省级创业示范基地。全市建成25个市级“美丽宜居村庄”。2018年，丹阳市入选5项全国“百强”名单：“2018年度全国综合实力百强县市”第15名、“2018年全国绿色发展百强县市”第13名、“2018年全国科技创新百强县市”第19名、“2018年度全国新型城镇化质量百强县市”第23名、“中国工业百强县（市）”第12名。

全国政协领导考察丹阳

省委书记娄勤俭（中）在丹阳调研

“凤舞丹阳　智汇高新”　中关村京港澳·丹阳高新区创新创业中心正式启用

丹阳市第三届青年创业大赛

市领导到基层调研

以科技、节能、生态、人文为一体的绿色智能化园区“一号园”投入使用

丹阳城区

深度对标苏南 深化改革创新 开创新时代发展新局面的句容市

2018年，句容市完成地区生产总值570亿元，增长5%，人均生产总值达到9.1万元，其中，第一产业增加值46.41亿元，增长1.1%；第二产业增加值264.19亿元，增长4.8%；第三产业增加值260.50亿元，增长7.1%。完成一般公共预算收入50亿元，增长13.6%，税占比达89.4%。城乡居民人均可支配收入达到34534元，增长9%。实现工业应税销售收入523亿元，增长32.3%；工业增加值133.06亿元，增长4.2%。高新技术产业产值占规模工业总产值比重达37.2%，全社会研发投入占GDP比重达2.08%。全年新增国家级示范合作社4家，新认定高标准农田5147公顷。全年全市社会消费品零售总额为167.5亿元，增长6.9%。全国综合实力百强县排名跃升至第51位，列全国新型城镇化质量百强县市第38位、全国最具投资潜力百强县市第45位。年内，创成省级农业电子商务示范县、全国森林旅游示范县，白兔镇入选全国农业产业强镇示范建设名单，白兔村入选全国“一村一品”示范村，宝华镇创成全省首个乡镇众创社区。

2018年3月26日，省委书记娄勤俭到句容市调研

南京大学·句容创新创业示范园项目签约

建设中的南京至句容城际轨道交通工程

华电句容储运码头建成并完成首船靠泊

首届句容农民丰收节

钤塘转盘改造暨南门快速通道建成通车

天王镇浮山樱花园

深度对标苏南
深化改革创新
开创新时代发展新局面的扬中市

2018年，扬中市实现地区生产总值542亿元，可比增长5%。其中第一产业增加值14.82亿元，增长1.5%；第二产业增加值273.24亿元，增长4.9%；第三产业增加值253.94亿元，增长5.1%。人均地区生产总值15.76万元（按常住人口计算），按现行汇率折算为22842美元。三次产业构成为2.7∶50.4∶46.9，一般公共预算收入占地区生产总值比重的6.05%。一般公共预算收入327667万元，同口径增长2.38%；居民人均可支配收入43290元，增长8.8%；城镇常住居民人均可支配收入53675元，增长7.9%；农村常住居民人均可支配收入28199元，增长8.9%。扬中市被中央文明办确定为全国文明城市提名城市；扬中市全面小康指数列县级市全国第8名，全面小康指数133.36；扬中智慧电气小镇入选第二批省级特色小镇；扬中市列2018年度“全国综合实力百强县市”第23名，2018年度“全国绿色发展百强县市”第5名，2018年度“全国科技创新百强县市”第39名，2018年度“全国新型城镇化质量百强县市”第29名。

2018年4月21日，第十五届中国·扬中河豚文化节项目集中签约仪式举行

2018年7月18日，扬中市与蜂巢易创、精工汽车签订投资合作协议

2018年6月26日，“中国河豚岛·扬中号”高铁试运行

2018年3月31日，“e起高新”——2018智慧电气产业链协同创新发展研讨会在扬中举行

滨江公园一隅

园博园远眺

丰裕中心小学学生表演舞蹈《一把金剪刀》

2018年10月6日，第七届“一双球鞋的暴走”活动在奥体中心足球场举行

扬中风貌

深度对标苏南 深化改革创新 开创新时代发展新局面的丹徒区

2018年，丹徒区完成地区生产总值417.02亿元，比上年增长2.8%；一般公共预算收入23.11亿元，增长5%；工业应税销售收入415亿元，增长8%。固定资产投资74亿元，其中,工业投资33.55亿元，服务业投资40.45亿元；全区规模以上先进制造业投资12.62亿元。服务业增加值占地区生产总值的43.3%。实际利用外资1758万美元，进出口总额77626万美元。社会消费品零售额72.04亿元。城镇常住居民人均可支配收入48151元，增长8.2%；农村常住居民人均可支配收入22315元，增长8.5%。推进42个重点产业项目，全年完成投资41.5亿元，其中,22个市级重点产业项目完成投资26.4亿元。丹徒区获省级生态文明建设示范区称号，同时，创成省级生态文明建设示范镇（园区）7个、示范村11个，森林资源管理工作被国家林业局评为优秀等级。丹徒区入选“2018中国工业百强区”；恒顺香醋获中国特色旅游商品大赛金奖；经济开发区循环经济标准化示范试点园区通过国家级评审；创成省级“节水型社会示范区”；通过国家慢性非传染疾病综合防控示范区复审。

中央政法委书记郭声琨（中）调研宜城街道全要素网格化工作

二重加氢反应器发运仪式

恒顺香醋荣获中国特色旅游商品大赛金奖

江苏力信电气(丹徒)生产线

第二届美食节“厨王争霸赛”

高桥镇雪地靴产业总销售额达到18亿元，入选首批“江苏省乡镇电子商务特色产业园（街）区”

慈善企业认捐，2018年全区慈善救助支出达到748万元

丹徒区第三届宜文读书节

生态丹徒

深度对标苏南 深化改革创新 开创新时代发展新局面的京口区

2018年，京口区完成地区生产总值470亿元，增长3.2%；一般公共预算收入21.2亿元，增长5%；城镇居民人均可支配收入达48890元，增长7%；城镇登记失业率控制在2%以内；全面完成节能减排约束性指标。荣获全国科技创新百强区，再次入选中国百强区。楼宇经济成效初显，全年盘活闲置面积近9万平方米。实现全口径税收4.1亿元，同比增长32%。苏宁广场创成国家级绿色商场。工业经济加速壮大，完成规模以上先进制造业投资4.7亿元，增长40%，增幅全市第一名；工业固定资产投资（设备）增值税抵扣1.1亿元，增长60%；鼎胜新材实现区民营企业主板上市“零”突破，获评“全国制造业单项冠军示范企业”和江苏省“质量标杆”称号。创新活力持续释放，科研经费支出占地区生产总值比重2.71%（原口径）；高新技术产业产值占规模工业产值比重46.5%；万人发明专利拥有量达97件，列全市第一名。

市委书记惠建林(中)在京口区调研

全国妇联副主席、书记处书记邓丽（中）一行到江一社区调研基层妇联工作

举办长江经济带木业绿色发展研讨会

举办第三届中国物流金融与供应链高端峰会

鼎胜新能源材料有限公司上市

爱励（镇江）五周年庆典，助力国产C919大型客机筑梦蓝天

国家发明一等奖获得者、清华大学教授茅于海参加固籁特照明项目产品品鉴会

“美丽社工·幸福京口”——京口区“十佳党组织书记、十佳社区工作者、十佳网格长”命名颁奖晚会

京口风光

深度对标苏南 深化改革创新 开创新时代发展新局面的润州区

2018年，润州区紧扣高质量发展这条主线，大力解放思想、深度对标苏南，积极应对区划调整带来的新变化、新挑战，以白手起家的决心、白纸作画的勇气，全面绘制城市经济的战略蓝图，全面谋划城市经济的突破路径，产业转型迈出关键步伐，城市经济发展如火如荼。完成地区生产总值214亿元，增长4%；一般公共预算收入13.5亿元，其中税收收入12亿元，分别增长20.5%、29.2%；生产性服务业呈现爆发式增长，重点企业净增106家，增长17%，实现税收6.76亿元、增长46%，税收贡献份额由上年的14.7%提升至28.4%。全区25个重点产业项目实现投资97亿元，润州成为全市唯一入选省级服务业综合改革试点区域，现代服务业应税营业收入达105亿元，增长15.9%。实现城镇居民人均可支配收入48639元，增长7.8%，高于经济增长水平；省“双创计划”完成率100%，为全市唯一完成指标的辖市（区）；入选市“金山英才”计划7人，指标完成率175%，列全市第一名。社会环境、法治环境更加安全公正，荣获“全省法治建设示范区”称号。

2018年10月，中央组织部调研润州区城市基层党建工作

举办首届润州区城市经济高质量发展专家咨询会暨交汇点公开课

假日南山

润州区召开全区城市经济发展大会

举办广播剧《初心难忘》首发式

润州新貌

坚持企业主体
释放改革动能
沿着高质量产业强区振兴之路奋勇前进的镇江新区

2018年，镇江新区全年完成地区生产总值665.87亿元，比上年增长5.1%；实现一般公共预算收入50.4亿元，同比增长5%；全年完成工业应税销售981.1亿元，同比增长10%；实现固定资产投资138.9亿元；制造业税收收入增长12.9%，占全区税收收入比重58%。科技创新对实体经济支撑作用明显，研发投入经费支出占地区生产总值比重为2.75%，高新技术产业产值占规模以上工业产值的57%，万人发明专利拥有量50.57件。16人获评省级“科技企业家”；2家企业获评市长质量奖。全年实现产业类实际到位外资4.16亿美元，同口径增长21.8%；完成先进制造业到位外资2.41亿美元。新签约、新开工、新竣工亿元以上项目分别为44个、52个、42个，“孚能科技”“好未来教育基地”等重大项目当年签约、当年开工。城乡居民人均可支配收入分别增长7.4%、8.0%。创成国家“绿色园区”、省级“生态工业园区”、省级“智慧园区”、省创新创业示范基地。在全省率先通过国家发改委、财政部国家园区循环化改造示范试点验收。国家级经济技术开发区综合考评列全国第22名、全省第5名。

2018年10月25日，孚能科技镇江制造基地项目开工建设

2018年11月18日，“江苏网络作家村”落户镇江新区

2018年10月22日，国际低碳大会镇江新区分会现场

2018年镇江国际马拉松

2018年11月16日，镇江新区首届“宜创杯”创新创业大赛启动仪式

江苏省道德模范与身边好人（镇江·新区）现场交流活动

镇江新区一角

宜园风光

镇江新区心湖景区远眺

深度对标苏南 深化改革创新 开创新时代发展新局面的镇江高新区

江苏省产学研专场对接洽谈会

召开高质量发展大会

2018年以来，在市委、市政府的坚强领导下，全区上下自觉践行新发展理念，深度对标苏南、聚力产业强区、坚持创新引领，经济社会发展呈现新气象，核心区全年完成一般公共预算收入6.12亿元，增长26.3%；工业应税销售收入100.7亿元，增长34%；工业固定资产投资（设备）增值税抵扣3337万元，增长39%；规模以上先进制造业投资4.3亿元，增长20%；全口径到位外资1997万美元，制造业项目到位外资1681万美元；单位地区生产总值能耗下降率3.5%；居民人均可支配收入4.7万元，增长7%。镇江高新区在全国国家级高新区综合评价中列第72位，进2位；在全国国家级开发区土地集约利用评价中列第53位，进81位。

开门红项目签约

高新区与黑龙江省学院签约，共建“镇江智能制造创新研究院”

一站式服务大厅正式运营

政务服务大厅

惠龙易通

中船动力

高新区风貌

镇江市水利局

市委领导现场推进防汛工作

市领导在水利局调研

2018年，极端天气频发、禁采形势严峻、生态治理压力陡增，面对风险矛盾叠加、新旧问题交织的局面，全市水利系统在市委、市政府的坚强领导下，始终保持政治定力，统筹谋划，沉着应对，坚持以深化改革为驱动、以群众满意为目标、以自身建设为保障，团结带领广大干部职工进一步解放思想、攻坚克难，积极推进水利现代化建设。全市实现安全度汛；河长制实体运作工作走在前列；重点工程投资10.85亿元超额完成任务；生态河湖行动成效明显，全市水功能区达标率达到81%以上；丹阳市创成国家级节水示范区，最严格水资源管理考核全省排名上升4名；水利部在扬中市开展的第一批河湖管理体制机制创新试点工作，历时3年圆满完成；长江禁采工作实现长江（镇江段）非法采砂禁绝目标。

召开京杭运河（镇江段）水环境提升行动部署会

开展“河长杯”生态体验畅游金山湖活动

联合打击非法采砂

扬中坍江段干堤复建及岸线守护工程完成汛期建设任务

创建“水美乡村”

镇江市卫生和计划生育委员会

2018年，镇江市卫生计生系统推动医药卫生体制改革，完善医疗卫生服务体系，推进“健康镇江”建设。镇江市举办首个“中国医师节”庆祝大会等系列宣传活动，开展“十大医德标兵”“百名医德之星”评选活动。年内，镇江市获评“2016—2017年度全国无偿献血先进市”，镇江市精神卫生中心工会委员会获评“江苏省模范职工之家”，“助您健康·温度门诊”服务品牌获评市级机关“十佳服务品牌”。全年，市卫生计生系统创成“五星”先进党支部4个、市级“党员示范岗”2个；4人获评“江苏省第四届百名医德之星”，1人获评“江苏省优秀工会工作者”；在《光明日报》《健康报》《新华日报》等各级媒体发布稿件2296篇次。

江苏省委书记娄勤俭（前右一）到镇江视察社区卫生服务工作

江苏省政府领导到镇江调研卫生与健康改革发展工作

市政府领导调研卫生计生工作

市卫计委领导考察社区卫生服务工作

市人大代表视察医改工作

中法合作项目启动会

健康江苏行（镇江站）暨全市第三届全民健康节开幕

首个中国医师节

镇江市工商行政管理局

镇江市领导调研市场监管工作

市政协领导带队调研商事制度改革工作

市工商行政管理局领导带队走进政风行风热线直播室

2018 年，镇江市工商局对照建设“强富美高”新镇江目标，以推动高质量发展为职责使命，全力以赴抓改革、促发展、惠民生，各项工作取得一定的成绩。

深化商事制度改革。围绕“3550”改革目标，“不见面审批”要求，将全市企业开办用时压缩为 1.66 天，窗口事项“不见面审批”率达 100%。扎实推行“证照分离”改革，服务企业 894 家。改革服务举措得到了国务院秘书长肖捷的充分肯定。在国务院第五次大督查中，窗口“体验式办照”暗访视频在央视播放，被评价为“值得推广”。

深入推动服务发展。创建省级广告产业园，推动丹阳眼镜创建全省“网络市场监管与服务示范区”，发布“中国丹阳眼镜指数”。实施“红盾金桥”和“红盾护农”工程，助企融资，助推乡村振兴。开展打击商标侵权“溯源”“净化”行动，打击侵害镇江香醋、金山翠芽品牌的行为，维护“城市名片”。

强化事中事后监管。在全省率先开展跨部门“双随机、一公开”抽查试点，初步实现“一次检查，全面体检”。强化信用监管，牵头全市企业法人库建设，年报率较上年上升 11 个百分点，将 787 户企业列入严重违法失信企业名单。推广“工商网监”电子标识，开展互联网“净网雷霆”专项行动，办结各类案件 26 件。

保障安全消费。在全省率先成立金融投诉调解委员会，紧盯热点问题，突破老年人保健品消费维权难点，查处“江苏玖益健康管理公司”虚假宣传、销售不合格医疗器械等违法行为，罚没 48 万元。配合公安部门打击传销，捣毁窝点 327 个，遣返 1100 名传销人员。倡导企业自律，促进放心消费，开展平安市场创建，对公共服务领域消费热点进行评议。

全省工商（市场监管）系统网络交易监管工作会议在镇江召开

省工商局到镇江督查该局“净网雷霆”专项行动落实工作

联合市中级人民法院举办法治疑难问题研讨活动

镇江市质量技术监督局

市领导带队督查开心乐之岛大型游乐设施

国家标准委领导一行现场评估江苏丹徒经济开发区管委会综合类产业园循环经济标准化试点项目

2018年，市质监局紧扣市委市政府高质量发展目标，扎实推进质量提升行动，充分发挥标准引领作用，切实加强质量安全监管，各项工作取得了新进展，被评为全市安全生产先进单位、十佳群众满意窗口、2015~2017年度镇江市文明行业等称号。联合发改委成功申报全国首个关于评价低碳城市建设的地方标准《低碳城市建设评价指标》，并在2018年国际低碳（镇江）大会上正式发布。江苏鸿泰钢铁有限公司、江苏鹤林水泥有限公司成功获批“江苏省能源计量示范单位”称号，江苏亿阀股份有限公司、沃得精机（中国）有限公司、江苏鱼跃医疗设备有限公司、江苏万新光学有限公司荣获2018年度江苏省工业企业质量信用AAA级评价，镇江仁德新能源科技有限公司、江苏镇安电力设备有限公司、万新光学集团有限公司获评2018年度镇江市市长质量奖。强化特种设备安全隐患排查和治理，共检查企事业单位2558家次，处理投诉举报643起，发现安全隐患1209条，下达安全监察指令书609份，责令停产停业24家，隐患整改率100%。打造“质量好帮手”服务品牌，对全市562家集贸市场和村级卫生室、计划生育指导站、社会福利院在用的10933台（件）计量器具进行免费检定。开展“免费室内甲醛检测”活动，为全市100户家庭免费开展甲醛检测服务，受群众好评。

市政协领导率部分政协委员就提升全市质量检测平台服务水平，专题调研市质监局计量检定测试中心与产品质量监督检验中心

市质监局组织省质量奖评审专家对江苏镇安电力设备有限公司开展2018年度市长质量奖现场评审

市质监局在镇江新区吾悦广场启动以“精准计量·利企惠民”为主题的世界计量日利企惠民服务周活动

镇江市体育局

2018 年，全市体育工作者把为人民谋幸福作为根本职责，镇江体育取得了崭新的业绩。一批新的体育小公园、多功能运动场、笼式足球场、健身路径、健身器材、乒乓球桌、篮球架建成投用；镇江籍运动员张心妍、杨恒郁、江婷、曹雪等优秀体育健儿为国家争光、为家乡争光，在国际赛场上争金夺银，有效提升了镇江体育的竞技水平；世业洲健康岛建设稳步推进，创成省级第三批省地共建体育健康特色小镇，生动体现习近平总书记“没有全民健康，就没有全面小康”的重要论述；体彩销售额首次突破 10 亿元大关，市体育局获得“2018 年度镇江市五一劳动奖状”。

省运会开幕式镇江市代表团入场

健康江苏健步走启动仪式

2018 砂板乒乓球世界杯决赛

2018 年镇江国际马拉松

2018“一带一路”国际青少年户外定向训练营（镇江站）

镇江市体育馆建馆 40 周年历史图片展

镇江市地震局

与成都高新减灾研究所联合举办地震烈度速报系统联动演练

开展灾害信息员（防灾减灾助理员）培训

2018年，镇江市地震局围绕市委、市政府中心工作，以习近平总书记在唐山视察时提出的“两个坚持”和“三个转变”重要论述为精神指导，以全面提升防震减灾公共服务水平和社会综合管理能力、最大限度地减轻地震灾害风险和损失为目标，坚持依法行政，狠抓防震减灾“3+1”体系建设，主动作为，积极创新，科学管理，各项工作取得新业绩。市活动断层探测与地震危险性评价工程项目顺利推进，应急快速反应系统二期项目顺利上线，地震监测台网中心避雷改造项目圆满完成，应急指挥中心视频会议系统升级改造项目通过验收，地震烈度速报及预警系统续建项目顺利推进上线，市地震局首部自制动漫短片《地震来了怎么办？》在全市多个新媒体终端上线展播，运用地震预警系统组织万名师生开展紧急避险演练，联合市教育局、成都高新减灾研究所成功举办跨地区多部门联合演练。2018年地震局机关党支部被评为“四星”党支部，市地震局获全省防震减灾工作年度考核“优秀单位”称号，市地震局应急值班室被市应急管理委员会办公室评为全市年度“优秀值班室”。

举办2018年防灾减灾综合演练

对镇江市活断层探测项目开展现场监查

动漫短片《地震来了怎么办？》上线展播

市活动断层探测项目取得阶段性成果

镇江市工商

全国政协副主席、全国工商联主席高云龙调研镇江市军民融合发展情况

省委统战部副部长、省工商联党组书记顾万峰到镇江开展建立沟通协商制度调研

2018 年，镇江市工商联在市委、市政府的领导下，在市委统战部指导下，坚持以党的十九大精神和习近平新时代中国特色社会主义思想为指引，深入学习贯彻习近平总书记在民营企业座谈会上重要讲话精神，围绕“两个健康”，实施“五大工程”，打好三大“攻坚战”，开展三项重点调研，圆满完成年度工作，荣获“全省工商联系统创新工作先进单位”称号。

把握重大节点，强化思想引领。举办以“弘扬企业家精神、助力高质量发展”为主题的非公人士理想信念教育实践“五个一”活动，坚定民营企业家的理想信念。推出“思想大解放，发展高质量”专题系列报道，引导民营企业家争做解放思想“排头兵”。组织认定了 18 家民营企业文化建设示范单位，7 名民营企业家入选“百名杰出苏商”。

聚焦产业强市，提升建言水平。参政议政实现量质同升，提案成果位居政协各界别前列。围绕飞机循环再制造产业、通航产业等主题调研，举办省政协工商联界别委员参政议政会议，举行优秀调研成果评选等一系列举措为党委政府科学决策提供参考。

贯彻中央精神，提高服务效能。在军民融合上“外联内合”，成立镇江市科技装备业商会，并成功举办“2018 北京—镇江军民融合项目对接会”。在经济服务上“对症下药”，针对减税降费，融资难、融资贵等问题，联合市税务局举办税务改革情况通报会，开展银企对接活动等。在法律服务上“有为有位”，持续开展“一二三四”特色法务工作，该项工作荣获省委统战部“2018 年度实践创新奖”。开展“法律三进”活动，擦亮“讲经说法”民企行品牌。

深化改革创新，激发组织活力。全年新增会员 500 余个，新增商会组织 7 家，组织建设蹄急步稳。深化拓展“一人一重点、履职当表率”活动，实现了在基层工商联、所属商会、常执委单位等三个层面的突破，形成了可复制模式，该项工作荣获中央统战部“2018 年度民营经济统战工作实践创新奖”。

市委领导参加新老企业家重阳节恳谈会并讲话

市领导参加“2018 北京—镇江军民融合项目对接会”

业联合会

省政协工商联界别政协委员在镇江市调研乡村振兴课题

市委统战部领导赴彤明高科调研

全国工商联调研组到镇江召开全国工商联商会改革发展及民营经济发展调研座谈会

无锡工商联到镇江市交流构建新型政商关系工作

成立科技装备业商会

参加庆祝改革开放40周年江苏省民营经济成就展活动

组织民企参加中国首届进博会并现场签约采购

举办制造业单项冠军企业经验分享会

联合市税务局举办税务改革情况通报会

联合市中院举办优化营商环境会议座谈会

镇江市总工会

市委领导考察市职工服务中心

2018年，全市工会高举习近平新时代中国特色社会主义思想伟大旗帜，认真贯彻党的十九大精神和中国工会十七大精神，牢固树立发展新理念，顺应职工群众新期待，扎实推进工会改革，落实全面从严治党要求，努力使各级工会成为群众有事想得起、办事找得到、有难靠得住的“职工之家”，团结动员全市广大职工听党话、跟党走，为奋力谱写新时代镇江高质量发展新篇章建功立业，不断开创工会工作新局面。

举办镇江工人疗休养基地揭牌仪式

全市庆祝“五一”大会举行

举办劳动规章“负面清单”发布会

举办镇江职工纪念改革开放40周年图片展

成立镇江市工会社会工作者联盟

承办江苏省第十九届运动会职工部乒乓球比赛

举办“生活美学”职工培训

镇江市残疾人联合会

2018 年，市残疾人联合会坚决贯彻落实中央、省委、市委重大决策部署。坚持以习近平新时代中国特色社会主义思想为指导，围绕“打赢残疾人脱贫攻坚战，加快推进残疾人小康进程”的总体目标，成功召开了第六次代表大会，制定了未来五年发展目标和方向，描绘了新时代残疾人事业高质量发展新的蓝图。“大爱镇江、风雨同行”服务品牌，以服务残疾人为宗旨，其中民生助残“十大行动”入围“市级机关服务品牌项目”前二十名。秉承“扶残助残，脱贫攻坚”宗旨，成立了镇江市福利助残基金会，设立了 6 个专项助残基金。全市 56 支助残志愿者团队借助基金会平台开展扶残助残活动，相继开展了“书画家捐画文化助残”“夏日爱心慰问”“残疾人艺术家作品公益拍卖”等多个公益助残活动，累计开展志愿服务 3600 余人次。全省第十届残疾人运动会在镇江成功举办，参赛总人数达 1395 人，镇江市获得 39 块金牌，总分位居全省第三名。2018 年度，市残联 “同心园”残疾人之家服务品牌项目和“镇江市残疾人司法助残服务”项目，句容市光伏发电扶贫项目，扬中市光伏产业脱贫项目，丹阳市残疾人“1231”公共服务平台服务体系项目等 5 个创新创优项目受省残联表扬。

成功召开镇江市残联第六次代表大会

江苏省残联理事长万力调研镇江残疾人工作

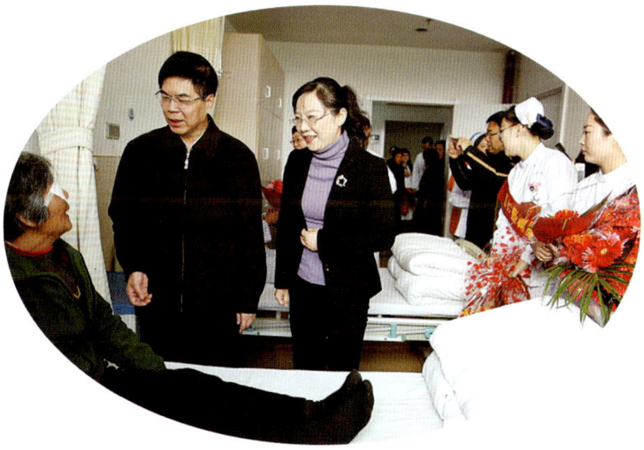

镇江市政协领导慰问“慈善复明行动”受助患者

市领导为镇江市福利助残基金会授牌

江苏省第十届残疾人运动会开幕式

镇江市残联走进“行风政风热线”直播间

镇江海关

时任南京海关关长、党组书记郑汉龙（前左一）调研镇江海关工作

2018年镇江海关聚焦市委、市政府高质量发展的工作要求，以机构改革、建设新时代中国特色社会主义新海关为契机，努力为全市开放型经济高质量发展营造良好环境。

践行“两个维护”坚决有力。深入学习贯彻习近平新时代中国特色社会主义思想和党的十九大精神，把习近平总书记重要指示批示作为行动号令，严防严控洋垃圾进境，开展“蓝天2018”专项打击行动，查证走私限制类固体废物3600余吨。全面加强和改进海关党建工作，第四党支部被海关总署表彰为基层党建品牌。

机构改革稳步实施。严格按照中央机构改革部署，高质量完成出入境检验检疫管理职责和队伍划入海关任务，4月20日起，统一以海关名义对外开展工作。大力推进关检业务融合，海关监管、检验检疫口岸通关作业环节融为一体，切实提升口岸通关效率和监管服务水平。

服务开放发展成效显著。按时完成口岸整体通关时间压缩三分之一目标任务。赋予海关特殊监管区域企业增值税一般纳税人资格试点等系列改革在综保区落地见效。全年为镇江市企业单位办理进口减免税款4853万元人民币，同比增长41.64%；签发各类原产地证书2.4万份，促进出口货物在进口国享受关税减免超5000万美元。

维护国门安全有力有效。强化安全准入风险分析，深化国门生物安全防控，全年截获有害生物种次数首次突破1万种次，截获检疫性有害生物首次突破1千种次。加强与公安、环保、税务、银行等部门协作，反走私综合治理新格局进一步完善。

举行升旗仪式

召开海关政策宣讲会

组织海关关警员参加义务献血

海关关员巡查木材堆场

查看进口林木有害生物监测情况

镇江市公安局

省委常委、政法委书记王立科到镇江送奖

副省长、省公安厅厅长刘旸检查镇江节日安保工作

2018年，全市公安机关践行习近平总书记“对党忠诚、服务人民、执法公正、纪律严明”总要求，围绕服务保障镇江高质量发展，接续“六个升级版”，做强“五大实战体系”，全市公安工作实现新突破，为构建平安和谐镇江作出了积极贡献。年内，全力推进扫黑除恶专项斗争，打击涉枪涉爆、“盗抢骗”和扫黄禁赌等专项行动成效明显，全市刑事发案持续下降，破案率持续提升。全力投入“三大攻坚战”有关经验做法被中央人民广播电台、《人民公安报》、《江苏法制报》等主流媒体播报，重点片区环境综合整治获得全市专项评议第一。全面深化“放管服”改革，公安行政权力“不见面审批”事项达87.8%，“微警务”集群累计为民服务46万余次。改革促透明、执法惠民生“六统一”服务品牌、“群众服务窗口”、“效能标兵”三个十佳创建活动位列全市各部门前列。实施思想政治工作“凝心聚力工程”，组织开展“不忘初心、牢记使命”“警·思”等主题教育活动，过硬队伍建设迈上新台阶。市公安局党委被评为“忠诚团结创新担当好班子”，市公安局荣登“服务高质量发展综合考核十佳单位”，“基层公安党支部书记‘强责强质强职’工程”获评市委直属党（工）委优质“书记项目”，先后涌现出“省五一劳动奖章获得者”罗海波、“镇江好人”张苏等一批先进典型，荣立二等功以上集体7个、二等功以上个人28名。

市委领导调研指导公安工作

市领导督导检查公安机关扫黑除恶专项斗争

市委领导调研指导公安党建工作

市公安局民警集体宣誓活动

公安部在镇江主会场举办“5·15”全国打击和防范经济犯罪宣传日活动

巡特警在商业区武装值守

镇江市公安局润州分局

镇江市公安局领导为浴血勇斗歹徒荣立个人一等功的润州公安分局民警贺设平送奖上门

润州公安分局领导调研安置小区技防建设工作

2018年，镇江市公安局润州分局在润州区委、区政府和镇江市公安局的坚强领导下，高举习近平新时代中国特色社会主义思想伟大旗帜，以深化社会治安“首善之区”创建为抓手，持续推进立体化现代化社会治安防控体系建设，深入开展社会治理创新，全力推动警务机制提档升级，取得了重大安保任务圆满完成、主业绩效再攀新高、年度重点工作落地落实、公众安全感全市领先的良好业绩。

市人大代表考察团到润州分局考察工作

润州公安分局领导督导“扫黑除恶”专项斗争进展情况

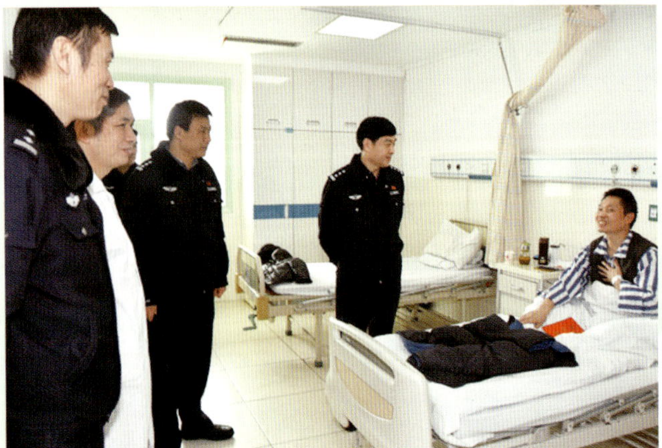
润州公安分局领导到医院慰问勇斗歹徒英勇负伤的民警

内蒙古自治区阿拉善盟孪井滩生态移民示范区公安分局考察组到润州分局开展素质强警考察交流活动

镇江市消防救援支队

市委领导到消防救援支队调研并慰问消防指战员

市领导带队到石化企业检查消防安全工作

2018 年，镇江市消防救援支队以习近平新时代中国特色社会主义思想为指导，以“对党忠诚、纪律严明、赴汤蹈火、竭诚为民”为号令，围绕消防改革大局，凝心聚力、稳中求进，确保改革转制的顺利进行，确保消防事业和队伍建设健康发展，确保火灾和队伍形势高度稳定。全市连续 24 年未发生重特大火灾事故，连续 5 年未发生较大火灾事故，镇江市连续 5 年在省政府消防工作考核中被评为“优秀”等次。支队连续 3 年被省消防总队表彰为“先进支队”。年内，共有 73 个集体、305 人次受到各级各类表彰，其中 2 个单位被部消防局表彰，23 个单位获省级表彰，3 人次被部消防局、省公安厅表彰，2 个基层单位、2 名指战员和 1 名政府专职消防员分别获得全省“十佳”表彰。

市消防救援支队领导突击检查镇江新区、扬中大队执勤备战及队伍管理工作

纪念“五四”运动 100 周年主题团日活动

迎旗授衔和换装仪式

市政府在李长荣石化公司组织开展“5·12 防灾减灾日”大型化工火灾事故应急处置演练

镇江市中级人民法院

2018 年，镇江市中级人民法院以习近平新时代中国特色社会主义思想为指导，围绕“努力让人民群众在每一个司法案件中感受到公平正义”目标，坚持司法为民、公正司法，忠实履行宪法法律赋予的职责，各项工作取得新进展。全市法院受理案件 109432 件，结案 97888 件，同比分别上升 8.64% 和 14.6%，法官人均结案 306 件。其中，市中院受理 11730 件，同比下降 1.51%，结案 11103 件，同比上升 2.11%。全市法院 45 个集体和 78 名个人受到市级以上表彰，涌现出全国法院办案标兵、全国法院司法警察先进个人、“江苏最美法官”、江苏优秀法官、全省法院书记员标兵等先进典型；京口、丹阳法院分别被省高院记集体一、二等功。

省高级人民法院领导到镇江走访企业界省人大代表

市中院党组中心组举行“深化全面依法治国实践，公正高效司法，为高质量发展提供优质服务”专题理论学习会

非洲国家法官研修班一行 17 人参观访问市中院

镇江市人民检察院检察长列席镇江中院审判委员会讨论抗诉案件

市中院举办全市法院书记员业务技能竞赛活动

全市法院 2018 年入额法官集体宣誓

市中院开展迎八一“重回军营、重温誓词”活动

镇江市人民检察院

2018 年，镇江市检察机关认真学习贯彻习近平新时代中国特色社会主义思想，紧紧围绕全市中心工作，坚持讲政治、顾大局，着力谋发展、重自强，全面履行检察职能，各项工作取得新成效。在全省刑事执行检察业务竞赛中获得第一名，1 名干警被最高检记个人一等功，1 名干警作为江苏检察唯一代表，参加全国“改革开放 40 周年政法系统新闻影响力人物”评选。市检察院和丹阳、扬中、京口检察院 4 个办案组，被确定为全省检察机关专业化建设重点团队。办理的 8 起案件被评为省级以上精品案例、指导案例，其中 1 起被《检察日报》头版头条报道，1 起获中央政法委采访团专访。扫黑除恶专项斗争深入开展，“破网打伞”成效显著，省检察院在全国检察机关扫黑除恶专项斗争会议上介绍镇江做法。提请市委深改组审议通过加强违法行政行为检察监督工作的意见，完成行政检察与公益诉讼智能辅助办案平台一期建设，被作为江苏检察 4 个重要网信建设成果之一，参加全国检察机关智能辅助办案系统现场展示。有 43 个业务研究成果在省级以上发表、获奖，22 个集体和个人获省级以上表彰，4 人次被评为全省业务标兵、全国业务能手。

省人大常委会领导一行调研镇江检察机关公益诉讼工作

省检察院党组书记、检察长刘华（右二）考察镇江检察工作

市检察院举行宪法宣誓仪式

全省检察监督研讨会在镇江召开

市人大常委会专门听取市检察院司法体制改革工作情况报告

市检察院党组理论学习中心组到天工集团调研学习

市检察院检察长列席市中级法院审委会

丹徒区人民法院

丹徒法院领导带队走访全区 40 强企业

2018 年，丹徒区法院坚持司法为民，公正司法工作主线，忠实履行宪法和法律赋予的职责，努力以高水平司法服务保障高质量发展，法院工作取得新的成绩和发展。全年受理各类案件 9241 件，结案 8315 件，比上年分别上升 2.33% 和 9.82%，均创历史新高，结案率 89.95%，比上年增加 6.14 个百分点，法官人均结案 214 件，比上年增加 37 件。宝堰法庭先后荣获“全省法院系统先进集体”、“江苏省巾帼文明岗”、市“争创人民满意政法单位”先进集体荣誉称号，多名干警先后荣获市“争当人民满意政法干警”先进个人、全市“新时代新担当新作为”优秀基层党组织书记等称号。

举行高桥巡回审判点揭牌仪式

成功执结一起标的额超 2 亿元案件

邀请中学生走进法院“零距离”感受法治文化

公开宣判省挂牌“二七”涉恶案件

现场集中发放职工被拖欠工资 100 余万元

京口区人民法院

2018年，京口区人民法院在区委、区人大和上级法院的领导和监督指导下，坚持以习近平新时代中国特色社会主义思想为指导，围绕“努力让人民群众在每一个司法案件中感受到公平正义”的目标，充分发挥审判职能，依法服务经济社会高质量发展；坚持严格公正司法，着力维护社会和谐稳定；聚焦执行攻坚克难，全力兑现当事人胜诉权益，攻坚决胜“基本解决执行难”，超额完成最高人民法院下达的“三个90%，一个80%”目标任务；落实司法便民举措，满足群众多元司法需求。全年受理各类案件12076件，审执结10594件，比上年分别增长3.67%和7.98%。2018年1月被省高院记集体一等功。

“京口工业园区巡回审判长廊”揭牌

京口法院联合镇江中院发布全市环境资源审判白皮书暨典型案例新闻发布会

京口法院执行法官走进军队离退休干休所开展普法宣传

京口法院邀请人大代表、政协委员赴执行现场监督执行活动

京口法院行政环资庭法官为区行政执法工作培训班授课

镇江市首起刑事速裁程序案件在京口法院宣判

京口区人大常委会领导到京口法院调研“基本解决执行难”工作

镇江市高校园区

镇江市高校园区地处十里长山南侧，自然生态环境优美，交通便捷，东有扬溧高速，西有243省道，南有沪宁高速和312国道，北有京沪高铁，区位优势十分凸出。一期规划面积9平方公里，除入驻的江苏科技大学、江苏大学京江校区、镇江高专、省交通技师学院、市技师学院、市委党校6所学校以外，还规划了共享区、生活配套区、产学研基地以及招引国际名校的预留用地等。市技师学院、省交通技师学院、镇江高专投入使用，江苏大学京江学院部分投入使用，2019年9月，6所高校全部入驻，园区建成后入驻师生近8万人，服务人口近20万人。

高校园区建设是镇江创建新型办学模式的一次探索和改革，园区内几所大学优势互补、强强联合，共同构建没有“围墙”的高校园区，形成规划整体化、资源共享化、后勤社会化、管理集中化的园区运营模式。

高校园区便民服务中心

江苏科技大学

江苏大学京江学院

镇江高专

镇江市委党校

省交通技师学院

镇江技师学院

道路建设

镇江国家大学科技园管理办公室

承办首届镇江新区“宜创杯”现代服务业创新创业大赛

总投资 50 亿元的“好未来”镇江教育基地项目正式签约

2018 年，丁卯街道（镇江国家大学科技园管理办公室）认真贯彻中央、省、市、区决策部署，在镇江新区党工委、管委会的坚强领导下，围绕“四个新区”奋斗目标，发扬“有作为，有担当，有韧劲”的丁卯精神，奋力推进“宜创丁卯”建设，较好地完成了各项任务。

全年完成一般公共预算收入 10 亿元，同比增长 17.6%；工业应税销售 122 亿元，同比增长 8.4%。大学科技园再生医学小镇入选第二批省级特色小镇，总投资 50 亿元的“好未来”镇江教育基地项目落户园区，总投资 15 亿元的“金斯瑞传奇生物”项目正式开工，助力园区生命健康产业发展再上新台阶。大学科技园创成省级生产性服务业集聚示范区，创新试点打造“一卡三圈”人才服务环境，并在全市推广。

丁卯板块加快“内涵提标”，有序开展“退二进三”攻坚工作，严格整治垃圾偷倒、违章建筑、占道经营等城市乱象，城市面貌深刻变化；高度重视“263”“116”等生态环境保护专项行动，加力落实长效管理；致力“民生提档”，潘宗村、润南村等 5 个村开展农村集体产权制度改革并挂牌。积极推进“7+2”行动，提升改造小区环境；集成管理改革、重要工程建设保障、社会矛盾调处、烟花爆竹禁放、“物业巡防”联盟、“扫黑除恶”专项斗争等工作成效凸显；贯穿“全面从严”，党的建设亮点纷呈，非公党建加速共融，“丁卯蓝”党员志愿服务影响力不断扩大，荣登“2018 年度江苏好人榜”；探索打造“五色光”商圈党建品牌及纬五路“党建 PLUS”服务圈。

成立全市首家老年人党支部——信缘康护理院老年党支部

永隆养老助残综合服务中心开业运营

举办苏陕协作文化交流暨庆“六一”文艺汇演

以河长制实现河长治，加力落实长效管理，整治成效明显

镇江第一外国语学校

Zhenjiang First Foreign Language School

镇江第一外国语学校 2013 年 3 月由江苏瀚瑞投资控股有限公司举办，是一所全日制民办学校，2013 年 5 月加入镇江市外国语教育集团。现有初、高中部学生共 1100 人，教职工 140 人。

学校秉承“独特的教育成就独特的你”的办学理念，把“通才、高尚、独立、质疑、公正、博学”作为培养目标，以“六个百分百”（100% 学生掌握羽毛球运动技能；100% 学生选修一门第二外语；100% 学生自主选择不少于 4 门校本课程的学习；100% 学生主动参与不少于 4 个学生社团活动；100% 学生参与至少 4 个“微课题”研究，并完成不少于 10 个科学类拓展实验；100% 学生完成不少于 100 个课时的公益活动）助力学生三年发展，彰显“小班化教学、精品化课程、国际化视野、现代化手段、生态化环境、智能化校园”的办学特色。

学校有全新的学习方式——平板电脑、一体机、云技术三位一体，数字化教学资源全面共享，极课数据即时反馈，交互式的“E+ 课堂”，实现师生跨时空的移动学习。

学校有多彩的学生成长舞台——每日“晨练一刻”“快乐十分”“阳光体育”“体艺超市”；每周“自主班会”“慕课影院”“一站到底”“缤纷社团”“校本课程”“怡风足球队”“怡雅交响乐团”“怡颂合唱队”。

学校有丰富的教师发展平台——“行读雅集”、“荐文跟帖”、“相约星期三”、“课例研究”、“行读大讲堂”、“E+ 课堂”。

英语语音教学研讨

嘉年华缤纷大舞台

国际象棋社团交流展示活动

镇江一外

新年音乐会

镇江市桃花坞小学

市篆刻协会领导一行视察学校现代篆刻推广工作

“墨趣文化建设”项目接受省基础教育课程基地建设专家组调研

始建于1983年的镇江市桃花坞小学，三十余年来秉承“书童真雅趣，法生命自然”的校训，诠释“以人为本”的核心理念，用书法教育彰显办学特色，构建墨韵校园、墨韵课堂、墨趣活动、墨香教师综合文化体系。

学校始终坚持在儿童立场开展书法教育，将书法教育与儿童生活紧密结合。2018年，学校被评为“江苏省中小学书法教育示范学校”，并承办第13届江苏省“杏坛杯”苏派青年教师课堂教学（书法）展评活动。学校的墨韵特色课程“小学墨趣文化的整体开发与创新实践”被评为省基础教育课程基地建设优秀项目，并经省、市教育主管部门的推荐申报，顺利入围第四届中国教育创新成果博览会，该校校长在活动中作“用墨韵成就每个孩子的本色人生”主题报告，学校“墨趣文化”创新成果的理论意义和实践价值得以广泛传播。2018年，学校与中国台湾“安东国民小学”、台湾新北市中学生“旋风球队”、美国亚利桑那语言预备学校缔结为友好学校，给学校的发展带来全新的机遇，增添新的活力。

同时，学校将墨韵特色“规范、规律、审美、个性”的精神内涵落实到高效课堂建设中，全面推进教育教学精细化管理，重视学科教学研究，关注课堂教学效率，并以教科研为支撑点，推动学校内部教育均衡发展，促进教育教学质量稳步提升。

第13届江苏省“杏坛杯”苏派青年教师课堂教学（书法）展评活动

“墨趣文化”走进中国教育创新成果公益博览会

中美学生交流书法文化

中国台湾安东国民小学交流团师生参与学校第十六届书画节活动

爱国诗歌吟诵大赛

句容市崇明小学

特级教师 曹慧

句容市崇明小学创建于2010年9月，学校现有崇明和文昌两大校区。建校以来，学校一直坚持“唤醒生命自觉，激活创造潜能”的办学理念，恪守“我很重要”的校训，立足于塑造敬业、精业、乐业的活力教师，培养健康、善良、智慧的阳光少年，逐渐形成了“崇真明理”的校风、“爱生乐业”的教风和“亲师乐学”的学风。学校先后获得全国教育系统先进集体、江苏省文明校园、江苏省平安校园、江苏省绿色学校、江苏省科学教育特色学校、江苏省知识产权教育试点学校、江苏省教师发展示范基地校、江苏省珠心算教育实验基地校等几十项荣誉。

校长曹慧，全国模范教师，江苏省特级教师，“江苏人民教育家培养工程”首批培养对象；副校长唐婉，省特级教师，“江苏人民教育家培养工程”第四批培养对象；两名“名师”分别担任镇江市教育学会小数和小语专委会理事长，领衔镇江市小学数学、小学语文名教师工作室。学校另有特级后备人才3人，镇江市学科带头人5人，镇江市骨干教师13人，市县级各类拔尖人才共52人。

特级教师 唐婉

镇江市学科带头人

镇江市骨干教师

崇明教师宣誓

表彰感动崇明校园人物

国旗下讲话

崇明校区大门

文昌校区大门

镇江市特教中心

市委领导调研市特教中心易地新建工程

新校区启用揭牌

镇江市特教中心创办于1937年，前身为私立胜天聋哑学校。1952年改为公办，更名为镇江市聋哑学校。1995年，学校异地新建，成立“镇江市特教中心”，隶属于镇江市教育局，是一所综合型全日制特殊教育学校，学制15年。全校师生以自强不息的精神风貌，以博爱的情怀育残有为，初步形成了“奉献大爱、追求卓越”的学校精神。成为全省乃至全国富有示范性，特色鲜明、功能齐全、内涵丰富的现代化特殊教育学校。

2016年10月，在市委市政府的关心下，学校再次易地迁建。新校区占地面积5.2公顷，总建筑面积2.9万平方米，工程总投资约1.3688亿元。新建成的学校是一所集自然与现代交融、特殊与通用相结合，兼顾聋、培、盲感知特点，和谐辉映的现代化花园式学校。新校将承担全市聋、培、盲三个残障类别，从学前到高中的文化教育、职业教育、康复训练的教育教学任务，以及全市随班就读学生的指导和全市部分重残孩子送教上门的服务工作。

不忘初心80载润育折翼天使，砥砺前行如今再启新征程。2019年5月31日镇江市特教中心新校区正式启用，以崭新的面貌向全市人民呈现出一所具有“一窗口、六中心”育人功能的现代化特殊教育学校。

舞蹈《有你们真好》入选央视少儿频道“大手牵小手”

新校区开工奠基仪式

美丽校园

京口区特殊教育中心

2018年3月，京口特教中心围绕国家级课题，承办“社团活动促进残健融合的实践研究”课题研讨活动。4月，学校积极申报省特殊教育工程项目：落实“一人一案”，推进“学有优教”，开展特殊儿童适性的个别化教育。11月，学校荣获“京口区文明校园”称号。12月，学校以省重点项目为切入点，在教研室的牵头下，与南京特殊教育师范学院联系，请专家指导，成功承办镇江市“特需学生诊断评估”教学研讨活动，为特殊学生评估诊断工作奠定基础。2018年，学校承担省重点民生建设工程，落实送教（康）上门工作，服务重残儿童。

学校组织了一系列的活动：在自闭症日、助残日组织师生参加市区广场活动；结合端午节开展“大手牵小手 弘扬中华传统文化”、环保日开展“变废为宝 保护环境”等活动；与民主党派开展中秋茶话会，关爱困难家庭活动。

2018年，学校积极打造师资队伍，两名教师在国家级论文评比中分获一、二等奖；两名教师在省微课大赛中获三等奖，多名教师在省、市级论文评比中获奖。

民主党派走进京口特教中心，为贫困学生家庭送温暖

区慈善总会领导到校调研

上海长宁特殊教育指导中心主任夏峰到校指导社团活动促进残健融合的实践研究

承办“特需学生诊断评估”系列培训

学校葫芦丝队参加微心愿活动

学生展技能大赛

江蘇大學附屬醫院
Affiliated Hospital of Jiangsu University

医院全景

江苏大学附属医院是一所学科齐全、设备先进、技术力量雄厚、诊疗环境一流，集医疗、教学、科研、预防、保健、康复于一体的现代化医院。医院为 1995 年卫生部首批命名的三级甲等医院，同时是江苏省卫健委直管医院、国际紧急救援医院、国家常见肿瘤规范化治疗试点医院、国家临床药物试验机构、国家卫健委脑卒中筛查与防治基地、国家卫健委冠脉诊疗培训基地、国家级胸痛中心、国家卫健委“改善医疗服务行动”示范单位。医院在“2018 年度中国医院竞争力排行榜地级城市医院 100 强”中位居第 67 名，并首次进入全国“智慧医院 HIC”百强榜。

医院拥有心血管内科、肿瘤科、普外科、皮肤科、烧伤整形科、消化科、医学影像科、医学检验科、中医科、儿科、内分泌代谢科、呼吸内科、神经内科、血液内科等一批国家与省级临床重点专科。2018 年，心血管内科项目获亚洲医院管理奖（中国奖）最佳科技创新项目卓越奖，成为全国 6 家获此殊荣的医院之一。

心内科项目荣获亚洲医院管理奖

医院人才汇聚，拥有省医学创新团队、省“医学领军人才”、省医学重点人才、省“双创人才”、特聘医学专家、省“333”工程培养对象、省“六大人才高峰”高层次人才培养对象、省医学会专业委员会主任（副主任）委员、有突出贡献的中青年专家、镇江市自主创新“杰出人才”、博士生导师、硕士生导师等高层人才百余名，博士、硕士近600人。

医院科技成果年年都有新突破，先后获得国家、省、市科研课题 600 多项，举办国际、国家及省级学术会议 80 多次，获江苏省和镇江市科技进步奖近百项，获省政府、省卫计委新技术引进奖项 50 余项，心血管等 11 个专科获批国家临床药物试验机构资格，在 Nature“2018 自然指数排行榜”中位居 46 名，为镇江市唯一跻身排行榜的医疗单位。

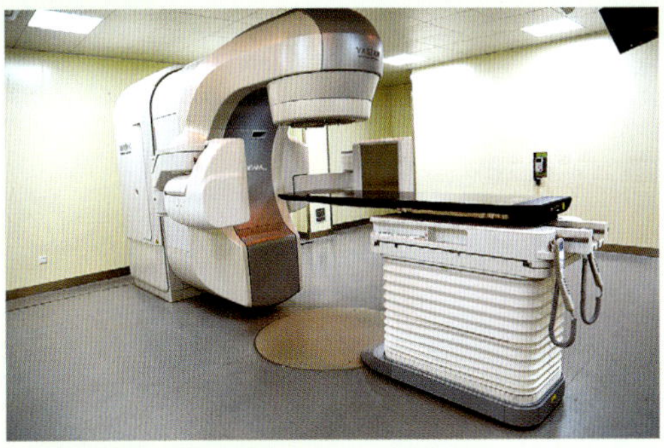

世界级先进设备——美国瓦利安速光刀

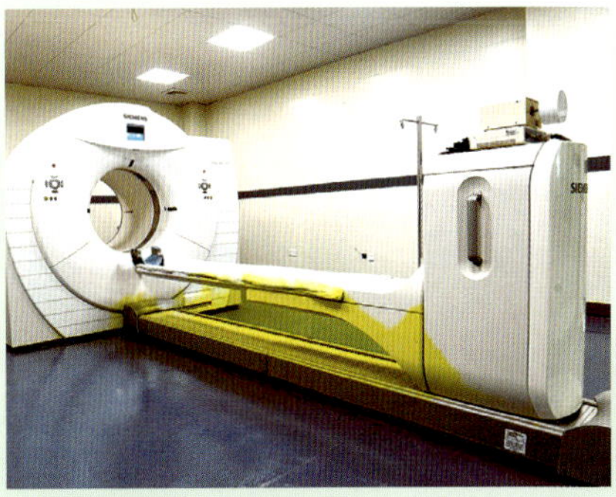

镇江地区唯一一台高端设备——德国西门子 52 环 PET-CT

网上江滨医院正式上线

每年举办的博士论坛成为高层医学人才跨学科知识共享平台

School profile
学校简介

博实乐教育集团（原碧桂园教育集团）斥资6亿元人民币，在南京东汤山旁凤凰城按照国际一流标准建造句容碧桂园学校。校园占地13.4公顷，教学主楼、功能教室、报告厅、歌剧院、室内恒温泳池等建筑积16万平方米。设施高端，布局合理，交通便利。

The school was founded by Bright Scholar (previous Country Garden Education Group) with 600,000,000 RMB, It has a world-class campus located near Phoenix City at Tangshan, a town at the east of Nanjing. JCGS covers an area of 13.4 hectares, with main buildings, specialist class - rooms, a lecture hall, a theater and indoor heated swimming pools, etc.

- IBO成员学校
  Authorized IB world school for PYP, MYP and DP
- 剑桥大学考试委员会CAIE成员学校
  Cambridge Assessment International Education membership
- 剑桥英语学校
  Cambridge English School

Outstanding Graduates
优秀毕业生走向

中国香港 HK　美国 USA　英国 UK　澳大利亚 Australia　加拿大 Canada　瑞士 Switzerland

- 香港理工大学 The Hong Kong Polytechnic University 1人
- 香港中文大学 The Chinese University of Hong Kong 1人
- 香港大学 The University of Hong Kong 1人
- 美国格林奈尔学院 Grinnell college 1人
- 美国加州大学戴维斯分校 University of California, Davis 1人
- 芝加哥大学 The University of Chicago 1人
- 牛津大学 University of Oxford 3人
- 伦敦大学学院 University College London 3人
- 帝国理工大学 Imperial College London 1人
- 墨尔本大学 The University of Melbourne 1人
- 加拿大英属哥伦比亚大学 University of British Columbia 1人
- 瑞士洛桑酒店管理学院 Ecole Hoteliere de Lausanne 1人

Recruiting department

从幼儿园到高中二年级每个年级都招生。

Every grade in Kindergarten, Primary School, Junior High School, and Grade 9-Grade12 (1st and 2nd year) in Senior High School.

Admission requirements

全国各地学生均可报读。

Students from all over the world are welcomed to apply.

- 幼儿园录取条件是：智力正常、体检合格。

Kindergarten admission requirements: have normal intelligence and pass physical exam.

- 中小学录取条件是：参加我校面试及插班考试（小学一年级只要面试），成绩达到我校录取分数线，体检合格。

Admission requirements:pass admission test(except grade one applicants,who will be interviewed instead)Health check is required.

JURONG COUNTRY GARDEN SCHOOL

句容碧桂园学校

IBO成员学校

Authorized IB world school for PYP, MYP and DP

剑桥大学考试委员会CAIE成员学校

Cambridge Assessment International Education membership

剑桥英语学校

Cambridge English School

江苏省丹阳经济开发区

全国政协副主席邵鸿（前左二）视察丹阳眼镜小镇

丹阳市领导带队巡河

丹阳经济开发区成立于 1992 年，1993 年升格为省级经济开发区，1994 年 1 月正式挂牌。全区行政管辖总面积为 178 平方公里，辖 20 个行政村、18 个社区，2018 年末居民户籍总户数 45927 户，总人口 133778 人。建有生命科学产业园、汽车零部件产业园、精密制造产业园、航天航空产业园、大亚木业园、科技创业园、众创产业园等特色园区，是丹阳的对外开放窗口、主要的工业经济集聚区。2018 年，在省级经济开发区科学发展综合考核中，综合实力首次位居全省同等级开发区榜首；科技创业园荣获“江苏省创业示范基地”称号，总工会荣获“江苏省模范职工之家”称号，曲阿街道荣获“镇江市双拥模范街道”称号。

庆祝建党 97 周年宣讲大会

日本汽车零部件产业园二期（南区）奠基仪式暨首届樱花节

庆祝改革开放 40 年文艺晚会

开发区九曲河新貌

丹阳市众创产业园

江苏省丹阳高新技术产业开发区

市委领导到高新区现场督查推进“三治理一挂牌”专项行动

市领导到高新区调研推进解放思想大讨论活动

丹阳高新区（云阳街道）位于丹阳市区，规划总面积 175.85 平方公里，重点建设区域 49 平方公里，建成 7.4 平方公里的核心区，常住人口 20 万人，辖 16 个行政村、23 个社区居委会、1 个社区服务中心。2018 年完成地区生产总值 226 亿元，一般公共财政预算收入 8.36 亿元，同比增长 36.21%，工业应税销售 87.46 亿元，同比增长 14.3%，工业固定资产抵扣增长 15%。丹阳高新区立足成为全市产业转型升级和新兴产业培育的主阵地，重点做好载体建设。2018 年，高新区高标准完成新丰路、振兴路东段改造工程，实施南三环、伊甸园路万伏杆线下地工程，完成丹湾 1 线、2 线搬迁工程；人才公寓二期 96 套公寓、10 套专家用房全面装修完成。2018 年获评苏南国家自主创新示范区——高性能合金材料科技成果转化示范区、苏南国家自主创新示范区首批一站式服务中心等。

丹阳市委领导考察“慧创医疗”

中关村京港澳·丹阳高新区创新创业中心正式启用

高质量发展精英论坛

高新区党建园正式开园

大圣村入选省级“休闲农业精品村”

国家税务总局丹阳市税务局

江苏省税务局党委副书记、局长侍鹏（中）调研丹阳市税务局办税大厅办税情况

国家税务总局丹阳市税务局正式挂牌成立

丹阳市税务局业务骨干到江苏恒神集团宣传减税降负政策

2018 年，丹阳市税务局在镇江市税务局和丹阳市委市政府的坚强领导下，以改革发展为主线谋篇布局，围绕新机构成立夯基垒台、架梁立柱，圆满完成全年目标任务，实现新机构“开门红”。全年工作绩效在镇江市税务系统列第一名。丹阳市委市政府授予该局“服务高质量发展先进单位”“优质效能服务单位”称号。在国税地税征管体质改革这场政治大考中，全局坚决贯彻落实习近平总书记关于深化党和国家机构改革的重要思想，建立了一整套严密的机制体系，有章有法、有力有效开展各项改革工作，顺利完成了县、乡两级新税务机构挂牌、“三定”方案制定落实、社保费和非税收入征管职责划转前期准备等各项改革任务，确保了税务机构内部平稳运行、外部衔接顺畅，实现了征管体制改革的稳步推进与税收工作的稳定推进；在市场复杂多变的形势下，坚持与经济发展同频共振，与纳税缴费人同心连枝，展现“以人民为中心”的情怀与担当。全年共组织各项收入 118.5 亿元，同比增长 3.83%。不折不扣落实各项减税政策，共兑现各项税收优惠 56.9 亿元，个人所得税第一步改革减税 2500 万元，局采写的企业港建费负担、机械行业发展调查两条政务信息，该局被国务院领导批示；被镇江市委办公室专门发来感谢函。坚持“机构改革、服务先行”理念，推进服务体制创新。对办税大厅进行了业务、人员整合，率先实现“一窗一机”通办，加大“互联网＋税务”推行力度，让纳税人“报的更少”“跑的更少”“等的更短”，相关做法受到丹阳市委书记黄春年表扬性批示。在 2018 年度丹阳市社会评议中，该局在 106 家被评议的市级机关中跻身前 18 强，部门形象和工作业绩得到社会各界肯定；针对改革任务、发展任务、稳定任务叠加，在“事合、人合、心合、力合”上深耕细作，从理念融合、情感融合、制度融合、管理融合、文化融合入手，深层次引导推进，保证了国地税两支队伍融为一家，两股力量合为一体，共赴改革，共创佳绩。相关经验做法被《中国税务报》头版刊载推介，受到国家税务总局相关领导的肯定。

丹阳市税务局干部职工走进中北学院为大学生上了一堂生动的税法课

丹阳市税务局“善行税务”志愿者团队走进敬老院

丹阳市税务局举办一年一度的文化展示会，干部职工自导自演情景剧追忆青葱“税”月

丹阳市九曲河枢纽管理处

2018年全处以党的十九大和习近平总书记系列讲话精神为指引，求真务实，扎实工作，高质量推进各项工作有条不紊地开展，取得良好成效。突出抗灾意识，全面做好防汛防旱工作。积极关注和掌握水情、雨情、旱情、工情，严格执行上级调度指令，及时抢潮引水、排水。工程运用控制，汛期，使九曲河水位保持在4.5米左右；枯水期，使九曲河水位保持在3.6米左右。全年引排水6.42亿立方米，为全市工农业生产和群众生活提供了良好的防汛防旱安全和水资源保障。突出精细化管理，扎实做好工程管理和维修养护工作，严格安全生产管理，定期开展安全检查，组织开展消防安全知识讲座和疏散逃生演练活动，增强干部职工应急应变、自防自救能力。扎实开展工程维修养护和配套建设，重点完成了泵站励磁及直流系统更新改造、长江侧道路维修改造、长江口绿化改造、泵站2#机组大修、视频监控系统改造升级等工程项目。2018年底，座落于九曲河枢纽长江口绿化风光带的大禹治水铜像及九曲河零公里碑亭落成，进一步丰富了枢纽的水文化内涵。

2019年1月2日，水利部副部长陆桂华（右二）考察九曲河枢纽

重温入党誓词

慰问困难低保户

消防疏散逃生演练活动合影

九曲河“零公里”碑亭

大禹铜像

改造后的长江侧道路

丹阳市丹北镇

开展乡村振兴教育讲座

丹北镇于 2014 年 3 月经省政府、镇江市政府批准，由原埤城、后巷、新桥三镇合并而成，全镇总面积 115.62 平方公里，下辖 2 个居委会、20 个行政村，常住人口近 17 万人。丹北拥有 5.68 公里的长江夹江岸线资源、15.2 平方公里的山林资源，是全国重点镇、全国文明镇，也是丹阳发展的“三大板块”之一，2018 年，丹北荣获优质服务效能单位、全市老干部工作先进单位等荣誉称号。

解放思想大讨论活动

纪念“三八”国际劳动妇女节 108 周年大会

丹北党员干部清明节前祭扫烈士陵园

迎新春乒乓球团体联谊赛

第四届文化艺术节“幸福跳起来”广场舞大赛

江苏省句容经济开发区

镇江市委领导参观考察圣通电力公司

"江苏硅谷"黄金湖科创中心入驻项目集中签约仪式举行

宝嵩机器人新品发布会举行

生态为归宿，创新求变迁。历经27年的风云激荡，句容经济开发区，在句容这片古老悠久的土地上，焕发出新时代的勃勃生机。

综合实力不断跃升。追赶超越，实干争先。按照"一特三提升"的要求，围绕"一福地四名城"城市定位和"1355"战略部署，坚持高质量发展，突出产业链招商、产业集群招商，引进中科物栖、壹度科技、晶能半导体材料等一批半导体项目，赛迪移盟小镇、中科院国科创新平台、联东U谷产业园等一批产学研平台项目；江苏三超金刚石有限公司等一批企业荣获省级转型升级、省级战略性新兴产业发展等专项资金；完成25个普查区的第四次经济普查工作；在2017年度省级经济开发区科学发展综合考核中排名跃升至第24名，2018年度获江苏省小微型企业创业创新示范基地。

深化改革蹄疾步稳。应势而谋，顺势而为。实行"以区带街"管理模式，开发区回归抓经济主业，黄梅街道实体化运作，有效解决区街不分、职能交叉、效率低下等问题；推行人事制度改革，构建党工委、管委会——局办（中心）两级扁平化组织框架，中层正职以下仅设立专员，精简配置，实行聘任制。加大投融资管理机制改革，整合成立新农控股集团，引导金融资源配置向实体经济、民营企业倾斜，持续优化投融资环境。加快"放管服"改革步伐，建立行政审批科，大力实行帮办、代办服务；研究出台"2440"审批改革实施办法、产业项目全生命周期服务推进机制等一系列文件，提升行政服务效率。

民生质量持续改善。民心所向，政之所为。践行以人民为中心的发展思想，"有形""无形"抓好底线民生、基本民生、质量民生。老年公寓、城西小学、垃圾中转站等一批民生工程先后投入使用，医养综合体开工建设，还历史欠账，补民生短板。实施雨污分流，彻底解决雨季"看海"难题；引入废气排放在线监测系统，对巨宝、天宁、三斯达等8家重点企业的废气排放进行全天候监控，大气质量得到明显改善。有序升级老旧小区，新增停车位、安装路灯、维修路面，新建篮球场、党建广场等……一次次创新探索，一项项务实之举，让城市发展更有温度、让群众生活更具幸福感。

中国工程院院士倪光南参观壹度科技

召开"对标接轨 提质提速"推动开发区高质量发展走在全市前列动员大会

召开首届孝德文化节

句容市财政局

2018 年，句容市财政局践行新发展理念，落实高质量发展要求，紧紧围绕市委、市政府“深度对标苏南”、深化“三张名片”打造等决策部署，统筹推进稳增长、促改革、调结构、惠民生、防风险各项工作，支持打好三大攻坚战，财政多项工作走在全省、全国前列。2018 年，句容市一般公共预算收入突破 50 亿元，增幅 13.6%，税收比重 89.4%。预决算公开等 10 多项工作受到省财政厅表彰，获全省财政重点工作考核二等奖；连续七年被省财政厅评为“全省法治财政建设示范点”；被省财政厅推荐为全国“七五”普法中期先进集体；获评“镇江市文明行业”；获评句容市“宣传思想文化工作先进集体”“先进基层党委”；在句容市级机关绩效管理考核中，继续保持“第一”的好成绩和“十佳单位”；局党委连续两年被句容市委授予“忠诚团结创新担当好班子”称号，记集体三等功。

全国法治财政示范点建设中期工作座谈会在句容召开

党员干部赴茅山重温“铁军精神”

财政干部编演舞蹈“幸福像花儿一样”节目，参加百姓大舞台文艺汇演

“大手拉小手”法治财政宣传进校园

江苏省句容茅山湖旅游度假区

召开新时代文明实践所建设工作推进会

福地茅山·2018 句容国际马拉松赛

江苏省茅山湖旅游度假区坐落于江南历史文化名城——句容市境内，国家AAAAA级旅游区、道教圣地——茅山正东而立，国家级湿地公园赤山湖距西而依，距市区仅15公里，地处长三角黄金旅游线路上，距南京禄口机场仅半小时车程，区位优势明显，交通便利。

茅山湖旅游度假区区域内旅游资源丰富，自然风光独特，生态环境优美，文化底蕴深厚，配套设施齐全。处处洋溢着田园乡土气息，蕴藏着浓郁的养生文化和乡村文化。坚持“以人为本”的旅游开发建设理念，围绕“生态即生命”“建筑即景观”“文化即价值”的总体发展思路，将道家文化的精髓——“养生文化”作为整个旅游度假区发展的核心，全力打造以健康生态养生和休闲度假为主题，集运动休闲、商务会议于一体的泛长三角地区最具特色的旅游度假胜地。先后获得“江苏省十大赏花胜地”“江苏省最具潜力赏花胜境”“江苏省旅游名镇”“最具魅力休闲乡村”“中国优秀城市微电影创新奖”等多项荣誉。

与宜兴湖滏镇签订战略合作协议

2018 环太湖国际公路自行车赛

句容市下蜀镇

下蜀濒江临港、半山半圩，自然资源丰富，境内交通发达。2018年，下蜀镇完成一般公共预算收入5.28亿元，增长39.31%，占全年任务的129%。实现工业应税销售182.5亿元，增长44.9%；工业税收9.76亿元，增长42.3%，占全市的46%。固定资产投资、工业性投入、先进制造业投入分别完成35亿元、30.5亿元和4.4亿元。连续三年跻身全国千强镇行列，排名较上年大幅上升了272位，跃居471位。

临港工业集中区跻身省级建筑产业现代化示范园区行列。建华建材在全国民营企业500强排名第340位，获评江苏省2018年绿色制造示范企业，主导制定建材行业标准1项，成功引入国家“千人计划”人才1名；天工钛合金新材料实验室被认定为省级工程技术研究中心，汤辰机械入围“2018中国建材服务业100强”；成功举办首届“福地青年英才”下蜀赛区创业大赛。在发展工业经济的同时，下蜀镇牢固树立“生态立镇，绿色发展”理念，围绕下蜀悠久的茶文化历史和丰富的茶产业资源，积极发展茶文化旅游，打响“茶乡下蜀”品牌。

通过经济发达镇行政管理体制改革，成立“两办六局”，设立综合指挥中心，系统整合执法队伍和资源，构建网格化管理体系，建立党委全面加强领导、政务服务一窗口、综合执法一队伍、镇村治理一张网、指挥调度一中心的“1+4”工作管理模式。

句容市领导调研下蜀镇产业项目推进情况

句容市领导到下蜀镇考察工作

召开解放思想大讨论动员部署会议

句容市2018“福地青年英才”创业大赛下蜀分赛成功举办

第五届下蜀茶香节开幕

举办“不忘初心 牢记使命”中共十九大知识竞赛决赛

下蜀镇中心幼儿园迎接非洲学前教育考察团观摩

华电句容港

句容市宝华镇

句容市宝华镇因宝华山而得名，地处句容市西北部，辖8个行政村，2个社区，总面积127平方公里，总人口12万人，其中户籍人口2.68万人。宝华地理位置优越，西距南京市中心23公里，与南京仙林科学城一河之隔，东距镇江34公里，南至南京禄口国际机场50公里，北离南京龙潭港5公里，312国道、337省道、京沪高铁、沪宁城际铁路穿境而过。境内拥有30平方公里的国家级森林公园及国家AAAA级风景区，有距今7000年前的“丁沙地”文化遗址和享誉东南亚的佛教名寺——隆昌寺，生态资源丰富、文化底蕴深厚，是全国第二批小城镇改革试点镇、全国农村优秀学习型乡镇、江苏省旅游名镇、江苏省创业型乡镇。

南大双创示范园项目签约仪式

中共句容市宝华镇第十五届代表大会第三次会议召开

句容市基层党建“书记项目”现场推进会在宝华召开

第三届国际民俗文化节

仙林东路双向8车道全面贯通

宝华玉兰花园安置小区交付使用

宝华镇京东紫晶农贸市场正式营业

句容市后白镇

省委书记娄勤俭（中）到后白镇西冯村调研

省政府领导视察“后白悠品”

句容市后白镇总面积165平方公里，下辖21个行政村，人口约7万人。2018年，后白镇完成地区生产总值53.21亿元，公共财政预算收入7580万元，完成工业销售26.1亿元，先后获得全国文明镇、国家卫生镇、全国生态文明先进镇、中国最佳电商示范镇、中国鲜花小镇、江苏省旅游名镇、江苏省创新型乡镇、江苏省电子商务示范镇、江苏省生态文明示范镇、江苏“味稻小镇”等多项荣誉称号。

近年来，后白镇按照“生态立镇、实业强镇、旅游兴镇”战略部署，突出规划引领、项目推进、形象提升，利用独特的区域地理位置，全力打造“一核四区”的发展格局，即以新型小城镇试点为核心，建设精密制造产业园、二圣湖乡村旅游区、后白现代农业园区和张庙卫星小镇。2018年，后白镇与南京农业大学联合打造了省级草坪研究院，后白草坪合作联社和句容草坪产业新型农业经营主体联盟成功运作。全镇现有各类工业企业300多家，逐步形成以智能科技、新材料和新能源、电子、农副产品深加工、电磁线、轻纺工艺为主导的制造业体系。先后成功举办“艳郁后白·醉美岩藤”郁金香节等系列节庆活动，打造了8.3公里“花海绿道”、沿线1万亩草坪示范带，将后白草坪主题公园、草文化主题展示馆、草坪产业科技示范区串点成风景线。岩藤农场创成省首批“五星级乡村旅游区”，西冯村创成“全国美丽乡村示范村”，花海绿道“十里花廊”旅游风景道列入省级创建单位。

省政协主席黄莉新（中）到后白镇调研指导工作

后白镇第十七届人民代表大会第四次会议

“乡约后白、醉美句容”龙胄最美乡村门球赛

“艳郁后白、醉美岩藤”郁金香节开幕式

句容市崇明街道

句容市城市社区网格化社会治理专题研讨会

社区标准化建设

句容市崇明街道成立于 2014 年 12 月，管理和服务范围为句容市主城区，总面积 8.22 平方公里，下辖 13 个社区居委会，户籍人口 10.6 万人。街道面积占全市总面积的 1%，服务人口占全市总人口的 18%，总体处于“小街道、大服务”的格局。

2018 年，街道结合实际、转变观念，探索为民服务新方法、新途径，确立了“党建引领，基层治理与为民服务双轮驱动”的工作思路，构建“党建红、网格蓝、服务绿”三色工作体系，不断提高城市工作的系统性、整体性和协同性。

党建红：激活党建红色引擎 。按照城市基层党建工作要求，开展“政治意识强、党建能力强”党支部书记队伍建设、争当“亚夫式”好党员、好干部为主要内容的“双提双争”为抓手，全力实施先进党支部建设工程。

网格蓝：织就治理蓝色网格。落实上级关于创新社会治理的工作部署，积极探索“网格 + 网络”两网融合社会管理服务，创新信息采集精确、为民服务精细、社会治理精准“三精体系”社会治理模式，社区治理能力和治理水平明显提高。

服务绿：打通服务绿色通道。以为民为宗旨，街道实施“点单式”服务，重点围绕群众需求，开展环境整治工作，建立“居民信息大数据”库。梳理公布街道 30 项为民服务事项，覆盖基层“大需求”“小需要”，让群众深切感受到“智慧服务”带来的实惠和便捷。

社会治理专家，“人民论坛”“人民智库”研究员调研崇明街道网格化工作

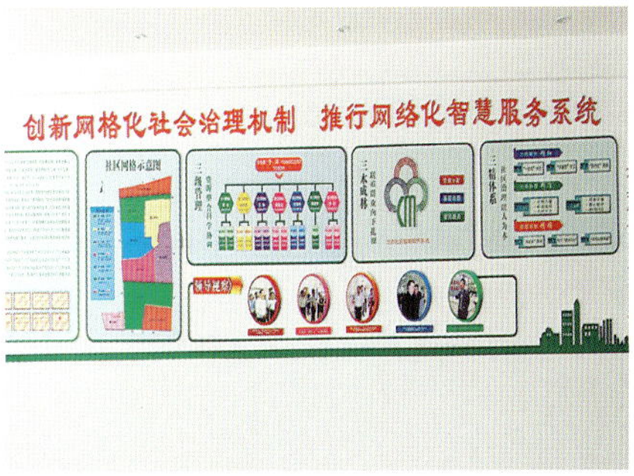

街道“三精体系”社会治理模式

网格员入户采集居民信息

庆祝国庆暨百姓大舞台晚会

老旧小区微型消防站建设

应急分队集训

句容市后白镇西冯村

省委书记娄勤俭（中）到村调研

省长吴政隆 （中）到村考察

句容市后白镇西冯村位于国家 AAAAA 级风景名胜区道教圣地——茅山西麓，占地 12.8 平方公里，下辖 5 个自然村、14 个村民小组、农户 563 户、人口 2100 多人。2018 年村集体经济收入 298 万元，农民人均年收入 3.96 万元。

近年来，村党总支围绕全面从严治党主线，围绕强村富民目标，大力弘扬老区精神、亚夫精神，以“两学一做”学习教育为抓手强化党员教育管理，有效发挥党组织的战斗堡垒作用和党员致富能人示范带动效应，实现“党建引领强村、合作帮带富民”的目标。先后荣获“全国一村一品示范村”“全国美丽乡村示范村”“国家绿色产业化示范单位”“省乡村振兴旅游富民先进村”“省社会主义新农村建设先进村”“省最具魅力休闲乡村”“省特色景观旅游名村”“省最美乡村”“省水美乡村”“镇江市先进基层党组织”等荣誉称号；村党总支书记李治顺被省委组织部评为“吴仁宝式优秀村书记”。2018 年 3 月，省委书记娄勤俭到村调研，称赞“句容乡村振兴初见端倪”，对西冯的生态农业和乡村旅游发展给予高度评价。

西冯牌坊

水美乡村

西冯村文化墙

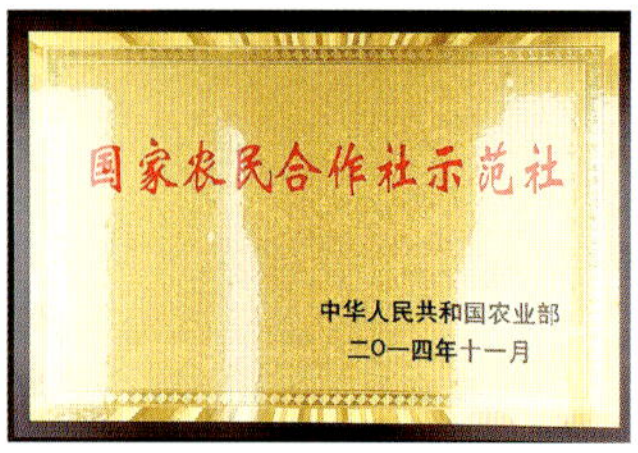

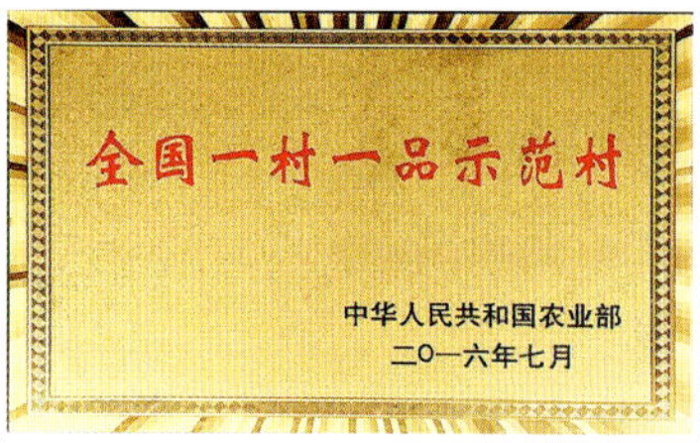

西冯村远眺

扬中市西来桥镇

扬中市委领导调研西来桥镇

《西来桥镇志》首发式

西来桥镇位于扬中的东南角，是一个独立的岛镇，镇域总面积 16.1 平方公里，辖 5 个行政村、1 个社区，总人口 18000 余人。是国家生态镇、国家级卫生镇、江苏省文明镇、江苏省“龙狮运动之乡”。

西来桥充分发挥深水岸线资源优势，持续推动转型升级，逐渐形成以海洋工程、清洁能源装备制造、高技术船舶、粮油加工、仓储物流、管线阀门、防腐涂料为主导的现代化产业体系，2018 年完成申报销售 59.64 亿元，一般公共预算收入 7771 万元，吸引外资 1260 万美元。

西来桥对外交通发达，238 省道穿境而过，是连接苏南苏北的“江中走廊”，建有一座现代化码头内含 7 万吨级兼泊 10 万吨泊位 2 个、1000 吨级泊位 8 个，先后通过国家进口粮指定口岸和综合保税仓库验收，形成了水路联通的交通格局。在扬中市率先实行集中安置，幸福花苑一期、二期、三期一标段安置房工程相继投入使用。

大力推动文体事业发展，镇文体活动中心建成并投入使用，成立扬中首家镇级文联，建成镇江地区首家镇级美术馆、国内首家楣文化艺术馆，发行扬中市首部镇级地方志，出版楣塑画册《指尖上的艺术》，再版长篇历史小说《西来桥》。举办第十届全国龙狮锦标赛、2017 年江苏省龙狮大赛、2018 长三角地区龙狮精英赛。西来桥舞龙队代表江苏出战全运会，摘得一银一铜；在江苏省运动会上勇夺金牌，荣获中国溧阳国际龙狮争霸赛一等奖，受邀参加韩国“马韩节”，龙灯文化焕发出勃勃生机。

举办长三角地区龙狮精英赛

238 省道西来桥段全面建成通车

全球最大引航船举行接水仪式

西来桥舞龙队亮相韩国“马韩节”

扬中至常州首辆公交线路开通

美丽的西来桥

扬中市油坊镇

全国首家党内法规教育基地启动仪式

新时期油坊精神正式发布

2018 年，扬中市油坊镇围绕“产业强镇”发展主线，主动应对各类挑战，群策群力、攻坚克难，共同建设富裕安定、和谐文明的幸福家园。全年共实现地区生产总值 46.81 亿元，同口径增长 7.1%；农民人均纯收入 2.53 万元，增幅 8.7%；完成财政总收入 3.82 亿元，一般公共财政预算收入 2.05 亿元，增长 10.8%。

“亲情油坊好家庭、好邻里”暨“慈善楷模”颁奖典礼

“我们的节日中秋”大型实景诗赋晚会

油坊镇获“美丽宜居镇”称号

扬中市三茅街道

镇江市纪委领导检查企业安全生产

金茂集团领导考察文旅项目

三茅街道是扬中市委、市政府驻地，西部毗邻新坝镇，东南与开发区接壤，北隔长江主航道与泰州市高港区相望。行政区域面积 77.16 平方公里，下辖 16 个行政村和 15 个社区，户籍人口 11.5 万人。2018 年实现地区生产总值 119.50 亿元，完成财政总收入 22.53 亿元，一般公共预算收入 11 亿元，全社会固定资产投资 23.8 亿元，实际利用外资 3027 万美元，城镇居民可支配收入 53369 元，农民人均可支配收入 28201 元。

扬中市委领导调研全域旅游

三茅街道领导调研重点项目

恒大养生谷项目开工仪式

“WeWork 帷幄创客空间”挂牌省级“知识产权研究中心专利导航（扬中）基地”

“信仰的力量”主题党日活动

成立网格化联动指挥中心

丹徒区住房和城乡建设局

局领导带队检查建筑工地

建设工程招投标政策宣贯会

2018 年，丹徒区住房和城乡建设局找准路径、精准发力，促进房地产市场健康平稳发展，加快推进新型城镇化和城乡一体化建设步伐，圆满完成各项工作任务。完成 1 个省级美丽乡村建设任务，基本建成 2 个省级传统保护村落，推进 5 个市区级特色田园乡村创建工作；大力整治水环境，完成谷阳湖支河、御桥港综合整治项目，持续推进农村生活污水治理；大力提升建筑市场质量安全，促进扬尘管控常态化，新创江苏省“扬子杯”优质工程 2 项，创镇江市“金山杯”优质工程 13 项，创省级文明工地 4 项，市级文明工地 11 项；攻坚克难实施拆迁安置，推进棚改三期、四期及镇荣路拓宽三期、大学城配套区等 9 个项目，完成 1200 余户、约 42 万平方米的房屋拆迁签约、房屋拆除工作。回迁安置 1980 户 2215 套计 22.3 万平方米。办结不动产权证手续 718 套；房地产市场健康发展，全年销售各类房屋 4856 套，比上年降低 51.76%；销售面积 56.9 万平方米，比上年降低 49.67%；销售额 43.58 亿元，比上年降低 31.12%。年内，获单项工作突出贡献奖、城乡建设先进集体、安全生产工作先进集体、防控和查处违法建设工作先进单位、落实党风廉政建设主体责任先进单位、项目服务先进单位、苏南教育现代化创建工作先进集体等荣誉称号。

支援新疆可克达拉镇江高级中学图书捐赠活动

到长山图书馆开展送法进工地活动

世业镇还青州特色田园乡村建设

省级“美丽乡村”——高资街道水台村

谷阳湖支河水环境整治

丹徒区审计局

2018 年，丹徒区审计局紧紧围绕全区发展大局，认真履行审计监督职能，充分发挥审计“免疫系统”功能。全年共完成审计项目 41 个，查出管理不规范金额 64.37 亿元，提出审计建议 66 条。其中，完成预决算执行类项目 7 个，专项资金审计（调查）项目 5 个，经济责任审计项目 12 个，固定资产投资审计项目（含往年项目）15 个，企业审计项目 2 个。

扎实开展解放思想大讨论活动

为纪念建党 97 周年，组织全体人员召开“不忘初心跟党走”主题活动

区人大调研审计整改工作

积极开展同级财政审计工作

认真落实“书记项目”，积极开展临时党小组活动

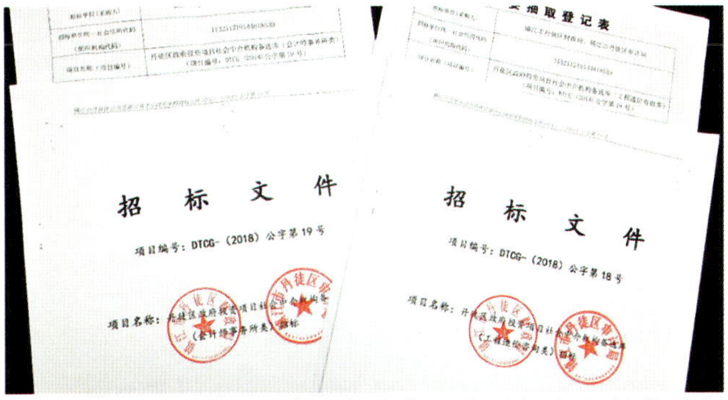

面向社会对工程造价咨询类、会计师事务所类进行公开采购服务

丹徒区政务服务管理办公室

丹徒区委领导调研“放管服”改革工作

丹徒区领导调研行政审批制度改革工作

协调相关窗口现场指导企业办理施工许可

2018 年，丹徒区政务服务管理办公室优化服务流程，创新服务方式，不断提升政务服务质量和效率。年内，被区委区政府评为“项目服务先进单位”“落实党风廉政建设主体责任先进单位”，公共资源交易中心荣获“2017—2018 年度全国公共资源交易改革创新成果奖”和“全国公共资源交易机构 100 强”。政务服务中心完成窗口办件 119947 件，办结率 100%。公共资源交易中心工程、政府采购交易金额 5.73 亿元，资金节约率 12.11%。

召开深化“放管服”改革暨政务服务工作会议

丹徒区项目预评估联席会议

政务服务中心“帮你办”窗口

开展“爱心捐助、传递温暖”扶贫济困行动

国家税务总局镇江市丹徒区税务局

镇江市人大代表一行调研丹徒税收营商环境工作

“解放思想大讨论”学习辅导暨首次全局干部职工大会

国家税务总局镇江市丹徒区税务局揭牌

2018 年，国家税务总局镇江市丹徒区税务局以习近平新时代中国特色社会主义思想为指引，在国税地税征管体制改革过程中，坚决推进各项改革任务落到实处，确保改革和税收工作“两不误、两促进”：统筹推进，机构改革稳健落地，全面打赢新税务机构挂牌、制定落实“三定”规定、社保费和非税收入征管职能划转三场主攻战，形成新时代、新税务、新发展的全新局面；全年实现税收收入 33.53 亿元，比上年增长 13.73%，累计征收社会保险费 14.11 亿元，增长 52.2%，其他非税收入 1.12 亿元，增长 12.59%；精准施策，税收营商环境品质优化，推进落实减税降费新政策，全年办理征前减免 3.5 亿元，减免退税 4.1 亿元，实现“一窗通办”“一人通答”“一事不二罚”“一套资料办”等服务举措，以增值税发票风险管理为重点，形成发票管理丹徒经验，并在全市推广；务实奋进，队伍建设高质量提升，对新进人员实行“导师制”，在总局知识网络竞赛中获 2 个二等奖、2 个三等奖和 1 个优秀奖。

征管体制改革座谈会

参加丹徒区纪念改革开放四十周年歌咏合唱比赛

举行新进人员指导老师结对仪式

组织开展税法知识进校园系列活动

丹徒新城管委会

中央政法委书记郭声琨调研宜城街道中心社区党建引领社会治理工作

丹徒新城党工委领导到项目现场检查工作

年产 20 万套新能源汽车驱动器和电机项目签约仪式

举行年产 150 万平方米洁净墙板项目签约仪式

举行材智汇（丹徒）众创空间开园仪式

举办“拥抱新时代 筑梦新家园”庆祝丹徒新城建设 20 周年文艺汇演活动

宜城街道中心社区全要素网格工作站

改造升级后的盛园路

丹徒经济开发区 丹徒区高资街道

省长吴政隆视察开发区企业

市领导在开发区推进国机二重项目

高资街道位于镇江市西郊，南连上党镇，东临润州蒋乔街道，西接句容下蜀镇，北倚长江，是丹徒经济开发区驻地所在，区域总面积101.3平方公里，耕地面积1623公顷，集镇面积6.4平方公里，辖12个行政村、1个居委会。年末总户数14993户、总人口42159人。2018年，开发区完成地区生产总值95.4亿元，完成规模以上工业总产值156.8亿元，完成应税销售收入161亿元，完成社会固定资产投资5.5亿元，完成一般公共预算收入3.95亿元。2018年，开发区以98的高分通过了国家级循环经济标准化示范试点园区专家组评审；建成了开发区党群综合服务中心；由国机重装二重装备制造的世界最重的加氢反应器——260万吨/年沸腾床渣油锻焊加氢反应器入水起航，成功发运；2018年完成了华泰化工拆除扫尾工程和化工园区500米卫生防护距离拆迁工作;2018年开发区与中国能源建设集团投资有限公司、中铸新材工业（江苏）有限公司、美好建筑装配科技有限公司、镇江赛维尔环保纤维有限公司等项目签订了投资协议书并落户丹徒开发区；2018年开发区在全区高质量发展考核中获得一等奖。

中建科技项目签约

二重加氢反应器发布仪式

开发区、高资街道联合召开领导干部务虚会

党工委领导深入企业开展安全生产检查

党工委领导视察六大工程

丹徒高新技术产业园

丹徒区领导调研镇江先锋汽车零部件有限公司

市领导观摩党建工作

中欧产业园项目集中签约仪式

丹徒高新技术产业园领导检查安全生产工作

中欧校友会考察中欧产业园项目地块

园区企业座谈会

丹徒众创社区

丹徒氢能源产业园

新民洲临港产业园

新民洲港码头二期通过对外开放省级验收

市委领导调研新民洲中林生态产业城项目建设

2018年以来，新民洲临港产业园在区委、区政府的正确领导下，根据园区产业发展定位，坚持稳中奋进、改革创新，攻坚克难，经济和社会发展等方面都取得了一定成绩。完成新民洲港公用码头竣工验收，实现新民洲港码头6个5万吨级泊位全面对外开放；与中国林科院木材工业研究所签订了“产、学、研”合作协议，成立了中国林科院木材工业研究所（新民洲）研发中心，推动新民洲木材产业科技创新发展；完成生活配套区、民心家园商业配套用房等六地块土地农转用报批、对下补偿等相关手续办理，具备上市条件；完成青年路、新民洲大道延伸段土地使用证、建设工程规划许可证办理，加快园区配套路网建设；配合供电公司完成110千伏变电所主体工程建设，提升园区供电容量；协调完成天然气分布式能源项目、分散式风力发电项目规划、国土预审。推进新民洲加油站上市前期工作；镇江农商行新民洲支行正式开门对外营运；长江经济带木业绿色发展研讨会在镇江成功举行。

围绕“港产城”融合发展，在园区开展“我行我秀”大讲堂、“解放思想大讨论”、“微党课”比赛、“阅读体会大家享”、党员志愿服务等系列活动，着力打造一支综合素质高、业务能力强，发展本领高，执行力强，群众反映好的高素质干部队伍。同时，实施党员“过政治生日”制度，时刻提醒每一名党员走在前、当表率、敢担当。

新民洲昇港开发建设管理有限公司揭牌仪式

长江经济带木业绿色发展研讨会在镇江成功举行

镇江生态木业城合作项目9个优质项目集中签约

莫桑比克调研团参观考察国林生态产业城项目

丹徒区江心洲生态农业园区

喜迎低碳会 慢游零碳岛——镇江绿色骑行暨江心洲第十一届柑橘节

与西安银凯置业有限责任公司签约亿元文化产业项目——康养旅游项目

2018年，丹徒区江心洲生态农业园区立足“江中旅游名岛”的目标定位，坚持稳中求进工作总基调，落实高质量发展要求，深度对标苏南加油干，早行动争主动、抓重点攻难点，赢得新时代江心高质量发展的战略主动。

突出项目带动，经济发展活力倍增。经济总量持续攀升，重大项目加快建设，转型升级成效明显；节庆活动有声有色，品牌效应持续放大。

积极应对挑战，环境保护成效显著。高质高效完成豚类保护区清理整顿、水源地达标建设、固废清理等一系列环保督查整改任务，园区绿色发展空间进一步夯实。

聚焦民生改善，和谐指数全力提升。景区提升、绿化亮化、水系整治等环境主题项目深化建设，垃圾中转站新建、乒羽活动中心建设、河道生态修复等民生实事工程陆续完成，群众幸福指数节节攀升。

水源地一级保护区新兴船厂生态修复

水源地一级保护区居民安置小区效果图

河道生态修复工程

橘江里景区景观环境提升

丹徒区大港汽车轮渡管理处

交通部海事局领导考察安全预警系统

长江航道管理局领导、镇江市委领导及江苏海事局领导考察管理处空管工作

丹徒区大港汽车轮渡管理处于 1985 年建成通渡，位于镇江新区大港镇西侧，南接 233、346、312 国道及沪宁高速，北通扬州沿江快速、宁通高速、京沪高速及广大苏北地区。历经岁月三十余载，大港汽渡由初始的乡镇渡口发展成为目前长江沿岸镇江段连接南北交通的重要交通枢纽。现拥有 6 艘 24 车渡船，在职职工 200 余名，24 小时为社会车辆提供安全、优质、快捷的渡运服务。

2018 年，大港汽渡以经济建设为中心，以安全渡运为重点，转变经营策略，优化收费标准，完善基础设施，更新技术设备。在“科技兴安、智慧渡运”的理念指导下，进一步提升船舶安全预警平台的科技安全保障能力，以“空管”模式实现船岸联动、自主管控。全年共渡运航次 62657 个，渡运车辆 1794632 辆，渡运旅客 73.5 万人次，无一起安全生产责任事故，运营收入达 8393 万元，同比增长 41.77%，创历史新高。为构建江苏“平安交通、和谐交通”，促进宁镇扬一体化建设发挥了积极作用，并取得了良好的安全效益、经济效益和社会效益。2018 年，大港汽渡被镇江市委、市政府授予 2015 ~ 2017 年度市级文明单位，并获镇江市公安局“内部保卫集体三等功”。

职工代表大会

羽毛球比赛

安全知识宣传

码头车辆有序过渡

办公大楼

丹徒区高桥镇

丹徒区委领导、中海油集团领导到镇江考察润祥油气物流园 LNG 项目

2018 年，丹徒区高桥镇全面贯彻习近平新时代中国特色社会主义思想和十九大精神，紧紧围绕“两聚一高”和“对标苏南”新实践，以“打造临港经济产业园，争创苏南现代化建设示范镇”为路径，全面做好稳增长、调结构、促改革、提品质、惠民生、优生态各项工作，全力加快“强富美高”新高桥建设步伐，奋力推进高桥经济社会发展迈上新台阶。2018 年，高桥镇以项目建设、产业提升为主攻方向，全年完成公共财政预算收入 7365 万元，同比增长 10.04%；完成工业应税销售 11.02 亿元，同比增长 10%；人均可支配收入 25467 元，先进制造业投资 5100 万元，高新技术产业产值 2.02 亿元；新增发明专利授权 9 项，新增规模以上企业 1 家，高新技术企业2家。先后荣获裘皮产业创新创业示范基地、江苏省生态文明建设示范镇、全省农村青年电商创业培育示范基地、首批江苏省乡镇电子商务特色产业园、江苏省十佳产业创新小镇、江苏省卫生乡镇等荣誉称号。

第二届“雪地靴文化节”开幕

基层党员干部冬训班

雪地靴产业设计研发大师工作室揭牌仪式

企业产品展销会

润祥油气物流园

高桥阡陌

丹徒区世业镇

省委领导考察卫星民族风情园

省委党校领导调研世业镇

区委领导在世业镇开展解放思想大讨论调研活动

丹徒区世业镇（镇江世业洲旅游度假区）位于镇江市西部，四面环江，南与镇江市区一水之隔，北与扬州隔江相望，全州呈“元宝”状，东西长16.5千米，南北宽3.5千米，总面积44平方千米，堤内可开发面积26平方千米。下辖5个行政村，人口14500人。先后获全国文明镇、全国环境优美镇、全国农业旅游示范点、亚洲金旅最具地方特色文化奖、江苏省旅游行业文明单位等50余项称号。建成东壹运动主题度假酒店、青少年教育实践基地、金山湖特种水产养殖、开心休博园等旅游项目，成功举办2018长江国际音乐节。

世业洲长江国际音乐节

乐在采摘中

东壹运动度假酒店

鸟瞰四季春农业园

开心休博园

丹徒区谷阳镇金河村

不忘初心 牢记使命——“四强”“八好”党建品牌引领村强民富景美新金河

金河村两委关爱老人，尊敬老人，举办首届村尊老爱老节

组织全体党员重温入党誓词不忘初心

丹徒区谷阳镇金河村位于镇江市丹徒区谷阳镇南1公里，东距沪宁高速支线500米，西距镇荣路1公里，北邻新312国道，上河路穿村而过，交通十分便捷。

金河村始终坚持以经济建设、生态环境、民生工程为重点，加强党总支自身建设，实行强村富民。先后被授予民主法制示范村、省级生态村、省级卫生村、省级绿化示范村、省级文明村和市环境整治工作先进村、市环境长效管理先进村、市文明村等称号。

近年来，金河村先后投入资金建成农民健身广场、老年活动室、校外辅导站、卫生服务室、居家养老服务中心，以及爱心超市、农资超市，极大地提高了村民的幸福感指数。

金河村社区服务中心

农民健身广场

江科大学生与村留守儿童互动

丹徒区谷阳镇槐荫村

不忘初心 继续前进

全面建设“强富美高”新槐荫

领导慰问困难党员

团结协作的领导班子

2018 年，槐荫村在谷阳镇党委、政府的坚强领导和关心支持下，在全村村民的积极拥护下，立足实际，以村民共同发展、致富为目标，锐意进取，求真务实，为全村经济发展、社会和谐作出努力。加强村党支部建设，全面、有序、和谐、健康地开展村工作，落实和完成上级下达的各项工作任务。

槐荫村以经济强、百姓富、环境美、社会文明程度高为目标，加强社会主义新农村建设，依托丰富的文化底蕴，规划设计文化旅游，打造“中国爱情村”；围绕“强村富民”发展集体经济，开工建设了丹徒区槐荫鹊桥农业生态观光园项目，项目规模 10 公顷（150 亩），槐荫鹊桥农业生态观光园具有农业生产、科技示范、观光休闲等多项功能。

党员评议会

槐荫鹊桥农业生态观光园

旅游接待中心

党群服务中心——槐荫村卫生室

村口健身园

丹徒区宜城街道诈输社区

“书记讲党课”活动

社区网格长工作会议

丹徒区宜城街道诈输社区位于312国道旁，工业品城对面，环境优美，交通便捷。全社区共有11个居民小组，总人数1876人。下设三个支部，分别是第一支部、第二支部、综合支部。社区共有党员89名，两个网格分别是诈输新村网格、景泉印象网格。

2018年，社区在党委、政府的正确领导下，充分发挥自身的优势，求真务实，克服困难，团结拼搏，以基层党建为龙头，以社区建设和管理为重点，以优化辖区环境为基础，以服务辖区居民为己任，突出抓好党建、社会治安综合治理、精神文明建设等各项工作，大力发展社会服务，全面推进社区物质文明建设，提高社政管理水平，较好地完成全年的各项工作目标任务。

“重温历史，不忘初心”主题教育活动

党员义务大扫除活动

建设法制公园

社区安装路灯，方便居民出行

京口区象山街道

市委领导视察省交通工程公司码头整治情况

市领导视察尚海花园菜市场建设

2018年，象山街道在京口区委、区政府的坚强领导下，完成新签约项目10个，总投资约11.9亿元；完成索普周边、禹山北片区搬迁工作，共2008户、30.5万平方米；实施禹山北片区长江岸线综合整治，累计投入资金5500万元，累计拆违3.2万平方米，复绿33公顷；打造互联网企业“红色引擎”，“小史”工作室服务品牌获《新华日报》专题报道。象山街道2018年目标绩效考核在全区6个街道中列第一名。

成功签约天工·天影（镇江）影视孵化器

“爱聚长江 情暖象山”爱心敬老进社区活动

禹山北片区搬迁前后对比

江苏镇江京口工业园区

市委领导调研园区金亿达能

市政府领导参加智能制造研发中心项目启动仪式

国家发明一等奖获得者、清华大学教授茅于海被聘为固赣特照明科技公司总顾问

2018年，京口工业园区坚持稳中求进工作总基调，牢固树立和贯彻落实高质量发展要求，适应把握引领经济发展新常态，以推进供给侧结构性改革为主线，进一步调整产业规划，实现开发区进档升位。

一是经济指标稳中有进。工业经济运行总体良好，完成一般公共预算收入10040万元，同比上涨19.9%；完成工业应税销售97.26亿元，同比上升17.1%。在全省82个省级开发区科学发展综合评价7个指标中，集约水平和管理水平均位居全省第6名。

二是重点项目扎实推进。列入区级重点产业项目共有16个，总投资32.9亿元。科辰节能型燃气轮机部件生产项目、鼎胜新材年产5万吨钎焊式交换器用铝合金制造等6个项目竣工。爱励机翼板深加工项目设备安装调试；鼎胜新材钎焊箔配套生产用智能仓库及辅助设施建设项目厂房主体竣工；可奈丽、日泰生物等项目开工建设。

三是招商引资卓有成效。积极“走出去”招商，全年赴国内北京、上海、深圳等地开展招商活动共20余次，境外招商3次。有力推进大体量制造业项目，鼎胜年产5万吨动力电池电极用铝合金箔、鼎胜年产6万吨铝合金车身板等单体投资3亿元以上项目签约落户，促进产业链延伸，实现产业集聚发展。

四是科技创新步伐加快。鼎胜新材公司荣登镇江市区“首家”主板上市企业、上榜“全国制造业单项冠军示范企业”；海龙核科技公司“核反应堆乏燃料贮运用中子吸收板研发与产业化”技术荣获“中国好技术”二等奖。3家企业入选省民营科技企业，7家企业入围省科技型中小企业。左湖大楼科技孵化器初具成型，中山大学惠州研究院华东分院建成运营。1人入选镇江市“金山英才”计划，1人入选省“双创”计划。

首届政银企恳谈会召开

园区对口援建新疆霍尔果斯经开区兵团分区

京口区大市口街道

省委督察组到社区督察中共十九大贯彻情况

2018 年，京口区大市口街道经济运行稳中有进，完成一般公共预算收入 22822 万元，超序时 2.36%，序时位列城区街道第一名，总量位列第二名。实际利用外资完成 93 万美元，是唯一实现零突破的城区街道；产业项目量质双升，街道在手项目 10 个，列入区重点的 8 个，为历史之最。共盘活闲置楼宇、商业面积 9.29 万平方米。其中，列统楼宇盘活 3.17 万平方米，动态闲置率下降至 14.8%；民生事业不断提升，拆违约 1.5 万平方米，大市口西北片区涉及门面、后厨约 2900 平方米。开展污染防治攻坚行动，关停 5 家露天烧烤排挡，排查整治 80 家“散乱污”企业；创新创业工作有效突破，街道新增市场主体 1226 家，注册资本金增长 12.3 亿元，增幅 23.5%，纳税企业数增长 300 家，增幅 16.2%。新增 34 名“双全”社工，为城区第一名。街道获区“双全”社工技能大赛一等奖；党建工作不断提升，创成五星级党支部 1 个，四星级党支部 11 个，三星级以上党支部占比达 76.1%。用好“京口先锋”“米服文化”等信息化平台，强化“三会一课”、民主生活会、“固定活动日”等制度的落实。

市领导调研古城社区和古城公园

京口区领导调研米山社区工作

楼宇党建联盟成立

解放思想大讨论“三讲”活动

“不忘初心 牢记使命”寻访红色之旅

京口区健康路街道

京口区领导调研气象里“书记项目”

京口区领导调研苏宁广场工作

2018 年，京口区健康路街道以“城市经济发展壮实力、城市治理服务惠民生、城市基层党建强保障”为切入点，全力提升发展质效，打造一流实力街道，先后荣获2018年度“江苏省征兵工作先进单位”“江苏省创业型街道（乡镇）”“镇江市社会治安综合治理先进集体”等荣誉称号。经济建设稳中有进。全年完成一般公共预算收入 2.07 亿元，固定资产投资 11.42 亿元，社会消费品零售总额 106.99 亿元。探索“党建引领、法治保障、文化搭台、经济唱戏”的“四位一体”楼宇经济发展模式，盘活列统楼宇闲置面积近 2.35 万平方米，闲置率下降 11.1%，实现楼宇税收 2897 万元，同比增长 30%。项目建设推进有力。凯悦酒店竣工开业，新媒体产业基地、医疗器械智慧物流等项目投入运营，财富广场“一馆两中心”进入招标，全民健身中心开工建设，新增“四上”企业 15 家。城市管理成效显著。平稳高效推进中营片区 18.6 万平方米老小区改造。关停 2 家露天占道洗车店，取缔 3 家露天烧烤排挡，整治 357 家“散乱污”企业。为民服务优质高效。建成桃花坞中心社区，处理居民事务 2000 余件。深化“居民星级服务”模式，创新“网格一本通”“民情日记”工作模式，及时办结居民诉求近 3000 件。落实 2712 名优抚对象政策，投入 10 万元，走访慰问“光荣家庭”300 余户。基层党建亮点纷呈。组建“金色商圈”党建联盟，建成 D33 广场党群服务站，举办两届“金色商圈”文化体育节，增强“红色引擎”驱动力。

京口区领导开展安全生产检查工作

纪念建党 97 周年暨“七一”表彰大会

楼宇经济发展推进大会

金色商圈党建联盟成立

流动图书车走进石马湾祥云养老院

京口区谏壁街道

京口区委领导调研中储粮

京口区领导巡查街道水体整治工作

2018 年，谏壁街道经济社会发展各方面情况态势良好。经济运行稳中有升。街道经济发展热度持续升温，主要经济指标稳步增长。狠抓关键指标。一般公共预算收入街道完成 30000 万元。固定资产投资完成 125300 万元。中储粮、谏壁电厂、鸿泰钢铁年内采购设备约 3.04 亿元。先进制造业到位外资完成 300 万美元。护好绿水青山。谏壁电厂减煤炭超额完成任务。完成了月湖中心沟等的清淤和古运河、苏南运河两侧岸坡种植清理工作。完成格兰春普土壤治理方案制定，马铁洗桶点正式进场施工，辖区范围非法轧石厂、洗沙点被全部清理。完成了张宋组、癞元墩组等的搬迁扫尾工作。创新社会治理。街道紧紧围绕区委“书记项目”，全部社区（村）建设“老弗士”基层工作站，将其打造成为群众家门口的政策宣传站、同心议事堂和矛盾调解室；在区慈善总会下达的标杆社区创建中，月湖社区创成百万“标杆社区”。顺利通过第九届镇江市双拥模范街道市、区考评验收组考核。不断深化党的建设。注重提升内生动力，开展中共“十九大”专题学习，常态化制度化开展“两学一做”学习教育，不断提振改革发展“精气神”；建立“大党委”工作机制，持续做好“双型”先进党支部建设、突出“两新”党建等工作。

掌上彩色多普勒超声仪研发和产业化项目落户谏壁

京口区慈善总会对谏壁第一百万标杆社区捐赠自行车

庆祝建党 97 周年文艺汇演

双拥公园建成

润州区宝塔路街道

润州区宝塔路街道地处镇江市润州主城区，东至古运河及丁卯桥路，南至天桥路、南山路、北府路，西至檀山路、黄山北路，北至中山西路及京口闸，总面积 7.63 平方公里。街道下辖 11 个社区居委会，街道年末总人口 65572 人，总户数 21795 户，是全区城市经济核心区、项目建设的主阵地，是集商贸服务、餐饮娱乐、文化旅游于一体的镇江商业新中心所在地。2018 年，宝塔路街道深入贯彻习近平新时代中国特色社会主义思想和党的十九大精神，坚持稳中求进的工作总基调，在抢抓机遇中乘势而上，在攻坚克难中砥砺前行，在从严治党中凝心聚力，紧盯目标、努力拼搏，聚焦高质量、高标准，坚持抓大事、谋实事，突出强责任、抓落实，各项工作统筹推进。

润州区领导到城际商圈调研

润州区领导考察万达金街

组织辖区居民举办 SYB 创业培训班和月嫂技能培训班

开展垃圾分类志愿宣传活动

开展“重温历史，不忘初心”主题教育活动

润州区金山街道

市委领导在西津古渡社区调研社工职业体系建设情况

京畿路社区表彰党员“好家风、好家训”家庭

残疾人失独家庭在康乃馨活动中心欢聚一堂闹元宵

金山街道位于市区西部，辖区范围东起黄山北路，南沿中山西路，西接中山北路，北临长江。街道辖区总面积5.16平方公里，下辖10个社区，总人口近6万人。境内街巷古老，文化底蕴深厚，坐拥千年“文脉”西津渡古街、赛珍珠故居以及AAAA级风景旅游景区镇江博物馆等人文景观，是全市文物遗存最集中、人文资源最丰富、文化氛围最浓厚的街区。2018年金山街道以党的十九大和习近平新时代中国特色社会主义思想为指引，深入贯彻落实市委七届六次、区委八届四次全会精神，紧紧围绕“对标苏南加油干，精准务实惠民生”这一重要目标，提高服务水平，提升惠民质效，在加速推进街道实现高质量发展进程中取得了新业绩。

黑桥社区欢欢喜喜办百姓春晚

风车山社区“红色流动书屋”让好书流动起来

金山街道面貌巨变

润州区官塘桥街道官塘桥村

上级领导一行慰问困难党员

股份经济合作社第一届股东代表大会第一次会议暨成立大会

润州区官塘桥街道官塘桥村位于镇江市南大门，是官塘桥街道办事处驻地，全村面积3平方公里，下辖9个村民小组。总人口1546人。固定资产7513.75万元，2018年发包及上交收入424万元。集体资产有远洋香奈城售楼处1656平方米、创业楼6674平方米以及官塘绿苑1000平方米商办用房等。随着官塘新城项目的进展，官塘桥村围绕基础设施建设、民生事业、经济发展等重点工作，重点打造了“南山翠茗”“林隐白茶”等中高档茶叶品牌。远洋创业楼为自主创业人员提供创业平台，已有多家公司入驻。官塘桥村创新工作思路为群众做实事，制定了《官塘桥村大病医疗救助机制实施办法》《大学生奖励助学办法》《低收入老年人生活补贴办法》《合作医疗兜底办法》《扶持村民再就业办法》《退伍军人荣誉机制》六大惠民举措。先后获得“全国综合减灾示范村”“全国科普惠农兴村先进单位”“江苏省优秀科普惠农服务站”“江苏省民主法治示范村”“省级标准化居民学校”“镇江市社区综合文化服务中心示范点”“镇江市文明村”等多项荣誉。

成立股份经济合作社

党员志愿者与外国留学生为村民写春联

志愿者陪失独家庭过端午节

地震台里学防震减灾知识

外国学生体验茶文化

润州区宝塔路社区卫生服务中心

市级督查专家组指导中医药服务能力提升工程“十三五”行动计划工作

美国杜克大学教授汤胜蓝一行到中心参观考察

家庭医生签约服务

润州区宝塔路社区卫生服务中心成立于 2005 年 10 月，下设凤鸣新村社区卫生服务站。承担辖区内 51072 人的基本医疗和公共卫生服务，是康复医疗集团全科医师规范化培训基地。中心以基础设施现代化、与集团协作紧密化、基本医疗均等化、基本公卫特色化，赢得了较好的口碑。

中心积极配合政府完成了“7+1”旧城区城中村拆迁改造项目建设，投入 700 余万元租用了 3700 平方米的临时综合办公用房。中心职工 62 人，其中卫生专业技术人员 56 人，高级以上职称 5 人，2018 年中心就诊达 15.84 万人次，总收入 3036.46 万元（其中医疗收入 2167.25 万元，药占比 74.23%）。

中心拥有数字化 X 光机（DR）、全自动生化分析仪、全自动血球分析仪、GE-F8 彩超等医疗设备。中心着力打造数字化社区卫生服务中心，依托信息化实现与集团核心三甲医院医疗资源整合，利用互联网技术改善群众就医繁琐程序，实现基本医疗和公共卫生工作的相互融合，实现市级区域卫生平台信息共享。

糖尿病特色科室移动课堂

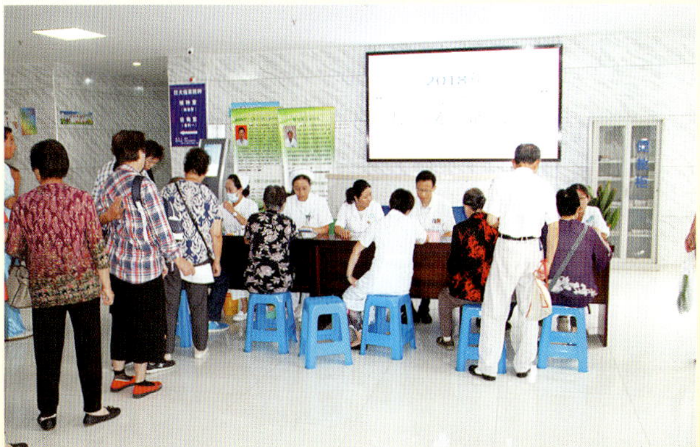

“健康镇江，服务百姓”大型义诊活动

润州区蒋乔社区卫生服务中心

作风效能建设会

润州区蒋乔社区卫生服务中心位于润州区檀山路10号万科社区，建筑面积约4000平方米。中心在职职工38人，其中卫生技术人员35人。本着“小病在社区、大病进医院、康复回社区、健康进家庭”的原则，中心积极开展医疗、预防、保健、康复、健康教育、计划生育技术指导“六位一体”的综合性服务。承担万科社区、檀山社区、蒋家门社区、乔家门社区、嶂山社区、九华山庄社区、严庄社区、七里社区、凤凰家园社区等9个社区居民的基本医疗保障。坚持预防为主、防治结合，以居民签约健康档案为载体，扎实为群众提供公平、有效、安全、方便的14类55项基本公共卫生服务，服务人口约2.8万人。

全年综合目标考核

为特殊困难家庭送服务、送健康

“关爱老年人骨健康”知识讲座

家庭医生现场签约

倡导母乳喂养呵护母婴健康

镇江农商银行

江苏镇江农村商业银行股份有限公司（以下简称“镇江农商银行”），总行设在江苏省镇江市，2011 年 2 月 26 日在原镇江市丹徒区农村信用合作联社的基础上，按照市场化原则改制组建股份制商业银行。截至 2018 年末，总资产 208 亿元，总存款 163 亿元，总贷款 119 亿元。总行设立 20 个职能部门，下辖 1 家营业部、34 个营业网点、1 家分理处，全行员工 500 余人。

镇江农商银行作为地方法人金融机构，秉承“创新引领、稳健行远”的经营理念，立足“三农”和“小微”，支持实体经济，做好公众金融服务，努力为各类经济体提供更好、更优的服务。

镇江农商银行围绕建设精品零售银行的目标，推进金融支持城区、城郊、农村经济共同进步，截至 2018 年末共服务小微企业 5000 余户，贷款余额 30 亿元。积极顺应“大众创业、万众创新”的号召，推出“快易贷”“青创•圆梦贷”“筑梦计划”。积极介入地方经济建设民生项目、金融支持类平台项目，做大型机构、优质企业的融资供应商。

镇江农商银行以打造“镇江人民自己的银行”为己任，抢抓机遇，深化改革，支持地方经济转型升级，用便捷的产品、专业的团队，与地方发展全面对接，共同演绎新的精彩。

冠名砂板世界杯乒乓球赛

江苏省联社青年员工辩论赛镇江地区选拔赛

“又到繁花盛开季 · 寻找身边镇江农商银行”骑行活动

“心飞扬 爱同行”踏青健步行活动

“青年展风采 绿色金融助发展”演讲活动

华夏银行镇江分行

华夏银行南京分行领导到镇江调研

与镇江新区实体企业签署战略合作协议

华夏银行镇江分行成立于 2009 年 5 月，是华夏银行首家二级分行，也是入驻镇江地区的首家全国型股份制商业银行。

秉承“诚信、规范、高效、进取”的企业价值理念和“创新、创优、合作、共赢”的经营理念，华夏银行镇江分行将支持地方经济建设和实体经济发展牢牢植根于业务经营之中。聚焦主业、回归本源，坚持传统与创新“双轮驱动”，积极打造“中小企业金融服务商”特色经营模式，深入实施“3–3–1–1”客户服务战略，创新金融服务方式和产品体系，持续做大直接融资规模，化解金融风险维护金融生态环境。在地方党政、监管部门及社会各界的关心支持下，各项业务保持稳健良好发展态势。截至 2018 年末，资产、负债总额分别突破 100 亿元，各项存款余额 101.39 亿元，各项贷款余额 90.92 亿元。

华夏银行镇江分行网点建设同步推进，服务能力实现新的提升。截至 2018 年末，在市（区）实现了营业网点的全覆盖；镇江分行于年底成功迁址至黄山南路 6 号全新办公大楼对外营业，营业环境、对外形象焕然一新。

总结经验、表彰先进，凝聚队伍、争先创优

党员参加廉政教育

南京银行镇江分行

总行行长束行农（左四）作“两学一做”专题党课

2018 年度工作会议

南京银行成立于 1996 年，2007 年在上海证券交易所上市，成为国内首家在上交所上市的城市商业银行。经过二十三年的励精图治，南京银行逐步成长为一家治理良好、业绩优良、整体竞争力较强的区域性商业银行，实现布局京沪杭及江苏省内设区市全覆盖，资产总量超过万亿元，进一步奠定了中等规模商业银行的基础，正朝着打造“中小银行一流综合金融服务商”的目标奋力前进。2018 年，南京银行在英国《银行家》全球千家银行中排名第 143 名。

2014 年 5 月 27 日，南京银行镇江分行挂牌营业，是隶属于总行的一级分行。截至 2018 年末，总资产超过 300 亿元，正式在编员工 173 人，下辖营业部、丹阳支行、扬中支行三家营业机构，设立“鑫梅花”财富管理中心。五年来，在镇江市委、市政府的关心支持下，在市金融监管机构的指导帮助下，镇江分行秉承“立足镇江，服务镇江，建设镇江”的经营理念，立足城市商业银行发展使命，将自身业务发展和镇江地方经济相结合，始终把推动地方经济金融高质量发展作为工作的重中之重，持续加大了服务实体经济、防控金融风险的工作力度，紧密围绕镇江区域整体规划和经济发展特点，相继推出了“镇文贷”“镇科贷”“鑫快捷”“鑫采购”“鑫转贷”等产品，成立普惠金融部，助力中小企业发展，为镇江经济发展提供更有力的金融支持。同时，该行的“金梅花理财”“你好易贷”、直销银行、大额存单、信用卡等产品，广受市场亲睐，为镇江广大市民带来更加专业、丰富、优质的金融服务。

大公司条线“对标找差”讨论会

不忘初心，牢记使命，赴安徽金寨开展主题党建活动

参加 2018 年职工乒羽比赛

元旦健步行

金融知识进校园

镇江市公路管理处

2018年，镇江市公路管理处聚焦“交通强市”战略，立足公路先行，开展“畅·镇江”五大发展计划，全力推进新时代镇江公路高质量发展，在全市交通系统年度考核直属单位列第一名，获2018年度全国交通运输文化建设优秀单位称号。

全年完成干线公路投资11.9亿元，占年度计划的119%，建成通车5千米。加快实施农村公路提档升级建设，新建农路202千米，农桥20座。开展“养护管理提升年”活动，投资约7700万元，完成23.44千米应急工程及大中修工程项目，全市国省道路况综合指数（MQI）达93.36，超额完成目标任务。

主要工作成果：

1. 完成2018年度全国公路交通军地联合应急演练任务，以“高大上专”（层次高、规模大、上档次、专业性强）的演练成果，得到部省市各级领导的高度评价，交通运输部对此专门发来感谢信。

2. 参与“蓝天保卫战”，在市人大专项评议交通工作中，以44票满意成绩在7个参评部门中列第二名，全市超限率在3%以内。

3.《镇江市农村公路条例》率先获省人大常委会批准，丹阳市被交通运输部、农业农村部、国务院扶贫办联合授予全国“四好农村路”示范县。

4.238省道丁卯桥路快速化改造工程被评为全省公路建设十佳项目，312国道绿色低碳循环主题性示范项目通过交通运输部考核验收。

5. 成功承办全市交通运输行业“公路杯”中共十九大知识竞赛活动，并获初赛和决赛两个第一名；“公路党建小屋”获交通基层党建“优质书记项目”称号。

2018年度全国公路交通军地联合应急演练镇江主会场

省交通运输厅事业发展中心指导镇江公路工作

“四好农村路”建设示范争先

国省干线公路建设成果显著

党建工作硕果累累

中储粮 SINOGRAIN 中储粮油脂镇江基地

2018年，中储粮油脂镇江基地面对高质量发展的新形势、新任务、新要求，始终坚持稳中求进工作总基调，坚持党的领导，加强党的建设，多次举办党史、党章、党规、党纪专题培训，组织开展学习贯彻党的十九大精神培训班，努力推动新时代党的建设总要求落地落实。坚守责任使命，不断夯实“两个确保”基础，大力开展“标准仓、规范库”创建提升活动，达标率100%。坚决执行好政策性业务，切实保障粮油安全，扎实开展科技储粮。坚持服务储备轮换，确保运营平稳运行，顺利承办中储粮首届公众开放日活动，成功申报大商所黄大豆2号指定交割厂库，全年累计加工大豆169.05万吨，码头吞吐量441.6万吨，系统外业务中转28.2万吨，完成营业收入99.3亿元，实现利润2.88亿元，保持了稳中求进、稳中有进的发展态势。

一年来，中储粮油脂镇江基地先后荣获“全国安全文化建设示范企业”“全国模范职工小家”“长三角区域名优食品”“江苏省书香企业建设示范点”“江苏省五四红旗团委”“江苏省工人先锋号”“江苏省食用油加工十强企业”“镇江市应税销售20强”等荣誉称号。

中储粮集团公司领导到镇江基地调研

中储粮集团公司领导到镇江基地调研

全体党员干部重温入党誓词

举办以“青穗出发·奔跑吧青春”为主题的大型户外酷跑活动

中央企业外部董事一行到镇江基地调研

瀚瑞控股 HANRUI

江苏瀚瑞投资

Jiangsu Han Rui investment

江苏瀚瑞投资控股有限公司为镇江市人民政府出资设立的全资国有企业，注册资本 50 亿元，主体信用评级 AA+，公司总资产 1495 亿元。2018 年公司营业收入 86 亿元。瀚瑞控股旗下拥有深交所上市公司江苏大港股份有限公司（SZ.002077）、江苏瀚瑞建设有限公司、江苏瀚瑞金控投资有限公司、江苏瀚瑞资产经营有限公司、镇江新农发展投资有限公司、镇江新区公用建设有限公司共 6 家全资及实际控制子（集团）公司，参股企业 90 余家。

2014 年市场化改革以来，瀚瑞控股在承担政府战略任务的同时，积极拓展市场化业务，形成了以城市开发运营、高新产业投资、现代金融服务、创新示范农业四大业务格局。投资领域涉及产业园区、城市道路、商业地产、资产管理、供应链金融、基金管理等。在资产经营领域，瀚瑞控股经营管理 13 个产业园区共 190 万平方米工业厂房和大润发、麦德龙、甲级写字楼等 44 万平方米商业载体，拥有四家酒店包括四星级明都大饭店、宜园酒店和锦江之星、桔子水晶等全国连锁品牌。在金融投资领域，江苏瀚瑞金控投资有限公司注册资本总额 45.56 亿元，业务范围涉及融资租赁、资产管理、融资担保、小额贷款、商业保理等。

面向未来，瀚瑞控股将以打造国内一流国有资本投资公司为目标，加快推进市场化改革转型，实施平台战略和人才强企战略，致力于市场化、专业化、国际化发展，努力以一流的经营业绩、一流的使命履行和一流的企业能力，为股东、为社会、为员工创造更大的价值。

基础设施建设

大路通用机场

镇江港国际集装箱码头

中瑞镇江生态产业园

民生工程

镇江瑞康医院

镇江市第一外国语学校

镇江新区公交

现代服务业

镇江新区平昌新城邻里中心

明都大饭店

金融大厦

控股有限公司
holding co.,LTD

资产经营

与建设银行达成建融家园合作项目协议

镇江宜园

精英公寓

现代农业

镇江新区万顷良田

镇江现代农业示范园

金融投资

惠微贷签约

企业文化

企业使命

构建产业高地，营造宜居城市。

以构建产业集群新高地为己业，以打造生态宜居城市为己任，致力于为镇江新区产业现代化、绿色生态化、城乡一体化、港产城融合化、新型城镇化发展做出突出贡献，彰显镇江城市魅力。

企业愿景

成为卓越的产城互融筑造者、产业升级推动者，成为具有强大市场竞争力、服务于区域全功能的、具有国际化视野的投资控股集团。

核心价值观

凝心 自强 创新 共赢

凝心：统一发展意志，凝聚战略共识，积聚内外力量，服务大局。

自强：自我提升，自我加压，提高团队战略力，追求卓越的工作绩效。

创新：持续不断地创新，攻克瓶颈问题，破解发展困局，优化商业模式。

共赢：强化纽带联系，与社会各界求得大同，实现共赢发展。

有华润 多美好

镇江华润燃气有限公司

市委领导到公司检查指导工作

市领导考察南徐综合服务大厅

开展党的十九大精神集中培训

新建成的南徐综合客户服务中心

镇江华润燃气有限公司主要经营管道天然气、车用气、液化天然气等业务，并致力于分布式能源、充电桩、LNG 贸易、售电、氢能源、增值服务等新业务的推广和发展。

稳健经营，持续增长。2018 年底，建成天然气门站 2 座、高中压调压站 7 座、中中压调压站 5 座、LNG 应急调峰储配站一座，各类燃气管网达 3300 公里，形成了布局合理、功能完善的城市燃气输配系统。建成 CNG 加气站 5 座、客户服务中心 5 座，服务居民用户近 50 万户，年供气规模达 4.65 亿立方米，天然气清洁能源在更多领域得到推广和应用，城镇燃气气化率不断提升。

创新发展，追求卓越。公司始终坚持“诚实守信、业绩导向、以人为本、创新发展”价值观，以体系建设为基石，以学标杆为切入点，形成了以 OHSAS 体系、客户服务管理体系为基础的管理平台，努力打造智能高效和精益化运营模式。公司先后获“江苏省诚信单位”“江苏省平安企业”“华润集团先进基层党组织”“华润燃气集团十周年最佳业绩贡献奖”“江苏省燃气行业优质服务明星企业”等称号。

新建成的应急调度抢维修中心

华润燃气南徐汽车充电站

上党 210 万立方米 LNG 应急储备站

江苏河海建设有限公司

江苏河海建设有限公司是集水利、市政、基础、安装、工民建工程施工为一体的综合性施工企业。公司拥有“水利水电工程施工总承包二级”“市政公用工程施工总承包二级”“地基与基础施工专业承包二级”“机电设备安装工程专业承包二级”“工民建工程施工总承包三级”资质。公司注册资金 8100 万元，拥有固定资产 8000 多万元及各类施工机械设备 200 余台套。

近年来，公司信用等级保持为 AAA。公司施工管理的九曲河水利枢纽工程被评为“水利工程优质（大禹）奖”，运粮河闸工程、思议港闸站工程被评为省级“水利文明工地”。

随着全国改革事业的不断深入，改制后的江苏河海建设有限公司将掀开二次创业的新篇章，发扬“艰苦奋斗、乐于奉献、团结拼搏、争创一流”的精神，坚持“规范管理，高效服务，诚实守信、互惠互利、共同发展”的原则，与社会各界精诚合作、携手共进，努力建设越来越多的与自然和谐、与社会发展相融的精品工程。

扬中思议港闸站工程

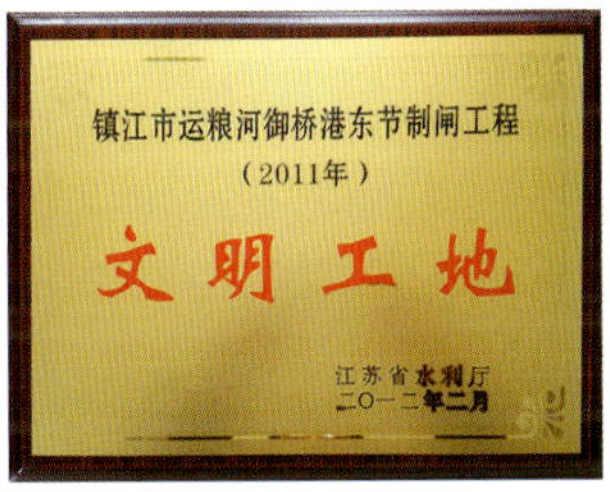

七摆渡闸站工程

九曲河河道整治工程

金山湖桥梁工程

美的城桩基工程

镇江市大众汽车出租有限公司

镇江市大众汽车出租有限公司是镇江市出租汽车行业龙头企业之一，成立于1995年。现有福瑞迪、赛拉图、一汽大众、上汽大众等车型出租汽车178辆，从业人员300余人，建有与出租汽车相配套的GPS无线电调度中心，实行24小时电话叫车、预约叫车等多功能服务，加强与社会的沟通。

公司坚持以人为本管理方针，在全公司广泛开展以“爱镇江、创品牌、树形象”为主题的服务质量评定、精神文明创建活动，努力建设一支高素质的员工队伍，大力提高员工队伍的整体素质。

多年来，公司积极承担相应的社会责任，参加各项公益活动，连续推出了“义务送书下乡”“义务捐款奉献爱心”“免费接送孤寡老人”和“免费接送高考学生服务”等一系列创优服务活动，为塑造“窗口”行业文明形象不断注入新的活力，有力地推进了企业的经济建设和精神文明建设的健康发展，受到了社会与各级管理部门的高度好评。公司先后获评“光彩之星”单位、“免检企业”、“出租行业优胜单位”、“双爱双评先进单位”、“省优质服务竞赛优胜单位”、市“重合同守信用”先进单位、省文明单位等。

公司总经理严勇进（左六）被评选为第二届江苏省“百名诚信之星”

开展“爱镇江、创品牌、树形象”暨推行星级服务评定活动启动仪式

星级服务安全学习大会

“不忘初心 牢记使命”组织公司代表去南极长城站看望中国第三十次南极考察队

公司驾驶员荣获全国文明出租汽车驾驶员称号

加强行业监督、推行星级服务

华电江苏能源有限公司句容发电分公司

华电江苏能源有限公司句容发电分公司，成立于2008年6月16日，由中国华电集团公司投资设立，位于镇江市句容临港工业集中园区内，地处长江镇江世业洲南岸，属苏南经济中心区，距镇江市和南京市分别为28千米和45千米，占地面积128公顷。

一期工程建设2×1000MW超超临界燃煤机组，三大主机选择效能最优的东方锅炉+上海汽轮机+上海发电机的“东上上”组合，被能源局评为首批超超临界火电机组国产化示范工程。二期扩建项目为2×1000MW超超临界燃煤机组，机组选用最先进的二次再热技术，三大主机选用哈尔滨锅炉+上海汽轮机+上海发电机的“哈上上”组合，作为国家发电设备国产化依托工程，主机、关键阀门、三大泵、四大管道等均实现国产。

句容储运工程是江苏省规划的六大煤炭中转应急储备基地之一，中国华电集团公司战略规划的“具有辐射功能的三个煤炭储运中心之一”、唯一长江海轮直靠的国家一类开放口岸。

一直以来，公司积极倡导诚信、求真、和谐、创新的核心价值，发扬创业、创新、创一流的企业精神，肩负资产增值、和谐稳定、履行责任的企业使命。先后获得全国文明单位、全国电力行业“标准化良好行为AAAA级企业”、全国电力行业思想政治工作优秀单位、全国职工书屋示范点、全国“安康杯”竞赛优胜单位、电力安全生产标准化一级企业、江苏省诗教先进单位、江苏省厂务公开民主管理先进单位、江苏省文明单位、江苏省五一劳动奖状、江苏省安康杯竞赛优胜企业等荣誉称号。

蝉联集团公司五星级发电企业称号

公司全景图

句容储运港

句容储运港

浅秋句容发电厂

远眺句容发电厂

丹徒区建设投资有限公司

镇江市丹徒区建设投资有限公司成立于2009年2月11日，下辖控股公司15家、参股公司2家，是一家区政府直属管理的专业从事城市基础设施投融资、建设、运营管理的AA级国有大型企业。至2018年底，公司注册资本为10亿元，资产总额390亿元，承担了丹徒区多项重点工程项目，总投资超过125亿元，重点建设的丹徒区文化艺术中心、丹徒区人民医院二期工程、长香水岸、古堰新居、北汽大道、宜冬路等城建项目获得了社会的普遍关注和认可，并多次被市政府和区政府嘉奖，获得“特别贡献单位”和“有功单位”等荣誉称号。

2018年，公司着力发挥投融资主体作用，重点推进金融投资和产业投资。先后投资金浦基金（上海）、中诚基金（北京）；与全球印刷巨头美国当纳利公司、镇江恒顺集团、镇江恒华彩印公司进行战略重组，组建专业化合资公司，从事展陈展示、书刊、包装和标签玻璃印刷等业务；与北汽集团、麦格纳斯太尔汽车技术（上海）有限公司合作，从事新能源汽车相关先进技术的研发；与苏能投资发展有限公司合作，成立江苏丹投能源化工有限公司，从事能源化工领域相关商品贸易业务。建投公司以中共十九大精神为指引，对标丹徒城市总体规划要求，继续传承“创新致远”的发展理念，努力成为丹徒高质量发展的助推器。

丹徒区建投公司、华夏银行镇江分行和大航集团联合开展主题党日活动

组织开展“以解放思想推动高质量发展的政治保证”的党课

“进一步解放思想，激励新时代新担当新作为”专题组织生活会

纪念改革开放40周年歌咏合唱比赛

关爱留守儿童捐书活动

公司承建的宜冬路

长香水岸

江苏北固产业投资有限公司

市领导调研东晋古城墙遗址

京口区委领导调研大禹山北地块拆迁工作

江苏北固产业投资有限公司是镇江市京口区区属国有独资公司，注册资金 20 亿元，公司总资产 125 亿元，企业信用评级 AA 级。公司有注册会计师 3 人，员工本科以上学历占比 78%，中级以上职称占比 31%。

2018 年，公司深入贯彻中共十九大会议精神，在金融市场“去杠杆、强监管”的高压态势下，坚守“资金链不断”底线，奋进克难，高效推进京口中学土地置换、孟家湾地块安置回迁、大禹山北片区环境综合整治、安置房权证办理、市场化转型探索等工作。同时，强化内部建设，开展国企专题廉政教育，深化“银企共建廉洁合作”活动，共同打造阳光廉洁的国有企业发展平台。

京口区领导调研孟家湾地块扬尘污染控制现场

组织全体员工参观许杏虎故居

新京口中学 7 号教学楼封顶

员工义务清雪

孟家湾地块回迁

RUN KANG CHENG
润房·润康城

润州区房地产开发总公司

润州区房地产开发总公司成立于1984年9月，现拥有注册资本5251万元，是一家具备城市综合开发二级资质的房地产开发企业。公司办公地址位于市朱方路98号四楼。截至2018年末，在职职工68人，其中，具备各类专业技术职称人员52人。公司下辖两个专业化子公司，分别为：润州区建筑装潢配套工程公司和润州房地产物业公司。

2018年，公司坚持以中共十九大精神为指导，深刻领会和把握习近平新时代中国特色社会主义思想，紧紧围绕区委、区政府的总体部署和工作要求，进一步解放思想、攻坚克难，不断加大“润康城”项目销售力度，全力推进下黄山村棚改项目，经济及各项事业取得了新的发展。

“七一”党员主题活动

公司领导慰问困难家庭

安全生产知识进社区

镇江市农业产业化经营龙头企业

镇江市五峰茶场

开展创新产业链上学习教育活动

制茶车间

镇江市五峰茶场地处镇江市西郊、五洲山北麓，属宁镇丘陵地区。茶场创建于1986年2月，茶园面积62公顷，分布在五洲山坡上，生态环境极佳，茶树优良品种率达90%以上，茶园方圆5公里内无工业“三废”排放企业。茶场年产各类绿茶23吨，品种包含：五峰黄金芽、五峰白茶、五峰迎春茶、金山翠芽茶、五峰香怡茶，产销率高达100%，历年来呈现供不应求的趋势。镇江市茶场是镇江市市级农业产业化经营龙头企业，中国茶叶学会首批命名的全国12家“茶叶科技示范基地”之一。茶场先后通过无公害农产品产地和产品认证、绿色食品认证，并在全省茶叶企业首批通过QS市场准入质量安全认证。

茶场产品品牌响、质量优。茶场拥有的“彭公”牌商标和“五峰迎春”牌商标双双被评为“江苏省著名商标”；“五峰迎春茶”被评为“江苏名牌农产品”。“彭公”牌“金山翠芽”“五峰迎春”茶在国际名茶评比中多次荣获金奖。在国内各级别，国家级“中茶杯”、省级“陆羽杯”、市级“三山杯”名特茶质量评比中连续多年荣获特等奖、一等奖。

金山翠芽

五峰白茶

五峰迎春

五峰香怡

采茶

2018年，中国移动通信集团江苏有限公司镇江分公司持续保持发展态势，不断提升信息基础设施能力，全面推动信息技术与经济社会各领域深度融合，助力产业强市和“智慧镇江”建设。2018年，4G网络由转入精准深度覆盖优化调整阶段，累计完成150个居民小区深度覆盖、71个小基站建设及439个弱覆盖新建站点建设，同时完成2018年2G网改第一批和第二批共计856个站点的改造工作。夯实网络基础,打造新一代移动通信网、光纤宽带网、蜂窝物联网协同发展的立体化精品网络，4G网络综合覆盖率99%；家庭宽带100%光纤覆盖到户。全年镇江网络运行稳定，网络质量持续保持优秀。

镇江市领导至镇江移动公司考察慰问

公司领导走进“政风行风热线”与客户在线交流

公司组织党员参观五峰山公铁大桥

江苏鼎胜新能源材料股份有限公司

JIANGSU DINGSHENG NEW MATERIALS JOINT-STOCK CO.,LTD.

江苏鼎胜新能源材料股份有限公司成立于2003年8月，位于江苏镇江京口工业园区。公司自成立以来一直从事铝板带箔的研发、生产与销售业务。镇江工厂占地面积66.67公顷（1000余亩），职工人数约2600人。公司为中国有色金属加工工业协会副理事长单位、“中国民营制造业500强”企业、高新技术企业、江苏省企业技术中心、江苏省工程技术研究中心，同时也是全球著名的铝箔材生产基地。2018年4月18日，公司在上海证券交易所成功上市。

公司主导产品为空调箔、单零箔、双零箔、电池箔、钎焊箔和铝板带等，广泛应用于绿色包装、家用、家电、锂电池、交通运输、建筑装饰等多个领域。近年来公司铝箔产销量、出口量及市场占有率均居国内同类企业前列。2018年获工信部颁发的“制造业单项冠军示范企业”称号，同时入围中国有色金属加工工业协会评选的“铝箔十强”，列第一名。

智能高架仓库

分切机

分切机

铝箔生产线

铝箔生产线

YKC 镇江市扬子江勘测有限公司

会战校对

航拍试飞

镇江市扬子江勘测有限公司1997年12月成立（测绘证书：丙测资字3220038）原名镇江市勘察工程总公司勘测事务所，现为独立核算经营的电力勘测专业性队伍。组建20多年来，电力线路工作经验丰富，专业性强，工作效率高，服务质量好。钻探作业测绘过程自初设开始到平断面测绘、杆塔地质终勘定位一条龙服务。测绘成果以电子版图为主，文字报告为辅，最大限度满足设计要求。提供的勘察报告质量优良，并多次获省、市建设主管部门的嘉奖，“艾申2W19线27#-30#改造等两项工程”获镇江市优秀工程三等奖，“云谷一站配套220KV线路工程”获镇江市优秀工程二等奖。

近年来配合江苏省电力设计院、江苏科能电力设计院、江苏苏美达、龙笙电力、南瑞电力设计院、江苏海能电力设计院、南京紫泉和苏州、常熟、镇江、江阴等30多家设计单位做好供电线路及变电所工程测量工作，每年完成测绘线路1500余公里，线路杆塔地质3000余个、变电所20个左右。

钻探作业

酷暑勘测

江苏省诚信测绘单位
ISO 9001质量管理体系贯标企业
镇江市“重合同守信用”企业

江苏省质量管理先进企业
职业健康安全管理体系贯标企业
获镇江市“光彩之星”荣誉称号

雪地测量

山区勘测

河塘勘测

增华阁

文心阁

飞云阁

金山雪景

焦山雪景

北固山雪景

南山雪景